URSA MAJOR
LYNX
AURIGA
Capella
PERSEUS
ANDROMEDA
LEO MINOR
GEMINI
LEO
CANCER
ARIES
TAURUS
Aldebaran
PISCES
CANIS MINOR
Betelgeuze
ORION
SEXTANS
MONOCEROS
CETUS
CRATER
HYDRA
ERIDANUS
CANIS MAJOR
LEPUS
PYXIS
PUPPIS
FORNAX
SCULPTOR
COLUMBA
CÆLUM
HOROLOGIUM
ERIDANUS
PHŒNIX
VELA
DORADO
CARINA

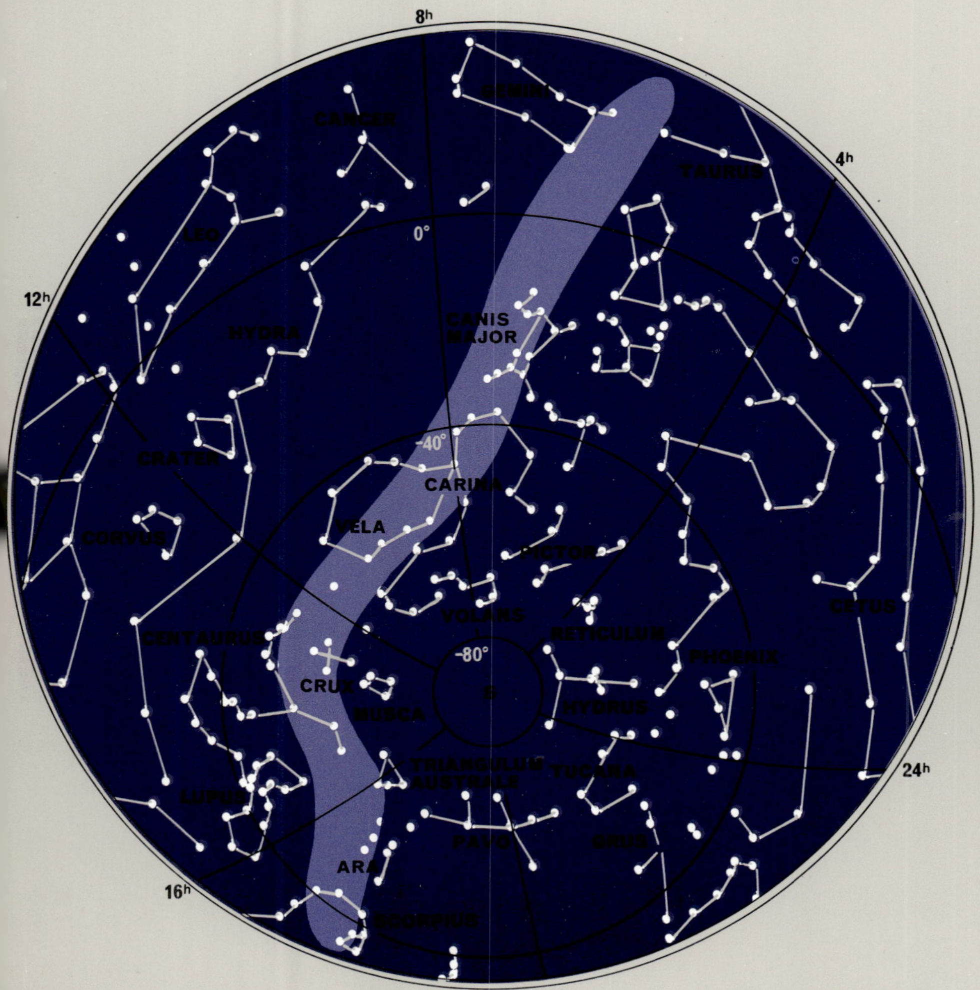

CANIS MAJOR
HYDRA
CRATER
CORVUS
VELA
CARINA
CENTAURUS
CRUX
LUPUS
ARA
CETUS

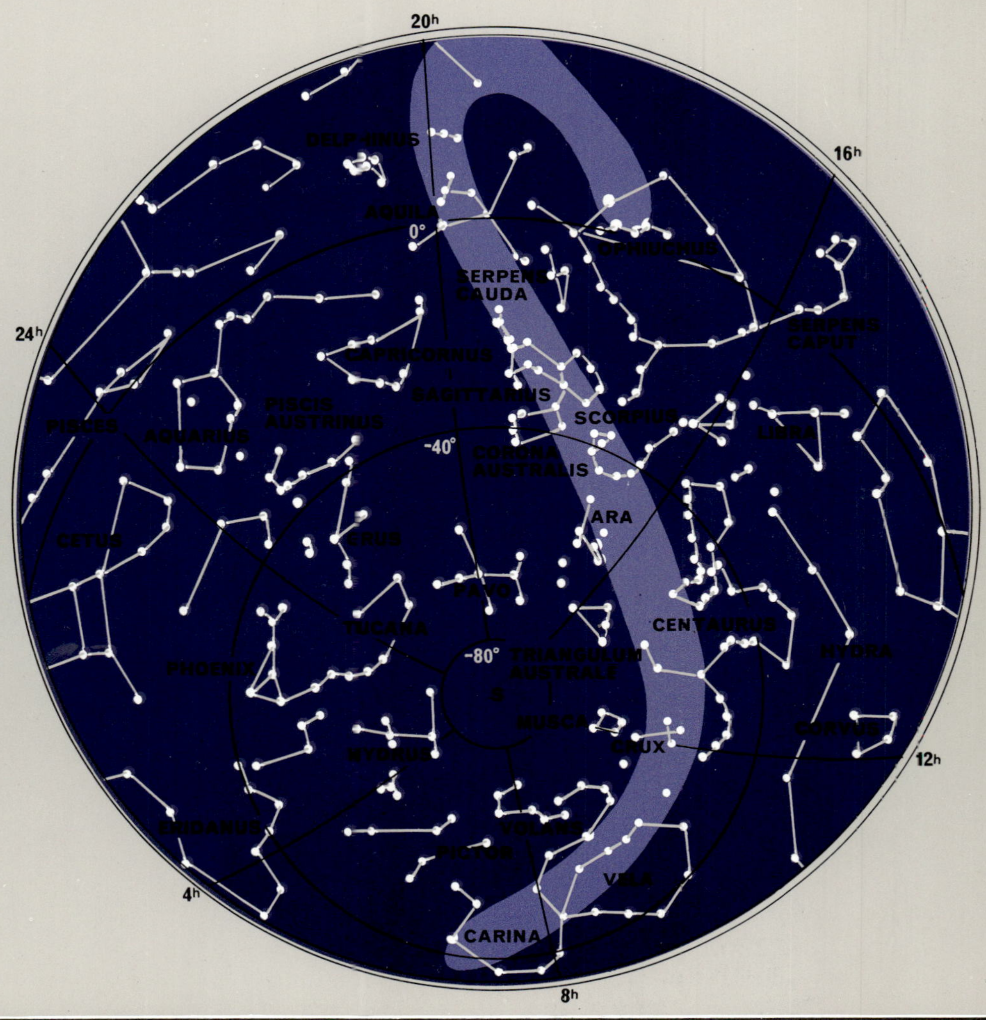

DELPHINUS
AQUILA
SERPENS CAUDA
CAPRICORNUS
SAGITTARIUS
SCORPIUS
PISCIS AUSTRINUS
AQUARIUS
PISCES
CORONA AUSTRALIS
ARA
CETUS
CENTAURUS
TRIANGULUM AUSTRALE
CRUX
VELA
CARINA

Der große Reader's Digest

WELTRAUM ATLAS

Vorwort von Sir Bernard Lovell

Professor für Radioastronomie und Direktor der Versuchsstation Nuffield Radio Astronomy Laboratories, Jodrell Bank, England

Nachwort von Dr. Thomas Paine

Direktor der National Aeronautics and Space Administration (NASA), Washington, USA

Berater für die Kartografie

Dr. Arch C. Gerlach, Chefgeograf, US Geological Survey (Kartografie der Erde aus dem Weltraum)
Harold Fullard, Direktor des Verlags George Philip & Son Ltd., London (konventionelle Kartografie)

Grafische Gestaltung Peter Kindersley
Redaktion Christopher Dorling
Übersetzung Martin Frick und Niklaus Hasler-Gloor

Verlag DAS BESTE GmbH · Stuttgart · Zürich · Wien

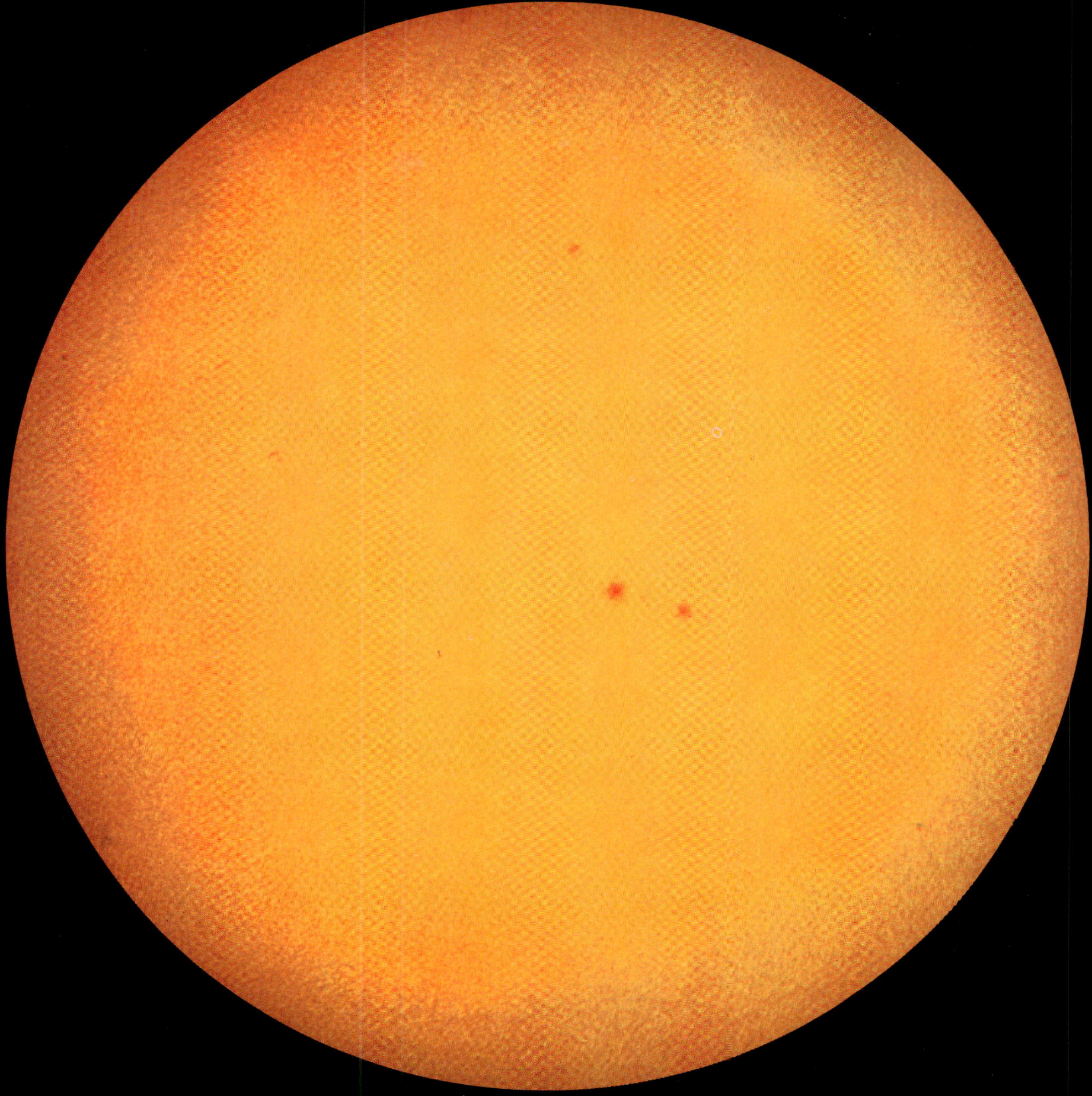

Der große Reader's Digest

WELTRAUM ATLAS

ISBN 3 87070 032 7

Satz: Hallwag AG Bern
Druck: Smeets N.V., Weert, Holland
Einband: Proost En Brandt N.V., Amsterdam, Holland

Inhalt

Zur Benutzung dieses Buches

Der Leser findet in diesem Band ein sehr reiches, mannigfaltiges Material vereinigt. Auch viele Karten gehören dazu – von der Erdoberfläche, von den Planeten sowie große und kleine Sternkarten; doch zeigt der Titel „Weltraumatlas" vor allem an, daß es sich hier um einen Bildatlas handelt. Weit über tausend Abbildungen der verschiedensten Art sind in ihm vereinigt. Dabei ist jede Doppelseite einem bestimmten Thema vorbehalten und in sich abgeschlossen.

Einem einführenden historischen Teil folgt ein Überblick – im wahren Wortsinn – über die Erde, mit zahlreichen Aufnahmen aus dem Weltraum. Auch geologische Erscheinungen und Kräfte (das Erdinnere) und meteorologische Fragen (die Lufthülle) werden hier berücksichtigt. Weitere Abschnitte sind dem Mond, der Sonne, den Planeten, Kometen und Meteoren gewidmet. Danach erschließt der Atlas die unendliche und unendlich reiche Welt der Sterne. In diesem Teil werden zunächst einige grundsätzliche Sachverhalte erklärt. Es folgen doppelseitige Sternkarten, und zu jeder Sternkarte gehören mehrere Seiten, auf denen Besonderheiten der betreffenden Gebiete genauer betrachtet werden.

Gerade die letzten Jahre haben der Astronomie eine Fülle von neuen Erkenntnissen und auch neuen Problemen gebracht; ihnen ist in diesem Buch der gebührende Platz eingeräumt. Aber der Atlas trägt nicht einfach kosmische Tatsachen und Fragen vor, sondern er will auch zeigen, wie denn die Fachwissenschaft ihre Einsichten überhaupt gewinnt – welche Methoden sie anwendet und wie sie dazu kommt, diese und jene vielleicht gewagt anmutende Behauptung aufzustellen. Da werden Sterne – obwohl sie doch selbst im größten Fernrohr immer nur als Punkte erscheinen – gemessen und gewogen. Da werden Elemente bestimmt, aus denen sie sich zusammensetzen. Und es wird erklärt, warum manche von ihnen ihre Helligkeit laufend verändern, warum sie pulsieren oder auch explodieren. Ja man kann sogar recht genaue Aussagen über das Werden und Vergehen von Sternen während eines Zeitraumes von vielen Jahrmillionen machen.

Der klare Aufbau, die deutliche Unterteilung dieses Buches und die knappe Darstellungsweise machen den Atlas leicht benutzbar. Ein Haupttext legt jeweils das Fundament und bindet die Mannigfaltigkeit der Fotos, Zeichnungen, Schaubilder und Tabellen zusammen. Hier findet man das Grundsätzliche und auch so manches Detail, das die summarischen Bildtexte nicht mehr mitteilen können. Aufgabe der Abbildungen mit ihren Unterschriften ist es andererseits, den Haupttext zu illustrieren, zu erweitern und zu vertiefen. Zwischen beidem besteht also eine intensive Wechselbeziehung, die man beachten und nutzen sollte.

Wenn nun, wie erwähnt, jede Doppelseite eine Einheit für sich bildet, so gibt es dennoch durch das ganze Werk hindurch eine Fülle von Querverbindungen und Beziehungen. Viele astronomische Begriffe spielen in unterschiedlichen Zusammenhängen eine Rolle; und so manche Verfahren werden auf ganz verschiedene Objekte gleichermaßen angewandt. Damit derartige Ausdrücke, Techniken und Phänomene nicht immer wieder neu erklärt werden müssen, erläutert ein ausführlicher Anhang die wichtigsten Fachwörter. Wo immer also in einem Text ein Begriff vielleicht einmal nicht ohne weiteres verständlich erscheint, schlage man hier nach. Darüber hinaus wird aber auch sonst, im Hauptteil dieses Bandes, immer wieder auf „Schlüsselstellen" verwiesen, die den jeweils zur Rede stehenden Zusammenhang verdeutlichen.

Vorwort

Für neue Welten braucht man neue Atlanten. Jedes bedeutende Kartenwerk in der Geschichte dieser Erde resultiert aus den Entdeckungen seiner Zeit.
Als Ptolemäus um 150 n. Chr. in seiner „Geographia“ eine Anleitung zur Herstellung von Karten der bewohnten Welt gab, setzte er sich an die Spitze der damaligen Kartografie, weil er zum erstenmal genaue astronomische Meßmethoden für die Kartografie nutzbar machte. Wenn auch die Welt des Ptolemäus nur einen kleinen Teil der uns heute bekannten Erdoberfläche umfaßte, stellten seine Karten doch eine gewaltige Verbesserung gegenüber den vorangegangenen Versuchen dar. Nach ihm wurden die Methoden der Kartografie von Erdoberfläche und Firmament weiterentwickelt und vervollkommnet. Neue Kartenprojektionen wurden ersonnen, neue Beobachtungen angestellt.
Rund 1450 Jahre später – ein Jahrhundert nach den großen Entdeckungen des Kolumbus – erschien das erste wissenschaftliche Kartenwerk, das die ganze bekannte Welt enthielt. Von dem flämischen Geografen Gerhardus Mercator (1512–1594) gezeichnet, bereicherte es unseren Sprachschatz um das neue Wort „Atlas“, denn das Buch zeigte auf seinem Einband die mythologische Darstellung des die Erdkugel tragenden Riesen Atlas. Mercators bedeutendes Werk aus der Renaissance entsprach der dringenden Notwendigkeit jener Zeit, nicht nur die Grenzen der Alten Welt neu festzulegen, sondern auch die neuentdeckte Welt mit einzubeziehen – Amerika.
Heute, vier Jahrhunderte später, erscheint dieser Weltraumatlas als Ergebnis einer neuen Zeit der Entdeckungen. Auch sein Erscheinen bezeichnet einen Markstein in der Geschichte, den Augenblick, da sich der Mensch auf dieser Erde angesichts der Weite des Raums seiner eigenen Winzigkeit bewußt wurde. Das Schauspiel der Raumfahrt hat die Menschen dieses ganzen Erdenrunds in Bann geschlagen. Vom ersten Sputnik 1957 bis zur Landung des Menschen auf dem Mond 1969 verlief der Vorstoß in den Weltraum gleichsam in einem Zuge. Nie zuvor bestand die Möglichkeit, einen solchen Atlas zu schaffen, denn die hierfür notwendigen Voraussetzungen – revolutionäre Schritte in Erkenntnis und Wissen – fehlten noch bis vor fast zehn Jahren, und die wichtigsten von ihnen – die neue Perspektive unserer Erde aus dem Raum, die Mondlandung und die Erforschung des Planeten Mars – sind sogar erst seit Ende der sechziger Jahre gegeben. Diese umwälzenden neuen Methoden der Erforschung des Sonnensystems sind indessen nur ein Teil der sehr vielseitigen astronomischen Forschungstätigkeit in unserer Zeit. Die großen Radioteleskope und modernen Fernrohre haben neue Arten von Objekten entdeckt, die, bis vor wenigen Jahren noch völlig unbekannt, zum Teil in den raumzeitlich entferntesten Gefilden liegen und uns Erdbewohnern Kunde von den Uranfängen des Weltalls geben. Der Weltraumatlas ist insofern einmalig, als in ihm alle Arten von astronomischen und terrestrischen Karten vereinigt sind: die Erde aus dem Raum gesehen, der Mond, das Sonnensystem, die Sterne, das gesamte bekannte Universum liegt gleichsam in einem einzigen Band vor uns. Er führt uns all diese erregenden Entdeckungen in neuer, packender Form vor Augen. Seine beispielhafte Gestaltung und reiche Ausstattung, ergänzt durch enzyklopädische Information, machen ihn zu einem Buch von historischer Bedeutung.
Ich empfehle den Weltraumatlas für jung und alt als einen Führer durch das Weltall, so wie wir es heute begreifen. Er ist verläßlich und verständlich, er stützt sich auf die allerletzten, allgemein anerkannten Forschungsergebnisse und stellt so ein Werk dar, das Laien und Wissenschaftler mit gleichem Nutzen zur Hand nehmen können. Auch wenn der Mensch in den kommenden Jahren noch tiefer in die Geheimnisse des Alls eindringen wird, bleibt doch der Atlas ein unerläßliches Fundament für neues Wissen.

Professor Bernard Lovell

Quellen-verzeichnis der Bilder

Beobachtung und Erforschung des Weltraums

Sammlung Patrick Moore
Stonehenge 12
Die Sternwarte in Peking 12
Der große Quadrant 14
Die Sternwarte von Greenwich 15
Sämtliche Abbildungen 16
Der Reflektor von Kwasan 17
Stich von Sonnenflecken 18
Mondaufnahme 1877 und 1902 18
Der Lowell-Refraktor 20
Das Ondrejov-Teleskop 21
Karl Janskys Antenne 22
Tsiolkowski 24
Goddard 24
Apollo 8 25
Mars 30

National Aeronautics and Space Administration
Mars im sichtbaren Licht 19
Die Sonne von einem Satelliten aus 23
Erde im infraroten Licht 23
Menschen im Weltraum 25
Mars 26
Aldrin auf dem Mond 29

United States Information Service, London
Sämtliche Abbildungen 28
Mehrstufenrakete 24
Shepard 25
Telstar 25
Rendezvous im Raum 25
Apollo 11 25

Hale-Observatories (Mt. Wilson und Palomar)
Der Reflektor von Palomar 17
Sonnenflecken 18
Krabbennebel 19
Der Hale-Reflektor 20
Beobachterkäfig 21

Lincoln Laboratory, MIT
Karte von Tycho 23
Das Radioteleskop in Haystack 23
Karte der Sonne 23

Novosti
Sputnik 1 24
Luna 1 24
Gagarin 24

Royal Astronomical Society
Mars im Infraroten und Ultravioletten 19
Jupiter 30

P. Daly
Jodrell Bank 10
Radioteleskop in Arecibo 22

P. Popper Ltd.
Die Großen Pyramiden 12

National Portrait Gallery, London
Newton 15

US Naval Observatory
Observatorium Washington 20

A. D. Andrews
Der Boyden-Reflektor 21

F. E. Wright
Venus 26

Lick Observatory
Sternenfeld 30

Die Erde, aus dem Raum gesehen

National Aeronautics and Space Administration
Sämtliche Abbildungen 32, 35–37, 40–45, 47, 52–63, 68–71, 74–79
Das Imperial Valley aus dem Raum 51

United States Geological Survey
Das Imperial Valley aus dem Flugzeug 51
Gemini-Fotokarte 51
Geologische Karte 71
Sämtliche Karten 76, 77
Karte von Dallas und Fort Worth 78
Bevölkerungskarten 78

Geographical Projects
Erdpanorama 52, 54, 58, 60, 62

Geological Museum, London
Gesteinsabbildungen 67

Der Mond

National Aeronautics and Space Administration
Sämtliche Abbildungen 92, 93, 95, 100, 101, 104, 105, 108, 109, 116, 125, 128
Mondgestein 87
Langrenus 89
Plato 89
Krater auf der Rückseite 89
Fra Mauro 90
Flamsteed 90
Tycho 91
Die Sirsalisrille 91
Delambre 94
Tycho 94
Mercatorkarte 96
Theophilus 112
Triesnecker 112
Hyginusrille 113
Vitello 117
Mare Humorum 117
Schiller 117
Gassendi 117
Mare Australe 120
Wilhelm Humboldt 121
Petavius 121
Rückseite (Übersicht) 124
Tsiolkowski (Abb. rechts unten) 124
Rückseite (Abb. rechts unten) 129

H. R. Hatfield
Mare Vaporum 88
Sinus Iridum 88
Gerade Bergkette 88
Theophilus 89
Kleine Krater 89
Ptolemäus 90
Janssen 90
Mare Humorum 91
Schickard 117
Wilhelm Humboldt 121

Royal Astronomical Society
Zunehmender, halber, fast voller und abnehmender Mond (Sternwarte Paris) 84
Vollmond (Lick Observatory) 84
Mond (Royal Greenwich Observatory) 85
Hyginusrille (NASA) (unteres Bild) 113

United States Information Service, London
Messier A und B 113
Goclenius 112, 113
Tsiolkowski (unten Mitte) 124
Südpolgegend 124

Picturepoint Ltd.
Mond 80
Sinus Medii 88
Rückseite (oberes Bild) 129

Wilhelm-Foerster-Sternwarte
Libration in Länge und Breite 86
Vollmond 87, 91

Sammlung Patrick Moore
Halbschattenfinsternis 85
Grimaldi 89

Hale Observatories (Mt. Wilson und Palomar)
Clavius 90
Stadius 90

Tass
Mare Moscoviense 94
Luna-13-Schatten 94

A. Michaelis
Karten von Hevelius und Riccioli 82

Georgetown University Observatory
Vollmond in Farben 84

Ronan Picture Library
Finsternis (Bild links Mitte) 85

A. H. Mikesell
Finsternisserie 85

Yerkes Observatory
Mare Serenitatis 88

Lick Observatory
Gerade Wand (Bild unten links) 91

H. Brinton
Gerade Wand (Bild unten rechts) 91

United States Geological Survey
Geologische Karten 96

Aeronautical Chart and Information Centre
USAF-Orbiter-Karte 96

T. W. Rackham
Petavius 121

Associated Press
Rückseite (Bild unten links) 129 1.1

Das Sonnensystem

Royal Astronomical Society
Serienaufnahmen einer Sonnenprotuberanz (Roberts) 144
«Anteater»-Protuberanz 144
Korona (E. E. Barnard) 147
Planetoidenspuren (Max Wolf) 170
Jupiterserie (Lick Observatory) 174
Komet Morehouse (E. E. Barnard) 184
Komet 1948 I 184
Komet Holmes 184
Komet Ikeya-Seki (A. McClure) 185
Meteorschauer (Kitt Peak Observatory) 186
Andromedidenmeteore (Butler) 186

Hale Observatories (Mt. Wilson und Palomar)
Sonnenfleckengruppe 141
Sonnengranulation 141
Sonne in verschiedenem Licht 143
Sonnenprotuberanz 147
Mars 169
Jupiter (obere Abb.) 173
Jupiter 175
Saturn (Bild Mitte) 180
Saturn (Bild unten) 181
Komet Humason 185
Komet Halley 185

Sammlung Patrick Moore
Sämtliche Abbildungen 131, 132, 178, 187
Beobachtung der Sonne 139
Diamantring und Flash-Spektrum 147
Saturn unter den Sternen 180
Entdeckung von Neptun und Pluto 183
Komet Donati 185

National Aeronautics and Space Administration
Sämtliche Abbildungen 162–165; 166 unten, 167 unten
Sonneneruptionen 145
Polarlichter (vier kleine Bilder) 145
Totale Finsternis 1966 148
Diamantring 149
Sonnenfinsternisse 149

Usis
Phobos und Deimos 166
Flußbett auf dem Mars 166
Rille auf dem Mars 167

G. P. Kuiper
Jupiter 130
Jupiter Januar 1967 und Januar 1968 173
Innere Monde des Saturn 179
Saturn (oberes Bild) 181
Satelliten von Uranus und Neptun 183

W. M. Baxter
Sonne 138
Serie von Sonnenflecken 1959 141
Sonnenprotuberanz 1968 144

H. Brinton
Serie der partiellen Finsternis 1968 146
Partielle Finsternis 1966 148

H. R. Hatfield
Phasen der Venus 157
Saturnbedeckung durch den Mond 180

Royal Greenwich Observatory
Sonnenmaximum 1958 140
Merkurvorübergänge 155

W. Zünti
Totale Sonnenfinsternis 1961 139

P. Daly
Kitt-Peak-Observatorium 142

A. H. Mikesell
Polarlicht (unteres Bild) 145

C. Hunt
Totale Finsternis 146

P. B. Molesworth
Ringförmige Finsternis 146

R. D. Küplich
Finsternis 1966 147

F. J. Heyden
Totale Finsternis 1963 148

W. Bohnenblust
Totale Finsternis 1961 148

A. Küng
Totale Finsternis 1961 149

Lincoln Laboratory MIT
Venuskarte 157

W. S. Finsen
Sämtliche Abbildungen 168

F. C. Acfield
Vesta 170

P. Glaser
Jupiter (links Mitte) 173

W. Rippengale
Jupiter im September und Oktober 1963 173

H. E. Dall
Jupiter im November 1964 173

Observatoire du Pic du Midi
Karten 175

US Naval Observatory
Saturn (obere Abb.) 180

T. J. C. A. Moseley
Meteorspur 186

E. M. Lindsay
Komet Arend-Roland 185

Die Sterne

Hale Observatories (Mt. Wilson und Palomar)
Sämtliche Abbildungen, 206, 207, 212, 213, 231, 233, 239, 246, 247, 253, 255
Hantelnebel 188
5-m-Spiegel auf Palomar 191
Nova Persei 200
Nova (DQ) Herculis 1934 200
Supernova in NGC 4725 201
Sternhaufen M 5 204
Galaxie M 87 205
Spiralnebel NGC 7331 208
Galaxienhaufen im Hercules 210
NGC 205, NGC 7217, NGC 3504, M 81, M 33 211
Galaxie im Hercules 211
Eulennebel 230
Planetarischer Nebel NGC 2392 230
Radiogalaxie 3C 295 232
Plejaden, Haufen und Nebel 237
Planetarischer Nebel NGC 6781 238
Krabbennebel 238
Ringnebel 238
Großer Andromedanebel 240
Radioquelle im Perseus 241
Radioquelle in der Cassiopeia 241
M 74, NGC 7741, NGC 891, NGC 147 241
Trifidnebel im Sagittarius 245
Galaxien in der Hydra 248
Galaxien im Corvus 248
Orionnebel (untere Abb.) 254

US Naval Observatory
Krabbennebel 201
Galaxie NGC 6946 210
M 13 im Hercules 230
Strudelnebel 232
Irreguläre Galaxie M 82 232
Doppelsternhaufen NGC 869–884 238
Kern von M 31 241
Sternenfelder in der Milchstraße 245
Sombreronebel 248
Orionnebel (Bild oben rechts) 254

Lick Observatory
Sämtliche Abbildungen 215
Supernova in NGC 7331 201
Ringnebel 201
Planetarischer Nebel NGC 6543 201
Schwertgriffhaufen 205
Wechselwirkung zwischen Galaxien NGC 5432 und NGC 5435 210
M 87 und NGC 7479 211

H. R. Hatfield
Sämtliche Abbildungen 236
Auriga 229
Praesepe 230
Plejaden (beide unteren Bilder) 237
Cassiopeia 237
Orionnebel (obere Abb.) 254

A. Williams
Sämtliche Abbildungen 198, 199
Plejaden 204
Hyaden 205
Praesepe 205

Sammlung Patrick Moore
Sämtliche Abbildungen 190
Eulennebel (Zeichnung) 230
Centaurus A 249

P. Gill
Polarsternspuren 228
Sternspuren 237

T. J. C. A. Moseley
HR Delphini 200
Sichel im Löwen 228

Lund Observatory
Karte der Milchstraße 209

Radcliffe Observatory
30 Doradus 249

Dank des Verfassers

Die Herausgabe des **Weltraumatlas** wurde durch enge Zusammenarbeit auf nationaler und internationaler Ebene ermöglicht. Professor Sir Bernard Lovell, dem vor allem unser aufrichtigster Dank gebührt, stand uns bei den gesamten Arbeiten mit Rat und Tat zur Seite und hat dieses Werk maßgeblich beeinflußt. Harold Fullard, Leiter der Kartografischen Abteilung der Firma George Philip in London, hat entscheidend bei der kartografischen Planung und Gestaltung des Atlas mitgeholfen; auch ihm gebührt unser herzlicher Dank.

Zugleich aber verdankt der Weltraumatlas sein Entstehen der internationalen Forschung und Zusammenarbeit; durch die Kooperation mehrerer europäischer Verlage wurde sein Erscheinen wirtschaftlich überhaupt erst möglich. Deshalb möchte ich zunächst all den Organisationen und Mitarbeitern meine Anerkennung aussprechen, auf deren Großzügigkeit und Hilfsbereitschaft die Wissenschaftler der ganzen Welt vertrauen können — oft genug, ohne sie entsprechend zu würdigen. An erster Stelle möchte ich unseren Freunden in Amerika danken. Das technische Fortschrittsstreben Amerikas war in den Jahren 1932 bis 1947 für den Bau des großen 5-m-Reflektors auf Palomar bestimmend. Viele neue Erkenntnisse über die Natur der Himmelsobjekte wurden durch dieses Hale-Teleskop gewonnen. Im letzten Jahrzehnt hat uns eine andere amerikanische Organisation, die National Aeronautics and Space Administration (NASA), durch bemannte und unbemannte Weltraumflüge neues Wissen erschlossen. Diesen beiden Organisationen will ich hier für ihre tatkräftige Hilfe bei der Herausgabe dieses Atlas danken, vor allem aber der NASA und ihrem Direktor, Dr. Thomas O. Paine, der diesem Werk in einem Nachwort seine guten Wünsche mitgegeben hat. Auch Dr. Arch Gerlach, dem Chefgeografen des United States Geological Survey und geografischen Berater des NASA/USGS-Programmes zur Erforschung der Naturschätze, dessen Hilfe und Ratschläge vor allem für den Teil **Die Erde, aus dem Raum gesehen** von größtem Nutzen waren, gehört mein Dank. Die vielen anderen Mitglieder der NASA zu nennen, die zum Gelingen dieses Werkes beigetragen haben, würde den Rahmen dieser Danksagung sprengen. Dennoch möchte ich Les Gaver von der Audiovisuellen Abteilung und Dr. James Wray, Berater für das geografische Programm der NASA/USGS, an dieser Stelle nennen. Mein innigster Dank gebührt auch Dr. William Pickering und Frank Bristow vom Jet Propulsion Laboratory in Pasadena (California) für ihre wertvollen Hinweise bei der Auswertung der Marsfotografien der NASA-Sonden Mariner.

Auch den Fachastronomen, den Sternwarten und Radiosternwarten in aller Welt sage ich Dank: dem Nuffield Radio Astronomy Laboratory in Jodrell Bank (vor allem Dr. Palmer und Fräulein Sanderson); der Royal Astronomical Society; dem Royal Astronomical Observatory in Herstmonceux; der Astronomischen Fakultät der Universität London (besonders der Mondabteilung unter Dr. Fielder, wo uns Dr. John Guest hilfreich an die Hand ging); dem Royal Observatory Kapstadt in Südafrika; Dr. W. S. Finsen, ehemaliger Direktor des Republic Observatory in Südafrika; dem Lick Observatory; dem Lunar and Planetary Laboratory in Tucson, Arizona (vor allem Dr. G. P. Kuiper); dem Lincoln Laboratory des Massachusetts Institute of Technology (besonders John Kessler); dem US Naval Observatory; dem Lowell Observatory in Flagstaff, Arizona; dem Dearborn Observatory der Northwestern University (vor allem dem — anderen — Dr. James Wray, der so viel für Inhalt und Gestaltung der astronomischen Information für die amerikanische Ausgabe getan hat); der Astronomieabteilung der Universität von Michigan (hier besonders dem Vorsitzenden Orren C. Mohler); dem Observatoire d'Astrophysique in Meudon bei Paris; dem Pic du Midi Observatoire und dem Observatoire de Nice in Frankreich; der Schweizerischen Astronomischen Gesellschaft und den Astronomen der Universität Bern; der Sternwarte in Rom; dem David Dunlap Observatory und dem Dominion Astrophysical Observatory, British Columbia, beide in Kanada; den Sternwarten Lund und Uppsala in Schweden und der Sternwarte Berlin.

Die Astronomie hat auf ihrem Entwicklungsweg wahrscheinlich mehr als irgendein anderer Zweig der Wissenschaften von der Arbeit tüchtiger Amateurbeobachter und Enthusiasten profitiert. Ich freue mich, daß so viele Arbeiten von Amateuren als genügend wichtig erachtet wurden, um in diesen Atlas aufgenommen zu werden. Mein Dank gilt vor allem Commander H. R. Hatfield, für seinen selbstlosen Einsatz, ferner Henry Brinton, Alan Williams, Peter Gill, W. J. Rippengale, Frank J. Acfield, P. Glasser und meinen vielen Freunden von der British Astronomical Association, besonders W. M. Baxter, dem Leiter der Sonnensektion.

Kenneth Gatland danke ich für seine Hilfe bei der Planung des Buches und für seine Ratschläge über Raumfahrt und Weltraumforschung; Dr. Anthony Michaelis für die Beschaffung von Illustrationen. Dabei haben auch A. D. Andrews vom Armagh Observatory sowie Fräulein Pat Outram, Produzentin der BBC-Fernsehsendung **The Sky at Night,** und die anderen Mitglieder der Produktionsgemeinschaft tatkräftig mitgeholfen.

Unter unseren inländischen und überseeischen Verlagspartnern möchte ich vor allem Paul Tiddens von Rand McNally danken, der gemeinsam mit Sanford Cobb, Art Dubois, Don Eldredge und Dick Randall viel zu unserem Projekt beigetragen hat und uns die Mondkarte zur Verfügung stellte, die von Angehörigen der George Philip Ltd., vor allem Herrn Pointer, freundlicherweise dem Atlas angepaßt wurde. Werner Merkli und Dr. Peter Meyer vom Hallwag-Verlag in der Schweiz halfen mit konstruktiven Ratschlägen und Hinweisen und stellten uns die vorzüglichen Sternkarten zur Verfügung. Dank auch den Direktoren, Übersetzern und Mitgliedern des Club Français du Livre und Robert Laffont für ihre vorbildliche Mitarbeit, ferner dem Personal von Mondadori in Italien, Spectrum in Holland und Editorial Labor in Spanien.

Auch in der Herstellung ist dieses Werk international, und so wollen wir Francis Mildner, Antoine Gerards und Michael Weller bei Smeets in Holland, Hans van Hoorn und Roel Gaasbeek bei Proost en Brandt in Amsterdam sowie den Londoner Schriftsetzern William Dennison und James C. Joyce für ihre zügige Arbeit und ihre Fertigkeit danken.

Den wichtigsten Dank habe ich bis zum Schluß aufgespart: den Dank an James Mitchell, John Beazley und Peter Kindersley.

Das ganze Werk entstand auf Initiative von James Mitchell und John Beazley. Sie sind offiziell die Herausgeber dieses Buches, aber sie waren weit mehr als das. Sie wachten über alles, kümmerten sich um Planung und Gestaltung; ohne sie wäre das Buch wohl nur ein Projekt geblieben. Eine engere Zusammenarbeit zwischen Autor und Herausgeber ist schwerlich denkbar, und man kann mit Recht sagen, das Buch habe mehrere Verfasser. Das hier Gesagte gilt in gleicher Weise für Peter Kindersley.

Es ist keine leichte Aufgabe, ein so kompliziertes Buch zu gestalten, und nur wenigen Leuten ist ein solcher Erfolg vergönnt. Ohne Peter Kindersley hätte das Buch nicht annähernd in der Form gestaltet werden können, wie es heute vor uns liegt. Er meisterte die zahllosen Schwierigkeiten, seiner Arbeit gebührt höchstes Lob. Danke!

Die Herausgeber und Forscher standen unter der Leitung von Christopher Dorling, dem ich besonderen Dank schulde, wie auch Christopher Cooper, Lawrence Clarke, Peter Ford, Neil Ardley, Maurice Chandler, Kenneth Lowther, Ruth Petrie und Kenneth Spence. Iain Nicholson von der neuen Sternwarte des Hatfield Polytechnic war für uns als Chefassistent für Forschung und Überprüfung von unschätzbarem Wert. Vieles verdanke ich Dr. Peter Cattermole vom University College of Wales.

Peter Kindersley wurde bei der Gestaltung der Grafiken und Diagramme von Bruce Robertson und seinem Zeichnerstab, von Martin Bronkhorst, Wendy Bann und Roger Bristow tatkräftig unterstützt. Anderes Anschauungsmaterial wurde erdacht von Bob Chapman, Edward Kinsey, Trevor Bromford, Paul Buckle, David Briers, Roger Pring, Christopher Ludlow, Colin Rattray, Roland Blunk, Rymond Turvey, Christopher Achilles, Gordon Cramp, dem Gilchrist Studio, Freelance Presentation, Geographical Projetcs, Cecil Misstear und Graham Bradbury. Mein Dank auch an Oscar Lewenstein, Clare Hoare, Adranne Bowles und Elsie Day.

Mai 1970

Patrick Moore,
Covent Garden-Selsey

Beobachtung und Erforschung des Weltraums

Die Astronomie ist die älteste aller Wissenschaften. Die Menschen früherer Zeiten schauten mit Bewunderung und Ehrfurcht zu den Sternen empor. Sonne und Mond wurden als Gottheiten verehrt, die Erde stand im Mittelpunkt des ganzen Universums, und der Himmel drehte sich täglich einmal um sie. Die Astronomie war für einige der alten Zivilisationen von praktischer Bedeutung. Die gesamte ägyptische Wirtschaft war von der jährlich eintretenden Nilflut abhängig. Die Priester mußten deshalb genaue Kalender besitzen, um den Zeitpunkt des Hochwassers vorherzusagen. Auch die Chinesen hatten zuverlässige Kalender und hielten außergewöhnliche Ereignisse, wie Kometen und Finsternisse, in ihren Aufzeichnungen fest.

Wir wissen nicht, wann die Sterne erstmals in Gruppen oder Sternbilder eingeteilt wurden, aber schon die Chinesen und Ägypter zeichneten Sternfiguren auf. Unsere heutigen Sternbilder leiten sich von denen der Griechen her. Damals wußte man noch nichts über den Aufbau der Sterne — sie wurden als leuchtende, an einer Glaskugel befestigte Punkte betrachtet. Wir wissen auch nicht, wer als erster die Wanderung der fünf mit bloßem Auge sichtbaren Planeten beobachtete, die sich deshalb so stark von den sogenannten «Fixsternen» unterscheiden

Das Radioteleskop von Jodrell Bank
Diese in der Dämmerung aufgenommene Fotografie zeigt das Radioteleskop von Jodrell Bank unweit von Macclesfield (Cheshire, England). Das Teleskop hat die Form eines Paraboloids von 76,2 m Durchmesser und ist nach allen Richtungen beweglich; es ist eins der größten Instrumente seiner Art.

Die Anfänge der Astronomie

Viele der alten Kulturen gaben sich mit einfachen Beobachtungen zufrieden und ließen theoretische Probleme außer acht. Höchst eigenartige Vorstellungen hatten die alten Chinesen: Wenn der Mond bei einer Sonnenfinsternis vor der Sonne vorüberzog, glaubten sie, ein hungriger Drache greife die Sonne an.

Die großen Pyramiden (links)
Die große Cheopspyramide ist eines der berühmtesten Bauwerke der Welt. Es wurde astronomisch nach dem Himmelsnordpol ausgerichtet, der damals nicht in der Nähe des heutigen Polarsterns (Polaris) lag, sondern beim viel schwächeren Stern Thuban (α Draconis).

Die griechischen Philosophen

Die griechischen Philosophen von Thales (geboren 624 v. Chr.) bis Ptolemäus (gestorben 180 n. Chr.) unternahmen die ersten ernsthaften Versuche, Beobachtung und Theorie miteinander zu verknüpfen. Schon früh lehnten die Griechen die Theorie der «flachen» Erde ab. Aristoteles (384 bis 322 v. Chr.) fand schlüssige Argumente dagegen: Es gibt Sterne, die man von Alexandria, aber nicht vom weiter nördlich gelegenen Athen aus sieht, ein Beweis, daß die Erde nicht flach sein kann. Der bei einer Mondfinsternis auf den Mond fallende gekrümmte Erdschatten zeigt, daß auch die Erdoberfläche gekrümmt sein muß. Heute scheint uns das selbstverständlich, im klassischen Griechenland aber war dies eine revolutionierende Erkenntnis.
Im Jahre 270 v. Chr. konnte Eratosthenes von Cyrene den Erddurchmesser mit erstaunlicher Genauigkeit messen. (Das von ihm errechnete Ergebnis war präziser als der Wert, den Kolumbus für seine Reise über den Atlantik im Jahre 1492 benützte.)
Die Griechen brachten es jedoch nicht fertig, den nächsten großen Schritt zu tun: die Erde von ihrer stolzen Stellung im Mittelpunkt des Universums zu entthronen. Im Jahre 280 v. Chr. stellte Aristarchos von Samos die Hypothese auf, daß die Erde die Sonne umkreise, fand aber damit nur wenige Anhänger. Später griffen die Griechen wieder auf die Idee der zentralen Stellung der Erde zurück. Ganz abgesehen von der rein wissenschaftlichen Seite dieses Problems galt es als Sakrileg, die Erde als gewöhnlichen Körper im Universum zu betrachten. Anaxagoras wurde der Gottlosigkeit angeklagt, weil er lehrte, die Sonne sei ein heißglühender Stein und größer als der Peloponnes. Er wurde dafür aus seiner Vaterstadt verbannt.
Auf anderen Gebieten vollbrachten die Griechen jedoch große Leistungen. Sie legten sehr genaue Sternkataloge an, unter denen besonders derjenige von Hipparch von Nicäa aus dem Jahre 130 v. Chr. zu erwähnen ist. Finsternisse wurden beobachtet und erklärt. Die Bewegung der Planeten wurde in allen Details studiert. Hipparch entdeckte sogar die leichte Verschiebung des Himmelspoles, die wir als Präzession kennen.
Der letzte große Astronom des klassischen Altertums war Ptolemäus von Alexandria (120 bis 180 n. Chr.). Er rundete das nach ihm benannte Weltbild ab. Über sein Leben und seine Person ist uns nichts bekannt, doch war er ohne Zweifel ein Genie. Unsere Kenntnis über den damaligen Wissensstand verdanken wir weitgehend seinem Buch, das uns in der arabischen Übersetzung (der **Almagest**) erhalten blieb. Die ursprüngliche Fassung des Buches ging verloren. Am Ende der hellenistischen Ära wurde die große Bibliothek von Alexandria durch Krieg und Brandstiftung zerstört — ein unersetzlicher Verlust. Wir können uns glücklich schätzen, daß wenigstens eines der alten Bücher auf uns gekommen ist.
Nach Ptolemäus' Tod hatte die Astronomie jahrhundertelang keine großen Fortschritte zu verzeichnen. Erst mit den Arabern erlebte die Beobachtung eine neue Blüte und führte dann zu der großen Geistesrevolution, die das ptolemäische Weltbild stürzte.

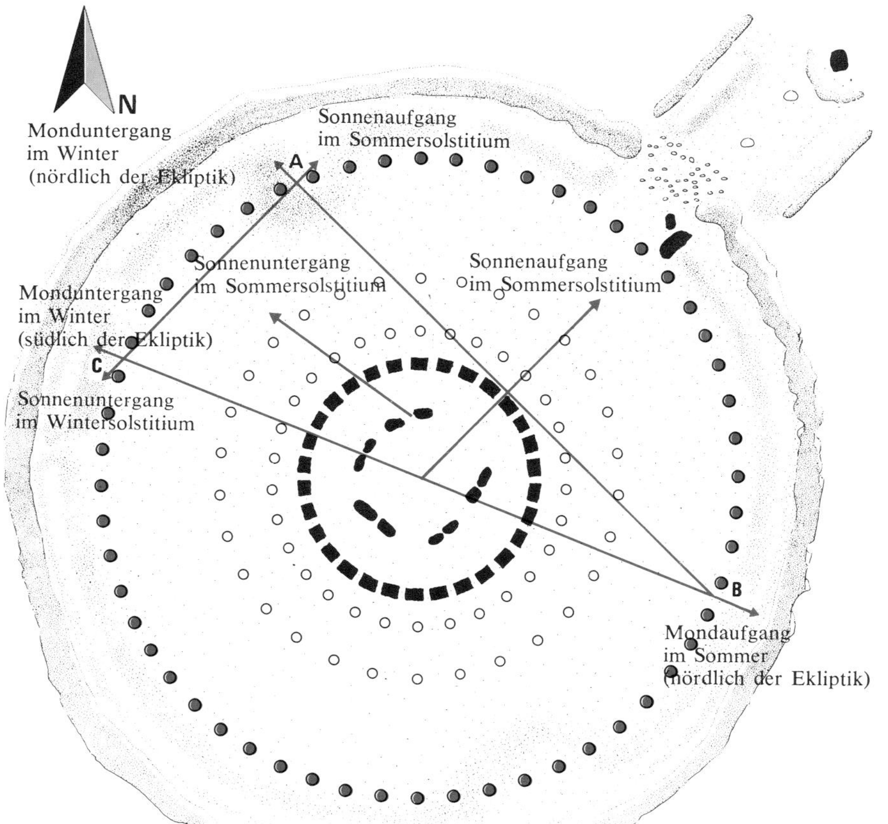

Stonehenge (oben und links)
Stonehenge, der in obenstehendem Foto gezeigte berühmte «Steinerne Kreis», ist ein anderes altes Bauwerk mit astronomischer Bedeutung. Es wurde zwischen 2000 und 1500 v. Chr. erbaut.
Die sehr regelmäßig angeordneten Steine des äußeren Kreises stellen eine Art Gradskala dar, in der sich astronomische Ereignisse festhalten lassen. Nach den Untersuchungen von G. Hawkins zeigt z. B. die Linie von Stein B zu Stein A genau gegen den Untergangspunkt des Mondes im Winter, wenn er seine größtmögliche nördliche Deklination hat.

Die Sternwarte in Peking (rechts)
Die ursprüngliche Bildlegende zu diesem Stich aus Le Contes «Reise nach China» (1698) lautet: a) Treppe zur Sternwarte; b) Ruheraum für die Beobachter; 1. ekliptikale Armillarsphäre; 2. äquatoriale Armillarsphäre; 3. Visier für Azimut und Höhe; 4. Quadrant; 5. Sextant; 6. Himmelsglobus. Die Sternwarte von Peking war bis zum Aufkommen des Fernrohres in China, also mehrere Jahrhunderte hindurch, in Betrieb.

Die Berechnungen des Eratosthenes (unten)
Eratosthenes fand, daß zu einem bestimmten Zeitpunkt die Sonne in Alexandria (B) $7^1/_2$ ° vom Zenit entfernt ist, während sie im genau südlich davon gelegenen Syene (A) am Nil direkt im Zenit steht. Da $7^1/_2$ ° gerade ein Fünfzigstel des ganzen Kreises (360 °) sind, muß der Erdumfang unter Annahme einer Kugelgestalt 50mal so groß sein wie die Entfernung zwischen Alexandria und Syene. Eratosthenes' Berechnungen ergaben einen erstaunlich genauen Wert für den Erdumfang.

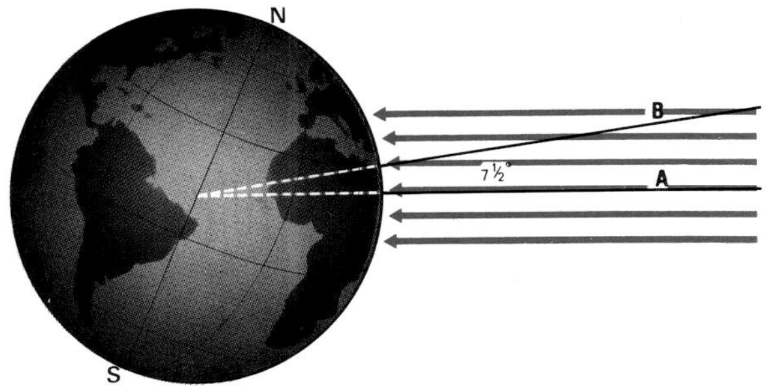

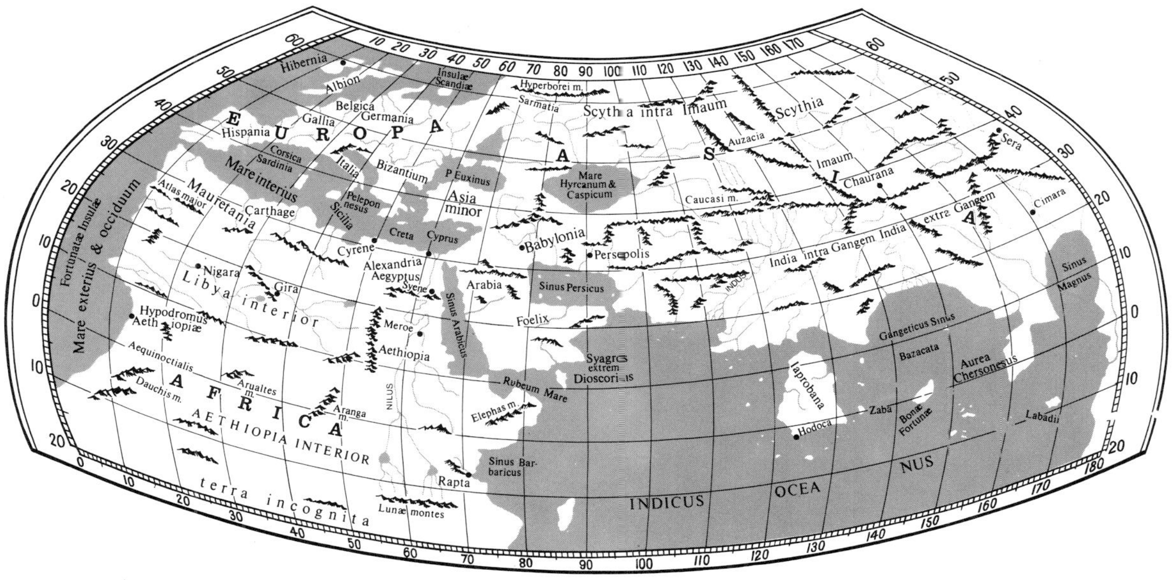

Ptolemäus
Ptolemäus war Astronom, Mathematiker und Geograf. Er war der erste, der eine Weltkarte nach wahrhaft wissenschaftlichen Erkenntnissen zeichnete. Seine Karte (oben) bedeutete einen gewaltigen Fortschritt.

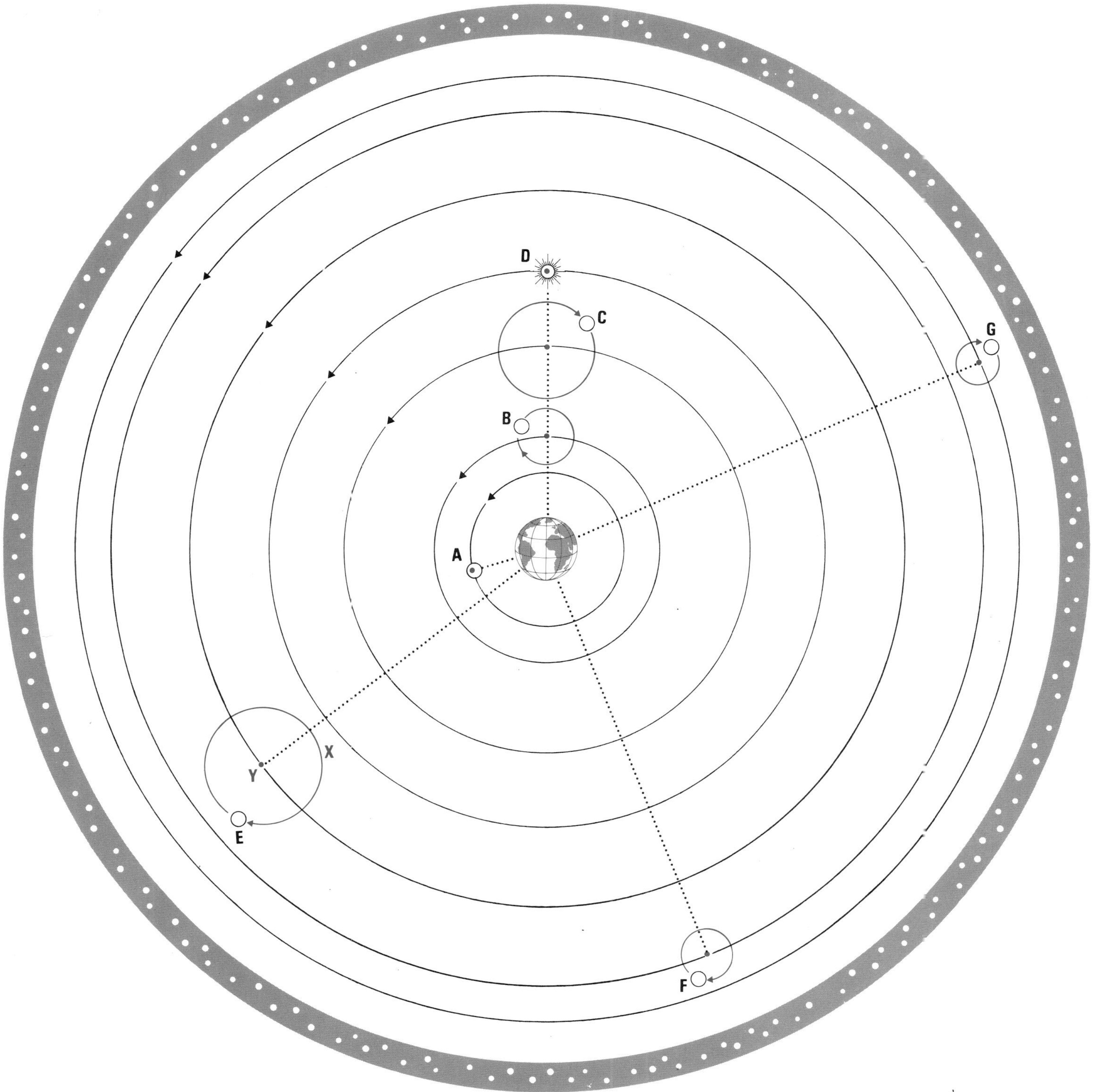

Das ptolemäische System
(links und unten)
Am bekanntesten ist Ptolemäus' Beschreibung des «Weltsystems», das wir immer das ptolemäische nennen, obwohl er es nicht selbst geschaffen hat! Die Erde liegt ruhend im Mittelpunkt des Universums; um sie herum kreisen der Mond (A), die Planeten Merkur (B), Venus (C), Mars (E), Jupiter (F) und Saturn (G) und die Sonne (D) in den verschiedenen, in der Zeichnung angegebenen Entfernungen. Außerhalb Saturns, des entferntesten der damals bekannten Planeten, lag die Kugel mit den Fixsternen. Da man von der Voraussetzung ausging, alle Himmelsbahnen müßten perfekte Kreise sein, und da andererseits die Planetenbewegungen starke Unregelmäßigkeiten zeigten, nahm

Ptolemäus an, daß sich die Planeten auf kleinen Kreisen oder Epizykeln (X) bewegen, deren Mittelpunkte die Erde wiederum in einem perfekten Kreis, dem Deferenten, umkreisen. Das ganze System war etwas unübersichtlich und künstlich, aber es paßte recht genau zu den Beobachtungen der Planetenbewegungen. Diese Theorie galt unangefochten mehr als 1300 Jahre über Ptolemäus' Tod hinaus.

Merkur und Venus im ptolemäischen Weltbild (rechts)
Ptolemäus nahm an, daß die Planeten Merkur und Venus die Erde in kleinerer Entfernung als die Sonne umkreisten. Die Verbindungslinie: Erde — Epizykelmittelpunkt dieser beiden Planeten (EM) — Sonne müsse immer eine Gerade sein, weshalb weder Merkur noch Venus je anders als in sichelförmiger Gestalt gesehen werden könnten. Da es zur Zeit des Ptolemäus noch keine optischen Instrumente gab, war diese Annahme nicht nachzuprüfen.

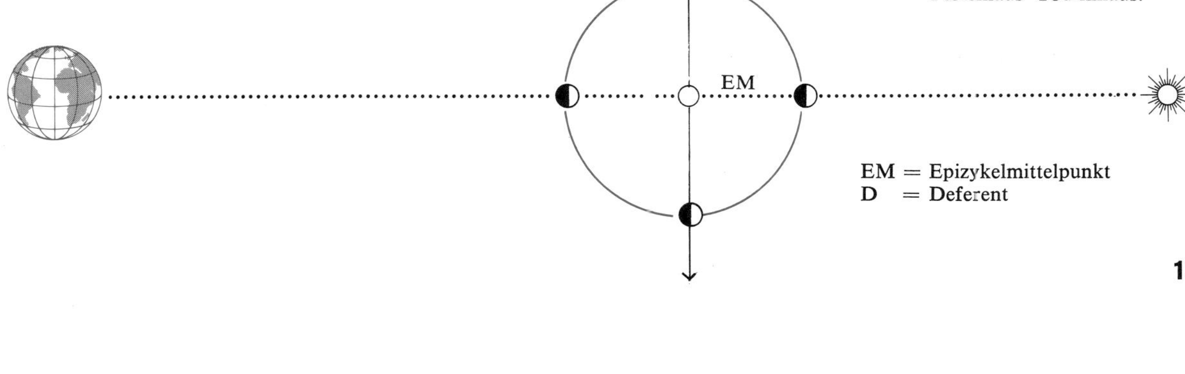

EM = Epizykelmittelpunkt
D = Deferent

Die kopernikanische Revolution

1543 veröffentlichte ein deutsch-polnischer Domherr, Nikolaus Kopernikus, ein Buch mit dem Titel **De revolutionibus orbium coelestium** (Über die Umläufe der Himmelskörper). Es bedeutete den Beginn einer neuen Ära. Kopernikus lehnte die Ptolemäische Theorie ab und stellte ein System auf, in dem nicht die Erde, sondern die Sonne den Mittelpunkt des Planetensystems bildete.

Kopernikus war kein Beobachter, aber ein überragender Mathematiker, dem das unübersichtliche und künstliche Schema von Ptolemäus widerstrebte. Stünde die Sonne im Mittelpunkt, so könnten viele Komplikationen mit einem Streich aus der Welt geschafft werden. Da Kopernikus aber an der Vorstellung perfekter Kreisbahnen festhielt, konnte auch er in einigen Fällen nicht ohne Epizykel auskommen.

Kopernikus kontra Ptolemäus

Kopernikus wußte wohl, daß seine Ideen von der Kirche nicht gebilligt wurden. Die Erde nicht als den Mittelpunkt aller Dinge zu betrachten, mußte zu einer Anklage wegen Ketzerei führen. Aus Vorsicht widersetzte sich Kopernikus bis kurz vor seinem Tode der Veröffentlichung seines Buches. Er erhielt das erste gedruckte Exemplar an seinem Todestag.

Seine Angst war durchaus begründet. Die Lehre, daß die Erde um die Sonne kreise, wurde als übelste Ketzerei betrachtet, wie dies einige unglückliche Anhänger von Kopernikus am eigenen Leibe erfahren mußten. Giordano Bruno starb im Jahre 1600 den Flammentod in Rom, wobei freilich das Eintreten für die Kopernikanische Lehre nur eines der vielen Verbrechen war, deren ihn die Inquisition bezichtigte. Das große Werk von Kopernikus wurde auf den Index gesetzt — und blieb dort bis zum Jahre 1835!

Tycho Brahe

Der Däne Tycho Brahe gehörte nicht zu den Anhängern des Kopernikus. Er glaubte weiterhin daran, daß die Erde eine Vorrangstellung einnehme. Dennoch erkannte er die Haltlosigkeit des ptolemäischen Systems und ersetze es durch eine eigene Theorie, die eine Verschmelzung beider Systeme darstellte. Verfechter der Astrologie, war er zugleich ein Künstler auf dem Gebiet der astronomischen Beobachtungstechnik und stellte zwischen 1575 und 1595 einen Sternkatalog auf, der die früheren an Genauigkeit erheblich übertraf. Zusätzlich führte er hervorragende Messungen der Planetenpositionen durch, speziell von Mars. Nach Brahes Tode im Jahre 1601 fielen seine Beobachtungen an seinen letzten Gehilfen, Johannes Kepler.

Die Keplerschen Gesetze

Kepler wies nach, daß Tychos genaue Messungen des Mars zu keiner Kreisbahn, weder um die Erde noch um die Sonne, paßten. 1609 fand er schließlich die Antwort: Die Planeten umkreisen die Sonne nicht in kreisförmigen, sondern in elliptischen Bahnen. Für Mars beträgt die Exzentrizität 0,093, für die Erde nur 0,017.

Aus diesen Resultaten konnte Kepler die drei berühmten Gesetze der Planetenbewegung ableiten, die seinen Namen tragen und auf die sich alle späteren Arbeiten stützen. Kepler starb nach einem unglücklichen Leben im Jahre 1630.

Von Galilei bis Newton

Ein energischer Verfechter des kopernikanischen Systems war der italienische Mathematiker Galileo Galilei, berühmt durch seine epochemachenden Fernrohrbeobachtungen. 1633 wurde er vom Heiligen Offizium nach Rom zitiert, wo er seine «absurde» Lehre, die Erde bewege sich um die Sonne, abschwören und widerrufen mußte. Die folgenden neun Jahre bis zu seinem Tode verbrachte er unter kirchlicher Überwachung. Galilei war der letzte Wissenschaftler, der verfolgt wurde, weil er die Erde für einen gewöhnlichen Planeten hielt. Newton (1642 bis 1717) veröffentlichte im Jahre 1687 sein Buch **Principia,** worin er die Gravitationsgesetze darlegte und damit die Wandlung des Weltbildes vollendete.

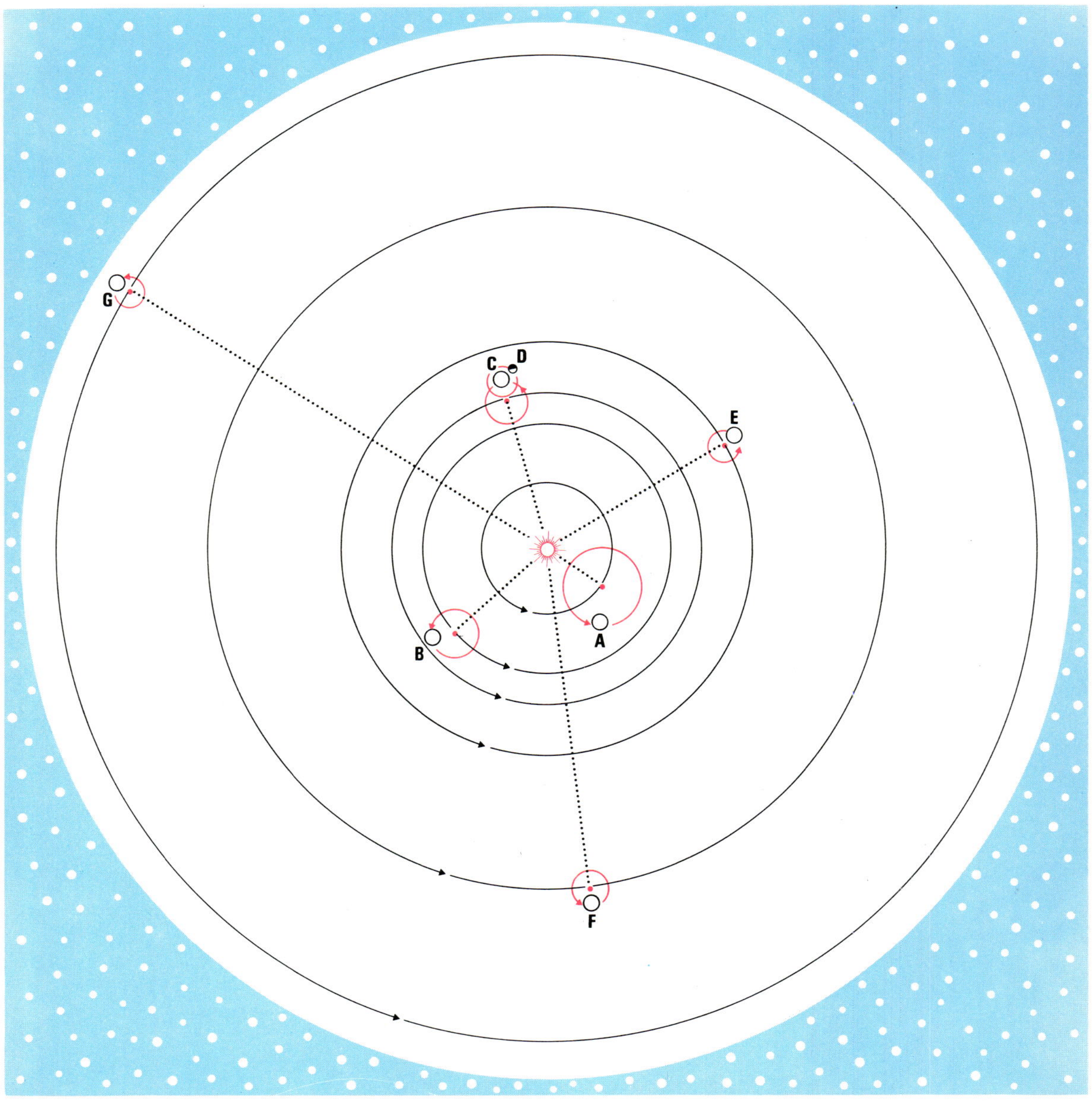

Das kopernikanische System (oben)
Nach der Theorie des Kopernikus steht die Sonne im Mittelpunkt des Sonnensystems mit den sie umkreisenden Planeten Merkur (A), Venus (B), Erde (C), Mars (E), Jupiter (F) und Saturn (G); nur der Mond (D) beschreibt einen Kreis um die Erde. Die Kreisförmigkeit der Bahnen und die Epizykel wurden beibehalten. Kopernikus stellte diese seine Theorie vermutlich schon vor 1530 auf, sträubte sich aber gegen ihre Veröffentlichung. Erst im hohen Alter ließ er sich durch Joachim Rhäticus, Professor der Mathematik in Wittenberg, die Erlaubnis zum Druck seines Werkes abringen. In weiser Voraussicht widmete Kopernikus das Buch dem Papst (Paul III.), aber der Herausgeber, Osiander, schrieb unbefugterweise ein Vorwort, aus dem man den Eindruck gewinnen mußte, das kopernikanische System sei lediglich eine «mathematische Spielerei» und nur für die Vorhersage der Planetenpositionen nützlich.

Tycho Brahe (oben und rechts)
Tycho Brahe lebte von 1546 bis 1601. Er lehnte das kopernikanische System ab und hielt an dem Glauben fest, daß sich die Planeten um die Sonne (A) bewegen, während diese selbst die Erde (B) umkreist. Tycho war zweifellos der genialste Beobachter vor der Erfindung des Fernrohrs. Er beobachtete die Supernova des Jahres 1572 und bewies, daß der helle Komet des Jahres 1577 viel weiter entfernt war als der Mond.
Rechts. Ein Raum seiner Sternwarte in Uranienburg mit dem großen Mauerquadranten, erbaut mit der großzügigen Unterstützung König Friedrichs II. von Dänemark.

Johannes Kepler
Johannes Kepler (1571 bis 1630), mathematisches Genie und astrologischer Mystiker in einer Person, schloß sich nach seinem Studium an der Universität Tübingen und einer Lehrtätigkeit an der protestantischen Knabenschule in Graz Tycho Brahe an, der seine dänische Heimat verlassen und sich in Prag angesiedelt hatte. Nach Tychos Tod verwendete Kepler dessen Beobachtungen für den Beweis, daß nicht die Erde, sondern die Sonne im Mittelpunkt des Planetensystems steht. Sein erstes Gesetz (Skizze unten) besagt, daß sich die Planeten in Ellipsen um die Sonne bewegen; die Sonne liegt in einem Brennpunkt (f_1) der Ellipse, während der andere Brennpunkt leer ist.
Trotz seiner hervorragenden und weitsichtigen mathematischen Arbeiten sind Keplers Vorstellungen keineswegs fortschrittlich zu nennen. Er übersetzte die Verhältnisse der Abstände und Geschwindigkeiten in die Sprache der Musik (die «Sphärenmusik») und glaubte, daß die regelmäßigen Vielecke gerade zwischen die einzelnen Planetenbahnen passen (rechts).
Man stelle sich einen Würfel vor, dessen Ecken eine Kugel berühren, und placiere eine weitere Kugel in den Würfel, die dessen Seitenflächen berührt. In diese Kugel stelle man ein Tetraeder, dessen Ecken auf der Kugel liegen. Darauf folge eine eingeschriebene Kugel, die ein Dodekaeder

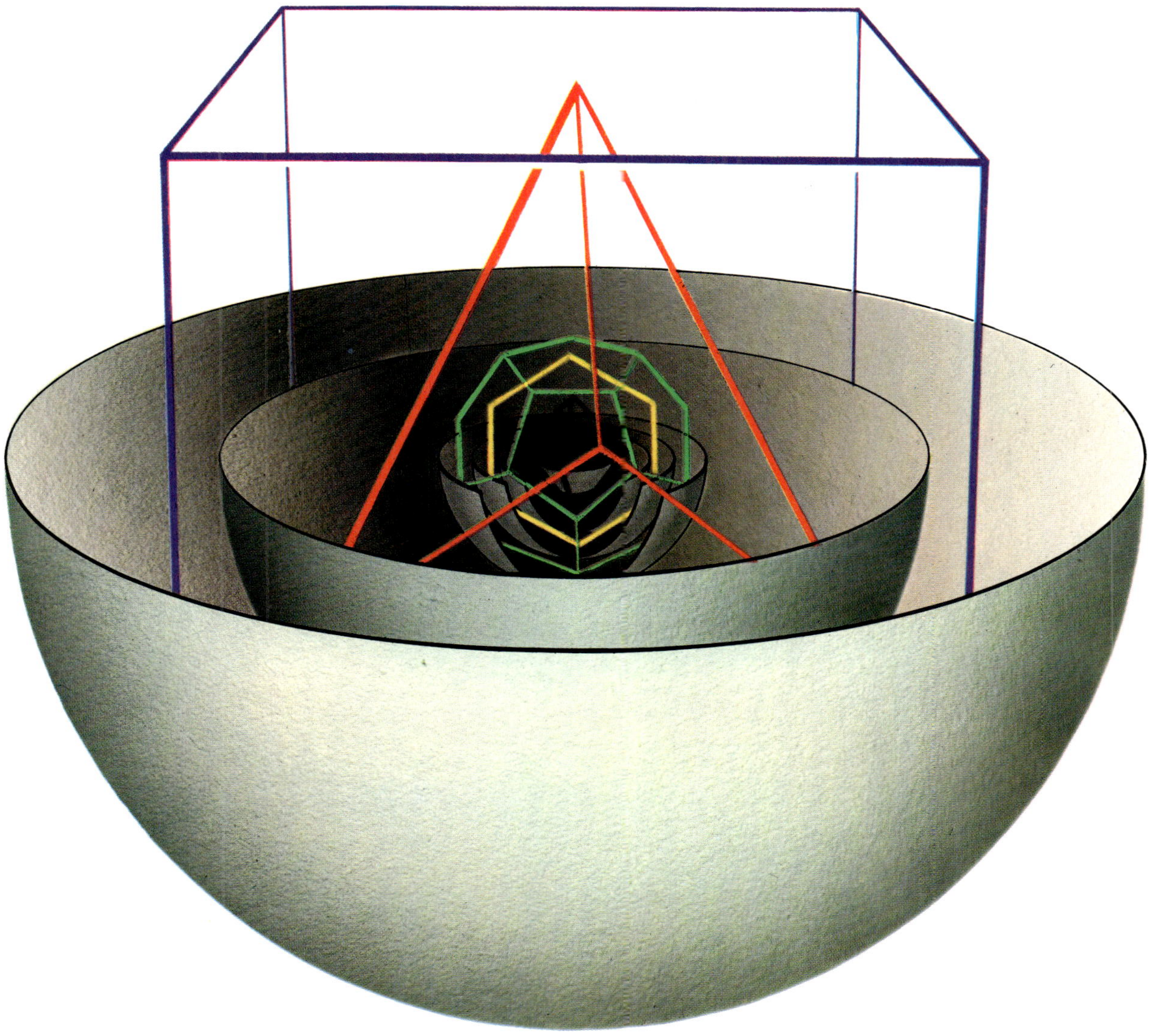

enthält. Dieses umschließe die vierte Kugel, die ein Ikosaeder enthält. Die darin eingeschriebene Kugel umschließt ein Oktaeder. Die sechste und letzte Kugel sollte darin eingeschlossen sein, aber Kepler nahm den eingeschriebenen Kreis. Die Radien der so erhaltenen Kugeln und des Kreises stehen in einem bestimmten Verhältnis zueinander und, wie Kepler hoffte, auch zu den Radien der Planetenbahnen.
1619 veröffentlichte er die **Harmonices Mundi** (Weltharmonik), die das wichtige dritte Gesetz der Planetenbewegung enthalten (s. S. 150).

Keplers fünf regelmäßige Vielecke (rechts)
Die fünf regelmäßigen Vielecke, die Kepler mit den Planetenbahnen in Verbindung zu bringen suchte:
1. Würfel; 2. Tetraeder;
3. Dodekaeder; 4. Ikosaeder;
5. Oktaeder.

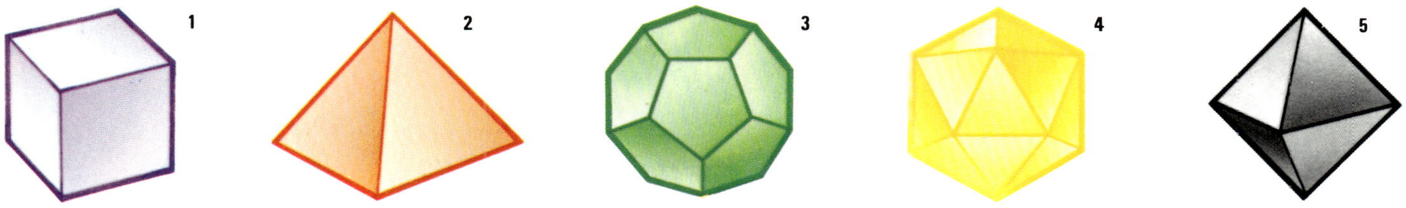

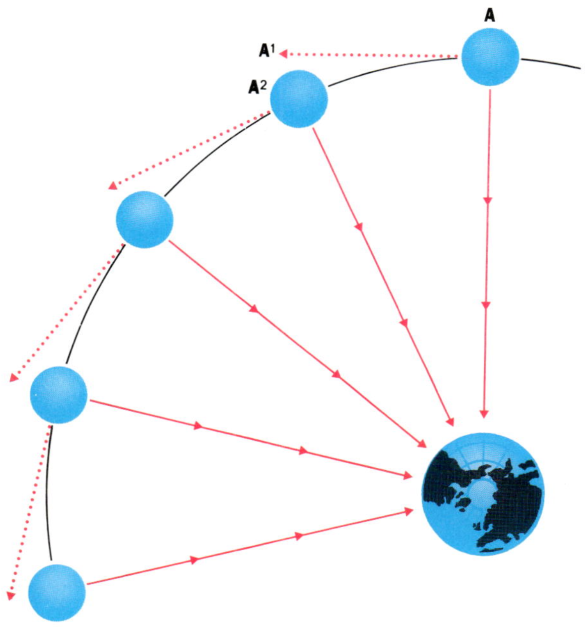

Newton (oben)
Newton war einer der hervorragendsten Mathematiker aller Zeiten. 1687 veröffentlichte er das unter dem abgekürzten Titel **Principia** bekannt gewordene Buch, in dem er die Gravitationsgesetze darlegte und viele andere Erscheinungen erklärte, wie etwa diejenige der Gezeiten, die immer als ein Rätsel betrachtet wurden. Newtons Werk gilt als die größte geistige Leistung, die ein einzelner Mensch überhaupt zu vollbringen vermag. Es leitete die Ära der modernen Astronomie ein.

Zentripetale Beschleunigung (oben)
Newton zeigte, daß die fast regelmäßige kreisförmige Bewegung des Mondes ein besonderer Fall von beschleunigter Bewegung gegen den Erdmittelpunkt hin ist. Ohne Störung durch die Erdmasse würde sich der Mond von A (Skizze oben) gegen A¹ bewegen. Tatsächlich bewegt er sich aber nach A². Es muß also eine Geschwindigkeitsänderung in der Richtung A¹-A², d. h. gegen den Erdmittelpunkt hin, eingetreten sein. Sie wird durch die Anziehungskraft (Gravitation) der Erde verursacht. Newton legte diese Theorie als erster in seinen **Principia** dar.

Die Sternwarte von Greenwich (oben)
Die Astronomie war von jeher die Grundlage der Navigation. Im 17. Jahrhundert stellte die Bestimmung der geografischen Länge auf offener See das schwierigste Problem für die Seeleute dar, es war nur durch astronomische Beobachtungen und mit Hilfe eines guten Sternkataloges zu lösen.
Zu diesem Zweck veranlaßte König Charles II. 1675 die Gründung der Greenwicher Sternwarte. John Flamsteed, der erste Königliche Astronom, stellte einen genauen Sternkatalog zusammen. Die alte Greenwicher Sternwarte ist heute ein Museum. 1957 wurde das wissenschaftliche Inventar nach Herstmonceux in Sussex verbracht.

Astronomische Teleskope

Die Fernrohrastronomie begann 1609/10 mit den ersten Beobachtungen von Harriott, Galilei und Marius, wobei Galilei seinen Zeitgenossen an Geduld, Scharfsichtigkeit und Geschicklichkeit weit überlegen war.

Refraktoren oder Linsenfernrohre
Galilei, damals Professor der Mathematik an der Universität von Padua (Italien), hörte von dem neuen Instrument, das von Hans Lippershey in Holland erfunden worden war. «Weder Mühe noch Kosten scheuend», wie er selbst schrieb, baute er sich ein eigenes Teleskop. Ende 1609 machte er eine ganze Reihe von erregenden Entdeckungen: die Berge und Krater auf dem Mond, die vier hellen Satelliten des Jupiter, die Venusphasen, die Sonnenflecken und die Zusammensetzung der Milchstraße aus einzelnen Sternen. Den Venusphasen schenkte er besondere Aufmerksamkeit, da die Venus nach der Ptolemäischen Theorie immer in sichelförmiger Gestalt erscheinen sollte (s. S. 13 unten). Die Beobachtungen der zur Hälfte oder noch mehr beleuchteten Venus bestätigten Galileis Ansicht, daß das ptolemäische System falsch sein müsse. Auch umkreisten die vier Begleiter Jupiters ihren eigenen Planeten und nicht die Erde, so daß auf alle Fälle mehr als nur ein Bewegungszentrum im Sonnensystem bestehen mußte.

Chromatische Aberration
Die Linsenfernrohre hatten jedoch einen großen Nachteil. Das Objektiv (die Hauptlinse, die das Licht sammelt) bricht das Licht verschiedener Wellenlängen verschieden stark. Der rote Anteil des Lichtes wird in einer größeren Entfernung von der Linse gesammelt als der violette, was bei hellen Objekten zu Farbringen führt.
Eine Handhabe dagegen bot der Bau von Teleskopen mit extrem großer Brennweite. Freilich wurden sie dadurch schwerfällig und unhandlich. Um so erstaunlicher ist es, wieviel mit Hilfe dieser sperrigen und unpraktischen Teleskope geleistet wurde! Manche Beobachter befestigten das Objektiv sogar an einem hohen Mast.

Newton und die Natur des Lichts
Isaac Newton untersuchte die Natur des Lichts in seinem Heim in Lincolnshire, als die Universität von Cambridge 1665 wegen der Pest geschlossen wurde. Er entdeckte, daß das Sonnenlicht beim Durchtritt durch ein Glasprisma in alle Farben des Regenbogens aufgefächert wird. Dies war der Anfang der Spektroskopie. Newton führte seine Experimente leider nicht weiter. Er kam zu dem Schluß, daß die Farbfehler des Refraktors nie behoben werden können, und entwickelte eine neue Art Teleskop, den Reflektor. Das Licht des Beobachtungsobjektes wird, anstatt durch eine Linse, von einem Hohlspiegel gesammelt, der das Licht aller Wellenlängen gleichmäßig reflektiert.

Reflektoren oder Spiegelteleskope
J. Gregory hatte das Prinzip des Reflektors schon 1663 beschrieben, aber Newton schritt als erster zur Verwirklichung. 1671 legte er der Royal Society sein erstes Spiegelteleskop mit einem 2½-cm-Spiegel aus Metall vor. Das Newton-Teleskop, in dem das Lichtbündel von einem am unteren Ende des Tubus befindlichen Hohlspiegel zurückgeworfen, gesammelt und kurz vor dem Brennpunkt durch einen ebenen Fangspiegel zur Seite gelenkt wird, ist noch heute in Gebrauch. Daneben gibt es natürlich auch noch andere Typen von Reflektoren.

Weiterentwicklung der Teleskope
Fraunhofer und Dollond konnten im 18. Jahrhundert die chromatische Aberration bei Refraktoren durch zusammengesetzte Linsen teilweise beheben. Nach 1774 baute William Herschel, der aus Hannover nach England gegangen war, immer größere Spiegelteleskope und entdeckte 1781 den Planeten Uranus. 1789 baute er seinen größten Reflektor mit einem 1,2-m-Spiegel, bis zum Bau des 1,8-m-Reflektors von Lord Rosse im Jahre 1845 der größte der Welt.

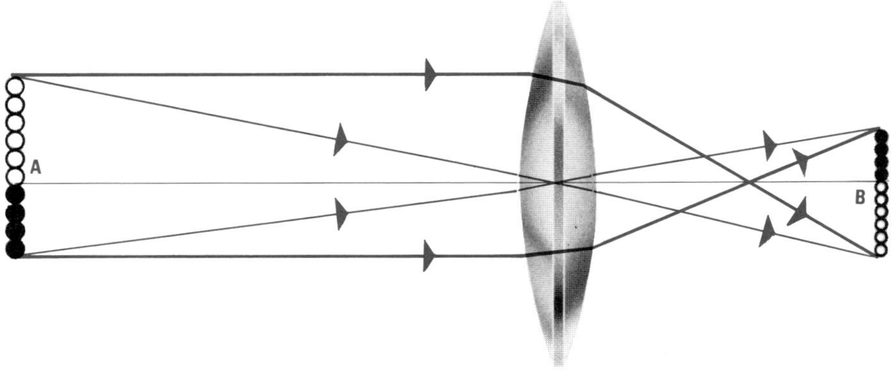

Strahlengang im Refraktor (links)
Beim Refraktor tritt das Licht des Objekts (A) durch eine Glaslinse und wird im Brennpunkt gesammelt, wo es ein Bild entwirft (B).
Bei einem terrestrischen Fernrohr muß zur Bildumkehrung ein zusätzliches Linsensystem eingeführt werden, das aber wegen des dadurch entstehenden Lichtverlustes bei astronomischen Instrumenten nicht verwendet wird.

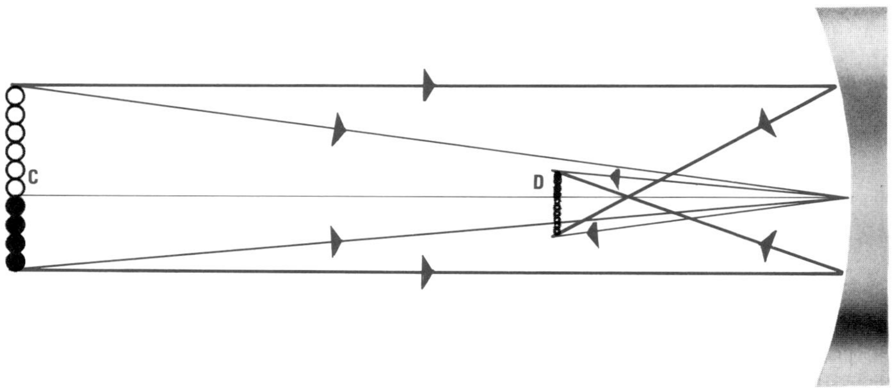

Strahlengang im Reflektor (links)
Beim Reflektor wird das Licht des Objekts (C) von einem Hohlspiegel zurückgeworfen und im Brennpunkt gesammelt, wo es ein Bild entwirft (D). Das Bild steht auf dem Kopf.
Die Lichtstrahlen von sehr weit entfernten Objekten, z. B. von astronomischen Beobachtungsobjekten (deren Entfernungen praktisch als unendlich angenommen werden können), fallen als parallele Strahlenbündel in das Teleskop.

Das Newton-Teleskop (unten)
In der Anordnung nach Newton trifft das Licht auf einen Parabolspiegel und wird im Fernrohrtubus zurückgeworfen, wo die Lichtstrahlen durch einen kleineren, um 45° geneigten Planspiegel seitwärts aus dem Tubus gelenkt werden. Dort wird das Bild entworfen und mit dem Okular vergrößert. Daß der geneigte Planspiegel einen Teil des Hauptspiegels verschattet, fällt nicht ins Gewicht. Bei den modernen Riesenreflektoren wird die Anordnung nach Newton nur noch selten angewandt. Der Beobachter sitzt dann in einem Käfig im Innern des Teleskoptubus, das Bild entsteht im Primärbrennpunkt.

Das Herschel-Teleskop (unten)
Die Anordnung nach Herschel, so benannt nach Sir William Herschel, dem besten Teleskopbauer des 18. Jahrhunderts, stellte den Versuch dar, ohne Planspiegel auszukommen. Der Hauptspiegel wurde etwas gegen die Tubusachse geneigt, so daß das Bild direkt seitlich des Teleskops entworfen wird. Dadurch entstanden aber Bildverzerrungen, und das Justieren war außerordentlich heikel und schwierig, so daß diese Anordnung den Lichtverlust einer zusätzlichen Reflexion nicht ausglich. Heute wird die Anordnung nach Herschel nicht mehr verwendet.

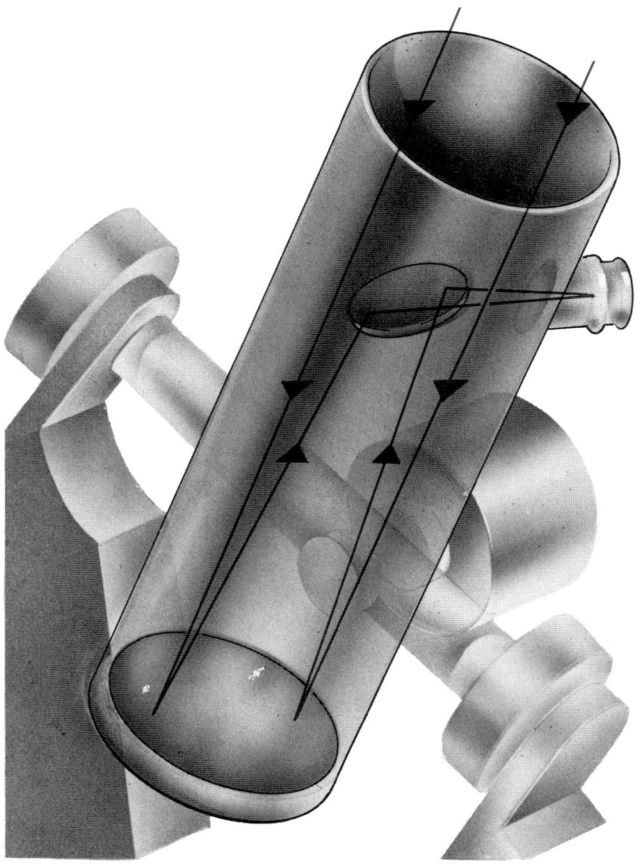

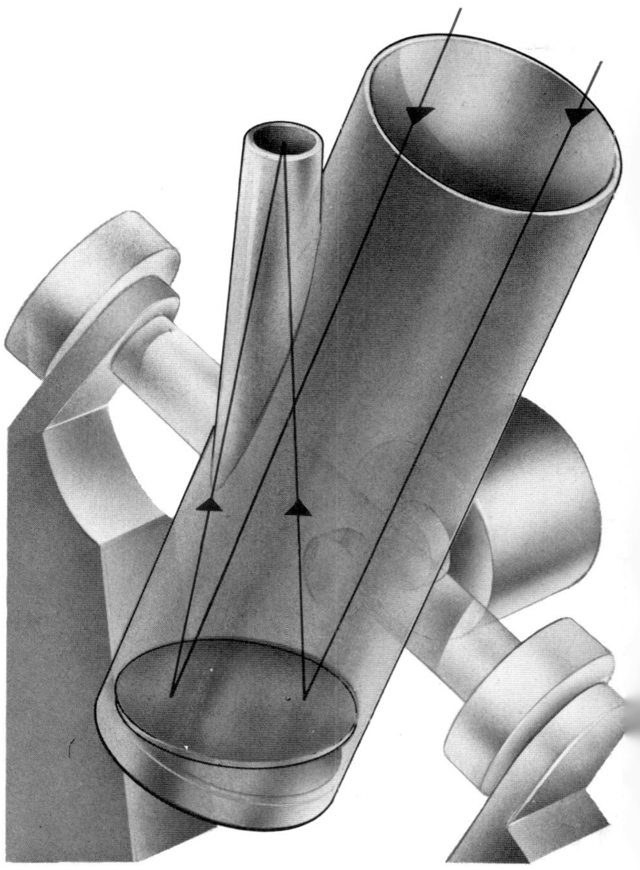

Hauptspiegel für Reflektoren (links)
Newtons Reflektor hatte einen 2½-cm-Spiegel aus Metall. Die modernen Spiegel werden aus Spezialglas hergestellt, das auf der reflektierenden Seite mit Silber, Aluminium oder Rhodium belegt ist. Dieser Belag muß von Zeit zu Zeit erneuert werden.

Ein Spiegel von Herschel (links)
Ein von Sir William Herschel geschliffener 20-cm-Spiegel ist in der Sternwarte Armagh in Nordirland ausgestellt. Er stammt wahrscheinlich aus einem Teleskop mit Herschel-Anordnung, wie es Ende des 18. Jahrhunderts benützt wurde.

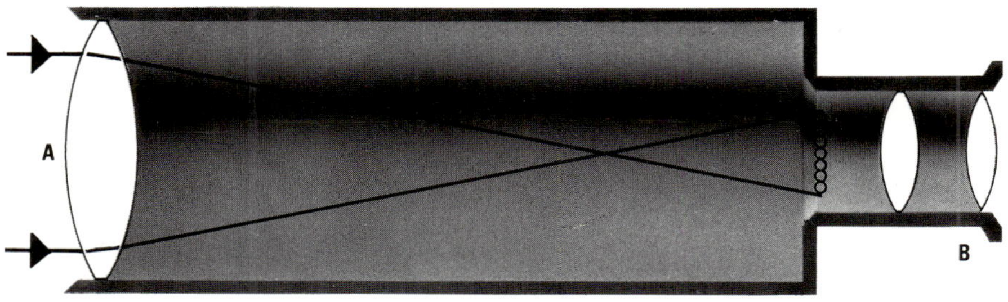

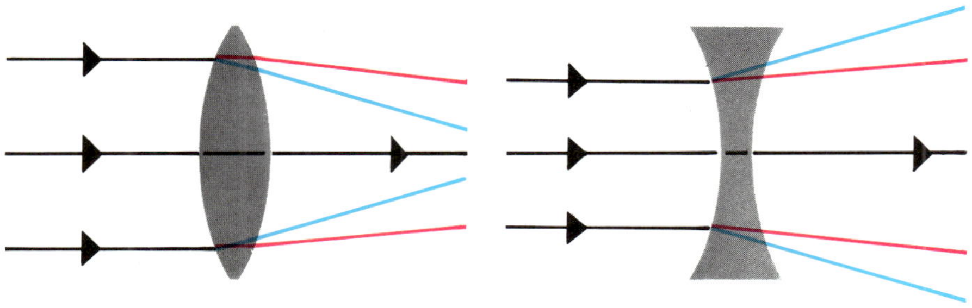

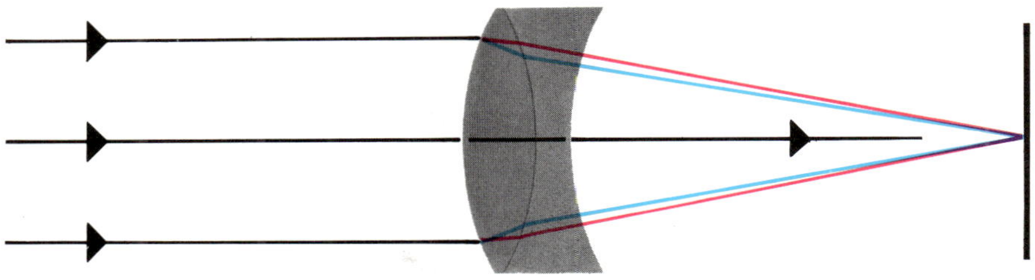

Prinzip des Refraktors (links)
Die oberste Zeichnung zeigt das Prinzip des Refraktors: Die Objektivlinse (A) entwirft ein Bild, das durch das Okular (B) vergrößert wird. Die Objektivlinse soll möglichst viel Licht sammeln; die Vergrößerung geschieht in der Hauptsache durch das Okular. Ein astronomisches Teleskop wird mit einer ganzen Reihe von Okularen ausgerüstet. Die Vergrößerung findet man, indem man die Objektivbrennweite durch die Okularbrennweite dividiert.

Chromatische Aberration (links)
Die mittlere Zeichnung zeigt die Ursache der «Farbsäume»: Die verschiedenen Farben werden an verschiedenen Stellen gesammelt, da Licht von größerer Wellenlänge weniger stark gebrochen wird als das von kleinerer Wellenlänge. Durch Verwendung verschiedener Glassorten (Kron und Flint) kann dieser Fehler behoben werden (nach Hall und Dollond).

Die Fortpflanzung des Lichts (unten)
Licht kann als Wellenbewegung betrachtet werden. Die Farbe des Lichts hängt von seiner Wellenlänge ab. Im sichtbaren Gebiet hat Rot die größte Wellenlänge (Skizze unten) und Violett die kleinste, die übrigen Farben des Regenbogens liegen dazwischen. Die Wellenlänge des Lichts ist äußerst klein: Die Maßeinheit ist das Ångström, das einem zehnmillionstel Millimeter entspricht. Newtons Experimente zeigten, daß die Natur des Lichts komplizierter ist, als man annahm. Damals begann die Diskussion über die Frage, ob das Licht eine Wellenbewegung oder ein Strom feinster Teilchen oder Körperchen sei.

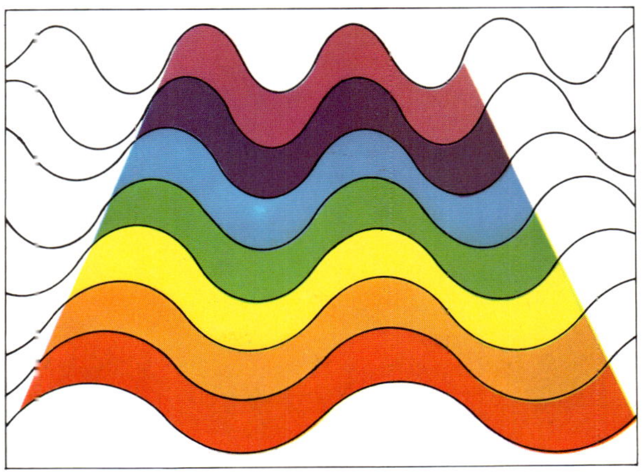

Das Cassegrain-Teleskop (unten)
Das Cassegrain-Teleskop ist eine weitere bekannte Anordnung eines Reflektors, wo das Licht von einem konvexen Sekundärspiegel durch ein Loch im Hauptspiegel zurückgeworfen wird. Sein Brennpunkt liegt hinter dem Hauptspiegel, wo das Bild in der üblichen Weise mit einem Okular vergrößert wird. In Spezialausführungen des Cassegrain-Teleskops ist der Hauptspiegel nicht durchbohrt, das Lichtbündel wird durch einen kleinen, vor dem Hauptspiegel angebrachten, geneigten Planspiegel aus dem Rohr herausgelenkt. Das Cassegrain-Teleskop liefert hohe Vergrößerungen und ist wegen seiner kurzen Tubuslänge sehr handlich. Das heute veraltete Gregory-Teleskop hat einen konkaven Sekundärspiegel, der außerhalb des Hauptspiegelbrennpunktes liegt.

Das Coudé-Teleskop (unten)
Die Coudé-Anordnung benötigt einen drehbaren Spiegel, der das Lichtbündel in eine raumfeste Richtung ablenkt. Okular und Beobachter bleiben immer an der gleichen Stelle, auch wenn das Teleskop in eine andere Richtung gedreht wird. Dies hat den großen Vorteil, daß auch schwere Zusatzinstrumente aufgebaut werden können und dann ortsfest bleiben. Heute sind die meisten großen Teleskope, wie z. B. der 5-m-Spiegel der Hale-Sternwarte in Palomar, so eingerichtet, daß sie mit wenigen Handgriffen in ein Coudé-Teleskop umgewandelt werden können.

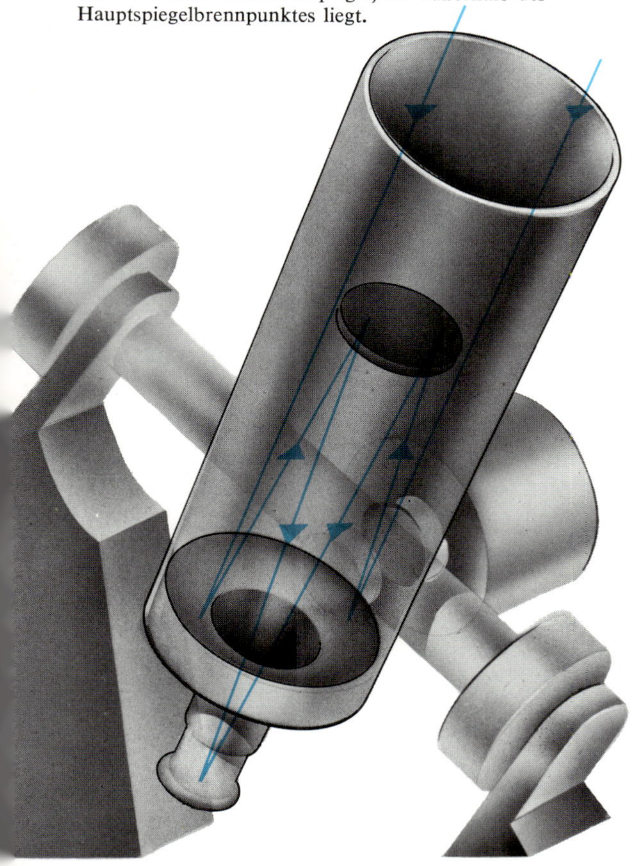

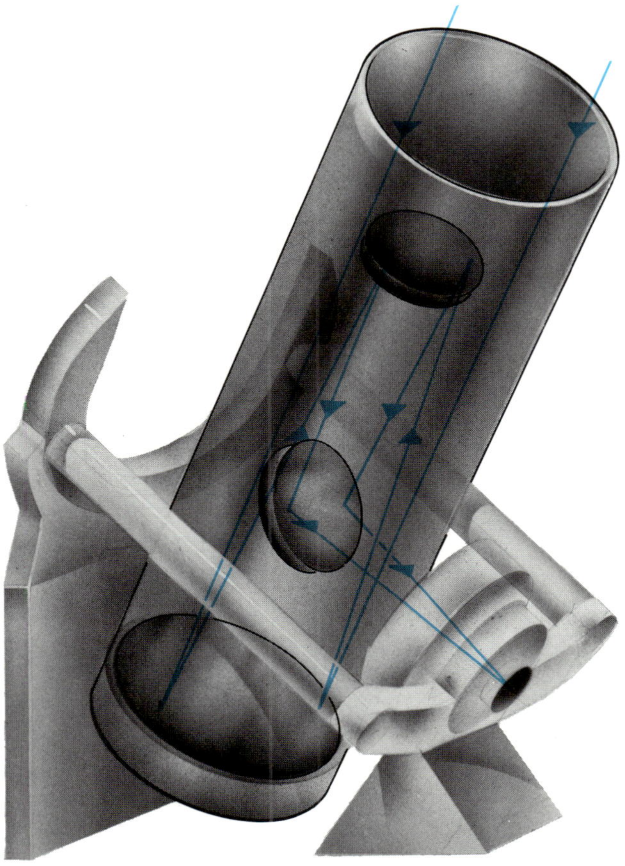

Strahlengang des Lichts in einem Prisma (unten)
Newton entdeckte, daß ein Bündel Sonnenlicht beim Durchgang durch ein Glasprisma in eine Reihe von Farben von Rot über Orange, Gelb, Grün und Blau bis Violett aufgefächert wird. Er erhielt somit das, was wir heute ein Spektrum nennen (siehe untenstehende Zeichnung). Newton führte diese ersten Experimente im Jahre 1665 durch.

Die Bedeutung der Farben (unten)
Im Verlaufe seiner Untersuchungen entdeckte Newton, daß das Licht einer beliebigen Wellenlänge beim Durchtritt durch ein zweites Prisma nicht mehr weiter aufgefächert wird. Die untenstehende Zeichnung veranschaulicht Newtons Versuch: Im ersten Prisma (links) wird das weiße Licht in die Regenbogenfarben aufgefächert. Eine beliebige Wellenlänge wird durch ein Loch in einem Schirm herausgesiebt und durch ein zweites Prisma geleitet. Dieser Versuch zeigte die fundamentale Bedeutung der Spektralfarben.

Rekombination eines Spektrums (unten)
Newton konnte die verschiedenen Farben des Spektrums durch ein zweites, gegenüber dem ersten kopfstehendes Prisma wieder in das ursprüngliche weiße Lichtbündel zurückverwandeln. Diese Resultate veröffentlichte er 1704 in seinem Buch **Optics.**

Der Reflektor von Kwasan (links)
Der 60-cm-Reflektor der Sternwarte Kwasan (Universität von Kyoto, Japan) ist ein Cassegrain-Teleskop, der Tubus ist als Gitterkonstruktion ausgeführt. Er wird weitgehend für die Planetenbeobachtung verwendet.

Der Reflektor von Palomar (links)
Die Fotografie zeigt, wie ein Beobachter im Coudé-Brennpunkt des 5-m-Palomar-Reflektors eine fotografische Platte einschiebt. Der Wechsel von einem optischen System zu einem andern benötigt eine gewisse Zeit, ist aber eine Routinesache.

Die Natur des Lichts

Im 19. Jahrhundert nahmen zwei der wichtigsten Entwicklungen der astronomischen Wissenschaft ihren Anfang: Spektroskopie und Fotografie, die unabhängig voneinander entstanden, aber noch vor Ende des Jahrhunderts kombiniert wurden.

1802 wiederholte ein englischer Amateur, W. H. Wollaston, Newtons Experimente mit Glasprismen. Er bemerkte, daß das Regenbogenband dunkle Linien aufwies, hielt sie aber lediglich für die Grenzen zwischen den verschiedenen Farben.

Den nächsten Schritt tat 1814 Joseph Fraunhofer. Der junge Deutsche, der beste Linsenhersteller seiner Zeit, gilt zu Recht als Pionier der astronomischen Spektroskopie. Wie Wollaston, lenkte auch er das Sonnenlicht durch einen Spalt und ein Prisma und beobachtete das Regenbogenband. Auch er sah die dunklen Linien, aber er erfaßte auch deren große Bedeutung. Sie waren immer von der gleichen Intensität und erschienen immer an der gleichen Stelle. Fraunhofer stellte einen Katalog der dunklen Linien im Sonnenspektrum zusammen, aber nach seinem frühen Tod ruhte die weitere Forschung auf diesem Gebiet, bis Gustav Kirchhoff aus Heidelberg 1859 die grundlegenden Gesetze der Spektroskopie aufstellte, die einen Weg zur Erklärung der dunklen Fraunhoferschen Linien wiesen.

Kirchhoff entdeckte, daß ein weißglühender Körper, Flüssigkeit oder Gas unter hohem Druck ein kontinuierliches oder Regenbogenspektrum aussenden, wogegen ein Gas unter niedrigem Druck ein Emissionsspektrum liefert, das aus einzelnen, isolierten hellen Linien besteht. Diese Linien sind für die das Licht aussendende Substanz charakteristisch. Wenn ein Gas unter niedrigem Druck zwischen einem kontinuierlichen Spektrum und dem Beobachter liegt, werden diese Linien umgekehrt und erscheinen dunkel. Anders ausgedrückt heißt dies, daß eine Substanz unter bestimmten Umständen das Licht derjenigen Wellenlänge absorbieren kann, die sie normalerweise aussenden würde.

Dies gilt für die Fraunhoferschen Linien im Sonnenspektrum. Die helle Sonnenoberfläche sendet ein kontinuierliches Spektrum aus; das dünne Gas über der Oberfläche würde normalerweise helle Linien liefern, die hier aber dunkel als Absorptionslinien erscheinen. Natrium z. B. liefert im glühenden Zustand zwei helle gelbe Linien, die in bezug auf Wellenlänge und Intensität den beiden dunklen Linien im gelben Teil des Sonnenspektrums entsprechen. Dies ist der Beweis, daß es auf der Sonne Natrium gibt.

Aufbau der Atome

Alle Gegenstände bestehen aus Atomen, und jedes Atom ist aus Elementarteilchen zusammengesetzt. Die wichtigsten Elementarteilchen sind das Proton mit einer positiven Einheitsladung, das Neutron ohne Ladung und das viel masseärmere Elektron mit einer negativen Einheitsladung. Nach dem Modell des dänischen Physikers Niels Bohr besteht ein Atom aus einem zentralen Kern (Protonen und Neutronen), um den so viele Elektronen kreisen, daß die positive Ladung des Kerns aufgehoben ist. Es gibt 92 natürlich vorkommende Arten von Atomen (Elemente); sie reichen vom Wasserstoff (ein Elektron) bis zum Uran (92 Elektronen). In letzter Zeit konnten künstlich noch schwerere Elemente hergestellt werden, von denen die meisten aber nach kurzer Zeit wieder zerfallen.

Die Elektronen umkreisen einen Kern nicht ungeordnet, sie halten genau bestimmte Bahnen ein. Wenn ein Elektron von einer Bahn in eine andere springt, wird Strahlung einer bestimmten Wellenlänge ausgesandt oder absorbiert.

Fotografie

Mit einer Mondaufnahme von Draper im Jahre 1840 und — zehn Jahre später — mit einer Aufnahme des Sterns Castor fand die Fotografie erstmals Eingang in die Astronomie. Noch vor Ende des Jahrhunderts hatten fotografische Methoden jede visuelle Beobachtung weitgehend verdrängt. Die großen Teleskope werden als Riesenkameras sowohl für normale Aufnahmen wie auch für die Spektroskopie verwendet.

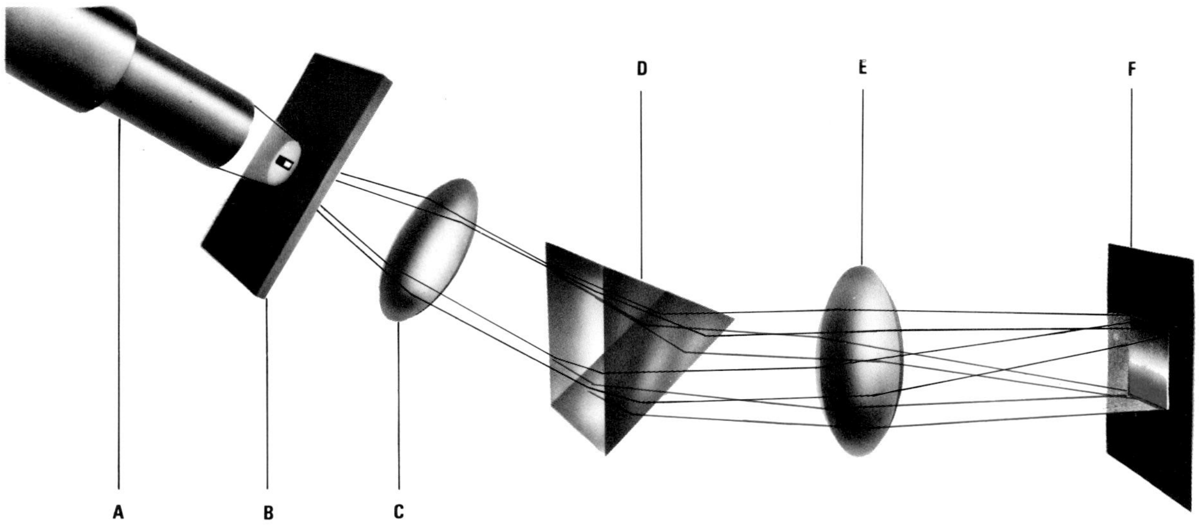

Der Aufbau eines Spektroskops (oben)
Die Zeichnung zeigt die wichtigsten Teile eines astronomischen Spektroskops: Vom Fernrohr (A) fällt das Licht durch einen Spalt (B) auf eine Kollimationslinse (C), welche die Strahlen zu einem parallelen Bündel formt. Darauf fällt das Strahlenbündel auf ein Prisma (D) und wird zur Bildlinse (E) abgelenkt, so daß das endgültige Spektrum bei (F) entsteht. Je größer das Teleskop ist, desto mehr Licht kann es sammeln. Wenn das Licht eines entfernten Sterns oder Sternsystems durch das Prisma aufgefächert wird, wird es natürlich noch weiter abgeschwächt. Dies ist der Grund, warum zu spektroskopischen Studien von entfernten Objekten die größten Teleskope benützt werden müssen, wobei anstelle eines Prismas auch ein Beugungsgitter verwendet werden kann.

Stich eines Sonnenfleckens aus dem 19. Jahrhundert (oben)
Stich eines Sonnenfleckens von S. Langley aus dem Jahre 1887. Man sieht den Flecken und die umgebende Granulation, doch wird die Darstellung natürlich nicht in allen Details der Realität gerecht. Vor der Verbreitung der Fotografie mußten alle Bilder von Sonnenflecken gezeichnet werden.

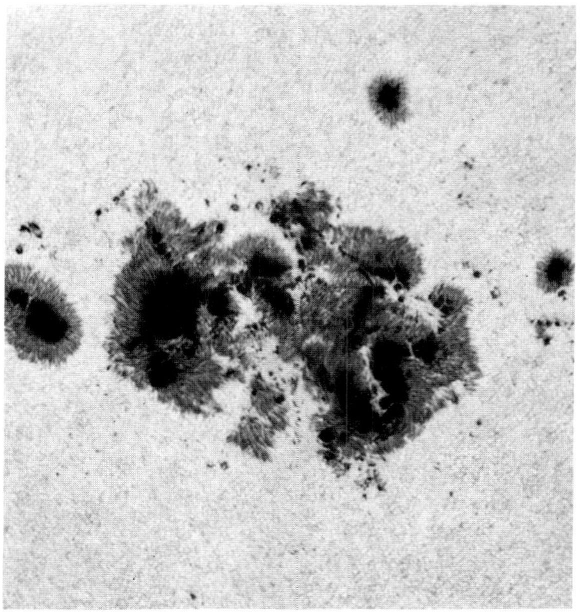

Moderne Fotografie eines Sonnenfleckens (oben)
Moderne Fotografie einer Gruppe von Sonnenflecken vom 17. Mai 1957 (Mount Wilson und Palomar). Ein Vergleich mit Langleys Stich zeigt den großen Detailreichtum der Fotografie. Heute haben die fotografischen Methoden die alten Techniken der visuellen Beobachtung verdrängt.

Fotografie des Mondes aus dem Jahre 1877 (oben)
Mondaufnahme von Rutherford vom 27. Februar 1877, Belichtungszeit 2 Sekunden. Die wichtigsten Elemente des Mondes sind wohl sichtbar, doch ist das Auflösungsvermögen sehr gering. Die seither erzielten Verbesserungen sind mehr auf die Vervollkommnung der fotografischen Technik als auf eine bessere Optik zurückzuführen.

Fotografie des Mondes aus dem Jahre 1902 (oben)
Aufnahme des Halbmondes von M. Loewy und P. Puiseux, Pariser Sternwarte, 1902. Zwischen 1895 und 1904 stellten Loewy und Puiseux einen Atlas des Mondes mit für die damalige Zeit hervorragenden Fotografien zusammen. Man beachte den Unterschied gegenüber 1877.

Das Bohrsche Atommodell (rechts)
Nach einer Anfang des 20. Jahrhunderts vom dänischen Physiker Niels Bohr entwickelten Theorie gleicht ein Atom einem Miniatursonnensystem mit einem zentralen Kern und planetenähnlichen Elektronen. Man weiß heute, daß ein Atom nicht ganz so einfach aufgebaut ist, und es wäre falsch, sich ein Elementarteilchen als ein Stück fester Materie vorzustellen. Trotzdem ist das allgemeine Prinzip nicht eigentlich irreführend. Die Zeichnung rechts zeigt das Bohrsche Modell des einfachsten aller Atome, des Wasserstoffs.
Es besteht aus einem Proton und einem Elektron (A), das den Kern nur in ganz bestimmten Bahnen oder Energieniveaus umkreisen kann, die man in der Reihenfolge zunehmender Distanz vom Kern als K-, L-, M-Hülle usw. bezeichnet.

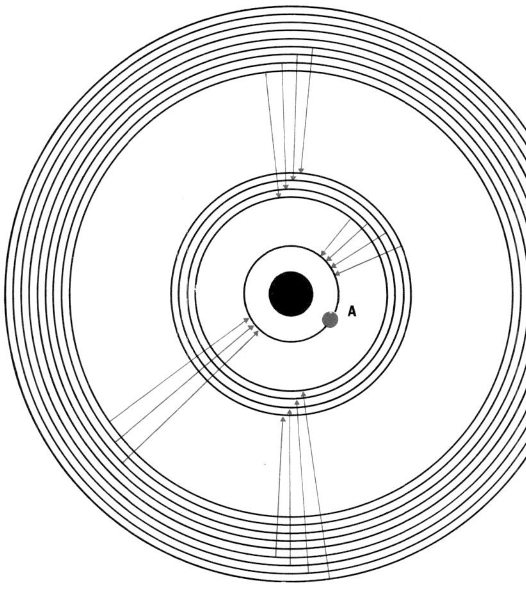

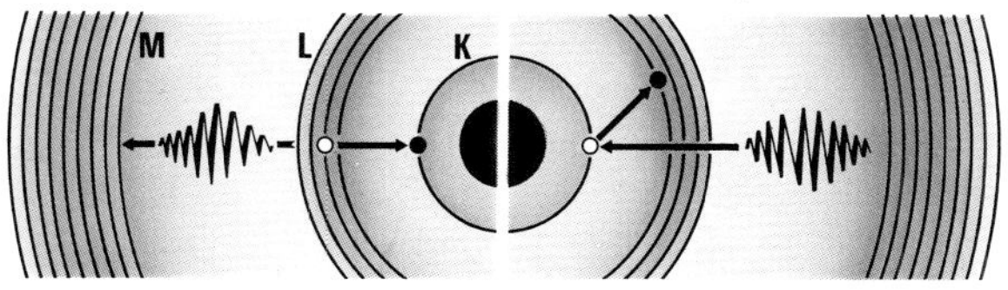

Kirchhoffs Gesetze (oben)
Nach den von Kirchhoff formulierten Gesetzen der Spektroskopie senden ein glühender Körper, eine Flüssigkeit oder ein Gas unter hohem Druck ein kontinuierliches Spektrum aus. In der obigen Zeichnung wird das kontinuierliche Spektrum von einer Kerzenflamme hervorgerufen. Rings um die Kerzenflamme befindet sich glühendes Natrium niedrigerer Temperatur, dessen Spektrum für sich allein nur die für Natrium charakteristischen hellen Linien zeigt, darunter die beiden D-Linien im Gelben (links unten). Vor der Kerzenflamme absorbiert der Natriumdampf jedoch sein Linienspektrum aus dem Kerzenlicht. Nach den Gesetzen von Kirchhoff ist das Resultat ein von dunklen Linien durchzogenes Kontinuum (A), wobei jede der dunklen Linien genau einer Emissionslinie des Natriums entspricht.

Das elektromagnetische Spektrum (unten)
Die elektromagnetische Strahlung umfaßt ein Kontinuum von den langwelligen Radiostrahlen niedriger Frequenz bis zu den kurzwelligen Gammastrahlen höchster Frequenz. Obwohl im Universum Strahlung aller Wellenlängen entsteht, läßt die Erdatmosphäre nur zwei schmale Wellenlängenbereiche durch das «optische Fenster» und das «Radiofenster» bis zum Astronomen auf der Erdoberfläche durch. Um die Strahlung der restlichen Wellenlängen zu untersuchen, sind wir auf Höhenballone, Flugzeuge und Raumschiffe angewiesen.

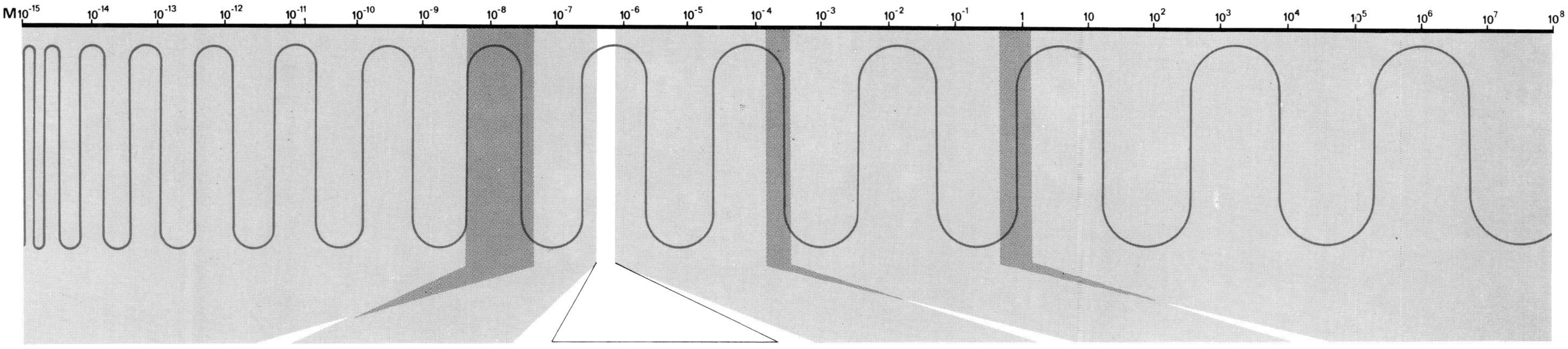

Gamma- und Röntgenstrahlen
Stark durchdringende Strahlung sehr kurzer Wellenlänge wird als Gamma- und Röntgenstrahlung bezeichnet. Am Himmel kennt man einige Gammaquellen, doch ist ihre Natur noch sehr unsicher. Eine der vielen Röntgenquellen ist der Krabbennebel (unten). Bestimmte Röntgenquellen sind kurzperiodisch veränderlich. Da die Gamma- und Röntgenstrahlung in der oberen Atmosphäre absorbiert wird, muß das Studium ihrer Quellen mit Raketen erfolgen.

Ultraviolette Strahlen
Die Wellenlänge der ultravioletten Strahlen liegt zwischen derjenigen der Röntgenstrahlen und des sichtbaren Lichts. Auch sie werden in der Atmosphäre absorbiert, so daß man vor der Entwicklung der Raketen nicht viel über Ultraviolettquellen wußte. Tatsächlich senden alle Sterne ultraviolette Strahlen aus, wobei aber die heißeren Sterne in diesem Bereich des Spektrums kräftiger sind als die kühleren. Das Bild unten zeigt eine Marsaufnahme im ultravioletten Wellenbereich.

Sichtbares Licht
Das sichtbare Licht nimmt nur einen kleinen Teil des elektromagnetischen Spektrums ein. Das «optische Fenster» ist stark eingegrenzt, und solange die Astronomen nur die sichtbare Strahlung studieren konnten, mußte ihr Wissen lückenhaft bleiben. Es war etwa so, wie wenn ein Pianist ein Musikstück auf einem Klavier spielen müßte, das, mit Ausnahme der mittleren Oktave, keine Tasten hat. Das Bild unten zeigt eine Marsaufnahme im sichtbaren Licht.

Infrarote Strahlung
Die infrarote Strahlung schließt sich im elektromagnetischen Spektrum dem sichtbaren Licht an und zeigt Wellenlängen bis zu 1 cm. Auch sie wird in der Atmosphäre vollständig absorbiert. Alle Sterne sind Infrarotquellen, die kühleren von spätem Spektraltyp sind die stärksten. Als Beispiele seien Betelgeuze im Orion und der langperiodische rote Veränderliche χ Cygni genannt. Das Bild unten zeigt eine Marsaufnahme im infraroten Wellenbereich.

Kurzwellige Radiostrahlung
Die kurzwellige Radiostrahlung erreicht die Erdoberfläche durch das «Radiofenster» und wird mit Radioteleskopen beobachtet. Die Sonne, der Planet Jupiter, Überreste von Supernovae unseres Milchstraßensystems, Pulsare, einige entfernte Galaxien und Quasare sind Quellen solcher kurzwelligen Radiostrahlung. In letzter Zeit konnte man sehr detaillierte Karten des «Radiohimmels» zeichnen. Das Bild unten zeigt eine Karte der Zentimeterstrahlung der Sonne.

Langwellige Radiostrahlung
Oberhalb des Radiofensters wird die Strahlung abermals vollständig absorbiert, hier aber durch die Ionosphäre, so daß die Radiostrahlung mit Wellenlängen von mehr als 20 m die Erdoberfläche nie erreichen kann. In absehbarer Zeit wird man auf der Mondoberfläche zweifellos Apparaturen zum Studium dieser Strahlung errichten, heute schon werden Erdsatelliten dafür eingesetzt. Die Wellenlängen reichen bis zu vielen Kilometern. Das Bild unten zeigt eine Karte der kräftigen Radioquelle Centaurus A.

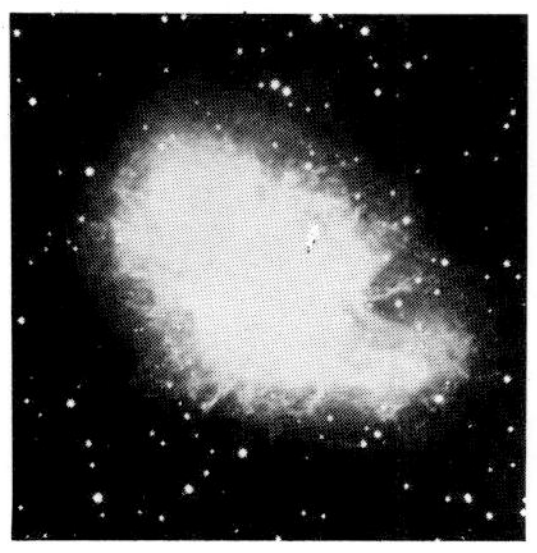

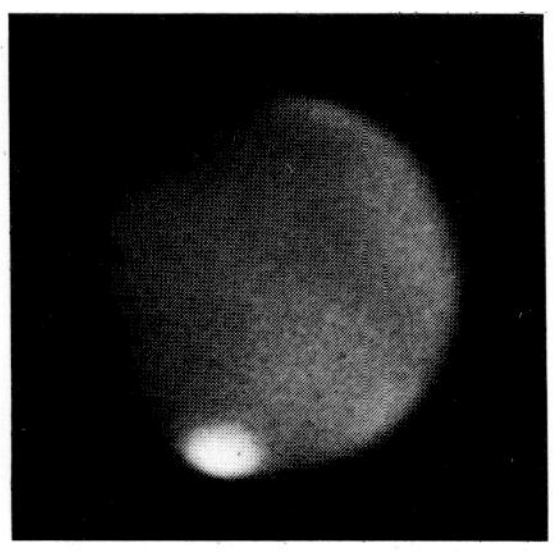

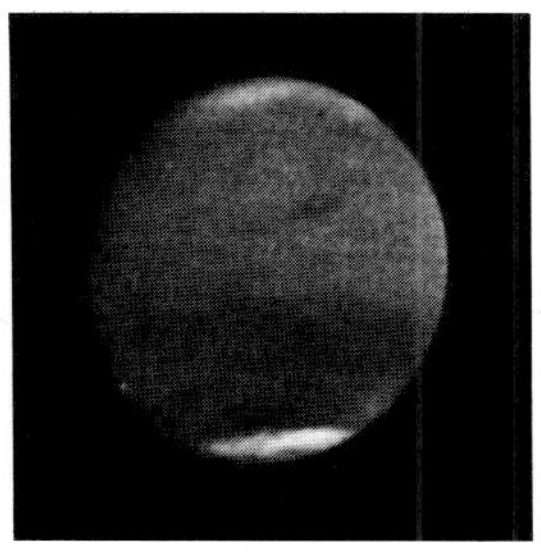

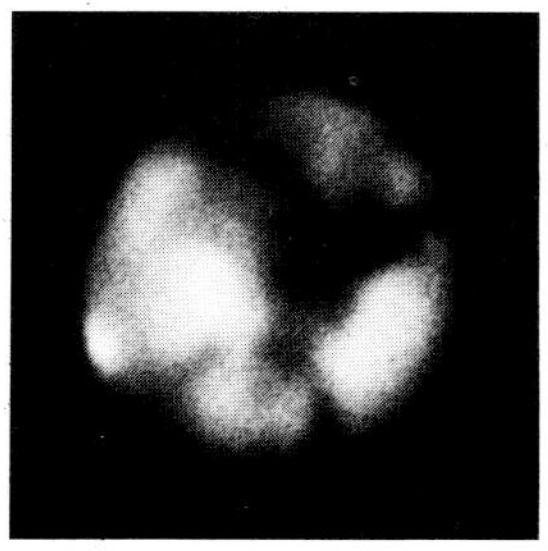

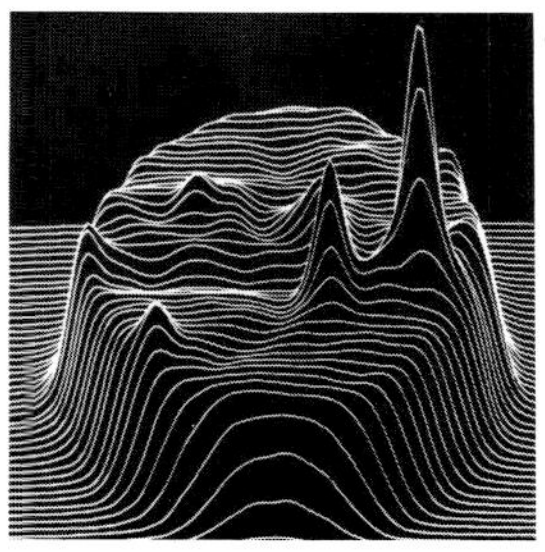

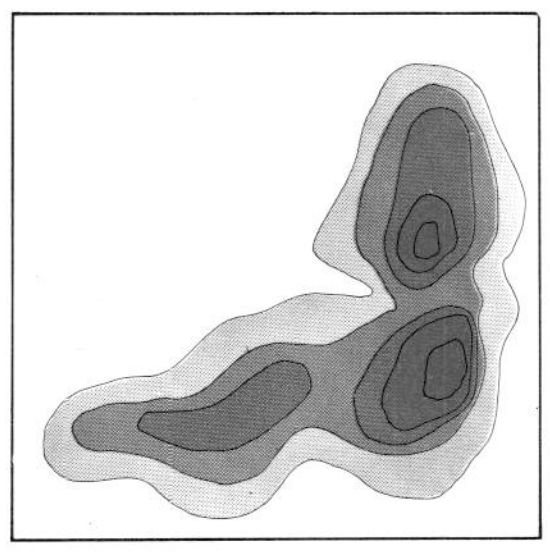

Durchlässigkeit der Erdatmosphäre (rechts)
Die Absorption der Atmosphäre ist als Funktion der Wellenlänge in Angström eingezeichnet. Es gibt nur zwei Durchlaßbereiche.

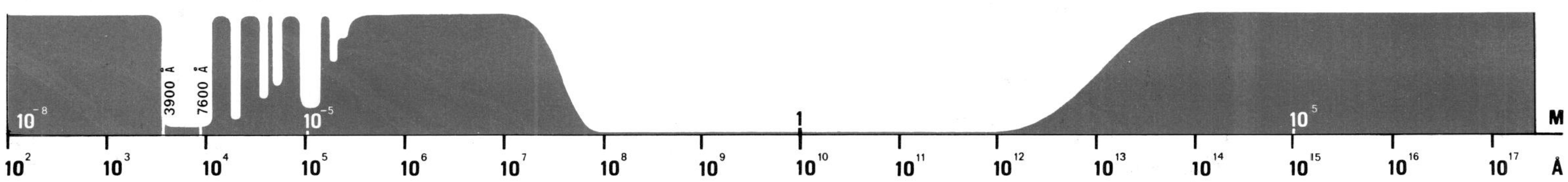

Große Sternwarten

Moderne Teleskope sind sehr lichtstark. Das übliche Teleskop hat aber einen großen Nachteil: Bei fotografischen Aufnahmen kann mit jedem Bild nur ein ganz kleiner Teil der Himmelsfläche erfaßt werden. Dies ist beim Studium einzelner Objekte wie z. B. der Galaxien ohne Belang, aber für die Kartografierung des ganzen Himmels brauchte man unvorstellbar viel Zeit.
Der estnische Optiker Bernhard Schmidt befaßte sich mit diesem Problem und entwickelte 1932 einen neuen Teleskoptyp, der aus einem Kugelspiegel und einer speziell geschliffenen Korrektionsplatte besteht, die sich im Krümmungsmittelpunkt des Hauptspiegels befindet (Zeichnung rechts). Das Licht des zu beobachtenden Objektes fällt durch die Korrektionsplatte (A) auf den Spiegel (B), von wo aus es zur gekrümmten fotografischen Platte (C) im Innern des Teleskoptubus zurückgeworfen wird. Das Schmidt-Teleskop, auch Schmidt-Kamera genannt, kann in seiner ursprünglichen Form nicht für visuelle Beobachtungen verwendet werden, aber es kann einen großen Himmelsbereich in einer einzigen Aufnahme erfassen, wobei das Auflösungsvermögen bis zum Bildrand gut ist. Die vielen bis heute gebauten Schmidt-Kameras sind von unschätzbarem Wert für die Astrophysik. Die Fotografie unten zeigt die Schmidt-Kamera auf Palomar: Ihre Korrektionsplatte hat einen Durchmesser von 122 cm, ihr Spiegel einen solchen von 183 cm. Andere Systeme ähnlicher Konstruktion sind die Maksutov-Kamera (fotografische Beobachtung) und das ganz ähnlich gebaute Maksutov-Teleskop (katadioptrische Systeme).

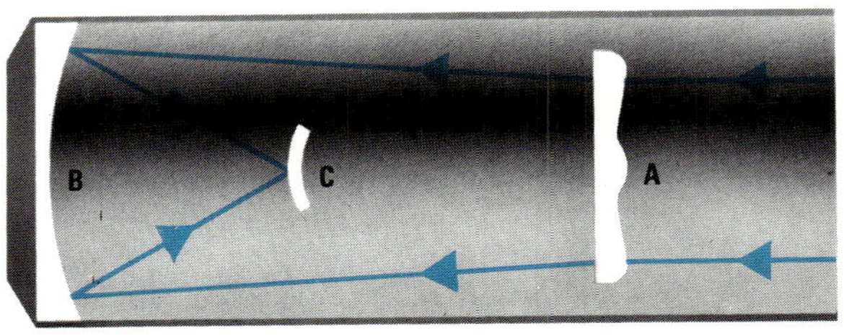

Der Refraktor in Washington (rechts)
Der 66-cm-Refraktor des US Naval Observatory in Washington war eines der ersten großen Linsenfernrohre überhaupt. Er wurde 1862 gebaut. Das erste mit diesem Fernrohr entdeckte Objekt war der Siriusbegleiter. Sein Entdecker A. Clark hatte selber die Objektivlinse geschliffen und Tests durchgeführt. 1877 entdeckte A. Hall mit diesem Refraktor die beiden Zwergmonde des Mars, Phobos und Deimos. Die Fotografie zeigt den Refraktor, der noch immer in Gebrauch ist, in seinem heutigen Zustand. Das Fernrohr ist auf eine sogenannte «Deutsche Montierung» aufgebaut, bei der das Gewicht des Fernrohrs durch ein Gegengewicht ausgeglichen wird.

Der Lowell-Refraktor (rechts)
Der 61-cm-Lowell-Refraktor ist in dieser ungewöhnlichen Kuppel (scherzhaft «Hochzeitskuchenkuppel» genannt) untergebracht. Das Fernrohr wurde 1895 in Flagstaff (Arizona) aufgestellt, Percival Lowell benützte es für seine Marsstudien. Vierzehn Jahre nach Lowells Tod entdeckte C. Tombaugh in Flagstaff — wenngleich nicht mit dem großen Fernrohr — den Planeten Pluto. In den Jahren vor der ersten Mondlandung wurde das Lowell-Fernrohr für die Kartografierung des Mondes verwendet. Die ausgezeichnete Optik ist noch immer so gut wie neu.

Der Hale-Reflektor (rechts)
Der Hale-Reflektor auf Mount Palomar, Durchmesser 508 cm, ermöglichte viele grundlegende Erkenntnisse. Wie bei den meisten großen Reflektoren ist der Fernrohrtubus als Gitterkonstruktion ausgeführt. Der Reflektor kann nach verschiedenen optischen Systemen eingerichtet werden. Dank dem Beob-

achterkäfig kann man Fotoaufnahmen im Primärbrennpunkt durchführen. Mit einem zweiten Spiegel kann der Reflektor in ein Cassegrain-Teleskop verwandelt werden. Weitere Spiegel ermöglichen die Einrichtung eines Coudé-Teleskops (vgl. S. 17), wobei das Licht zu einem festen Punkt außerhalb des Teleskops gelenkt wird. Bei einem Teleskop dieser Größenordnung sind die baulichen Probleme fast ebenso groß wie die optischen. Wenn die Nachführung nicht über längere Zeit genauestens gehalten werden kann, arbeitet das Teleskop nicht einwandfrei. Der Hale-Reflektor hat seit seiner Inbetriebnahme alle in ihn gesetzten Erwartungen erfüllt.
1. Hauptspiegel; 2. Beobachterkäfig; 3. Cassegrain-Brennpunkt; 4. Coudé-Brennpunkt; 5. Südende der Polachse; 6. Coudé- und Cassegrain-Sekundärspiegel; 7. Nachführung in Rektaszension; 8. Deklinationsachse; 9. Kuppelspalt (10 m breit); 10. Kuppel (42 m Durchmesser); 11. Primärbrennpunkt (Brennweite 16,8 m); 12. Nordpfeiler; 13. Südpfeiler; 14. Steuerkonsole.

Der Boyden-Reflektor (rechts)
Auf der Südhalbkugel der Erde gibt es nicht genügend Teleskope, um so wichtige Objekte wie die Magellanschen Wolken zu studieren, die den großen nördlichen Reflektoren (z. B. dem 5-m-Teleskop auf Palomar) verborgen sind. Die Fotografie von A. D. Andrews zeigt eines der größeren südlichen Teleskope, den 152-cm-Reflektor in Boyden (unweit von Bloemfontein, Südafrika). Das Teleskop ist eine Gitterkonstruktion und wird, wie alle Fernrohre seiner Größe, nur für astrophysikalische Fotografie verwendet. Die Station von Boyden ist der Sternwarte des Harvard College in den Vereinigten Staaten angegliedert. Ein großer englisch-australischer Reflektor wird in Siding Spring in Australien gebaut und soll 1974/75 in Betrieb genommen werden.

Das Ondrejov-Teleskop (rechts)
Das neue Teleskop wurde als Prunkstück der Sternwarte Ondrejov während der Tagung der Internationalen Astronomischen Union (IAU) in Prag im Jahre 1967 offiziell in Betrieb genommen. Die Sternwarte liegt außerhalb der tschechoslowakischen Hauptstadt. Es handelt sich hier um ein «Allzweck»-Teleskop, das sowohl in der Anordnung Newton wie auch nach Cassegrain oder als Coudé eingesetzt werden kann. Es besitzt einen 200-cm-Spiegel und ist somit eines der größten Fernrohre in Europa. Die Tests sind nun abgeschlossen, das astrophysikalische Forschungsprogramm hat begonnen. Die Fotografie zeigt die Montierung und den Tubus, der hier im Gegensatz zur üblichen Gitterkonstruktion als festes Rohr ausgeführt ist.

Astronomie im Unsichtbaren

1931 studierte Karl Jansky, ein amerikanischer Radioingenieur, die Ursachen von Radiostörungen — das beim Radioempfang auftretende Rauschen und Knacken. Mit seiner auf einer Farm in New Jersey aufgestellten Spezialantenne entdeckte er Radiowellen, die aus der Richtung der Milchstraße kamen. Die Veröffentlichung seiner Forschungsergebnisse weckte jedoch nur geringes Interesse.
Erst 1937 griff ein Amateur, G. Reber, das Problem wieder auf und baute das erste richtige Radioteleskop. Es bestand aus einem parabolischen Metallspiegel von $9^1/_2$ m Durchmesser und arbeitete auf einer Wellenlänge von 2 m. Dieser Spiegel bündelte die Radiostrahlen — ähnlich wie ein optisches Teleskop — in einem Brennpunkt.
Reber konnte Janskys Entdeckung bestätigen und fand auch weitere Radioquellen, ohne daß aber Verbindungen zu sichtbaren Objekten, wie Sternen, zu bestehen schienen. Während des Zweiten Weltkrieges entdeckten britische Radioingenieure kurzwellige Strahlung, die Radargeräte störte. Quelle dieser Strahlung war, wie sie feststellen konnten, die Sonne, nachdem sie zunächst feindliche Störmanöver vermutet hatten.
Nach dem Krieg wurde die Radioastronomie eine wichtige Wissenschaft. Man baute Radioteleskope ganz verschiedener Typen. 1957 konnte das große parabolische 76,2-m-Radioteleskop in Betrieb genommen werden. Es war lange Zeit das größte voll schwenkbare Radioteleskop der Erde und ebnete den Weg für viele grundlegende Erkenntnisse.
Unmittelbar nach dem Krieg konnten mit Ausnahme der Sonne keine weiteren Radioquellen mit optischen Objekten identifiziert werden. Nach 1948 änderte sich dies. Der Krabbennebel, Überrest einer Supernovaexplosion aus dem Jahre 1054, erwies sich als eine starke Radioquelle. Eine andere Radioquelle — sie liegt in der Cassiopeia — gehört zu einem Gasnebel, der wahrscheinlich auch einen Supernovaüberrest darstellt. Bald darauf entdeckte man, daß einige entfernte Galaxien kräftige Radiostrahler sind, und erst kürzlich fand man so bemerkenswerte Radioquellen wie die Quasare (1963) und Pulsare (1968).
Ein relativ früher Erfolg der Radioastronomie war die Entdeckung der 21-cm-Radiostrahlung aus den Wolken neutralen Wasserstoffs, die in unserem Milchstraßensystem verteilt sind. H. van de Hulst hatte diese Strahlung schon 1944 auf theoretischer Grundlage vorausgesagt, 1951 konnte sie experimentell nachgewiesen werden. Die Verteilung dieser Wasserstoffwolken erbrachte den endgültigen Beweis, daß unser Milchstraßensystem spiralförmig ist.
Neben der Radioastronomie gibt es noch andere Gebiete, die als Astronomie im Unsichtbaren bezeichnet werden können. Mit der Gammastrahlen- und der Röntgenastronomie wurde ein vielversprechender Anfang gemacht.
Bei kurzwelliger Strahlung besteht die Hauptschwierigkeit darin, daß sie in den oberen Schichten der Atmosphäre absorbiert und gestreut wird. Die Instrumente müssen mit Raketen oder Satelliten über die Atmosphäre hinausgetragen werden. Es konnten bereits einige Gamma- und Röntgenquellen ermittelt werden, darunter — wie erwartet — auch der Krabbennebel. Unser Wissen über die Natur der Röntgenquellen ist aber noch sehr unvollständig.
Die Astronomie im Unsichtbaren kann die optischen Studien natürlich nicht ersetzen, aber sie liefert eine Fülle auf keine andere Art erhältlicher Information.

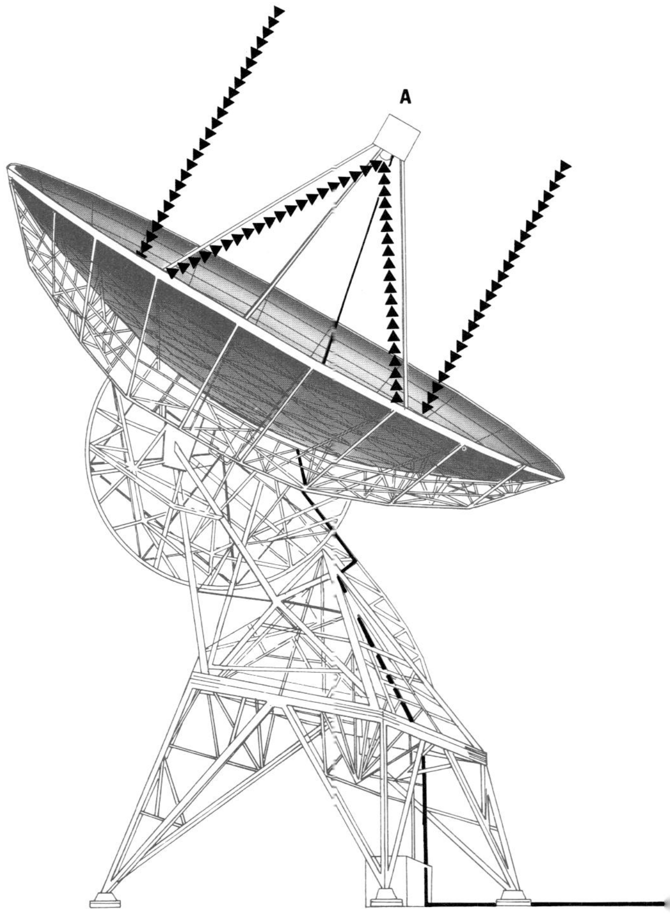

Karl-Jansky-Antenne (oben)
Das Bild zeigt Karl Janskys drehbare Richtstrahlantenne. Der Motor und die Räder stammen aus einem alten Auto. Die Antenne wurde für die Erforschung der Störungen beim Radioempfang gebaut, die Entdeckung der Radiostrahlung aus der Milchstraße war reiner Zufall. Jansky veröffentlichte 1933 die Resultate seiner Forschungsarbeit, vier Jahre später folgten weitere Aufsätze über dieses Thema. Er starb 1949.

Das Radioteleskop von Arecibo (rechts)
Das Radioteleskop von Arecibo (Puerto Rico) besitzt den größten Teleskopspiegel der Welt. Es ist größer als das Radioteleskop von Jodrell Bank, jedoch nicht schwenkbar. Die Spiegelfläche mit mehr als 300 m Durchmesser wurde aus Metallnetzen in den natürlichen Boden eingebaut und kann nicht bewegt werden. Wie die Fotografie zeigt, kann die Empfangsantenne im Brennpunkt der Spiegelfläche etwas verschoben werden, wodurch die Himmelsobjekte im Umkreis von einigen Graden um den Zenit angepeilt werden können. Dieses Radioteleskop hat schon wertvolles Beobachtungsmaterial geliefert.

Radioteleskope (links)
Die Zeichnung links soll das Prinzip eines Radioteleskops veranschaulichen: Die einfallende Strahlung wird von einem Hohlspiegel oder Paraboloid, wie z. B. beim Radioteleskop von Jodrell Bank, reflektiert und in einem Brennpunkt gesammelt, wo sich ein Radioempfänger (A) befindet. Die Signale werden in einem Aufzeichnungsgerät (B, unten) gespeichert und mit einem Schreibgerät (C) grafisch dargestellt. Bei dem in diesem Zusammenhang häufig verwendeten Wort «Radiorauschen» sollte man an den physikalischen Begriff des Rauschens denken und nicht an die in einem Radioempfänger hörbaren Zischlaute.
Das Bild rechts wurde durch das Radioteleskop in Haystack (Lincoln Laboratory, USA) gewonnen. Es zeigt deutlich die erhöhte Aktivität über gestörten Zonen der Sonnenoberfläche durch größere Ausschläge der Registrierkurven, die ein Bild ergeben, das an Hügel erinnert.
Bei weitem nicht alle Radioteleskope sind nach dem gleichen Prinzip gebaut wie diejenigen von Jodrell Bank und Haystack. Die Hauptanlage der Universität von Cambridge z. B. besteht aus langen Reihen von Einzelantennen, wodurch eine deutliche Steigerung des Auflösungsvermögens erreicht wird.

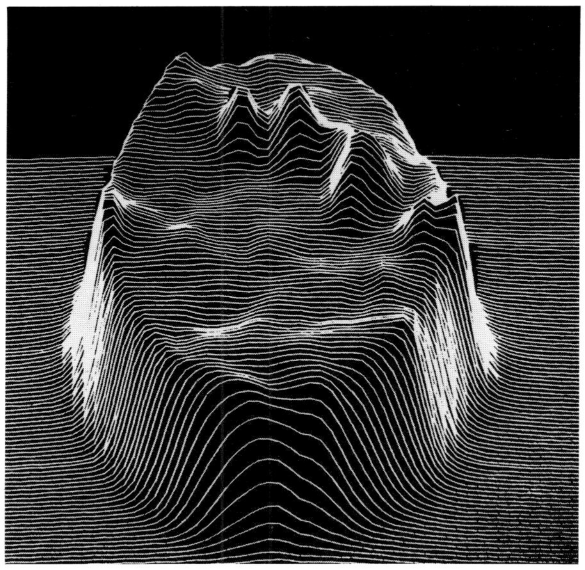

B

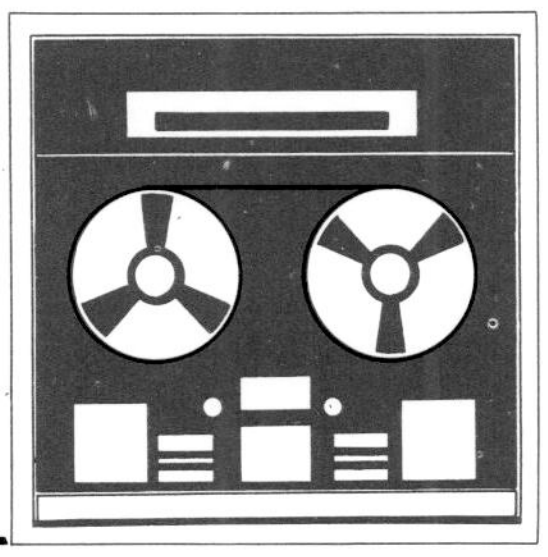

C

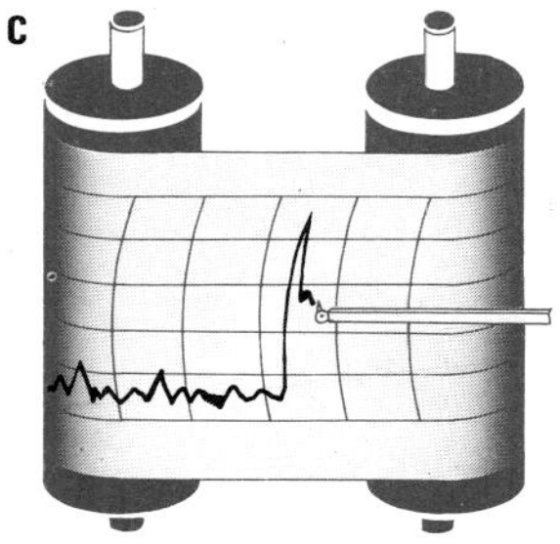

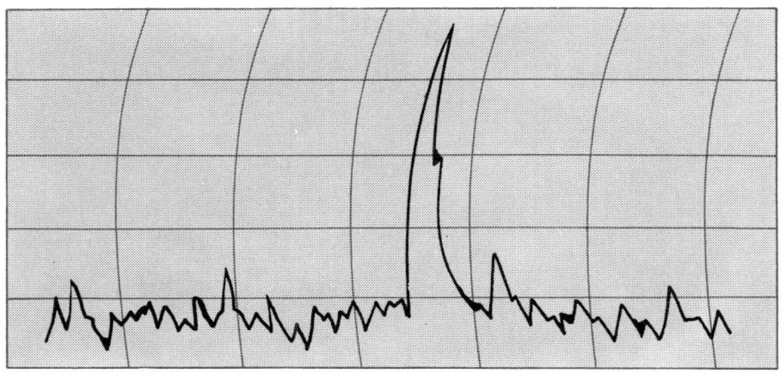

Das Radioteleskop in Haystack (unten und rechts)
Das Radioteleskop in Haystack (36,6 m) gehört zum Lincoln Laboratory (Massachusetts Institute of Technology). Im Bild rechts justiert ein Techniker gerade den Sekundärspiegel mit einem Durchmesser von 2,7 m. Ein zwei Tonnen schwerer Kasten mit elektronischen Spezialgeräten wird zum Einsetzen in die Antenne angehoben. Die Kasten sind für verschiedene Experimente auswechselbar. Die Antenne mit der Gabelmontierung wiegt etwa 190 t. Die untenstehende Ansicht zeigt die Schutzhülle, «Radome» genannt, mit einem Durchmesser von 46 m.

Radarastronomie (rechts)
Zugleich mit der Radioastronomie entstand ein neuer Forschungszweig: die Radarastronomie. Durch Ausstrahlung starker Impulse aus Radiowellen und Wiederauffangen der Echos, die von festen Körpern erzeugt werden, kann auf Entfernung und Beschaffenheit dieser Körper geschlossen werden.
Der erste Radarkontakt mit dem Mond wurde schon 1946 hergestellt. Bis heute konnten Mond, Mars, Venus, Merkur, die Sonne und der Planetoid Ikarus mit Radar untersucht werden. Die Messungen der Rotationsdauer von Merkur und Venus basieren weitgehend auf dieser Methode. Die hier gezeigte «Karte» des Mondkraters Tycho wurde in Haystack mittels Radar bei einer Wellenlänge von 3,8 cm zusammengestellt. Das Auflösungsvermögen beträgt etwa 0,5 km. Durch Messung der zwischen Aussenden und Empfang eines Radarpulses liegenden Zeit kann die Distanz zum reflektierenden Körper berechnet werden, da sich die Radarwellen mit der gleichen Geschwindigkeit fortpflanzen wie das Licht (299 792,5 km/sec). Die Radarmessungen der Venusentfernung stellen die beste Methode dar, um die Astronomische Einheit oder die mittlere Entfernung Erde—Sonne zu bestimmen, woraus dann die weiteren Entfernungsverhältnisse im Sonnensystem berechnet werden können.

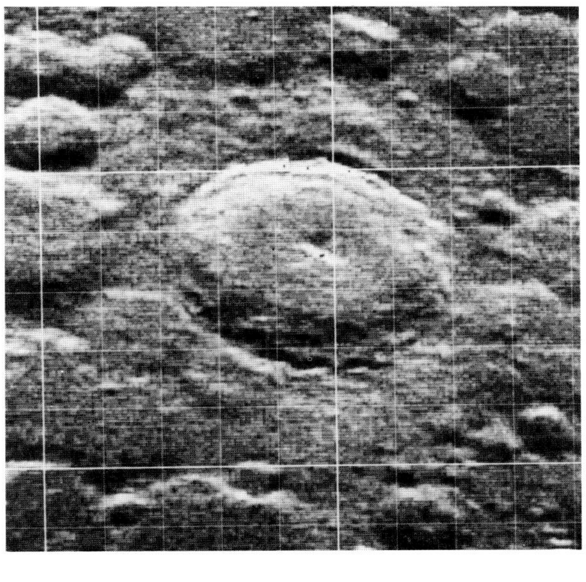

Die Sonne von einem Satelliten aus (unten)
Die untenstehende Fotografie wurde vom erdumkreisenden US-Sonnensatelliten OSO 4 (Orbiting Solar Observatory) zur Erde gefunkt. Sie zeigt einen Ausschnitt der 160 000 km über der Oberfläche liegenden Sonnenatmosphäre im Ultravioletten. Die Ultraviolettstrahlung (dunkle Flecken) der Magnesiumionen bezeichnet Stellen mit einer Temperatur von über 825 000 °C. Ultraviolettaufnahmen der Sonne müssen von Raketen oder Satelliten aus gewonnen werden, da die Erdatmosphäre für Strahlung dieser Wellenlängen undurchlässig ist.

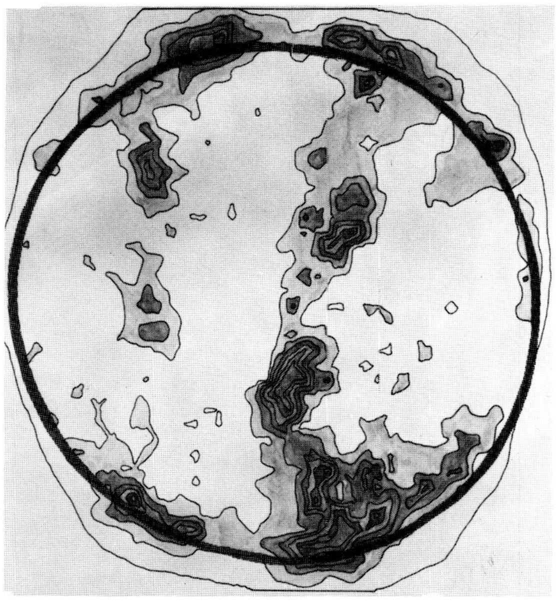

Fotografie der Erde im Infraroten (unten)
Diese Fotografie eines bewaldeten Gebietes der Erde wurde im infraroten Licht aus einem Flugzeug aufgenommen. Die Erde sendet wie alle warmen Körper Strahlen des gesamten elektromagnetischen Spektrums aus. Speziell für Vegetationsstudien können die Infrarotaufnahmen nützliche Informationen liefern.

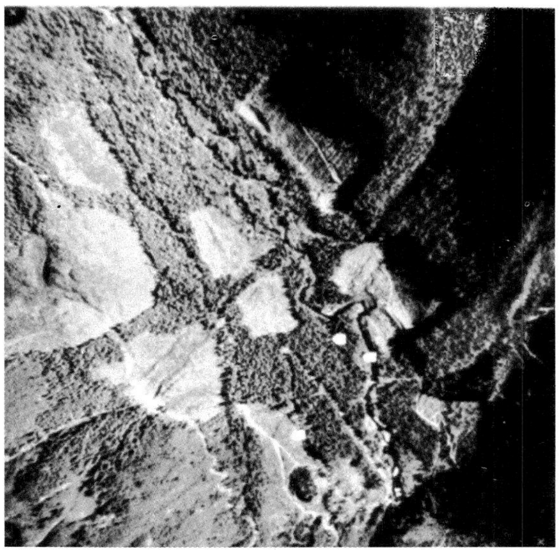

Meteorstudien mit Radar (unten)
Dringt ein Meteor in die Erdatmosphäre ein, so entsteht ein langer ionisierter Luftschlauch, der die Radarwellen zurückwirft. Für das Studium der Meteorströme eignen sich die Radarmethoden weit besser als die visuellen. Die Skizze zeigt die Reflexion eines Radarpulses durch einen Meteor.

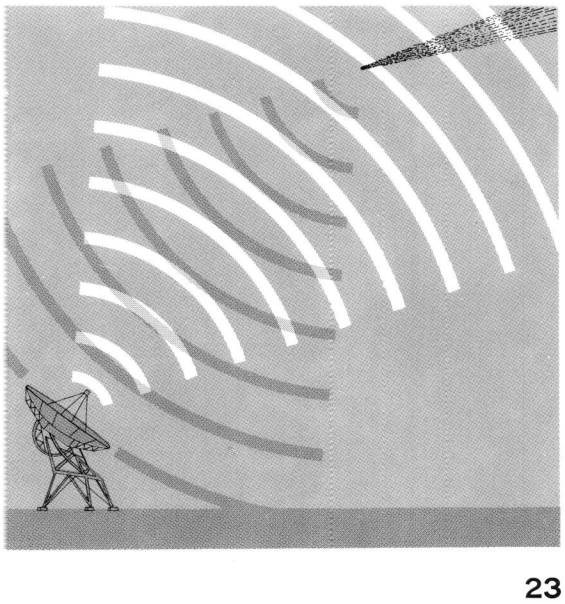

Der Mensch im Weltraum

Die Idee der Weltraumfahrt ist schon sehr alt. Methoden für die Weltraumforschung wurden aber erst in den letzten Jahrzehnten entwickelt, zuerst in Deutschland, später in Amerika und Rußland.

Tsiolkowski

Für Reisen außerhalb der Atmosphäre ist das Rückstoßprinzip die einzige Möglichkeit zur Fortbewegung. Newton fand das Gesetz «actio et reactio», nach dem jede Kraft eine gleich große Kraft in entgegengesetzter Richtung hat. Dies ist das Prinzip des Raketenmotors, der im luftleeren Raum seine größte Wirkung entfaltet.

Nach 1900 veröffentlichte K. E. Tsiolkowski, ein unbekannter russischer Lehrer, eine streng wissenschaftliche Abhandlung über die allgemeinen Probleme der Raketentechnik. Er wies darin nach, daß die üblichen Feststoffraketen vom Feuerwerkstyp niemals für Raumflüge verwendet werden können, und schlug statt ihrer flüssige Treibstoffe vor. Auch das Mehrstufenprinzip (eine aus einzelnen, übereinander montierten Raketen bestehende Rakete) wurde in seinem Buch bereits behandelt. Obwohl wir manchen seiner Gedankengänge heute nicht zu folgen vermögen, war er in den Grundideen seiner Zeit weit voraus.

Die erste Rakete mit flüssigem Treibstoff

Bei diesen Raketenmotoren reagieren die beiden Treibstoffe (Brennstoff und Oxydationsmittel) nach dem Mischen in der Brennkammer unter Bildung eines heißen Gasstromes, der durch die Auspuffdüse austritt. Tsiolkowski führte keine praktischen Experimente durch. Die erste Rakete mit flüssigen Treibstoffen wurde 1926 von R. H. Goddard in den Vereinigten Staaten abgefeuert. Nach 1931 unternahm in Deutschland eine Gruppe von Amateuren unter Wernher von Braun weitere Forschungen. Das Projekt wurde später von der Reichsregierung übernommen. Gegen Ende des Zweiten Weltkrieges wurden in Peenemünde die Raketen vom Typ V2 entwickelt.

Nachkriegsentwicklungen

Die V2-Raketen sind, obwohl zu militärischen Zwekken gebaut, die Vorläufer der modernen Raumfahrzeuge. Nach Kriegsende wurden unbenützte V2 für wissenschaftliche Zwecke nach Amerika verschifft. Eine davon wurde 1949 beim ersten Mehrstufenversuch verwendet, wobei die zweite Stufe, eine amerikanische WAC-Corporal, eine Höhe von 393 km erreichte — damals ein Rekord. Testgelände für Raketen wurden in White Sands (New Mexico) und später in Cape Canaveral, dem heutigen Cape Kennedy (Florida), eingerichtet.

Künstliche Satelliten

Im Zuge der wissenschaftlichen Zusammenarbeit aller Nationen während des Internationalen Geophysikalischen Jahres 1957/58 war auch der Start eines künstlichen Satelliten vorgesehen. Der Beginn des Raumzeitalters fällt auf den 4. Oktober 1957: an diesem Tage starteten die Russen den Satelliten Sputnik 1, der die Erde umkreiste und Radiosignale zurücksandte.

Der Raketenantrieb (rechts)
Bei einer Explosion in einer abgeschlossenen Kammer entstehen Druckwellen. Der Explosionsdruck auf zwei gegenüberliegende Wände hebt sich, solange die Wände intakt sind, gegenseitig auf. Sobald aber eine Wand ein Loch aufweist, fällt der Druck hier fort; das heiße Gas entweicht mit hoher Geschwindigkeit. Übrig bleibt der Druck auf die gegenüberliegende Wand. Er ist es, der die Kammer in die entgegengesetzte Richtung stößt. Bei der Flüssigkeitsrakete wird durch Einspritzen von Treibstoffen in die Brennkammer eine kontinuierliche Explosion ausgelöst.

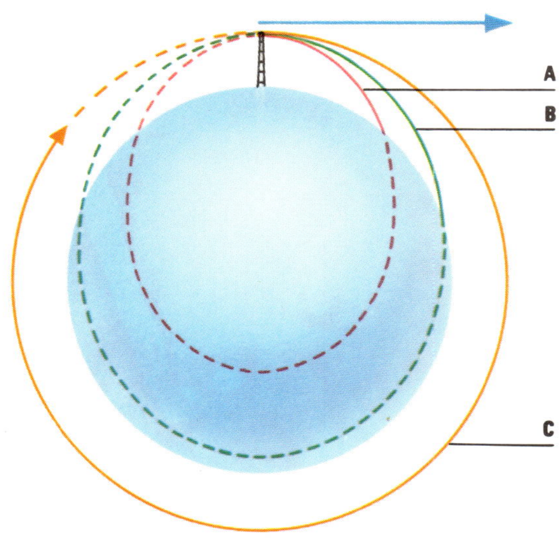

Künstliche Erdsatelliten (links)
Die Skizze zeigt das Prinzip der künstlichen Satelliten: Wenn wir eine bis über die Atmosphäre reichende Abschußrampe bauen könnten, hinge die Bahnform des horizontal abgeschossenen Raumschiffs nur von der Anfangsgeschwindigkeit ab. Bei kleiner Anfangsgeschwindigkeit — (A) oder (B) — würde der Satellit bald auf den Erdboden zurückfallen. Bei einer Geschwindigkeit von 7,9 km/sec würde der Satellit die Erde auf einer kreisförmigen Bahn in freiem Fall umrunden, so wie der Mond um die Erde und auch die Erde um die Sonne kreist.
Ein künstlicher Erdsatellit wird aber nur dann für alle Zeit in einer Umlaufbahn bleiben, wenn seine Bahn an keiner Stelle in dichtere Teile der Atmosphäre führt, die seine Geschwindigkeit bremsen. Die Bremsung des Satelliten durch die Luftreibung ist im Perigäum (erdnächster Punkt) am größten, da die Atmosphäre mit abnehmender Höhe dichter wird. Durch die atmosphärische Reibung wird die Satellitenbahn dann immer kleiner, bis der Körper abstürzt und in der Atmosphäre verglüht, wie es nach Sputnik 1 noch mit vielen anderen früheren Satelliten geschah.

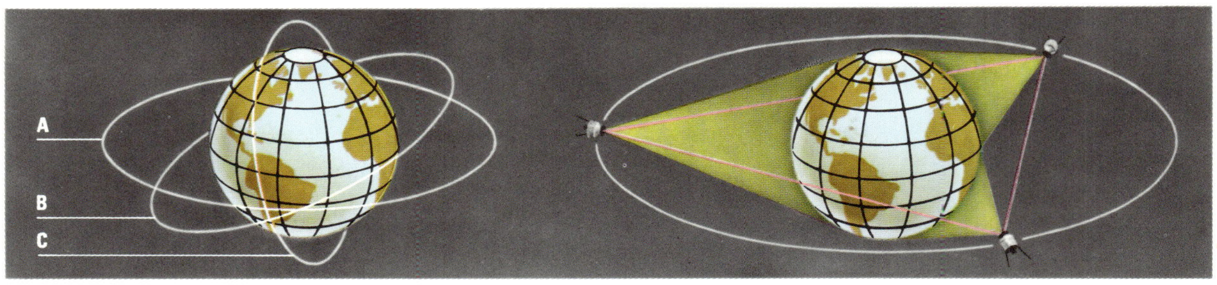

Aufgaben der Satelliten (rechts)
Ein Erdsatellit kann sehr vielfältige Aufgaben erfüllen, wie z. B. Erforschung der genauen Form der Erde, Untersuchung der Dichte der höchsten Schichten der Atmosphäre, Messung der Strahlung aus dem Weltraum. Die Skizze zeigt weitere Einsatzbereiche: 1. Wetterkunde; 2. Erosion; 3. Geologie; 4. Leben im Meer; 5. Landwirtschaft; 6. Glaziologie. Jeder einzelne Satellit hat seine spezielle Aufgabe.

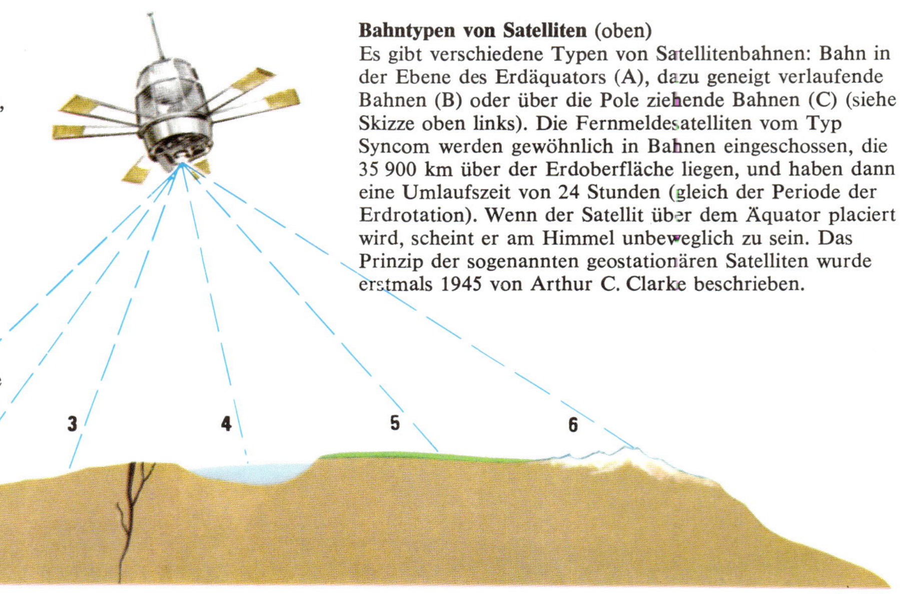

Bahntypen von Satelliten (oben)
Es gibt verschiedene Typen von Satellitenbahnen: Bahn in der Ebene des Erdäquators (A), dazu geneigt verlaufende Bahnen (B) oder über die Pole ziehende Bahnen (C) (siehe Skizze oben links). Die Fernmeldesatelliten vom Typ Syncom werden gewöhnlich in Bahnen eingeschossen, die 35 900 km über der Erdoberfläche liegen, und haben dann eine Umlaufszeit von 24 Stunden (gleich der Periode der Erdrotation). Wenn der Satellit über dem Äquator placiert wird, scheint er am Himmel unbeweglich zu sein. Das Prinzip der sogenannten geostationären Satelliten wurde erstmals 1945 von Arthur C. Clarke beschrieben.

1902: Tsiolkowski
K. E. Tsiolkowski, als «Vater der Weltraumfahrt» bekannt, behandelte in seinen Büchern die wissenschaftlichen Grundlagen der Astronautik. Seine erste Abhandlung, deren Entwurf um das Jahr 1895 entstand, erschien 1902.

1926: Goddard
R. H. Goddard startete 1926 in Auburn (Massachusetts) die erste Flüssigkeitsrakete. Er unternahm grundlegende Forschungen in der Raketentechnik, widersetzte sich aber der Veröffentlichung seiner Resultate.

1949: Mehrstufenrakete
Die erste Mehrstufenrakete wurde 1949 in White Sands gezündet. Ihre erste Stufe bestand aus einer abgeänderten deutschen V 2. Die obere Stufe, eine amerikanische WAC-Corporal, erreichte eine Höhe von 393 km.

1957: Sputnik 1
Der Start von Sputnik 1 am 4. Oktober 1957 eröffnete das Weltraumzeitalter. Sputnik führte einen Radiosender mit sich, dessen Signale in vielen Teilen der Welt aufgefangen werden konnten.

1959: Luna 1
Im Januar 1959 verfehlte das russische Raumschiff Luna 1 den Mond um mehr als 6000 km. Luna 2 landete im September 1959 hart auf dem Mond. Luna 3 umkreiste den Mond und funkte die ersten Fotografien von dessen Rückseite auf die Erde.

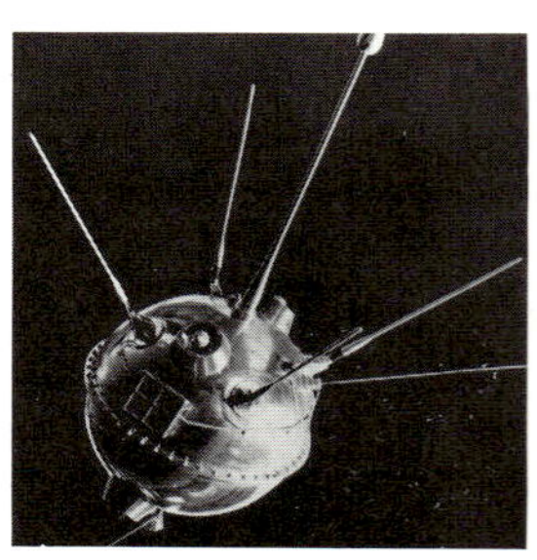

1961: Gagarin
Am 12. April 1961 unternahm Juri Gagarin den ersten bemannten Raumflug und umkreiste die Erde im Raumschiff Wostok 1 einmal. Er erreichte eine Höhe von 327 km, sein Flug dauerte 1 Stunde 48 Minuten.

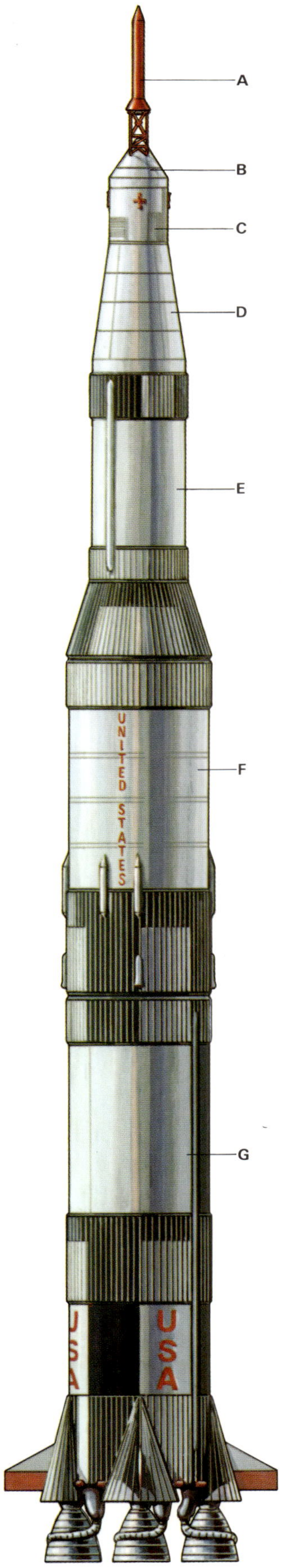

Moderne Rakete (links)
Moderne Raketen sind sehr komplizierte Gebilde. Sie sind nach dem Mehrstufenprinzip aufgebaut (siehe Zeichnung). Die Höhe einer Saturnrakete des Apollo-Programms beträgt etwas über 110 m. Zweieinhalb Minuten nach dem Abheben wird die erste Stufe abgesprengt, bald darauf auch die zweite. Die dritte Stufe trägt die Astronauten bis zu einer Höhe von 185 km. Nach dem Einschuß in die Bahn zum Mond trennen sich Kommando-, Steuer- und Mondlandeteil von der dritten Stufe und setzen ihren Flug fort, wobei die Motoren des Steuerteils zur Bahnkorrektur und zum Einschuß in die Mondumlaufbahn dienen. Die Mondlandefähre wird für die Reise zum und vom Mond abgetrennt und nachher weggeschossen. Für den Wiedereintritt in die Erdatmosphäre trennt sich die Kommandokapsel vom Steuerteil und fliegt, den stumpfen Hitzeschild voran, weiter. Die amerikanischen Kapseln des Apollo-Programms gingen im Wasser nieder und wurden anschließend geborgen. Die Russen bevorzugen die Landung auf festem Boden. Forschungsprogramme für die Entwicklung von kernkraftgetriebenen Raketenmotoren sind im Gange. Wenn dieses Projekt verwirklicht wird, kann man auf Mehrstufenraketen verzichten.

Menschen im Weltraum (rechts)
Dieses Foto aus dem Jahre 1969 zeigt den amerikanischen Astronauten Russell Schweickart außerhalb des Raumschiffes während des Fluges von Apollo 9. Da sich Astronaut und Raumschiff in gleicher Bahn um die Erde bewegen, entfernen sie sich nicht voneinander. Der Russe A. Leonow unternahm im Jahre 1965 den ersten «Weltraumspaziergang».

A = Sicherheitsrakete für den Start
B = Kommandoteil
C = Steuerteil
D = Mondlandefähre
E = Dritte Stufe
F = Zweite Stufe
G = Erste Stufe

1961: Shepard
Am 5. Mai 1961 war Alan Shepard als erster Amerikaner im Weltraum. Er erreichte eine ballistische Flugbahn mit einer Maximalhöhe von 187 km, der Flug dauerte eine Viertelstunde. Am 20. Februar 1962 umkreiste John Glenn einmal die Erde.

1962: Telstar
Telstar, ein amerikanischer Satellit von 88 cm Durchmesser und 77 kg Gewicht, diente erfolgreich zur Übermittlung von Televisionsprogrammen über den Atlantik. Die erste Fernsehübertragung fand am 23. Juli 1962 statt.

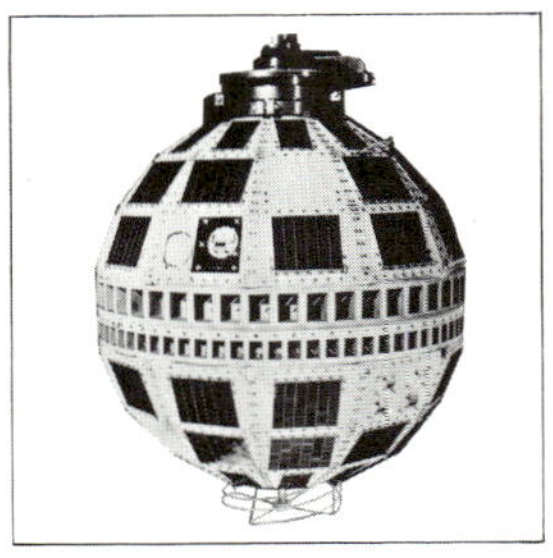

1965: Rendezvous im Raum
Das erste erfolgreiche Kopplungsmanöver im Weltraum wurde im Dezember 1965 von Gemini 6 (Stafford und Schirra) und Gemini 7 (Lovell und Borman) ausgeführt. Es war eine Voraussetzung für die Apollo-Flüge.

1967: Orbiter-Aufnahmen
Bis zum Ende des Jahres 1967 konnte die gesamte Oberfläche des Mondes genau kartografiert werden. Die Unterlagen dazu bildeten die von den mondumkreisenden Orbiter-Sonden erhaltenen Bilder.

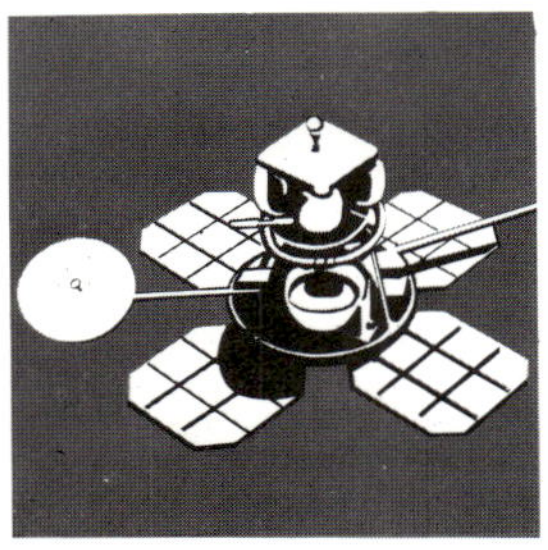

1968: Apollo 8
Im Dezember 1968 führten die Astronauten Borman, Lovell und Anders den ersten Flug in die Gegend des Mondes durch. Nach zehnmaliger Mondumkreisung kehrten sie wohlbehalten zur Erde zurück.

1969: Apollo 11
Seinen größten Triumph feierte das Apollo-Programm im Juli 1969, als Neil Armstrong und Edwin Aldrin mit «Eagle», der Mondlandefähre von Apollo 11, im Mare Tranquillitatis erstmals eine erfolgreiche Landung durchführten.

Raumsonden zu den Planeten

In der ersten Zeit der praktischen Weltraumfahrt nach dem Start von Sputnik 1 waren neben dem Mond nur zwei andere Himmelskörper in Reichweite der Raketen: Venus und Mars.

Besondere Probleme

Interplanetare Flüge stellen wegen der viel größeren Distanzen weit höhere Anforderungen an Steuerung und Radioverbindung als ein Mondflug. Fehlschläge waren daher anfangs unvermeidlich, dennoch konnten bis Ende 1969 acht erfolgreiche Flüge durchgeführt werden: fünf zur Venus (drei russische und zwei amerikanische) und drei zum Mars (alle amerikanisch).

Auch wenn die Raumschiffe ihr Ziel planmäßig erreicht hatten, bestand noch das schwierige Problem der Informationsübermittlung zurück zur Erde. Die Raumschiffe zur Venus hatten keine fotografische Ausrüstung an Bord. Alle drei Mariner-Raumschiffe zum Mars aber übermittelten sehr gute Bilder.

Sterilisation

Ein Raumschiff, das einen andern Planeten ansteuern soll, muß sorgfältigst sterilisiert werden, da von der Erde mitgebrachte Keime etwa vorhandenes Leben rasch schädigen oder zerstören könnten. Dieses Problem ist heute etwas in den Hintergrund getreten, da der Mond sicher steril und die Existenz von Leben auf Venus und Mars sehr fraglich ist. Solange wir noch nicht mehr über die mit Atmosphären umgebenen Himmelskörper wissen, müssen die dorthin startenden Raumschiffe weiterhin sterilisiert werden. Zur Sterilisation werden die verschiedensten Methoden angewandt, darunter die Behandlung mit Hitze, keimtötenden Gasen und Strahlung.

Auch wenn ein Raumschiff von einem andern Planeten zurückkehrt, ist Vorsicht geboten. Die ersten auf dem Mond gelandeten Astronauten wurden nach ihrer Rückkehr strengstens isoliert. Im Falle einer Rückkehr vom Mars wird eine Quarantäne noch unerläßlicher sein, weil dort — auch wenn er vermutlich kein Leben trägt — weniger lebensfeindliche Umweltbedingungen herrschen als auf dem Mond.

Resultate der interplanetaren Raumschiffe

Die ersten Raumschiffe zur Venus und zum Mars sollten sowohl Informationen über den Zielplaneten liefern als auch Beobachtungsdaten über den durchflogenen Raum zurücksenden. Diese Doppelaufgabe hat viele Raumschiffe vor einem totalen Mißerfolg bewahrt. So übermittelte z. B. das am 1. November 1962 gestartete erste russische Raumschiff zum Mars interessante Angaben über die Sonnenstrahlung und die Meteoritendichte im Weltraum, doch riß sein Radiokontakt zur Erde lange vor Erreichen des Mars in einer Entfernung von 106 Mio km ab.

Die Aufgaben der neueren Raumschiffe waren noch vielfältiger: Die bei Fallschirmniedergängen durch die Venusatmosphäre gewonnenen Angaben und die qualitativ hochwertigen Nahaufnahmen der Marsoberfläche haben unser Wissen beträchtlich erweitert. In den nächsten Jahren dürfen wir die weiche Landung einer automatischen Station auf dem Mars erwarten.

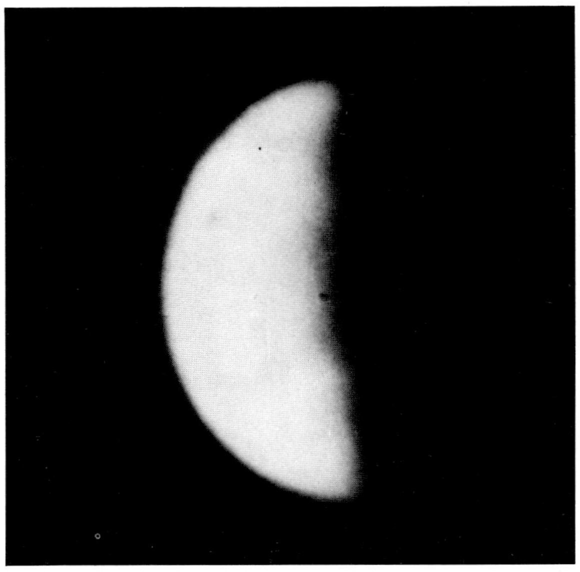

Venus
Die Venus kann sich der Erde bis auf etwa 38 Mio km nähern, also wesentlich mehr als Mars, aber doch etwa 100mal weniger als der Mond. Die Venusoberfläche ist von einer dichten Wolkenschicht verhüllt. Vor dem Flug von Mariner 2 im Jahre 1962 vermutete man unter ihr ein relativ mildes Klima und große Ozeane. Die durch die Raumflüge gewonnenen Erkenntnisse lassen nun aber auf eine sehr hohe Oberflächentemperatur schließen und auf einen 100mal größeren atmosphärischen Druck als auf der Erde, so daß die Bedingungen für Leben auf der Venus äußerst ungünstig sind.

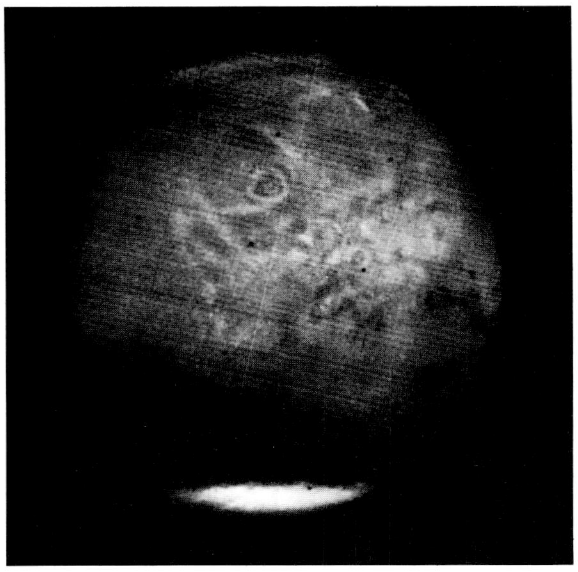

Mars
Der Mars kann der Erde nie näher kommen als etwa 56 Mio km. Die Oberflächenformationen können genau studiert werden, da seine Atmosphäre im wesentlichen durchsichtig ist. Früher hielt man die dunklen Flecke für niedrige Vegetationsformen und die Polarkappen für Eis. Die von Mariner 4, 6, 7 und 8 gelieferten Ergebnisse zeigten aber, daß die Marsatmosphäre äußerst dünn ist (Druck auf der Oberfläche nur 6 bis 7 Millibar) und daß die Polarkappen aus festem Kohlendioxyd bestehen. Ob es auf dem Mars Leben gibt, wird noch diskutiert.

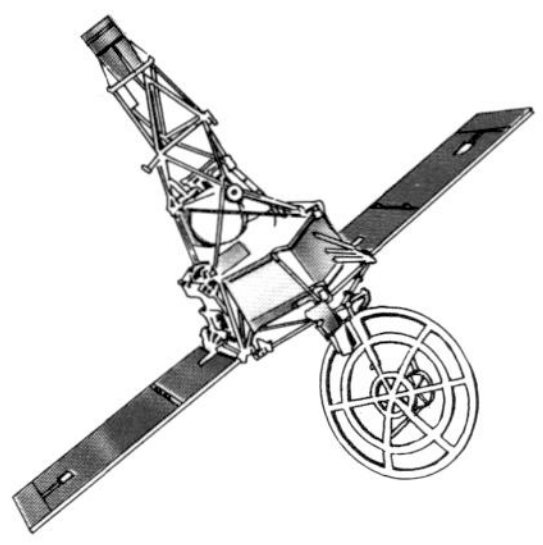

Mariner 2 (links)
Mariner 2 war das erste erfolgreiche interplanetare Raumschiff und flog am 14. Dezember 1962 in einer Entfernung von 34 758 km an der Venus vorbei.
Er lieferte die ersten verläßlichen Angaben über die hohe Oberflächentemperatur und das schwache Magnetfeld der Venus.

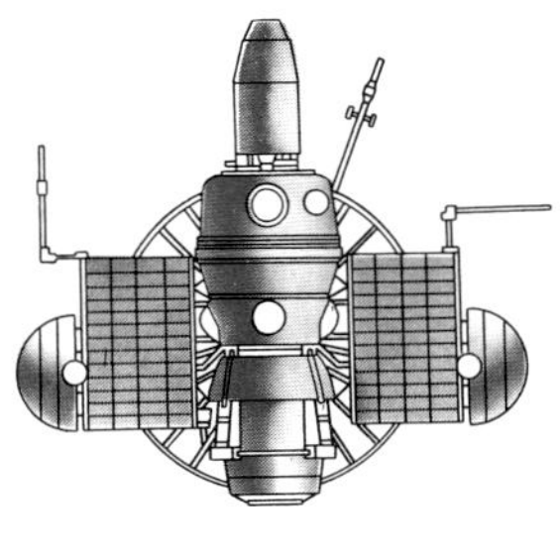

Mars 1 (links)
Mars 1 wurde am 1. November 1962 von den Russen gestartet. Bei einer Entfernung von 106 Mio km von der Erde riß der Radiokontakt ab. Das Raumschiff hat sich wahrscheinlich im Juni 1963 dem Mars bis auf eine Entfernung von 210 000 km genähert.

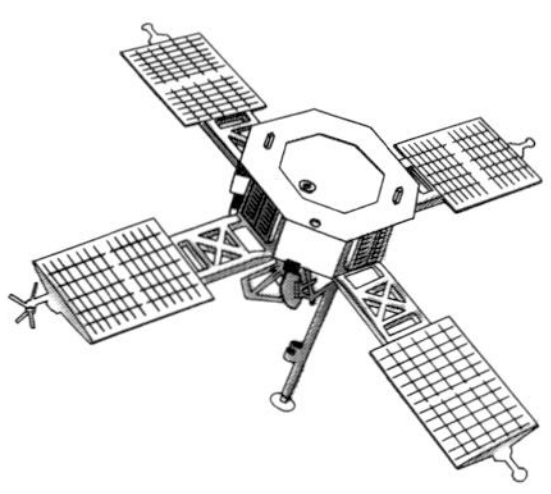

Mariner 5 (links)
Mariner 5 flog im Oktober 1967 an der Venus vorbei und bestätigte die Resultate von Mariner 2 und der weich gelandeten Sonde Venus 4. Die Radiosignale von Mariner 5 waren trotz der großen Distanz ganz deutlich zu hören.

Mariner 4 (links)
Mariner 4 wurde am 28. November 1964 abgeschossen und flog am 15. Juli 1965 in einer Distanz von nur 9840 km am Mars vorbei. Die 21 Fotos der Marsoberfläche zeigten viele Krater, die Messungen der Instrumente ergaben einen sehr niedrigen atmosphärischen Druck.

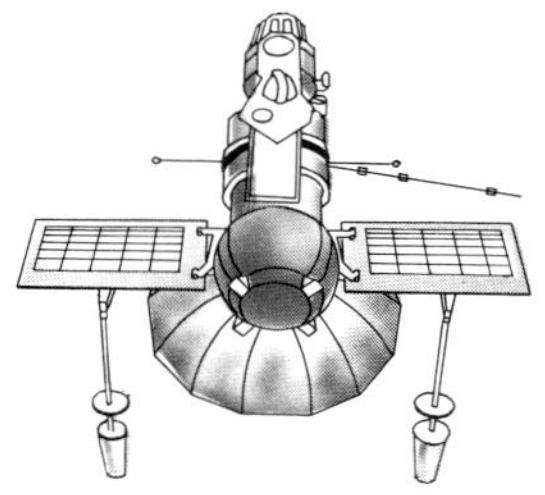

Venus 5 (links)
Die nächsten russischen Sonden, Venus 5 und Venus 6, gingen am 16. bzw. 17. Mai 1969 an Fallschirmen durch die Venusatmosphäre nieder. Beide bestätigten die hohe Oberflächentemperatur und den enormen atmosphärischen Druck.

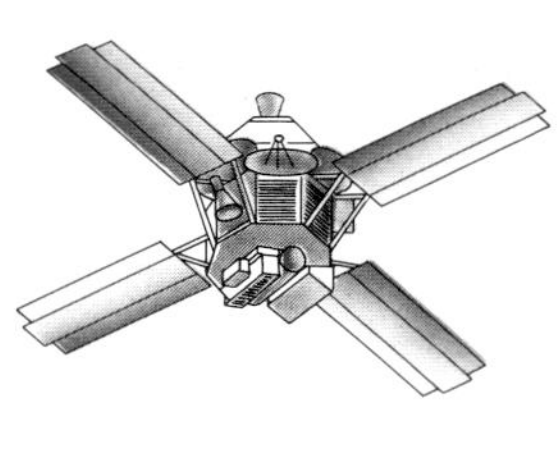

Mariner 6 (links)
Mariner 6 und 7 waren außerordentlich erfolgreich. Sie überflogen den Mars am 31. Juli bzw. 5. August 1969 und funkten detailreiche Oberflächenaufnahmen des Mars zurück. Ihre Meßinstrumente bestätigten die geringe Dichte der Atmosphäre.

Hohmann-Bahnen (rechts)
Für Raumflüge zu anderen Planeten sind die kürzesten Bahnen die unökonomischsten, da für ihre Bewältigung ungeheuer viel Treibstoff erforderlich ist. Die Bahnen mit dem geringsten Energie-, d. h. Treibstoffkonsum sind die sogenannten Hohmann-Bahnen. Beim Mars z. B ist es die Hälfte einer Ellipsenbahn (A), in deren Perihel zum Zeitpunkt des Starts die Erde und in deren Aphel Mars (bei der Ankunft des Raumschiffes) steht. Das Raumschiff muß beim Start in bezug auf die Erde beschleunigt werden, um diese nach außen führende elliptische Bahn zu erreichen. Die Flugdauer auf den Hohmann-Bahnen ist relativ groß. (B) ist eine raschere und kürzere interplanetare Bahn zum Mars, für die aber viel mehr Energie benötigt wird.
Bei einem Flug zur Venus müßte das Raumschiff gegenüber der Erde abgebremst werden, um eine nach innen führende Ellipsenbahn zu erreichen. Die meisten Raumflüge erfolgen im freien Fall (antriebslos); durch Fernsteuerung können Kurskorrekturen durchgeführt werden. Bei diesem Verfahren dauern die Flüge sehr lange. Erst wenn die heutigen chemischen Treibstoffe durch einen nuklearen Antrieb ersetzt werden können, wäre eine deutliche Verkürzung der Flugzeiten zu erzielen — für bemannte Raumflüge zum Mars oder zur Venus eine entscheidende Voraussetzung.

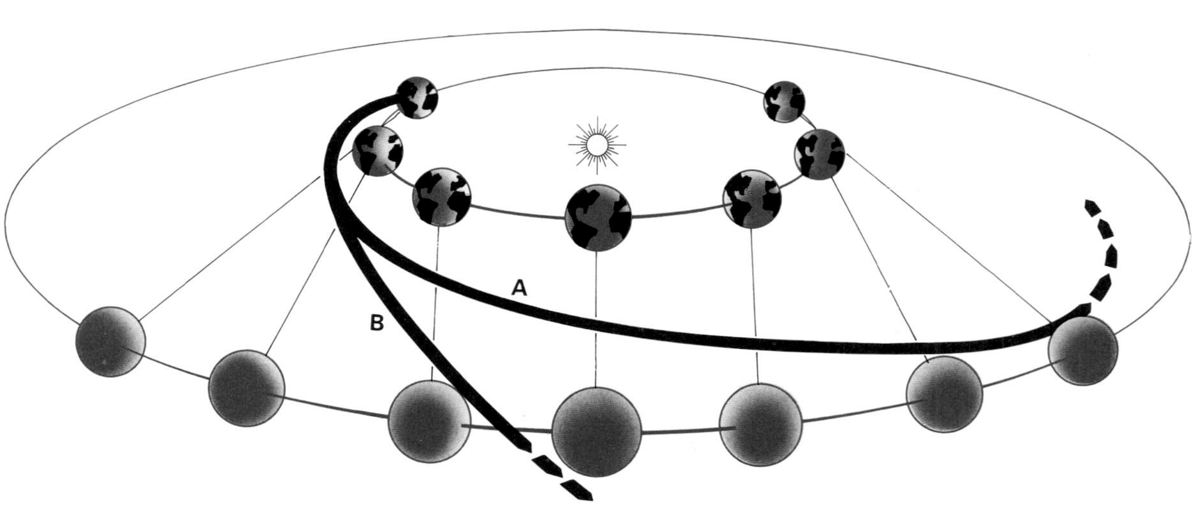

Raumflug zum Merkur (rechts)
Es ist geplant, ein Raumschiff zum Merkur zu senden, das zuerst in eine Bahn zur Venus (A) gebracht werden soll. Die Anziehungskraft der Venus wird dann das Raumschiff weiter beschleunigen und in eine Bahn zum Merkur (B) ablenken. Dieses Verfahren setzt eine genaue Bahnberechnung und Steuerung voraus. Es wird auch bei der sogenannten «Großen Reise» zu den äußeren Planeten zur Anwendung kommen.

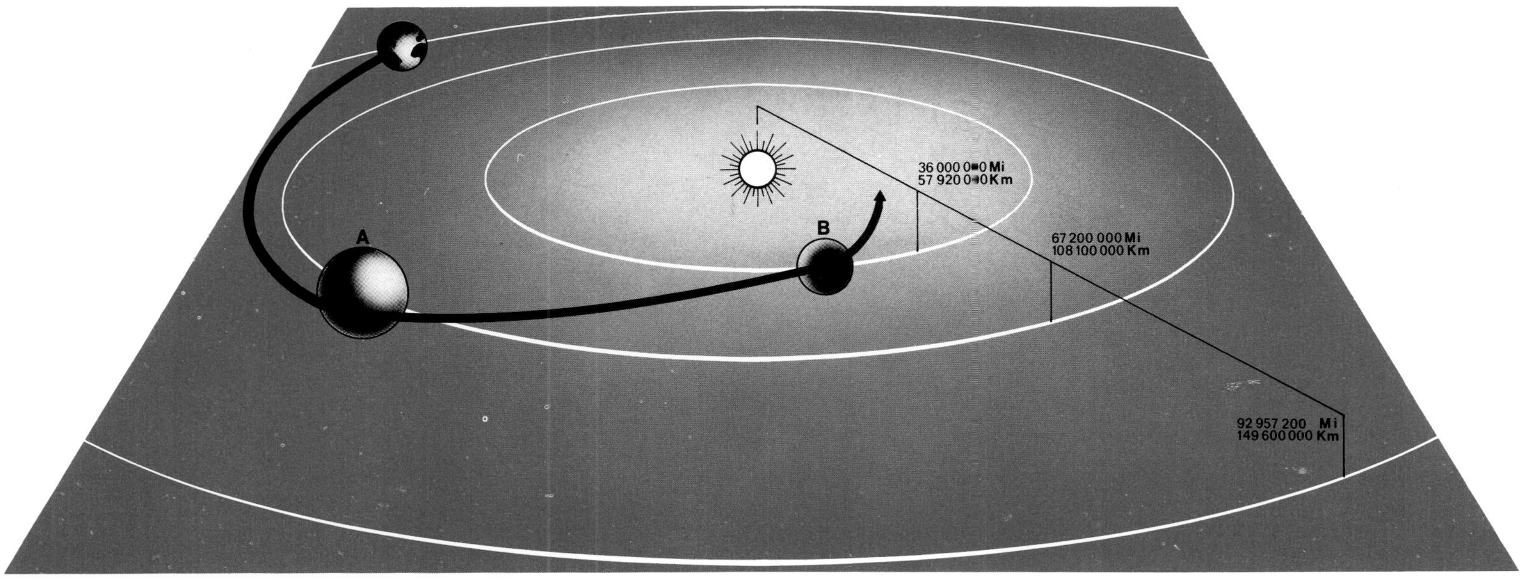

Die «Große Reise» zu den äußeren Planeten (rechts)
Am Ende der siebziger Jahre bietet sich eine ungewöhnliche Gelegenheit, ein Raumschiff zu den äußersten Planeten des Sonnensystems zu entsenden. Normalerweise würde eine solche Reise Jahrzehnte dauern, aber in den fünf Jahren nach 1977 stehen Jupiter, Saturn, Uranus und Neptun gerade so zueinander, daß die Anziehungskraft des einen dazu benützt werden kann, das Raumschiff auf eine Bahn zum nächsten zu beschleunigen (siehe Skizze).
Jupiter, der massereichste Planet, wäre das erste Ziel. Er bewegt sich mit einer Geschwindigkeit von rund 47 000 km/h um die Sonne (Erde 106 000 km/h) und könnte das Raumschiff hinter sich «herziehen». Wenn die Sonde hinter Jupiter vorbeizieht (Zeichnung oben), werden sowohl Bahnrichtung als auch Geschwindigkeit geändert. Das Raumschiff würde sich mit einer größeren Geschwindigkeit von Jupiter entfernen. Bei Saturn wiederholt sich dieser Vorgang. Diese sogenannte «Große Reise» könnte bis zu Neptun und Pluto ausgedehnt werden, wobei es verschiedene Möglichkeiten gäbe, z. B. Jupiter—Saturn—Pluto oder Jupiter—Uranus—Neptun. Bei einem Start im September 1977 fände der Vorbeiflug an Jupiter 1979, an Saturn 1980, an Uranus 1984 und an Neptun 1986 statt. Nach 1981 stehen die Planeten erst wieder 179 Jahre später in ähnlicher Stellung zueinander.
Die Radioverbindung über so gewaltige Distanzen (vom Neptun bis zur Erde benötigen die Signale vier Stunden) stellt ein großes Problem dar. Man erhofft sich aber Fernsehbilder ähnlicher Qualität wie von Mariner 4.

Menschen auf dem Mond

Die Erforschung des Mondes durch bemannte Flugkörper begann am 21. Dezember 1968 mit dem Start von Apollo 8, das mit den drei Astronauten Frank Borman, James Lovell und William Anders an Bord den Mond zehnmal umkreiste und wohlbehalten auf die Erde zurückkehrte. Die Flugbahnhöhe über dem Mond betrug rund 112 km. Beim Flug von Apollo 10 näherten sich die beiden Astronauten Thomas Stafford und Eugene Cernan mit der Mondlandefähre am 18. Mai 1969 dem Mond bis auf 15 km. Am 21. Juli 1969 traten Neil Armstrong und Edwin Aldrin die ersten Schritte im Mare Tranquillitatis, während Michael Collins im Kommandoteil den Mond weiter umkreiste.

Auf dem Mond

Die Landung des «Eagle», der Mondlandefähre von Apollo 11, verlief nahezu planmäßig. Nach genauer Kontrolle der gesamten Ausrüstung begannen Armstrong und Aldrin ihre Arbeit auf dem Mond: Einsammeln von Gestein, Aufstellen von Meßinstrumenten, darunter ein Seismometer zur Feststellung von Mondbeben. Die ganze Welt konnte den historischen Moment am Fernsehschirm in einer Direktübertragung miterleben.

Apollo 12

Charles Conrad, Alan Bean und Richard Gordon starteten im November 1969 mit Apollo 12 zum Mond. Die Mondlandefähre «Intrepid» landete genau an der vorausberechneten Stelle im Oceanus Procellarum. Conrad und Bean unternahmen zwei Mondspaziergänge, die sie bis zur automatischen Station Surveyor 3 führten. Neben vielen Gesteinsproben brachten sie auch Teile dieser Station zur Untersuchung auf die Erde zurück. Apollo 12 war, sieht man vom Ausfall der Farbfernsehkamera ab, ein voller Erfolg.

Apollo 13

Apollo 13 startete am 11. April 1970 mit den Astronauten James Lovell, Fred Haise und Jack Swigert und wurde zum gefährlichsten Flug des bisherigen NASA-Programms. In einer Entfernung von rund 285 000 km von der Erde explodierte ein Tank des Steuerteils, so daß auf eine Landung im Fra-Mauro-Gebiet verzichtet werden mußte. Es ging nun nur noch darum, die Astronauten wieder heil zur Erde zurückzubringen. Behelfsweise mußte der Abstiegsmotor der Mondlandefähre Bahnkorrekturen durchführen, wofür er gar nicht gebaut war — und er arbeitete einwandfrei! Am 17. April wurde das Unternehmen mit einer sicheren Wasserung zu einem guten Ende geführt.

Die Landung von Apollo 12 (oben)
Am 19. November 1969 landete Apollo 12 auf dem Mond. Die Aufnahme stammt von Richard Gordon, der mit dem Kommandoteil den Mond umkreiste. Sie zeigt den Abstieg der Mondlandefähre «Intrepid» zum Oceanus Procellarum. Nach der Rückkehr zum Kommandoteil wurde die «Intrepid» auf dem Mond zum Absturz gebracht, was ein starkes, fast einstündiges Mondbeben auslöste.

Aldrin auf dem Mond (rechts)
Dies ist eine der besten Fotografien: Oberst Edwin Aldrin steht auf der Mondoberfläche, die ganze Umgebung spiegelt sich in seinem Helmvisier. Die Fußabdrücke sind klar zu erkennen, die Schatten sind tiefschwarz. Diese Aufnahme wurde am 21. Juli 1969 von Neil Armstrong gemacht — an jenem historischen Tag, als erstmals ein Mensch eine fremde Welt betrat.

Apollo 12 im Einsatz (oben)
Ein Bild von der Mondlandung des Apollo 12 im November 1969: Die Mondlandefähre «Intrepid» steht im Oceanus Procellarum, Kommandant Alan Bean hat die parabolische Radioantenne auf die Erde ausgerichtet. Conrad und Bean unternahmen damals zwei Mondspaziergänge, die aber wegen des Ausfalls der Farbfernsehkamera nicht wie beim Flug von Apollo 11 auf die Erde gefunkt werden konnten.

Das Aufstellen der Meßinstrumente (oben)
Einer der Apollo-12-Astronauten trägt die ALSEP-Packung (Apollo Lunar Surface Experimental Package) zum Aufstellungsort, der etwa 100 m von der Mondlandefähre «Intrepid» entfernt ist. Die ALSEP-Packung enthielt Seismometer, Magnetometer, Meßgeräte für den Sonnenwind und atomare Teilchen sowie eine kleine thermonukleare Energiequelle. Die Aufnahme stammt vom 19. November 1969.

Mondspaziergang zum Surveyor 3 (oben)
Der zweite Mondspaziergang führte die Astronauten Conrad und Bean von der Mondlandefähre bis zur automatischen Station Surveyor 3, die 1967 weich auf dem Mond gelandet war. Die Astronauten brachten unter anderem die Kamera von Surveyor auf die Erde zurück, die Tausende von Fotografien des flachen Kraters zurückgefunkt hatte, in dem Surveyor gelandet war.

Die Suche nach Leben im Weltraum

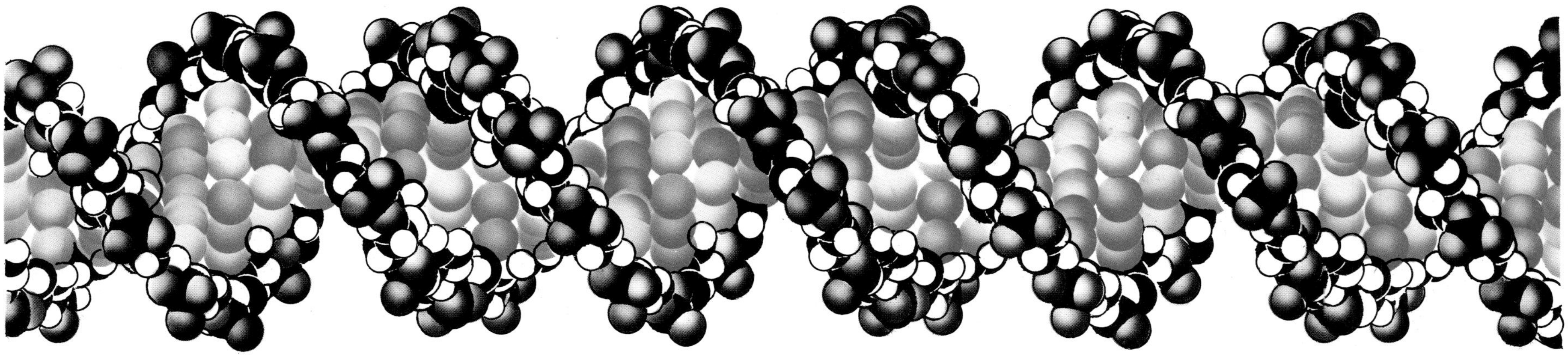

Das DNS-Molekül (oben)
DNS (Desoxyribonukleinsäure) ist der Hauptbestandteil der Chromosomen im Kern jeder lebenden Zelle. Ihre Moleküle bestehen aus zwei miteinander verbundenen, langen, schraubenförmigen Ketten (Doppelhelix), deren Aufbaustoffe immer zu dritt angeordnet sind und genetische Information übermitteln.

Wir wissen gar vieles über den Aufbau der organischen Stoffe, aber wenig oder gar nichts über das, was «Leben» ist, noch wann es erstmals auf der Erde entstand.
Die uns von der Erde her bekannten Lebensformen benötigen ganz bestimmte Umweltbedingungen: eine mehr oder weniger gleichmäßige Temperatur, genügend Wasser und eine geeignete, Sauerstoff und Wasserdampf enthaltende Atmosphäre. Im Sonnensystem scheinen diese Bedingungen nur auf der Erde zu bestehen. Von den übrigen Planeten sind die Gasriesen zu kalt, zudem besitzen sie eine wasserstoffreiche Atmosphäre und eine gasförmige Oberfläche. Merkur ist heiß und gleichfalls frei von jeder Atmosphäre. Bei den Satelliten der Planeten konnte man einzig bei Titan, dem sechsten Begleiter von Saturn, eine Atmosphäre nachweisen, deren Hauptbestandteil das giftige Methan und deren Temperatur viel zu niedrig ist.
Bleiben also nur noch Mars und Venus, die an den Grenzen der Ökosphäre der Sonne liegen. Früher war man allgemein der Ansicht, daß es auf dem Mars eine Vegetation geben könne und daß die Ozeane der Venus Leben bärgen. Die Weltraumforschung hat diese Vermutungen nicht bestätigt. Beide Planeten sind wahrscheinlich steril, auf keinen Fall aber tragen sie hochentwickeltes Leben.
Außer auf der Erde scheint es also im Sonnensystem kein Leben zu geben. Dies ist nicht verwunderlich, denn auch wenn Leben bei jeder geeigneten Gelegenheit zu entstehen vermag, müssen doch recht viele Umweltbedingungen erfüllt sein. Befände sich noch ein anderer Körper mit erdähnlichen Bedingungen im Planetensystem, so wäre zweifellos auch dort Leben entstanden.

Fremdes Leben?
Alle Stoffe bestehen aus den 92 verschiedenen natürlichen Atomen, die von der Ordnungszahl 1 (Wasserstoff) bis 92 (Uran) reichen. Für die mögliche Existenz ganz fremdartigen Lebens ist dies von großer Bedeutung: Jede beliebige Lebensform sollte aus den uns bekannten 92 Elementen bestehen, von denen nur eines — Kohlenstoff — die für das Leben notwendigen komplizierten Atomgruppen oder Moleküle bilden kann. Obwohl es keine Anhaltspunkte dafür gibt, könnte als einziges anderes Atom Silizium die Grundlage für eine uns unbekannte Lebensform bilden, da es ähnliche Verbindungen eingehen kann wie Kohlenstoff.
Ein intelligentes Wesen einer anderen Welt muß uns in keiner Weise ähnlich sehen, es braucht z. B. kein Zweibeiner zu sein. Auch auf der Erde nimmt das Leben verschiedene Formen an. Zwischen einem Menschen und einer Qualle besteht kaum eine Ähnlichkeit — und doch basieren beide auf Kohlenstoff, beide können ohne Wasser, ohne geeignete Atmosphäre und ohne gleichmäßige Temperatur nicht leben. Daraus folgt nach unseren heutigen Erkenntnissen, daß jede Lebensform der irdischen in den Grundzügen ähnlich sein dürfte. Für grundsätzlich fremdartige Lebensformen gibt es keine sicheren Anzeichen. Es mag recht amüsant sein, sich Lebensformen auf der Grundlage von Ammoniak unterhalb der gasförmigen Oberfläche der Riesenplaneten vorzustellen oder Bilder von Lebensformen zu zeichnen, die in der heißen, kohlendioxydreichen und dichten Venusatmosphäre existieren können. Diese Spekulationen entbehren jedoch jeglicher wissenschaftlichen Grundlage.

Planeten anderer Sterne
Unsere Sonne, ein ganz normaler Stern, wird von neun Planeten begleitet, von denen einer — die Erde — bewohnt ist. Warum sollten also nicht auch andere Sterne ein ähnliches Planetensystem haben? Zwar wissen wir noch nicht viel über das Werden der Planeten, doch dürften sie aus einer die Sonne umgebenden Materiewolke entstanden sein. Es besteht kein Grund zur der Annahme, daß sich dieser Vorgang nur bei unserer Sonne und nicht auch bei anderen Sternen abgespielt hat. Die Planeten sind nur sehr kleine Objekte und leuchten lediglich im reflektierten Licht. Der Planet eines naheliegenden Sterns könnte — auch wenn er die Größe Jupiters hätte — nicht einmal mit den größten Teleskopen entdeckt werden.
Eine zweite Methode kann uns aber eindeutige Resultate liefern: Ein nicht sehr massereicher Stern, der von einem großen Planeten umkreist wird, besitzt gegenüber den Hintergrundsternen eine unregelmäßige Eigenbewegung. Barnards Stern, ein Roter Zwerg in sechs Lichtjahren Entfernung, hat die größte bekannte Eigenbewegung. Die Untersuchungen von P. van de Kamp und seinen Mitarbeitern an der Sproul-Sternwarte in Amerika haben gezeigt, daß dieser Stern von mindestens einem Planeten mit zweieinhalbfacher Jupitermasse umkreist wird. (Es

Mars (oben)
Der amerikanische Astronom Percival Lowell beobachtete den Mars von 1895 bis zu seinem Tod im Jahre 1916 mit dem 61-cm-Refraktor der Sternwarte Flagstaff. Wie im obigen Bild, zeichnete er Hunderte von feinen, regelmäßigen Linien, die er Kanäle nannte und in denen er künstliche Bauwerke zu erkennen glaubte. Lowell ist nicht der Entdecker dieser «Kanäle» — sie wurden zuerst von dem italienischen Astronomen G. V. Schiaparelli beschrieben —, aber er zeichnete detailreiche Karten davon. Heute nimmt man an, daß die «Kanäle» Bergrücken oder Kraterketten sind.

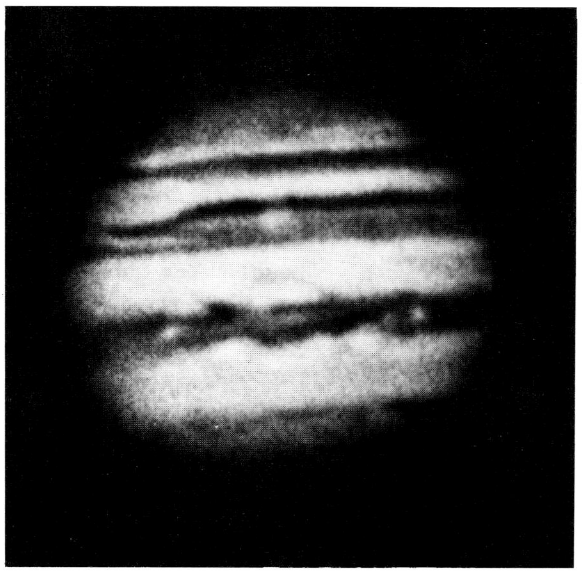

Jupiter (oben)
Jupiter, der größte und massereichste Planet des Sonnensystems, unterscheidet sich wesentlich von der Erde. Seine Atmosphäre besteht weitgehend aus Wasserstoff und Wasserstoffverbindungen, seine Oberfläche ist gasförmig und seine Anziehungskraft extrem groß. Ältere Theorien sprachen von fremdartigem Leben, das unter der gasförmigen Oberfläche existiere und mit Ammoniak als Grundstoff aufgebaut sei, doch gibt es keinerlei wissenschaftliche Anhaltspunkte hierfür. Viel wahrscheinlicher ist, daß Jupiter überhaupt kein Leben trägt.

Sterne (oben)
Das Bild zeigt einen typischen Ausschnitt der Milchstraße. Jeder Stern ist eine Sonne ähnlich unserer eigenen, die aus der gleichen Entfernung auch nur als Lichtpunkt erscheinen würde. Selbst mit den größten Teleskopen der Erde ist ein Planet, der als nichtleuchtender Körper um einen dieser Sterne kreist, nicht zu erkennen, geschweige denn irgendwelche Lebensformen auf ihm. Der einzige Weg zur Entdeckung fremder Planeten führt über die Beobachtung der Eigenbewegung der Sterne, die durch einen massereichen Planeten gestört werden kann.

Radioverbindung mit anderen Welten
Die einzige Möglichkeit, mit etwa existierenden intelligenten Wesen im Universum in Verbindung zu treten, ist die elektromagnetische Strahlung. Alle elektromagnetischen Wellen haben die gleiche Fortpflanzungsgeschwindigkeit (299 792,5 km/sec). Ein Signal vom Planeten eines anderen Sterns würde also Jahre unterwegs sein. Aus künstlich erzeugtem Rhythmus könnte man auf die Existenz intelligenter Wesen schließen.
1960 experimentierten F. Drake und seine Mitarbeiter in der Radiosternwarte Green Bank in West Virginia bei einer Wellenlänge von 21,1 cm, wie sie auch von den neutralen Wasserstoffwolken unseres Milchstraßensystems ausgesandt wird. Drake ging von dem Gedanken aus, daß jeder Radioastronom, wo immer er sich auch befindet, die grundlegende Bedeutung dieser Wellenlänge kennen müsse und deshalb seine Arbeit darauf abstellen würde. Drake fand aber keine Signale, von denen man annehmen könnte, sie seien künstlich erzeugt. Die Durchführung dieses Experiments zeigt jedoch, daß man das Vorhandensein außerirdischer Zivilisationen für durchaus möglich hält.

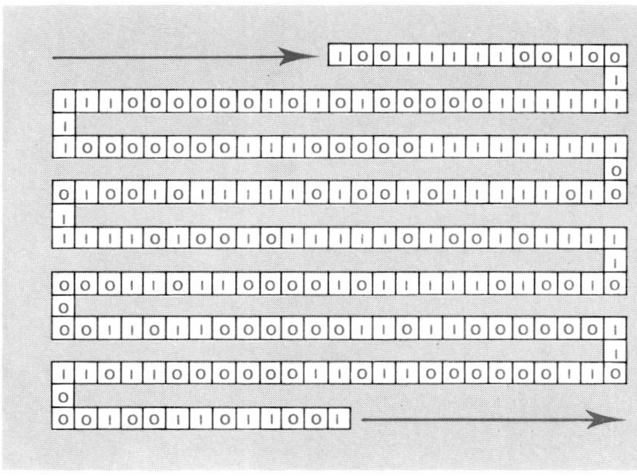

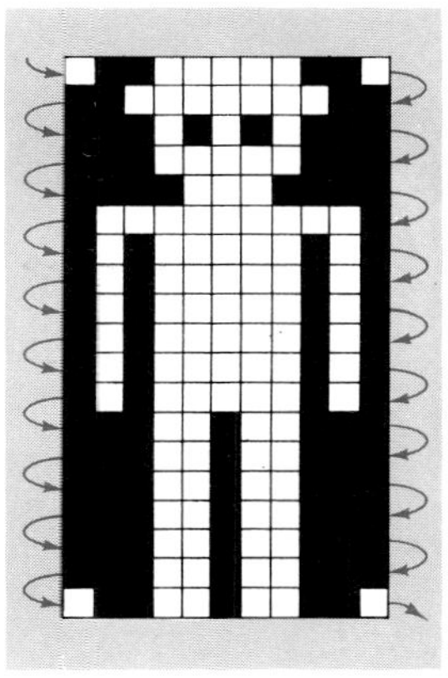

Chiffrierung (oben)
Für die interstellare Kontaktnahme wurde u. a. auch eine binäre Chiffrierung (z. B. Strich und Punkt) vorgeschlagen. Ein intelligenter Empfänger wird eine Meldung von 209 Signalen möglicherweise zweidimensional in 11 Spalten zu je 19 Signalen (Strich = schwarz, Punkt = weiß) darstellen, weil die Zahl 209 sich nur in diese Faktoren zerlegen läßt. Eine der beiden Lösungen wird dabei sinnvoll.

könnte sich auch um zwei Planeten geringerer Masse handeln.) Bei dem Begleiter kann es sich aber auch nicht um eine Doppelsternkomponente handeln, denn ein Körper von zweieinhalbfacher Jupitermasse ist für einen Stern noch zu klein.

Die Relativitätstheorie

Die Sterne sind Billionen von Kilometern von uns entfernt, die Entfernung des erdnächsten, Proxima Centauri, beträgt 4,2 Lichtjahre (etwa 40 Billionen km). Eine Rakete mit den heute üblichen Geschwindigkeiten würde erst nach Millionen von Jahren diesen Stern erreichen. Ein bemannter Raumflug zu anderen Sternen ist deshalb heute völlig undenkbar.
Eine Raumsonde zu einem Planeten eines anderen Sterns müßte annähernd die Lichtgeschwindigkeit erreichen. Die Einsteinsche Relativitätstheorie zeigt, daß dabei weitere theoretische und praktische Schwierigkeiten auftreten.
1887 versuchten die amerikanischen Physiker Michelson und Morley zu ergründen, ob die Geschwindigkeit des Lichts von der Bewegung der Lichtquelle abhängig ist. Zu ihrem Erstaunen fanden sie, daß die Lichtgeschwindigkeit im Vakuum gegenüber jedem Bezugssystem konstant ist. Dieses Resultat bildete die Grundlage für Einsteins Spezielle Relativitätstheorie (1905), die sich mit der gleichförmigen Bewegung (geradlinig und mit konstanter Geschwindigkeit) befaßt.
Nach Einsteins Relativitätstheorie — welche die Newtonschen Gesetze nicht verdrängt, sondern vielmehr erweitert — ist die Lichtgeschwindigkeit die höchste überhaupt mögliche Geschwindigkeit. Wenn die Geschwindigkeit eines Körpers zunimmt, vergrößert sich seine Masse (Trägheitswiderstand), weshalb er mit endlichen Kräften niemals auf Lichtgeschwindigkeit gebracht werden kann. Dabei entstehen aber auch relativistische Effekte auf die Zeitmessung: Die Zeitskala eines sehr rasch bewegten Körpers wird gegenüber der unsrigen auseinandergezogen, bis die Zeit bei Lichtgeschwindigkeit stillsteht. Das käme einer Raumschiffbesatzung als Verkürzung der Reisezeit zugute. Solche Behauptungen kommen uns sehr sonderbar vor, aber sie sind experimentell bewiesen. Die kosmischen Strahlen, d. h. Atomkerne aus dem Weltraum, werden bei ihrem Eintritt in die obere Erdatmosphäre aufgespalten, wobei unter anderem die sogenannten μ-Mesonen entstehen. Die μ-Mesonen haben eine äußerst kurze Lebensdauer. Da sie sich aber so rasch bewegen, wird ihre Zeitskala auseinandergezogen und ihre Lebensdauer so weit gedehnt, daß sie die Atmosphäre durchlaufen können. Versuche mit Teilchenbeschleunigern ergeben ähnliche Resultate, wobei sich die Masse der Teilchen durch die relativistischen Effekte der Beschleunigung auf das Vielfache vergrößert.
Die Allgemeine Relativitätstheorie, die Einstein etwa zehn Jahre später aufstellte, befaßt sich mit beschleunigten Körpern und bildet ein Bindeglied zwischen Geometrie und Gravitation. Die Verteilung der Materie bestimmt die geometrische Form des Raumes. Man stelle sich ein zweidimensionales, auf einer Kugeloberfläche lebendes Wesen vor, das durch einen Kanal auf die andere Seite der Kugel kriecht. Dieses Wesen mag glauben, es sei einer neuen Kraft unterworfen, obwohl nur die geometrische Form seiner «Welt» eine Änderung erfahren hat. Wir sind dreidimensionale Wesen und betrachten die «Anziehung» als Kraftwirkung eines Körpers. Nach Einstein würde ein vierdimensionales Wesen dies nur als eine Änderung der vierdimensionalen Geometrie des Raumes auffassen.
Im Bereiche der Astronomie ist ein experimenteller Nachweis der relativistischen Effekte möglich. Einstein behauptete, daß ein Lichtstrahl im Gravitationsfeld eines massereichen Körpers abgelenkt werde. Bei totalen Sonnenfinsternissen konnte man nachweisen, daß das Licht der Hintergrundsterne durch die Sonnenmasse annähernd um den vorhergesagten Wert abgelenkt wird. Zwei weitere Nachweismöglichkeiten liegen in der Periheldrehung der Planeten, speziell des Merkur, und in der Rotverschiebung eines Lichtstrahls, der aus einem starken Gravitationsfeld entweicht.
Einsteins Relativitätstheorie wird heute kaum noch angezweifelt. Die Relativitätstheorie führt weiter zu Überlegungen über die Endlichkeit oder Unendlichkeit des Universums. Raumflüge mit annähernder Lichtgeschwindigkeit sind nach dem hier Gesagten wohl unmöglich. Wenn wir mit andern intelligenten Wesen des Universums Kontakt aufnehmen wollen, so nur mit völlig neuen Methoden — die wir heute noch nicht erahnen können.

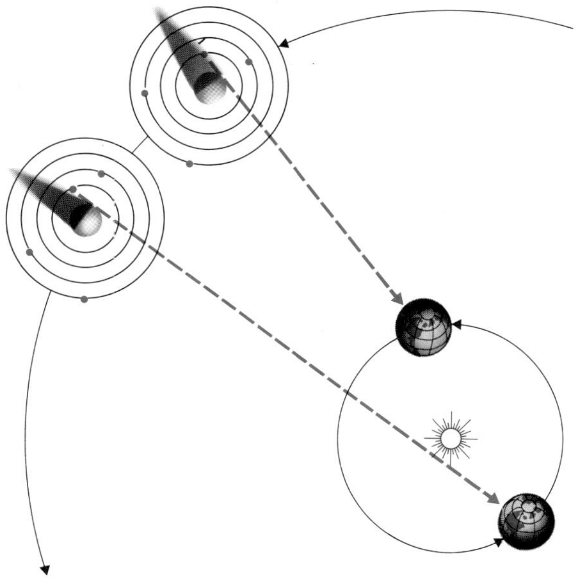

Rømer und die Lichtgeschwindigkeit (oben)
1675 entdeckte der dänische Astronom Olaf Rømer, daß die von ihm errechneten Verfinsterungen und Bedeckungen der Jupitersatelliten mit Verspätung eintraten, wenn sich Jupiter in seiner größten Entfernung von der Erde befand. Aus dieser Verspätung und den Entfernungsunterschieden zwischen Jupiter und der Erde konnte Rømer die Fortpflanzungsgeschwindigkeit des Lichts mit recht großer Genauigkeit bestimmen.

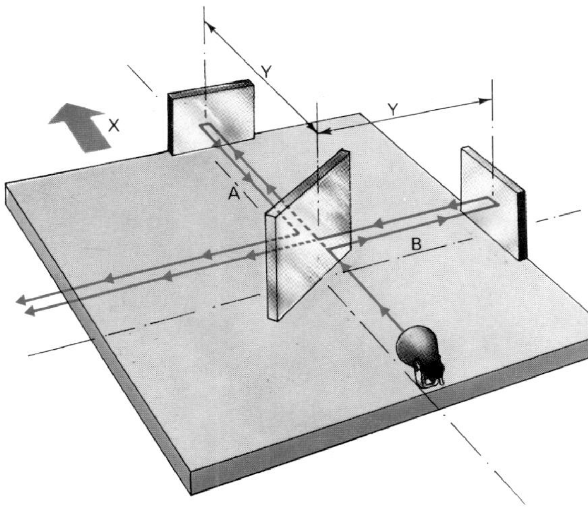

Das Experiment von Michelson und Morley (oben)
Das berühmte Experiment der beiden amerikanischen Physiker aus dem Jahre 1887 bildete die Grundlage für Einsteins Relativitätstheorie. Früher glaubte man allgemein, daß der Raum von einem «Äther» genannten Medium erfüllt sei, in dem sich die Lichtwellen fortpflanzen. Michelson und Morley fanden, daß das Licht zur Überwindung einer Distanz (Y) genau gleich lange benötigt, ob es sich nun parallel (A) oder senkrecht (B) zur Bahn der Erde um die Sonne bewegt. Ein eventueller «Ätherwind» aber müßte das Licht in der Richtung (A) verzögern.

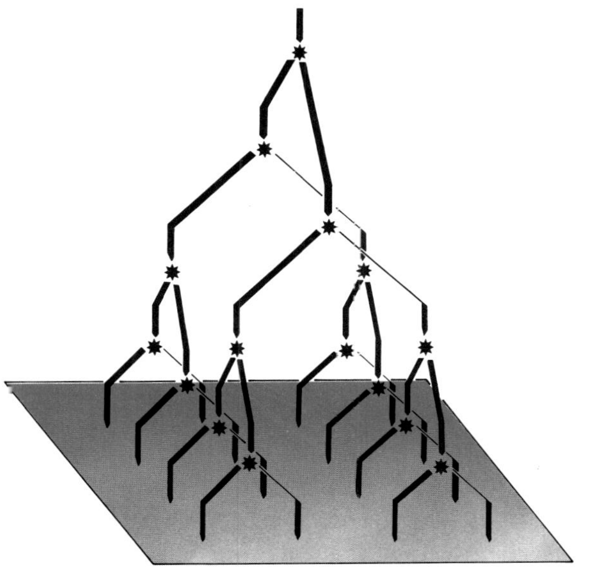

μ-Mesonen (oben)
Kosmische Strahlen sind Atomkerne, die von unbekannten Quellen aus dem Weltraum kommen. Sie bombardieren die Erde pausenlos. Die schweren Primärkomponenten werden in den hohen Schichten der Atmosphäre aufgespalten und lassen Sekundärpartikeln entstehen, die mit weiteren Atomen kollidieren. Dabei entstehen auch μ-Mesonen. Die im Laboratorium erzeugten, beinahe ruhenden μ-Mesonen haben eine extrem kurze Lebensdauer, aber die Zeitskala der durch die kosmischen Strahlen erzeugten μ-Mesonen wird durch die sehr große Geschwindigkeit so stark auseinandergezogen, daß sie eben noch den Erdboden erreichen.

Die Erde aus dem Weltraum gesehen

Die Erde, unsere Heimat im Weltraum, ist ein Mitglied des Sonnensystems. Die Alten schrieben ihr eine bevorzugte Stellung im All zu, und erst in den letzten Jahren lernte man, sie als das anzusehen, was sie wirklich ist: ein normaler Planet, der — von der Sonne aus gezählt — dritte unseres Planetensystems.

Die alten Völker glaubten, daß die Erde eine flache Scheibe sei, daß sie im Mittelpunkt des Universums stehe und daß sich der ganze Himmel einmal pro Tag um sie drehe.

Die einstigen Vorstellungen muten uns heute sehr seltsam an. Die Hindus z. B. lehrten, die Erde ruhe auf den Rücken von vier Elefanten, die ihrerseits auf dem Panzer einer im endlosen Ozean schwimmenden Schildkröte stünden. Gleichwohl griff Aristoteles (384 bis 322 v. Chr.) die Theorie von der Erde als einer flachen Scheibe auf wissenschaftlicher Grundlage an, und um das Jahr 270 v. Chr. konnte Eratosthenes von Cyrene eine erstaunlich genaue Messung des Erdumfanges durchführen.

Die Erde vom Weltraum aus
Die Aufnahme wurde während des Fluges von Apollo 8 zum Mond im Dezember 1968 aus über 6000 km Höhe gemacht. Im Süden sieht man Florida und die Westindischen Inseln, im Norden, über dem Ozean, die gewaltigen Wirbel eines Sturmes.

Einführung

Ptolemäisches und kopernikanisches Weltbild
Ptolemäus von Alexandrien (120 bis 180 n. Chr.), der letzte große Astronom der alten Welt, vollendete die Theorie von einem Universum, in dem alle Himmelskörper in einem komplizierten System von Kreisen und Epizykeln die Erde umkreisten. (Ein Epizykel ist ein kleiner Kreis, dessen Mittelpunkt sich auf einer kreisförmigen Bahn um die Erde bewegt.) Das ptolemäische System blieb Jahrhunderte hindurch unangefochten, bis 1543 Kopernikus, ein deutsch-polnischer Domherr, das Buch **De revolutionibus orbium coelestium** veröffentlichte. Darin legte er seine Überzeugung dar, daß nicht die Erde, sondern die Sonne der Mittelpunkt des Planetensystems sein müsse. Das kopernikanische Weltbild stieß auf scharfe Ablehnung, vor allem von kirchlicher Seite. 1633 wurde Galilei, der große italienische Wissenschaftler, vor ein Inquisitionsgericht gebracht, weil er seine durch Beobachtungen gewonnenen Beweise für die Bewegung der Erde veröffentlicht hatte. Er mußte dem kopernikanischen System abschwören und blieb bis an sein Lebensende unter kirchlicher Überwachung. Erst 1687, als Isaac Newton seine berühmten **Principia** veröffentlichte, wurde die Erde von ihrer Vorrangstellung im Mittelpunkt des Universums auf den ihr zukommenden Platz eines gewöhnlichen Planeten verwiesen.

Die Größe der Erde (links)
Maßstäbliche Zeichnung des Jupiter, des größten Planeten (Äquatordurchmesser 143 650 km), der Erde (12 756 km) und des Merkur, des kleinsten Planeten (4840 km).

Die Entstehung des Sonnensystems
Nach der Widerlegung der sogenannten Nebelhypothese des französischen Mathematikers Laplace und der neueren Theorie des englischen Astronomen Sir James Jeans stimmen die meisten Astronomen mit Carl von Weizsäcker überein. Er nimmt an, daß die Sonne beim Durchgang durch eine Wolke interstellaren Materials einen Teil dieses Materials angezogen hat und sich daraus die Planeten gebildet haben. Welche Theorie auch immer erhärtet werden kann, so steht doch einigermaßen fest, daß die Planeten ungefähr das gleiche Alter haben, wenn sie auch in verschiedener Weise entstanden sein mögen. Es ist sehr ungewöhnlich, daß Sterne zusammenstoßen, und wenn man annimmt, Jeans' Theorie sei richtig, müßte man auch folgern, es gebe nur sehr wenige Sonnensysteme in der ganzen Galaxie und wir stellten vielleicht die einzigen intelligenten Wesen dar. Wenn man jedoch Carl von Weizsäckers Theorie für richtig hält — oder in diesem Fall irgendeine Hypothese, die ohne zweiten Stern arbeitet —, so ist von sehr vielen Planetenfamilien auszugehen, und das stimmt mit der heutigen Ansicht der Astronomen überein.

Eine Welt von Wasser
Die oft gehörte Behauptung, die Erde sei ein typischer Planet, ist nicht ganz richtig. Die Erde besitzt die hohe Dichte von 5,5 g/cm^3 (Wasser: 1 g/cm^3) und ist der einzige Planet mit einer dichten, sauerstoff- und wasserdampfreichen Atmosphäre. Sie allein besitzt großflächige Ozeane auf der Oberfläche und wird deshalb zu Recht «Welt des Wassers» genannt. Nach modernen Erkenntnissen ist kein anderer Planet des Sonnensystems so beschaffen, daß er höherentwickeltes Leben tragen könnte.

Neigung der Erdachse (links)
Die Erdachse ist um einen Winkel von etwa 23½° gegenüber der Senkrechten auf die Erbahnebene geneigt. Diese Neigung verursacht im wesentlichen die Jahreszeiten.

Die Ökosphäre
Ganz abgesehen von der Zusammensetzung der Atmosphäre hängt die Eignung der Erde für das Entstehen höheren Lebens mit ihrer Entfernung von der Sonne zusammen. Sie liegt in der Mitte der sogenannten Ökosphäre. Unter Ökosphäre versteht man die einen Stern oder die Sonne umgebende Zone, in der die Temperatur weder zu hoch noch zu tief ist, so daß sich auf einem Planeten günstiger Größe und mit geeigneter Atmosphäre Leben entwickeln könnte. Die Bahn der Erde um die Sonne weicht nur wenig von einer Kreisbahn ab, ihre Exzentrizität beträgt 0,017. Eine stärker exzentrische Bahn würde das Klima nachhaltig beeinflussen.

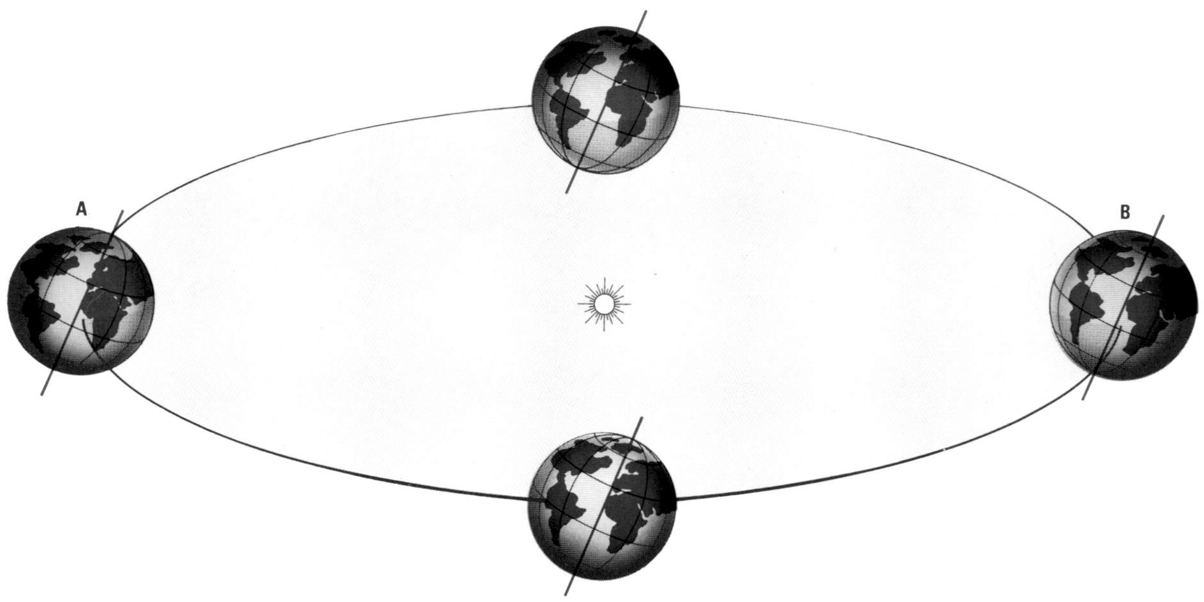

Die Bahn der Erde um die Sonne (oben)
Die Bahn der Erde um die Sonne weicht kaum von einer Kreisbahn ab, so daß die veränderliche Entfernung von der Sonne (147,10 bis 152,10 Mio km) nur einen geringen Einfluß auf die Jahreszeiten ausübt. Für die Nordhalbkugel der Erde ist es Sommer, wenn die Erde bei A steht; im Sommer der Südhalbkugel steht die Erde bei B.

Das Klima
Die Jahreszeiten werden im wesentlichen nicht durch die geringfügigen Schwankungen der Entfernung Sonne—Erde hervorgerufen, sondern durch die Neigung der Erdachse gegenüber der Bahnebene. Die Erdachse steht in einem Winkel von rund 23½ ° zur Senkrechten auf die Bahnebene. Wenn es auf der nördlichen Erdhalbkugel Sommer ist, neigt sich der Nordpol zur Sonne; im Winter der nördlichen Erdhalbkugel neigt sich der Südpol gegen die Sonne. Anfang Januar durchläuft die Erde das Perihel ihrer Bahn, Anfang Juli das Aphel. Theoretisch sollte deshalb der Sommer auf der Südhalbkugel der Erde kürzer und heißer, der Winter länger und kälter sein als auf der Nordhalbkugel — eine wahrnehmbare Erscheinung, die freilich durch die unterschiedliche Verteilung von Wasser und Land weitgehend überdeckt wird. Wasser wirkt mildernd auf das Klima, und die größten Ozeane liegen auf der Südhalbkugel. Die Erde ist der größte der vier inneren Planeten, aber auch der einzige mit großen Ozeanflächen. Aus diesem Grunde umfaßt das Festland der Erde eine viel kleinere Fläche als das der Venus und eine etwa ebenso große wie das des Mars.

Das System Erde—Mond
Auch noch in anderer Hinsicht ist die Erde einmalig in unserem Planetensystem. Sie ist der einzige kleine Planet, der von einem großen Mond begleitet wird. Zu Recht wird darauf hingewiesen, daß das System Erde—Mond eigentlich als Doppelplanet zu verstehen sei. Die beiden Körper kreisen um ihren Systemschwerpunkt, der innerhalb der Erdkugel liegt, da die Erdmasse 81,3mal größer ist als die Mondmasse.
Die Einwirkungen des Mondes auf die Erde sind beträchtlich. Vor allem die Wirkung der Gezeiten auf Wasser, Land und Luft ist im wesentlichen auf den Mond zurückzuführen — für das tägliche Leben sind freilich nur die Gezeiten des Meeres von Bedeutung.
Um die Ursachen der Gezeiten besser zu verstehen, stelle man sich die Erde ganz mit einem gleichmäßigen Ozean bedeckt vor. Die Anziehungskraft des Mondes ist an jenem Punkt am größten, der dem Mond am nächsten liegt. Auf der dem Mond zugewandten Seite der Erde wird deshalb das Wasser zu einem Flutberg angehoben. Ein zweiter Flutberg ensteht auf der vom Mond abgewandten Seite der Erde. Da sich die Erde um ihre Achse dreht und da sich die Flutberge immer nach dem Mond ausrichten, geht die Flutwelle pro Tag zweimal über jeden Punkt des Ozeans hinweg. Der Mond bewegt sich dabei weiter in seiner Bahn um die Erde, so daß sie langsam verschoben wird, da sie sich genau nach dem Mond ausrichtet. Die Flutwelle kommt somit an einem bestimmten Punkt des Ozeans pro Tag 50 Minuten später an.
In Wirklichkeit liegen die Dinge jedoch nicht so einfach. Die Ozeane haben unregelmäßige Umrisse und Tiefen, so daß die Gezeiten örtlich ganz unterschiedlich in Erscheinung treten. Dies gilt besonders für die Kontinentalsockel mit ihren ausgezackten und komplizierten Küstenlinien. Die Anziehungskraft der Sonne muß ebenfalls berücksichtigt werden. Die flut-

Die Lage der Erde im Sonnensystem (rechts)
Die Skizze zeigt die Entfernung der Erde von der Sonne, verglichen mit den Abständen von Merkur, Venus und Mars.

Mittlere Entfernung von der Sonne:

Merkur	57,91 Mio km	Saturn	1427,01 Mio km
Venus	108, 21Mio km	Uranus	2869,67 Mio km
Erde	**149,60 Mio km**	Neptun	4496,54 Mio km
Mars	227,94 Mio km	Pluto	5946,60 Mio km
Jupiter	778,34 Mio km		

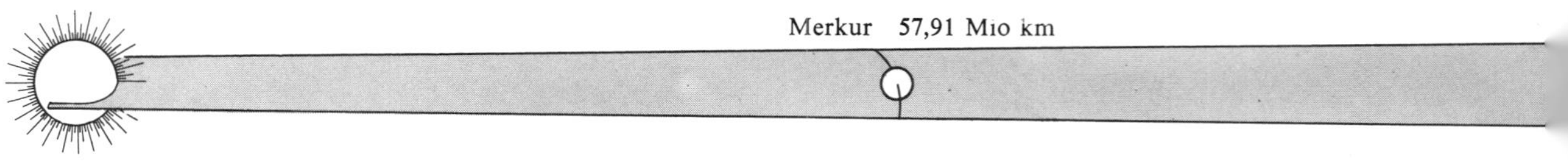

anhebende Wirkung der Sonne ist viel geringer als die des Mondes. Bei Voll- oder Neumond (Syzygien) wirken die Kräfte der Sonne und des Mondes in gleicher Richtung und verursachen die Springfluten. Im ersten oder letzten Viertel des Mondes (Quadratur) wirkt die Anziehungskraft der Sonne derjenigen des Mondes entgegen, die Flutwellen sind kleiner (Nippfluten). Die Anziehungskraft des Mondes wirkt sich dann am stärksten aus, wenn der Mond im Perigäum seiner Bahn steht; die Fluten werden dann bis zu 20 Prozent höher, als wenn sich der Mond im Apogäum befindet.

Die Gezeitenreibung

Das Wandern der Flutberge verursacht zwischen Wasser und Meeresboden eine Reibung, welche die Erddrehung verzögert und dadurch den «Tag» verlängert. Die durchschnittliche Verlängerung des Tages beträgt nur etwa 0,000 000 02 Sekunden, summiert sich aber über lange Zeiträume zu merklichen Werten. Vor einem Jahrhundert (36 525 Tage) war ein Tag somit um 0,000 73 Sekunden kürzer. Die mittlere Tageslänge der letzten hundert Jahre war also 0,000 36 Sekunden kürzer, der Gesamtfehler der Zeitrechnung beträgt somit rund 13 Sekunden. Will man — zur Bestimmung von historischen Sonnen- und Mondfinsternissen — die Mondbewegung «zurückberechnen», so muß dieser Fehler berücksichtigt werden, der einen Teil der sogenannten säkularen Akzeleration ausmacht. Der größere Teil der säkularen Akzeleration ist bedingt durch eine Abnahme der Umlaufszeit des Mondes infolge langsamer Abnahme der Exzentrizität der Erdbahn um die Sonne. Eine weitere Wirkung dieser Gezeitenreibung ist die Vergrößerung des Mondabstandes um etwa 12 cm im Jahr. In einem früheren Entwicklungsstadium des Systems Erde—Mond muß der gegenseitige Abstand viel kleiner gewesen sein. Die Gezeitenkräfte waren damals entsprechend stärker als heute.

Vergleich zwischen Erde und Mars (rechts und unten)
Es wurde oft behauptet, daß Erde und Mars einander sehr ähnlich seien. Die von den Mariner-Raumschiffen zurückgefunkten Informationen zeigten, daß die Ähnlichkeit viel geringer ist, als man angenommen hatte. Beide Planeten sind hier im gleichen Maßstab gezeigt. Da Mars keine Ozeane hat, sind die Landflächen beider Planeten annähernd gleich groß. Wegen seiner geringeren Dichte und seiner geringeren Entweichgeschwindigkeit hat Mars eine andere Entwicklung genommen als die Erde. Man weiß heute, daß Mars viel mehr dem Mond als der Erde gleicht.

Das Leben auf der Erde

Wir kennen das Alter der Erde recht genau: nach neuester Schätzung ergibt sich ein Wert von 4,7 Mia Jahren. Dagegen ist das Wie und Wann der Erstentstehung des Lebens auf der Erde noch ungeklärt. Im Laufe der verschiedenen geologischen Zeitalter entwickelten sich die ursprünglichen Einzeller zu den heutigen Lebewesen — ein Prozeß, der nur dank den für diese Lebensformen geeigneten Umweltbedingungen auf der Erde möglich war. Wenn es weitere ähnliche Planeten im Weltall gibt, kann man logischerweise folgern, daß auch dort lebende Substanz entstehen und sich entwickeln könnte. Heute zweifeln nur noch wenige Astronomen daran, daß viele Planeten anderer Sterne ebenfalls Leben tragen. Innerhalb des Sonnensystems ist die Erde gewiß einmalig. Innerhalb des ganzen Universums aber ist die Erde mit ihren Umweltbedingungen sicher keine einzigartige Erscheinung.

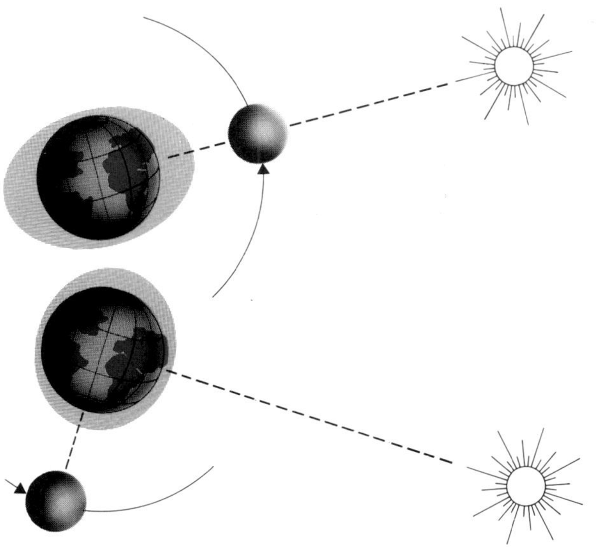

Die Spring- und Nippfluten (oben)
Das Schema stellt die Ursachen der verschiedenen Fluten dar. Obere Zeichnung: Mond und Sonne wirken in der gleichen Richtung, es entstehen die Springfluten. Untere Zeichnung: Mond und Sonne wirken im rechten Winkel zueinander, es entstehen viel kleinere Flutwellen (Nippfluten).

Datentabelle Erde

Mittlere Entfernung von der Sonne	149,60 Mio km
Mittlere Bahngeschwindigkeit	29,8 km/sec (107 280 km/h)
Bahnexzentrizität	0,0167
Neigung der Erdachse zur Senkrechten auf die Bahnebene = Neigung der Ekliptik zum Erdäquator (1970)	23°26′35″,47
Länge des Jahres:	
tropisch (von Frühlingspunkt zu Frühlingspunkt)	365,2422 Tage
siderisch (auf die Fixsterne bezogen)	365,2564 Tage
Länge des Tages	
Mittlerer Sonnentag	= 24 h 03 min 56,555 sec mittlerer Sternzeit
Mittlerer Sterntag	= 23 h 56 min 04,091 sec mittlerer Sonnenzeit
Masse der Erde	$5{,}976 \cdot 10^{24}$ kg
Durchmesser am Äquator	12 756 km
an den Polen	12 714 km
Abplattung	1/298,25
Mittlere Dichte	5,517 g/m³
Entweichgeschwindigkeit	11,2 km/sec
Albedo	0,39

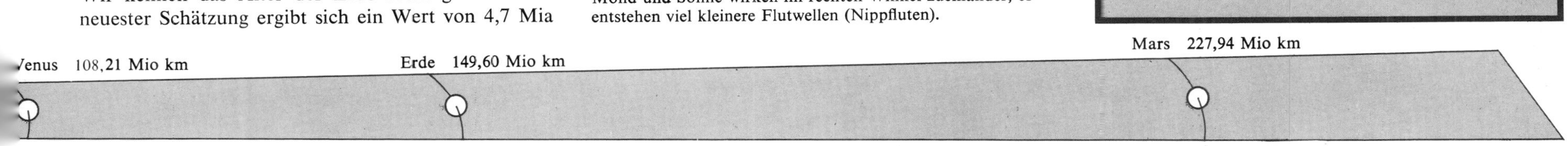

Die Erdphasen

Da die Erde selbst nicht leuchtet, sondern Sonnenlicht reflektiert, erscheint die eine Hälfte taghell, während die andere Hälfte im Dunkeln liegt. Aus dem Weltraum gesehen, zeigt die Erde deshalb auch Phasen, die im Prinzip den Mondphasen gleichen. Die Sonnenaufgangs- und Sonnenuntergangslinien entsprechen dem Terminator.
Da die Schatten auf dem Mond mangels Atmosphäre ganz scharf begrenzt und schwarz sind und der Mondterminator zudem gezackt ist, bieten die Erdphasen einen anderen Anblick als die Mondphasen. Bei der Erde kann ein großer Teil der Oberfläche von Wolken bedeckt sein, und die Lichtstreuung in der Atmosphäre läßt den Terminator verschwommen erscheinen. Die hier gezeigten, aus dem Weltraum aufgenommenen Fotografien machen dieses Phänomen sehr deutlich. Auch ist die Albedo (das Reflexionsvermögen) der Erde mit 0,39 viel größer als diejenige des Mondes (0,07), jedoch immer noch kleiner als die der ständig in Wolken gehüllten Venus.

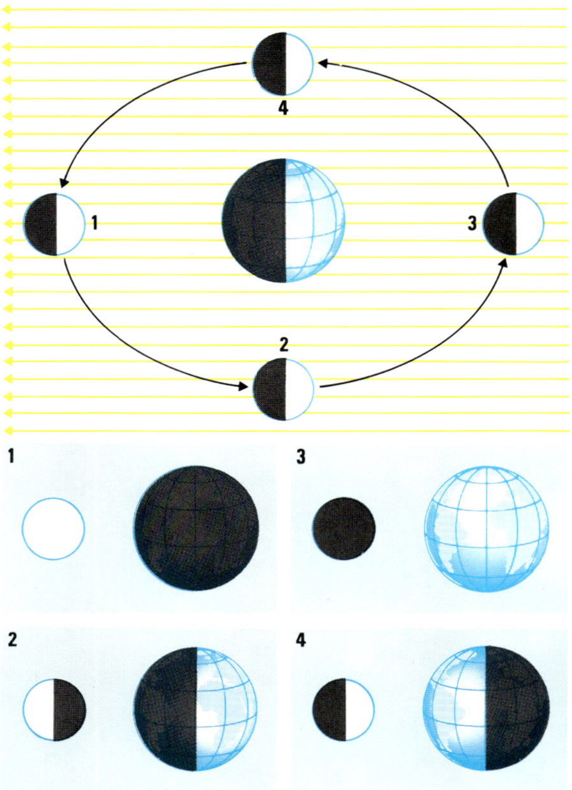

Die Erdphasen vom Mond aus (oben)
Die untere Skizze zeigt die Erdphasen, wie sie vom Mond aus zu sehen sind. Für diesen Zweck kann man sich die Erde als stillstehend denken, wobei sie in 27,3 Tagen einmal vom Mond umkreist wird (obere Skizze). Wenn von der Erde aus gesehen Vollmond ist (1), hat ein Beobachter auf dem Mond «Neu-Erde»; zum Zeitpunkt unseres Neumondes sieht der Beobachter auf dem Mond die «Voll-Erde» (3). In den Rechtecken unter der Bahnskizze sind die zu den verschiedenen Zeitabschnitten gehörenden Mond- bzw. Erdphasen (kleine bzw. große Kreise) dargestellt. Läßt man die geringen Librationseffekte außer acht, dann scheint die Erde für einen Beobachter auf dem Mond am Himmel stillzustehen. Von der Rückseite des Mondes aus bleibt die Erde immer unter dem Horizont.

Die Erdphasen von einer Erdumlaufbahn aus (unten)
Diese Fotografien wurden am 18. November 1967 von ATS 3 aufgenommen, einem geostationären Erdsatelliten, der 35 900 km über Südamerika steht. Die Aufnahmezeiten waren (von links nach rechts): 08.30, 11.30, 13.00, 16.30 und 20.30 Uhr MEZ. Auf dem ersten Bild sieht man Sturmwolken vor der afrikanischen Küste, bis zum Einbruch der Nacht lösen sie sich wieder auf.

Die Erde von einer Mondumlaufbahn aus (oben)
Diese im Mai 1969 aus dem Kommandoteil von Apollo 11 aufgenommenen Fotografien zeigen den Aufgang der Erde, wie er aus dem von der Rückseite des Mondes her kommenden Raumschiff zu sehen war. Man beachte die scharfe Silhouette des Mondhorizontes. Auf dem Mond gibt es keine Atmosphäre, die den fernen Horizont verzerrt oder verschwommen erscheinen lassen könnte.

Die «Dreiviertel»-Erde (rechts)
Diese Fotografie der zu drei Vierteln beleuchteten Erde wurde aus einer Entfernung von 160 900 km aufgenommen, als Apollo 11 auf dem Weg zum Mond war. Neben den klar erkennbaren Umrissen Afrikas sieht man stark mit Wolken bedeckte Teile Europas und Asiens. Aus dieser Fotografie kann man sich ein Bild von der damaligen Wetterlage machen. Nord ist oben.

Die Magnetosphäre der Erde

Ein neues Bild von der Erde — nicht mehr ein kleiner, isolierter Körper im Weltraum, sondern eine Welt als Mittelpunkt einer ausgedehnten Region, in der die magnetischen Kräfte vorherrschen. Diese Magnetosphäre reicht weit in den Weltraum hinaus. Sie bildet eine Schranke gegen die von außen kommenden geladenen Teilchen; sie fängt Teilchen ein, die nicht mehr entweichen können, sie bildet die sogenannten Van-Allen-Strahlungsgürtel.
Der Begriff der «Magnetosphäre» ist noch jung, er stammt aus der zweiten Hälfte der fünfziger Jahre. Am 31. Januar 1958 wurde der erste erfolgreiche amerikanische Satellit, Explorer 1, gestartet. Obwohl er nur 14 kg wog, trug er Miniaturausgaben verschiedener Ausrüstungsgegenstände mit sich. Dazu gehörte auch ein Geigerzähler zur Messung geladener Teilchen und hochenergetischer Strahlung.
Die anfängliche Bahn von Explorer 1 war elliptisch (Perigäum 360 km, Apogäum 2551 km). Eine seiner Hauptaufgaben war die Messung der kosmischen Strahlung in verschiedenen Höhen über der Erde. Kosmische Strahlung besteht aus Atomkernen, die aus dem Weltraum kommen. Obwohl auch die Sonne solche Strahlung aussendet, kommt der größte Teil der kosmischen Strahlung von außerhalb des Sonnensystems. Sie ist sehr durchdringend, wenn auch die schweren kosmischen Primärstrahlen die Erdoberfläche nicht erreichen können, ohne durch den Zusammenstoß mit Teilchen der oberen Atmosphäre aufgespalten zu werden.
Bei jeder Erdumkreisung fiel der Geigerzähler von Explorer 1 in einer Höhe von etwa 1000 km aus. Es stellte sich heraus, daß der Zähler durch die dort vorhandene Zone intensivster Strahlung übersättigt wurde. Diese Zone wurde dann nach ihrem Entdecker James van Allen Van-Allen-Gürtel genannt. Spätere Satelliten haben die Wirkung des magnetischen Feldes außerhalb der Van-Allen-Gürtel genau untersucht und gemessen. Man weiß heute, daß die Magnetosphäre der Erde bis weit über die Van-Allen-Gürtel hinaus in den Weltraum reicht.

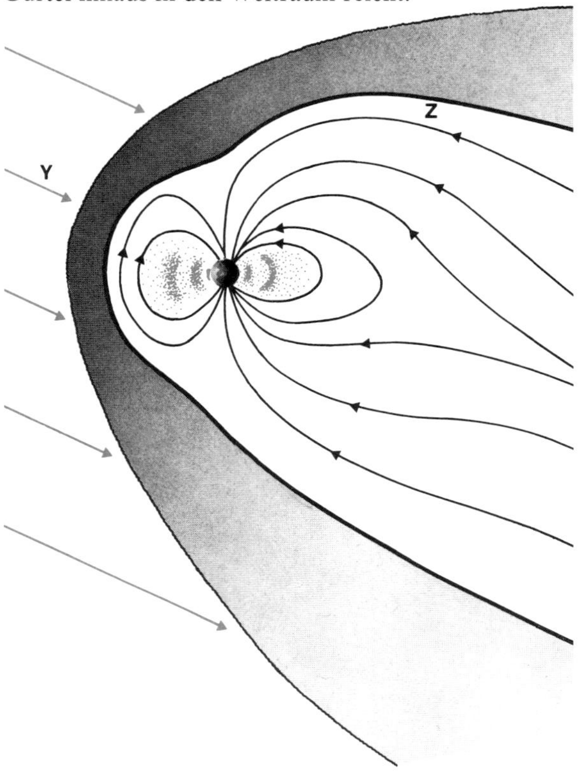

Die Form der Magnetosphäre (oben)
Die Magnetosphäre hat die Form eines Tropfens, dessen ausgezogene Spitze von der Sonne weg zeigt. Gegen die Sonne hin reicht die Magnetosphäre der Erde nur etwa 65 000 km, auf der ihr abgewandten Seite erstreckt sie sich viel weiter. Beim Auftreffen des Sonnenwindes (Y) auf das magnetische Feld der Erde bildet sich eine Schockwelle. Innerhalb dieser Schockwelle befindet sich eine Zone großer Turbulenz, die gegen innen durch eine deutliche Grenze, die Magnetopause (Z), abgeschlossen ist. Die eigentliche Magnetosphäre liegt auf der erdzugewandten Seite der Magnetopause. Auf der sonnenabgewandten Erdseite wird die Schockwelle mit zunehmender Entfernung immer schwächer, bis sie nicht mehr meßbar ist. Die Van-Allen-Strahlungsgürtel liegen vollständig in der Magnetosphäre.

Die Strahlungsgürtel (oben)
Das Bild zeigt den Hauptteil der irdischen Magnetosphäre mit den Van-Allen-Gürteln. Der magnetische Nord- und der Südpol sind darin bezeichnet (X und X). Sie decken sich nicht mit den geografischen Polen (N und S).

Der innere Gürtel (1)
Die ganze Van-Allen-Zone ist in zwei deutlich verschiedene Gürtel unterteilt, die durch den sogenannten Schlitz getrennt sind. Der innere Gürtel, dessen energiereichste Partikeln hauptsächlich Protonen sind, erreicht sein Maximum in einer Höhe von rund 5000 km. Die Protonen sind etwa gleich dicht, der innere Gürtel ist viel stabiler als der äußere. Nach einer von C. Christofilos, V. Vernov und S. F. Singer entwickelten Theorie werden die Protonen des inneren Gürtels von den kosmischen Strahlen (A) geliefert, die so energiereich sind, daß sie die Schranke des irdischen Magnetfeldes durchdringen und mit Partikeln der oberen Atmosphäre zusammenstoßen. Dabei entstehen auch Neutronen, die vom Magnetfeld nicht beeinflußt werden, weil sie keine elektrische Ladung tragen. Die Neutronen zerfallen aber mit einer Halbwertszeit (das ist die Zeit, in der die Hälfte der jeweils vorhandenen Neutronen zerfällt) von 15 Minuten in je ein Proton und ein Elektron. Da die Masse eines Protons annähernd der Masse eines Neutrons entspricht, geht auch fast alle kinetische Energie des Neutrons auf das Proton über. Die Masse eines Elektrons ist gegenüber derjenigen eines Protons verschwindend klein.
Die Neutronen, die sich vor dem Zerfall von der Erde wegbewegen, werden auch Albedo-Neutronen genannt. Durch ihren Zerfall in Protonen, die sofort vom Magnetfeld der Erde «gefangen» werden, und Elektronen liefern sie wahrscheinlich die für den Aufbau des inneren Van-Allen-Gürtels notwendigen Protonen. Oberhalb 10 000 km über der Erde bilden wahrscheinlich die aus dem Sonnenwind (B) stammenden Protonen den Hauptteil. Ist ein Proton erst einmal im Magnetfeld der Erde «gefangen», so verbleibt es mehrere Jahrhunderte dort.

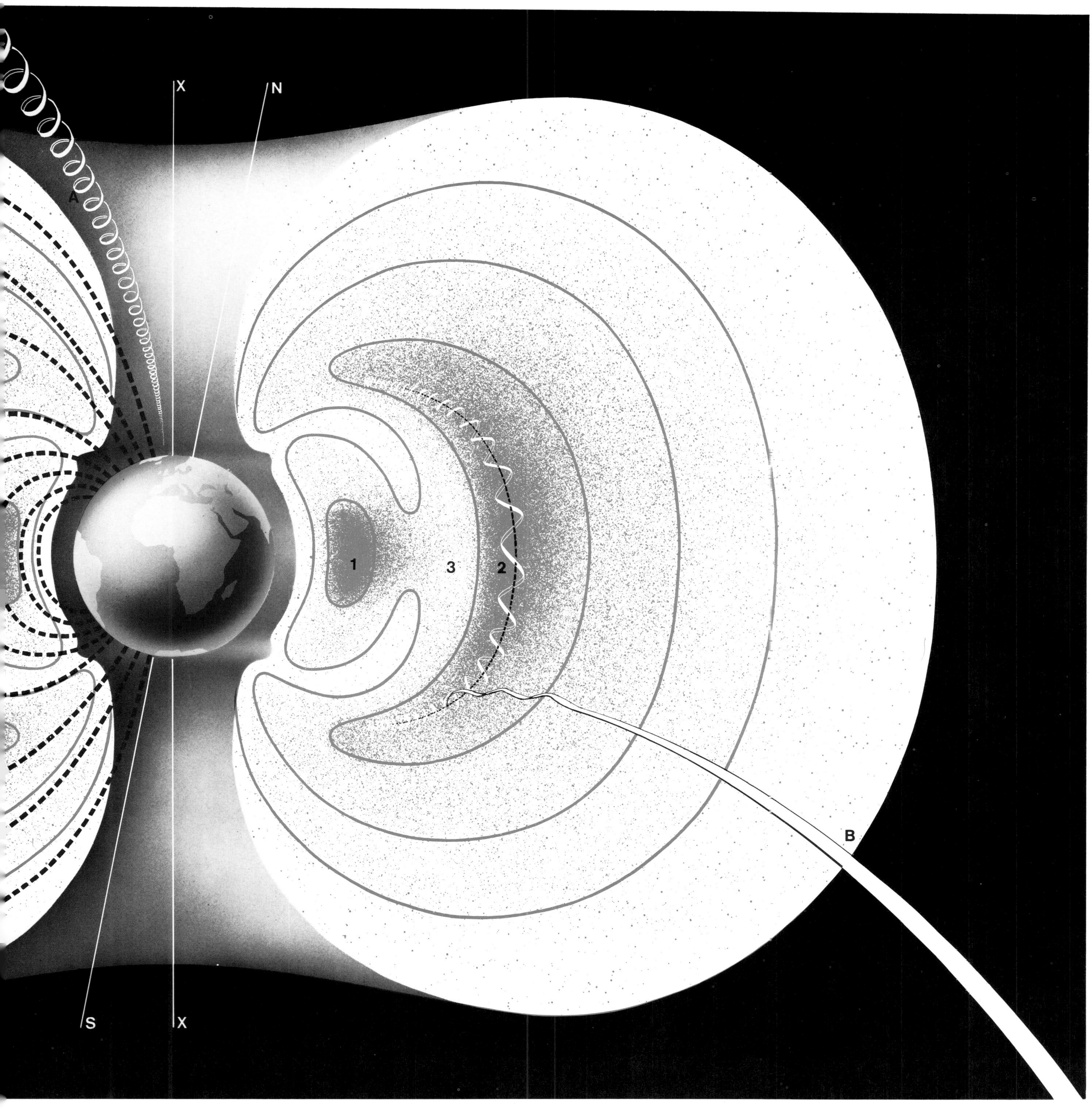

Der äußere Gürtel (2)
Der äußere Van-Allen-Gürtel enthält viele hochenergetische Elektronen und wird weitgehend durch die Veränderungen auf der Sonne beeinflußt. Der genaue Mechanismus, durch den die Elektronen des äußeren Gürtels wieder aufgefüllt werden, ist uns nicht bekannt, aber es besteht kaum ein Zweifel, daß auch die Elektronen (C) aus dem Sonnenwind stammen. Möglicherweise treten die Elektronen des Sonnenwindes von der sonnenabgewandten Seite der Erde durch den «Schweif» der irdischen Magnetosphäre in den Van-Allen-Strahlungsgürtel ein. Der äußere Gürtel wird erheblich durch die Sonneneruptionen gestört, die auch für die prächtigen Polarlichter (s. S. 145) verantwortlich sind. Wenn die Van-Allen-Gürtel «überladen» sind, bewegen sich die überschüssigen Partikeln kaskadenartig bis in die Erdatmosphäre und erzeugen Polarlichter. Die maximale Intensität des äußeren Van-Allen-Gürtels liegt bei einer Höhe von 16 000 km.

Der Schlitz (3)
Der sogenannte «Schlitz» liegt zwischen den beiden Van-Allen-Strahlungsgürteln in einer Höhe von etwa 13 000 km über der Erdoberfläche. Die Dichte der geladenen Teilchen ist in dieser Gegend weniger groß als unterhalb oder oberhalb dieser Höhe.

Die Van-Allen-Zone
Die Van-Allen-Zone umhüllt nicht die ganze Erde. Auf der sonnenzugewandten Seite der Erde erstreckt sie sich von etwa 75° nördlicher bis zu 75° südlicher (magnetischer) Breite, auf der sonnenabgewandten Seite dagegen nur von etwa 70° nördlicher bis zu 70° südlicher (magnetischer) Breite. Die geladenen Teilchen bewegen sich den magnetischen Kraftlinien der Erde entlang in schraubenförmigen Bahnen von einer Hemisphäre zur andern und zurück. Die geladenen Teilchen, die in der Nähe der magnetischen Pole auf die Erde treffen, werden nicht in den Strahlungsgürteln gefangen, sie folgen einfach den magnetischen Kraftlinien und treten in den Polargebieten in die Erdatmosphäre ein.

Der Magnetkern der Erde
Nach den heutigen Forschungsergebnissen ist die Erde der einzige der innern Planeten mit einer ausgedehnten Magnetosphäre. Der Mond besitzt kein merkliches Magnetfeld; bei Venus und Mars wurde kein magnetisches Feld entdeckt, und es ist sehr unwahrscheinlich, daß Merkur eines besitzt. Zweifellos ist der schwere Kern aus magnetischem Material die Ursache des irdischen Magnetismus. Ob die verhältnismäßig schwache Ausbildung des Magnetismus bei Venus, Mars und beim Mond das Fehlen solcher schwerer Kerne beweist, ist noch ungeklärt.

Die Erdatmosphäre

Wir leben am Grund eines Luftozeans. Das Gesamtgewicht der Erdatmosphäre wurde auf 4½ Billiarden Tonnen ($4{,}5 \cdot 10^{15}$ t) geschätzt; der Standardwert des atmosphärischen Druckes auf Meereshöhe beträgt 1013 Millibar (760 mm Quecksilbersäule). Der größte Teil der Atmosphärenmasse ist auf die tiefliegenden Schichten konzentriert: Ein Viertel der Masse liegt unterhalb 2370 m ü. d. M., die Hälfte unterhalb 5480 m ü. d. M. und fast drei Viertel unterhalb der Höhe des Mount Everest (8882 m ü. d. M.). Das Gewicht der Atmosphäre beträgt aber nur ⅓ Prozent des Wassergewichtes aller Ozeane.

Die Bindung der Atmosphäre an die Erde

Die Erde kann eine dichte Atmosphäre an sich binden. Die Entweichgeschwindigkeit (11,2 km/sec) ist relativ hoch. Die Atome und Moleküle der Erdatmosphäre erreichen diese Geschwindigkeit nicht, so daß sie nicht aus dem Gravitationsfeld der Erde gelangen können. Die Geschwindigkeit der Atome und Moleküle hängt weitgehend von der Temperatur ab, die Entweichgeschwindigkeit vom Gravitationsfeld, d. h. von der Masse des Körpers. Wäre nun die Masse der Erde kleiner oder wäre die Temperatur der Atmosphäre höher, so könnte die Atmosphäre nicht an die Erde gebunden bleiben. Der Mond mit einer Entweichgeschwindigkeit von 2,37 km/sec kann keine Atmosphäre an sich binden. Eine obere Grenze der Atmosphäre anzugeben ist kaum möglich. Ihre Dichte wird mit zunehmender Höhe immer geringer, so daß ein Übergang in den interplanetaren Raum stattfindet. Die Dichte nimmt sehr rasch ab: in 16 km Höhe beträgt sie nur noch $1/10$ der auf Meereshöhe herrschenden, in 32 km etwa $1/10$ derjenigen in 16 km Höhe und so weiter. Spuren der Atmosphäre reichen bis in 8000 km Höhe.

Aufbau der Atmosphäre

Die Atmosphäre ist nicht homogen. T. de Bort entdeckte 1898 ihren geschichteten Aufbau. Seine von Ballonen in die Höhe getragenen Instrumente bewiesen einen unerwarteten Temperaturverlauf. Der Temperaturgradient, d. h. die Abnahme der Temperatur bei zunehmender Höhe, beträgt etwa 0,5 °C pro 100 m und ist relativ konstant, obwohl es zeitweilige «Inversionen» oder Temperaturumkehrungen in tieferen Schichten geben kann. De Bort fand aber, daß die Temperatur oberhalb 12 km rascher abfiel und bei —55 °C konstant blieb. Er gab diesen beiden Schichten Namen — Troposphäre für die untere und Stratosphäre für die obere —, die noch heute gebraucht werden. Seither sind noch verschiedene andere Schichten entdeckt worden.

Die Höhe der Atmosphäre (unten)
Die Skizze soll das Größenverhältnis zwischen den dichteren Teilen der Atmosphäre und der Erdkugel veranschaulichen. Es entspricht etwa dem zwischen Apfelschale und Apfel selbst. Unten rechts: Als diese Fotografie aufgenommen wurde, befand sich Apollo 7 über dem Golf von Mexico. Sie zeigt deutlich, daß die Höhe der dichteren Atmosphäre (16 km) im Verhältnis zum Erddurchmesser (12 756 km) sehr gering ist.

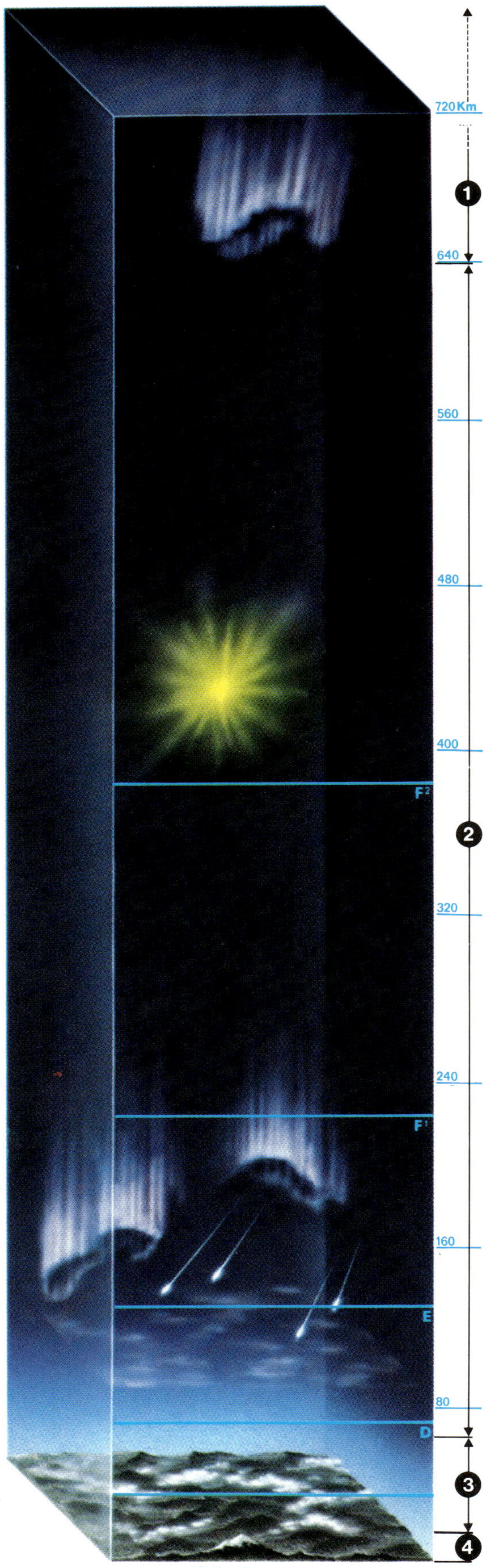

Der Aufbau der Atmosphäre

Exosphäre (1)
Die Exosphäre geht ohne erkennbare Abgrenzung in den interplanetaren Raum über. Oberhalb 2400 km besteht sie hauptsächlich aus Wasserstoff. Zwischen 1000 und 2400 km ist sie zu gleichen Teilen aus Helium und Wasserstoff zusammengesetzt. Unterhalb 1000 km wird atomarer Sauerstoff nachweisbar. Zwischen Exosphäre und Ionosphäre besteht keine scharfe Grenze.

Ionosphäre (2)
Die Ionosphäre ist für uns insofern von großer Bedeutung, als sie elektrisch leitende Schichten enthält, welche die Kurzwellen reflektieren und dadurch einen weltweiten Funkverkehr ermöglichen: die D-Schicht (55–90 km), die E-Schicht (90–145 km) und die F1- und F2-Schicht (145 bis über 240 km). Die Struktur der Ionosphäre ändert sich ständig in einem Tag-Nacht-Rhythmus und ist auch von den Ereignissen auf der Sonne abhängig.

Stratosphäre (3)
Die Stratosphäre enthält eine Ozonschicht (Moleküle aus je 3 Atomen Sauerstoff: O_3), die bestimmte kurzwellige Strahlen nicht bis zum Boden dringen läßt. Ohne diesen Schutzfilter hätte sich kein Leben entwickeln können. Der obere Teil der Stratosphäre (oberhalb 35 km) wird auch als Mesosphäre bezeichnet.

Troposphäre (4)
Die Troposphäre liegt im untersten Teil der Atmosphäre, in der sich die uns unmittelbar interessierenden Wettervorgänge abspielen. Sie ist durch die Tropopause von der Stratosphäre getrennt. Die chemische Zusammensetzung der Troposphäre ist vollständig homogen, vorherrschend sind Stickstoff und Sauerstoff.

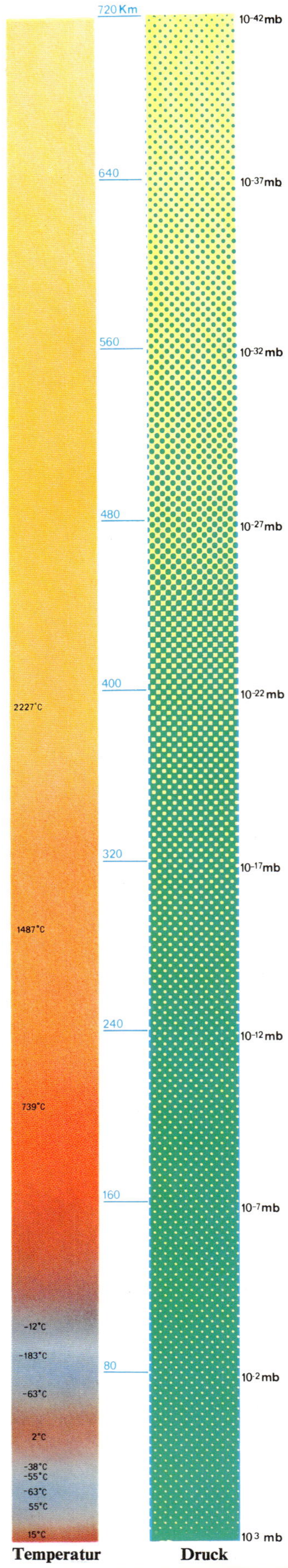

Chemische Zusammensetzung

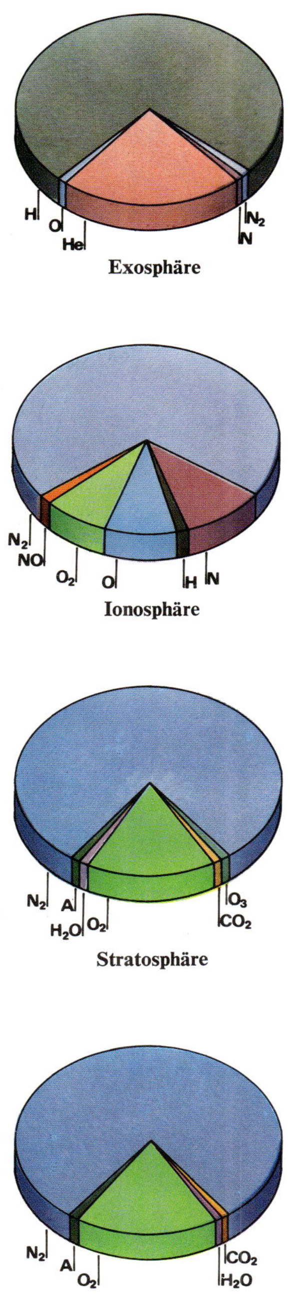

Chemische Zusammensetzung (oben)
Die chemische Zusammensetzung der Atmosphäre: Stickstoff: N_2 (Molekül), N (Atom); Sauerstoff: O_2 (Molekül), O_3 (Ozon), O (Atom); Argon: A; Kohlendioxyd: CO_2; Wasserstoff: H_2 (Molekül), H (Atom); Helium: He; Wasserdampf: H_2O.

Der Schutz durch die Atmosphäre (rechts)
Normale Meteore dringen nur bis auf etwa 65 km Höhe ein, bevor sie zerstört werden. Meteorite hingegen gelangen als feste Körper bis auf die Erdoberfläche. Die Ozonschicht – höchste Konzentration in einer Höhe von etwa 30 km – ist für die Erhaltung irdischen Lebens von großer Bedeutung, obwohl das Verhältnis Ozon zu den übrigen Atomen nur 1:100 000 beträgt. Die Ozonschicht hält den größten Teil der ultravioletten Strahlung ab und läßt durch diese Absorption die Temperatur in den höheren Schichten ansteigen. «Temperatur» ist nach Definition nur ein Ausdruck für die Geschwindigkeit der Atome und Moleküle. Die Schichten hoher Temperatur der oberen Atmosphäre enthalten nur wenig «Wärme». Nur die im sogenannten **optischen und Radio-Fenster** (s. S. 19) liegende Strahlung kann bis zur Erdoberfläche vordringen. Das optische Fenster liegt zwischen den Wellenlängen 3900 und 7500 Ångström. Im Radiowellenbereich besteht unterhalb einer Wellenlänge von etwa 2 cm eine zunehmende Absorption durch den in der Atmosphäre enthaltenen Wasserdampf, während die Ionosphäre für Wellenlängen über 10 m (die genaue Wellenlänge hängt von den jeweiligen Bedingungen ab) undurchlässig ist. Aus diesem Grunde müssen die Röntgen-, Gamma- und Ultraviolettquellen vom Weltraum aus erforscht werden.

1) Exosphäre; 2) Ionosphäre; 3) Stratosphäre; 4) Troposphäre.
(A) Meteore; (B) Radiowellen aus dem Weltraum; (C) Infrarot-Strahlung; (D) D-Schicht; (E) E-Schicht; (F_1) F_1-Schicht; (F_2) F_2-Schicht; (G) sichtbares Licht; (H) die Atmosphäre durchdringende Ultraviolettstrahlung; (I) Ionisierung von Schichten durch Ultraviolettstrahlung; (J) in der Ionosphäre absorbierte Röntgenstrahlung; (K) UKW-Radio; (L) Kurzwellenradio; (M) Mittelwellenradio; (N) Langwellenradio.

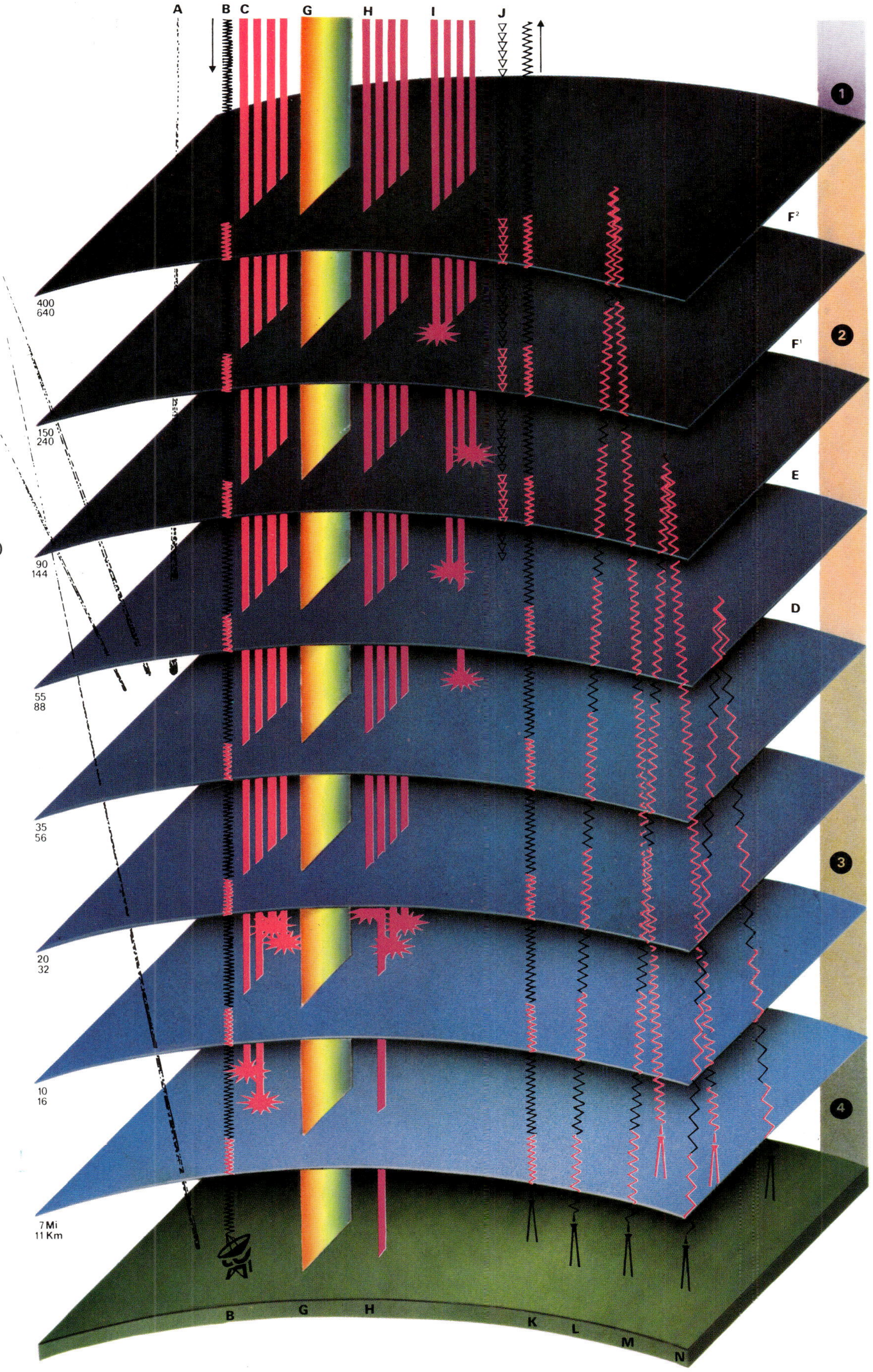

Wetterkarten der Erde

Alle Vorgänge, die wir gewöhnlich in dem Begriff «Wetter» zusammenfassen, spielen sich in der Troposphäre ab, der untersten Schicht der Atmosphäre, die sich bis zu einer Höhe von 11 bis 16 km über dem Meeresspiegel erhebt. (Die Höhe der Troposphäre ändert sich recht stark mit den Jahreszeiten und der geografischen Breite.) Oberhalb der Tropopause findet man nur noch die seltenen Perlmutterwolken in der Stratosphäre und — in einer Höhe von 80 km — die leuchtenden Nachtwolken in der Ionosphäre.
Die Winde werden durch örtliche Druckunterschiede hervorgerufen. In einem Hochdruckgebiet hat die Atmosphäre die Tendenz, nach außen wegzufließen und eine entsprechende Luftströmung zu bilden. In der Meteorologie ist das Studium der Luftströmungen entscheidende Grundlage. Die Beobachtungen aus dem Weltraum sind hierbei eine große Hilfe, da es nun erstmals möglich ist, großräumige Wetterentwicklungen als Ganzes zu studieren. Mit dem Start von Vanguard 2 am 17. Februar 1959 begann die Zeit der «Wettersatelliten», von denen bereits eine große Zahl in eine Umlaufbahn gebracht wurde.

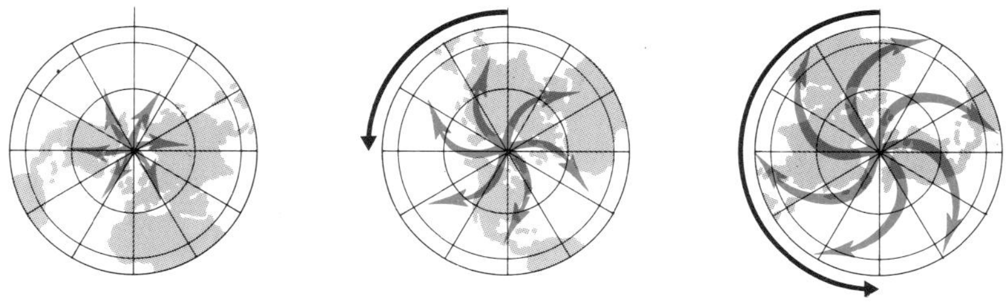

Die Zirkulation der Atmosphäre
(links)
Das große Bild zeigt das System der Zirkulationszellen der Luft. In den tropischen Gebieten beispielsweise steigt erwärmte Luft in die Höhe und strömt dann polwärts ab. Wo die allgemeine Luftbewegung nach oben gerichtet ist, besteht ein niedriger Luftdruck, wie bei einer geografischen Breite von 60° und am Äquator. (Hoher Luftdruck A; niedriger Luftdruck B.) Die Luftmassen fließen an der Erdoberfläche gegen diese Gebiete; ihre Richtung wird aber durch die Erddrehung beeinflußt (Coriolis-Effekt, siehe kleine Zeichnungen). In der nördlichen Hemisphäre ziehen die Winde deshalb aus nordöstlicher Richtung gegen den Äquator. Auf der südlichen Hemisphäre kommen sie aus südöstlicher Richtung. Aus dem gleichen Grund fließen die Luftmassen auf der südlichen Hemisphäre im Uhrzeigersinn in ein Gebiet niedrigen Luftdruckes (in ein Tief oder eine Depression), auf der nördlichen Hemisphäre jedoch gegen den Uhrzeigersinn.

Südliche Hemisphäre
Elektronisch zusammengesetztes Mosaik von Wolkenbildern des Satelliten ESSA 3 vom 1. Juni 1967. Das Bild umfaßt die südliche Hemisphäre der Erde. Die Polargegend (im Mittelpunkt der Scheibe) wurde nicht fotografiert und erscheint deshalb weiß.

Südamerika
Südamerika ist zum größten Teil von Wolken bedeckt. Die Hauptrichtung der Wolkenformationen ist gut zu erkennen.

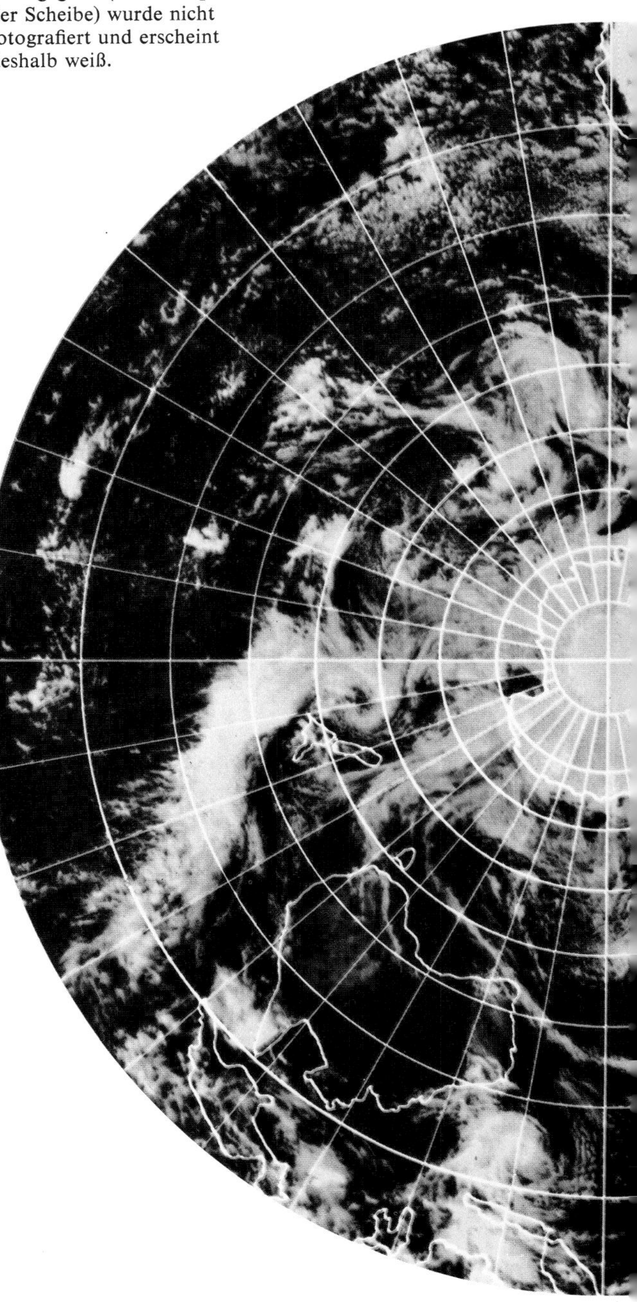

Darstellung der vorherrschenden Windrichtungen (unten)
Die Karte gibt die auf der Erdoberfläche vorherrschenden Windströmungen an. Wegen des Coriolis-Effektes wehen die gegen den Äquator ziehenden Winde auf der nördlichen Hemisphäre aus nordöstlicher Richtung, auf der südlichen Hemisphäre jedoch aus südöstlicher Richtung. Diese Winde werden auch als Passatwinde bezeichnet. Das Aufwärtsströmen der warmen Luft am Äquator läßt eine Zone schwacher, veränderlicher Winde entstehen, die als Kalmen bekannt sind. Heftige Störungen der Luftbewegungen über größere Entfernungen hinweg werden als Wirbelstürme (über dem Festland), als Orkane (im Karibischen Meer) und als Taifune (im pazifischen Raum) bezeichnet.
Die Luftzirkulation auf der südlichen Hemisphäre zeigt konstantere Verhältnisse als auf der nördlichen. Die großen Meeresflächen wirken stabilisierend. Aber auch dort bestehen örtlich erhebliche Unterschiede. Die Windrichtungen über großen Festländern des nördlichen Teils der Erde sind weniger gleichmäßig.

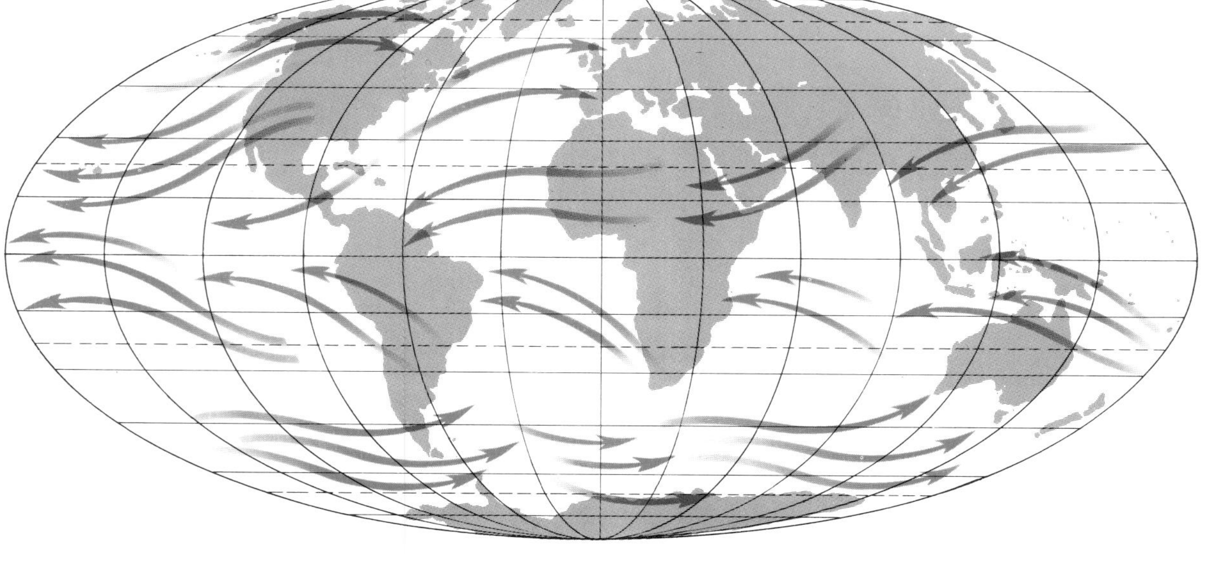

Afrika und Arabien
Arabien ist von einer dünnen Wolkenschicht bedeckt, das Gebiet des Roten Meeres ist wolkenfrei. Die afrikanische Küste ist deutlich zu erkennen, obwohl sich über den Kontinent ein Wolkengürtel erstreckt.

Australien
Wolkenfrei, ist Australien deutlich zu sehen. Die Wolkenformationen zu beiden Seiten des Kontinents sind regelmäßig, da die Luftströmung nicht durch große Landmassen unterbrochen wird.

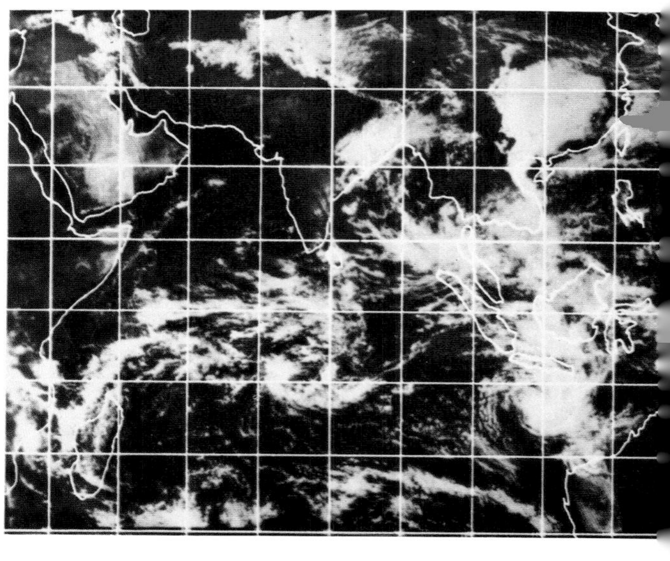

Südafrika
Große Wolkenfelder bedecken den südlichen Teil des afrikanischen Kontinents und Madagaskar.

Der Pazifik
Ein großer Teil Australiens ist wolkenfrei. Die vorherrschenden Windrichtungen werden durch die Struktur der Wolkenformationen über dem Pazifik vor den Neuseeländischen Inseln deutlich.

Nördliche Hemisphäre
Am 1. Juni 1967 wurde von ESSA 3 ein ähnliches Mosaik der nördlichen Hemisphäre aufgenommen. Der Äquator liegt am kreisförmigen Rand des Bildes. Der Pol ist nicht erfaßt.

Das Japanische Meer
Wolkenbildung über dem Japanischen Meer, wo sehr heftige Stürme auftreten können.

Nordafrika
Ein Teil von Nordafrika ist wolkenfrei, aber die Küstengebiete sind in einen Wolkenschleier gehüllt.

Nordamerika
Der mittlere Teil der Vereinigten Staaten liegt unter einer Wolkendecke, aber weite Gebiete des Kontinents sind wolkenfrei.

Diese beiden Bilder lassen die Struktur der Wolkenformationen und damit die auf der Erde vorherrschenden Windrichtungen erkennen.

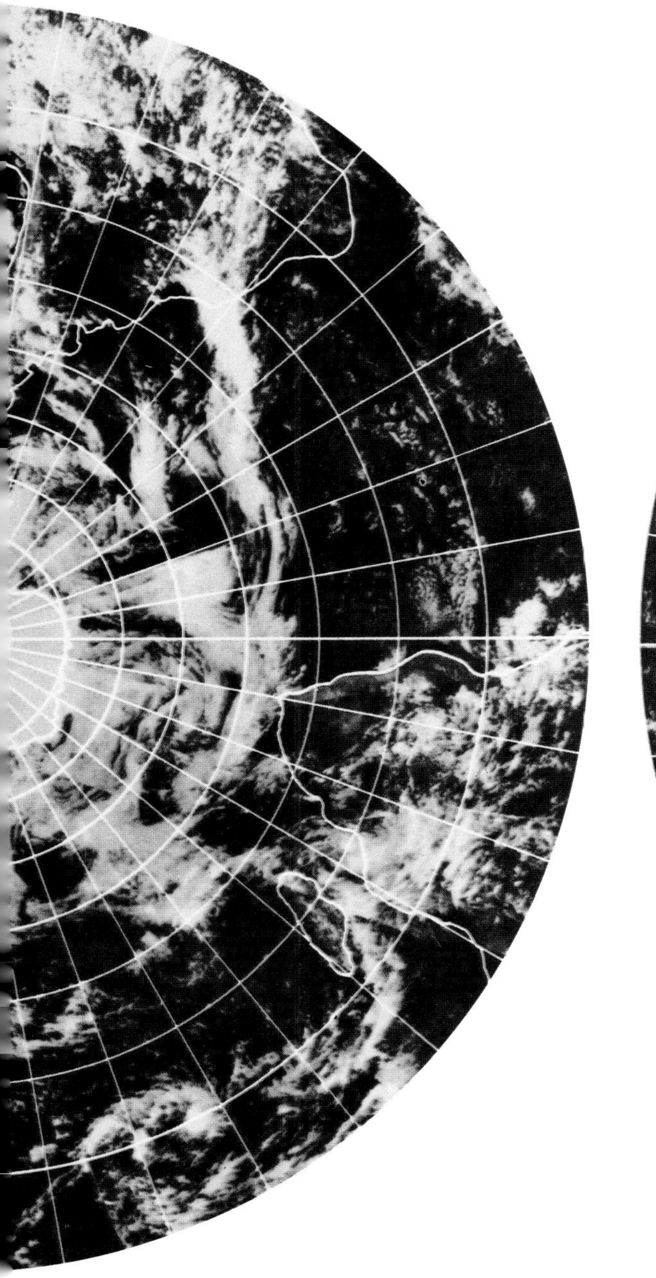

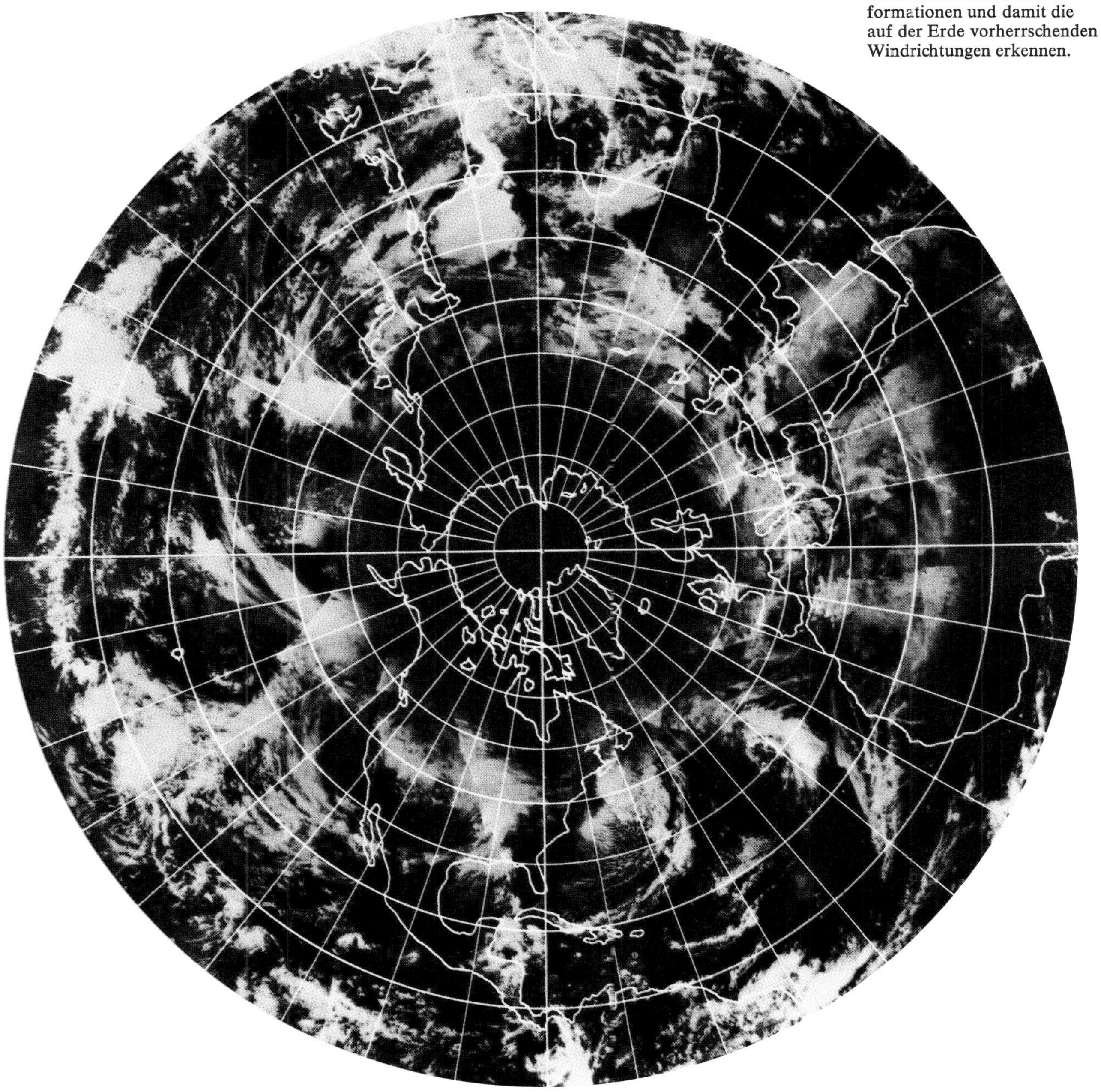

Mittelamerika
Der Coriolis-Effekt wird auch über Mittelamerika sehr deutlich, da ein von großen Wolkenfeldern begrenztes, wolkenfreies Gebiet in diesem Raum sichtbar ist.

Die tropische Zone (unten)
Dieses Foto-Mosaik wurde am 1. Juni 1967 von ESSA 3 aufgenommen. Es zeigt die ganze Äquatorialgegend der Erde von 35° nördlicher Breite bis zu 35° südlicher Breite und gibt damit eine globale Übersicht über die damalige Wetterlage. Man vergleiche diese Mercatorprojektion mit den beiden polaren stereografisch projizierten Karten oben. In der Wetterkarte der Äquatorialgegend kommt der Coriolis-Effekt sehr deutlich zur Geltung.

Südamerika
Teile des Südostpassats rufen über Teilen von Südamerika einen Wolkenstreifen hervor, der sich über Brasilien zum Südatlantik hinzieht.

Nordafrika
Der wolkenfreie Streifen reicht von der Westküste Afrikas bis zum Arabischen Golf; er kann auf der Karte bis ganz nach links verfolgt werden.

Südafrika
Der Wolkengürtel südlich des Äquators ist auch auf diesem Bild ganz links zu sehen. Zum Zeitpunkt der Aufnahme war der Himmel über dem größten Teil des Südatlantiks wolkenlos.

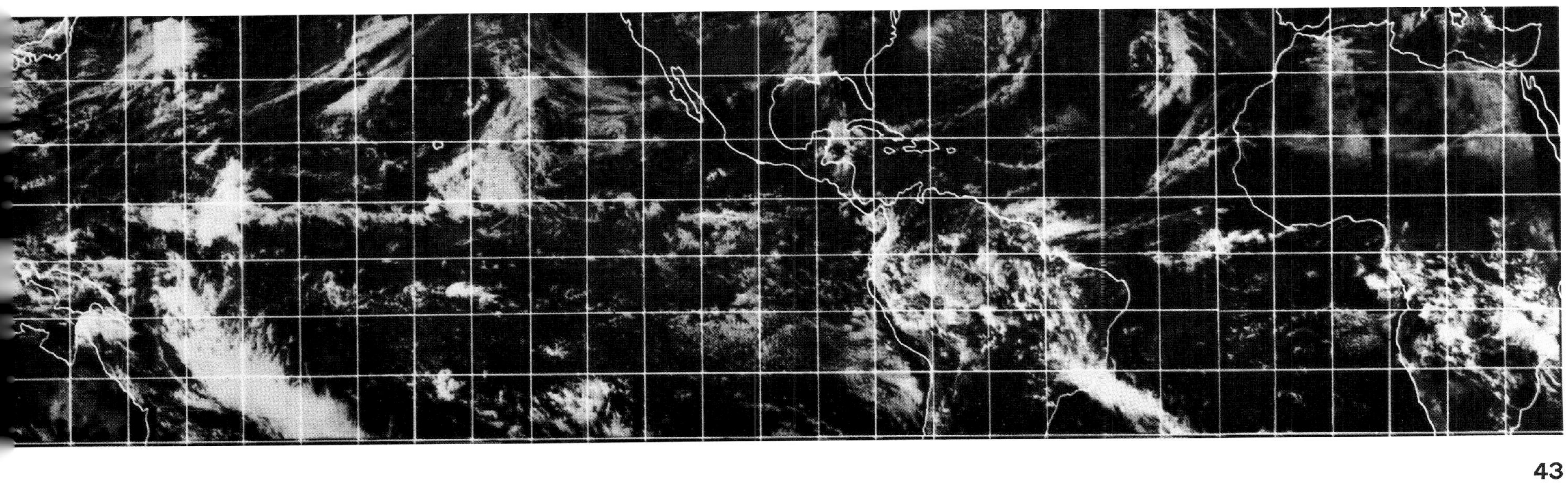

Wetterlagen aus dem Weltraum gesehen

Die von den künstlichen Satelliten und Raumschiffen aufgenommenen Fotografien ermöglichten den Forschern erstmals ein Studium der Gesamtwetterlage in der Erdatmosphäre. Die obere Atmosphäre (d. h. oberhalb der Tropopause) ist durchsichtig, und die Albedo (Reflexionsvermögen) der Erde beträgt 0,39. Durch die Streuung des Sonnenlichtes in der Atmosphäre erscheint die Erde aus dem Raum bläulich. Die ausgedehnten Wolkenansammlungen verhüllen oft die Oberflächenformen. Die Küstenlinien der Kontinente sind deshalb nur schwer zu erkennen, aber für die Meteorologie sind die Informationen wertvoll. Die Fotografien aus dem Raum können z. B. das Anfangsstadium eines gefährlichen tropischen Sturmes anzeigen. Dies geschah zum erstenmal am 12. Juli 1961, als der Wettersatellit Tiros 3 frühzeitig Daten über einen Wirbelsturm funkte, der später bis zur amerikanischen Küste zog. Durch Frühwarnung im Gefahrenbereich konnten rechtzeitig Schutzmaßnahmen getroffen werden.

Der Pazifische Ozean (rechts)
Der Pazifische Ozean, aufgenommen von Apollo 9 aus einer Höhe von 128 km. Die Wolkenanordnung mit den vielen Kumuli und Altokumuli ist typisch für ein meteorologisches Tief.

Voll-Erde (unten)
Das Bild des Satelliten ATS 3 zeigt die Wolkenverteilung auf einer ganzen Erdhalbkugel. Wegen der weit ausgedehnten Bewölkung sind die Konturen der Meere und Kontinente kaum noch zu erkennen.

Wolken über dem Äquator (unten)
Von Apollo 9 aufgenommene Wolken über dem Amazonasdelta in Südamerika. Die Wolkendecke ist nicht ganz geschlossen; die Wolken befinden sich in verschiedener Höhe und gehören zum Typ der Kumuli.

Eine Antizyklone über dem Atlantik (unten)
Dieses Foto von Apollo 9 zeigt eine Antizyklone (Hochdruckgebiet) vor der marokkanischen Küste. Man beachte, daß die Wolken dieses Gebietes nicht über das afrikanische Festland reichen.

Ein kreisförmiger Sturm (unten)
Dieses Bild wurde von Apollo 9 über Kolumbien aufgenommen. Ein großes Gebiet von Kumulonimbus, umrahmt von Zirrus und Kumulus, erstreckt sich bis in eine Höhe von 6700 m ü. d. M.

Wolken in großer Höhe (unten)
Diese von der Sonne beleuchteten Wolken, von Apollo 6 über dem Atlantik fotografiert, erreichen eine Höhe bis zu 6000 m. Es handelt sich um Zirruswolken (vgl. auch die folgende Seite).

Wetterablauf

Die Wolken in den unteren Schichten der Erdatmosphäre unterscheiden sich zwar in ihrem Aussehen, nicht aber in der Entstehungsweise voneinander. Warme Luft kann mehr Feuchtigkeit aufnehmen als kältere. Wenn Luftmassen in die Höhe gedrängt und somit abgekühlt werden, fällt ihre Temperatur auf den Taupunkt, und ein Teil des Wasserdampfes, den sie enthalten, muß kondensieren. In größeren Höhen bilden sich Eiskristalle, in tieferen Schichten der Atmosphäre kondensiert der Wasserdampf zu kleinen Tröpfchen. Die Luftmassen können entweder durch Hindernisse (z. B. eine Bergkette) oder durch kältere Luftschichten in die Höhe gedrängt werden.

Es gibt zwei Hauptwetterlagen: 1. Die Depression oder das «Tief», dessen Luftdruck in der Mitte am geringsten ist und nach außen hin ansteigt; 2. das «Hoch», dessen Luftdruck in der Mitte am höchsten ist. Isobaren verbinden in der Wetterkarte alle Punkte mit gleichem Druck. Wenn sie nahe beieinanderliegen, sind die Druckunterschiede groß und starke Winde zu erwarten; liegen die Isobaren weit voneinander entfernt, sind die Winde schwach, und es tritt Wetterberuhigung ein. Zum Zeichnen der Wetterkarten zieht der Meteorologe zahlreiche Angaben heran, die von den verschiedenen Wetterstationen zu Wasser, zu Land und neuerdings von Wettersatelliten übermittelt werden.

Warmfront (unten)
Bei einer Warmfront gleitet wärmere Luft über kältere auf. Der Böschungswinkel einer Warmfront (durch halbkreisförmige Zeichen dargestellt) ist sehr flach, auf eine Horizontaldistanz von etwa 100 km steigt sie nur etwa 500 m in die Höhe.

Kaltfront (unten)
Bei einer Kaltfront (dreieckige Zeichen) schiebt sich kältere Luft unter wärmere und drückt sie in die Höhe. Die rasche Aufwärtsbewegung der warmen Luft führt zur Abkühlung und zur Bildung von Haufenwolken, z. B. Kumuli.

Diejenige Luft, warm oder kalt, die aktiv ist, gibt jeweils der Wetterfront den Namen.

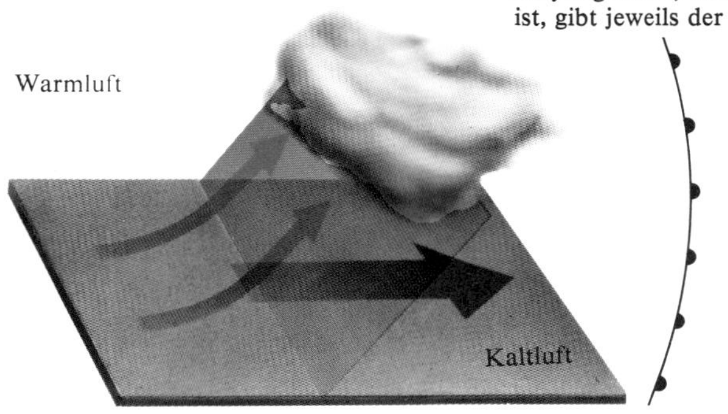

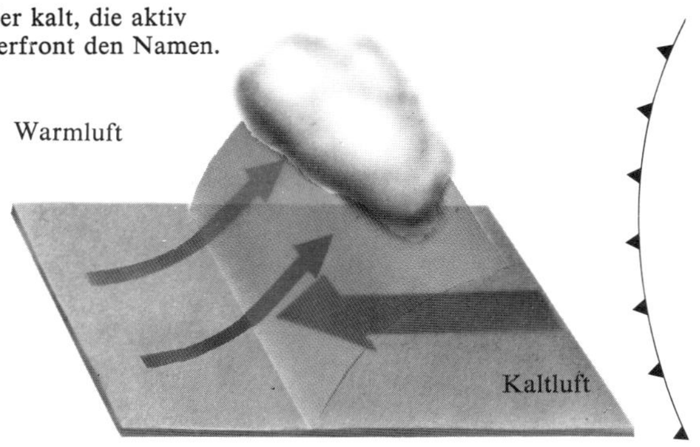

Bildung von Wetterfronten (unten)
Eine Wetterfront ist die Grenzlinie zwischen Luftmassen verschiedener Temperatur (1). In der Abbildung unten zeigen schwarze warme, graue Pfeile kalte Luft an. Wenn sich die Front weiterentwickelt, schließen sich die Isobaren zu einer ringförmigen Figur (3). Die vordringende Warmluft wird, sobald sie auf kalte Luftmassen stößt, nach oben abgedrängt.

Die Zeichnungen 4 und 5 zeigen die Weiterentwicklung des Warmluftsystems. Der Luftdruck ist in der Mitte am niedrigsten, er steigt gegen alle Seiten hin an. Man kann die Zeichnung 4 (Schnitt x—y) gut mit dem weiter unten gezeigten Querschnitt durch die Warm- und Kaltfronten vergleichen. Bei diesem Beispiel ist die Wetterfront gut entwickelt, Regen und Bewölkung dürften vorherrschen.

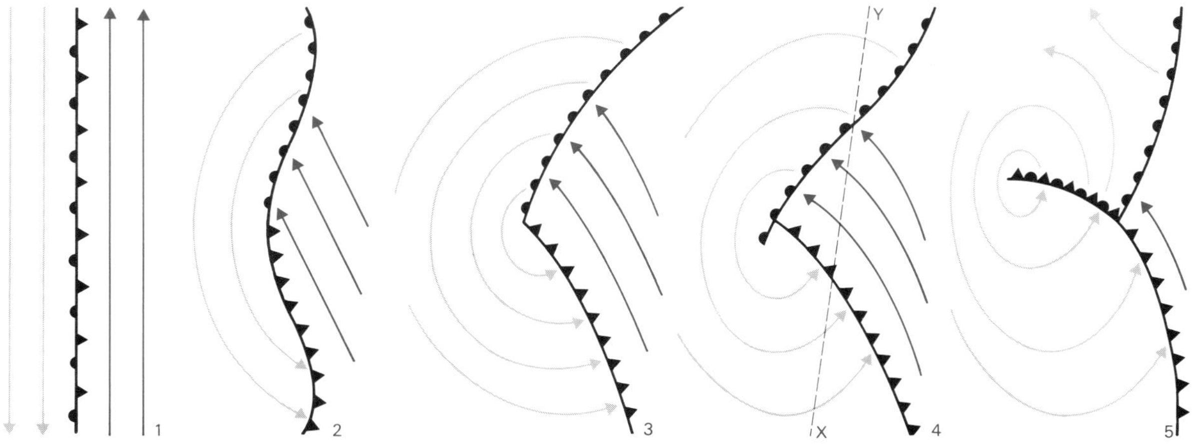

Eine voll entwickelte Wetterfront (unten)
Das Vordringen einer Warmfront (rechts) läßt Schichten verschiedener Wolkenformen entstehen: Zirren oberhalb 6000 m, darunter Zirrokumuli, Altostratus und Regenwolken (Nimbostratus). Nicht alle Warmfronten enthalten die ganze Reihe. Beim Vordringen steigt die Lufttemperatur an, bis die Front von der herannahenden Kaltfront (links) nach oben abgedrängt wird. Dabei entstehen Haufenwolken von der Art der Kumuli, die zu wechselhaftem, regnerischem Wetter führen.

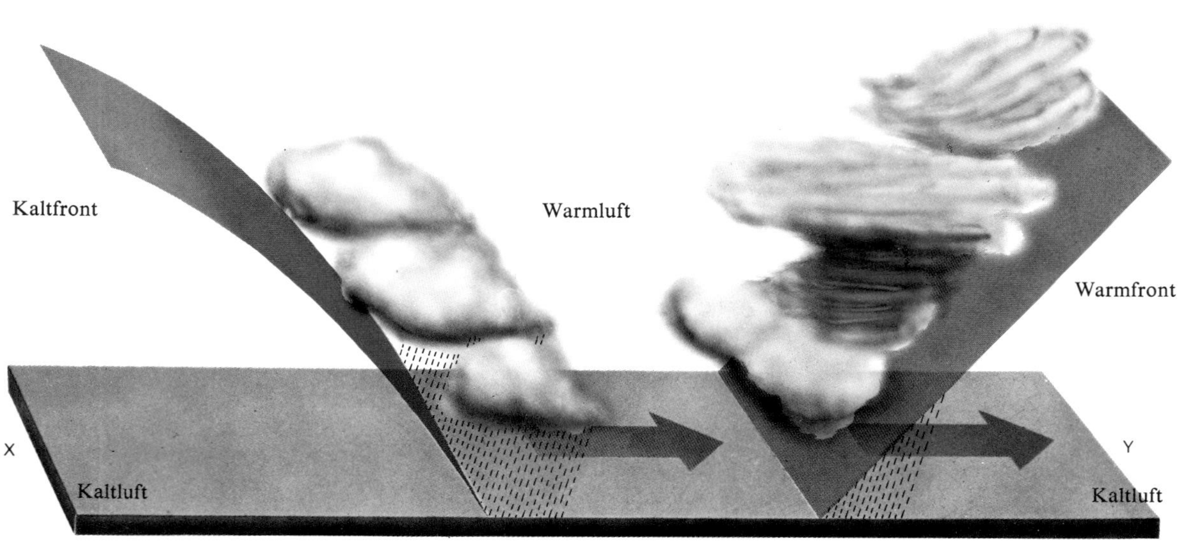

Wolkentypen

Zirrus
Zirruswolken bestehen aus Eiskristallen und liegen in Höhen über 6000 m. Da Zirren oft das Herannahen einer Warmfront ankündigen, gelten sie als Vorboten einer Wetterverschlechterung.

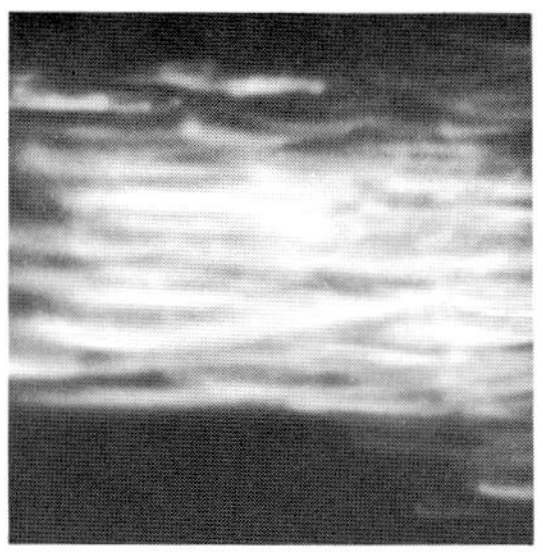

Zirrostratus
Zirrostratuswolken bestehen ebenfalls aus Eiskristallen und liegen in Höhen über 6000 m. Sie bilden einen weißlichen Schleier über dem Himmel, der von der Sonne durchschienen wird und in dem die Halos um Sonne und Mond entstehen.

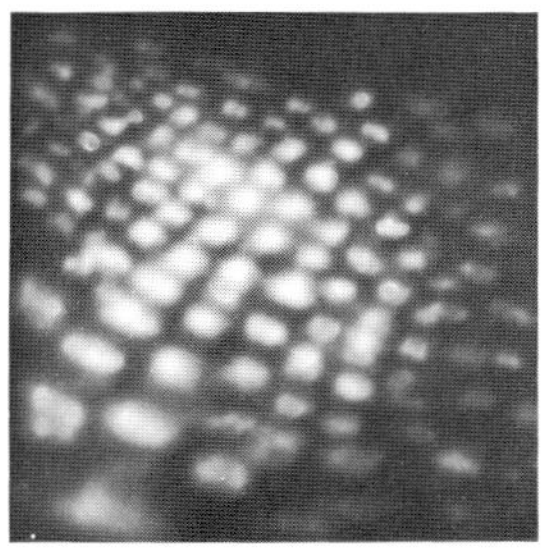

Zirrokumulus
Regelmäßige Kräuselwolken, oft Schäfchenwolken genannt. Bei einer Warmfront folgen sie häufig den Zirruswolken und gehen in die Altostratuswolken über.

Altostratus
Altostratus, mittelgroße Wolken, bedecken als hellgraue Schicht ganz oder größtenteils den Himmel. Sie verursachen Niederschläge in Form von leichtem Sprühregen.

Nimbostratus
Nimbostratus sind Regenwolken; sie liegen in Höhen zwischen 0 und 2100 m. Sie können sehr ausgedehnt sein und schwere, langanhaltende Niederschläge verursachen. Unter ihnen können die als Fractostratus bekannten Einzelwolken liegen.

Kumulus
Die Kumuluswolken (Haufenwolken) treten in Verbindung mit Kaltfronten auf und bestehen aus schweren, aufgebrochenen Wolkenbänken. Die Kumuli reichen bis zu 5000 m Höhe und verursachen kurze Platzregen.

Kumulonimbus
Kumulonimbus sind Sturmwolken und reichen bis in die Eiskristallregion oberhalb 6000 m. Ihr oberster Teil verbreitet sich oft zur Form eines Ambosses oder einer Feder. Sie begleiten Wirbelstürme.

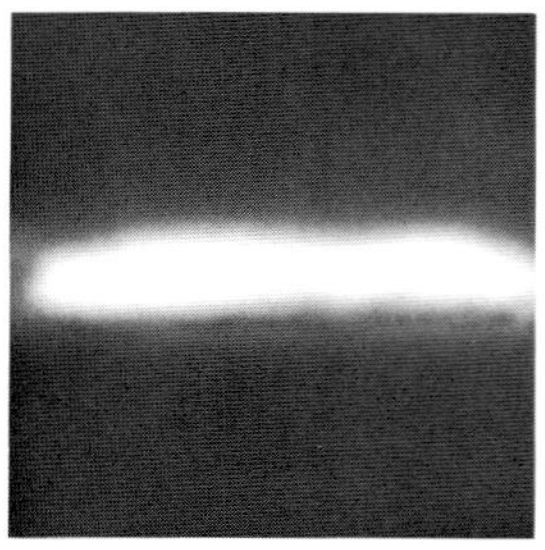

Stratus
Schichten von konturlosen Wolken, die oft bis zum Erdboden reichen. Zwischen dem Erdboden und der Unterseite der Stratuswolken liegt nicht selten eine Schicht äußerst klarer Luft.

Wirbelstürme

Große, schwere Stürme, etwa Orkane, sind oft von verheerender Wirkung. Sie beginnen als kleine Störungen; die an der Erdoberfläche liegenden Luftmassen fließen in dieses Zentrum und bauen eine weitreichende vertikale Wirbelbewegung auf, wobei die Windgeschwindigkeiten 240 km/h übersteigen. Die Entstehung der Wirbelstürme ist noch nicht genau bekannt. In einem späteren Stadium ziehen sie in spiralförmiger Anordnung über weite Gebiete. Sie können bis zu 12 Tagen dauern. Die stärksten Wirbelstürme erreichen Spitzengeschwindigkeiten bis zu 320 km/h und mehr.

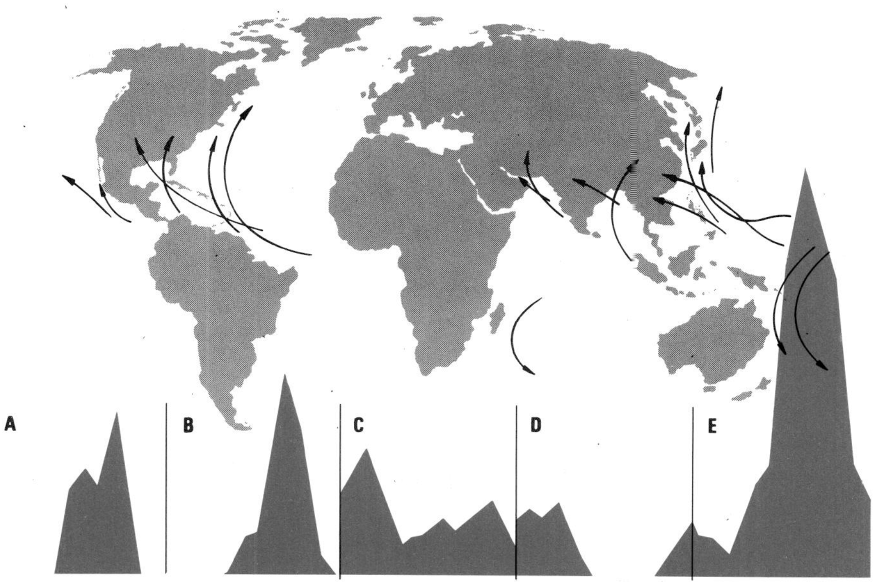

Sturmlinien und Sturmhäufigkeit (links)
Das Bild links zeigt Verlauf und Häufigkeit tropischer Stürme (Orkane, Wirbelstürme und Taifune) nach Aufzeichnungen zwischen 1866 und 1966. Die am schwersten heimgesuchten Gebiete sind die zentralen und westlichen Teile des Nordpazifiks. Die Kurve unten veranschaulicht die Häufigkeit und bezieht sich auf folgende Gebiete: Nordostpazifik (A); Nordatlantik (B); Indischer Ozean (C); Südpazifik (D); Zentral- und Nordwestpazifik (E). Die tropischen Wirbelstürme fordern jedes Jahr zahlreiche Menschenleben und verursachen ungeheure Sachschäden.

Entwicklung eines Orkans (unten)
Fotografien des Orkans «Bernice» (8. bis 16. Juli 1969) aus dem Weltraum. Dieser Wirbelsturm begann und endete in einem tropischen Tief und erreichte am 12. Juli mit Spitzengeschwindigkeiten bis zu 240 km/h seinen Höhepunkt. In ihm waren ungeheure Energien zusammengeballt.

Relief der Erde

(1) Hawaii
Der Vulkan Maunakea auf Hawaii ist der «höchste Berg» der Erde. Sein Fuß liegt ca. 5200 m unter dem Meeresspiegel. Seine Gipfelhöhe über Meer beträgt 4213 m.

(2) Nordpazifisches Becken
Ein typisches tiefes Meeresbecken, das an den Kontinentalsockeln beginnt. Sein Boden ist mit Bergketten besetzt, deren höchste Spitzen als Inseln erscheinen. Der Boden der Meeresbecken ist mit sedimentiertem, bis zu 3 km dickem Material bedeckt. Die Erdkruste ist unter den Meeresbecken am dünnsten. Die Übergangszone (Mohorovičić-Diskontinuität) liegt nur wenige Kilometer unterhalb des Meeresbodens.

(3) Meerescañons
Typische Cañons mit stufenförmigen Wänden, die den Kontinentalsockel an der Westküste Amerikas durchschneiden. Sie sind durch Unterwasserströmungen entstanden.

(4) Meteorkrater in Arizona
Der Meteorkrater in Arizona mit einem Durchmesser von etwa 1½ km ist vor mehr als 10 000 Jahren durch einen Meteoriteneinschlag entstanden.

(5) Der Golfstrom
Der Golfstrom, eine warme Meeresströmung, hat einen günstigen Einfluß auf das Klima der Ostküste Amerikas und vor allem Nordwesteuropas.

(6) Der Grönlandstrom
Der kalte Grönland- oder Labradorstrom fließt von der Arktis nach Süden und trifft den Golfstrom auf der Höhe von Neufundland (häufig starke Nebelbildung).

(7) Das Atlantiktal
Das Tal (über 3000 km lang, 6½ km breit und 200 m tief) wurde vermutlich von starken Unterwasserströmungen erodiert. Die Wassergeschwindigkeiten erreichen bis zu 80 km/h.

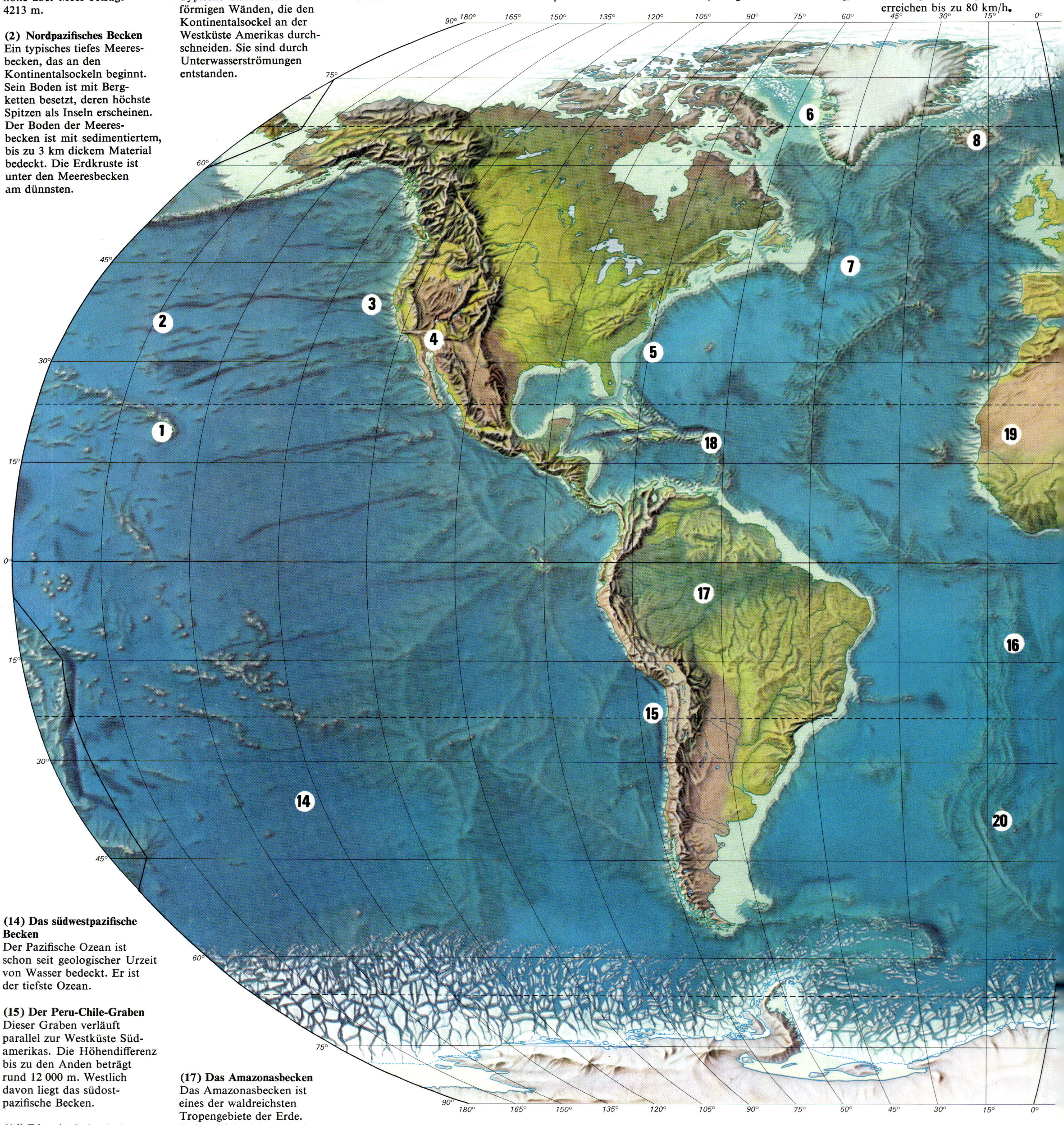

(14) Das südwestpazifische Becken
Der Pazifische Ozean ist schon seit geologischer Urzeit von Wasser bedeckt. Er ist der tiefste Ozean.

(15) Der Peru-Chile-Graben
Dieser Graben verläuft parallel zur Westküste Südamerikas. Die Höhendifferenz bis zu den Anden beträgt rund 12 000 m. Westlich davon liegt das südostpazifische Becken.

(16) Die mittelatlantische Bergkette
Diese Bergkette ist 16 000 km lang, 800 km breit und erhebt sich an wenigen Stellen bis über die Meeresoberfläche (z. B. Azoren). Der größte Teil der Bergkette liegt jedoch unter Wasser.

(17) Das Amazonasbecken
Das Amazonasbecken ist eines der waldreichsten Tropengebiete der Erde. Es ist gleichzeitig auch eine der am wenigsten erforschten Regionen.

(18) Mont Pelée
Der Mont Pelée stieß am 8. Mai 1902 eine Glutwolke, eine *nuée ardente*, aus, welche die gut 8 km entfernte Stadt St-Pierre in Sekundenschnelle zerstörte. Von 28 000 Einwohnern überlebten nur zwei. Dann überschwemmte weicher, halbflüssiger Lehm das Gebiet. Eine *nuée ardente* ist wahrscheinlich die verheerendste Begleiterscheinung eines Vulkanausbruches. Solche Wolken wurden 1912 vom Novarupta (Alaska) und 1915 vom Lassen Peak (USA) in glücklicherweise unbewohnten Gebieten ausgestoßen.

(19) Die Richat-Gebilde
Diese Gebilde in Mauretanien werden von vielen Fachleuten vulkanischer Tätigkeit zugeschrieben, sind aber möglicherweise auf Meteoriteneinschläge zurückzuführen.

(20) Tristan da Cunha
Tristan da Cunha ist die Spitze eines Vulkans der atlantischen Bergkette. Während des letzten Vulkanausbruches mußte die gesamte Bevölkerung evakuiert werden.

(8) Island
Island, eine vulkanische Insel, ist ein Teil des großen Atlantikrückens. Es besitzt viele tätige Vulkane und hat schon verheerende Ausbrüche erlebt. Der schlimmste ereignete sich 1783, als Skaptar Jökull (Laki) Lavaströme aus einer 19 km breiten und 60 m tiefen Spalte auswarf. Der Ausbruch dauerte zwei Jahre, ein Fünftel der Bevölkerung kam dabei ums Leben.

(9) Nordsee
Die – nicht sehr tiefe – Nordsee ist erst seit der letzten Eiszeit vor etwa 10 000 Jahren ganz mit Wasser bedeckt. Sie trennt seitdem Großbritannien vom europäischen Festland.

(10) Die Arktis
Im Gegensatz zur Antarktis ist die Nordpolgegend Meeresgebiet. Durch das Nordpolarmeer laufen zwei bedeutende Gebirgsketten (Lomonossow, Mendelejew), die zwei typische Meeresbecken (Laurentin und Angara) begrenzen.

(11) Mount Everest
Der höchste Berg der Erde mißt 8848 m ü. d. M. Er ist nicht so massiv wie der vom Meeresboden aufsteigende Maunakea auf Hawaii. Der Himalaja ist, geologisch gesprochen, ein junges Gebirge.

(12) Die japanischen Inseln
Japan ist eines der vulkan- und erdbebenreichsten Gebiete der Erde. Das schreckliche Beben vom 1. September 1923 zerstörte die Städte Tokio und Jokohama. Die vier Hauptinseln heißen (von Nord nach Süd): Hokkaido, Honschiu, Schikoku und Kiuschu.

(13) Das Challenger-Tief
Das Challenger-Tief ist eine der größten Meerestiefen: Es mißt 10 863 m. Wollte man dort den Mount Everest aufstellen, würde die Distanz zwischen Gipfel und Meeresoberfläche noch 2000 m betragen. Das Challenger-Tief gehört zum Marianengraben.

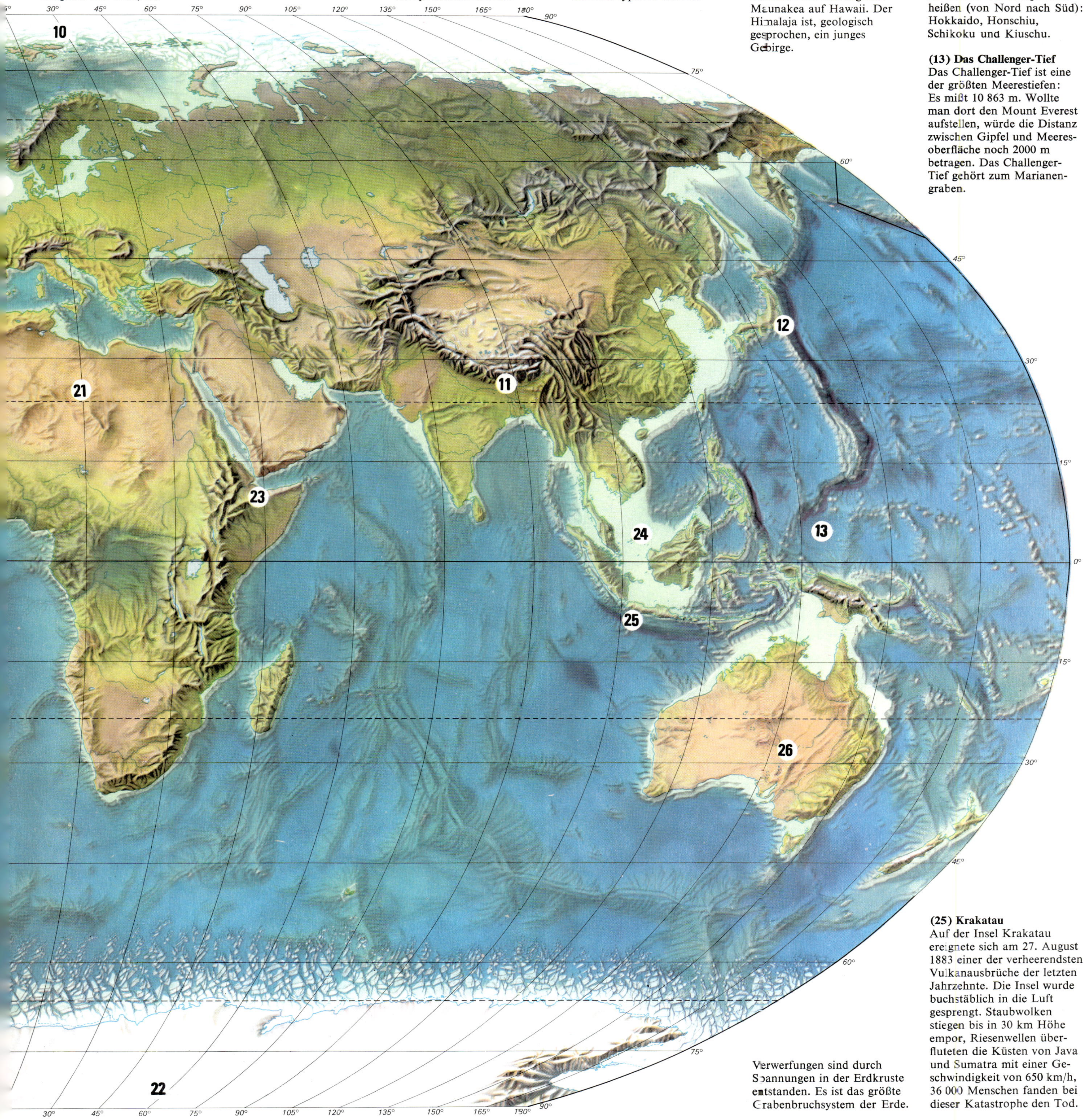

(21) Die Wüste Sahara
Die Sahara ist die größte Trockenwüste der Welt. Die vorherrschenden Winde sind Nordostpassate; Niederschläge sind höchst selten.

(22) Die Antarktis
Die Antarktis, das innerhalb der Packeisgrenze um den Südpol liegende Gebiet, ist als einziger Kontinent, abgesehen von den wissenschaftlichen Stationen, unbesiedelt. Seine Fläche beträgt 13,3 Mio km² (Europa 10,5 Mio km²). Der höchste Berg, der Mt. Sidley, mißt 6100 m ü. d. M. Die Antarktis weist die tiefsten Temperaturen auf: bis zu —88° C.

(23) Das afrikanische Grabenbruchsystem
Das große Grabenbruchsystem von Syrien bis Ostafrika hat eine Länge von 4800 km. Jedes Tal ist von Verwerfungen in Abständen bis zu 65 km begrenzt. Die Verwerfungen sind durch Spannungen in der Erdkruste entstanden. Es ist das größte Grabenbruchsystem der Erde.

(24) Der Kontinentalschelf
Flachmeer vor den Kontinenten in wechselnder Breite, von wenigen km bis zu 1300 km in der russischen Arktis. Die Schelfe sind von steilen Böschungen begrenzt, welche die wahre Ausdehnung der Kontinente angeben.

(25) Krakatau
Auf der Insel Krakatau ereignete sich am 27. August 1883 einer der verheerendsten Vulkanausbrüche der letzten Jahrzehnte. Die Insel wurde buchstäblich in die Luft gesprengt. Staubwolken stiegen bis in 30 km Höhe empor, Riesenwellen überfluteten die Küsten von Java und Sumatra mit einer Geschwindigkeit von 650 km/h, 36 000 Menschen fanden bei dieser Katastrophe den Tod.

(26) Australien
Australien ist seit dem Eozän vor 70 Mio Jahren ein isolierter Erdteil. Die Lebensformen in Australien unterscheiden sich deshalb von denen anderer Erdregionen; Känguruhs z. B. gibt es freilebend nur in Australien.

Kartografie der Erde aus dem Raum

Ptolemäus, der zwischen 120 und 180 n. Chr. lebte, zeichnete eine Karte der damals bekannten Welt. Astronom und Geograf zugleich, versuchte er, auf Grund astronomischer Beobachtungen genaue Richtpunkte festzulegen. Seine Karte zeigte lediglich das Mittelmeergebiet und Teile Europas bis hinauf zu den Britischen Inseln. Sie war nach heutigen Maßstäben höchst ungenau, stellte aber gegenüber allen vorhergegangenen Versuchen einen großen Fortschritt dar. Je weiter die Erforschung der Erde vorankam, desto genauer wurden die Karten. Im 16. Jahrhundert benutzte der flämische Geograf Gerhardus Mercator erstmals den Ausdruck «Atlas» für einen Kartenband. Er wurde berühmt als Erfinder der Mercatorprojektion, in der die Längenkreise als parallele Linien in gleichen Abständen, die Breitenkreise als dazu senkrechte Linien gezeichnet wurden. Die Abstände der Breitenkreise vom Äquator wurden so bestimmt, daß die Richtungswinkel auf der Karte mit der Natur übereinstimmten. Obwohl es noch viele andere Projektionsarten gibt, werden die Mercatorkarten heute noch dort verwendet, wo es auf Winkeltreue ankommt (Navigation).

Erst Luftaufnahmen führten zu einer wesentlich verbesserten Kartografie und Vermessung. Es gibt jedoch noch immer Gebiete, die im Hinblick auf ihre wirtschaftliche Erschließung kartografisch nicht genau genug erfaßt sind.

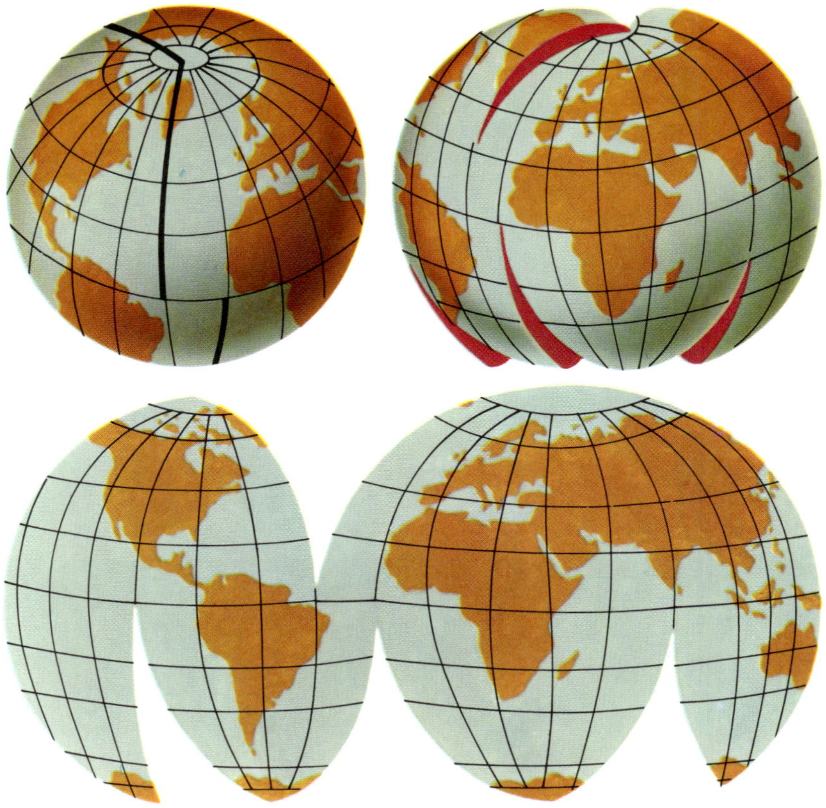

«Schälen» des Erdglobus (links)
Schwierige Probleme entstehen der Kartenherstellung durch die Kugelform der Erde, denn die Erdoberfläche muß auf der Karte in einer Ebene dargestellt werden. Verzerrungen sind, entweder im Maßstab oder in den Winkeln, unvermeidlich. In der hier gezeigten Homolografischen Sinusprojektion wird die Erdoberfläche längs den Linien, die nicht durch bewohnte Kontinente führen, auseinandergeschnitten. So sind wenigstens die Kontinente richtig dargestellt. Die ungewohnten Umrisse der Karte rühren daher, daß wir etwas Unmögliches versuchen: eine Kugeloberfläche in der Ebene darzustellen. Über kleinen Gebieten sind die Verzerrungen so klein, daß sie nicht ins Gewicht fallen. Die Schwierigkeiten entstehen erst dann, wenn große Gebiete der Erde auf einer Karte dargestellt werden sollen.

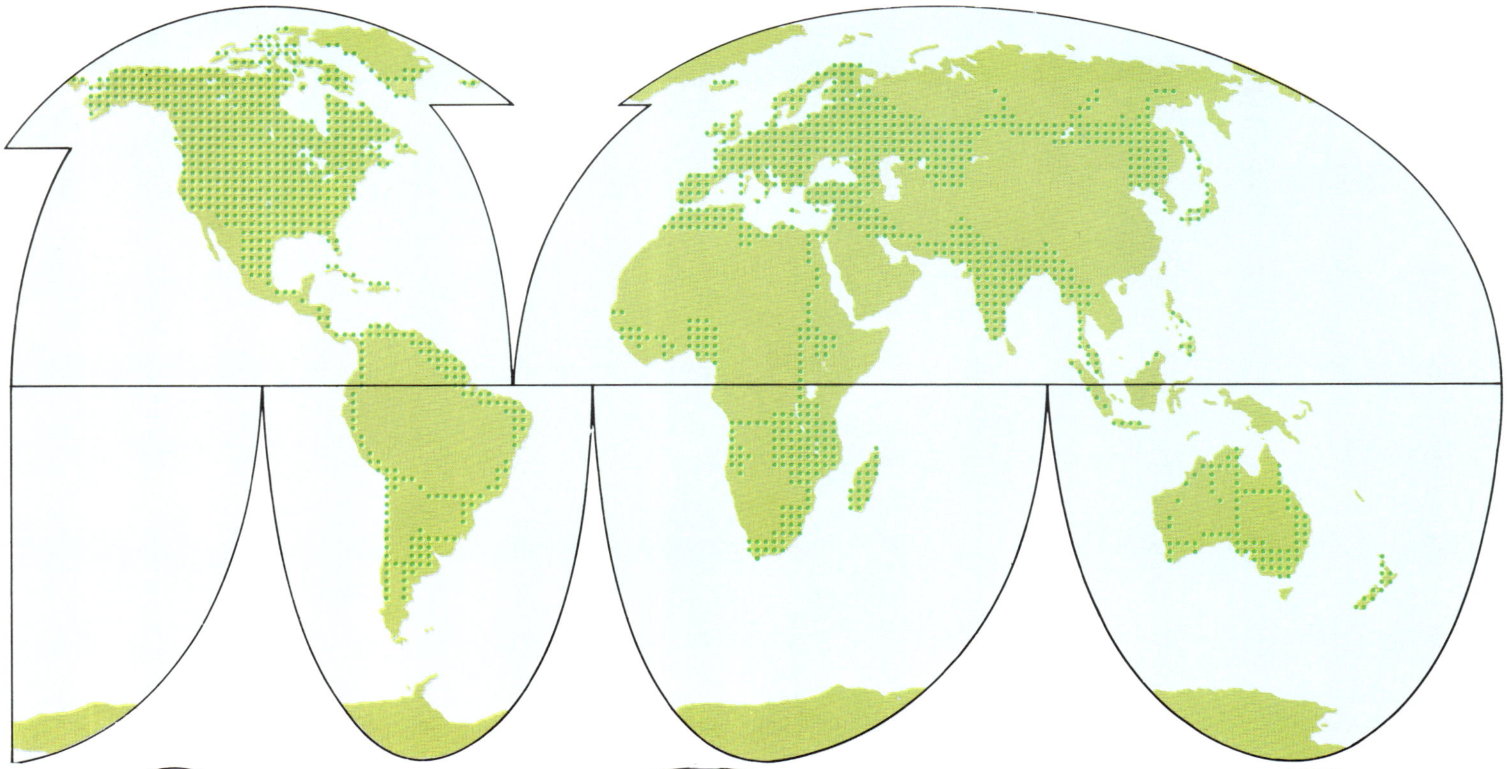

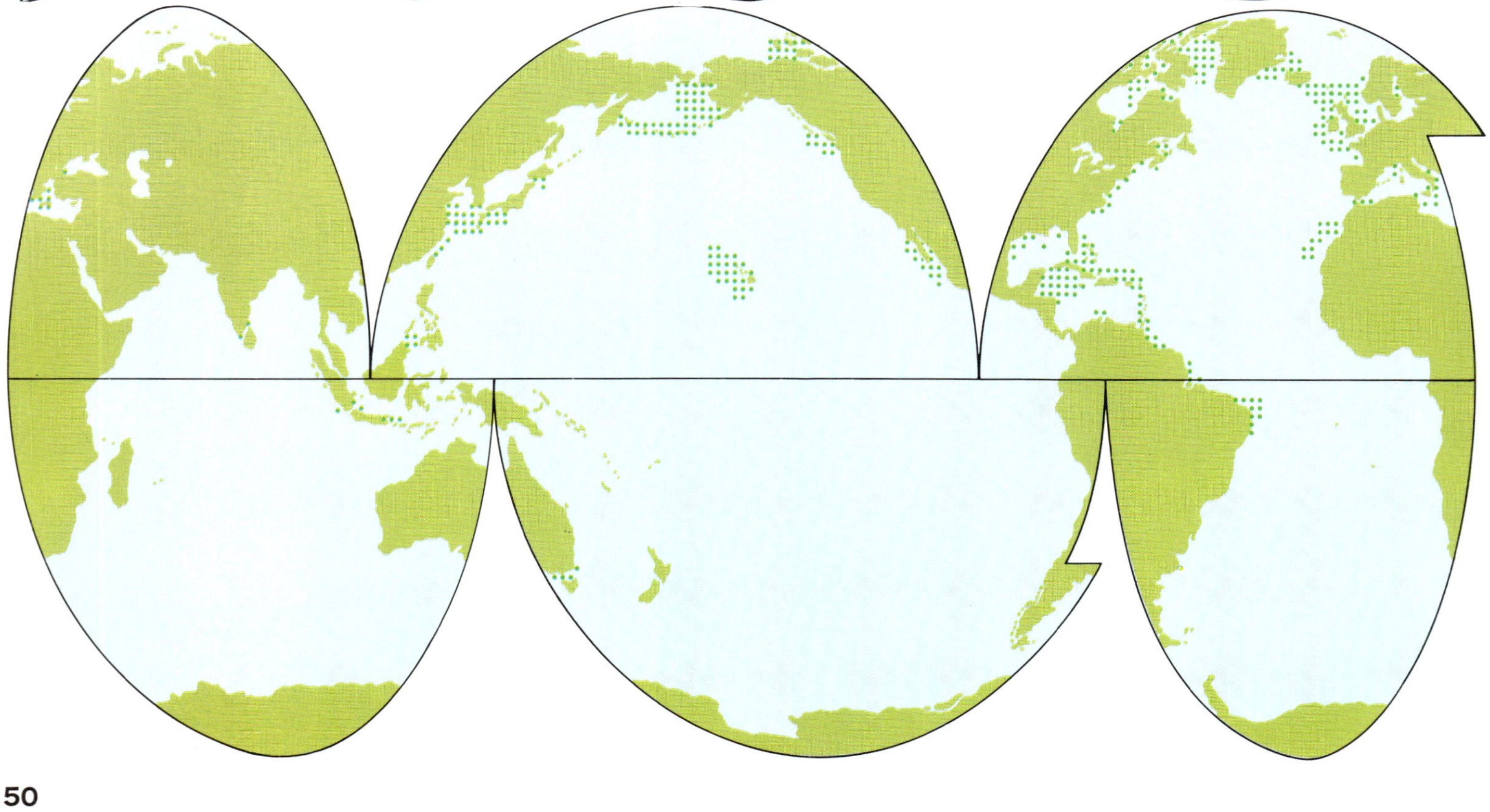

Fortschritte der Kartografie (links)
Früheren Erdkarten waren naturgemäß dadurch Grenzen gesetzt, daß noch nicht die ganze Erde erforscht war. Heute ist es anders: Die Luftfotografie und vor allem die Fotografie aus dem Raum ermöglichen die Erforschung der ganzen Welt. Die Umrisse der Ozeane und Kontinente konnten festgelegt werden; die Genauigkeit der Karten muß freilich noch verbessert werden. Die wichtigste Voraussetzung ist ein Netz von genau vermessenen Punkten, die als Grundlage topografischer Karten dienen. Die für diesen speziellen Zweck gestarteten geodätischen Satelliten erweisen sich als höchst wertvoll. Das Programm ist noch lange nicht abgeschlossen.
Die obere der beiden Karten zeigt die Kontinente, die untere die Ozeane mit der kleinstmöglichen Verzerrung. Auf den beiden Karten sind durch grüne Punkte diejenigen kontinentalen bzw. ozeanischen Gebiete bezeichnet, die bis 1960 mit geodätischer Genauigkeit vermessen wurden. Es ist ein relativ kleiner Teil der Erdoberfläche, der mit so hoher Genauigkeit vermessen wurde, obwohl der Beginn der wissenschaftlichen Geodäsie ins 18. Jahrhundert fällt. Mit Hilfe der geodätischen Satelliten kann die Distanz zwischen zwei Punkten auf der Erde genauestens gemessen werden. Bis Ende dieses Jahrhunderts werden wir zweifellos absolut zuverlässige Karten der ganzen Erde besitzen.

Vermessung aus der Luft

Die auf Luftaufnahmen basierende Kartografie bedeutete einen großen Fortschritt, da nun auch schwer zugängliche Gebiete, wie die Antarktis oder Nordkanada, fotografisch genau vermessen und gezeichnet werden konnten. Kein Flugzeug kann jedoch hoch genug fliegen, um einen Kontinent ganz zu erfassen; das Zusammensetzen von Einzelbildern aber ist mühsam und schwierig. Anders Raumfahrzeuge: Eine einzige Aufnahme kann einen ganzen Kontinent umfassen. Für feine Detailaufnahmen verwendet man Teleobjektive. Aufnahmen im infraroten oder anderen Bereichen des Spektrums liefern Informationen, die sonst nicht beschafft werden können; z. B. kann erkrankte Vegetation von gesunder unterschieden werden. Auch für die Geologie sind die Aufnahmen aus dem Weltraum von Nutzen, da sie die großen Strukturen besser erkennen lassen.

Fotografie aus einer Erdumlaufbahn (unten und rechts)
Die Skizze unten zeigt die Möglichkeiten der fotografischen Erdbeobachtung aus dem Weltraum. Eine einzige Aufnahme aus einem Raumschiff erfaßt die gleiche Fläche wie Hunderte von Flugzeugaufnahmen zusammen. Die Fotografie oben rechts zeigt das Gebiet des Imperial Valley in den Vereinigten Staaten. Das Bild wurde aus über 200 Luftaufnahmen zusammengesetzt. Unten rechts das gleiche Gebiet als Ausschnitt einer Fotografie aus dem Raumschiff Gemini 5. Die ganze Region ist mit großer Genauigkeit bis ins Detail erkennbar. Der schiefe Aufnahmewinkel verursacht eine natürliche Verzerrung; eine vertikale Aufnahme aus dem Raum würde alle Schwierigkeiten, die bei solchen zusammengesetzten Luftbildern großer Flächen auftreten, aus dem Weg räumen.

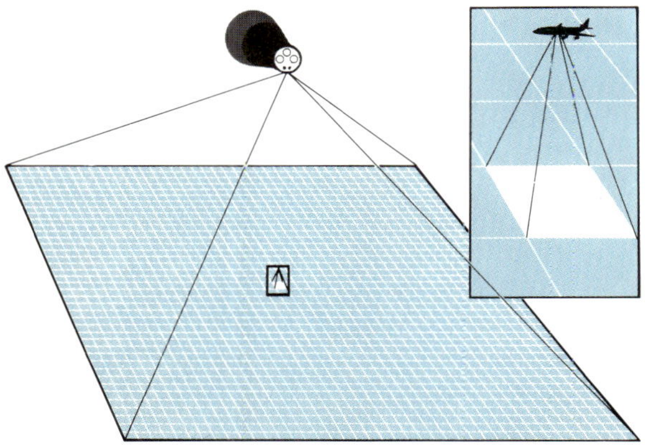

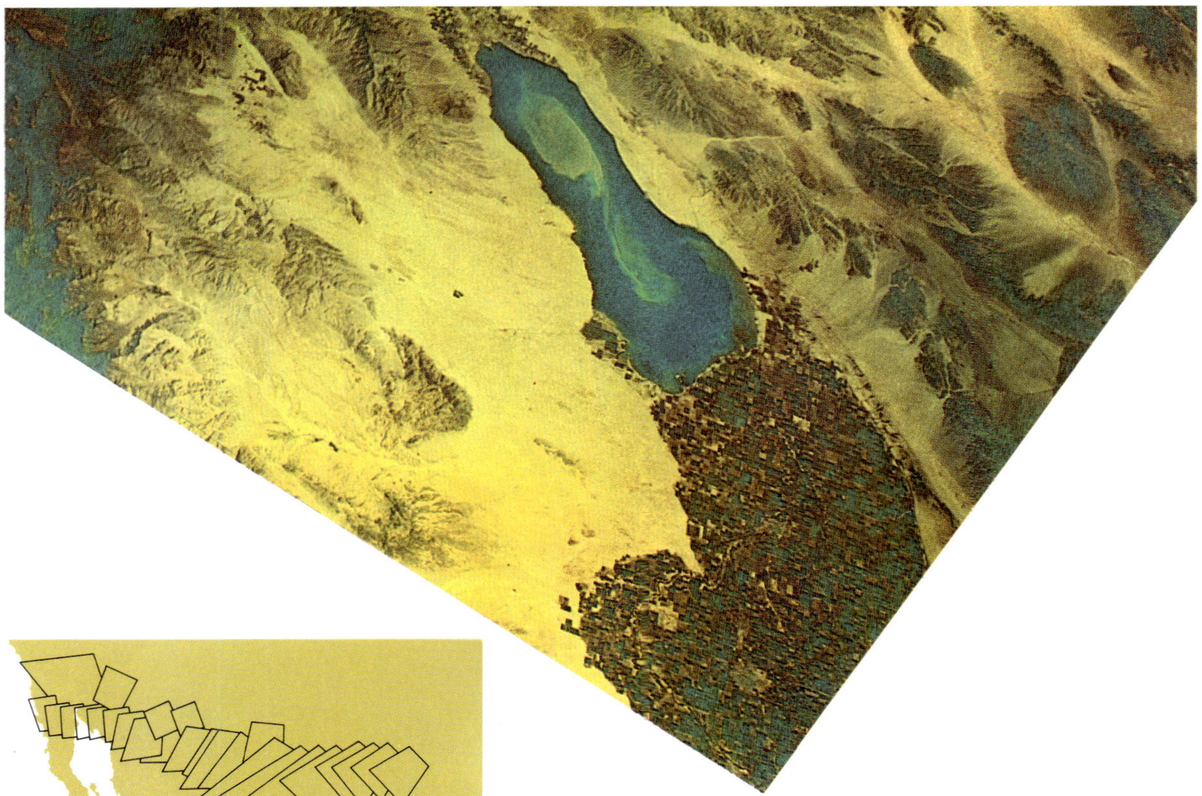

Fotografische Karte aus dem Gemini-Programm (unten)
Diese fotografische Karte der Vereinigten Staaten umfaßt 700 000 km^2 und reicht vom Pazifischen Ozean nördlich von San Diego (Kalifornien) bis nach Abilene in Texas (ungefähr 1600 km). Sie wurde aus rektifizierten Fotografien zusammengesetzt, die von den Gemini-Astronauten aufgenommen wurden. Sie zeigt großräumige geologische, topografische und hydrologische Einzelheiten, die man auf konventionellen Karten kaum erkennen kann. Solche Aufnahmen sind für die Erforschung von Bodenschätzen und Wasserreserven von hohem Wert.

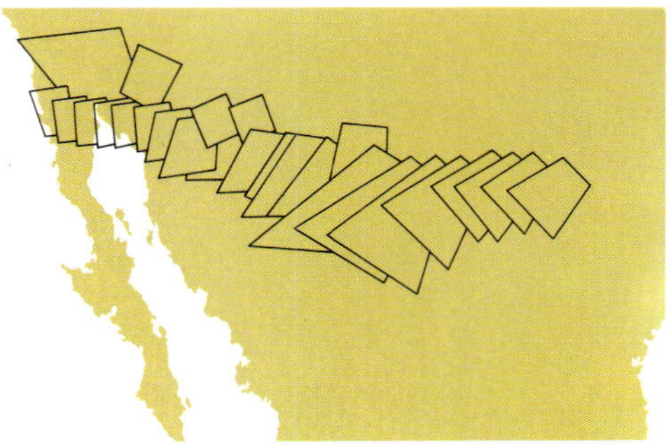

Geologie aus dem Weltraum (unten)
Die geologischen Strukturen des Gebietes von Texas sind auf der rechten Seite der Karte gut zu erkennen. Die Formationen wurden direkt aus einem Gemini-Foto übertragen.

Erdpanorama: Amerika

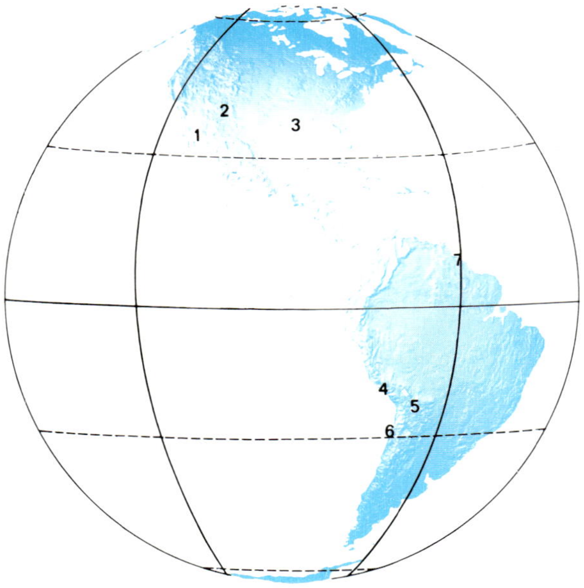

Der amerikanische Doppelkontinent erstreckt sich über eine Entfernung von mehr als 15 000 km vom Kap Columbia bis zum Kap Hoorn. Er umfaßt alle Klima- und Vegetationszonen, von der Eiswüste im Norden Kanadas bis zu den tropischen Regenwäldern des Amazonasbeckens und den Grassteppen Argentiniens. (In der Übersichtskarte oben sind die auf diesen Seiten gezeigten Abbildungen aus dem Weltraum eingezeichnet.)

Golf von Kalifornien (links)
Apollo-7-Fotografie der mexikanischen Küste und des Golfs von Kalifornien. Die Insel Tiburon mit der viel kleineren südlichen Insel San Sebastian liegt in der Bildmitte; die lange schmale Insel ist San Lorenzo. Links sind der Schelf vor der Küste von Baja California wie auch viele Details des Meeresbodens gut zu erkennen. An dieser Stelle ist der Golf fast 100 km breit. Auf dem Festland (rechts) sieht man die typisch mexikanischen Flurformen. Die Wasserläufe – zu bestimmten Jahreszeiten trocken – sind nach Norden gerichtet.

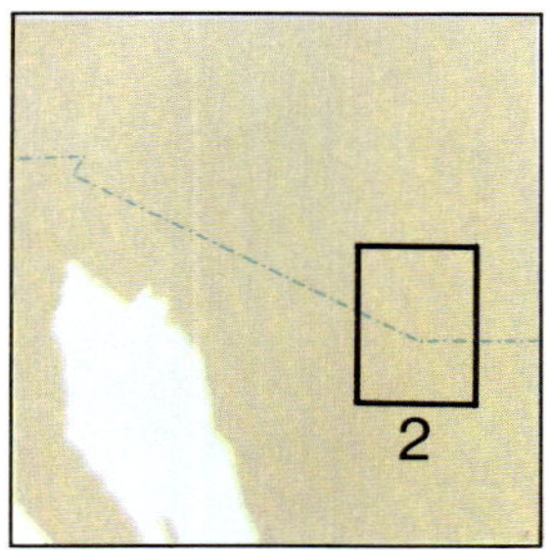

Südwesten der Vereinigten Staaten und Mexiko (unten)
Dieses Foto des Grenzgebietes USA–Mexiko wurde aus Apollo 6 aufgenommen. Vier Fünftel des Bildes zeigen das südliche Arizona von Tucson (oben Mitte) bis Nogales (unten Mitte). Links des mittleren Tales sind Kupferminen sichtbar.

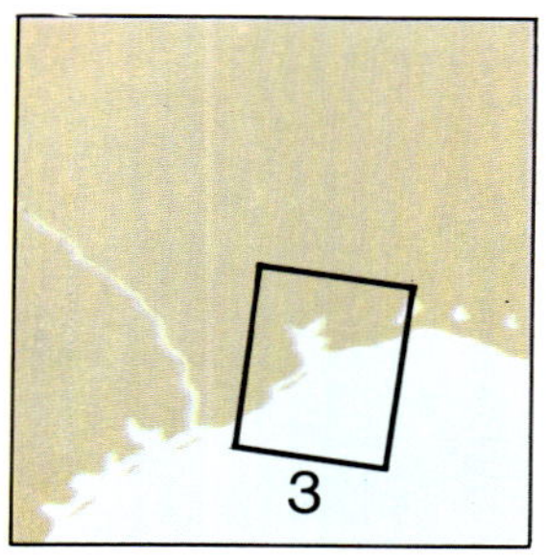

Texas (rechts)
Die Fotografie aus Apollo 9 zeigt einen Teil von Texas (USA) mit Houston, Galveston, Freeport und dem Sabin-See. Die Inseln und Lagunen sind typisch für die Nordwestküste des Golfes von Mexiko. Sie bildet viele natürliche Häfen, wie z. B. den hier gut erkennbaren von Galveston.

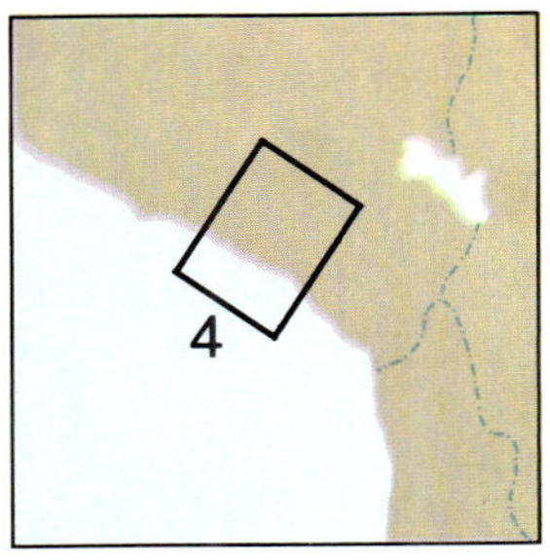

Peru (oben)
Landschaft im Süden von Peru, von Gemini 11 aufgenommen. Tiefe Stratuswolken verhüllen einen 8 km breiten Küstenstrich, Kumuli bedecken die 160 km entfernten Anden. Arequipa, die zweitgrößte Stadt Perus, liegt in der Mitte unten. Die Berge im NO sind 6000 m hoch.

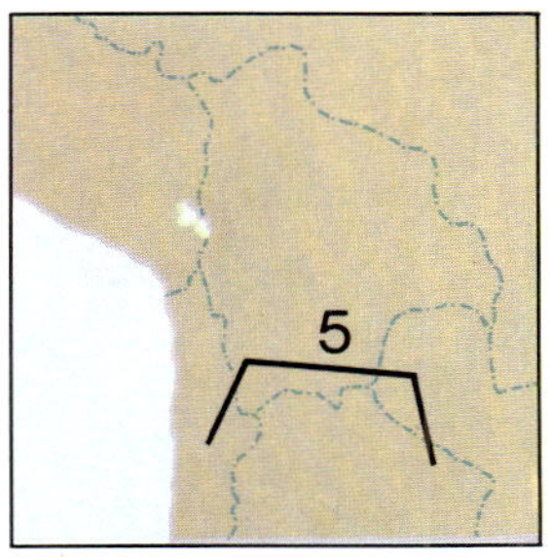

Brasilien (oben)
Eine Gemini-7-Fotografie des südwestlichen Teils von Brasilien. Im Vordergrund erkennt man zwei Salzseen und zwei kleine Seen, die Laguna Pastos Grandes und die Salina Olaroz. Zum Zeitpunkt der Aufnahme ging gerade die Sonne in den Anden unter.

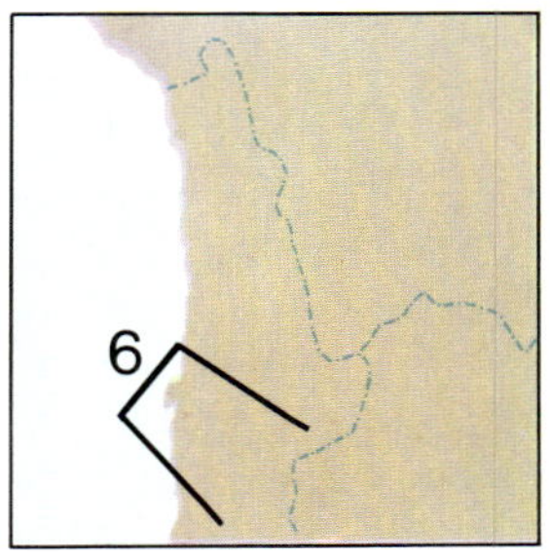

Chile (oben)
Die Küste bei Antofagasta in Chile, aus Apollo 7 fotografiert. Oben die Anden.
In den Kartenskizzen bezeichnen die Rechtecke und die trapezartigen Gebilde jeweils das Gebiet, das auf den dazugehörigen Fotos zu sehen ist. Die Seite mit einer Zahl entspricht dem unteren Bildrand des Fotos.

◀ Ein bedeutendes Detail zu nebenstehendem Foto: Auf Grund dieser Aufnahme konnte der Urheber des großen Fischsterbens im Golf von Mexiko ermittelt werden. Man beachte die S-förmige Wasserverfärbung im Sabin-See, obere Bildhälfte.

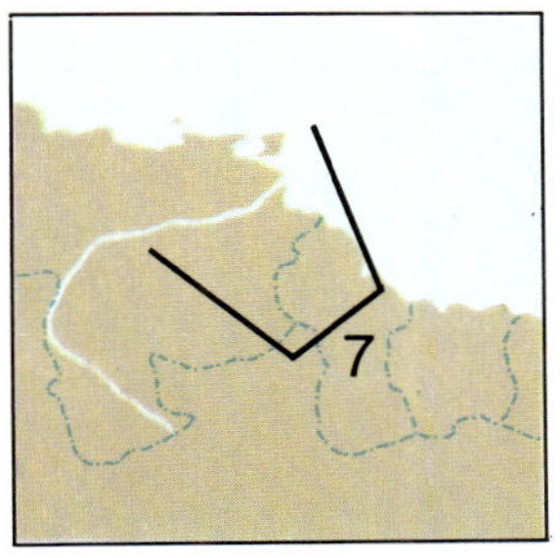

Südamerika (rechts)
Diese Apollo-10-Aufnahme zeigt die Nordküste Südamerikas von Caracas in Venezuela (links) bis Georgetown in Guayana (rechts). Ein schmaler Küstenstreifen trennt das Hochland von Guayana vom Meer. Das große Delta des Orinoco liegt in der Mitte oben, rechts davon die Mündung des Essequibo. Die größeren Nebenflüsse des Essequibo erkennt man an den Wolkenformationen – hauptsächlich Kumuluswolken. Die Flüsse tragen Ablagerungen in den Atlantik, die von Küstenströmungen weitertransportiert werden und die Wasserfarbe verändern. Große Teile dieser Küsten liegen nur wenig über dem Meeresspiegel. Sie bestehen aus Kalkschiefer, Ton und Braunkohle (Ablagerungen der Flüsse). Diese Übersichtsaufnahme ist für das Verständnis der Ablagerungsprozesse von großem wissenschaftlichem Interesse.

Erdpanorama: Afrika 1

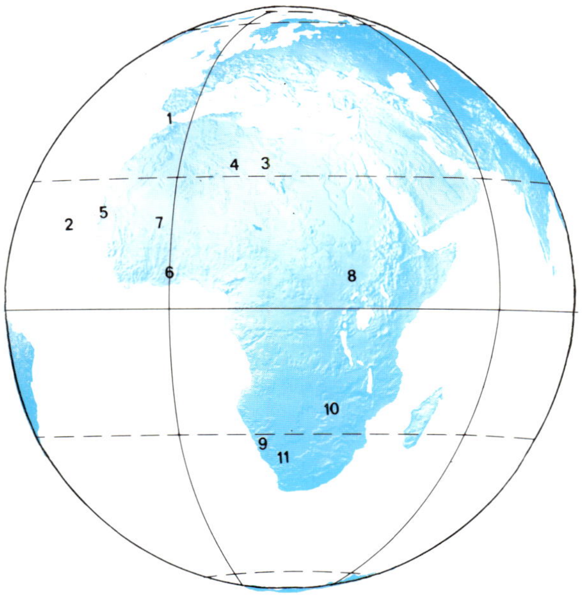

Afrika galt lange Zeit als schwer erforschbar, als «terra incognita». Das Klima, über den niederen Breiten vorwiegend äquatorial und feucht, ist über Nord- und Südafrika tropisch oder subtropisch und trocken. In großen Teilen Nord- und Südafrikas ist der Himmel deshalb häufig klar — ideale Bedingungen für die fotografische Vermessung aus dem Raum. So können wir viele Informationen über die wenig erforschten und entwickelten Gebiete erhalten.

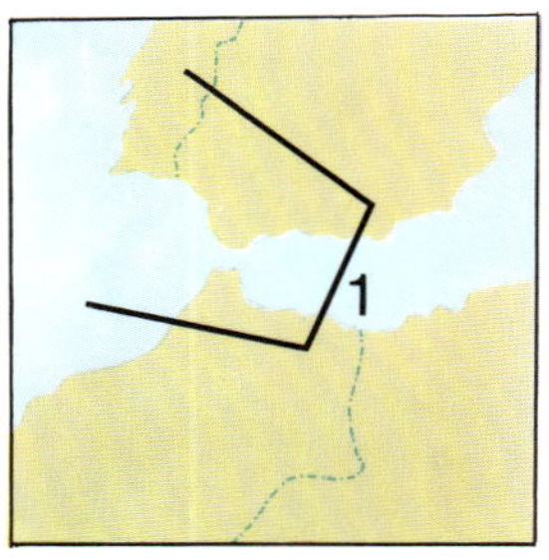

Straße von Gibraltar (rechts)
Die Verbindung zwischen Europa und Afrika: die Iberische Halbinsel und Marokko sind durch die Straße von Gibraltar voneinander getrennt. Diese Fotografie von Apollo 9 zeigt eine ausgedehnte Wolkendecke über dem von Festland umgebenen Mittelmeer.

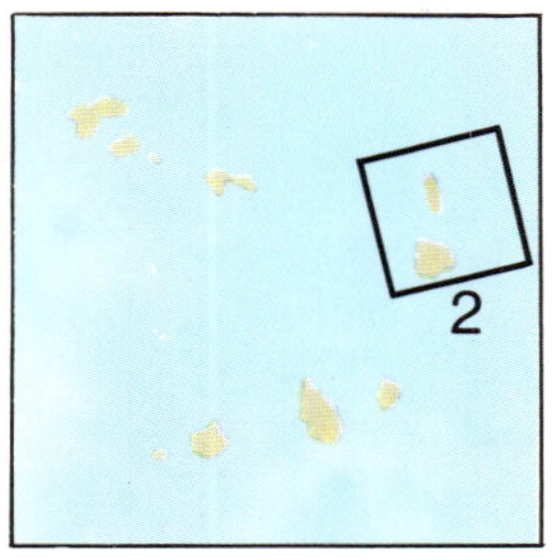

Kapverdische Inseln (oben)
Boa Vista und Sal, die beiden östlichsten der Kapverdischen Inseln im Atlantik vor der westafrikanischen Küste (Apollo 9). Im Atlantik selbst sind nur wenige Details (Inseln) zu erkennen, da er rasch auf eine Tiefe von 3500 m absinkt.

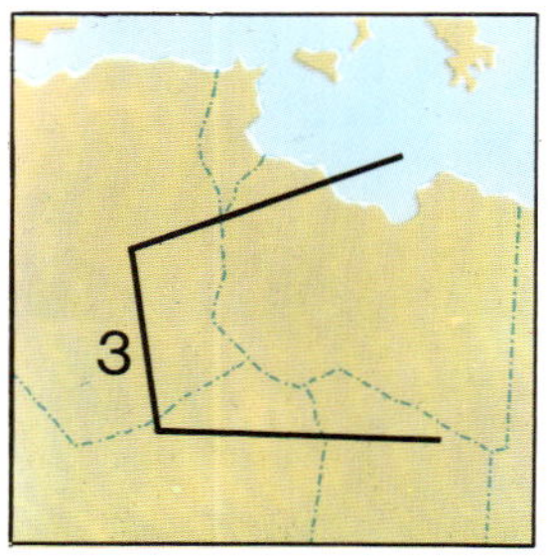

Nordafrika (rechts)
Libyen, Teile von Algerien und der Tschad mit dem Mittelmeer oben links (Gemini 11). Das riesige Mursuk-Sandmeer liegt in der Mitte rechts, das Tibestigebirge oben rechts; das dunkle unregelmäßige Gebiet oben links ist das Vulkanfeld Harudj el Asuéd (320 × 160 km).

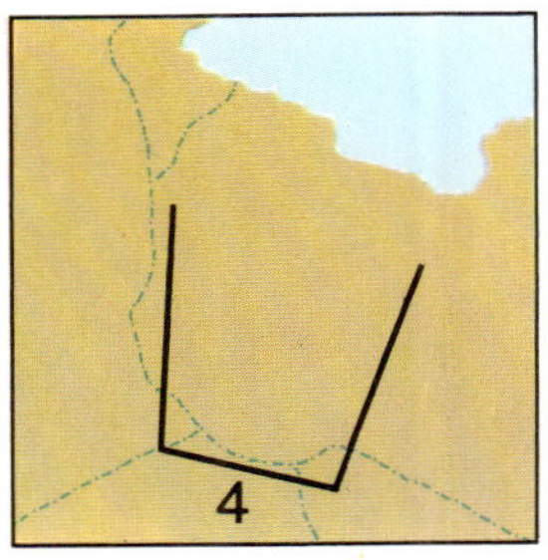

Zentralsahara (rechts)
Idehan Marsuk, ein großes Sandmeer im Fessan, dem südlichen Libyen, wird links von der der Messak-Mellet-Kette, einem östlichen Ausläufer des Hoggargebirges, begrenzt. 1000 km nördlich bildet das Mittelmeer den Horizont. (Apollo 9)

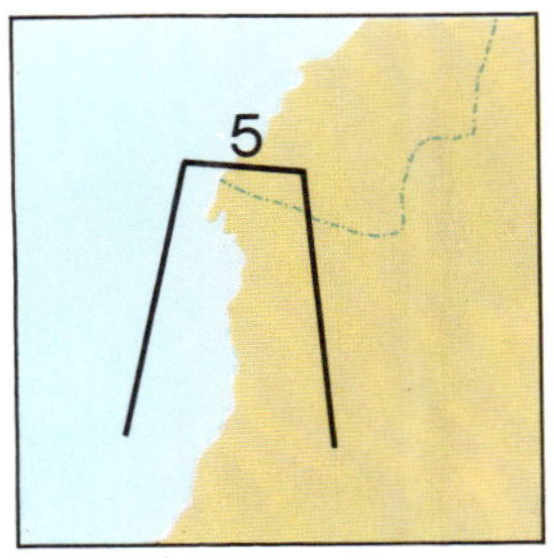

Westafrika (unten)
Die atlantische Küste von Mauretanien mit Blick nach Süden zum Senegalfluß und einem Wolkenhorizont über dem Hochland von Guinea. Im Vordergrund Kap Blanc und Port Etienne. Die Kante des Kontinentalschelfs liegt etwa 65 km vor der Küste.

Erdpanorama: Afrika 2

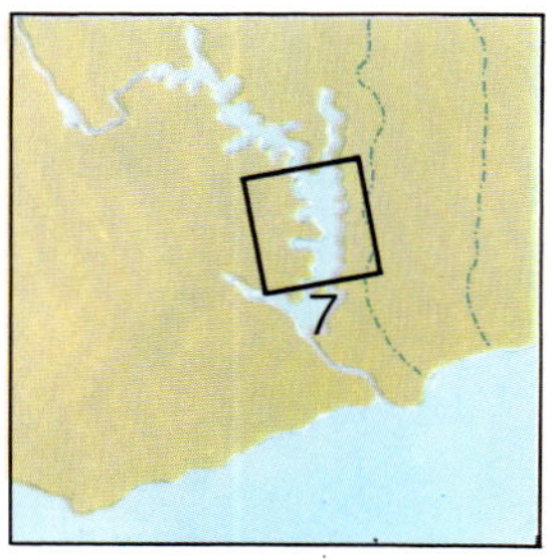

Ghana (oben)
Apollo 6: Teile des Volta-Sees in Ghana, eines riesigen Stausees mit einem Damm bei Akosombo, 110 km flußaufwärts vom Golf von Guinea. Dieses Gebiet Ghanas ist stark bewaldet und war zum Zeitpunkt der Aufnahme von für diese Region typischen Wolken bedeckt.

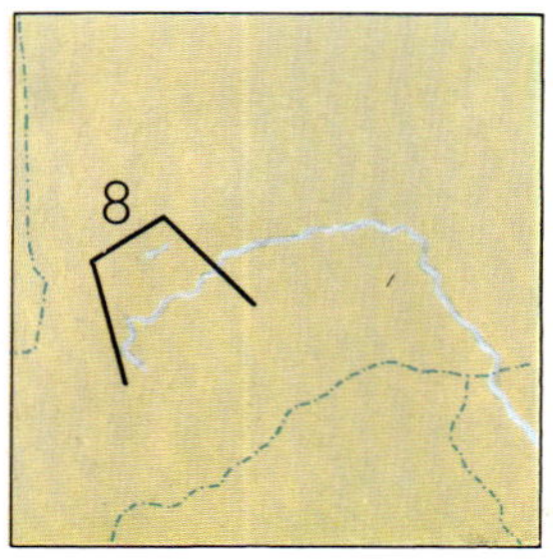

Mali (rechts)
Der Fagubine-See, von Apollo 9 aus aufgenommen. Gegen Süden das Nigerdelta in Mali. Der durch eine Verwerfung entstandene See liegt westlich von Timbuktu, am Rande der Sahara. Der Niger bildet ein großes Sumpfgebiet.

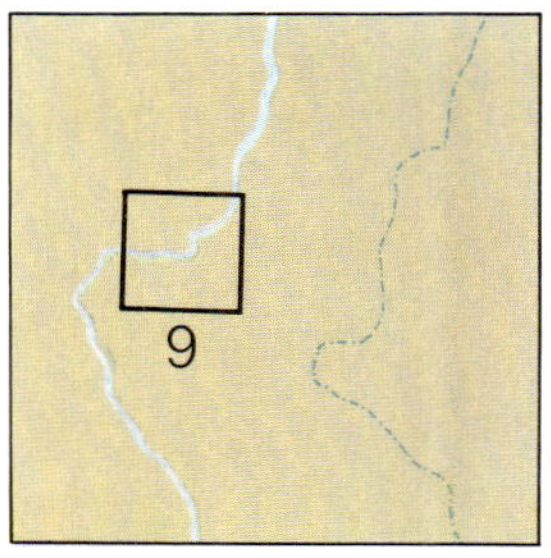

Sudan (oben)
Der Weiße Nil im Sudan (Gemini 6). Das hier gezeigte Gebiet mißt in der Ostwestrichtung 195 km. Der Nil verläßt ein riesiges, sonnenbeschienenes Sumpfland, den Sudd. Sein Ursprung liegt 800 km weiter südlich, im Victoria-See.

Südwestafrika (oben)
Die Walfischbucht liegt in der oberen Bildhälfte. Die Länge des hier erfaßten Küstenstreifens beträgt 195 km. Man hat ein Teilstück der Wüste Namib vor sich. Die geologischen Strukturen sind deutlich erkennbar Das Alter des Gesteins: etwa 600 Mio Jahre (Gemini 5).

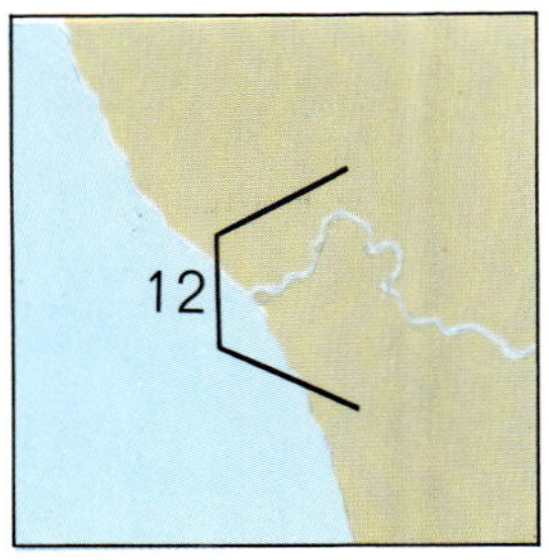

Südafrika (rechts)
Blick aus Apollo 7 gegen Osten, über Süd- und Südwestafrika. Der Oranje-Fluß zieht sich mitten durch das Bild. Fotos aus dem Weltraum bilden Flußläufe deutlich ab, besser als vom Menschen geschaffene Strukturen, wie etwa Industrieanlagen oder Verkehrswege.

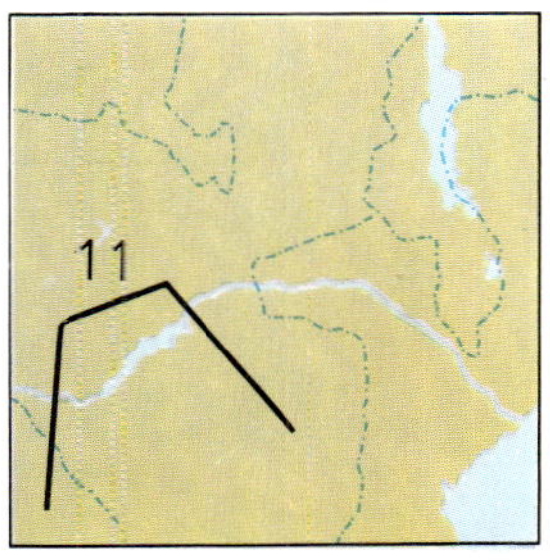

Zentralafrika (oben)
Blick aus Apollo 7 nach Süden über den Kariba-See, von Zambia nach Rhodesien. Der Kariba-See ist durch Aufstauung des Sambesi entstanden. Die Victoria-Fälle, 120 km westlich des Sees, sind gerade noch sichtbar, dichte Wolken verhüllen Botswana.

Erdpanorama: Südwestasien

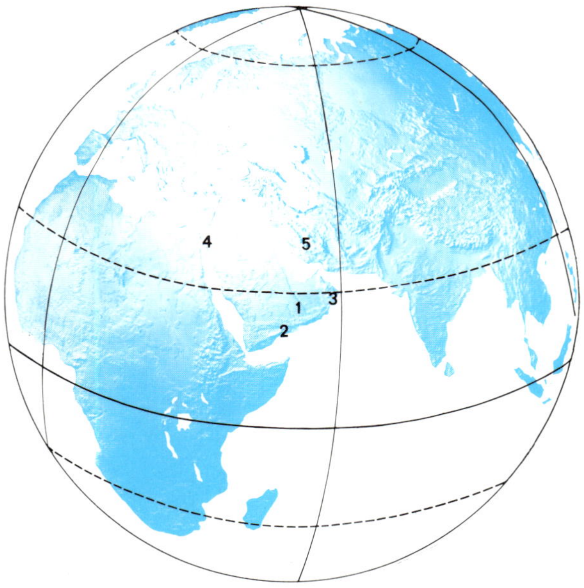

Geologisch gesehen gehört die arabische Halbinsel eher zu Afrika als zu Asien. Unfruchtbar und dünn besiedelt, war sie bis in die neueste Zeit nur unvollkommen kartografiert. Während des Gemini-4-Fluges wurde sie genauestens unter die Lupe genommen. Hier die besten Aufnahmen. Das Innere der Halbinsel ist eine der größten Sandwüsten der Erde.

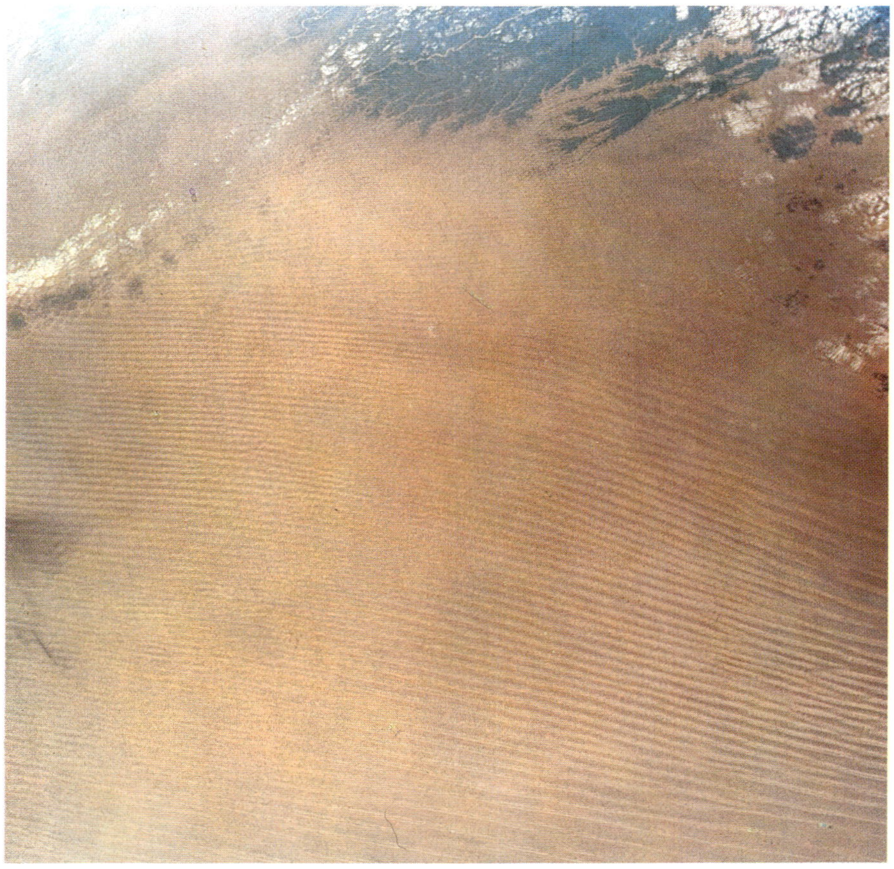

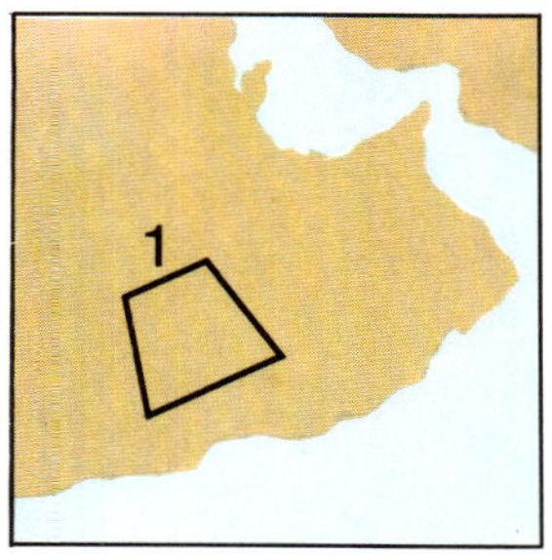

Saudiarabien (links)
Die Arabische Wüste auf der arabischen Halbinsel (Gemini 4). Nicht ständig besiedelt, zeigt sie keine Zeichen menschlicher Aktivität. Die langen Rücken im Vordergrund sind riesige Sanddünen. Sie liegen parallel zu den vorherrschenden Winden, einige sind mehr als 160 km lang. Das nur von Sand bedeckte Gebiet ist größer als das der Wüsten in Nordafrika, die teilweise eher Felsenwüsten sind. Der Blick ist nach Südosten auf das Hadramaut-Plateau gerichtet.

Südarabien (unten)
Apollo 7: Blick nach Süden längs der südarabischen Küste bei Al Mukalla. Die ausgedehnte Wolkendecke verhüllt Teile des Festlandes, läßt aber die Küste und den Golf von Aden frei. Die vielen Flußläufe führen nur nach den hier seltenen Regenstürmen Wasser.

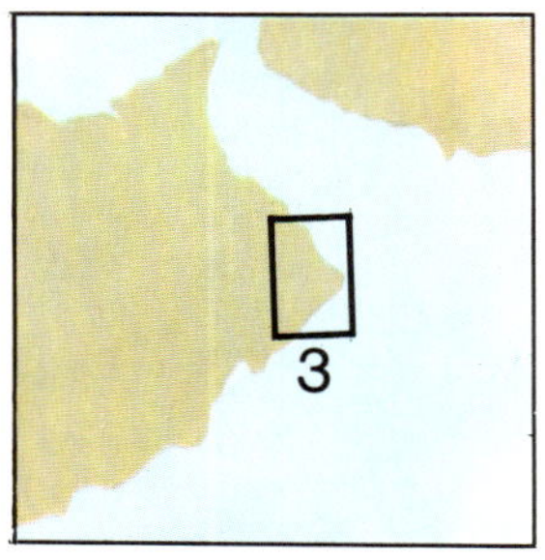

Maskat und Oman (rechts)
Die Ostecke Arabiens, von Gemini 4 aus. Die Längsdünen (unten links) sind Ausläufer der Arabischen Wüste. Die Hochländer links (Omanberge) sind vulkanischen Ursprungs und bestehen aus kretazeischem Eruptiv- und Metamorphgestein, überlagert von hellem tertiärem Sedimentgestein.

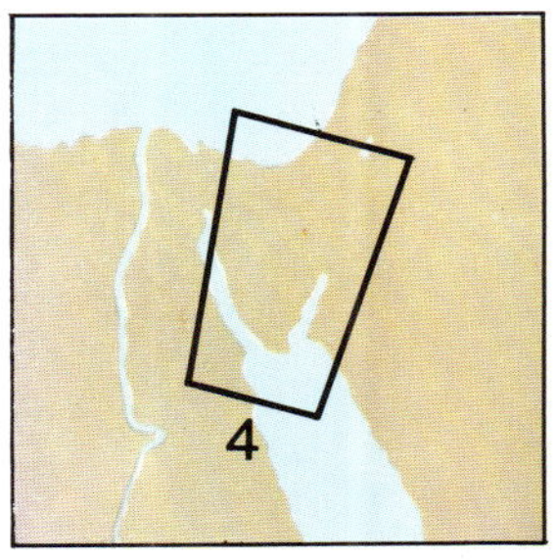

Sinaihalbinsel (oben)
Die Fotografie der Sinaihalbinsel aus Apollo 7 zeigt das Gebiet zwischen dem Roten Meer bis zum Golf von Suez und dem Golf von Akaba. Das tiefliegende Tote Meer ist am oberen Bildrand rechts von der Mitte zu erkennen, die Mittelmeerküste liegt links oben.

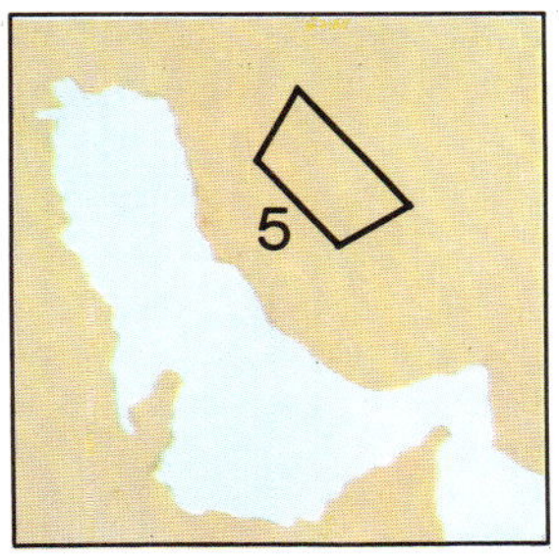

Iran (links)
Das Gemini-5-Bild zeigt die Zagrosberge östlich von Schiras; die zwei großen, teilweise aufgefüllten Salzseen sind Niris (rechts) und Tascht (links). Die Zagrosberge sind durch Faltung und Überschiebung entstanden. Die dunklen Berge (oben rechts) bestehen aus basischem Eruptivgestein.

Erdpanorama: Indischer Subkontinent

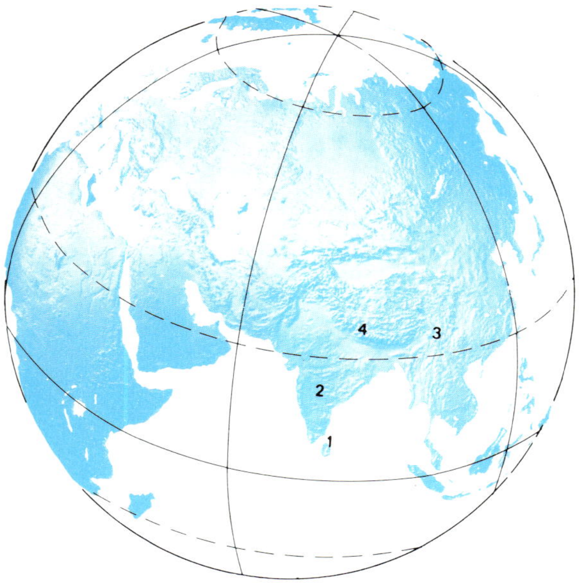

Der indische Subkontinent hat eine Fläche von 413,1 Mio km² und ist dicht besiedelt (588 Mio Einwohner). Nordindien liegt zwischen 36° nördlicher Breite und dem Wendekreis des Krebses; die indische Halbinsel und Ceylon liegen zwischen dem Wendekreis und dem Äquator. Der indische Subkontinent besteht aus drei Hauptregionen: dem Himalajagebirge, den großen Ebenen des Ganges und des Indus und dem Dekanplateau.

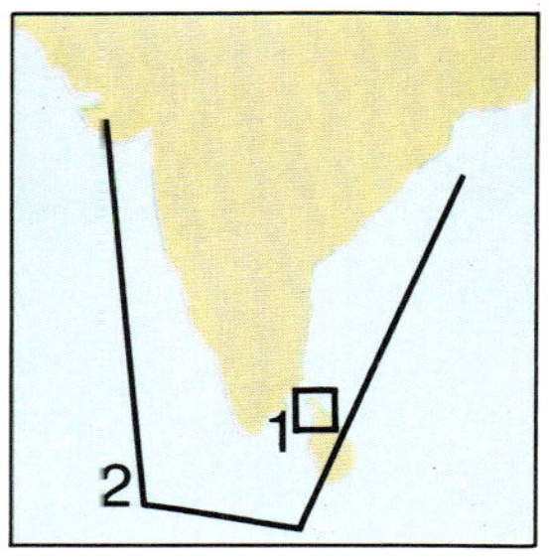

Indien und Ceylon
(unten und links)
Der indische Subkontinent, aufgenommen von Gemini 9 aus 740 km Höhe. Die Entfernung von einer Ecke des unteren Bildrandes zur andern beträgt mehr als 3200 km; die Entfernung bis zum Horizont, wo der Himalaja sichtbar ist, beträgt rund 3700 km. Links sind die westlichen Ghats, oben links ist das basaltische Dekanplateau als dunkle Fläche zu sehen. Der große Fluß im Südosten des Subkontinents ist der Coleroon, die Insel Ceylon liegt unten rechts. (Links) Wolkenreiche Detailansicht von Nordceylon (Apollo 7).

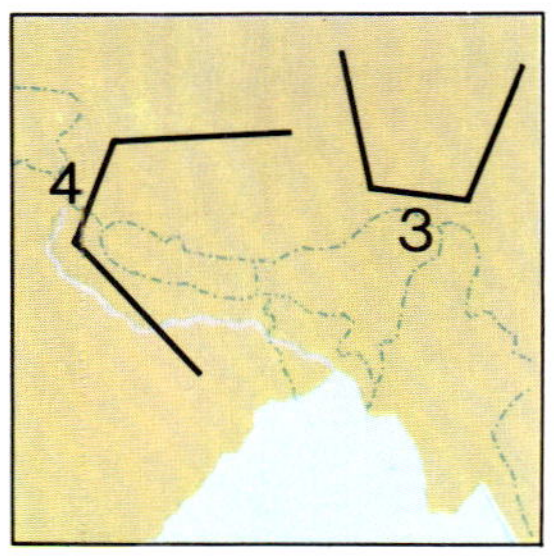

Der Himalaja
(Links) Blick über den östlichen Himalaja nach Norden gegen China (Apollo 9). (Unten) Apollo 7: Blick gegen Osten. Links das Plateau von Tibet, rechts die Gangesebene. Im Himalajagebirge liegt der Mount Everest, der höchste Berg der Erde (8848 m ü. d. M.). Geologisch gesehen ist der Himalaja nicht alt, er entstand vor 12 bis 15 Mio Jahren im Miozän, zur gleichen Zeit also wie die Alpen. Wegen des geringen Alters haben Verwitterung und Erosion noch keine sehr großen Veränderungen hervorgerufen.

Erdpanorama: Der pazifische Raum

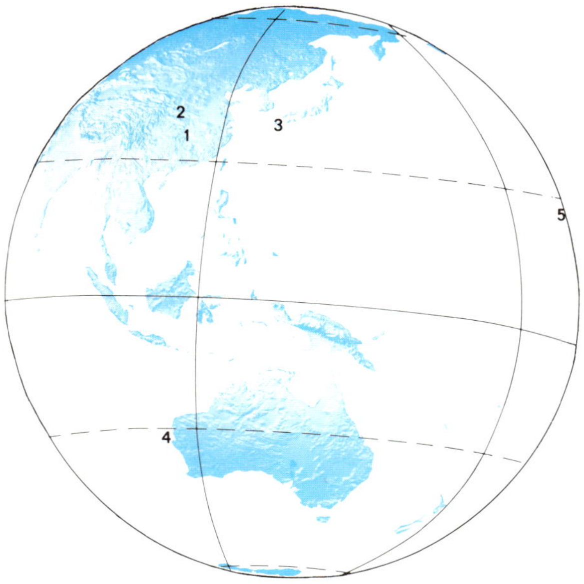

Mit einer Fläche von 165,7 Mio km² und einer mittleren Tiefe von 4250 m ist der Pazifik das größte Weltmeer. Alle Kontinente zusammen würden bequem in diese riesige Fläche hineinpassen. Der sogenannte «Feuergürtel» — die aktiven Vulkane der Westküste des amerikanischen Doppelkontinents und der Ostküste Asiens — umrahmt ihn. Der Pazifik gehört zu den wenigen Erdregionen, die seit der geologischen Urzeit mit Wasser bedeckt sind.

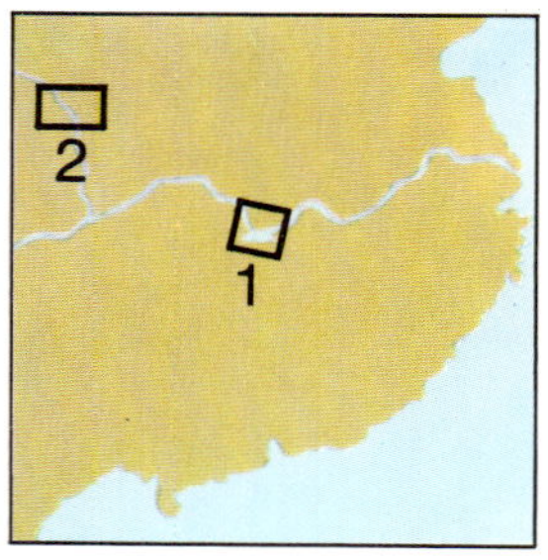

China
(Links) Die mittlere Jangtse-Ebene (Gemini 5) – ein großes Becken, das vom Jangtse entwässert wird. Der Tungting-See ist fast 100 km lang und zeigt gut sichtbare Ablagerungen. Normale Flugaufnahmen lassen die zarten Tönungen und Farben nicht erkennen. (Unten) Der Tschialing – von der Mitte links nach oben rechts – fließt durch die Provinzen Kansu und Szeschwan. Unter den Wolken unten rechts liegen die Berge von Jung Feng Schan. Die Stadt Wutu liegt im hellgefärbten Tal oben links.

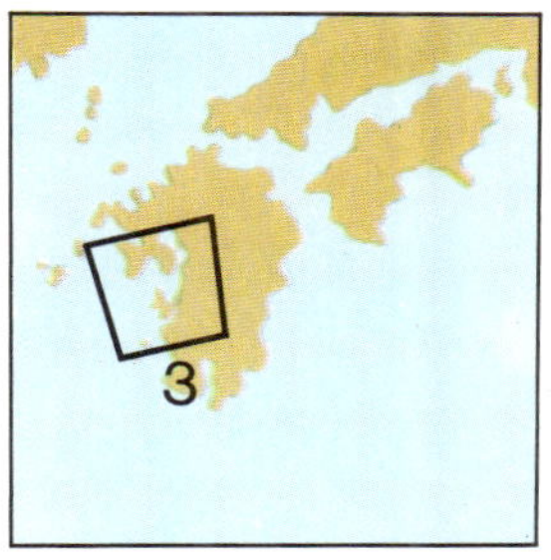

Südjapan (oben)
Die Westküste der Insel Kiuschu (Apollo 7), wieder mit einer ausgedehnten Wolkendecke. Japan liegt in einer der tektonisch labilsten Zonen der Erde und erleidet oft heftige Erdbeben. Die Inseln bilden einen Teil des pazifischen Vulkanringes.

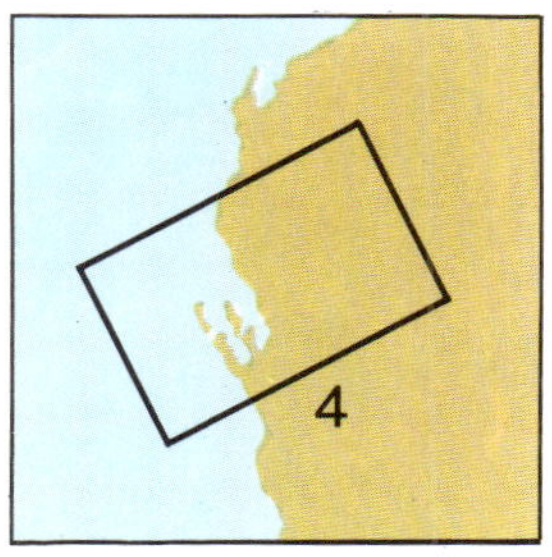

Westaustralien (oben)
Die Küste Westaustraliens: die Haifischbucht, 800 km nördlich von Perth (Apollo 7). Im Binnenland ist das Nordwestbecken wolkenfrei, der Ozean aber liegt unter ausgedehnten Wolkenfeldern. Der Meeresboden sinkt von der Küste stufenförmig ab.

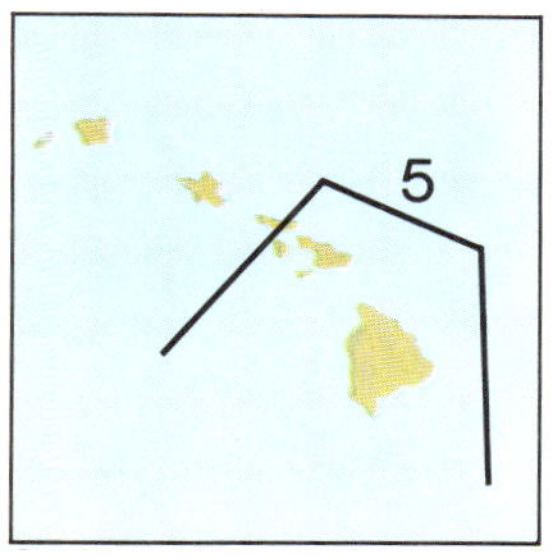

Der Pazifische Ozean (unten)
Apollo 9: Blick über die vulkanischen Inseln von Hawaii im Nordpazifik nach Süden. Auf den Inseln sind wegen der dichten Wolkendecke nur wenige Details zu erkennen.

Darstellung des Erdinnern

Der Mittelpunkt der Erde liegt rund 6350 km unter unseren Füßen. Da die tiefsten Erdölbohrungen nur etwas mehr als 6 km unter die Oberfläche reichen, müssen wir uns indirekter Methoden bedienen, um Aufschluß über die innern Regionen der Erde zu erlangen.

Der Radius des Kerns ist etwas länger als die Hälfte des Erdradius. Der Druck im Erdmittelpunkt beträgt ungefähr 3,16 Mio kp/cm² bei einer Temperatur von 4000 °C. Der etwa 2100 km dicke äußere Teil des Kerns ist wahrscheinlich flüssig, aber der innerste Kern wird durch den ungeheuren Druck verfestigt. Außerhalb des Kerns folgen der Mantel und die dünne Erdkruste, die unter den Kontinenten etwa 30 km und den Ozeanen nur etwa 5 km dick ist.

Erdbeben

Diese Gegebenheiten konnten aus dem Studium der Erdbebenwellen abgeleitet werden. Erdbeben entstehen durch Verschiebung großer Gesteinsmassen gegeneinander und können ausgedehnte Zerstörungen verursachen. (Bei den Erdbeben in Kansu, in China, kamen 1920 etwa 200 000 Menschen ums Leben; im Juni 1970 fanden in Peru 58 000 Menschen den Tod; Basel, Lissabon, Caracas, Tokio, Oklahoma und San Francisco sind nur einige der Städte, die durch Erdbeben zerstört wurden.) Die meisten Erdbeben haben ihren Ursprung in weniger als 50 km Tiefe, doch kennt man auch solche, die 750 km tief entstehen. Der unmittelbar über dem Erdbebenherd an der Erdoberfläche gelegene Punkt wird Epizentrum genannt.

Bei einem Erdbeben entstehen drei Arten von Bebenwellen. 1. Die P- oder Primärwellen, auch Stoßwellen genannt. Es sind Kompressionswellen, die in der Ausbreitungsrichtung Druckunterschiede erzeugen, ähnlich den akustischen Wellen. Sie bewegen sich am schnellsten durch die Erde. 2. Die S- oder Sekundärwellen, die in senkrechter Richtung zur Ausbreitung schwingen. 3. Die L- oder Lovewellen, die sich rund um die ganze Erde fortpflanzen und katastrophale Verwüstungen anrichten.

Die Geschwindigkeit, mit der sich die P- und S-Wellen durch den Erdmantel bewegen, hängt von der Dichte des Materials ab. In einer Flüssigkeit aber können sich die S-Wellen nicht fortpflanzen, so daß sie in einer Tiefe von etwa 2900 km an der Grenze des flüssigen Erdkerns gestoppt werden. Die P-Wellen werden abgelenkt (siehe Zeichnung), so daß an bestimmten Stellen der Erde eine deutliche Schattenzone entsteht, wo fast nur die L-Wellen verspürt werden. Die den Erdkern gerade noch berührenden P-Wellen werden auf 13,5, die S-Wellen auf 7,3 km/sec beschleunigt, woraus auf einen scharfen Dichtesprung zwischen Erdkern (10,5 g/cm³) und unmittelbar umgebendem Material (5,5 g/cm³) geschlossen werden kann. Unmittelbar unterhalb der Erdoberfläche pflanzen sich die P-Wellen mit 5,6 km/sec, die S-Wellen mit 3,3 km/sec fort.

Die Zusammensetzung der Erde

Obwohl wir keine eindeutigen Beweise dafür haben, ist anzunehmen, daß der Erdkern aus Eisen und Nickel besteht, der Erdmantel vorwiegend aus Gestein, das etwa dem Basalt entspricht (Magnesium-Eisen-Silikate wie Peridotit und Eklogit), wobei über diese Zwischenschicht zwischen Erdrinde und Erdkern immer noch große Unklarheit besteht. Die neuesten Forschungen an Bord der «Glomar Challenger» lassen eine glutflüssige Gesteinsmasse vermuten, auf der die Erdkruste schwimmt.

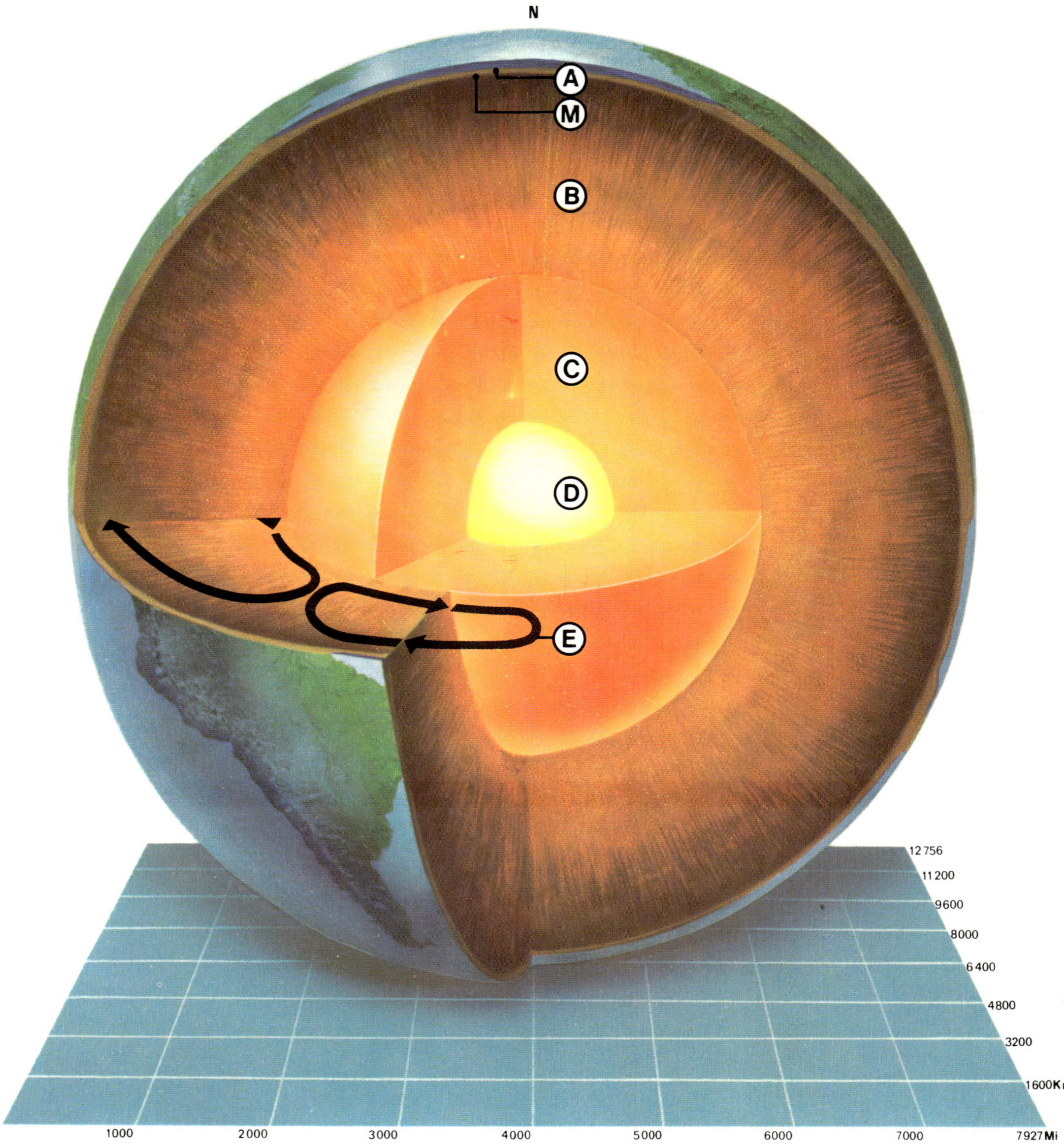

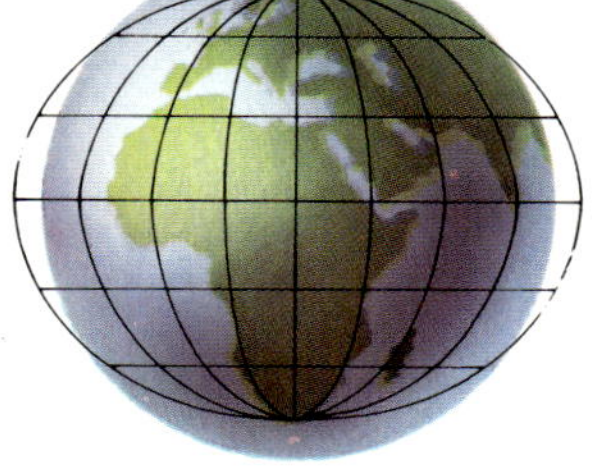

Die Form der Erde (rechts)
Der Erddurchmesser in der Äquatorebene beträgt 12 756 km, durch die Pole aber nur 12 714 km. Die Abplattung der Erde beträgt 1/298,25.

Der Erdkern
Sein Durchmesser beträgt 5800 km, seine äußeren Teile (C) sind vermutlich flüssig, die inneren (D) fest; er besteht hauptsächlich aus Eisen und Nickel. Spezifische Dichte: etwa 16 g/cm³.

Erdmantel
Der Mantel (B) reicht vom Kern bis zur Unterseite der Erdkruste. Er ist durch die Mohorovičić-Diskontinuität (M) von der Erdkruste getrennt (vgl. S. 48, l. o.).

Erdkruste
Vergleicht man die Erdkugel mit einem Apfel, so ist die Erdkruste (A) nicht dicker als dessen Schale. Ihr Volumen macht weniger als 1% des Erdvolumens aus.

Konvektionszellen
Viele Geophysiker nehmen an, daß die Temperaturunterschiede im Erdmantel Konvektionszellen (Strömungszellen, E) bilden.

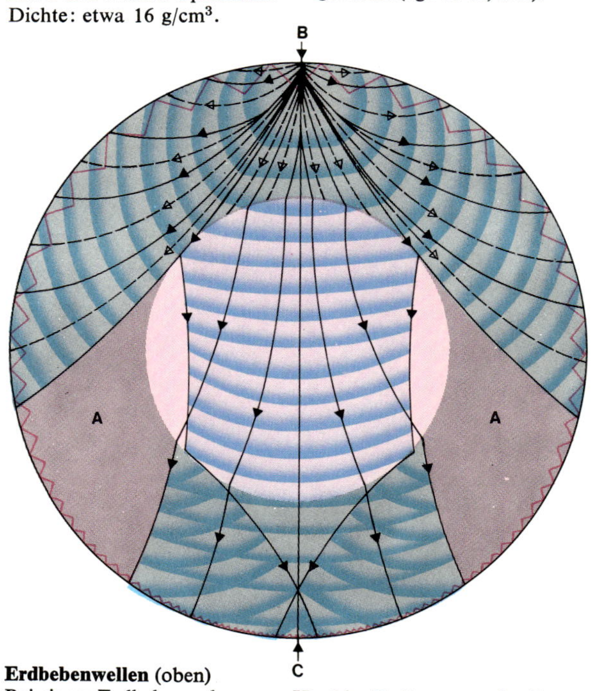

Erdbebenwellen (oben)
Bei einem Erdbeben gehen vom Herd im Erdinnern nach allen Richtungen Wellen aus. Den Punkt der Erdoberfläche, der direkt über dem Herd liegt, nennt man Epizentrum (B). Man unterscheidet Oberflächenwellen, die sich rings um die Erdkruste bewegen (L-Wellen, rot eingezeichnet), und Raumwellen, die durch das Erdinnere laufen (P- und S-Wellen). Die Ausbreitungsrichtung dieser beiden Wellenarten ist hier durch Pfeile dargestellt; die Wellenfronten sind blau. Die S-Wellen können den flüssigen Erdkern nicht durchdringen; die P-Wellen werden von ihm abgelenkt. So entsteht eine Schattenzone (A), in der nur L-Wellen und schwache P-Wellen verspürt werden. Die Antipoden (C) des Epizentrums verspüren keine S-Wellen mehr.

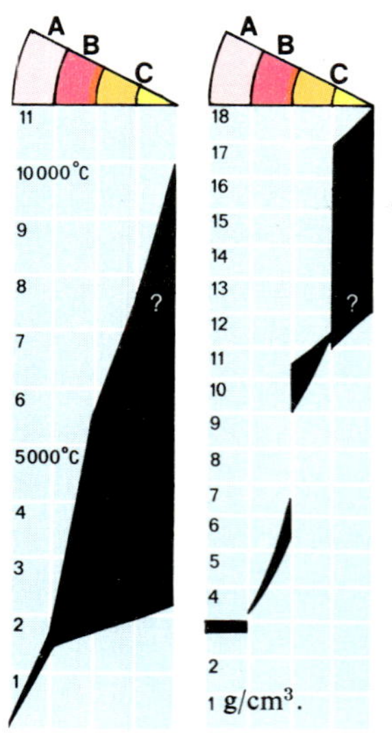

Temperatur und Dichte (oben)
Die Temperatur der Erde steigt pro 33 m Tiefe um 1° C an. In 48 km Tiefe beträgt die geschätzte Temperatur 1650° C. Die Dichte nimmt mit wachsender Tiefe zu, wobei Kruste (A), Mantel (B) und Kern (C) gegeneinander abgegrenzt sind.

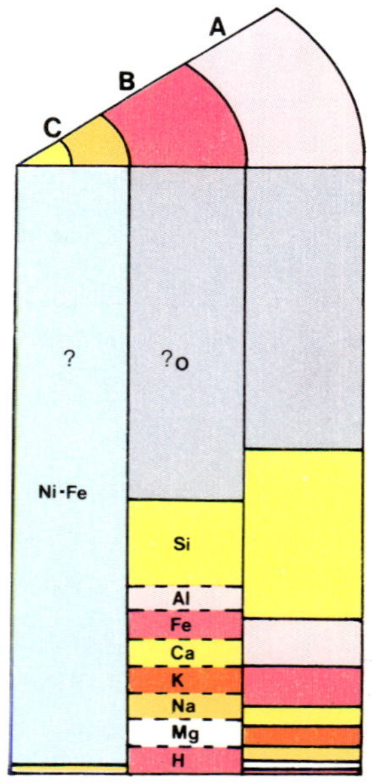

Chemische Zusammensetzung (oben)
Die Erdkruste (A) besteht zum weitaus größten Teil aus Sauerstoff (46,6 % des Gewichtes) und Silizium (27,7 % des Gewichtes), der Mantel (B) aus Eruptivgestein und der Kern (C) aus Eisen und Nickel — die genaue Zusammensetzung ist freilich nicht bekannt.

Vulkane
Vulkane entstehen durch das Aufsteigen von Magma aus dem Erdinneren an die Oberfläche. Das Magma kann in Form von Strömen ausfließen; wenn es genügend viskos ist, kann es den Krater des Vulkans verschließen, so daß sich hoher Druck bildet und eine heftige Explosion folgt. Magmaströme haben oft nur eine Geschwindigkeit von etwa 1 m/min, zerstören aber alles auf ihrem Weg. Auch Lavabrocken und -bomben können ausgeworfen werden. Wenn die Lavabrocken eingeschlossenes Gas enthalten, dessen innerer Druck nach dem Auswurf keinen Widerstand mehr findet, explodieren sie als «vulkanische Bomben». Lavaströme, Schlackensteine, Staub, Asche, Felsbrocken und vulkanische Bomben sammeln sich um den Vulkanschlund und bilden einen konischen «Berg».

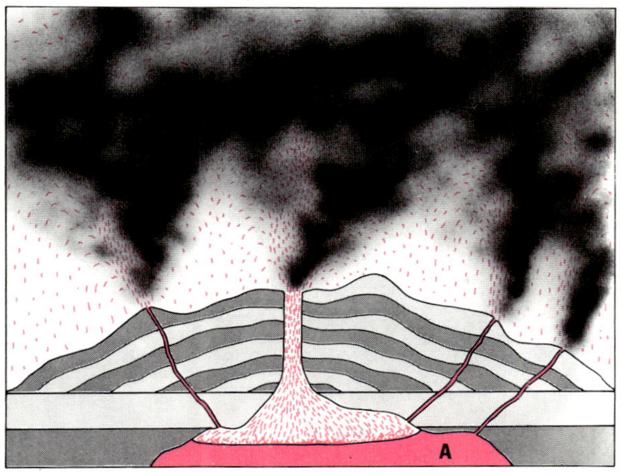

Entwicklung einer Caldera
Bei vielen Vulkanen liegt die Vulkanspitze inmitten einer breiten Senke, die man als Caldera (Kraterkessel) bezeichnet. Das Bild oben zeigt ein Frühstadium der Caldera-Entwicklung (A = flüssiges Magma).

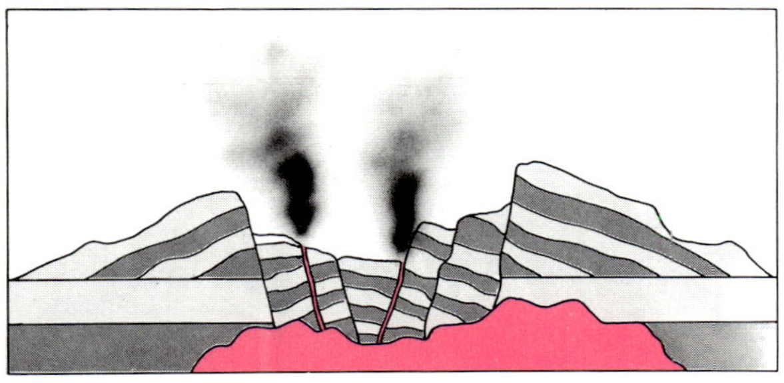

Nach einem gewaltigen Explosionsausbruch fällt der dadurch seines Haltes beraubte Schlot zusammen (Calderabildung).

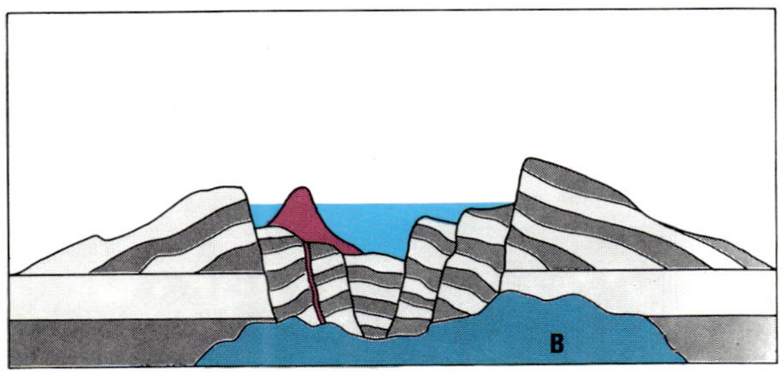

In der Caldera kann sich ein neuer Vulkan aufbauen (rot). Ferner kann sich hier ein See bilden (oben). B: der allmählich erstarrende Vulkanherd.

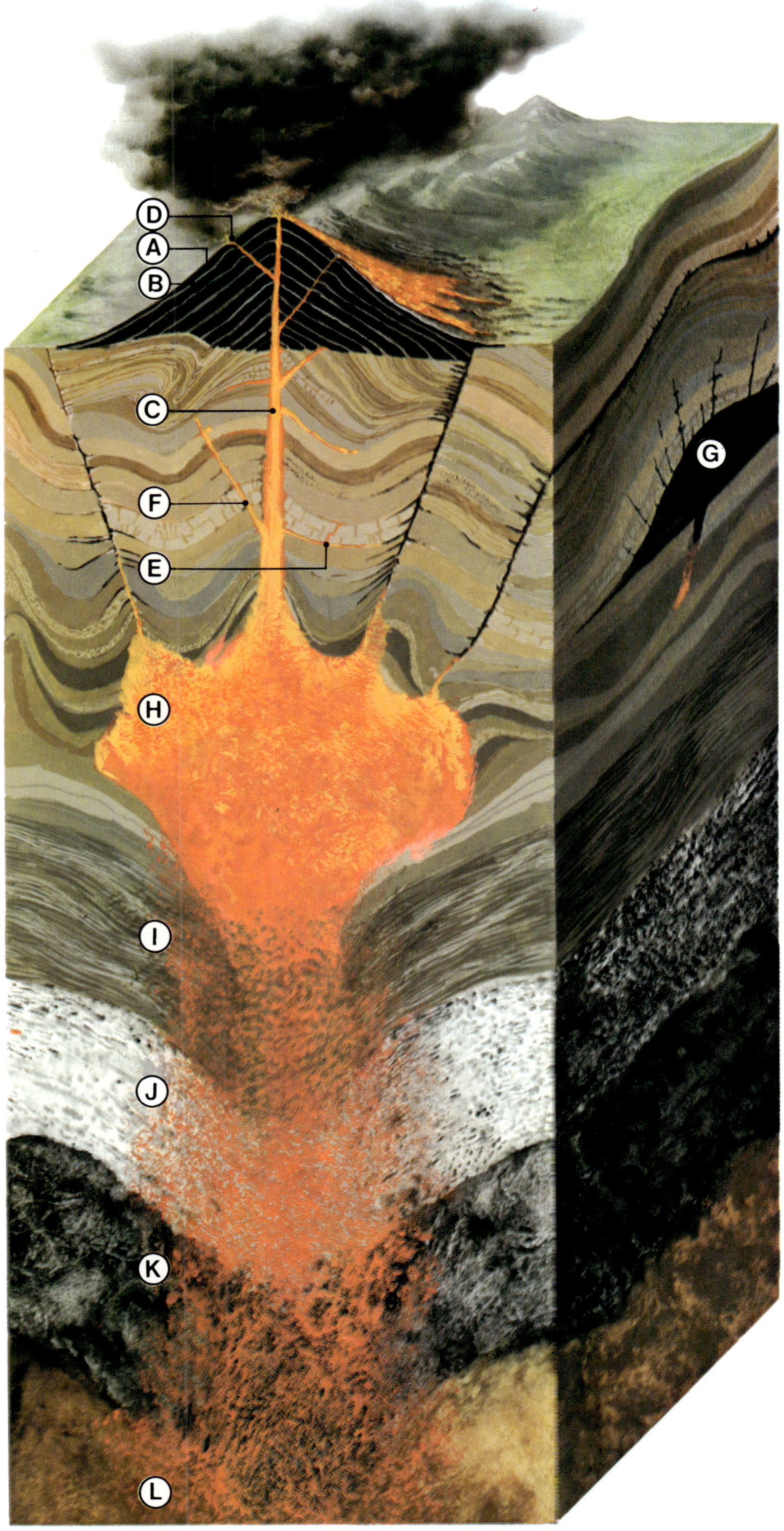

Typen und Erscheinungen
Man unterscheidet zwei Hauptarten der Vulkantätigkeit: die explosive, bei der Schlacken ausgeworfen werden, und die effusive, bei der Lava ausfließt. Die meisten Vulkane zeigen beide Tätigkeitsformen. Sie sind aus verschiedenen Schichten von Lava (A) aufgebaut, zwischen denen Schichten von Pyroklasten (allgemeiner Name für Fragmente aus Explosionen) (B) liegen.
Die ausströmende Lava (C) hat eine Temperatur von über 1000° C. Bei «ruhigem» Ausströmen ist die Lava strangförmig. Erkaltet sie, so schrumpft sie, bekommt Risse und wird blockförmig. Maunakea und andere Vulkane auf Hawaii gehören zu den Lavavulkanen.
Stromboli vor Italien ordnet man den Mischvulkanen zu. Er ist immer noch tätig.
Bei Explosionsvulkanen sind Ausbrüche selten, dafür aber um so heftiger.
Bei den sogenannten Pelée-Vulkanen ist die Lava so zähflüssig, daß sie den Vulkanschlund vollständig verstopft. Das gasreiche Magma sucht sich einen Weg durch seitliche Öffnungen des Bergs und ruft die *nuées ardentes* (Glutwolken) (D) hervor.
Das Magma kann auch durch schwache Stellen der Kruste nach oben steigen und Gänge (E und F) bilden. Wenn das Magma auf Material stößt, das es nicht durchbrechen kann, bildet es Subvulkane oder Lakkolithen (G).
Die Vulkane werden meist aus einer Magmakammer (H) gespeist, die sich in einigen Kilometer Tiefe befindet. Das Bild zeigt, wie das Magma wie eine Wurzel verschiedene Schichten der Erdkruste durchstößt: ältere metamorphe Gesteine (I), wahrscheinlich ein Produkt früherer Vulkane; Granite der Sialschicht (J) der Kontinentalkruste; schwere basaltische Simaschicht (K), die durch die Mohorovičić-Diskontinuität vom Erdmantel (L) getrennt ist.

Vulkan- und Erbebenzonen (rechts)
Die Vulkan- und Erdbebenzonen sind nicht beliebig verteilt. Im Bild rechts der große Vulkanring um den Pazifik, zu dem die vielen tätigen Vulkane entlang der Küste Südamerikas und Mexikos gehören. Er erstreckt sich weiter über die Aleuten-Inseln und den japanischen und ostindischen Raum. Vulkanausbrüche können auch unter der Meeresoberfläche stattfinden, sie verursachen dann große Flutwellen, die Siedlungsgebiete erreichen und großen Schaden anrichten können. Dem Krakatau-Ausbruch 1883 folgte eine solche Welle. Meist sind in den Erdbebengebieten auch tätige Vulkane vorhanden.
Manche Gegenden der Erde erleiden nie schwere Erdbeben, nur selten sind dort leichte Erschütterungen zu verspüren, wie z. B. in Württemberg im Jahre 1970.
Es gibt etwa 600 tätige Vulkane auf der Erde, dazu eine große Zahl von erloschenen und ruhenden Vulkanen. In den letzten Jahren bildeten sich zwei neue Vulkane: Paricutín in Mexiko, 1943, und Surtsey vor der Küste von Island, 1963.

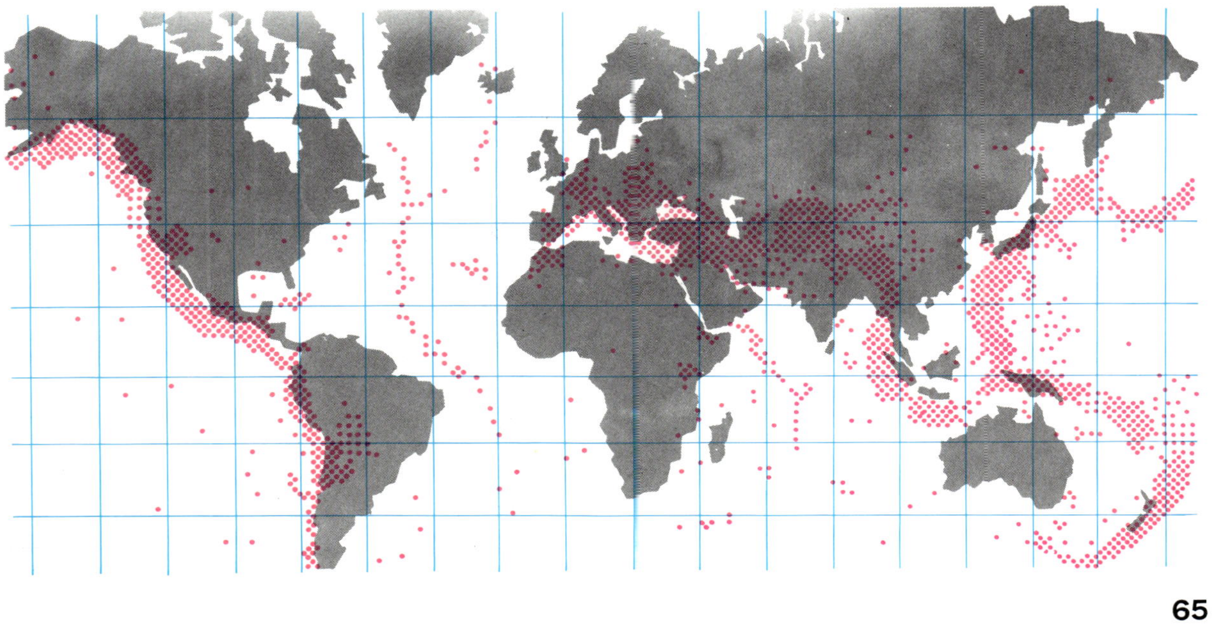

Die Erdkruste

Die Verteilung von Wasser und Land ist seit dem Ende der präkambrischen Zeit vor 600 Mio Jahren erheblichen Veränderungen unterworfen. Die obere der hier gezeigten Karten stellt das Kambrium, die mittlere den Jura, die untere das Eozän dar. Wie man sieht, bestanden außer dem Pazifik fast alle Räume abwechselnd aus Festland oder Wasser. Die Entstehung der Gebirge durch großräumige Erdbewegungen geht zyklisch vor sich. Durch die letzte große Gebirgsbildung in Europa falteten sich vor 25 Mio Jahren die Alpen auf. Die präkambrischen Gebirge des schottischen Hochlandes dagegen sind vor mehr als 600 Mio Jahren entstanden.

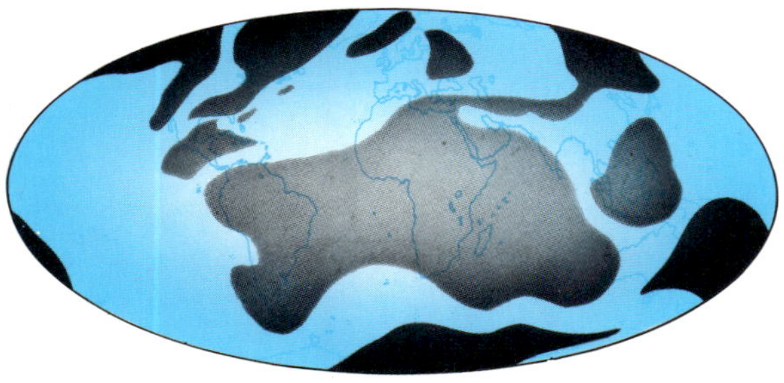

Diese Vorgänge spielen sich jedoch nur im Gefüge der Erdkruste ab, die unter den Kontinenten etwa 30 km, unter den Meeren nur etwa 5 km dick ist. Die Erdkruste besteht zur Hauptsache aus Silizium und Sauerstoff, den Silikaten; sie ist nach unten hin durch die Mohorovičić-Diskontinuität begrenzt, die vom jugoslawischen Erdbebenforscher dieses Namens entdeckt wurde (Abkürzung: Moho). Mohorovičić entdeckte, daß sich die Erdbebenwellen unterhalb dieser genau definierbaren Grenze rascher fortpflanzen. Unterhalb der Moho liegt der Erdmantel; 1961

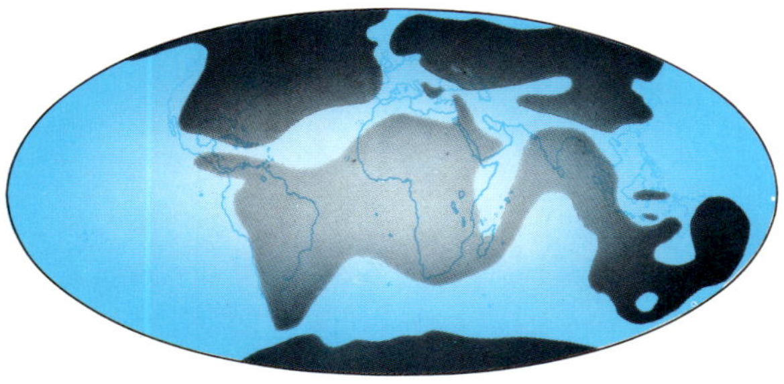

durchgeführte Versuche, durch eine Bohrung im Meer Gestein aus dem Erdmantel zu erhalten, waren erfolglos. Bessere Ergebnisse sind von der neuen Bohrtechnik an Bord des amerikanischen Forschungsschiffs «Glomar Challenger» zu erwarten.

Die Isostasie

Oberhalb der Moho liegt das Sial (Sediment- und Eruptivgestein aus **Si**lizium und **Al**uminium), darunter das basaltische Sima (**Si**lizium und **Ma**gne-

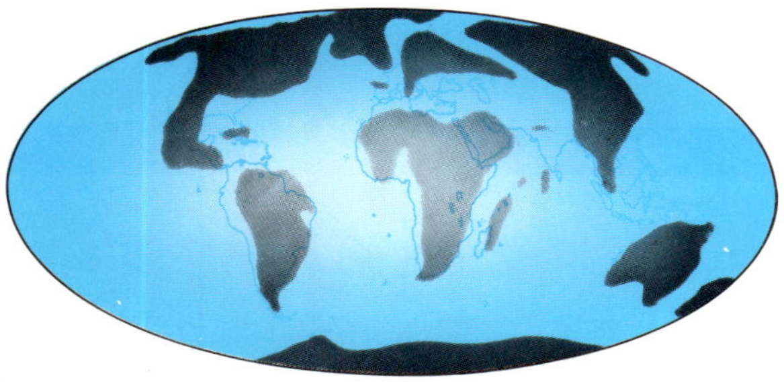

sium). Das Sial hat eine Dichte von 2,7 g/cm³, das Sima von 3,0 g/cm³ oder mehr. Die Sial-Kontinente schwimmen auf der Sima-Schicht. Wo sich Berge mit Höhen von einigen tausend Metern befinden, sinkt die Sial-Scholle tiefer ins Sima ein, so daß der Druck auf einem tieferen Niveau, der sogenannten Kompensationsfläche, überall ungefähr der gleiche ist. Dieses Prinzip, als **Isostasie** bekannt, ist für die Geologie und die Geophysik von großer Bedeutung. Der isostatische Ausgleich ist auch heute im Gange, z. B. ist in Skandinavien eine Hebung festzustellen, da sein Gewicht seit der letzten Eiszeit durch Abschmelzen der Eisdecke beträchtlich geringer wurde.

Sial und Sima (unten)
Unterhalb von Gebirgszonen reicht das Sial (A) weiter nach unten in das schwerere Sima (B) hinein und folgt damit dem Gesetz der Isostasie.

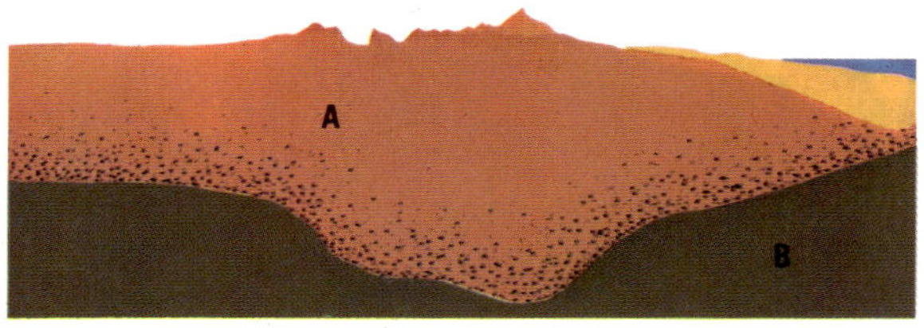

Die Moho (unten)
Die Mohorovičić-Diskontinuität oder Moho (A) bildet die Grenze zwischen der Erdkruste (B) und dem Erdmantel (C). Unterhalb der tiefen Meeresbecken besteht die Kruste fast nur aus basaltischem Sima mit einer dünnen Sedimentdecke.

Das Prinzip der Isostasie (rechts)
Nach der Lehre von der Isostasie muß die Masse von gleichen Kegeln vom Erdmittelpunkt zur Oberfläche immer gleich groß sein, und eine theoretische Ausgleichsfläche (A) muß den gesamten Druck des darüberliegenden Materials tragen. Bei zunehmendem Volumen muß die Dichte deshalb abnehmen, so daß von den höchsten Bergen bis zum tiefsten Meer eine Skala zunehmender Dichte entsteht.

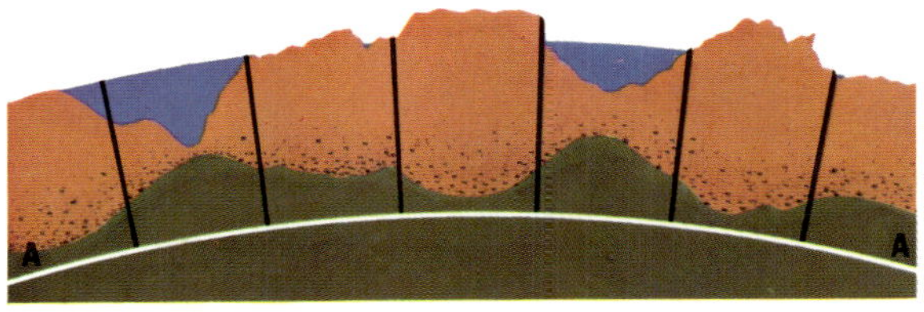

Eurasien (unten)
Der Querschnitt durch die Erdkruste von den Britischen Inseln bis Japan wurde auf Grund von Erdbebenmessungen erstellt und zeigt das Prinzip der Isostasie: Unterhalb großer Gebirge (Alpen) reicht die Kruste tiefer in den Mantel hinein.

A Britische Inseln
B Alpen
C Kaukasus
D Pamirgebirge
E Tarimbecken
F Japan

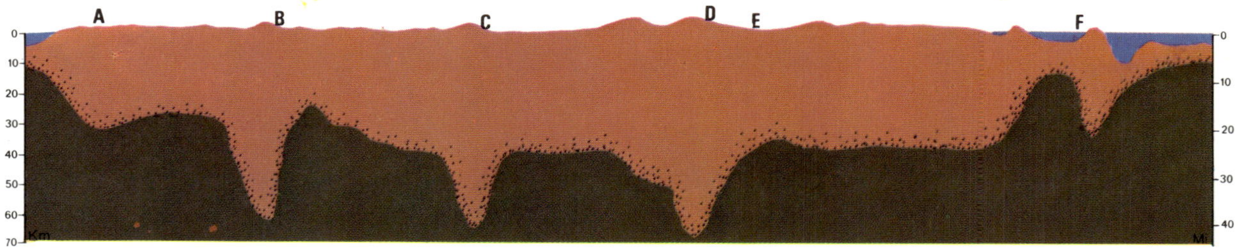

Die südlichen Kontinente (unten)
Ein ähnlicher Querschnitt von den Osterinseln bis Neuseeland. Wieder ist die Erdkruste unter den kontinentalen Hochländern am dicksten und unter den Ozeanen am dünnsten. Man beachte die isostatische Kompensation des atlantischen Rückens.

A Osterinsel
B Südamerika
C Atlantischer Rücken
D Afrika
E Madagaskar
F Indischer Ozean
G Australien
H Neuseeland

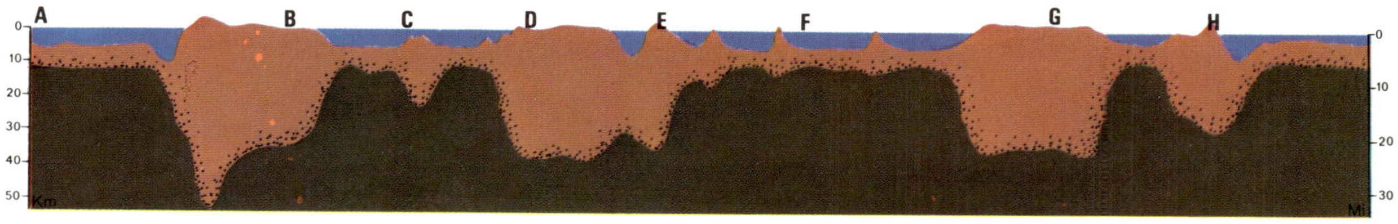

Chemische Zusammensetzung (rechts)
Durchschnittliche chemische Zusammensetzung der Erdkruste: 46,7% Sauerstoff (O); 27,7% Silizium (Si); 8,1% Aluminium (Al); 6,7% Eisen (Fe); 3,5% Kalzium (Ca); 2,7% Natrium (Na); 2,6% Kalium (K); 2% Magnesium (Mg) und kleinere Mengen anderer Elemente.

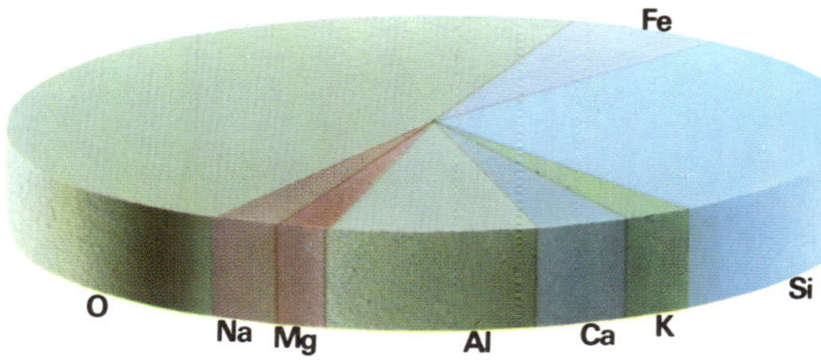

Geologische Zeittafel

Zeitraum (vor Mio Jahren)		Zeitalter (Formation)	Dauer (in Mio Jahren)
Proterozoikum			
über 600		Präkambrium	über 4000
Paläozoikum			
600	500	Kambrium	100
500	440	Untersilur (Ordovizium)	60
440	400	Obersilur (Gotlandium)	40
400	350	Devon	50
350	305	Unteres Karbon	45
305	270	Oberes Karbon	35
270	225	Perm	45

Zeitraum (vor Mio Jahren)		Zeitalter (Formation)	Dauer (in Mio Jahren)
Mesozoikum			
225	180	Trias	45
180	135	Jura	45
135	70	Kreide	65
Neozoikum		Tertiär	
70	40	Paleozän + Eozän	30
40	25	(Oligozän)	15
25	12	(Miozän)	13
12	3	(Pliozän)	9
		Quartär	
3	0,01	(Pleistozän)	3
0,01	heute	(Holozän)	0,01

Kontinentalverschiebungen (oben)
1908 legte F. Taylor dar, daß sich die Küstenlinien der großen Erdteile so zusammenfügen lassen, daß sie wie in der obigen Abbildung recht gut ineinander passen. Er schloß daraus, daß die Kontinente früher miteinander verbunden gewesen seien und sich im Verlauf der Erdgeschichte auseinandergeschoben hätten. Diese Theorie der Kontinentalverschiebung, 1915 von A. Wegener untermauert, stieß auf heftige Kritik. In den letzten Jahren aber hat das Studium des sogenannten Paläomagnetismus neue Beweispunkte für diese Theorie geliefert. Beim Abkühlen nimmt das magnetische Material des Eruptivgesteins die Richtung des jeweiligen Magnetfeldes der Erde an, der zu dieser Zeit vorhandene Erdmagnetismus ist also in das Gestein «eingefroren». Das Studium der magnetischen Eigenschaften von Gestein aus Westafrika und der Ostküste Südamerikas sowie Messungen am atlantischen Meeresboden stützen aber die Theorie von Wegener. Die neuesten Meßergebnisse, vom amerikanischen Forschungsschiff «Glomar Challenger» aus gewonnen, besagen, daß die Westdrift des amerikanischen Kontinents die gewaltigen Erdbeben an seiner Westküste hervorruft, und zwar dadurch, daß die Landmasse des Kontinents auf den Pazifik-Boden «aufläuft».

Gesteinsschichtung
Oberflächengestein der Sedimentgruppe kommt normalerweise geschichtet vor, wobei die jüngsten Schichten oben liegen. Wegen der Erdbewegungen ist dieses Übereinstimmungsgesetz nicht immer gültig. Die Schichtungsflächen (Ablagerungsflächen) sind oft geneigt. Der Winkel zwischen der Schichtungsfläche und der Horizontalen wird Fallen genannt; die Horizontale im rechten Winkel zum Fallen ist die Streichrichtung.

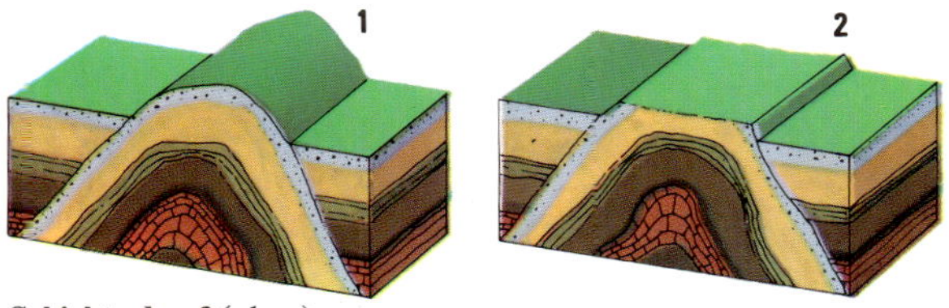

Schichtenkopf (oben)
Wenn geschichtete Gesteine über die Oberfläche hinaus aufgefaltet werden, entsteht ein Schichtenkopf (1), wobei die ursprünglich tiefliegenden Schichten zutage treten. Durch Erosion wird der Schichtenkopf zerstört, die härtesten Schichten bleiben stehen (2).

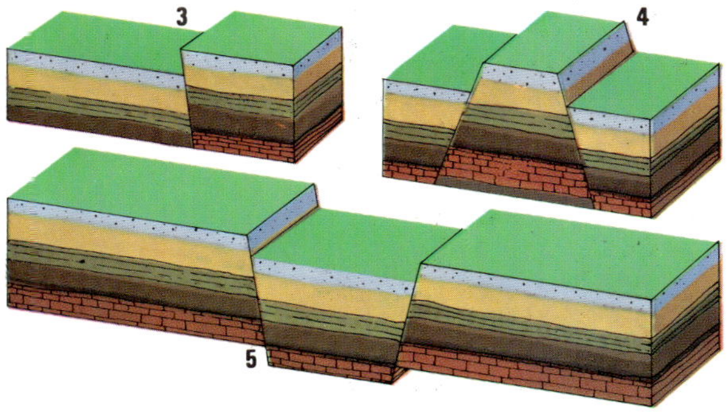

Verwerfungen (oben)
Wenn die Erdkruste zusammengedrückt wird, entstehen an anderer Stelle Zugkräfte, die Verwerfungen hervorrufen: 3) Stufenbruch; 4) Horst, Umgebung tiefer; 5) Grabenbruch, Umgebung höher.

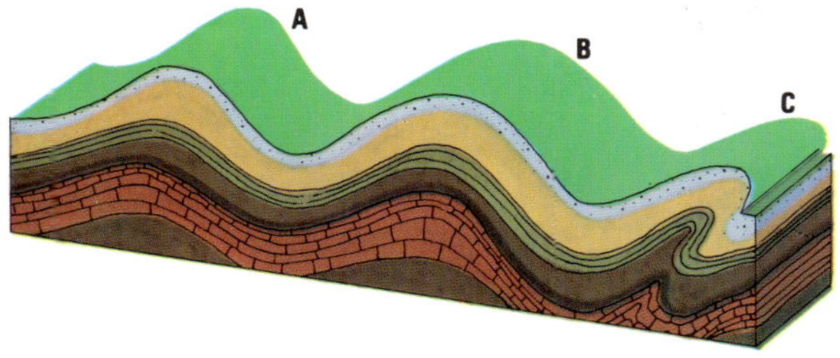

Faltengebirge (oben)
Geschichtete Gesteine werden symmetrisch oder asymmetrisch aufgefaltet. Das Bild zeigt zwei symmetrische Faltenzüge (A und B) und einen Faltenzug mit überschobenen Rändern (C).

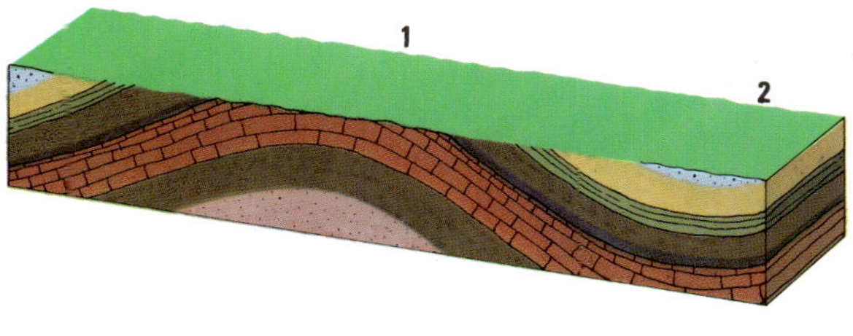

Antiklinale und Synklinale (oben)
Wenn die Gesteinsschichten sattelförmig aufgefaltet werden, entsteht eine Antiklinale (1) mit den ältesten Gesteinen im Zentrum; erfolgt die Faltung muldenförmig, entsteht eine Synklinale (2) mit den jüngsten Schichten in der Mitte.

Gesteinsarten (rechts)
In der Erdkruste gibt es drei Hauptarten von Gesteinen: 1) die Eruptivgesteine, gebildet aus geschmolzenem Magma, das aus der Tiefe aufsteigt; 2) Sedimentgestein, entstanden aus – teilweise auch organischem – Material, das abgetragen, weggeschwemmt und wieder abgelagert wurde; 3) metamorphe Gesteine, entstanden durch die Einwirkung von hohen Temperaturen und hohem Druck auf schon vorhandenes Gestein.

Eruptivgestein (oben)
Basalt ist ein typisches Eruptivgestein. Wenn sich das Magma langsam abkühlt, entsteht ein grobkörniges Gestein, bei rascher Abkühlung ein feinkörniges.

Sedimentgestein (oben)
Schieferton besteht aus unter hohem Druck gepreßten Lehmschichten. Andere Beispiele: Sandstein, Kalk und Kreide.

Metamorphes Gestein (oben)
Schieferton verwandelt sich in Tonschiefer. Andere Beispiele: Kalk wird zu Marmor, Sandstein zu Quarzit, Granit zu Gneis.

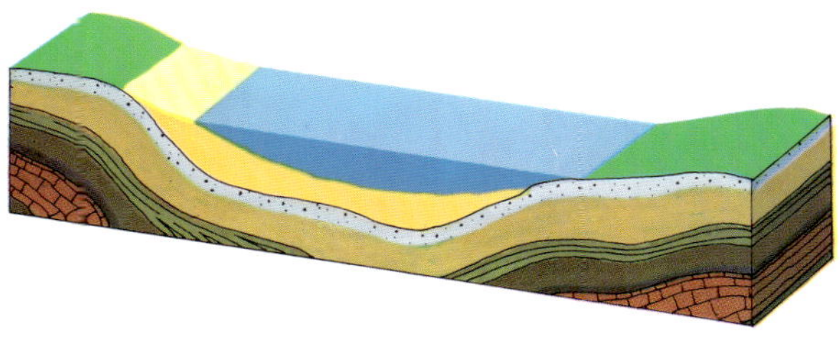

Geosynklinale (oben)
Geosynklinalen sind lange, schmale Mulden, in denen sich Sedimentgesteine ansammeln und dann absinken. Später können die Ränder sich nähern, wobei das Sedimentgestein bei fortschreitendem Einsinken großem Druck ausgesetzt und so in metamorphes Gestein umgewandelt wird; ferner kann es zur Bildung eines Faltengebirges kommen.

Geologie 1

Die Erdoberfläche unterliegt einem ständigen Prozeß der Abtragung und Aufschüttung, der vor allem durch Wasser, Temperaturwechsel und Wind verursacht wird. Die schwachen, im Regenwasser enthaltenen Säuren lösen Kalk auf und lassen Höhlen entstehen. Wenn die Temperaturen unter den Gefrierpunkt sinken, erstarrt in die Felsspalten eingedrungenes Wasser und sprengt das Gestein auseinander; Wasser vergrößert beim Gefrieren sein Volumen um $^{1}/_{10}$. Die äußeren Schichten eines Gesteins dehnen sich bei Erwärmung aus und ziehen sich wieder zusammen, was zum Abblättern führt (exfoliative Verwitterung). Das Wasser trägt am meisten zur Abtragung bei, es schwemmt alle lockeren Teilchen talwärts.

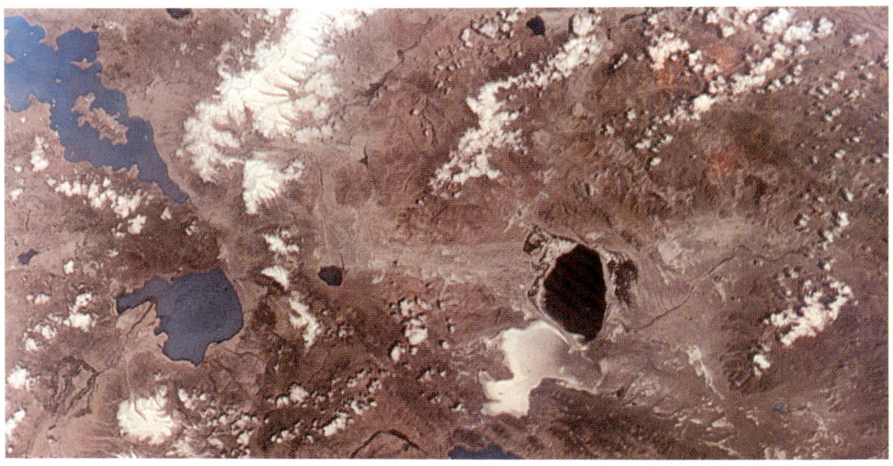

Tibetanische Seen (links)
Der Nglanglaringsee ist links oben auf dieser Gemini-5-Aufnahme des westlichen Tibets erkennbar. Die Farbunterschiede des Wassers geben die unterschiedliche Verteilung der Sedimente sowie der gelösten mineralischen und biologischen Substanzen an.

Verwitterung in Arabien (unten)
Die Apollo-9-Fotografie zeigt das Hadramaut-Plateau in Südarabien. Das ganze Gebiet ist von Wadis (ausgetrockneten Flußbetten) zerklüftet.

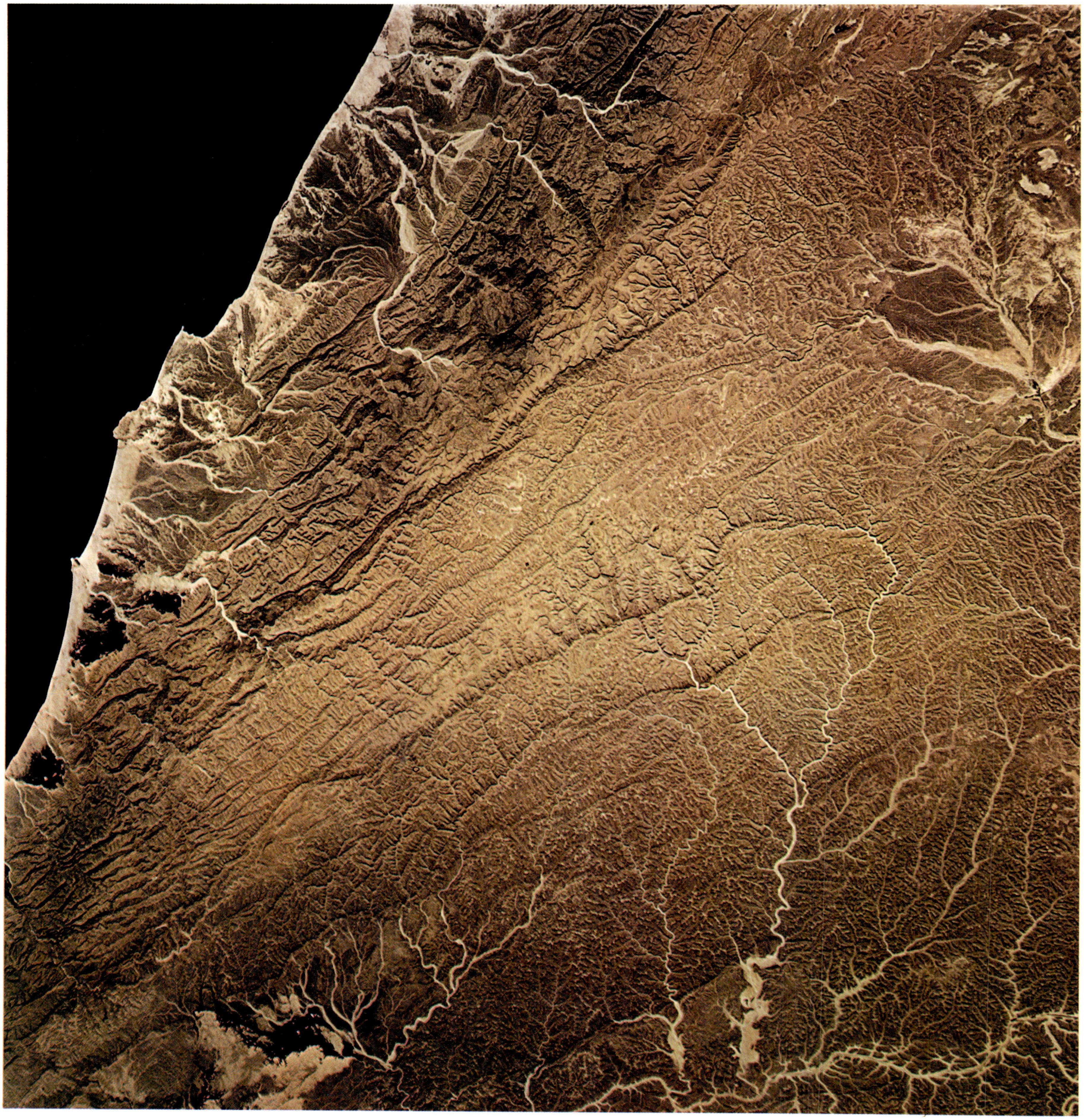

Schneekarten (oben)
Aufnahme von Arizona im Winter (Apollo 9, Infrarot). Durch einen fotografischen Trennungsprozeß konnten die schneebedeckten Gebiete allein gedruckt werden (unteres Bild). Dünne Schneeschichten (grün) heben sich von dicken Schichten (blau) ab.

Das Kontinentalschelf (links und unten)
Der Alte Bahamakanal trennt das nördliche Kuba vom Großen Bahamarücken (Apollo-9-Fotografie, links). Der vollständig von Wasser

bedeckte Rücken ist klar zu erkennen. Die Gemini-4-Fotografie zeigt zwei Inseln der Bahamas, Acklin und Crooked. Sie liegen auf selbständigen Plateaus, unabhängig vom Großen Rücken. Diese Landflächen sind etwa 3 m hoch von Wasser bedeckt, hier am leichten Blauton kenntlich. Auf normalen Luftaufnahmen sind die Unterwasserstrukturen nur schwer zu erkennen.

Das Nildelta (unten)
Blick nach Osten über das Nildelta und die Sinaihalbinsel zur Arabischen Halbinsel (Gemini 4). Das intensiv bewässerte Delta ist ein Beispiel für die Entstehung fruchtbaren Landes durch Ablagerungen der Flüsse. Auffällig die Grenze zwischen Delta und umgebender Wüste.

Verstärkung von Einzelheiten des Meeres (oben)
Das Infrarot-Farbfoto von Apollo 9 zeigt die Mündung des Colorado. Einige Unterwasserdetails sind zu erkennen. Die mechanisch verstärkte Schwarzweißkopie (unteres Bild) enthüllt das Unterwasserterrain mit bemerkenswerter Klarheit.

Geologie 2

Dieses Bild der Richat-Strukturen in Mauretanien (Westafrika) wurde von Apollo 9 aus aufgenommen; das kleine Bild ist ein Mosaik aus Luftaufnahmen. Die Richat-Krater gibt es in zweierlei Form: als kraterähnliche Vertiefungen mit umgebendem Wall von 500 bis 1500 m Durchmesser und als kreisförmige Flächen mit Durchmessern bis zu 50 km. Drei davon liegen in einer Linie (Richat selbst, Temimichat-Gallaman und Tenoumer). Sie bestehen aus Eruptivgestein. Die Fotografie aus dem Raum zeigt die genaue Struktur viel deutlicher als das Mosaik aus konventionellen Luftaufnahmen. Früher nicht wahrzunehmende Einzelheiten wurden erst jetzt erkennbar.

Das Zagros-Gebirge (rechts)
Gemini 4: Blick über das Zagros-Gebirge nach Westen auf den Persischen Golf und die Halbinsel Katar. Fast alle hier sichtbaren Gebirgskämme sind Antiklinale (vgl. S. 67); sie bestehen aus einem Kern von Gestein aus der Kreidezeit oder Sedimenten aus dem unteren Tertiär, die von jüngeren, aufgerichteten Schichten umgeben sind. Die Antiklinalen sind erhöht, die Entstehung dieses Gebirges fällt in das Pliozän.

Der Große Grabenbruch (rechts)
Gemini-11-Fotografie von Afrika mit Blick nach Osten über das Rote Meer und den Golf von Aden zur Arabischen Halbinsel. Dieses Gebiet gehört zum Großen Grabenbruch, der sich von Syrien bis nach Ostafrika erstreckt.

Der Himalaja (oben)
Der Himalaja, das höchste Gebirge der Erde, ist geologisch ein sehr junges Gebirge und stammt aus dem Miozän. Die Fotografie (Apollo 7) zeigt Teile Indiens, Nepals und Tibets.

Die Sahara (oben)
Die Ougarta-Berge mit dem großen Wadi Oued Saoura. Der größte Teil des hier gezeigten Gebietes wird von bezaubernd schönen Dünenmeeren bedeckt (Gemini 7).

Vergleich Fotografie–Karte (links)
Diese Bilder zeigen die große Bedeutung der Raumfotografie für die Geologie. Links eine Fotografie von Saudiarabien, am 5. Dezember 1966 von Frank Borman und James Lovell aus einer Höhe von 278 km aufgenommen (Gemini 7). Man vergleiche die hier gut sichtbaren weiträumigen geologischen Strukturen mit der Karte links. Die etwa 800 km lange Formationsgruppe kann vom Flugzeug aus nicht auf einmal fotografiert werden; nur aus dem Weltraum kann man sie ganz auf einem Bild festhalten. Das hier gezeigte Gebiet war bereits früher recht genau kartiert worden, so daß die Übereinstimmung zwischen Karte und Fotografie aus dem Weltraum am dargestellten Beispiel augenfällig wird. Das Prinzip der Erforschung aus dem Weltraum kann aber mit Erfolg auch auf weniger bekannte Gebiete angewandt werden.

Die Entwicklung des Lebens auf der Erde

Die Erde ist der einzige Planet unserer Sonne, der organisches Leben in höherer Entfaltung hervorbringen kann. Die Möglichkeit außerirdischen Lebens ist nicht vollständig auszuschließen, Diskussionen darüber sind jedoch bei unserem heutigen Wissensstand ebenso müßig wie uferlos. Wir müssen unsere Betrachtungen auf die bekannten Formen des Lebens beschränken.
Das Leben auf der Erde entstand im späten präkambrischen Zeitalter. Über seine Anfänge kann einzig mit Sicherheit ausgesagt werden, daß die ersten Wesen einzellig waren. Im Laufe von geologischen Zeiträumen entwickelten sich die zuerst mikroskopisch kleinen Lebewesen zu den mannigfaltigen Lebensformen von heute. Der Mensch ist der Nachkomme winziger Organismen, die vor mehr als einer Milliarde Jahren lebten.

Paläontologie
Der größte Teil unseres Wissens über vergangenes Leben auf der Erde ist das Ergebnis paläontologischer Forschung, des Studiums der Fossilien, der Spuren oder Überreste längst vergangener Lebensformen. Ein Lebewesen bleibt nur selten als Ganzes erhalten, meist findet man lediglich die Hartteile eines Organismus (z. B. Schale oder Skelett). In anderen Fällen wird das ursprünglich organische Material durch ein Mineral ersetzt, was zu richtigen Abgüssen unter Bewahrung aller Details führen kann — das versteinerte Holz in Arizona ist ein schönes Beispiel dafür. Auch Fußabdrücke von Tieren im Lehm sind bis heute erhalten geblieben. Die Überreste von Pflanzen und Tieren nennt man Fossilien. Obwohl die Paläontologie kein lückenloses Bild früherer Zeiten nachzuzeichnen vermag, kann sie doch die Entwicklung des Lebens vom Kambrium bis heute mit großer Genauigkeit zurückverfolgen.

Die Veränderungen der Erde
Auf der Erde selbst gingen in der Verteilung von Meer und Festland wie auch in den klimatischen Verhältnissen deutliche und anhaltende Veränderungen vor. Die letzte Eiszeit — vor 10 000 Jahren — war bei weitem nicht so streng wie diejenige des permischen Zeitalters. Für die Lebewesen waren aber die Veränderungen, die die Erdatmosphäre durchmachte, noch wichtiger. Im kambrischen Zeitalter hatte sie einen viel höheren Anteil von Kohlendioxyd, dabei aber weniger freien Sauerstoff — Bedingungen, unter denen ein heutiges Lebewesen nicht hätte existieren können. Als sich die Pflanzen auf der Erde ausbreiteten, wandelten sie das überschüssige Kohlendioxyd mittels Fotosynthese in Sauerstoff und Kohlenstoffverbindungen um. Heute zeigt die Atmosphäre Gleichgewicht: Die Pflanzen liefern freien Sauerstoff; die Tiere atmen Sauerstoff ein und Kohlendioxyd aus.
Die hauptsächlichen geologischen Zeitalter sind recht genau durch die jeweiligen Lebensformen bestimmt. Das Paläozoikum («Alttierzeit») dauerte bis zum Ende des Perms, das Mesozoikum («Erdmittelalter») von der Trias bis zum Jura. Normalerweise geht ein Zeitalter fließend in das nächste über, mit einer Ausnahme: Während des Mesozoikums, des Zeitalters der Dinosaurier, lebten diese Riesenreptilien auf der Erde 160 Mio Jahre lang ohne Rivalen. Am Ende des kretazeischen Zeitalters (Kreide) starben die Dinosaurier plötzlich aus. Über die Ursache dieses Aussterbens gibt es viele Theorien; am wahrscheinlichsten ist wohl, daß die Saurier mit ihren riesigen Körpern und winzigen Gehirnen sich dem veränderten Klima nicht anpassen konnten.
Wenn sich eine Tier- oder Pflanzenart anpassen kann, wird sie gedeihen und sich weiter entwickeln.
Ob sich das Aussehen des Homo sapiens in der Zukunft weiter verändern wird, vermag niemand zu sagen. Vielleicht ist das Endstadium bereits erreicht, doch auch hierüber kann man ins Uferlose sinnieren und diskutieren. Wir können auch nicht sagen, ob sich mögliches Leben auf einem andern Planeten, der um einen andern Stern kreist, in ähnlicher Reihenfolge entwickelt hat oder — entwickeln wird.

Zeitalter	Klima und Vegetation	Leben im Meer
Präkambrium	Das Präkambrium dauerte vier oder mehr Milliarden Jahre, das Klima scheint sehr unterschiedlich gewesen zu sein. Die Atmosphäre war arm an Sauerstoff und reich an Kohlendioxyd. In dieser Zeit muß die vulkanische Tätigkeit intensiv gewesen sein.	Erstes Leben entsteht im Meer, in der Form einfacher, einzelliger Lebewesen. Quallen und Tang. Da die meisten Lebewesen des Präkambriums Weichtiere waren, gibt es nur wenige Fossilien aus dieser Zeit.
Kambrium	Ausgeglichenes Klima, da kambrische Kalke, die nur in warmem Wasser entstehen, von der Antarktis bis Grönland zu finden sind. Die Festländer waren möglicherweise große Wüsten.	Seetang vorherrschend. Alle wichtigen Stämme der Wirbellosen treten auf, darunter Quallen, Seeigel, Würmer und Schwämme. Verbreitet Trilobiten (krebsartige Tiere) bis 45 cm Länge. Fossilien von etwa 1000 Trilobitenarten gefunden.
Untersilür (Ordovizium)	Warme, klare Meere, geeignet für die Entwicklung des Lebens; allgemein ausgeglichenes Klima, lebhafte vulkanische Aktivität. Atmosphäre immer noch arm an freiem Sauerstoff, da Landpflanzen fehlen. Lokale Eiskappen.	Pflanzenwuchs immer noch auf Seetang beschränkt, Tierfossilien häufiger als im kambrischen Gestein: Korallen, Schwämme, Brachiopoden und Trilobiten häufig. Die wichtigste Entwicklungsstufe des Ordoviziums: erste Wirbeltiere, die Panzerfische.
Obersilür (Gotlandium)	Während der silurischen Periode bleibt das Klima warm und ausgeglichen, geringere vulkanische Tätigkeit als im Ordovizium. Große Teile des Festlandes waren vermutlich Wüstengebiete.	Neue Arten mariner Wirbeltiere; stark gepanzerte Seeskorpione bis 3 m Länge. Überreste von höherentwickelten Ostrakodermen und Fischen wurden gefunden, obwohl die Fische vielleicht nicht zum Silur, sondern zum frühen Devon gehören.
Devon	Erneut einsetzende vulkanische Tätigkeit, Ausdehnung der Festländer auf Kosten der Meere. Gebirgsbildung während des ganzen Devons. Im heutigen Europa und Nordamerika wüstenhaftes Klima. Warme Meere.	Rasche Entwicklung mariner Wirbeltiere, primitive Haifischformen und Vorfahren der heutigen Fische. Am Ende des Devons Auftreten von Amphibien. Das Devon wird auch als Zeitalter der Fische bezeichnet.
Karbon	Klima oft sehr trocken, in einigen Gegenden genügend feucht und warm, um eine dichte Vegetation entstehen zu lassen. Zu Beginn des oberen Karbons Entstehung von Festland auf der nördlichen Hemisphäre auf Kosten der Meere.	Viele Arten mariner Lebensformen. Fische, vor allem Haifische, sehr häufig; primitive Ostrakoderme und andere Panzerfische ausgestorben. Bestimmte Amphibien erreichen eine Länge von 5 m. Gegen Ende des oberen Karbons erscheinen die ersten Insekten.
Perm	Periode ausgeprägter vulkanischer Aktivität bei gegensätzlichem Klima. Lange Zeiträume von Trockenheit auf der nördlichen Hemisphäre; ausgedehnte Vereisung auf der Südhalbkugel, Eiskappen auf dem Plateau des Gondwanalandes.	Viele Meerespflanzen, Amphibien und Fische. Einige der während des Perms entstandenen Reptilien werden zu Wassertieren, langsame Verdrängung der Amphibien durch die Reptilien. Aussterben der Trilobiten, Ende des Perms.
Trias	Klima während der Trias (erstes Zeitalter des Mesozoikums) heiß und trocken, weite Wüstengebiete. Ungünstige Bedingungen für die Entwicklung der Pflanzenwelt; Klima am Ende dieses Zeitalters kühler und feuchter.	Viele neue Tiergattungen im Meer, speziell Ichthyosaurier (fleischfressende, an das Leben im Meer angepaßte Dinosaurier). Erste hummerähnliche Tiere während des Mesozoikums.
Jura	Allgemein mildes Klima, feuchter als während des größten Teils der Trias. Regenfälle begünstigen eine üppige Vegetation. Keine polaren Eiskappen. Warme, klare Meere. Weite Räume sinken ab und werden vom Meer überflutet.	Krabben, hummerähnliche Krustazeen und Spinnentiere. Große Dinosaurier im Meer, Ichthyosaurier und Plesiosaurier in allen Weltmeeren. Die Ichthyosaurier waren schnelle Schwimmer und ernährten sich von anderen Meerestieren.
Kreide	Überall mildes Klima mit üppiger Vegetation bis in den hohen Norden (Grönland), wahrscheinlich Vergletscherung des hohen Plateaus von Australien. Bildung großer Kreideschichten durch Ablagerung, daher der Name des Zeitalters.	In der Kreidezeit Höhepunkt der Land- und Meeresdinosaurier. Im Meer hauptsächlich fleischfressende Ichthyosaurier; daneben viele andere Reptilien, z. B. Schildkröten. Bestimmte Fische entwickeln sich zu ähnlichen Formen wie heute.
Tertiär (Eozän)	Im Eozän, der ältesten Stufe des Tertiärs, war das Klima vorwiegend heiß, die vulkanische Tätigkeit rege. Übergangsstufe zwischen Kreide und Eozän oft als gesondertes Zeitalter, Paläozän, bezeichnet. Veränderungen von Meer und Festland.	Nach dem Aussterben der Dinosaurier Ausbreitung von kleineren Meerestieren. Gewöhnung von zwei Säugetiergruppen an das Wasser, Entwicklung der einen zu den heutigen Walen. Im Eozän Weiterentwicklung der Fische zu den heutigen Formen.
Tertiär (Oligozän)	Während des Oligozäns weiterhin warmes, ausgeglichenes Klima in den meisten Teilen der Erde; im allgemeinen Ausdehnung der Festländer, Abnahme der Meeresflächen geringerer Tiefe. Nur einzelne Festlandsregionen mit kühlerem Klima.	Entwicklung neuer Gattungen von Krabben, Schnecken und Seeigeln. Gleiche Formen der Fische wie heute. Bildung verschiedenartiger Korallenriffe in der tropischen Zone.
Tertiär (Miozän)	Veränderliches Klima im Miozän. Bildung von Gebirgen wie Himalaja und Alpen durch massive Erdbewegungen. Einige Festlandsregionen trocken, andere feucht. In vielen Gebieten Verdrängung der subtropischen durch Flora der gemäßigten Breiten.	Zahlen- und ortsmäßige Zunahme der Knochenfische. Haifische überwiegen, z. T. bis zu 20 m lang (geschätzt nach fossilen, 15 cm langen Haifischzähnen). Auf sandigen und lehmigen Meeresböden viele Seeigel.
Tertiär (Pliozän)	Im Pliozän nehmen Kontinente und Meere etwa ihre heutige Gestalt an. Klima ähnlich wie heute, aber breitere gemäßigte Zone. Bildung der Eiskappen auf der nördlichen Hemisphäre erst zu Ende dieses Zeitalters.	Aussterben der Riesenhaifische des miozänen Typs; ähnliche marine Lebensformen wie heute, jedoch viele heute ausgestorbene Gattungen.
Quartär (Pleistozän)	Das Quartär umfaßt das Pleistozän (die letzten 3 Mio Jahre) und das Holozän (die letzten 10 000 Jahre). Während des Pleistozäns vier Eiszeiten (nach alpiner Einteilung: Günz, Mindel, Riß und Würm), unterbrochen durch Zwischeneiszeiten.	Marine Lebensformen von den heutigen fast nicht zu unterscheiden, jedoch andere Verteilung der Wirbellosen. Während der Eiszeiten größere Verbreitung der Kaltwasser-Wirbellosen als heute.
Quartär (Holozän)	Nach Zurückweichen der Gletscher in Europa Herausbildung des heutigen Klimas. Möglicherweise ist das Eiszeitalter noch nicht vorüber – wir würden dann in einer Zwischeneiszeit leben, und das kalte Klima würde wiederkehren.	Heutige Lebensformen.

Leben auf dem Festland

Kein Leben auf dem Festland.

Kein Leben auf dem Festland.

Kein Leben auf dem Festland

Ausbreitung von Seetang in den untiefen Meeren. Aufkommen der ersten Landpflanzen. Untersuchungen von Gesteinsproben aus dem oberen Silur in Australien lassen darauf schließen, daß bestimmte Pflanzen am Ende des Silurs sich den Festlandverhältnissen gut angepaßt hatten.

Festland teilweise mit Vegetation bedeckt. Entwicklung der Farne und Schachtelhalme gegen Ende dieses Zeitalters. Atmende Wirbellose kommen auf: Tausendfüßler, Spinnen, flügellose Insekten und den heutigen Asseln ähnliche Krustazeen.

Üppige Vegetation in den sumpfigen Tiefländern der nördlichen Hemisphäre (Kohlenwälder); Nadelbäume bis 30 m Höhe, dazu Farne und Schachtelhalme. Salamanderähnliche Amphibien entwickeln sich so weit, daß sie über das Festland zu den Tümpeln kriechen können.

Überwiegen der Farnkräuter und ähnlicher Pflanzen auf der nördlichen Hemisphäre; Auftreten von Samenfarnkräutern im kälteren Süden. Entwicklung und Verbreitung der Insekten, z.B. Zikaden und Käfer verschiedenster Arten. Alle auf das Festland wechselnden Reptilien bleiben amphibisch.

Überwiegen der Reptilien, erste Festlanddinosaurier der Trias von geringer Größe. Die ersten sehr primitiven Säugetiere. Sehr viele verschiedene Insektenarten.

Nadelwälder, Baumfarne und Frauenhaarbäume. Keine blühenden Pflanzen. Käfer und Libellen. Aussterben der großen Amphibien der Trias, Entwicklung der Reptilien, Auftreten von Dinosauriern, Schildkröten und Krokodilen. Vier verschiedene Arten von Säugetieren.

Weite Verbreitung der Riesenreptilien, z.T. pflanzenfressend (wie das Iguanodon), z.T. fleischfressend (wie der Tyrannosaurier, ein Zweibeiner von 7 m Höhe); in Küstennähe Auftreten der durch die Luft «gleitenden» Reptilien (Pterosaurier); gegen Ende des Kreidezeitalters erste primitive Vögel.

Seit Beginn des Eozäns ähnliche Flora wie heute: viele verschiedene Arten von Farnen, Nadelbäumen und blühenden Pflanzen. Nach dem Aussterben der großen Reptilien Beginn des «Säugetierzeitalters». Auftreten von vielen verschiedenen Säugetieren, darunter kleinere Primaten.

Entwicklung der Insekten zu den heutigen Arten; in den Grasgebieten pflanzenfressende Säugetiere. Viele Arten von Fledermäusen. Vorfahren von Katzen, Hunden und Bären. Der in Afrika lebende Gibbon-ähnliche Primate **Propliopithecus** kann als Vorfahr der höheren Affen bezeichnet werden.

Laubbäume in weiten Teilen der Erde. Vermehrung der Säugetiere aus dem Miozän: primitive Hunde und Bären als Fleischfresser; Größenzunahme der Elefanten. Gibbon-ähnliche Affen, **Pliopithecus,** in den europäischen Waldgebieten; Ausbreitung des primitiven Menschenaffen **Proconsul.**

Weiterentwicklung der Säugetiere, vor allem der Affen. Vor 12 Mio Jahren, im Pliozän, zeigt der Oreopithecus Ähnlichkeit mit dem Menschen; später treten die ersten Werkzeughersteller, die Vorfahren des pleistozänen **Australopithecus,** auf. Im Pliozän Elefanten zahlreich.

Änderungen in der Pflanzenverteilung durch die Eiszeiten: Verdrängung der subtropischen Vegetation durch arktische und alpine Pflanzen in Europa. Gleiche Vogelarten wie heute. Weitere Verbreitung und Entwicklung der Säugetiere. Auftreten des Menschen.

Heutige Lebensformen. Aussterben bestimmter Tiergattungen (z.B. großer Alk).

Entwicklung des Lebens / Stammbaum

Das Leben auf der Erde

Obwohl in der Mitte der Ökosphäre des Sonnensystems gelegen, ist die Erde eine Welt verschiedener Klimazonen. Weite Gebiete sind unbewohnbar, weil sie entweder zu wenig Wasser, überhaupt keine Vegetation oder ungeeignete Temperaturverhältnisse haben. Die Verteilung der Erdbevölkerung ist aus diesem Grunde sehr ungleichmäßig.

Das Leben — in des Wortes weitestem Sinne — ist sehr anpassungsfähig. Niedrige Organismen können in heißen Quellen leben, deren Temperaturen nahe beim Siedepunkt liegen, andere wieder in der extrem kalten arktischen Tundra. Die höherentwickelten Lebensformen sind jedoch sehr von ihrer Umgebung abhängig.

Klimazonen

Die Erde wird in Zonen äquatorialen, gemäßigten und polaren Klimas unterteilt. Die äquatoriale Zone ist von den Wendekreisen des Krebses und des Steinbocks bei $23^1/_2$° nördlicher bzw. südlicher Breite begrenzt; innerhalb dieser Zone kann die Sonne im Zenit stehen. Die Polarzonen erstrecken sich bis in geografische Breiten von $66^1/_2$°, in ihnen kann die Sonne einen ganzen Tag unter dem Horizont bleiben, während an den eigentlichen Polen sechsmonatige «Tage» und sechsmonatige «Nächte» einander folgen. Das Südpolgebiet ist ein Festland mit tieferen Temperaturen als am Nordpol; die Antarktis ist der einzige Kontinent ohne Ureinwohner. Erst in der letzten Zeit wurden ständig besetzte wissenschaftliche Stationen errichtet.

Die örtlichen Klimaverhältnisse werden weitgehend durch die geografische Lage beeinflußt. Zwischen den beiden Hemisphären bestehen deutliche Unterschiede, da im Süden die Wasserfläche der Ozeane größer ist.

Wenn die Erde von der Sonne nur ein wenig weiter entfernt wäre, würde sich das Klima vollständig ändern. Auch eine geringfügige Änderung der Sonnenstrahlung beeinflußt das Klima auf der Erde.

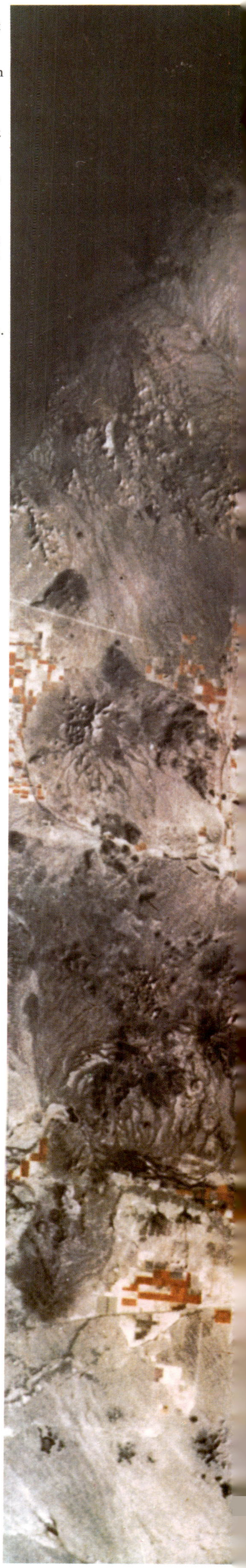

Menschliche Aktivität, aus dem Weltraum fotografiert (rechts)
Dieses Bild gehört zu einer neuen Ära: die Erde, aus dem Raum gesehen. Es wurde von Apollo 9 im Infraroten aufgenommen, so daß die Vegetation verstärkt erscheint und die schachbrettartige Anordnung der großen bewässerten Felder in der Mitte des Bildes gut sichtbar wird. Das Foto zeigt den Raum um die Stadt Phoenix in Arizona mit einer Fläche von 160 × 160 km. Die wichtigsten Straßen sind deutlich zu erkennen. Das Stadtzentrum ist der am stärksten blau und am schwächsten rosa getönte Teil des Stadtgebietes.

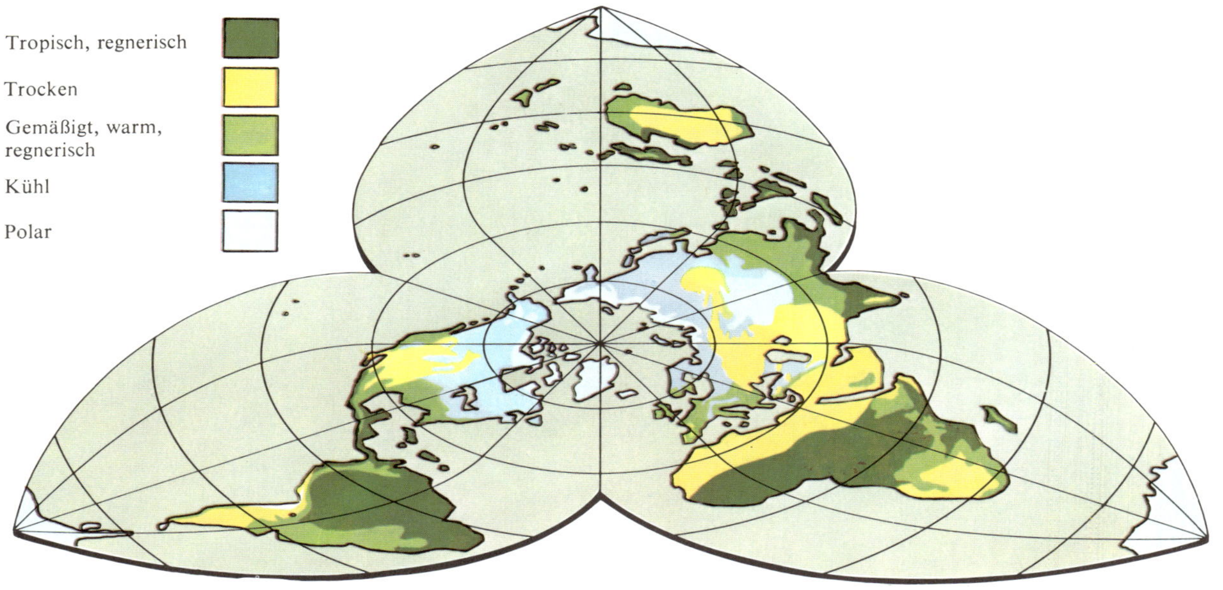

Klima (rechts)
Die Karte zeigt die klimatischen Verhältnisse auf der Erde. Die Temperatur auf dem antarktischen Kontinent übersteigt im Monatsmittel nie 10° C, für bestimmte Gegenden der Arktis gilt der gleiche Wert. Zu den niederschlagsreichsten Regionen gehören Brasilien, Ostindien und Burma; einige Wüsten sind jahrelang ohne jeden Niederschlag.

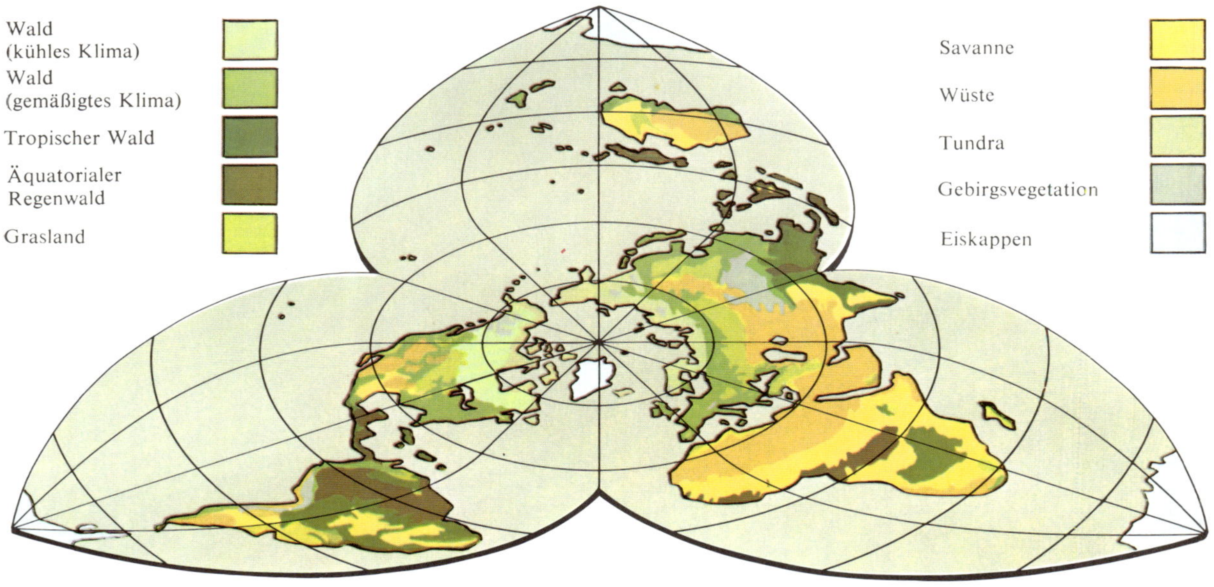

Vegetation (rechts)
Die Vegetation ist weitgehend klimabedingt. Nadelwälder nehmen große Teile der arktischen Tundra ein. Die mit der südlichen Eiskappe bedeckte Antarktis besitzt keine Vegetation. Dichte tropische Wälder gedeihen in niederschlagsreichen Gegenden, wie z.B. in Brasilien; in den Wüsten, wie z.B. in der Sahara, gibt es auf weite Strecken keine Vegetation.

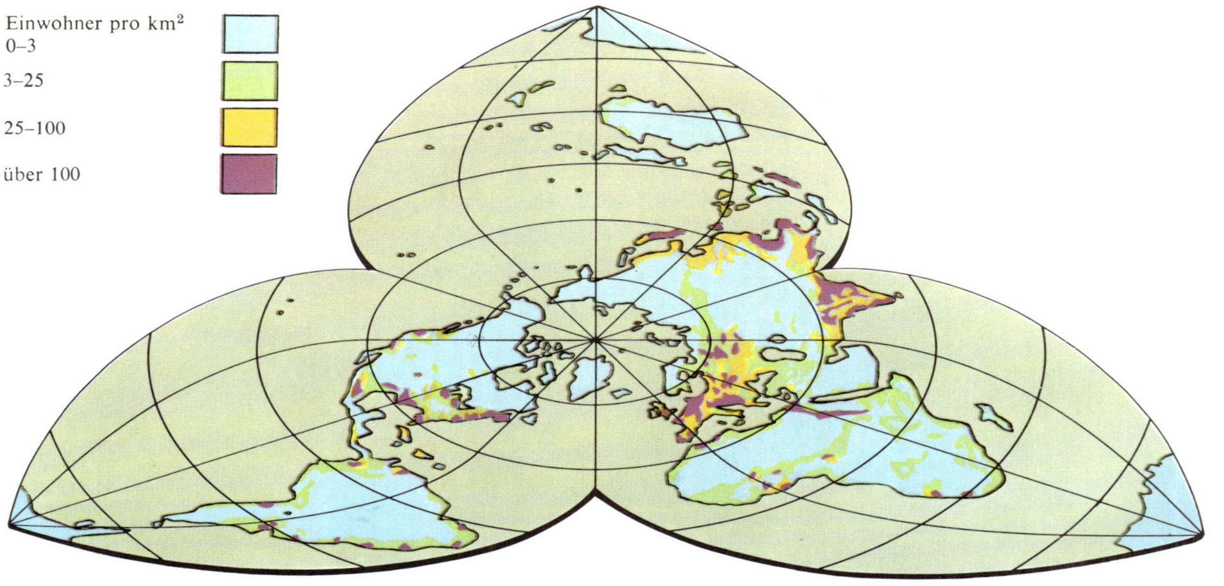

Bevölkerung (rechts)
Die Karte zeigt die ungleichmäßige Verteilung der Erdbevölkerung. Westdeutschland hat fünfmal soviel Einwohner wie ganz Australien. In Indien leben mehr als zweimal soviel Menschen wie auf dem ganzen nordamerikanischen Kontinent. Die Festlandsfläche der Erde ist so groß wie diejenige des Mars, der viel kleiner ist, aber keine Meere besitzt.

Vegetation und Agrarwirtschaft

Geografische Karten können durch Fotografien aus dem Raum verbessert werden. Die Fotografie aus dem Raum kann aber noch vielen anderen Zwecken dienen. Farbfotos auf Infrarotfilm zeigen z. B. die Vegetation in roter Farbe und starkem Kontrast. So können Gegenden mit erkrankter Vegetation entdeckt und rechtzeitig Schutzmassnahmen getroffen werden. Durch Aufnahmen im Licht verschiedener Wellenlängen und durch sachkundige Deutung der Farbunterschiede können einzelne Vegetationsarten unterschieden werden. Diese beiden Seiten zeigen einige Beispiele solcher Auswertungen.

Kartografie der Vegetation (links und unten)
Landschaft nordwestlich von Alice Springs in Mittelaustralien. Die Fotografie zeigt 26 000 km² spärlich besiedeltes Wüstengebiet um den Wendekreis des Steinbocks. Zur Herstellung der Karte wurden für die blaue, grüne und rote Schicht Farbauszüge gemacht. Die rotempfindliche Schicht zeigt den größten Kontrast und war daher zur Erkennung der Grenzen der Bodenarten und der Vegetation am besten geeignet. Die dreizehn in der Legende angegebenen Vegetationskategorien wurden festgelegt und in die Karte gezeichnet.
(Unten) Übersichtskarte Australiens mit Bezeichnung des Landschaftsausschnitts der Gemini-5-Fotografie.

- Hochland: verschiedene Gesteine, komplexe Vegetation
- Salzseen und Mulden: spärlich Halophyten
- Anschwemmungen: Gras und Sträucher
- Trockene Flußläufe: Fluß-Rotgummibüsche
- Dünenfeld: Mulga und Spinifex
- Schwaches Dünenfeld: Spinifex
- Sandebene: Spinifex
- Busch: Mulga, Sträucher und Spinifex
- Gras-Spinifex-Mulga-Komplex
- Spinifex-Mulga-Komplex
- Spinifex-Rotgummi-Komplex
- Gras-Rotgummi-Komplex
- Salzpfannen-Spinifex-Komplex

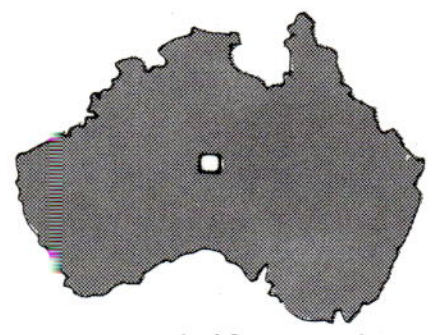

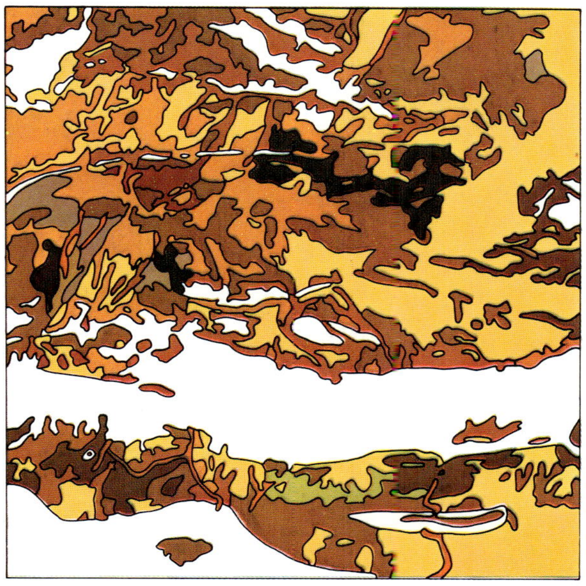

Agrar-Karte
(Unten links) Gemini-Fotografie des Imperial Valley und des Coachella Valley in Kalifornien im normalen Licht. Die dunkelblauen Gebiete zeigen Anbauflächen kurz vor der Ernte, die hellblauen Anbauflächen vor oder nach der Ernte und die weißen unfruchtbares Land. (Unten rechts) Nach der Fotografie wurde eine Agrarkarte angefertigt, die Ackerland, Brachland, unbebautes Gelände und einige Siedlungsgebiete (rot) zeigt. Die Täler nördlich und südlich des Saltonsees werden stark bewässert, das umgebende Gebiet ist unfruchbare Wüste.

(Ganz links) Übersichtskarte des Südwestens der Vereinigten Staaten mit Angabe der in der Gemini-Fotografie dargestellten Gegend.

Klassifikation der Landbebauung

- intensiv genutztes Ackerland
- braches Ackerland
- städtisches Gebiet
- nicht kultiviertes Land
- nicht kartografiertes Land

Verstärkung der Vegetation durch Infrarotaufnahmen (oben)
Dieses Bild des Imperial Valley zeigt das gleiche Gebiet wie die Gemini-Aufnahme auf der vorhergehenden Seite, aber dieses Bild wurde von Apollo 9 aus auf Infrarotfilm aufgenommen, wodurch die Vegetation rot erscheint. Die dargestellte Fläche umfaßt 1920 km². Die Auswertung der Fotografie ergibt zuverlässige Informationen über die örtlichen Vegetationsverhältnisse.

Kartografie der Landwirtschaftsprodukte (unten)
Nach starker Vergrößerung wurde ein Teil der Apollo-9-Fotografie (oben) auf eine Straßenkarte projiziert (unten links). Aus dem gleichen Bild wurde eine Agrarkarte zusammengestellt, auf der viele verschiedene landwirtschaftliche Produkte zu erkennen sind. Die Herstellung einer solchen Karte mit konventionellen Luftaufnahmen wäre kostspielig und zeitraubend, während man die hier gezeigte Karte rasch und einfach aus Weltraumaufnahmen zusammenstellen kann.

- Ackerprodukte
- Gemüse
- Früchte und Nüsse
- Vieh
- Weideland
- Unproduktives oder Übergangsland
- Landwirtschaftlich ungenutztes Land

0 1 2 3 Meilen
0 1 2 3 4 km

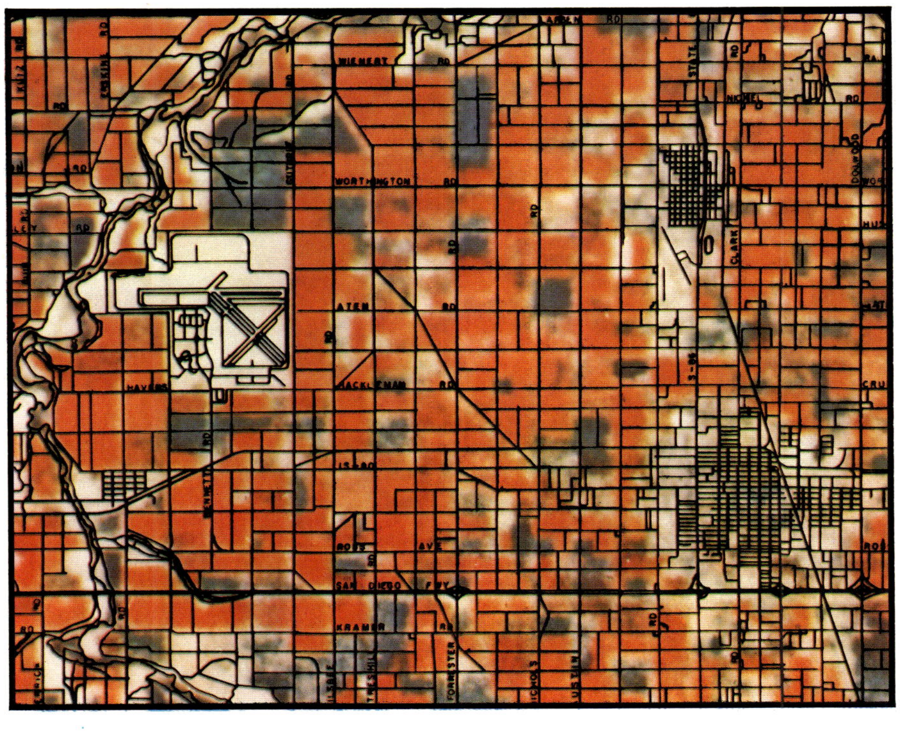

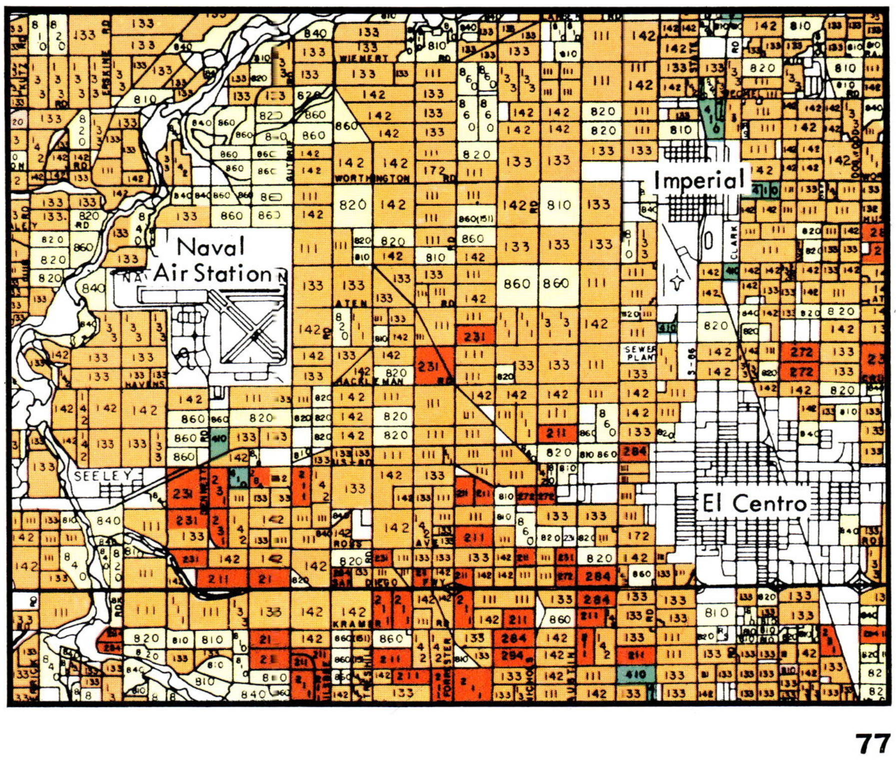

Die Menschen auf der Erde

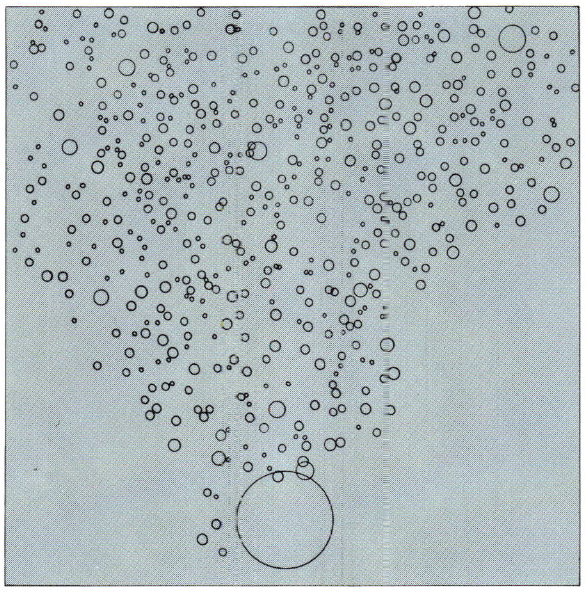

Bevölkerungskarten (oben)
Die Gemini-5-Fotografie von einem Teil des Nildeltas (links) diente als Beweis, daß die Größe der Ortschaften proportional zur Einwohnerzahl ist. Die Zeichnung in der Mitte zeigt die Umrisse der Städte und Dörfer aus der Fotografie; auf der Zeichnung rechts wurden die Städte durch einen Computer eingesetzt, wobei der Radius der Kreise der ägyptischen Volkszählung von 1960 entspricht. Das Resultat ist eine genaue Bevölkerungskarte mit Kreisen, die im richtigen Verhältnis zur Einwohnerzahl jeder Ortschaft stehen

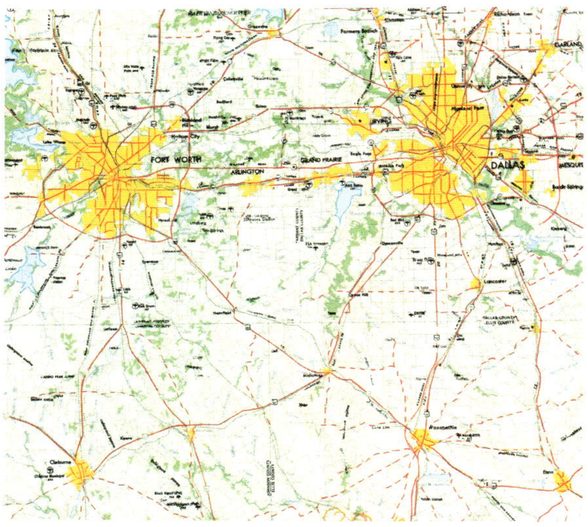

Städtische Überbauungen (rechts und oben)
Die Apollo-6-Fotografie zeigt Dallas in Texas und das westlich davon gelegene Fort Worth. Die Umrisse der überbauten Gebiete wie auch die Straßen sind gut zu erkennen. Das Auflösungsvermögen ist so gut, daß kleine Teile der Fotografie, beträchtlich vergrößert, zur Revision vorhandener Karten wie auch zur Planung neuer Siedlungen verwendet werden können. Als Vergleich eine Karte des gleichen Gebiets aus dem Jahre 1963 (oben); die Fotografie stammt aus dem Jahre 1968.

Nordafrikanisches Küstenland (unten)
Die Apollo-9-Fotografie zeigt 110 km des nordafrikanischen Küstenlandes; die große Stadt in der Nähe der Bildmitte ist Tripolis. Anzeichen menschlicher Zivilisation sind auf den Küstenstreifen zwischen Mittelmeer und Rand der Sahara konzentriert. Die landwirtschaftliche Nutzung ist westlich von Tripolis am intensivsten. An keiner Stelle reicht sie weiter als 30 km landeinwärts.

Wasserströmungen um Inseln
(oben)
Socotra und zwei kleinere Inseln, die Brüder, 240 km östlich der Republik Somalia im Arabischen Meer. Die besonderen Farbeffekte entstanden durch das Sonnenlicht und eine spezielle Kombination von Filtern und Filmen. Oberflächenströmungen des Wassers sind erkennbar, ganz besonders im Gegenuhrzeigersinn drehende Von-Karman-Strudel hinter dem Westende jeder Insel. Die Strömungen um die Inseln wurden bisher nicht fotografiert; man weiß aber, daß diese Strömungen Fische anziehen und in den Wirbeln fangen. Die Bedeutung dieser Fotografie für die Fischerei ist unverkennbar.

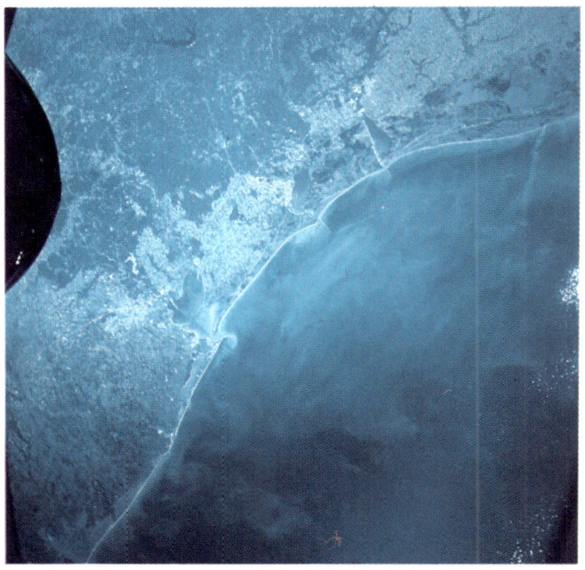

Entdeckung von Fischgründen
(links und rechts)
Gemini 12: Der Golf von Mexiko und die Küsten des südöstlichen Texas und des südwestlichen Louisiana in den Vereinigten Staaten – eine für die Garnelenfischerei wichtige Gegend. Zwei auf der Fotografie sichtbare Einzelheiten sind hierfür von Bedeutung. Die längs der Küste verlaufenden Strömungen mit sedimentbeladenem Wasser sind erkennbar und für die Bestimmung der Garnelenwanderung von Nutzen. Die Sedimentablagerungen können bestimmt und aufgezeichnet werden (rechts). In gewissen Jahreszeiten sammeln sich die Garnelen auf diesen Ablagerungen, welche so die lohnendsten Fischgründe darstellen.

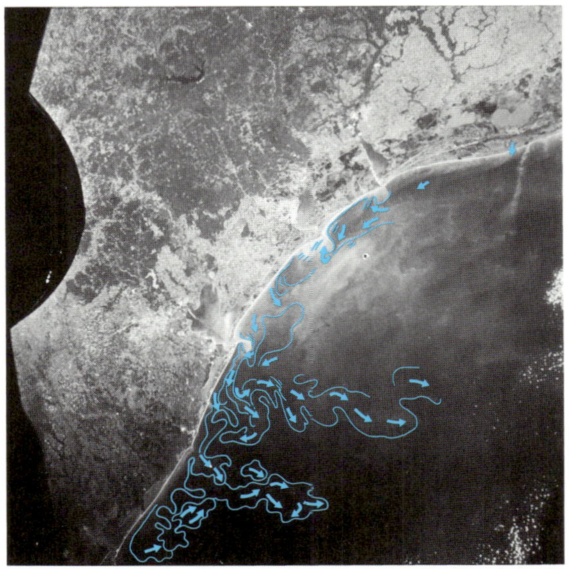

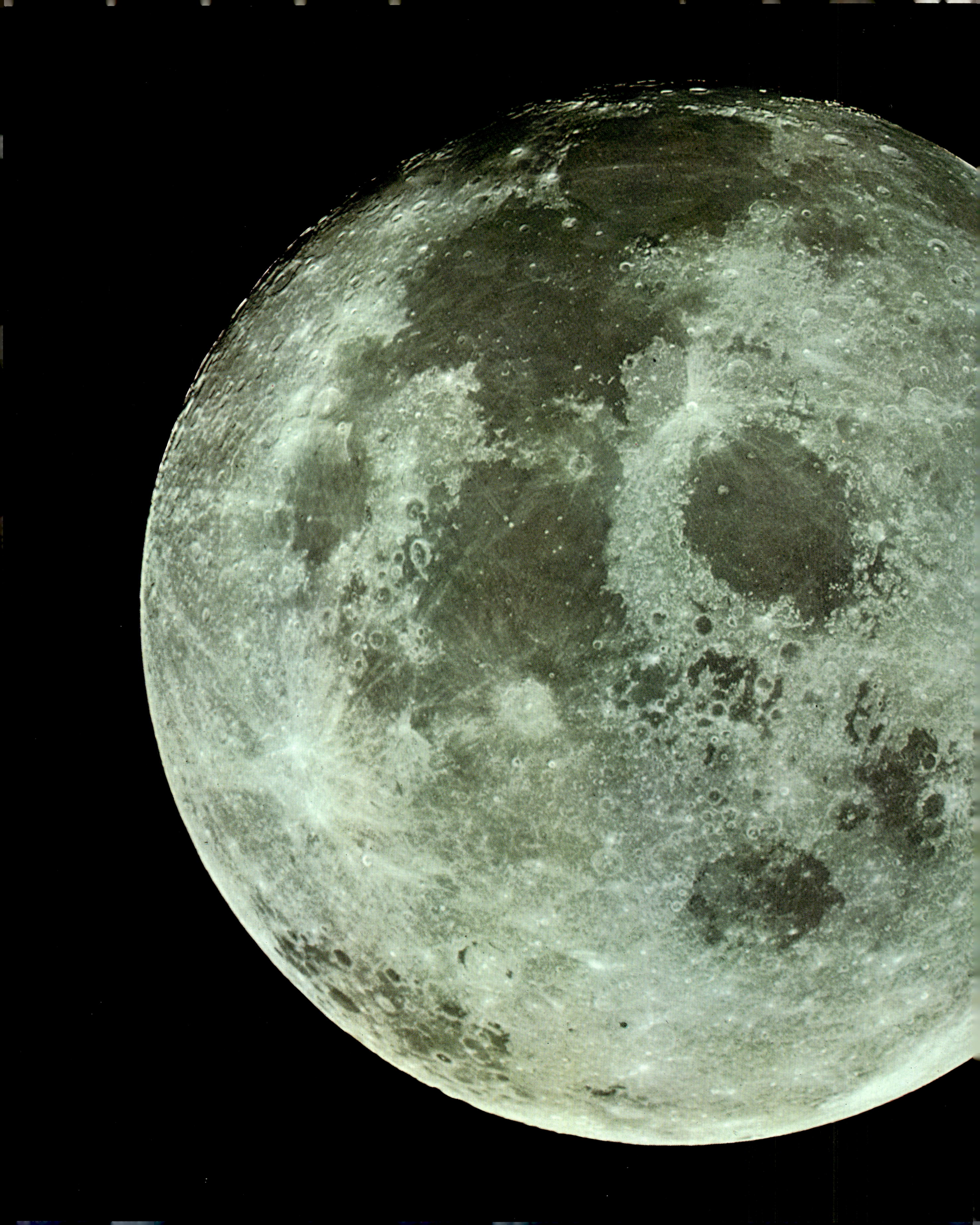

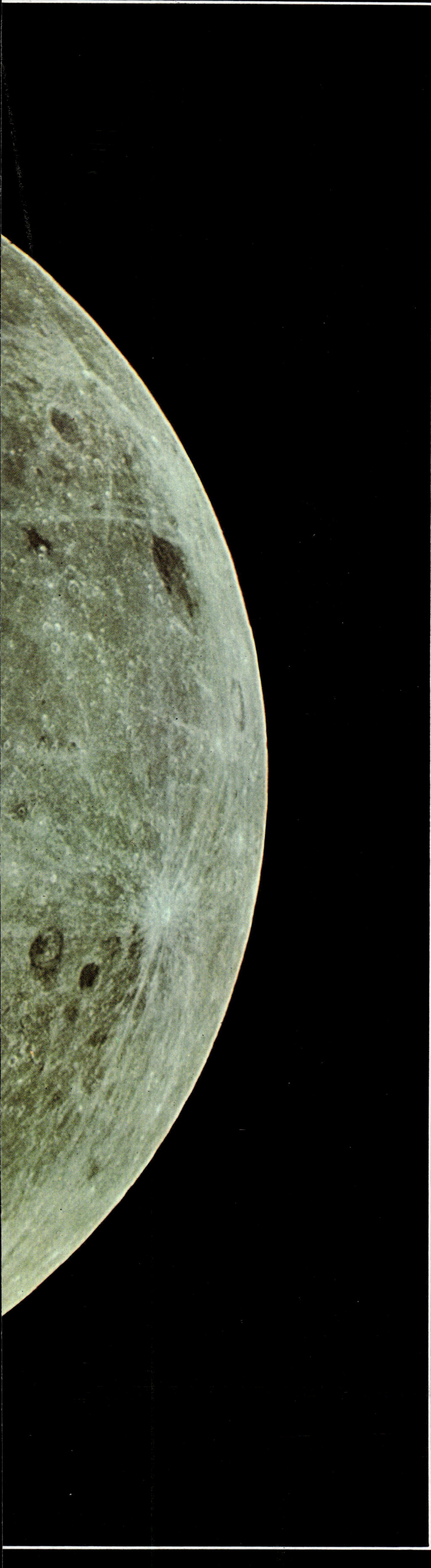

Der Mond

Der Mond ist unser nächster Nachbar im Weltraum. Deshalb erscheint er als ein so strahlendes Objekt am Himmel, und es ist nicht verwunderlich, daß ihn alte Kulturvölker als Gottheit verehrten. Tatsächlich war die Mondgottheit oft der Sonnengottheit gleichgestellt, und die religiöse Verehrung des Mondes währte bis in eine erstaunlich späte Entwicklungsstufe hinein. In der Vorstellungswelt der Völker spielte der Mond immer eine besondere Rolle, und die Philosophen im klassischen Griechenland wußten, daß er der Begleiter der Erde ist. In seiner Abhandlung «Von dem Gesicht im Mond» hat Plutarch ihn als einen erdähnlichen Himmelskörper mit Bergen und Tälern beschrieben. Auch die Ursachen der Mondfinsternisse waren bekannt.

Mit dem bloßen Auge sind vielerlei Einzelheiten auf der Mondscheibe erkennbar: die breiten, dunklen Flächen, die noch immer fälschlich als «Meere» bezeichnet werden, und feinere Gebilde. Trotzdem konnte eine ernsthafte Mondbeobachtung erst mit der Erfindung des Fernrohrs im ersten Jahrzehnt des 17. Jahrhunderts einsetzen. Vor dieser Zeit galt die größte Aufmerksamkeit der Mondtheorie, das heißt den Bewegungen des Mondes, die mit erstaunlicher Genauigkeit berechnet werden konnten.

Es wird für gewöhnlich behauptet, daß im Winter des Jahres 1609/10 Galilei als erster den Mond durch ein Fernrohr betrachtet habe. Diese Annahme ist falsch; vielmehr gibt es schlüssige Beweise dafür, daß der englische Wissenschaftler Thomas Harriot – ein ehemaliger Lehrer Sir Walter Raleighs – den Mond nicht nur einige Monate vor Galilei durch ein Fernrohr betrachtet, sondern auch schon eine sehr zuverlässige Kartenskizze der Mondoberfläche aufgezeichnet hat. Ein anderer Beobachter aus jener Zeit war der walisische Amateur Sir William Lower, der zweifellos bald nach Galilei sein Fernrohr auf den Mond richtete. An Ausdauer und Geschicklichkeit bleibt Galilei gleichwohl unerreicht. Er machte den Versuch, die Höhe der Mondgebirge zu messen, die ihm gewaltiger als die auf der Erde zu sein schienen, und obgleich er sein Augenmerk vor allem auf die Mond-Apenninen richtete, die zwar die imposanteste, aber keinesfalls die höchste Erhebung sind, lagen seine Ergebnisse in der richtigen Größenordnung. Er glaubte auch nicht, daß die sogenannten Meere mit Wasser gefüllt seien, war also in seinem Denken in vieler Hinsicht seiner Zeit weit voraus.

Andere Astronomen folgten Galilei, darunter Hewelcke (Hevelius), dessen Mondkarte besser war als die Galileis. Sein System, die Oberflächenformationen des Mondes nach geografischen Vorbildern zu benennen, hat sich nicht behauptet, es wurde einige Jahre später, 1651, durch ein neues System des Jesuitenpaters Riccioli abgelöst.

Ricciolis Karte, die sich weitgehend auf die Arbeiten seines Schülers Grimaldi stützte, war nicht sonderlich genau, aber sie brachte die Einführung der Mondnomenklatur, die noch heute Gültigkeit hat. Alle größeren Krater wurden nach bedeutenden Persönlichkeiten benannt, zumeist nach Astronomen oder anderen Wissenschaftlern, und die Meere erhielten poetische Namen, wie Mare Tranquillitatis (Meer der Ruhe) und Oceanus Procellarum (Meer der Stürme). Man kann schwerlich behaupten, daß Riccioli unvoreingenommen gewesen sei. Er glaubte nicht an die Kopernikanische Theorie, nach der die Erde um die Sonne kreist und nicht umgekehrt, und als es darum ging, einen Krater nach Kopernikus zu benennen, «schleuderte er ihn in den Ozean der Stürme», doch wählte er immerhin einen besonders majestätischen Krater. Verständlicherweise benannte er wichtige Krater nach Grimaldi und sich selbst. Ein paar geografische Analogien zur Erde übernahm er von Hevelius, hauptsächlich für die Gebirgszüge.

Im folgenden Jahrhundert, nach dem Erscheinen von Ricciolis Mondkarte, geschah auf dem Gebiet der Mondkartografie nur wenig, erst im Jahre 1775 verfaßte der deutsche Astronom Tobias Mayer eine zwar kleine, jedoch viel genauere Übersichtskarte. Der Titel «Vater der Selenografie» aber gebührt eigentlich Johann Hieronymus Schröter, der nie Berufsastronom, sondern Oberamtmann der kleinen Stadt Lilienthal bei Bremen war. Schröter begann seine eigenen Mondstudien im Jahre 1778 und setzte sie mehr als dreißig Jahre lang geduldig fort. In der Tat wurde Lilienthal zu einem wissenschaftlichen Zentrum.

Schröter hat nie die Anerkennung gefunden, die er seiner Bedeutung nach verdient hätte. Es wurde behauptet, seine Zeichnungen seien nicht genügend durchgearbeitet, seine Fernrohre mangelhaft. Die meisten seiner Beobachtungen führte er mit kleineren Instrumenten durch, von denen eines von keinem Geringeren als Sir William Herschel, dem bedeutendsten Teleskopbauer seiner Zeit, konstruiert worden war. Wohl war Schröter kein genauer Zeichner,

Der Mond von Apollo 11 aus gesehen.
Die dunkle Ebene rechts oberhalb von der Mitte ist das Mare Crisium. Die Aufnahme erfaßt einen Teil der Rückseite des Mondes, die im Bild rechts zu sehen ist.

Einleitung (Fortsetzung)

seine Skizzen wirken viel gröber, als sie in Wirklichkeit sind, aber es besteht kein Zweifel, daß er wertvollste Arbeit geleistet hat. Obwohl er niemals eine vollständige Mondkarte hergestellt hat, verfertigte er Zeichnungen von vielen Gebieten und gab der Selenografie eine wirklich feste Grundlage. Während des Französisch-Preußischen Krieges fand seine Arbeit 1814 ein tragisches Ende – Lilienthal wurde von den Franzosen besetzt, Schröters Teleskope geraubt, alle seine unveröffentlichten Aufzeichnungen vernichtet. Leider war Schröter

Galilei. Der große Astronom Galilei, der eine Mondkarte zeichnete. Diese Darstellung stammt von einem alten Kupferstich.

Hevelius' Karte, ein Abdruck von der alten Kupfergravierung, die uns leider nicht erhalten ist.

zu alt, um noch einmal neu anzufangen – er starb nicht lange danach.

Sein geistiges Erbe fiel an W. Lohrmann, einen Geometer aus Dresden, und die beiden Berliner Wilhelm Beer und Johann Heinrich Mädler. Lohrmann legte eine Karte in großem Maßstab und von äußerster Genauigkeit an, doch leider konnte er sie seiner schlechten Gesundheit wegen nicht vollenden, und die Hauptarbeit wurde von Beer und Mädler ausgeführt.

Gemessen an heutigen, war das verwendete Teleskop klein: Beers Privatsternwarte war mit einem 10-cm-Frauenhoferfernrohr ausgerüstet. Dort arbeiteten Beer und Mädler viele Jahre zusammen. 1837/38 veröffentlichten sie eine Anschauungskarte der gesamten sichtbaren Mondoberfläche mit einer detaillierten Beschreibung jedes einzelnen Kraters – eine erstaunliche Leistung, zumal die Karte, auf welcher der Mond einen Durchmesser von mehr als 60 cm hat, ungewöhnlich genau ist. Um so bedauerlicher ist es, daß keiner der beiden Autoren nach der Veröffentlichung des Buches noch größere Mondstudien unternommen hat. Beer starb 1850, Mädler wurde Direktor des Observatoriums in Dorpat in Estland (damals, wie heute, ein Teil Rußlands) und überließ sich ziemlich nutzlosen kosmologischen Spekulationen.

Paradoxerweise wurden in den Jahrzehnten, die dem Erscheinen von Beer und Mädlers Arbeit «Der Mond» folgten, vergleichsweise geringe Fortschritte auf diesem Gebiet erzielt. Im Gegensatz zu Schröter hatten Beer und Mädler gefolgert, daß der Mond tot und ohne Atmosphäre sei und seine Oberfläche im wesentlichen unveränderlich. Nach allgemeiner Auffassung ihrer Zeitgenossen war der Mond nun kartografisch erfaßt, und man hielt es für zwecklos, ihn weiter zu erforschen. So wurde der Mond bis in die Mitte der sechziger Jahre von allen Berufsastronomen und fast allen Astroamateuren vernachlässigt. Die einzige Ausnahme war der Deutsche Julius Schmidt, der den größten Teil seiner beruflichen Laufbahn als Leiter des Observatoriums von Athen verbrachte. Im Jahre 1866 veröffentlichte Schmidt eine Beobachtung, welche die Aufmerksamkeit wieder auf den Mond lenkte.

Eine der auffallendsten Formationen der Mondscheibe ist das Mare Serenitatis oder Meer der Heiterkeit. Es gibt darin keinen größeren Krater, aber eine auffällige, kleine Formation, die heute als Krater Bessel bekannt ist. Auch hatten alle älteren Selenografen einen anderen, vergleichbaren Krater aufgezeichnet, dem Mädler, zu Ehren des schwedischen Botanikers Carl Linnaeus, den Namen Linné gab. In der Beschreibung hieß es, sein Durchmesser betrage mehrere Kilometer und er sei so tief, daß sein Boden voll im Schatten liege, wenn er sich in der Nähe des Terminators befindet.

Schmidt hatte diesen Krater 1843 beobachtet. Als er seine Beobachtungen 1866 wiederholte, bot sich ihm

Ricciolis Karte (1651) bedeutet gegenüber der Karte von Hevelius keinen großen Fortschritt, aber seine Nomenklatur wurde allgemein übernommen und wird heute noch verwendet.

ein verändertes Bild. Anstelle des tiefen Kraters fand er einen weißen Fleck, in dem spätere Beobachter eine viel kleinere Krateröffnung entdeckten. Schmidt war überzeugt, daß eine wirkliche Veränderung stattgefunden hatte, und seine Veröffentlichung rief ungeheures Interesse hervor. Dieses Ereignis vor allem leitete die «moderne Phase» der Mondkartografie ein. Sir John Herschel, auf dessen Meinung man viel gab, wies darauf hin, daß ein Beben in der Mondkruste die Wälle des alten Kraters Linné zum Einsturz gebracht haben könnte.

Ohne Zweifel sind die Beweise, die für eine wirkliche Veränderung des Kraters Linné erbracht wurden, nicht gerade stichhaltig. Vor 1866 waren die Beobachtungen meist mit kleinen Teleskopen durchgeführt worden, und es gab nicht viele zuverlässige Zeichnungen. Übrigens beobachtete Mädler, der 1874 starb, noch einmal den Krater Linné und erklärte, der Krater habe dieselbe Form wie bei der Beobachtung im Jahre 1837, obwohl dies seiner Darstellung in «Der Mond» offenkundig widerspricht. Die Mondfotografie steckte noch in den Kinderschuhen. Wenn François Arago im Jahre 1840 behauptete, der Mond könne mit Hilfe fotografischer Methoden «in ein paar Minuten» kartografiert werden, so war das mehr als übertrieben. Heute ist man allgemein der Überzeugung, daß zwischen 1843 und 1866 keine wirklichen Veränderungen am Linné aufgetreten sind, und seit dieser Zeit ist der Mond ständig beobachtet worden.

Von jeher wird stillschweigend vorausgesetzt, daß die Mondkrater inneren Ursprungs seien und man sie «vulkanisch» erklären könne, obwohl der Ausdruck im weitesten Sinne gebraucht werden sollte. Ein Mondkrater unterscheidet sich wesentlich von einem klassischen Vulkan wie dem Vesuv, er gleicht mehr einer Caldera (spanisch; Kessel). In der Mitte des 19. Jahrhunderts stellte der deutsche Forscher Franz von Paula Gruithuisen die Hypothese auf, die Krater seien durch den Aufschlag von großen Meteoriten auf den Mond entstanden. Die Auseinandersetzungen zwischen den Anhängern der Vulkantheorie und den Verfechtern der Meteorhypothese wurden mit Ausdauer und oft mit beißender Schärfe geführt und waren noch in vollem Gange, als Armstrong und Aldrin 1969 das Mare Tranquillitatis betraten. Eine andere Theorie wurde zwischen 1870 und 1880 von den Engländern James Nasmyth und James Carpenter entwickelt.

Nasmyth und Carpenter vermuteten einen «vulkanischen Brunnen», aus dem Materie aus einer zentralen Öffnung entströmte und einen ringförmigen Wall bildete. Die Unhaltbarkeit dieser Idee ist unschwer zu erkennen.

Zwei weitere Karten aus dieser Zeit verdienen hier besondere Erwähnung. Die eine wurde 1874 von Edmund Nevil hergestellt (er schrieb unter dem Namen Neison). Sie beruhte auf der Karte Mädlers, aber Neison hatte auch selber viele Untersuchungen und Beobachtungen durchgeführt. Die andere war das Werk von Julius Schmidt in Athen. Ihr lag Lohrmanns Karte zugrunde, aber Schmidt erweiterte und verbesserte sie in einem Maße, daß sie nicht wiederzuerkennen war. Seine Karte blieb jahrelang unerreicht.

Nun gab es seit kurzer Zeit auch die Mondfotografie, und nach 1860 gelangen schon einige brauchbare Aufnahmen.

Noch wichtiger vielleicht waren aber die Positionsbestimmungen verschiedener Formationen auf der Mondscheibe. Diese so bedeutende Aufgabe wurde von S. A. Saunder in Zusammenarbeit mit J. A. Hardcastle übernommen. Die Saunder-Hardcastle-Maße sind noch heute in Gebrauch, nachdem sie von Schrutka-Reichenstamm und anderen verfeinert wurden. Die Mondkartografie war nun eine exakte Wissenschaft, wenn auch weitgehend ein Forschungsgebiet für Amateure. Daran änderte sich bis zum Ausbruch des Zweiten Weltkrieges eigentlich nur wenig. Zwei weitere hervorragende Mondkarten kamen aus England, die eine von Walter Goodacre, die andere von H. P. Wilkins – auf der letzteren hat das Mondbild einen Durchmesser von 7,5 m. In Deutschland erstellte auch P. Fauth eine sehr präzise Karte, und um die gleiche Zeit gab die Internationale Astronomische Union eine offizielle Mondkarte heraus, die von Blagg und Müller stammte und die offizielle Nomenklatur festlegte.

Ein interessantes Forschungsprojekt jener Zeit betraf den Rand des Mondes. Die synchrone Rotationsperiode bewirkt, daß man 41 Prozent der Mondoberfläche von der Erde aus niemals sieht. Die in der Nähe des äußersten Randes gelegenen Krater erscheinen begreiflicherweise sehr verkürzt, und es ist oft schwierig, auf einer Zeichnung oder Fotografie einen Krater von einem Grat zu unterscheiden. Die Mondbeobachter haben sich nach Kräften bemüht, Karten von diesen sogenannten Librationsgebieten herzustellen, und als später die Weltraumforschung einsetzte, stellte sich heraus, daß diese Karten – so weit sie eben reichten – ganz erstaunlich präzise waren.

Dann kam der Krieg, und nach dem Krieg war der Mond nicht länger ein Gegenstand von rein akademischem Interesse. Die Berufsastronomen begannen sich ernsthaft mit ihm zu befassen. Das soll nicht heißen, daß die Arbeit der Amateure gegenstandslos wurde – sie wurde fortgeführt und als wertvoller Beitrag betrachtet. Im wesentlichen aber wurde die Mondkartografie von den gut ausgerüsteten Berufsastronomen übernommen, um später von den Raumsonden vollendet zu werden.

In Amerika brachte das Mond- und Planetenlaboratorium in Tucson, Arizona, hervorragende Aufnahmen zustande, und eine größere fotografische Karte wurde unter der Leitung von G. P. Kuiper veröffentlicht. Auch Frankreich tat sich rühmlich hervor – einige der besten Mondaufnahmen, die jemals von der Erde aus gemacht wurden, stammen vom Observatorium Pic du Midi in den Pyrenäen, wo Audouin Dollfus und seine Mitarbeiter sich der Erforschung des Mondes widmeten. Es gab auch die verschiedensten theoretischen Strömungen. 1949 stellte R. B. Baldwin die Vulkantheorie in Frage, und in den folgenden zwanzig Jahren scheint die Meteorhypothese mehr Anklang gefunden zu haben. Alarmierender wirkte 1955 eine Stellungnahme von P. Gold, damals am Königlichen Observatorium in Greenwich, der die Möglichkeit andeutete, daß die Maria bis zu einer Tiefe von vielen tausend Metern mit weichem Staub bedeckt sein könnten, so daß ein Raumfahrzeug beim Versuch einer Landung für immer darin versinken würde. Diese Schrift fand in der Öffentlichkeit starke Beachtung, und obwohl nur wenige erfahrene Mondbeobachter der Mondstaubtheorie anhingen, konnte sie endgültig erst widerlegt werden, als die ersten weichen Mondlandungen mit unbemannten Satelliten erfolgreich verliefen.

Kaum zwei Jahre nach dem Start von Sputnik 1 eröffneten die Russen 1959 das Zeitalter der Mondforschung mittels Raketen, indem sie drei Sonden in den Weltraum schickten. Die erste, Luna 1, flog im Januar am Mond vorbei und sendete nützliche Informationen zur Erde: Sie bestätigte zum Beispiel, daß der Mond kein nennenswertes Magnetfeld besitzt. Luna 2 zerschellte im darauffolgenden September bei der Landung auf der Mondoberfläche. Die wichtigste dieser drei Sonden aber war Luna 3, die am 4. Oktober 1959 auf

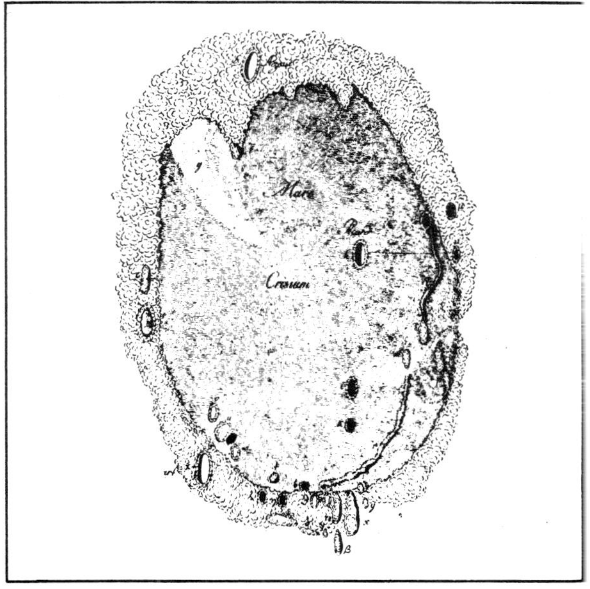

Schröters Zeichnung des Mare Crisium ist eine seiner vielen hundert Skizzen und charakteristisch für seinen Stil.

Bahn gebracht wurde. Sie kreiste rund um den Mond und übermittelte bei ihrer Rückkehr zur Erde Aufnahmen von jenen Gebieten, die immer von uns abgekehrt sind und die wir daher niemals sehen können.

Viele Diskussionen über die «andere Seite des Mondes» waren vorausgegangen. Hundert Jahre zuvor hatte der dänische Astronom Hansen sogar die Vermutung ausgesprochen, daß Luft und Wasser sich auf die entfernte Seite des Mondes zurückgezogen hätten und daß diese sehr wohl bewohnt sein könnte. Hansens Theorie, die jeder wissenschaftlichen Grundlage entbehrte, fand niemals viele Anhänger, und um die Beschaffenheit der Rückseite des Mondes wurde weiterhin viel gerätselt. Astronomen, die sich zur Vulkantheorie bekannten, vertraten den Standpunkt, es sei unwahrscheinlich, daß die Rückseite größere Maria aufweise, dafür gäbe es eine Menge von Kratern. Das war ungefähr alles, was man darüber sagen konnte, obwohl einige Amateurastronomen versucht hatten, die genaue Lage von Strahlenkratern auf der Rückseite zu ermitteln, indem sie die Strahlen registrierten, die um den Rand des Mondes herum zu der uns zugekehrten Seite verlaufen. Im allgemeinen gelangten sie dabei zu recht guten Ergebnissen.

Die von Luna 3 übermittelten Aufnahmen waren, an den heutigen gemessen, sehr verschwommen, aber sie ließen bereits verschiedene Formationen erkennen, besonders das Mare Moscoviense, wie es die Russen benannten, und einen Krater mit dunklem Grund, den die sowjetische Regierung zu Ehren des großen Pioniers der Raketenforschung Tsiolkowski taufte.

Die ersten amerikanischen Mondsonden, die Pioneers, waren allesamt nicht erfolgreich, dann folgte das Ranger-Programm, bei dem die Sonden auf dem Mond aufschlagen und in den letzten Minuten Nahaufnahmen zur Erde zurücksenden sollten. Der erste große Erfolg kam erst mit Ranger 7, der im Mare Nubium (Meer der Wolken) in der weiteren Umgebung des Kraters Guericke niederging. Die Bilder, die wir erhielten, waren von hervorragender Qualität und zeigten derart feine Einzelheiten, wie sie von der Erde aus nicht einmal mit Riesenteleskopen registriert werden könnten. Ranger 8 und Ranger 9 machten ihre Sache noch besser. Letzterer landete innerhalb des riesigen Kraters Alphonsus, der schon aus einem anderen Grund berühmt war. Im Jahre 1958 hatte der russische Astronom N. A. Kozyrew mit dem 125-cm-Teleskop der Krim-Sternwarte einen rötlichen Schein innerhalb des Alphonsus gesichtet, der auf eine gewisse Aktivität an und unter der Oberfläche schließen ließ. Kozyrew glaubte, er sei vulkanischen Ursprungs. Ranger 9 bestätigte, daß das gesamte Gebiet mit unterschiedlichen Gebilden übersät ist, darunter vor allem Spalten, Rissen oder Rillen. Es sei erwähnt, daß seit 1958 auch in anderen Gebieten ein solches Leuchten festgestellt wurde, und es scheint, daß der prächtige Krater Aristarchus dieses Phänomen in besonderem Maße zeigt. Der Ursprung der lunaren Leuchterscheinungen ist noch immer Gegenstand der Diskussion.

Dann ging es einen weiteren Schritt vorwärts. Gegen Ende des Jahres 1966 landeten die Russen Luna 9 weich auf der Mondoberfläche, so daß die Kameras weiterarbeiten konnten. Die Mondstaubtheorie war hiermit endgültig widerlegt: Luna 9 machte keinerlei Anstalten, in weichem Grund zu versinken. Die uns übermittelten Bilder zeigten eine Landschaft, die einem Lavafeld bemerkenswert ähnlich sah. Ab April 1967 hatten die Amerikaner nicht minder große Erfolge mit ihren Surveyor-Sonden, und alles sprach dafür, daß das Zeitalter der bemannten Mondforschung unmittelbar bevorstand.

Doch noch immer durfte man ohne genaue Karten keine Landung wagen, und Aragos Voraussage von 1840 hatte sich bis 1960 noch nicht erfüllt. Dieses Projekt wurde von den Amerikanern in Angriff genommen und erfolgreich abgeschlossen.

Raumsonden, bekannt als Orbiter, wurden in Umlaufbahnen um den Mond gebracht und sendeten Tausende von Nahaufnahmen. Mit Hilfe dieser Bilder konnte man eine vollständige Karte von der gesamten Mondoberfläche, Rückseite und erdzugewandte Halbkugel, zusammenstellen. Erst dank der Orbiter-Sonden wurde die Durchführung des Apollo-Programms möglich, obwohl der für Apollo 11 vorgesehene Landeplatz im Mare Tranquillitatis zuvor von Colonel Stafford und Commander Cernan in der Mondlandefähre von Apollo 10 aufs genaueste überprüft worden war.

Als die erste Mondlandung erfolgte, waren zwar schon viele Geheimnisse um den Mond gelüftet, andere aber noch ungeklärt. Von der reizvollen Vorstellung, daß der Mond sich einst von der Erde gelöst habe, war man allgemein abgerückt, aber der genaue Vorgang der Mondentstehung war weiterhin unbekannt. Ebensowenig konnte man genaue Angaben über die Temperatur im Innern des Mondes machen, und die Meinungen über solche Fragen wie «Mondbeben» und Ursprung der Krater gingen auseinander. Dennoch kann man nicht bestreiten, daß die Erkenntnisse, die man von der ersten Mondbeobachtung durch ein Teleskop im Jahre 1609 bis zur ersten Mondreise im Jahre 1969 gewonnen hatte, zumindest ausreichend waren.

Heute kann man die Ergebnisse wie folgt zusammenfassen: Der Mond besitzt keine merkliche Atmosphäre, und die Temperaturbedingungen sind für jede Form von erdähnlichem Leben ungeeignet. Heute wissen wir auch, daß es keine lunare Form von Leben gibt. Die Untersuchung der Gesteinsproben von Apollo-Flügen hat keine Spuren von vergangenem Leben erbracht, und es besteht aller Grund zu der Annahme, daß der Mond in seiner ganzen, langen Geschichte immer ein steriler Himmelskörper war. Den Bewohnern des Planeten Erde blieb es vorbehalten, auf den stillen, unwirtlichen Mond einen Hauch von Leben zu tragen.

Der Mond, wie wir ihn sehen

Unter allen Himmelskörpern ist der Mond, durch das Fernrohr betrachtet, ohne Zweifel das bemerkenswerteste Objekt. Nicht nur weil er uns astronomisch gesehen so nahe ist, er besitzt auch keine Atmosphäre, welche seine Oberfläche verhüllen könnte. Bei den bisher veröffentlichten Mondzeichnungen und -fotografien lag Süd meist oben. Das hängt damit zusammen, daß ein astronomisches Fernrohr das Bild umkehrt. Nach astronautischer Konvention, der wir in diesem Atlas folgen, muß jedoch Nord oben liegen und Ost rechts.

Die großen, dunklen Flächen sind mit bloßem Auge leicht zu erkennen, und es ist nicht verwunderlich, daß die Alten sie für Meere hielten. Manche von ihnen sind sehr ausgedehnt. Der Oceanus Procellarum (Meer der Stürme, im Westen gelegen, also links) bedeckt 5 180 000 km² und ist damit größer als das Mittelmeer.

In erster Linie sind es die Krater, die den Charakter der Mondlandschaft bestimmen. Sie sind in jeder Größe vertreten, vom winzigen Loch bis zum riesigen Ringgebirge. Manche haben einen hellen, andere einen dunklen Boden; einige haben Zentralberge, wieder andere umschließen verhältnismäßig ebenes Land.

Zur Beschreibung der Oberflächenformationen des Mondes werden gemeinhin die gleichen Bezeichnungen wie für die der Erde verwendet. Man neigt daher leicht dazu, diese Begriffe allzu wörtlich auf das Vorstellungsbild von der Mondoberfläche zu übertragen. Ein Mare auf dem Mond ist aber alles andere als ein Meer in des Wortes herkömmlicher Bedeutung, ein großer Mondkrater hat wenig oder gar nichts mit einem Vulkan wie dem Vesuv zu tun, und auch die Gebirgszüge lassen sich nicht in wirkliche Analogie zu den Rocky Mountains auf der Erde oder dem Himalaja bringen.

Von der Erde aus gesehen, erscheinen die Randzonen des Mondes verkürzt. Der Durchmesser des Mare Crisium beträgt in nordsüdlicher Richtung 420 km, in ostwestlicher Richtung 540 km, dennoch erscheint es uns in nordsüdlicher Richtung verlängert. Fotografien, von Raumfahrzeugen aus aufgenommen, zeigen uns seine richtige Form (siehe Seite 104).

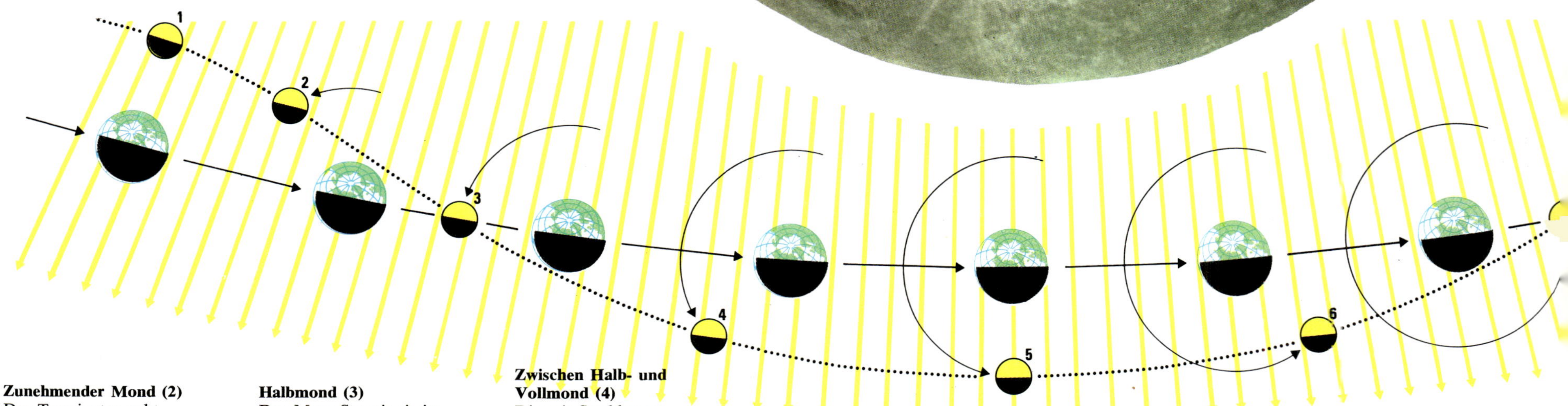

Zunehmender Mond (2)
Der Terminator geht durch das Mare Tranquillitatis; das Mare Crisium ist ausgezeichnet zu sehen. Häufig sieht man auch den Erdschein.

Halbmond (3)
Das Mare Serenitatis ist nun ins Blickfeld gerückt, und die großen Kraterketten in der Nähe des Zentralmeridians sind sichtbar geworden.

Zwischen Halb- und Vollmond (4)
Die mit Strahlen versehenen Krater im Süden und Copernicus im Norden sind beleuchtet, doch bestimmen die Strahlen noch nicht das Bild.

Vollmond (5)
Die Erhebungen der Mondoberfläche werfen keine Schatten mehr, und die Strahlen von Tycho und Copernicus treten deutlich hervor. Die Krater selbst sind kaum zu sehen.

Der abnehmende Mond (6)
Er ist nicht so hell wie der zunehmende, Mondphase 4, da nun mehr dunkle Maregebiete beleuchtet sind.

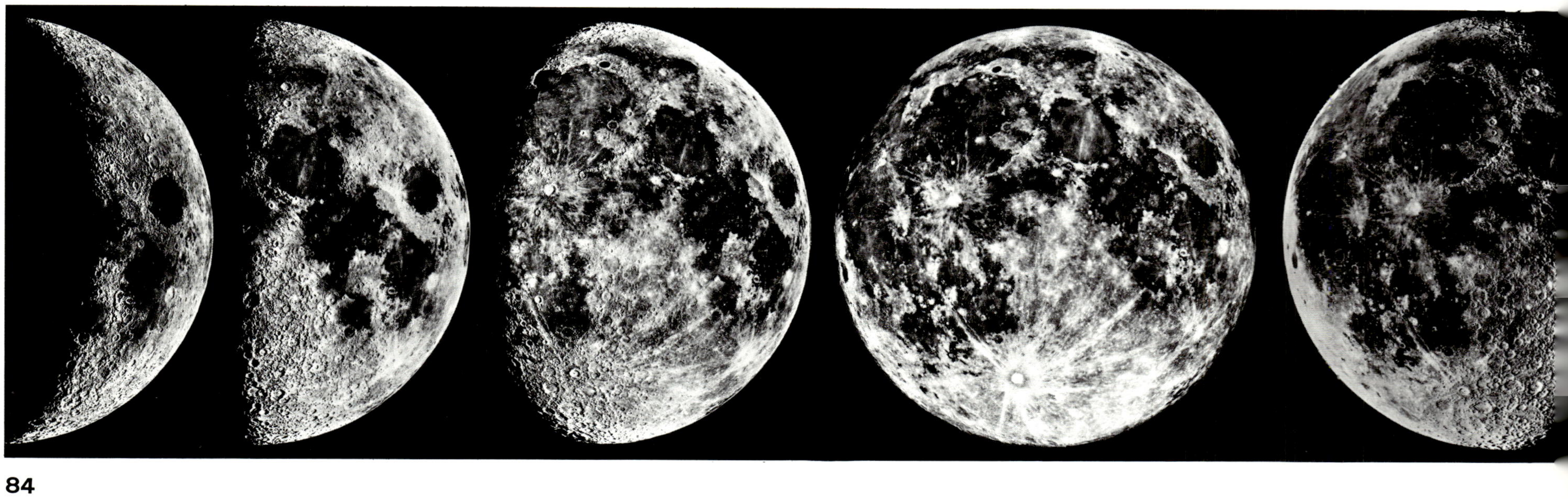

Der Vollmond

Merkwürdigerweise eignet sich der Vollmond am schlechtesten zum Auffinden der Krater. Bei Vollmond gibt es fast keine Schatten, und die einzigen deutlich hervortretenden Gebilde sind die hellen Strahlen, welche mit einigen Kratern wie Tycho (im Süden) und Copernicus (in der Nähe des Zentrums) verbunden sind. Zwar treten die Maria deutlich als dunkle Gebiete hervor, aber einige der Hauptkrater sind überhaupt nicht zu sehen. Wieder andere Formationen, wie beispielsweise der hell leuchtende Aristarchus und Plato mit seinem dunklen Inneren, sind in jeder Beleuchtungsphase leicht zu erkennen.

Die Mondphasen (Abbildung unten)
Die verschiedenen Mondphasen sind den Menschen seit Urzeiten bekannt. Da der Mond nicht im eigenen Licht strahlt, sondern lediglich im reflektierten Sonnenlicht, scheint er seine Gestalt in gleichmäßigem Turnus zu wandeln. Steht der Mond ungefähr zwischen Sonne und Erde (1 und 9), dann ist seine dunkle Seite uns zugekehrt, so daß wir ihn nicht sehen können: es ist Neumond. Befindet sich die Erde etwa zwischen Mond und Sonne, dann wendet der Mond seine beleuchtete Seite der Erde zu, und wir haben Vollmond (5). In anderen Phasen wieder kann der Mond sichelförmige Gestalt haben (2 und 8), oder es ist Halbmond (3 und 7), oder er steht zwischen Halb und Voll (4 und 6). Die Grenze zwischen der sonnenbeschienenen und der Nachthalbkugel nennt man Terminator. Im Gegensatz zu dem Rand, welcher die Mondscheibe begrenzt – als solche erscheint uns ja der Mond von der Erde aus –, ist der Terminator ein sehr unregelmäßiger Linienzug, denn der Mond hat eine rauhe, unebene Oberfläche, deren Erhebungen die Sonnenstrahlen bereits einfangen, wenn die Täler noch in völliger Dunkelheit liegen.
Das Intervall zwischen dem einen und dem nächsten Neumond heißt Lunation oder synodischer Monat. Es beträgt 29,53 Tage und ist etwas länger als die Umlaufzeit des Mondes (siderischer Monat, 27,32 Tage), denn die Erde selbst bewegt sich ja auf ihrer Bahn um die Sonne.

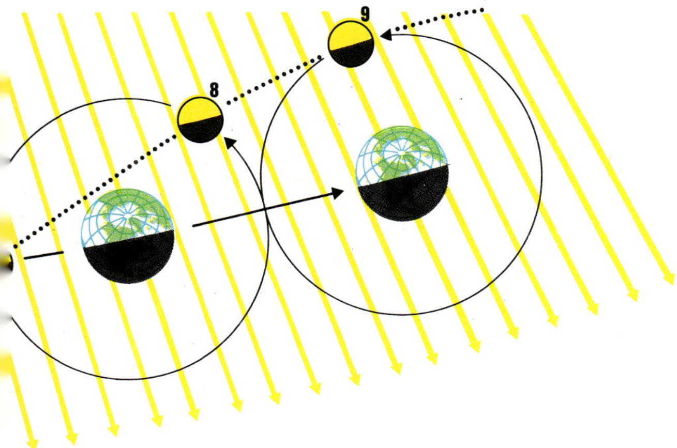

Mond im letzten Viertel (7)
Nun treten die Strahlen um Tycho und Copernicus zurück, und die Schatten im Innern der großen Krater werden länger.

Die Sichel des Mondes kurz vor Neumond (8)
In diesem Stadium sieht man den Mond am Morgenhimmel. Auch jetzt ist häufig der Erdschein sichtbar.

Finsternisse

Wenn der Mond durch den Schatten der Erde wandert, wird er nicht mehr direkt von der Sonne beleuchtet: Der Mond wird verfinstert (siehe Abbildung unten). Doch verschwindet er dabei nicht ganz: Durch die Brechung des Lichts in der Erdatmosphäre gelangt weiterhin eine bestimmte Menge Licht zur Mondoberfläche, und der Mond bekommt so ein dunkles, oft kupferfarbenes Aussehen.

Die Sonne ist eine Scheibe und nicht eine punktförmige Lichtquelle, was zur Folge hat, daß der Kegel des Kernschattens der Erde vom Halbschatten umhüllt wird. Der Mond muß, bevor er in den Kernschatten eintritt, durch den Halbschatten wandern. Es gibt auch reine Halbschattenfinsternisse, unter günstigen Bedingungen kann man die Abnahme des Mondlichtes sogar mit bloßem Auge verfolgen, mit dem Feldstecher ist sie auf jeden Fall sichtbar. Richtige Finsternisse sind entweder total – wenn der Mond ganz durch den Kernschatten geht – oder partiell.

Eine Mondfinsternis ist von relativ langer Dauer. Die durchschnittliche Länge des Kernschattens der Erde beträgt 1,4 Mio. km, das ist mehr als die dreifache Distanz des Mondes von der Erde, so daß bei einer mittleren Entfernung des Mondes der Kegel immer noch einen Durchmesser von mehr als 9000 km hat. Die totale Verfinsterung kann also 1¾ Stunden dauern, denn innerhalb einer Stunde bewegt sich der Mond am Himmel um etwa seinen eigenen Durchmesser weiter. Zudem ist eine Mondfinsternis von der halben Erde aus sichtbar.

Eine Mondfinsternis in Farbe
Die hellen Teile dieser Farbaufnahme einer Mondfinsternis sind überbelichtet, damit auch im verfinsterten Teil des Mondes noch Einzelheiten sichtbar sind.

Halbschattenfinsternis
Halbschattenfinsternis des Mondes (1963), von Schweden aus beobachtet. Der nördliche Teil des Mondes ist vom Halbschatten bedeckt.

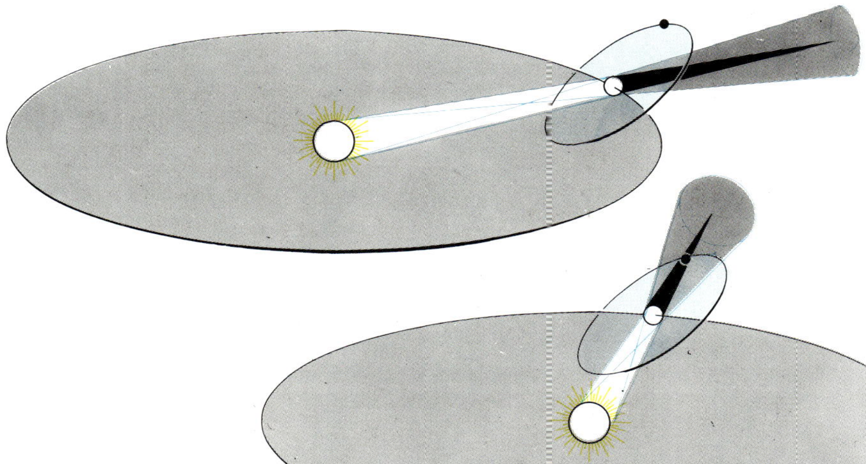

Mondfinsternis
Da die Mondbahn relativ zur Erdbahn geneigt ist, wird der Mond nicht jeden Monat verfinstert. Obere Zeichnung: Bei Vollmond steht der Mond über der Ebene der Ekliptik; es tritt keine Finsternis ein.

Wenn die Verlängerung der Linie Sonne–Erde auf die Mondbahn trifft, tritt der Mond in den Erdschatten ein und wird verfinstert.

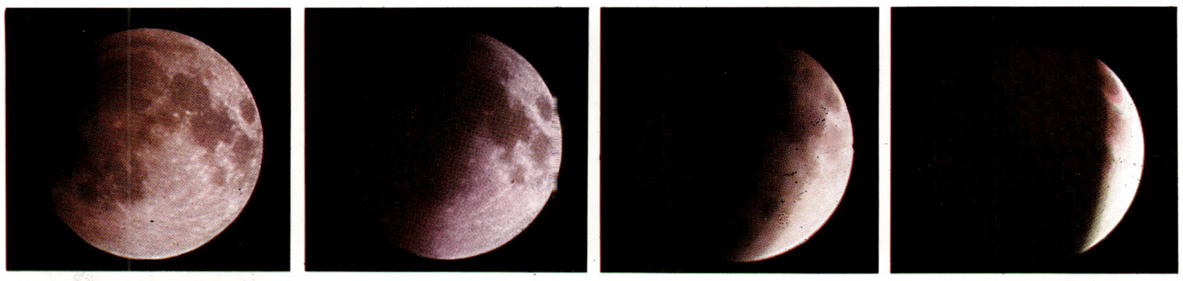

Serienaufnahmen einer Finsternis
Die Mondfinsternis vom 24. auf den 25. Juni 1964, von London aus gesehen. Die ersten fünf Fotografien wurden vor Eintritt der Totalität aufgenommen; wie man sieht, ist der Erdschatten nicht scharf begrenzt und der Rand des Schattens gekrümmt. Die letzte Fotografie wurde nach dem Ende der Totalität aufgenommen, in dem Moment, in welchem der Mond aus dem Erdschatten herauszutreten begann. Die rote Färbung des total verfinsterten Mondes (. u.) rührt von Sonnenstrahlen her, die von der Erdatmosphäre in die Schattenzone hinein gebrochen werden.

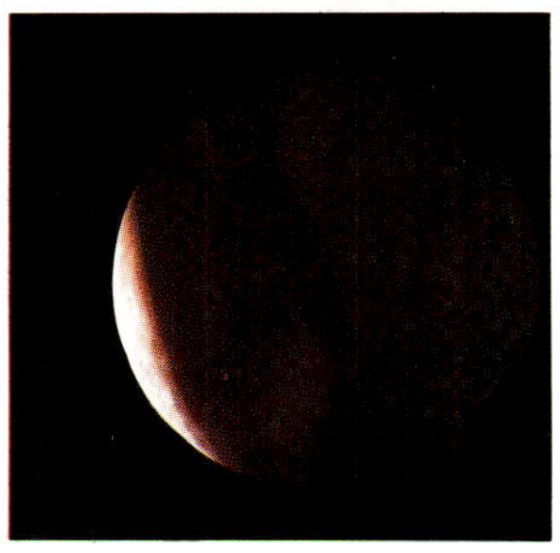

Die Bewegungen des Mondes

Obwohl der Mond ein sehr kleiner Körper in unserem Sonnensystem ist, erscheint er am Himmel doch hell und leuchtend, weil er sich in unserer unmittelbaren Nachbarschaft befindet. Seine Entfernung vom Erdmittelpunkt bewegt sich zwischen 356 410 km im Perigäum, dem erdnächsten Punkt, 1 in der Abbildung rechts, und 406 740 km im Apogäum, dem erdfernsten Punkt (3). Die Exzentrizität der Mondbahn beträgt 0,0549, weshalb sich der scheinbare Durchmesser des Mondes merklich ändert: Im Perigäum beträgt er 33′ 31″, wenn sich der Mond jedoch im Apogäum befindet, ist er nur noch 29′ 22″.

Die scheinbare Helligkeit oder Größenklasse des Mondes in der Sternhelligkeitsskala ist —12,5. Die Wärmestrahlung, welche der Mond auf die Erde schickt, ist größenmäßig so unbedeutend, daß man sie vernachlässigen kann. Auch die Albedo oder das Reflexionsvermögen des Mondgesteins ist gering. Im Mittel werden nur 7 Prozent des einfallenden Sonnenlichts reflektiert.

Stellt man sich die Sonne als eine Kugel von 60 cm Durchmesser vor, dann würde die Erde zu einer Erbse, welche in einer Entfernung von 65 m um diese Kugel kreist, und der Mond zu einem Samenkorn in 16½ cm Entfernung von der Erde. Der Monddurchmesser beträgt 3476 km.

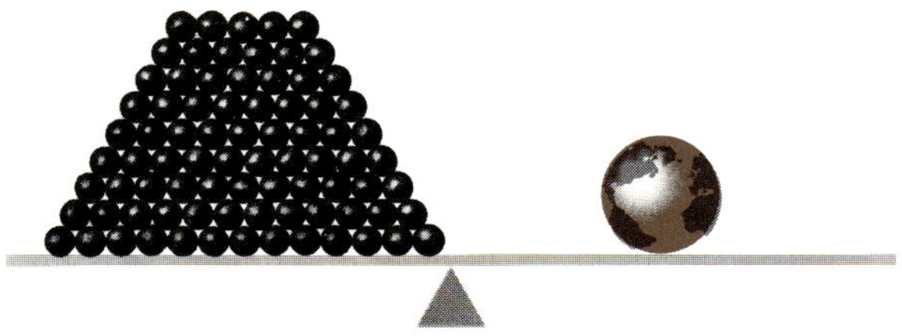

81,3 Monde wären nötig, um die Erdmasse aufzuwiegen.

Die Masse des Mondes beträgt 1/81,3 der Erdmasse, was man auch als 1/27 000 000 der Sonnenmasse bezeichnen kann. Das bedeutet, daß die Fluchtgeschwindigkeit gering ist, nämlich nur 2,4 km pro Sekunde. Auch kann der Mond mit dieser geringen Masse keine Atmosphäre halten. Deshalb sind die Oberflächenbedingungen von Erde und Mond so grundverschieden.

Man braucht zwar mehr als 81 Monde, um die Masse der Erde aufzuwiegen, doch um das Volumen der Erde mit Monden aufzufüllen, wären nur 50 Mondvolumina nötig. Rauminhalt und Masse stehen also nicht im selben Verhältnis. Die mittlere Dichte des Mondes (3,34 g/cm³) ist daher beträchtlich geringer als die der Erde, sie entspricht etwa der Dichte der Materie in der Erdrinde. Die Schwerebeschleunigung an der Mondoberfläche beträgt etwa den sechsten Teil der an der Erdoberfläche feststellbaren Beschleunigung.

Erst seit durch die Raumfahrt neue Forschungsmethoden aufkamen, weiß man Genaueres über das Innere des Mondes. Unsere Kenntnis der inneren Struktur der Erde stützt sich weitgehend auf das Studium der Erdbebenwellen, und es gab bisher keine Möglichkeit, festzustellen, ob auch der Mond seismische Aktivität zeigt oder nicht. 1969 jedoch wurden die ersten Seismometer auf dem Mond abgesetzt und schickten wertvolle Informationen zur Erde: möglicherweise hat der Mond einen geschichteten Aufbau. Von ähnlicher Bedeutung war die Erkenntnis, daß der Mond ein schwaches Magnetfeld besitzt.

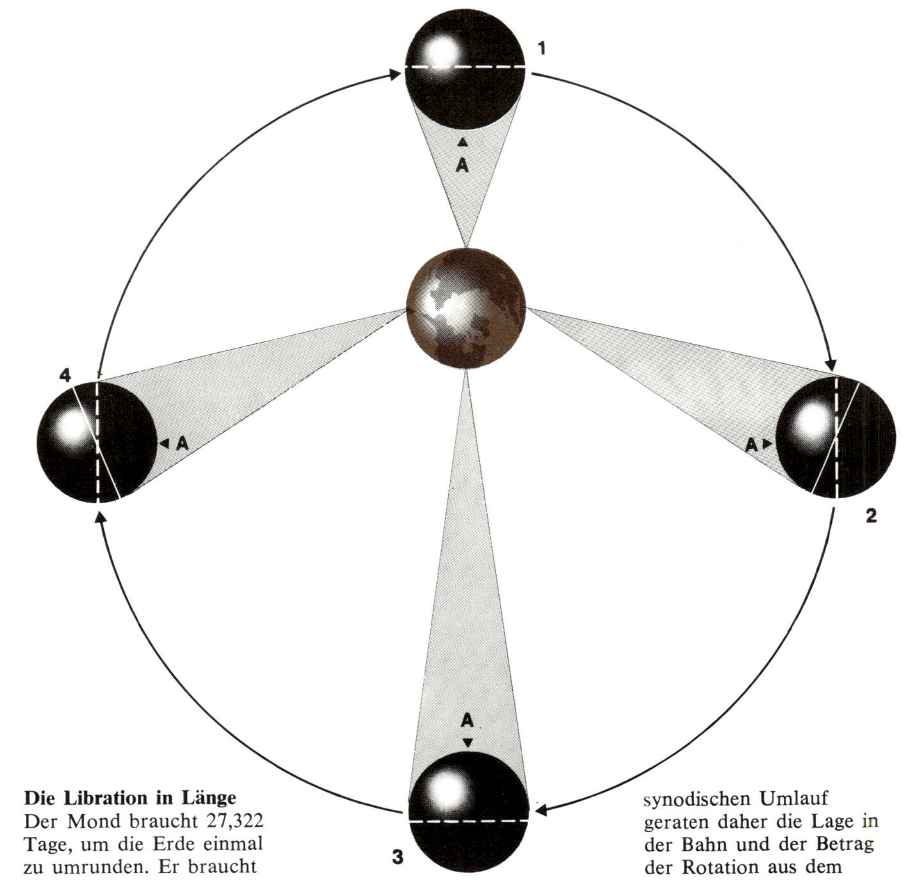

Die Libration in Länge
Der Mond braucht 27,322 Tage, um die Erde einmal zu umrunden. Er braucht andererseits 27,322 Tage (siderisch), um sich um seine eigene Achse zu drehen; das bedeutet nichts anderes, als daß er der Erde immer annähernd dieselbe Seite zuwendet. Dank der sogenannten Libration kann man nun aber nicht nur 50 Prozent, sondern insgesamt 59 Prozent der Mondoberfläche studieren. Die Libration in Länge ist darauf zurückzuführen, daß, obwohl sich der Mond mit konstanter Geschwindigkeit um seine Achse dreht, seine Geschwindigkeit in der Bahn nicht konstant ist. Er bewegt sich am schnellsten, wenn er sich in der Nähe des Perigäums (1) befindet. Bei jedem synodischen Umlauf geraten daher die Lage in der Bahn und der Betrag der Rotation aus dem Gleichgewicht, und der Mond scheint so ein wenig hin und her zu schwanken. Erst sehen wir ein wenig um den einen Mondrand herum, danach ein wenig um den anderen (A = Mitte der sichtbaren Halbkugel). Beispiel:
Das Mare Crisium ist in Pos. 4 besser zu sehen (vgl. Foto oben rechts) als in Pos. 2 (vgl. Foto rechts).

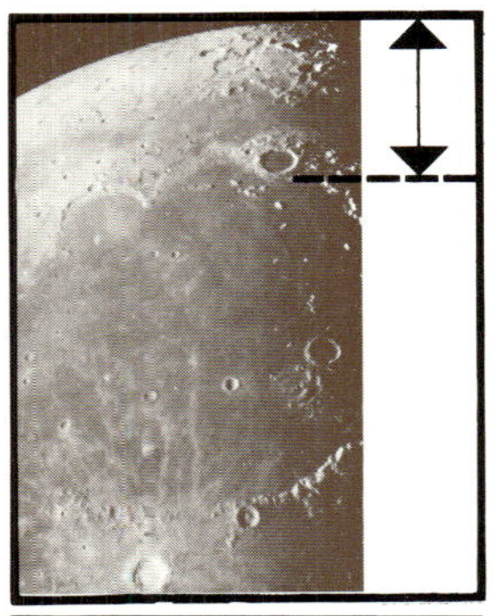

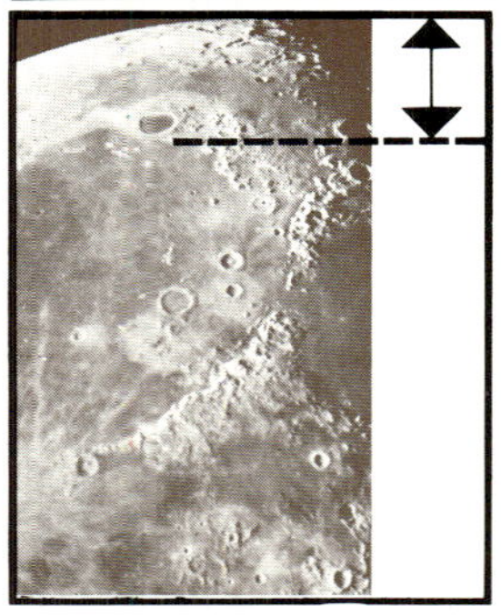

Libration in Breite
Der zweite wichtige Librationseffekt ist der in Breite. Die Achse des Mondes steht nicht senkrecht auf der Mondbahn (Zeichnung oben). Das hat zur Folge, daß wir abwechselnd über den nördlichen (1) und den südlichen (2) Mondrand hinweg sehen können. Einige der Formationen am Pol (wie zum Beispiel die Krater Challis und Main in der Nähe des Nordpols) sieht man nur dann gut, wenn die Libration in Breite günstig ist. Der **Effekt ist nicht so ausgeprägt wie die Libration in Länge, denn die Schattenwirkung spielt eine geringere Rolle. Die Lage des Kraters Plato auf den beiden Fotografien rechts zeigt deutlich das Wirken der Libration am Nordrand.**

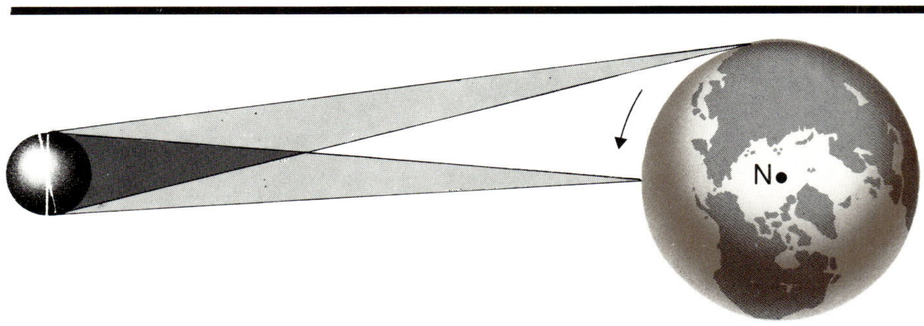

Tägliche Libration (links)
Steht der Mond im Zenit, dann sieht man einen etwas anderen Ausschnitt seiner Oberfläche, als wenn er am Horizont steht. Diese Erscheinung ist als tägliche Libration bekannt.

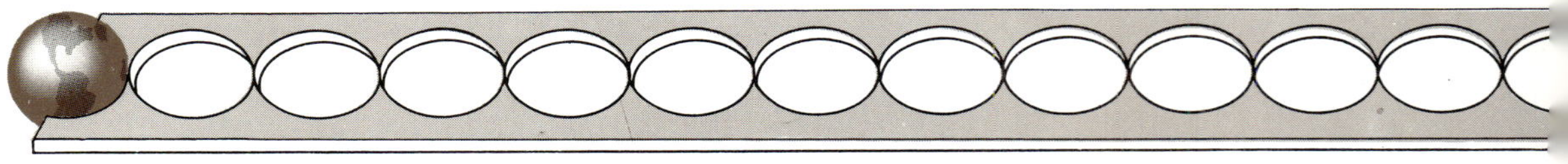

Der Ursprung des Mondes

Über den Ursprung des Mondes ist viel diskutiert worden, und man kann nicht sagen, daß heute Klarheit darüber besteht. Im Grunde gibt es nur zwei verschiedene Theorien. Die eine besagt, daß Erde und Mond früher ein Körper gewesen sein müssen und sich später geteilt haben. Die andere Theorie behauptet, sie seien schon immer getrennt gewesen. Bis vor wenigen Jahren war die Teilungstheorie allgemein anerkannt, heute verliert sie mehr und mehr an Boden.

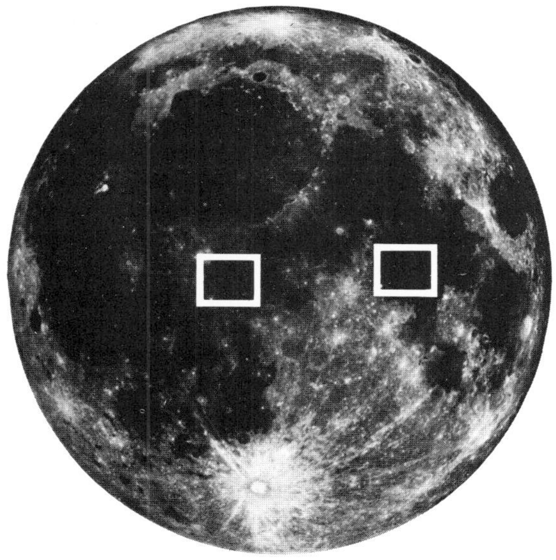

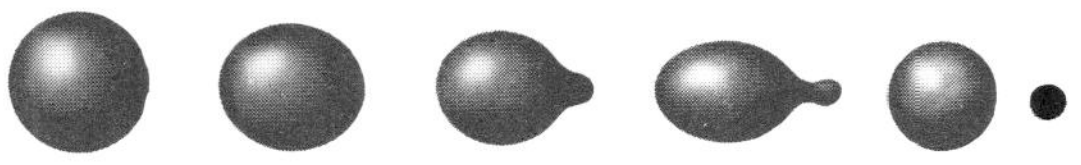

Gezeitentheorie (oben)
Die Gezeitentheorie – in der zweiten Hälfte des 19. Jahrhunderts von George Darwin, dem zweiten Sohn von Charles Darwin, aufgestellt – behauptet, daß Erde und Mond ursprünglich einen Körper gebildet hätten und daß sich der Mond abgespalten habe. Wegen zu schneller Rotation habe der Erdkörper erst birnenförmige, dann hantelförmige Gestalt angenommen, danach hätte sich der Mond abgelöst.

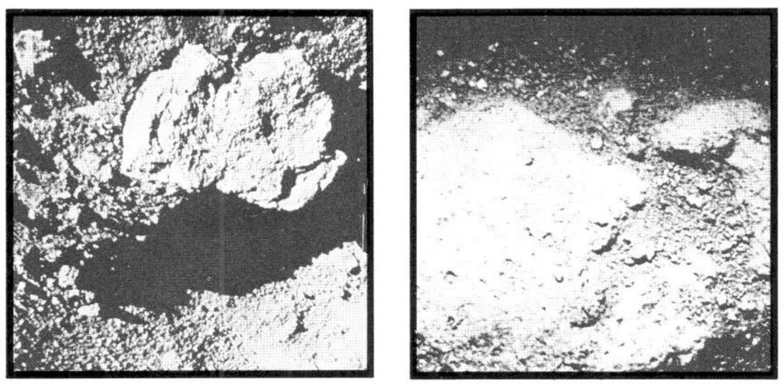

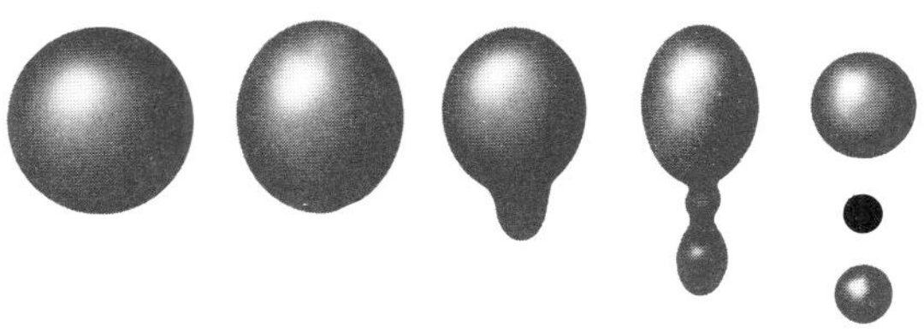

Die Theorie von der gleichzeitigen Entstehung von Erde, Mond und Mars (oben)
Nach dieser Hypothese sollen sowohl Mars als auch Mond aus der Erde entstanden sein.

Das Alter des Mondes
Die ersten Mondlandungen haben einige wertvolle chronologische Hinweise ergeben. Das Gestein, das die Apollo-11-Besatzung aus dem Mare Tranquillitatis mitbrachte (Abbildung rechts), dürfte schätzungsweise 3,6 Milliarden Jahre, das Gestein aus dem Oceanus Procellarum (Apollo 12, Abbildung oben links) nur etwa 2,6 Milliarden Jahre alt sein. Die grafische Darstellung unten vergleicht die wichtigsten Phasen in der Entwicklungsgeschichte der Erde mit denen des Mondes.

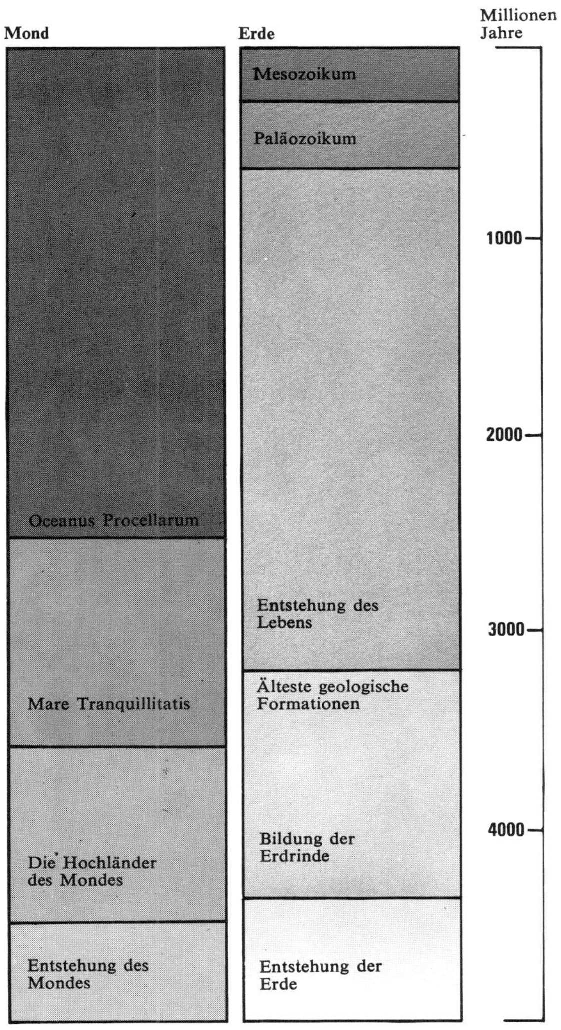

Die Entstehung des Mondes zusammen mit den Planeten

Wenn der Mond niemals ein Teil der Erde gewesen ist, wie man heute allgemein annimmt, wie könnte er dann entstanden sein? Diese Frage führt uns auf den Ursprung des Sonnensystems zurück, denn es gibt heute Gründe zu der Annahme, daß das System Erde–Mond ein Doppelplanet ist.

Nach einer anderen Hypothese könnte der Mond ein völlig unabhängiger Planet gewesen sein und von der Erde «eingefangen» worden sein, weil er ihr sehr nahe kam. Diese Theorie hat eigentlich nichts Abwegiges, nur setzt sie ganz spezielle Begleitumstände voraus.

Andrerseits könnten Mond und Erde etwa zur selben Zeit und im selben Raum des jungen Sonnensystems entstanden sein; die Schwerkraft hätte dann die beiden Himmelskörper schon von ihrer Entstehung an zusammengehalten. Die Tatsache, daß sich der Mond so ganz anders entwickelt hat als die Erde, kann allein auf das Konto seiner kleineren Masse gehen. Sie könnte bewirkt haben, daß er jede Atmosphäre und alle eventuellen Wasservorräte sehr schnell verlor.

Auf jeden Fall besteht heute kaum noch ein Zweifel, daß die beiden Welten etwa gleich alt sind, nämlich 4,7 Milliarden Jahre. Das beweisen die Analysen des Mondgesteins, welches Apollo 11 und Apollo 12 auf die Erde brachten. Welche Temperatur hatte der Mond als unabhängiger Körper in der Frühzeit seiner Geschichte? Zur Zeit neigt man zu der Annahme, daß er einmal sehr heiß gewesen sei. Auch ist die Möglichkeit nicht ganz auszuschließen, daß sich der Mond aus einer Wolke gebildet hat, die einst die Erde umgab.

Der Systemschwerpunkt

Es ist nicht ganz richtig, wenn man sagt, der Mond kreise um die Erde. Tatsächlich gibt es überhaupt keinen Fall, in dem ein Körper um den andern kreist. In einem Zweikörpersystem umkreist vielmehr jeder Körper das gemeinsame Schwerezentrum, den Systemschwerpunkt. Sind die beiden Körper von gleicher Masse, dann wird sich der Systemschwerpunkt in der Mitte der Verbindungslinie der beiden Körper befinden. Ist dagegen ein Körper schwerer als der andere, dann liegt der Systemschwerpunkt näher beim schwereren Körper. In diesem Zusammenhang ist die Masse und nicht die Größe von Interesse.

Wie wir gesehen haben, ist die Erde 81mal so schwer wie der Mond; aus diesem Grunde ist der Systemschwerpunkt gegen die Erde zu verschoben, ja er liegt sogar in der Erde, wie die Abbildung unten zeigt.

Angesichts dieser Tatsache kann man also schon sagen, daß der Mond sich um die Erde bewegt. Doch bewegt er sich keinesfalls um den Erdmittelpunkt, und diese Unterscheidung ist von großer mathematischer Bedeutung.

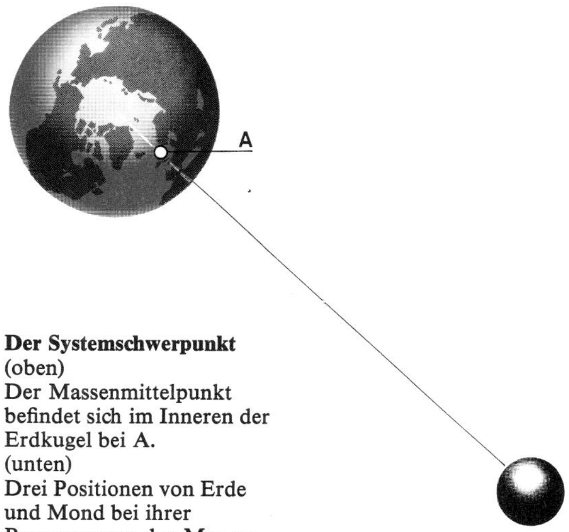

Der Systemschwerpunkt
(oben)
Der Massenmittelpunkt befindet sich im Inneren der Erdkugel bei A.
(unten)
Drei Positionen von Erde und Mond bei ihrer Bewegung um den Massenmittelpunkt.

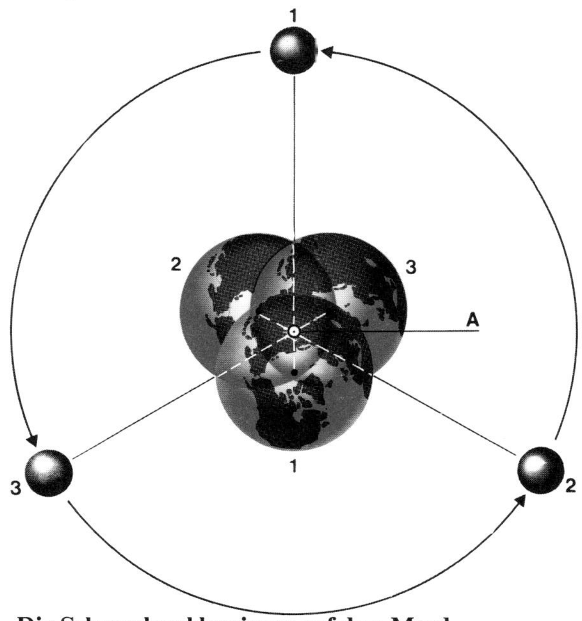

Die Schwerebeschleunigung auf dem Mond

Die Schwerebeschleunigung an der Oberfläche eines Himmelskörpers hängt einmal von seiner Masse und dann von seiner Größe ab. Die Schwerebeschleunigung an der Mondoberfläche beträgt den sechsten Teil derjenigen an der Erdoberfläche. Wie sich herausgestellt hat, können sich Astronauten dieser neuen Umweltbedingung ohne Schwierigkeit anpassen. Es ist keineswegs mühsam, auf dem Mond herumzuspazieren, denn nicht nur das Körpergewicht, sondern auch das Gewicht der Raumanzüge, das auf der Erde kaum zu ertragen wäre, ist auf ein Sechstel des Gewichts auf der Erde reduziert.

Die Entfernung des Mondes (unten)
Die mittlere Entfernung des Mondes von der Erde beträgt ungefähr das 30fache des Erddurchmessers.

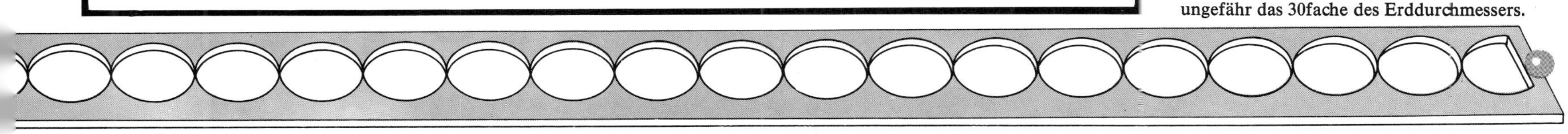

Mondformationen 1

Die Meere auf dem Mond

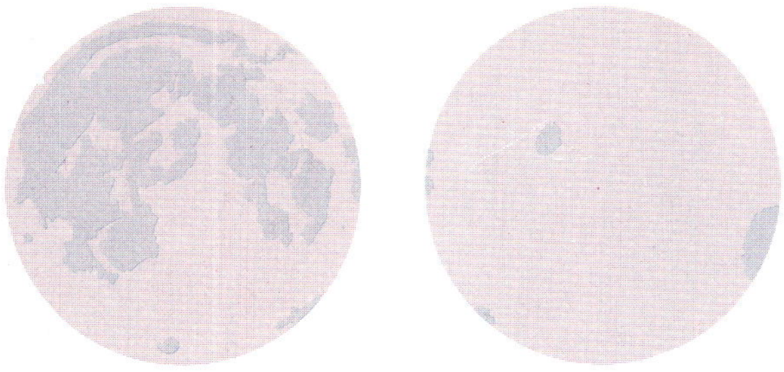

Die Meere oder *maria* auf dem Mond bedecken einen großen Teil seiner Vorderseite. Das Innere der Meere ist viel dunkler als die Hochländer, und es scheint heute erwiesen, daß es sich um erstarrte Lava handelt. Die Tatsache, daß ihre Randzonen beschädigt sind, deutet darauf hin, daß die Maria einmal flüssig gewesen sein müssen, während die höhergelegenen Regionen bereits verfestigt waren.

Die Maria kommen hauptsächlich in zwei Arten vor, einige, wie zum Beispiel das Mare Imbrium, das Mare Serenitatis und das Mare Crisium, sind in erster Näherung kreisförmig, andere, wie etwa der Oceanus Procellarum, sind unregelmäßig geformt. Um die Entstehung der regelmäßig geformten Maria ist viel gestritten worden. Folgt man der einen Theorie, dann sind sie, wie die großen Krater, vulkanischen Ursprungs; nach der Meteorhypothese jedoch sind sie durch Einschläge von Meteoriten entstanden.

Die regelmäßig geformten Maria sind von Gebirgszügen begrenzt, so bilden zum Beispiel das Kaukasus- und das Hæmusgebirge einen Teil der Grenze des Mare Serenitatis. Die meisten der großen Maria sind untereinander verbunden; das Mare Crisium ist das einzige schöngeformte, regelmäßige Meer auf der Vorderseite, das von den anderen gänzlich getrennt ist.

Lange bevor Raumsonden entwickelt wurden, haben die Befürworter der Theorie der vulkanischen Entstehung von Kratern und Meeren die Ansicht vertreten, die Anziehungskraft der Erde könnte bei der Verteilung der Maria von entscheidender Bedeutung gewesen sein, und die kühne Hypothese aufgestellt, daß es auf der Rückseite keine Maria gäbe. Diese Vermutung hat sich als richtig erwiesen. Auf der Rückseite gibt es keine Maria, die man mit Imbrium, Serenitatis oder Procellarum vergleichen könnte. Dort findet man lediglich das kleine Mare Moscoviense, 1959 von der sowjetischen Luna 3, der ersten Raumsonde, die den Mond umrundete, auf einem Foto festgehalten. Am äußersten Rand der Mondscheibe finden wir allerdings noch das relativ bedeutende Mare Orientale, das Meer des Ostens. Orbiter-Fotografien lassen es als ein riesiges, rundes, kompliziertes Gebilde erkennen.

Sinus Medii (links)
Der Sinus Medii (auch Zentralbucht genannt), eines der kleineren Maregebiete, hat seinen Namen daher, daß er in der Mitte der Vorderseite des Mondes liegt. Die Aufnahme wurde im Mai 1969 von Apollo 10 gemacht, denn dieses Gebiet war als Ausweich-Landeplatz für Apollo 11 vorgesehen, falls sich der Start aus irgendeinem Grund verzögert hätte. Der schöne Krater im unteren Teil des Bildes heißt Bruce; die viel kleineren Krater unten links sind Triesnecker E und K. Der Sinus Medii weist zwar verschiedene Krater und Kraterchen auf, doch wenn man lunare Maßstäbe anlegt, kann dieses Gelände immer noch als eben gelten.

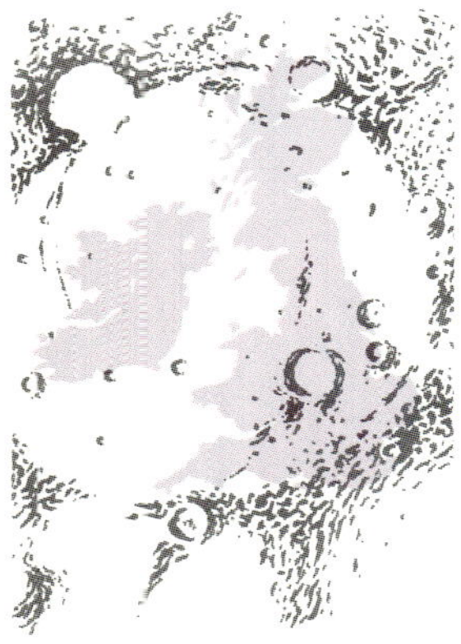

Die Größe des Mare Imbrium (oben)
Die Größe entspricht den Gebieten Großbritanniens und Frankreichs zusammengenommen, und man kann mit Sicherheit annehmen, daß das Mare als Ergebnis eines einzigen bestimmten Ereignisses entstanden ist. Vielfach wird behauptet, es müsse sich um einen Vulkanausbruch gehandelt haben, der Einschlag eines Riesenmeteors wäre die andere Möglichkeit. Im Innern des Mare befinden sich verschiedene, deutlich sichtbare Krater zusammen mit viel kleineren Formationen.

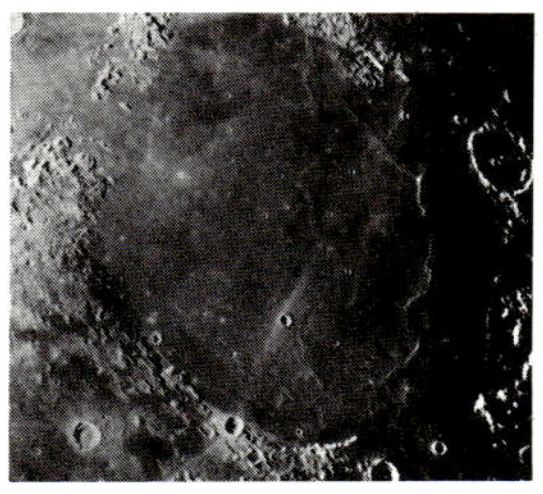

Die regelmäßigen Meere (unten)
Das Mare Serenitatis ist wie das Mare Imbrium offensichtlich das Ergebnis eines elementaren Ereignisses. Beide Maria sind über einen Graben zwischen Apenninen und Kaukasus verbunden.

Ein unregelmäßig geformtes Meer (unten)
Das Mare Vaporum ist viel kleiner als das Mare Serenitatis und nicht so regelmäßig geformt. In der Nähe seines Randes liegen einige der großen Spalten- oder Rillensysteme.

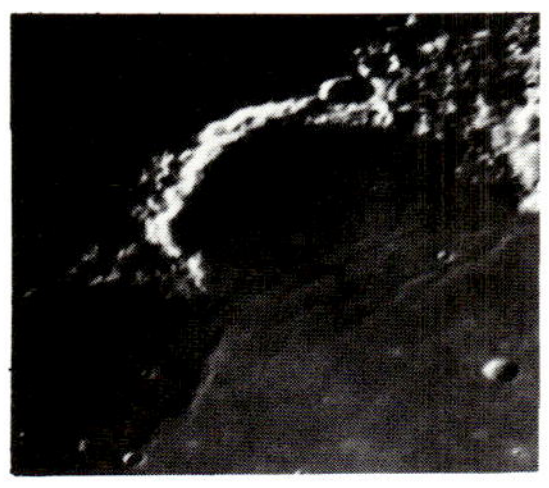

Eine Bucht (unten)
Der Sinus Iridum (Regenbogenbucht) bildet im Mare Imbrium eine große Bucht und könnte ein selbständiger Krater gewesen sein, dessen Wände teilweise durch das Mare-Imbrium-Ereignis zerstört wurden.

Gebirge

Auf der Erde bezieht man die Höhe eines Gebirges auf Meeresniveau. Beim Mond ist dies unmöglich, weil es keine Wasserfläche gibt, welche Normalnull angeben könnte. Daher scheint jeder Vergleich zwischen Bergen auf dem Mond und solchen auf der Erdoberfläche ein wenig willkürlich. Die Höhen auf dem Mond werden in bezug auf ein mittleres Oberflächenniveau angegeben. Die Bergspitzen des Mondes sind relativ höher als die der Erde. Die höchsten Mondgebirge türmen sich mehr als 6000 m über das sie umgebende Land empor, und in einigen Fällen erreichen die höchsten Höhen fast 8000 m. Die klassische Methode, die Höhe von Gebirgen zu ermitteln, besteht darin, die Länge der Schatten zu messen, die sie werfen. Die auf diese Weise gewonnenen Ergebnisse haben sich als sehr genau, herausgestellt.

Die Apenninen am Rande des Mare Imbrium müssen wohl als die spektakulärsten Berge der Vorderseite bezeichnet werden. Bradley, ein Berggipfel in der Nähe des Kraters Conon, ist 4800 Meter hoch, andere stehen ihm nicht nach. Im Norden endet der Gebirgszug am Kap Fresnel; zwischen Fresnel und dem Südende des Kaukasus klafft eine Lücke, es scheint, als sei die ursprüngliche Grenze zwischen Mare Serenitatis und Mare Imbrium an dieser Stelle zusammengebrochen.

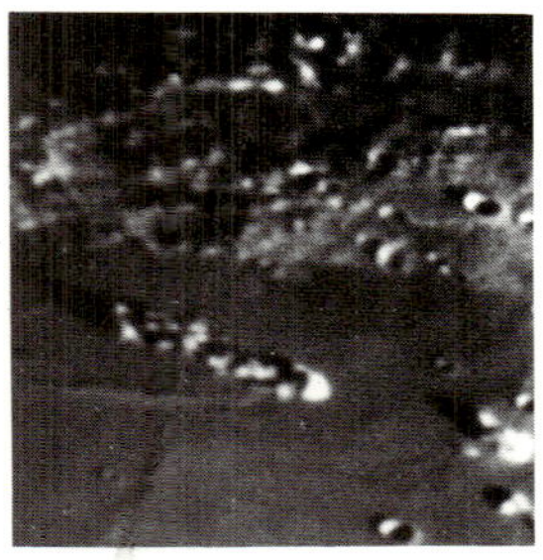

Die Gerade Bergkette (oben)
Eine merkwürdige Aneinanderreihung von Bergspitzen im Innern des Mare Imbrium. Die Montes Recti fallen durch ihre ungewöhnliche Regelmäßigkeit und Geradlinigkeit auf.

Die Apenninen (links)
Die Mondberge der Apenninen, teilweise 4500 m hoch, aufgenommen durch ein 30-cm-Spiegelteleskop

Die Mondkrater

Die Mondkrater sind die auffallendsten Formationen auf der Mondoberfläche. Sie sind sehr unterschiedlich gestaltet. Einige sind wohlgeformt, mit hohen, gleichmäßigen Wänden, andere wieder sind schadhaft und zerspalten. In den Maria gibt es Krater, deren Wälle nur noch andeutungsweise vorhanden sind, während man in den Hochländern Krater findet, die durch spezifische Ereignisse derart deformiert wurden, daß sie nicht einmal mehr annähernd kreisförmige Gestalt aufweisen.

Die Krater sind nicht wahllos verstreut – ein gewichtiges Argument für diejenigen Astronomen, die glauben, daß die Krater inneren Ursprungs seien. Wenn zwei Krater einander überschneiden, was häufig vorkommt, dann im allgemeinen so, daß der kleinere Krater den größeren anschneidet. Diese Regel gilt für mehr als 99 Prozent aller bekannten Fälle, Ausnahmen sind auf der Rückseite häufiger als auf der Vorderseite. Außerdem scheinen die wichtigsten Krater vielfach Gruppen oder Ketten zu bilden. Langrenus zum Beispiel ist einer in einer großen Kette, die von Endymion im Norden zu Janssen im Süden verläuft. Zu bedeutenden Ketten gehören ferner die Krater Ptolemäus, Theophilus und Grimaldi.

Die Anordnung der Krater auf der Mondrückseite ist nicht ganz so regelmäßig wie auf der uns vertrauten Vorderseite.

Die Mannigfaltigkeit der Krater

Jeder Mondkrater hat seine eigenen, individuellen Züge. Man wird keine zwei Krater finden, die einander genau gleichen, auch wenn es einige Zwillinge gibt, die einander sehr ähnlich sind (Sabine und Ritter, Mercator und Campanus, Godin und Agrippa). Jedes Klassifikationssystem muß zwangsläufig ein wenig willkürlich verfahren, doch lassen sich deutliche Unterschiede zwischen den verschiedenen Formationen herausarbeiten.

So gibt es zum Beispiel große, regelmäßige Strukturen, wie Clavius (235 km Durchmesser), mit vielerlei Einzelheiten im Innern, aber ohne zentrale Erhebung. Ptolemäus, mit seinem dunkleren und glatteren Boden, hat einen Durchmesser von 145 km und ist jedem Mondbeobachter bekannt. Zu ihm gesellt sich Alphonsus, der eher kleiner ist und einen bescheidenen Zentralberg aufweist. Das dritte Mitglied dieser Gruppe, Arzachel, ist noch kleiner, hat fast 100 km Durchmesser, ist tiefer und besitzt Wände, die sich streckenweise 3900 m über die tiefsten Stellen des Bodens erheben. Sein Zentralberg hat eine Höhe von 1200 m.

Dann gibt es Krater wie Theophilus, welche massive, terrassenförmige Wände besitzen, andere wiederum, wie Plato, haben ein weit niedrigeres Ringgebirge und einen verhältnismäßig glatten Boden. Ferner wären die unregelmäßig geformten Krater zu nennen.

Kleine Krater

Der Mond ist übersät mit kleinen Kratern. Die Bezeichnung «kleinerKrater» ist nicht ganz fest umrissen, denn unter diesem Begriff werden Formationen vom kleinsten Loch bis hin zu den größeren Kratergebilden zusammengefaßt. Im allgemeinen zieht man bei 15 km die Grenze und bezeichnet alles, was darunter liegt, als klein. In vielen Fällen sind diese Gebilde regelmäßig geformt, mit einem becherförmigen Inneren.

Wie die großen Krater, sind auch die kleinen nicht wahllos verstreut, sie bilden gern Gruppen und Linien. Viele Gebilde, welche, oberflächlich betrachtet, Spalten oder Rillen zu sein scheinen, erweisen sich als aneinandergereihte, kleine Krater, deren Trennwände entweder stark beschädigt oder zerfallen sind.

Viele der kleinsten Krater sind – einfach wegen ihrer geringen Größe – von der Erde aus nicht erkennbar, doch haben Orbiter und andere Mondsonden unzählige von ihnen fotografiert. Einige von ihnen sind eindeutig vulkanischen Ursprungs; andere mögen durch Meteoriteneinschlag entstanden sein.

In vielen Gebieten ballen sich die Kraterchen haufenweise zusammen; auf einigen der dunklen Maria sind sie weniger zahlreich, doch gibt es keinen Teil des Mondes, wo sie nicht vorkämen. Man findet sie sogar auf breiten Hügeln oder auf den Zentralbergen der Krater.

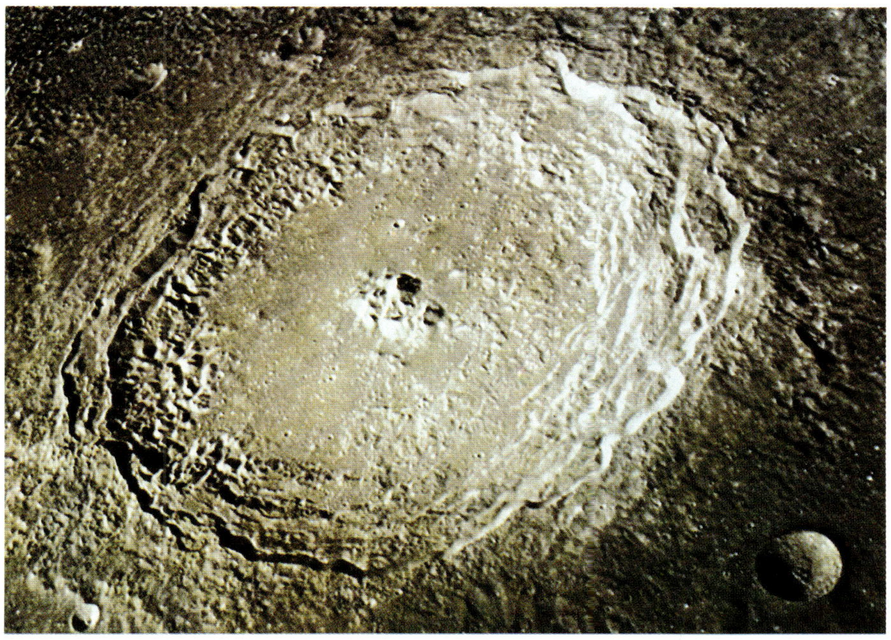

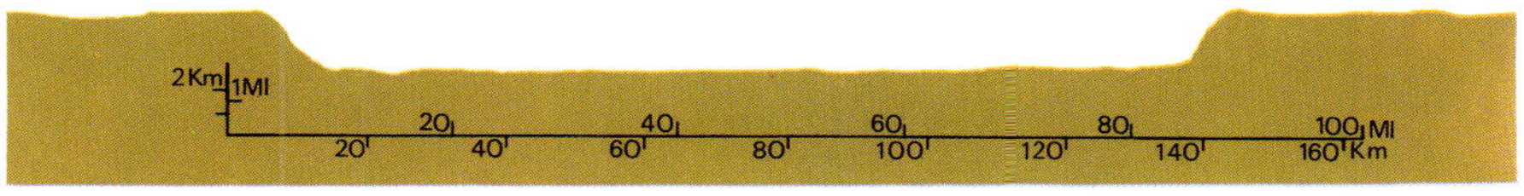

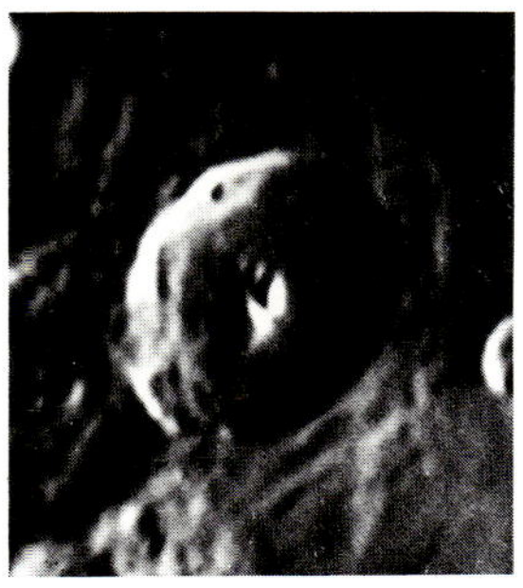

Theophilus (oben)
Der Krater Theophilus hat einen Durchmesser von über 100 km und besitzt einen Zentralberg.

Langrenus (links)
Der 135-km-Krater Langrenus, fotografiert von Apollo 8 im Dezember 1968. Er ist eines der typischen großen Ringgebirge. Terrassenförmig und bis zu 2700 m hoch, besitzt er ein kompliziertes Zentralgebirge.

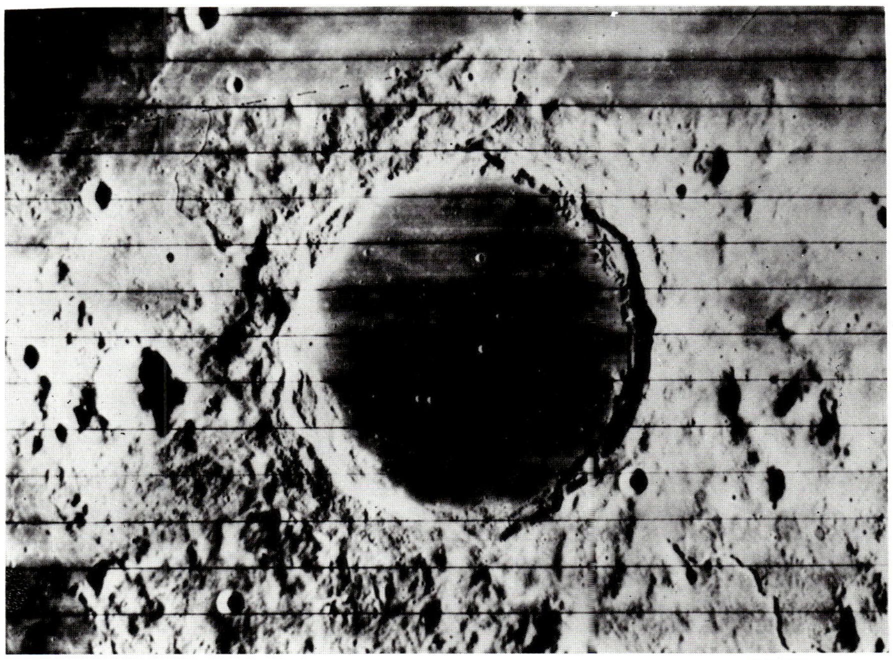

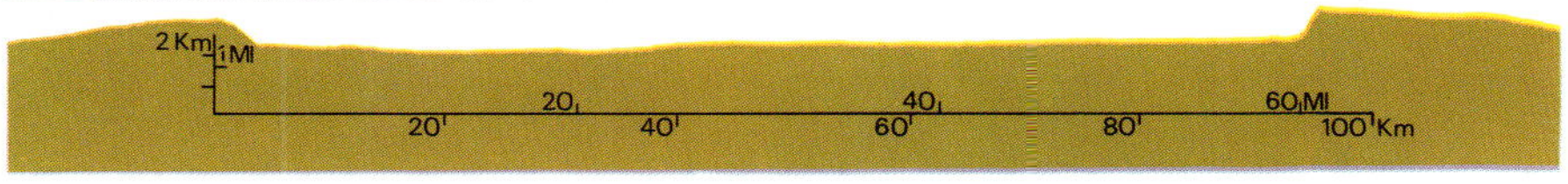

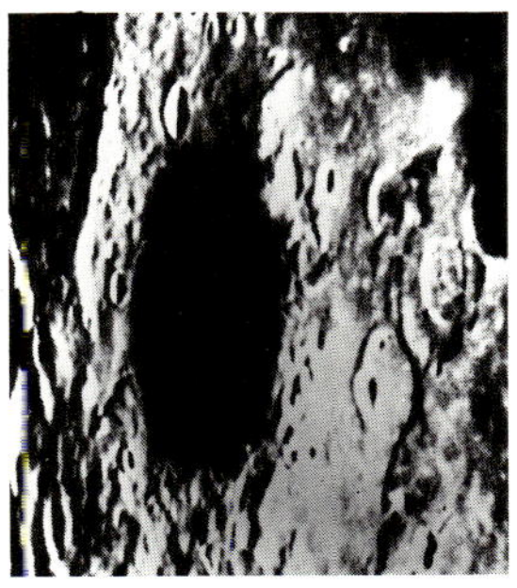

Grimaldi (oben)
Ein großer, regelmäßig geformter Krater mit dunklem Boden.

Plato (links)
Plato liegt auf den Hochländern zwischen Mare Frigoris und Mare Imbrium, hat einen Durchmesser von knapp 100 km und ist schön kreisförmig. Von der Erde aus gesehen, erscheint er zu einer Ellipse verkürzt, diese Orbiter-Fotografie zeigt ihn unverkürzt. Wegen des dunklen Bodens ist er unter allen Beleuchtungsbedingungen zu erkennen.

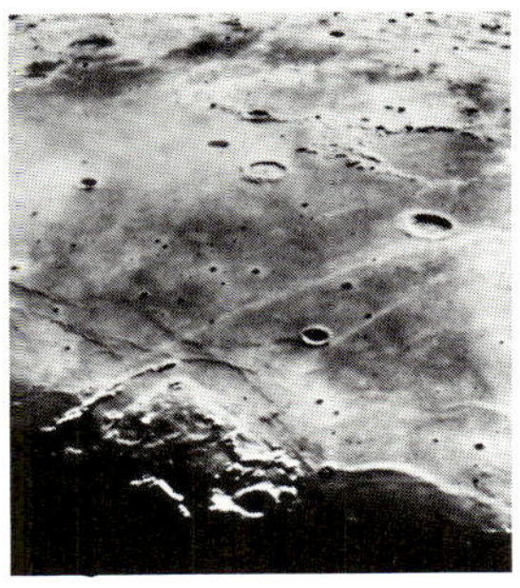

Oben: Kleine Krater im Oceanus Procellarum, von der Erde aus fotografiert.

Kleiner Krater auf der Rückseite (links)
Ein Kraterchen auf der Rückseite, fotografiert von Apollo 10 im Mai 1969. Das Mondlandefahrzeug befand sich in diesem Moment nur 16 km über der Mondoberfläche. Auch wenn der Krater auf der Vorderseite liegen würde, wäre er doch zu klein, um im Fernrohr erkennbar zu sein.

Mondformationen 2

Die Wallebenen
Die großen Wallebenen gehören zu den imposantesten Formationen der Mondoberfläche. Sowohl auf der Vorder- als auch auf der Rückseite findet man viele dieser Gebilde; das größte hat einen Durchmesser von mehr als 240 km und besitzt recht massive Wände. Die richtigen Wallebenen haben keine Zentralgebirge, und vielfach sind die Wände von kleineren Formationen unterbrochen, was darauf schließen läßt, daß die Wallebenen verhältnismäßig alt sind.

Es wäre falsch, Wallebenen und Krater in zwei verschiedene Klassen zu unterteilen. So ist z.B. Ptolemäus mit 145 km Durchmesser eine der bekanntesten Wallebenen; von der Erde aus gesehen, liegt sie fast im Zentrum der Mondscheibe, durch das dunkle Innere jederzeit auffindbar, trotz der stark zerklüfteten Wände und obgleich die Bergspitzen sich nicht mehr als 2700 m über den Boden erheben. Im Süden der Wallebene Ptolemäus schließt sich der Krater Alphonsus an, der einen niedrigen Zentralberg besitzt.

Auf diesem Bild (rechts), das von dem verstorbenen Dinsmore Alter mit dem 1,5-m-Spiegel auf Mount Wilson aufgenommen wurde, ist Ptolemäus sehr gut zu erkennen. Das Innere weist verschiedene Formationen auf, unter anderem einige flache, untertassenförmige Vertiefungen.

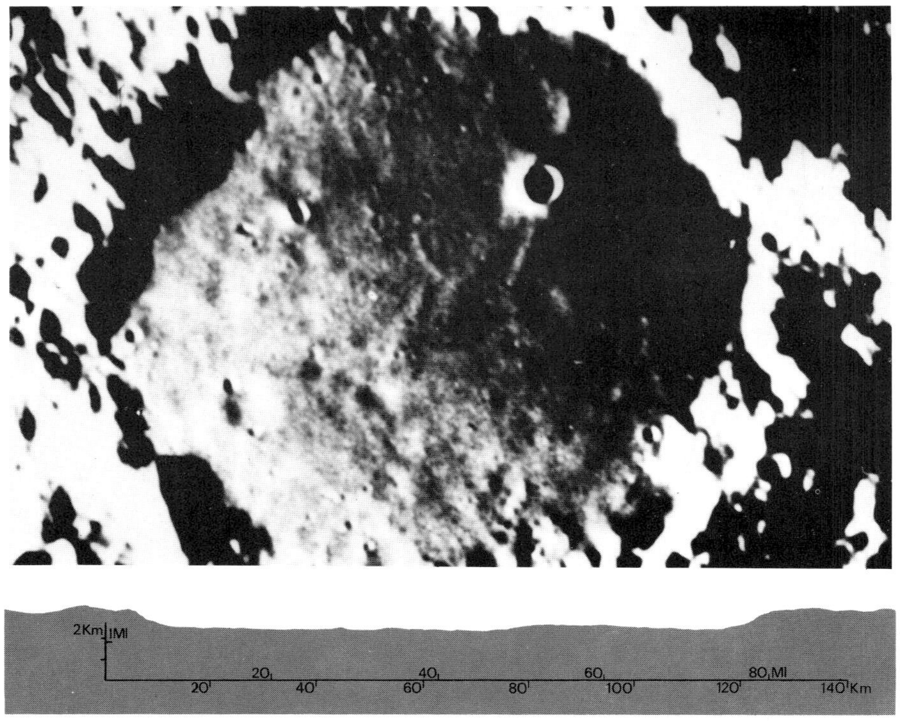

Clavius (oben)
Eine der größten Wallebenen ist Clavius auf den südlichen Hochländern des Mondes. Sie hat einen Durchmesser von 235 km, die Wände erheben sich stellenweise 3600 m über den Boden. Zwei große Krater schneiden die Wände an: Rutherford im Süden und Porter – auch Clavius B genannt – im Norden. Links: Der Krater Ptolemäus und sein Profil. Man sieht auch Ptolemäus A, einen kleinen Krater im Innern dieser großen Wallebene.

Beschädigte Krater
Viele der Wallebenen und Krater haben Schaden gelitten. Dieser Schaden kann verschiedenster Art sein. Manchmal sind die Wände der einstigen Struktur durch spätere Ereignisse verformt worden. Hipparch, in der Gegend des Ptolemäus, ist ein Beispiel für eine majestätische Wallebene, der die Zeit übel mitgespielt hat.

Wallebenen und Krater, welche auf den Maria liegen, sind auf andere Weise beschädigt worden. Eine mögliche Erklärung wäre, daß sie von der Lava, welche das Mare gebildet hat, überflutet worden sind; jedenfalls sind die Wälle niedrig und weisen Lücken auf. Ein ausgezeichnetes Beispiel für eine Gruppe beschädigter Gebilde sind Fra Mauro, Bonpland und Parry, welche man in der Orbiter-Aufnahme (rechts) sieht.

Bei Fra Mauro, dem nördlich gelegenen, größten Mitglied des Trios (80 km Durchmesser), öffnen sich große Lücken in das umgebende Mare Nubium. Sein Boden ist mit vielen kleinen Kratern, Spalten und Rillen bedeckt.

Bonpland, die Ebene im Südwesten, mit einem Durchmesser von 58 km, ist zwar ebenfalls beschädigt, doch sind ihre Wände im allgemeinen höher als die von Fra Mauro; Parry (42 km Durchmesser) ist verhältnismäßig intakt. Man beachte, daß sich die Spalten von Fra Mauro aus zu Bonpland und Parry hinüber erstrecken.

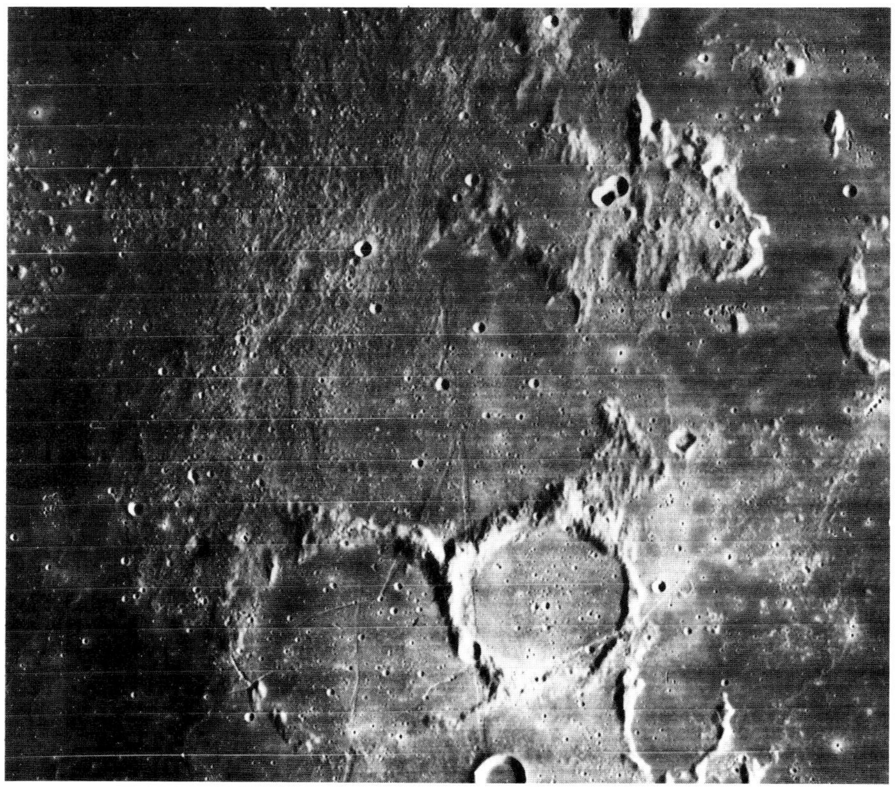

Janssen (oben)
Janssen hier auf einer Fotografie, die mit einem 30-cm-Spiegelteleskop gemacht wurde, hat über 160 km Durchmesser und muß einst ein prächtiges Gebilde gewesen sein, heute ist er jedoch sehr zerfallen. Seine Wand ist im Nordosten durch Fabricius (88 km Durchmesser) zerstört worden. Links das große Trio Fra Mauro, Bonpland und Parry, von einem Orbiter aus aufgenommen.

Phantomringe
Krater und Wallebenen, die infolge starker Beschädigung nur noch andeutungsweise zu erkennen sind, bezeichnet man gern als «Phantome». Ihre Wände bestehen aus lückenhaften, streckenweise geradlinigen Graten. Ein ausgezeichnetes Beispiel ist ein Ring im Oceanus Procellarum, Flamsteed-Ring genannt, hier in einer Aufnahme des Orbiter 4 (rechts).

Flamsteed selbst ist der wohlgeformte 14-km-Krater im Süden des großen Rings. Er besitzt hohe, gleichmäßige Wände und hat mit dem Phantomring offenbar wenig zu tun, wahrscheinlich ist er sehr viel später entstanden. Das vom Flamsteed-Ring umschlossene Gebiet ist mit weiteren Kratern gespickt, die so klein sind, daß man sie mit dem Fernrohr nicht sieht. Auf der Orbiter-Aufnahme sind sie jedoch gut zu erkennen.

Der «geisterhafte» Ring ist zwar leicht zu verfolgen, dagegen ist das umschlossene Gebiet von dem umgebenden Mare nicht zu unterscheiden. Allem Anschein nach sind die Lavaströme des Oceanus Procellarum über den ehemaligen Krater hinweggegangen, ohne jedoch die höheren Erhebungen der Kraterwand zu bedecken. Bei niedriger Beleuchtung werfen aber die aus dem erstarrten Lavameer herausragenden Gipfel immer noch genügend Schatten, um von der Erde aus gut erkennbar zu sein.

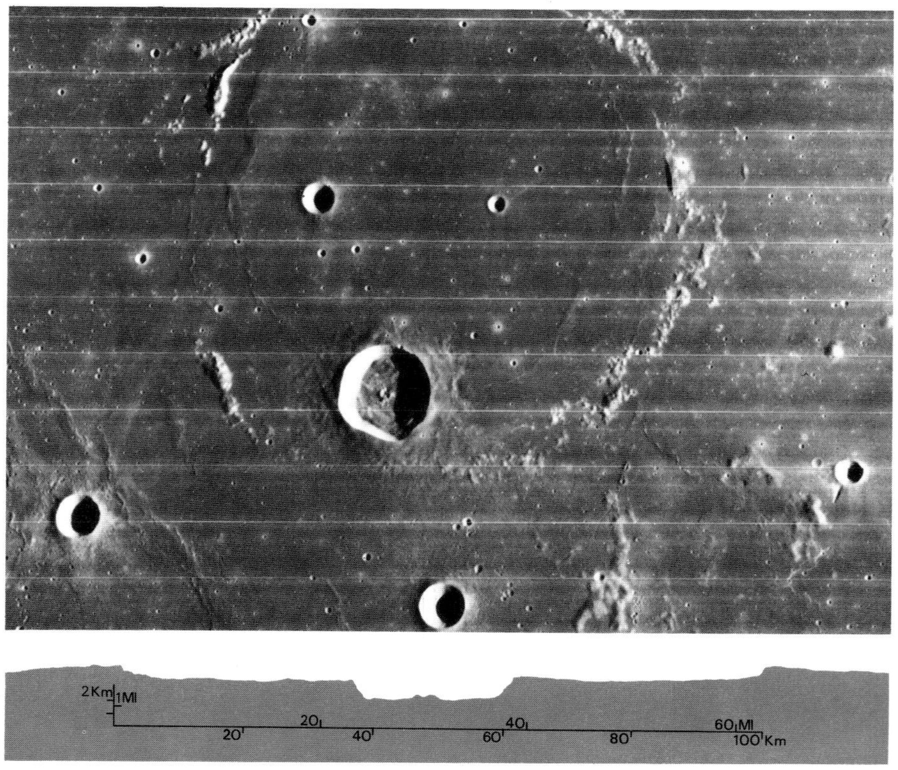

Stadius (oben)
Einer der bekanntesten Phantomringe ist Stadius in der Gegend von Copernicus und Eratosthenes. Sein Durchmesser beträgt 67 km, die Wände sind im ganzen Rund zu verfolgen, wenn sie auch sehr niedrig und daher nur bei günstiger Beleuchtung sichtbar sind. Der Boden ist mit kleinen Kratern übersät (Foto: 5-m-Palomar-Spiegel). Links: Der Phantomring in der Nähe des kleinen Kraters Flamsteed mit seinem Profil.

Strahlenkrater

Die hellen Strahlen gehören zu den interessantesten, aber auch rätselhaftesten Gebilden der Mondoberfläche. Sie stehen mit verschiedenen Kratern in Verbindung, besonders mit Tycho, Copernicus und Kepler auf der Vorderseite, sowie mit Kratern auf der Rückseite.

Die Strahlen sind Ablagerungen an der Oberfläche und werfen deshalb keine Schatten. Bei niedriger Beleuchtung treten sie nicht deutlich hervor. Wenn Tycho, der wichtigste Strahlenkrater, ins erste Sonnenlicht taucht, unterscheidet er sich durch nichts von anderen Kratern. Ist der Mond jedoch nahezu voll, dann beherrschen die Strahlen das gesamte Bild (rechts) und machen die Identifizierung vieler, in Terminatornähe deutlich hervortretender Krater fast unmöglich.

Die Strahlen verlaufen in alle Richtungen, reichen aber nicht ganz bis zu den Wällen des Kraters. Tychos Kraterrand zum Beispiel ist von einer deutlich strahlenfreien Zone umgeben.

Nicht alle Strahlensysteme sind von gleicher Helligkeit. Die Strahlen des Copernicus sind weit weniger gut erkennbar als diejenigen Tychos, und bei anderen Kratern sind die Strahlen so schwach, daß man sie kaum wahrnimmt. Zu den besser sichtbaren Systemen gehören auch die mit Proclus, Olbers und Anaxagoras verbundenen.

Tycho (links und oben)
Tycho, ein Krater mit 87 km Durchmesser, auf den Hochländern im Süden des Mondes gelegen, ist das bekannteste Strahlenzentrum auf der Vorderseite. Tycho ist ein massives, wohlgeformtes Gebilde mit terrassenförmigen Wänden und einem Zentralberg, wie auf der Orbiter-Aufnahme (oben) deutlich zu erkennen. Tycho kühlt mit dem Beginn der Mondnacht weniger schnell ab als seine Umgebung.

Rillen

Von den kleineren Formationen der Mondoberfläche sollen hier die Spalten oder Rillen erwähnt werden. In manchen Gegenden sind sie überhaupt nicht anzutreffen, dann wieder gibt es Regionen, in denen sie in großer Zahl vorkommen. So weist zum Beispiel der Krater Gassendi viele Rillen auf. Andere verwickelte Rillensysteme stehen mit Triesnecker in der Gegend des Mare Vaporum in Verbindung, mit Prinz, nahe Aristarchus, und mit den Grenzen des Mare Humorum.

Von der Erde aus ist es oft schwer, eine Rille von einer Kraterkette zu unterscheiden. Manchmal handelt es sich bei dem beobachteten Gebilde auch um eine Kombination von beidem. Die sogenannte Hyginus-Rille zeigt kraterähnliche Ausweitungen und besteht im Grunde genommen aus aufgereihten Kraterchen.

Die Sirsalisrille, die auf der Orbiter-Aufnahme (rechts) zu sehen ist, stellt dagegen eine echte Spalte dar. Sie liegt zwischen drei großen Maria – Procellarum, Humorum und Orientale – und verläuft quer durch die dazwischenliegenden Hochländer. Sie ist nach Sirsalis benannt, dem östlichen der beiden Krater auf der Aufnahme ganz oben rechts, dessen Durchmesser 32 km beträgt und der seinen Begleiter, Sirsalis A, anschneidet. Die große Rille verläuft in südwestlicher Richtung und durchschneidet den unvollständigen Krater De Vico A. Sie endet in der Nähe von Krüger und Byrgius.

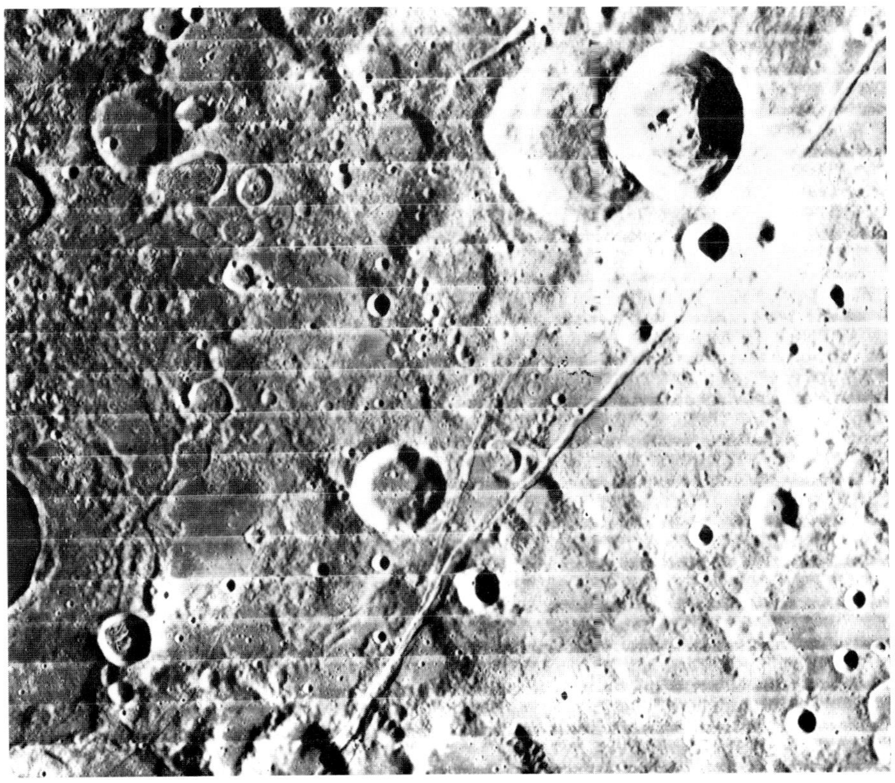

Mare Humorum (oben)
Es gibt Maria, die von Rillen umgeben sind, die konzentrisch zu ihren Randgebirgen verlaufen. Das ist auch beim Mare Humorum – hier auf einer Aufnahme des Lick-Observatoriums – der Fall. Es handelt sich hierbei um gebogene Rillen. Gassendi ist der auffällige 88-km-Krater am Rande des Mare. Die zum Mare hin liegende Wand des Gassendi ist stark in Mitleidenschaft gezogen, auch zeigt der Boden viele Rillen. Links: Die große Rille beim Doppelkrater Sirsalis.

Verwerfungen

Die Gerade Wand (Rupes Recta) ist eine außergewöhnliche Formation. Sie liegt an der Grenze des Mare Nubium zwischen den Kratern Thebit und Birt. Sie ist auch mit kleinen Teleskopen gut zu erkennen und ein beliebtes Objekt für Mondbeobachter. Ihr Name ist allerdings nicht ganz zutreffend, denn sie ist weder gerade noch eine Wand. In Wahrheit ist sie eine Verwerfung in der Mondoberfläche. Sie ist 128 km lang, und die Höhendifferenz zwischen Fuß und Spitze beträgt 240 m.

Das Bild rechts wurde bei zunehmendem Mond aufgenommen, das Sonnenlicht kommt von Ost: Die Wand wirft Schatten und erscheint als dunkle Linie. Höhe und Neigungswinkel der Seitenflanke können aus dem Schattenwurf gemessen werden. Früher dachte man an Neigungswinkel von bis zu 70°, neuere Beobachtungen von Alter und Moore zeigten, daß der Neigungswinkel nicht mehr als ungefähr 40° betragen kann.

Wie man sieht, läuft die Wand quer durch eine sehr alte Wallebene, die so zerfallen ist, daß man ihr keinen Namen gegeben hat. Die Berggipfel am südlichen Ende der Wand hat man scherzhaft «Hirschhornberge» benannt; der alte Ring, der diese Berge mit Thebit verbindet, ist Thebit P. Thebit wird von einem kleineren Krater (A) angeschnitten, der seinerseits wieder von einem anderen (L) angebrochen worden ist.

Die Gerade Wand (oben)
Diese zweite Aufnahme wurde nach Vollmond gewonnen. Das Sonnenlicht kommt aus West, die geneigte Fläche der Wand ist ihm zugekehrt und erscheint nun hell. Nach Ost aber erhebt sich die Wand nicht über das umgebende Gelände, so daß sie jetzt überhaupt keinen Schatten mehr wirft. Die Umrisse des alten Ringes sind sichtbar.

Die Oberfläche des Mondes

Die Entstehung der Mondkrater

Die Natur der Mondoberfläche lieferte jahrelang gehörigen Zündstoff für wissenschaftliche Dispute. Ursprünglich bestand unter den Astronomen kaum ein Zweifel darüber, daß die Krater und Maria vulkanischen Ursprungs seien – im weitesten Sinne des Wortes, denn ein Mondkrater mit seinen massiven Wänden und dem tieferliegenden Kraterboden unterscheidet sich grundlegend von einem Vulkankegel vom Typ des Vesuv oder des Ätna. Gegen Ende des 17. Jahrhunderts stellte Robert Hooke die Theorie auf, die Krater seien aus geplatzten Gasblasen in der Mondkruste entstanden.

Im 19. Jahrhundert äußerten etliche Astronomen, wie F. Gruithuisen, die Vermutung, die Krater könnten durch Meteoriteneinschlag entstanden sein. Eine völlig andere Theorie vertraten James Nasmyth und James Carpenter 1874, die annahmen, daß die Zentralberge Materie in heftigen Eruptionen ringförmig ausstreuten, was zur Bildung der Kraterwände führte. Diese Hypothese einer «vulkanischen Quelle» ist indessen völlig haltlos. Die Materie, die den Wall eines großen Kraters, wie zum Beispiel Clavius, ausmacht, ist für diese Art der Ausstreuung viel zu umfangreich. In diesem Zusammenhang sei daran erinnert, daß wir keinen Krater kennen, dessen Zentralberg höher ist als die ihn umgebende Außenwand. Man hat sich bemüht, Analogien auf der Erde zu finden. Beide Formationsarten wurden untersucht und zur Diskussion gestellt; es gibt vulkanische Kessel, wie den Lake-Krater in Oregon, und Meteoritenkrater, wie den in Arizona. Aber auch nach den ersten Mondlandungen von 1969 dauert die Kontroverse weiter fort.

Es gibt noch andere Theorien. Zu den ausgefallensten gehört wohl die des deutschen Selenographen P. Fauth, der allen Ernstes annahm, daß der Mond mit einer dicken Eisschicht bedeckt sei, und der spanische Ingenieur S. Ocampo hielt die Krater für das Endergebnis eines Atomkrieges zwischen zwei Rassen von Mondmenschen! Im allgemeinen jedoch ging es um das Kernproblem, ob die Krater aus endogenen (mondinneren) Kräften oder durch Aufschlag entstanden seien. Daran schloß sich wiederum die Frage, ob der Mond früher ein heißer Planetenkörper gewesen sei.

Wahrscheinlich haben sowohl vulkanische als auch Aufschlagsprozesse stattgefunden, und es fragt sich nur, welcher von den beiden Prozessen im Vordergrund gestanden hat. Man hoffte, die Analysen der Mondgesteinsproben und die Aufzeichnungen der von den Apollo-Astronauten auf dem Mond zurückgelassenen Seismometer würden die Frage klären können. Die seismografischen Aufzeichnungen deuteten auf eine Struktur von übereinandergelagerten Schichten hin, aber diese Auslegung war umstritten. Es handelte sich eindeutig um Basaltgestein, was auf vulkanischen Ursprung schließen ließe. Doch wurde darauf hingewiesen, daß auch der Aufschlag eines Meteoriten die vulkanische Aktivität ausgelöst haben könnte.

Eines steht fest: Die Mondmeere sind nicht Mulden von weichem Staub, sondern höchstwahrscheinlich Lavaströme.

Die Meteoritentheorie. Die Meteoriten- oder Einschlagstheorie, die im folgenden behandelt wird, erklärt die Entstehung der Mondkrater hauptsächlich durch Meteoriteneinschlag. Ein Meteorstein stürzt auf den Mond und durchschlägt dabei die Mondkruste, so daß seine kinetische oder Bewegungsenergie in Wärme umgewandelt wird und er die Wirkung einer Bombe hat. (Siehe Skizze: A = Primäreinschlag; B = durch ausgeworfene Materie entstandener Nebenkrater.) Der so entstandene Krater wird im wesentlichen kreisförmig sein, auch wenn das Geschoß in einem Winkel auftrifft. Es gibt auf der Erde mehrere Einschlagskrater dieser Art, und man kann die irdischen Meteoritenkrater, Explosionskrater und lunare Strukturen miteinander vergleichen. Selbst die regelmäßigen Maria, wie das Mare Imbrium, werden auf Einschlag zurückgeführt. Zentralberge sind das Ergebnis von Rückprallvorgängen.

Nur kleinere Gebilde, wie die Kraterketten und die offensichtlich vulkanischen Kegel, haben ihren Ursprung im Mondinneren, dagegen könnte in vielen Fällen der Aufschlag eines Meteoriten genügend starke Erschütterungen bewirkt haben, um ausgedehnte Lavaströme hervorbrechen zu lassen.

Mondgesteinsproben

Eine Analyse der Gesteinsproben von Apollo-Flügen brachte einige überraschende Ergebnisse. Insbesondere zeigte es sich, daß die Proben enorme Mengen von einer Substanz enthielten, die man als «Glasmurmeln» beschrieben hat (siehe Mikrostruktur 5). Diese wurden offensichtlich aus dem Innern von Kratern ausgeworfen. Sie sind außerordentlich klein – höchstens einen halben Millimeter im Durchmesser –, aber sehr verschiedenartig; einige sind von länglicher Form und haben unterschiedliche Farben. Die Analyse der Gesteinsproben ergab Plagioklas, Ilmenit und Pyroxen als Bestandteile (siehe Mikrostrukturen 1–4). Auch verschwindend kleine Rubine hat man gefunden.

Mikrostruktur (rechts)

Fünf stark vergrößerte Aufnahmen von Mondgesteinsproben. Diese Proben wurden von Armstrong und Aldrin aus dem Mare Tranquillitatis mitgebracht. Die Proben aus dem Oceanus Procellarum weichen hinsichtlich ihrer geologischen Struktur und ihrer chemischen Zusammensetzung leicht davon ab.

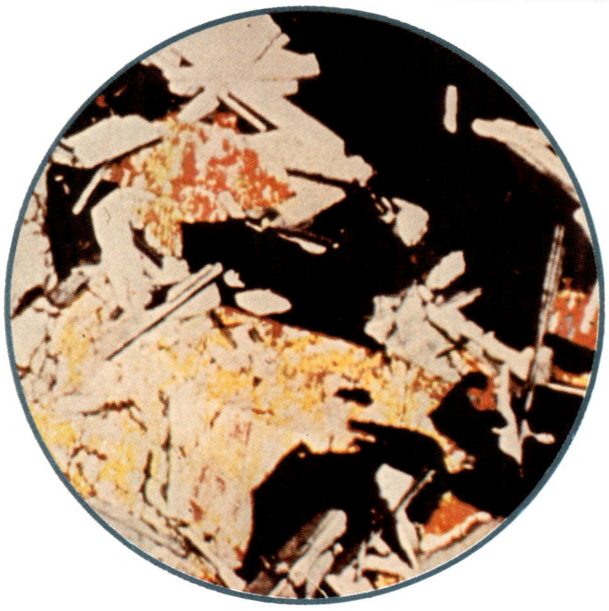

Die Oberfläche des Mondes (links)
Noch bis vor wenigen Jahren war eine auf T. Gold zurückgehende Theorie verbreitet, nach der die Maria mit tiefen Lagen weichen Staubes bedeckt seien. Sie wurde durch die Landung der russischen Luna 9 im Jahre 1966 widerlegt. Diese Aufnahme (links) zeigt das Gebiet des Mare Tranquillitatis, in dem die Landefähre von Apollo 11, «Eagle», im Juli 1969 niederging.

Der Fußabdruck (oben rechts)
Der Fußabdruck eines Astronauten (Aldrin) auf dem Mare Tranquillitatis. Die Druckvertiefung beträgt weniger als 2,5 cm. Die Stiefel der Astronauten sanken, wenn sie sich am Rande von Kratern bewegten, etwas tiefer ein, aber niemals bestand die Gefahr wirklichen Versinkens.

Gesteinsprobe (rechts)
Auf diesem Bild sieht man eine der Gesteinsproben, die von Apollo 11 zurückgebracht wurden. Sie ist basaltartig und enthält viele der interessanten «Glasmurmeln» (s. S. 92 u.); sie hat einen sehr niedrigen Wassergehalt. Die Menge von wasserhaltiger Materie auf dem Mond scheint sehr gering zu sein — und was für die Gebiete der Maria gilt, trifft vermutlich auch für die Hochebenen zu. Es ist nun höchst unwahrscheinlich, daß es jemals viel Oberflächenwasser auf dem Mond gegeben hat, und die Aussichten, auf — wiederholt schon vermutetes — Untergrundeis zu stoßen, sind gering.

Nahaufnahme des Mondgesteins (rechts)
Ein Ausschnitt desselben Gesteins in starker Vergrößerung. Diese Aufnahme wurde in Houston, Texas, während der ersten Untersuchungen der von Armstrong und Aldrin mitgebrachten Proben gemacht.

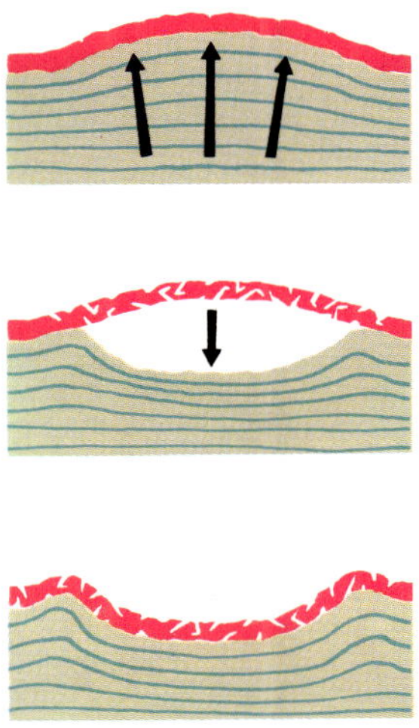

Die Vulkantheorie. Diese Theorie sieht die treibende Kraft der Kraterentstehung im Innern des Mondes selbst. Die Mondkrater sind nicht wahllos über die Oberfläche verstreut. Selbst die großen Wallebenen zeigen die Tendenz, sich entlang einer Linie aufzureihen, oder sie erscheinen in Gruppen und Haufen. Auf der erdzugewandten Halbkugel besteht eine offensichtliche Ausrichtung zum Zentralmeridian hin, die schwerlich rein zufällig sein kann. Es scheint, daß die Krater nach genau bestimmten Gesichtspunkten an schwächeren Stellen in der Mondkruste auftreten und deshalb inneren Ursprungs sein müssen. Dort, wo sich zwei Krater überschneiden, ist es fast immer der kleinere Krater, der in den größeren eingedrungen ist, was wieder auf eine nicht zufällige Verteilung hindeutet. Die Zentralberge sind nur durch die Vulkantheorie zu erklären. Die irdischen Calderas erhielten ihre Form in einem Prozeß von Einsturz und Erosion, wie wir auf dem Schema sehen, und zwischen ihnen und den Mondkratern bestehen enge Übereinstimmungen. Die Gesteinsproben, die bei den Apollo-Flügen gesammelt wurden, sind vulkanischer Natur; doch vermutlich sind auf dem Mond beide Prozesse am Werk gewesen: Vulkanismus und Meteoriteneinschlag.

Die Erforschung des Mondes

A = Apollo
L = Luna
O = Orbiter
R = Ranger
S = Surveyor

Die Erforschung des Mondes
Bis zur Entwicklung der Raumsonden mußte die gesamte Mondkartografie von der Oberfläche der Erde aus betrieben werden. Frühe Karten basierten ausschließlich auf Beobachtungen mit dem Fernrohr. Die ersten fotografischen Karten datierten aus der zweiten Hälfte des 19. Jahrhunderts, und als die ersten Raumsonden gestartet wurden, war die Vorderseite des Mondes hinlänglich kartografiert.

Aber vieles blieb noch zu tun. Von der Erde aus konnten sehr feine Einzelheiten nicht einmal mit sehr großen Teleskopen fotografiert werden; über die erdabgewandte Halbkugel war überhaupt nichts herauszufinden, und die Karten der perspektivisch verkürzten Randgebiete waren mangelhaft.

Im «Zeitalter der Raumfahrt» gingen zunächst die Russen in Führung. 1959 starteten sie drei erfolgreiche Mondsonden, deren erste, Luna 1, am Mond vorbeiflog, die zweite, Luna 2, zerschellte bei der Landung, und die wichtigste der Serie, Luna 3, wurde genau zwei Jahre nach dem ersten künstlichen Satelliten, Sputnik 1, gestartet. Luna 3 umkreiste den Mond und übermittelte Fotografien von den Gebieten, die ewig von uns abgekehrt sind. Rechts oben auf dieser Seite ist eine dieser Aufnahmen. Man erkennt Teile der uns bekannten Vorderseite — unten links ist das Mare Crisium deutlich zu sehen — und weite Gebiete, die von der Erde aus niemals sichtbar sind.

Viele wichtige Fragen wurden mit einem Schlag geklärt. Wie erwartet, wies die Rückseite des Mondes die gleichen Grundformen auf wie die uns vertraute Hemisphäre, aber in den Einzelheiten bestanden Unterschiede. Vor allem waren die dunklen Flächen der Maria rarer, und das einzige, was auf den Originalaufnahmen von Luna 3 deutlich erkennbar war, ist das Mare Moscoviense oder Moskauer Meer.

Für heutige Begriffe waren die Bilder von Luna 3 sehr unscharf und wiesen, da sie bei sehr hohem Licht gemacht wurden, praktisch keine Schatten auf. Es ist also nicht verwunderlich, daß sie vergleichsweise wenig Einzelheiten wiedergeben und teilweise falsch ausgewertet wurden. Die Originalkarte der Russen zeigt zum Beispiel eine große Bergkette, die sie «Sowjetberge» nannten und die es in Wirklichkeit gar nicht gibt!

Den nächsten Schritt taten die Amerikaner mit ihren Ranger-Sonden. Diese sollten auf dem Mond aufschlagen und im letzten Flugabschnitt Bilder zur Erde senden. Neun Ranger-Sonden wurden insgesamt ausgesandt, die letzten drei waren erfolgreich.

1966 wurde die erste der fünf Orbiter-Sonden gestartet, die sich alle hervorragend bewährten. In Umlaufbahnen um den Mond gebracht, schickten sie Nahaufnahmen der gesamten Mondoberfläche zurück. Ohne die Orbiter hätte das Apollo-Projekt niemals durchgeführt werden können. Genaueste Einzelheiten über den Zustand der Mondoberfläche vermittelten die weich gelandeten russischen Sonden Luna 9 und 13 und die amerikanischen Surveyors. Als die ersten Menschen den Mond betraten, war seine Oberfläche bereits vollständig kartografiert. In den wenigen Jahren seit 1966 war auf diesem Gebiet Großes geleistet worden.

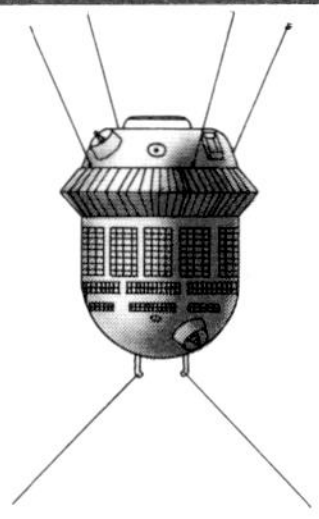

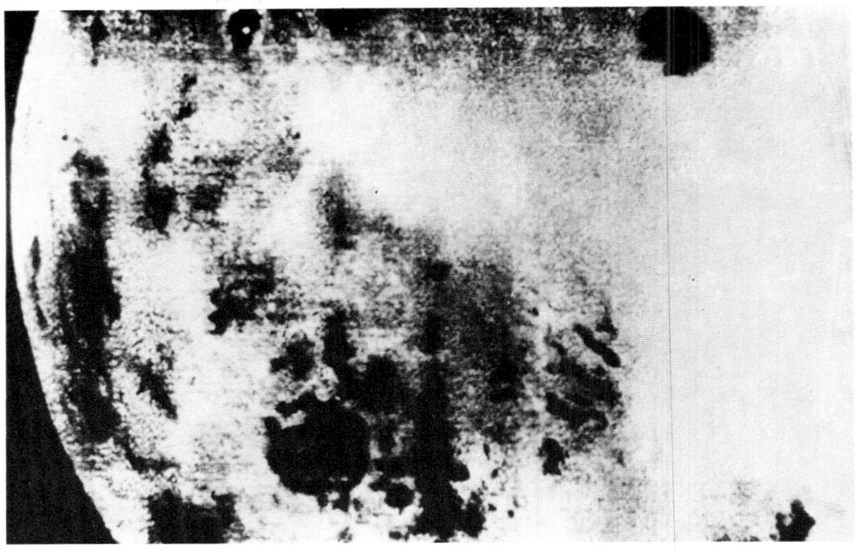

Luna 3
Die von den Russen gestarteten drei Luna-Sonden waren die ersten erfolgreichen Mondsonden. Luna 3 übermittelte uns die ersten Aufnahmen von der Rückseite des Mondes. In dieser Aufnahme von Luna 3 liegt oben rechts das Mare Moscoviense.

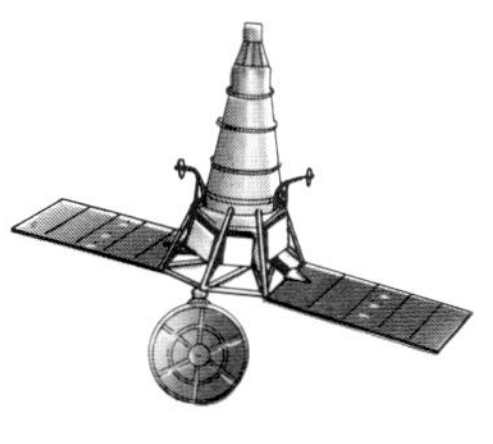

Ranger 8
Neun Rangers wurden von den Amerikanern zum Mond geschickt, die erste am 23. August 1961, die letzte am 21. März 1965. 7, 8 und 9 waren erfolgreich. Sie landeten hart, sendeten aber während der letzten Flugminuten Nahaufnahmen zur Erde zurück. Diese Ranger-8-Fotografie zeigt den Krater Delambre aus 760 km Höhe.

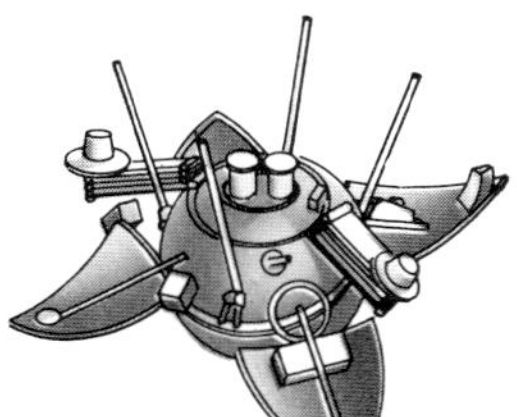

Luna 13
Mit Luna 9, die am 31. Januar 1966 gestartet wurde, gelang den Russen die erste weiche Mondlandung. Am 21. Dezember wurde Luna 13 hinaufgeschickt und lieferte ausgezeichnete Fotos. Auf diesem Bild ist der Schatten des oberen, zentralen Teils der Sonde zu sehen.

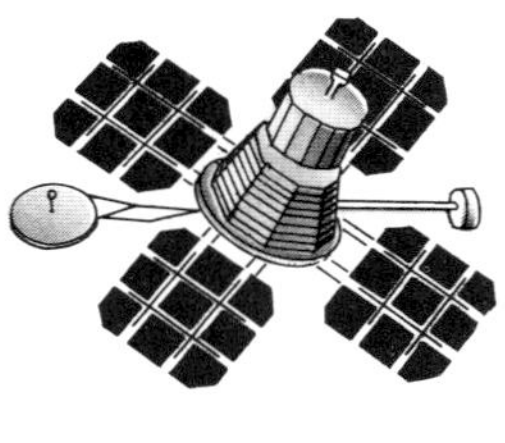

Orbiter 5
Der erste Orbiter wurde von den Amerikanern am 10. August 1966 gestartet. Er war, ebenso wie die vier folgenden Sonden dieser Serie, außerordentlich erfolgreich und fotografierte die gesamte Mondoberfläche im Detail. Ein Beispiel zeigt die nebenstehende Aufnahme.

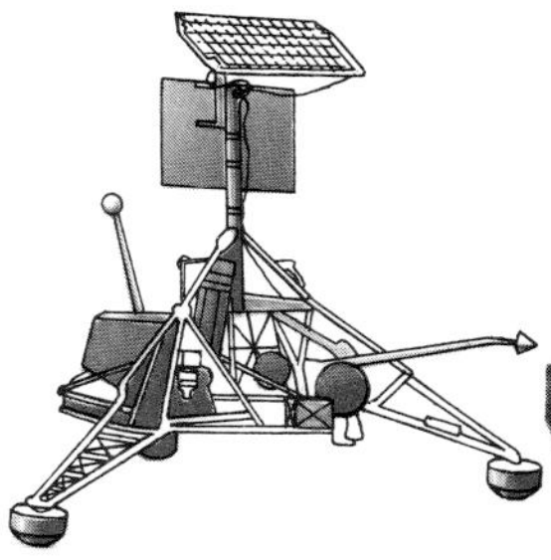

Surveyor 3
Surveyor 1, am 30. März 1966 gestartet, landete – wie Luna 9 – im Oceanus Procellarum und sendete mehr als 11 000 Aufnahmen zurück. Unter den folgenden Surveyors ist Nummer 3 von besonderem Interesse. Sie ging in einem flachen Krater in der Gegend von Landsberg, im Oceanus Procellarum, nieder und schickte Tausende von erstklassigen Aufnahmen zur Erde. Apollo 12 landete im November 1969 so dicht neben Surveyor 3, daß die Astronauten Conrad und Bean hinübergehen und Teile abmontieren konnten, darunter die Fernsehkamera, die zwecks Untersuchung mitgenommen wurde. Das hier abgebildete Panorama wurde von Surveyor kurz nach der Landung übermittelt und dann auch von Conrad und Bean fotografiert, die an dieser Stelle tatsächlich «spazierengegangen» sind.

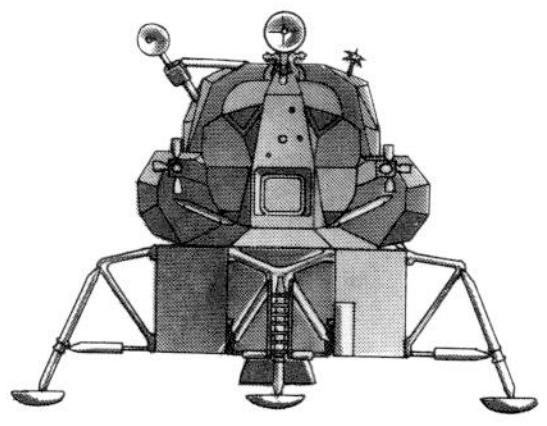

Das Apollo-Programm
Obwohl die verschiedenen Fotografien der Sonden viel neues Wissen vermittelt hatten, waren unsere Kenntnisse über die Natur der Mondoberfläche noch sehr unvollständig – bis 1969 die ersten bemannten Mondlandungen durchgeführt wurden. Als Vorbereitung war Surveyor 3 mit einer «Schaufel» ausgerüstet, die einen flachen Graben in der Oberfläche zog. Doch erst mit der Landung von Armstrong und Aldrin erhielt man zuverlässige Daten. Wie erwartet, war die Oberfläche fest, die Landschaft arm an Farbtönen; sie wurde von Aldrin als «großartige Einöde» beschrieben. Ein ähnliches Bild bot sich gegen Ende desselben Jahres Conrad und Bean auf ihrem Landeplatz im Oceanus Procellarum, der nur ein paar hundert Meter von Surveyor 3 entfernt war. Viele Arten von Sonden liegen heute über den Mond verstreut, die unteren Stufen der Apollo-Mondlandefähren eingeschlossen.

Kartografie des Mondes

Die Mercator-Projektion
In der Frühzeit der Mondkartografie wurde der Mond so dargestellt, wie er von der Erde aus erscheint. Man war vor allem bestrebt, seine Oberflächenformationen genau so wiederzugeben, wie sie sich dem Auge darbieten. Krater, die nicht in der Mitte der sichtbaren Mondscheibe liegen, sind stark verkürzt, und in der Nähe des Randes kann man kaum zwischen Grat und Wallebene unterscheiden.
Die Mercator-Projektion hat viele Vorteile und wird gern für Erdkarten benützt. Mit der Entwicklung der Raumfahrt wurde sie auch auf den Mond angewandt. Dies ist ein Ausschnitt aus einer der letzten, von der NASA herausgegebenen Mercator-Karten, bestimmt für die Verwendung bei den Apollo-Programmen.

Die Orbiter-Serie
Die Orbiter-Mondsonden brachten Mitte der sechziger Jahre eine Umwälzung in der Mondkartografie. Während die bisherigen Karten aus Fernrohrbeobachtungen und fotografischen Aufnahmen von der Erde aus zusammengestellt wurden — was auf Kosten der feinen Einzelheiten geschah und Schwierigkeiten wegen der Verkürzung am Mondrand bereitete —, war es jetzt mit Hilfe der den Mond auf niedriger Bahn umkreisenden Orbiter-Raumfahrzeuge möglich geworden, den gesamten Mond (Vorder- und Rückseite) fotografisch zu erfassen. Mit Hilfe der Orbiter-Aufnahmen konnte man genaue Mondkarten zeichnen, von denen ein Ausschnitt hier abgedruckt ist.

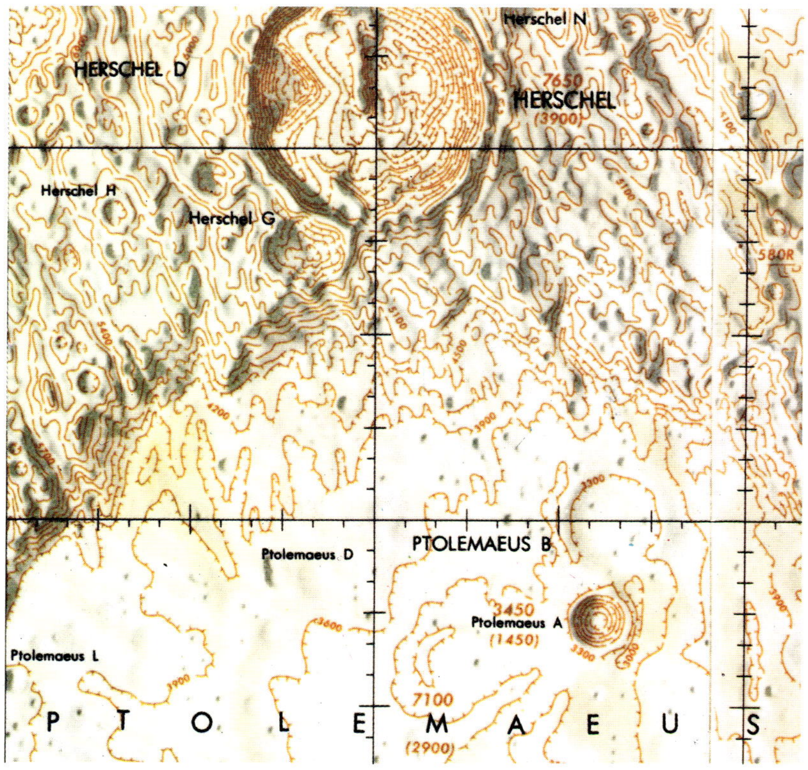

Geologische Mondkarten
Der Ausdruck «lunare Geologie» scheint sich einzubürgern, obgleich man eher von «Selenologie» sprechen sollte.
Vor 1969, als die unmittelbare Untersuchung des Mondes begann, stieß die Aufzeichnung geologischer Mondkarten auf große Schwierigkeiten. Trotzdem wurden etliche bemerkenswerte Versuche unternommen (rechts ein Ausschnitt aus einer solchen Karte).
Wie die Entstehungsgeschichte der Oberflächenformationen auch verlaufen sein mag — vulkanische Aktivität oder Meteoriteneinschläge oder beides zugleich —, Gebilde wie Copernicus werden fast übereinstimmend für älter angesehen als Krater von der Art des Eratosthenes; das Mare Imbrium ist sicher noch älter.

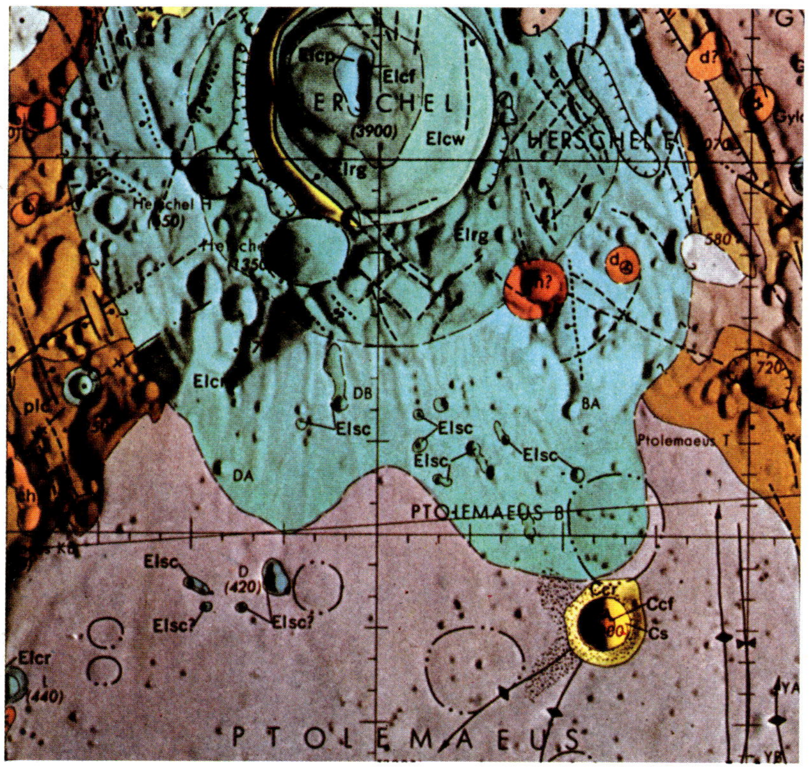

INDEX

Die fettgedruckte Zahl bezeichnet die entsprechende Mondkarte. Die Seitenzahl der Karte ist aus den Übersichtskarten gegenüber ersichtlich. Breite und Länge der Formation folgen jeweils der Kartennummer.

K

Kaiser **6** –37° + 7°
Kane **2** +63° +27°
Kant **4** –11° +20°
Kapteyn **4** –11° +71°
Kästner **4** – 6° +80°
Kelvin, Prom. **5** –27° –33°
Kepler **3** + 8° –38°
Kies **5** –26° –22°
Kinau **6** –61° +16°
Kirch **1** +39° – 6°
Kircher **5** –67° –44°
Kirchhoff **2** +30° +39°
Klaproth **5** –68° –22°
Klein **4** –12° + 2°
König **5** –24° –24°
Krafft **3** +13° –73°
Krieger **1** +29° –46°
Krusenstern **6** –26° + 6°
Kunowsky **3** + 3° –33°

L

Lacaille **6** –24° + 1°
Lacroix **5** –38° –57°
Lade **3** – 1° +10°
Lagalla **5** –44° –23°
Lagrange **5** –32° –69°
Lahire **1** +28° –24°
Lalande **3** – 5° – 9°
Lambert **1** +26° –21°
Lamé **4** –15° +66°
Lamèch **2** +43° +13°
Lamont **4** + 5° +24°
Langrenus **4** – 9° +61°
Lansberg **3** 0° –27°
La Pérouse **4** –10° +79°
Laplace, Prom. **1** +46° –26°
Lassell **3** –16° – 8°
Lavoisier **1** +38° –78°
Lee **5** –31° –41°
Legendre **6** –29° +70°
Lehmann **5** –40° –53°
Leibnitz Mts. **6** –80° +60°
Le Monnier **2** +27° +30°
Lepaute **5** –34° –35°
Letronne **3** –11° –43°
Le Verrier **1** +40° –21°
Lexell **5** –36° – 4°
Licetus **6** –47° + 7°
Lichtenberg **1** +31° –67°
Lick **4** +12° +53°
Liebig **5** –24° –48°
Lilius **6** –45° + 6°
Lindenau **6** –32° +25°
Linné **2** +28° +11°
Lippershey **5** –26° –10°
Littrow **4** +22° +32°
Lockyer **6** –6° +37°
Loewy **5** –23° –32°
Lohrmann **3** – 1° –64°
Lohse **4** –14° +60°
Longomontanus **5** –50° –21°
Louville **1** +45° –45°
Lubbock **4** – 4° +42°
Lubiniesky **3** –18° –24°
Luther **2** +23° +24°
Lyell **4** +14° +40°

M

McClure **6** –16° +50°
Maclaurin **4** – 3° +78°
Maclear **4** +11° +20°
Macrobius **2** +22° +46°
Mädler **4** –11° +30°
Maestlin **3** + 5° –40°
Magelhæns **4** –12° +44°
Maginus **6** –50° – 5°
Main **2** + 8° + 5°
Mairan **1** +42° –43°
Mallet **6** –46° +55°
Manilius **4** +14° + 9°
Manners **4** + 5° +20°
Manzinus **6** –27° +29°
Maraldi **4** +20° +35°
Marco Polo **3** +16° –2°
Marginis, Mare **4** +13° +87°
Marinus **6** –39° + 7°
Marius **3** +12° –51°
Marth **4** –31° –29°
Maskelyne **4** + 2° +30°
Mason **2** +43° +32°
Maupertuis **1** +50° –27°
Maurolycus **6** –42° +16°
Maury **2** +37° +40°
Mayer T. **3** +16° –29°
Medii, Sinus **3** 0° 0°
Mee **5** –44° –35°
Menelaus **2** +17° +16°
Mercator **5** –29° –26°
Mercurius **2** +47° +67°
Mersenius **5** –22° –49°
Messala **2** +39° +60°
Messier **4** – 2° +48°
Metius **6** –40° +44°
Meton **1** +76° +24°
Milichius **3** +10° –30°
Miller **6** –40° + 1°
Mitchell **2** +50° +21°
Moigno **2** +66° +28°
Möltke **4** – 1° +24°
Monge **4** –20° +48°
Moretus **5** –70° – 4°
Mortis, Lacus **2** +44° +27°
Mösting **3** – 1° – 6°
Mouchez **1** +86° –35°
Müller **3** – 8° + 2°
Murchison **4** + 5° 0°
Mutus **6** –64° +31°

N

Nasireddin **6** –41° + 1°
Nasmyth **5** –51° –57°
Naumann **1** +35° –60°
Neander **6** –31° +40°
Nearch **6** –58° +40°
Nebularum Palus **2** +38° + 1°
Nectaris Mare **4** –14° +34°
Neison **2** +69° +27°
Nepar **4** + 9° +84°
Newcomb **2** +30° +44°
Newton **5** –75° – 4°
Nicolai **6** –42° +26°
Nicollet **5** –22° –13°
Nöggerath **5** –49° –46°
Nonius **6** –35° + 5°
Nubium, Mare **3** –19° –14°

O

Œnopides **1** +57° –66°
Œrsted **2** +43° +47°
Oken **6** –43° +76°
Olbers **3** + 7° –77°
Opelt **3** –16° –18°
Orontius **5** –41° – 4°

P

Palisa **3** –10° – 7°
Palitzsch **6** –28° –65°
Pallas **3** + 5° + 2°
Palmieri **5** –29° –47°
Parrot **4** –15° + 3°
Parry **3** – 8° –16°
Paul Henry **5** –24° –57°
Peirescius **6** –46° +74°
Peirce **3** +18° +54°
Pentland **6** –65° +13°
Petavius **6** –26° +60°
Petermann **2** +74° +65°
Peters **2** +69° +31°
Philips **6** –26° +77°
Philolaus **1** +74° –35°
Phocylides **5** –54° –57°
Piazzi **5** –34° –68°
Piazzi Smyth **1** +42° – 3°
Picard **4** +15° +55°
Piccolomini **6** –30° +33°
Pickering E. **4** – 3° + 7°
Pico **1** +46° – 8°
Pictet **5** –44° – 7°
Pingré **5** –54° –78°
Pitatus **5** –29° –13°
Pitiscus **6** –51° +31°
Piton **1** +41° – 1°
Plana **2** +42° +28°
Plato **1** +52° –10°
Playfair **5** –24° + 9°
Plinius **4** +16° +24°
Plutarch **2** +24° +84°
Poisson **6** –30° +10°
Polybius **6** –23° +26°
Pons **6** –26° +21°
Pontanus **6** –29° +15°
Pontécoulant **6** –60° +68°
Porter **5** –56° –10°
Posidonius **2** +32° +30°
Prinz **1** +25° –44°
Procellarum, Oceanus **3** +10° –47°
Proclus **2** +16° +47°
Proctor **5** –47° – 4°
Prosper Henry **5** –23° –59°
Protagoras **2** +57° + 8°
Ptolemæus **3** – 9° – 2°
Puiseux **5** –28° –39°
Purbach **5** –26° – 2°
Putredinis, Palus **1** +27° – 1°
Pyrenaees Mts. **4** –14° +41°
Pythagoras **1** +64° –66°
Pytheas **1** +20° –20°

R

Rabbi Levi **6** –35° +25°
Ramsden **5** –33° –32°
Réaumur **3** –20° 0°
Regiomontanus **5** –28° – 1°
Reichenbach **6** –31° +49°
Reimarus **6** –47° +61°
Reiner **3** + 7° –55°
Reinhold **3** + 3° –23°
Repsold **1** +50° –71°
Rhæticus **4** 0° + 3°
Rheita **6** –37° +48°
Rheita Vallis **6** –39° +47°
Riccioli **3** – 3° –75°
Riccius **6** –37° +27°
Riphæus **3** – 8° –27°
Ritchey **3** –11° + 9°
Ritter **4** + 2° +19°
Robinson **1** +59° –45°
Rocca **3** –13° –73°
Rook Mts. **5** –40° –83°
Romer **2** +25° +37°
Roris, Sinus **1** +54° –46°
Rosenberger **6** –56° +44°
Ross **4** +12° +22°
Rosse **6** –18° +35°
Röst **5** –57° –33°
Rothmann **6** –30° +28°
Rümker **1** +40° –57°
Rupes Recta **5** –22 °–8°
Rutherford **5** –61° – 9°

S

Sabine **4** + 2° +20°
Sacrobosco **6** –23° +17°
Santbech **6** –21° +44°
Sasserides **5** –39° – 8°
Saunder **4** – 4° + 9°
Saussure **5** –44° – 3°
Scheiner **5** –60° –27°
Schiaparelli **1** +23° –59°
Schickard **5** –44° –53°
Schiller **5** –52° –40°
Schmidt **4** + 1° +19°
Schömberger **6** –78° +32°
Schröter **3** + 2° – 7°
Schröteri, Vallis **1** +26° –52°
Schubert **4** + 4° +78°
Schumacher **2** +42° +60°
Schwabe **2** +67° +50°
Scoresby **2** +80° +25°
Secchi **4** + 2° +44°
Seeliger **3** – 2° + 3°
Segner **5** –59° –49°
Seleucus **1** +21° –67°
Seneca **2** +28° +79°
Serenitatis, Mare **2** +30° +17°
Sharp **1** +46° –40°
Sheepshanks **2** +59° +17°
Short **6** –74° + 4°
Shuckburgh **2** +42° +53°
Silberschlag **4** + 6° +12°
Simpelius **6** –73° +17°
Sinas **4** + 9° +32°
Sirsalis **3** –13° –60°
Sirsalis, Rima **3** –14° –60°
Smythii, Mare **4** – 1° +88°
Snellius **6** –29° +57°
Sömmering **3** 0° – 7°
Somnii, Palus **4** +15° +46°
Somniorum, Lacus **2** +37° +35°
Sosigenes **4** – 9° +18°
South **1** +57° –49°
Spallanzani **6** –46° +25°
Spitzbergen Mts. **1** +35° – 5°
Spörer **3** – 4° – 2°
Spumans, Mare **4** + 1° +65°
Stadius **3** +11° –14°
Stag Horn Mts. **5** –24° – 7°
Steinheil **6** –49° +48°
Stevinus **6** –33° +55°
Stiborius **6** –35° +32°
Stöfler **6** –41° + 5°
Strabo **2** +62° +56°
Straight R. **1** +49° –50°
Street **5** –47° –10°
Struve, Otto. **5** +23° –70°
Struve **2** +43° +65°
Suess **3** + 4° –48°
Sulpicius Gallus **2** +20° +12°
Sven Hedin **3** + 2° –77°

T

Tacitus **4** –16° +19°
Tacquet **4** +17° +19°
Taenarium, Prom. **3** –19° – 9°
Tannerus **6** –56° +22°
Taruntius **4** + 5° +47°
Taurus Mts. **2** +28° +35°
Taylor **4** – 5° +17°
Tempel **4** + 4° +12°
Teneriffa Mts. **1** +48° –14°
Thales **2** +62° +51°
Theætetus **1** +37° + 6°
Thebit **5** –22° – 4°
Theon Junior **4** – 2° +16°
Theon Senior **4** – 1° +15°
Theophilus **4** –11° +27°
Timæus **1** +64° 0°
Timocharis **1** +27° –13°
Tisserand **2** +22° +49°
Torricelli **4** – 4° +28°
Tralles **2** +28° +53°
Tranquillitatis, Mare **4** + 9° +30°
Triesnecker **4** + 4° + 3°
Trouvelot **2** +50° + 6°
Turner **3** – 2° –13°
Tycho **5** –43° –11°

U

Ukert **4** + 8° + 1°
Ulugh Beigh **1** +33° –85°
Undarum, Mare **4** +6° +67°
Ural Mts. **3** – 5° –28°

V

Vaporum, Mare **4** +14° + 5°
Vasco Da Gama **3** +13° –87°
Vega **6** –45° +63°
Vendelinus **4** –17° +62°
Vieta **5** –29° –56°
Vitello **5** –31° –37°
Vitruvius **4** +18° +32°
Vlacq **6** –54° +36°
Vogel **4** –15° + 6°

W

Wallace **1** +20° – 9°
Walter **6** –33° 0°
Wargentin **5** –51° –64°
Watt **6** –50° +50°
Webb **4** – 1° +60°
Weigel **5** –58° –37°
Weinek **6** –28° +37°
Weiss **5** –32° –19°
Werner **6** –28° + 3°
Whewell **4** + 4° +14°
Wichmann **3** – 8° –38°
Wilhelm **5** –43° –20°
Wilhelm Humboldt **6** –27° +86°
Wilkins **6** –29° +20°
W. Bond **1** +66° + 3°
Williams **2** +42° +40°
Wilson **5** –69° –32°
Wöhler **6** –38° +32°
Wolf **5** –23° –16°
Wolff **3** +17° – 7°
Wollaston **1** +31° –47°
Wrottesley **6** –23° +57°
Wurzelbauer **5** –34° –15°

X

Xenophones **1** +56° –80°

Y

Yerkes **4** +15° +52°
Young **6** –40° +54°

Z

Zach **6** –61° + 6°
Zagut **6** –32° +22°
Zeno **2** +46° +75°
Zöllner **4** – 8° +20°
Zucchius **5** –62° – 3°
Zupus **3** –17° –53°

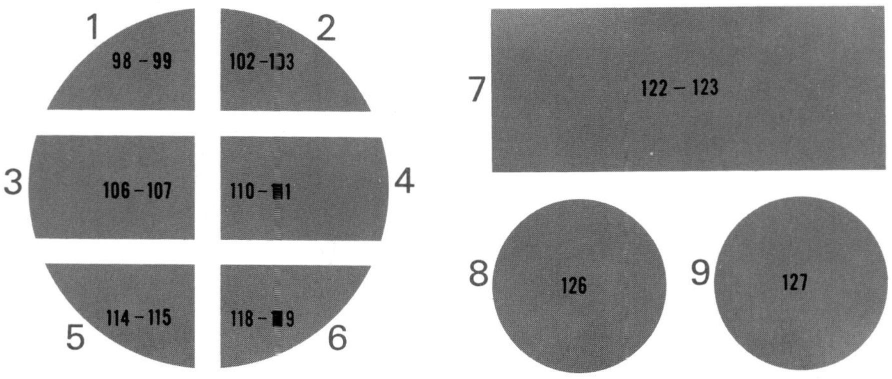

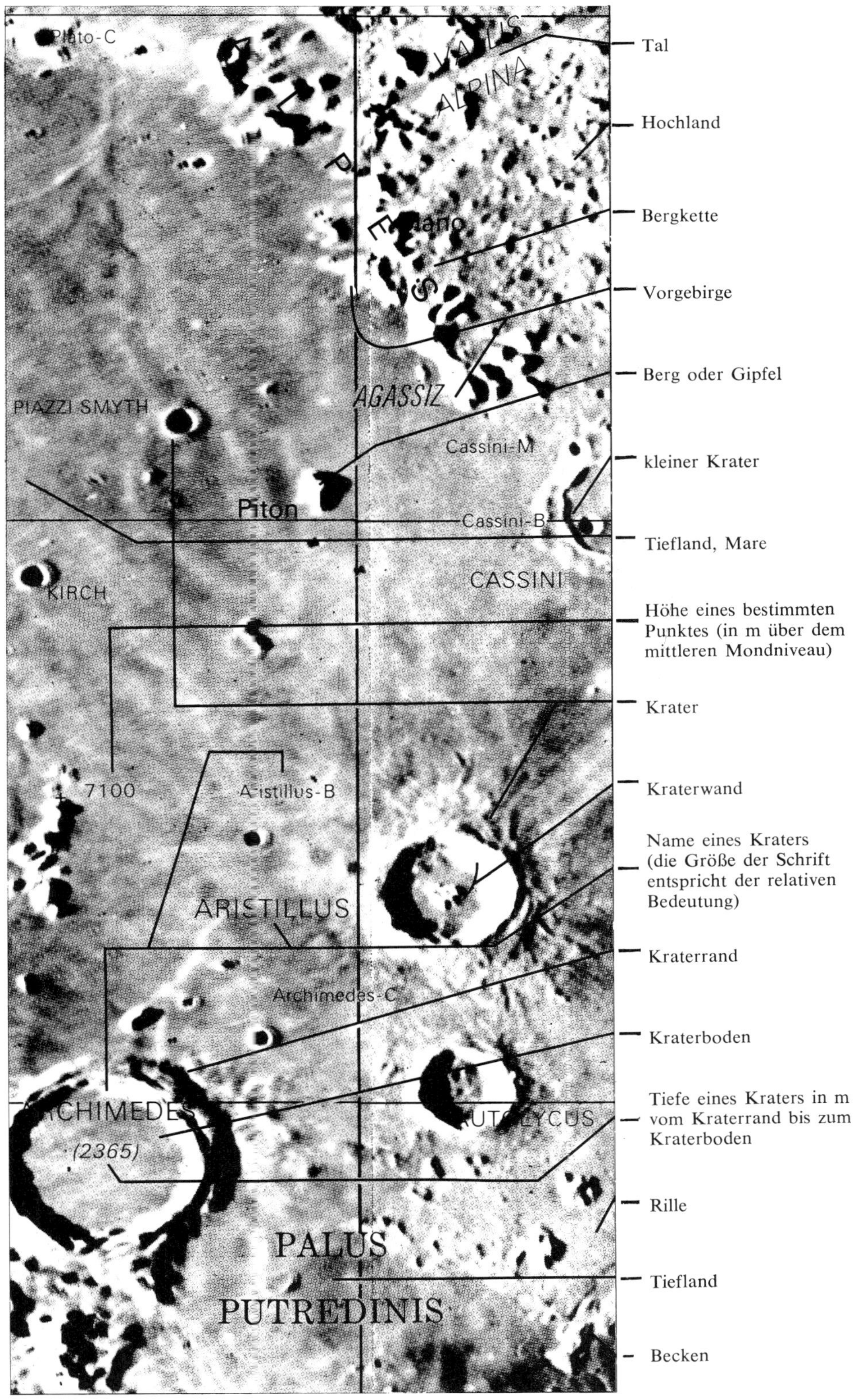

Schlüssel für die Mondkarten (oben)
Dieses Kartenbeispiel mit einem Teil des Mare Imbrium wurde gewählt, weil es alle typischen Formationen der Mondoberfläche aufweist. Der Krater Archimedes (80 km Durchmesser) ist eine von einem Wall umgebene Ebene, ziemlich flach und ohne jede Spur einer zentralen Erhebung; der kleinere Aristillus hingegen hat im Zentrum einen Berg mit einem deutlichen Gipfel; der Krater Autolycus ist noch kleiner, aber verhältnismäßig tiefer. Schließlich finden wir so ausgezeichnete Beispiele kleiner Krater wie Kirch und Piazzi Smyth im Tiefland des Mare, die beide noch tiefer sind als die umwallten Kraterebenen.
Der Palus Putredinis als Tiefebene ist keine eigentlich gesonderte Formation, sondern ein Teil des Mare Imbrium, er erhielt wegen eines geringfügigen, doch deutlich erkennbaren Unterschieds seiner Oberflächenbeschaffenheit einen eigenen Namen. Der anschließende Palus Nebularum ist vom selben Typus.
Zwei verschiedene Bergzüge sind dargestellt: Die «Alpen» gehören teilweise zur Begrenzung des Mare und sind nicht so hoch wie die «Apenninen»; immerhin finden sich einige recht hohe Gipfel wie etwa der «Mont Blanc». Das Gebirge «Spitzbergen», nördlich des Kraters Archimedes, hat hingegen eine andere Form, es ist eher eine Gebirgsgruppe als eine Kette. «Piton» gilt als prächtiges Beispiel für einen alleinstehenden Gipfel.
Oben rechts liegt das Vallis Alpina (Alpental), wohl das beste Beispiel eines Mondtales.

Physikalische Daten des Mondes

Mittlere Entfernung von der Erde: 384 400 km – größte: 406 740 km – kleinste: 356 410 km
Mittlerer scheinbarer Durchmesser: 31′05″ – größter: 33′31″ – kleinster: 29′22″
Größenklasse des Vollmondes bei mittlerer Entfernung: —12,5
Siderischer Monat: 27^d32166 ($27^d\ 7^h\ 43^m\ 11{,}5^s$)
Synodischer Monat: 29^d53059 ($29^d\ 12^h\ 44^m\ 2{,}9^s$)
Neigung der Mondbahnebene gegen die Ekliptik: 5° 09′
Bahnexzentrizität: 0,05490
Neigung des Mondäquators gegen die Ekliptik: 1° 32′
Mittlere Geschwindigkeit in der Bahn: 1023 m/sec
Durchmesser: 3476 km
Volumen: 0,0203 Erdvolumina
Masse: $7{,}35 \times 10^{22}$ kg = 0,0123 Erdmassen (= 1/81,3)
oder $3{,}7 \times 10^{-8}$ Sonnenmassen
Dichte: 3,34 g/cm³
Schwerebeschleunigung an der Oberfläche: 162,8 cm/sec² = 0,166 g
Entweichgeschwindigkeit: 2,4 km/sec

Mondkarte 1: Nordwestteil

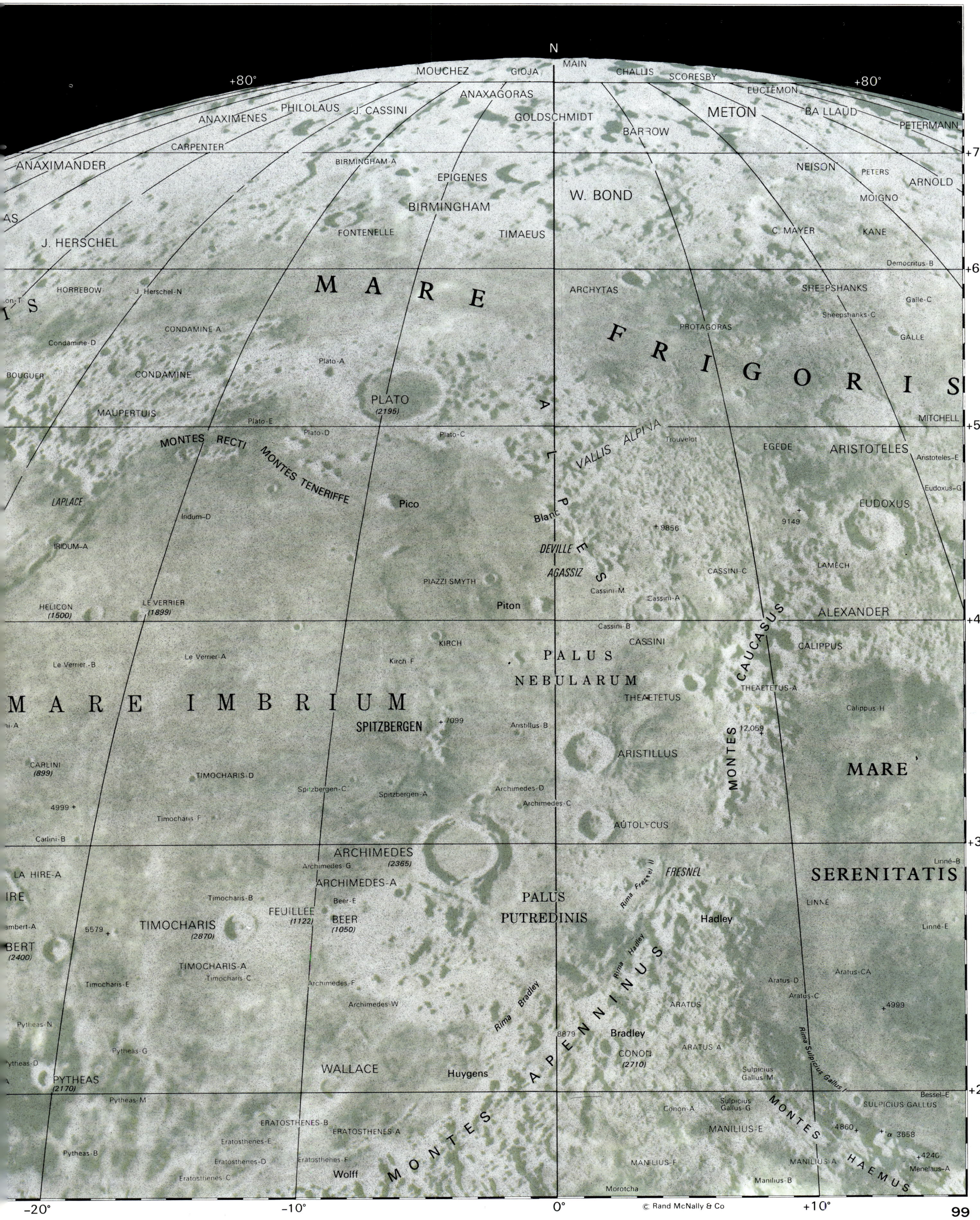

N
+80°
+80°
MOUCHEZ
GIOJA
MAIN
CHALLIS
SCORESBY
EUCTEMON
ANAXAGORAS
PHILOLAUS
J. CASSINI
ANAXIMENES
GOLDSCHMIDT
METON
BALLAUD
PETERMANN
BARROW
CARPENTER
ANAXIMANDER
BIRMINGHAM-A
+70°
NEISON
PETERS
ARNOLD
EPIGENES
W. BOND
MOIGNO
BIRMINGHAM
J. HERSCHEL
FONTENELLE
TIMAEUS
C. MAYER
KANE
Democritus-B
+60°
HORREBOW
J. Herschel-N
MARE FRIGORIS
ARCHYTAS
SHEEPSHANKS
Galle-C
Sheepshanks-C
CONDAMINE-A
PROTAGORAS
GALLE
Condamine-D
Plato-A
BOUGUER
CONDAMINE
PLATO
(2195)
MAUPERTUIS
MITCHELL
Plato-E
ALPES
+50°
Plato-D
Plato-C
Trouvelot
MONTES RECTI
VALLIS ALPINA
EGEDE
ARISTOTELES
Aristoteles-E
MONTES TENERIFFE
Eudoxus-G
LAPLACE
Pico
EUDOXUS
Iridum-D
Blanc
9149
9856
IRIDUM-A
DEVILLE
AGASSIZ
LAMECH
CASSINI-C
PIAZZI SMYTH
Cassini-M
HELICON
(1500)
LE VERRIER
(1899)
Piton
Cassini-A
ALEXANDER
+40°
Cassini-B
CAUCASUS
CASSINI
CALIPPUS
KIRCH
Le Verrier-B
Le Verrier-A
Kirch-F
PALUS NEBULARUM
THEAETETUS-A
THEAETETUS
MARE IMBRIUM
Calippus-H
SPITZBERGEN
7099
Aristillus-B
12,058
ARISTILLUS
MONTES
CARLINI
(899)
MARE
TIMOCHARIS-D
Spitzbergen-C
Spitzbergen-A
Archimedes-D
4999
Archimedes-C
Timocharis-F
AUTOLYCUS
Carlini-B
ARCHIMEDES
(2365)
+30°
Linné-B
LA HIRE-A
Archimedes-G
FRESNEL
ARCHIMEDES-A
SERENITATIS
Rima Fresnel II
Timocharis-B
Beer-E
PALUS PUTREDINIS
LINNÉ
FEUILLÉE
(1122)
BEER
(1050)
Hadley
5579
TIMOCHARIS
(2870)
Linné-E
(2400)
Rima Hadley
TIMOCHARIS-A
Timocharis-C
Aratus-CA
Aratus-D
Timocharis-E
Archimedes-F
Aratus-C
Archimedes-W
ARATUS
4999
Rima Bradley
Pytheas-N
8879
Bradley
ARATUS-A
Pytheas-G
CONON
(2710)
Rima Sulpicius Gallus
WALLACE
Huygens
APENNINUS
Sulpicius Gallus-M
PYTHEAS
(2170)
Bessel-E
+20°
Pytheas-M
Sulpicius Gallus-G
SULPICIUS GALLUS
Conon-A
ERATOSTHENES-B
MANILIUS-E
4860
α 3658
ERATOSTHENES-A
Eratosthenes-E
MONTES HAEMUS
Pytheas-B
+4240
Eratosthenes-D
Eratosthenes-F
MANILIUS-F
MANILIUS-A
Menelaus-A
Wolff
MONTES
Eratosthenes-C
Manilius-B
Morotcha
-20°
-10°
0°
+10°

Einzelheiten: Nordwestteil

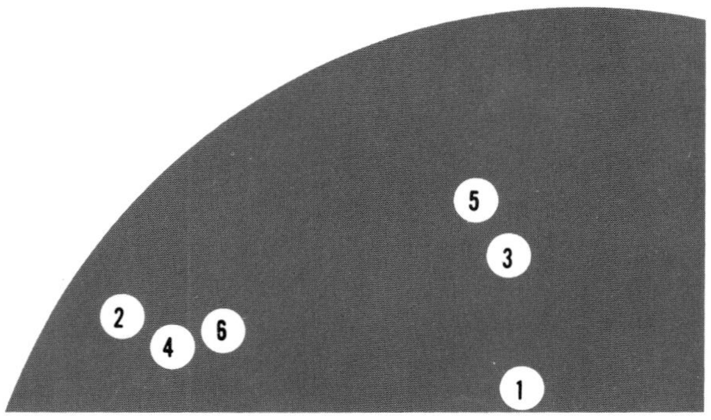

Wohl die wichtigste aller Oberflächenformationen des Mondes ist das Mare Imbrium. Es beherrscht den nordwestlichen Teil der sichtbaren Mondscheibe und dürfte in einem gigantischen Ausbruch entstanden sein. Es ist bei weitem das größte der regelmäßigen Maria. Gebirgszüge wie die Apenninen und die Alpen bilden Teile seiner Umgrenzung. Auf seinem Boden befinden sich drei große Krater — Archimedes, Aristillus und Autolycus. Erwähnt seien ferner Timocharis, Lambert und Euler. Der Sinus Iridum bildet eine schöne Bucht gegen Nordwesten, und in seiner Nähe, im Mare Imbrium, liegen zwei kleinere Krater, Helicon und Leverrier genannt. Auch Phantomringe (s. S. 90 l. u.) sind zahlreich, einer davon wird mit den Montes Spitzbergenses in Zusammenhang gebracht.

Zwischen Kap Fresnel, am nördlichen Ende der Apenninen, und dem Kaukasus befindet sich eine Meerenge als Verbindung zum Mare Serenitatis im Osten. Die östlichsten Teile des Mare Imbrium nennt man Palus Nebularum und Palus Putredinis.

Am nördlichen Rand des Mare liegt der dunkelgrundige Plato mit etwa 100 km Durchmesser. Daran schließt sich ein Phantomring, an dessen südlicher Wand sich der bemerkenswerte Berg Pico erhebt. Nicht weit davon entfernt liegt die Gerade Bergkette (Montes Recti), eine außergewöhnliche Berggruppe.

Westlich des Mare Imbrium liegt Aristarchus, das hellste Gebilde auf der vorderen Hemisphäre, dicht daneben und von annähernd gleicher Größe Herodotus, der an ein ausgedehntes, windungsreiches Tal anschließt, zu Ehren seines Entdeckers Schröter-Tal benannt. Aristarchus ist deshalb besonders interessant, weil in ihm und um ihn herum Leuchterscheinungen beobachtet worden sind, die wahrscheinlich auf Gase zurückzuführen sind.

Im nördlichen Teil dieses Gebietes liegen das unregelmäßige Mare Frigoris und der Sinus Roris. In den Gebieten, die jenseits des Mare Frigoris, zur Rückseite hin, liegen und sehr verkürzt erscheinen, gibt es gewaltige Krater, beispielsweise Pythagoras mit über 160 km Durchmesser

Die Apenninen (1) (rechts)
Von der Erde aus gesehen sind die Apenninen die eindrucksvollsten Mondgebirge. Diese Orbiter-Aufnahme zeigt das Gebiet südöstlich von Archimedes. Das abgebildete Mare ist das Mare Vaporum. Eine sehr feine Struktur ist erkennbar. Berghöhen bis 4500 m.

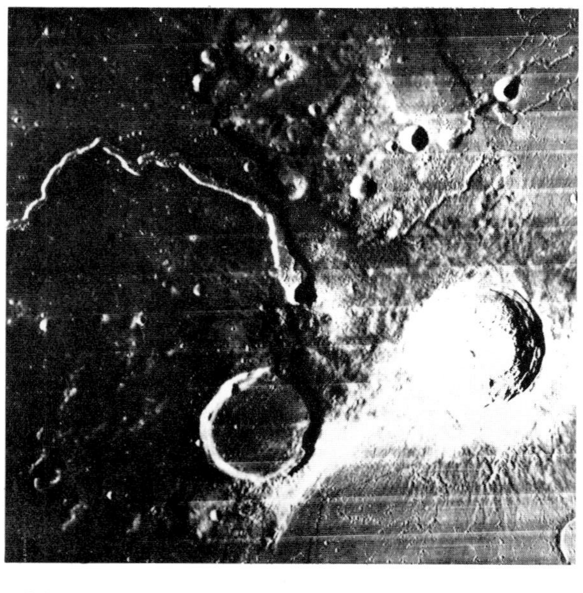

Das Schröter-Tal (2) (links)
Aristarchus und Herodotus haben annähernd die gleiche Größe — etwa 37 km im Durchmesser. Aristarchus besitzt hohe, terrassenförmige Wände und einen strahlenden Zentralberg, der Boden von Herodot ist dunkel.
Das Schröter-Tal ist im Bild rechts in einem Ausschnitt zu sehen, unten im Profil.
Beide Aufnahmen wurden von Orbiter-Sonden gemacht.

Archimedes (3) (oben)
Archimedes mit 80 km Durchmesser ist das Musterbeispiel einer Wallebene mit relativ ebenem Boden, auf dem es viele kleine Krater gibt, aber keinen Zentralberg.

Aristarchus (4) (rechts)
Aristarchus mit terrassenförmigen Wänden und Zentralbergen (Orbiter-Aufnahme). Bei steiler Beleuchtung sind vom Zentralberg bis zur Westwand dunkle Bänder sichtbar. (Profil unten)

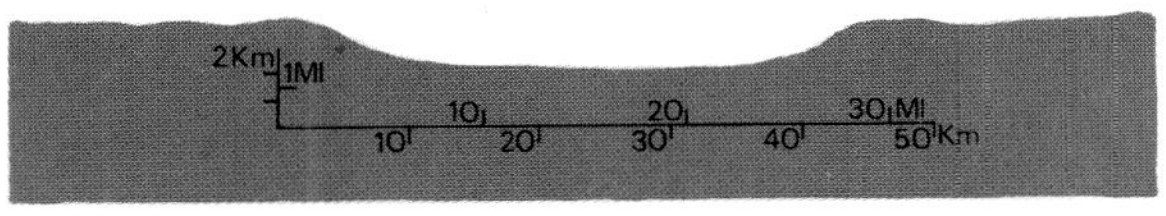

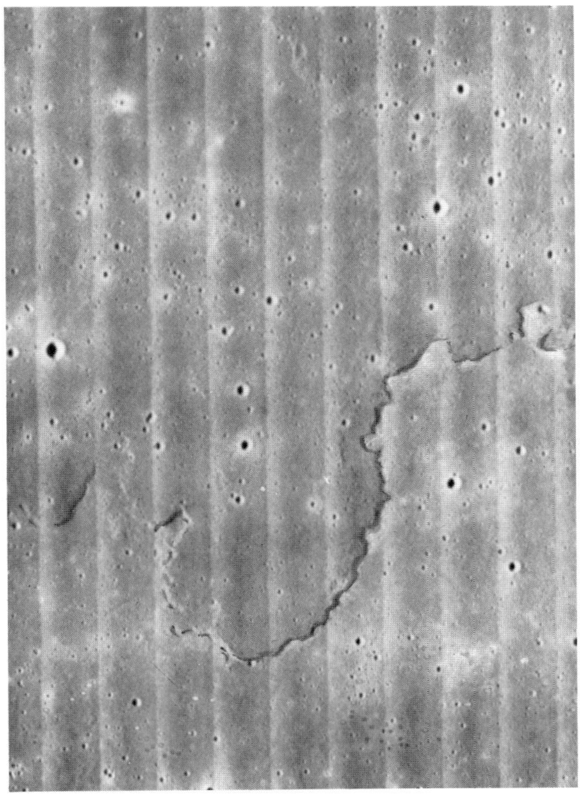

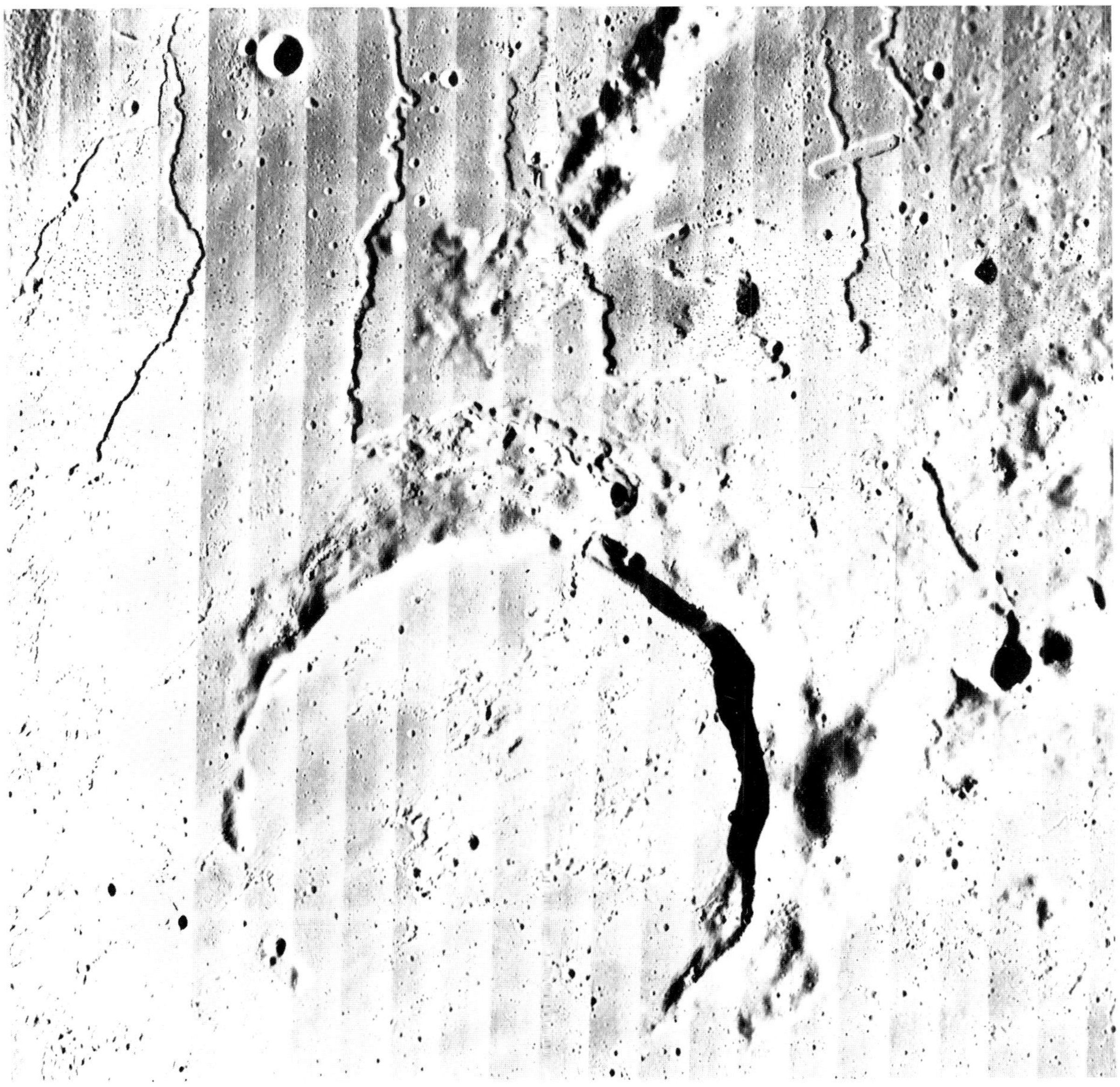

Mare Imbrium (5) (oben)
Diese Aufnahme von Orbiter 5 zeigt Lavaströme nahe dem Zentrum des Mare Imbrium (ungefähr 32° nördlicher Breite und 22° westlicher Länge). In diesem Gebiet gibt es keine großen Formationen, sondern nur mehrere kleine Krater.

Die Prinz-Region (6) (rechts)
Diese Aufnahme eines Orbiter läßt erkennen, daß der unvollständige Krater Prinz, über 40 km im Durchmesser, mit Kraterchen übersät ist. Die südliche Wand ist zerstört, der Boden zum Mare hin offen. Von Prinz aus verlaufen einige beachtenswerte Rillen in nördlicher Richtung.

Mondkarte 2: Nordostteil

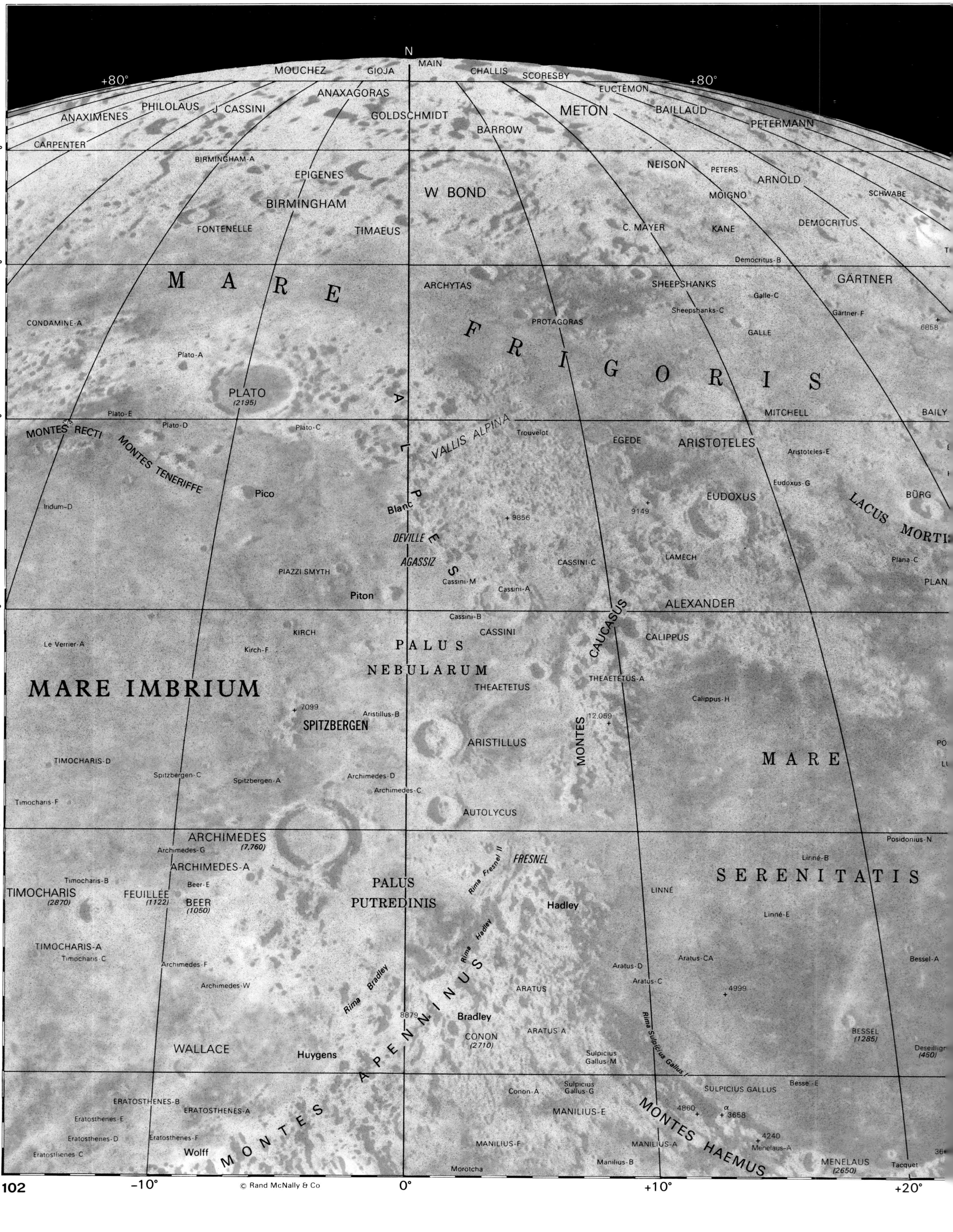

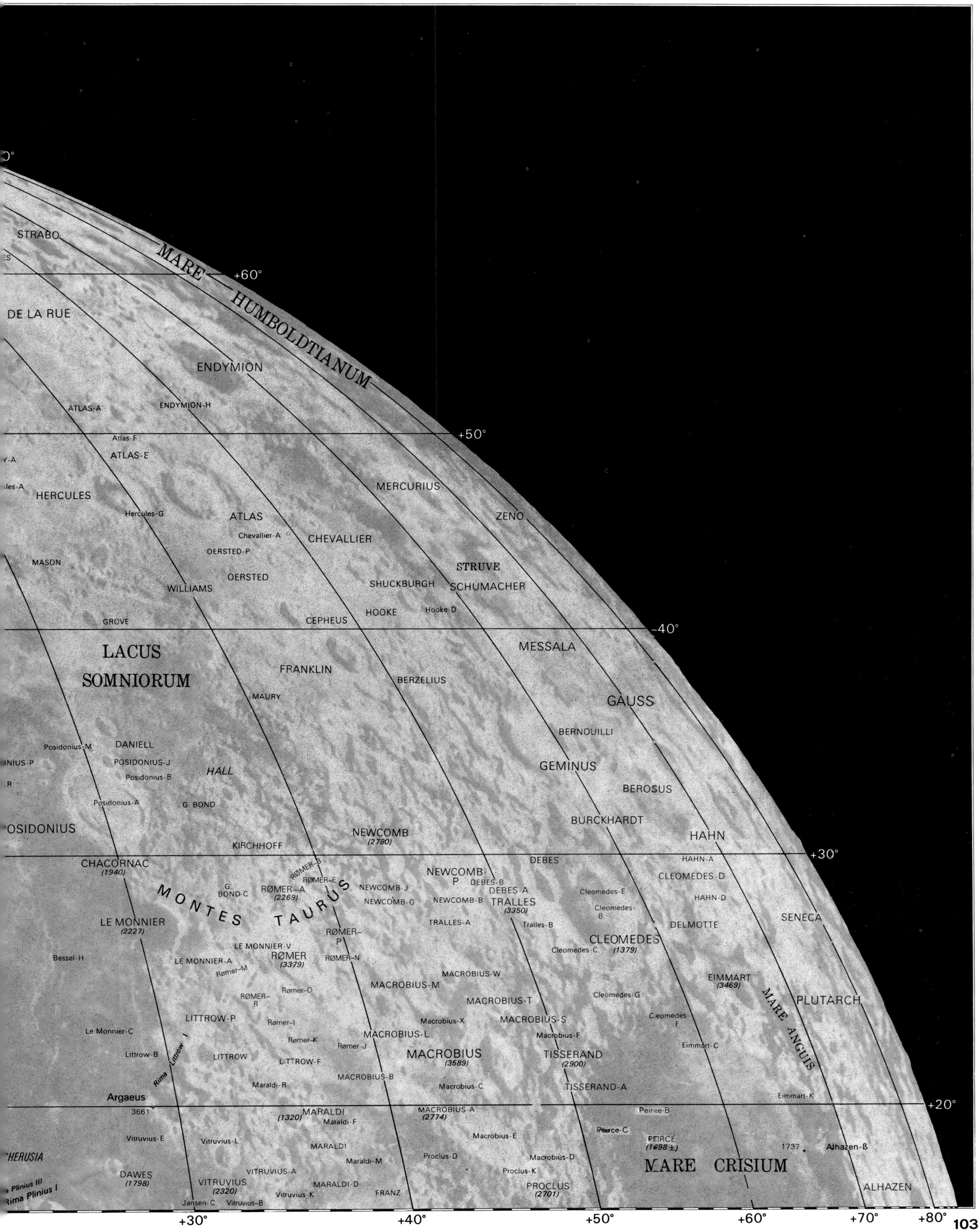

STRABO
MARE HUMBOLDTIANUM
+60°
DE LA RUE
ENDYMION
ENDYMION-H
ATLAS-A
+50°
Atlas-F
ATLAS-E
HERCULES
MERCURIUS
Hercules-G
ATLAS
ZENO
Chevallier-A
CHEVALLIER
OERSTED-P
MASON
STRUVE
OERSTED
SHUCKBURGH
SCHUMACHER
WILLIAMS
HOOKE
Hooke-D
GROVE
CEPHEUS
-40°
LACUS SOMNIORUM
MESSALA
FRANKLIN
BERZELIUS
MAURY
GAUSS
BERNOUILLI
Posidonius-M
DANIELL
POSIDONIUS-J
Posidonius-B
HALL
GEMINUS
BEROSUS
Posidonius-A
G. BOND
BURCKHARDT
POSIDONIUS
NEWCOMB
(2780)
HAHN
KIRCHHOFF
+30°
CHACORNAC
(1940)
DEBES
HAHN-A
RØMER-B
NEWCOMB-P
RØMER-E
DEBES-B
CLEOMEDES-D
MONTES TAURUS
G. BOND-C
RØMER-A
(2269)
NEWCOMB-J
DEBES-A
Cleomedes-E
HAHN-D
NEWCOMB-G
NEWCOMB-B
TRALLES
(3350)
Cleomedes-B
SENECA
LE MONNIER
(2227)
TRALLES-A
Tralles-B
DELMOTTE
RØMER-P
CLEOMEDES
(1379)
LE MONNIER-V
Cleomedes-C
Bessel-H
LE MONNIER-A
RØMER
(3379)
RØMER-N
Rømer-M
MACROBIUS-W
EIMMART
(3469)
MACROBIUS-M
Rømer-D
RØMER-R
Cleomedes-G
MACROBIUS-T
MARE ANGUIS
PLUTARCH
LITTROW-P
MACROBIUS-S
Rømer-I
Macrobius-X
Cleomedes-F
Le Monnier-C
MACROBIUS-L
Macrobius-F
Rømer-K
Rima Littrow I
Rømer-J
Eimmart-C
Littrow-B
LITTROW
MACROBIUS
(3589)
TISSERAND
(2900)
LITTROW-F
MACROBIUS-B
Maraldi-R
Macrobius-C
TISSERAND-A
Argaeus
Eimmart-K
3661
MARALDI
(1320)
MACROBIUS-A
(2774)
Peirce-B
+20°
Maraldi-F
Peirce-C
Vitruvius-E
Vitruvius-L
Macrobius-E
PEIRCE
1737
Alhazen-ß
MARALDI
Proclus-D
Macrobius-D
HERUSIA
Maraldi-M
MARE CRISIUM
DAWES
(1798)
VITRUVIUS-A
Proclus-K
Plinius III
VITRUVIUS
(2320)
MARALDI-D
PROCLUS
(2701)
ALHAZEN
Rima Plinius I
Vitruvius-K
FRANZ
Jansen-C
Vitruvius-B
+30°
+40°
+50°
+60°
+70°
+80°

Einzelheiten: Nordostteil

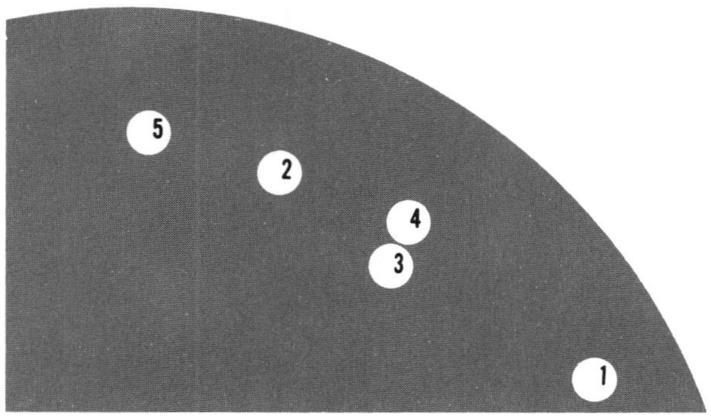

Dieses Gebiet des Mondes umfaßt das gesamte Mare Serenitatis, welches nebst Mare Imbrium das größte aller regelmäßigen Meere darstellt. Es bedeckt ein Gebiet von 320 000 km². Im Süden wird es durch das Hæmus-Gebirge begrenzt, welches etliche Gipfel von 2400 m Höhe aufweist. Das Kaukasusgebirge zwischen Mare Serenitatis und Mare Imbrium ist etwas höher, es erreicht stellenweise 3600 m. Eine Meerenge zwischen Kaukasus im Norden und dem Apenninen-Hæmus-Hochland im Süden verbindet Mare Serenitatis mit Mare Imbrium. Zugleich besteht eine Verbindung zum Mare Tranquillitatis und zum kleineren Lacus Somniorum, der mit seiner helleren und etwas fleckigen Oberfläche auch zu den teilweise mit erstarrter Lava gefüllten Gebilden gehören könnte. Das Taurusgebirge, im Osten an das Mare Serenitatis grenzend, stellt eine Ansammlung einzelner Hügel dar.

Mare Crisium, in der Nähe des Ostrandes gelegen, kann man auch mit dem bloßen Auge erkennen. Mare Humboldtianum, am Nordostrand, ist ganz ähnlich, nur sieht man es von der Erde aus stark verkürzt, unter ungünstigen Librationsbedingungen sogar überhaupt nicht. Verschiedene nahegelegene Krater haben einen dunklen Boden, der offensichtlich mit Material aus dem Mare bedeckt ist. Endymion, 125 km Durchmesser, ist das beste Beispiel hierfür. Seine Wände sind unregelmäßig, haben aber mindestens einen Gipfel, der sich bis zu 4500 m über den Kraterboden erhebt. Der noch größere Krater Gauß, mehr als 160 km Durchmesser, liegt südlich des Mare Humboldtianum. Er hat einen hohen Zentralberg und wäre bei etwas günstigerer Lage sehr imposant.

Ferner gibt es zwei beachtliche Kraterpaare. Atlas (Durchmesser 88 km, Wände 3300 m über dem Boden) hat in seinem Inneren ein Rillensystem und einige dunkle Flecken. Sein kleinerer Gefährte, Hercules, ist etwa gleich tief, hat terrassenförmige Wände und in seinem Innern einen hübschen Krater. Das zweite Paar besteht aus dem 96-km-Krater Aristoteles und seinem etwas kleineren Nachbarn Eudoxus. Zwischen diesen beiden Paaren liegt der Lacus Mortis, der eigentlich ein großer Phantomring ist. An seiner Grenze finden wir Bürg, der einen massiven Zentralberg aufweist und mit einem der kompliziertesten Rillensysteme auf dem Mond in Verbindung steht.

Die Alpen scheiden das Mare Imbrium von dem unregelmäßigen und fleckigen Mare Frigoris. Die Bergkette ist nicht so imposant und hoch wie jene der Apenninen (Montblanc, der höchste Gipfel, erreicht lediglich eine Höhe von 3600 m). Eine Formation jedoch ist von außergewöhnlichem Interesse: das allen Mondbeobachtern vertraute, große Alpental. Weit im Norden liegen kraterübersäte Hochländer. Einer der Krater, der 51-km-Krater Anaxagoras, ist Mittelpunkt eines Hauptstrahlensystems. In der Nordpolarzone liegen einige ausgedehnte Gebilde, die aus zusammengeballten Kratern bestehen, beispielsweise Meton, doch sind sie wegen der randbedingten Verkürzung von der Erde aus schwer zu studieren. Auch dieses Gebiet konnte erst dank der Orbiter-Aufnahmen kartografisch erfaßt werden.

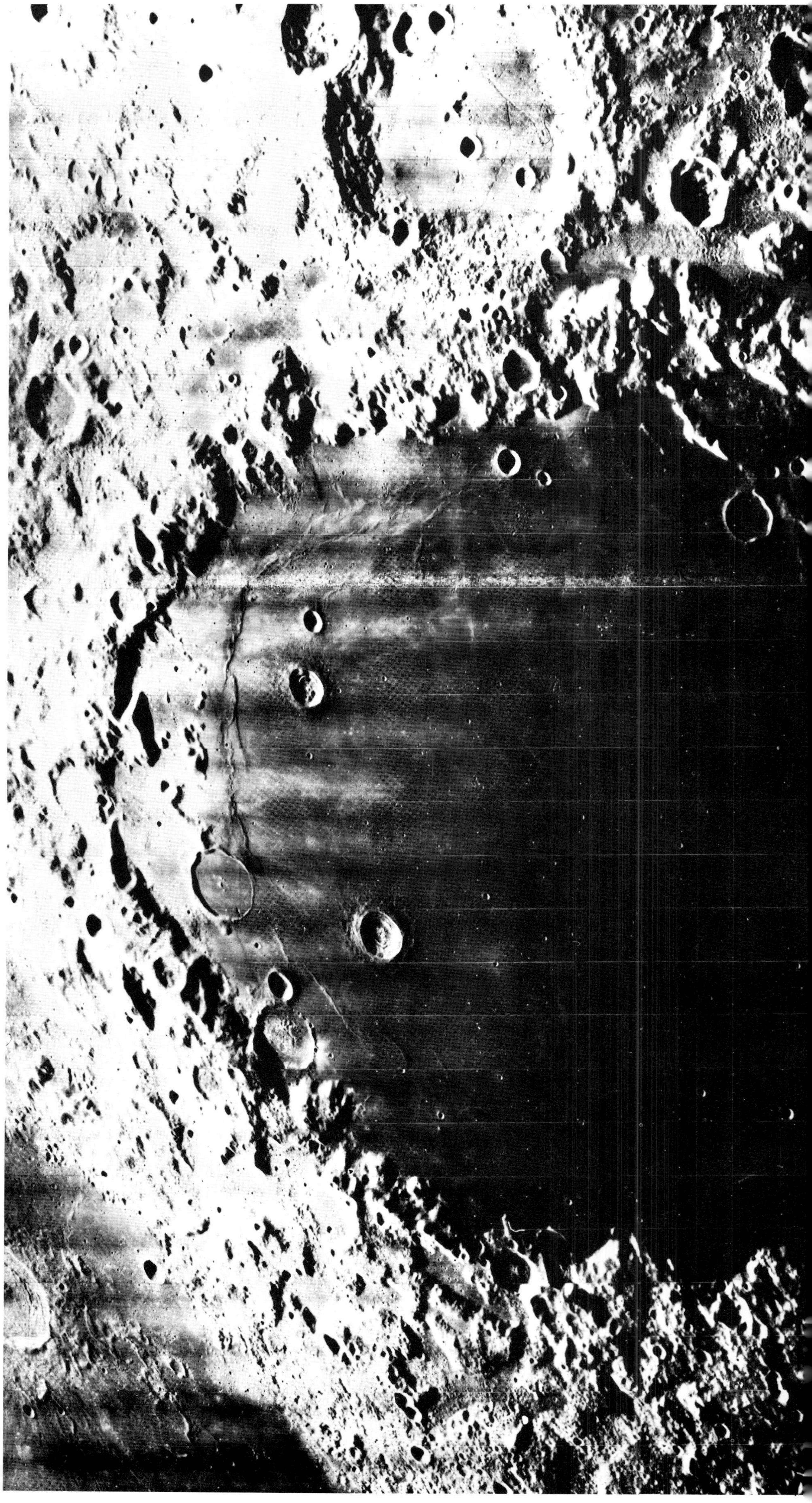

Mare Crisium (1) (rechts)
Eine der eindrucksvollsten Aufnahmen von Orbiter 4. Sie zeigt das Mare Crisium mit seinem relativ ebenen Inneren und drei deutlich sichtbaren Kratern: Picard, Peirce und Peirce B. Yerkes, am Westrand des Meeres, besitzt stark angegriffene Wände und muß fast zu den Phantomen gezählt werden. Auf den Hochländern im Norden liegt Cleomedes, eine Wallebene mit 125 km Durchmesser und hohen Wällen (oberer Bildrand).

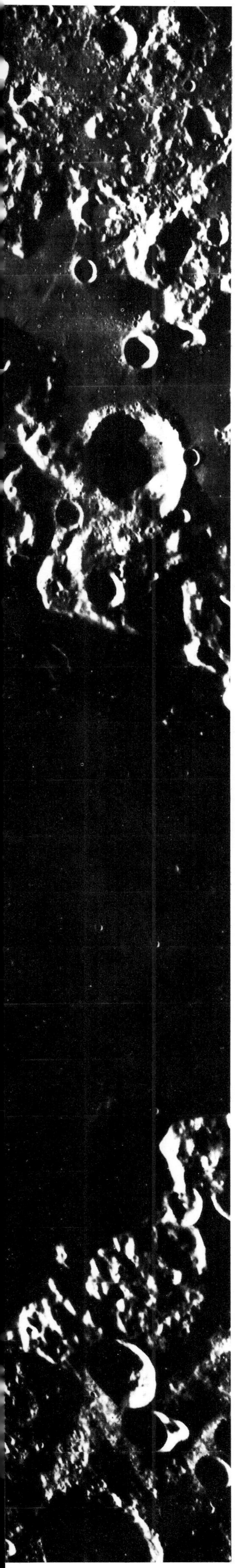

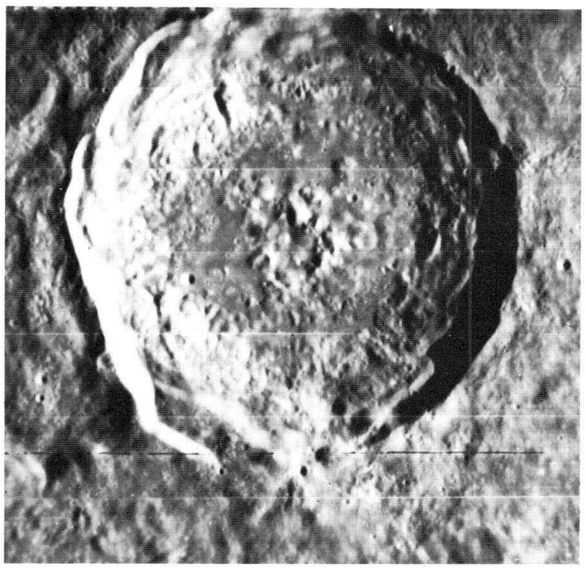

Eudoxus (2) (oben)
Eudoxus, der kleinere Gefährte des Aristoteles. Er mißt 64 km im Durchmesser, seine Wände sind im allgemeinen hoch, mit Gipfeln, die sich bis auf 3300 m über den tiefliegenden Boden erheben. Eudoxus liegt am Rande des Mare Frigoris.

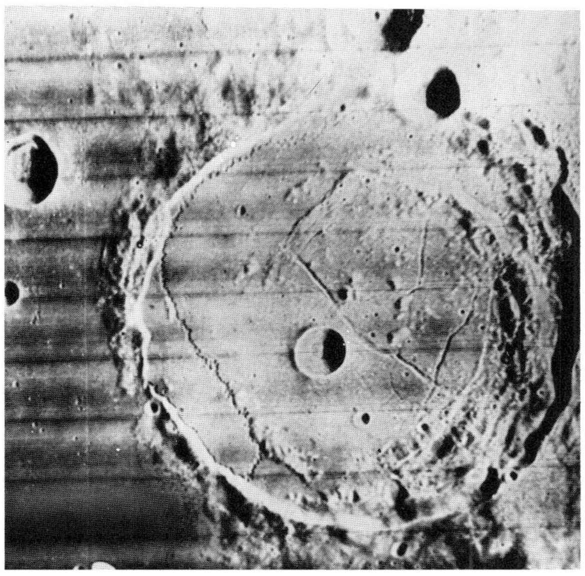

Posidonius (3) (oben)
Eine Orbiter-Aufnahme von Posidonius am Rande des Mare Serenitatis. Hier haben wir es mit einer Wallebene zu tun, fast 100 km im Durchmesser, deren Wälle vermutlich in der Lava des Mare teilweise versunken sind. Auf dem Boden liegt Posidonius A.

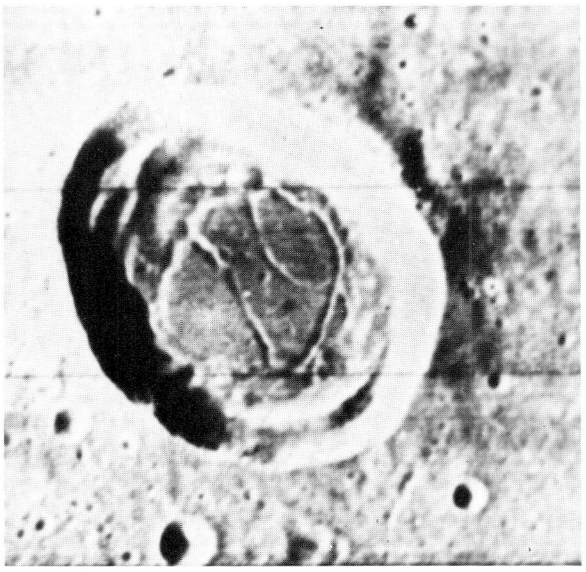

Daniell (4) (oben)
Daniell, ein verhältnismäßig kleiner Krater genau im Norden von Posidonius. Orbiter-Aufnahmen haben ein interessantes Rillensystem enthüllt, einige der Rillen verlaufen konzentrisch zu den Kraterwänden und sind wohl auf ähnliche Weise entstanden wie die des Posidonius.

Das Alpental (5) (rechts)
Das einmalige Alpental in der Aufnahme eines Orbiter. 128 km lang, sieht man es sogar mit einem kleinen Teleskop. Eine lange, schwach ausgebildete Rille durchläuft den Talgrund. Frühere Vermutungen, wonach das Tal meteoritischen Ursprungs sein könnte, können nun als gegenstandslos gelten.

Mondkarte 3: Westteil

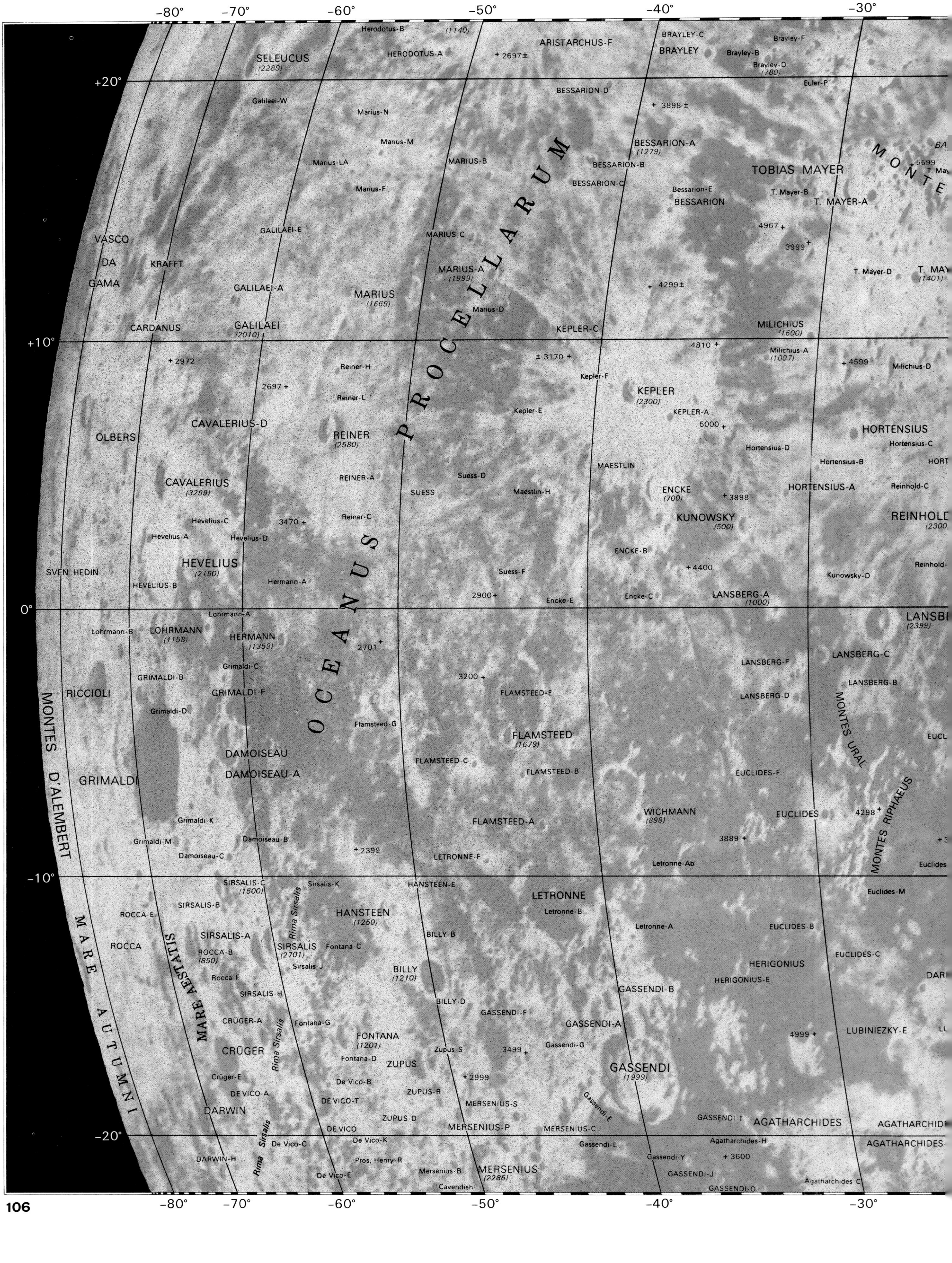

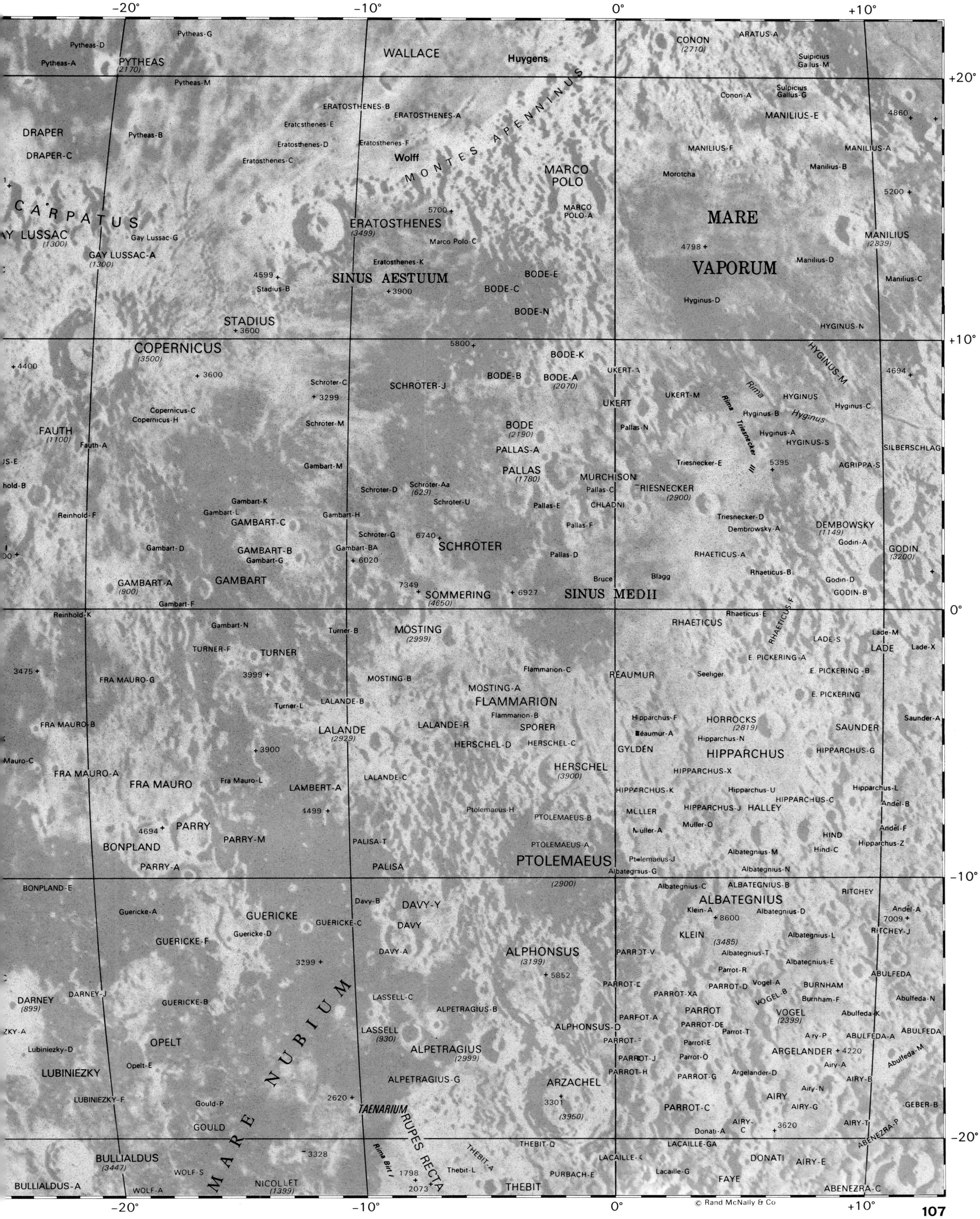

-20°
-10°
0°
+10°
+20°
+10°
0°
-10°
-20°
Pytheas-G
Pytheas-D
Pytheas-A
PYTHEAS
(2170)
WALLACE
Huygens
CONON
(2710)
ARATUS-A
Sulpicius
Gallus-M
Pytheas-M
MONTES APENNINUS
Sulpicius
Gallus-G
Conon-A
ERATOSTHENES-B
ERATOSTHENES-A
MANILIUS-E
4860
Eratosthenes-E
DRAPER
Pytheas-B
Eratosthenes-D
Eratosthenes-F
MANILIUS-F
MANILIUS-A
DRAPER-C
Eratosthenes-C
Wolff
Manilius-B
MARCO
POLO
Morotcha
CARPATUS
5700
MARCO
POLO-A
5200
MARE
AY LUSSAC
(1300)
Gay Lussac-G
ERATOSTHENES
(3499)
MANILIUS
(2839)
Marco Polo-C
4798
GAY LUSSAC-A
(1300)
Eratosthenes-K
Manilius-D
VAPORUM
4599
SINUS AESTUUM
BODE-E
Stadius-B
3900
BODE-C
Manilius-C
Hyginus-D
BODE-N
STADIUS
3600
HYGINUS-N
COPERNICUS
(3500)
5800
BODE-K
HYGINUS-M
4400
3600
UKERT-A
4694
Schroter-C
SCHRÖTER-J
BODE-B
BODE-A
(2070)
Rima
3299
UKERT-M
HYGINUS
Copernicus-C
UKERT
Rima Triesnecker III
Hyginus-C
Copernicus-H
Hyginus-B
Hyginus
Schroter-M
BODE
(2190)
Pallas-N
FAUTH
(1100)
Hyginus-A
Fauth-A
PALLAS-A
HYGINUS-S
SILBERSCHLAG
US-E
Gambart-M
Triesnecker-E
5395
AGRIPPA-S
PALLAS
(1780)
hold-B
Schroter-D
Schroter-Aa
(629)
MURCHISON
Pallas-C
TRIESNECKER
(2900)
Gambart-K
Schroter-U
Pallas-E
CHLADNI
Gambart-L
Reinhold-F
Gambart-H
GAMBART-C
Triesnecker-D
Pallas-F
Dembrowsky-A
DEMBOWSKY
(1149)
Schroter-G
6740
Godin-A
Gambart-D
GAMBART-B
Gambart-BA
SCHRÖTER
GODIN
(3200)
Gambart-G
Pallas-D
RHAETICUS-A
6020
Rhaeticus-B
GAMBART-A
(900)
GAMBART
Blagg
Bruce
Godin-D
7349
SÖMMERING
(4650)
6927
SINUS MEDII
GODIN-B
Gambart-F
Reinhold-K
Rhaeticus-E
RHAETICUS-F
Gambart-N
RHAETICUS
Turner-B
MÖSTING
(2999)
Lade-M
TURNER-F
TURNER
LADE-S
LADE
Lade-X
E. PICKERING-A
Flammarion-C
3475
FRA MAURO-G
3999
MÖSTING-B
RÉAUMUR
Seeliger
E. PICKERING-B
MÖSTING-A
E. PICKERING
Turner-L
LALANDE-B
FLAMMARION
Flammarion-B
Hipparchus-F
HORROCKS
(2819)
Saunder-A
FRA MAURO-B
LALANDE-R
SPÖRER
Réaumur-A
SAUNDER
LALANDE
(2929)
Hipparchus-N
HERSCHEL-D
HERSCHEL-C
GYLDÉN
HIPPARCHUS
HIPPARCHUS-G
3900
Mauro-C
HIPPARCHUS-X
HERSCHEL
(3900)
FRA MAURO-A
Fra Mauro-L
LALANDE-C
FRA MAURO
LAMBERT-A
HIPPARCHUS-K
Hipparchus-U
Hipparchus-L
HIPPARCHUS-C
Andel-B
4499
Ptolemaeus-H
MÜLLER
HIPPARCHUS-J
HALLEY
PTOLEMAEUS-B
4694
PARRY
Müller-A
Muller-O
Andel-F
HIND
PARRY-M
PALISA-T
BONPLAND
PTOLEMAEUS-A
Albategnius-M
Hind-C
Hipparchus-Z
PTOLEMAEUS
Ptolemaeus-J
PARRY-A
PALISA
Albategnius-G
Albategnius-N
(2900)
BONPLAND-E
Albategnius-C
ALBATEGNIUS-B
RITCHEY
Davy-B
DAVY-Y
ALBATEGNIUS
Guericke-A
Klein-A
Albategnius-D
Andel-A
GUERICKE
GUERICKE-C
8600
7009
DAVY
Guericke-D
KLEIN
(3485)
Albategnius-L
RITCHEY-J
GUERICKE-F
DAVY-A
ALPHONSUS
(3199)
PARROT-V
Albategnius-T
3299
Albategnius-E
Parrot-R
5852
ABULFEDA
MARE NUBIUM
PARROT-E
PARROT-D
Vogel-A
BURNHAM
DARNEY
(899)
DARNEY-J
PARROT-XA
VOGEL-B
Burnham-F
LASSELL-C
Abulfeda-N
GUERICKE-B
ALPETRAGIUS-B
PARROT
VOGEL
(2399)
Abulfeda-K
PARROT-A
ALPHONSUS-D
PARROT-DE
ABULFEDA
ZKY-A
LASSELL
(930)
Parrot-T
Airy-P
ABULFEDA-A
OPELT
PARROT-F
Parrot-E
Lubiniezky-D
ALPETRAGIUS
(2999)
ARGELANDER
4220
Abulfeda-M
PARROT-J
Parrot-O
Opelt-E
Airy-A
LUBINIEZKY
PARROT-H
ALPETRAGIUS-G
PARROT-G
Argelander-D
AIRY-B
ARZACHEL
Airy-N
AIRY
2620
LUBINIEZKY-F
3301
Gould-P
TAENARIUM
PARROT-C
AIRY-G
GEBER-B
(3950)
GOULD
AIRY-C
3620
AIRY-T
Donati-A
ABENEZRA-P
RUPES RECTA
THEBIT-Q
LACAILLE-GA
3328
Rima Birt I
THEBIT-A
LACAILLE-C
DONATI
BULLIALDUS
(3447)
AIRY-E
WOLF-S
1798
Thebit-L
PURBACH-E
Lacaille-G
FAYE
BULLIALDUS-A
NICOLLET
(1399)
2073
WOLF-A
THEBIT
ABENEZRA-C

Einzelheiten: Westteil

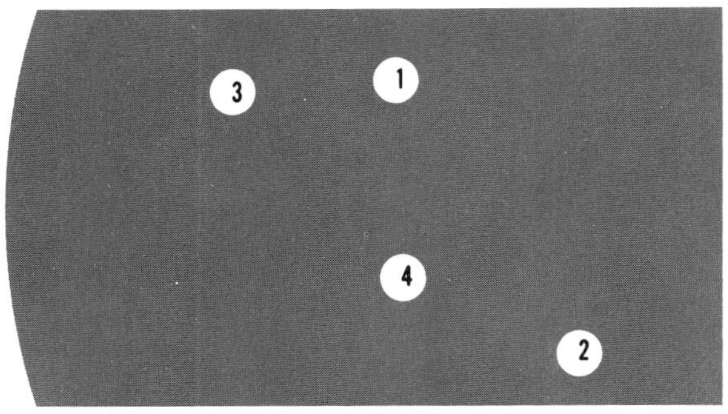

Von der Erde aus gesehen ist der abnehmende Mond viel weniger hell als der zunehmende. Das liegt daran, daß die Gebiete im Westen mehr Maria aufweisen. Das größte von ihnen ist der Oceanus Procellarum. Er ist unregelmäßig geformt, und die Analyse des Gesteins, das aus der Gegend um Landsberg auf die Erde gebracht wurde, hat gezeigt, daß es viel jünger ist als jenes aus dem Mare Tranquillitatis. Der Oceanus Procellarum könnte tatsächlich durch Lavaströme aus dem Mare Imbrium entstanden sein. Die Grenze zwischen den beiden Meeren läßt sich über lange Strecken verfolgen. Ohne Zweifel waren früher die Karpaten, deren höchste Gipfel sich nicht über 2100 m erheben, einst im Osten mit den Apenninen verbunden und im Westen mit dem Harbinger Hochland. Zwischen dem Oceanus Procellarum und dem sehr ähnlichen Mare Nubium gibt es keine so deutliche Grenze.

Von den Kratern wäre als auffallendster Copernicus zu nennen, der als Strahlenzentrum lediglich von Tycho auf den südlichen Hochländern übertroffen wird. Eratosthenes, im Nordosten von Copernicus, ist kleiner und hat keine hellen Strahlen. Zwischen Eratosthenes und Copernicus liegt Stadius, einer der bekanntesten Phantomringe.

Auf dem Oceanus Procellarum befinden sich westlich von Copernicus die beiden Krater Kepler und Encke. Sie sind annähernd gleich groß (etwas mehr als 32 km Durchmesser) und regelmäßig geformt, doch tritt Kepler deutlich hervor. Er ist Mittelpunkt eines Strahlensystems, das unter steiler Beleuchtung gut sichtbar ist. Auf dem Hochland westlich des Oceanus Procellarum befindet sich ein weiterer bedeutender Strahlenkrater der Vorderseite, Olbers. Er liegt dem Rand zu nahe, um wirklich aufzufallen, ist jedoch auf Orbiter-Aufnahmen ein markantes Objekt.

Der Oceanus Procellarum erstreckt sich nicht bis zum Mondrand. Das im Westen gelegene Hochland weist einige Merkmale von besonderem Interesse auf. Hier wäre vor allem Grimaldi zu nennen, mit einem Durchmesser von 193 km. Er ist wegen seines dunklen Bodens, der tatsächlich die dunkelste Stelle der Vorderseite ist, kaum zu verwechseln. Sein Wall besteht aus Bergen von sehr unterschiedlicher Höhe, manche Gipfel erreichen 2400 m, dazwischen liegen viele Hügel, Grate und Rillen. In seiner Nähe liegt Riccioli, 160 km Durchmesser, er weist einen Fleck auf, der so dunkel ist wie das Innere Grimaldis. Orbiter-Aufnahmen zeigen sehr viele Einzelheiten auf seinem Boden.

Grimaldi gehört zusammen mit Lohrmann, Hevelius und Cavalerius zu einer Kette gutgeformter Krater. Der 113-km-Krater Hevelius hat einen niedrigen Zentralberg und viele Rillen.

Die ersten Orbiter-Aufnahmen dieser Gegend ergaben, daß das Mare Orientale am Mondrand tatsächlich eine ausgedehnte, komplizierte Formation ist, in seiner Art einmalig auf dem Mond. Einige der Gebirge, die man nur bei günstigen Librationsbedingungen sieht, wie die Hauptpartien der Kordilleren und das D'Alembert-Gebirge, stellen in Wirklichkeit den Hauptteil der kreisrunden Wälle des Mare Orientale dar.

Ein anderes interessantes Gebilde in diesem Teil des Mondes ist die Sirsalis-Rille (siehe Seite 91). Die beiden Krater Krüger und Billy haben dunkle Böden, die wahrscheinlich mit demselben Material bedeckt sind wie Grimaldi. Flamsteed, im Oceanus Procellarum, steht mit einem großen Phantomring in Verbindung, und Letronne ist eine beachtliche Bucht. Gassendi, am Rande des Mare Humorum, erscheint am unteren Rand der Karte.

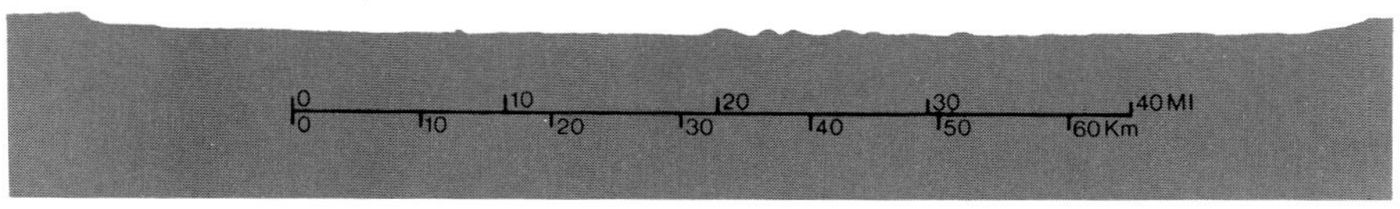

Copernicus (1) (oben)
Der Krater Copernicus, wie ihn 1966 Orbiter 2 aus einer Höhe von 45 km über dem Mond fotografierte. Dieses Bild wurde von den Amerikanern als «Bild des Jahrhunderts» bezeichnet und war wohl in der Tat das aufsehenerregendste unter den Orbiter-Fotos. Aus einem schiefen Winkel sieht man Wälle und Zentralberg des Copernicus in einer wundervollen Prägnanz, die Wände sind terrassenförmig. Zur Zeit der Aufnahme befand sich der Orbiter 240 km südlich von Copernicus.

Links: Eine andere Orbiter-Aufnahme von Copernicus beinahe von oben. Die Form des Kraters ist daher ausgezeichnet zu sehen. Oben links: Profil von Copernicus. Wie bei allen großen Mondkratern ist die Tiefe zwar beträchtlich (über 3000 m), aber verglichen mit dem Durchmesser (90 km) doch nicht als groß zu bezeichnen. Im Profil gleicht ein Mondkrater eher einer flachen Untertasse als einem tiefen Brunnenschacht.

Ranger 9 vor seinem Aufschlag auf dem Mond
Der Ranger befand sich 415 km über Alphonsus, 2 Minuten 50 Sekunden vor seinem Aufschlag, als er am 24. März 1965 diese Aufnahme machte (unten).

Nur noch 185 km über Alphonsus, 1 Minute 17,75 Sekunden vor dem Aufprall. Man sieht den Zentralberg des Kraters, der weiße Kreis (oben rechts) bezeichnet die Aufschlagstelle.

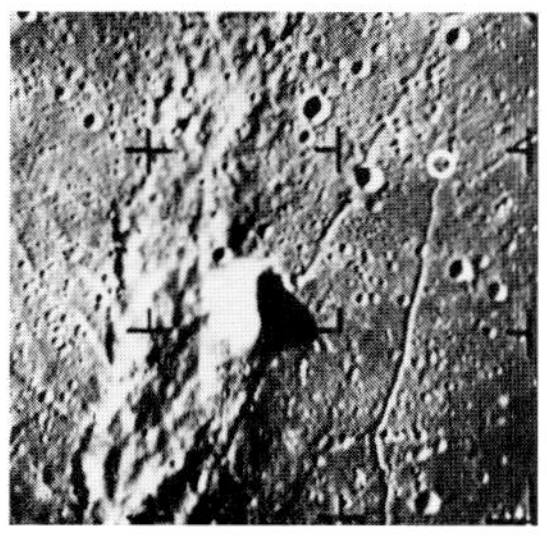

38,8 Sekunden vor dem Aufschlag. Ranger 9 ist noch 90 km über Alphonsus.

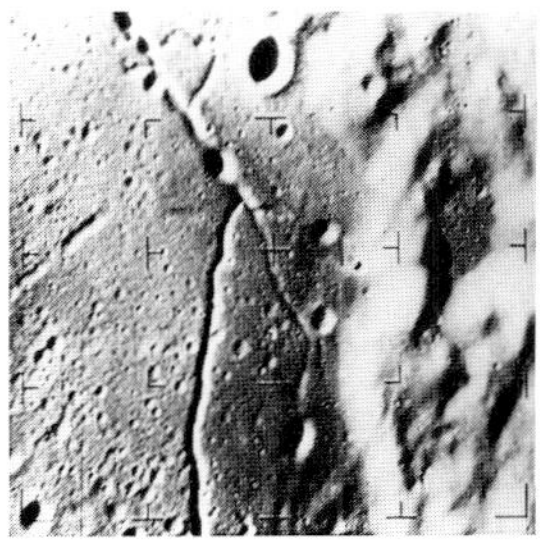

Die Alphonsus-Gruppe (2) (oben rechts)
Die Alphonsus-Gruppe, von Orbiter 4 aufgenommen. Alphonsus liegt in der Mitte des Bildes, dort setzte 1965 Ranger 9 hart auf. Im Süden (unten) liegt Arzachel, links Alpetragius. Ein Teil der ausgedehnten Wallebene Ptolemäus ist oben rechts sichtbar.

Kepler (3) (links)
Kepler und ein Teil des Oceanus Procellarum, wie sie Orbiter 4 aus einer Höhe von 2668 km über der Mondoberfläche sah. Kepler ist ein Hauptstrahlenzentrum. Das Strahlensystem sieht man auf dieser Aufnahme allerdings nicht, da sie unter verhältnismäßig flacher Beleuchtung gemacht worden ist. Man beachte den starken Schatten im Krater.

Fra Mauro (4) (rechts)
Die Fra-Mauro-Gruppe im Mare Nubium. Links unten im Bilde Teile des Kraters Bonpland, rechts von Parry.

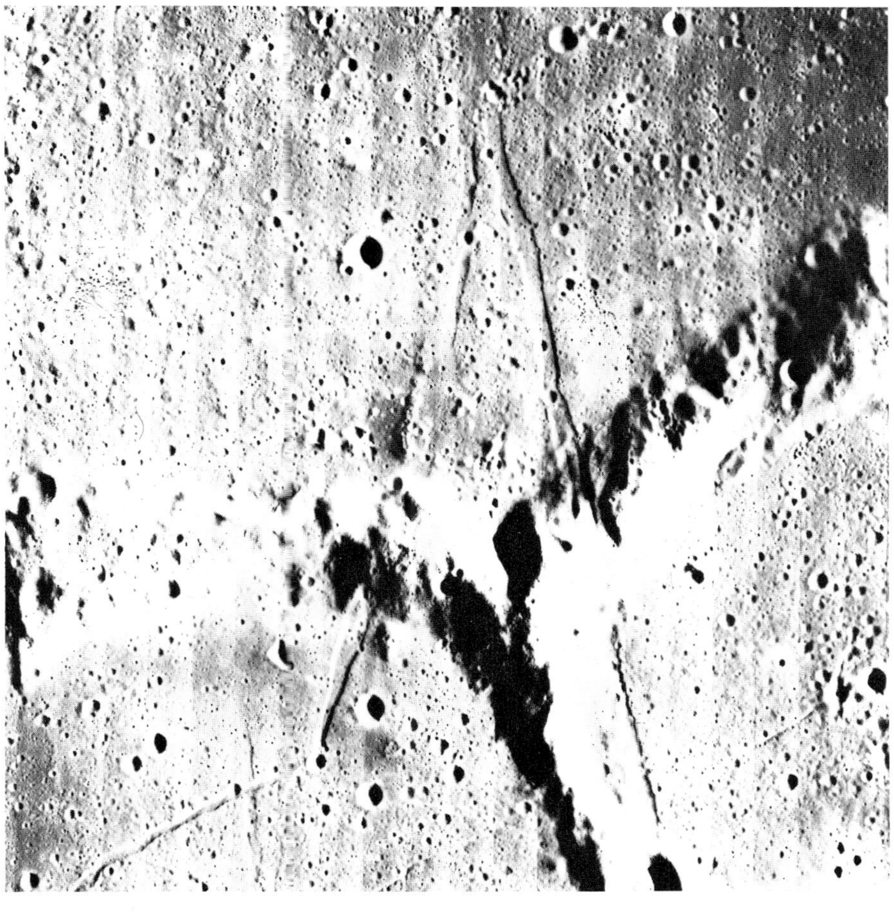

Mondkarte 4: Ostteil

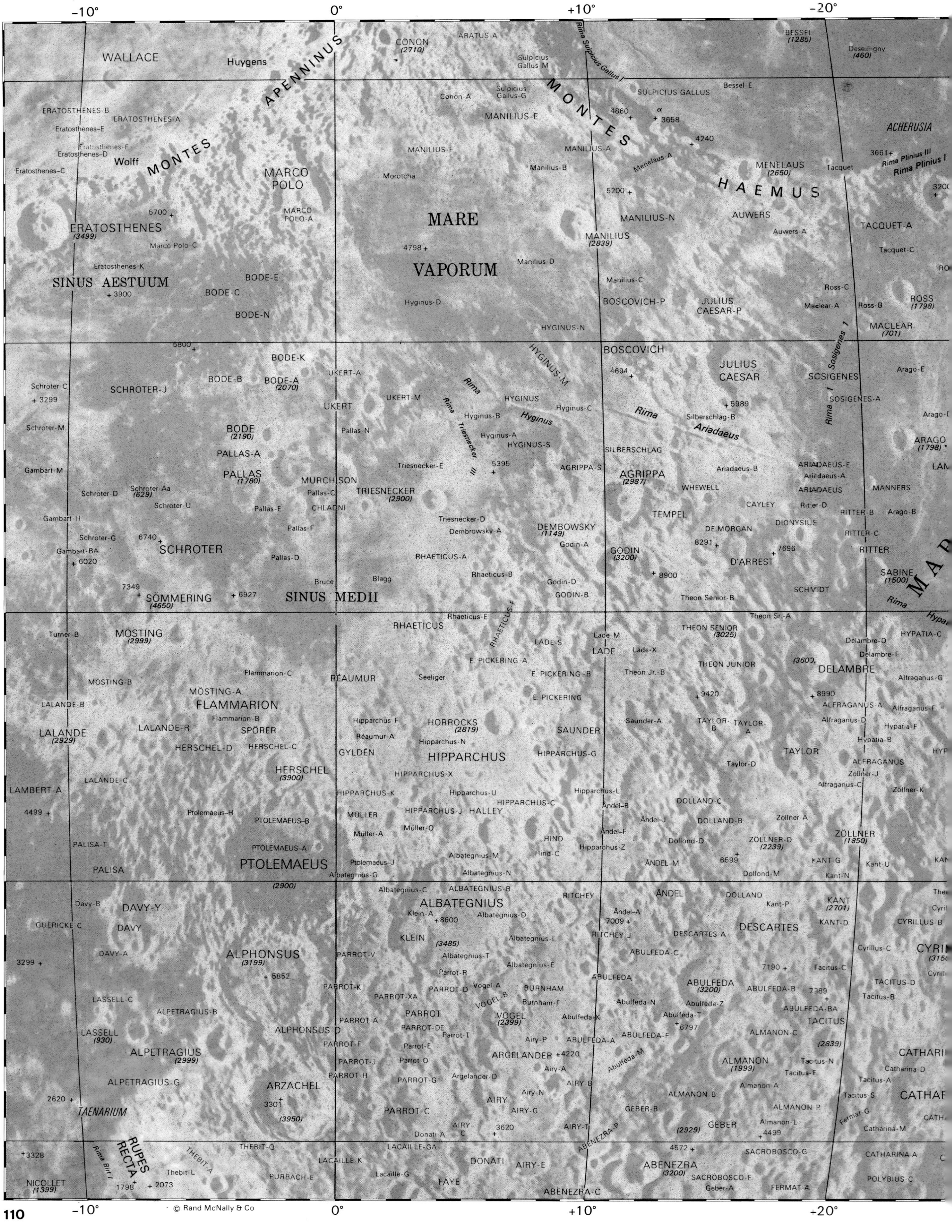

+30°
+40°
+50°
+60°
+70°
+80°
Littrow-B
Rima Littrow I
LITTROW
LITTROW-F
MACROBIUS
(3589)
MACROBIUS-B
TISSERAND
(2900)
Maraldi-R
Macrobius-C
TISSERAND-A
Argaeus
3661
MARALDI
(1320)
Maraldi-F
MACROBIUS-A
(2774)
Emmart-K
Pierce-B
+20°
Vitruvius-E
Vitruvius-L
Macrobius-E
Pierce-C
MARALDI
PIERCE
(1698±)
1737
Alhazen-ß
Maraldi-M
Proclus-D
Macrobius-D
DAWES
(1798)
VITRUVIUS-A
PALUS
Proclus-K
MARE CRISIUM
VITRUVIUS
(2320)
MARALDI-D
PROCLUS
(2701)
ALHAZEN
Jansen-C
Vitruvius-K
FRANZ
YERKES-E
NIUS
200)
Jansen-D
JANSEN-R
Vitruvius-B
VITRUVIUS-H
Lyell-D
PROCLUS-T
5395
PROCLUS-P
MARE
Jansen-L
SOMNII
Jansen-E
Maraldi-B
Lyell-A
YERKES
PICARD
AGARUM
JANSEN
Vitruvius-G
LYELL
3700
GLAISHER-A
HANSEN
Jansen-F
TRANQUILLITATIS
Proclus-C
PROCLUS-A
GLAISHER
(2600)
LICK-D
CONDORCET-H
MARGINIS
4877
Cauchy-A
LICK
Jansen-H
3499
CONDORCET
(3078)
4770
Jansen-K
Rima Cauchy I
2830
LICK-B
Lick-E
JANSEN-B
Picard-J
AUZOUT
(3246)
Sinas-E
Cauchy-B
3100
PICARD-G
Auzout-E
CONDORCET-D
+10°
Jansen-G
SINAS
Rima Cauchy II
CAUCHY
DA VINCI
PICARD-H
CONDORCET-P
NEPER
TARUNTIUS-D
Firmicus-E
Maskelyne-M
Sinas-A
3399
TARUNTIUS-X
4019
TARUNTIUS-Z
TARUNTIUS-M
APOLLONIUS-X
FIRMICUS
(2249)
TARUNTIUS-A
MARE UNDARUM
MASKELYNE-E
Taruntius-C
Maskelyne-N
TARUNTIUS-E
(1600)
Taruntius-U
APOLLONIUS-B
Maskelyne-H
APOLLONIUS-A
TARUNTIUS
(899)
Rima Apollonius I
1798
TARUNTIUS-F
APOLLONIUS
DUBIAGO-O
Maskelyne-K
MASKELYNE-F
Apollonius-G
Maskelyne-R
Taruntius-B
(1099)
SCHUBERT
Maskelyne-G
3199
Apollonius-W
Taruntius-N
MASKELYNE
(2499)
SECCHI
LUBBOCK-S
TARUNTIUS-G
WEBB-P
WEBB-R
MARE SPUMANS
DUBIAGO-Q
MASKELYNE-B
1500
3100
WEBB-C
DUBIAGO-P
MARE SMYTHII
MASKELYNE-A
TARUNTIUS-H
Censorinus-A
CENSORINUS-X
Secchi-K
0°
Möltke
Censorinus-K
Censorinus-W
LUBBOCK-M
Messier-B
Webb-B
WEBB
WEBB-J
1798
Censorinus-J
Censorinus-H
CENSORINUS-N
Messier
Torricelli-B
Censorinus-D
Messier-A
2130
120
Webb-H
Torricelli-C
1199
Webb-S
MACLAURIN
Lubbock-H
MACLAURIN-E
Torricelli-K
TORRICELLI-M
CENSORINUS-C
Censorinus-F
TORRICELLI
(2100)
Isidorus-H
Censorinus-Z
Lubbock-G
LUBBOCK
Messier-D
LANGRENUS-T
ISIDORUS-D
LANGRENUS-B
Torricelli-A
ISIDORUS-B
Capella-M
1798+
MACLAURIN-M
ISIDORUS-C
Isidorus-E
Messier-G
Langrenus-C
KÄSTNER
Torricelli-N
LANGRENUS-F
LANGRENUS-K
Isidorus-G
CAPELLA
(3249)
3510
Goclenius-A
Langrenus-FF
MACLAURIN-P
4020
Capella-T
FECUNDITATIS
Isidorus-A
GUTENBERG-E
6079
ISIDORUS
(3030)
Gutenberg-B
ISIDORUS-F
GUTENBERG
(2280)
Langrenus-R
Capella-F
Langrenus-DA
LANGRENUS
KAPTEYN-E
Mädler-A
Capella-J
Capella-B
GUTENBERG-A
Goclenius-UC
Langrenus-M
LA PEROUSE
-10°
THEOPHILUS
(6797)
GAUDIBERT
(1600)
GAUDIBERT-J
GOCLENIUS
(1859)
Langrenus-D
7020
MÄDLER
(1719)
5560
Gaudibert-C
5630
GUTENBERG-D
2999
Langrenus-DC
LANGRENUS-A
KAPTEYN
MAGELHAENS
(1960)
DAGUERRE
BELLOT
LANGRENUS-P
Mädler-D
GAUDIBERT-B
MAGELHAENS-A
Crozier-D
Langrenus-V
LANGRENUS-X
ANSGARIUS
Bellot-B
LANGRENUS-E
MARE NECTARIS
COLOMBO-A
CROZIER
Mc Clure-N
ANSGARIUS-A
Theophilus-C
Bohnenberger-F
COLOMBO-M
LOHSE
LAMÉ-J
Beaumont-L
MC CLURE-D
LAMÉ
CYRILLUS-F
Cyrillus-G
(2240)
Mc Clure-B
Mc Clure-A
Vendelinus-S
Vendelinus-H
BEHAIM-A
Cyrillus-E
BOHNENBERGER
(2339)
COLOMBO-E
COLOMBO
MC CLURE
(1500)
BEHAIM
Colombo-B
Beaumont-D
899
Cook-B
VENDELINUS-N
Bohnenberger-G
Colombo-H
BEAUMONT
BOHNENBERGER-A
Bohnenberger-E
COOK
(1169)
VENDELINUS
Vendelinus-L
Beaumont-K
ROSSE
(1519)
Cook-A
Beaumont-B
BEAUMONT-E
BOHNENBERGER-C
Bohnenberger-D
Cook-G
HOLDEN-F
Beaumont-M
Bohnenberger-P
Santbech-K
MONGE
(2580)
PETAVIUS-B
HOLDEN
BEAUMONT-P
Beaumont-G
Santbech-M
Santbech-H
BIOT-B
(1140)
-20°
Santbech-N
(3993)
HECATAEUS
FRACASTORIUS
(4877)
FRACASTORIUS-D
Fracastorius-G
SANTBECH
Biot-A
Biot-C
+30°
+40°
+50°
+60°
+70°
+80°

Einzelheiten: Ostteil

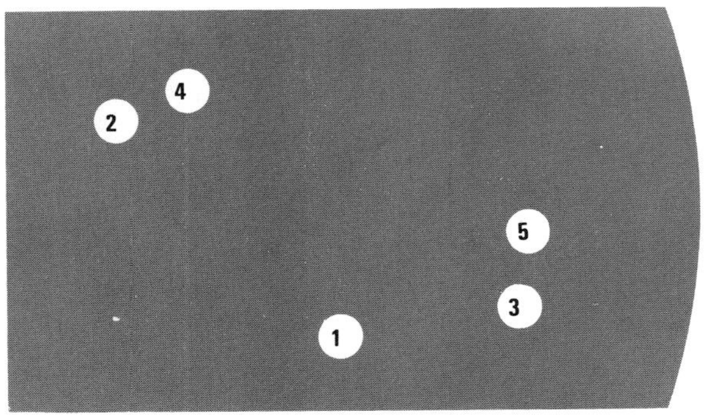

Zu diesem Teil des Mondes gehört die «Tranquillity Base», wo Armstrong und Aldrin am 21. Juli 1969 den ersten Schritt auf Mondboden taten. Außer Mare Tranquillitatis liegen in dieser Gegend noch andere Maria, wie etwa das Mare Fœcunditatis, sowie kleinere Meere, wie Mare Nectaris und Mare Vaporum.

Im Nordosten (oben rechts) liegt, von den anderen Meeren säuberlich getrennt, das Mare Crisium. Noch weiter im Osten, am Mondrand, liegt Mare Marginis. Es ähnelt dem Mare Crisium, ist aber nur auf Orbiter-Aufnahmen gut zu sehen. Dasselbe gilt für Mare Smythii am Mondäquator.

Auf der Westseite des Mare Crisium liegt Proclus, einer der hellsten Mondkrater. Er hat einen Durchmesser von nur 29 km, seine Wände aber erheben sich bis zu 2400 m über den Kraterboden, außerdem ist er der Mittelpunkt eines asymmetrischen Strahlensystems. Zwei der Proclus-Strahlen bezeichnen die Grenzen des unregelmäßigen Palus Somnii, der ungewöhnlich gelb gefärbt ist und an Mare Tranquillitatis anschließt.

Wie Gesteinsanalysen gezeigt haben, ist die Oberfläche des Mare Tranquillitatis sogar an lunaren Maßstäben gemessen ungemein alt. Ähnlich könnte es sich auch mit Mare Fœcunditatis verhalten. Beide Meere waren ursprünglich kreisförmig gestaltet, haben aber mit der Zeit ihre regelmäßige Form eingebüßt. An der Ostgrenze des Mare Fœcunditatis liegen zwei wichtige Krater, Vendelinus und Langrenus. Letzterer ist tief mit terrassenförmigen Wänden, während Vendelinus stark von kleineren Formationen angefressen ist.

Mare Tranquillitatis ist reicher an unterschiedlichen Formationen. Da wäre vor allem der große Krater Plinius zu nennen, 48 km im Durchmesser. Das Gebilde in der Mitte des Plinius ist nicht etwa ein Zentralberg, sondern ein Doppelkrater. Weiter östlich befindet sich der kleinere Krater Cauchy, der mit etlichen langen Rillen in Verbindung steht. Im westlichen Teil des Mare Tranquillitatis liegt Arago, der deshalb bemerkenswert ist, weil sich in seiner Nähe einige typische Monddome befinden – abgerundete Erhebungen, von denen die meisten an der Spitze kleine Krater tragen. Die Arago-Dome sieht man schon mit kleinen Teleskopen.

Mare Nectaris, ein kleineres, aber besser konturiertes Meer, führt uns von Mare Tranquillitatis weg. An seinem Westrand liegt die große Kratergruppe Theophilus, Cyrillus und Catharina. Theophilus, mit seinen 103 km Durchmesser und seinen terrassenförmigen Wänden, wirkt ebenso majestätisch wie Copernicus.

Die Hochländer im Osten des Mare Tranquillitatis sind förmlich gespickt mit Kratern jeder Größenordnung. Die Zwillinge Godin und Agrippa wären besonders zu erwähnen. Das Hochland zwischen Mare Tranquillitatis und dem kleineren Mare Vaporum trägt die bekannten Rillen Ariadaeus von 240 km Länge (!) und Hyginus. Das Hyginus-System steht mit dem äußerst komplizierten Triesnecker-System in Verbindung. Zwei Formationen in dieser Gegend, Boscovich und Julius Cäsar, haben dunkle Böden, die sie unter allen Beleuchtungsbedingungen gut sichtbar machen.

Das Südende der Apenninenbergkette trennt Mare Vaporum von Sinus Æstuum, einem kleinen Meer, das den prächtigen Krater Eratosthenes auf seinen Grenzen trägt. Eratosthenes mißt 61 km im Durchmesser und ist über 3000 m tief. Sinus Medii, im Zentrum der Mondscheibe, trägt in seinem Inneren die Krater Bruce und Triesnecker. In den südlich davon gelegenen Hochländern befinden sich etliche der imposantesten Mondkrater: Ptolemäus und seine Begleiter. Weiter östlich liegen Hipparchus und Albategnius.

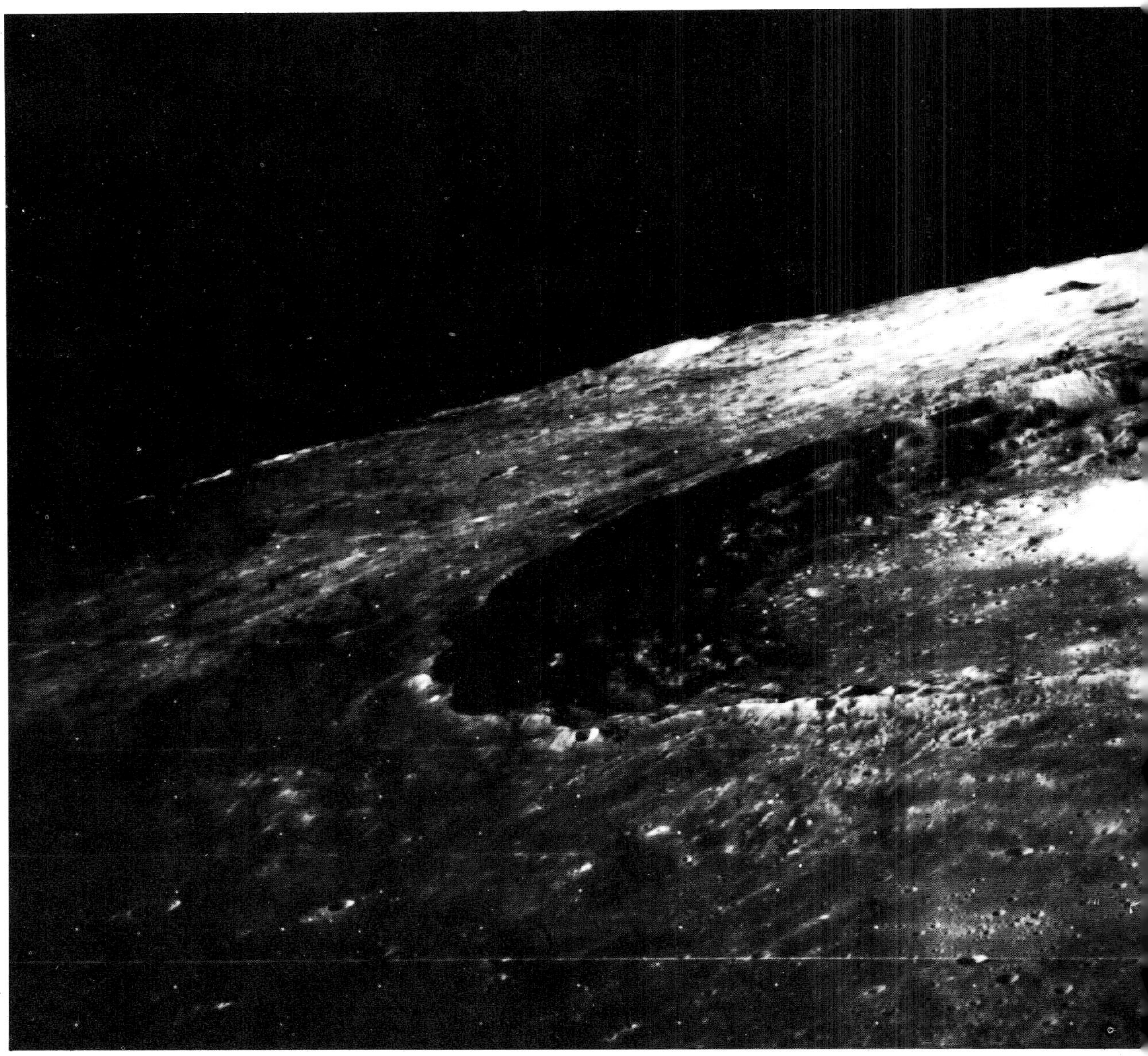

Theophilus (1) (oben)
Theophilus, von einem Orbiter aus 55 km Höhe, in südlicher Richtung und unter einem spitzen Winkel zur Mondoberfläche fotografiert. Die Wände, massiv und terrassenförmig, erheben sich 5400 m über die tiefsten Stellen des Bodens (Profil unten). Oben rechts sieht man die Wände und den Zentralberg des Cyrillus. Theophilus hat Cyrillus angeschnitten und ist so vermutlich der jüngere von den beiden.

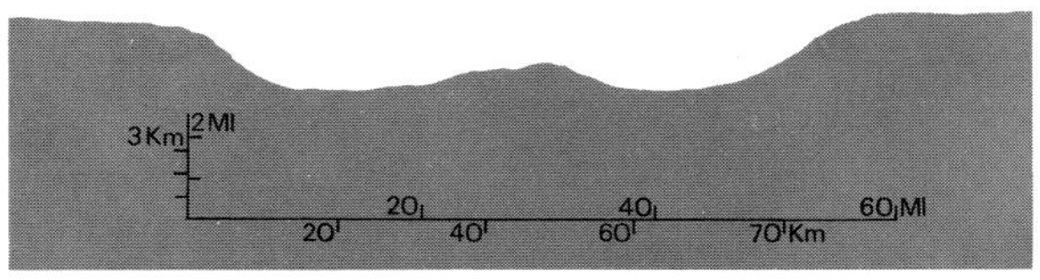

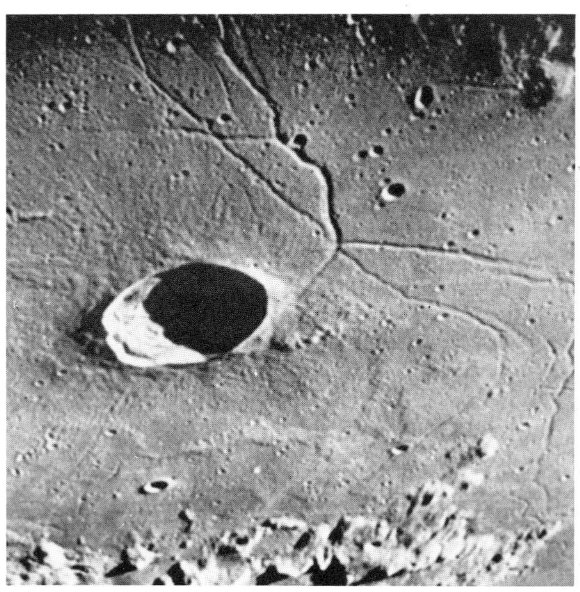

Triesnecker (2) (oben)
Triesnecker und sein System von Spalten und Rillen. Triesnecker mißt 22 km im Durchmesser und liegt im Sinus Medii, sein Rillensystem ist ausgedehnt und verwickelt. Es scheint sich um echte Rillen zu handeln und nicht um Kraterketten. Das ganze Gebiet ist mit Kraterchen gespickt.

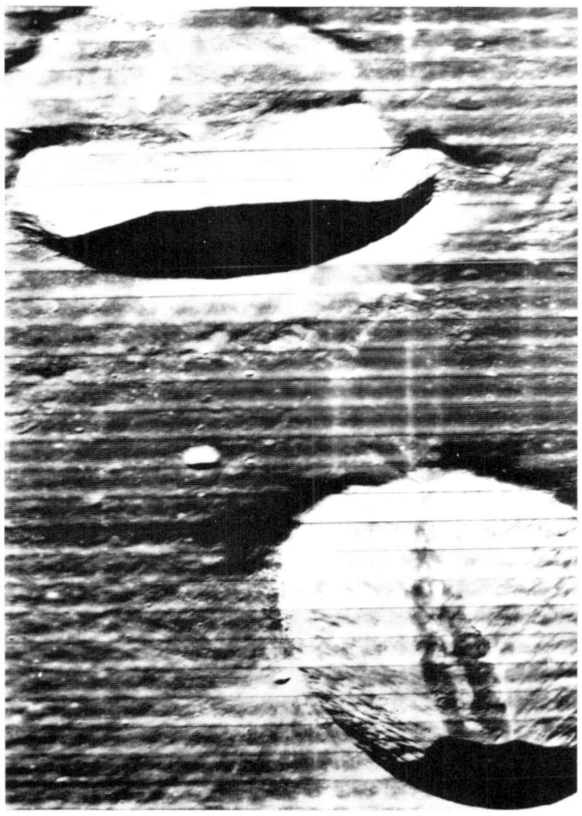

Messier A und B (5) (rechts und oben)
Die Messier-Zwillinge im Mare Fœcunditatis sind ausgiebig studiert worden, da sie sich zwischen 1816 und 1866 verändert haben sollen. Orbiter 5 enthüllte bei Messier A einen Doppelwall (oben), so daß der Anblick durch die unterschiedliche Sonnenbeleuchtung verändert wird.

Goclenius (3) (links)
Goclenius (am unteren Bildrand), 51 km im Durchmesser und 1500 m tief, liegt am Rande des Mare Fœcunditatis. Die Aufnahme wurde am 25. Dezember von Apollo 8 gemacht. Der Boden weist Rillen auf, die Wände sind einigermaßen regelmäßig und ein wenig terrassenförmig. Der größte aus der Gruppe von drei Kratern nahe Goclenius heißt Magelhaens. Die beiden anderen sind Magelhaens A und Colombo A, der Krater im Nordwesten (rechts oben) ist Gutenberg D.

Die Hyginus-Rille (4) (rechts und unten)
Die Hyginus-Rille in Aufnahmen von Orbiter 3 (unten) und Apollo 10 (rechts). Sie ist teilweise eine Kraterkette und ist von der Erde aus mit einem kleinen Teleskop sichtbar. Hyginus selbst ist 6,4 km breit.

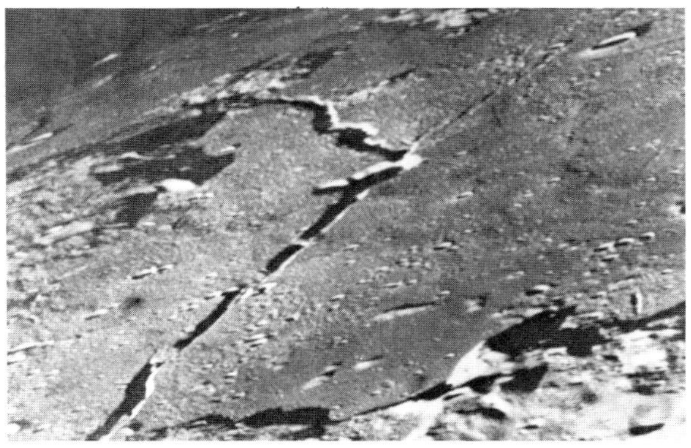

Mondkarte 5: Südwestteil

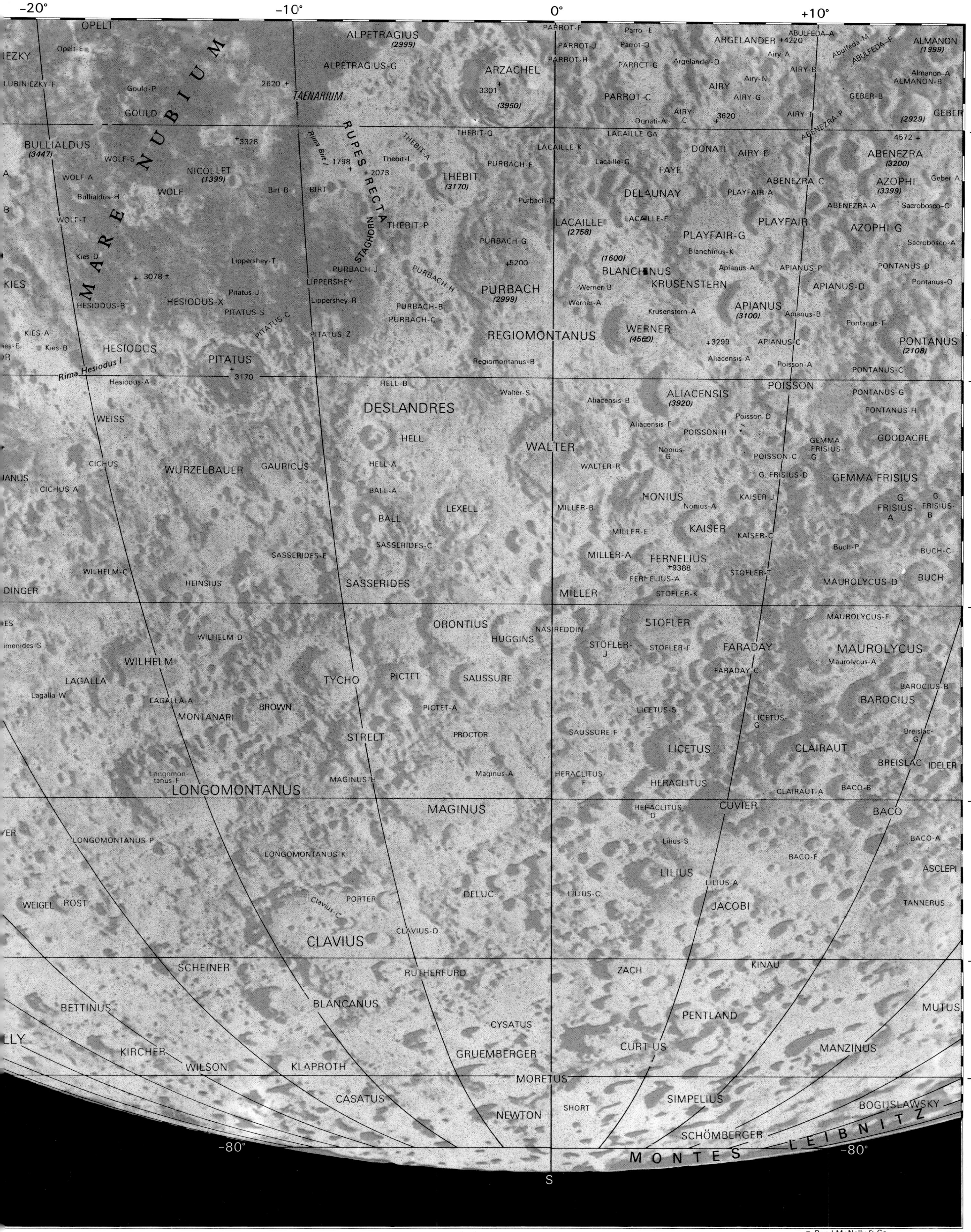

−20°
−10°
0°
+10°
−20°
−30°
−40°
−50°
−60°
−70°
−80°
−80°
S
MARE NUBIUM
RUPES RECTA
MONTES LEIBNITZ
OPELT
Opelt-E
LUBINIEZKY-F
Gould-P
GOULD
2620
TAENARIUM
ALPETRAGIUS
(2999)
ALPETRAGIUS-G
ARZACHEL
3301
(3950)
PARROT-F
PARROT-J
PARROT-H
Parro -E
Parrot-O
PARROT-G
PARROT-C
Argelander-D
ARGELANDER
+4220
ABULFEDA-A
Abulfeda-M
ABULFEDA-F
ALMANON
(1999)
Almanon-A
ALMANON-B
Airy-A
AIRY-B
Airy-N
AIRY
AIRY-G
GEBER-B
GEBER
AIRY-C
3620
AIRY-T
ABENEZRA-P
(2929)
4572
Donati-A
THEBIT-Q
LACAILLE GA
BULLIALDUS
(3447)
3328
WOLF-S
WOLF-A
NICOLLET
(1399)
Bullialdus-H
WOLF
Birt-B
BIRT
Rima Birt I
1798
2073
Thebit-L
THEBIT-A
LACAILLE-K
Lacaille-G
DONATI
AIRY-E
ABENEZRA
(3200)
PURBACH-E
FAYE
THEBIT
(3170)
DELAUNAY
PLAYFAIR-A
ABENEZRA-C
AZOPHI
(3399)
Geber A
WOLF-T
Purbach-D
ABENEZRA-A
Sacrobosco-C
STAGHORN
THEBIT-P
LACAILLE
(2758)
LACAILLE-E
PLAYFAIR
AZOPHI-G
PURBACH-G
PLAYFAIR-G
Sacrobosco-A
Kies-D
Lippershey-T
Blanchinus-K
3078
5200
(1600)
PURBACH-J
PURBACH-H
BLANCHINUS
Apianus-A
APIANUS-P
PONTANUS-D
KIES
LIPPERSHEY
KRUSENSTERN
APIANUS-D
Pontanus-O
Pitatus-J
Werner-B
PURBACH
(2999)
HESIODUS-B
HESIODUS-X
Lippershey-R
Werner-A
APIANUS
(3100)
PURBACH-B
PITATUS-S
Krusenstern-A
Apianus-B
PITATUS-C
PURBACH-C
Pontanus-F
KIES-A
PITATUS-Z
REGIOMONTANUS
WERNER
+3299
APIANUS-C
PONTANUS
(2108)
Kies-B
HESIODUS
Aliacensis-A
PITATUS
Regiomontanus-B
Poisson-A
Rima Hesiodus I
3170
PONTANUS-C
Hesiodus-A
HELL-B
POISSON
Walter-S
ALIACENSIS
(3920)
PONTANUS-G
Aliacensis-B
DESLANDRES
PONTANUS-H
Poisson-D
WEISS
Aliacensis-F
HELL
POISSON-H
GEMMA FRISIUS
GOODACRE
WALTER
Nonius-G
POISSON-C
CICHUS
WURZELBAUER
GAURICUS
HELL-A
WALTER-R
G. FRISIUS-D
GEMMA FRISIUS
CICHUS-A
BALL-A
NONIUS
KAISER-J
G. FRISIUS-A
G. FRISIUS-B
LEXELL
MILLER-B
Nonius-A
BALL
KAISER
MILLER-E
KAISER-C
SASSERIDES-C
Buch-P
BUCH-C
SASSERIDES-E
MILLER-A
FERNELIUS
+9388
WILHELM-C
STOFLER-T
BUCH
HEINSIUS
SASSERIDES
FERNELIUS-A
MAUROLYCUS-D
DINGER
MILLER
STOFLER-K
MAUROLYCUS-F
ORONTIUS
NASIREDDIN
STOFLER
WILHELM-D
HUGGINS
imenides-S
STOFLER-J
STOFLER-F
FARADAY
MAUROLYCUS
Maurolycus-A
WILHELM
FARADAY-C
LAGALLA
TYCHO
PICTET
SAUSSURE
BAROCIUS-B
Lagalla-W
LAGALLA-A
BAROCIUS
BROWN
PICTET-A
LICETUS-S
MONTANARI
LICETUS-G
PROCTOR
SAUSSURE-F
Breislac-G
STREET
LICETUS
CLAIRAUT
Longomontanus-F
BREISLAC
IDELER
MAGINUS-H
Maginus-A
HERACLITUS-F
HERACLITUS
CLAIRAUT-A
BACO-B
LONGOMONTANUS
MAGINUS
HERACLITUS-D
CUVIER
BACO
LONGOMONTANUS-P
BACO-A
LONGOMONTANUS-K
Lilius-S
BACO-E
ASCLEPI
LILIUS
LILIUS-A
Clavius-C
PORTER
DELUC
LILIUS-C
WEIGEL
ROST
JACOBI
TANNERUS
CLAVIUS-D
CLAVIUS
SCHEINER
ZACH
KINAU
RUTHERFURD
BETTINUS
BLANCANUS
MUTUS
CYSATUS
PENTLAND
KIRCHER
GRUEMBERGER
CURTIUS
MANZINUS
WILSON
KLAPROTH
MORETUS
CASATUS
SIMPELIUS
SHORT
BOGUSLAWSKY
NEWTON
SCHÖMBERGER

Einzelheiten: Südwestteil

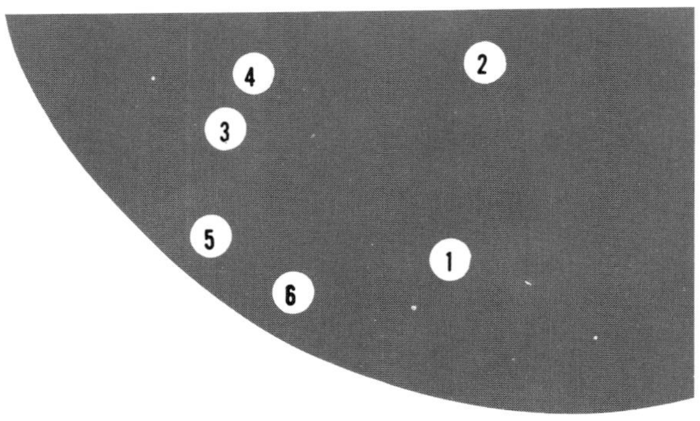

Tycho, im südlichen Hochland, hat wegen seines Systems von hellen Strahlen den Scherznamen «Metropole des Mondes» erhalten. Diese Strahlen sind sehr ausgedehnt und von blendender Helligkeit. Kurz vor Vollmond kann man von der Erde aus sehen, wie sie das gesamte Bild beherrschen und sogar große Wallebenen, wie den benachbarten Maginus, buchstäblich überstrahlen. Tycho mißt 87 km im Durchmesser und hat massive Wälle.

Im Süden von Tycho liegt Clavius, 235 km im Durchmesser. Er ist die größte der deutlich hervortretenden Kraterformationen auf der vorderen Hemisphäre und wird nur von Bailly an Größe übertroffen, der in der Librationszone liegt und zutreffend als «Trümmerfeld» bezeichnet wurde. Er mißt über 290 km im Durchmesser. Bailly erscheint immer in starker Verkürzung und ist nur unter extremen Librationsbedingungen gut zu erkennen.

Der Südpol

Der Südpol des Mondes liegt in einem formationsreichen Gebiet. Da findet man so große Wallebenen wie Casatus und seinen beschädigten Gefährten Klaproth. Newton gehört mit zu den tiefsten lunaren Formationen, mit Wällen, die bis zu einer Höhe von 7500 m über die Sohle des Bodens ansteigen. Glatte Flächen sind kaum vorhanden. Westlich von Tycho liegen andere große Ebenen, wie Wilhelm I. und Longomontanus. Weiter nördlich verdient die enorme Kraterkette von Walter, Regiomontanus und Purbach besondere Erwähnung. Walter, der südlichste, hat einen Durchmesser von 145 km, Purbach mißt von Rand zu Rand 120 km. Regiomontanus wurde offensichtlich zusammengedrückt – sein Durchmesser beträgt von Ost nach West 129 km, von Nord nach Süd dagegen nur 105 km. Westlich davon liegt Deslandres, der auf manchen älteren Mondkarten als Hörbiger eingezeichnet ist. Nordwestlich von Purbach bietet der Krater Thebit einen Richtpunkt zum Auffinden der als Rupes Recta, «Gerade Wand», bezeichneten Verwerfung.

Die Walter-Purbach-Kraterkette ist sicher mit der noch größeren Kette Arzachel, Alphonsus und Ptolemäus verbunden. Sie alle liegen ungefähr längs des Zentralmeridians der vorderen Mondhemisphäre, was ein Hauptargument für diejenigen Astronomen bildet, die die Krater und Wallebenen als Formationen inneren Ursprungs erklären.

In diesem Abschnitt der Karte liegt auch ein Teil des Mare Nubium mit dem Kraterpaar Pitatus–Hesiodus. Der dem Mare zugewandte Wall ist beschädigt und lückenhaft. Enge Durchgänge verbinden den Boden von Pitatus mit dem des benachbarten Hesiodus, von dem eine Rille zu dem Bergzug nördlich des 32-km-Kraters Cichus verläuft. Das Palus Epidemiarum ist eigentlich eine Erweiterung des Mare Nubium – höchstwahrscheinlich ein Lavaüberfluß – und deshalb bemerkenswert, weil es ein kompliziertes Rillensystem nahe dem Krater Ramsden aufweist. Im Mare Nubium liegt Bullialdus, ein 63-km-Krater mit massiven Wänden, der – obgleich kein Strahlenzentrum – als Miniatur-Copernicus angesehen wird.

Das Mare Humorum ist ein gut konturiertes Meer, das sich im Norden zum Oceanus Procellarum hin öffnet. An seiner westlichen Grenze liegt Gassendi. Mersenius, im Westen, ist von einem Rillensystem durchzogen. Hippalus, im Osten, zeigt ein typisches Bild einer Bucht, und Vitello, an der südlichen Begrenzung, besitzt einen inneren Ring.

Tycho (1) (oben)
Tycho, aufgenommen von einem Orbiter. Die terrassenförmigen Wände und der Zentralberg sind deutlich zu erkennen, der Boden ist außerordentlich rauh, wie man an den Schatten sehen kann. Die letzte automatische Sonde, Surveyor 7, landete an den äußeren Nordhängen von Tycho.

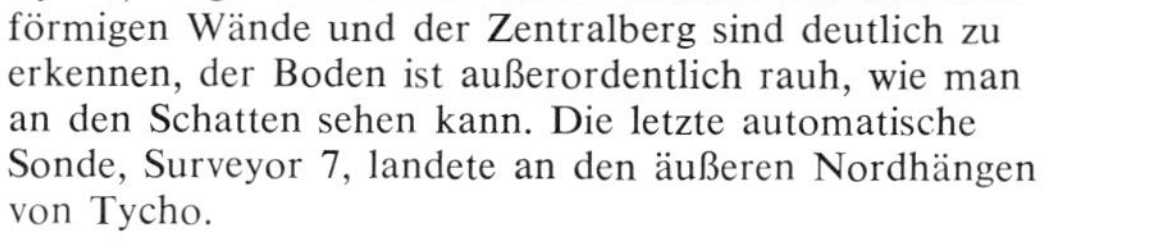

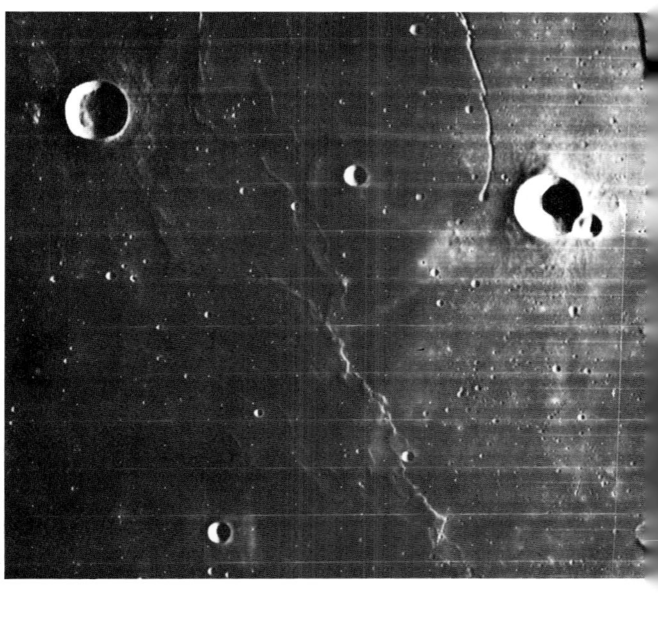

Die Gerade Wand (2), Rupes Recta (rechts)
Die «Gerade Wand» — die dunkle Linie rechts von der Bildmitte — ist eine lunare Verwerfung, aufgenommen von einem Orbiter. Ihre Länge beträgt 129 km, der Höhenunterschied zwischen Boden und Spitze beläuft sich auf 240 m, der Böschungswinkel aber übersteigt keinesfalls 45°, wahrscheinlich sind es nur 40°. Westlich davon liegen Birt, Birt B und Nicollet. Birt, etwa 18 km im Durchmesser, wird von einem kleineren Krater unterbrochen.

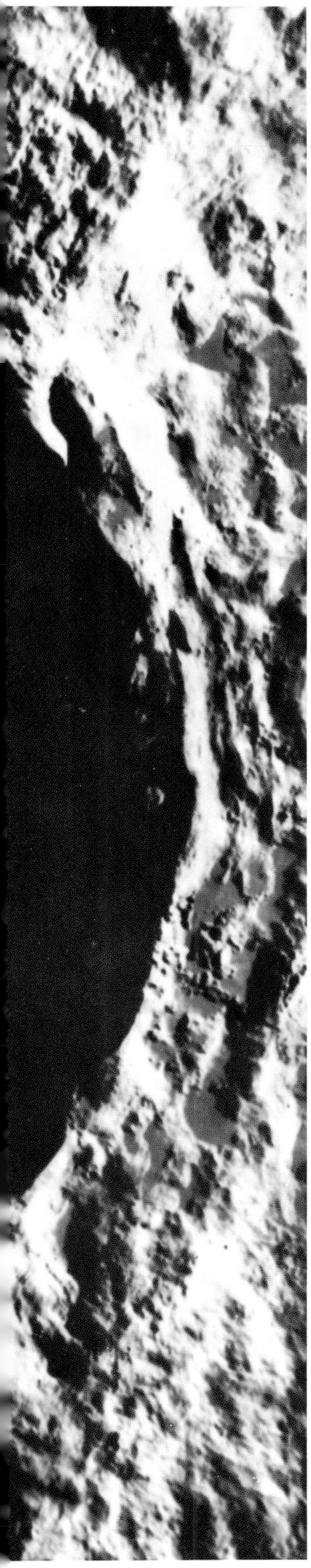

Vitello (3) (unten)
Das Innere von Vitello, 1967 von Orbiter 5 aufgenommen. Das Hauptinteresse richtet sich auf eine Spur (auf dem Foto links), die vermutlich von einem hinabrollenden Felsen stammt. Der Stein ist am Ende der Spur sichtbar.

Mare Humorum (4) (unten)
Eine Orbiter-Aufnahme des östlichen Mare Humorum. Die Zwillingskrater sind Mercator und Campanus, die unvollständige Kraterformation ist Hippalus.

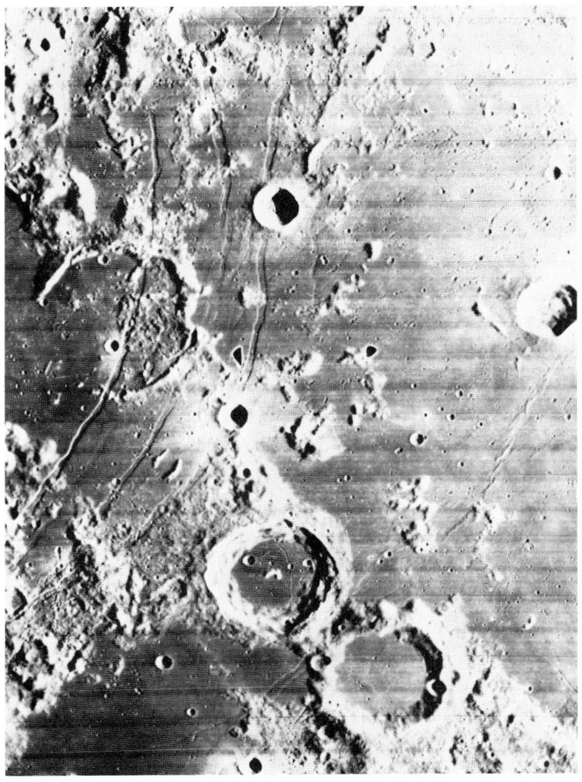

Schickard (5) (unten)
Die gut 200 km große Wallebene Schickard (oben), von der Erde aus fotografiert, daran anschließend Wargentin, der einen Durchmesser von 88 km besitzt.

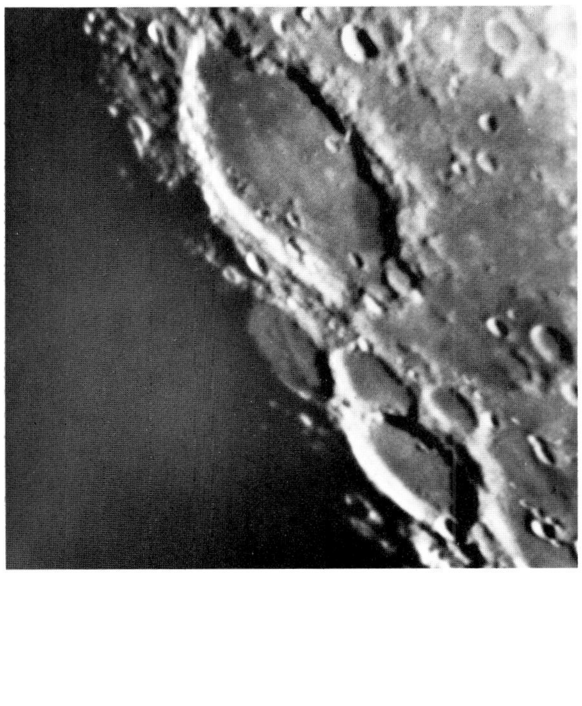

Schiller (6) (oben)
Schiller, aufgenommen von Orbiter 4. Er ist 180 km lang, mißt aber an seiner breitesten Stelle nur 96 km und ist damit eine der auf dem Mond relativ seltenen, wirklich unregelmäßigen Formationen.

Gassendi (7) (rechts)
Der Boden von Gassendi, aufgenommen von Orbiter 5. Er ist reich an verschiedenen Gebilden, und das Rillensystem ist sehr ausgedehnt. Gassendi ist auch deshalb bemerkenswert, weil bei ihm gelegentlich lunare Leuchterscheinungen auftreten.

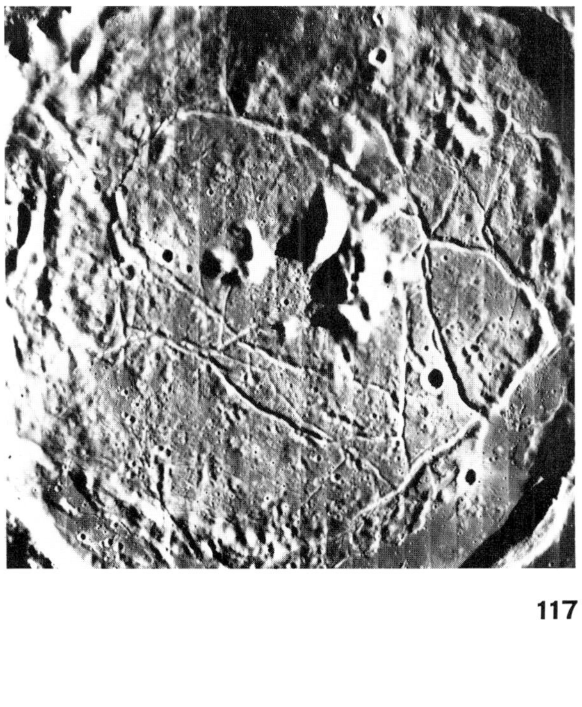

Mondkarte 6: Südostteil

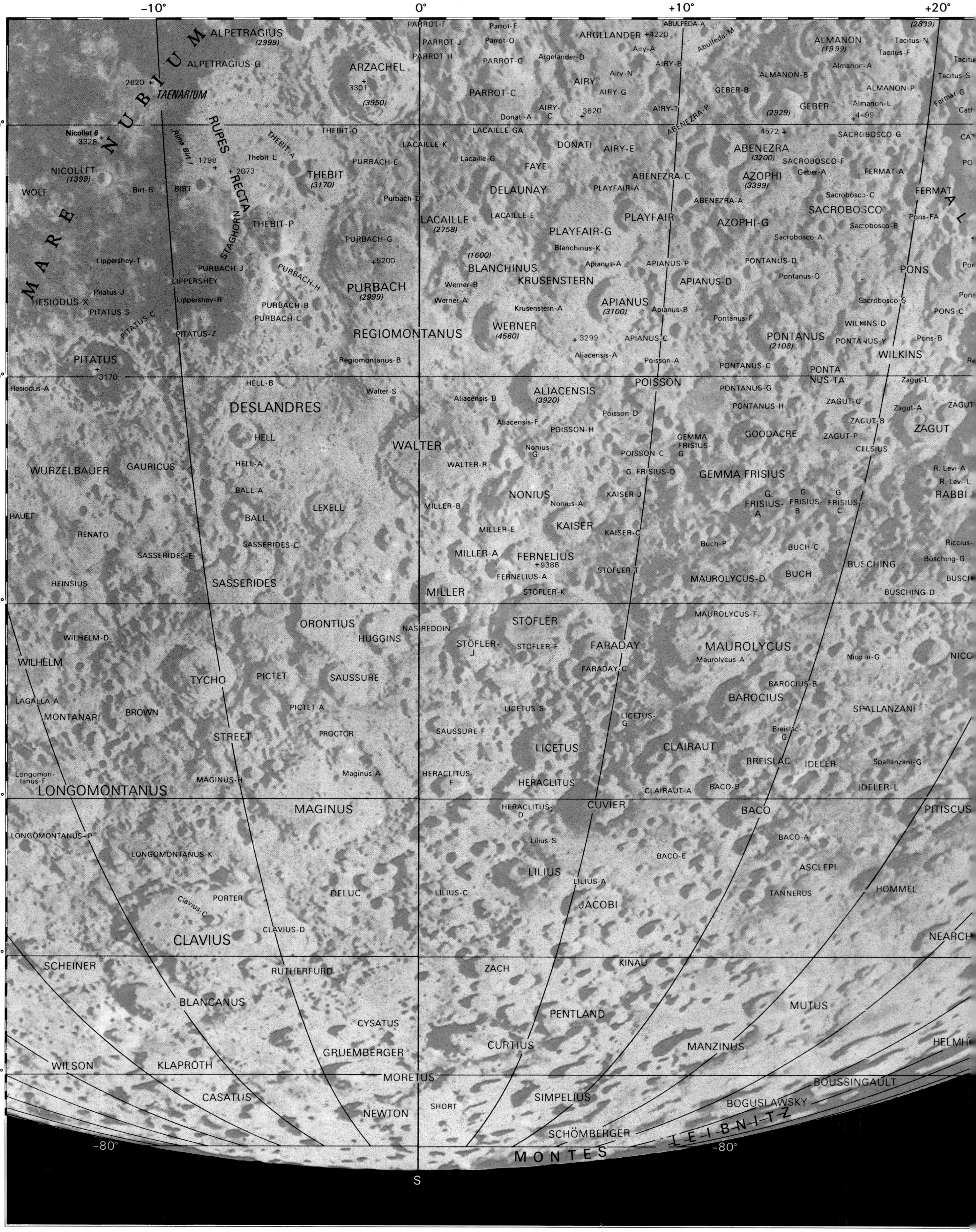

+30°
+40°
+50°
+60°
+70°
+80°
-20°
-30°
-40°
-50°
-60°
CATHARINA-P
Beaumont-D
BOHNENBERGER
(2339)
899 +
Colombo-B
Colombo-H
Cook-B
VENDELINUS-N
BEHAIM
Bohnenberger-G
BEAUMONT
CATHARINA
Beaumont-K
BOHNENBERGER-A
Bohnenberger-E
COOK
(1169)
Cook-A
VENDELINUS
Vendelinus-L
Beaumont-B
ROSSE
(1519)
BEAUMONT-E
Beaumont-M
BOHNENBERGER-C
Bohnenberger-D
Cook-G
HOLDEN-F
CATHARINA-S
Catharina-CA
BEAUMONT-P
Bohnenberger-P
Santbech-K
MONGE
(2580)
PETAVIUS-B
HOLDEN
Beaumont-G
Santbech-M
Santbech-H
BIOT-B
(1140)
HECATAEUS
CATHARINA-C
FRACASTORIUS
(4877)
Santbech-N
(3993)
FRACASTORIUS-D
Fracastorius-G
SANTBECH
Biot-C
SANTBECH-C
POLYBIUS
(2359)
Santbech-E
Biot-A
Fracastorius-X
FRACASTORIUS-B
BIOT
WROTTESLEY
Polybius-A
FRACASTORIUS-Y
Santbech-Q
SANTBECH-A
Polybius-E
FRACASTORIUS-A
Santbech-V
BORDA-E
Fracastorius-C
Santbech-B
Polybius-B
Fracastorius-K
Weinek-E
BORDA
Rima Petavius I
PETAVIUS
PHILLIPS
Santbech-F
Piccolomini-E
Piccolomini-A
Piccolomini-D
Weinek-G
Neander-N
Borda-H
Borda-F
BORDA-A
(3353)
Polybius-D
PICCOLO-MINI-G
SNELLIUS-A
PALITZSCH
PICCOLOMINI-C
PICCOLOMINI-M
WEINEK
(2589)
REICHENBACH-D
BORDA-B
REICHENBACH-A
W. HUMBOLDT
ROTHMANN-C
ROTHMANN-G
Rothmann-H
(3580)
+ 8499
NEANDER-C
Hase-A
NEANDER-E
REICHENBACH-C
SNELLIUS
LEGENDRE
Piccolomini-R
HASE
(3420)
ROTHMANN
(3030)
PICCOLOMINI
PICCOLO-MINI-Q
REICHENBACH
SNELLIUS-B
ADAMS-B
Rothmann-M
NEANDER
HASE-D
PICCOLOMINI-S
(3010)
REICHENBACH-Z
ROTHMANN-B
Rheita-H
NEANDER-F
STEVINUS
ADAMS
Lindenau-G
STIBORIUS-C
Stevinus-C
Furnerius-C
Reichenbach-G
STEVINUS-D
FURNERIUS-J
STIBORIUS
REICHENBACH-E
RICCIUS-A
STEVINUS-E
FURNERIUS
MARINUS-C
RICCIUS-C
BRENNER-A
VALLIS RHEITA
Furnerius-D
RHEITA
MARINUS-B
WOHLER
Fraunhofer-G
Fraunhofer-F
MARINUS
BRENNER
FRAUNHOFER
METIUS-A
METIUS
YOUNG
METIUS-C
LOCKYER-C
FABRICIUS
OKEN
DOVE-H
LOCKYER-G
MALLET
VEGA
LOCKYER
Janssen-K
PEIRESCIUS
JANSSEN
REIMARUS
DOVE-A
STEINHEIL
MALLET-J
BRISBANE
WATT
MARE AUSTRALE
VLACQ
ROSENBERGER
BIELA
HANNO
PONTÉCOULANT

Einzelheiten: Südostteil

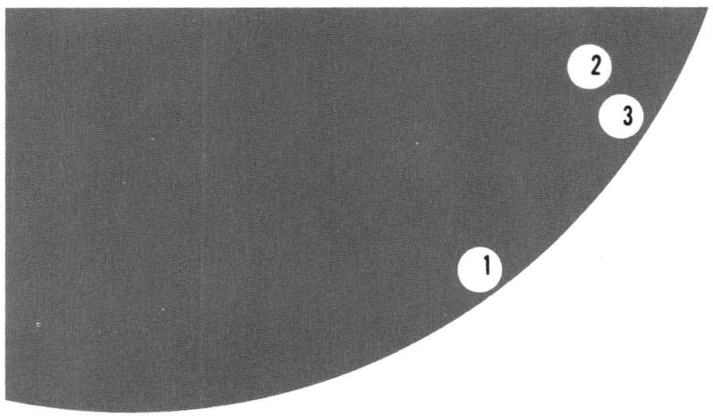

Unter allen von der Erde aus sichtbaren Gebieten des Mondes ist dieses bei weitem das rauheste. Abgesehen von einem sehr kleinen Teil des Mare Nubium und des Mare Australe gibt es dort keine Meergebiete.

Das Mare Australe ist keine klar begrenzte Formation, sondern besteht aus einer Anzahl von dunklen Flecken, die offensichtlich mit erkalteter Lava bedeckt sind. Von der Erde aus kann man sich wegen der übermäßigen Verkürzung kein genaues Bild machen, doch auch die ersten Aufnahmen – Luna 2, 1959 – zeigten, daß es sich bis weit auf die Rückseite des Mondes erstreckt. Auf der einen Seite zieht sich fast bis zum Südpol das Leibniz-Gebirge hin, das als höchstes Mondgebirge gilt: Einige Gipfel mögen eine Höhe von 6000 m noch übersteigen. Wilhelm Humboldt, auf der anderen Seite des Mare Australe, mißt 190 km im Durchmesser und hat stellenweise recht hohe Wände. Er ist reich an Bodenformationen, was von der Erde aus infolge der starken Verkürzung nicht wahrgenommen werden kann, in Orbiter-Aufnahmen aber deutlich zu erkennen ist. Jenseits von Humboldt befindet sich eine andere große Randformation, Hecatæus.

Außer Leibniz gibt es in diesem Teil des Mondes keine größeren Bergzüge. Auf älteren Karten wird der Altai, der bei dem 90 km großen Krater Piccolomini beginnt, als Altai-Gebirge angegeben, doch entspricht der heute gebräuchliche Ausdruck Altai-Steilgebirge seinem Charakter besser. Es ist bemerkenswert, daß die Steilwand konzentrisch zur Grenze des Mare Nectaris verläuft, und zweifellos dürfte zwischen beiden Formationen eine Verbindung bestehen.

Zwei berühmte Formationen dieses Gebietes sind das Rheita- und das Reichenbach-Tal. Das Rheita-Tal ist 185 km lang und trägt seinen Namen nach einem 67 km breiten Krater mit scharfen Kammwänden. An seiner breitesten Stelle mißt das Tal ungefähr 24 km. Trotzdem ist es kein echtes Tal; es setzt sich in seiner ganzen Länge aus Kratern zusammen, genau wie das weniger bedeutende Tal Reichenbach. Ältere Theorien, nach denen die Täler durch tangentiale Meteoriteneinschläge entstanden sein sollen, sind heute unhaltbar.

Der imposanteste Krater in diesem Gebiet ist Petavius. Er ist zugleich eine der eindrucksvollsten Formationen auf der Mondoberfläche überhaupt. Sein Durchmesser beträgt über 160 km, seine Wände erreichen an manchen Stellen mehr als 3300 m Höhe. Der Boden ist leicht konvex und weist sowohl einen großen Zentralberg mit mehreren Spitzen als auch eine markante Rille auf. Unweit davon liegt in östlicher Richtung Palitzsch, 96 km lang und 32 km breit. Auch er besteht aus Kratern, die miteinander verschmolzen sind.

Unter den vielen anderen Wallebenen ist Stöfler, im Westen dieses Gebiets, immer leicht zu erkennen: Sie hat einen dunklen Boden, der mit Meerlava gefüllt zu sein scheint. Maurolycus, östlich von Stöfler, ist etwas auseinandergebrochen, aber noch immer eine eindrucksvolle Wallebene. Im Gegensatz zu Stöfler hat sie einen hellen Boden und ist deshalb besonders bei Vollmond schwer zu erkennen. Dann überdecken die Strahlen von Tycho die Gegend und verbergen sogar die Krater, die, in der Nähe des Terminators gelegen und teilweise mit Schatten gefüllt, sonst so auffällig sind. Südlich von Stöfler gibt es eine interessante Gruppe von etwas ungestalten, unregelmäßigen Formationen, zu ihr gehören Lilius, Licetus, Cuvier und Heraclitus. Die aus Walter, Regiomontanus und Purbach bestehende Kette ist ebenfalls auf der Karte zu sehen, und weiter im Osten liegen Werner und Aliacensis, die sich sehr ähneln. Werner mißt 72 km im Durchmesser, seine Wände erheben sich bis zu einer Höhe von 4500 m.

Mare Australe (links)
Diese Orbiter-Fotografie zeigt das Gebiet des Mare Australe aus 3500 km Höhe über dem Mond. Von der Erde aus erscheint das ganze Gebiet so verkürzt, daß man es unmöglich genau kartografieren konnte, erst seit der Entwicklung der Raumsonden sind genaue Karten vorhanden. Die Krater im Hochland sind mit Materie aus dem Mare überschwemmt, und da die Krater an der Oberfläche nicht miteinander verbunden sind, kann man sich der Erklärung, die Materie sei durch ein Netzwerk von Brüchen in der Kruste herausgeströmt, kaum verschließen.

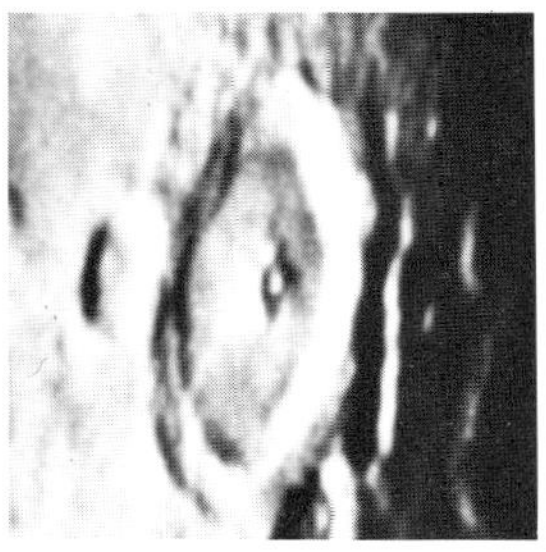

Petavius (2)
(oben) Die Formation von der Erde aus. (unten) Der Kraterboden, aufgenommen von einem Orbiter. Außer der Hauptrille, die vom Zentralberg zur Wand verläuft, gibt es noch viele andere Rillen, Kraterchen, Grate und Vertiefungen.

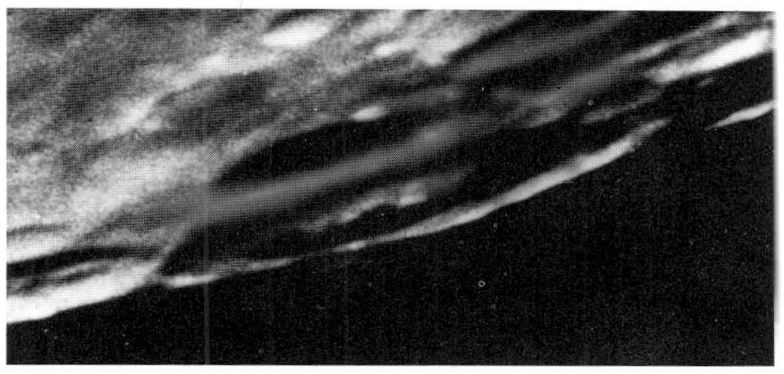

Wilhelm Humboldt (3) (links und unten)
Die Wallebene, von H. R. Hatfield mit einem 30-cm-Spiegelfernrohr fotografiert. Die zentrale Erhebung ist im Foto und im Profil gut zu sehen, aber erst in einer Orbiter-Aufnahme (unten) kommen die Bodendetails zum Vorschein, z. B. ein Krater mit Innenring.

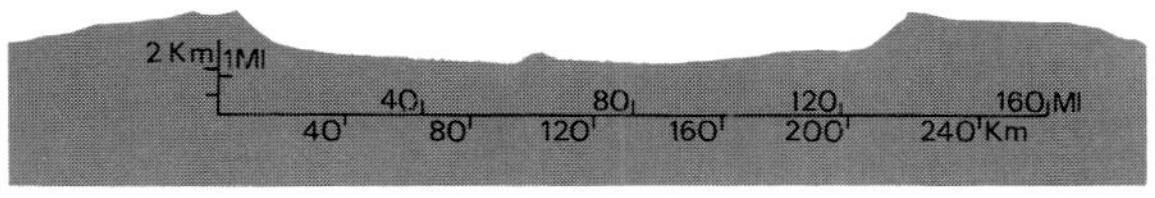

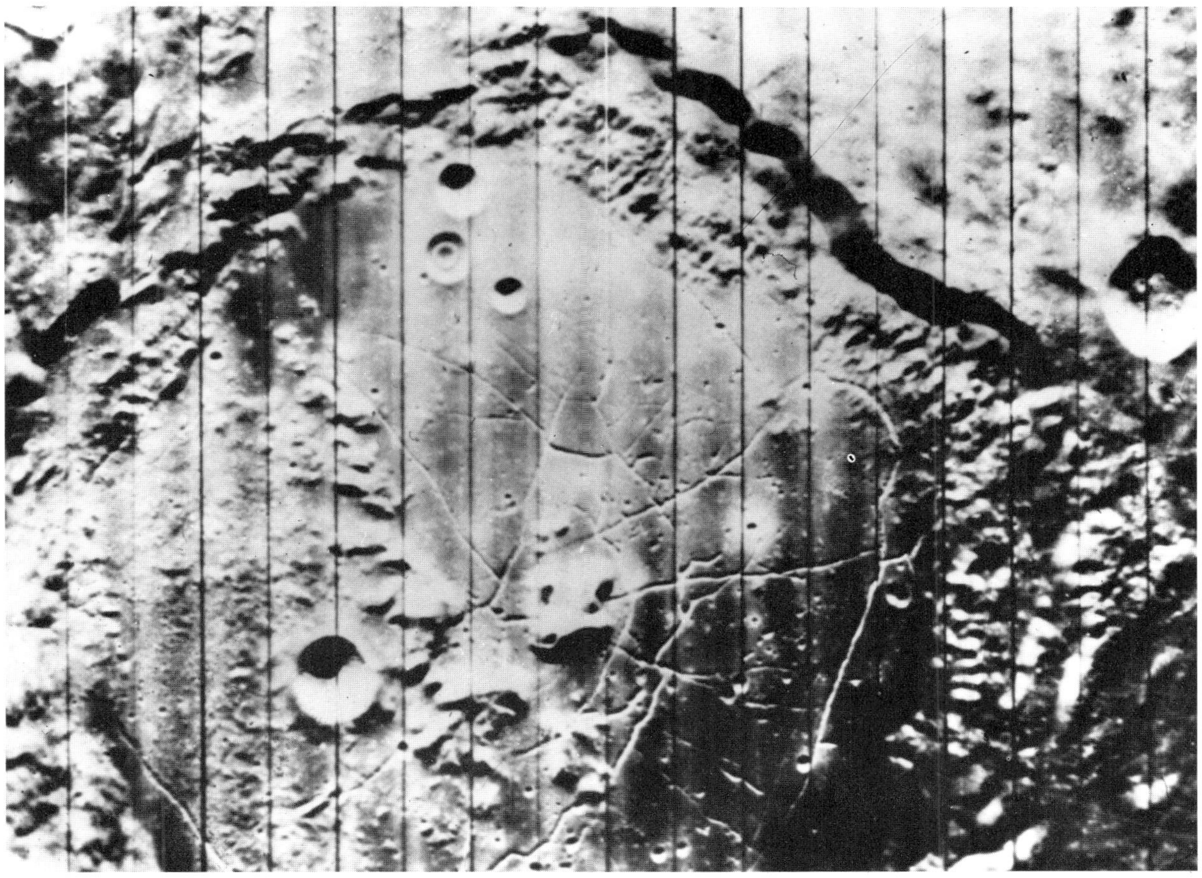

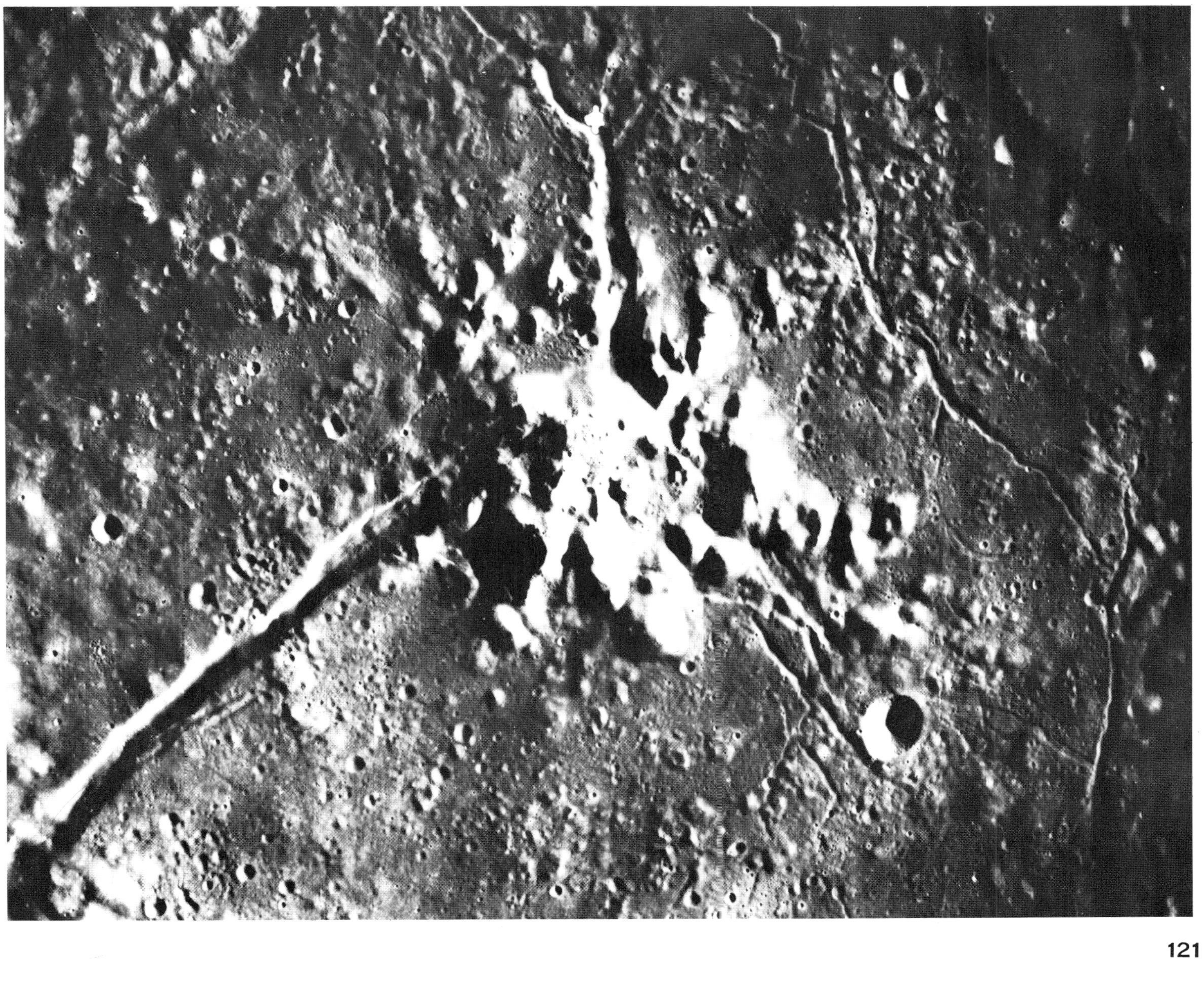

Mondkarte: Rückseite

Mondkarte: Rückseite
Als man auf Grund der Luna-3-Aufnahmen (1959) die ersten Karten von der Mondrückseite anfertigte, wurden nur sehr wenige Formationen erfaßt. Bei einigen der kartografierten Gebilde zeigte es sich später sogar, daß man sie falsch gedeutet hatte. Erst die späteren russischen Mondsonden und die amerikanischen Orbiter ermöglichten die Zusammenstellung einer genauen Karte der Rückseite.

Gleich auf den ersten Blick erkennt man, daß die Rückseite arm an Mare-Gebieten ist. Auf den Luna-3-Aufnahmen sah man nur zwei dunkle Gebiete. Eines wurde als Krater mit Zentralberg und dunklem Boden erkannt und erhielt den Namen Tsiolkowski. Das andere, Mare Moscoviense (Moskauer Meer), kann zwar als Mare betrachtet werden, ist aber, verglichen mit den Maria auf der Vorderseite, von verhältnismäßig kleinen Abmessungen.

Die größte Überraschung auf der Rückseite war aber ohne Zweifel das Mare Orientale, das man bei günstigen Librationsbedingungen von der Erde aus in stark

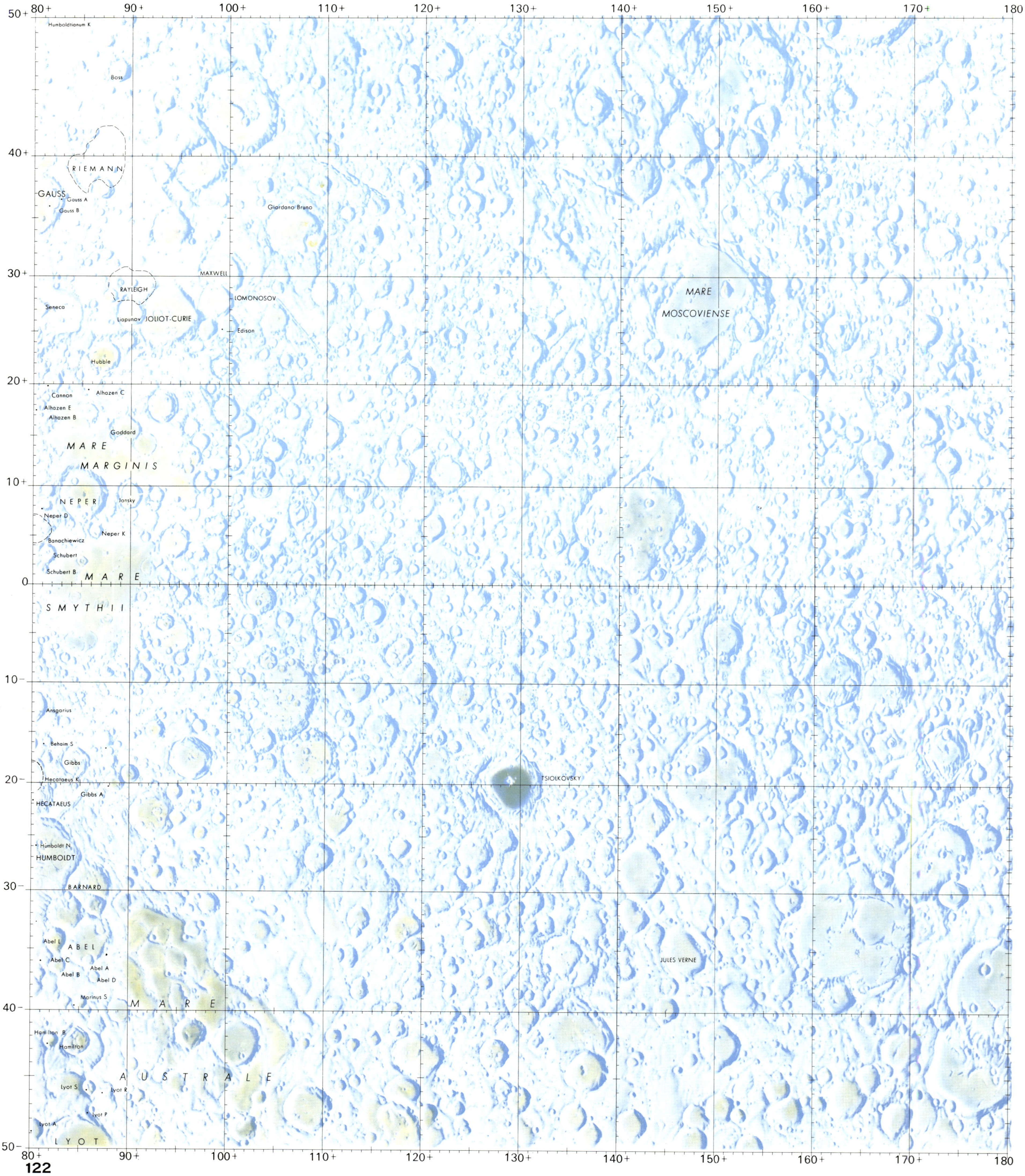

verkürzter Form sehen kann. Wie diese Karte in Mercatorprojektion erkennen läßt, stellt es eine ungeheure, komplizierte Struktur dar, die sich mit keiner Formation der Vorderseite vergleichen läßt. (Mare Nectaris könnte ein weniger gut erhaltenes Exemplar derselben Gattung sein.) Mare Smythii, Mare Marginis und Mare Australe am gegenüberliegenden Mondrand waren weit ausgedehnter, als man angenommen hatte.

Die wenigen Formationen, die auf dieser Karte mit Namen versehen sind, wurden 1959 von den Russen so benannt. Der Krater rechts unter Tsiolkowski heißt Jules Verne, zur Erinnerung an den Mann, dessen Phantasie schon im vorigen Jahrhundert den Mondflug vorweggenommen hat. Die Nomenklatur der Rückseite – sie wird unter der Aufsicht der Internationalen Astronomischen Union erarbeitet – ist noch nicht abgeschlossen.

Die Mercatorkarte zeigt die Anordnung der Krater: Sie bilden Linien, Ketten und Paare. Das Gesamtbild ist dadurch bestimmt, daß die Rückseite arm an Maria ist – ein Hinweis darauf, daß die Verteilung der Formationen an der Mondoberfläche nicht zufällig ist.

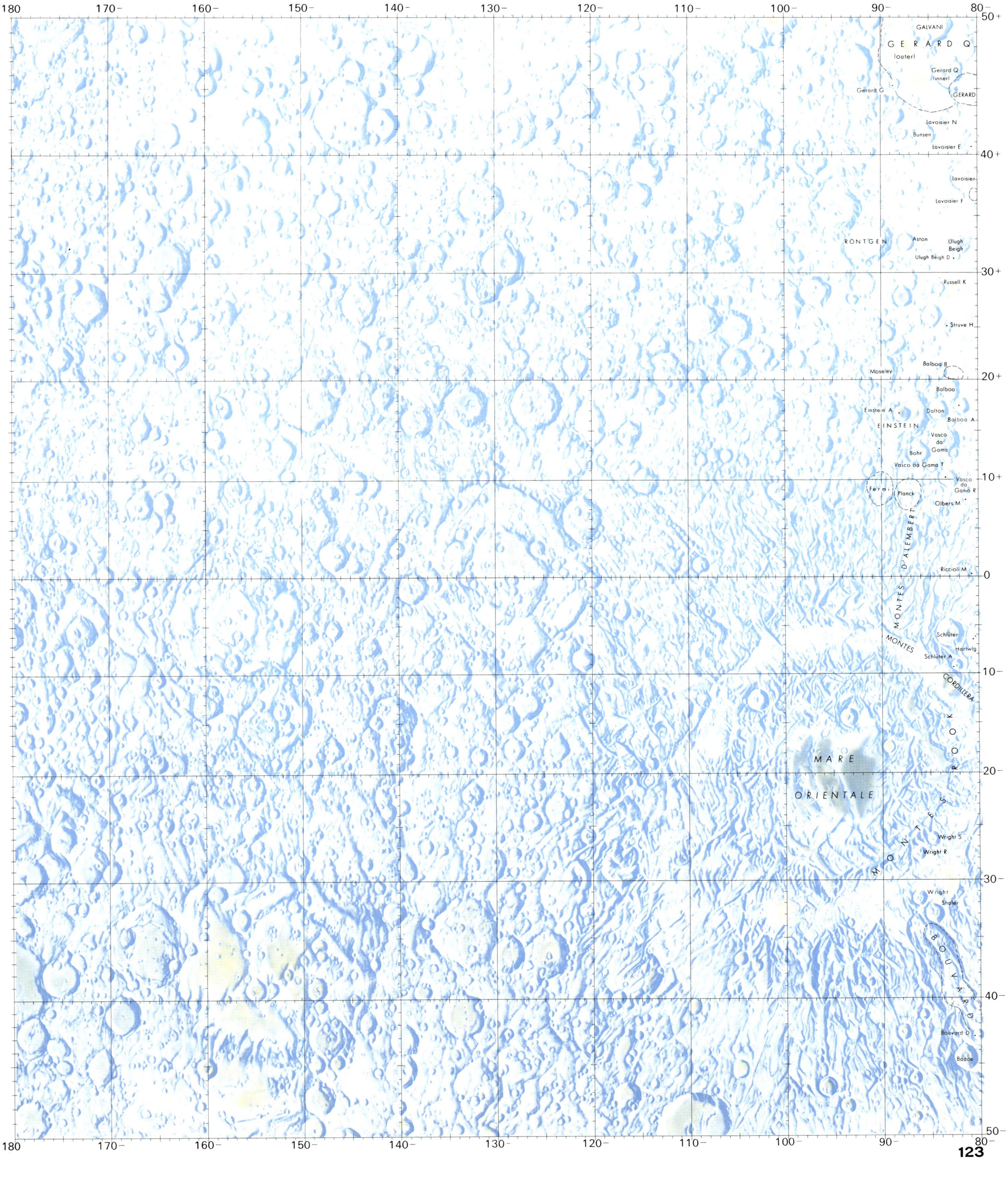

Einzelheiten: Rückseite

59 % der Mondoberfläche sind von der Erde aus zu sehen. In den Gebieten am Mondrand ist aber die Verkürzung so ausgeprägt, daß von diesen Gebieten keine genauen Karten hergestellt werden konnten. Erst 1959 — mit der ersten Mondumrundung durch Luna 3 — trat die Mondkartografie in das moderne Zeitalter ein. Nicht nur die Librationszonen, auch die von der Erde aus immer unsichtbaren 41 % der Mondoberfläche konnten jetzt der Kartografie zugänglich gemacht werden. Einen großen Fortschritt brachten die sehr guten Aufnahmen der amerikanischen Orbiter.

Schon die ersten Luna-3-Aufnahmen zeigten einen bedeutenden Unterschied zwischen der längst bekannten und der uns unbekannten, abgekehrten Seite des Mondes. Auf der Rückseite befinden sich keine Maria, die man mit Crisium oder gar Imbrium vergleichen könnte. Die einzige Formation, die man als Mare bezeichnen konnte, war das Mare Moscoviense; es hat einen dunklen, mit Mare-Gestein bedeckten Boden.

Mit der weiteren Entwicklung der Orbiter stellte es sich heraus, daß es große, Mare-ähnliche Gebiete gibt, die aber keinen dunklen Boden haben. Gebirgszüge wie die Apenninen findet man dort nicht, was wohl mit der Tatsache zusammenhängt, daß Gebirge und Maria in ursächlichem Zusammenhang stehen.

Über den hier geschilderten Unterschied zwischen Mondvorder- und Mondrückseite ist viel diskutiert worden. Wenn, was wahrscheinlich ist, die Rotation des Mondes schon von einer relativ frühen Entwicklungsstufe des Systems Erde—Mond an synchron gewesen ist, könnte man die ungleichmäßige Verteilung der Formationen auf der Mondoberfläche leicht dadurch erklären, daß Krater und Maria inneren Ursprungs sind und daß bei ihrer Entstehung die Wirkung der Anziehungskraft der Erde eine wichtige Rolle gespielt hat. In diesem Zusammenhang ist es auch von Bedeutung, daß die Krater auf der Vorderseite sich gern längs des Zentralmeridians aufreihen. Wenn vorwiegend äußere Prozesse zur Kraterbildung geführt hätten, wäre deren Verteilung weit weniger gut verständlich.

Mare Orientale

Wenn sich auch keines der großen, untereinander verbundenen Meere über den Mondrand hinaus auf die Rückseite erstreckt, so gibt es doch einige kleinere Meere, die hinüberreichen. Das Mare Orientale z. B. hat sich als ein komplexes, mit keiner anderen Mondformation vergleichbares Gebilde erwiesen. Tatsächlich kommt ihm in der Lunargeologie etwa die gleiche grundlegende Bedeutung zu wie dem Mare Imbrium.

Bis heute sind erst wenige Formationen auf der Rückseite benannt worden; es sind zumeist Namen, die ihnen nach dem Luna-3-Flug von den Russen gegeben wurden. Ein Komitee der IAU hat sich der vieldiskutierten Nomenklatur angenommen.

Allgemeiner Überblick (oben)
Orbiter-Aufnahme von der Mondrückseite. Tsiolkowski in Randnähe oben rechts. Das lange Kratertal im mittleren Teil der Aufnahme liegt in der Südpolarregion in der Nähe des Kraters Hale. Das große Gebilde am Ende des Kratertales ist noch unbenannt.

Mare Orientale (rechts)
Das Mare Orientale (hier in einer Orbiter-Aufnahme) ist ohne Zweifel das komplizierteste Gebilde auf dem Mond. Die Kordilleren, das Rook- und das D'Alembert-Gebirge stehen, wie sich erwiesen hat, mit ihm in Verbindung. Rechts ist Grimaldi an seinem dunklen Innern erkennbar.

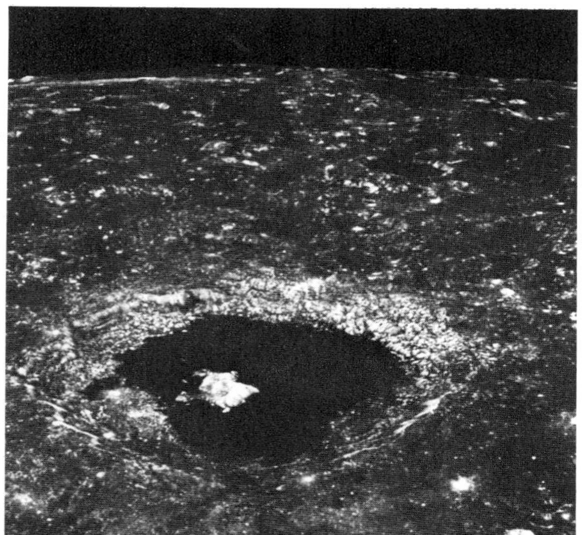

Tsiolkowski (oben und oben rechts)
Tsiolkowski besitzt einen deutlichen Zentralberg. Sein Boden ist mit Marelava ausgefüllt. Er stellt wohl ein Bindeglied zwischen Wallebenen und Maria dar. Die Vorderseite weist nichts Vergleichbares auf.

Diese Aufnahme von Tsiolkowski wurde unter steilerer Beleuchtung und aus einem weniger spitzen Winkel gewonnen, doch ist der dunkle Boden immer noch gut zu erkennen.

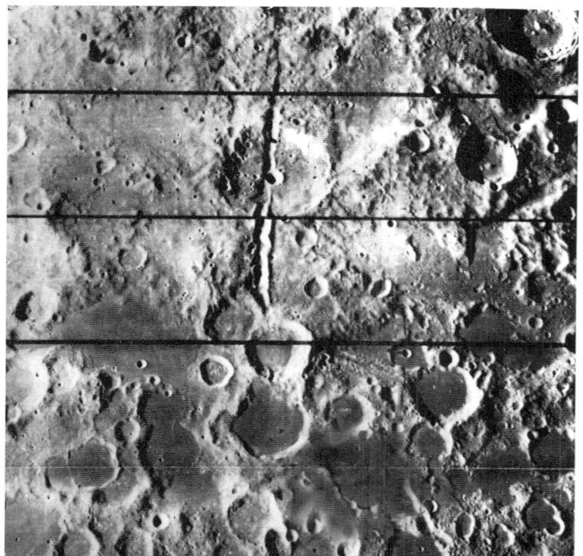

Das Polartal
Ausschnitt aus einer Orbiter-4-Aufnahme der Südpolarregion, knapp hinter den Grenzen des von der Erde aus sichtbaren Teils. Das Kratertal ist etwa 240 km lang und stellenweise 8 km breit.

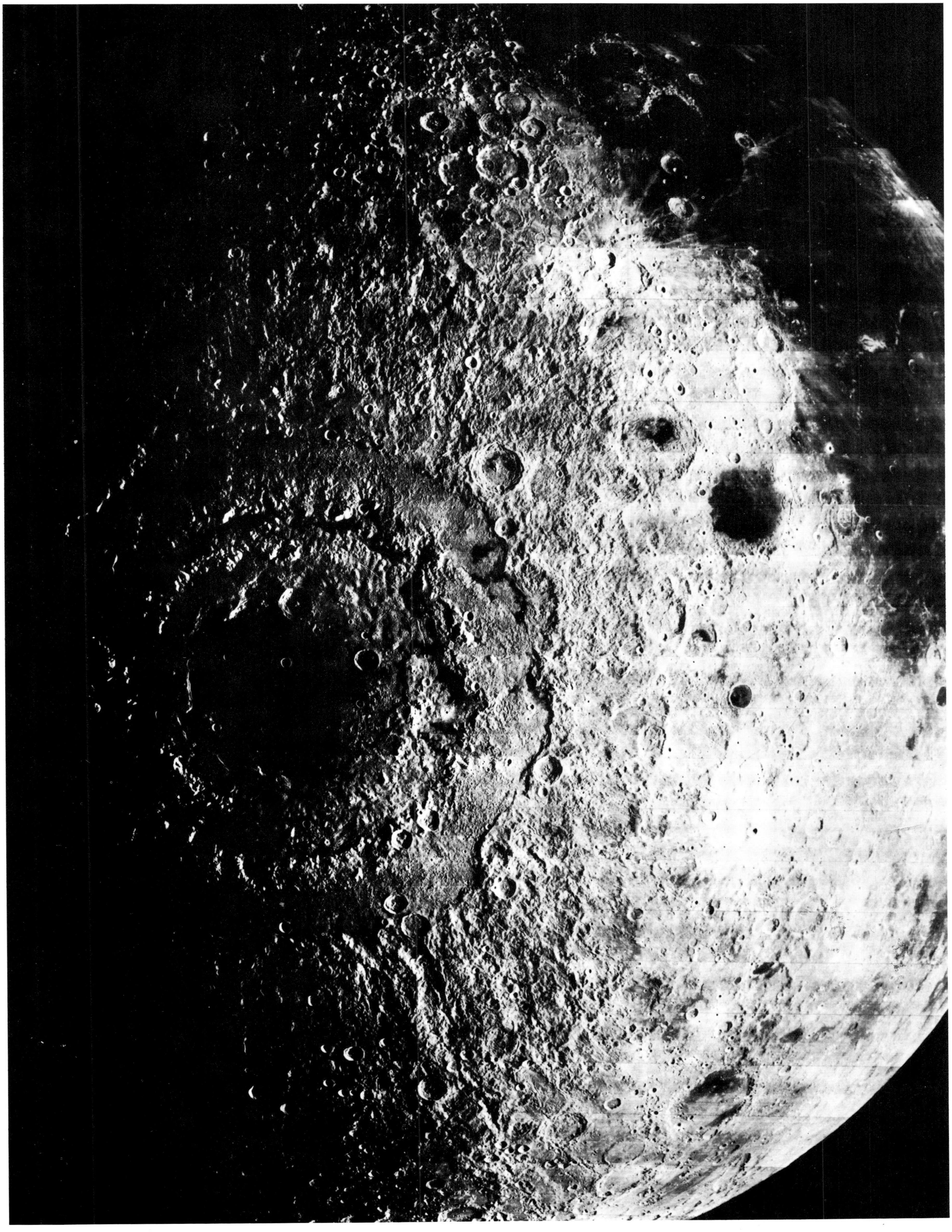

Mondkarten: Nord- und Südpol

Der Nordpol (unten)
Die nördliche Polarzone des Mondes besteht im wesentlichen aus Hochland. Diese Karte, die nach Aufnahmen von Orbiter 4 und 5 zusammengestellt wurde, ist bis heute die genaueste.

Beobachtungen von der Erde aus sind wegen der extrem starken Verkürzungen sehr schwierig, außerdem lassen sich die Polarregionen wegen der Schatteneffekte nicht so gut untersuchen wie die anderen Randgebiete. Es gibt mehrere große Krater in der Polarzone. Auf dieser Karte ist ein größeres Strahlenzentrum, der schön geformte Krater Anaxagoras, zu sehen. Der nördliche Polarkrater Gioja mißt über 50 km im Durchmesser und ist ziemlich regelmäßig geformt. Von der Erde aus fällt er nicht besonders auf.

Das auf dieser Karte abgebildete Gebiet liegt auf der Rückseite des Nordpols. Man kann erkennen, daß die Oberfläche im wesentlichen von gleichartiger Beschaffenheit ist. Es gibt sowohl große abgegrenzte Gebiete als auch Krater und Kraterchen aller Art.

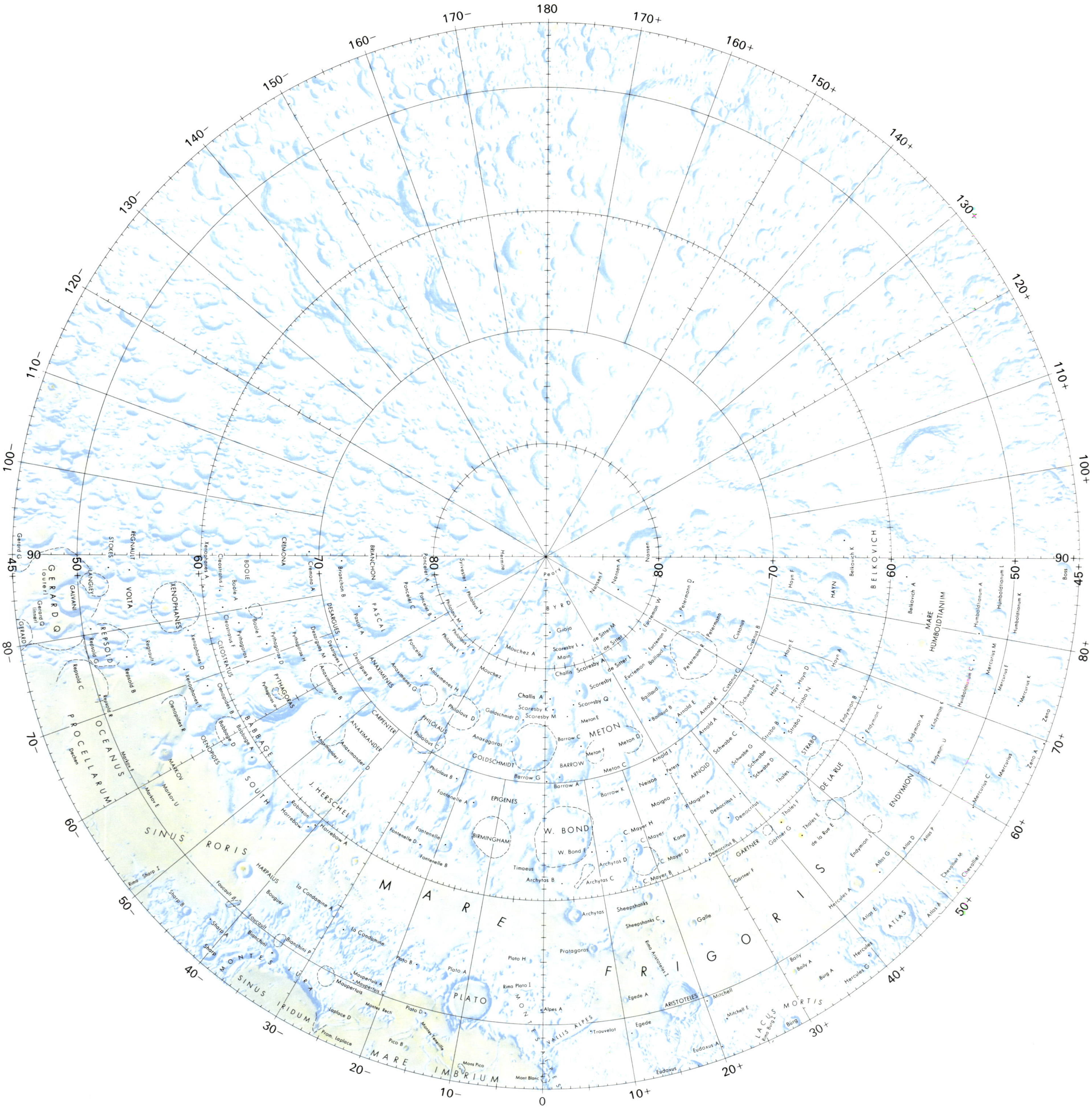

Der Südpol (unten)
Von der Erde aus gesehen ist die südliche Polarregion einer der rauhesten Teile der Mondoberfläche. Hier gibt es viele tiefgelegene Wallebenen und aufragende Berggipfel. Eine kartografische Erfassung dieses Gebietes ist noch schwieriger als die des Nordpols. Diese Karte wurde aus Aufnahmen von Orbiter 4 und 5 gewonnen.

Hauptmerkmal der südlichen Polarregion und von der Erde aus unsichtbar ist die riesige, massive Wallebene im linken mittleren Teil der Karte. Daran scheint sich auf den ersten Blick ein Tal anzuschließen, das sich aber bei näherer Betrachtung als eine Aufreihung von Kratern erweist. Diese Formation ist in Orbiter-Aufnahmen auf Seite 124 dieses Atlasses abgebildet

Einige andere Namen sollen noch erwähnt werden: Boltzmann und Stefan zum Beispiel, auch Legentil, der von der Erde aus gerade noch sichtbar ist und schon vor sehr langer Zeit kartografiert wurde.

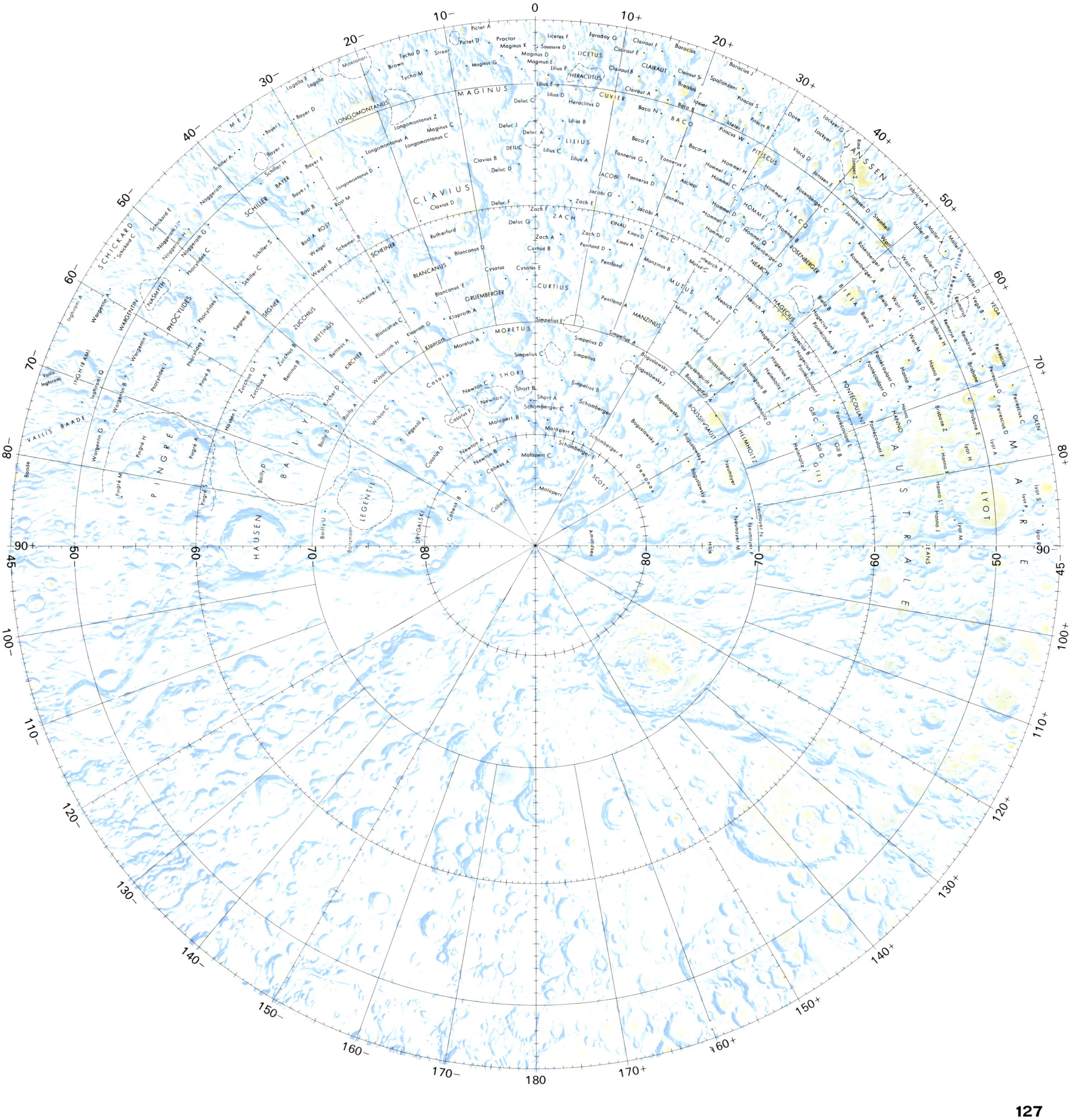

Einzelheiten: Rückseite

Da die Orbiter-Fotografien den Mond aus ungewohnten Perspektiven zeigen, ist es selbst für erfahrene Mondbeobachter anfangs schwierig, die verschiedenen Formationen zu finden. Auf dem unteren Foto, das die Rückseite des Mondes und einen Teil der vorderen Hemisphäre zeigt, ist die ungefähre Lage des Nordpols durch den Pfeil bezeichnet. Rechts davon, fast auf dem Terminator, zwischen den beiden linken, weißen Linien des Gradnetzes, befindet sich die große, weitverzweigte Formation Meton, die aus mehreren untereinander verbundenen Wallebenen besteht. Sie ist auf «konventionellen» Fotografien leicht zu erkennen, von der Erde aus gesehen, erscheint sie aber immer in starker Verkürzung. Am rechten Bildrand ist das Mare Serenitatis sichtbar, viel verkürzter, als wir es normalerweise sehen. Aristillus und Autolycus liegen fast auf dem Terminator, und Archimedes, im Mare Imbrium, ist nicht mehr zu sehen, dafür aber das Kaukasusgebirge und rechts, am äußersten, unteren Rand des Bildes, die nördlichsten Spitzen der Apenninen.

Auch das Alpental ist erkennbar, es liegt wieder auf dem Terminator, nahe der rechten, weißen Netzlinie; die Krater Eudoxus und Aristoteles heben sich deutlich ab. Auf dieser Aufnahme ist ein großer Teil des Gebietes unter voller Sonnenbestrahlung überbelichtet, denn das Foto wurde in erster Linie im Hinblick auf die Terminatorgebiete gemacht. Die Region im obersten Teil des Bildes ist von der Erde aus niemals sichtbar.

Apollo 10
Die Gesamtansicht links zeigt den Mond, wie ihn die Astronauten Borman, Lovell und Anders auf ihrem Rückflug vom Mond am Weihnachtsmorgen 1968 fotografiert haben. Wieder liegt die hier gezeigte Gegend teils auf der erdzugewandten Hemisphäre, teils auf der Rückseite. Unverwechselbar das Mare Crisium, oben links. Rechts darunter, nahe der Bildmitte, erkennt man das Mare Smythii, das weniger klar begrenzt ist und von dem manchmal behauptet wird, es stelle eine Übergangsstufe zwischen den regelmäßigen und den unregelmäßigen Maria dar. Ganz rechts außen Tsiolkowski mit seinem dunklen Boden und dem strahlenden Zentralberg. Oben im Bild ist der wichtige Strahlenkrater Giordano Bruno erkennbar, der als eine der ersten Formationen auf den von Luna 3 im Oktober 1959 gesendeten Fotografien erkannt wurde.

Formationen auf der Rückseite
Diese Aufnahme (oben) besitzt historischen Wert. Sie wurde am 21. Juli 1969 von Armstrong und Aldrin gemacht, als sie vom Mond zu ihrem Rendez-vous mit Collins unterwegs waren. Die Koordinaten der Bildmitte sind 5.5° südliche Breite und 179° östliche Länge; der große Krater ist bis jetzt noch nicht benannt, aber die Internationale Astronomische Union hat ihn provisorisch mit der Nummer 308 versehen. Er mißt 80 km im Durchmesser und hat terrassenförmige Wände und einen mehrgliedrigen Zentralberg. Das ganze Terrain ist außerordentlich zerfurcht. Der Krater im linken unteren Bild ist Nr. 302 der IAU, er liegt bei 10° südlicher Breite und 162° östlicher Länge auf der Rückseite des Mondes, sein Durchmesser beträgt 185 km, er hat terrassenförmige Wände und einen Zentralberg.
Auch die dritte Aufnahme (unten rechts) stammt von Apollo 10. Sie zeigt ein hügeliges Gebiet, für das bis jetzt noch keine Namen festgelegt wurden. Heute sind die Karten von der Rückseite des Mondes ebenso genau wie diejenigen von der uns schon lange vertrauten vorderen Hemisphäre – ein um so bemerkenswerterer Fortschritt, als die Rückseite noch bis zum Herbst des Jahres 1959 vollständig unerforscht war.

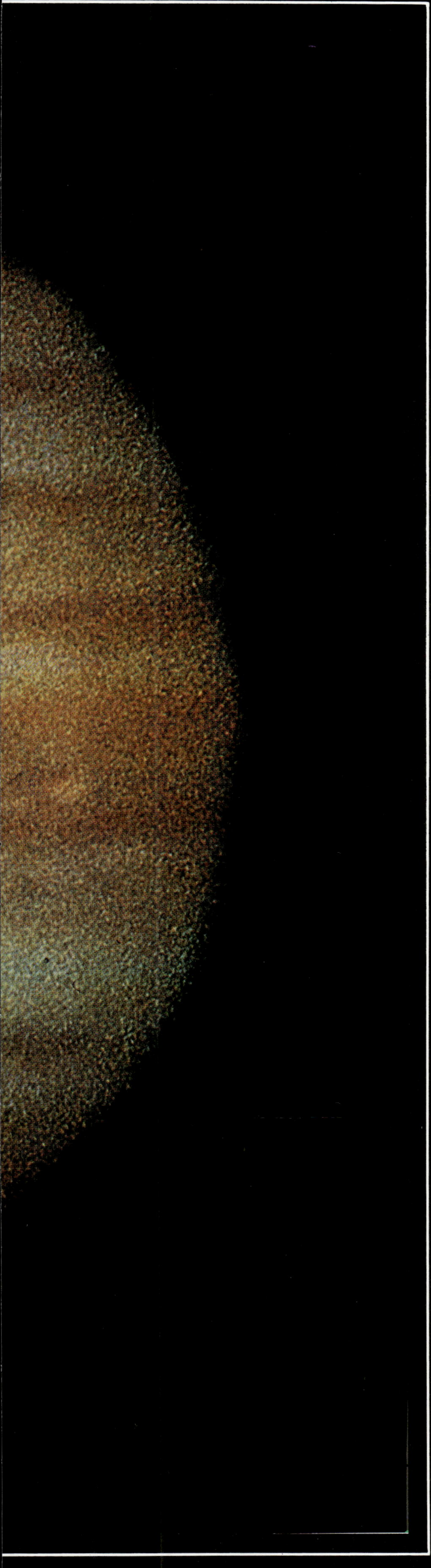

Das Sonnensystem

Niemand kann mit Bestimmtheit sagen, wann man erstmals erkannt hat, daß die Planeten etwas anderes sind als die Sterne. Pythagoras, um 580 v. Chr., ahnte es wohl schon, und möglicherweise war er nicht einmal der erste. Das Wort «Planet» bedeutet «wandernder Stern». Schon die alten Völker wußten, daß die individuellen Bewegungen der Planeten nichts anderes bedeuten können, als daß diese Himmelskörper uns wesentlich näher sind als die sogenannten Fixsterne. So erkannten sie auch richtig, daß der Mond der uns weitaus nächste Himmelskörper sein müsse.
Die Natur der Sonne stellte ein weit größeres Problem dar. Der große griechische Philosoph Anaxagoras wurde wegen seiner Behauptung, die Sonne sei ein rotglühender Körper, größer als der Peloponnes, der Gottlosigkeit angeklagt und aus seiner Heimatstadt Athen verbannt. Das größte Hindernis für das rechte Verständnis des Sonnensystems stellte im Altertum der festverankerte Glaube dar, die Erde liege im Zentrum des Weltalls und alle anderen Himmelskörper drehten sich um sie. Am Ende der großen Epoche der klassischen Astronomie schätzte Ptolemäus von Alexandrien (um 150 n. Chr.) die Entfernung der Sonne auf 3,2 Mio km.

Jupiter
Dieses Farbfoto des Planeten Jupiter — wohl das beste überhaupt — wurde von G. P. Kuiper mit dem 2-m-Spiegel des McDonald-Observatoriums in Texas aufgenommen.

Einleitung: Das Sonnensystem

Nach dem Tod des Ptolemäus stagnierte die Entwicklung lange Zeit, und erst im 16. Jahrhundert wurden gegen die ptolemäische Theorie ernste Einwendungen erhoben. Das exakte Studium der Körper des Sonnensystems konnte freilich erst nach der Erfindung des Fernrohres einsetzen. Im Winter 1609/10 machte Galiei eine ganze Reihe Entdeckungen mit seiner neukonstruierten «optischen Röhre», die 30fach vergrößerte. Galilei war nicht der erste, der Planeten und Sterne mit einem Fernrohr betrachtete, aber an Geschicklichkeit und Ausdauer in der Beobachtung überragte er seine Zeitgenossen. Sein Interesse galt vor allem der Venus, die, wie er feststellte, mondähnliche Phasen von Neu bis Voll zeigte. Dies war besonders wichtig, denn zu jener Zeit war der Streit zwischen den Anhängern des ptolemäischen und denen des kopernikanischen Weltbildes noch in vollem Gange. Galilei hatte sich bereits für die neuen Ideen entschieden. Nach der Ptolemäischen Theorie müßte Venus immer in der Nähe der Gera-

Kepler
Der deutsche Mathematiker Johannes Kepler (1571—1630), der die berühmten Gesetze der Planetenbewegung aufgestellt hat. Nach einem alten Holzschnitt.

den bleiben, die die Erde mit der Sonne verbindet; somit könnte sie niemals als Dreiviertel- oder volle Scheibe erscheinen (s. S. 13 u.). Galileis Beobachtungen zeigten aber sofort, daß die Ptolemäische Theorie, wenigstens in ihrer ursprünglichen Form, nicht richtig sein konnte. Einen zusätzlichen Beweis lieferte der Riesenplanet Jupiter, der, wie Galilei feststellte, von vier Monden oder Satelliten umkreist wird. Das bedeutete, daß die Erde nicht das einzige Bewegungszentrum im Weltall sein konnte, wie man stets angenommen hatte. Galilei stieß mit seinen Beobachtungen auf den erbitterten Widerstand des Klerus, und ein Geistlicher weigerte sich sogar, durch das Fernrohr zu schauen, mit der Begründung, es müsse verhext sein. Galilei empfahl ihm, sich wenigstens nach seinem Tod, auf der Fahrt in den Himmel, die Jupitermonde gründlich anzusehen.
Galilei studierte auch die Sonne und entdeckte als einer der ersten die Sonnenflecken, die er als Merkmale der Sonnenscheibe erkannte. Doch sobald die erste Reihe neuer Entdeckungen mit dem Fernrohr gemacht worden war, kam die Entwicklung wieder zum Stillstand, und die nächsten großen Entdeckungen datieren erst aus der Mitte des 17. Jahrhunderts, nachdem die Fernrohre wesentlich besser geworden waren. Vorzügliche Beobachtungen stellten Chr. Huygens in Holland und G. D. Cassini in Frankreich an. (Hier wären beispielsweise die wahre Gestalt der Saturnringe und die Polkappen des Mars zu nennen.) Eine andere Tat Cassinis war die Entdeckung des Zodiakallichtes, eines kegelförmigen Lichtscheins, von dem man heute glaubt, er sei auf interplanetare Materie zurückzuführen. Noch wichtiger war Cassinis Bestimmung der Sonnenentfernung. Kepler hatte für sie 22,5 Mio km errechnet; Cassini kam auf 138,5 Mio km, eine Zahl, die schon auf einige Prozent genau ist. Die Entfernungsverhältnisse im Sonnensystem wurden langsam bekannt, und die Entfernungen der fünf mit bloßem Auge sichtbaren Planeten wurden mit ziemlicher Genauigkeit ausgerechnet.
Isaac Newtons Arbeiten versetzten dann dem ptolemäischen Weltbild den Todesstoß; sein großes, 1687 veröffentlichtes Werk, bekannt unter dem Namen «Principia», leitete die — wie wir sie nennen können — moderne Ära ein. Newton war von Natur feinfühlig und zurückhaltend. Sein Werk wurde auf Drängen seines Kollegen Edmund Halley nieder-

Halley
Edmund Halley (1656—1742), der zweite Königliche Astronom, der Isaac Newton zur Publikation seiner «Principia» überredete. Halley war ein erfahrener Mathematiker und Beobachter.

geschrieben, der später als Königlicher Astronom bleibenden Ruhm erlangen sollte, da er die Wiederkehr des Kometen, der heute seinen Namen trägt, richtig vorausberechnet hatte. Neben Newton verblassen natürlich Halleys Leistungen ein wenig, doch die Astronomie verdankt ihm viel.
Fünf Planeten waren seit ältesten Zeiten bekannt, und diese, zusammen mit der Sonne und dem Mond, ergaben die große Zahl Sieben. Da Sieben als mysti-

Cassini
G. D. Cassini (1625—1712), ein italienischer Astronom, erster Direktor des Französischen Nationalobservatoriums in Paris. Wir verdanken ihm viele wichtige Entdeckungen auf dem Gebiet der Planeten.

Leverrier
Urbain Jean Joseph Leverrier (1811—1877), der große französische Astronom, dessen Berechnungen zur Entdeckung des Planeten Neptun führten.

sche Zahl galt, rechnete man nicht mit der Entdekkung eines weiteren Planeten. Daher bedeutete es eine große Überraschung, als 1781 ein vorher unbekannter Amateur, Friedrich Wilhelm (William) Herschel, in Hannover geboren und nach England ausgewandert, den Planeten entdeckte, den wir heute Uranus nennen und der die Sonne in einer viel größeren Entfernung als Saturn umkreist. Herschel erkannte zunächst nicht, daß es sich um einen Planeten handelte; er hielt ihn für einen Kometen, doch verriet seine Bewegung unter den Sternen bald seine wahre Natur.
Herschels Ruhm war damit begründet, und er verbrachte den Rest seines Lebens mit astronomischer

Herschel
Sir William Herschel (1738—1822), der den Planeten Uranus mit einem selbstkonstruierten Teleskop entdeckte.

Forschung. Sein Hauptinteresse galt den Sternen, und als Beobachter kommt ihm kaum jemand gleich. Seine Ideen über das Leben im Universum waren jedoch nach heutigen Begriffen etwas eigenartig. Er glaubte, es müsse auf dem Mond, auf den Planeten und sogar im Innern der Sonne intelligente Wesen geben; eine Ansicht, die von den meisten seiner Zeitgenossen nicht geteilt wurde.
Noch war das Sonnensystem nicht vollständig. Vier Kleinplaneten — auch «Planetoiden» oder «Asteroiden» genannt — wurden im ersten Jahrzehnt des 19. Jahrhunderts entdeckt. Damals stellte man auch fest, daß sich der Herschel-Planet Uranus nicht ganz so bewegte, wie man es erwartet hatte, etwas störte seine Bahn. In England äußerte J. C. Adams die Vermutung, die Störungen könnten auf einen unbekannten Planeten zurückzuführen sein, und in Frankreich gelangte Urbain Jean Joseph Leverrier zum gleichen Schluß. Auf Grund der Arbeiten Leverriers fanden dann J. G. Galle und H. d'Arrest in Berlin den Urheber der Störungen, nämlich den Planeten, den wir heute Neptun nennen.
Viel später erst, nämlich 1930, wurde der neunte Planet, Pluto, auf die gleiche Weise entdeckt, diesmal auf Grund von Störungsrechnungen, die Percival Lowell in den USA anstellte. Ob es noch weitere Planeten am Rande des Sonnensystems gibt, bleibt abzuwarten.
Natürlich ist unser Verständnis des Weltalls mit unseren Vorstellungen vom Status der Sonne eng verknüpft. Nachdem das kopernikanische System allgemeine Anerkennung gefunden hatte, dachte man noch eine Zeitlang, der Sonne komme eine besondere Bedeutung zu, doch die Arbeiten von Herschel und anderen zeigten, daß dem nicht so ist; die Sonne ist ein Stern unter vielen anderen. Auch «brennt» sie nicht im wörtlichen Sinne. Sie produziert ihre Energie mit Hilfe von Kernreaktionen, eine Tatsache, die erst in diesem Jahrhundert entdeckt wurde. Die Pionierarbeit leisteten hier H. Bethe und K. F. von Weizsäcker 1939.
Mittlerweile sind in bezug auf den Mond und die Planeten neue, bedeutende Erkenntnisse gewonnen worden. Einzelheiten der Marsoberfläche wurden beobachtet, und man vermutete sogar, die Oberflächenmerkmale könnten teilweise das Werk intelligenter Lebewesen sein — eine Theorie, die erst nach dem Tode ihres Hauptverfechters Lowell, 1916, endgültig ad acta gelegt wurde. Die Venus ist, wie man erkannte, von einer dichten, wolkigen Atmosphäre umhüllt, die uns ihre Oberfläche verbirgt, während Jupiter und die anderen Riesenplaneten sich — zumindest in ihren äußeren Schichten — als gasförmig erwiesen.
Bis in die neueste Zeit mußte das Studium der Planeten rein visuell betrieben werden. Ende des 19. Jahrhunderts lagen zwar bereits vorzügliche fotografische Karten des Mondes vor, aber die Beobachtung von Mond und Planeten lag doch noch weitgehend in den Händen der Amateure, die auch ausgezeichnete Arbeit leisteten. Erst als nach dem Ende des Zweiten Weltkrieges Raumforschungsmethoden entwickelt wurden, trat hier ein tiefgreifender Wandel ein.
1957 wurde der erste künstliche Satellit von den Russen in seine Umlaufbahn gebracht, zwei Jahre später starteten sie ihre ersten erfolgreichen Mond-

sonden. Luna 3 umkreiste den Mond und übermittelte die ersten Aufnahmen von der Mondrückseite, jenen Regionen, die man nie zuvor gesehen hatte. Es folgten erste Versuche, Sonden zu den Planeten zu schicken. Hier konnten die Amerikaner 1962 den ersten Triumph feiern. Sie schickten ein Raumfahrzeug, Mariner 2, ins Weltall hinaus, das an Venus vorbeiflog und erste zuverlässige Messungen der dort herrschenden Temperaturen lieferte. Nach 1962 begann die Serie der unbemannten Landungen auf Venus, der Vorbeiflüge an Mars und der ersten Expeditionen zum Mond.
Was wird die Zukunft bringen? Unsere Vorstellungen von den Körpern des Sonnensystems haben sich seit 1957, als das Raumzeitalter begann, grundlegend geändert. Es gilt heute als unwahrscheinlich, daß es, abgesehen von der Erde, in unserem Sonnensystem irgendwelches Leben gibt. Bestenfalls können wir mit primitiver organischer Substanz auf dem Mars rechnen, und sogar das hält man für sehr fraglich. Was den Mond anbelangt, so können wir uns bereits auf das Zeugnis der dort gelandeten

Eine astronomische Uhr (oben)
Eine alte astronomische Uhr aus dem Jahre 1690, die Sonne mit Merkur, Venus, Erde und Mond darstellend.
(Unten) Der Projektor des Armagh-Planetariums in Nordirland. In einem Planetarium werden die Himmelskörper durch auf die Innenseite einer großen Kuppel projizierte Lichtpünktchen dargestellt.

Astronauten stützen, und es scheint, daß der Mensch während der nächsten beiden Jahrzehnte auch den Mars betreten wird.
Bei allen Unternehmungen der Raumfahrt ist größte Vorsicht geboten, damit die besuchten Welten nicht biologisch vergiftet werden. Ganz besonders gilt dies für den Mars, der eine Atmosphäre besitzt und daher möglicherweise nicht ganz steril ist. Diesem Punkt wurde nicht immer die ihm gebührende Aufmerksamkeit geschenkt. Die größten Erwartungen knüpft man heute an die Einrichtung von Forschungsbasen auf anderen Himmelskörpern, wobei man mit dem Mond beginnen und dann zum Mars und den anderen Planeten übergehen will. Die Durchführung solcher Vorhaben könnte der Wissenschaft ungeahnte Möglichkeiten erschließen und damit der ganzen Menschheit Nutzen bringen.
Mit der Erforschung unseres Sonnensystems stehen wir immer noch am Anfang. Wir sind dabei, neue Erkenntnisse zu gewinnen, und haben noch vor dem Ende dieses Jahrhunderts Großes zu gewärtigen.

Einführung: Das Sonnensystem

Wenn man in einer dunklen, klaren Nacht zum Himmel emporschaut, dann sieht man das leuchtende Band unserer Milchstraße. Die zu ihr gehörenden Sterne liegen keineswegs dicht beieinander, auch wenn es so aussehen mag, als ob sie sich gegenseitig fast berührten. Unser Sternsystem, die Galaxis, ist eine abgeflachte Scheibe; die Sonne liegt mit ihrer Planetenfamilie nahe der Hauptebene, und wenn wir in die Scheibe hineinschauen, so sehen wir sehr viele Sterne in fast gleicher Richtung.

Die Galaxis umfaßt insgesamt 100 Mia Sterne, die der Sonne ähnlich sind; in bezug auf Größe, Helligkeit und andere Eigenschaften entspricht die Sonne etwa dem Durchschnitt. Sie ist für uns nur deshalb wichtig, weil wir zufällig auf einem Planeten leben, der sie umkreist.

Die Sonne ist 30 000 Lichtjahre vom Zentrum der Galaxis entfernt. (Als Lichtjahr bezeichnet man die Entfernung, die das Licht in einem Jahr zurücklegt; sie entspricht $9{,}46 \cdot 10^{12}$ km oder knapp 10 Billionen km.) Die Galaxis rotiert aber nicht wie ein festes Rad, sondern differentiell, d. h., jeder Stern bewegt sich unabhängig von den anderen ums Zentrum. Die Sonne benötigt für ihre Reise um den Kern der Galaxis 225 Mio Jahre, eine Zeitspanne, die man auch «kosmisches Jahr» nennt.

Die Sonne ist von ihrem nächsten Nachbarn, einem roten Zwergstern, bekannt als Proxima Centauri, 4,25 Lichtjahre entfernt. Der helle Stern Sirius, 8,6 Lichtjahre von uns entfernt, gehört ebenfalls noch zu unserer näheren Nachbarschaft. Die nächsten Sterne, die bezüglich Größe und Helligkeit unserer Sonne entsprechen, sind Epsilon Eridani und Tau Ceti. Sie sind 11 Lichtjahre von uns entfernt (Parallaxe 0,303" bzw. 0,297").

Die Sonne ist der Hauptkörper unseres Sonnensystems, zu dem noch neun Planeten nebst ihren Monden sowie Kleinplaneten oder Planetoiden, Kometen, Meteore und Meteorite gehören. Der äußerste Planet, Pluto, bewegt sich in einer mittleren Entfernung von über 5900 Mio km von der Sonne. Aber wie weit erstreckt sich das Sonnensystem überhaupt? Aller Wahrscheinlichkeit nach entfernen sich einige der großen Kometen bis zu wenigstens zwei Lichtjahren, bevor sie ihre Rückreise zur Sonne antreten. Wenn das zutrifft, dann hat das Sonnensystem tatsächlich gewaltige Abmessungen, auch wenn es nur einen sehr kleinen Teil der Galaxis bildet.

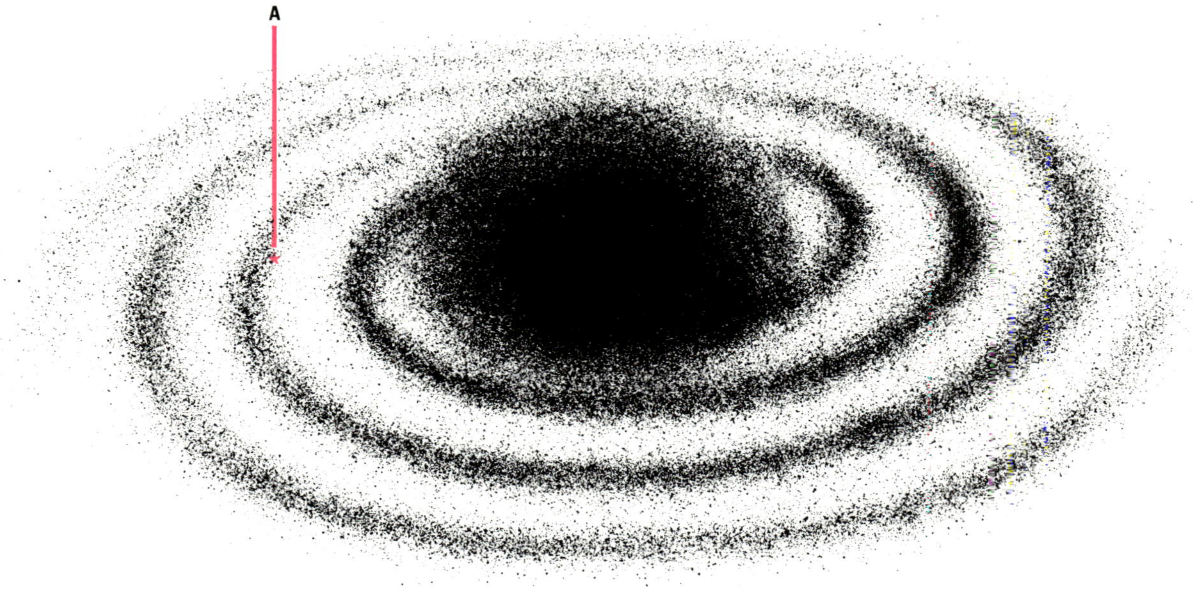

Die Galaxis (oben)
Obenstehende Zeichnung stellt unsere Galaxis dar, wie sie aus großer Entfernung aussehen würde. Sie hat die Gestalt einer lockeren Spirale. Die Sonne (A) liegt nahe der Hauptebene und 30 000 Lichtjahre vom Zentrum des Systems entfernt. Sie bewegt sich um das Zentrum der Galaxis und braucht für einen Umlauf 225 Mio. Jahre. Der Durchmesser der Galaxis beträgt ungefähr 100 000 Lichtjahre. Unsere Galaxis ist das zweitgrößte Sternsystem in der «Lokalen Gruppe»; sie wird nur durch den Andromedanebel M 31 übertroffen.

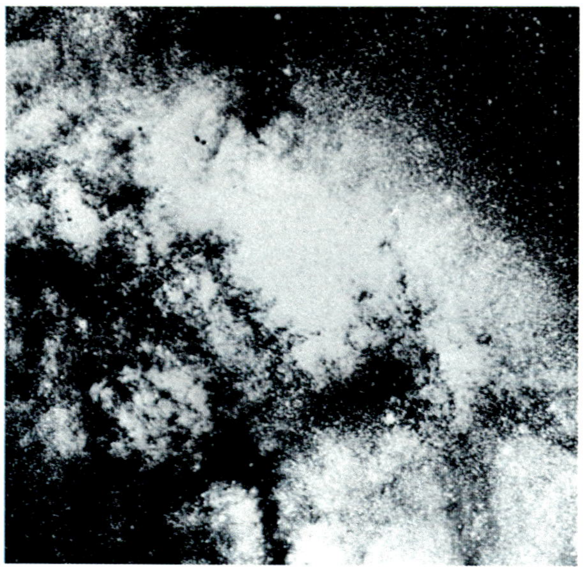

Die Milchstraße
Dieses Bild, aufgenommen mit dem 5-m-Spiegel auf Mount Palomar, zeigt einen sehr kleinen Teil unserer Galaxis. Auch in diesem kleinen Ausschnitt gibt es eine sehr große Menge von Sonnen, von denen viele heller sind als unsere Sonne. Infolge der Absorption durch die interstellare Materie können wir die Galaxis nicht vollständig sehen. Wir können nicht ins Zentrum blicken, der Kern der Galaxis kann nur mittels seiner Radiostrahlung erforscht werden.

Die blauen Kreise geben Abstände von jeweils 4 Lichtjahren an.

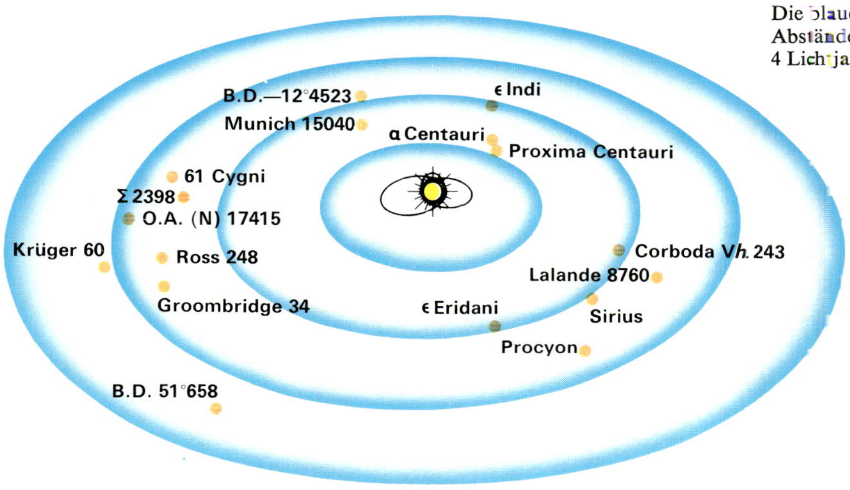

Die Nachbarn der Sonne
Das Diagramm zeigt einen sehr kleinen Ausschnitt der Milchstraße und stellt die dem Sonnensystem nächstgelegenen Sterne dar. Proxima Centauri, 4,25 Lichtjahre entfernt, ist der nächstgelegene Stern, und es gibt mehrere Sterne, die in einer Entfernung von weniger als 10 Lichtjahren von uns liegen. Möglicherweise entfernen sich manche Kometen um mindestens 2 Lichtjahre von der Sonne, wie dies hier dargestellt ist.

Die Entstehung des Sonnensystems

Die Erde ist ungefähr 4,7 Milliarden Jahre alt. Die Sonne ist sicher mindestens so alt wie die Erde, möglicherweise sogar älter. Über die Art und Weise, wie die Planeten entstanden sind, gibt es bis heute noch keine allgemein anerkannte Theorie.

Viele Hypothesen sind aufgestellt worden. Nach der Theorie von K. F. von Weizsäcker entstanden die Planeten durch einen allmählichen Zuwachs von Materie, die die Sonne während eines Durchgangs durch einen Nebel, eine Wolke aus Staub oder Gas im Weltall mitgenommen hat. Auch könnte es sein, daß Sonne und Planeten gemeinsam aus einem «Urnebel» entstanden sind. Das ganze Problem harrt noch seiner Lösung. Alles, was wir sagen können, ist, daß höchstwahrscheinlich alle Planeten ungefähr zur gleichen Zeit entstanden sind.

Sonnensysteme sind im Weltall vermutlich nichts Ungewöhnliches. Was der Sonne geschehen kann, kann auch anderen Sternen geschehen. Der logische Schluß, daß auch andere Sterne bewohnte Planeten haben, liegt nahe. In unserem Sonnensystem scheint einzig die Erde höhere Lebensformen zu tragen. Sie liegt mitten in der Ökosphäre der Sonne, d. h. in jenem Bereich des Sonnensystems, in dem die Temperaturen für das Leben weder zu heiß noch zu kalt sind. Mars befindet sich am äußeren, Venus am inneren Rand der Ökosphäre. Die uns benachbarten Welten wirken zwar nicht sehr einladend, doch hat jede ihre interessanten Besonderheiten.

Merkur *Venus* *Erde*

Die Sonne und ihre Planeten
Ein Teil der Sonne im Verhältnis zu den neun Planeten maßstäblich gezeichnet. Aus der Darstellung geht hervor, daß die Sonne, obgleich ein gewöhnlicher Stern, viel größer ist als irgendeiner der Planeten.

Die Ökosphäre
Diagramm der Ökosphäre, des roten Raums rund um die Sonne, dessen Temperatur für Entstehung und Bestand von Leben geeignet ist, wobei natürlich auch noch andere Bedingungen erfüllt sein müssen. Das Diagramm zeigt, daß einzig die Erde in der Nähe der Zentralzone der Ökosphäre liegt. Mars befindet sich am äußeren Rand, ist also schon recht kalt, Venus, am inneren Rand, wäre zu heiß, auch wenn sie eine geeignete Atmosphäre hätte.

Mars *Jupiter* *Saturn* *Uranus* *Neptun* *Pluto*

Karte des Sonnensystems

Mi = Meilen
Km = Kilometer

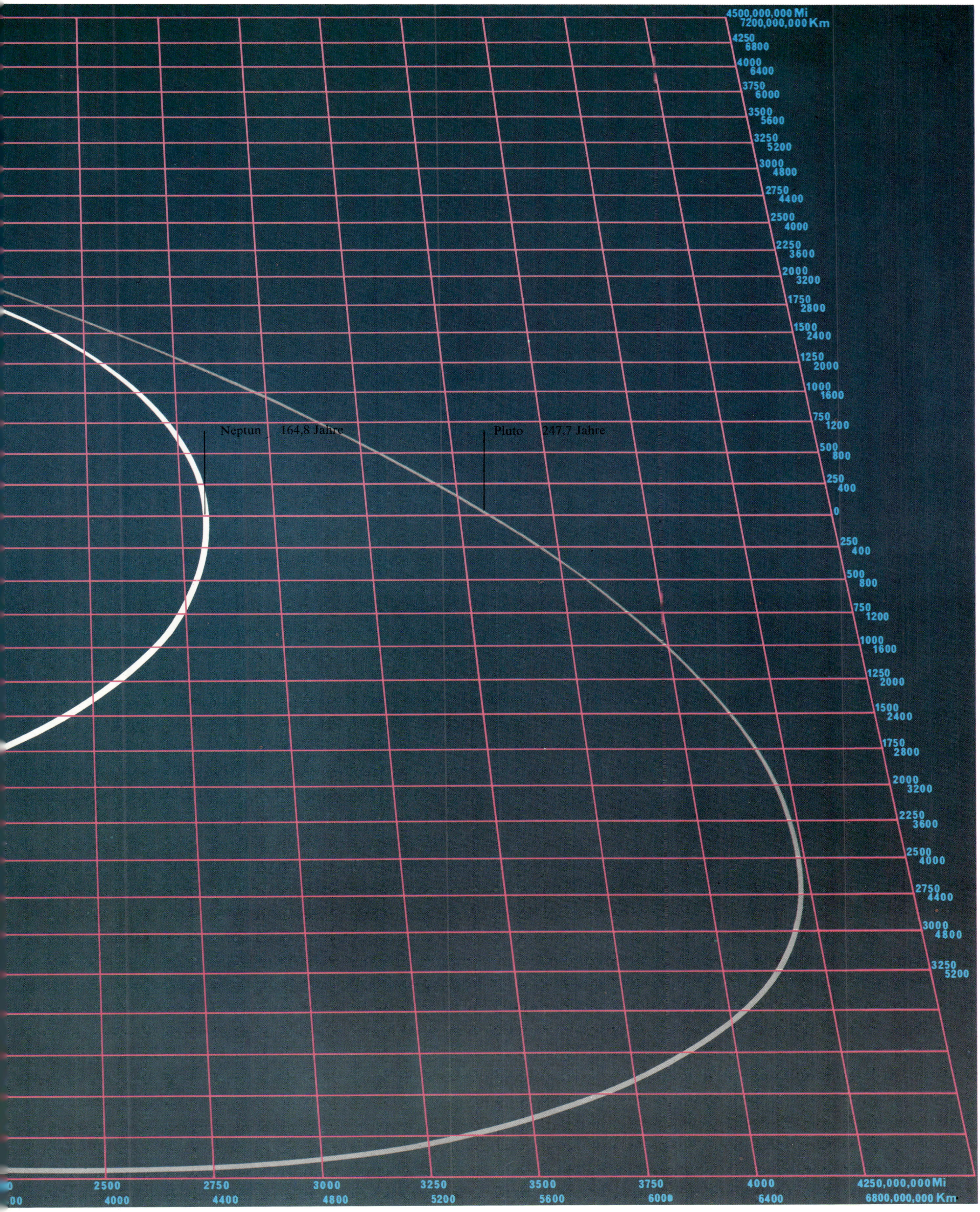

Die Sonne

Die Sonne ist ein Stern. Obwohl sie keinen besonderen Platz in der Galaxis einnimmt, ist sie die Quelle allen irdischen Seins. Es ist daher verständlich, daß sie im Altertum als Gottheit verehrt wurde.
Die Vorstellung von der Sonne als dem Mittelpunkt des Planetensystems reicht bis in die Zeit des griechischen Altertums zurück, doch konnten vor allem deshalb keine Beweise dafür erbracht werden, weil man weder die Größe noch die Entfernung der Sonne zu messen vermochte. Um 450 v. Chr. wurde einer der bedeutendsten griechischen Philosophen, Anaxagoras, aus Athen verbannt, weil er zu behaupten wagte, die Sonne sei ein weißglühender Stein, größer als der Peloponnes; bis dahin hatte man geglaubt, der Durchmesser der Sonne betrage weniger als einen Meter! Im 2. Jahrhundert v. Chr. schätzte Hipparch die Entfernung der Sonne auf 1,6 Mio km, aber erst im 17. Jahrhundert konnten die ersten richtigen Messungen angestellt werden. Heute wissen wir, daß die Länge der Astronomischen Einheit, der mittleren Entfernung Erde—Sonne, 149,6 Mio km beträgt. Das Licht der Sonne erreicht uns in 8,3 Minuten, weshalb wir sie nicht so sehen, wie sie «jetzt» ist, sondern wie sie vor 8,3 Minuten war.
Die Sonne ist ungleich größer als die Erde. Ihr Durchmesser beträgt 1,392 Mio km, ihr Volumen ist mehr als eine millionmal so groß wie das der Erde. Die mittlere Dichte beträgt nur 1,41 g/cm³. Im Zentrum der Sonne liegen sowohl Druck und Temperatur als auch die Dichte weit über diesem Mittelwert.

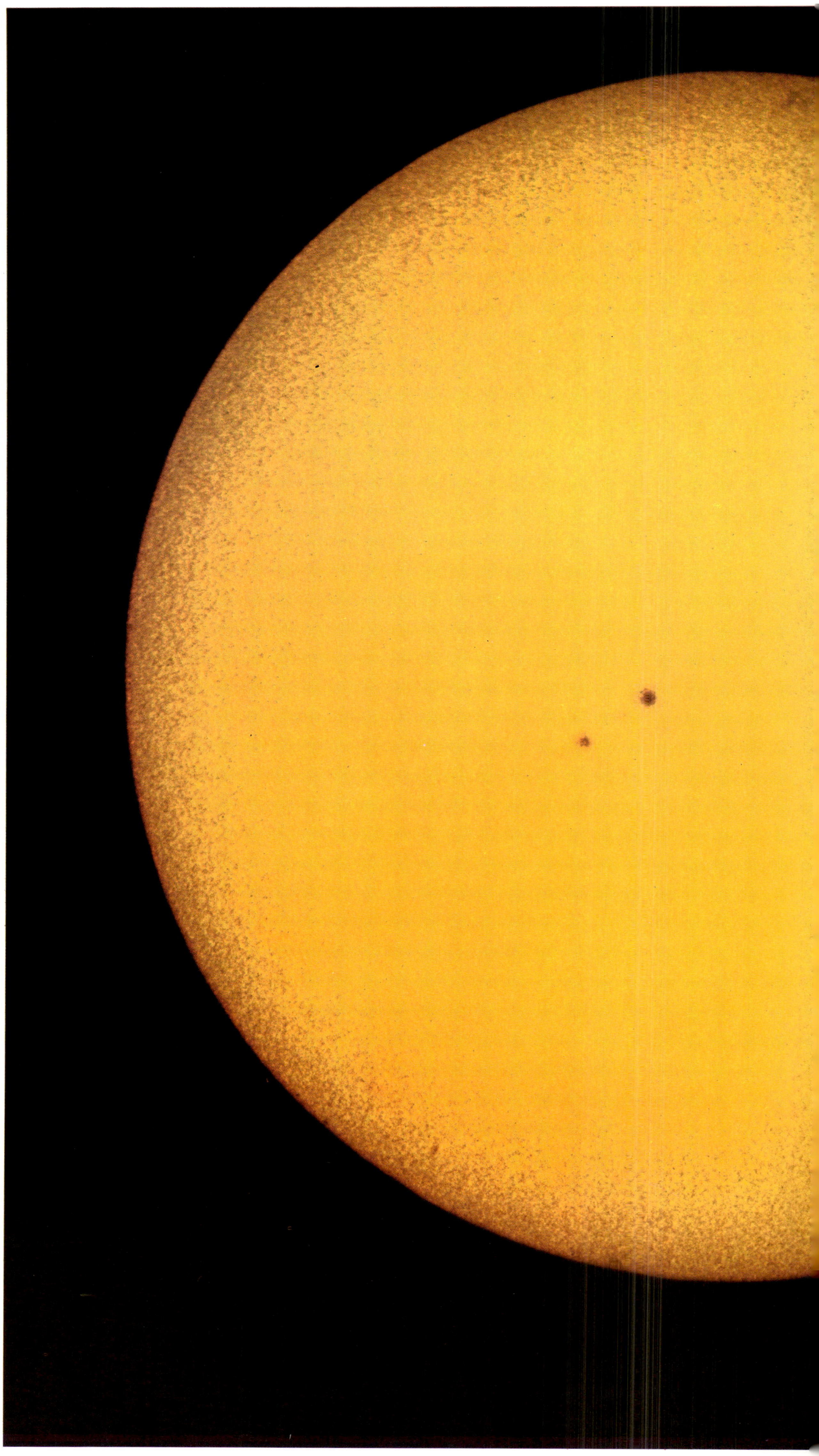

Sonnenflecken
Die Sonnenoberfläche ist weder glatt noch gestaltlos. Da gibt es die als Sonnenflecken bekannten dunklen Flecken, die zwar nur vorübergehend auftreten, aber ungeheuer groß werden können. Die Temperatur der hellen Oberfläche, der Fotosphäre, beträgt 5700 °C; die Temperatur eines Sonnenflecks liegt 1600 ° niedriger, weshalb der Fleck dunkel zu sein scheint. Manchmal können viele Fleckengruppen gleichzeitig beobachtet werden. Die Sonne hat einen stark ausgeprägten Aktivitätszyklus, in dem Fleckenmaxima etwa alle elf Jahre auftreten.
Die Beobachtung von Sonnenflecken ist eine beliebte, zugleich aber nicht ganz ungefährliche Beschäftigung der Amateure. Wenn man ein Fernrohr — oder auch nur einen Feldstecher — auf die Sonne richtet und direkt hindurchschaut, führt dies zu bleibender Erblindung. Dunkle Filter am Okular des Teleskops bieten keinen ausreichenden Schutz, es besteht immer die Gefahr, daß sie plötzlich zerspringen. Die zweckmäßigste Methode der Sonnenbeobachtung besteht darin, das Teleskop als Projektor zu benutzen und das Sonnenbild auf einen Schirm hinter dem Okular zu projizieren.

Sonnenphysik
Im Jahre 1666 gelang es Isaac Newton, das Sonnenlicht zu zerlegen, indem er es durch ein Glasprisma hindurchgehen ließ. Erst viel später, im Jahre 1814, stellte Joseph Fraunhofer die ersten wissenschaftlichen Untersuchungen über das Sonnenspektrum an, und heute wissen wir endlich, wie die Sonne «scheint». Sie erzeugt ihre Energie nicht durch Verbrennung, sondern durch Kernumwandlungen im Zentrum. Sie verliert pro Sekunde 4 Mio Tonnen an Masse, ohne sich dabei in den nächsten 6 Mia Jahren merklich zu verändern.
Die Sonnenphysik stellt ein wesentliches Teilgebiet der modernen Astronomie dar. Die Sonne ist ein Stern durchschnittlicher Größe und der einzige, der so nahe ist, daß wir ihn mit Spezialinstrumenten in den Einzelheiten untersuchen können. Wenn wir mehr über die Sonne erfahren, erweitern wir zugleich unser Wissen von den Sternen, denn die Sterne sind nichts anderes als Sonnen.

Die Sonne (links)
Diese Farbaufnahme der Sonne zeigt die helle Fotosphäre mit einigen Sonnenflecken. Das ist der Anblick, der sich im Fernrohr bietet.
(Oben) Die totale Sonnenfinsternis vom 15. Februar 1961, aufgenommen von W. Zünti, Schweiz. Die Korona ist deutlich erkennbar und erstreckt sich weit hinaus. Mit bloßem Auge sieht man sie nur während der Totalität.

Sonnenbeobachtung (rechts)
Achtung! Niemals darf man durch ein Teleskop direkt in die Sonne schauen, sie ist so hell und heiß, daß man erblindet. Dunkle Filter zur direkten Beobachtung sind unzuverlässig und bieten keinen ausreichenden Schutz. Die einzig sichere Methode besteht darin, daß man — wie hier auf diesem Foto — das Sonnenbild auf einen Schirm projiziert. Diese Aufnahme wurde in Armagh während der partiellen Sonnenfinsternis vom 20. Mai 1966 gemacht. Hier wurde der Schirm sogar nur mit der Hand gehalten.

Größe der Sonne (unten)
Die Sonne ist ein großer Körper; ihr Durchmesser ist 109mal so groß wie der der Erde, was die 109 aneinandergereihten Erdkugeln am unteren Rand dieser Seite veranschaulichen sollen. Im Vergleich zu manchen Riesensternen ist sie jedoch klein. Betelgeuze im Orion z. B. hat einen Durchmesser von 400 Mio km, die Sonne nur 1,4 Mio km. In der Zeichnung unten sieht man die Sonne und einen Teil von Betelgeuze.

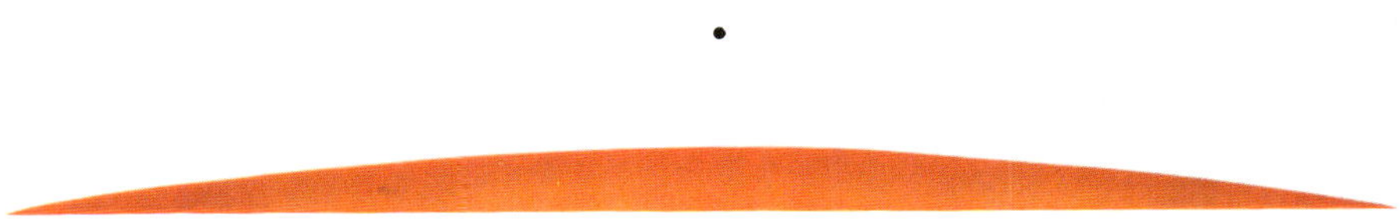

Sonnenflecken

1610, kurz nach der Erfindung des Fernrohrs, beobachteten drei Männer unabhängig voneinander Sonnenflecken: Galilei und Fabricius in Italien, Scheiner in Deutschland. Scheiner hielt sie für kleine, dunkle Körper, die sich um die Sonne bewegen, aber Galilei erkannte, daß es sich um Merkmale auf der Oberfläche handeln müsse, daß also die Sonne nicht so makellos war, wie man immer geglaubt hatte.
Sehr große Sonnenflecken können mit bloßem Auge wahrgenommen werden und wurden schon im alten China beobachtet. Da die Oberfläche der Sonne gasförmig ist, sind die Flecken nicht beständig; sie können für wenige Stunden, für ein paar Tage, Wochen oder Monate auftreten, werden aber dann unweigerlich verschwinden.
Ein Sonnenfleck wirkt dunkler, als er tatsächlich ist. Seine Temperatur — ungefähr 4000 ° — liegt etwa 1600 ° unter der Temperatur der hellen Oberfläche oder Fotosphäre, so daß er lediglich dieses Kontrastes wegen schwarz erscheint.
Ein großer Sonnenfleck besteht aus einem dunklen Mittelbezirk, der Umbra, der von der helleren Penumbra umgeben ist. Manche Flecken sind fast kreisförmig, doch meist ist die Umbra und — erst recht — die Penumbra unregelmäßig, ja kompliziert strukturiert.

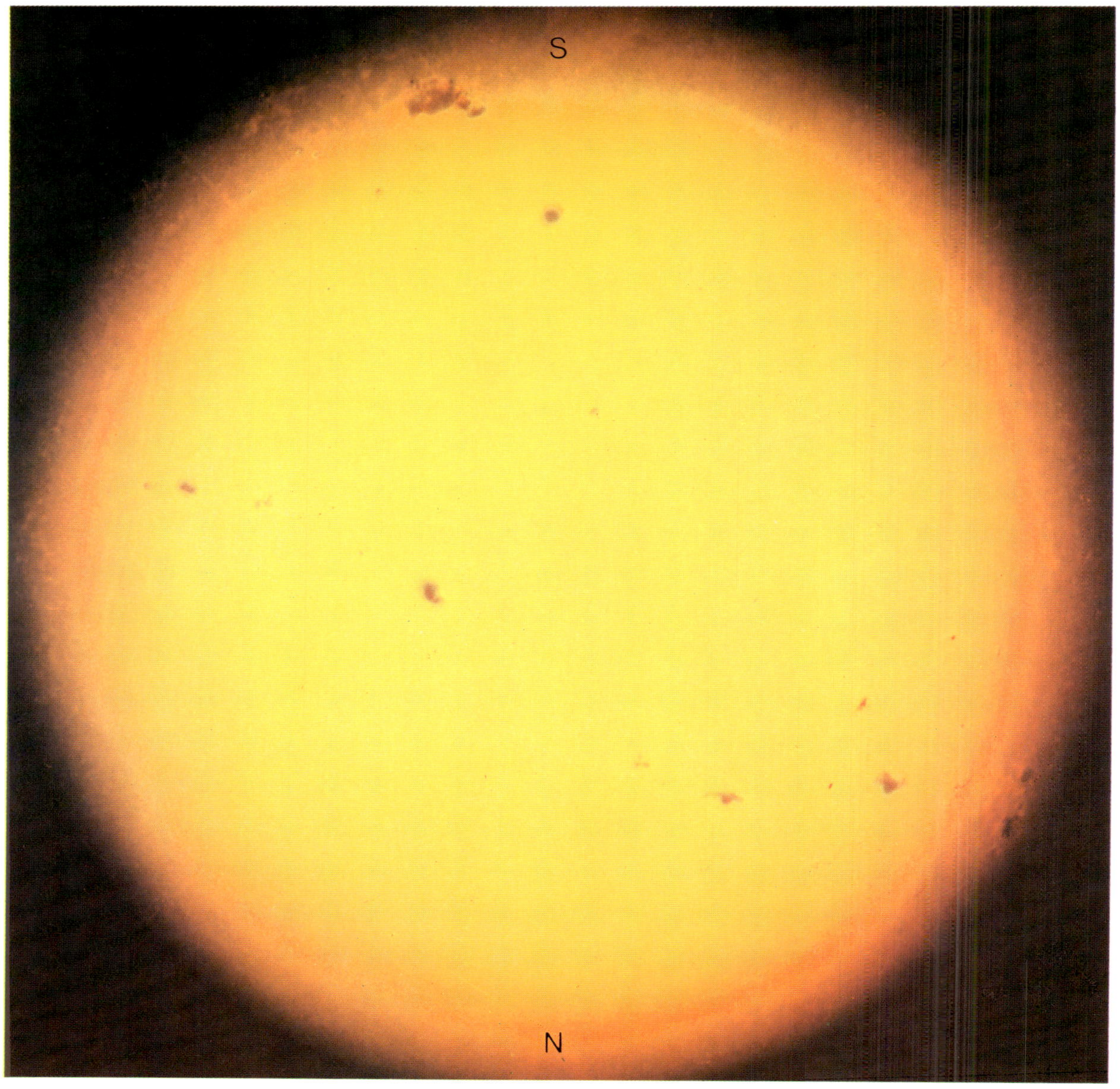

Fleckenmaximum (oben)
Fotografie der Sonnenscheibe vom 1. April 1958, aufgenommen in der Königlichen Sternwarte Greenwich in Herstmonceux. Das Fleckenmaximum von 1958 war das größte überhaupt jemals beobachtete.
Die Sonnenscheibe ist mit Flecken übersät.

Fleckengruppen

Einzelne Flecken sind zwar keine Seltenheit, doch treten die Flecken im allgemeinen in Gruppen auf. Eine typische Gruppe besteht aus zwei Hauptflecken; dazwischen befinden sich kleinere Flecken. Die Vorgänge in einer Fleckengruppe laufen etwa in dieser Reihenfolge ab: Die Bildung beginnt mit dem Entstehen eines Paares kleiner Poren, die schnell wachsen und sich voneinander trennen, dabei aber ungefähr auf derselben Breite bleiben. Nach neun oder zehn Tagen erreicht die Gruppe bereits einen Durchmesser von 100 000 km oder mehr, der vorausgehende Fleck hat annähernd Kreisform angenommen, während der nachfolgende weit unregelmäßiger gestaltet ist. Zugleich sind weitere Flecken in der Gruppe erschienen. Dann setzt der Zerfall der Gruppe ein, der sich allerdings wesentlich langsamer vollzieht als das Anwachsen zuvor.
Oft kann man schon vor Erscheinen einer Gruppe in dem betreffenden Gebiet kleine, besonders hell leuchtende Stellen beobachten, die man Fackeln nennt. Da sich die Sonne um ihre eigene Achse dreht, kann keine Gruppe länger als ungefähr zwei Wochen fortlaufend beobachtet werden.
Niemals sind zwei Fleckengruppen einander gleich, Veränderungen treten in rascher Folge auf; außerdem sind die Gruppen am Rand nur in starker Verkürzung zu sehen. Diese Vorgänge täglich zu beobachten oder zu fotografieren ist eine faszinierende Beschäftigung. Die Sonnenscheibe zeigt sich zuzeiten völlig frei von Flecken. Es gibt einen stark ausgeprägten Zyklus der Sonnenaktivität von elf Jahren, der die Häufigkeit der Sonnenflecken, die sogenannte Sonnenfleckenrelativzahl, bestimmt.
Die Ursachen für den Fleckenzyklus sind noch nicht sicher bekannt. Über die Entstehung der Sonnenflecken haben H. Alfvén und C. Walén in Schweden eine komplizierte Theorie aufgestellt. Danach liegen unter der Fotosphäre Plasmaschläuche (das heißt «Adern» aus heißem, ionisiertem Gas), die zu Beginn eines Zyklus vom Magnetfeld der Sonne in Nordsüdrichtung orientiert werden. Durch die differentielle Rotation der Sonne werden die Plasmaschläuche im Laufe des Zyklus wie Spaghetti auf der Gabel aufgewickelt. Dadurch werden sie zusammengedrängt, was ihr Aufbrechen zur Oberfläche, zur Fotosphäre, begünstigt; wo dies geschieht, entstehen die Flecken. Vorangehender und nachfolgender Fleck zeigen verschiedene magnetische Polarität, entsprechend der Tatsache, daß das in den Plasmaschläuchen «eingefrorene Magnetfeld» die Fotosphäre im ersten Fleck verläßt, im zweiten wieder in sie eintritt. Gegen Ende des Fleckenzyklus werden die Felder chaotisch und brechen zusammen.

Größe einiger Sonnenflecken (unten)
Die Aufnahme unten (Mount Wilson) zeigt eine Gruppe vom April 1947, die sich über eine Fläche von 18 Mia km² erstreckte und die größte jemals beobachtete Fleckengruppe war. Zum Vergleich ist die Größe der Erde durch den Kreis unten links angegeben.

Fleckengruppe (links)
Die Struktur einer Fleckengruppe kann sehr kompliziert sein. Der dunkle Teil eines Flecks wird Umbra genannt, die ihn umgebende, hellere Region ist die Penumbra. Aber auch innerhalb einer ausgedehnten und unregelmäßigen Penumbra können, wie die Aufnahme zeigt, einzelne Flecken auftreten.

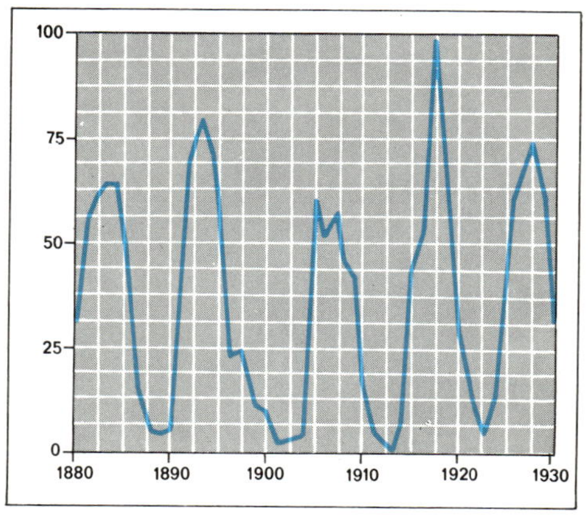

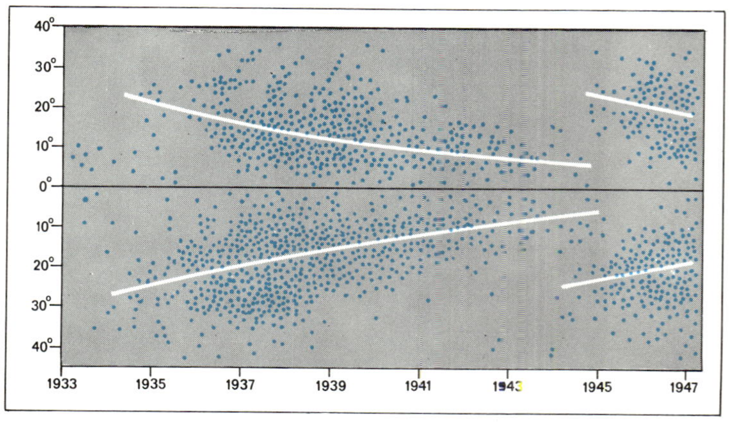

Der Sonnenfleckenzyklus (oben)
Obwohl der Zyklus nicht vollkommen regelmäßig verläuft, erreicht die Häufigkeit von Flecken und Protuberanzen alle 11 Jahre einen Höhepunkt.
Zu Beginn eines neuen Zyklus erscheinen die Flecken in hohen heliozentrischen Breiten, mit fortschreitendem Zyklus treten sie in immer niedrigeren Breiten auf; noch ehe sich die in niedrigen Breiten aufgetretenen Flecken des alten Zyklus aufgelöst haben, zeigen sich in hohen Breiten schon die Flecken des neuen Zyklus. Diese als Spörersches Gesetz bekannte Erscheinung ist in dem «Schmetterlingsdiagramm» (rechts oben) dargestellt, in dem die heliozentrische Breite der Flecken über mehr als einen vollständigen Zyklus aufgezeichnet ist.

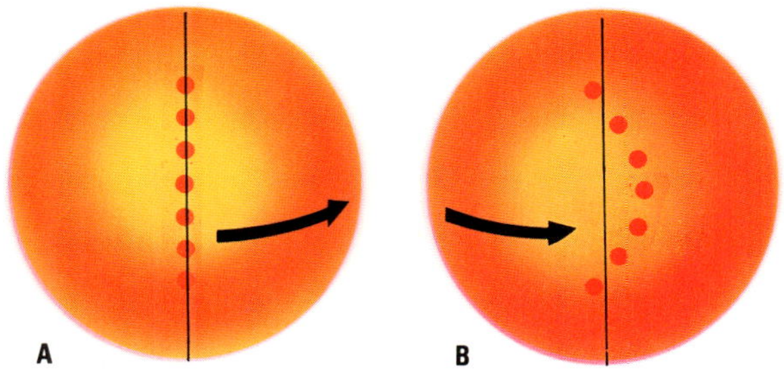

Längendrift der Sonnenflecken (oben)
Die Sonne dreht sich nicht wie ein fester Körper um eine Achse; am Äquator ergibt sich eine bedeutend kürzere Umlaufszeit als in der Nähe der Pole. Wenn man sich die Sonnenflecken in verschiedenen heliozentrischen Breiten zunächst zu einer Linie aufgereiht vorstellt (Zeichnung A), dann erkennt man später, daß ein Fleck auf dem Äquator bereits einen vollen Umlauf zurückgelegt hat, während ein Fleck in höheren Breiten wegen der geringeren Umlaufgeschwindigkeit zurückgeblieben ist (Zeichnung B). Die Winkelgeschwindigkeit der Sonne zwischen dem Äquator und 35° heliozentrischer Breite differiert um 1° pro Tag.

Die scheinbare Bewegung der Sonnenflecken auf der Sonnenscheibe (unten)
Bedingt durch die Neigung des Sonnenäquators gegen die Ekliptik verlaufen die scheinbaren Bahnen der Sonnenflecken nicht in geraden Linien über die Sonnenscheibe (B, C, D und F, G, H). Bezogen auf eine Gerade auf der Sonnenscheibe in Nordsüdrichtung, kann die Sonnenachse ihre Lage bis zu einem Winkel von über 26° Ost oder West verändern. Die Zeichnungen zeigen die Neigung der Sonnenachse bezogen auf die Erde und zu verschiedenen Jahreszeiten; nur Anfang Dezember (A) und Anfang Juni (E) scheinen die Fleckenbahnen gradlinig über die Sonnenscheibe zu verlaufen.

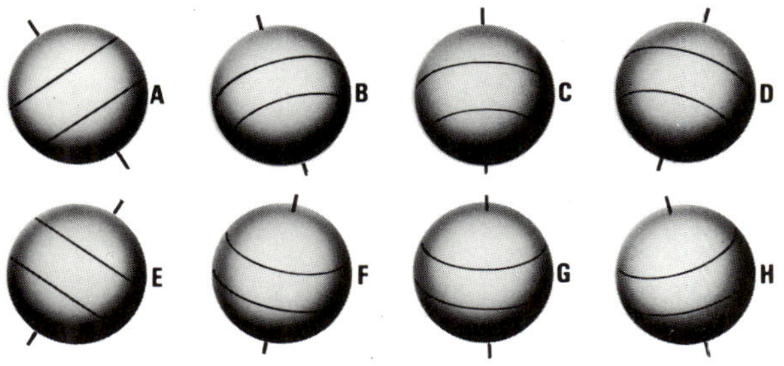

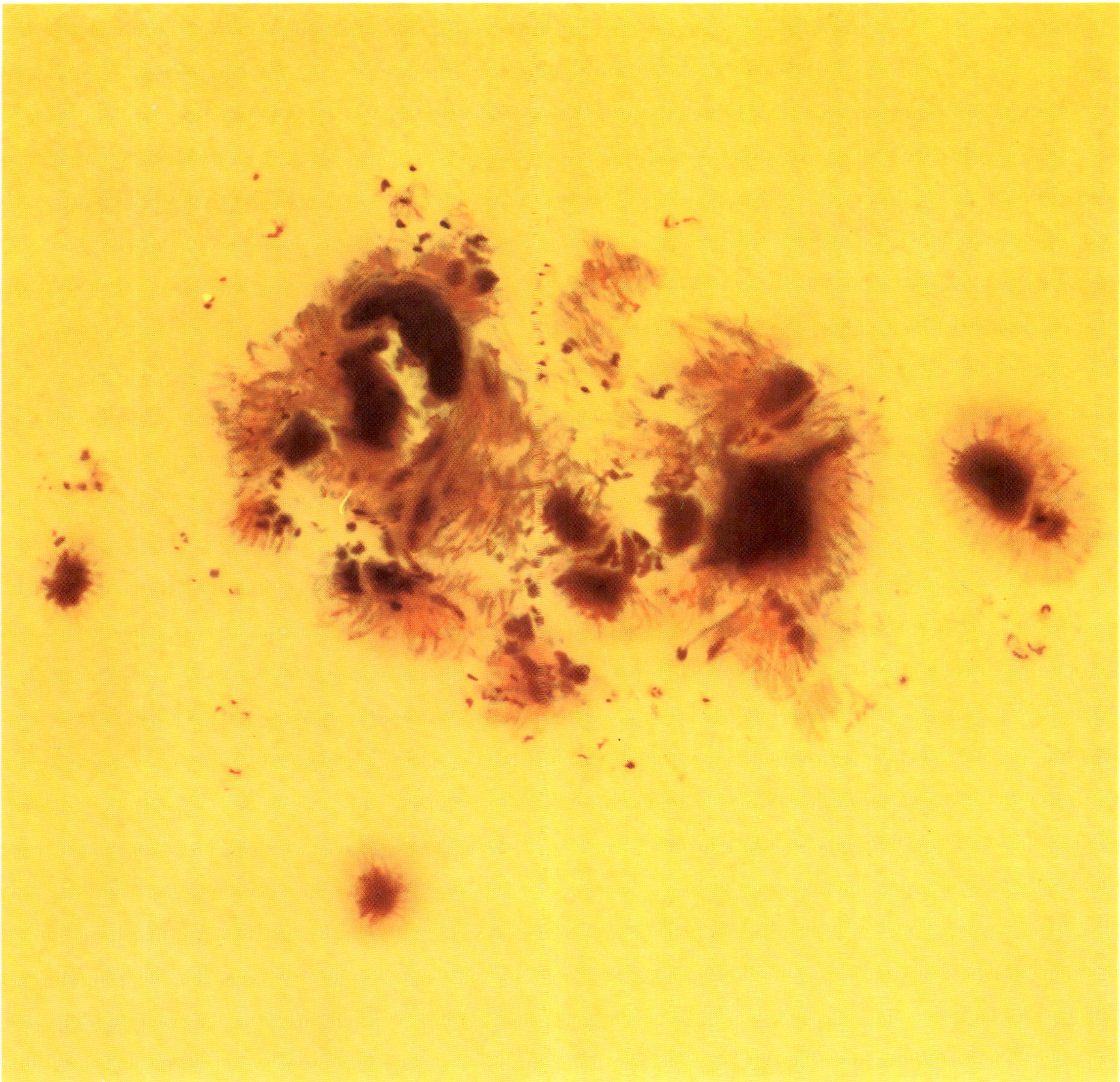

Das Magnetfeld der Sonne
Obwohl das allgemeine Magnetfeld der Sonne schwach ist, herrschen in den Sonnenflecken starke Magnetfelder.
Es hat sich gezeigt, daß in einer bipolaren Gruppe Hauptfleck und nachfolgender Fleck verschiedene Polarität aufweisen; auf der anderen Halbkugel ist die Polarität umgekehrt.
Wenn also auf der nördlichen Halbkugel der Hauptfleck ein magnetischer Nordpol ist, muß der Hauptfleck einer Gruppe auf der südlichen Halbkugel ein magnetischer Südpol sein.
Am Ende eines Sonnenfleckenzyklus kehren sich die Polaritäten um, so daß der Hauptfleck einer Gruppe auf der nördlichen Halbkugel ein magnetischer Südpol wird und so fort. Der eigentliche Zyklus beträgt daher nicht 11, sondern 22 Jahre. Auch Einzelflecken haben Magnetfelder, und ihre Polarität entspricht der Polarität eines Hauptflecks einer bipolaren Gruppe.
Zweifellos kommt dem Wechsel der magnetischen Polarität der Sonnenflecken grundlegende Bedeutung zu, auch wenn wir bis heute noch nicht alle Zusammenhänge durchschauen.

Fleckengruppe (oben)
Diese Gruppe von Sonnenflecken wurde am 17. Mai 1951 im Mount-Wilson-Observatorium in Kalifornien fotografiert. Obwohl die Sonne zu diesem Zeitpunkt den Höhepunkt ihres Aktivitätszyklus (1947) bereits weit überschritten hatte, war die Gruppe außergewöhnlich groß und komplex.

Die Granulation (rechts)
In dieser Aufnahme hat jedes Korn (Granule) einen Durchmesser von etwa 800 km. Die Granulen scheinen ständig in Bewegung zu sein, man hält sie für Säulen aufsteigenden, heißen Gases. Unter günstigen atmosphärischen Bedingungen sind sie leicht zu beobachten.

Der Wilson-Effekt (unten)
Im Jahre 1769 machte in Schottland A. Wilson die Entdeckung, daß die Penumbrae der Sonnenflecken, die sich nahe der Randzone befinden, immer in Richtung auf den Mittelpunkt der Sonnenscheibe am schmalsten erscheinen. Wilson schloß daraus, die Flecken müßten ähnlich wie Untertassen geformt sein, mit der Umbra als Boden und der Penumbra als leicht abfallendem Rand. Messungen lassen es als möglich erscheinen, daß der normale, regelmäßige Sonnenfleck zwischen 800 und 10 000 km unter dem Oberflächenniveau der Fotosphäre liegt, doch ist man darüber noch geteilter Meinung.

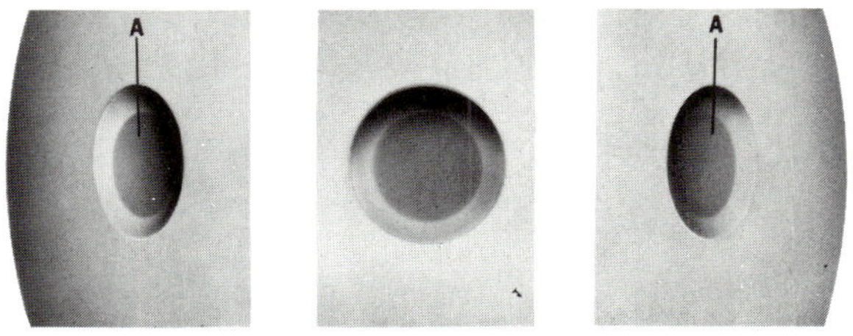

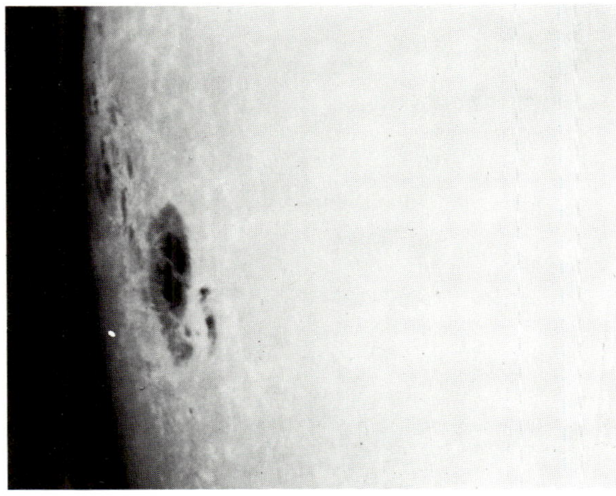

Eine Fleckengruppe in der Randzone, aufgenommen am 19. August 1959 von W. M. Baxter mit einem 10-cm-Linsenfernrohr. Man beachte den Wilson-Effekt und die hellen Fackeln.

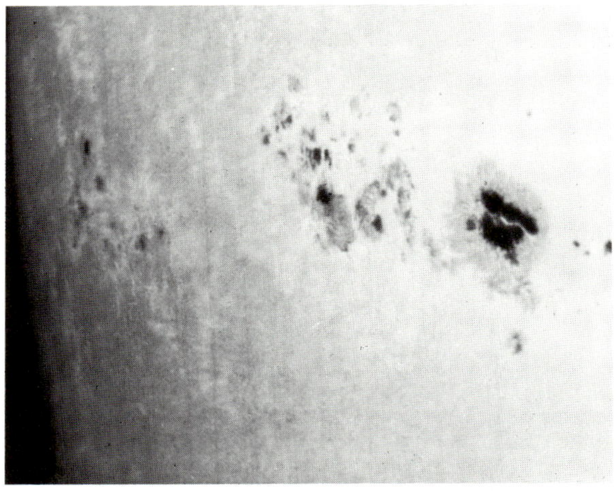

Dieselbe Gruppe zwei Tage später, am 21. August; sie ist nun weiter vom Rand entfernt und hat sich voll entfaltet. In diesem Maßstab würde der Gesamtdurchmesser der Sonne 91 cm betragen.

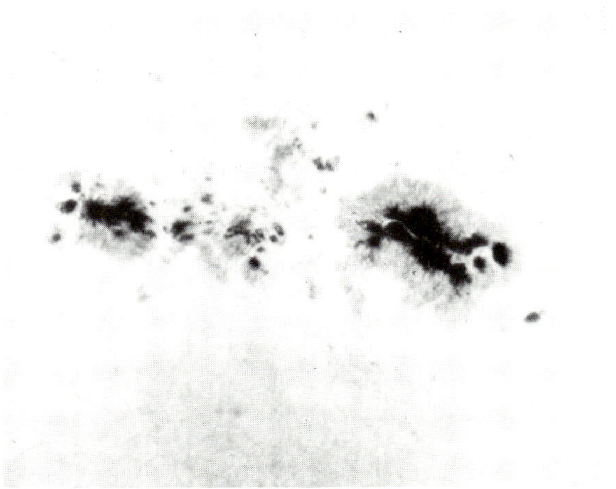

Dieselbe Gruppe am 23. August. Es handelt sich um eine typische bipolare Fleckengruppe; sie ist nun ein großes Stück vom Rand entfernt und gut zu beobachten.

Die Quelle der Sonnenenergie

Der Beginn der Sonnenspektroskopie ist ins Jahr 1666 zu datieren. Damals stellte Isaac Newton grundlegende Versuche über die Zerlegung des Lichts an. Newton verfolgte allerdings seine Arbeiten auf diesem Gebiet nicht weiter, zu neuen Ergebnissen kam erst 1802 der englische Arzt W. H. Wollaston. Wollaston zerlegte das Sonnenlicht mit einem Glasprisma und sah, daß das so entstandene regenbogenfarbige Band oder Spektrum von dunklen Linien durchzogen war. Er konnte sich diese Linien nicht erklären, und es blieb dem jungen deutschen Optiker Joseph Fraunhofer vorbehalten, das Sonnenspektrum erstmals zuverlässig aufzuzeichnen. Fraunhofers Arbeiten, 1814 begonnen, stellten einen wichtigen Schritt auf dem Weg zur modernen Sonnenphysik dar.

Das Spektroskop ist ein Apparat zur Zerlegung des Lichts. Leuchtende Festkörper, Flüssigkeiten oder Gase unter hohem Druck ergeben ein Regenbogenspektrum oder «kontinuierliches Spektrum». Leuchtende Gase bei niedrigem Druck hingegen erzeugen einzelne helle Linien, ein sogenanntes Emissionsspektrum. Jede Linie kann auf ein ganz bestimmtes Atom oder Molekül zurückgeführt werden. So sind z. B. zwei helle Linien bei bestimmten Wellenlängen im Gelben speziell dem Natrium zuzuschreiben. Jedes Element und jede Verbindung hat sozusagen ihr eigenes Signet.

Das Sonnenspektrum

Das kontinuierliche Spektrum der Sonne wird nun aber nicht von hellen Emissionslinien durchzogen, sondern von dunklen Linien. Dieses Problem wurde 1859 von G. Kirchhoff in Heidelberg gelöst. Er fand nämlich, daß Atome unter bestimmten Bedingungen die Strahlung absorbieren können, die sie sonst aussenden. Im Fall der Sonne erzeugt die helle Oberfläche (Fotosphäre) ein kontinuerliches Spektrum. Die Gase, die darüber liegen, würden nun, wenn nur sie allein leuchten würden, helle Emissionslinien erzeugen; sie liegen aber zwischen der hell leuchtenden Fotosphäre und uns und absorbieren die für sie charakteristischen Wellenlängen aus dem Fotosphärenlicht, so daß sie jetzt dunkel erscheinen.

Betrachten wir zum Beispiel die doppelte Natrium-D-Linie. Das Sonnenspektrum zeigt im gelben Bereich zwei dunkle Linien, die nach Lage und Intensität genau der D-Linie entsprechen. Es besteht kein Zweifel, daß es sich bei den dunklen Linien um die D-Linie in Absorption handelt und daß Natrium auf der Sonne vorhanden ist. Bis jetzt sind über 70 Elemente im Sonnenspektrum nachgewiesen.

Das Sonnenspektrum ist kompliziert und nicht leicht zu deuten. Jedes Element und jede Verbindung können viele Linien erzeugen — beim Eisen allein sind es mehrere tausend — und man braucht Spektren hoher Dispersion oder Auflösung, d. h. sehr ausgedehnte Spektren. Da die Sonne aber sehr hell ist und wir für die Untersuchung genügend Licht zur Verfügung haben, stößt man hier nicht auf technische Probleme. Allerdings sind die verwendeten Apparate sehr schwer, so daß man sie nicht unmittelbar am Fernrohr befestigen kann. Man schickt das Sonnenlicht beispielsweise über eine Kombination von Spiegeln (Coelostat) in ein Laboratorium, in dem das Spektroskop fest aufgestellt ist.

Die Quelle der Sonnenenergie

Das Element, das im Weltall am häufigsten vorkommt, ist Wasserstoff, auch die Sonne enthält sehr viel davon. Tief im innersten Kern der Sonne, wo die Temperatur 14 Mio Grad erreicht und ein enormer Druck herrscht, vereinigen sich je vier Wasserstoffkerne (Protonen) zu Heliumkernen. Bei diesen Kernprozessen wird Energie frei, sie ist es, welche die Sonne am Leuchten und uns am Leben erhält. Bei diesem Prozeß verliert die Sonne auch Masse, und zwar 4 Mio Tonnen pro Sekunde. Nun ist die Sonne aber so groß und massereich, daß dieser Massenverlust noch in Milliarden Jahren nicht merklich in Erscheinung treten wird. Zwar lebt die Sonne schon seit 5 Mia Jahren, doch gemessen an den für Sterne geltenden Maßstäben, ist sie erst im mittleren Alter.

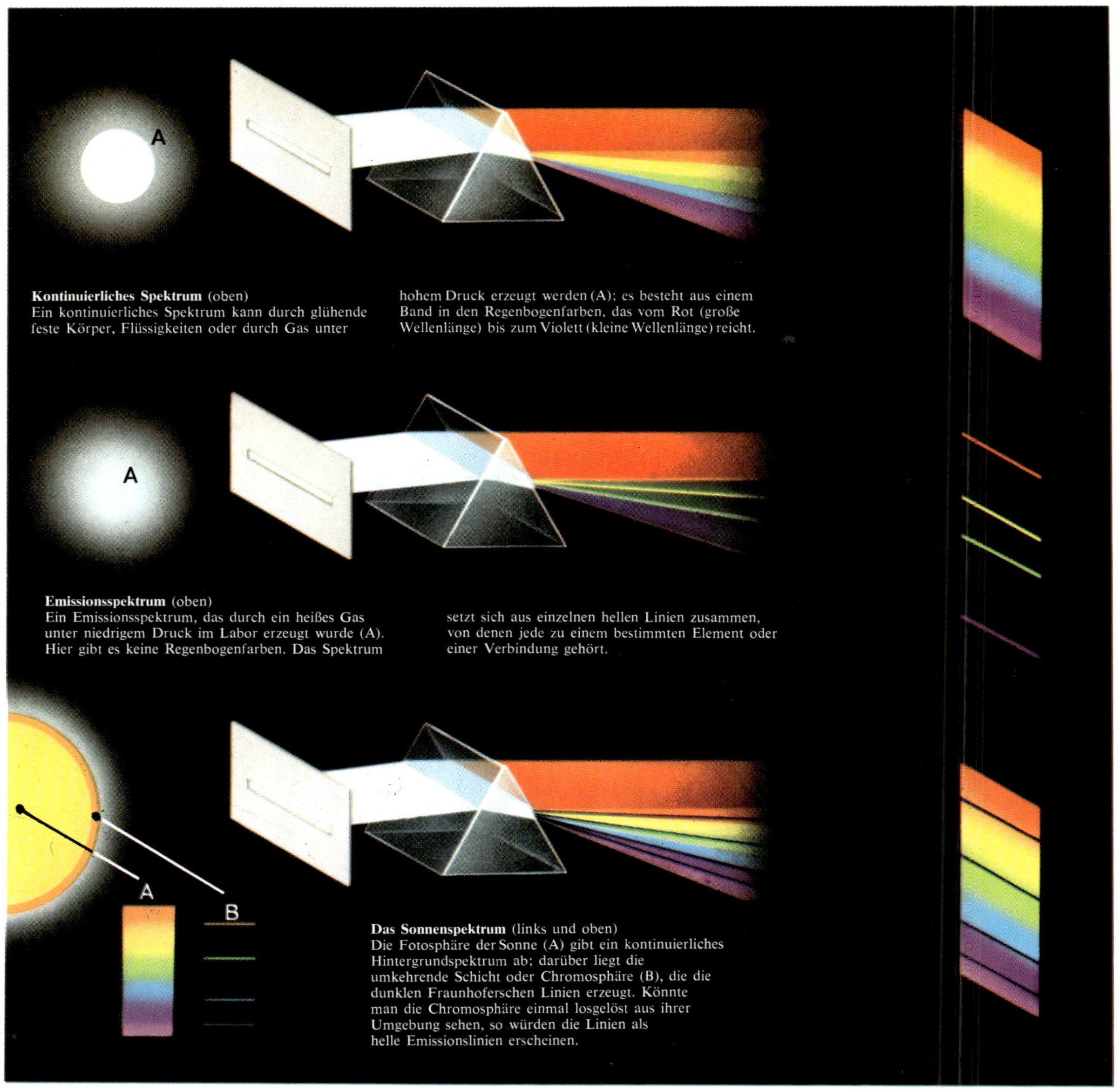

Kontinuierliches Spektrum (oben)
Ein kontinuierliches Spektrum kann durch glühende feste Körper, Flüssigkeiten oder durch Gas unter hohem Druck erzeugt werden (A); es besteht aus einem Band in den Regenbogenfarben, das vom Rot (große Wellenlänge) bis zum Violett (kleine Wellenlänge) reicht.

Emissionsspektrum (oben)
Ein Emissionsspektrum, das durch ein heißes Gas unter niedrigem Druck im Labor erzeugt wurde (A). Hier gibt es keine Regenbogenfarben. Das Spektrum setzt sich aus einzelnen hellen Linien zusammen, von denen jede zu einem bestimmten Element oder einer Verbindung gehört.

Das Sonnenspektrum (links und oben)
Die Fotosphäre der Sonne (A) gibt ein kontinuierliches Hintergrundspektrum ab; darüber liegt die umkehrende Schicht oder Chromosphäre (B), die die dunklen Fraunhoferschen Linien erzeugt. Könnte man die Chromosphäre einmal losgelöst aus ihrer Umgebung sehen, so würden die Linien als helle Emissionslinien erscheinen.

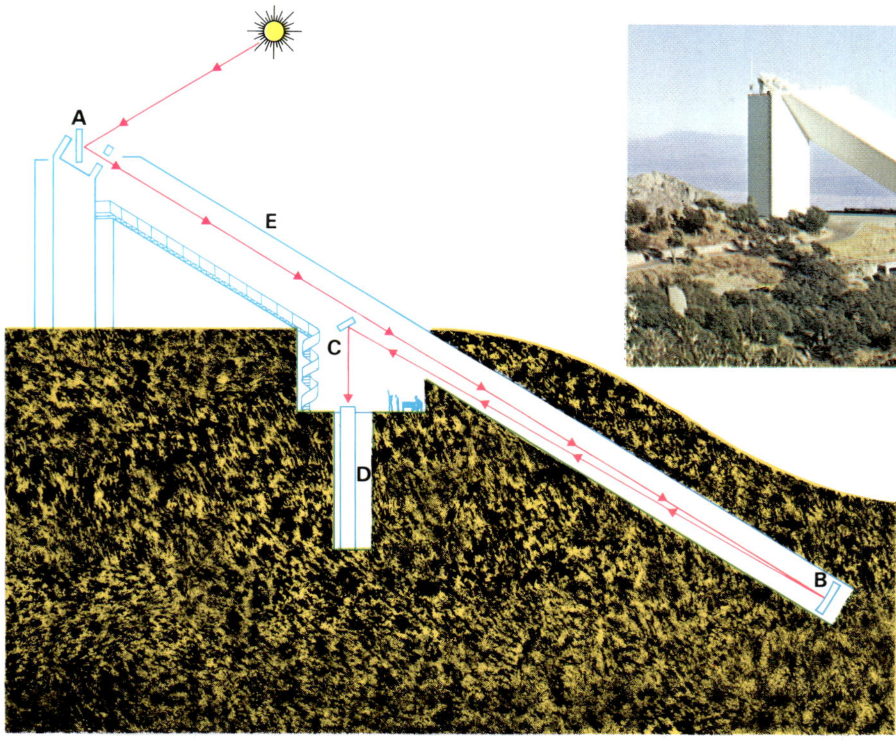

Kitt Peak (oben und links)
Das Sonnenteleskop von Kitt Peak in Arizona hat eine Länge von 150 m. Das Licht fällt durch die obere Öffnung ein und wird von einem Planspiegel (A) auf den Konkavspiegel (B) geworfen; von dort gelangt es auf einen dritten Spiegel (C), der das Licht auf einen großen Spektrografen fokussiert. (E) ist ein wassergekühltes Betonrohr, das dem Windschutz dient.

Das Sonnenspektrum (unten)
Das Sonnenspektrum, aufgenommen mit dem 3,9-m-Spektrografen der Observatorien Mount Wilson und Palomar. Der Wellenlängenbereich liegt zwischen 3900 und 6900 Ångström (Å), d. h. von Violett bis Rot. Jede einzelne der vielen sichtbaren Linien konnte identifiziert werden, beispielsweise ist die doppelte D-Linie bei 5900 Å durch Natrium bedingt. Die Linien sind hinsichtlich Lage und Intensität konstant und sind sorgfältig registriert worden.

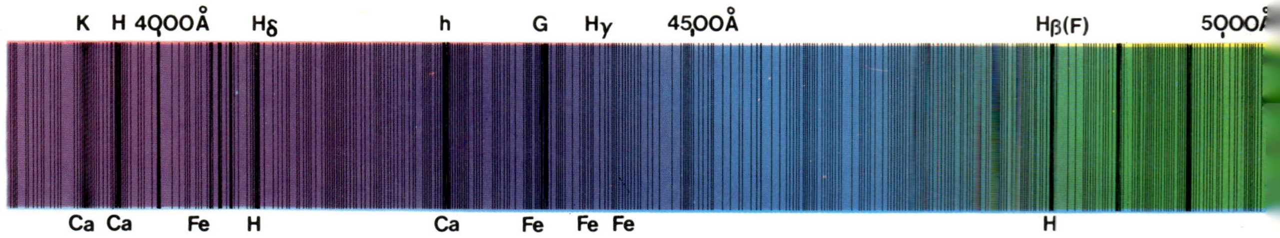

Die Sonne im Licht verschiedener Wellenlängen (unten)
Gegen Ende des vorigen Jahrhunderts erfand G. E. Hale den Spektroheliografen, der es möglich machte, Aufnahmen der Sonne im Licht eines einzelnen Elements (meist Wasserstoff oder Kalzium) zu gewinnen.
Heute verwendet man hauptsächlich monochromatische Filter (zum Beispiel Lyot-Filter), die sich für visuelle und fotografische Beobachtung gleichermaßen eignen. Mit ihnen lassen sich Protuberanzen, Filamente und Flocculi beobachten, die man im integralen (unzerlegten weißen) Licht nicht sehen würde. Die dunklen Flocculi sind auf Wasserstoff, die hellen auf Kalzium zurückzuführen.

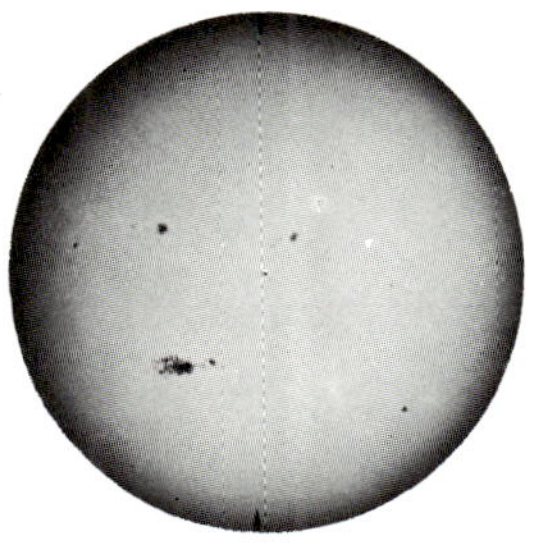

Fotografie der Sonne vom 15. September 1949. Die Aufnahme wurde im integralen, weißen Licht an den Observatorien Mount Wilson und Palomar gemacht. Die Markierungen bezeichnen die Pole. Mehrere Flecken sind deutlich sichtbar.

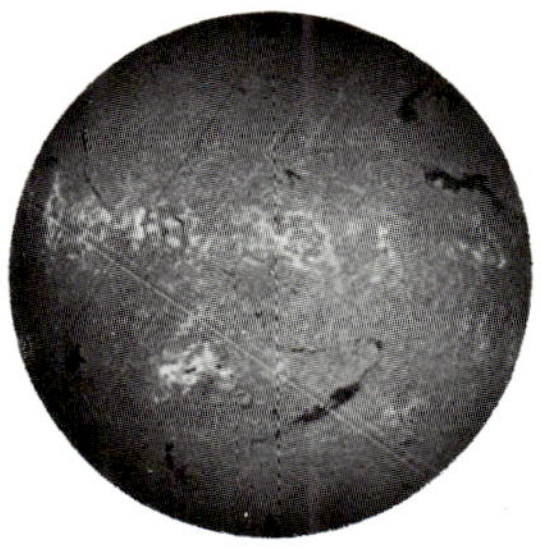

Diese Aufnahme entstand zur selben Zeit, aber im Licht der Wasserstoff-Alpha-Linie.

Ebenfalls gleichzeitig wurde diese Aufnahme im Licht einer Kalziumlinie gemacht. Wie man sieht, ist die Verteilung des Kalziums anders als die des Wasserstoffs.

Die Sonnenenergie
In alter Zeit stellte sich der Mensch die Sonne als einen brennenden Körper vor. Tatsächlich könnte aber eine aus Kohle bestehende Sonne, die durch Verbrennung soviel Energie erzeugt wie die wirkliche Sonne, nicht länger als höchstens einige Mio Jahre leuchten (wenn ein solcher Prozeß überhaupt möglich wäre). Wir haben aber unwiderlegbare Beweise dafür, daß die Sonne mindestens so alt ist wie unsere Erde (4,7 Mia Jahre), wahrscheinlich sogar noch älter. Lord Kelvin, der große englische Physiker des ausgehenden 19. Jahrhunderts, erklärte die Energieerzeugung der Sonne durch ein Zusammenziehen infolge der Gravitation; danach ergäben sich als mögliches Alter 50 Mio Jahre — ebenfalls noch völlig unzureichend. Viel einleuchtender war die Theorie von der Vernichtung der Materie. Lange Zeit hatte man angenommen, daß Protonen (positiv geladene Elementarteilchen) und Elektronen (negativ geladene Elementarteilchen) sich bei Zusammenstößen gegenseitig vernichten, wodurch Energie freiwürde. So wäre die Sonne zwar für Billionen Jahre mit Energiereserven versorgt, doch erwies sich eine solche Zeitskala um ebensoviel zu lang, wie sich frühere als zu kurz erwiesen hatten. Heute weiß man außerdem, daß Materialvernichtung auf diese Art nicht stattfindet.
Kurz vor Ausbruch des Zweiten Weltkriegs stellten H. Bethe in Amerika und K. F. von Weizsäcker in Deutschland eine andere Hypothese auf. Die Sonne besteht zum großen Teil aus Wasserstoff, und die neue Theorie besagte, daß sich Wasserstoffkerne zu Heliumkernen verbinden. Aus vier Wasserstoffkernen wird ein Heliumkern aufgebaut, der Massendefekt wird in Energie umgewandelt, mit der die Sonne leuchtet. Der Massendefekt beträgt in einer Sekunde vier Millionen Tonnen.
Die Umwandlung von Wasserstoff in Helium ist ein komplizierter Vorgang, der sich in mehreren «Stufen» vollzieht. Eines Tages wird der Vorrat des verfügbaren Wasserstoffs erschöpft sein, wenn auch kaum vor Ablauf von 6 Mia Jahren.

Mi = Meilen
Km = Kilometer

Aufbau der Sonne (links)
Die Korona (A)

Die äußersten Hüllen der Sonnenatmosphäre bilden die Korona (A); sie ist nur während einer totalen Sonnenfinsternis mit dem bloßen Auge zu erkennen, ihr innerer Teil kann aber jederzeit mit dem Koronografen studiert werden, einem Instrument, das der französische Astronom B. Lyot entwickelt hat.
Die Korona besteht aus sehr dünnem und heißem Gas, das sich weit in den Raum ausdehnt und keine scharfe Grenze hat, es verliert sich einfach im Weltall.
In der Korona herrscht die überaus hohe Temperatur von mindestens 1 000 000°, auch sendet die Korona Radiowellen aus. Es wäre aber falsch anzunehmen, sie enthalte mehr «Wärme» als die Fotosphäre, deren Temperatur nur bei 5700° C liegt. Die wissenschaftliche Definition der Temperatur entspricht nicht der «Wärme» des täglichen Sprachgebrauchs. Temperatur wird nach der Geschwindigkeit gemessen, mit der sich die Atome und Moleküle bewegen; in der Korona sind diese Geschwindigkeiten sehr groß und die Temperaturen dementsprechend hoch, da es aber nur wenige Atome und Moleküle in ihr gibt, ist die Wärmemenge, die sie enthält, auch nur gering.

Die Chromosphäre (B)

Die Chromosphäre der Sonne (B) erhebt sich 10 000 km und mehr über die Fotosphäre; in diesem Bereich werden die Fraunhoferschen Linien erzeugt. Die oberen Schichten bilden keine glatte Begrenzung, sie bestehen aus Spicula, Lichtzungen aus sehr heißem Gas, die mit hoher Geschwindigkeit in die Korona hineinschießen. Die Chromosphäre ist in ständiger Bewegung, so daß Elementarteilchen in den Weltraum entweichen und den Sonnenwind bewirken. Die Spicula haben einen Durchmesser von etwa 1000 km und steigen bis zu einer Höhe von 16 000 km auf, bevor sie verlöschen oder zurückfallen.

Das Innere der Sonne (C und D)

Die Wärme wird durch die äußeren Schichten (C) an die Oberfläche der Sonne übertragen. Dies geschieht durch Konvektion (Emporsteigen erhitzter Masse, die nach Abkühlung wieder fällt). In tieferen Schichten dagegen (D) pflanzt sich Wärme wahrscheinlich nur durch Strahlung fort.

Der Sonnenkern (E)

Im innersten Kern der Sonne erreicht die Temperatur ungefähr 14 000 000° C. Hier spielen sich die Kernreaktionen ab, die die Voraussetzung für das Fortbestehen der Sonne bilden.

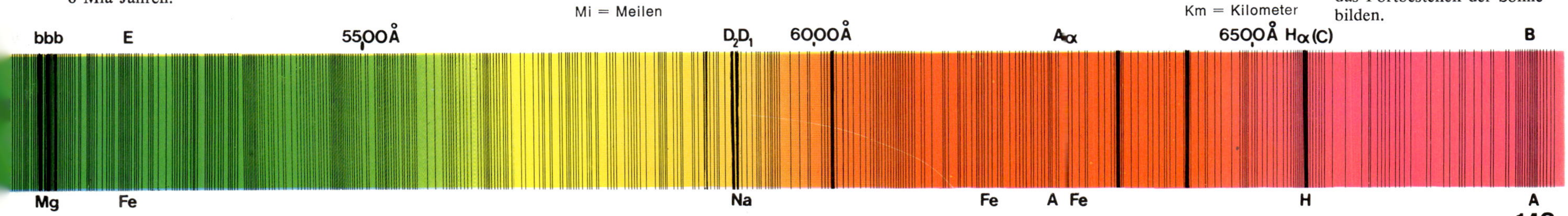

Die Sonnenaktivität

Die totale Sonnenfinsternis von 1733 war auch von Schweden aus sichtbar. Dort beobachtete sie ein Mann namens Wassenius, der von «roten Flammen» berichtete, die aus der Randzone des Mondes aufzusteigen schienen. Dies ist der erste Bericht über Protuberanzen, und erst 1851 konnten die Astronomen mit Sicherheit nachweisen, daß sie mit der Sonne und nicht mit dem Mond in Zusammenhang stehen. 1868 entdeckten unabhängig voneinander Lockyer und Janssen, daß die Protuberanzen zu jeder Zeit mit spektroskopischen Methoden beobachtet werden können, ohne daß man auf eine Finsternis warten muß.

Protuberanzen bestehen aus leuchtenden Gasmassen; sie sind Phänomene in der Chromosphäre, die über der hellen Fotosphäre liegt. Ihre Längenausdehnung kann weit mehr als 100 000 km betragen. Man unterscheidet zwei Grundtypen, eruptive und ruhige. Eruptive Protuberanzen sind in heftiger Bewegung, man hat solche Protuberanzen schon bis in Höhen von über 1 Mio km verfolgen können. Ruhige Protuberanzen verändern sich weit weniger und hängen oft tagelang, ja sogar Wochen und Monate in der Chromosphäre, bevor sie sich schließlich auflösen. Von «Protuberanzen» spricht man eigentlich nur, wenn sie aus der Randzone der Sonne hervorragen; befinden sie sich dagegen vor der Sonnenscheibe, dann nennt man sie «Filamente». Auch sie sind im Licht der Hα-Linie (Wasserstoff) zu sehen, und zwar erscheinen sie dunkler als der Hintergrund.

Protuberanzen unterliegen wie Sonnenflecken dem Sonnenfleckenzyklus und sind am häufigsten in dessen Maximum. Sie treten oft, wenn auch nicht immer, in Verbindung mit Fleckengruppen auf. Gelegentlich kann die Protuberanzenmaterie Geschwindigkeiten von über 700 km/sec erreichen.

Andere Erscheinungen, die mit den Protuberanzen in Verbindung stehen, sind die Sonneneruptionen, intensive Strahlungsausbrüche. Im allgemeinen zeigen sich Eruptionen nur im Licht der Wasserstofflinie. Eine Eruption vollzieht sich ohne jede Ankündigung und dauert unter Umständen nur einige Minuten. Jede Eruption besteht aus Flecken unterschiedlicher Größe von etlichen Millionen Quadratkilometern.

Eruptionen emittieren sowohl ultraviolette Strahlung als auch geladene Elementarteilchen. Sobald erstere in die Umgebung der Erde gelangt, verursacht sie magnetische Stürme und Störungen des Kurzwellenverkehrs, auch löst sie Polarlichter aus. Man hat auch darauf hingewiesen, daß die Elementarteilchen eine Gefahr für die Astronauten im Weltraum oder auf der ungeschützten Mondoberfläche darstellen könnten.

Unabhängig von diesen heftigen Strahlungsausbrüchen strahlt die Sonne beständig in alle Richtungen den «Sonnenwind» aus, Ströme atomarer Teilchen niedriger Energie. Der Sonnenwind ist dafür verantwortlich, daß die Kometenschweife stets von der Sonne weg zeigen.

Die Sonne sendet außer ihrem sichtbaren Licht auch langwellige Strahlung aus. Die Radiostrahlung der ruhigen Sonne wurde schon vor dem zweiten Weltkrieg von Southworth in den Vereinigten Staaten entdeckt. 1942 fanden britische Radaringenieure zum erstenmal durch Eruptionen bedingte Strahlungsausbrüche im Radiowellenbereich — eine Zeitlang hielt man sie für Feindtätigkeit. Bei jeder starken Aktivität auf der Sonne, bei einer Eruption zum Beispiel, steigt die Intensität ihrer Radiostrahlung um das Hundert- oder Tausendfache des für die ruhige Sonne geltenden Werts. Die «Radiosonne» ist außerdem größer als die «optische Sonne».

Die Korona, die äußerste Hülle der Sonnenatmosphäre, ist eine intensive Quelle von Radiostrahlung. Sie scheint eine Temperatur von mehreren Mio Grad zu besitzen. Die Radioemission aus der Korona hat eine bedeutend längere Wellenlänge als die der Fotosphäre.

Auch die Radioemission ist dem Sonnenfleckenzyklus unterworfen, doch ist sie stets vorhanden, selbst dann, wenn sich die Sonne im Fleckenminimum befindet.

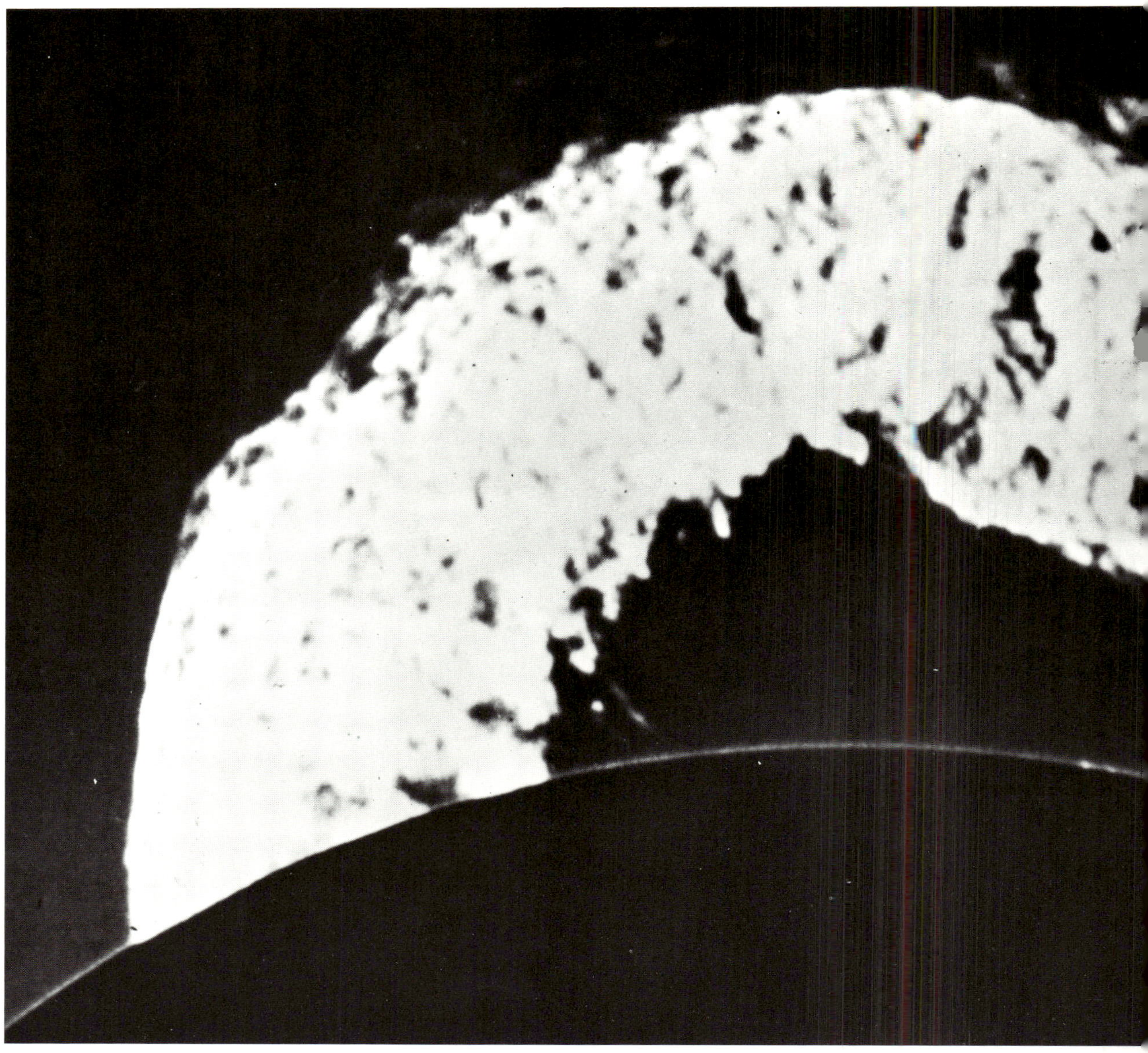

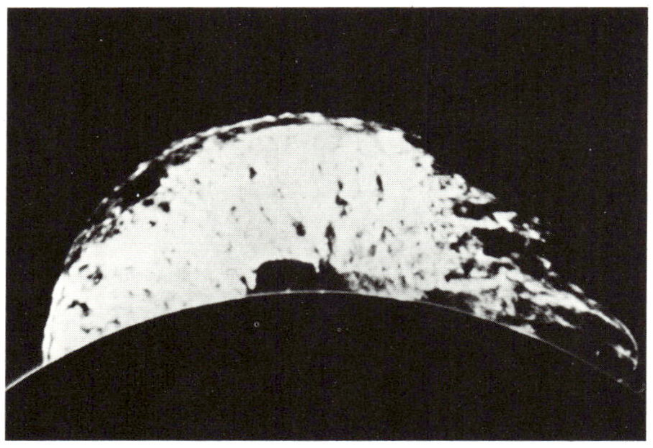

Die große eruptive Protuberanz vom 4. Juni 1946, aufgenommen von Roberts. Die erste Aufnahme **(oben)** zeigt sie um 16.03 Uhr in der Form eines riesigen Bogens.
Die zweite Aufnahme **(ganz oben)** um 16.36 Uhr zeigt sie auf dem Höhepunkt ihrer Entwicklung.

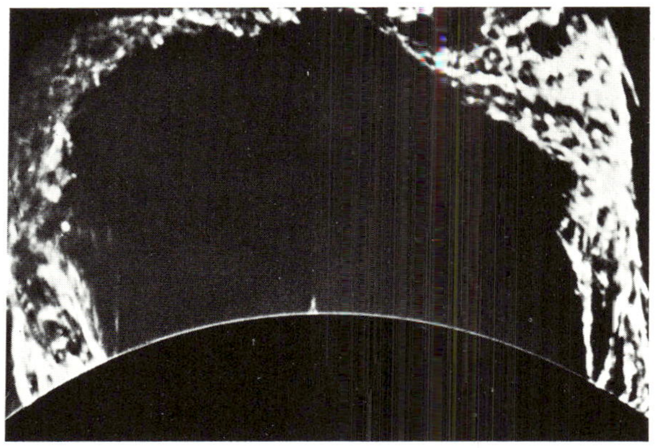

Dieselbe Protuberanz um 17.03 Uhr. In der Zwischenzeit hat sich der Bogen nach oben weit aufgebläht, und ein großer Teil der Protuberanzenmaterie ist in Höhen von über 300 000 km über der Sonnenoberfläche aufgestiegen. Die Reste des Bogens sind noch immer sehr eindrucksvoll.

(Links)
Eine Protuberanz, wie sie während der totalen Sonnenfinsternis vom 20. Mai 1919 in Sobral, Brasilien, zu sehen war. Man darf dieses wahrhaft eindrucksvolle Gebilde mit dem explosiven Bogen von 1946 vergleichen. Die Farbe war ein kräftiges Rot.

(Rechts)
Protuberanz vom 2. Mai 1968, mit einem Lyot-Filter aufgenommen von W. M. Baxter mit dem 10-cm-Linsenfernrohr seiner Sternwarte in Acton, London. Es handelt sich um eine ruhige Protuberanz.

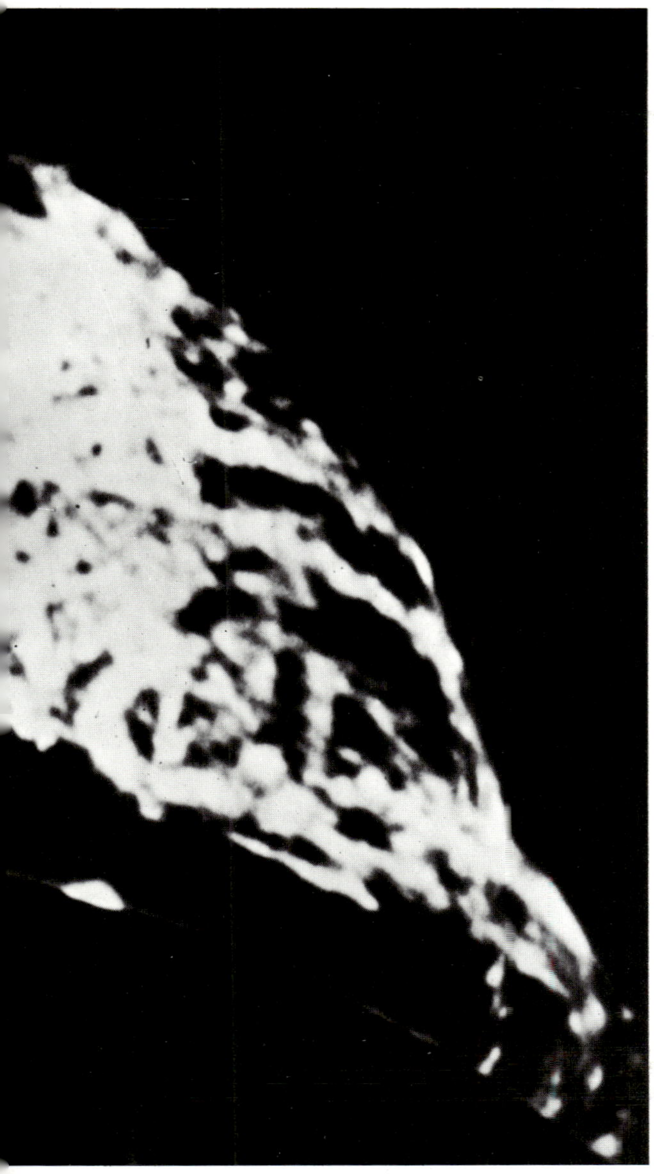

Sonneneruptionen (rechts) Farbaufnahme einer Sonneneruption. Eine durchschnittliche Eruption währt nur kurze Zeit und kann in weißem Licht nicht fotografiert werden; für gewöhnlich ist eine Eruption nur im Licht der Wasserstofflinie sichtbar, so daß man ein monochromatisches Filter oder ein ähnliches Instrument benutzen muß. Zuweilen rufen aktive Fleckengruppen Eruptionen hervor, aber eine exakte Vorhersage ist bis heute nicht möglich.

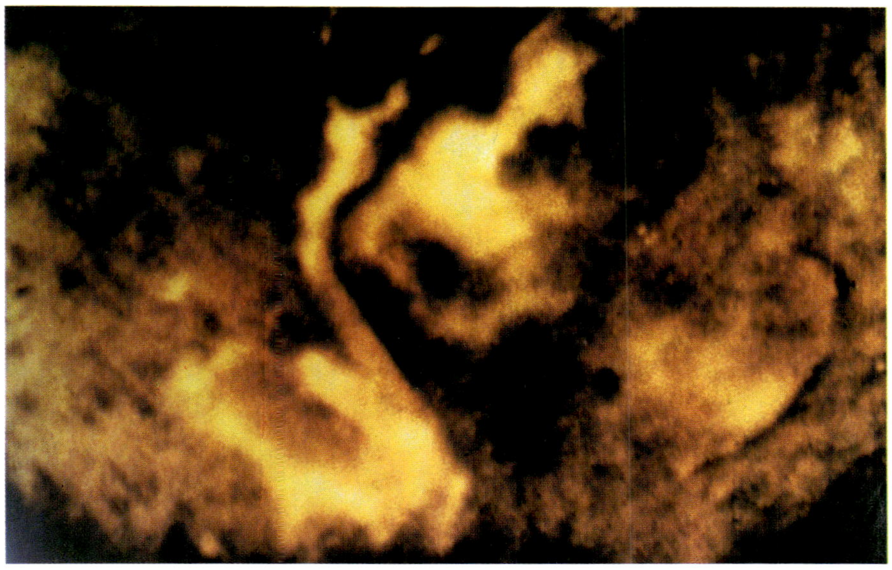

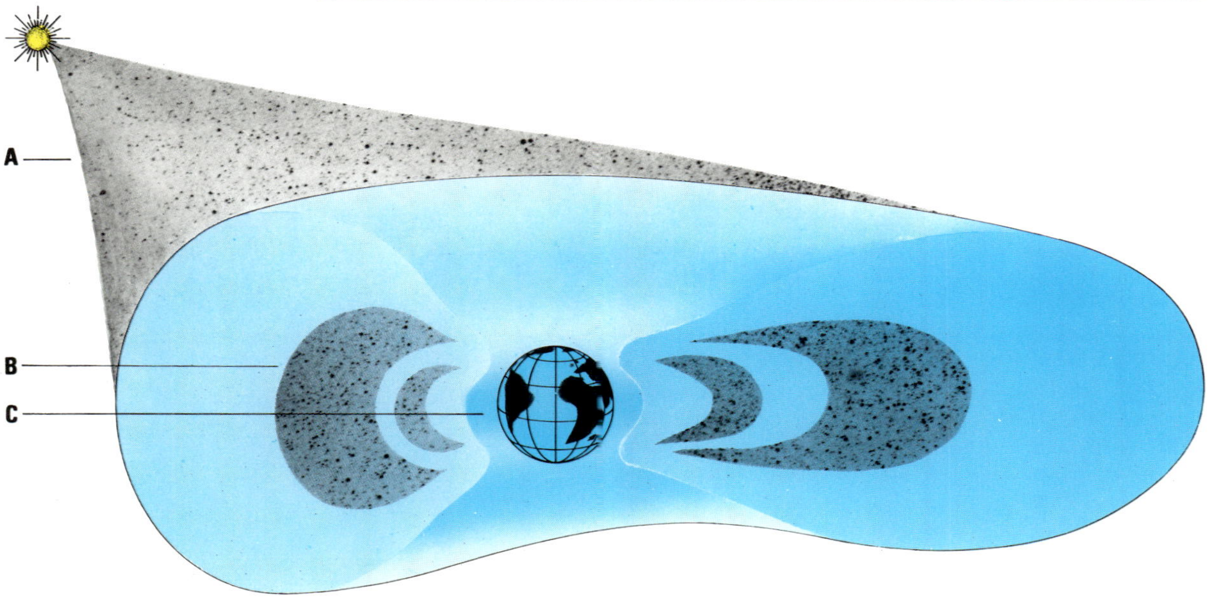

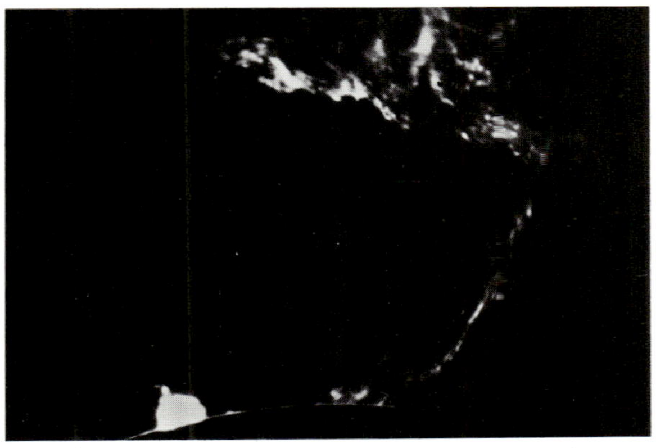

Dieselbe Protuberanz um 17.23 Uhr. Von dem großen Bogen ist wenig übriggeblieben, die Protuberanz hat sich aufgelöst; die ganze Erscheinung dauerte keine zwei Stunden. Dies war eine der spektakulärsten Protuberanzen, die je beobachtet wurden.

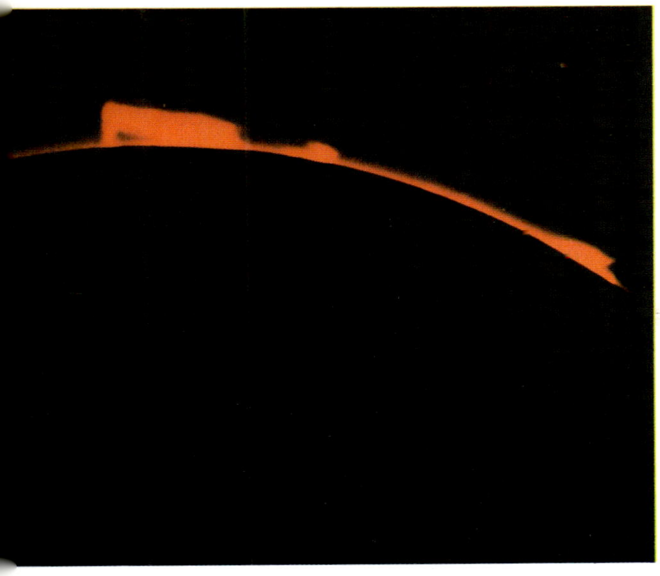

Die Polarlichter (oben und rechts) Aurorae, Nordlichter oder Polarlichter, sind die wunderschönen, leuchtenden Erscheinungen, die man in hohen Breiten nachts am Himmel beobachten kann. Sie sind eine Folge der Sonnenaktivität und treten deshalb zur Zeit der Fleckenmaxima am häufigsten auf. Die vier oberen Aufnahmen zeigen den charakteristischen «Vorhang». Im unteren Foto hat A. H. Mikesell ein prächtiges Nordlicht über Washington D. C. festgehalten. Nordlichter entstehen in Höhen von ungefähr 100 bis 1000 km. Zuweilen erscheinen sie in regelmäßigen Mustern, sonst zeigen sie die Gestalt von Bögen, Bändern, Schleiern oder Draperien. Früher erklärte man ihre Entstehung dadurch, daß geladene Partikeln — besonders bei Eruptionen — aus der Sonne in die oberen Luftschichten eindringen und dadurch einen glänzenden Schein hervorrufen. Heute weiß man, daß diese Erklärung zu einfach ist. Es scheint, daß der während einer Eruption (Zeichnung oben) von der Sonne ausgesandte Strom von Elementarteilchen (A) in die äußeren Zonen der Van-Allen-Gürtel (B) eindringt, in denen rund um die Erde (C) geladene Elementarteilchen gespeichert sind. Von dort sickern dann die Teilchen in Polnähe in die obere Atmosphäre hinunter und bewirken Nordlichter (vgl. S. 38/39).

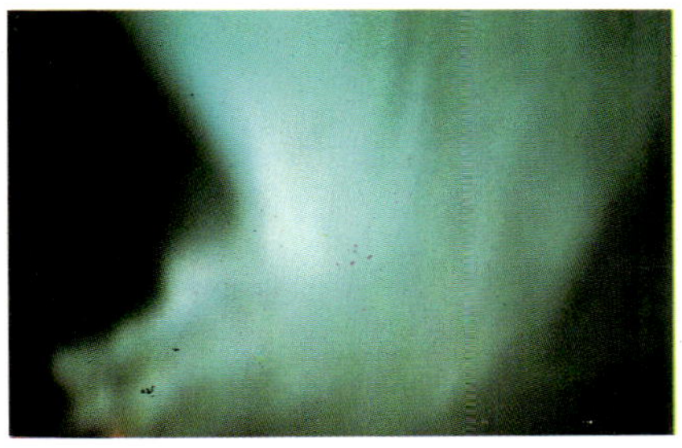

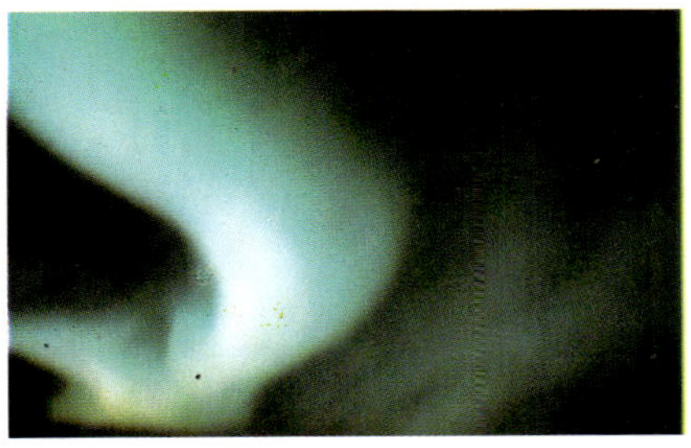

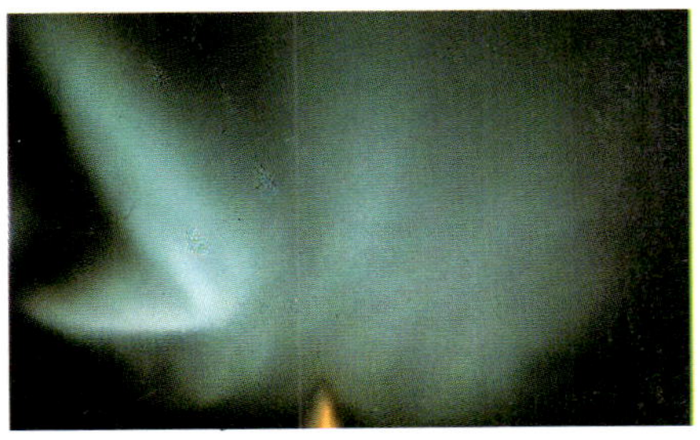

Finsternisse 1: Theorie

Eine totale Sonnenfinsternis gehört zu den herrlichsten Naturschauspielen. Für eine kurze Weile, während der Mond die strahlende Sonnenscheibe verdeckt, blitzt die Atmosphäre der Sonne auf. Die roten Protuberanzen und die perlenartige Korona beherrschen das Bild, und der Himmel wird so dunkel, daß man die Sterne sieht.
Der Mond bewegt sich um die Erde, während die Erde sich um die Sonne bewegt. Zu bestimmten Zeiten müssen die drei Körper auf einer Linie liegen, mit dem Mond in der Mitte. Mond und Sonne erscheinen am Himmel fast gleich groß, so daß die Mondscheibe die helle Oberfläche der Sonne genau zu verdecken vermag und eine Finsternis eintritt. Wenn die Ausrichtung genau stimmt, ist die Finsternis total. Wenn nur ein Teil der Sonne durch den Mond verdeckt wird, dann haben wir eine partielle Finsternis.
Wenn sich die Erde in Sonnenähe befindet, beträgt der scheinbare Durchmesser der Sonne 32'36"; befindet sie sich in Sonnenferne, so beträgt er 31'31". Der scheinbare Durchmesser des Mondes bewegt sich zwischen 33'32" und 29'20". Aus diesem Grund kann der Mond die Sonne vollständig verdecken, wenn er sich in der Nähe des Perigäums befindet; da er sich auf seiner Bahn stetig weiter bewegt, kann die totale Finsternis nie länger als ungefähr $7^1/_2$ Minuten dauern. Überdies kann die Totalitätszone nie mehr als 264 km breit sein; eine Finsternis ist also ein seltenes Ereignis. Hier ein typisches Beispiel: In Deutschland wurde 1887 letztmals eine totale, 1912 eine ringförmig-totale Finsternis beobachtet, und die nächste totale wird erst 1999 stattfinden. Manche Finsternisse sind nirgends auf der Erde total. Bei ringförmigen Finsternissen ist — auch wenn die Ausrichtung stimmt, der Mond sich jedoch nahe dem Apogäum befindet — die Sonnenscheibe zu groß, um vollständig verdeckt zu werden; dann bleibt rund um den dunklen Mondkörper ein Ring von Sonnenlicht. Eine Sonnenfinsternis kann nur bei Neumond stattfinden. Läge die Bahn des Mondes in der gleichen Ebene wie diejenige der Erde, würde jeden Monat eine Finsternis eintreten. Nun ist die Bahn des Mondes aber um mehr als 5 ° zur Ekliptik geneigt. Die Punkte, an denen die Bahn des Mondes die Ekliptik kreuzt, nennt man Knoten. Damit eine Finsternis stattfinden kann, muß der Mond sehr nahe bei einem Knoten stehen.

Der Saroszyklus
Wegen der Anziehung der Sonne verschieben sich die Knoten langsam. Nach einer Zeitspanne von 18 Jahren und 11,3 Tagen befinden sich Erde, Mond und Sonne wieder fast in derselben gegenseitigen Lage, so daß eine neue Sonnenfinsternis eintreten kann. Dies nennt man den Saroszyklus. Er war schon in alten Zeiten bekannt und lieferte eine praktische, wenn auch nicht immer exakte Methode zur Vorausberechnung von Finsternissen.

Finsternisse im Altertum
Finsternisse wurden schon im Altertum von den Chinesen beobachtet und lösten Angst und Beunruhigung aus. So sollen zwei Astronomen, Hsi und Ho, auf Befehl des Kaisers hingerichtet worden sein, weil sie eine Finsternis nicht vorausgesagt hatten. Die Chinesen wußten nicht, daß Finsternisse auf die Bewegung des Mondes zurückzuführen sind. Sie dachten vielmehr, ein Drache versuche, die Sonne zu verschlingen. 585 v. Chr. soll Thales von Milet eine Finsternis vorausgesagt haben, die dann auch zur angekündigten Zeit eintrat und das vorzeitige Ende einer Schlacht zwischen Lydiern und Medern herbeiführte. Gegen Ende des Hellenismus waren die Gründe für eine Sonnenfinsternis bereits bekannt.

Die Bedeutung der totalen Finsternisse
Totale Finsternisse ermöglichen wissenschaftliche Untersuchungen, die sonst zu keiner andern Zeit durchgeführt werden können, z. B. gewisse Koronauntersuchungen.

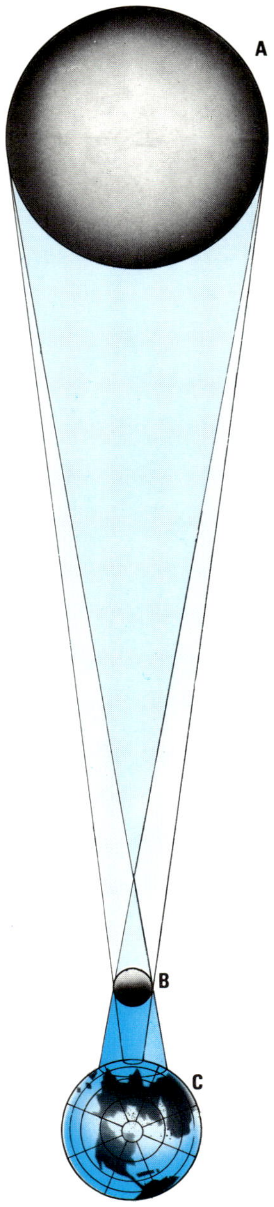

Totale Finsternis
(links und unten)
Wenn Erde (C), Mond (B) und Sonne (A) auf einer Linie liegen, mit dem Mond in der Mitte, verdeckt der Mond die Sonne oft vollständig, wodurch eine totale Finsternis entsteht. Die Dauer der Totalität kann nie mehr als $7^1/_2$ Minuten betragen. Da der Schatten des Mondes gerade lang genug ist, um die Oberfläche der Erde zu erreichen, ist die Totalität lediglich in einer schmalen Zone sichtbar. Die Finsternis vom 22. September 1968 war in einem Teil von Sibirien total. Das Foto unten stammt von Colin Hunt.

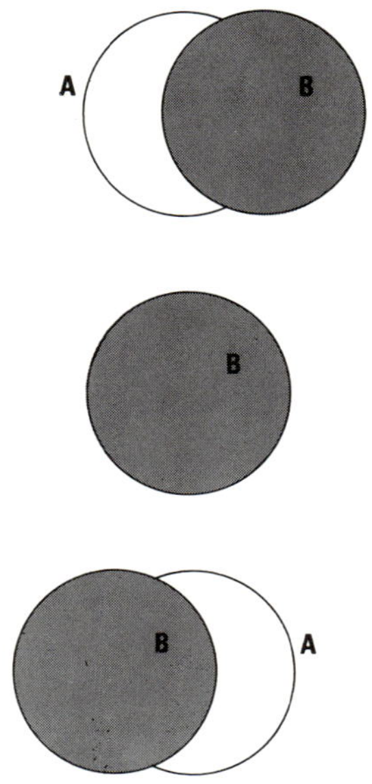

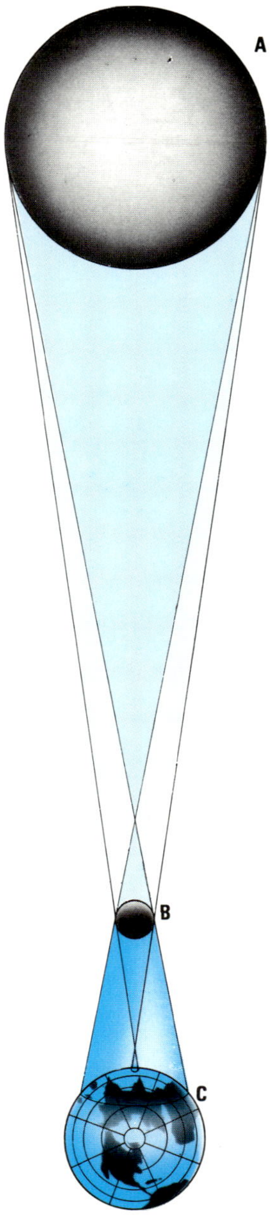

Ringförmige Finsternis
(links und unten)
Wenn sich der Mond (B) in der Nähe des Apogäums befindet, ist sein scheinbarer Durchmesser von der Erde (C) aus gesehen kleiner als derjenige der Sonne (A). Auch wenn die Ausrichtung genau stimmt, ist der Mond nicht groß genug, um die Sonne vollständig zu verdecken; man sieht immer noch einen Ring von Sonnenlicht und spricht dann von einer ringförmigen Finsternis, wie sie unsere Fotografie unten zeigt.

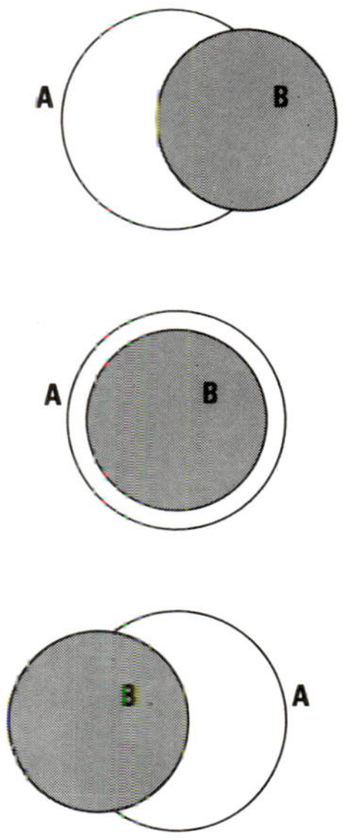

Totale und ringförmige Finsternis (rechts)
Der Schatten des Mondes ist gerade lang genug, um die Erde zu erreichen. Wenn der Mond kleiner oder weiter entfernt wäre, könnten keine totalen Finsternisse stattfinden, und wir wüßten vermutlich noch immer nichts über die Korona der Sonne. Eine in einem beschränkten Bereich (B) totale Finsternis, kann im übrigen Teil der Zentralzone (A) ringförmig sein, so wie es auf der Zeichnung rechts dargestellt ist. Dies war z. B. bei der Finsternis vom 17. April 1912 der Fall.

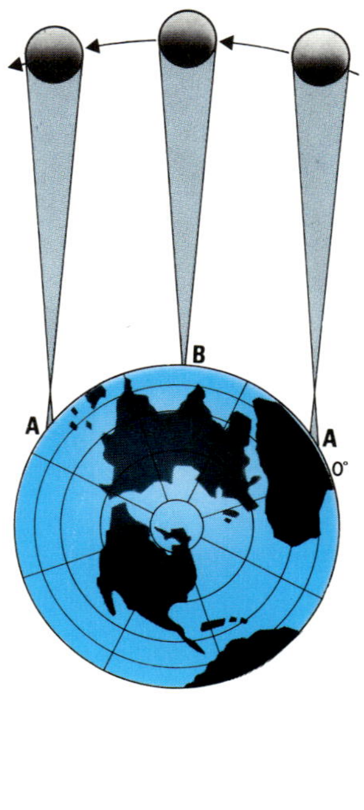

Partielle Finsternis (unten)
Partielle Sonnenfinsternis, 22. September 1968, wie sie von Selsey, Sussex, zu sehen war. Die sechs Fotos wurden von Henry Brinton aufgenommen, der die Sonne mit einem 10-cm-Fernrohr projizierte. Die Finsternis war in Teilen von Sibirien total, in England jedoch wurde die Sonne höchstens zu 40 Prozent verdeckt.

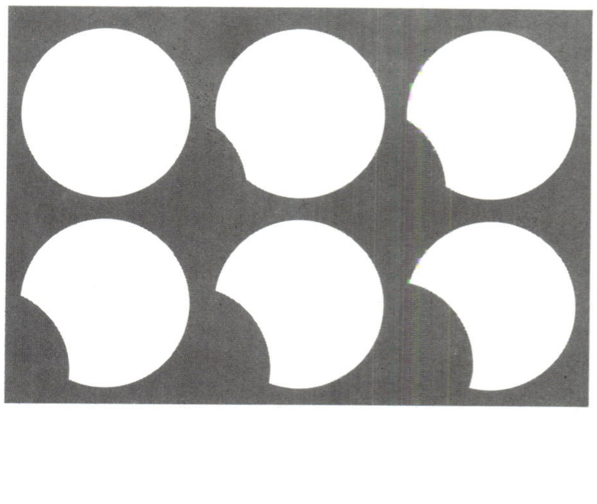

Korona (rechts)
Die Korona wird, wie die Sonnenflecken und Protuberanzen, vom Sonnenfleckenzyklus beeinflußt. Im Fleckenminimum sieht man «Strahlen», und das allgemeine Bild der Korona ist asymmetrisch. Im Fleckenmaximum ist die Korona weit regelmäßiger. Dieses Foto wurde von E. E. Barnard am 28. Mai 1900 aufgenommen, als die Sonne im Minimum war. Die Polarstrahlen der Korona sind gut zu sehen.
Verschiedene Phänomene werden bei totalen Finsternissen sichtbar. Unmittelbar vor Eintritt der Totalität und ebenso unmittelbar nach dem Ende der Totalität tritt das

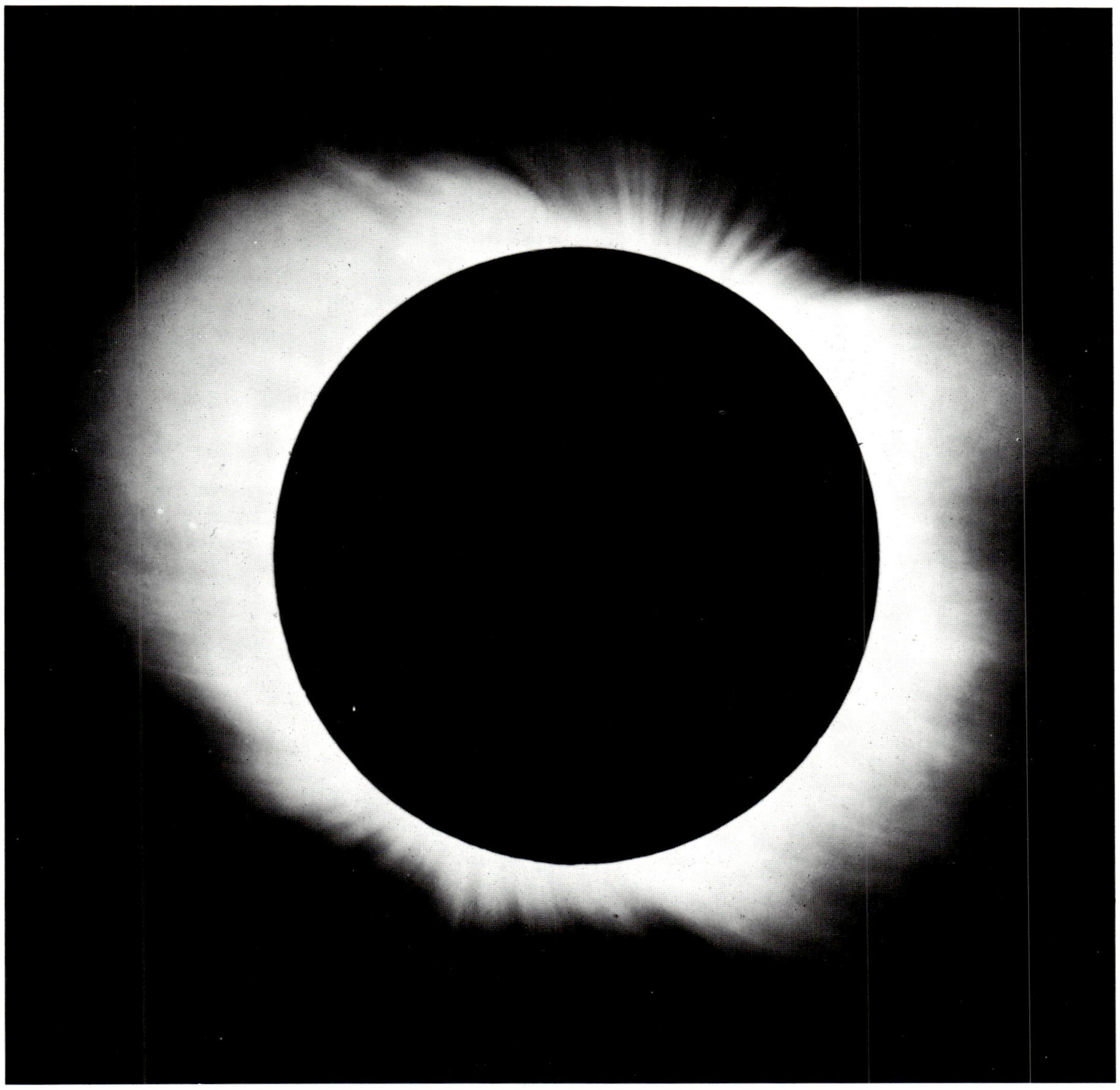

Finsternis von 1966 (links)
Finsternis vom 12. November 1966, Aufnahme von Raul Dario Küplich von Porto Alegre, Brasilien. Noch immer ist eine Sichel der Sonne sichtbar, sie genügt, um die Korona zu verdecken.

Perlschnurphänomen auf; es handelt sich dabei um leuchtende Punkte rund um den Rand des Mondes, verursacht durch Sonnenlicht, das durch die Mondtäler hindurchscheint. Dieses Perlschnurphänomen wird Francis Baily zu Ehren, der es vor mehr als einem Jahrhundert als erster beschrieben hat, «Baily's Beads» genannt. Dann gibt es die Schattenbänder, Wellenlinien, auf geeigneten Flächen, wie Wänden und Hausdächern, zu beobachten. Sie sind auf Effekte in der Erdatmosphäre zurückzuführen und haben mit der Sonne selber nichts zu tun.

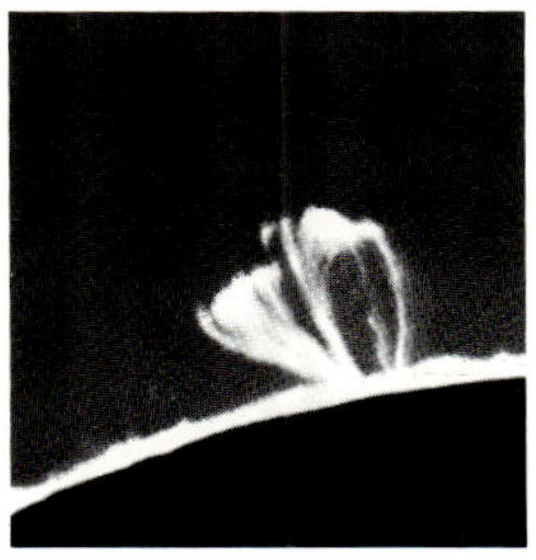

Protuberanzen (links)
Eine interessante Protuberanz, am 9. Dezember 1929 vom Mount-Wilson-Observator um aus im Lichte einer Kalziumlinie aufgenommen. Ein vorzügliches Beispiel einer Protuberanzen-Fotografie, die nicht während einer totalen Finsternis gemacht wurde.

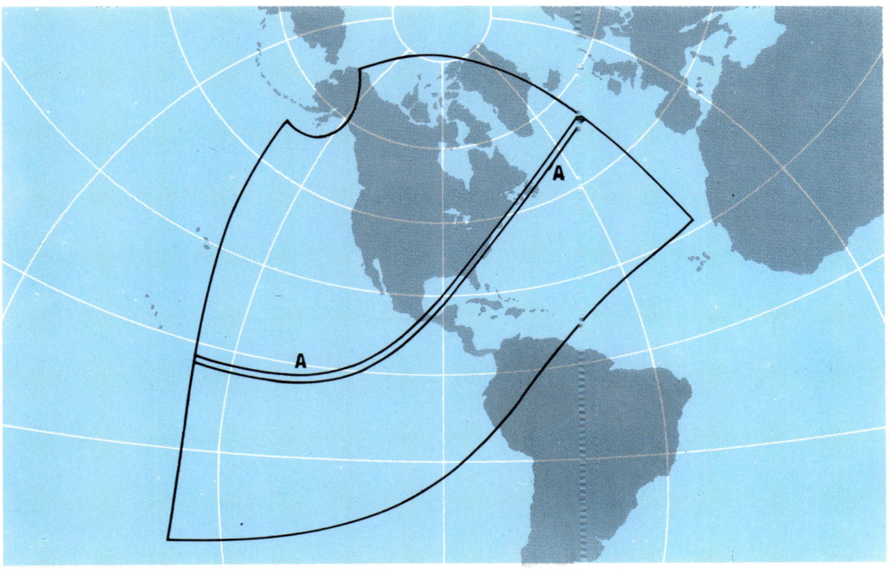

Finsterniszonen (rechts)
Die für die Forschungsarbeit so wichtigen Sonnenfinsternisse sind so selten von einem beliebigen Punkt der Erdoberfläche aus sichtbar, daß die Astronomen auch die weiteste Reise nicht scheuen, um sie beobachten zu können.
Manchmal geschieht es jedoch, daß eine Finsterniszone in ein günstiges Gebiet fällt, wie es bei der Finsternis vom 7. März 1970 der Fall war. Wie aus dieser Karte ersichtlich, begann die Totalitätszone (A) im Pazifischen Ozean, durchquerte Mittelamerika und Florida, um im Atlantik, südlich von Island, zu enden. Die beiden umrandeten Flächen geben diejenigen Gebiete an, in denen die Sonne teilweise verfinstert war.

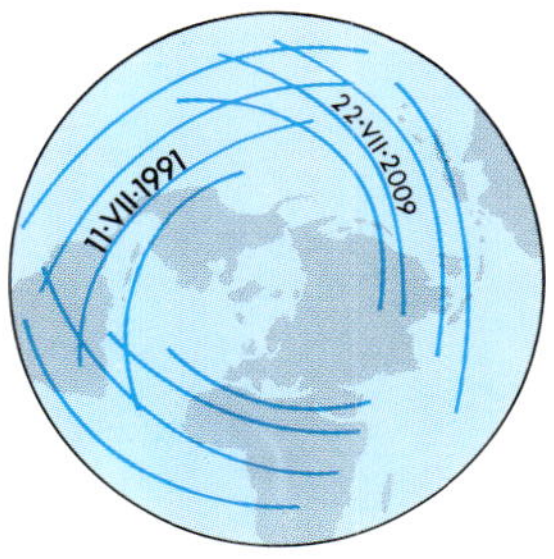

Saroszyklus (oben)
Die zwölf Finsternisse, deren Totalitätszonen auf dem Diagramm dargestellt sind, gehören zum gleichen Saroszyklus. Wie ersichtlich, sind die «Wiederholungen» nicht exakt. So wird die Finsternis von 1991 in Mittelamerika total sein, die nächste Finsternis im gleichen Saroszyklus, 2009, jedoch nur partiell.

Diamantring (links) **und «Flash»-Spektrum**
Der Diamantring (s. S. 149) leuchtet auf — in diesem Augenblick sieht man das «Flash»-Spektrum.
(Rechts)
Das «Flash»-Spektrum, aufgenommen unmittelbar vor Beginn oder nach Beendigung der Totalität.

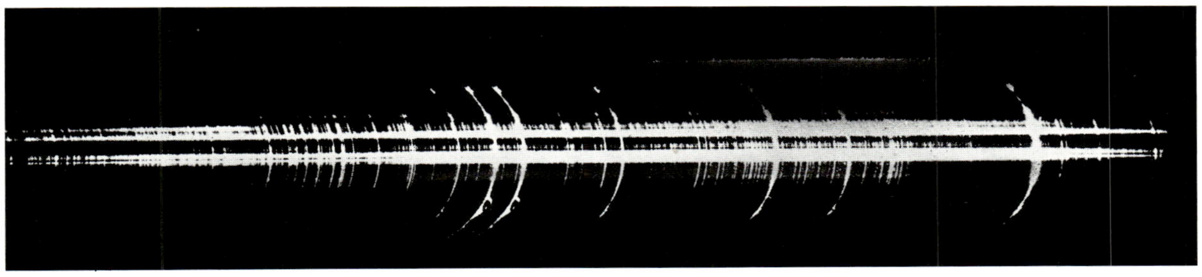

Das «Flash»-Spektrum (oben rechts)
Das Spektrum der Sonnenatmosphäre ist ein Emissionsspektrum, aber wegen des Kontinuums des Hintergrunds erscheinen die Linien dunkel. Unmittelbar vor oder nach der Totalität ist die Fotosphäre verdeckt, und das Kontinuum ist ausgelöscht; die Emissionslinien in der «umkehrenden Schicht» leuchten plötzlich auf und erzeugen das «Flash»-Spektrum. Nur in diesen Augenblicken kann man die Sonnenatmosphäre in ihrem eigenen Lichte leuchten sehen.

Datentabelle Sonne

Durchmesser 1 392 000 km	Scheinbarer Durchmesser im Minimum 31′ 31″
Mittlere Dichte 1,409 g/cm³	Mittlere Entfernung von der Erde 1 Astronomische Einheit (149,60 Mio km)
Masse $1{,}989 \times 10^{30}$ kg	Parallaxe 8,794″
Entweichgeschwindigkeit 617,7 km/sec	Entfernung in Lichtminuten 8,3 (= 499 sec)
Spektraltyp G 2	Auf die Erde = 1 bezogen gilt:
Absolute Helligkeit in Größenklassen +4,71	Durchmesser 109,2
Scheinbare Helligkeit in Größenklassen —26,8	Masse 332 958
Rotationsperiode (am Äquator) 25,380 Tage	Volumen 1 303 800
Achsenneigung 7° 15′	Schwerebeschleunigung an der Oberfläche 27,9
Scheinbarer Durchmesser im Maximum 32′ 36″	

Totale Sonnenfinsternis

Sonnenfinsternisse, von der Erde aus gesehen

Totale Sonnenfinsternis, 20. Juli 1963 (rechts)
Aufnahme von Pater F. J. Heyden, Ellesworth, Maine. Die Totalität beginnt gerade. Rechts fällt das Rot der Chromosphäre auf, und man sieht deutlich eine Protuberanz; links und oben kommt die Korona in Sicht, man kann Struktur in ihr erkennen. Es handelt sich um eine kurzbelichtete Fotografie. Um die äußere Korona zu zeigen, bedarf es längerer Belichtungszeiten, was natürlich eine Überbelichtung der hellen inneren Teile bedingt.
Die Finsternis von 1963 war über gewissen Gegenden Kanadas total, in Europa war sie außer in Island, Schottland und Norwegen nirgends zu sehen.

Partielle Finsternis, 12. November 1966 (unten)
Aufnahme von Henry Brinton (10-cm-Fernrohr, Selsey). Mehrere Flecken sind sichtbar. Eine partielle Finsternis ist für den Beobachter zwar interessant, für den Astronomen jedoch nicht von wirklicher Bedeutung, da die prächtigen Phänomene der Totalität nicht sichtbar sind. Damit man die Korona beobachten kann, muß die Sonne vollständig verdeckt sein.

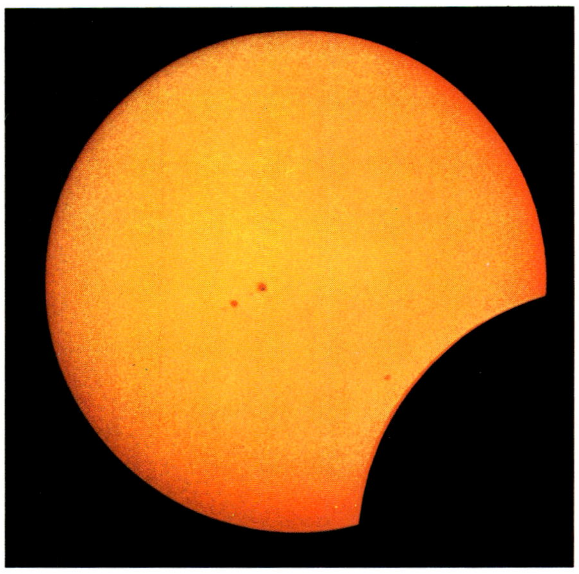

Totale Finsternis, vom Flugzeug aus (rechts)
Die Finsternis vom 12. November 1966, aufgenommen aus einem Düsenflugzeug über dem Südatlantik. Die Chromosphäre, die innere Korona und einige Protuberanzen sind gut sichtbar. Die Aufnahme einer Finsternis vom Flugzeug aus hat den Vorteil, daß keine Störung durch Wolken eintreten kann, auch kann das Flugzeug dem Schatten des Mondes «folgen». Auf schwere und komplizierte wissenschaftliche Ausrüstung muß man allerdings verzichten.

Totale Finsternis vom 15. Februar 1961 (unten)
Aufnahme von W. Bohnenblust, Schweiz. Belichtung: $^{1}/_{8}$ sec auf Ektachrome-Film, 160 ASA. Die innere Korona ist sichtbar; um den Sonnenrand viele Protuberanzen.

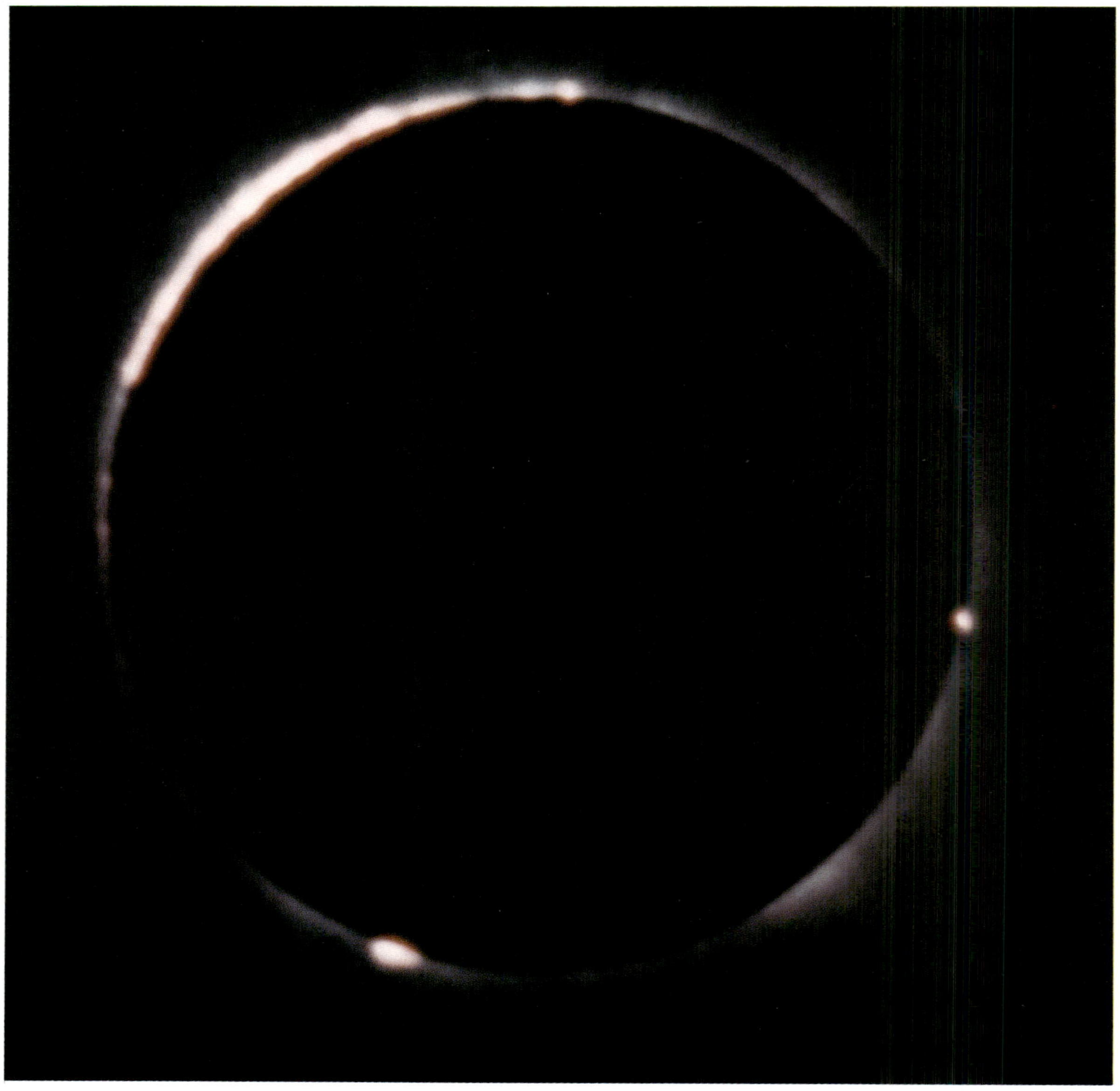

«Diamantring»-Effekt (rechts)
Der «Diamantring», wie er am 12. November 1966 aus einem Düsenflugzeug über dem Südatlantik zu sehen war. (Diese Aufnahme stammt aus derselben Reihe wie das Foto S. 148 r. u.) Sobald am Ende der Totalität die Sichel der hellen Sonnenscheibe hinter dem Mond wieder sichtbar wird, scheint sie für 10 sec aufzuflackern. Den so entstehenden Effekt nennt man Diamantring.

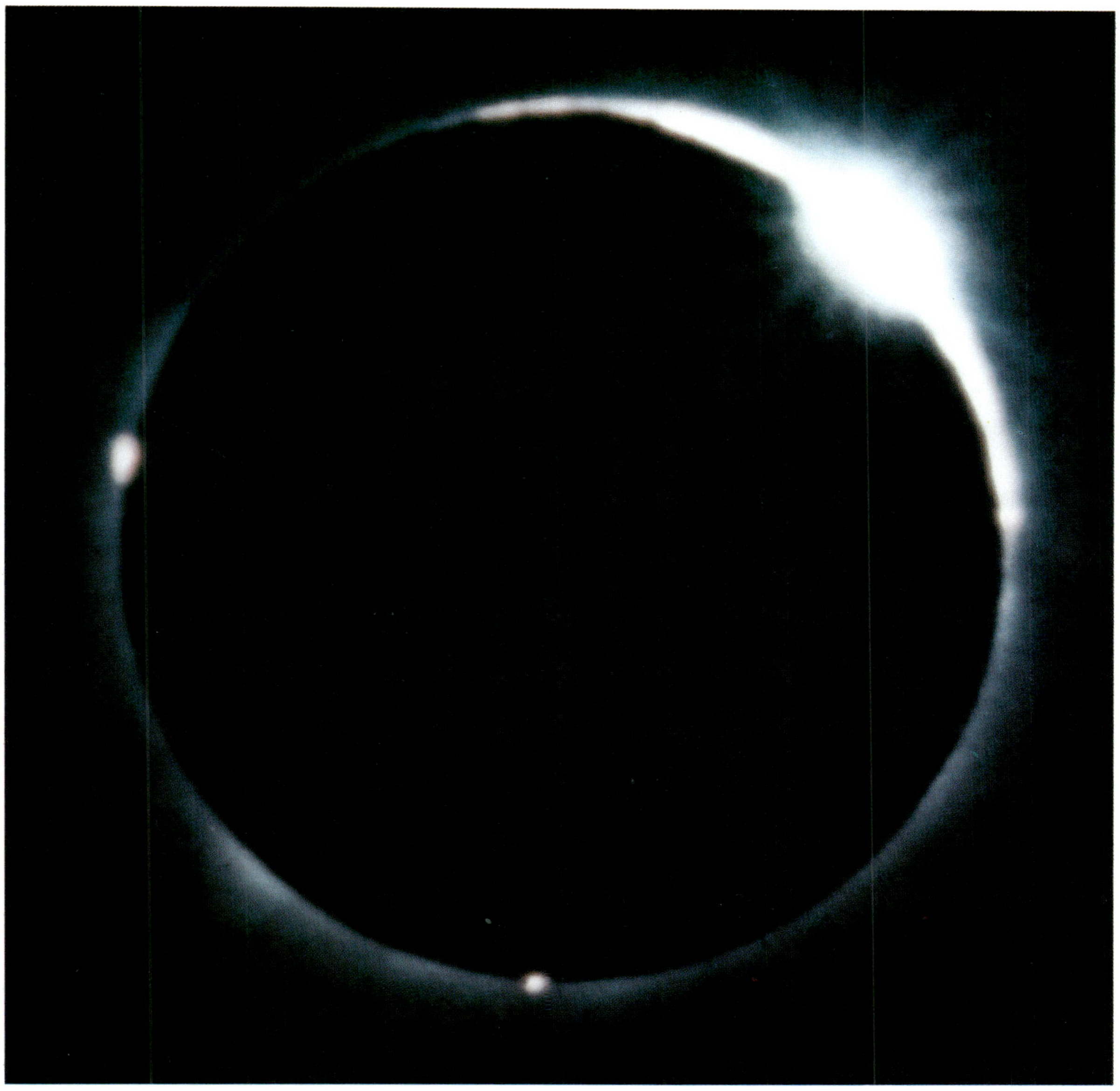

Totale Finsternis (unten)
Totale Finsternis vom 15. Februar 1961; A. Küng, Schweiz. Belichtung 2 sec; Ektachrome Professional, 64 ASA. Durch längere Belichtung ist die äußere Korona deutlicher erkennbar, doch verschwindet dann die Struktur des inneren Teils. Die Koronastrahlen und «Streamers» reichen in große Entfernungen von der Sonne hinaus.

Sonnenfinsternis, durch die Erde verursacht (rechts und unten)
Von der Mondoberfläche aus gesehen kann die Sonne durch die Erde verfinstert werden. Obwohl die Erde am Mondhimmel beträchtlich größer erscheint als die Sonne, bietet eine Sonnenfinsternis dort ein ganz ähnliches Bild, zum Beispiel sieht man auch Erscheinungen wie den «Diamantring», Bild rechts, auf einem Apolloflug aufgenommen. Das Bild unten nahm Surveyor 3 am 24. April 1967 von der Mondoberfläche aus auf.
Vom Mond aus gesehen erscheint der Himmel schwarz, was eingehenden Studien der Sonnenkorona und -chromosphäre sehr zustatten kommen wird. Ein gut ausgerüstetes Sonnenobservatorium auf dem Mond wäre für die Sonnenphysik von großem Wert.

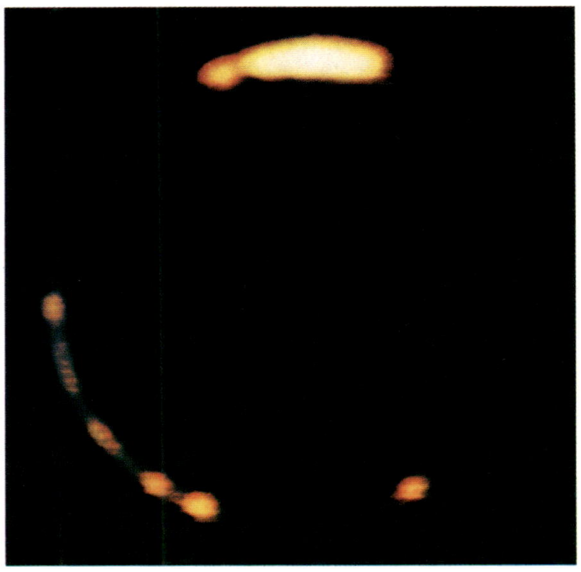

Die Planetenbewegung

Im Altertum galt der Kreis als Ausdruck höchster Vollkommenheit der Form. Daß die Planetenbahnen etwas anderes sein könnten als Kreise, war völlig undenkbar — schließlich stellte das Himmelszelt die naturgegebene Stätte aller Vollkommenheit dar. Freilich sahen auch die Alten, daß die Bewegung der Planeten unter den Sternen alles andere als regelmäßig verläuft; manchmal halten sie an, um sich dann eine Zeitlang rückläufig (das heißt von Ost nach West) zu bewegen. Dieser Widerspruch wurde etwa durch die Hypothese erklärt, ein Planet bewege sich auf einem Kreis, dessen Mittelpunkt sich seinerseits wieder auf einer Kreisbahn um die Erde bewegt (Epizykeltheorie).

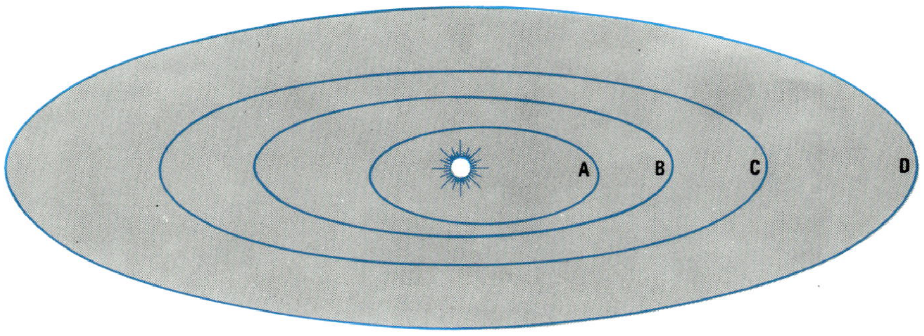

Die erdähnlichen Planeten (links)
Die vier Planeten, die der Sonne am nächsten sind — Merkur (A), Venus (B), die Erde (C), und Mars (D), — werden unter der Bezeichnung «erdähnliche» Planeten» zusammengefaßt, weil sie alle verhältnismäßig kleine und feste Körper sind. Ihre mittleren Entfernungen von der Sonne bewegen sich zwischen 58 Mio km (Merkur) und 228 Mio km (Mars). Die Bahnen von Venus und Erde sind praktisch kreisförmig, während die Bahnen von Merkur und Mars viel elliptischer sind. Die Planetoiden liegen außerhalb der Marsbahn, zwischen Mars und Jupiter

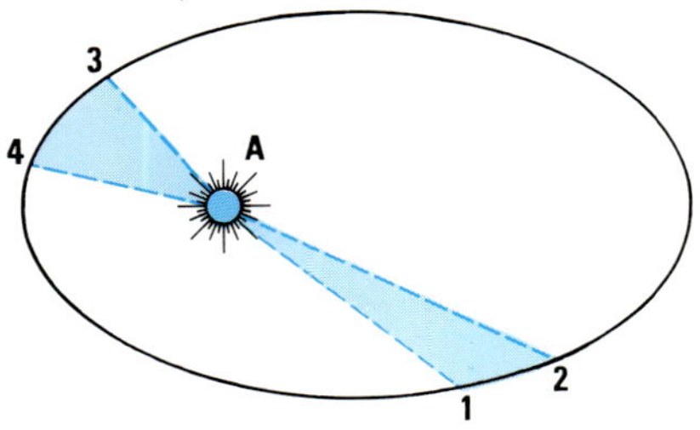

Das zweite Keplersche Gesetz (oben)
Der Planet bewegt sich in derselben Zeit von 1 nach 2 wie von 3 nach 4 (A bezeichnet die Sonne). Dabei entspricht die Fläche 1 A 2 der Fläche 3 A 4. Die Planeten bewegen sich am schnellsten im Perihel (sonnennächster Punkt) und am langsamsten im Aphel (sonnenfernster Punkt). Die Geschwindigkeit der Planeten verringert sich mit zunehmender Entfernung von der Sonne.

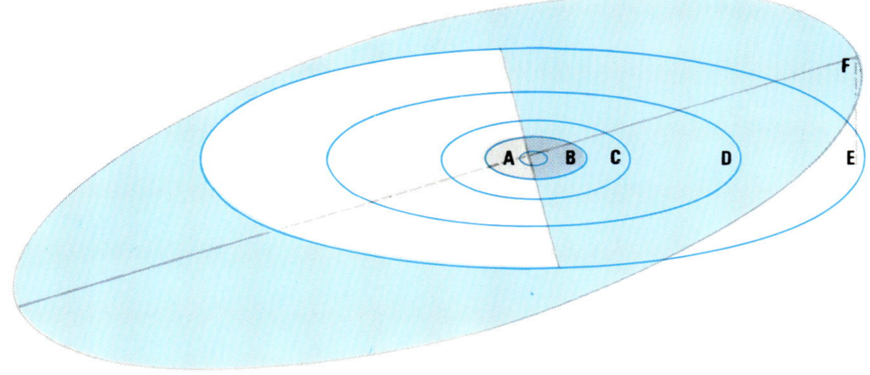

Die äußeren Planeten (links)
Jenseits der kleinen Planeten ziehen die vier großen Planeten ihre Bahn, Jupiter (B), Saturn (C), Uranus (D) und Neptun (E), und, noch weiter entfernt, Pluto (F). Zum Vergleich der Planet Mars (A).
Die Exzentrizität der Umlaufbahnen ist wieder relativ gering. Aus der Zeichnung sind die ungeheuren Entfernungen im Sonnensystem vielleicht nicht gleich ersichtlich. Jedenfalls würde ein Raumschiff auf dem Flug zu Neptun sich schon auf halbem Weg der Umlaufbahn des Uranus nähern! Der fernste Planet, Pluto, hat eine Umlaufbahn von viel größerer Exzentrizität und Neigung.

Der erste, der mit der Idee der Kreisförmigkeit brach, war Johannes Kepler. Nachdem er die zahlreichen Beobachtungen des Dänen Tycho Brahe ausgewertet hatte, fand er heraus, daß die Planetenbahnen Ellipsen sein müßten. 1609 veröffentlichte er die beiden ersten Gesetze, 1618 das dritte. Die drei Gesetze der Planetenbewegung lauten in ihrer modernen Fassung:

1. Die Planeten bewegen sich auf Ellipsen, in deren einem Brennpunkt die Sonne steht.
2. Der Radiusvektor (Verbindungslinie Sonne—Planet) überstreicht in gleichen Zeiten gleiche Flächen. Nach diesem zweiten Gesetz muß sich ein Planet in der Nähe seines Perihels am schnellsten bewegen.
3. Die Quadrate der siderischen Umlaufszeiten zweier Planeten verhalten sich wie die dritten Potenzen der großen Halbachsen ihrer Bahnen.

Die siderische Umlaufszeit ist die Zeit, die ein Planet braucht, um einen Umlauf um die Sonne zu vollenden, und zwar relativ zu den in ihrer Lage unveränderlichen Sternen gemessen. Die siderische Umlaufszeit der Erde beträgt 365,25 Tage. Die Bahnen der Planeten weichen nicht sehr von der Kreisform ab, die Bahnexzentrizität der Erde z. B. beträgt nur 0,017. Lediglich Pluto hat eine auffällig elliptische Bahn; die Bahnen von Mars und Merkur sind etwas exzentrischer als die der Erde. Die Kleinplaneten oder Planetoiden haben meist Bahnen hoher Exzentrizität.

Interessanterweise liegen — auch hier mit Ausnahme des Planeten Pluto — alle Planetenbahnen in ungefähr derselben Ebene. Nimmt man die Erdbahnebene oder Ekliptik als Bezugsebene, dann beträgt die Bahnneigung für Merkur 7 °, 3 ° 24' für Venus, 2 ° 29' für Saturn und weniger als 2 ° für alle anderen. Das bedeutet, daß man die Planeten nicht irgendwo am Himmel sehen kann, sondern daß man sie stets in der Nähe der Ekliptik suchen muß. Die Ekliptik, als Projektion der Erdbahn auf die Himmelskugel, schließt mit dem Himmelsäquator einen Winkel von 23,5 ° ein, da die Erdachse gegen die Senkrechte auf die Erdbahnebene um eben diesen Winkel geneigt ist.

Das Band entlang der Ekliptik, in dem die Planeten stets zu finden sind, nennt man den Tierkreis. In der Astrologie hat man den in diesem Band liegenden Sternbildern, den Tierkreiszeichen, mystische Bedeutung zugesprochen, was wissenschaftlich natürlich unhaltbar ist.

Der Tierkreis (unten)
Die Ekliptik ist die Projektion der Erdbahn auf die Himmelskugel, oder — scheinbar — die jährliche Bahn der Sonne zwischen den Sternen. Sie durchläuft die 12 Sternbilder des Tierkreises sowie einen kleinen Teil des 13., des Schlangenträgers (Ophiuchus). Auf der Zeichnung ist der vollständige Tierkreis zu sehen.

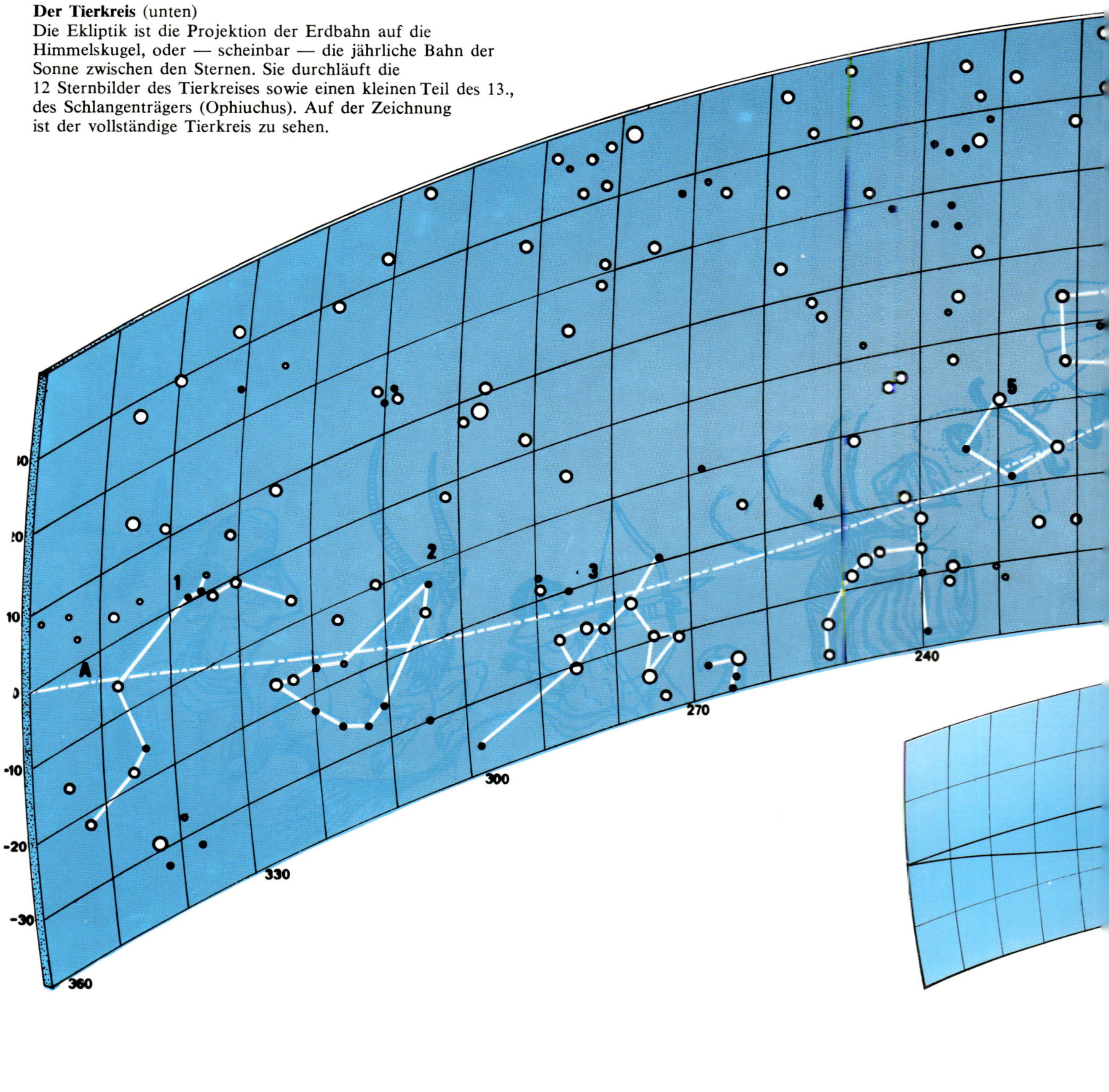

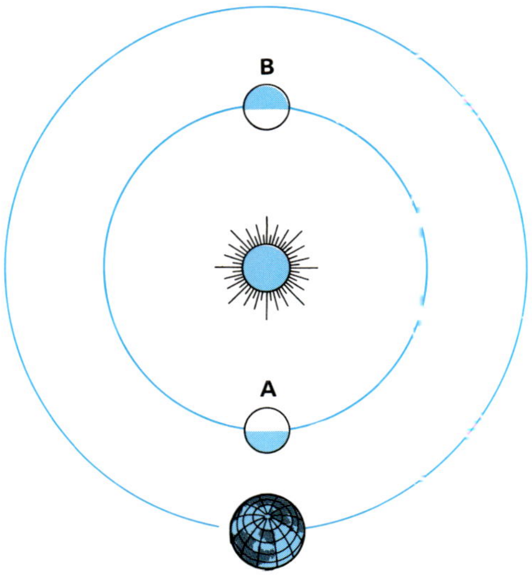

Untere und obere Konjunktion (links)
Wenn die inneren Planeten, Merkur und Venus, in der unteren Konjunktion (A) stehen, befinden sie sich ungefähr zwischen Sonne und Erde. Wenn sie ganz exakt aufgereiht sind, sieht man den Planeten im Durchgang vor der Sonne. Die Zeichnung zeigt Venus auf ihrer Umlaufbahn. In der oberen Konjunktion (B) befindet sich der Planet von der Erde aus gesehen hinter der Sonne; er hat jetzt die volle Phase erreicht, wird aber natürlich von der Sonne überstrahlt. Die synodische Umlaufszeit (das kleinste Intervall zwischen zwei aufeinanderfolgenden unteren Konjunktionen) beträgt 583,9 Tage für Venus.

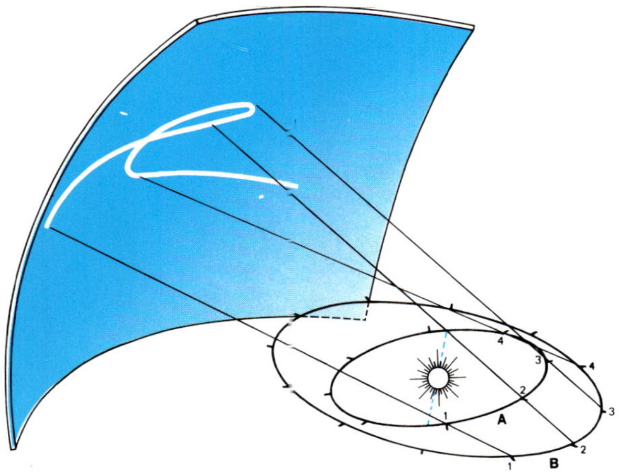

Scheinbare Bewegung eines inneren Planeten (links)
Die Bewegung der Venus, von der Erde aus gesehen. Da die Umlaufbahn der Venus innerhalb der Erdbahn verläuft, ist sie immer in derselben Himmelsgegend zu sehen wie die Sonne. Merkur verhält sich ähnlich. Die scheinbaren Bewegungen sind, wie die Zeichnung zeigt, ziemlich kompliziert:
A = Umlaufbahn der Venus;
B = Umlaufbahn der Erde.
Die Ziffern bezeichnen entsprechende Stellungen der beiden Planeten.

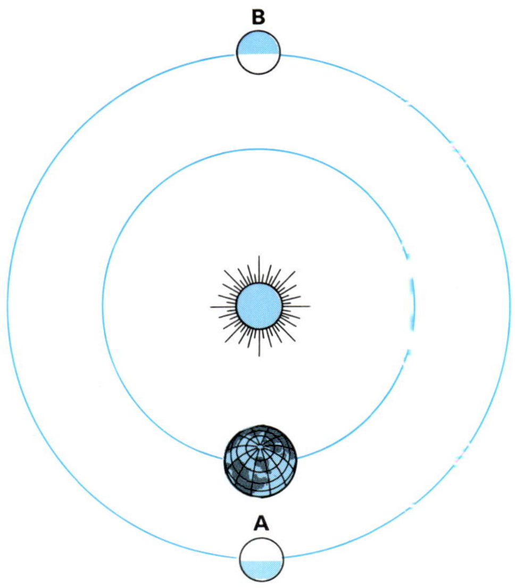

Konjunktion und Opposition (links)
Ein äußerer Planet steht dann in der Opposition (A), wenn er sich von der Erde aus gesehen genau gegenüber der Sonne befindet. Er steht also um Mitternacht genau im Süden und läßt sich ausgezeichnet beobachten. In der Konjunktion (B) befindet sich der Planet hinter der Sonne und ist damit unsichtbar.
Die mittlere synodische Umlaufszeit (das Intervall zwischen zwei aufeinanderfolgenden Oppositionen) beträgt für Mars 779,9 Tage. Für die Planeten außerhalb der Erdbahn ist sie bedeutend kürzer — 398,9 Tage für Jupiter und nur 366,7 Tage für Pluto.

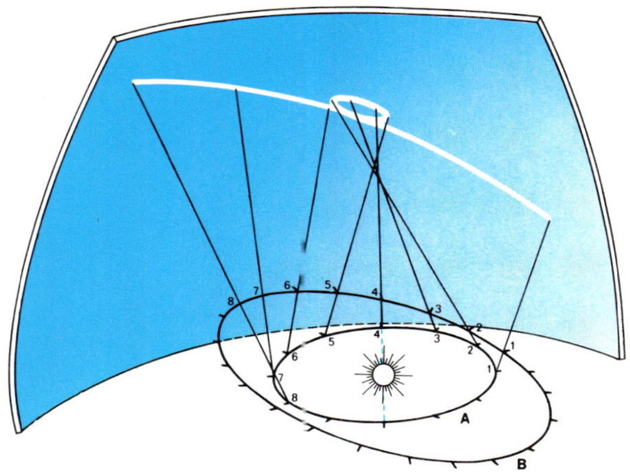

Scheinbare Bewegung eines äußeren Planeten (links)
Rückläufige Bewegung eines äußeren Planeten (B), d. h. eines Planeten außerhalb der Erdbahn (A).
Wenn die Erde «aufholt» und den äußeren Planeten «überrundet», entsteht durch die Bewegung der beiden Planeten der Eindruck, der äußere Planet bewege sich vorübergehend rückläufig, d. h. in umgekehrter oder Ost-West-Richtung, bis er seine gewohnte rechtläufige Bewegung wieder aufnimmt. Die Ziffern bezeichnen auch hier die Stellungen der beiden Planeten.

Die Sonne bewegt sich entlang der Ekliptik (A), und der Mond und die Planeten weichen niemals mehr als 7° von ihr ab — mit Ausnahme von Pluto, dessen Bahn einen größeren Neigungswinkel hat (17°).

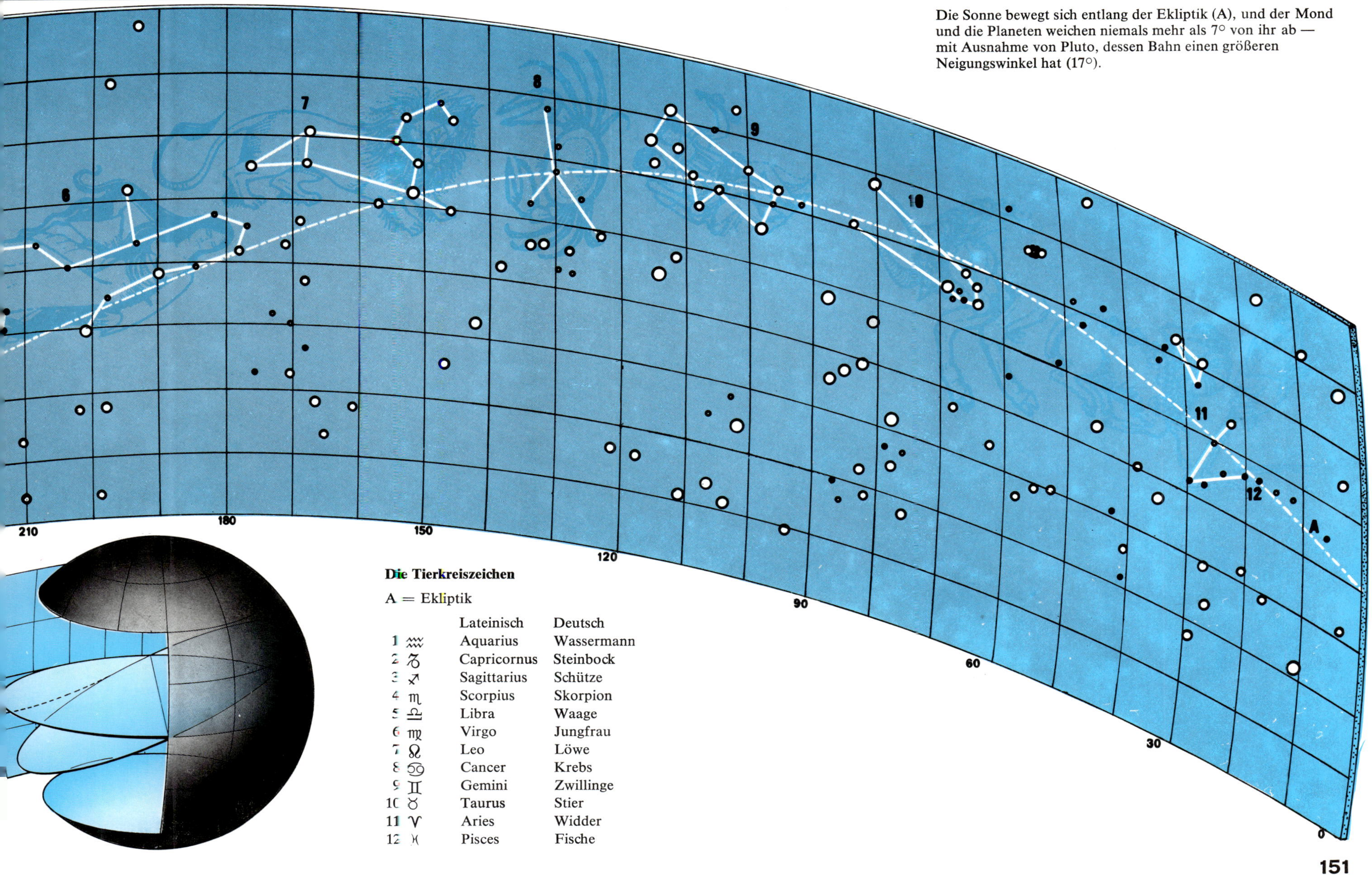

Die Tierkreiszeichen

A = Ekliptik

		Lateinisch	Deutsch
1	♒	Aquarius	Wassermann
2	♑	Capricornus	Steinbock
3	♐	Sagittarius	Schütze
4	♏	Scorpius	Skorpion
5	♎	Libra	Waage
6	♍	Virgo	Jungfrau
7	♌	Leo	Löwe
8	♋	Cancer	Krebs
9	♊	Gemini	Zwillinge
10	♉	Taurus	Stier
11	♈	Aries	Widder
12	♓	Pisces	Fische

Merkur 1

In ältester Zeit kannte man fünf Planeten. Vier von ihnen — Venus, Mars, Jupiter und Saturn — sind mit bloßem Auge deutlich zu erkennen und sehen wie glänzende Sterne aus. Merkur tritt bei weitem nicht so klar hervor.
Die größte Elongation des Merkur von der Sonne — d. h. sein größter Winkelabstand — beträgt nie mehr als 28 °, so daß Merkur und Sonne immer in derselben Himmelsgegend zu finden sind. Aus diesem Grunde ist Merkur dem unbewaffneten Auge nur dann erkennbar, wenn er nach Sonnenuntergang tief im Westen steht oder vor Sonnenaufgang tief im Osten. Kein Wunder also, daß die Menschen diese wechselnden Erscheinungen einst für zwei Planeten hielten. Die Griechen aber erkannten, daß es nur einer war, und benannten ihn nach dem schnellfüßigen Götterboten Hermes (Merkur).
Merkur ist sehr hell und kann es an Leuchtkraft mit Sirius, dem hellsten aller Sterne, aufnehmen. Er ist vor Sonnenaufgang oder nach Sonnenuntergang stets nur für kurze Zeit sichtbar. Immer dann, wenn er mit bloßem Auge zu sehen ist, steht er unfehlbar tief am Horizont vor einem hellen Himmelshintergrund, und sein Licht erreicht uns nur durch eine dicke Schicht der Erdatmosphäre. Merkur besitzt auch keine ausgeprägte Farbe, wenngleich viele Bobachter von einer leicht rötlichen Färbung sprechen.

Die Beobachtung des Merkur
Die wissenschaftliche Beobachtung des Merkur bereitet große Schwierigkeiten. Wenn er mit bloßem Auge zu sehen ist, hat es wenig Sinn, ihn durchs Fernrohr studieren zu wollen, denn wegen der geringen Höhe des Planeten werden die Sichtbarkeitsbedingungen in jedem Falle ungünstig sein. Als einzige Lösung bietet sich die Beobachtung bei vollem Tageslicht an, dann steht der Planet wenigstens hoch über dem Horizont. Nach dieser Methode verfuhr im vorigen Jahrhundert der berühmte italienische Planetenbeobachter Schiaparelli, der die erste brauchbare Karte von Merkur zeichnete. Merkur ist ein kleiner Planet, er kommt uns nie viel näher als 80 Mio km, und wenn man Einzelheiten auf seiner Oberfläche erkennen will, muß man mit großen Instrumenten arbeiten.
Eine andere Schwierigkeit entsteht dadurch, daß Merkur als innerer Planet — d. h., er ist der Sonne näher als wir — ähnliche Phasen durchläuft wie der Mond. Bei größter Erdannäherung Merkurs ist uns seine unbeleuchtete Seite zugewandt; Merkur ist «neu» und nicht zu sehen. Mit zunehmender Phase nimmt der scheinbare Durchmesser so lange ab, bis Merkur «voll» ist und sich zu diesem Zeitpunkt hinter der Sonne befindet. Diese ganze ungünstige Konstellation erschwert die kartografische Erfassung des Planeten ungemein, weshalb auch die besten modernen Karten nicht miteinander übereinstimmen.

Oberflächenmerkmale
Zum Ausgleich steht eine erfreuliche Tatsache fest: Die Einzelheiten der Oberfläche, so schwach und schwer faßbar sie auch immer sein mögen, sind keine Täuschung. Sie sind Formationen auf der festen Oberfläche des Merkur und nicht etwa bloß Wolkengebilde. Seine Fluchtgeschwindigkeit beträgt nur 4,3 km/sec, so daß er keine merkliche Atmosphäre halten kann. Einige Beobachter (Dollfus in Frankreich und Moroz in der UdSSR) glaubten, Spuren einer aus Kohlendioxyd bestehenden Atmosphäre gefunden zu haben, doch heute neigt man eher dazu, den Planeten als frei von jeglicher Atmosphäre zu betrachten.
Die Existenz von irgendwelchem Leben auf Merkur gilt als höchst unwahrscheinlich. Abgesehen von der fehlenden Atmosphäre sind die Temperaturen extrem, so daß die entsprechenden Voraussetzungen nicht gegeben sind. Ob es wirklich Berge, Täler oder Krater gibt, bleibt noch abzuwarten.
Wie Venus, hat auch Merkur keine Monde. Jeder auch nur 1 km große Mond des Merkur wäre durch die diesbezüglichen Untersuchungen schon längst entdeckt worden.

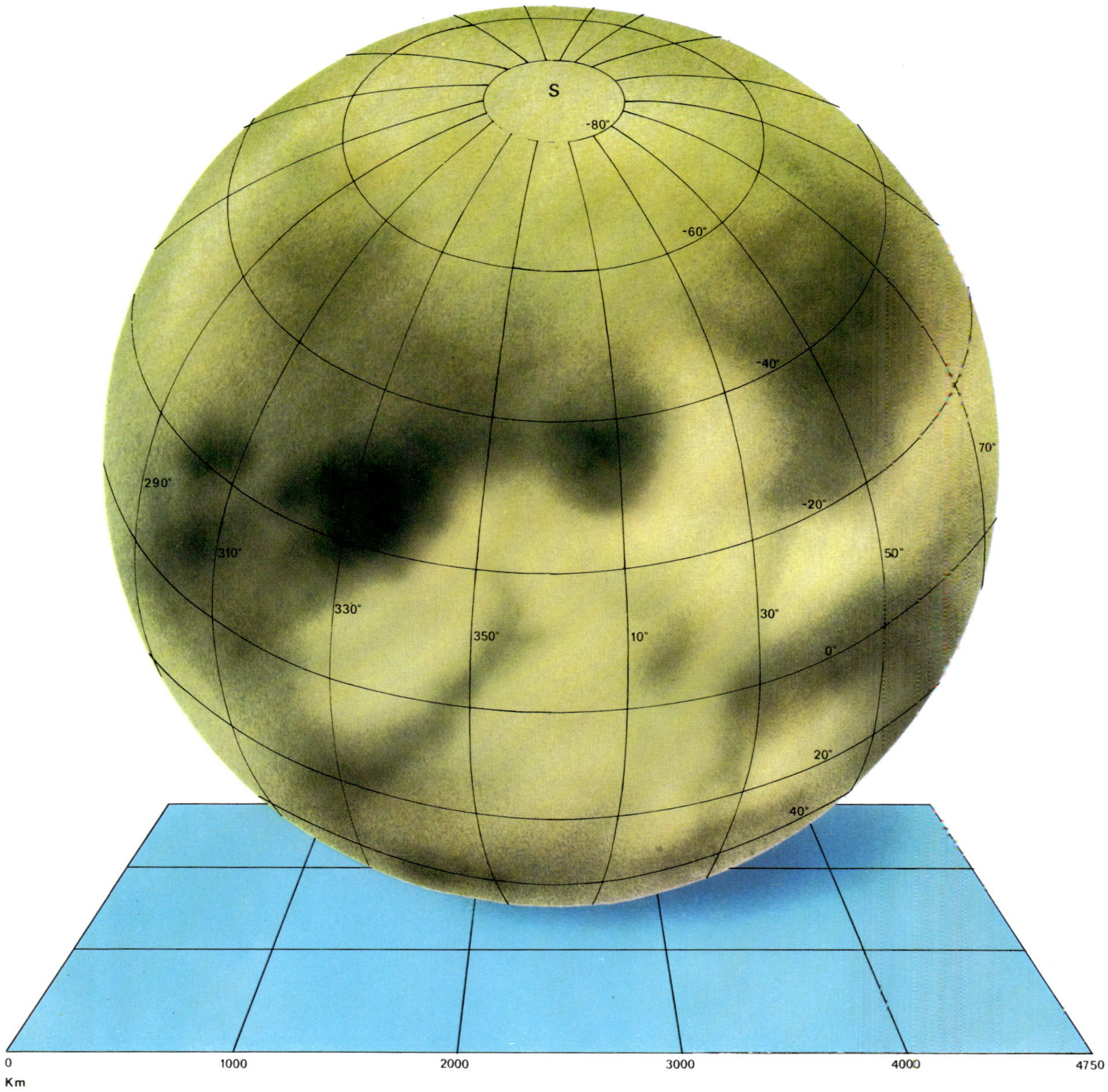

Die Abmessungen
Merkur ist der kleinste unter den Planeten. Sein Durchmesser konnte bis heute innerhalb gewisser Grenzen noch nicht mit Sicherheit festgestellt werden. Ältere Messungen geben 5000 km an, während der französische Planetenastronom Camichel von 4670 km ausgeht — wie dem auch sei, 4840 km dürften der Wahrheit sehr nahe kommen. Man hat auch schon behauptet, Merkur sei ein Mond der Venus gewesen, was als reine Spekulation zu betrachten ist.
Die Masse Merkur ist gleich 0,056 Erdmassen, das Volumen beträgt 0,06 Erdvolumina. Die Fluchtgeschwindigkeit, 4,3 km/sec, liegt zwischen der des Mondes und der des Mars.

Merkur im Vergleich zur Erde (rechts)
Der Durchmesser des Merkur ist kleiner als die größte Breite des Atlantischen Ozeans.

Die Entfernung von Sonne und Erde (unten)
Die Merkurbahn hat eine größere Exzentrizität als die Erdbahn. Die Entfernung von der Sonne liegt zwischen 46 Mio km im Perihel und 70 Mio km im Aphel.
Diese wechselnde Entfernung übt einen starken Einfluß auf den Zustand der Oberfläche aus. Auch die Geschwindigkeit in der Bahn ändert sich stark, sie erreicht im Perihel 60 km/sec und sinkt im Aphel auf 40 km/sec. Die größte Erdentfernung kann 219 Mio km betragen.
In der Zeichnung **unten** sind die mittleren Abstände der vier inneren Planeten maßstabgerecht angegeben.
Im Maßstab der Zeichnung wäre der erste der großen Planeten, Jupiter, 1,35 m von der Sonne entfernt.

Bahn, Elongation und siderische Umlaufszeit
Für einen vollständigen Umlauf um die Sonne benötigt Merkur 87,97 Tage. Über die Jahreszeiten läßt sich kaum etwas sagen, da der genaue Neigungswinkel der Achse des Planeten nicht bekannt ist.
Bis vor kurzem glaubte man noch, daß Merkur für eine Achsendrehung ebenfalls etwa 88 Tage benötige. Dies würde eine gebundene Rotation um die Sonne bedeuten. Eine Hälfte des Planeten wäre für immer der Sonne zugekehrt, der Tag würde nie enden; die andere Hälfte aber wäre für immer von der Sonne abgewandt, und dort herrschte ewige Nacht. Bedingt durch Erscheinungen analog der Mondlibration läge zwischen diesen beiden Extremen eine relativ schmale Dämmerungszone, in der die Sonne — stets in Horizontnähe — auf- und untergehen würde. Inzwischen haben jedoch Radarmessungen gezeigt, daß die Rotationsperiode des Merkur nicht an die Sonne gebunden ist. Sie beträgt nur 58,5 Tage, so daß alle Teile des Planeten früher oder später ins Sonnenlicht kommen.

Die Dichte des Merkur (rechts)
Die Dichte des Merkur ist relativ groß. Nach den letzten Berechnungen ist sein spezifisches Gewicht 5,6 g/cm³ (d. h., ein bestimmtes Volumen Merkurmaterie ist 5,6mal schwerer als das gleiche Volumen Wasser). Leider kann man sich auf die für Merkur errechneten Werte nur bedingt verlassen, da die Messungen äußerst schwierig sind.

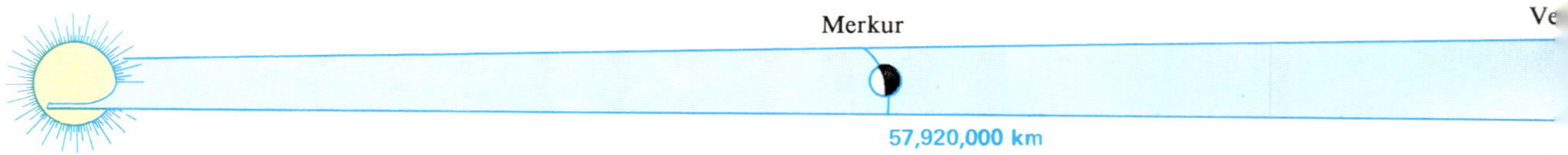

Merkurkartografie

Die ersten ernsthaften Fernrohrbeobachtungen wurden zu Beginn des 19. Jahrhunderts von J. H. Schröter in Lilienthal bei Bremen gemacht.
1877 verfertigte G. V. Schiaparelli in Mailand eine Karte, die helle Gebiete und dunkle Stellen verzeichnete.
Er hatte seine Beobachtungen bei vollem Tageslicht gemacht, und das Ergebnis übertraf alle früheren. Er nahm eine an die Sonne gebundene Rotationsperiode von 88 Tagen an, und obgleich diese Annahme nicht zutrifft, wird der Wert seiner Beobachtungen oder seiner Karte dadurch nicht geschmälert, denn immer wenn Merkur den für Beobachtungen günstigsten Stand erreicht hat, zeigt er der Erde auch wieder dieselbe Seite.
Eine noch detailliertere Karte wurde von E. M. Antoniadi gezeichnet, einem griechischen Astronomen, der den größten Teil seines Lebens in Frankreich verbrachte. Seine wichtigsten Beobachtungen machte er zwischen 1924 und 1927 mit dem 83-cm-Linsenfernrohr der Sternwarte Meudon bei Paris. Antoniadis Nomenklatur wird auch heute noch verwendet.
Die dunklen Stellen sind zweifellos beständige Oberflächengebilde des Merkur, und es ist nicht ausgeschlossen, daß sie Analogien zu den Maria auf dem Mond darstellen. Überraschenderweise behauptete Antoniadi, Spuren lokaler Verschleierungen auf der Merkuroberfläche beobachtet zu haben, die, nach seinen eigenen Worten, «häufiger und stärker als die des Mars» in Erscheinung treten sollen. Dies würde freilich auf eine stürmische Aktivität von Staubschichten in einer dünnen Atmosphäre des Merkur hindeuten.
Spätere Beobachtungen haben diese Verschleierungen jedoch nicht bestätigt, und heute wird allgemein angenommen, daß Merkur keine Atmosphäre besitzt, die einen Transport von Staubteilchen zulassen würde.

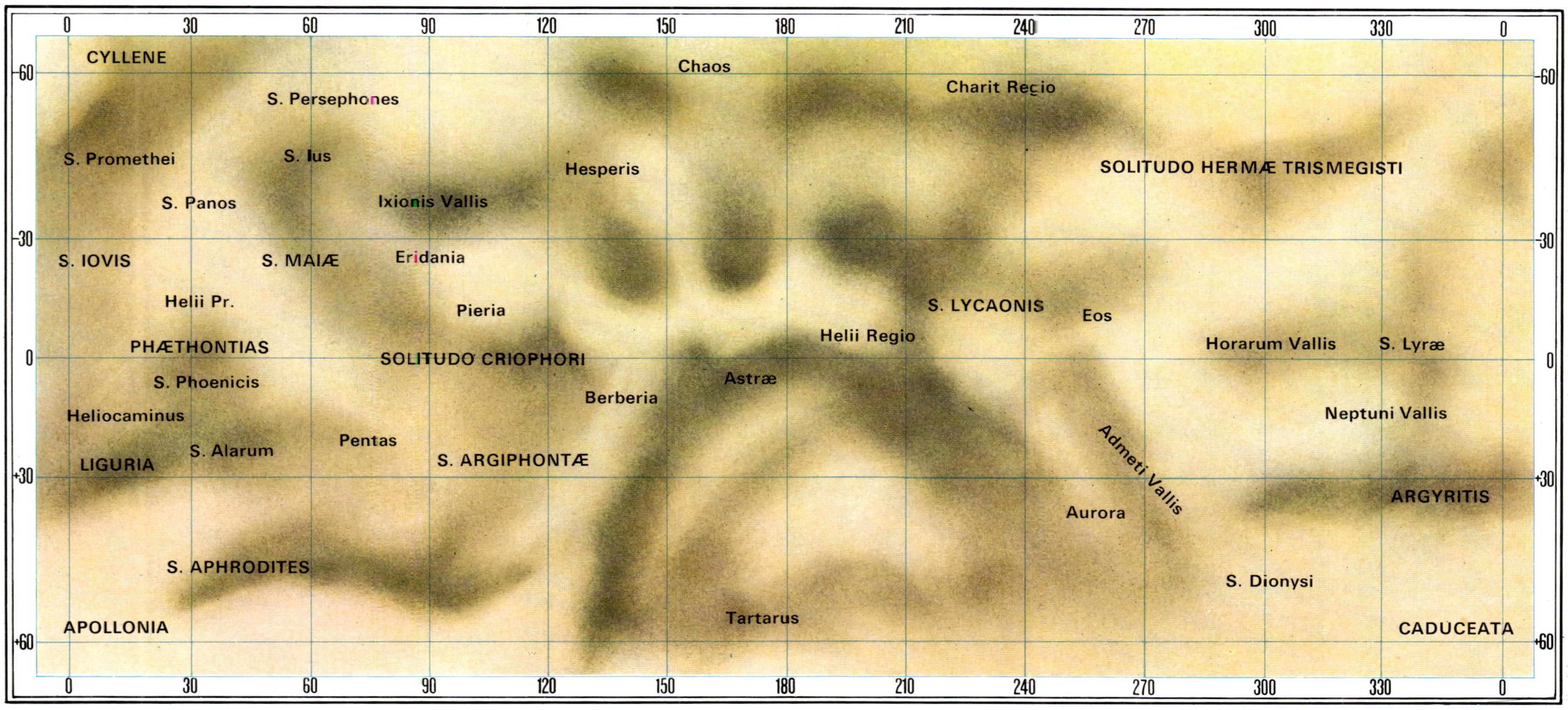

Die Nomenklatur der Oberflächenmerkmale

Die heute gebräuchliche Nomenklatur der Oberflächenmerkmale des Merkur wurde im wesentlichen von Antoniadi übernommen und von G. N. Katterfeld und seinen Mitarbeitern in der UdSSR nur geringfügig abgeändert. Eine Überprüfung der Nomenklatur wird wohl erst dann möglich sein, wenn Raumsonden Material für genauere Karten liefern werden.
Merkur ist schwer zu fotografieren, und bis jetzt wurden die für die Kartografie verwendeten Ergebnisse durch visuelle Beobachtung mit großen Teleskopen erzielt. Die Karten der verschiedenen Beobachter zeigen jedoch keine große Übereinstimmung. Eine der zuverlässigsten Karten — wenn nicht die zuverlässigste überhaupt — wurde von H. Camichel und A. Dollfus am Observatorium auf dem Pic du Midi in Frankreich auf Grund der Auswertung fotografischer und visueller Beobachtung zusammengestellt.
Man vergleiche diese — oben abgebildete — Karte mit Chapmans Karte (unten). Die Hauptmerkmale, wie Solitudo Criophori, erscheinen zwar auf beiden Karten, aber in den feineren Einzelheiten bestehen beträchtliche Unterschiede.

Die Karte von Schiaparelli (rechts)
Schiaparellis Karte war der erste Versuch einer Kartografie des Merkur. Man erkennt darauf einige der Hauptmerkmale, insbesondere die dunkle Fläche der Solitudo Criophori. Schiaparelli vermerkt einige geradlinige Gebilde. Er zeichnete schwache Details für gewöhnlich härter und regelmäßiger, als sie in Wirklichkeit sind.

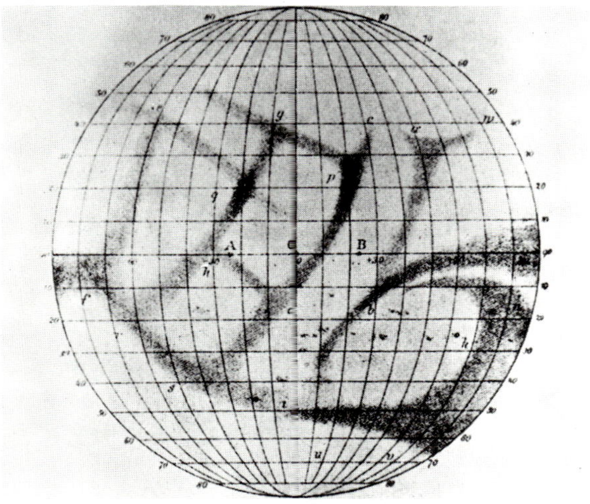

Die Karte von Camichel und Dollfus (oben)
Die von Camichel und Dollfus gezeichnete Karte enthält alle jene Einzelheiten, deren Existenz man mit einiger Sicherheit annehmen darf. 1953 meldete Dollfus, er hätte Anzeichen einer sehr dünnen Atmosphäre entdeckt, was jedoch nicht bewiesen werden konnte. Die hellen Gebiete kann man vielleicht demselben Grundtyp zuordnen wie die rötlichen bis ockerfarbenen Gebiete auf dem Mars, obwohl sie lange nicht so intensiv gefärbt sind. Auch Krater vom Typ der Mondkrater dürften vorhanden sein.

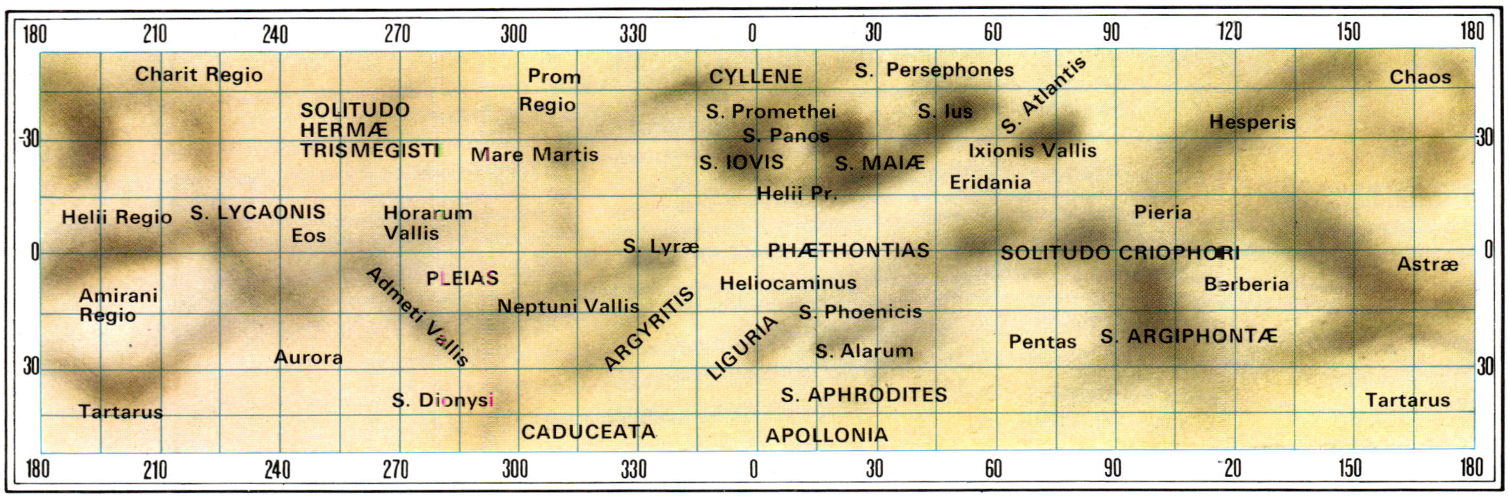

Die Karte von Chapman (links)
Diese Merkurkarte wurde von C. Chapman vom Massachusetts Institute of Technology (MIT) aus einer Auswahl von 130 Zeichnungen und Fotografien vieler Beobachter zusammengestellt. Obwohl eine gewisse Übereinstimmung mit der Karte von Camichel und Dollfus besteht, weichen die Karten in vielen Punkten voneinander ab. Unsere Kenntnis der Merkurtopografie steckt noch in den Anfängen. Selbst durch gigantische Teleskope werden wir Merkur niemals so klar sehen können wie den Mond mit bloßem Auge.

Merkur 2

Man erzählt sich — wahrscheinlich zu Unrecht —, der große Astronom Kopernikus, mit dessen 1543 veröffentlichtem Buch die große Kontroverse über die Stellung der Erde im Weltall begann, habe in seinem ganzen Leben nicht ein einziges Mal den Planeten Merkur gesehen, weil im Gebiet der Weichsel, wo er lebte, immer ein leichter Dunstschleier über dem Fluß lag. Wahr oder unwahr — Tatsache ist, daß in dichtbesiedelten Gegenden nur wenige Menschen den Merkur sehen können. Mit Hilfe eines Feldstechers kann man ihn am Morgen- oder Abendhimmel entdecken, sollte dabei aber sehr vorsichtig sein, solange die Sonne nicht vollständig am Horizont verschwunden ist. Wenn die Sonne in das Gesichtsfeld des Feldstechers gerät, wird der Beobachter eine bleibende Sehstörung davontragen.
Hat man Merkur einmal gefunden, erscheint er so hell, daß man sich fragt, wie er überhaupt je zu übersehen war. Als Sichel ist er am besten zu beobachten; beim Erreichen der Dichotomie ist die Entfernung von der Erde bereits größer. Genau wie die Venus, nimmt Merkur als Abendstern ab und als Morgenstern zu.
Die mittlere synodische Umlaufszeit des Merkur, d. h. die Periode, nach der er in bezug auf die Sonne wieder dieselbe Stellung am Himmel einnimmt, also wieder dieselbe Phase zeigt, beträgt knapp 116 Tage. Die größte Elongation liegt zwischen 28 ° und 17 °, so daß sich Merkur nie weit von der Sonne entfernt.

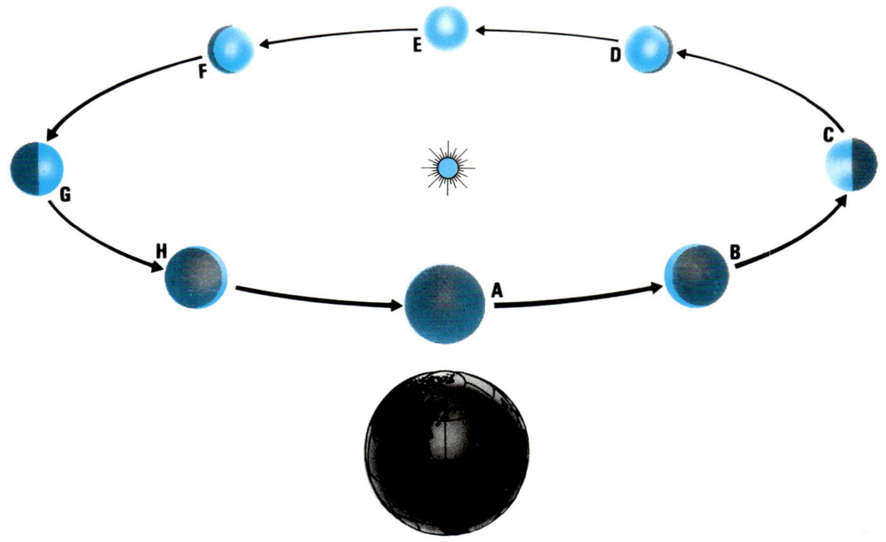

Merkurphasen (links und unten)
Die Zeichnung veranschaulicht die Phasen des Merkur. A = untere Konjunktion (neu). E = obere Konjunktion (voll). C und G = Elongation (halb). D und F = zwischen Halb und Voll. B und H = Sichel
Merkur erscheint stets dann am hellsten, wenn er als Sichel zu sehen ist.

Karten (unten)
Karten des Planeten Merkur von A. Dollfus (Pic du Midi), aufgezeichnet mit Hilfe des 60-cm-Refraktors.

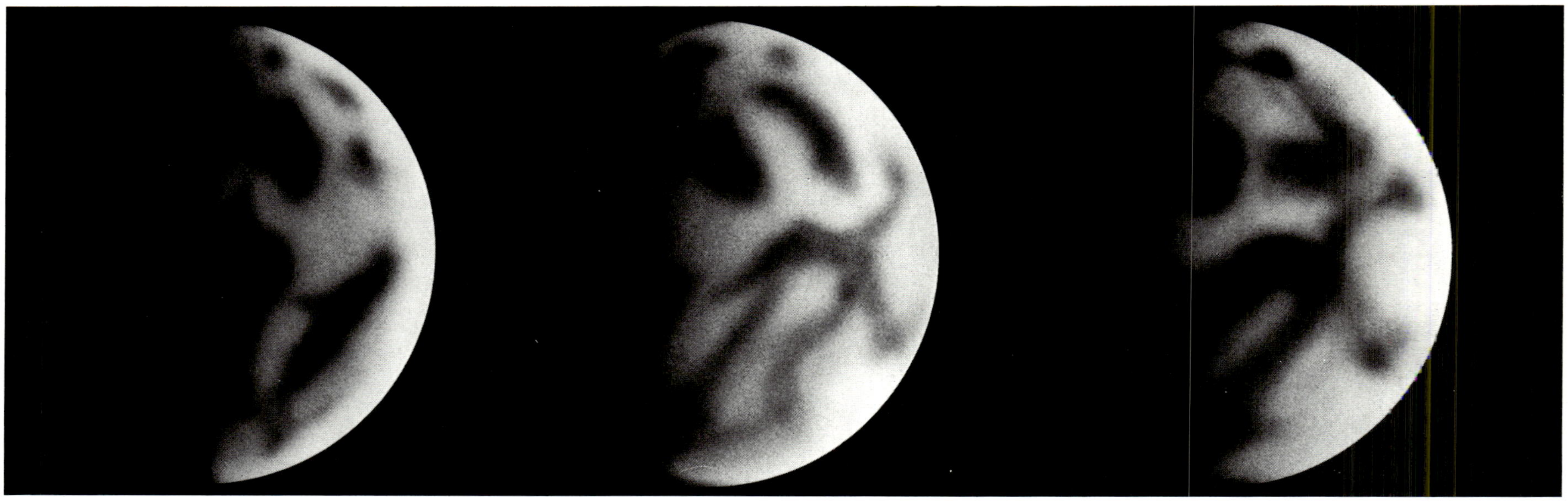

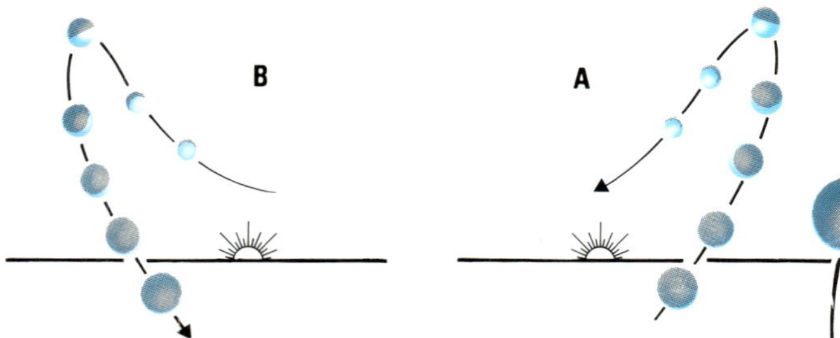

Elongationen (oben)
Die Zeichnung zeigt die Elongationen des Merkur am Morgen (A) und am Abend (B). Mit zunehmender Phase des Planeten vergrößert sich auch sein Abstand von uns, und der scheinbare Durchmesser wird kleiner.

In obenstehender Zeichnung sieht man (nicht maßstabsgerecht) die Erde (X) und Merkur auf seiner Bahn in verschiedenen Positionen. Bei A ist er neu, daher unsichtbar; bei B ist er zunehmend.
Bei E befindet sich Merkur in der oberen Konjunktion. Er ist jetzt voll, steht aber hinter der Sonne und ist daher nicht zu sehen.
Der Terminator des Merkur erscheint glatt, vermutlich nur deshalb, weil wir ihn nicht deutlich genug sehen, um irgendwelche Unregelmäßigkeiten feststellen zu können. Wir können mit Sicherheit annehmen, daß Merkur eine gebirgige, wahrscheinlich mit Kratern bedeckte Oberfläche besitzt. In diesem Fall würde der Terminator genauso ungleichmäßig und rauh sein wie der Terminator des Mondes.

Die Rotation des Merkur
Jahrelang hatte man angenommen, Merkur besitze eine an die Sonne gebundene Rotationsperiode von 88 Tagen, so daß immer dieselbe Halbkugel von der Sonne beleuchtet wäre. Erst 1962 gelang es W. E. Howard und seinen Mitarbeitern in Michigan, die Radiostrahlung des Merkur zu empfangen und nachzuweisen, daß die dunkle Hemisphäre viel wärmer ist, als sie bei ewiger Abkehr von der Sonne sein könnte.
Später wurden Radarmessungen vorgenommen, zuerst von Dyce und Pettingill in den USA. Dabei stellte sich heraus,

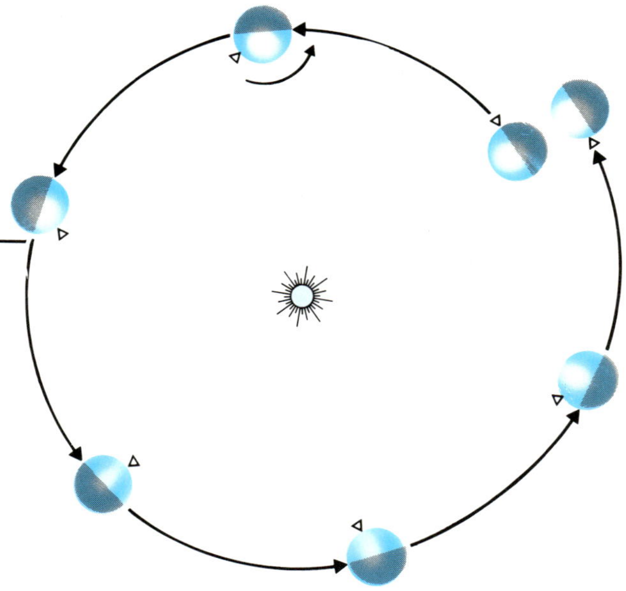

daß die Rotationsperiode des Merkur in bezug auf die Sterne in Wirklichkeit 58,6 Tage beträgt. Das bedeutet, daß jeder Teil der Oberfläche früher oder später dem Sonnenlicht ausgesetzt ist. Ein «Tag» auf dem Merkur (d. h. die mittlere Zeitspanne zwischen zwei aufeinanderfolgenden Sonnenaufgängen, von einem beliebigen Punkt des Planeten aus gesehen) entspricht so 176 Erdentagen oder 2 Merkurjahren! Die Zeichnung oben verdeutlicht, wie ein fester Markierungspunkt auf Merkur 88 Tage lang von der Sonne Licht erhält.

Merkur aus der Sicht der Erde
Wenn die Rotationsperiode des Merkur keine gebundene Periode von 88 Tagen ist, dann bedarf es einer Erklärung dafür, warum die Karten früherer Beobachter keine Längenveränderungen auf der Merkurscheibe verzeichnen.
Die synodische Umlaufszeit des Merkur entspricht 116 Erdentagen. Ein Merkurtag entspricht 176 Erdentagen oder 2 Merkurjahren; das sind ungefähr 1,5 synodische Umlaufszeiten, so daß nach jeder dritten synodischen Periode der Planet denselben Teil der Oberfläche und dieselbe Phase zeigt. Drei synodische Umlaufszeiten des Merkur ergeben

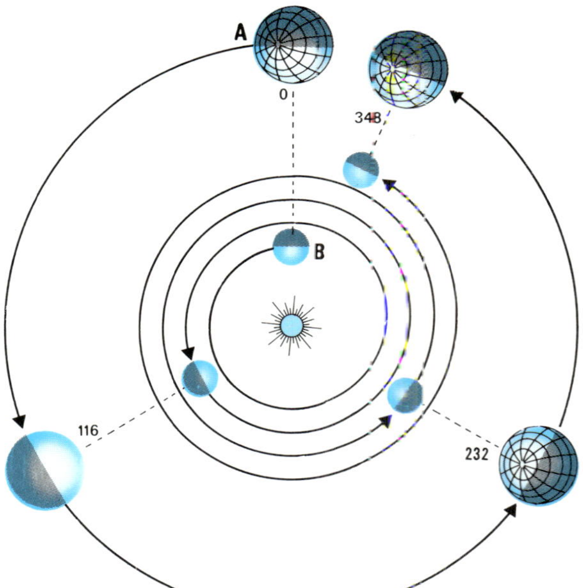

annähernd ein Erdenjahr. Aus diesem Grund wiederholen sich die günstigsten Beobachtungszeiten für Merkur alle drei synodischen Perioden, und zu diesen Zeiten sind jedesmal dieselben Oberflächenmerkmale an denselben Stellen der Scheibe zu sehen. Die Übereinstimmung ist nicht vollkommen, aber sie reichte aus, um die Astronomen irrezuführen. Erst die in den sechziger Jahren unseres Jahrhunderts entwickelten Radarmethoden beseitigten den Irrtum.
Die Zeichnung oben zeigt die Positionen von Erde (A) und Merkur (B) über einen Zeitraum von drei synodischen Perioden (348 Tage).

Die Sonne, von Merkur aus gesehen, *unten*. Bedingt durch die Exzentrizität der Merkurbahn verändert sich der scheinbare Durchmesser der Sonne beträchtlich: 1,6° im Perihel (A) gegenüber 1,1° im Aphel (B).
Für einen Punkt der Merkuroberfläche, in dem die Sonne beim Periheldurchgang im Zenit steht, geht die Sonne auf, wenn sie am kleinsten erscheint und sich am schnellsten bewegt. Im Zenit hat sie an scheinbarer Größe zugenommen. Nachdem sie den Zenit überschritten hat, wird sie für kurze Zeit rückläufig, dann geht sie 88 Erdentage (ein Merkurjahr) nach ihrem Aufgang wieder unter. Aus einem Punkt gesehen, dessen Länge um 90° abweicht, wird die Sonne beim Auf- und Untergang am größten erscheinen. Nach dem Aufgang wird sie für kurze Zeit rückläufig. Im Zenit erscheint sie am kleinsten. Vor dem Untergang wird sie in ihrer Bewegung innehalten und wieder etwas hochsteigen.

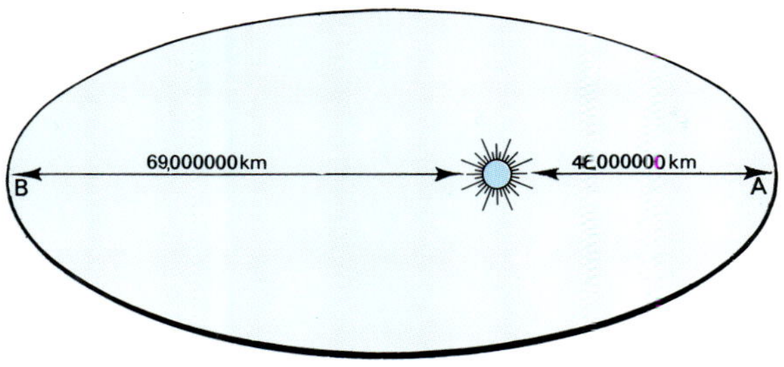

(Links und oben)
Die beiden Kreise links stellen die Sonne dar, wie sie im Perihel (A) und im Aphel (B) von Merkur aus zu sehen ist.

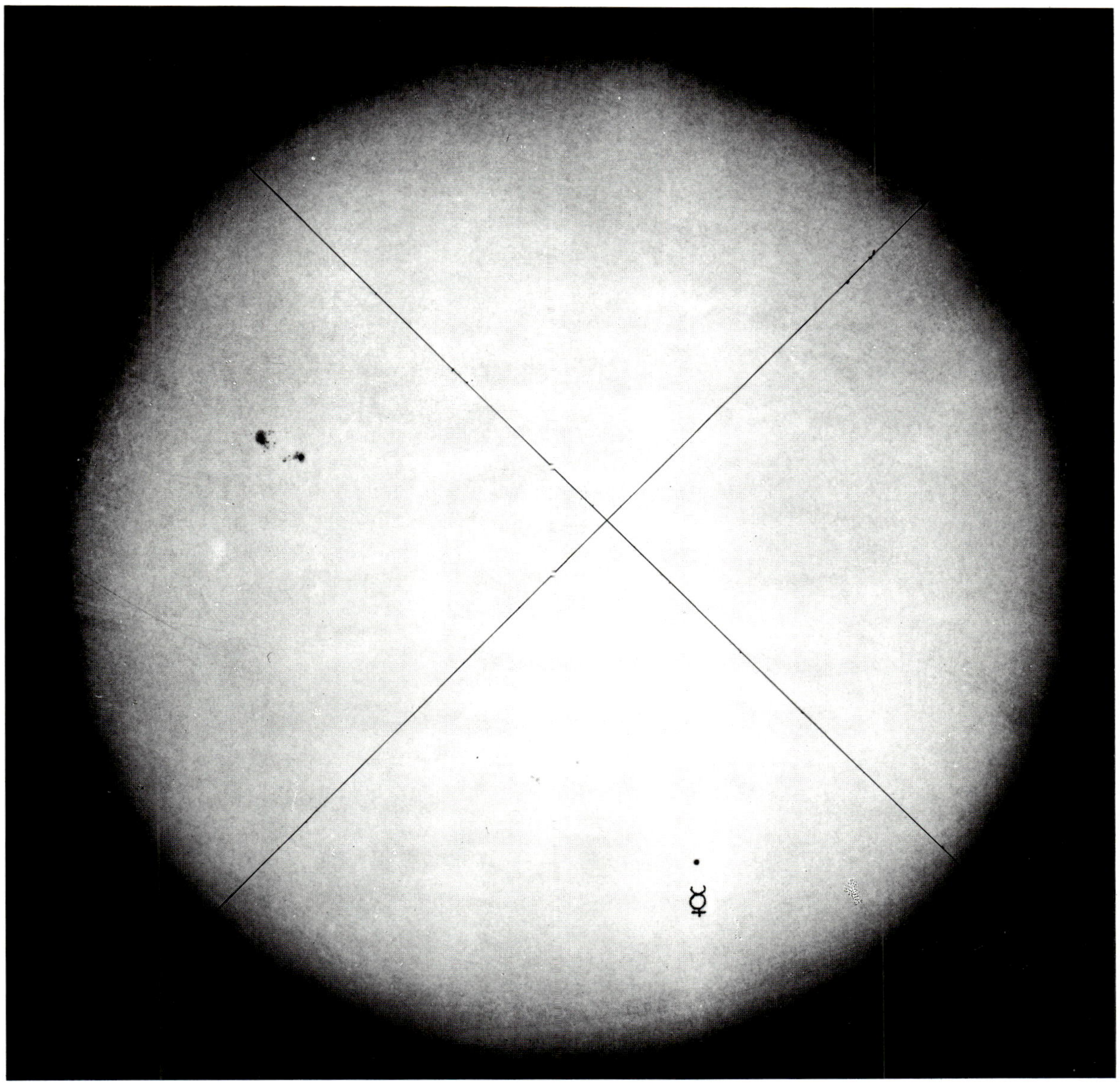

Merkurdurchgang (oben)
Der Merkurdurchgang vom 7. November 1914.
Diese Aufnahme wurde mit dem 10-cm-Fotoheliografen der Sternwarte von Greenwich gemacht.

Merkurdurchgänge
Die Umlaufbahn des Merkur neigt sich um 7 Grad gegen die Ekliptik, weshalb sie bei den meisten unteren Konjunktionen von der Erde aus gesehen entweder oberhalb oder unterhalb der Sonne verläuft. Gelegentlich kommt es jedoch vor, daß die drei Himmelskörper eine gerade Linie bilden, mit Merkur in der Mitte. Dann erscheint Merkur als kleine, dunkle Scheibe gegen den hellen Hintergrund der Sonnenscheibe.
Merkur und Venus sind die beiden einzigen Planeten, bei denen Durchgänge vor der Sonne geschehen können. Diese Tatsache wurde schon von Johannes Kepler erkannt: 1627 veröffentlichte er eine Reihe von Tabellen, die zeigten, daß beide Planeten 1631 vor der Sonne vorüberziehen würden — Merkur am 7. November, Venus am 6. Dezember.
Durchgänge des Merkur sind weniger selten als Venusdurchgänge. Die beiden letzten ereigneten sich am 7. November 1960 und am 9. Mai 1970. Die nächsten sind am 12. November 1986, am 5. November 1993, am 7. Mai 2003, am 8. November 2006 und am 9. Mai 2016 zu erwarten.
Während des Durchgangs erscheint Merkur als schwarzer Punkt, viel dunkler als ein Sonnenfleck, doch so klein, daß man ihn mit dem bloßen Auge nicht sieht. Da der Planet praktisch keine Atmosphäre besitzt, gibt es keinen «Schwarzen Tropfen» (s. S. 159 l.); der Rand zeichnet sich vielmehr scharf ab.

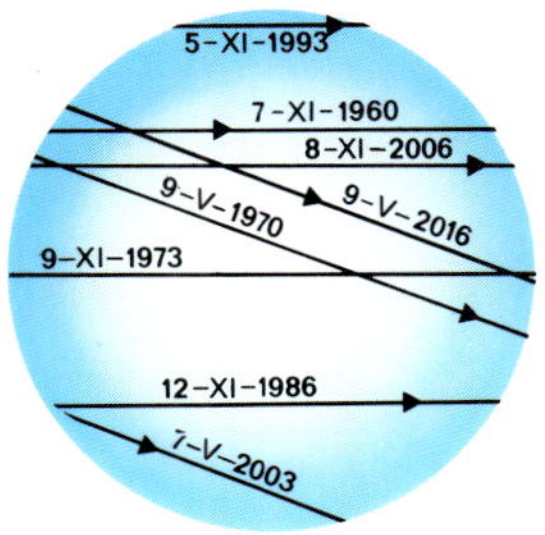

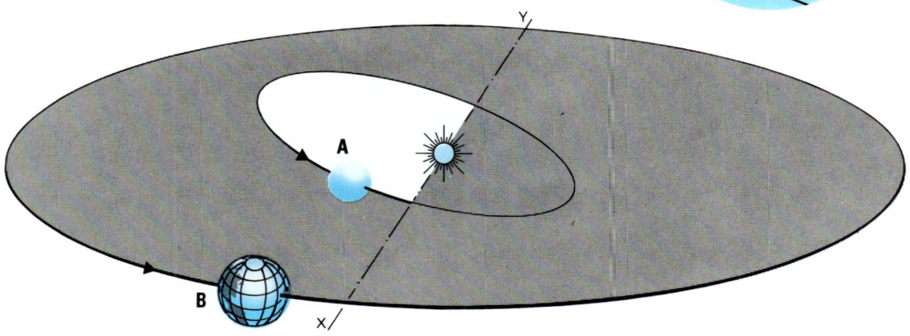

Merkurdurchgänge 1960 bis 2016
(links und links unten)
Wie man sieht, sind nicht alle Durchgänge von gleicher Dauer. So wird z. B. der Durchgang von 2016 viel länger dauern als der von 2003.
Aus der Zeichnung unten ist zu ersehen, daß die Vorübergänge des Merkur nur in zwei Monaten des Jahres stattfinden können, im Mai (X) und im November (Y). Da die Bahn des Merkur in einem Winkel von 7° gegen die Ekliptik geneigt ist, besteht nur innerhalb relativ kurzer Zeitspannen die Möglichkeit, daß Sonne, Merkur (A) und Erde (B) genau dann eine gerade Linie bilden, wenn Merkur in seiner unteren Konjunktion ist.

Vulkan
Im 19. Jahrhundert glaubte man, daß ein noch unentdeckter kleiner Planet die Sonne in einem geringeren Abstand als Merkur umkreist. Er hatte sogar schon einen Namen — Vulkan. Der große französische Astronom Urbain Leverrier war fest von seiner Existenz überzeugt und hoffte, daß er ihn einmal — wenn auch nur kurz — zu Gesicht bekommen würde, entweder im Verlauf eines Durchgangs vor der Sonnenscheibe oder bei einer totalen Sonnenfinsternis. Leverriers Hypothese stützte sich auf den vermeintlichen Einfluß von Vulkan auf den Lauf des Merkur.
Heute steht jedoch fest, daß die Bewegungen des Merkur ohne die Annahme eines zusätzlichen Planeten erklärt werden können; Vulkan existiert nicht.

Datentabelle Merkur
Mittlere Entfernung von der Sonne
57,91 Mio km (0,3871 Astronomische Einheiten)
Größte Entfernung von der Sonne 69,82 Mio km
Kleinste Entfernung von der Sonne
46,00 Mio km
Siderische Umlaufszeit 87,969 Tage
Synodische Umlaufszeit 115,88 Tage
Rotationsperiode 58,6 Tage
Bahnexzentrizität 0,2056
Bahnneigung 7° 00'
Scheinbarer Durchmesser 12,9" bis 4,5"
Größte Helligkeit in Größenklassen —1,8
Durchmesser 4840 km
Masse (Erde = 1) 0,056
Mittlere Dichte 5,62 g/cm³
Volumen (Erde = 1) 0,055
Schwerebeschleunigung an der Oberfläche (Erde = 1) 0,39
Entweichgeschwindigkeit 4,29 km/sec

Venus 1

«Venus, der geheimnisvolle Planet». Vor dem Start der ersten Raumsonden war diese Wendung oft zu hören. Venus war vor 1962 in der Tat geheimnisvoll. Über den Zustand der Oberfläche wußte man so gut wie gar nichts, und selbst die Dauer der Rotationsperiode war unbekannt. Heute ist Venus noch immer ein großes Rätsel, wenn auch aus anderen Gründen. Wir wissen jetzt mehr darüber, *was* sie ist — aber nicht *warum*.

Nach dem Mond ist die Venus unser nächster Nachbar im Raum. Zur Zeit ihrer geringsten Entfernung kann sie uns bis auf 39,6 Mio km näherkommen, das ist 16,1 Mio km weniger als Mars in seiner geringsten Entfernung. Noch dazu ist die Venus hinsichtlich Größe und Masse beinahe eine Zwillingsschwester der Erde, während Mars bedeutend kleiner ist. Trotz alledem wußten wir bis zum Beginn des Raumzeitalters nur sehr wenig über diesen Planeten. Der Grund: Venus hat eine so dichte Atmosphäre, daß die Oberfläche vollständig verdeckt ist. Wir sehen von Venus nichts als die obere Schicht einer Wolkendecke, die zum Teil auch für die große Helligkeit bestimmend ist.

Venus ist heller als jedes andere Objekt am Himmel mit Ausnahme von Sonne und Mond; unter günstigen Bedingungen ist sie am hellen Tag mit bloßem Auge zu sehen. Genau wie Merkur ist sie am hellsten im Westen nach Sonnenuntergang und heißt dann Abendstern, oder im Osten vor Tagesanbruch (Morgenstern). Ihr Winkelabstand von der Sonne ist meist viel größer als bei Merkur, und so hebt sie sich oft gegen einen dunkleren Himmelshintergrund ab. Trotzdem sieht man auch Venus im Fernrohr am besten bei Tageslicht. Die Alten benannten diesen Planeten nicht zufällig nach der Göttin der Schönheit. Venus bietet tatsächlich einen wundervollen Anblick, und bis vor kürzester Zeit hatten wir noch keine Ahnung von ihrem außergewöhnlich feindseligen Charakter.

Die Oberfläche

Ursprünglich hatte man angenommen, daß die Wolkenhülle dazu diene, die Oberfläche der Venus gegen die intensive Sonnenbestrahlung zu schützen, und daß dort eine angenehme, gemäßigte Temperatur herrsche. Das Vorhandensein von Meeren, Sümpfen und üppiger Vegetation galt als wahrscheinlich. Die ersten Zweifel wurden erst im Jahre 1932 laut, als die beiden amerikanischen Astronomen Adams und Dunham mit Hilfe spektroskopischer Untersuchungen beweisen konnten, daß das schwere Gas Kohlendioxyd den Hauptbestandteil der Venusatmosphäre bildet.

Neues Wissen kam in den nächsten Jahrzehnten nicht hinzu. Anfang der sechziger Jahre waren besonders zwei Theorien weit verbreitet. Nach Ansicht von F. L. Whipple und D. H. Menzel, beide in den Vereinigten Staaten, bestehen die oberen Wolken der Venus aus Wasser, und auch die gesamte Oberfläche des Planeten ist vollständig mit Wasser bedeckt. Diese Wassermassen saugen sich mit dem Kohlendioxyd aus der Atmosphäre voll und bilden sozusagen ganze Meere von Mineralwasser. Sollte diese Theorie stimmen, so wären primitive Formen von Leben durchaus denkbar (ebenso wie in präkambrischer Zeit, als die terrestrische Atmosphäre noch viel mehr Kohlendioxyd enthielt als heute, erstes Leben in den warmen Meeren der Erde begann). So könnte Venus sehr wohl eine Welt sein, in der sich das Leben zu entwickeln beginnt. Andere Astronomen halten Venus dagegen für eine öde und sengend heiße Staubwüste, ohne einen Tropfen Wasser an der Oberfläche.

Raumsonden zur Venus

1962 flog die erste erfolgreiche Planetensonde, das US-Raumfahrzeug Mariner 2, in einem Abstand von 34 800 km an Venus vorbei; sie sendete Informationen zur Erde, die bewiesen, daß die Oberfläche glühend heiß ist. 1969 funkten zwei russische Sonden bei ihrer Fallschirmlandung aus der Venusatmosphäre Signale zur Erde, und heute kann man mit Sicherheit sagen, daß die Bedingungen auf der Oberfläche jede höhere Form von Leben ausschließen.

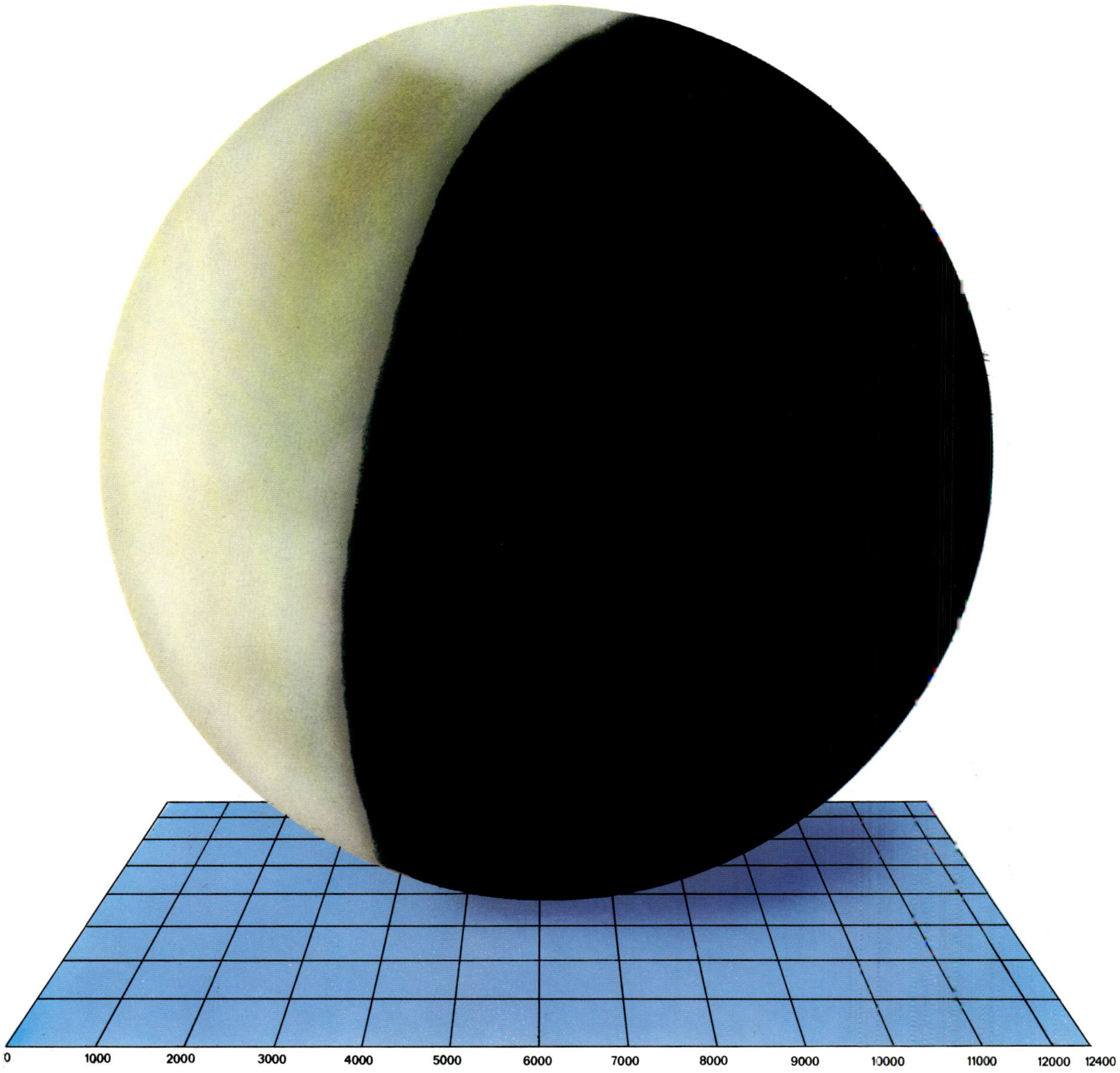

Die Größe der Venus (oben)
Hinsichtlich Größe, Masse und Dichte unterscheiden sich Venus und Erde nur sehr wenig. Würde man Erde und Venus als zwei Murmeln darstellen, so wären sie einander so ähnlich, daß man sie nur mit Hilfe einer genauen Waage unterscheiden könne. Der Durchmesser der Venus ist nicht genau bekannt, weil man die eigentliche Oberfläche nicht sieht und die Tiefe der Atmosphäre nicht kennt.
Er dürfte ungefähr 12 400 km betragen, gegenüber den 12 756 km der Erde. Die Abplattung an den Polen der Venus ist gering. Die Fluchtgeschwindigkeit der Venus beträgt 10,3 km/sec.

Größenvergleich Venus—Erde (rechts)
In diesem Maßstab ist der Größenunterschied zwischen den beiden Planeten unmerklich.

Entfernung von Erde und Sonne (unten)
Venus ist der zweite Planet im Sonnensystem. Ihr mittlerer Abstand von der Sonne beträgt 108,2 Mio km.
Die Umlaufbahn ist nahezu kreisförmig. Im Perihel verringert sich der Abstand auf 107,5 Mio km, im Aphel dagegen erreicht er 108,9 Mio km.
Die Venus kann uns sehr viel näher kommen, als es der Mars je tut. Die kleinste Entfernung von der Erde beträgt 39,6 Mio km, während die größte Annäherung des Mars 55,6 Mio km ergibt. Leider ist Venus in größter Erdnähe «neu» und kann dann nicht beobachtet werden, seltene Gelegenheiten ausgenommen, bei denen sie im Durchgang vor der Sonnenscheibe zu sehen ist.
Hätte die Venus einen Mond, so wäre er schon längst entdeckt worden, außer er wäre winzig klein. Im vorigen Jahrhundert sind gelegentlich Berichte über einen Mond veröffentlicht worden, doch wurden sie nie bestätigt. Heute steht fest, daß es keinen Venusmond gibt.

Bahn, Elongation und siderische Umlaufszeit
Die siderische Umlaufszeit oder das «Jahr» der Venus beträgt 224,7 Tage. Wenn die Achse des Planeten fast im rechten Winkel zur Bahnebene steht, was möglich wäre (die jüngsten Messungen ergaben einen Wert von 84°), dann gibt es keine ausgeprägten Jahreszeiten. Da die Bahn fast kreisförmig ist, würde sich die scheinbare Größe der Sonne am Venushimmel kaum verändern.
Bis zur Entwicklung der Raumsonden und der Radarmethoden war die Rotationsperiode der Venus unbekannt. Schätzungen schwankten zwischen 22 Stunden und 224,7 Tagen — letztere ist gleich der siderischen Periode des Planeten, so daß die Rotation gebunden oder synchron wäre. Mariner 2 gab 1962 den Hinweis, daß die Periode lang sein muß. Untersuchungen aus jüngster Zeit (Sonden und Radarmessungen) deuten darauf hin, daß Venus sich in 243 Tagen um ihre eigene Achse dreht und daß die Bewegung rückläufig ist. In diesem Fall wäre auf der Venus der «Tag» länger als das «Jahr», aber das Intervall zwischen einem Sonnenaufgang und dem nächsten würde für einen Beobachter auf dem Planeten nur 118 Tage dauern. Die Sonne würde im Westen auf- und im Osten untergehen.

Masse der Venus (rechts)
Die Masse von Venus beträgt 0,815 Erdmassen, das Volumen 0,884 Erdvolumina. Die Dichte ist 5,09 g/cm³. Warum haben Venus und Erde bei so weitgehender Übereinstimmung von Größe, Masse und Dichte einen derart unterschiedlichen Charakter? Der Hauptgrund dürfte in der geringeren Entfernung der Venus von der Sonne zu suchen sein. Die daraus resultierende höhere Temperatur hat die gesamte Entwicklung des Planeten in ganz andere Bahnen gelenkt. So konnte die Erde Leben hervorbringen und Venus nicht.

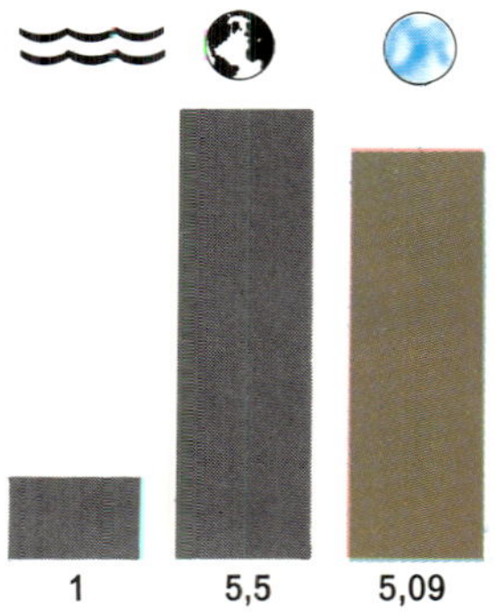

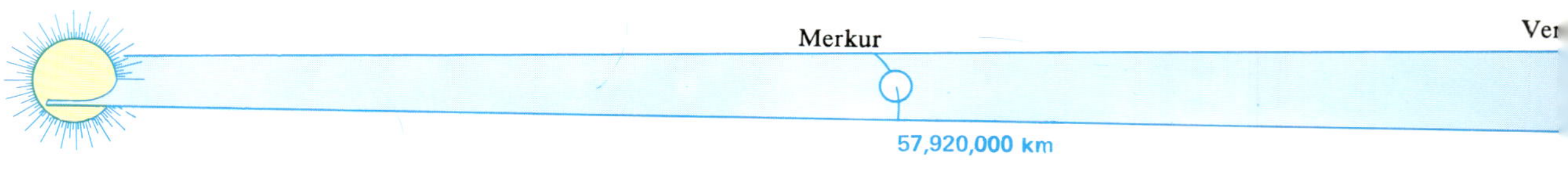

Kartografie der Venus
Von der Erde aus ist die Oberfläche der Venus niemals sichtbar, ebensowenig von vorbeifliegenden Sonden aus, wie Mariner 2 und 5. Weder diese noch die russischen Sonden hatten Fernsehkameras an Bord.
So wissen wir nicht viel über die Beschaffenheit der Oberfläche, obwohl die ungeheuer dichte Atmosphäre bedeuten könnte, daß hier die Erosion in hohem Grade am Werk war. Radarverfahren bieten die einzige Forschungsmöglichkeit, und vom Massachusetts Institute of Technology konnten einige positive Ergebnisse erzielt werden. Die hier gezeigten Resultate stammen aus dem Jahre 1969.
Mehrere Merkmale sind zu sehen. Es könnte sich um Gebirge oder Hochebenen handeln oder vielleicht um Gebilde wie die Meere auf dem Mond. Leider läßt sich nichts über ihre Höhe sagen. Venuskarten auf Grund von Fernrohrbeobachtungen zeigen undeutliche Schattierungen, die aber sicher atmosphärischer Natur und fast sicher nicht beständig sind.

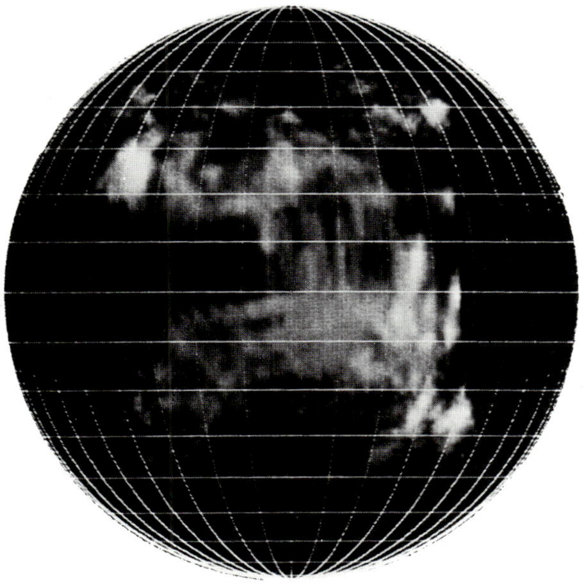

Die Karte von Boyer (unten)
Eine Karte des Planeten Venus nach C. Boyer, aus 386 Fotografien (1953 bis 1962) zusammengestellt. Es ergab sich eine Rotationsperiode von nur vier Tagen.

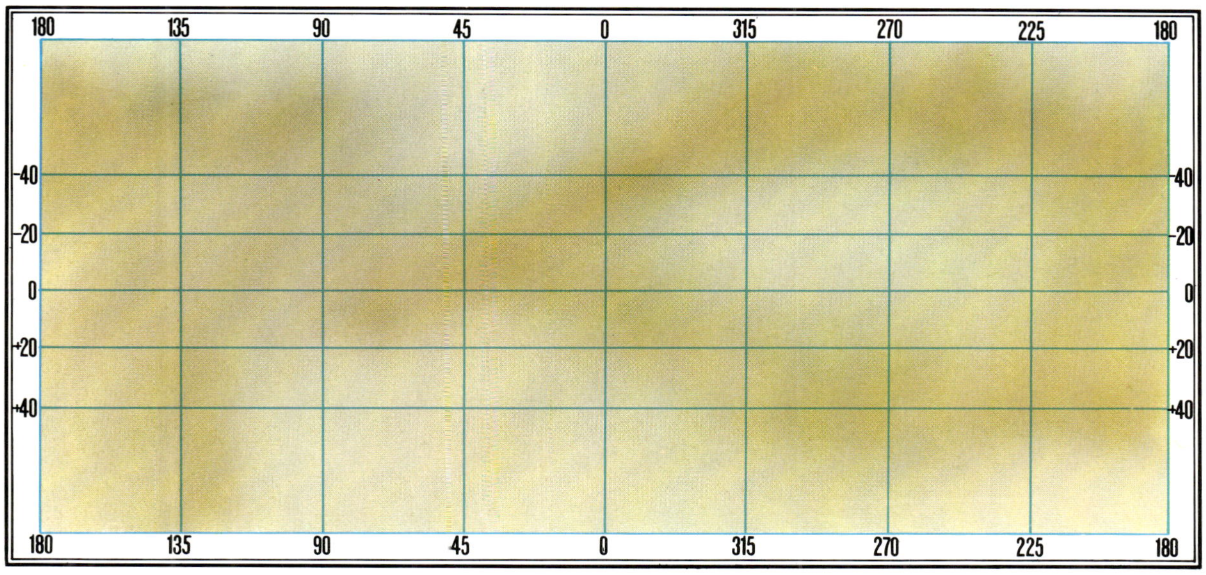

Die Phasen der Venus (links und rechts)
Fotografien des Planeten Venus, aufgenommen von H. R. Hatfield mit einem 30-cm-Spiegelteleskop. (Links oben) 18. Januar 1969. (Links unten) 8. Februar 1969. Der scheinbare Durchmesser des Planeten hat zugenommen, dagegen hat die Phase abgenommen. (Rechts) 5. März 1969. Venus zeigt sich jetzt sichelförmig, und der scheinbare Durchmesser ist viel größer als auf den vorangegangenen Aufnahmen. Am 8. April trat Venus in die untere Konjunktion ein, danach wurde sie zum Morgenstern.

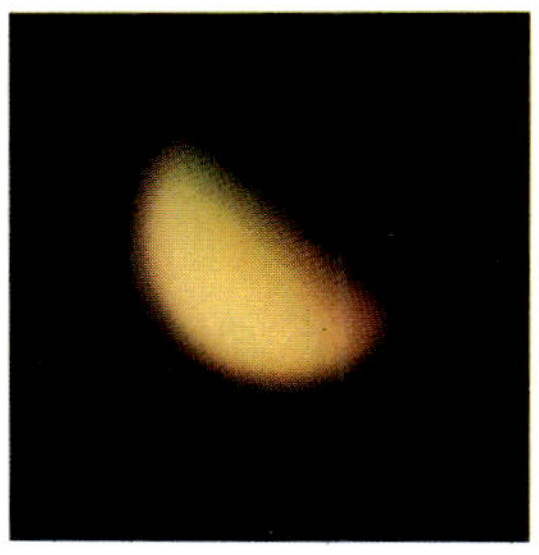

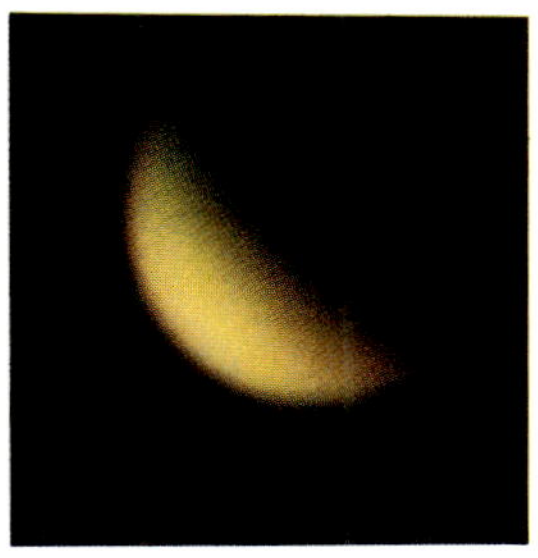

Die Zeichnungen von Danjon (unten)
Karte der Venus, 1943, nach Zeichnungen des inzwischen verstorbenen Professors A. Danjon, ehemals Direktor der Sternwarte Meudon. Wie andere französische Astronomen, die sich hauptsächlich mit der Planetenforschung beschäftigen, hielt Danjon die Schattierungen auf der Venus für permanente Merkmale, die man kartografieren könne. Heute wird diese Ansicht jedoch nur noch von wenigen Forschern geteilt.

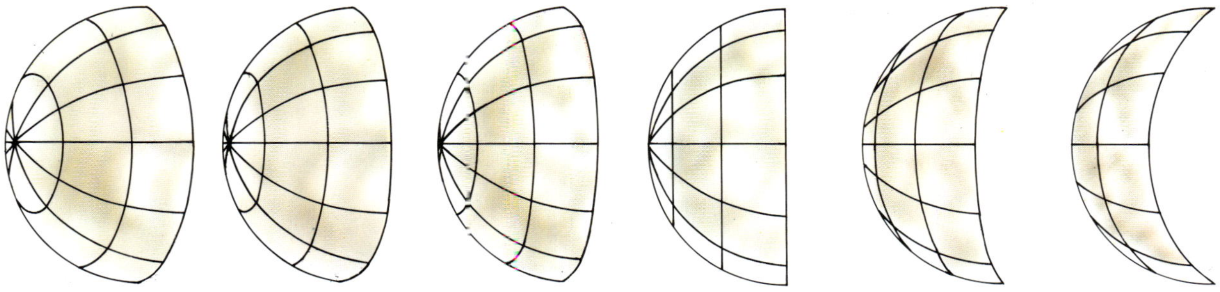

Die Atmosphäre der Venus

Von der Venusatmosphäre weiß man seit 1932, daß sie zum größten Teil aus Kohlendioxyd besteht. Messungen von der Erde aus oder von vorbeifliegenden Sonden gestatten aber nur die Untersuchung der obersten Wolkendecke. Recht zuverlässige Informationen stammen von den russischen Raumsonden Venus 4 (1967) und Venus 5, die 1969 auf der Venus landete.
Beide Sonden durchstießen die Atmosphäre in einem Winkel von etwa 65° gegen den örtlichen Horizont. Nachdem sich die Fallschirme geöffnet hatten und die Sendegeräte eingeschaltet waren, sendete Venus 4 53 Minuten, Venus 5 51 Minuten lang Signale zur Erde. Beide meldeten extrem hohe Temperatur auf der Venus (zwischen 400° C und 530° C) und einen Druck in der Atmosphäre, der 60- bis 140mal größer ist als der Luftdruck auf der Erde in Meeresniveau. Man vermutet heute, daß die Venusatmosphäre weniger als 0,4 % Sauerstoff enthält.

Struktur der Venusatmosphäre (rechts)
Unsere Kenntnisse über die Struktur der Venusatmosphäre stützen sich ausschließlich auf die Ergebnisse der Sonden und sind deshalb unvollkommen. Ursprünglich bestand zwischen den Ergebnissen von Mariner 5 und Venus 4 ein Widerspruch, der sich aber aufklärte, als sich herausstellte, daß Venus 4 ihre Sendungen ein gutes Stück über der Oberfläche des Planeten eingestellt hatte — vermutlich, weil ihre Instrumente der hohen Temperatur und dem atmosphärischen Druck nicht standgehalten hatten.
Die folgenden russischen Sonden, Venus 5 und 6, waren zwar für extreme Bedingungen konstruiert, aber auch sie stellten ihre Sendungen vor dem Aufprall auf der Oberfläche ein.
Wenn man die verfügbaren Informationen auswertet, scheint der atmosphärische Druck auf der Oberfläche nach Angaben von Venus 5 60mal größer zu sein als auf der Erde, während Venus 6 den viel höheren Wert von 140 Erdatmosphären gibt.
Möglicherweise ging Venus 5 über einer Gebirgsgegend, Venus 6 dagegen über einer Tiefebene nieder; Tatsächlich ließe sich die Unstimmigkeit so noch am ehesten erklären.

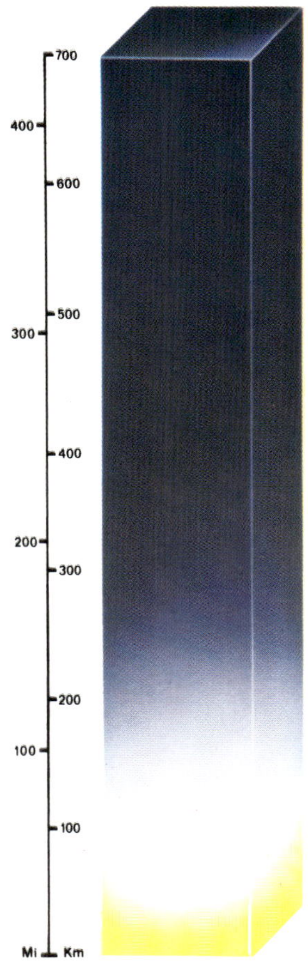

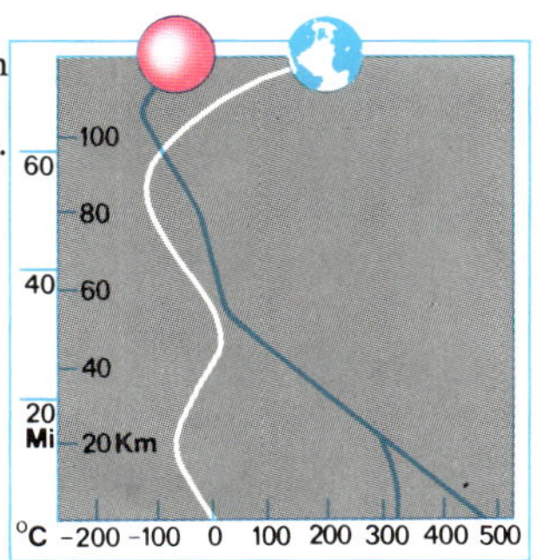

Temperatur- und Druckverlauf in der Erdatmosphäre und in der Venusatmosphäre. Letztere dürfte an der Oberfläche des Planeten wesentlich dichter und heißer sein als die Erdatmosphäre. Allerdings ist zu bedenken, daß unser Wissen vom Aufbau der Venusatmosphäre noch sehr beschränkt ist und daß die hier angegebenen Werte daher noch mit beträchtlichen Fehlern behaftet sein können.

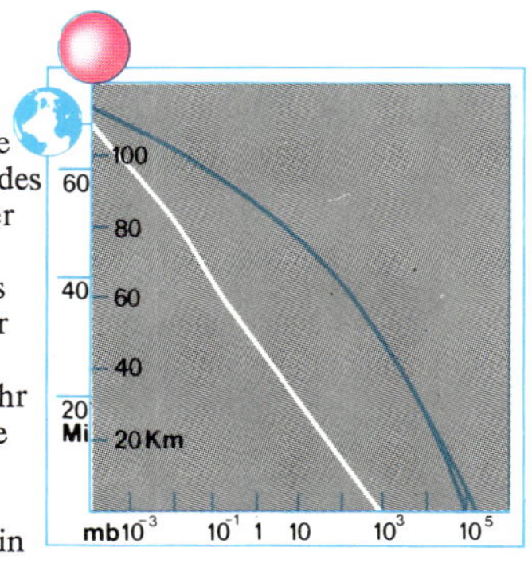

Venus 2

Anblick im Fernrohr
Daß Venus «Flecken» habe, wurde erstmals im Jahre 1645 von dem italienischen Amateurastronomen F. Fontana mit Bestimmtheit behauptet. Weitere Beobachtungen folgten, und 1727 ging ein anderer Italiener, F. Bianchini, sogar so weit, eine Karte mit allerlei Merkmalen zusammenzustellen, die er als Ozeane und Kontinente deutete. Da er aber nur ein sehr schwaches Fernrohr benutzte, gilt es als sicher, daß es sich ausnahmslos um Täuschungen handelte. Selbst gute, moderne Teleskope zeigen im allgemeinen eine leere Scheibe. Manchmal sind flüchtige Schattierungen zu erkennen, die aber stets ganz unscharf konturiert sind. Die meisten Versuche, aus ihrer Beobachtung auf die Dauer einer Rotationsperiode zu schließen, blieben ergebnislos. Deutlicher sind schon die weißlichen Kappen, die an den Hörnern oder Hörnerspitzen des Planeten auftreten und die möglicherweise durch Besonderheiten der atmosphärischen Zirkulation entstehen.

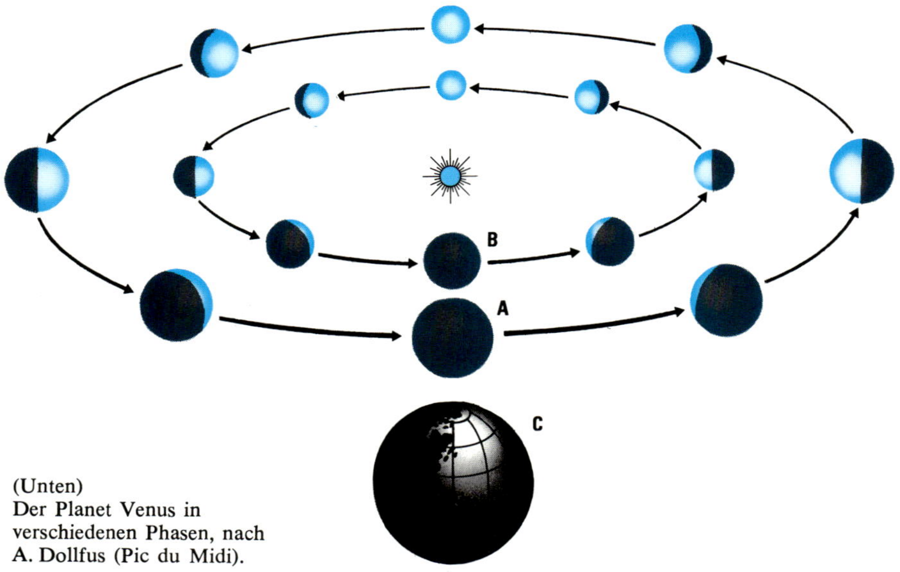

Phasen der Venus (links)
Die Bewegungen der Venus (A) gehören demselben Grundtyp an wie die von Merkur (B), aber von der Erde (C) aus beträgt die größte Elongation von der Sonne 47° statt nur 27°.
Die Dichotomie (Zeitpunkt der exakt zur Hälfte beleuchteten Scheibe) kann im voraus berechnet werden, doch wenn Venus abnimmt, tritt die Dichotomie immer etwas früher ein. In der zunehmenden Phase wird die Dichotomie immer etwas verzögert. Diese Erscheinung ist als Schröter-Effekt bekannt, nach J. H. Schröter, der sie 1797 erstmals erwähnte. Ihre Ursache steht sicher in engem Zusammenhang mit der Atmosphäre des Planeten.

(Unten)
Der Planet Venus in verschiedenen Phasen, nach A. Dollfus (Pic du Midi).

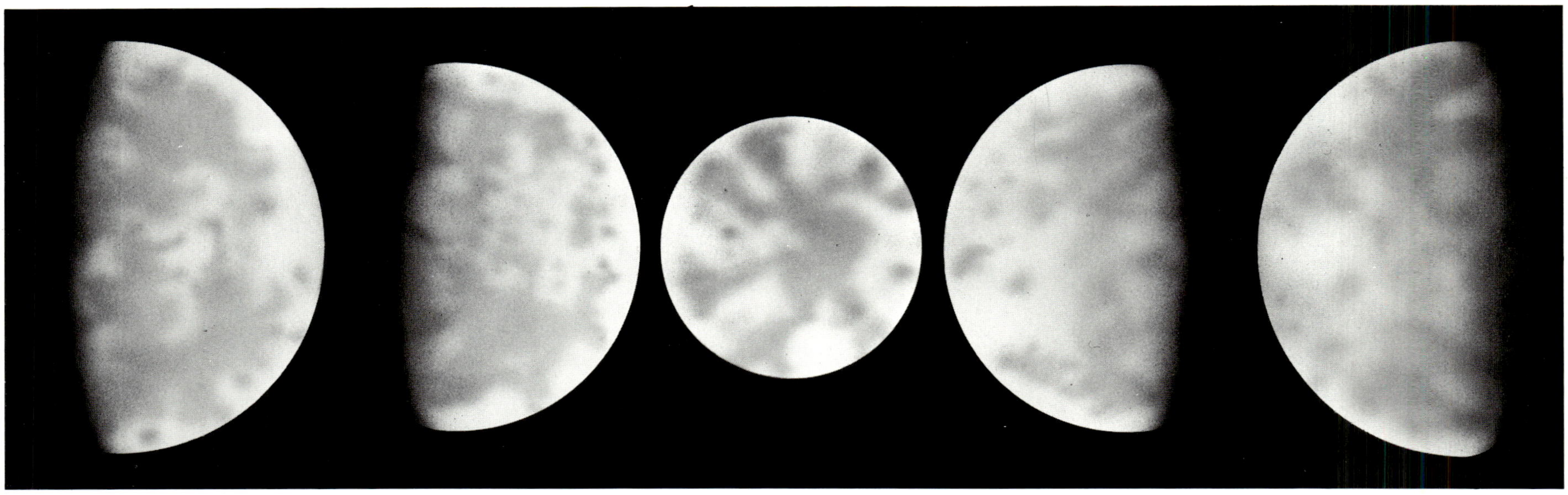

Visuelle Beobachtungen der Schattierungen und das Auftreten und Verschwinden der Kappen an den Spitzen ließen G. P. Kuiper in den USA zu dem Schluß gelangen, die Rotationszeit der Venus müsse etwa 30 Erdentage entsprechen. Dieser Wert wurde bis zum Mariner-2-Flug 1962 allgemein anerkannt. Selbst heute wäre es noch verfrüht, das Problem als gelöst zu betrachten. Auf Grund ihrer visuellen und fotografischen Beobachtungen nehmen die französischen Planetenastronomen eine nur kurze Rotationszeit von vier Tagen an, bei rückläufiger Bewegung. Wird Venus im weißen oder im roten Licht fotografiert, sind keine Einzelheiten erkennbar, im blauen oder violetten Licht kommen dagegen einige dunklere Flecken zum Vorschein. Folglich muß es sich also hier um Erscheinungen im oberen Teil der Venusatmosphäre handeln. Durch das Fernrohr betrachtet wirkt Venus als Beobachtungsobjekt ein wenig enttäuschend; abgesehen von den Phasen gibt es fast nichts zu sehen.

Aschfarbenes Licht
Zeigt sich Venus als Sichel, dann leuchtet die Nachtseite unter Umständen in einem matten Lichtschein, den man als aschfarbenes Licht bezeichnet. Es ist nicht sicher, ob es sich um ein wirkliches Phänomen oder nur um einen Kontrasteffekt handelt.

Venusdurchgänge
Wie bei Merkur können bei Venus Durchgänge vor der Sonnenscheibe beobachtet werden. Die Neigung ihrer Bahn gegen die Ekliptik bildet einen Winkel von 3° 24', viel kleiner also als der Neigungswinkel der Merkurbahn, doch gerade deshalb ereignen sich die Durchgänge seltener. Venusdurchgänge gab es

Rotation der Venus
Unter der Voraussetzung, daß die Radarmessungen zuverlässig sind und die Rotationszeit der Venus 243 Erdentage beträgt (und zwar rückläufig, d. h. im umgekehrten Drehsinn wie die Erde), ergibt sich ein völlig ungewohnter Kalenderablauf. Auf der Oberfläche des Planeten dauert ein «Tag» 118mal so lange wie auf der Erde — vorausgesetzt, daß die Drehachse, wie es scheint, fast senkrecht auf der Bahnebene steht. (Bei einer Neigung von 84° gegen die Bahnebene ist der Polarstern am Venushimmel der Stern Phi Draconis, ein Stern der 4. Größenklasse; natürlich ist wegen der dichten, wolkigen Atmosphäre weder er noch sonst irgendein Stern jemals von der Oberfläche der Venus aus sichtbar.)
Für einen Beobachter auf der Venus wären in einem «Jahr» nicht einmal zwei vollständige Sonnentage vergangen.
Bei einer Rotationszeit von 243 Tagen und rechtläufiger Bewegung würde zwischen zwei aufeinanderfolgenden Sonnenaufgängen auf der Venus ein Intervall von mehr als zwölf Erdenjahren liegen!

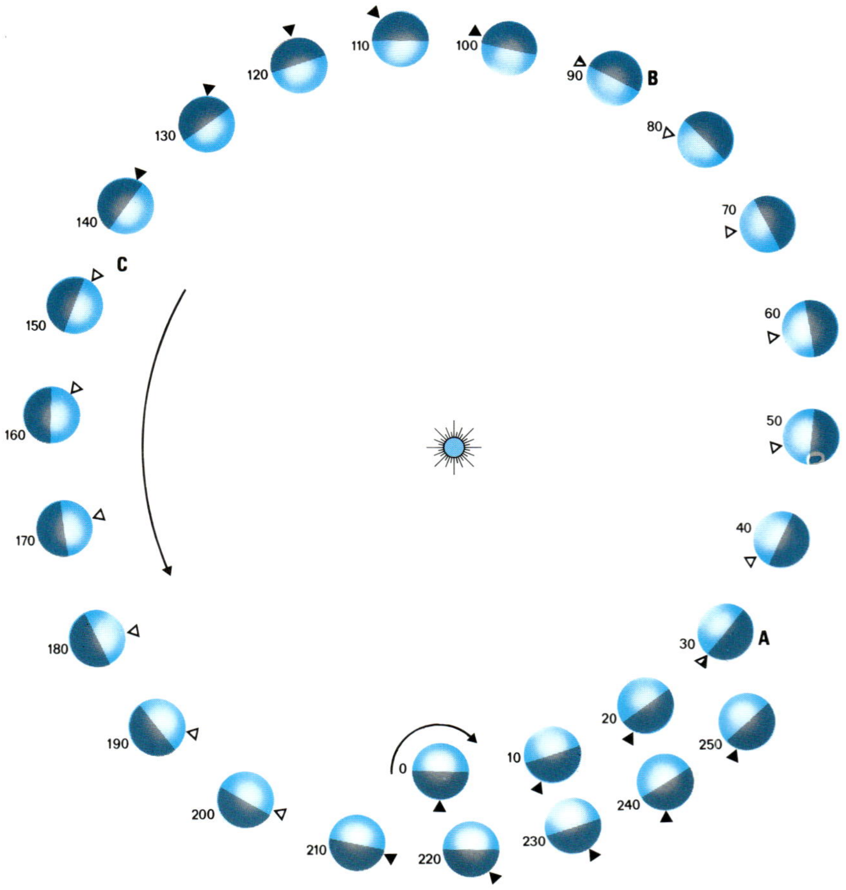

Rotation der Venus (links)
Die Zeichnung zeigt die Auswirkungen der langsamen, rückläufigen Rotation der Venus. Die Position des Planeten in seiner Bahn ist in Abständen von jeweils zehn Erdentagen angegeben. Im unteren Teil der Zeichnung (Tag 0) bezeichnet das Zeichen ▲ den Punkt auf der Venus, der in entgegengesetzter Richtung zur Sonne liegt und wo «Mitternacht» herrscht. Aus der Zeichnung geht hervor, daß dieser Punkt etwa 59 Erdentage lang von der Sonne beleuchtet wird (von A nach B), darauf folgt eine gleich lange Periode der Nacht (B nach C). Nicht ganz zwei «Tage» ergeben ein «Jahr». Die Umlaufbahn von Venus kommt der Kreisform so nahe, daß die Geschwindigkeit des Planeten auf seiner Bahn fast konstant bleibt und auch keine komplizierten Librationseffekte wie bei Merkur auftreten.

1631 und 1639, 1761 und 1769, 1874 und 1882. Die nächsten werden 2004 und 2012 erwartet, weitere in den Jahren 2117 und 2125. Bei allen anderen unteren Konjunktionen zieht Venus von der Erde aus gesehen über oder unter der Sonne vorbei.
Während eines Durchgangs sieht man Venus hervorragend mit dem bloßen Auge. Seit 1639 sind alle Durchgänge beobachtet und entsprechend ausgewertet worden. Ihre Beobachtung lieferte eine Methode für die Bestimmung der Astronomischen Einheit, der mittleren Entfernung der Sonne von der Erde. Diese Methode gehört mittlerweile der Vergangenheit an, und die Durchgänge von 2004 und 2012 werden nur noch von akademischem Interesse sein.

Geschichte und Beobachtung von Durchgängen

Der Durchgang von 1639 wurde nur von zwei Beobachtern verfolgt. 1761 dagegen und dann wieder 1769 wurden große Programme auf internationaler Ebene organisiert. Jetzt ging es darum, den Zeit-

Venusdurchgänge (rechts)
Venusdurchgänge von 1761 bis 2012. Der Durchgang von 2004 ist in den Breiten Mitteleuropas zu sehen, aber 2012 ist nur das Ende des Durchgangs von dort aus zu beobachten, weil der Sonnenaufgang erst im Lauf des Durchgangs stattfinden wird.

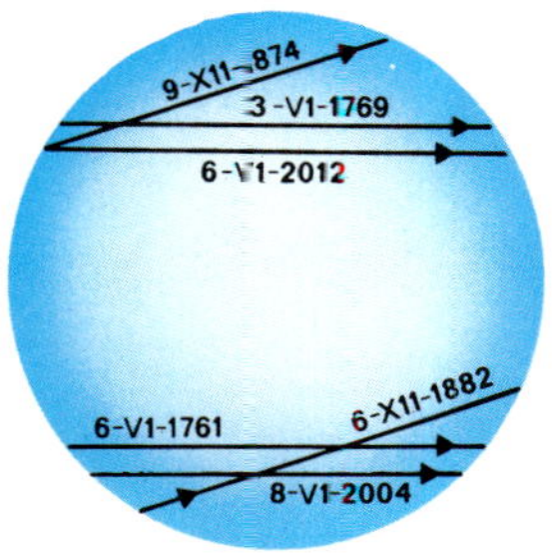

punkt, zu dem Venus ganz auf der Sonnenscheibe erscheint, genau festzulegen. Leider wurde die Exaktheit dieser Methode durch das Phänomen des «Schwarzen Tropfens» zunichte gemacht, denn sein Erscheinen machte es unmöglich, den Durchgangsbeginn zeitlich genau zu bestimmen. In Rußland beobachtete M. Lomonossow den Durchgang von 1761, und ihm fiel auf, daß der Rand der Venus verschwommen war. Er schloß daraus auf das Vor-

Der «Schwarze Tropfen» (rechts)
Wenn sich Venus bei einem Durchgang vor der Sonne vom Sonnenrand weg auf die Scheibe bewegt, zieht sie einen dunklen Streifen tropfenförmig hinter sich her. Dieser ist auf die Venusatmosphäre zurückzuführen, er verschwindet im weiteren Verlauf des Durchgangs.

handensein einer Atmosphäre. 1769 wurde Kapitän Cook in die Südsee geschickt, um von dort aus den Durchgang zu beobachten; als er danach die Reise fortsetzte, entdeckte er einen neuen Erdteil — Australien.
Ähnliche Programme wurden für 1874 und 1882 aufgestellt, aber wieder beeinträchtigte der Schwarze Tropfen die Genauigkeit der Messungen, und beim nächsten Durchgang wird man auf Beobachtungen ähnlicher Art gänzlich verzichten.

Bedeckung eines Sterns durch die Venus (rechts)
Wenn Venus einen Stern bedeckt, dann wird der Stern sekundenlang flackern und schwächer werden, bevor er ganz verschwindet, denn sein Licht durchläuft auf dem Weg zu uns die Atmosphäre des Planeten.

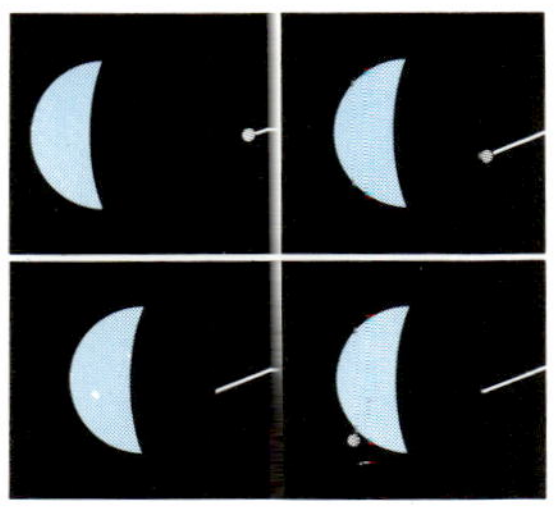

Mariner, Zond und Venera

Den ersten Versuch mit einer Planetensonde unternahmen die Russen mit einem Flugkörper, den sie am 12. Februar 1961 in Richtung Venus abschossen. Der Start verlief erfolgreich, aber die Funkverbindung brach leider schon früh ab. Wahrscheinlich ist die Sonde im Mai des gleichen Jahres in einer Entfernung von etwa 100 000 km an der Venus vorbeigeflogen.
Der erste Versuch der Amerikaner mit Mariner 1 am 22. Juli 1962 war ein Fehlschlag, aber Mariner 2, der am 17. August gestartet wurde, war ein großer Erfolg. Am 14. Dezember flog er im Abstand von 34 800 km an Venus vorbei und sendete die ersten zuverlässigen Daten über die Temperatur der Oberfläche zur Erde zurück. Es folgte ein weiterer Mißerfolg der Russen mit Zond 1 (April 1964), danach zwei weitere russische Sonden: Venera 2, am 12. November 1965

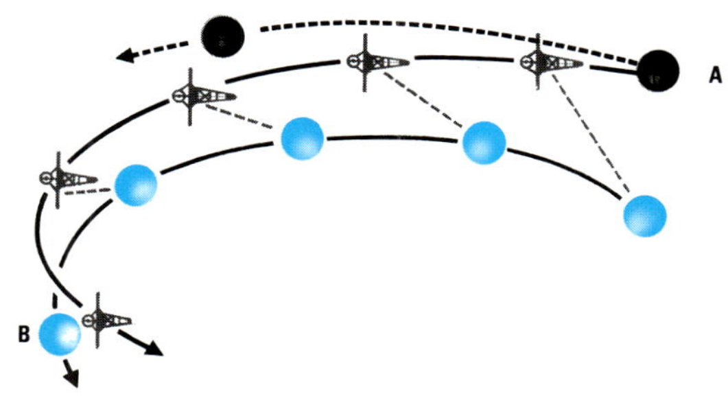

Venera 4 auf ihrer Bahn (oben)
Die Hohmann-Bahn von Venera 4. In dieser Zeichnung bezeichnet «A» den Start von der Erde am 12. Juni 1967, «B» den Mitte Oktober erreichten Schnittpunkt der Sonden- und der Venusbahn. Um von der Erde zur Venus zu reisen, legt die Sonde einen Weg zurück, der sie beinahe um die halbe Sonne führt.

Mariner 2 fliegt an der Venus vorbei (rechts)
Zusammentreffen von Mariner 2 mit Venus; gezeigt wird der Anflug zur Venus (A), die Abtastzone (B) und die Richtung zur Sonne (C). Die Sonde war nicht zur Landung auf der Oberfläche bestimmt, sie war daher auch nicht sterilisiert. Sie sollte in einer Entfernung von 14 500 km an dem Planeten vorbeifliegen. Durch geringe Fehler beim Start und in der Steuerung betrug der kleinste Abstand zur Venus dann aber 34 800 km, und es war erstaunlich, daß die Bordinstrumente trotzdem gute Ergebnisse erzielten.

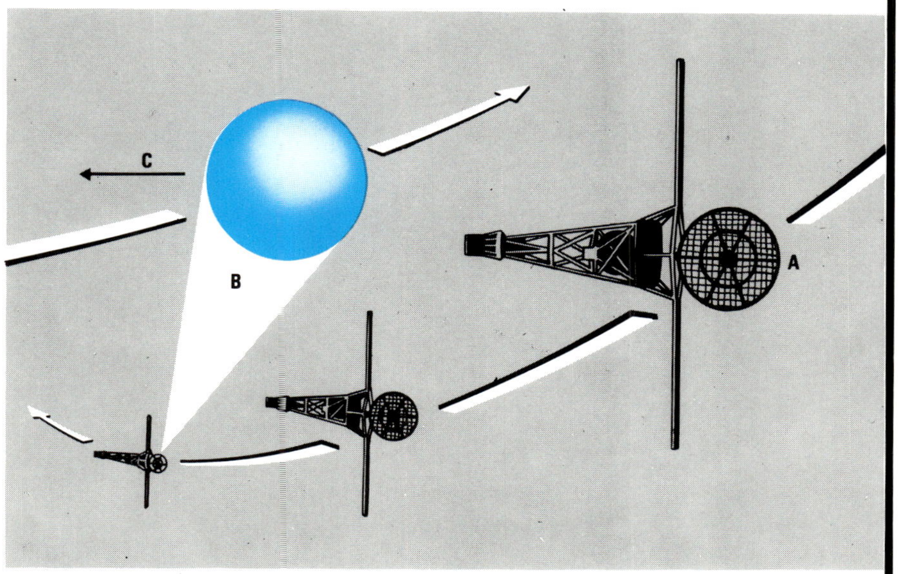

gestartet, kam im Februar 1966 bis auf 24 200 km an Venus heran, ohne jedoch brauchbare Informationen zu übermitteln, während Venera 3 wahrscheinlich am 1. März 1966 auf der Oberfläche des Planeten zerschellte. 1967 konnten die Russen mit Venera 4 ihren ersten wirklichen Erfolg verbuchen: Mit Hilfe eines Fallschirms gelang ihnen eine weiche Landung der Instrumentenkapsel. Etwa zur selben Zeit befand sich eine andere amerikanische Sonde, Mariner 5, im Vorbeiflug, während die Russen 1969 mit zwei weiteren Fallschirmlandungen von Venera 5 und 6 neue Triumphe feiern konnten.

Die Hohmann-Bahn

Soll eine Sonde zur Venus gelangen, muß sie relativ zur Bahngeschwindigkeit der Erde abgebremst werden, damit sie eine elliptische Bahn um die Sonne einschlägt, die stärker exzentrisch ist als die Erdbahn und die die Venusbahn in einem vorher genau berechneten Punkt trifft. (Man spricht hier von einer Übertragungsbahn oder Hohmann-Bahn.) Diese Reiseroute ist zwar am wirtschaftlichsten (Brennstoffverbrauch), aber keineswegs am kürzesten. Bis zur Entwicklung wirkungsvollerer Raketenantriebe gibt es leider keine andere Möglichkeit. Der größte Teil der Reise zum Zielplaneten muß ohne Antrieb, im freien Fall zurückgelegt werden.

Forschungsprojekte der Zukunft

Bevor man mehr über die Oberflächenbedingungen wußte, versprach Venus ein hoffnungsvolleres Ziel für astronautische Unternehmungen zu sein als Mars. Wegen der intensiven Hitze auf der Venus dürften bemannte Landungen aber in absehbarer Zukunft nicht in Frage kommen. Das soll nicht heißen, daß die Erforschung der Venus aufgegeben worden ist, zweifellos werden noch weitere unbemannte Sonden folgen.

Venus-Atmosphäre mit außergewöhnlich starker Brechung (rechts)
Die außergewöhnliche Lichtbrechung konnte bewirken, daß einem Beobachter alle Punkte der gesamten Oberfläche sichtbar wären.

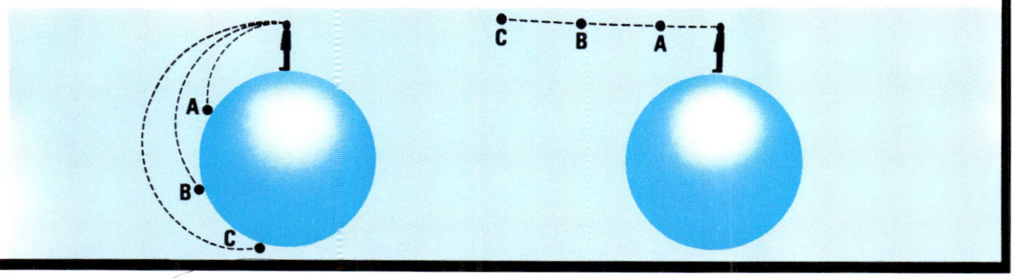

Datentabelle Venus

Mittlere Entfernung von der Sonne 108,21 Mio km (0,7233 Astronomische Einheiten)
Größte Entfernung von der Sonne 108,94 Mio km
Kleinste Entfernung von der Sonne 107,48 Mio km
Siderische Umlaufszeit 224,701 Tage
Synodische Umlaufszeit 583,92 Tage

Rotationsperiode 243 Tage
Bahnexzentrizität 0,0068
Bahnneigung 3° 24′
Scheinbarer Durchmesser 66,0″ bis 9,6″
Größte Helligkeit in Größenklassen — 4,4
Durchmesser 12 228 km

Masse (Erde = 1) 0,815
Mittlere Dichte 5,09 g/cm³
Volumen (Erde = 1) 0,884
Schwerebeschleunigung an der Oberfläche (Erde = 1) 0,89
Entweichgeschwindigkeit 10,3 km/sec

Mars 1

Mars ist ein sehr auffallender Planet. Wegen seiner starken Rotfärbung wurde er im Altertum nach dem Kriegsgott Ares oder Mars benannt. Wenn er am hellsten erscheint, übertrifft er — mit Ausnahme von Venus — jeden anderen Stern oder Planeten an Leuchtkraft. Mit 6770 km ist der Durchmesser des Mars ein wenig größer als der Halbmesser der Erde, seine Helligkeit erklärt sich daraus, daß er uns verhältnismäßig nahe ist.

Frühe Marszeichnungen
Die ersten Zeichnungen, die Einzelheiten der Marsoberfläche zeigten, wurden 1659 von dem holländischen Astronomen Chr. Huygens angefertigt. So weist z. B. seine Skizze vom 28. November jenes Jahres deutlich erkennbare Details auf.

Karten aus dem 19. Jahrhundert
Im 19. Jahrhundert wurden genauere Beobachtungen angestellt und Karten von der Marsoberfläche gezeichnet. Drei verschiedene Arten von Oberflächenmerkmalen stachen hervor: dunkle Flächen, bei denen es sich um bleibende Formationen zu handeln schien; die hellen, rötlich-ockerfarbenen Gebiete, oft «Wüsten» genannt; und schließlich die weißlichen Polkappen, die von den meisten Astronomen jener Zeit für Ablagerungen einer gefrorenen Substanz gehalten wurden. Die Annahme, daß die hellen Gebiete Land und die dunklen Meere sein könnten, war vernünftig und naheliegend.

Erste Theorien
Bereits vor der Entwicklung moderner Forschungsmethoden wurde es jedoch offenbar, daß die Bedingungen auf dem Mars von ganz anderer Art sein müssen als auf der Erde. Die Temperatur muß niedriger sein, denn Mars ist viel weiter weg von der Sonne. Im Hochsommer würde ein Thermometer am Marsäquator um die Mittagszeit zwar immerhin 21 °C zeigen — die Planetenoberfläche ist also nicht dauernd gefroren. Auch hat man von jeher angenommen, daß es nur sehr wenig Wasser auf dem Mars gibt, und seit 1877 scheint es erwiesen, daß die dunklen Flächen keine Meere sind. Der französische Astronom Liais meinte, die dunklen Gebiete könnten Landstriche mit einer Vegetation sein.

Monde und Kanäle
1877 war ein bemerkenswertes Jahr in der Geschichte der Marsbeobachtung. In Amerika entdeckte Asaph Hall die beiden kleinen Monde Phobos und Deimos. In Italien lenkte G. V. Schiaparelli die Aufmerksamkeit auf ein Netzwerk von geraden, künstlich wirkenden Linien, die die «Wüsten» durchqueren. Er nannte sie «canali», und seitdem kennt man sie als Marskanäle. Was sind diese Kanäle? Es ist begreiflich, daß man sie zunächst für künstliche Gebilde hielt. Der amerikanische Astronom Percival Lowell sah in ihnen das Werk hochintelligenter Marsbewohner, die auf ihrem trockenen Planeten um jeden Tropfen Wasser rangen.

Neue Erkenntnisse durch die Mariner-Sonden
Bis 1965 wirkte der Mars noch einigermaßen einladend. Man dachte, die Atmosphäre bestehe in der Hauptsache aus Stickstoff, die Polarkappen aus Eis, und in den tieferliegenden, dunklen Gebieten vermutete man organische Stoffe. Von den hellen «Wüsten» nahm man an, sie seien mit einem farbigen Mineral, wie Limonit oder Felsit, bedeckt. Durch die Mariner-Sonden von 1965 und 1969 wurden wir jedoch eines Besseren belehrt. Die Marsoberfläche ist nämlich — ähnlich wie die Mondoberfläche — mit Kratern bedeckt, die Atmosphäre ist unvermutet dünn und besteht hauptsächlich aus Kohlendioxyd, und die Polkappen bestehen allem Anschein nach aus gefrorenem Kohlendioxyd. Mehr noch: Die dunklen Gebiete sind nicht Tiefländer, sondern eher Hochplateaus oder Bergregionen. Es gilt heute als zweifelhaft, ob irgendeine Form von Leben auf dem Mars existiert.
Nach astronautischer Usance befindet sich Nord auf allen Karten, Diagrammen und anderen Illustrationen dieses Atlasses oben.

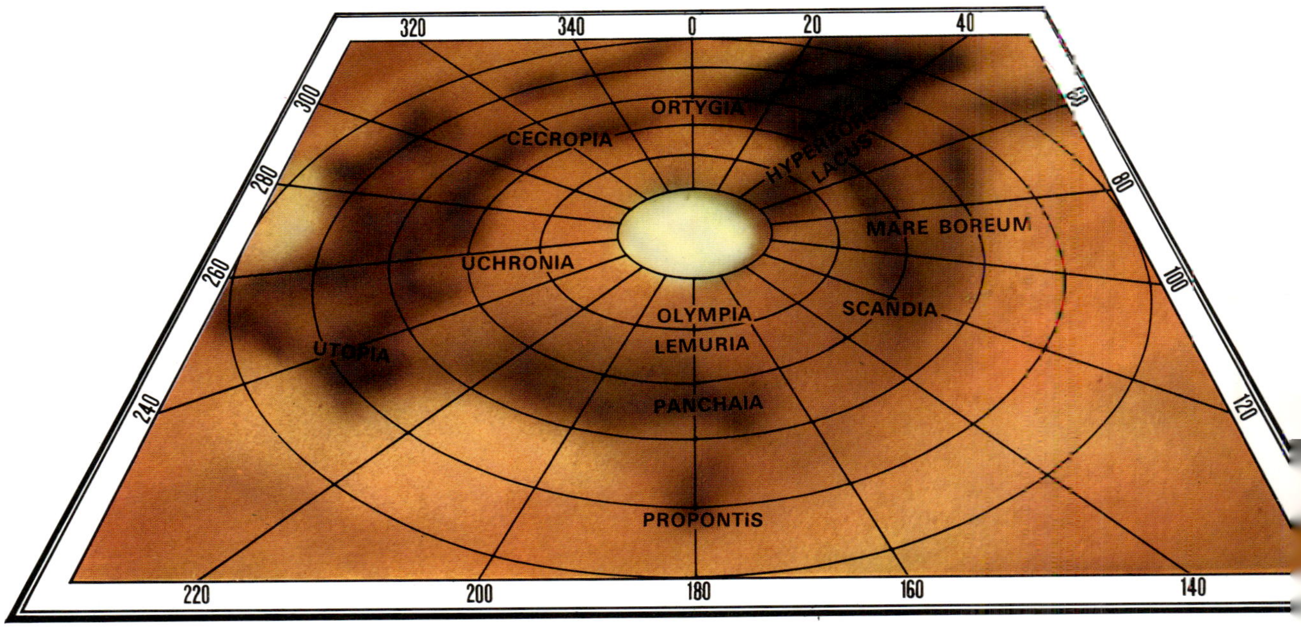

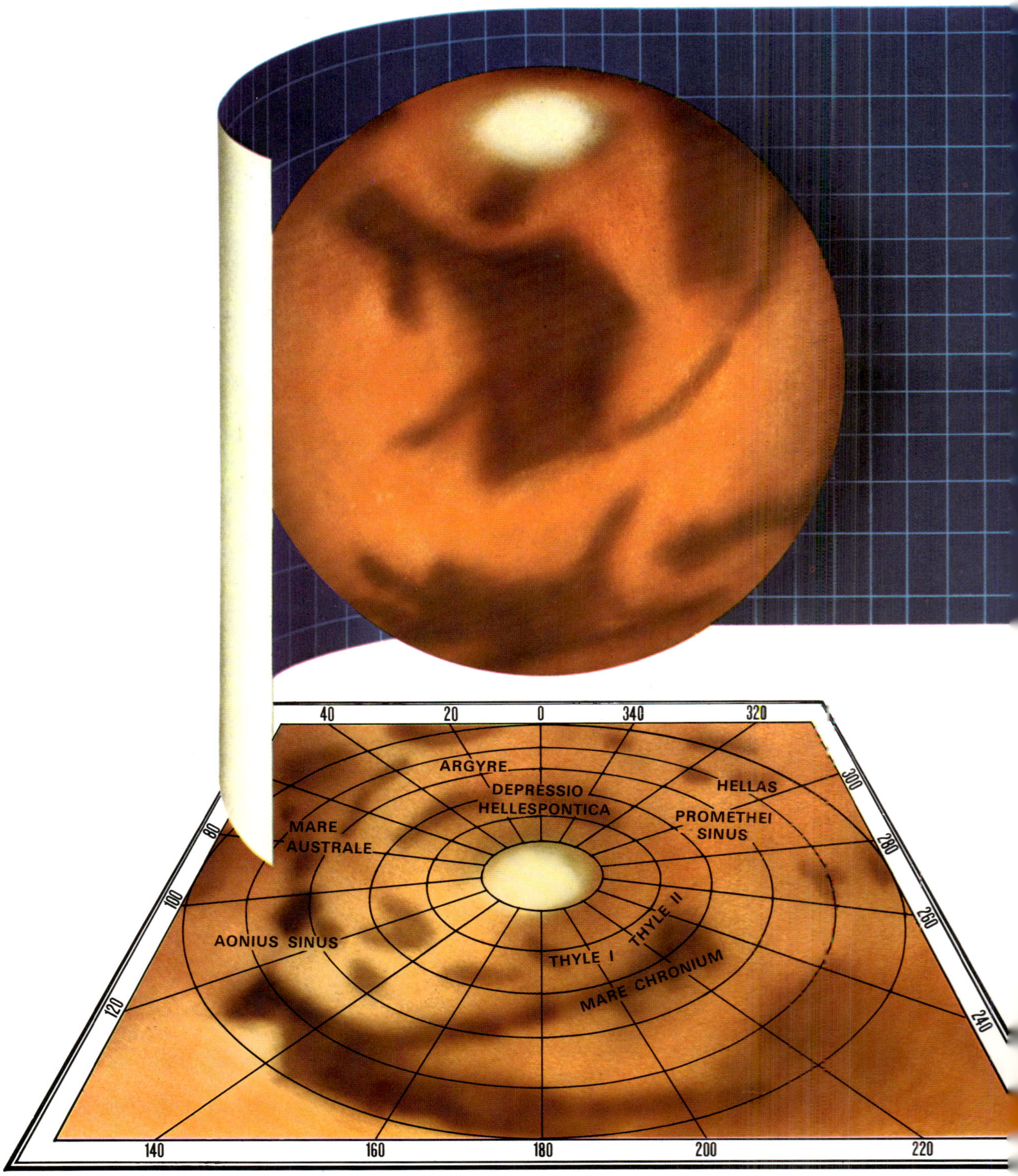

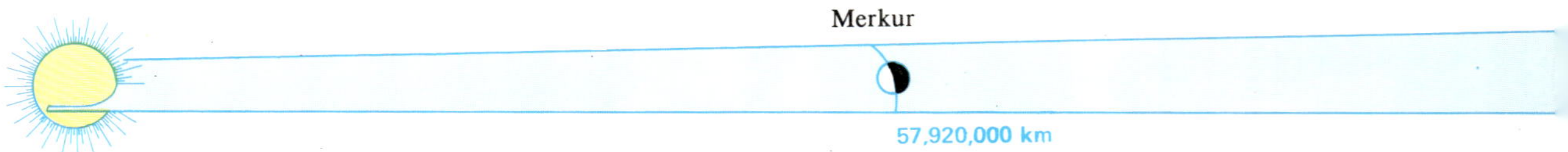

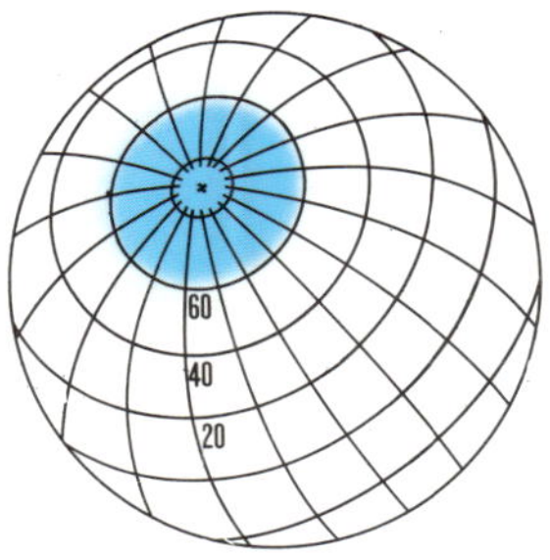

Der Nordpol (links)
Auf der Nordhalbkugel des Planeten ist der Winter weder so lang noch so streng wie auf der Südhalbkugel.
Dies hängt damit zusammen, daß die nördliche Polkappe nie ganz abschmilzt, sondern im Hochsommer lediglich sehr klein wird.

Marskarte aus dem 19. Jahrhundert (rechts)
Eine Marskarte, 1875 von N. E. Green gezeichnet.
Seine Nomenklatur weicht von der heutigen ab; so ist z. B. Syrtis Major bei ihm «Kaiser-Meer», und unser Hellas nennt er «Lockyer-Land». Die moderne Nomenklatur wurde 1877 von Schiaparelli eingeführt.

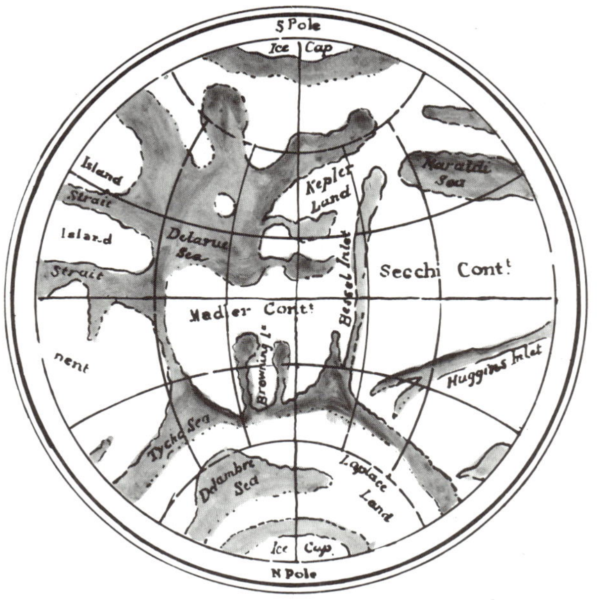

Offizielle Marskarte (unten)
Zwischen den vielen Marskarten, die bis heute gezeichnet wurden, besteht keine große Übereinstimmung, doch decken sie sich zumindest hinsichtlich der wichtigsten dunklen Gebilde. Hier eine farbige Version der offiziellen Karte der Internationalen Astronomischen Union. Die Äquatorregion und die mittleren Breiten sind in Mercatorprojektion zu sehen, sie werden durch Karten der Polargebiete in perspektivischer Zenitprojektion ergänzt. Der Klarheit wegen wurde der Globus in einem relativ großen Maßstab gezeichnet. Nord ist oben.
Die hervorstechendsten dunklen Gebiete sind Syrtis Major auf der Südhalbkugel und Mare Acidalium im Norden. Beide sieht man mit einem kleinen Teleskop, falls der Mars günstig steht, was jedes zweite Jahr wenige Wochen vor und nach der Opposition der Fall ist. Andere dunkle Gebiete, die in die Augen fallen, sind Mare Erythraeum, Mare Sirenum und Sinus Sabaeus, alle auf der Südhalbkugel.
Man beachte auch das helle, fast kreisförmige Gebiet Hellas, südlich von Syrtis Major, das oft hell glänzt und von ungeübten Beobachtern meist mit den Polkappen verwechselt wird.
Auf der IAU-Karte sieht man mehrere streifenförmige Gebilde, die man als Kanäle bezeichnen könnte, doch bestreiten manche Beobachter, daß sie tatsächlich in dieser Form existieren. Auch gibt es viele kleinere Flecken, wie beispielsweise Nix Olympica, durch die Mariner-Aufnahmen von 1969 als Krater von etwa 480 km Durchmesser erwiesen.
Die dunklen Gebiete sind im wesentlichen von Bestand. Bezüglich Umriß und Ausdehnung gibt es geringfügige lokale Veränderungen.

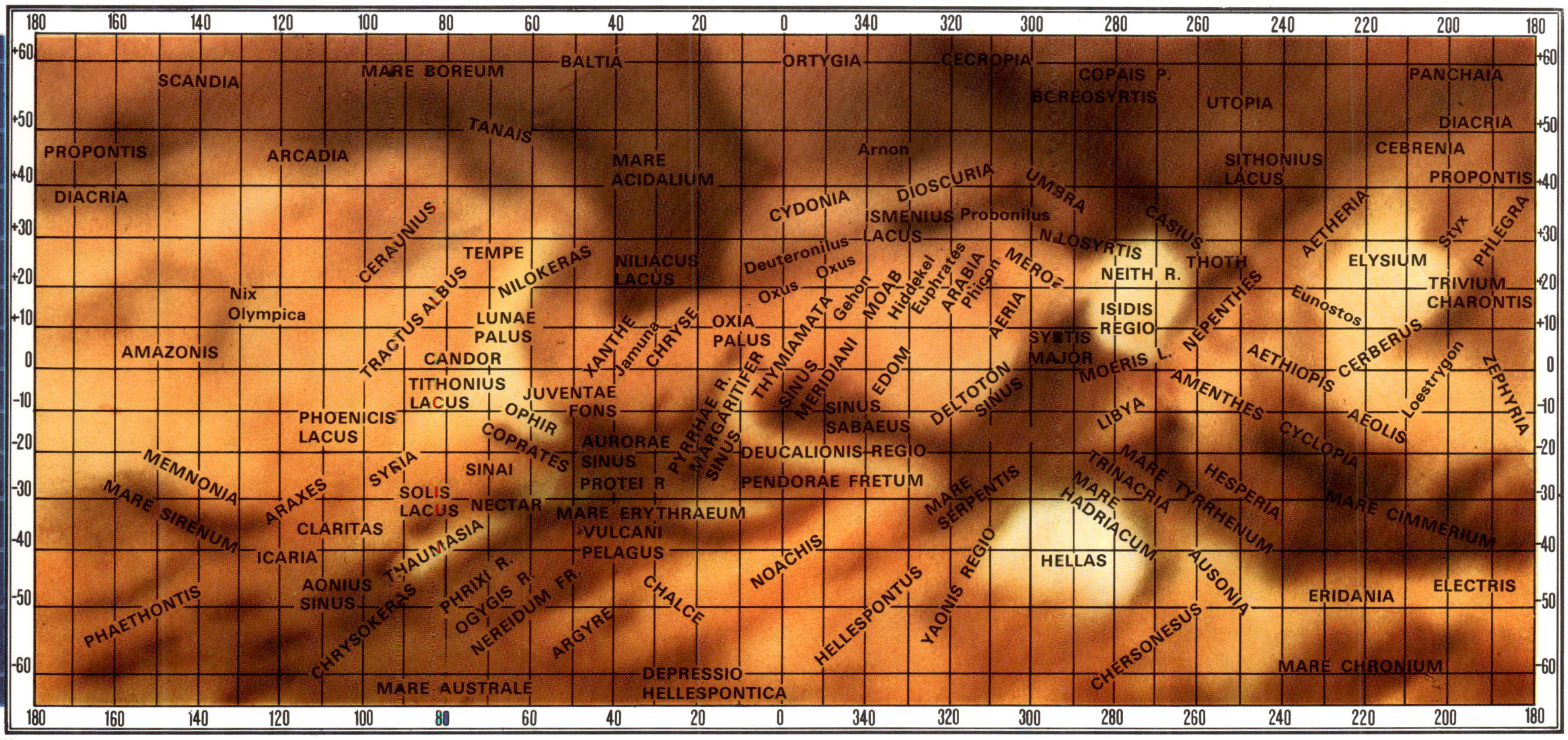

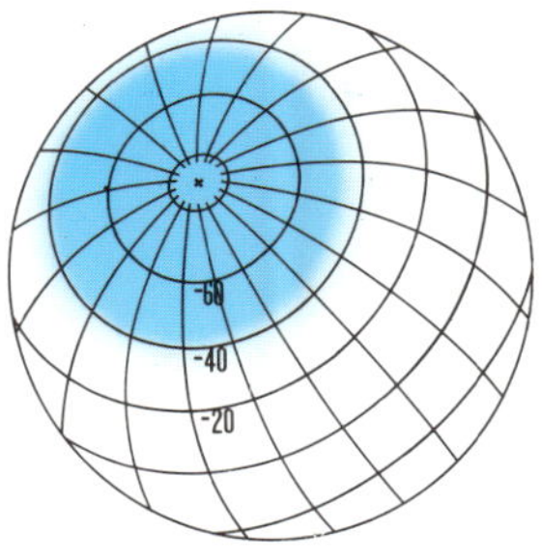

Der Südpol (links)
Wegen des längeren und kälteren Winters kann die Polkappe im Süden größer werden als die im Norden. Man weiß aber auch, daß sie während des — seltsamerweise — kürzeren, wärmeren Sommers völlig verschwinden kann.

Die Größe des Planeten (rechts)
Mars ist viel kleiner als die Erde, er mißt im Durchmesser nur wenig mehr als die Hälfte: 6770 km.
Seine Oberfläche beträgt das 0,28fache der Erdoberfläche. Allerdings besteht sie ausschließlich aus Festland, da es auf dem Mars keine Meere gibt.

Auf der Erde beträgt die kürzeste Jahreszeit (Winter im Norden, Sommer im Süden) 89 Tage irdischer Zeit, und die längste (Sommer im Norden, Winter im Süden) 93½ Tage. Hier ist allerdings zu berücksichtigen, daß die Bahn der Erde kreisförmiger ist als die des Mars. Überdies beeinflußt die größere Wassermasse der Südhalbkugel der Erde das Klima weit mehr als die wechselnde Sonnenentfernung.

Position des Planeten Mars im Sonnensystem (unten)
Der Mars liegt außerhalb der Erdbahn. Seine mittlere Entfernung von der Sonne beträgt 227,94 Mio km, er erhält deshalb viel weniger Sonnenenergie als die Erde.
Seine Bahn ist viel exzentrischer als die Erdbahn, die Entfernung von der Sonne bewegt sich zwischen 206,66 Mio km im Perihel und 249,23 Mio km im Aphel.
Die Achsenneigung ist nur wenig größer als die der Erde (24°), so daß die Jahreszeiten auf Mars etwa den irdischen gleichen, natürlich sind sie wesentlich länger.
Mars liegt an der äußeren Grenze der «Ökosphäre» der Sonne; sein Klima ist daher, an irdischen Verhältnissen gemessen, unwirtlich.

Die siderische Umlaufszeit
Das Marsjahr, die siderische Umlaufszeit, beträgt 687 Erdentage. Eine Umdrehung um die Achse des Planeten, ein «Marstag», erfolgt in 24 h 37 min 23 sec irdischer Zeit. Wegen der großen Bahnexzentrizität sind die Jahreszeiten auf den beiden Halbkugeln von unterschiedlicher Dauer.
In Marstagen gerechnet, betragen sie im einzelnen:

Frühling im Norden, Herbst im Süden:	194,2
Sommer im Norden, Winter im Süden:	176,8
Herbst im Norden, Frühling im Süden:	141,8
Winter im Norden, Sommer im Süden:	155,8

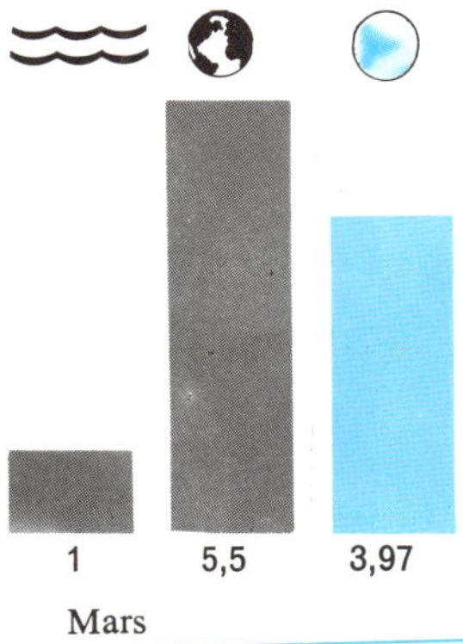

Die Dichte (links)
Die Dichte des Mars ist beträchtlich geringer als die der Erde, sie beträgt 3,97 g/cm³. Dies bedingt eine ziemlich niedrige Entweichgeschwindigkeit (5,0 km/sec), weshalb Mars nur eine dünne Atmosphäre halten kann.
Die Schwerebeschleunigung an der Marsoberfläche beträgt nur das 0,38fache von derjenigen an der Erdoberfläche, Mars liegt damit zwischen Erde und Mond.

Mars 2

Mars ist von der Erde aus nicht leicht zu beobachten. Auch die größten Teleskope der Welt werden von Mars nie mehr zeigen als ein einfacher Feldstecher vom Mond; genauere Informationen können nur mit Raumsonden beschafft werden.
Der erste Versuch in dieser Richtung wurde von den Russen unternommen. Am 1. November 1962 starteten sie Mars 1; es gelang ihnen auch, die Sonde bis zu 106 Mio km Entfernung zu verfolgen, dann brach die Verbindung ab.
Die nächste Sonde, Mariner 3, wurde am 5. November 1964 von den Amerikanern gestartet, bedauerlicherweise fiel ihr Steuerungssystem kurz nach dem Start aus, und sie verlor sich unkontrollierbar im Raum, ohne daß man Kontakt mit ihr hätte aufnehmen können. Mit Mariner 4 jedoch, 28. November 1964, ging von Anfang an alles gut. Am 5. Dezember wurde eine Bahnkorrektur vorgenommen; am 14. Juli 1965 flog sie in einer Entfernung von nur 9846 km an Mars vorbei und erfüllte dabei fast lückenlos ihr fotografisches Programm. Zu dieser Zeit befand sie sich in einer Entfernung von 215,7 Mio km von der Erde. Auf dem Weg zum Mars brachte sie im ganzen 672,7 Mio km hinter sich; ihr Weg führte nicht über die kürzeste, sondern über die wirtschaftlichste Route, nämlich eine elliptische Hohmannbahn.

Die Entdeckungen des Mariner 4
Die Aufnahmen von Mariner 4 waren bemerkenswert. Aus technischen Gründen konnten die Aufnahmen nur mit großer Verzögerung zur Erde übermittelt werden; jede der insgesamt 21 Aufnahmen erforderte 18 h 35 min Übermittlungszeit. Die Qualität der Aufnahmen war jedoch überraschend gut, und die Auswertungsergebnisse veränderten von Grund auf unsere Vorstellung von der Marsoberfläche.
Die spektakulärste Entdeckung war die, daß der Planet mit Kratern übersät ist. Sie ähneln sehr den Mondkratern, doch weisen sie weniger Zentralgebirge auf, außerdem scheint die Erosion eine gewisse Rolle zu spielen.
Die Bahn von Mariner 4 war so berechnet worden, daß sie hinter Mars vorbeiführte, so daß die Sonde eine Zeitlang vom Planeten verdeckt sein mußte. Kurz vor der Bedeckung der Sonde durch Mars mußten die Radiosignale der Sonde die Marsatmosphäre durchlaufen. Die Wirkung der Atmosphäre auf die Signale brachte dann auch interessante und unerwartete Erkenntnisse. Man hatte stets angenommen, die Marsatmosphäre bestehe zur Hauptsache aus Stickstoff, einer gewissen Menge Kohlendioxyd, Spuren von Sauerstoff und Wasserdampf. Mariner 4 aber enthüllte eine ganz andere Zusammensetzung der Atmosphäre: sie besteht hauptsächlich aus Kohlendioxyd.

Weitere Mariner-Sonden
Mariner 4 stellte zweifellos einen beachtlichen Erfolg dar, und doch war es nur ein Anfang. Weit bessere Aufnahmen und Messungen erhielt man mit Hilfe der Sonden Mariner 6 und Mariner 7, die am 30. Juli bzw. 4. August 1969 an Mars vorbeiflogen. Diesmal entdeckte man drei verschiedene Geländeformen: einmal die Kratergebiete; dann «chaotische» Gebiete, gekennzeichnet durch ein wirres Durcheinander von Bergrücken und Tälern, aber ohne Krater; und schließlich das helle, kreisförmige Gebiet Hellas, fast ganz ohne irgendwelche Merkmale. Die Annahme von einem schwachen Druck der Atmosphäre bestätigte sich und auch, daß es sich bei den Polkappen eher um Kohlendioxydschnee als um Eis handeln müsse.
1971 wurde Mariner 9 zum Mars geschickt und auf eine Umlaufbahn um den Planeten gebracht. Diese Sonde lieferte eine Fülle von wertvollen Detailaufnahmen der Marsoberfläche. Später sollen auch weiche Landungen auf dem Mars erfolgen. Diese Sonden wird man sehr sorgfältig sterilisieren müssen. Wenn wir auch nicht länger an Marsbewohner glauben, so können wir doch nicht mit Sicherheit sagen, daß der rote Planet keinerlei Leben trägt.

Die Aufnahmen von Mariner 6
Mariner 6 fotografierte am 30. Juli 1969 die nebenstehend bezeichneten Gebiete. Die Aufnahmen dieser Sonde stammen hauptsächlich aus der Äquatorgegend, sie schließen Sinus Sabaeus ein sowie Sinus Meridiani (als Längennullpunkt verwendet, sozusagen das «Greenwich des Planeten Mars»), Margaritifer Sinus und Aurorae Sinus (siehe auch die Mercatorkarte auf S. 161).
Daß die dunklen Gebiete nicht ohne Detail sind, war bereits vorher bekannt, und es überraschte daher nicht, daß die Mariner-Aufnahmen sowohl in den dunklen wie auch in den hellen Gebieten Krater zeigten. Vor den Flügen von Mariner 6 und 7 hatte man noch angenommen, daß die dunklen Gebiete Tiefländer seien — vielleicht sogar alte Meeresbecken; doch nun gilt es fast als sicher, daß zwischen Dunkelfärbung und Höhe keine Beziehung besteht.
Von der Erde aus durchgeführte Radarmessungen haben zu dem gleichen Schluß geführt.
Während der Aufnahmeserie von Mariner 6 ging die Sonne über dem Sinus Sabaeus auf. Links auf den Bildern ist jeweils eine schmale Sichel des Mars in Dunkel gehüllt.

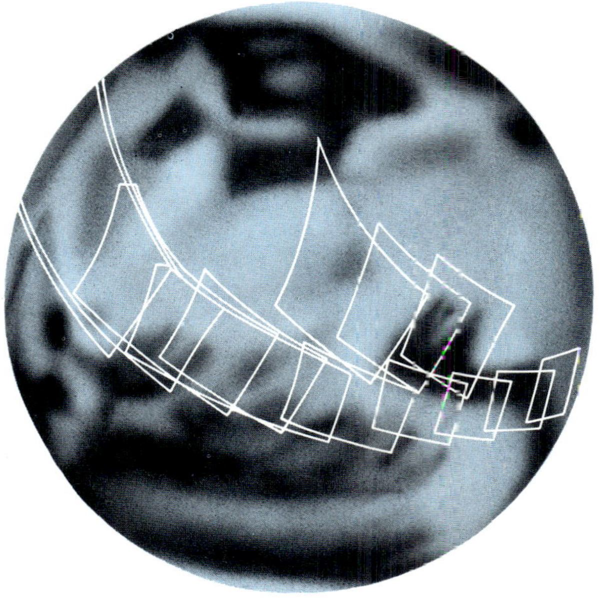

Aufeinanderfolgende Bilder bei Annäherung von Mariner 6 an den Planeten Mars.
Entfernung 1 241 600 km; 06.26 MEZ, 29. Juli 1969. Man sieht Aonius Sinus.

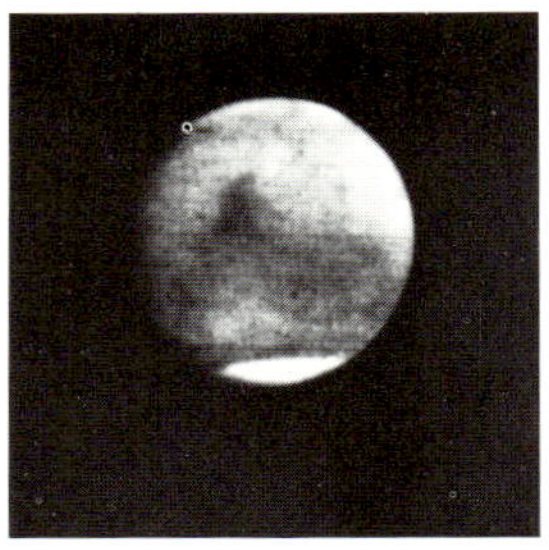

In 921 600 km Entfernung; 18.46 MEZ, 29. Juli 1969. Besonders auffallend das dreieckige, dunkle Gebiet, Syrtis Major (s. S. 161).

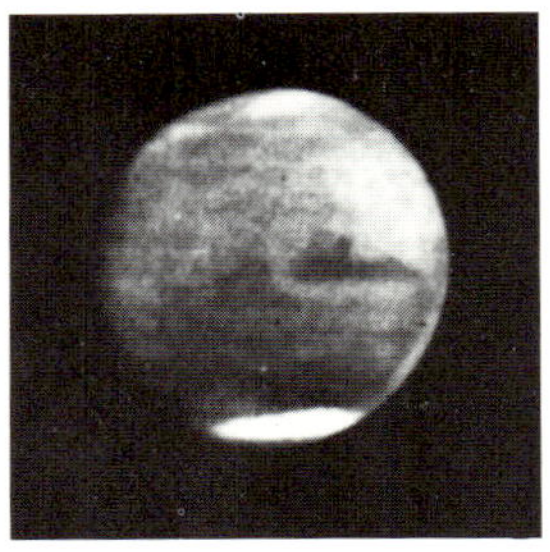

In 538 650 km Entfernung; 09.36 MEZ, 30. Juli 1969. Die dunklen Gebilde sind Sinus Meridiani und Sinus Sabaeus.

Je näher Mariner 6 dem Planeten kommt, desto deutlicher treten die dunklen Gebilde hervor.

Mars, von Mariner 6 aus fotografiert (unten)
In 454 000 km Entfernung; 12.48 MEZ, am 30. Juli 1969. Dies ist eine der besten Mariner-6-Aufnahmen. Die Bildmitte liegt bei einer Länge von 177° Ost; die Morgenschattengrenze ist links. Dunst in der Atmosphäre läßt das Gebiet am Südrand dunkel erscheinen; die Begrenzung der Südpolkappe verläuft nicht glatt, vermutlich infolge von Höhenunterschieden in der Oberfläche. Die Grenzen zwischen hellen und dunklen Gebieten sind weniger scharf, als man erwartet hatte.

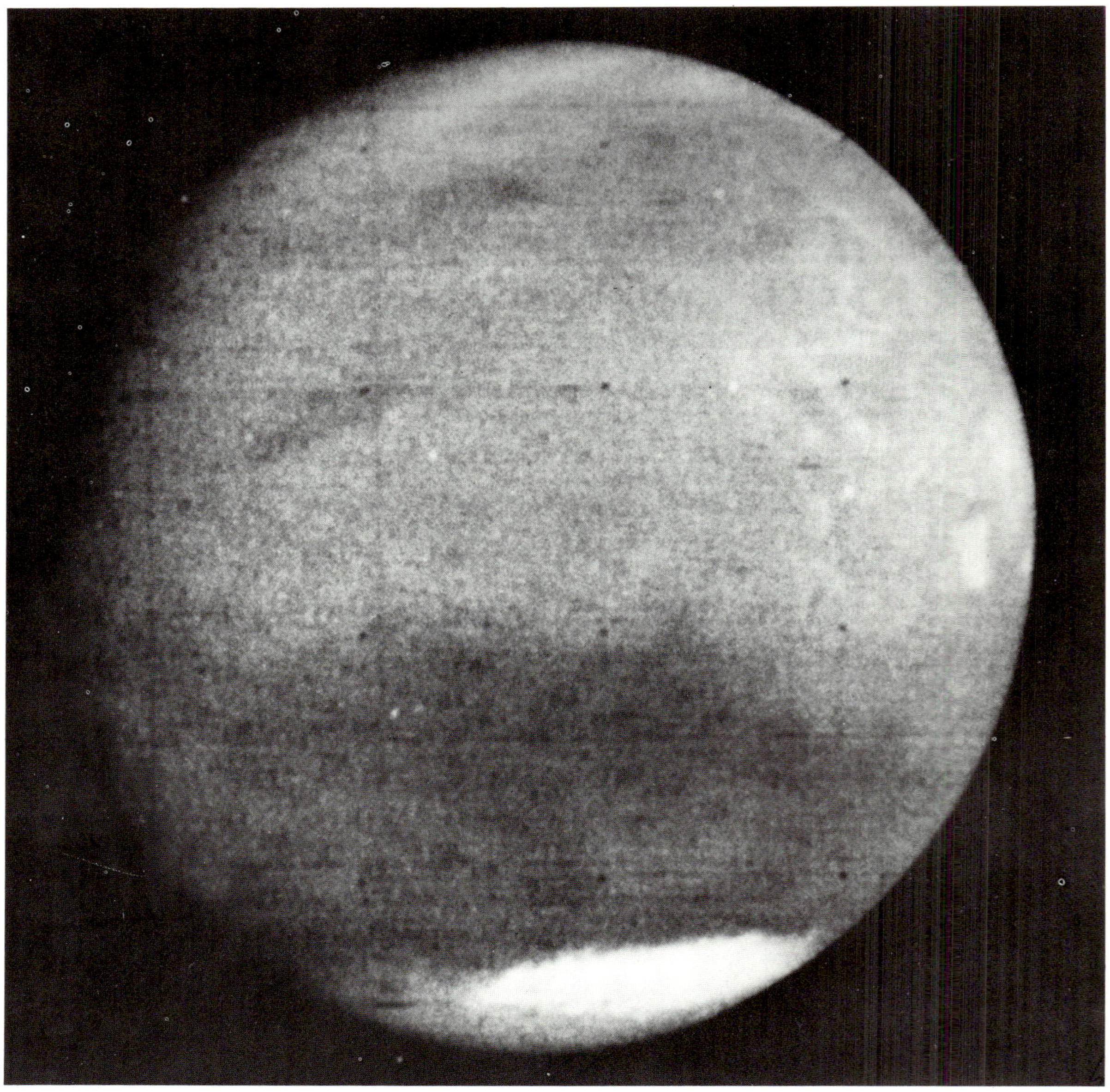

Mars, von Mariner 7 aus fotografiert (unten)
Mariner 7 war noch erfolgreicher als Mariner 6.
Die aufgenommenen Fotografien erfassen Teile der Äquatorregion und die Südpolkappe (siehe Abbildung rechts). Wie Mariner 6, führte er das «Bedeckungsexperiment» durch und bestätigte, daß die Atmosphäre sehr dünn ist, am Boden herrscht ein Druck von nur 6 bis 7 Millibar; Hauptbestandteil der Atmosphäre ist Kohlendioxyd.
Die Fotografie unten wurde von Mariner 7 am 4. August 1969 um 11.20 MEZ aufgenommen, als er noch 471 850 km vom Planeten entfernt war. Die Bildmitte liegt bei einer Länge von 244° Ost. Das auffallendste Gebilde (links oberhalb der Mitte) ist Nix Olympica, allen Marsbeobachtern seit Jahren bekannt, aber erst jetzt als Krater identifiziert; sein Durchmesser beträgt 483 km und ist damit viel größer als der irgendeines normalen Mondkraters. Ebenfalls sichtbar sind die verzweigten hellen Streifen des Gebietes Tharsis-Candor. Am rechten Bildrand verschwindet der «Kanal» Agathodaemon hinter dem Horizont. Er hat offensichtlich nicht die geringste Ähnlichkeit mit einem jener geradlinigen, künstlich aussehenden Gebilde, wie sie von Lowell und andern gezeichnet wurden. Was immer auch die Kanäle sein mögen, sie sind auf natürliche Weise entstanden. Man neigt heute zu der Annahme, daß es sich teils um Bergzüge, teils um mehr oder weniger geradlinig aufgereihte Kraterketten handelt.

Mare Sirenum und Südpol
Das dunkle, verwaschene Gebiet unten links ist das Mare Sirenum, man findet es auch auf der Mercatorkarte Seite 161. Das «Meer der Sirenen» ist eines der hervorstechendsten Oberflächenmerkmale des Mars, das man schon mit einem kleineren Teleskop sehen kann. Aus der Nähe, von Mariner 7 aus, erscheinen seine Umrisse allerdings verwaschener.
Die südliche Polkappe fällt durch eine zottige Kontur auf. (Die Nordpolregion ist nicht sichtbar, da sie im Moment der Aufnahme der Sonde abgekehrt war.) Oberflächlich betrachtet gleicht die Polkappe zwar den irdischen Schnee- und Eiskappen, doch besteht sie höchstwahrscheinlich aus Kohlendioxyd.
Diese Aufnahme war eine der letzten, die von Mariner 7 übermittelt wurden; sie zeigt mehr Einzelheiten, als man je von der Erde aus sehen könnte. Kein Fernrohr auf der Erde vermag Nix Olympica als Krater zu zeigen. Wenn Mars jedoch zum gleichen Typ Himmelskörper gehört wie unser Mond, ist es nicht verwunderlich, daß wir dort Krater finden; sie mögen ihre Entstehung vulkanischer Tätigkeit, Meteoriteneinschlägen oder auch beidem verdanken.

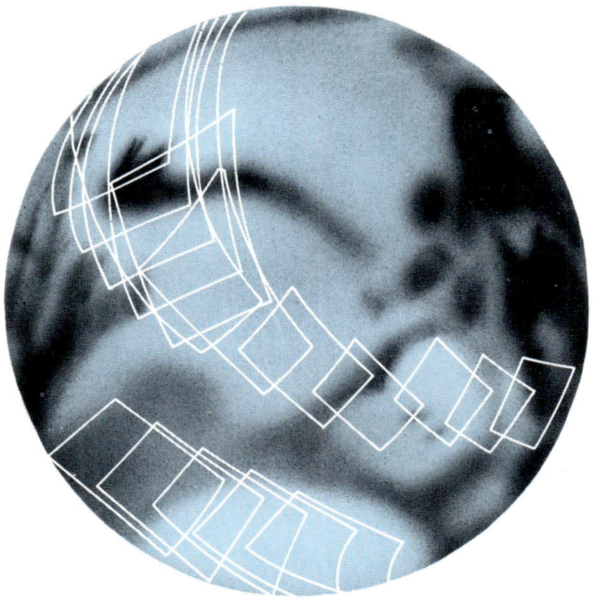

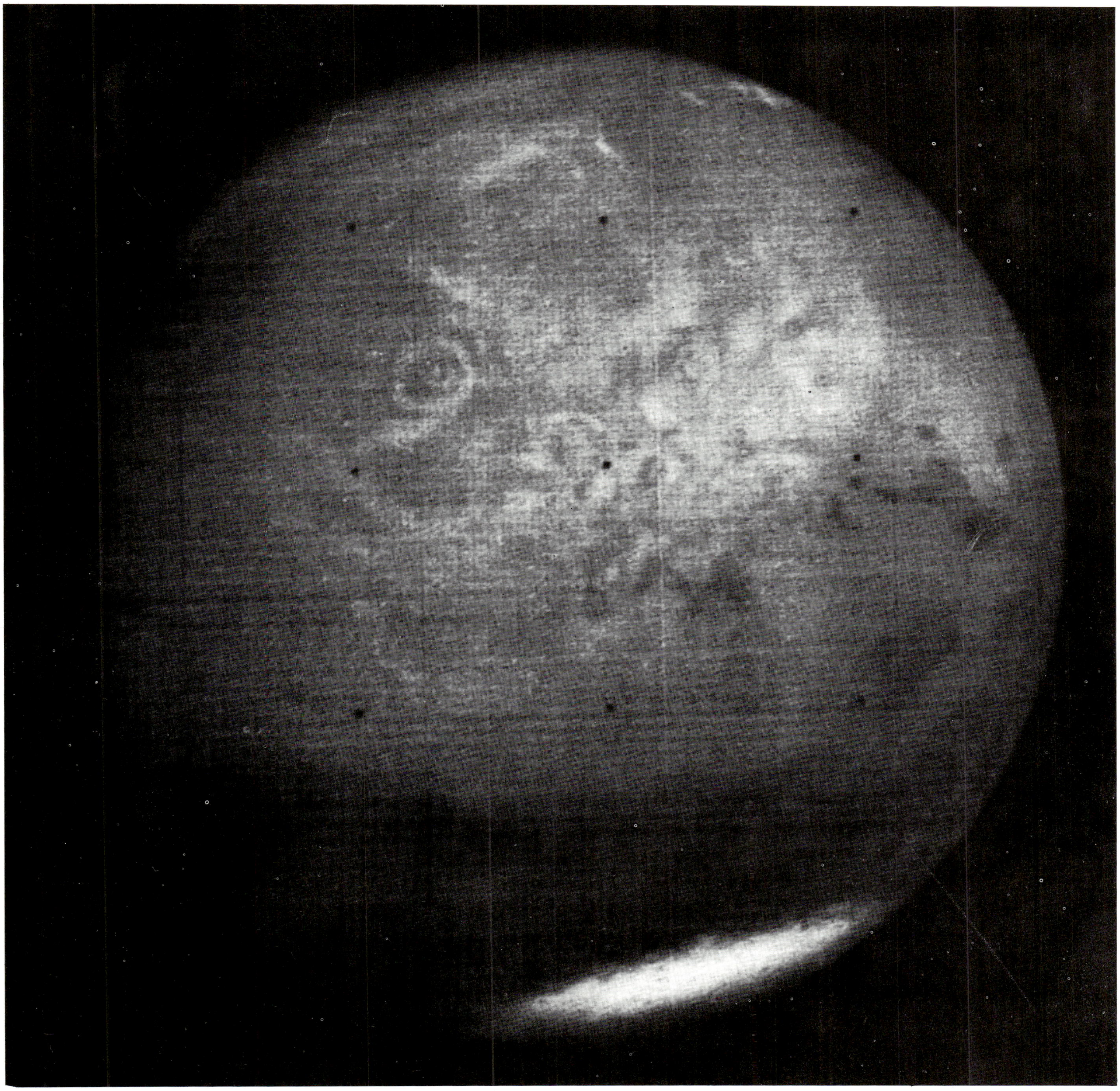

Mars 3

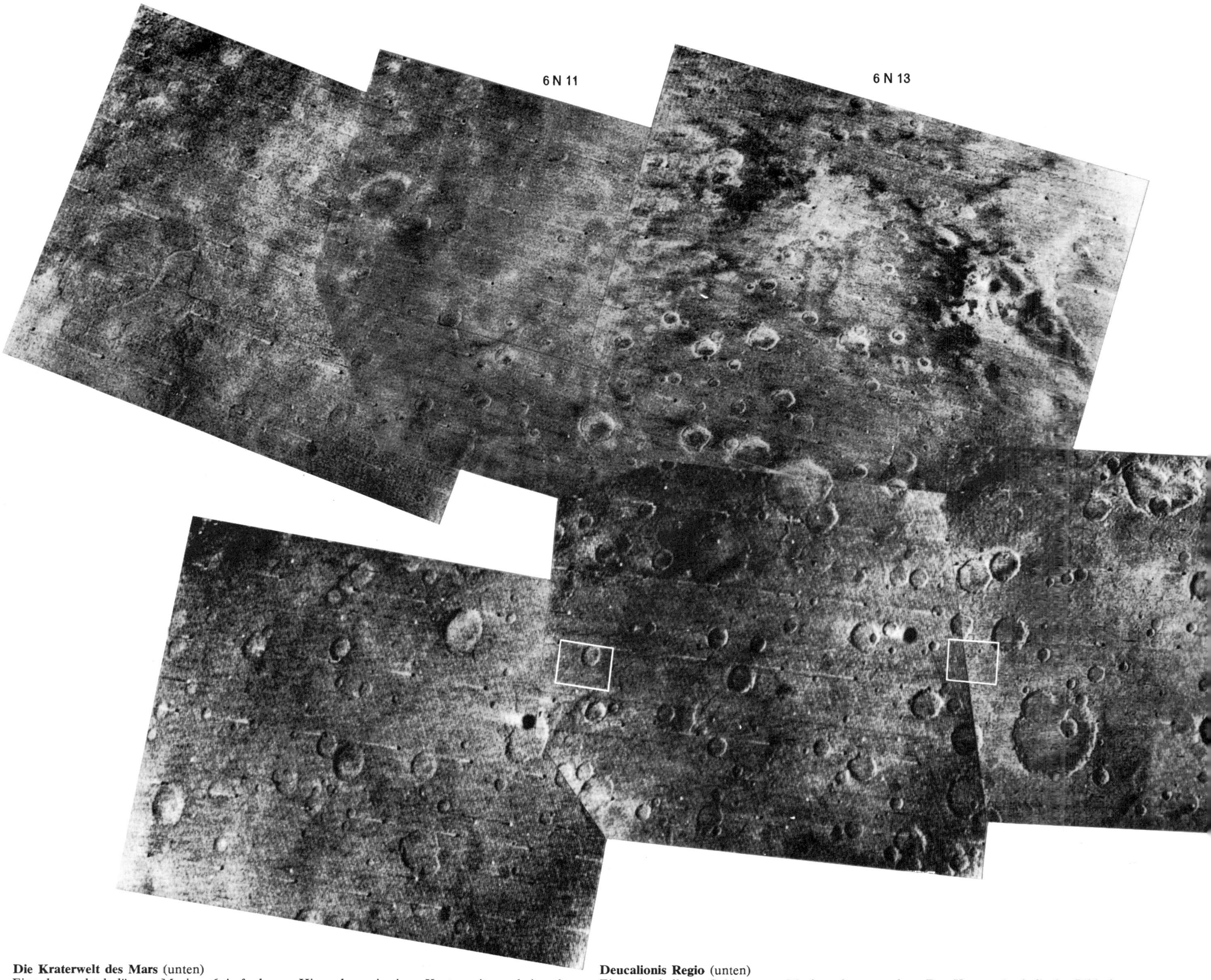

Die Kraterwelt des Mars (unten)
Eine der spektakulärsten Mariner-6-Aufnahmen. Hier sehen wir einen Krater mit anscheinend ziemlich flachem Boden sowie durchgehenden Wänden, die nur durch einen kleineren Krater mit Zentralberg unterbrochen werden. Die kleinsten auf dieser Aufnahme sichtbaren Krater haben einen Durchmesser von 275 m.

Deucalionis Regio (unten)
Eines der hellsten Gebiete, von Mariner 6 aus gesehen. Der Krater oberhalb der Bildmitte mißt 4,8 km im Durchmesser; rechts sieht man einen nach Norden verlaufenden Höhenrücken, ähnlich denen auf den Mondmaria. Der Krater links besitzt einen konzentrischen inneren Ring.

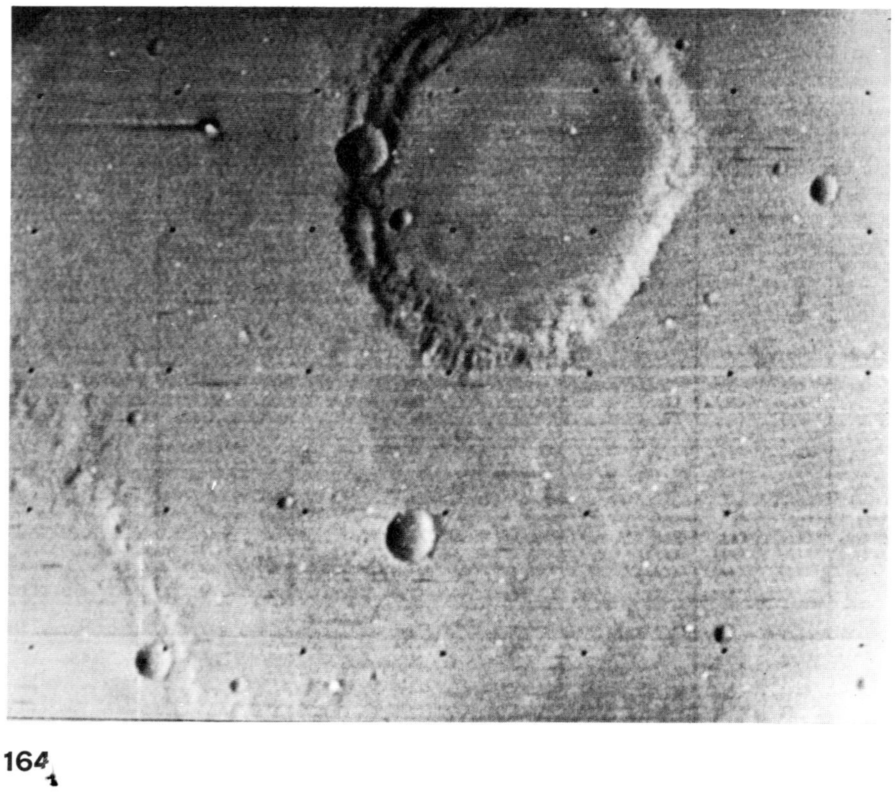

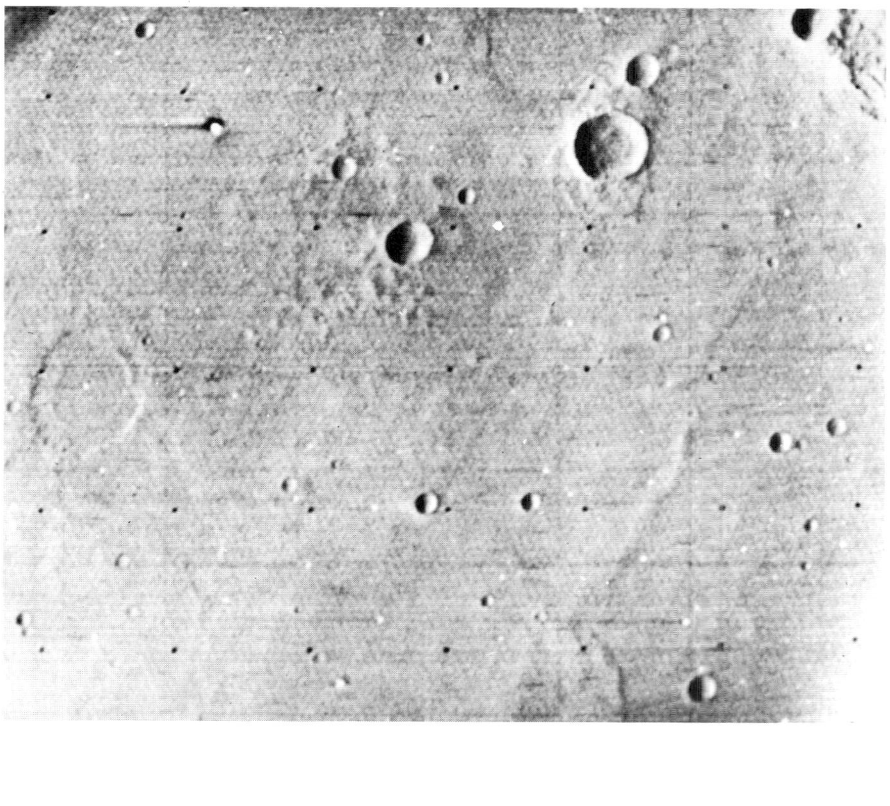

Aufnahmebereich (unten)
Die von Mariner 6 aufgenommenen Gebiete.
Sie liegen in der Äquatorgegend des Mars und schließen sowohl helle als auch dunkle Teile der Oberfläche ein.

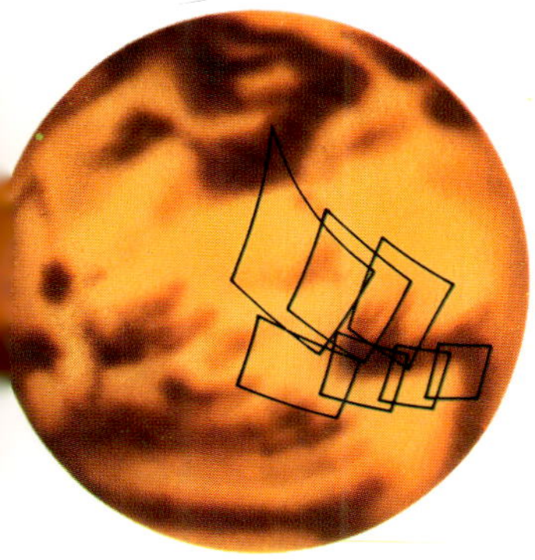

Ein Mosaik aus Mariner-6-Aufnahmen
Die Kraterwelt des Mars, von Mariner 6 aus gesehen.
Dieses Mosaik wurde aus sieben Weitwinkelaufnahmen montiert, die die Sonde am 31. Juli 1969 gemacht hat.
Die drei einzelnen Bilder unten wurden mit einem Teleobjektiv hoher Auflösung gewonnen, die entsprechenden Bildausschnitte sind in der Fotomontage eingezeichnet.
Krater von weniger als 300 m Durchmesser sind noch gut zu erkennen. Der Marsäquator halbiert die drei oberen Bilder des Mosaiks, der Sinus Meridiani (Länge 0°) ist in den unteren Teilen der Aufnahmen 6 N 11 und 6 N 13 zu sehen.
Die vier unteren Aufnahmen bedecken einen Streifen von etwa 700 km Breite und 4000 km Länge. Das Gebiet liegt etwa 15° südlich und zugleich parallel zum Marsäquator.
Im Augenblick der Aufnahmen war es auf diesem Teil des Planeten später Nachmittag.
Die Oberflächenstruktur des Mars erinnert entschieden an die des Mondes, allerdings scheinen die Krater flacher als die Mondkrater zu sein, außerdem gibt es Anzeichen für das Wirken der Erosion. Krater mit Zentralbergen sind offenbar weniger häufig als auf dem Mond.

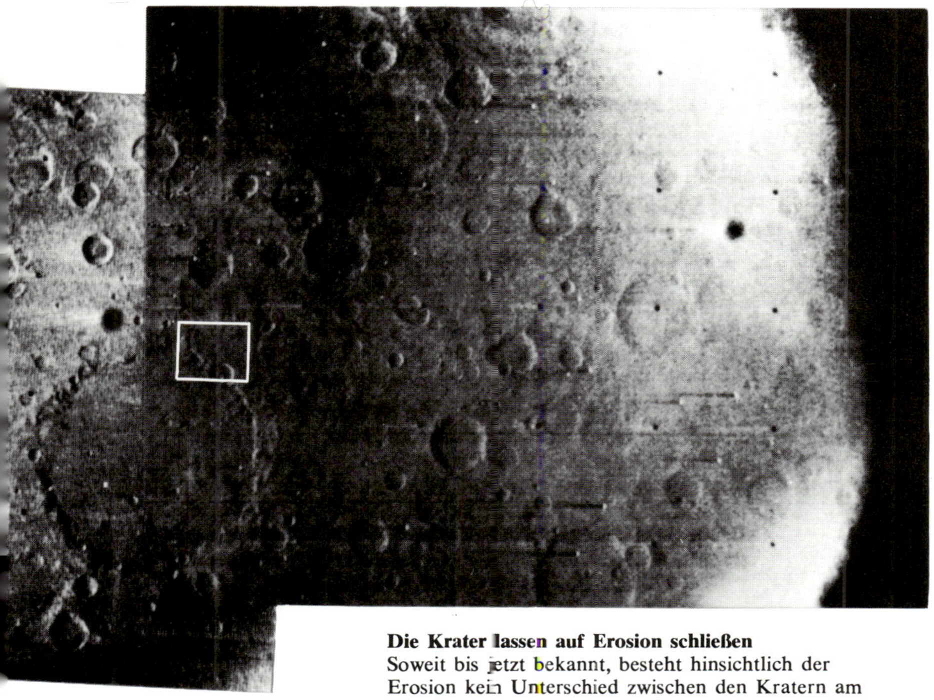

Die Krater lassen auf Erosion schließen
Soweit bis jetzt bekannt, besteht hinsichtlich der Erosion kein Unterschied zwischen den Kratern am Marsäquator und denen der Polgegenden.
Freilich wurde bisher ja auch nur ein begrenzter Teil der Planetenoberfläche erforscht. Vollständige Angaben sind erst dann zu erwarten, wenn einmal die ganze Oberfläche von Marssonden aus kartografiert sein wird.

Ein großer Krater (unten)
Dieses Gebiet, von Mariner 6 fotografiert, mißt 84 km in ostwestlicher und 72 km in nordsüdlicher Richtung. Der große Krater am Südrand (unten) hat einen Durchmesser von 24 km, die Bildmitte befindet sich bei 15° südlicher Breite und 21° östlicher Länge. Im Augenblick der Aufnahme — eine Stunde vor Sonnenuntergang — war die Sonde 3460 km vom Mars entfernt.

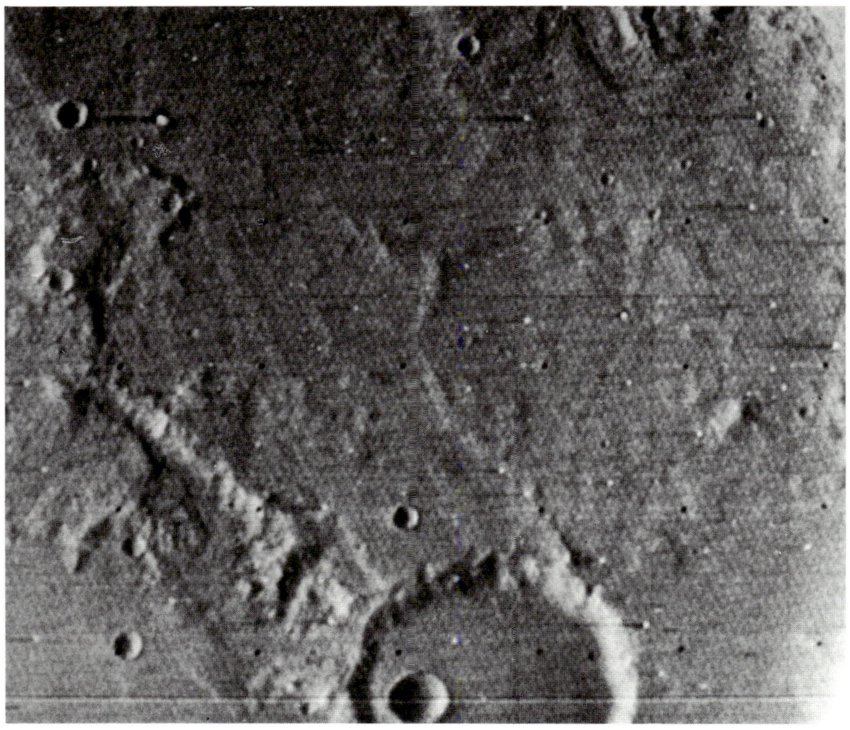

Die Marsatmosphäre

Mars besitzt eine merkliche Atmosphäre, die «Bedeckungsexperimente» der Mariner 4, 6 und 7 zeigen allerdings, daß sie viel dünner ist als erwartet. Zudem ist ihr Hauptbestandteil nicht Stickstoff, sondern Kohlendioxydgas. Es ist daher unwahrscheinlich, daß es auf dem Mars organische Substanzen gibt.
Früher nahm man an, der atmosphärische Druck an der Marsoberfläche betrage 85 Millibar (mb). In der Erdatmosphäre entspricht dieser Druck einer Höhe von 15 850 m über Normalnull. Für die Atmung nutzlos, könnte eine solche Atmosphäre doch Schutz vor Meteoren und schädlicher kurzwelliger Strahlung aus dem Weltraum bieten.
Nun haben aber neue Messungen gezeigt, daß der Druck am Marsboden nicht 85 mb beträgt, sondern nur 6 mb. Das entspricht dem Druck in der Erdatmosphäre von 30 500 m über Meeresniveau. In diesem Fall bestünde kein wirksamer Schutz vor Ultraviolettstrahlung; die Marsoberfläche dürfte also von Strahlen überflutet und steril sein.
Ob der Mars eine Ionosphäre besitzt oder nicht, ist noch unbekannt.

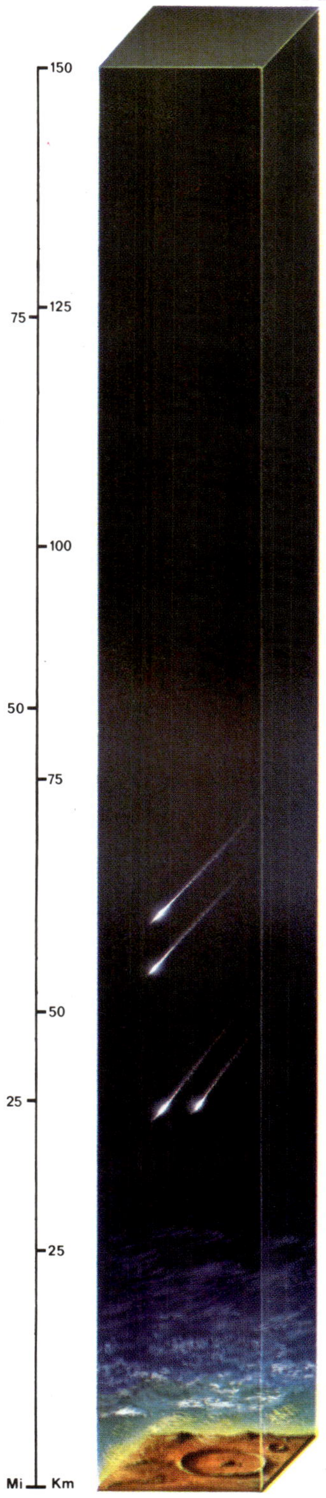

Temperatur- und Druckverlauf in der Erdatmosphäre und in der Marsatmosphäre (unten links)
Temperatur: Bei beiden Planeten ist die Temperatur in großen Höhen relativ hoch, was jedoch nicht im Sinne einer «spürbaren» Hitze aufgefaßt werden darf, sondern lediglich bedeutet, daß sich die Moleküle in der Atmosphäre schnell bewegen. (Unten rechts) Druck: An der Marsoberfläche beträgt der Druck weniger als 10 mb; an der Erdoberfläche beträgt er rund 1013 mb.

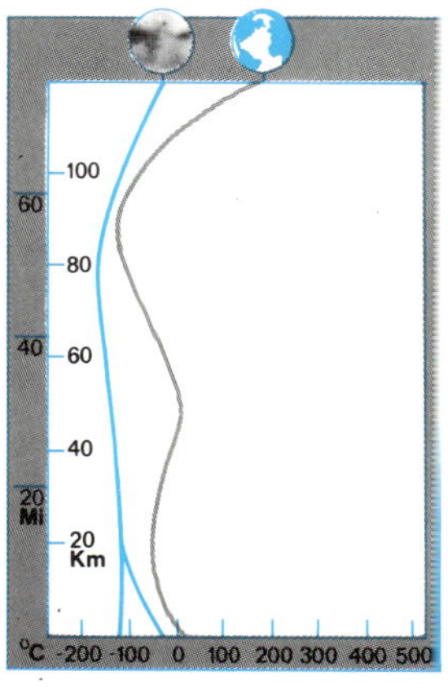

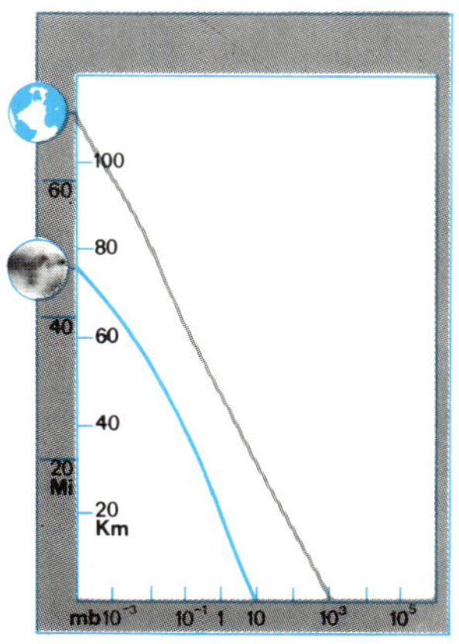

Radarprofil (unten)
Radarmessungen von Höhenprofilen auf Mars zwischen Niliacus Lacus und Syrtis Major (Breite 21° N), durchgeführt in Haystack (Lincoln Laboratorium, Massachusetts) auf 3,8 cm Wellenlänge. Die Ergebnisse zeigen, daß zwischen Aussehen und Höhenniveau der Oberfläche keine Beziehung besteht. So sind z. B. sowohl das helle Gebiet Elysium (E) als auch das bekannte dunkle Gebiet Syrtis Major (G) hoch gelegen. Dies weckt Zweifel an der Theorie, die dunklen Gebiete seien auf wandernden Staub zurückzuführen.

Ortsbezeichnungen im Radarprofil (unten)

A	Niliacus Lacus
B	Lunae Palus
C	Ceraunius
D	Trivium Charontis
E	Elysium
F	Toth
G	Syrtis Major

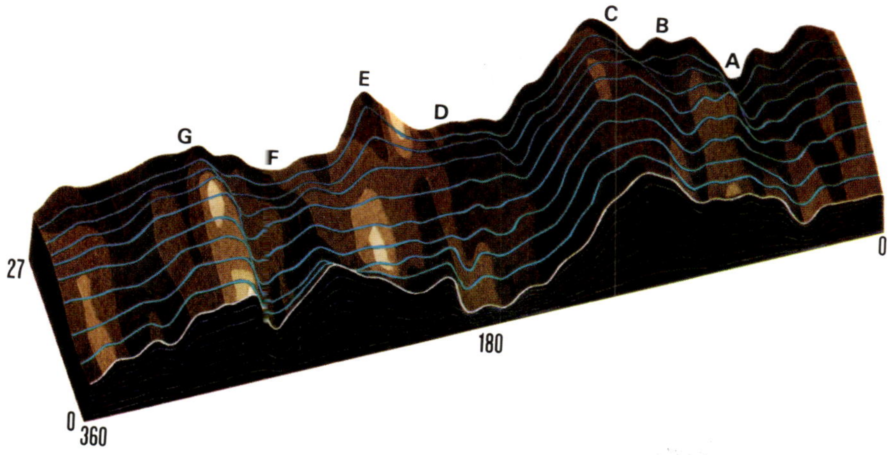

Mars 4

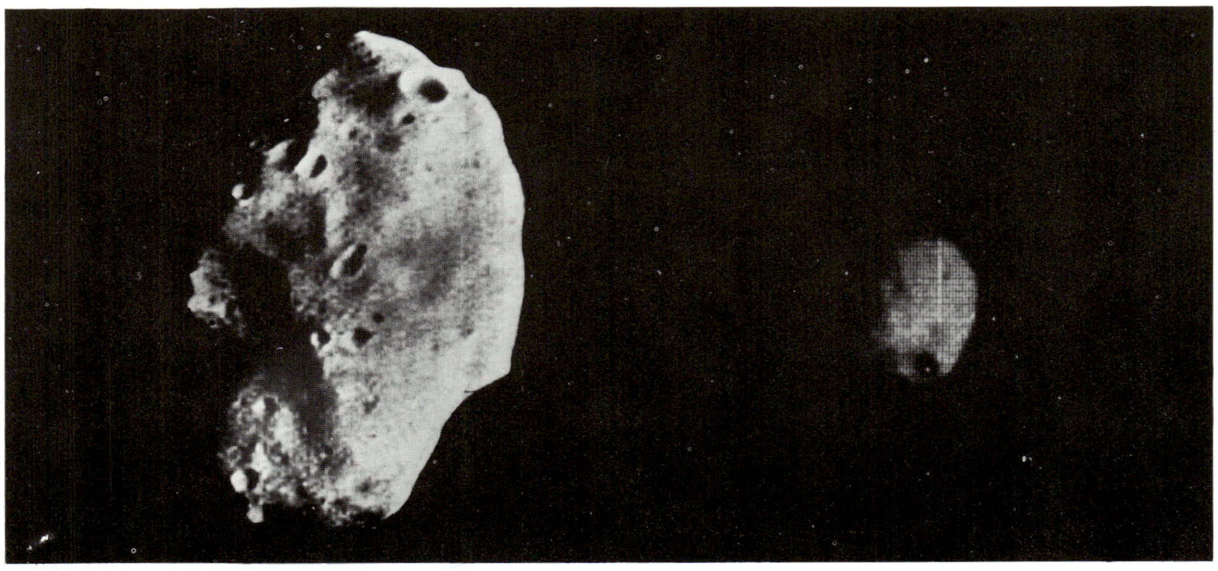

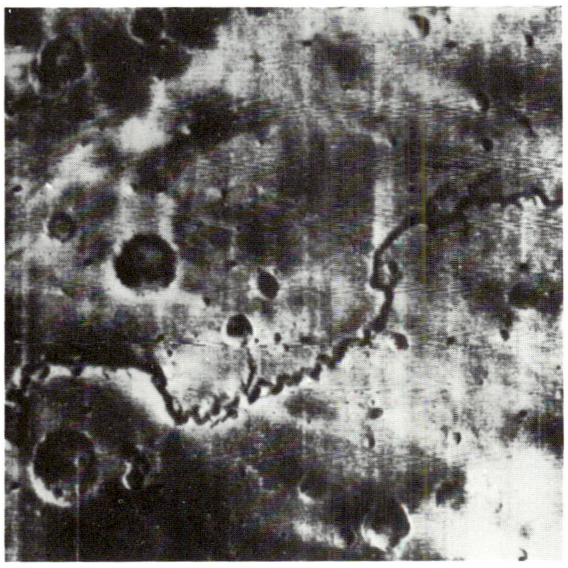

Die ersten Aufnahmen der beiden Marsmonde Phobos und Deimos
Die beiden Marsmonde Phobos und Deimos sind mit unserem Erdmond kaum zu vergleichen. Während unser Mond einen Durchmesser von 3476 km hat und ganz rund ist, besitzt Phobos nur einen Durchmesser von rund 15 km, und Deimos ist noch kleiner. Zudem sind diese beiden Körper ganz unregelmäßig. Im Grund handelt es sich hier gewissermaßen um kosmische Gesteinsbrocken, die den Mars umkreisen. Von der Erde aus erscheinen sie selbst in starken Fernrohren nur als Punkte. Deshalb war es von besonderem Interesse, als die Marssonde Mariner 9 Ende 1971 die ersten „Nahaufnahmen" der beiden Satelliten zur Erde funkte. Die Telebildsignale wurden anschließend durch einen Computer aufbereitet, so daß die Einzelheiten auf der Oberfläche der Marsmonde deutlicher hervortraten. Phobos, der innere Mond, wurde hier aus einem Abstand von 5540 km aufgenommen (links). Nach Meinung von Wissenschaftlern in Pasadena läßt die große Zahl kleiner Krater vermuten, daß Phobos schon sehr alt und überdies sehr fest ist. Das Bild von Deimos (rechts) wurde aus einer Entfernung von 14683 km gemacht. Die Namen der beiden Begleiter des „kriegerischen" Mars bedeuten: Furcht und Schrecken.

Ein Flußbett auf unserem Nachbarplaneten?
Hier hat Mariner 9 ein gewundenes, insgesamt über 400 km langes Tal aufgenommen, dessen Breite etwa 5–6 km beträgt. Dieses Gebilde ähnelt tiefen, von Wasserläufen in den Boden eingeschnittenen Rinnen, wie man sie etwa im Südwesten der Vereinigten Staaten findet – nur daß es viel größer ist. Derartige geschlängelte Bildungen sind nur schwer anders zu erklären, als daß hier früher einmal ein Fluß geflossen ist, der dann versiegte. Messungen von Mariner 9 haben ergeben, daß es heute auf dem Mars nur sehr wenig Wasser gibt. Doch scheinen immerhin gewisse Mengen von Eis und auch von Wasserdampf vorhanden zu sein.

Eine riesige Rille (rechts)
Etwa 500 km südlich vom Marsäquator, im Gebiet Sithonius Lacus, liegt diese riesige Rille. Sie ist bis zu 120 km breit und auf der linken Bildhälfte in Längsrichtung noch einmal unterteilt. Auf der einen Seite fallen verästelte Seitentäler auf, während die andere Flanke steil abfallende, durch Wind und vielleicht auch durch Wasser „ausgewaschene" Wände aufweist. Parallel dazu verläuft eine ganze Kette kleinerer Krater. Das ungewöhnliche Gebilde wurde am 12. Januar 1972 von Mariner 9 aus einer Höhe von 1977 km fotografiert. Eine ähnliche Formation wurde bald darauf unmittelbar am Marsäquator entdeckt.

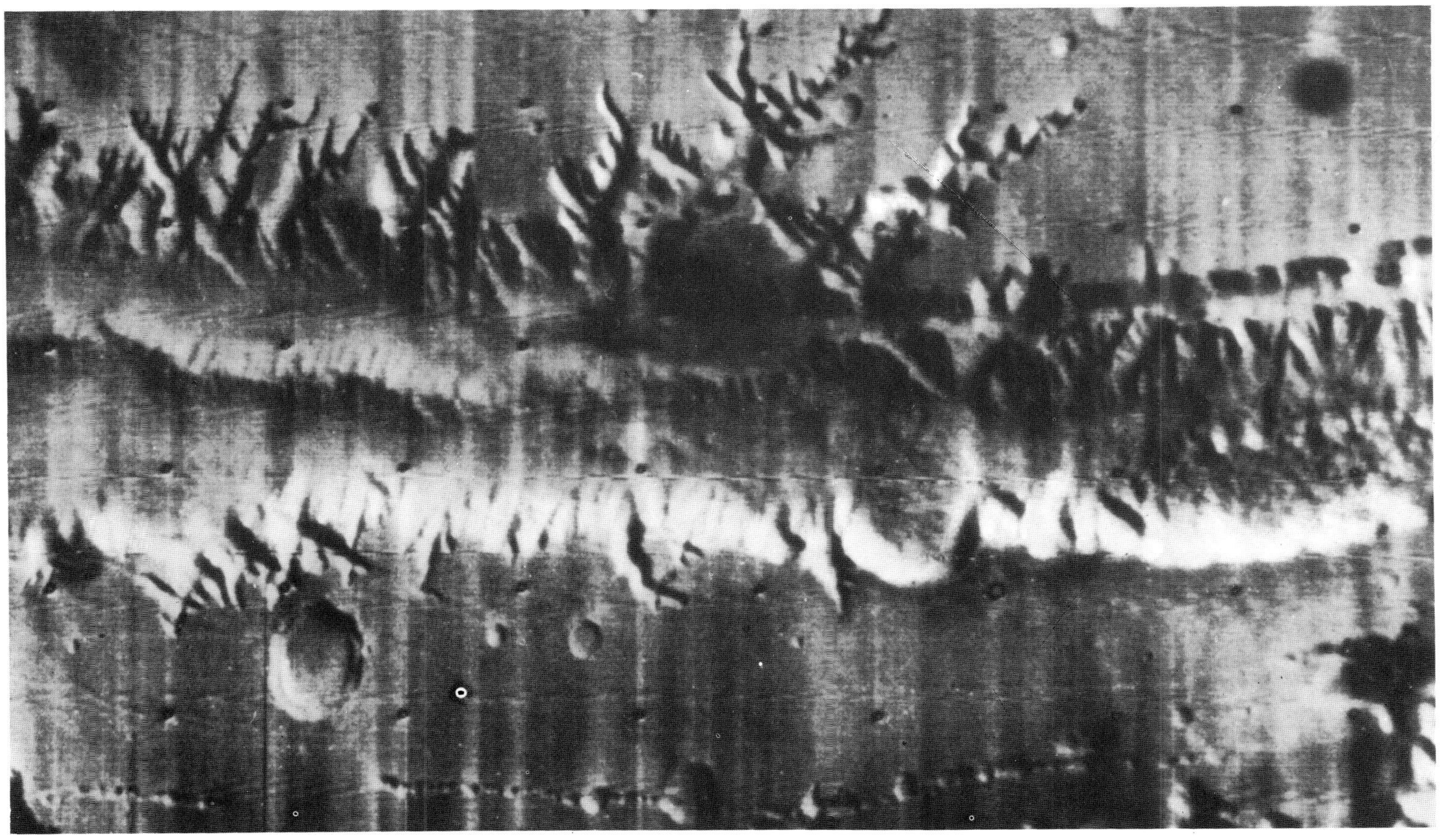

Die südliche Polkappe (links)
Dieses Bild der Südpolkappe des Mars wurde von Mariner 7 am 4. August 1969 aus etwa 5300 km Höhe aufgenommen, kurz bevor die Sonde den dem Mars nächsten Punkt ihrer Bahn erreichte. Das Bild umfaßt einen Ausschnitt von 1200 × 1500 km. Der Südpol des Mars liegt unten nahe den schrägverlaufenden Streifen. Man sieht deutlich drei große Krater mit teils nacktem Boden, andere unregelmäßige Gebiete der gleichen Art liegen oben rechts. In welchem Grade die verschiedenen Formationen mit der weißen Ablagerung der Polkappe bedeckt sind, dürfte vom örtlichen Bodenrelief abhängen. In der Bildmitte steht die Sonne 10° über dem Horizont.

Die «Fußstapfe des Riesen» (rechts)
Diese Nahaufnahme gehört zu den spektakulärsten Mariner-7-Fotos. Sie zeigt, perspektivisch verkürzt, zwei aneinanderstoßende Krater in der Südpolgegend des Mars; man hat ihnen scherzhaft den Namen «Fußstapfe des Riesen» gegeben. Die Sonne steht im Nordwesten, 8° über dem lokalen Horizont (oben links). Der Bildausschnitt mißt etwa 140x320 km, auf einer mittleren Breite von 75° S. Die Oberflächenstruktur ähnelt verblüffend der des Mondes, und es ist kaum daran zu zweifeln, daß die Marskrater durch den gleichen Prozeß entstanden sind wie die Mondkrater. Von der Erosion scheinen die Krater der Polarzonen und die der Äquatorgebiete in gleicher Weise betroffen zu sein.

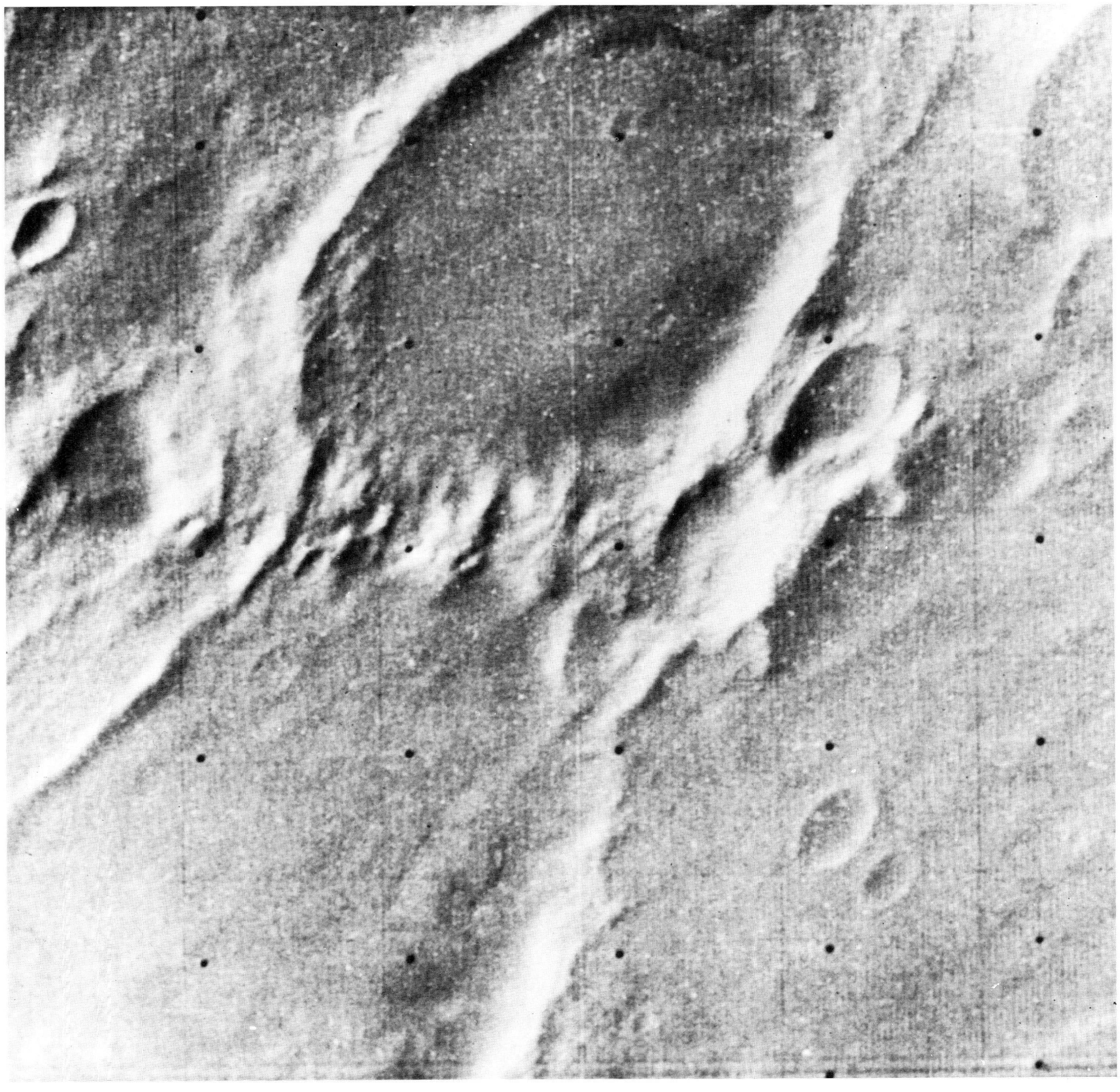

Mars 5

(Unten) Marsaufnahmen von W. S. Finsen (Republic-Observatorium, Johannesburg). Das erste Bild wurde am 1. Juli 1954 um 22.05 MEZ gemacht. Die Südpolkappe ist gut sichtbar, die dunkle Fläche des Mare Acidalium tritt deutlich hervor. Nord ist oben.

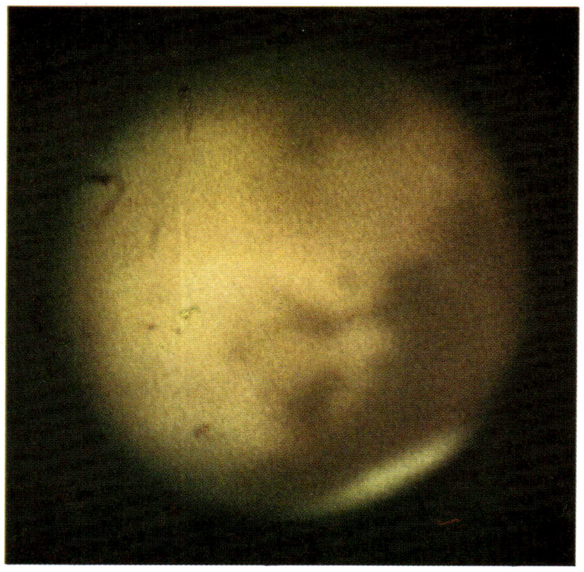

(Unten) 5. Juli 1954, Sinus Meridiani (Länge 0°) befindet sich im rechten Teil der Aufnahme. Das dunkle Gebiet unterhalb der Bildmitte, das sich zur Polkappe hin erstreckt, ist Mare Erythraeum. Auf der Nordhalbkugel ist Mare Acidalium sehr gut sichtbar.

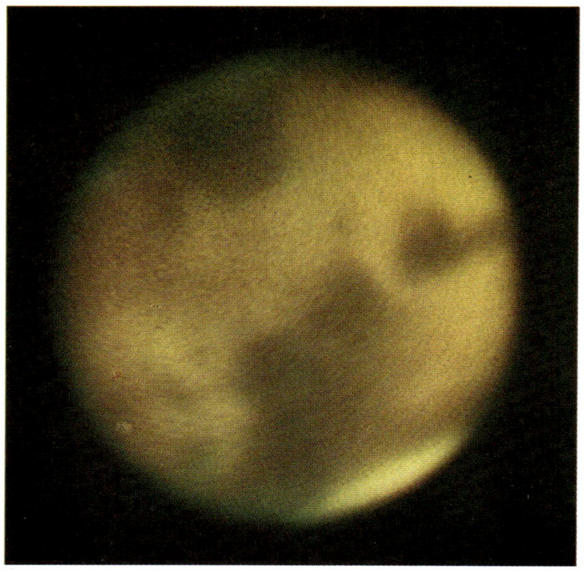

(Unten) 11. Juli 1954, 21.15 MEZ. Sinus Meridiani liegt jetzt links, das bekannte dreieckige Gebilde Syrtis Major rechts. Syrtis Major ist das auffallendste von allen dunklen Marsgebieten, es wurde bereits 1659 von Huygens gezeichnet. Sein Übername ist «Sanduhrmeer».

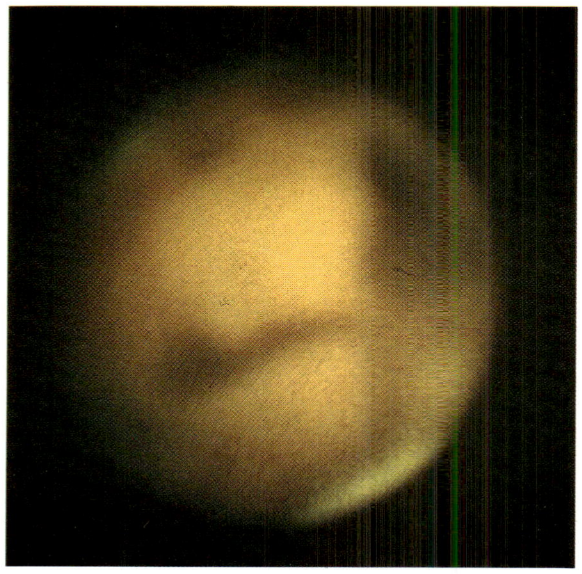

(Unten) 30. August 1956, 22.56 MEZ. Die Opposition von 1956 war besonders günstig, da sich der Mars im Perihel befand. Dieses Bild zeigt den Sinus Sabaeus (rechts von der Mitte) und einige dunkle Gebiete im hohen Norden.

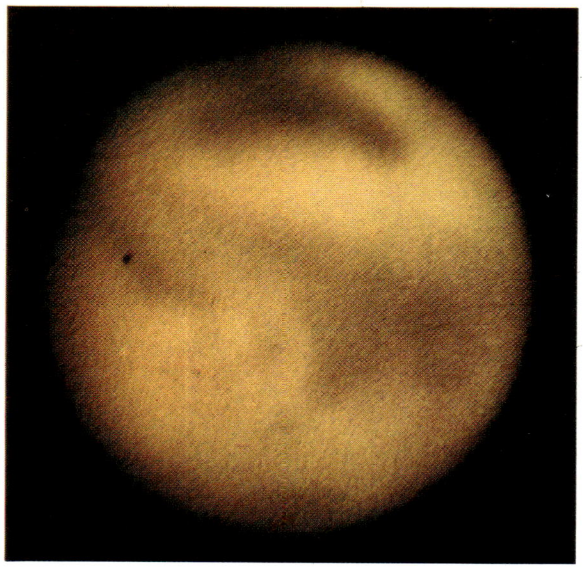

(Unten) 31. August 1956, 21.04 MEZ. Die südliche Polkappe ist kaum noch vorhanden, denn auf der Südhalbkugel des Mars ist es nun Sommer. Das dunkle Feld in der Äquatorgegend ist nicht mehr so ausgeprägt wie auf manchen früheren Aufnahmen.

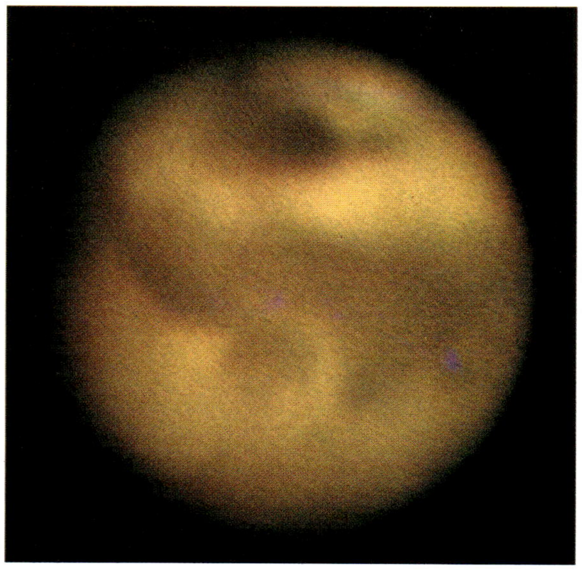

(Unten) 26. September 1956, 22.52 MEZ. Ein großer Teil der Marsoberfläche ist verdeckt — nicht etwa durch Wolken in der Erdatmosphäre, sondern durch wolkenähnliche Gebilde über dem Mars. Lediglich die Polkappe sowie ein Teil des Mare Cimmerium (links) sind deutlich sichtbar.

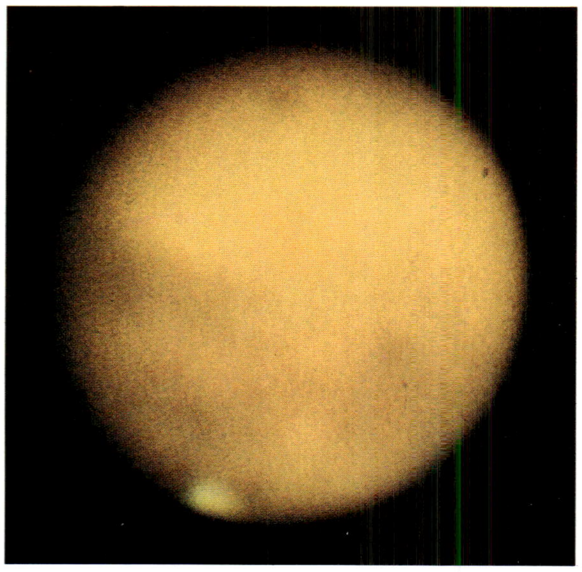

(Unten) 14. Juli 1954, 19.49 MEZ. Die gekrümmte Linie, die von Syrtis Major (links von der Bildmitte) aus nach oben verläuft, ist der Nepenthes, ein «Marskanal». Er verbindet Syrtis Major und Toth. Er ist alles andere als ein scharfbegrenzter, schmaler Kanal und wirkt keineswegs «künstlich».

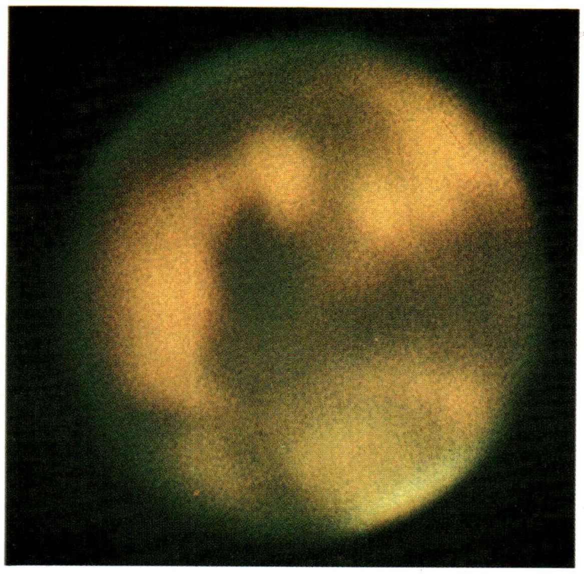

(Unten) 18. August 1956, 00.52 MEZ. Das Bild wurde 1956 aufgenommen, bevor sich die ausgedehnte «Bewölkung» auf dem Mars entwickelte. Im Süden (Mitte unten) treten die dunklen Gebilde deutlich hervor. Das dunkle Gebiet, das an die Polkappe angrenzt, ist Mare Australe.

(Unten) 30. August 1956, 00.24 MEZ. Eine gute Gesamtansicht des Mars. Man vergleiche die Oberfläche mit der Mercatorkarte auf S. 161. Feine Einzelheiten auf dem Mars sieht man nur mit sehr leistungsfähigen Fernrohren; kleine Instrumente können nicht annähernd soviel zeigen wie diese Bildserie von Finsen.

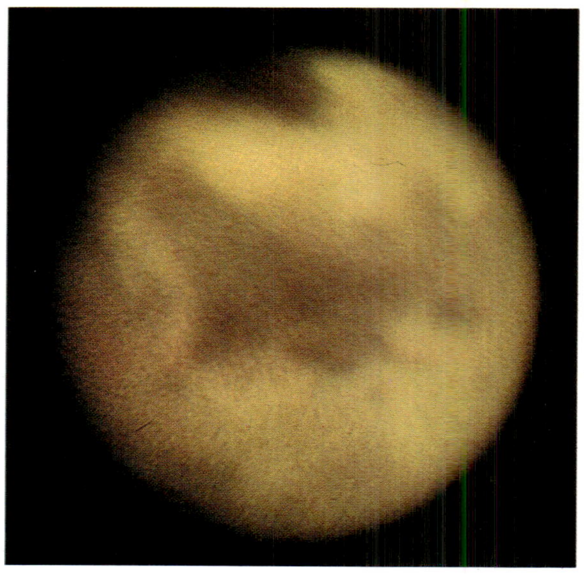

Der Schriftsteller Tennyson schrieb einmal von den «schneebedeckten Polen des mondlosen Mars», womit er gleich zwei Schnitzer auf einmal machte. Denn aller Wahrscheinlichkeit nach sind weder die Polkappen schneebedeckt, noch ist Mars mondlos. 1877 entdeckte Asaph Hall mit dem 65-cm-Refraktor in Washington D.C. zwei winzige Satelliten: Phobos und Deimos. Beide sind zu schwach, als daß man sie mit kleineren oder mittleren Teleskopen sehen könnte; kein Wunder also, daß sie so lange unentdeckt blieben.
Auch mit riesigen Teleskopen ist keiner von beiden als Scheibe zu sehen. Phobos ist etwa 21 km breit und 25—30 km lang. Deimos mißt etwa 8,8 x 11 km. Größenmäßig sind sie also ungefähr mit der Insel Malta zu vergleichen (siehe Zeichnung unten). Sie sind nicht vom selben Typus wie unser Mond, es handelt sich hier zweifellos um Körper anderer Art, möglicherweise um Kleinplaneten (Planetoiden), die der Mars in ferner Vergangenheit eingefangen hat.
Keiner von den beiden kann die Marsnacht in Mondlicht tauchen. Sie umrunden den Planeten praktisch in seiner Äquatorebene und sind ihm so nahe, daß man sie von hohen Breiten nie aufgehen sehen würde. Auch wenn sie sich über dem Horizont befinden, werden sie während längerer Perioden vom Planetenschatten verfinstert. Für einen Beobachter auf dem Mars würde Phobos wahrnehmbare Phasen haben, doch Deimos müßte ihm als großer Stern erscheinen.

Mars, 1965 vom Mount Wilson aus fotografiert (oben)
Man sieht die Phase mit der Schattengrenze rechts. Das dunkle Feld nahe der Mitte ist in der Gegend Mare Cimmerium — Mare Sirenum. Die Polkappe ist deutlich begrenzt. Das beim Schrumpfen der Polkappe häufig zu beobachtende dunkle Band an der Peripherie ist hier nicht sichtbar. Diese Erscheinung wurde früher einem zeitweiligen, den Boden verdunkelnden Feuchtigkeitsniederschlag zugeschrieben.

Mars in Opposition (rechts)
Die Marsbahn weicht beträchtlich von der Kreisform ab, daher sind nicht alle Oppositionen gleich günstig.
Die Zeichnung macht dies deutlich. Die Bahn der Erde (A) ist fast kreisförmig, die des Mars (B) mehr elliptisch.
Erreicht Mars die Opposition und sein Perihel gleichzeitig, dann beträgt seine Entfernung von uns nur noch 55,6 Mio km. Dieser Fall wird z. B. 2003 eintreten. Wird dagegen die Opposition erreicht, wenn sich Mars im sonnenfernsten Punkt seiner Bahn befindet (Aphel), dann liegen zwischen Erde und Mars etwas mehr als 100 Mio km, wie es 1980 der Fall sein wird.

Die Oppositionsentfernungen für den Zeitraum 1969—1980 sind die folgenden:

Datum der Opposition	Kleinste Entfernung
31. Mai 1969	71,75 Mio km
10. August 1971	56,20 Mio km
25. Oktober 1973	65,22 Mio km
8. Dezember 1975	84,60 Mio km
22. Januar 1978	97,72 Mio km
25. Februar 1980	101,32 Mio km

Wegen der unterschiedlichen Bahnneigungen von Mars und Erde deckt sich die größte Annäherung zeitlich nicht immer mit der Opposition, die Differenz beträgt aber nie mehr als einige Tage. So fällt 1971 die größte Annäherung auf den 12. August, also zwei Tage nach der Opposition.

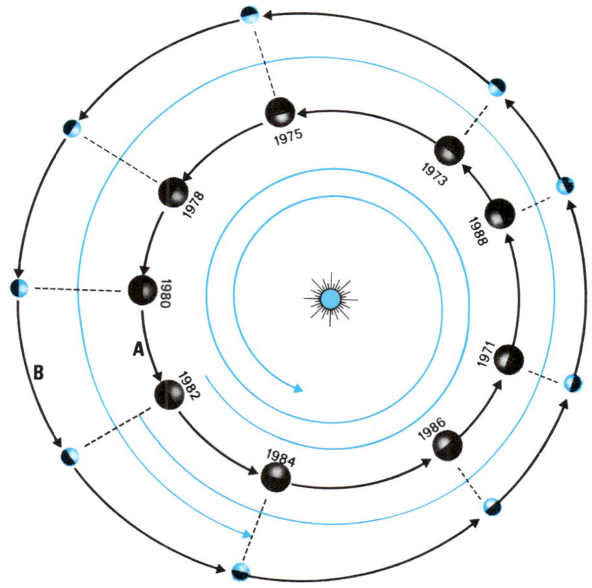

Die Bahnen von Phobos und Deimos (unten)
Phobos bewegt sich auf einer fast kreisförmigen Bahn (A), seine Entfernung vom Marsmittelpunkt liegt zwischen 9534 km und 9215 km, so daß er sich der Planetenoberfläche bis auf 5800 km nähern kann. Für einen Umlauf braucht er nur $7^{1}/_{2}$ Stunden, ein Beobachter auf dem Mars würde ihn im Westen aufgehen, das Firmament queren und $4^{1}/_{2}$ Stunden später im Osten untergehen sehen. Das Intervall zwischen zwei aufeinanderfolgenden Aufgängen betrüge wenig mehr als 11 Stunden. Deimos, 20 000 km über der Marsoberfläche, hat eine Umlaufszeit von 30 h 18 min, er geht im Osten auf und im Westen unter, wobei er zweieinhalb Marstage über dem Horizont bleibt.
Phobos ist der einzige bekannte Satellit im Sonnensystem, dessen Umlaufszeit kürzer ist als die Rotationsperiode seines Planeten.

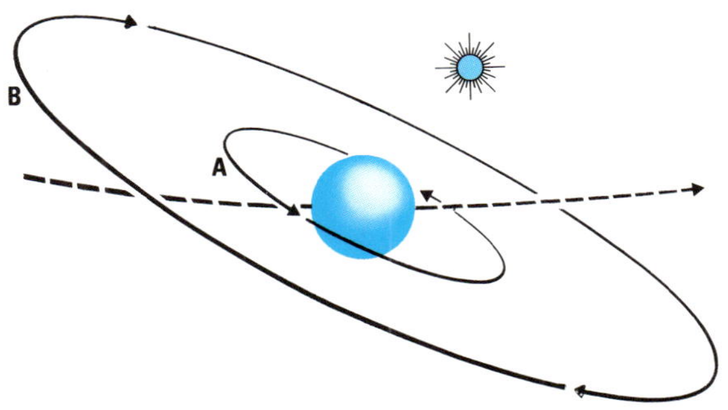

Datentabelle Mars
Mittlere Entfernung von der Sonne 227,94 Mio km (1,5237 Astronomische Einheiten)
Größte Entfernung von der Sonne 249,23 Mio km
Kleinste Entfernung von der Sonne 206,66 Mio km
Siderische Umlaufszeit 686,98 Tage
Synodische Umlaufszeit 779,94 Tage
Rotationsperiode (Marstag) 24 h 37 min 23 sec
Achsenneigung 24°
Bahnexzentrizität 0,0934
Bahnneigung 1° 51′

Scheinbarer Durchmesser 25,7″ bis 3,5″
Größte Helligkeit in Größenklassen — 2,8
Durchmesser 6770 km
Masse (Erde = 1) 0,108

Mittlere Dichte 3,97 g/cm³
Volumen (Erde = 1) 0,150
Schwerebeschleunigung an der Oberfläche (Erde = 1) 0,38
Entweichgeschwindigkeit 5,03 km/sec

Satelliten	Mittlere Entfernung vom Zentrum des Mars in km	Umlaufszeit d h min	Bahnexzentrizität	Bahnneigung in °	Durchmesser (unsicher)	Größenklasse
Phobos	9 370	7 39	0,0210	1,1	15	11
Deimos	23 520	1 06 18	0,0028	0,9—2,7	10	12

Planetoiden

Selbst ein flüchtiger Blick auf eine maßstäbliche Karte des Sonnensystems läßt erkennen, daß die Planeten sich in zwei Gruppen gliedern. Zwischen den Bahnen von Mars und Jupiter klafft eine weite Lücke von über 480 Mio km. Eine von J. D. Titius entdeckte und durch J. Bode bekanntgewordene Beziehung zwischen den Planetenabständen führte zu der Annahme, daß es einen Planeten geben könne, der sich in diesem Teil des Sonnensystems bewegt, und auf Initiative eines ungarischen Amateurastronomen, Baron von Zach, schlossen sich zahlreiche Beobachter zum «Verband der Planetenjäger» zusammen. Die Ereignisse kamen ihnen jedoch zuvor. Als am 1. Januar 1801 — dem ersten Tag des neuen Jahrhunderts — G. Piazzi in Palermo routinemäßige Beobachtungen für einen neuen Sternkatalog anstellte, entdeckte er im Fernrohr ein Objekt, das sich als der erwartete Planet erwies. Er wurde Ceres genannt und bewegt sich in einer mittleren Entfernung von 414 Mio km um die Sonne — ein Wert, der gut in die Titius-Bodesche Beziehung paßt.

Die «Planetenjäger» gaben sich jedoch damit nicht zufrieden. Ceres schien zu klein — wir wissen heute, daß ihr Durchmesser nur 687 km beträgt — und man vermutete, daß es noch andere geben müsse. Drei weitere — Pallas, Juno und Vesta — wurden zwischen 1802 und 1807 entdeckt. 1845 entdeckte dann ein deutscher Amateur namens Hencke den fünften Kleinplaneten, Astraea. Die Zahl der heute bekannten Planetoiden geht in die Tausende — nach einer Schätzung könnten es insgesamt weit mehr als 40 000 sein. Heute werden sie fotografisch entdeckt. Die Planetoiden bewegen sich innerhalb relativ kurzer Zeit über merkliche Entfernungen und sind auf den Aufnahmen als Striche sichtbar.

Ceres und Vesta

Ceres ist der größte Kleinplanet, von den anderen besitzt nur Pallas einen Durchmesser von mehr als 400 km. Kein Planetoid hat genügend Masse, um Atmosphäre halten zu können, die meisten sind lediglich Gesteinsklumpen mit Durchmessern von einigen Kilometern.

Vesta, mit einem Durchmesser von etwa 388 km, ist der hellste der Kleinplaneten. Seine mittlere Entfernung von der Sonne beträgt nur 352,9 Mio km, so daß er uns viel näher ist als Ceres; auch hat er eine höhere Albedo (Reflexionsvermögen). Er kann 6. Größe erreichen, ist also gerade noch ohne optische Hilfsmittel sichtbar.

Gruppen und Lücken

Kleinplaneten tendieren zur Gruppenbildung. In Entfernungen, in denen die Umlaufszeit des Kleinplaneten gewisse einfache Bruchteile derjenigen Jupiters betragen würde (ein Drittel, zwei Fünftel und die Hälfte der Umlaufszeit von Jupiter), würden sich aufsummierende Störungen durch die Gravitation von Jupiter jeden Planetoiden in eine andere Bahn zwingen. Diese Lücken sind als Kirkwood-Lücken bekannt. Es ist kein Kleinplanet mit rückläufiger Bewegung bekannt.

Ausnahmebahnen

Für die Wissenschaft am interessantesten sind diejenigen Planetoiden, die sich vom Hauptschwarm entfernen. Einige, wie etwa Eros oder Ikarus, können sich der Erde stark nähern. Andere, beispielsweise Hidalgo, haben außergewöhnlich exzentrische Bahnen. Die Trojaner bewegen sich auf derselben Bahn wie Jupiter, jedoch ungefähr 60° von ihm entfernt, so daß keine Kollisionsgefahr besteht.

Die Entstehung der Planetoiden ist ungeklärt. Entweder stellen sie nach der Entstehung der Planeten zurückgebliebene Bruchstücke dar, d. h. Materie, die sich wegen des störenden Einflusses von Jupiter nie zu einem großen Körper vereinigen konnte, oder sie sind Überreste eines oder mehrerer früheren Planeten, die in ferner Vergangenheit durch irgendeinen verhängnisvollen Vorgang auseinandergerissen wurden.

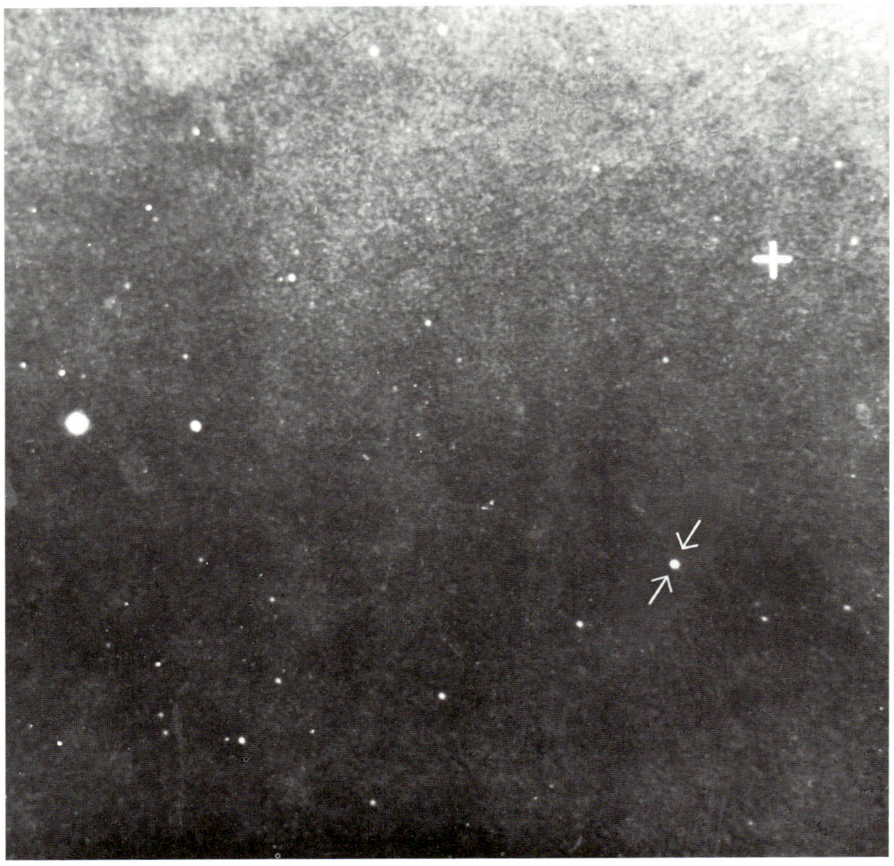

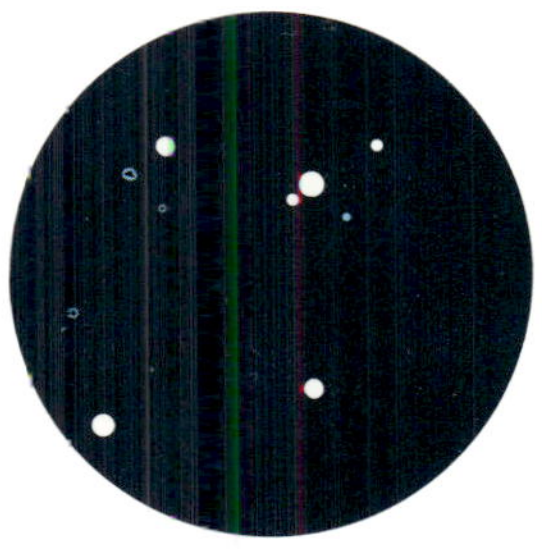

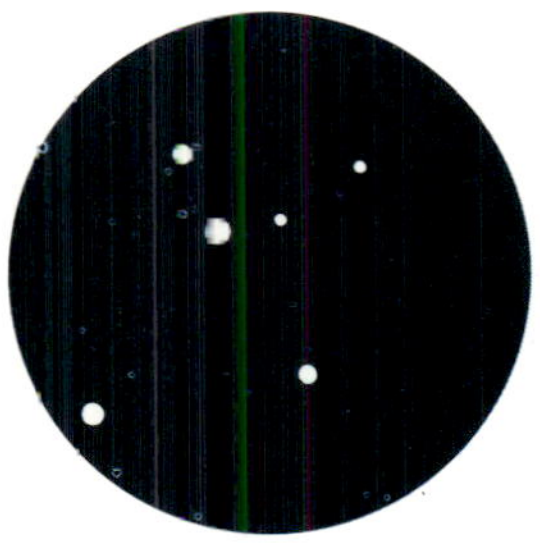

Vesta (links, oben und unten) Vesta, der hellste der Planetoiden. (Links) Von F. C. Acfield 1964 mit einem 25-cm-Spiegelteleskop aufgenommen. Vesta liegt zwischen den Pfeilen; das Kreuz bezeichnet die Stellungen einen Tag später. (Oben und unten) Zwei Skizzen, 1969 von Patrick Moore in einem Abstand von einem Tag gezeichnet. Ihre Bewegung verrät Vesta als Planetoid.

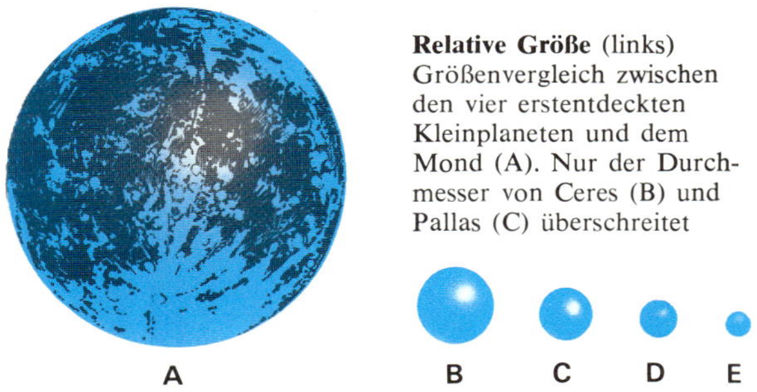

Relative Größe (links) Größenvergleich zwischen den vier erstentdeckten Kleinplaneten und dem Mond (A). Nur der Durchmesser von Ceres (B) und Pallas (C) überschreitet 400 km. Vesta (D), mit 385 km und Juno (E) mit 241 km Durchmesser bleiben darunter. Die Gesamtmasse aller Asteroiden ist immer noch kleiner als diejenige des Mondes.

Planetoidenspuren (unten) In dieser Zeitaufnahme von Max Wolf ruft die Bewegung der Planetoiden vor dem Sternhintergrund kleine Striche auf der Fotoplatte hervor.

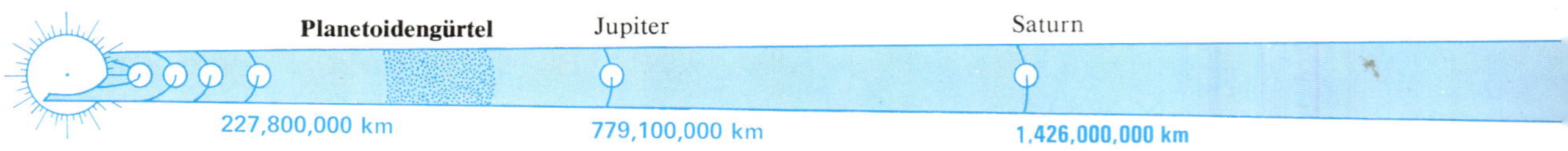

Planetoidengürtel (rechts)
Bahnen von Kleinplaneten im Hauptschwarm. Die Tendenz zur Gruppenbildung ist klar ersichtlich, bestimmte Bereiche werden eindeutig gemieden: die Kirkwood-Lücken, die auf den störenden Einfluß von Jupiter zurückzuführen sind.

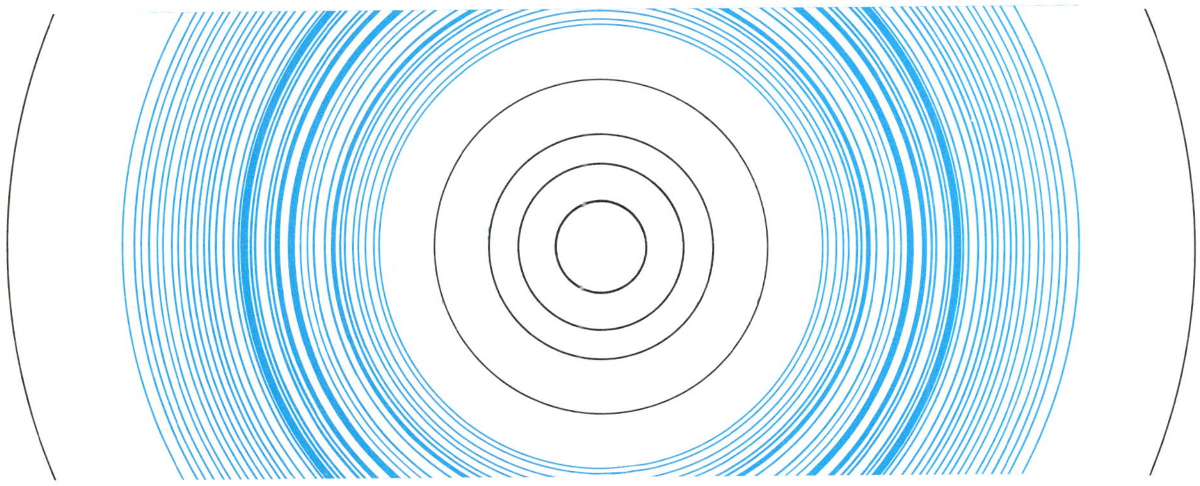

Bahn von Ikarus (unten)
Bahn (A) des außergewöhnlichen Asteroiden Ikarus, von W. Baade auf einer am 26. Juni 1949 in Palomar aufgenommenen Fotografie entdeckt. Ikarus hat einen Durchmesser von nur 1—2 km, seine Bahn ist 23° gegen die Ebene der Ekliptik geneigt. Die Umlaufszeit beträgt 409 Tage, die Bahnexzentrität 0,83. Der Asteroid kommt — innerhalb der Bahn von Merkur (B) — bis auf ungefähr 31 Mio km an die Sonne heran. Die Temperatur dürfte dann bei 500° C liegen, genug um das Material an der Oberfläche verglühen zu lassen.
Ikarus kann sich uns bis auf 6,8 Mio km nähern, wie es 1969 geschah. Während dieser Annäherung wurde Ikarus hell genug, um mit einem mittelstarken Teleskop — er erreichte 12. Größe — beobachtet werden zu können, auch Radarechos wurden aufgefangen.

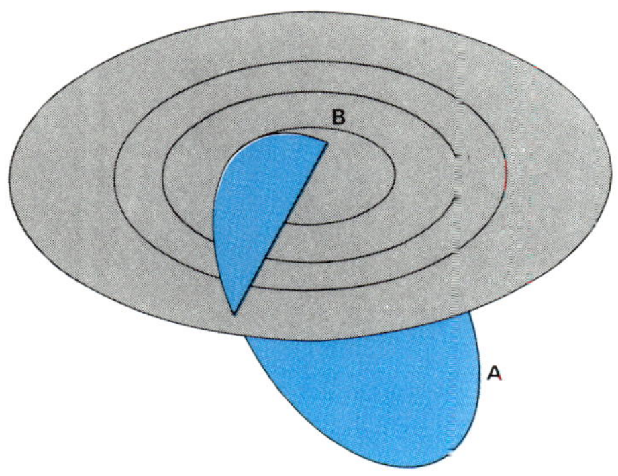

Stark exzentrische Bahnen (rechts)
Die Zeichnung zeigt etliche Planetoidenbahnen von relativ hoher Exzentrizität. Ikarus ist der einzige Asteroid, dessen Bahn teilweise innerhalb der Merkurbahn verläuft. Die Bahn des Hidalgo (1) reicht über die Jupiterbahn hinaus; stark geneigt und zugleich stark exzentrisch, ist sie einer Kometenbahn so ähnlich, daß man — freilich erfolglose — Versuche unternommen hat, Hidalgo als Kometen zu identifizieren. Bahnen dieser Art gehören unter den Kleinplaneten zu den Ausnahmen; bezeichnend, daß bisher noch kein Kleinplanet mit rückläufiger Bewegung gefunden wurde.

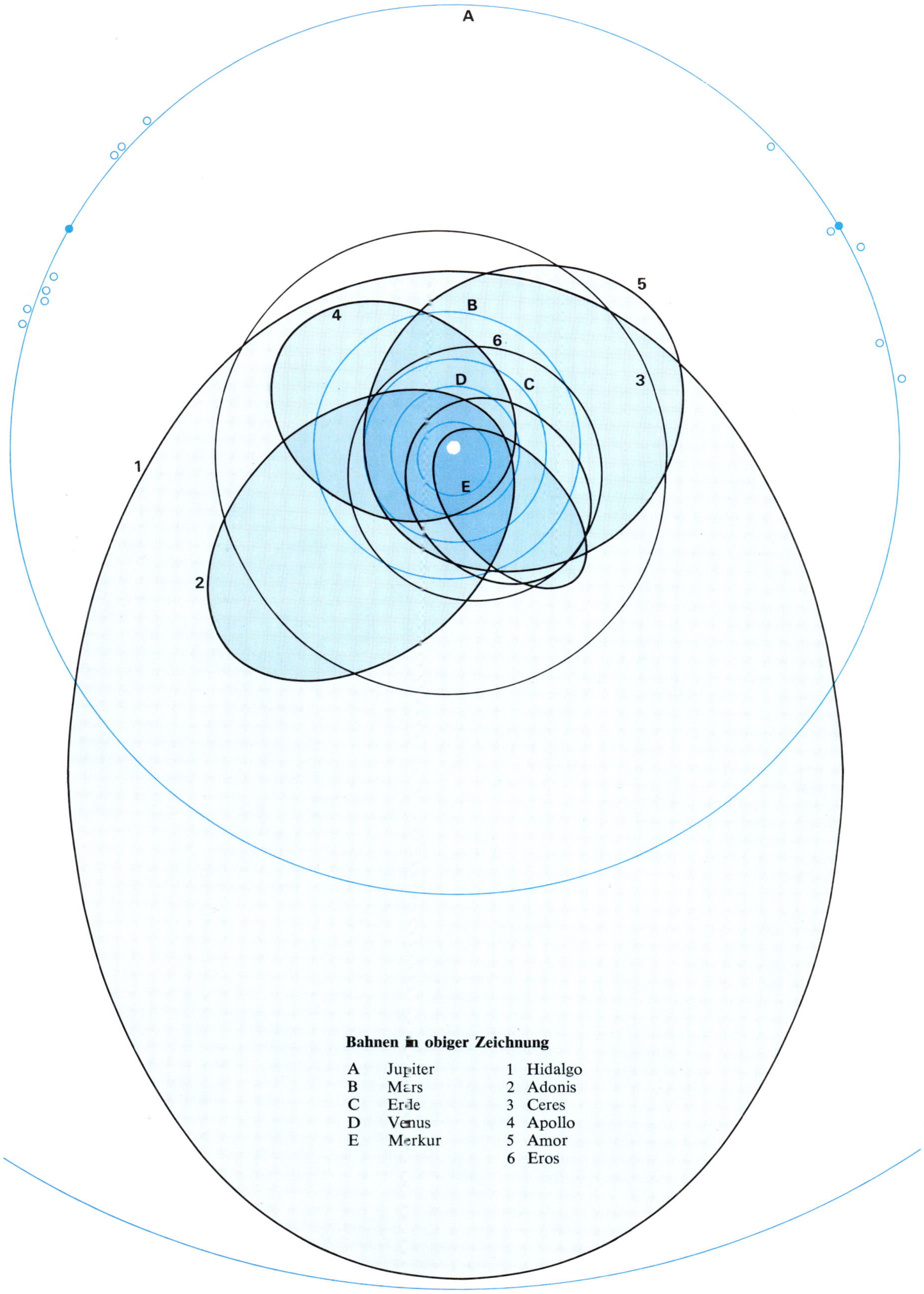

Kleinplaneten

Name		Entdeckung		Ø (km)	Umlauf (Jahre)	Bahnneigung (Grad)
1	Ceres	Piazzi	1801	690	4,60	10,6
2	Pallas	Olbers	1802	452	4,61	34,8
3	Juno	Harding	1804	241	4,36	13,0
4	Vesta	Olbers	1807	393	3,63	7,1
5	Astraea	Hencke	1845	180	4,14	5,3
6	Hebe	Hencke	1847	171	3,78	14,8
7	Iris	Hind	1847	151	3,68	5,5
8	Flora	Hind	1847	124	3,27	5,9
9	Metis	Graham	1848	214	3,69	5,6
10	Hygieia	De Gasparis	1849	357	5,60	3,8
11	Parthenope	De Gasparis	1850	121	3,84	4,6
12	Victoria	Hind	1850	151	3,56	8,4
13	Egeria	De Gasparis	1850	198	4,14	16,5
14	Irene	Hind	1851	158	4,16	9,1
15	Eunomia	De Gasparis	1851	235	4,30	11,8
16	Psyche	De Gasparis	1852	323	4,99	3,1
18	Melpomene	Hind	1852	132	3,48	10,1
19	Fortuna	Hind	1852	161	3,82	1,5
20	Massalia	De Gasparis	1852	180	3,74	0,7
22	Calliope	Hind	1852	251	4,96	13,7
27	Euterpe	Hind	1853	151	3,60	1,6
29	Amphitrite	Marth	1854	183	4,08	6,1
30	Urania	Chacornac	1856	257	4,60	10,4
39	Laetitia	Goldschmidt	1856	90	3,41	4,3
40	Harmonia	Hind	1854	90	3,64	2,1
44	Nysa	Goldschmidt	1857	100	3,77	3,7
51	Nemausa	Laurent	1858	151	3,64	10,0
63	Ausonia	De Gasparis	1861	148	3,70	5,8
192	Nausicaa	Palisa	1879	193	3,72	6,9
324	Bamberga	Palisa	1892	196	4,40	11,3
349	Dembovska	Charlois	1892	257	5,00	8,3
433	Eros	Witt	1898	18	1,76	10,8
944	Hidalgo	Baade	1920	43	3,96	42,5
1221	Amor	Delporte	1932	3	2,67	11,9
1566	Icarus	Baade	1949	2	1,12	23,0
—	Apollo	Reinmuth	1932	3	1,81	6,4
—	Adonis	Delporte	1936	2	2,76	1,5
—	Hermes	Reinmuth	1937	2	1,47	4,7

Jupiter 1

Jupiter ist der Gigant des Sonnensystems. Seine Masse ist größer als die aller anderen Planeten zusammengenommen, weshalb man ihn geziemend nach dem Herrscher des Olymps benannt hat. Trotz seiner großen Entfernung von uns — sie beträgt nie weniger als 595 Mio km — erscheint er heller als jeder andere Planet, mit Ausnahme von Venus. Seine größte Helligkeit liegt bei —2,5 Größenklassen. Leichter zu beobachten als Venus oder auch als Mars, steht Jupiter jeweils mehrere Monate im Jahr günstig am Himmel und kommt alle 13 Monate in Opposition (genauer: alle 399 Tage).
Im Fernrohr sieht man, daß die Welt des Jupiter eine ganz andere ist als die der Erde. Sein Volumen ist 1347mal größer als das der Erde, seine Kugel ist auffällig abgeplattet, was auf die rasche Rotation zurückzuführen ist. Ein «Tag» auf Jupiter dauert weniger als zehn Stunden, die Äquatorregion neigt daher stark zur Ausbuchtung.
Die Differenz zwischen Äquator- und Poldurchmesser beträgt knapp 9000 km. Jupiter hat eine geringere Dichte als die Erde. Zumindest die Oberflächenschichten bestehen aus Gas. Zwischen den Wolken der Venus und denen des Jupiter besteht ein grundsätzlicher Unterschied. Venus besitzt eine nicht sehr tiefe Atmosphäre über einer festen Kugel. Bei Jupiter ist es unmöglich zu sagen, wie stark die Atmosphäre ist. Es wäre denkbar, daß Jupiter gar keine eigentliche, feste Oberfläche besitzt. An der Oberfläche ist Jupiter kalt, seine Temperatur beträgt dort — 130° C.

Der Anblick im Fernrohr
Jupiter bietet im Fernrohr einen faszinierenden Anblick. Die abgeplattete, gelbliche Kugel scheint von streifigen «Wolkenbändern» durchzogen, außerdem sieht man eine Fülle von Einzelheiten wie Wölkchen, Girlanden und Flecken. Am bekanntesten ist der Große Rote Fleck, der im Unterschied zu den anderen Flecken ein permanentes Merkmal zu sein scheint. Manche der erwähnten Bänder sind immer zu sehen, sie tragen besondere Namen und sind in der Zeichnung rechts aufgeführt.
Da die Oberfläche des Jupiter gasförmig ist, ist die Rotationsperiode nicht für den ganzen Planeten einheitlich. Die Periode der Äquatorzone (System I) ist fünf Minuten kürzer als die des übrigen Planeten (System II), und verschiedene Merkmale, wie zum Beispiel der Rote Fleck, haben ihre eigenen Umlaufszeiten und driften in Länge gegen die anderen Teile der Oberfläche. Bei der Messung der Rotationsperioden der verschiedenen Gürtel und Zonen haben vor allem Amateure wertvolle Arbeit geleistet.

Ist Jupiter ein «mißratener Stern»?
Bis vor einem halben Jahrhundert hielt man es für möglich, daß Jupiter ein heißer Körper sein könnte, ein schwacher Stern, der aus sich selbst Licht erzeugt. Zwischen Stern- und Planetenkörpern besteht aber ein grundsätzlicher Unterschied; so groß und schwer Jupiter auch sein mag, er ist doch nicht schwer genug, um in seinem Innern Kernreaktionen zu zünden und aufrechtzuerhalten, die allein ihm die Qualifikation eines Sterns geben könnten.
Jupiters Gashülle besteht in der Hauptsache aus Wasserstoff, dem häufigsten Element im Weltall. Auch findet man in seiner Atmosphäre Wasserstoffverbindungen, wie Ammoniak und Methan, zusammen mit einer beträchtlichen Menge Helium und Spuren anderer Elemente.
Dank seiner großen Masse hat Jupiter seinen ursprünglichen Bestand an Wasserstoff bewahrt. Das heißt, daß dort Leben, wie wir es kennen, nicht existieren kann. Zudem ist an eine Landung von Sonden auf dem Jupiter vorderhand nicht zu denken; man wird in naher Zukunft allenfalls einige seiner Satelliten ansteuern können. Jupiter hat insgesamt zwölf Monde; vier von ihnen sind hell genug, um selbst mit dem kleinsten Fernrohr gesehen zu werden, die anderen acht dagegen so klein, daß man sie wohl als eingefangene Planetoiden ansehen muß.

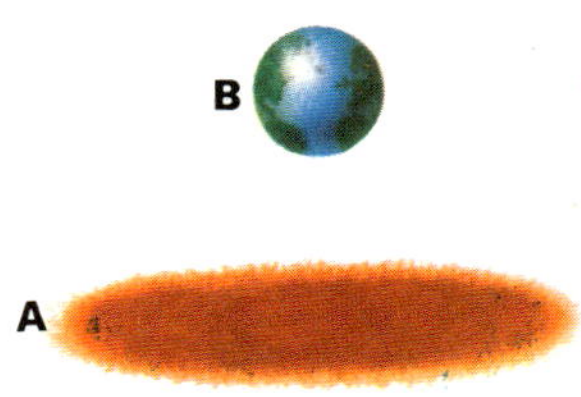

Größe (rechts)
Jupiters Äquator hat einen Durchmesser von 143 650 km. Der Rote Fleck (A) ist etwa 40 000 km lang, seine Fläche entspricht der Erdoberfläche (B).

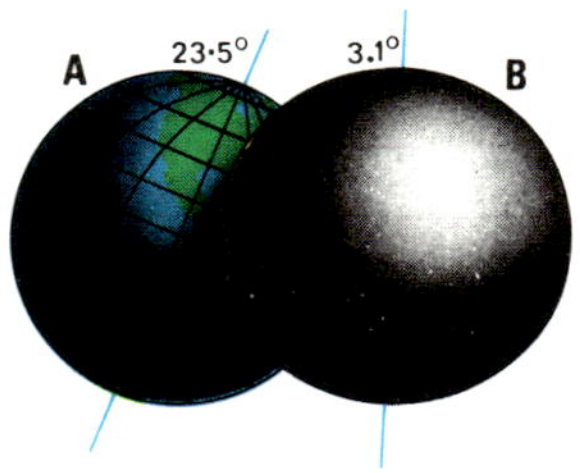

Achsenneigung (links)
Die Achsenneigung Jupiters (B) beträgt nur 3° 04′, also viel weniger als die aller anderen Planeten. Die Erde (A) hat eine Achsenneigung von 23½°.

Dichte (rechts)
Die Masse Jupiters ist größer als die aller anderen Planeten zusammengenommen: Sie beträgt das 318fache der Erdmasse.
Da Jupiter aber vorwiegend aus den leichtesten Elementen, Wasserstoff und Helium, besteht, hat er trotzdem eine verhältnismäßig niedere Dichte.

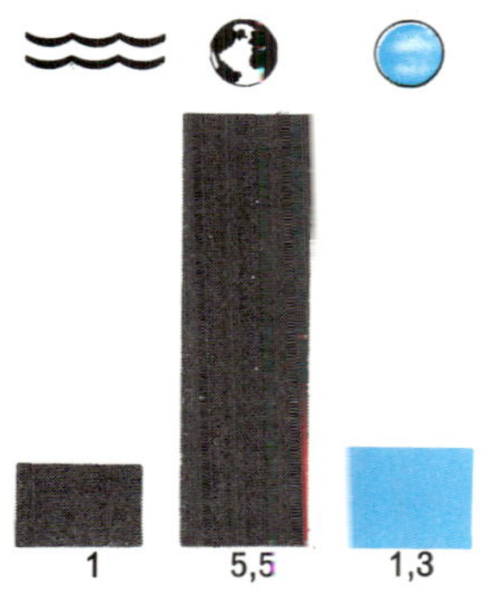

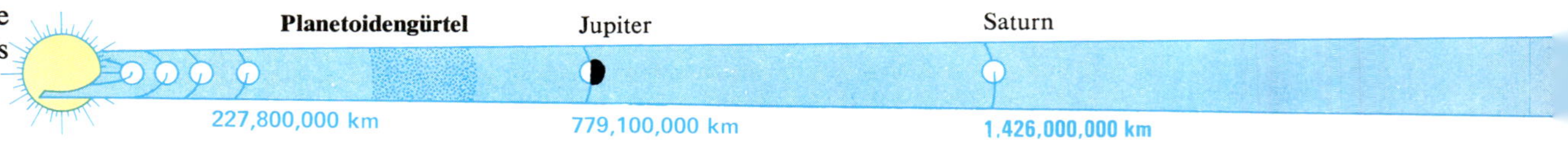

Jupiters Streifen (links)
Jedes Band (dunkel) und jede Zone (hell) des Jupiter — in der Zeichnung links mit einer Nummer versehen — hat eine eigene Rotationsperiode. Die Perioden in der nachfolgenden Liste sind Mittelwerte und unterliegen starken Schwankungen. Die Abkürzungen haben sich international eingebürgert, sie sind den englischen Bezeichnungen entnommen.

Gebiet	Rotation	Lage
1. SPR und SSSTB	9 h 55 min 30 sec,	Breite — 90° bis — 45°
2. SSTZ	9 h 55 min 07 sec	
3. SSTB	9 h 55 min 07 sec	
4. STZ	9 h 55 min 20 sec	
5. STB	9 h 55 min 20 sec	
6. Großer Roter Fleck	9 h 55 min 35 sec,	Breite etwa — 22°
7. STrZ	9 h 55 min 36 sec,	Breite — 25° bis — 21°
8. SEBs	9 h 55 min 39 sec,	Breite — 19°, wird vom Roten Fleck angeschnitten
9. SEBn	9 h 55 min 39 sec	
10. EqZ	9 h 50 min 24 sec	
11. EqB	9 h 50 min 24 sec,	ein schwer zu definierendes Band
12. NEB	9 h 54 min 09 sec,	Breite + 13°
13. NTrZ	9 h 55 min 29 sec,	Breite + 14° bis + 22°
14. NTB	9 h 53 min 17 sec,	Breite + 27°
15. NTZ	9 h 56 min 05 sec	
16. NNTB	9 h 55 min 42 sec,	Breite + 36° bis + 40°
17. NNTZ	9 h 55 min 42 sec	
18. NNNTB	9 h 55 min 20 sec,	Breite + 43°
19. NPR	9 h 55 min 42 sec,	Breite + 47° bis 90°

Das Gebiet zwischen dem Nordrand von SEB und dem Südrand von NEB faßt man als Rotationssystem I zusammen; der Rest des Planeten bildet System II. Die beiden Systeme haben verschiedene, genau definierte und in Tabellen festgehaltene Umlaufszeiten. In dieser Zeichnung und in allen folgenden Abbildungen der äußeren Planeten ist Süd oben und Nord unten, so wie es dem Bild im Fernrohr entspricht.

Ein hypothetischer Querschnitt (links)
Der Aufbau des Jupiter nach R. Gallet, 1964.
Dieses Querschnittmodell ist weitgehend als Versuch zu betrachten und gilt unter der Voraussetzung, daß die Temperatur auf dem Grund der Atmosphäre sehr hoch ist. Bis heute gibt es noch keine allgemein anerkannte Theorie über den inneren Aufbau des Jupiter und der anderen großen Planeten.
Nach Gallets Hypothese nimmt die Temperatur der Atmosphäre (A in der Zeichnung) von außen nach innen zu.

Die Stoffe, die in der Atmosphäre vorkommen, könnten in den unteren Schichten gasförmig, in den äußeren Schichten als zirrusähnliche Kristallwolken vorhanden sein. In der obigen Detailzeichnung der Atmosphäre (A in der Zeichnung S. 172 o.) bedeuten: 1 = Ammoniakkristalle, 2 = Ammoniaktröpfchen, 3 = Ammoniakdampf, 4 = Eiskristalle, 5 = Wassertröpfchen, 6 = Wasserdampf. Setzt man den Planetenradius = 1, so beginnt die Atmosphäre bei 0,94. Sie stellt die obere Grenze einer Schicht flüssigen und/oder festen Wasserstoffs (B) dar, welche bis zum 0,8fachen Radius hinunterreicht. Unter dieser Schicht würde der Druck etwa eine Million Atmosphären erreichen. Eine Übergangszone (C) würde den Beginn eines festen metallischen Zustandes (Schicht D) bezeichnen, den man auf der Erde nicht kennt und der bis zu einem Viertel vom Radius hinabreichen würde. In einer Zusammensetzung, die ihren kosmischen Vorkommen entspricht, wären dann im Kern (E) Metalle und Silikate zusammengepackt.
Dieser Kern allein hätte vielleicht die 10fache Erdmasse.

Das wechselnde Bild des Jupiter (links)
(Oben) Diese Aufnahme wurde mit dem 5-m-Spiegelteleskop auf Mount Palomar gemacht; NEB ist deutlich sichtbar, SEB ist besonders dunkel. Der Rote Fleck ist auf der Scheibe links zu sehen.

(Mitte links) 31. Oktober 1964, 06.41 MEZ (P. Glaser, 20-cm-Spiegelteleskop). Besonders auffallend ist die Gelbfärbung der als System I bezeichneten Gebiete; der Rote Fleck liegt, deutlich sichtbar, auf dem Zentralmeridian.

(Mitte rechts) 20. Januar 1967 (G. P. Kuiper, 2-m-Spiegelteleskop). Die Gelbfärbung der Äquatorregion ist nicht mehr so deutlich abgesetzt. Auf dem Zentralmeridian liegt südlich (oben) von STB einer der für STZ charakteristischen weißen Flecken. Sehr deutlich die zottigen Umrisse der Hauptgürtel.

(Unten) 25. Januar 1968, 12.25 MEZ (G. P. Kuiper, 2-m-Spiegelteleskop). Viele Bänder und viele feine Strukturen. Diese linke Fotoreihe zeigt, wie stark sich das Bild der Jupiteroberfläche von Jahr zu Jahr ändern kann. NEB ist fast immer gut sichtbar.

(Unten) 29. September 1963, 00.10 MEZ (W. Rippengale, 25-cm-Spiegelteleskop).

(Unten) 18. Oktober 1963, 00.20 MEZ (W. Rippengale, 25-cm-Spiegelteleskop).

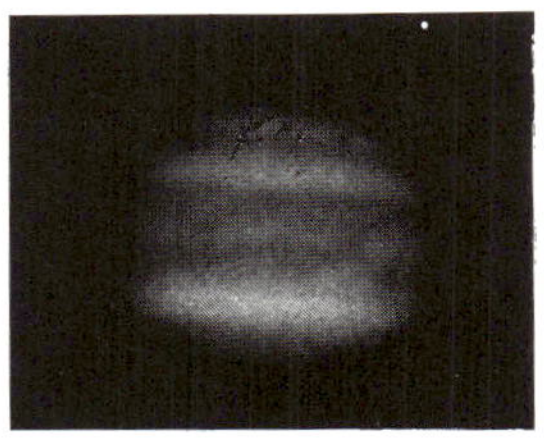

29. September 1963

18. Oktober 1963

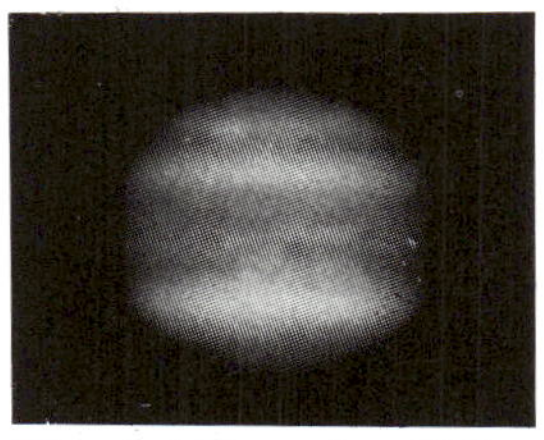

(Unten) 1. November 1964, 02.34 MEZ (H. E. Dall, 25-cm-Spiegelteleskop). Der Mond Europa hat sich gerade von der Scheibe entfernt, man sieht noch den Schatten.

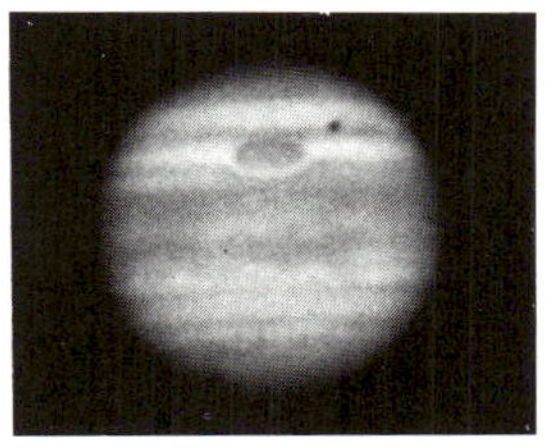

Jupiter 2

Der Rote Fleck
Der Große Rote Fleck, der auf Jupiterzeichnungen bis ins Jahr 1631 zurückverfolgt werden kann, ist unter Normalbedingungen ein auffallendes Merkmal. 1878 war er besonders auffällig und wurde als ziegelrotes Gebilde von 48 000 km Länge und 11 000 km Breite beschrieben, die von ihm bedeckte Fläche war damit größer als die Oberfläche der Erde. Seither schwankt seine Sichtbarkeit, und die Farbe rangiert zwischen Ziegelrot und Blaßorange. Er ist in jovigraphischer Länge nicht fest, sondern driftet langsam gegenüber den umgebenden Streifen.
Was der Rote Fleck in Wirklichkeit ist, weiß man bis heute noch nicht. Die «Floß»-Theorie vermutet, es handle sich um irgendeine Art von Festkörper oder eine Ansammlung fester oder halbfester Körper, die in der äußeren Gasschicht Jupiters schweben; sein zeitweiliges Verschwinden wäre dann mit einem Absinken in ein tieferes Niveau zu erklären, die Gasschichten würden ihn überfluten, und eine «Senke» bliebe zurück. Die andere Möglichkeit wäre, daß er das obere Ende eines Taylor-Zylinders darstellt — einer Säule stillstehenden Gases, zurückzuführen auf Winde in der Atmosphäre, welche um eine Oberflächenformation weit unter der sichtbaren Wolkenschicht einen Wirbel bilden.
Eine plausible Erklärung für die Farbe hat bis jetzt noch niemand geben können.

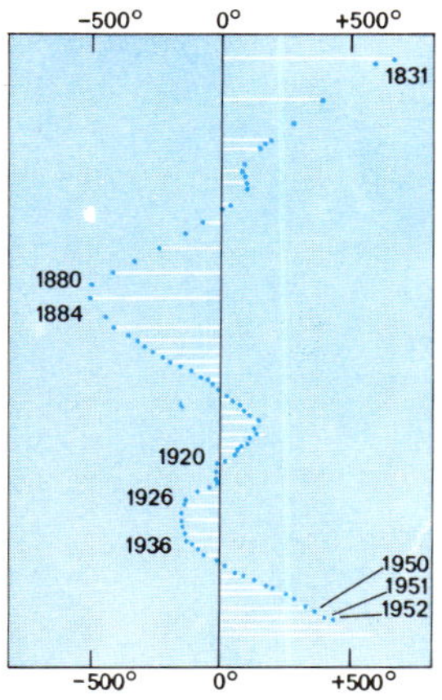

Bewegung des Roten Flecks (links)
Änderungen in der Länge des Großen Roten Flecks zwischen 1831 und 1955. Bis 1880 nahm die Länge ab, um danach unter Schwankungen wieder zuzunehmen. Das Diagramm gibt nicht die absoluten Längenpositionen des Roten Flecks an, sondern zeigt jeweils den Grad der Längenänderungen (also der Bewegung des Flecks) an. Deshalb geht die Skala über 360° hinaus.

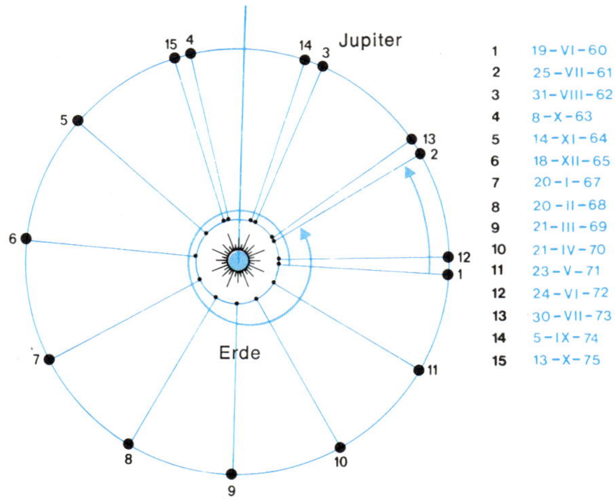

Bahn und Oppositionen (links)
Jupiter ist so weit von der Erde und Sonne entfernt, daß die Exzentrität seiner Bahn für die Beobachtung kaum noch ins Gewicht fällt; der scheinbare Polardurchmesser liegt bei Opposition zwischen 41″ und 46″, die Helligkeit zwischen — 2,0 und — 2,5 Größenklassen, die Entfernung von der Erde zwischen 590 Mio km (Jupiter im Perihel) und 665 Mio km (Jupiter im Aphel). 1975 wird Jupiter sich uns auf die kleinste überhaupt mögliche Entfernung nähern. Das Diagramm veranschaulicht die Oppositionen zwischen 1960 und 1975.

Jupiter im Licht verschiedener Wellenlängen aufgenommen
Fotografien von Jupiter, aufgenommen am 19. September 1927 von W. H. Wright, Lick-Observatorium, USA.
Diese Aufnahmen sind mit Filtern von sechs verschiedenen Wellenlängen gemacht worden; (oben) Ultraviolett, Violett, Grün; (unten) Gelb, Rot, Infrarot. Mit den Wellenlängen verändert sich das Bild der Oberflächenstruktur, doch ist der nördliche Äquatorgürtel (NEB, unterhalb der Scheibenmitte) stets deutlich zu erkennen.

Zwei Theorien über den Roten Fleck
(A) Die erste der beiden Theorien besagt, daß der Rote Fleck in der Jupiteratmosphäre schwebt. Veränderungen der Sichtbarkeit können durch den Wechsel der Höhe, in der der Fleck schwebt, erklärt werden.
(B) Die zweite Theorie nimmt an, daß es sich beim Fleck um einen Taylor-Zylinder aus stationärem Gas handelt, der durch Wirbel stabilisiert wird. In diesem Fall müßte Jupiter unter seiner Wolkendecke eine feste Oberfläche haben. Der Rote Fleck, ein ganz ungewöhnliches Phänomen, scheint zwar dauernd vorhanden, aber steter Veränderung unterworfen zu sein. Er übt einen deutlichen Einfluss auf die ganze südliche Hemisphäre des Jupiter aus. Von 1901 bis 1940 war der Streifen der südtropischen Störung in derselben Breite wie der Fleck sehr deutlich, und da seine Umlaufszeit kürzer war als die des Flecks, fanden periodisch gegenseitige Beeinflussungen statt; doch verschwand die Störung in der Folgezeit völlig. Die beiden Theorien über den Roten Fleck werden unten veranschaulicht.

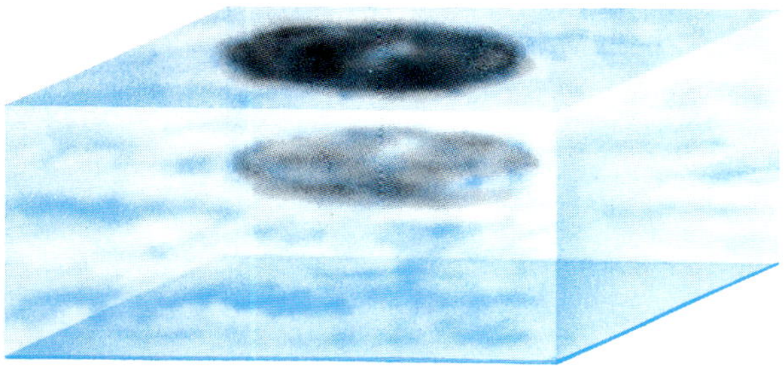

Floßtheorie (oben)
Nach dieser Theorie ist der Rote Fleck ein fester oder halbfester Körper, der auf dem Grund der gasförmig-flüssigen Hülle des Planeten schwebt. Sinkt er tiefer ein, wird er weniger gut sichtbar, weil er dann von einer dickeren Gasschicht bedeckt ist.

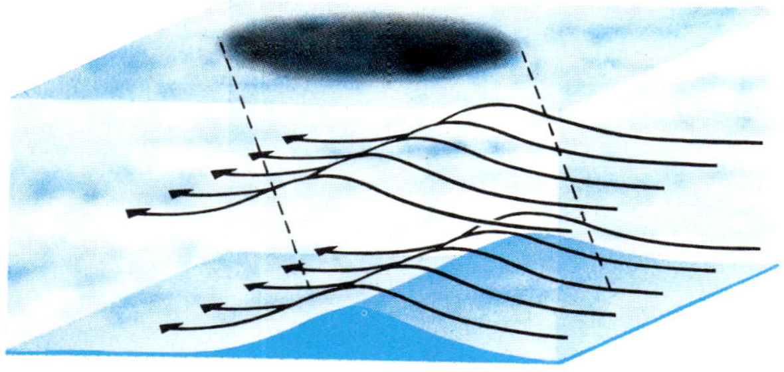

Taylor-Zylinder (oben)
Die Wirbeltheorie vermutet, daß der Rote Fleck ein sogenannter Taylor-Zylinder aus stationärem Gas ist, Ergebnis einer Unterbrechung der atmosphärischen Zirkulation durch eine topographische Besonderheit auf der Jupiteroberfläche.

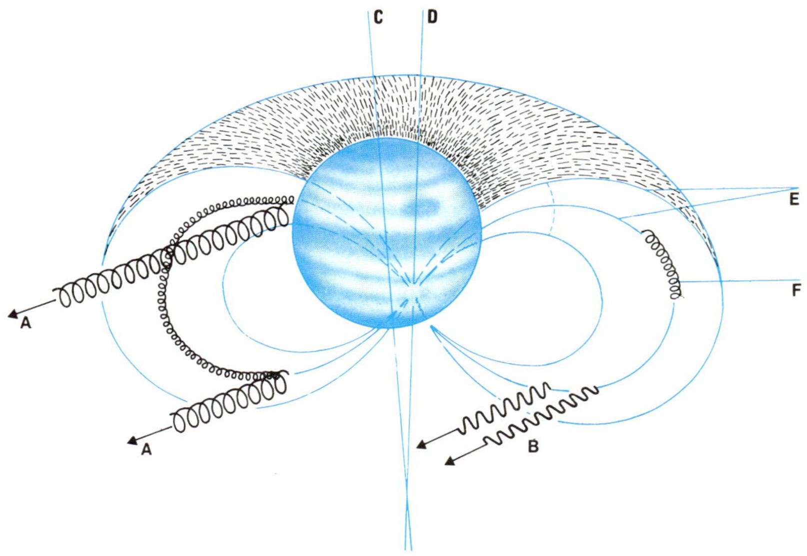

Ausstrahlung von Radiowellen (links)
Jupiter sendet Radiowellen (A und B) aus; links ein Versuch, ihre Entstehung zu deuten.

A Zirkular polarisierte Strahlung
B Linear polarisierte Strahlung
C Jupiters Rotationsachse
D Jupiters magnetische Achse
E Magnetische Feldlinien
F Bahnen eingefangener, geladener Teilchen

Die Magnetosphäre des Jupiter
Jupiter scheint ein starkes Magnetfeld zu besitzen und ist zugleich eine starke Radioquelle. Intensive Ausbrüche von Radiostrahlung (Wellenlängen 10 m bis einige Dutzend m) wurden 1954 von Burke und Franklin entdeckt, über ihren Ursprung ist man sich jedoch noch nicht völlig sicher; die verschiedenen Theorien vermuten Blitzentladungen in der Jupiteratmosphäre, Plasmaschwingungen, von Störungen vulkanischer Art in der unteren Atmosphäre verursachte Schockwellen sowie Explosionen in der Atmosphäre.
Die Ausstrahlung der Radiowellen scheint mit der Stellung des Io, des innersten der großen Satelliten, in seiner Umlaufbahn zusammenzuhängen.

Die Satelliten

Jupiter hat insgesamt 12 Monde. Vier davon sind hell genug, um mit jedem Fernrohr gesehen zu werden. Auch mit einem guten Feldstecher sind sie zu erkennen, und sie wären sogar für das bloße Auge sichtbar, würden sie nicht vom hellen Licht des Jupiter überstrahlt. Im Winter 1609/10 entdeckten Galilei und unabhängig von ihm Simon Marius diese vier Monde; sie wurden Io, Europa, Ganymed und Kallisto benannt. Io und Europa sind ungefähr von der Größe unseres Mondes, Ganymed und Kallisto ungefähr von der Größe Merkurs, nur von viel geringerer Dichte.

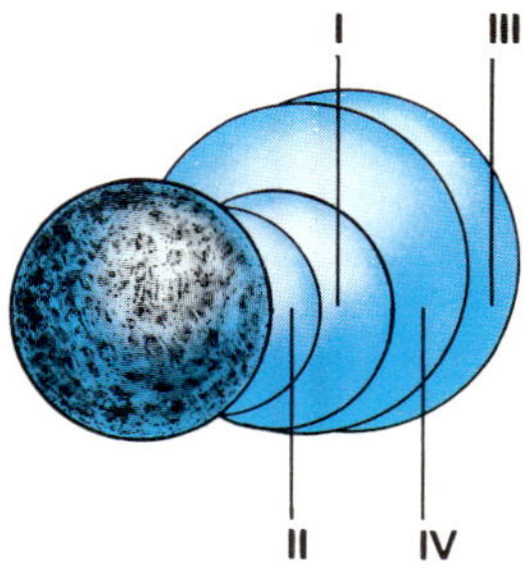

Die vier größten Jupitermonde (links)
Vier Jupitermonde (Io, Europa, Ganymed und Kallisto) sind hell genug, um mit jedem Fernrohr gesehen zu werden. Io (I) und Europa (II) sind in der Größe mit unserem Mond (links vorn) zu vergleichen.

Die anderen Monde sind verschiedener Art. Erstaunlicherweise sind sie nicht offiziell benannt worden, doch wurden vor einigen Jahren Namen vorgeschlagen, die vielleicht in allgemeinen Gebrauch kommen. Mond V, Amalthea, wurde 1892 von Barnard entdeckt und ist der dem Planeten nächste Satellit. Außerhalb der Kallistobahn laufen zunächst drei weitere Satelliten, VI, VII und X (Hestia, Hera und Demeter). In fast doppelter Entfernung folgen vier weitere Satelliten: XII, XI, VIII und IX (Adrastea, Pan, Poseidon und Hades), welche sich rückläufig bewegen. Sie sind von Jupiter so weit weg und werden von der Anziehung der Sonne so stark beeinflußt, daß ihre Bahnen sehr unregelmäßig sind. Tatsächlich verlor man Poseidon schon kurz nach seiner Entdeckung für mehrere Jahre aus den Augen, 1940 wurde er «wiedergefunden».

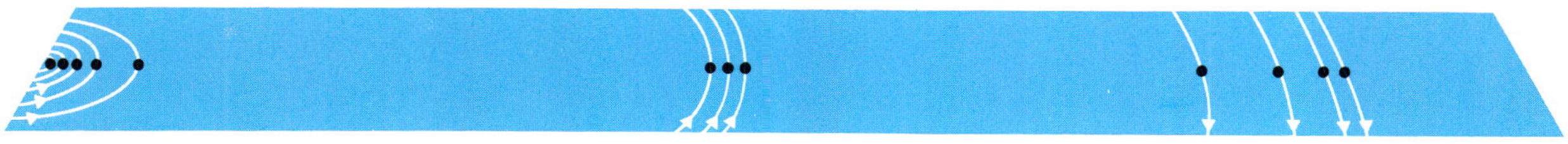

Die Bahnen der Satelliten (oben)
Die erste Gruppe umfaßt die vier großen Monde und den innersten, Amalthea. Dann folgen zwei Gruppen, von denen die äußere aus Satelliten mit rückläufiger Bewegung besteht. Bei den äußeren sieben Satelliten könnte es sich um eingefangene Asteroiden handeln.

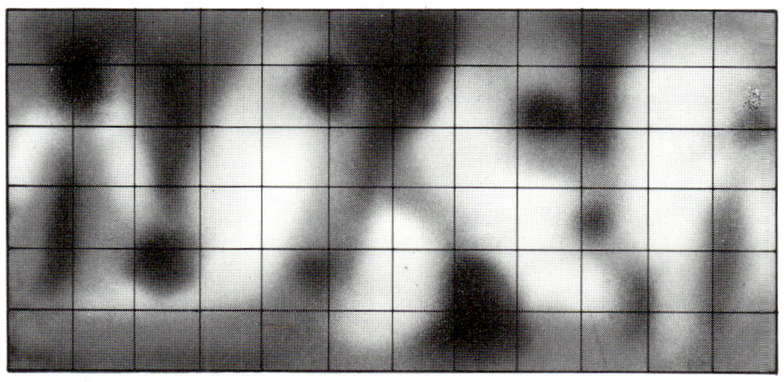

Io (oben)
Oberflächeneinzelheiten auf Io; die Mercatorkarte wurde von A. Dollfus und Mitarbeitern am Pic du Midi gezeichnet. Man sieht verschiedene dunkle Flecken und hellere Gebiete.

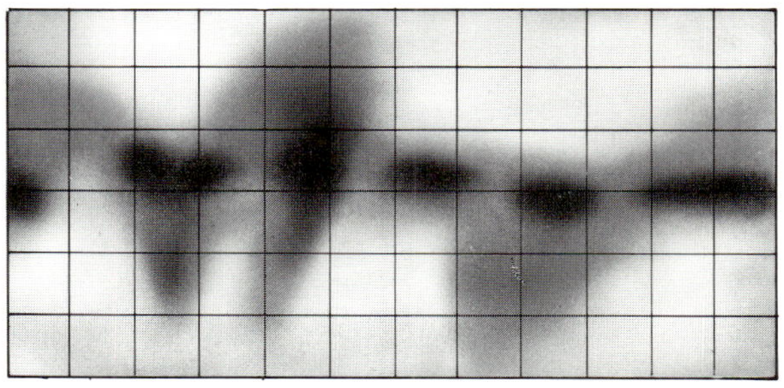

Europa (oben)
Mercatorkarte von Europa (A. Dollfus, Pic du Midi). Das Hauptmerkmal ist ein dunkles Gebiet in der Nähe des Äquators.

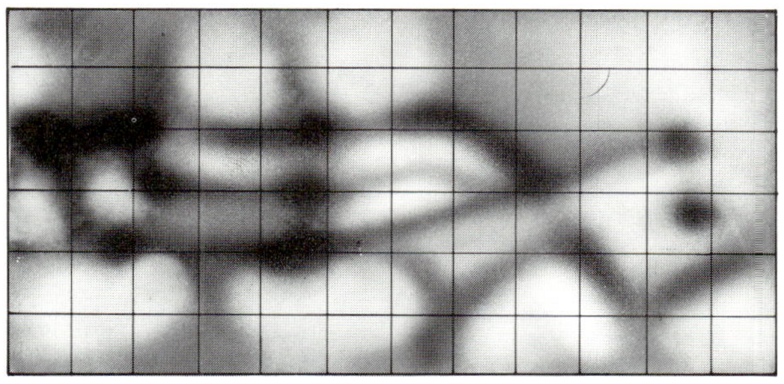

Ganymed (oben)
Mercatorkarte von Ganymed (Dollfus). Die Einzelheiten sind hier ausgeprägter. Die Farbe ist im allgemeinen ausgesprochen gelblich.

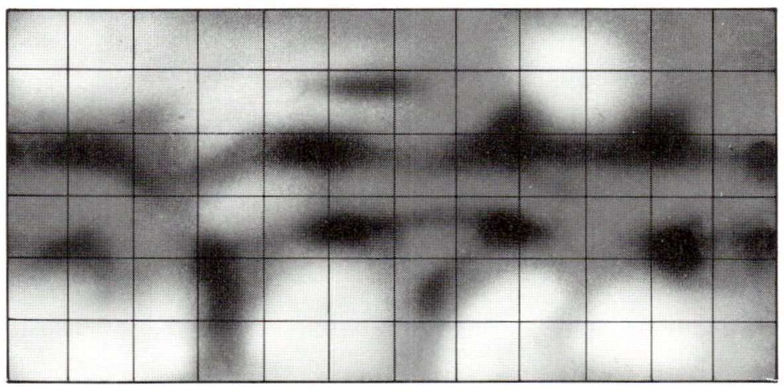

Kallisto (oben)
Eine Mercatorkarte der Oberfläche von Kallisto. Obgleich etwa so groß wie Ganymed, hat dieser Satellit eine weit geringere Dichte und eine geringere Entweichgeschwindigkeit.

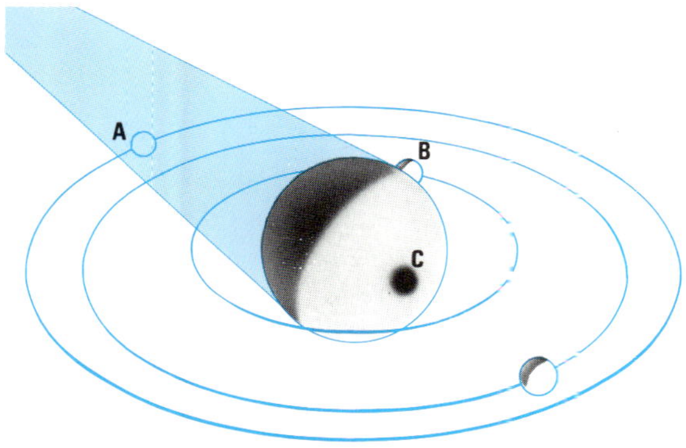

Verfinsterungen und Bedeckungen der Satelliten (oben)
Verfinsterungen (A) und Bedeckungen (B) der vier Galileischen Satelliten sind mit einem kleinen Fernrohr leicht zu beobachten. Auch Schattendurchgänge (C) sind zu erkennen. Verfinsterungen und Bedeckungen eines Mondes durch einen anderen sind selten. Sieht man einen Satelliten vor der Jupiterscheibe vorüberziehen, so erscheint er scharf konturiert, denn keiner der Satelliten dürfte eine merkliche Atmosphäre besitzen.

Schattendurchgang von Ganymed (rechts)
Dieses mit dem 5-m-Spiegel auf Palomar aufgenommene Bild zeigt Ganymed samt seinem Schatten auf der Jupiterscheibe. Auch der Große Rote Fleck ist sichtbar.

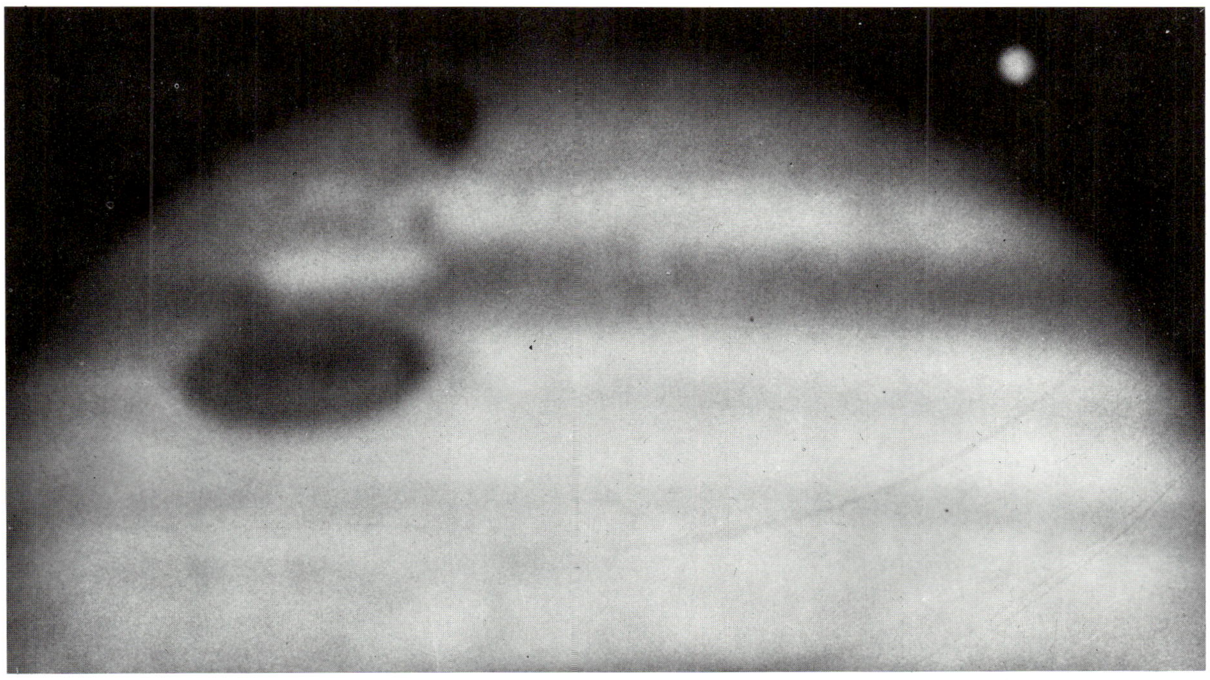

Entfernung von der Sonne	im Maximum	816,05 Mio km
	im Mittel	778,34 Mio km
	im Minimum	740,63 Mio km

Siderische Umlaufszeit 11,86 Jahre
Synodische Umlaufszeit 398,9 Tage
Bahnexzentrizität 0,0485 Bahnneigung 1° 18′
Mittlere Geschwindigkeit in der Bahn 13,06 km/sec
Rotationsperiode am Äquator 9 h 50 min 30 sec
Achsenneigung 3° 04′
Äquatordurchmesser 143 650 km
Masse (Erde = 1) 318 Volumen (Erde = 1) 1347
Mittlere Dichte 1,30 g/cm³
Schwerebeschleunigung an der Oberfläche 23,01 m/sec²
(das 2,35fache derjenigen an der Erdoberfläche)
Entweichgeschwindigkeit 57,5 km/sec
Albedo 0,44 Abplattung 0,066
Höchste Temperatur an der Oberfläche — 133° C
Größte Helligkeit in Größenklassen — 2,5

Datentabelle Jupiter

Satelliten		Mittlere Entfernung vom Zentrum des Jupiter in 1000 km	Umlaufszeit Tage	h	min	Bahnexzentrizität	Durchmesser (unsicher) in km	Bahnneigung in °	Größenklasse
V	(Amalthea)	181		11	57	0,003	160	0,4	13
I	Io	422	1	18	28	0,000	3720	0,0	5,5
II	Europa	671	3	13	14	0,000	3140	0,0	5,7
III	Ganymed	1 070	7	03	43	0,001	5600	0,0	5,1
IV	Kallisto	1 880	16	16	32	0,007	5100	0,0	5,8
VI	(Hestia)	11 470	250	16		0,158	160	27,6	13,7
VII	(Hera)	11 730	259	16		0,207	65	24,8	18
X	(Demeter)	11 750	260	12		0,130	25	29,0	18,8
XII	(Adrastea)	20 700	671			0,170	25	147	18,9
XI	(Pan)	22 350	692			0,207	30	164	18,4
VIII	(Poseidon)	23 300	735			0,378	65	145	17
IX	(Hades)	23 700	758			0,280	30	153	18,6

Saturn 1

Saturn, im Altertum der äußerste der bekannten Planeten, ist eine riesige Kugel vom selben Typ wie Jupiter, mit einem Äquatordurchmesser von 120 670 km. Obgleich kleiner als Jupiter, ist er doch wesentlich größer als die Erde. Seine Masse ist allerdings nicht so groß, wie man erwarten könnte, denn seine Dichte ist erstaunlich gering: nur das 0,7fache des Wassers. Die Masse ist 95mal größer als die der Erde. Saturn leuchtet nicht so hell wie Jupiter, denn er ist kleiner und viel weiter entfernt. Wir sehen ihn am Himmel als einen hellen, etwas gelblichen Stern. Seine Bewegung am Sternhimmel ist verhältnismäßig langsam, im Altertum galt er als träge und unheilvoll. Erst als das Fernrohr erfunden war, erkannte man in Saturn eines der schönsten Objekte am ganzen Himmel.

Die ersten Fernrohrbeobachtungen wurden 1609/10 von Galilei gemacht. Sein Fernrohr vergrößerte nur 32fach, und nach heutigen Begriffen war die Auflösung schlecht; kein Wunder also, daß Galilei konfuse Vorstellungen von Saturn hatte: Er beschrieb ihn als einen dreifachen Planeten. Erst 1655 wies Huygens, der ein viel besseres Fernrohr zur Verfügung hatte, darauf hin, daß der seltsame Anblick Saturns durch ein ihn umgebendes System von Ringen zu erklären sei.

Die Saturnringe

Die Ringe sind nicht fest oder flüssig. Sie liegen innerhalb der Roche-Grenze des Saturn, in der keine starren Gebilde existieren könnten; sie würden im Laufe der Zeit von der Gravitationswirkung des Planeten zerrissen werden. Im 19. Jahrhundert bewies J. E. Keeler, ausgehend von den theoretischen Untersuchungen Clerk Maxwells, daß die Ringe aus einzelnen kleinen Teilchen zusammengesetzt sein müssen, die sich wie unzählige Kleinsatelliten um den Saturn bewegen und den — trügerischen — Eindruck einer zusammenhängenden Masse entstehen lassen. Arbeiten jüngsten Datums, von G. P. Kuiper, USA, durchgeführt, beweisen, daß die Teilchen der Ringe aus Ammoniak-Eis bestehen. Auch hat man vermutet, daß die Ringe die Trümmer eines ehemaligen Satelliten darstellen könnten, der in die Roche-Grenze hineingeraten und auseinandergebrochen sei. Das wäre denkbar, doch hat Saturn auf jeden Fall noch zehn andere Satelliten. Der größte unter ihnen, Titan, ist mit einem kleinen Fernrohr zu sehen und liegt in der Größenordnung der Planeten. Vier weitere (Japetus, Rhea, Dione und Tethys) wurden bis zum Ende des 17. Jahrhunderts entdeckt. Die anderen Satelliten sind viel schwächer.

Saturns Zentralkörper

Das Ringsystem ist so prächtig anzusehen, daß man vom Planetenkörper selbst abgelenkt wird. Saturn besitzt ebenfalls Bänder, wenngleich nicht so ausgeprägt und schwerer zu beobachten als bei Jupiter. Je nach Lage des Ringsystems verdeckt es einen beträchtlichen Teil der Scheibe. Flecken sind auf Saturn verhältnismäßig selten und im allgemeinen kurzlebig; ein mit dem Roten Fleck vergleichbares Oberflächenmerkmal ist nicht vorhanden. Überhaupt scheint es auf der Saturnoberfläche vergleichsweise wenig Aktivität zu geben. Das könnte auf die tiefe Temperatur zurückzuführen sein: —180 °C, 50 ° weniger als auf dem Jupiter. Die Annahme, Saturn könnte schwach selbstleuchtend sein, hat sich nicht bestätigt. Ebensowenig ist er eine starke Radiostrahlungsquelle.

Die äußeren Hüllen sind gasförmig. Sie weisen mehr Methan und weniger Ammoniak auf als bei Jupiter, denn die tiefere Temperatur hat mehr Ammoniak aus der Atmosphäre ausgefroren. Molekularer Wasserstoff ist vorhanden, ebenso größere Mengen Helium. Über die Zusammensetzung des Saturninnern ist nicht viel bekannt.

An einen bemannten Saturnflug ist zur Zeit noch nicht zu denken. Immerhin erwägt man bereits den Start einer automatischen Sonde, so daß wir möglicherweise innerhalb der nächsten zehn Jahre über Fernsehaufnahmen von Saturn verfügen werden.

Ring A
Der Durchmesser des äußersten Rings beträgt 278 000 km. Er ist hell, reflektiert aber nicht so gut wie Ring B. In ihm befindet sich die Enckesche Trennungslinie, sie ist weniger deutlich ausgeprägt als die Cassinische, scheint aber doch eine echte Lücke darzustellen. 1969 berichteten französische Astronomen von einem sehr zarten, nur zeitweise sichtbaren Ring D außerhalb von Ring A, dessen Existenz allerdings noch nicht als gesichert gelten kann.

Die Cassinische Teilung CT
1675 entdeckte G. D. Cassini, daß der von Huygens beschriebene Ring von einer ausgeprägten Lücke geteilt wird, die als Cassinische Teilung bekannt geworden ist. Sie ist 3000 km breit und trennt Ring A von dem helleren Ring B. Die Lücke wird durch die Gravitationswirkung der inneren Saturnmonde von Ringpartikeln freigehalten.

Ring B
Innerhalb der Cassinischen Teilung liegt Ring B mit 28 000 km Breite. Es ist der hellste Ring und hat eine viel größere Albedo (Reflexionsvermögen) als der Planetenkörper. Liegen die Ringe vor dem Hauptkörper im Sonnenlicht, erzeugen sie starken Schatten.

Ring C
Dieser Ring ist allgemein unter dem Namen «Krepp-» oder «Flor»-Ring bekannt, er wurde 1838 von Galle in Berlin beschrieben und 1850 fast gleichzeitig von Bond in Amerika und Dawes in England wiederentdeckt. Er ist etwa 18 500 km breit und nähert

Größenklasse
Saturn ist nicht bei jeder Opposition gleich hell. Die Helligkeit hängt wesentlich von dem Winkel ab, unter dem das Ringsystem sichtbar ist, die Ringe haben nämlich eine höhere Albedo als der Planet selbst. Sind die Ringe weit geöffnet, wie während der Opposition 1973/74, dann wird die Größenklasse —0,3 erreicht, so daß Saturn heller ist als jeder Stern, abgesehen von Sirius und Canopus.

Die Größe des Saturn (rechts)
Saturn ist zwar nicht so groß wie Jupiter, aber doch viel größer als die Erde, wie es nebenstehende Zeichnung verdeutlicht.

Entfernung von der Erde (unten)
Saturn ist sehr weit von uns entfernt; bei größter Erdnähe 1198,0 Mio km. Die Zeichnung veranschaulicht die Entfernungsverhältnisse. Seine synodische Umlaufsdauer beträgt 378 Tage, so daß er seine Opposition jedes Jahr im Mittel zwei Wochen später erreicht; so stand er z. B. am 29. Oktober 1969 und am 11. November 1970 in Opposition.

Siderische Umlaufsdauer
Saturn braucht 29,46 Jahre, um einen Umlauf um die Sonne zu vollenden. Sein scheinbarer Äquatordurchmesser schwankt zwischen 20,1″ und 15,0″.
Während das «Saturnjahr» lang ist, hat Saturn eine sehr kurze Rotationsperiode, er braucht nur 10 h 14 min, um sich einmal um seine Achse zu drehen (am Äquator gemessen).

Dichte (rechts)
Saturn ist insofern einmalig, als seine mittlere Dichte kleiner ist als die des Wassers: sie beträgt nur 0,7. Die Entweichgeschwindigkeit ist freilich hoch: 33 km/sec, also viel größer als bei jedem anderen Planeten, abgesehen von Jupiter. Die Schwerebeschleunigung an der Oberfläche ist nicht viel größer als die an der Erdoberfläche.

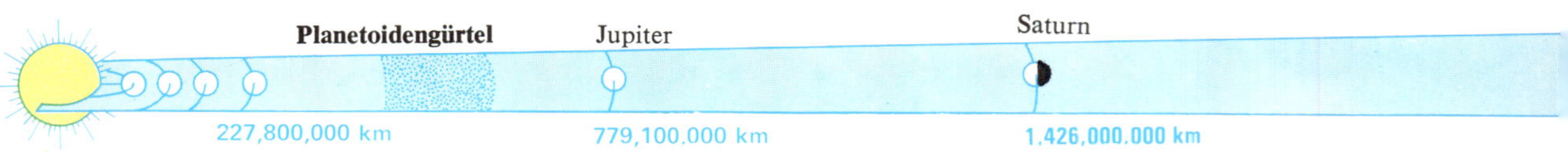

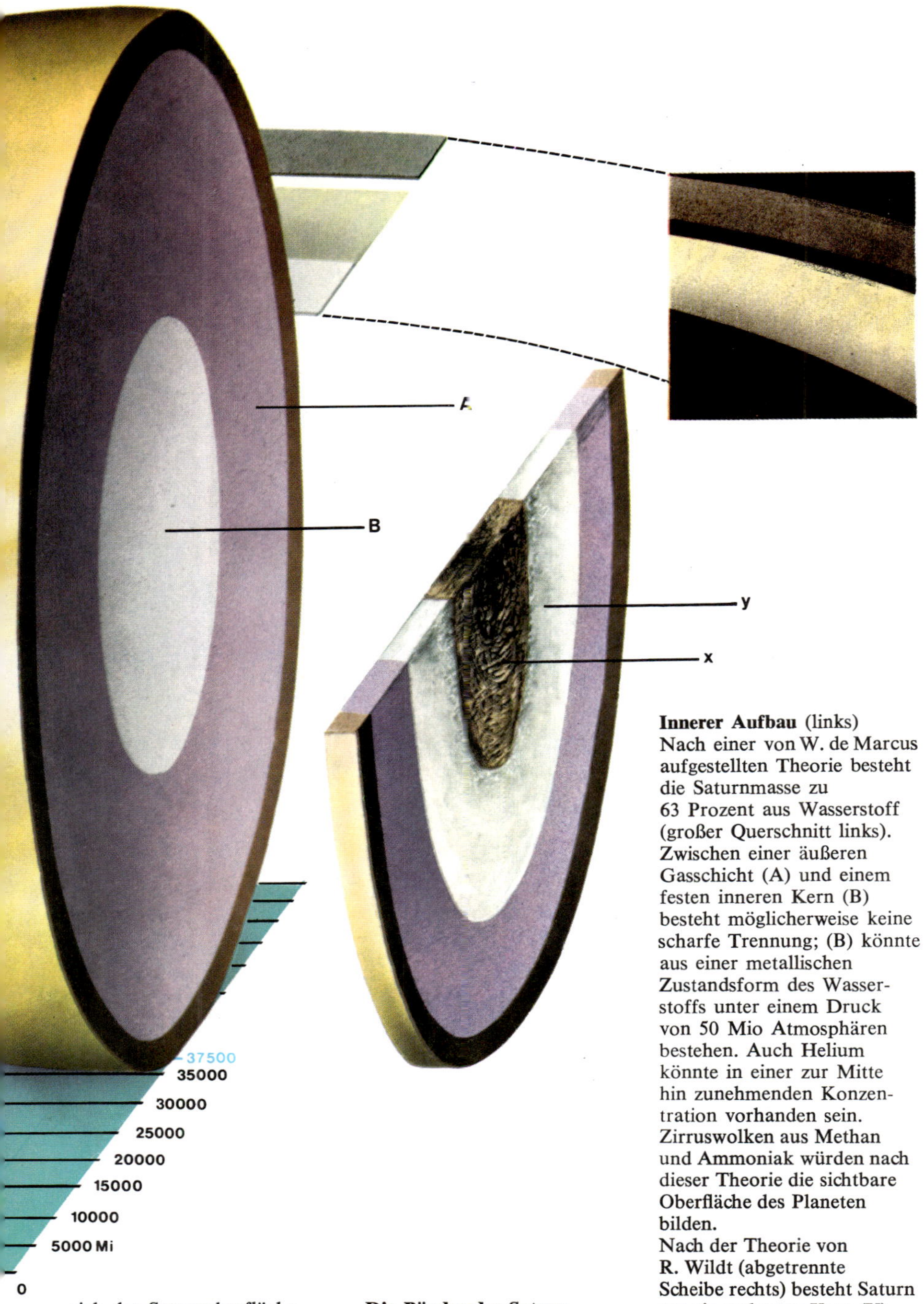

sich der Saturnoberfläche auf 12 000 km. Er ist durchscheinend, man sieht ihn vor der Scheibe als nebliges, dunkles Band.
Nach einer Hypothese könnte er an Leuchtkraft zugenommen haben — ein freilich nicht sehr wahrscheinliches und kaum zu erklärendes Phänomen.

Die Bänder des Saturn
Die Bänder des Saturn sind nicht so auffallend wie die des Jupiter, dafür aber sehr ausgeprägt. Am deutlichsten sind die zu beiden Seiten des Äquators liegenden Äquatorgürtel zu sehen.

Innerer Aufbau (links)
Nach einer von W. de Marcus aufgestellten Theorie besteht die Saturnmasse zu 63 Prozent aus Wasserstoff (großer Querschnitt links). Zwischen einer äußeren Gasschicht (A) und einem festen inneren Kern (B) besteht möglicherweise keine scharfe Trennung; (B) könnte aus einer metallischen Zustandsform des Wasserstoffs unter einem Druck von 50 Mio Atmosphären bestehen. Auch Helium könnte in einer zur Mitte hin zunehmenden Konzentration vorhanden sein. Zirruswolken aus Methan und Ammoniak würden nach dieser Theorie die sichtbare Oberfläche des Planeten bilden.
Nach der Theorie von R. Wildt (abgetrennte Scheibe rechts) besteht Saturn aus einem harten Kern (X), umgeben von einer tiefen Eisschicht (Y), die ihrerseits wieder von der stark wasserstoffhaltigen Atmosphäre umgeben ist. Diese Hypothese gilt heute als höchst unwahrscheinlich, doch ist unser Wissen vom Aufbau des Saturn noch völlig unzulänglich.

Neigung der Saturnringe (rechts)
Das Ringsystem ist zwar sehr ausgedehnt — 278 000 km im Durchmesser —, aber nur sehr dünn. Die Ringe können nicht dicker als 20 km sein, und wenn die Erdbahn in der Ringebene liegt, wie 1966, dann sieht man von ihnen nur eine feine, leuchtende Linie.
In einem wechselnden Zyklus von 13 Jahren 9 Monaten bzw. 15 Jahren 9 Monaten passiert die Ringebene die Sonne, da die Saturnachse um 26° 44′ gegen die Saturnbahn geneigt ist (siehe Zeichnung) und die Ringe in der Äquatorebene liegen. 13,75 Jahre lang ist Saturns Südpol gegen die Sonne zu geneigt, man sieht von der Erde aus die Südseite der Ringe, die einen Teil der Nordhalbkugel verdecken. In diesem Intervall durchläuft Saturn das Perihel seiner Bahn und bewegt

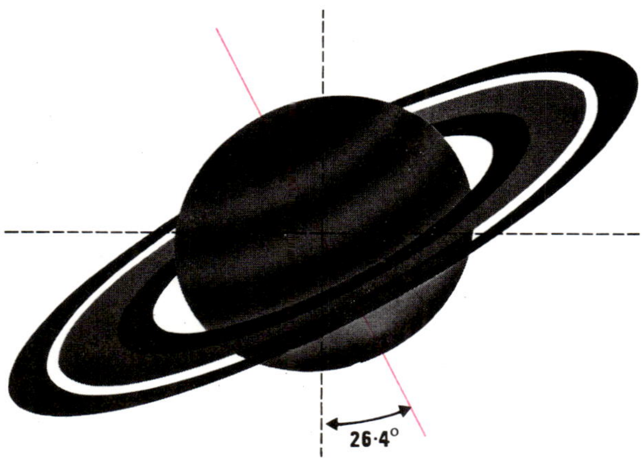

sich in ihr mit der größten Geschwindigkeit. Im darauffolgenden Intervall von 15,75 Jahren sieht man auf die Nordseite der Ringe, die Südhalbkugel ist teilweise verdeckt, Saturn durchläuft das Aphel und bewegt sich langsamer, woraus sich die unterschiedliche Länge der Intervalle erklärt. Wenn die schmale Ringebene genau zur Sonne oder Erde zeigt, sieht man die Ringe nur mit großen Teleskopen.

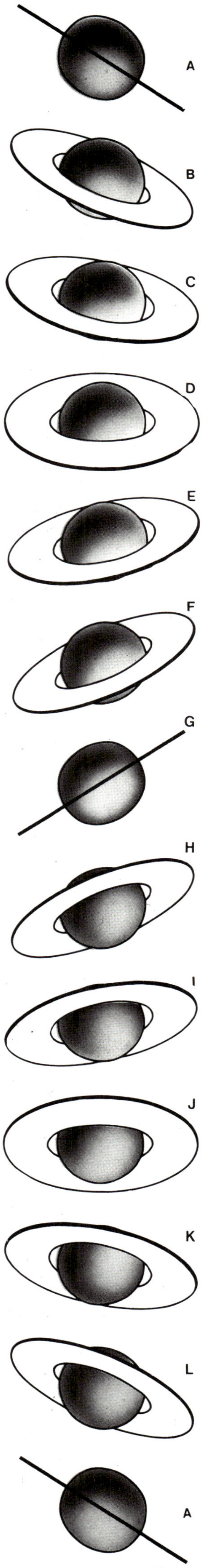

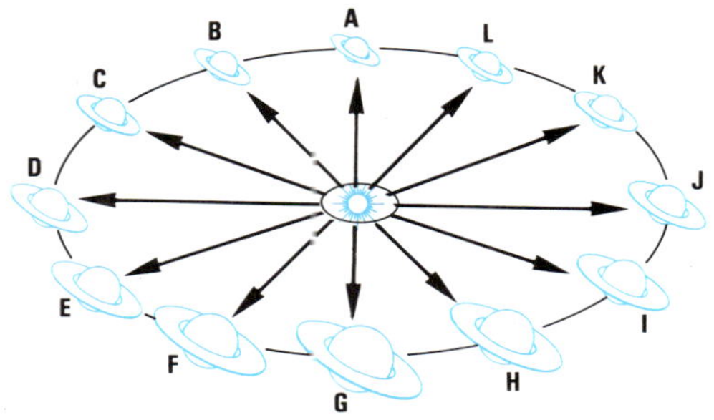

Wechselnde Aspekte der Saturnringe (oben und rechts)
In dieser Serie sieht man die wechselnden Aspekte des Ringsystems über einen vollen Zyklus. 1966 konnte man auf die Kante des Ringsystems sehen (A), dies wird 1980 (G) und 1995 (A[1]) wieder der Fall sein. 1973/74 (D) und dann wieder 1987 (J) öffnet sich uns das Ringsystem am weitesten.

Verschwinden der Saturnringe (oben)
Wenn die Sonne sich in der Ringebene befindet (A), dann ist nur die Kante des Ringsystems beleuchtet; weil dieses so dünn ist, leuchtet es nur schwach. Die Ringe sieht man aber auch dann schlecht, wenn die Erde in der Ringebene liegt (B).
Da immer eine gewisse Menge Licht vom Planeten auf die Ringe reflektiert wird, verschwinden sie in einem genügend großen Fernrohr nie ganz.

Die Ringe und ihre Schatten (rechts)
Da wir nie senkrecht auf die Ringebene schauen, sehen wir die Ringe stets zu Ellipsen verkürzt. Tatsächlich ist das Ringsystem genau kreisförmig, wie es die Abbildung zeigt. Die Abmessungen sind in der großen Zeichnung im oberen Teil dieser Seite aufgeführt.
Die Ringe liegen ganz innerhalb der für den Saturn gültigen Roche-Grenze, der innerste Mond liegt außerhalb dieser Grenze. Die Planetenkugel wirft Schatten auf die Ringe, und diese beschatten wiederum die Kugel — wechselnde Effekte, die man schon mit einem kleinen Fernrohr beobachten kann. Die Enckesche Teilung im äußeren Ring ist weit weniger deutlich als die Cassinische.

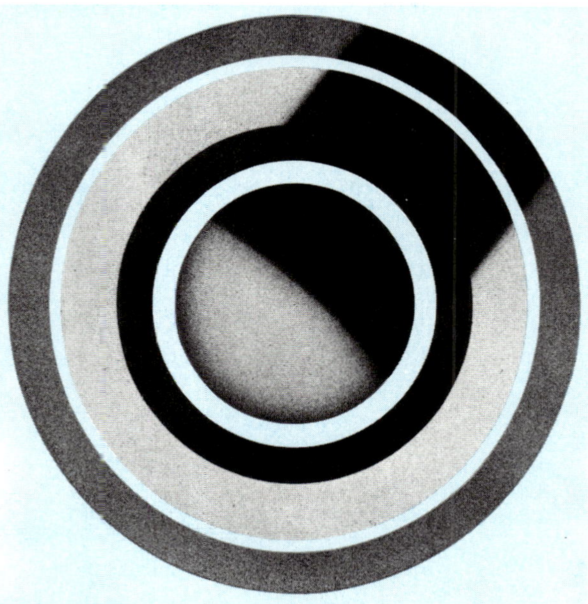

Saturn 2

Teilungen in den Ringen — Die einzige deutlich hervortretende Teilung im Ringsystem des Saturn ist die Cassinische, so benannt nach G. D. Cassini, der sie 1675 erstmals beobachtete. Ist das Ringsystem offen, dann ist sie auch mit einem kleinen Teleskop zu sehen. Sie ist eine echte Lücke, entstanden durch die Gravitationswirkung der inneren Satelliten Mimas, Enceladus und Tethys. Über die Wirkung des Janus, des 1966 von A. Dollfus entdeckten innersten Satelliten, ist man sich noch nicht im klaren.

Die Enckesche Teilung im äußeren Ring (A, S. 176) ist weniger deutlich ausgeprägt; man sieht sie normalerweise nur an den Enden der elliptisch verkürzten Ringe. In allen drei Ringen wurden noch weitere Teilungen beschrieben, jedoch durch Beobachtungen mit großen Teleskopen nicht bestätigt.

Die Umlaufsdauer eines Teilchens, das in die Cassinische Teilung (C) gerät, wird halb so groß sein wie die Umlaufszeit von Mimas (M), ein Drittel so groß wie die von Enceladus (E) und ein Viertel so groß wie die von Tethys (T).

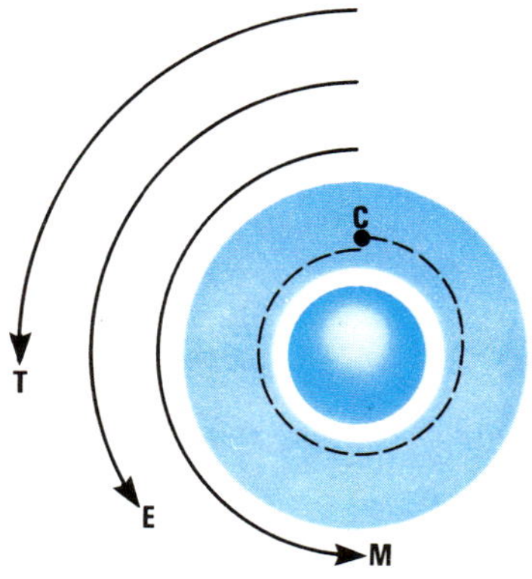

Wenn das Teilchen zwei Umläufe um Saturn vollendet hat, wird Mimas ihn erst einmal umrundet haben.

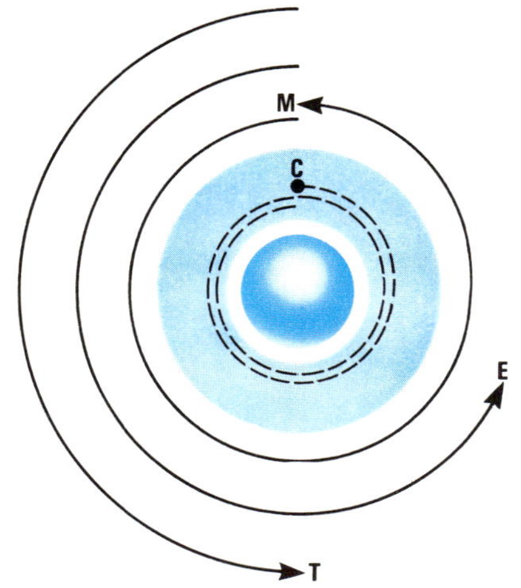

Wenn das Teilchen in der Cassinischen Teilung drei Umläufe vollendet, hat Enceladus den Planeten erst einmal umkreist.

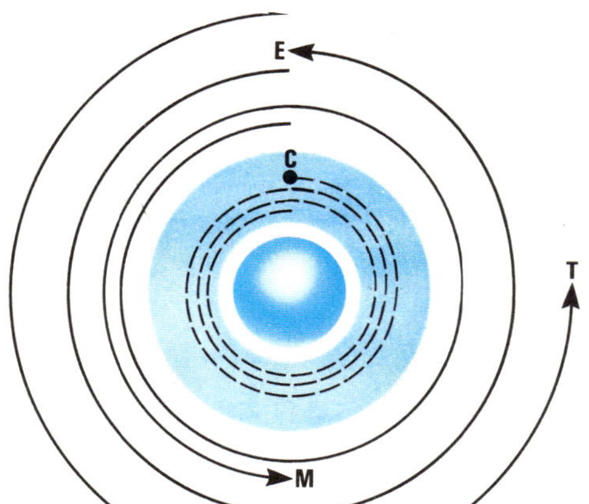

Das Teilchen braucht für vier Umläufe die gleiche Zeit wie Tethys für einen Umlauf.

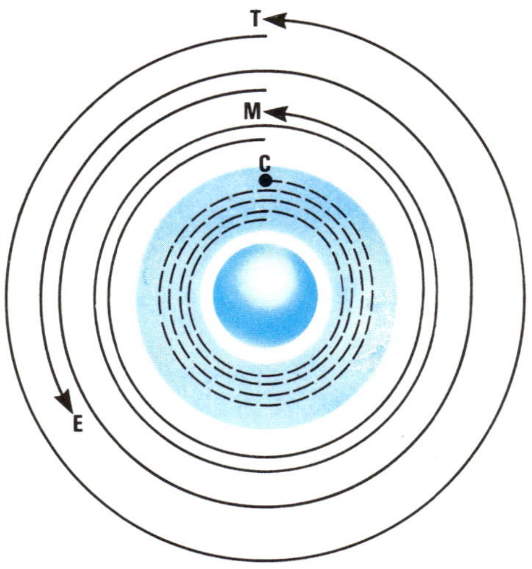

Da das Teilchen regelmäßigen Störungen aller drei inneren Satelliten unterliegt, wird es aus dem Gebiet der Cassini-Teilung hinausgetrieben. Mit anderen Worten: Die inneren Satelliten säubern die Cassinische Teilung ständig von Ringteilchen.

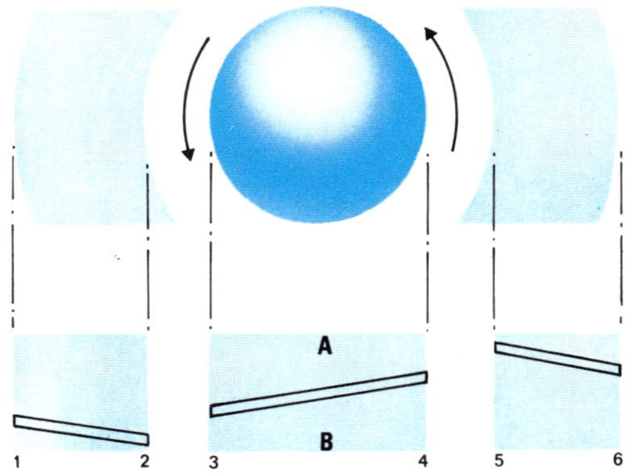

Dopplereffekt (links)
Dopplerverschiebungen im Licht der Ringe bestätigen, daß die Teilchen, aus denen die Ringe zusammengesetzt sind, den Keplerschen Gesetzen gehorchen. Die Geschwindigkeit der Ringe, und damit die Verschiebung einer Spektrallinie aus ihrer normalen Lage, ist am kleinsten an der Außenkante (1 und 6) und am größten an der Innenkante (2 und 5). Eine derartige Rotation nennt man «differentiell». Die Seite des Rings, die uns entgegenkommt (1 und 2), liefert eine Blauverschiebung (B), die andere Seite (5 und 6) ergibt eine Verschiebung zum roten Ende des Spektrums (A). Einen entsprechenden Effekt liefert das Licht, das von der Oberfläche des Planeten selbst kommt (3 und 4).

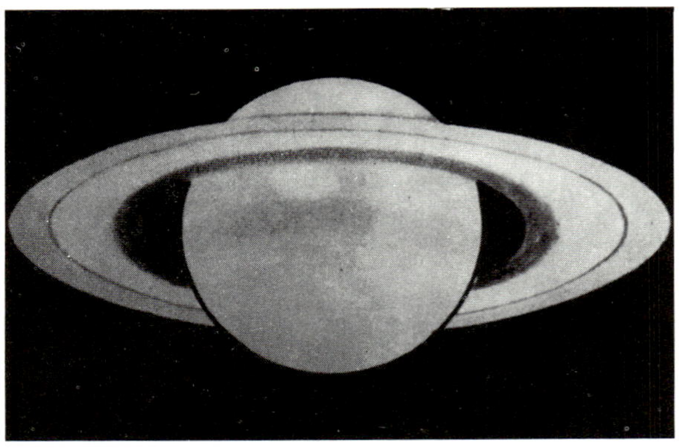

Der Fleck von Will Hay (links)
Auffallende Flecken sind auf der Saturnoberfläche verhältnismäßig selten. Einer der auffallendsten Flecken ist 1933 in der Äquatorregion entdeckt worden, und zwar von dem britischen Amateur W. T. Hay.

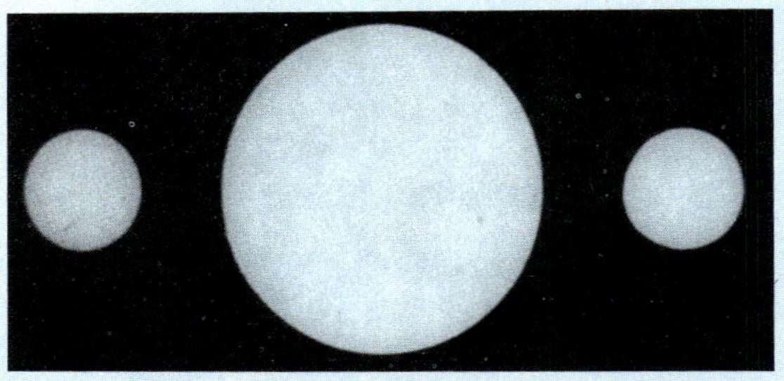

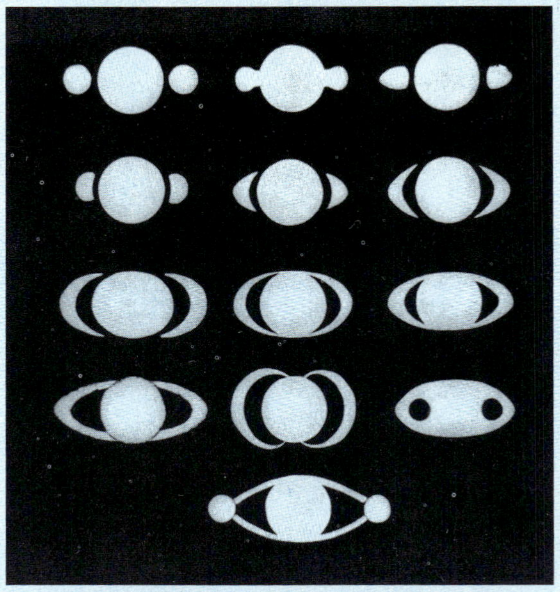

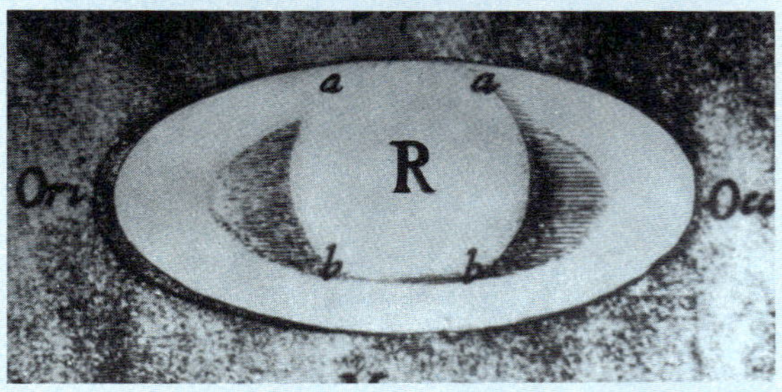

Beobachtungen von einst
Als Saturn erstmals mit dem Fernrohr beobachtet wurde, war das Ringsystem zu einer schmalen Ellipse verkürzt, und die leistungsschwachen Fernrohre, die Galilei verwendete, vermochten nicht seine wahre Form zu zeigen. Galilei hielt Saturn für einen dreifachen Planeten. Zwei Jahre später bemerkte er, daß die «Begleiter» verschwunden waren, was darauf zurückzuführen war, daß das Ringsystem mit seiner Kante zu uns zeigte. Der ursprüngliche Anblick bot sich wieder in den Jahren nach 1613, aber auch dann kam Galilei nicht auf die richtige Lösung. In den folgenden Jahrzehnten wurden die sonderbarsten Hypothesen aufgestellt; Hevelius z. B. hielt Saturn für einen oval geformten Körper mit zwei Henkeln. Erst der holländische Astronom Chr. Huygens, einer der besten Beobachter jener Tage, fand des Rätsels Lösung. 1659 wies er nach, daß Saturn «von einem dünnen Ring umgeben ist, der den Planetenkörper an keiner Stelle berührt». Seine Theorie stieß auf scharfe Kritik, wurde aber durch die Beobachtungen eines Robert Hooke und G. D. Cassini bestätigt und 1665 allgemein anerkannt. Die hier abgebildeten Zeichnungen stammen aus dem 17. Jahrhundert, die ersten beiden Zeichnungen sind von Galilei (1620), die zwei letzten von Hooke und Cassini.

Die Saturnmonde

Von den zehn Saturnmonden ist nur einer — Titan — von der Größenordnung der vier Galileischen Satelliten Jupiters. Allerdings könnte Titan auch der größte Satellit im ganzen Sonnensystem sein. Er ist größer als unser Mond, doch ist sein Durchmesser unbestimmt, Schätzungen liegen zwischen 5600 km und 4300 km. Er ist mit einem kleinen Fernrohr zu sehen und wurde 1655 von Huygens entdeckt.

Die Entweichgeschwindigkeit beträgt auf Titan 2,79 km/sec. Titan ist sehr kalt und konnte deshalb eine Atmosphäre halten. Sie wurde 1943/44 von G. P. Kuiper entdeckt und dürfte vorwiegend aus Methan bestehen. Die Farbe des Titan ist ausgesprochen gelblich.

Mimas und Enceladus, zwei innere Monde, haben etwa die Dichte des Wassers. Sie wurden 1789 von Herschel entdeckt, Tethys, der dritte Mond, bereits 1684 von Cassini. Der vierte Satellit, Dione, ist wahrscheinlich nicht viel größer als Tethys, hat aber mehr Masse und ist daher viel dichter. Auch er wurde 1684 von Cassini entdeckt. Rhea, in einer größeren Entfernung von Saturn, ist heller (Dichte von Rhea 1,0 g/cm³).

Jenseits des Titan zieht ein kleiner Mond, Hyperion, seine Bahn. Er wurde 1848 von Bond entdeckt. Viel weiter draußen folgt Japetus, eine weitere Entdeckung Cassinis (1671), besonders interessant wegen der veränderlichen Helligkeit. Er ist viel heller, wenn er sich westlich von Saturn befindet, im Osten ist er weniger hell; entweder ist er unregelmäßig geformt, oder die Albedo ist nicht für die ganze Oberfläche gleich. Sein Durchmesser ist unbestimmt, wird aber oft mit 1100 bis 1600 km angegeben; nach neueren Beobachtungen kann seine Helligkeit die 9. Größenklasse erreichen.

Phoebe, der äußerste Satellit, hat eine stark geneigte, rückläufige Bahn; wahrscheinlich handelt es sich um einen eingefangenen Asteroiden. Janus, der zuletzt entdeckte Satellit, ist auch der dem Planeten nächstgelegene. A. Dollfus fand ihn im September 1966.

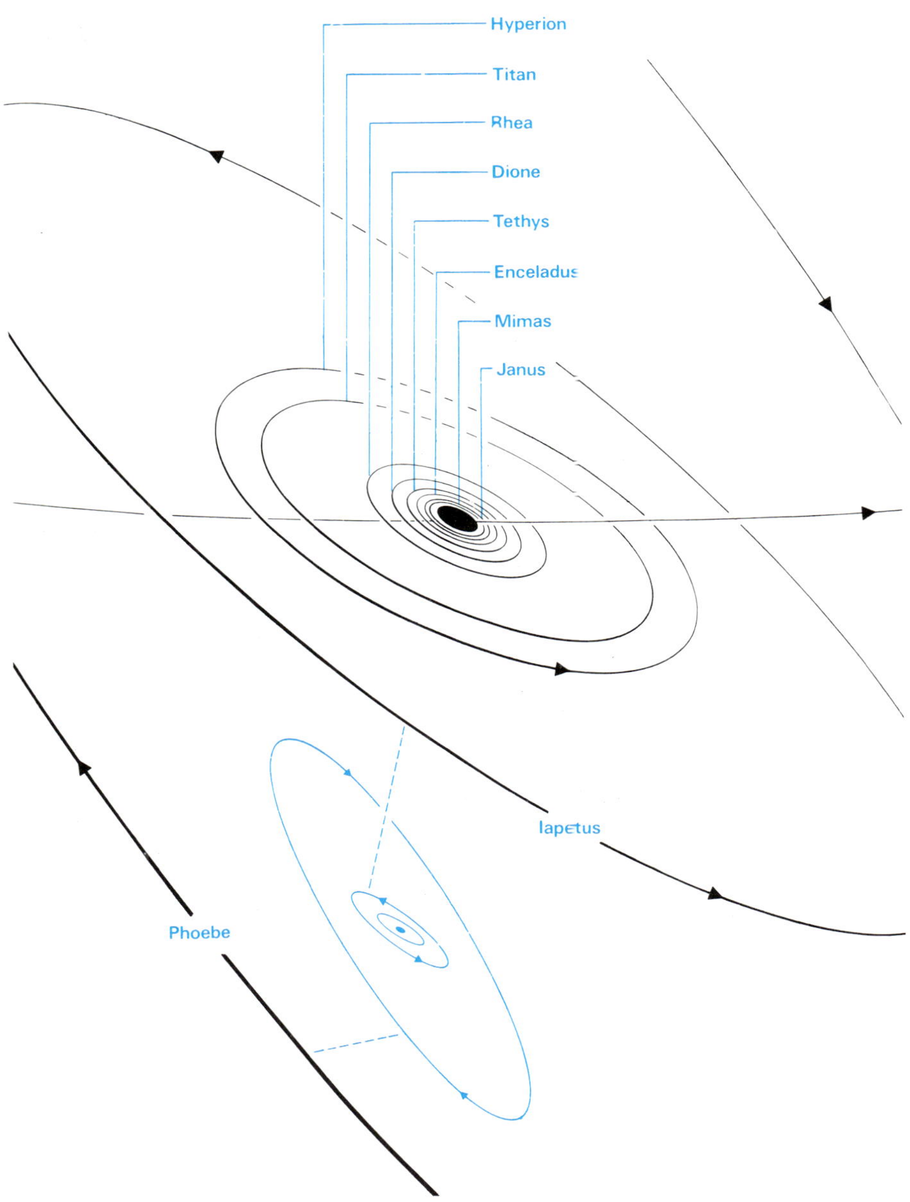

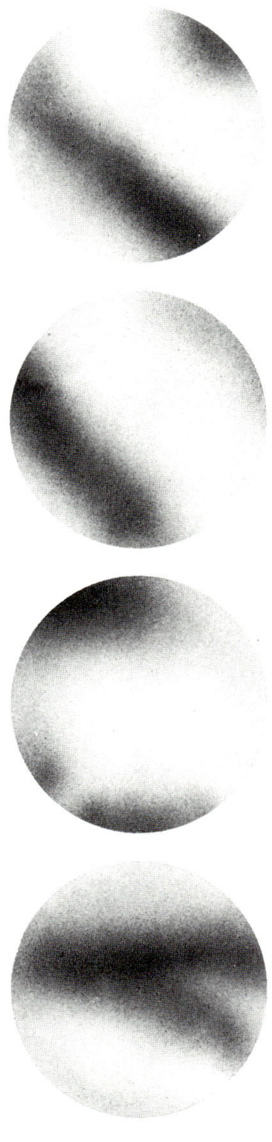

(Oben) Einzelheiten der Oberfläche des Titan, gezeichnet von A. Dollfus nach Beobachtungen mit dem 60-cm-Refraktor des Observatoriums auf dem Pic du Midi. Man sieht nur einige dunkle Flecken und hellere Zonen.

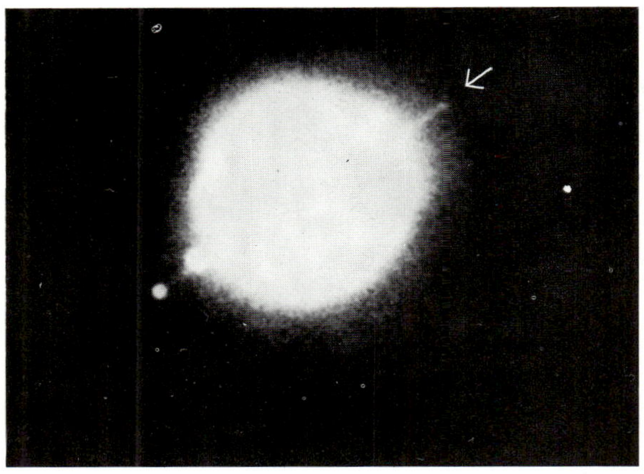

Die Entdeckung des Janus (oben)
Janus, der innerste Satellit (durch einen Pfeil bezeichnet). Als diese Fotografie aufgenommen wurde, zeigte uns das Ringsystem seine Kante. Bei weit geöffnetem Ring ist Janus nicht zu sehen; er geht dann in der Helligkeit des Ringes unter. Erst 1980 wird man ihn wieder beobachten können. Daraus erklärt sich auch, warum er erst vor so kurzer Zeit (1966) von A. Dollfus entdeckt wurde.

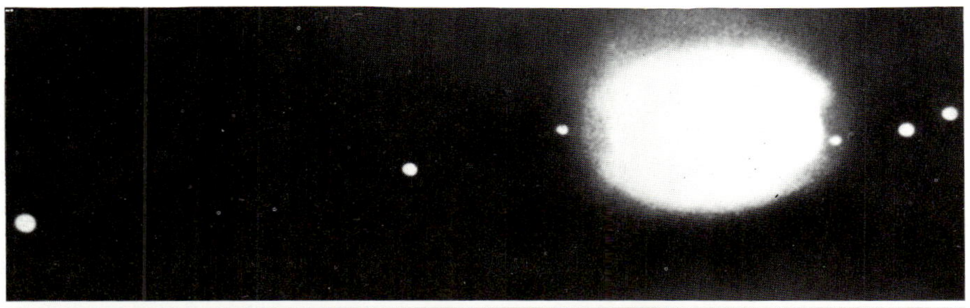

Die inneren Satelliten
(Links oben) Saturn und seine sechs inneren Satelliten (G. P. Kuiper, 2-m-Spiegelteleskop, 15. Februar 1948). Saturn selbst ist überbelichtet.

(Links unten) Dieselben Satelliten am 24. März 1948; man sieht auch einige Sterne. Janus ist nicht sichtbar.
Ein weiterer Saturnmond wurde 1904 von W. H. Pickering beobachtet. Er hätte sich auf einer Bahn zwischen Titan und Hyperion befinden sollen und erhielt den Namen Themis. Er wurde niemals wiedergefunden und existiert vermutlich gar nicht.

Entfernung von der Sonne im Maximum 1506,42 Mio km
im Mittel 1427,01 Mio km
im Minimum 1347,60 Mio km
Siderische Umlaufzeit 29,46 Jahre
Synodische Umlaufzeit 378,09 Tage
Bahnexzentrizität 0,0556 Bahnneigung 2° 29′
Mittlere Geschwindigkeit in der Bahn 9,6 km/sec
Rotationsperiode am Äquator 10 h 14 min
Äquatordurchmesser 120 670 km
Achsenneigung 26° 44′
Masse (Erde = 1) 95,1 Volumen (Erde = 1) 770,5
Mittlere Dichte 0,68 g/cm³
Schwerebeschleunigung an der Oberfläche (Erde = 1) 0,93
Entweichgeschwindigkeit 33,1 km/sec
Albedo 0,41 Abplattung 0,098
Scheinbarer Äquatordurchmesser 20,1″ bis 15,0″
Größte Helligkeit in Größenklassen — 0,3
Höchste Temperatur an der Oberfläche — 180° C

Datentabelle Saturn

Satelliten	Mittlere Entfernung vom Zentrum des Saturn in 1000 km	Umlaufzeit Tage	h	min	Bahnexzentrizität	Bahnneigung in °	Durchmesser (unsicher) in km	Größenklasse
Janus	160		17	59	0,0	0,0	350	13,5
Mimas	186		22	37	0,0201	1,5	650	12,1
Enceladus	238	1	08	53	0,0045	0,0	800	11,6
Tethys	295	1	21	19	0,0000	1,1	1000	10,5
Dione	377	2	17	41	0,0022	0,0	1200	10,7
Rhea	527	4	12	26	0,0010	0,4	1300	9,7
Titan	1 222	15	22	41	0,0289	0,3	4950	8,4
Hyperion	1 481	21	06	38	0,1042	0,4	500	13,0
Japetus	3 560	79	07	56	0,0238	14,7	1600	10,1—11,9
Phoebe	12 930	550	10		0,1633	150	320	14,5

Saturn 3

Die Fotos auf dieser Seite zeigen die Schönheit des Planeten Saturn, beweisen aber auch, wie schwierig es ist, von ihm große Aufnahmen mit guter Auflösung zu machen.
Saturn ist einmalig; er hat im Sonnensystem nicht seinesgleichen. Wenn die Ringe geöffnet sind, verdecken sie einen Teil der Scheibe. Sieht man die Ringe von der Kante her, dann erscheinen sie als eine dünne Lichtlinie, und die Bänder des Saturn und andere Oberflächenmerkmale sind ausgezeichnet sichtbar.
Interessant sind die Schatteneffekte. Wenn sich der Planet nicht gerade in der Nähe seiner Opposition befindet, scheinen die Ringe von dem Schatten, den der Globus auf sie wirft, «abgeschnitten» zu werden, wie es die große Farbaufnahme des Palomar-Observatoriums deutlich macht. Die Ringe werfen ihrerseits Schatten auf die Scheibe, und man sieht den Krepp-Ring als dunkle Linie, die den Ring zum Globus hin begrenzt. Fotografien enthüllen auch manchen Wechsel auf Saturn selbst. Manchmal haben die Pole schwärzliche Kapuzen, zu anderen Zeiten sind sie wieder verhältnismäßig hell. Die Äquatorregion, etwa dem System I auf Jupiter entsprechend, ist im allgemeinen hell.
Auf Saturn findet man weit weniger feine Oberflächeneinzelheiten als auf Jupiter, die Rotationsperioden der einzelnen Gürtel und Zonen sind deshalb nicht so gut bekannt. Natürlich versucht man, sich die gelegentlich auftretenden hellen Flecke (wie den 1933 von Hay beobachteten) zunutze zu machen. Zur Aufnahme von Planeten sind längere Belichtungszeiten nötig. Das bedeutet aber, daß die Luftunruhe in der Erdatmosphäre wirksam wird und die Bilder verwischt. Die hier gezeigten Farbaufnahmen sind die besten, die man von der Erde aus gewinnen kann, sie wurden mit großen Teleskopen und unter den günstigsten Sichtbedingungen gemacht. Die Schwarzweißaufnahme (unten) ist am Lowell-Observatorium in Flagstaff gemacht worden.

Saturn unter den Sternen (unten)
Saturn ist ziemlich hell, aber durch nichts von den Sternen zu unterscheiden. Mit dem bloßen Auge ist vom Ringsystem nicht das geringste zu sehen. (Aufnahme Patrick Moore, 1. Oktober 1967.)

Vor einer Bedeckung Saturns durch den Mond (unten)
Die Ringe sind fast geschlossen. Der Mondrand, etwas überbelichtet, ist sichtbar (links oben). Bei der Aufnahme näherte sich Saturn der Bedeckung. (Aufnahme Commander H. R. Hatfield, 30-cm-Spiegelteleskop, 1967.)

(Links) Saturn mit fast geschlossenem Ringsystem (US Naval Observatory). Auf der Scheibe sind einige Einzelheiten sichtbar; die Ringe sind noch nicht ganz geschlossen, sonst würde man von ihnen nur noch eine feine Lichtlinie sehen.

(Rechts) Saturn, 14. Oktober 1968 (G. P. Kuiper, 2-m-Spiegelteleskop). Man sieht die Südhalbkugel des Planeten und erkennt deutlich die helle Äquatorzone und die Cassinische Teilung. Die Ringe öffnen sich nun wieder, da sie 1966 die Kante gezeigt hatten.

(Unten) Saturn (1,5-m-Spiegelteleskop, Mount Wilson). Man sieht die Südhalbkugel Saturns, ein Teil der Nordhalbkugel ist durch die Ringe verdeckt. Die Helligkeitsdifferenz zwischen dem äußeren Ring und dem inneren Ring ist sehr ausgeprägt: Der innere ist wesentlich heller.

Uranus, Neptun und Pluto

Uranus

Die Sieben galt früher als eine mystische Zahl, es ist daher verständlich, daß kein Mensch daran dachte, das Sonnensystem könnte aus mehr als sieben Körpern — den fünf mit dem bloßen Auge sichtbaren Planeten sowie Sonne und Mond — bestehen. So erregte es nicht wenig Aufsehen, als 1781 ein bis dahin unbekannter Amateur, der Musiker Friedrich Wilhelm Herschel, einen neuen Planeten außerhalb der Saturnbahn entdeckte. Herschel interessierte sich für die Sterne und war dabei, mit einem selbstgebauten Spiegelteleskop den Himmel systematisch abzusuchen. Dabei fand er ein Objekt, das die Form eines kleinen Scheibchens hatte und das sich innerhalb von 24 Stunden merklich weiterbewegte. Herschel erkannte dieses Objekt nicht sofort als einen Planeten, sondern bezeichnete es in seinem Bericht als einen Kometen.

Uranus ist von der Erde nie weniger als 2581 Mio km entfernt, seine Umlaufszeit beträgt 84 Jahre. Wenn er am hellsten ist, sieht man ihn gerade noch mit dem bloßen Auge, doch selbst die größten Fernrohre zeigen nicht viele Einzelheiten auf seiner blassen, leicht grünlichen Oberfläche. Seine fünf Monde sind klein und rotieren rückläufig um den Planeten.

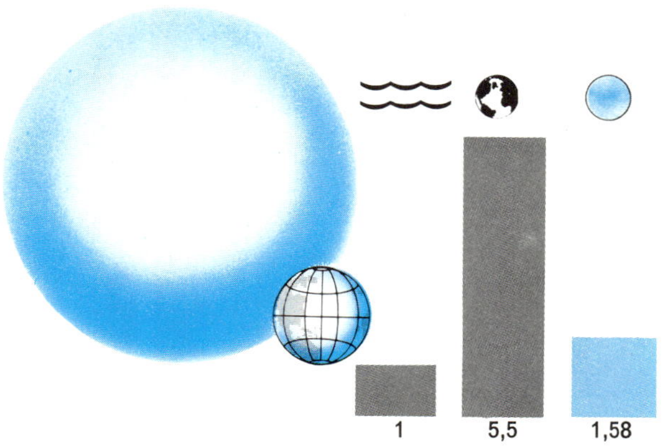

Die Größe des Uranus (oben)
Uranus hat einen Durchmesser von 47 100 km. Seine mittlere Dichte ist beträchtlich kleiner als die des Jupiter oder Saturn, nämlich 1,58 g/cm³; die Abplattung an den Polen ist ähnlich wie bei Jupiter. Die Temperatur seiner Oberfläche wird nie höher als - 190° C, alles Ammoniak aus der Atmosphäre ist also ausgefroren worden, lediglich etwas Methan ist spektroskopisch feststellbar. Der innere Aufbau ist nicht bekannt, man kann nur sagen, daß Uranus eher Jupiter und Saturn gleicht als der Erde. Eines der wenigen Oberflächenmerkmale ist eine helle Zone um den Äquator.

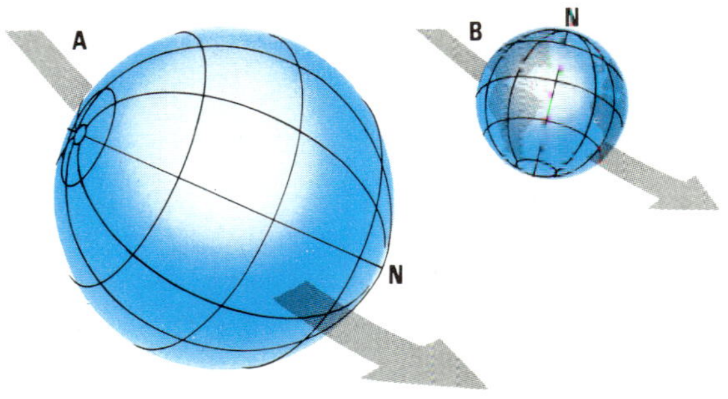

Die Rotation des Uranus (oben)
Uranus rotiert — gemessen am Äquator — in 10 h 48 min einmal um seine Achse; in der Nähe der Pole verläuft die Rotation möglicherweise etwas langsamer. Das Auffallendste an diesem Planeten ist die starke Neigung seiner Achse, die sich auf 98° beläuft — die Drehachse liegt also beinahe in der Bahnebene (siehe Zeichnung A). In der kleineren Zeichnung (B) wird diese Achsenneigung mit derjenigen der Erde (23¹/₂°) verglichen; da sie 8° größer ist als 90°, dreht Uranus rückläufig. Die «Nacht» dauert an einem der Uranuspole 21 Erdenjahre, während dieser Zeit ist am anderen Pol «Tag». Der Grund, warum sich Uranus mit einer solch großen Achsenneigung auf seiner Bahn «wälzt», ist unbekannt. Von der Erde aus gesehen, kann einer der Pole des Uranus ungefähr in der Mitte der Scheibe liegen.

Neptun

Nach der Entdeckung des Uranus hielt man das Sonnensystem zunächst wieder für komplett; doch Uranus tat den Astronomen nicht den Gefallen, die vorausberechnete Bahn zu befolgen; 1840 vermutete der deutsche Astronom Bessel, daß diese ständigen Abweichungen auf die Anziehungskraft eines noch unbekannten Planeten zurückzuführen seien. Um 1845 unternahmen beinahe gleichzeitig zwei junge Mathematiker, J. C. Adams in England und U. J. J. Leverrier in Frankreich, die Nachrechnung dieser Hypothese. Völlig unabhängig voneinander berechneten sie die Position des unbekannten Planeten. Adams sandte sein Resultat dem Leiter der Greenwicher Sternwarte, George Airy, der jedoch zunächst nichts unternahm. Leverriers Rechnungen, 1846 abgeschlossen, gingen nach Berlin, wo J. Galle sofort zu suchen begann. Schon nach einer Stunde entdeckte er den neuen Planeten sehr nahe der errechneten Position. Neptun ist Uranus sehr ähnlich, aber noch viel weiter entfernt. Seine mittlere Entfernung von der Sonne beträgt 4497 Mio km, seine Umlaufszeit 164,8 Jahre. Seine Helligkeit beträgt 7,7 Größenklassen.

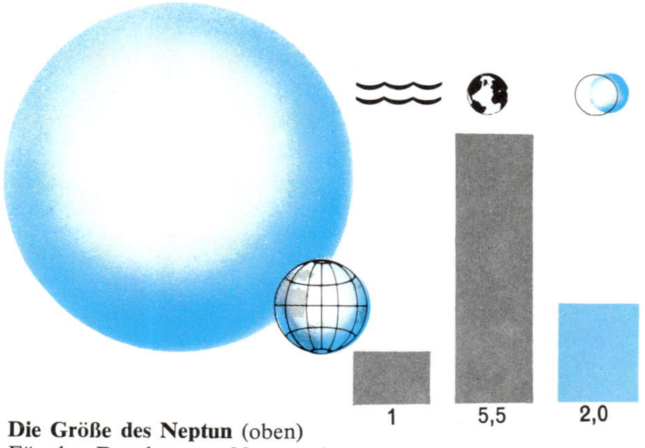

Die Größe des Neptun (oben)
Für den Durchmesser Neptuns hat man erst 44 600 km angegeben, womit er etwas kleiner, wenn auch beträchtlich schwerer gewesen wäre als Uranus. 1969 jedoch gab es eine Sternbedeckung durch Neptun, aus welcher G. E. Taylor vom Observatorium Greenwich einen neuen Wert für den Durchmesser berechnete: Er liegt bei 50 000 km, womit Neptun etwas größer ist als Uranus. Die Masse beträgt das 17fache der Erdmasse, gegenüber 15 Erdmassen für Uranus. Die Temperatur der Oberfläche liegt bei — 220° C. Die innere Zusammensetzung dürfte der des Uranus entsprechen.

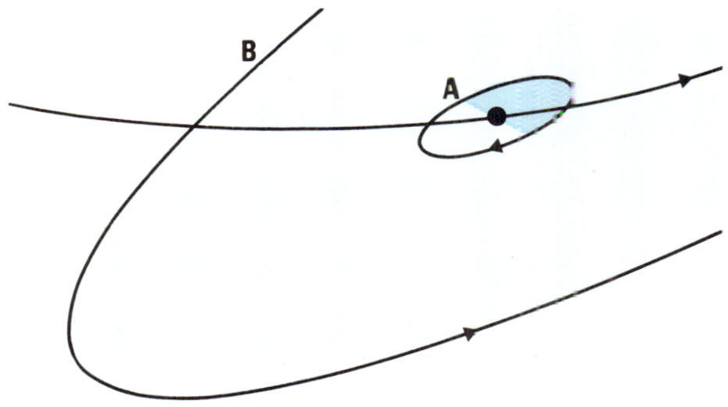

Die Monde des Neptun (oben)
Von Neptun sind zwei Satelliten bekannt. Der größere Triton (A), von dem englischen Amateur William Lassell entdeckt, ist heller und größer als die Uranusmonde. Eine Atmosphäre ist nicht nachweisbar, trotzdem dürfte Triton eine dünne Methanatmosphäre besitzen. Die Bahn ist praktisch kreisförmig, die Bewegung jedoch rückläufig. Der zweite Satellit, Nereide (B), wurde erst 1949 durch Kuiper entdeckt. Er ist sehr klein, und die Bahn gleicht eher der eines Kometen als eines Satelliten; die Bewegung ist rechtläufig.

Pluto

Selbst nach der Entdeckung Neptuns war man über die Bewegungen der beiden äußersten Planeten noch im unklaren. Percival Lowell, ein Vertreter der Marskanalfabel, befaßte sich mit dem Problem und berechnete die Bahn eines hypothetischen transneptunischen Planeten. Doch als er 1916 starb, war der Planet noch immer unentdeckt.

Ähnliche Rechnungen waren von W. H. Pickering angestellt worden, doch eine 1918 von M. Humason auf Mount Wilson durchgeführte fotografische «Suchaktion» verlief ebenfalls ergebnislos. Erst einige Jahre später, im März 1930, entdeckte Clyde Tombaugh am Lowell-Observatorium, USA, den lang erwarteten Planeten, dem man den Namen Pluto gab, in einer Position, die ungefähr den Lowellschen Rechnungen entsprach. Auch Pickerings Rechnungen erwiesen sich als präzise. Von Pluto aus gesehen, erschiene die Sonne lediglich so groß wie Jupiter von der Erde aus, auch wenn sie noch recht hell wäre.

Pluto ist so lichtschwach, daß man ihn mit kleinen Teleskopen nicht sieht. Einzelheiten seiner Oberfläche sind nicht zu erkennen. Die Rotationsperiode scheint 6,4 Erdentage zu betragen, ein Wert, den man aus Helligkeitsschwankungen des Planeten abgeleitet hat.

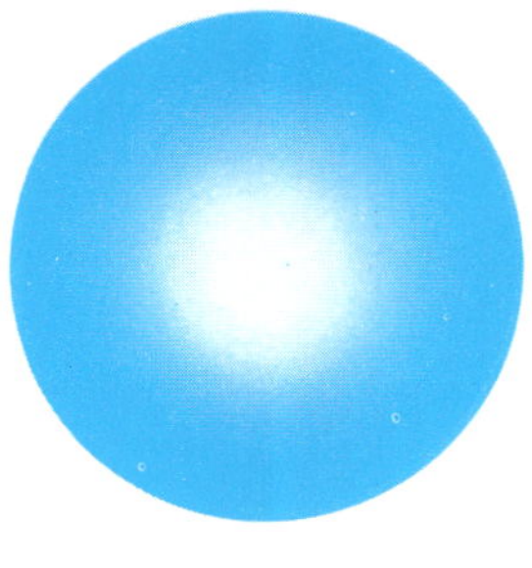

Die Größe des Pluto
Über Pluto wurde und wird viel gerätselt. Er ist nicht groß, doch hielt man ihn zunächst für wesentlich größer als die Erde. Messungen aber, die G. P. Kuiper mit dem 5-m-Spiegelteleskop auf Mount Palomar durchführte — dem einzigen Teleskop, das von Pluto ein meßbares Scheibchen zeigt —, ergaben einen Durchmesser von knapp 6000 km. Damit wäre Pluto viel kleiner als die Erde und sogar kleiner als Mars. Das gibt zu denken. Ein so kleiner Planet könnte die Bahnen von Uranus oder Neptun nicht merklich stören, und doch waren es eben die Unstimmigkeiten, die zu seiner Entdeckung führten. Bisher hat keine der hierzu aufgestellten Hypothesen allgemeine Anerkennung gefunden. So wird vermutet, Pluto sei größer, als die Messungen zeigen — in obenstehender Zeichnung durch den äußeren Kreis dargestellt —, so daß wir anstelle des vollen Durchmessers nur einen reflektierenden Teil der Oberfläche messen. Zweitens könnte Pluto eine außergewöhnlich hohe Dichte besitzen.

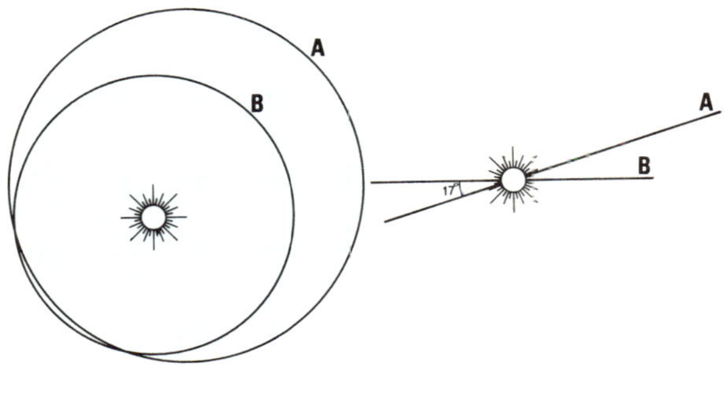

Drittens könnte die Entdeckung Plutos auf Grund der Rechnungen von Lowell und Pickering ein reiner Zufallserfolg sein, und der wahre «Pluto» wäre erst noch zu entdecken. Im Augenblick ist die Frage noch ungeklärt. Pluto hat insofern eine außergewöhnliche Bahn, als sie sowohl verhältnismäßig stark geneigt als auch stark exzentrisch ist (A); die Plutobahn schneidet die Neptunbahn an zwei Stellen, die auf der Seite des Perihels liegen (B). Durch eine Art störungstheoretischen Steuerungsvorgang über die Gravitationswirkung Neptuns auf Pluto wird jedoch ein Zusammenstoß vermieden. Gelegentlich sind Zweifel geäußert worden, ob man Pluto wirklich zu den Planeten rechnen solle oder ob es sich bei ihm nicht eher um einen «entlaufenen» Neptunmond handle; falls er, wie Kuipers Messungen vermuten lassen, tatsächlich nur etwa so groß ist wie Triton, der größere der beiden Neptunmonde, dann wäre das durchaus denkbar. Pluto bleibt der rätselhafteste Planet unseres Sonnensystems.

Entfernungen der äußeren Planeten (rechts)
Pluto hat eine stark exzentrische Bahn; sein nächster Periheldurchgang wird 1989 erfolgen. Bei seinem nächsten Aphеldurchgang, 2114, wird er so lichtschwach sein, daß er nur noch mit den größten Teleskopen der Welt zu sehen sein wird.

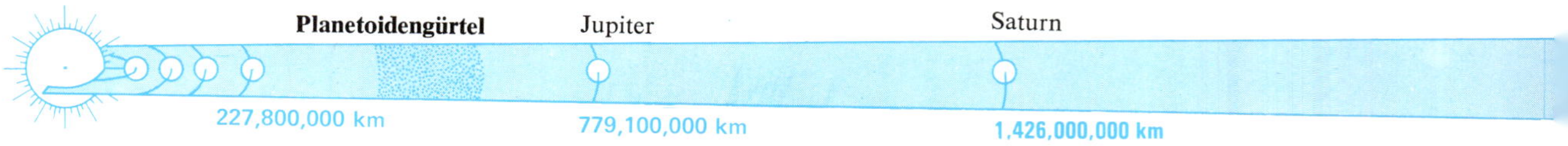

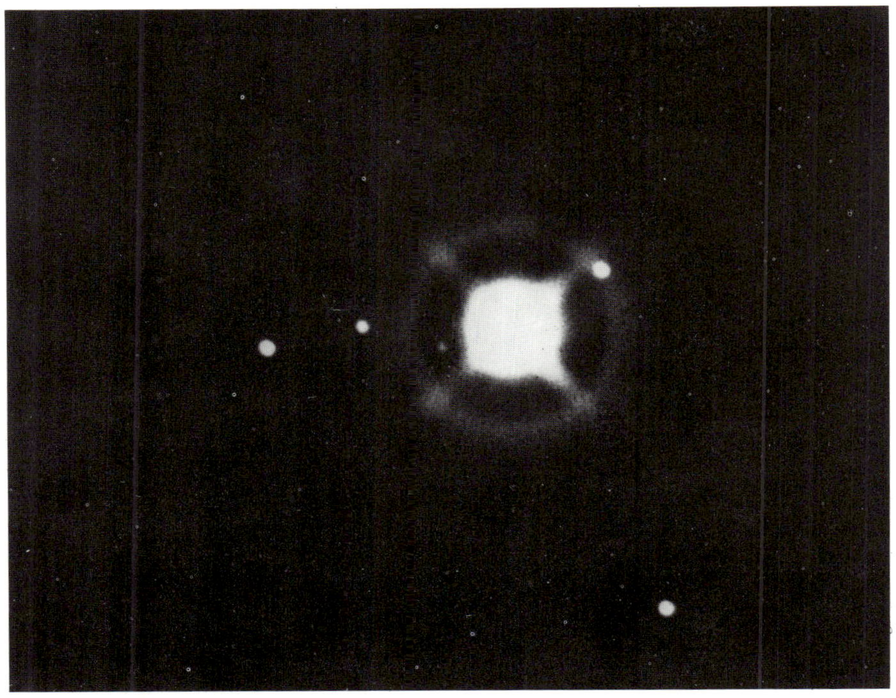

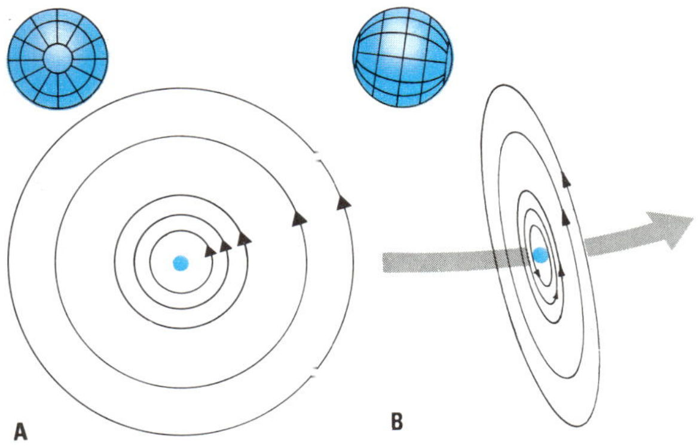

Die Monde des Uranus (links und oben)
Um Uranus kreisen fünf Monde: Miranda, Ariel, Umbriel, Titania, Oberon. Sie alle haben geringe Helligkeiten; der zuletzt entdeckte Satellit Miranda ist nur mit den größten Teleskopen sichtbar. Ihre Bahnen liegen in der Äquatorebene des Uranus. Zeigt einer seiner Pole zur Erde (A), dann erscheinen uns die Satellitenbahnen kreisförmig; ist uns hingegen der Äquator zugewandt (B), dann sind sie fast zu einer Geraden verkürzt. Die Aufnahme zur Linken wurde von G. P. Kuiper mit dem 2-m-Spiegelteleskop des McDonald-Observatoriums in Texas gemacht. Damit die Monde sichtbar werden, ist der Planet selbst überbelichtet.

Datentabelle Uranus
Entfernung von der Sonne
im Maximum 3005,22 Mio km
im Mittel 2869,67 Mio km
im Minimum 2734,11 Mio km
Siderische Umlaufszeit
84,015 Jahre
Synodische Umlaufszeit
369,7 Tage
Bahnexzentrizität 0,0472
Bahnneigung 0° 46′
Mittlere Geschwindigkeit in der Bahn 6,8 km/sec
Rotationsperiode am Äquator
10 h 48 min
Achsenneigung 98°
Äquatordurchmesser
47 100 km
Volumen (Erde = 1) 50,6
Masse (Erde = 1) 14,5
Dichte 1,58 g/cm³
Schwerebeschleunigung an der Oberfläche (Erde = 1)
0,99
Entweichgeschwindigkeit
21,6 km/sec
Albedo 0,45
Abplattung 0,056
Höchste Oberflächentemperatur — 190° C

Neptun und seine Monde (links)
Fotos von Neptun und seinen beiden Monden, aufgenommen von G. P. Kuiper mit dem 2-m-Spiegelteleskop am McDonald-Observatorium. Neptun ist notwendigerweise überbelichtet.

Die Entdeckung Neptuns (unten)
(Links) Ein Teil der Sternkarte, die Galle bei seiner Arbeit benutzte.
(Rechts) Der entsprechende Himmelsausschnitt; die Stelle, an der Galle den Planeten fand, ist durch einen Pfeil kenntlich gemacht. Das Kreuz bezeichnet die Stelle, an der er sich nach den Leverrierschen Berechnungen hätte befinden sollen. Die Berechnungen von Adams hatten eine ganz ähnliche Position ergeben.

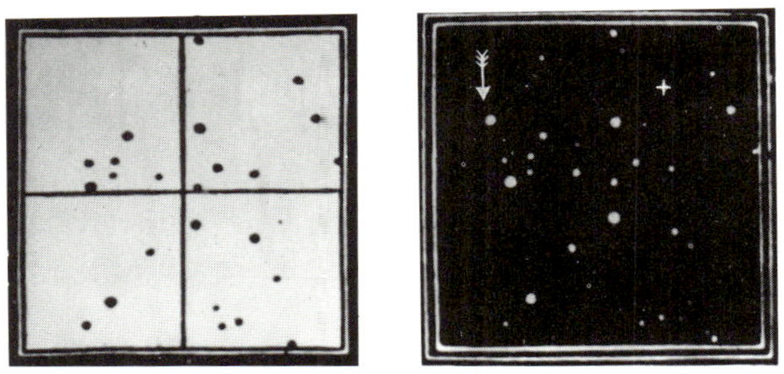

Datentabelle Neptun
Entfernung von der Sonne
im Maximum 4535,13 Mio km
im Mittel 4496,54 Mio km
im Minimum 4457,95 Mio km
Siderische Umlaufszeit
164,79 Jahre
Synodische Umlaufszeit
367,5 Tage
Bahnexzentrizität 0,0086
Bahnneigung 1° 46′
Mittlere Geschwindigkeit in der Bahn 5,4 km/sec
Rotationsperiode am Äquator 15,8 h
Achsenneigung 29°
Durchmesser 50 000 km (?)
Masse (Erde = 1) 17
Volumen (Erde = 1) 64
Dichte 2 g/cm³
Schwerebeschleunigung an der Oberfläche (Erde = 1) 1,1
Entweichgeschwindigkeit
24,6 km/sec
Albedo 0,50
Abplattung 0,02
Höchste Temperatur an der Oberfläche — 220° C

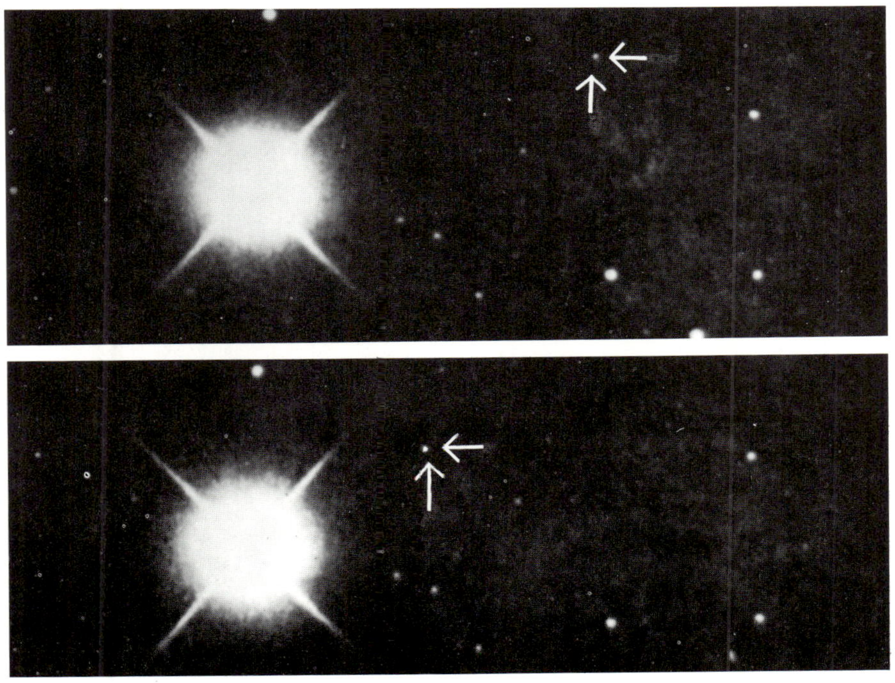

Die Entdeckung Plutos (links)
Die beiden Fotografien zeigen die Entdeckung Plutos im März 1930. Die obere Aufnahme wurde am 2. März gemacht, die untere am 5. März; das große Objekt links ist das stark überbelichtete Bild eines Sterns dritter Größe, Delta in den Zwillingen. Pluto bewegte sich in diesem Zeitraum merklich. Wie man feststellen konnte, hatte Humason im Verlauf seiner früheren Suche den Planeten schon zweimal fotografiert, doch war dieser beim ersten Mal vom Bild eines Sterns verdeckt worden und beim zweiten Mal just auf eine schadhafte Stelle der fotografischen Platte geraten!

Gibt es einen transplutonischen Planeten?
Wenn Pluto nicht der von Lowell gesuchte Planet ist, dann dürfte höchstwahrscheinlich ein zehnter Planet existieren. Leider wird er sehr schwer zu lokalisieren sein, denn sein Einfluß auf die Bahnen von Uranus und Neptun ist gering, und bei Pluto konnte man ja bislang noch nicht einmal die Hälfte eines Umlaufs verfolgen (seine Umlaufszeit beträgt fast 248 Jahre, und er wurde erst im Jahre 1930 entdeckt). Zudem dürfte der hypothetische Planet sehr lichtschwach sein, könnte also nur mit den größten Teleskopen fotografiert werden, die jedoch mit — wichtigeren — Arbeiten über die Sterne voll ausgelastet sind. Aus diesem Grunde bestehen nur geringe Aussichten, in naher Zukunft einen transplutonischen Planeten zu finden. Dennoch könnte er eines Tages entdeckt werden, und es ist auch durchaus denkbar, daß es noch weitere Planeten gibt.

Datentabelle Pluto
Entfernung von der Sonne
im Maximum 7453,71 Mio km
im Mittel 5946,60 Mio km
im Minimum 4439,49 Mio km
Siderische Umlaufszeit
247,70 Jahre
Synodische Umlaufszeit
366,7 Tage
Bahnexzentrizität 0,253
Bahnneigung 17° 08′
Mittlere Geschwindigkeit in der Bahn 4,7 km/sec
Rotationsperiode 6,4 d
Durchmesser 6000 km (?)

Die Kometen

Kometen sind besonders launenhafte Mitglieder des Sonnensystems. Schon aus dem alten China und dem alten Ägypten sind uns Berichte überliefert. Sie galten als Unglücksboten. Mit einem Planeten verglichen ist die Masse eines Kometen sehr klein, sie ist auf einen Kern konzentriert, der nur wenige Kilometer im Durchmesser mißt, wahrscheinlich in der Hauptsache aus Eis besteht und von sehr dünnen Gasen umgeben ist.

Kometenbahnen

Es gibt viele kurzperiodische Kometen, deren Bahnen genau bekannt sind. Sie sind allerdings zu lichtschwach, als daß man sie mit bloßem Auge sehen könnte. Die Bahnen der Kometen sind im allgemeinen weit stärker exzentrisch als die Bahnen der Planeten, und weil ein Komet im reflektierten Sonnenlicht leuchtet — abgesehen von einem gewissen Eigenleuchten in der Nähe des Perihels —, sieht man ihn nur, wenn er Sonne und Erde relativ nahe ist. Das bedeutet, daß auch die kurzperiodischen Kometen nicht dauernd beobachtet werden können. Es gibt freilich auch Kometen mit kreisähnlicher Bahn, die man besser unter Kontrolle halten kann, doch gehören sie alle zu den lichtschwächeren und weit entfernten Objekten.

Die helleren Kometen haben ausnahmslos stark exzentrische Bahnen. In vielen Fällen sind sie so langgestreckt elliptisch, daß sie sich einer Parabel annähern. Ihre Umlaufszeiten können Tausende oder gar Millionen Jahre erreichen und sind nicht vorauszuberechnen. Nur ein einziger heller Komet, der Halleysche, hat eine Umlaufsdauer von weniger als einem Jahrhundert.

Die Namen der Kometen

Im allgemeinen wird ein Komet nach seinem Entdecker bzw. seinen Entdeckern benannt (z. B. Komet Holmes) oder nach dem, der seine Bahn berechnet hat (Halleyscher Komet). Nach der offiziellen Nomenklatur erhält der in einem bestimmten Jahr zuerst entdeckte Komet den Buchstaben a; 1970 a ist also der erste 1970 entdeckte Komet. Nach der Bahnbestimmung wird dann eine definitive Nomenklatur verwendet, wobei römische Zahlen in der Reihenfolge des Periheldurchgangs hinzugefügt werden. Komet 1970 II war demnach der zweite Komet, der 1970 seinen sonnennächsten Punkt durchlaufen hat.

Kometen sind kurzlebig. Man kennt verschiedene periodische Kometen, die zerfallen sind. Bielas Komet z. B., nach einem österreichischen Liebhaberastronomen benannt, mit einer Periode von 6,6 Jahren, war 1826 und 1832 sehr hell. 1839 sah man ihn nicht, weil er sich in einer für die Beobachtung ungünstigen Position befand. Bei seiner Wiederkehr 1846 war er in zwei Teile zerbrochen. Die «Zwillinge» kehrten 1852 wieder, die beiden Kerne schon weit voneinander entfernt. Das allerdings war ihr letzter Auftritt, wenigstens in Kometenform. Nachdem man 1866 wiederum nichts von ihnen entdecken konnte, sah man Ende 1872 einen hellen Meteorschauer: die Trümmer des toten Kometen Biela.

Datentabelle Kometen

Komet	Umlaufszeit (in Jahren)	Bahnneigung (°)	Entfernung von der Sonne in Astronomischen Einheiten: Perihel	Aphel	Bahnexzentrizität
Encke	3,3	12,4	0,3	4,1	0,847
De Vico-Swift	5,9	3,0	1,4	5,1	0,572
Tempel 1	6,0	9,8	1,8	4,8	0,463
Pons-Winnecke	6,3	22,3	1,2	5,5	0,639
Forbes	6,4	4,6	1,5	5,4	0,553
Schwassmann-Wachmann 2	6,5	3,7	1,6	4,8	0,383
Giacobini-Zinner	6,6	30,7	1,0	6,0	0,717
D'Arrest	6,7	18,1	1,4	5,7	0,614
Finlay	6,9	3,6	1,1	6,2	0,703
Holmes	6,9	20,8	2,1	5,1	0,412
Brooks 2	6,7	5,6	1,8	5,4	0,505
Faye	7,4	9,1	1,6	5,9	0,576
Whipple	7,5	10,2	2,5	5,2	0,353
Oterma 3	7,9	4,0	3,4	4,5	0,144
Comas-Solá	8,6	13,4	1,8	6,6	0,576
Gale	10,8	11,4	1,2	8,7	0,765
Tuttle	13,6	54,7	1,0	10,4	0,821
Schwassmann-Wachmann 1	16,1	9,5	5,5	7,2	0,132
Crommelin	27,9	28,9	0,7	17,6	0,919
Halley	76,0	162,2	0,6	35,3	0,967
Grigg-Mellish	164,3	109,8	0,9	59,1	0,969

Komet Morehouse 1908 III (oben)
Komet Morehouse, 1908 III, fotografiert von E. E. Barnard am 16. November. Der nicht sehr helle Komet zeigte eine komplizierte, rasch wechselnde Schweifstruktur.

Anatomie eines Kometen (1948 I) (links)
Komet 1948 I (der erste Komet, der 1948 sein Perihel durchlief) war ziemlich hell. Man sieht einen langen Gasschweif mit einer ausgeprägten Strahlenstruktur. Die Coma oder der Kopf besteht aus Materie, die aus dem Kern verdampft wurde. Verschiedene Elemente wurden darin gefunden, beispielsweise Natrium. Der Schweif besteht aus Wasserstoffverbindungen wie Ammoniak, Methan und Zyan. Der Kern, bei vielen Kometen von stellarem Aussehen, ist auf dieser Aufnahme nicht sichtbar, weil der Kopf, um die Einzelheiten des Schweifs besser zum Vorschein zu bringen, überbelichtet wurde.

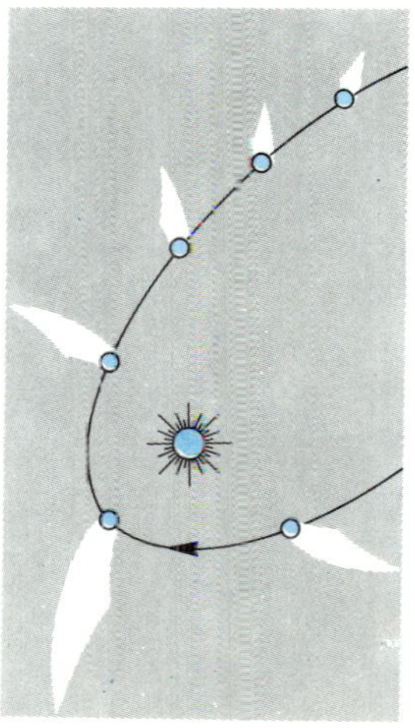

Kometenschweife (rechts)
Der Schweif eines Kometen weist fast immer von der Sonne weg. Das rührt daher, daß die sehr kleinen Schweifpartikeln vom Sonnenwind fortgeblasen werden. Man teilt die Kometenschweife in zwei Haupttypen ein. Der Gasschweif ist normalerweise gerade, der Staubschweif gebogen, denn die Staubteilchen eilen weniger schnell vom Kern fort. Bei vielen Kometen sieht man beide Schweifarten gleichzeitig.

Komet Holmes (links)
Der Komet Holmes war 1892 in der Gegend des Andromedanebels zu sehen. Es handelt sich um einen kurzperiodischen Kometen, der nach seiner Wiederkehr 1906 über fünfzig Jahre lang für verloren galt. In den sechziger Jahren wurde er als äußerst schwaches Objekt wiedergefunden.

Komet Donati (rechts)
Dieser alte Holzschnitt zeigt Donatis Komet von 1858, ein helles Objekt, mit dem bloßen Auge gut sichtbar. Hier sind beide Schweifarten zu sehen: der Gasschweif (gerade) und der Staubschweif (gebogen). Wie alle großen Kometen, hat Donati eine Umlaufszeit von vielen tausend Jahren.

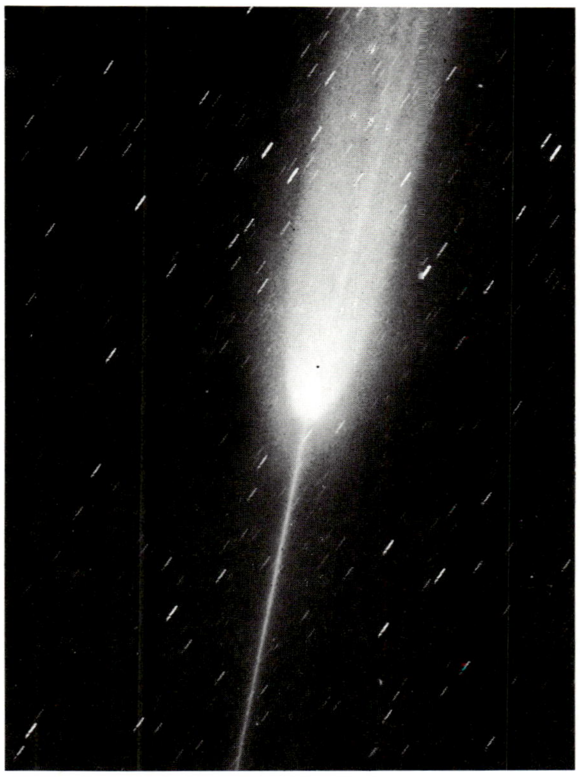

Komet Arend-Roland 1957 III (oben)
Komet Arend-Roland 1957 III, aufgenommen von E. M. Lindsay, Observatorium Armagh, 25. April, 22.05 WZ. Der «Stachel» ist auf Materie zurückzuführen, die entlang der Bahn verstreut wurde. Der Komet war mit bloßem Auge gut zu sehen

Komet Ikeya-Seki (oben)
Komet Ikeya-Seki, von A. McClure, California, USA, am 1. November 1965 fotografiert. Der Komet war ein paar Abende lang sehr hell; in Europa war er nicht gut zu sehen. Seine Bahn war fast parabolisch.

Komet Humason (oben)
Der Humasonsche Komet von 1961, mit dem 1,2-m-Schmidtspiegel auf Mount Palomar fotografiert. Der Komet erschien im Fernrohr relativ hell, seine Bahn verläuft fast parabolisch.

Drei Haupttypen von Kometenbahnen (rechts)
Kometenbahnen gibt es hauptsächlich in drei Arten. Die kurzperiodischen Kometen haben Umlaufszeiten von einigen Jahren und lassen sich vorausberechnen (A); ihre Aphelien liegen gewöhnlich ein wenig außerhalb der Jupiterbahn (B). Kometen mit größerer Umlaufszeit, wie etwa der Halleysche (76 Jahre), haben Aphelien (C) jenseits der Neptunbahn (D). Einige Kometen haben auch mittlere Perioden, wie zum Beispiel Komet Crommelin (27 Jahre). Die größten Kometen aber haben derart exzentrische Bahnen und sind so langperiodisch (E), daß ihr Erscheinen nicht berechnet werden kann. Andere Kometenbahnen sind stark gegen die Ekliptik (A in der Zeichnung unten) geneigt, wieder andere — der Halleysche Komet gehört zu ihnen — bewegen sich rückläufig.

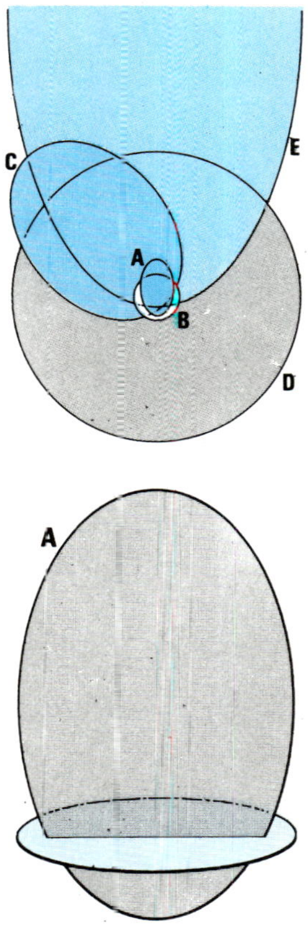

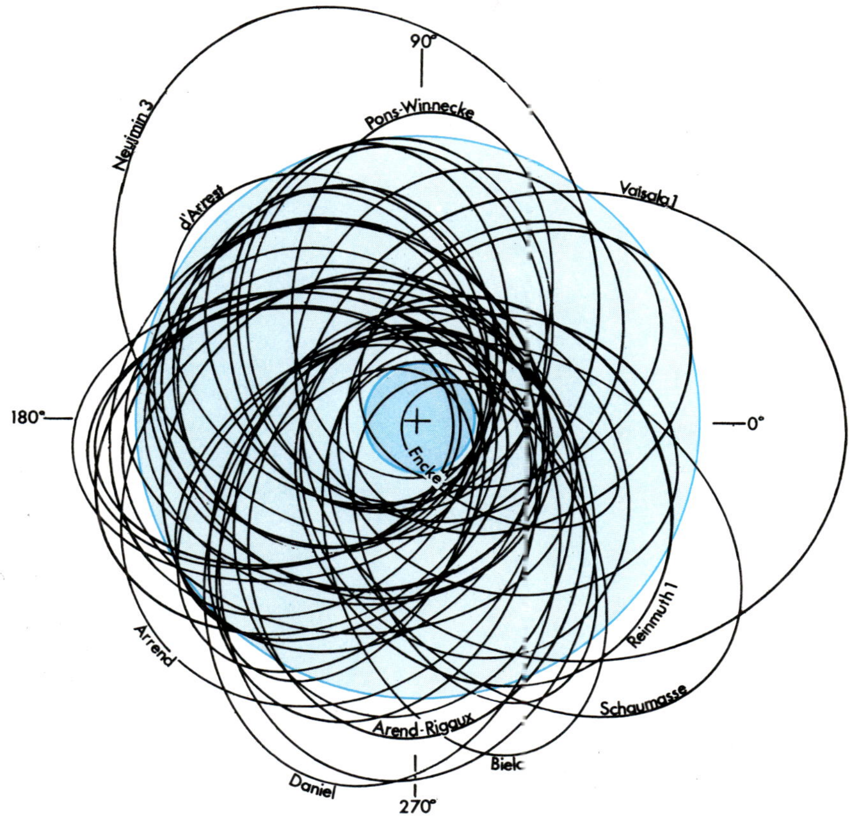

Kometenfamilien (links)
Die Bahnen der kurzperiodischen Kometen, soweit sie zur «Jupiterfamilie» gehören. Man nahm an, daß die Kometen aus den Regionen außerhalb des Sonnensystems kämen, durch die Gravitationswirkung der Planeten eingefangen und in elliptische Bahnen gezwungen worden seien — ein Erklärungsversuch, der später fallengelassen wurde. Encke, das zuletzt entdeckte Mitglied dieser Kometenfamilie, erschien 50mal, zuletzt 1970. Seine Entfernung von der Sonne schwankt zwischen 50,7 und 613,5 Mio km.

Der Halleysche Komet (unten)
Die Entwicklung des Schweifs. Über den Halleyschen Kometen besitzen wir jahrhundertealte Berichte. So sah man ihn beispielsweise 1066, sein Erscheinen ist auf dem Wandteppich von Bayeux dargestellt. Auch 1682 war er zu sehen, und der englische Astronom Edmund Halley berechnete seine Bahn. Er fand, sie ähnele den Kometen aus den Jahren 1531 und 1607, und kam zu dem Schluß, alle diese Kometen seien Erscheinungen ein und desselben Körpers. Er sagte die nächste Erscheinung des Kometen für 1758 voraus, womit er auch recht behielt. Der Komet kehrte in den Jahren 1835 und 1910 wieder. Diese Fotoserie zeigt die Entwicklung des Schweifs 1910. Der nächste Periheldurchgang ist 1986 fällig.

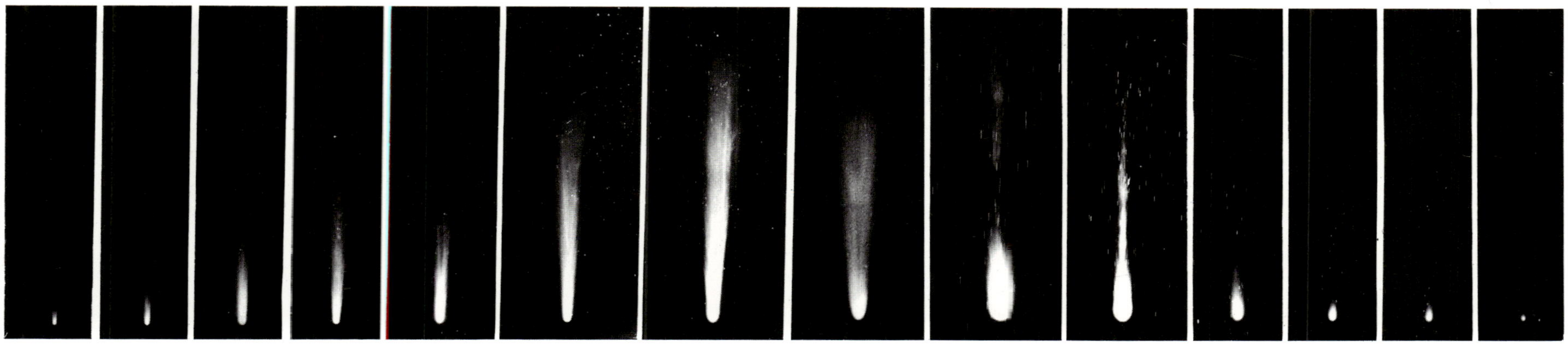

Meteore und Meteorite

Meteore gehören ebenfalls zum Sonnensystem. Sie sind sehr klein und außerhalb der Erdatmosphäre unsichtbar, doch wenn sie mit großer Geschwindigkeit in die obersten Luftschichten eintreten, werden sie durch Reibung so heiß, daß sie als helleuchtende «Sternschnuppen» verglühen. Die Geschwindigkeit, mit der ein Meteor in die Erdatmosphäre eintritt, kann 70 km/sec betragen.

Man nimmt an, daß täglich mehr als 20 Mio Meteore in die Erdatmosphäre eindringen; die Masse jedes einzelnen ist jedoch sehr klein, und nur wenige kommen, bevor sie verglühen, auf weniger als 80 km an die Erdoberfläche heran. Der durchschnittliche, mit dem bloßen Auge sichtbare Meteor ist erstaunlich klein, kleiner als ein Sandkorn. Die Zusammensetzung der Meteore ist spektroskopisch untersucht worden. Meteorspektren sind nur sehr schwer zu erhalten, doch hat man es bereits, hauptsächlich mit Hilfe der Amateure, auf mehrere hundert gebracht. Sehr kleine Partikeln von weniger als 0,1 mm Durchmesser erzeugen bei ihrem Eintritt in die Atmosphäre keine Leuchterscheinungen. Diese Teilchen nennt man Mikrometeorite. Seit 1957 sind sie von Raumfahrzeugen aus genauestens studiert worden.

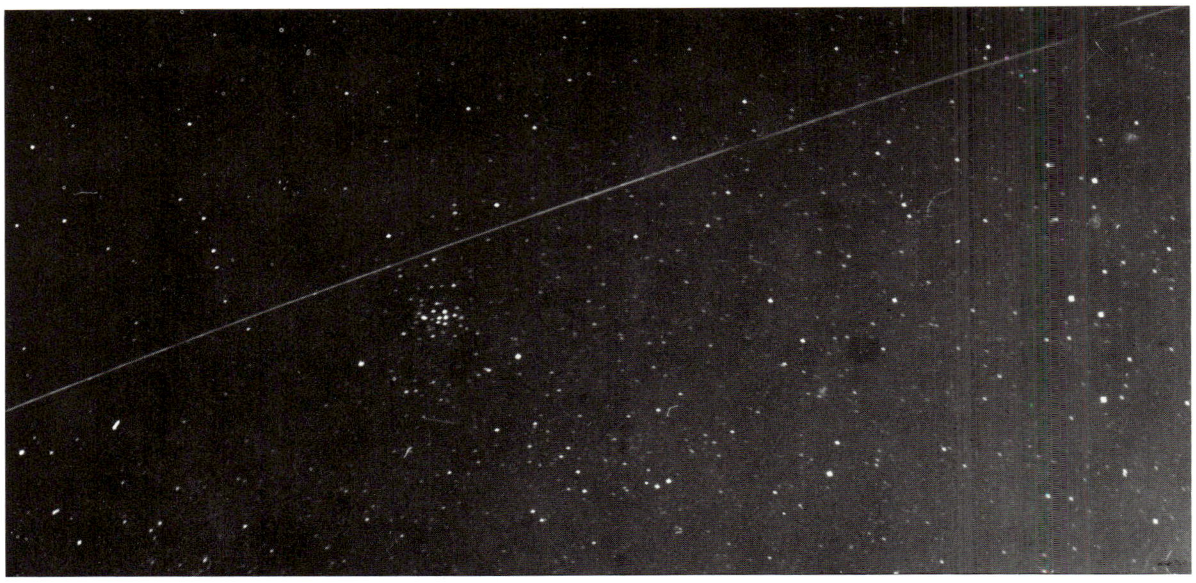

Eine Meteorspur (oben)
Eine Meteorspur, 1968 von T. J. C. A. Moseley in Armagh fotografiert. Der Meteor hatte etwa zweite Größe und war 1,5 Sekunden lang zu sehen. Der Sternhaufen nahe der Bildmitte ist Praesepe im Sternbild Krebs. Die Helligkeit des Meteors war veränderlich, wie an dem Teil der Spur oben rechts gut zu erkennen ist.

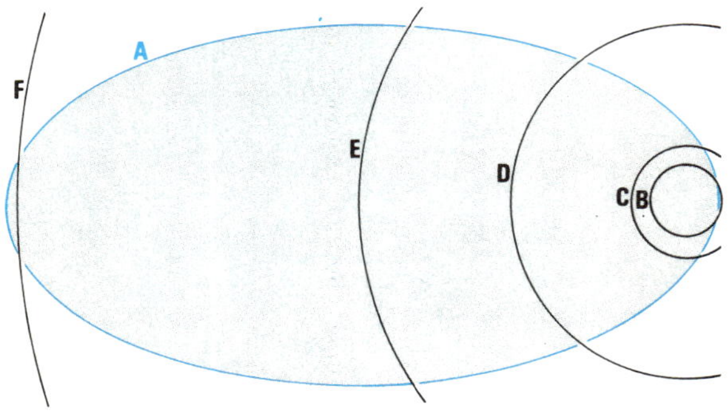

(Oben) Bahn des mit dem Kometen Tempel (1866 I) in Verbindung stehenden Leonidenschwarms (A). Der Hauptschwarm begegnet der Erde (B) nur alle 33 Jahre (Schwarmperiode), doch sieht man jedes Jahr etliche Leoniden. Die Bahnen von Mars (C), Jupiter (D), Saturn (E) und Uranus (F) sind in der Zeichnung ebenfalls dargestellt.

Meteorschwärme (links)
Da sich die Meteore eines Schwarms in parallelen Bahnen bewegen, scheinen sie von der Erde aus gesehen von einem bestimmten Punkt am Himmel auszugehen — so wie die parallelen Geleise einer Bahnlinie am Horizont zusammenzulaufen scheinen (Zeichnung oben). Jeder Meteorschwarm hat seinen eigenen «Radianten».
Die Fotografie links wurde am 17. November 1966 von D. McLean vom Kitt Peak, Arizona, aufgenommen, als die Leoniden ihren Höhepunkt erreicht hatten. Verschiedene Meteore sind sichtbar, verlängert man ihre Spuren zur Bildmitte hin, scheinen sich alle im Radianten zu treffen. Die Leoniden boten in den Jahren 1799, 1833 und 1866 ein prächtiges Schauspiel, doch vor ihrer Wiederkehr von 1899 wurden sie durch Jupiter stark aus ihrer früheren Bahn abgelenkt und blieben deshalb 1899 und 1933 aus. 1966 traten die Leoniden wieder wundervoll in Erscheinung.
Periodische Meteorschwärme werden nach der Lage ihres Radianten im betreffenden Sternbild benannt.

Verschiedene Typen von Meteoren

Es gibt sporadische Meteore und Meteorschwärme. Diese ziehen in Schwärmen ihre Bahn um die Sonne und stehen mit Kometen in Verbindung. Wenn die Erde durch einen Meteorschwarm hindurchwandert, beobachtet man einen Sternschnuppenschauer. Die Perseiden in der ersten Augusthälfte sind sehr ergiebig. Ein solcher Meteorschwarm bietet die Möglichkeit, Meteorspektren zu erhalten.

Die Perseiden erscheinen jedes Jahr zwischen dem 27. Juli und dem 15. August, weil sie als Meteorstrom über die ganze Bahn ihres Mutterkometen Swift-Tuttle, 1862 III, verteilt sind. Im Gegensatz hierzu sind die Leoniden vorwiegend auf eine größere Gruppe konzentriert, die als Hauptschwarm periodisch in Erscheinung tritt. Letztmals wurde er 1966 beobachtet. In der Zeit seiner größten Ergiebigkeit zählte man in Arizona mehr als 100 000 Meteore pro Stunde.

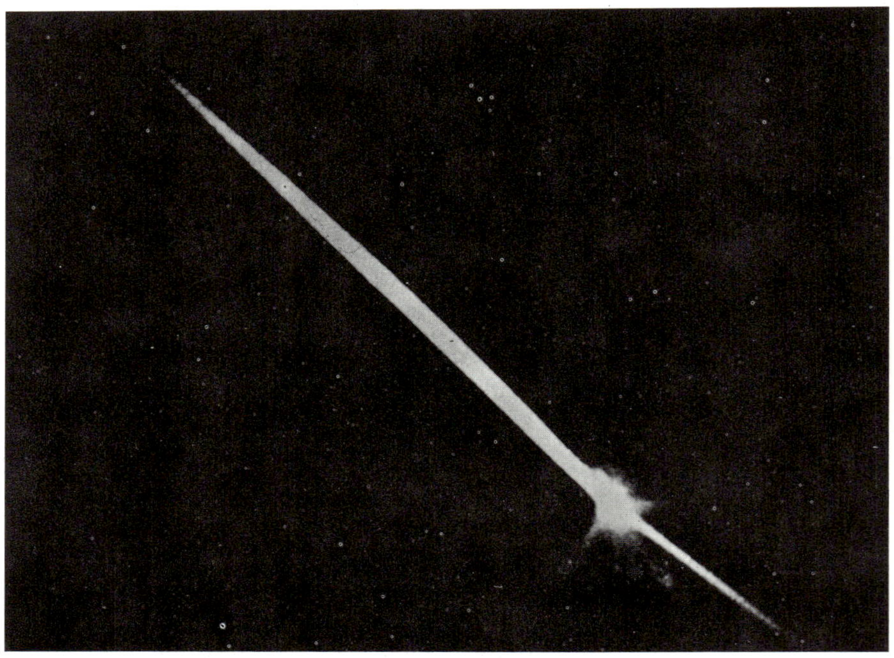

(Links)
Ein Andromedidenmeteor bei der Explosion während des Absturzes in die Atmosphäre; Aufnahme Butler, 23. November 1895, 5-cm-Objektiv.

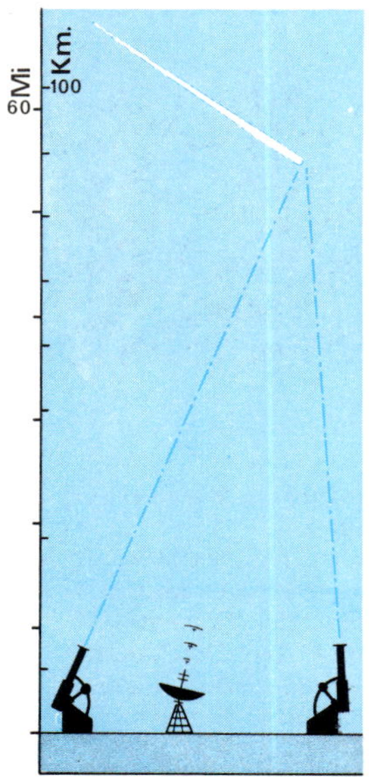

Die Berechnung von Meteorhöhen (links)
Die Höhe eines Meteors über dem Boden kann nur dann bestimmt werden, wenn es gleichzeitig von zwei verschiedenen Orten aus beobachtet wird. Auch Radar leistet gute Dienste, heute werden sogar die meisten Höhen auf diesem Wege bestimmt. Im allgemeinen verbrennt ein Meteor in Höhen zwischen 80 und 100 km über Meeresniveau. Nur sehr wenige kommen auf 60 km heran.
Spuren meteoritischer Materie erreichen den Boden in Form von Staub.

Datentabelle Meteorschwärme

Quadrantiden	1.— 4. 1.	Meist scharfes Maximum am 3. Januar
Lyriden	19.—22. 4.	Schnelle Meteore
Aquariden	1.—13. 5.	Schnelle Meteore mit langen Spuren. Es könnte ein Zusammenhang mit dem Halleyschen Kometen bestehen.
Perseiden	27. 7.—28. 8.	Starker, ergiebiger Schwarm
Orioniden	15.—25. 10	Schnelle Meteore
Leoniden	17. 11.	Heute schwächer als früher. Einige Leoniden sind jedes Jahr um den 17. November herum ungefähr einen Tag lang zu sehen.
Andromediden	26. 11.—4. 12.	Trümmer des Kometen Biela. Zur Zeit kein starker Schwarm
Geminiden	9.—13. 12.	Starker, sehr ergiebiger Schwarm

Meteorite

Ein Meteorit ist ein Stück Materie, das aus dem Weltraum kommt und auf der Erde landet, ohne in der Erdatmosphäre zu verglühen. Er unterscheidet sich von einem Meteor nicht nur durch die Größe, sondern auch durch festeres Material. Die meisten Astronomen sehen keinen Zusammenhang zwischen Meteoriten und Kometen, wohl aber dürfte eine Verwandtschaft zwischen den Meteoriten und den Kleinplaneten bestehen.

Man hat viele Meteorite gefunden und analysiert. Einige wurden schon bei ihrem Fall beobachtet und sogleich in Sicherheit gebracht. Man unterscheidet in der Hauptsache zwei Arten: Eisenmeteorite und Steinmeteorite. Allerdings kann man sie wegen der vielen Zwischentypen oft nicht streng unterscheiden. Viele große Museen besitzen Meteoritensammlungen. Merkwürdigerweise hat man erst nach dem Meteoritenfall in der Nähe der französischen Ortschaft L'Aigle 1802 erkannt, daß Steine vom Himmel fallen können. Bei den darauf folgenden Untersuchungen fand man in den verschiedensten Ländern Überreste von Meteoriten. Der berühmte heilige Stein in Mekka z. B. ist ein Meteorit.

Der größte bekannte Meteorit wurde bei Hoba West in der Nähe von Grootfontein in Südwestafrika gefunden. Er wiegt mehr als 60 Tonnen und liegt noch am gleichen Ort, wo er in prähistorischen Zeiten niederging. Der Hoba-West-Meteorit enthält sehr viel Nickel (16 %). Der nächstgrößte ist der Ahnighito-Meteorit, 1897 von dem amerikanischen Forscher Peary in Grönland aufgefunden und heute im Hayden-Planetarium in New York ausgestellt. Er wiegt nicht viel weniger als der Hoba-West-Meteorit; auch er ist ein Eisenmeteorit.

In Meteoriten wurden noch nie irgendwelche außergewöhnlichen Elemente gefunden. Eisenmeteorite bestehen im Durchschnitt aus 90 Prozent Eisen, 8 bis 9 Prozent Nickel, weniger als einem Prozent Kobalt sowie kleineren Mengen anderer Elemente wie Phosphor und Schwefel. Die durchschnittliche Zusammensetzung der Steinmeteorite ist: 36 Prozent Sauerstoff, 24 Prozent Eisen, 18 Prozent Silizium, 14 Prozent Magnesium und kleinere Mengen anderer Elemente. Diese Zahlen sind nur Mittelwerte; die einzelnen Meteorite haben eine unterschiedliche Zusammensetzung.

Große Meteoriten sind selten — glücklicherweise, wie man hinzufügen muß, denn sie können katastrophale Verwüstungen anrichten. Ein großer Meteorit schlägt einen regelrechten Krater (Arizonakrater und Wolf-Creek-Krater in Australien). Bei vielen anderen Kratern, z. B. in Kanada, ist man sich nicht einig, ob man sie Meteoriteneinschlägen oder vulkanischer Aktivität zuschreiben soll.

Definitionen:

Meteor = Lichterscheinung, hervorgerufen durch das Eindringen einzelner Körper in die Atmosphäre.

Meteorit = ein auf die Erde niedergefallener Körper.

Barwell-Meteorit (links)
Ein Teil des Barwell-Meteorits, der am 24. Dezember 1965 in Leicestershire niederging. Während seines Absturzes sah man ihn aus verschiedenen Teilen Englands, allerdings wurde die Beobachtung durch Wolken beeinträchtigt. Er zersprang in den tieferen Schichten der Atmosphäre, die Bruchstücke gingen rund um das Dorf Barwell nieder. Das ursprüngliche Gewicht des Meteorits könnte einen Zentner betragen haben. Das in der Fotografie gezeigte Stück wiegt etwas mehr als 1 kg. Es handelt sich um einen Steinmeteorit, der zur Hauptsache aus Sauerstoff, Eisen und Silizium besteht.

Orgueil-Meteorit (links)
Der Orgueil-Meteorit ging 1864 nieder. Er ist ein kohlenstoffhaltiger Chondrit, der wenig Metalle enthält, dafür aber unzählige kleine Graphitstückchen. In den sechziger Jahren unseres Jahrhunderts wurde die Vermutung geäußert, er habe organische Substanz enthalten.

Norton-Furnas-Meteorit (links)
Dieser Steinmeteorit fiel am 18. Februar 1948 über Norton, Kansas. Das größte Stück, das man gefunden hat, wiegt eine Tonne (unser Foto). Es ist der größte bekannte Steinmeteorit und befindet sich in Albuquerque.

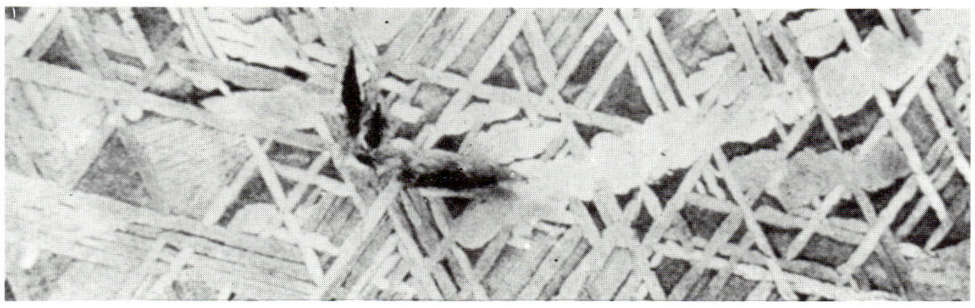

Widmanstättensche Figuren (links)
Wird ein Eisenmeteorit zersägt und die Schnittfläche geschliffen und geätzt, dann werden die sogenannten Widmanstättenschen Figuren sichtbar. Sie sind auf die hohen Drucke und Temperaturen beim Absturz zurückzuführen.

Hoba-West-Meteorit (links)
Der Hoba-West-Meteorit bei Grootfontein, Südwestafrika, hält den Schwergewichtsrekord für Meteorite. Er ist in das Kalkgestein dieser Gegend eingebettet und ist fast rechtwinklig. Seine Masse ist schwierig zu bestimmen, doch wiegt er sicher mehr als 60 Tonnen. Man nimmt an, daß die Masse des ursprünglichen Meteorits über 80 Tonnen betragen hat. Der Zeitpunkt seines Niedergangs ist unbekannt, doch ist er ohne Zweifel sehr alt.

Ein Tektit (links)
Ein Tektit — ein kleiner, glasiger Gegenstand, hier etwa im Maßstab 1 : 1. Die Tektiten, die man in bestimmten Gegenden der Erde (besonders in Australien) findet, scheinen zweimal stark erhitzt worden zu sein und sind vielfach aerodynamisch geformt. Es ist nicht sicher, ob sie aus dem Weltall kommen oder irdischen Ursprungs sind.

Zerstörende Wirkung der Meteorite
(Oben) Durch den Meteoriteneinschlag in Sibirien 1908 umgelegter Tannenwald. (Links) Der Durchmesser des Arizonakraters beträgt ungefähr anderthalb Kilometer. Er ist mindestens 10 000 Jahre alt.

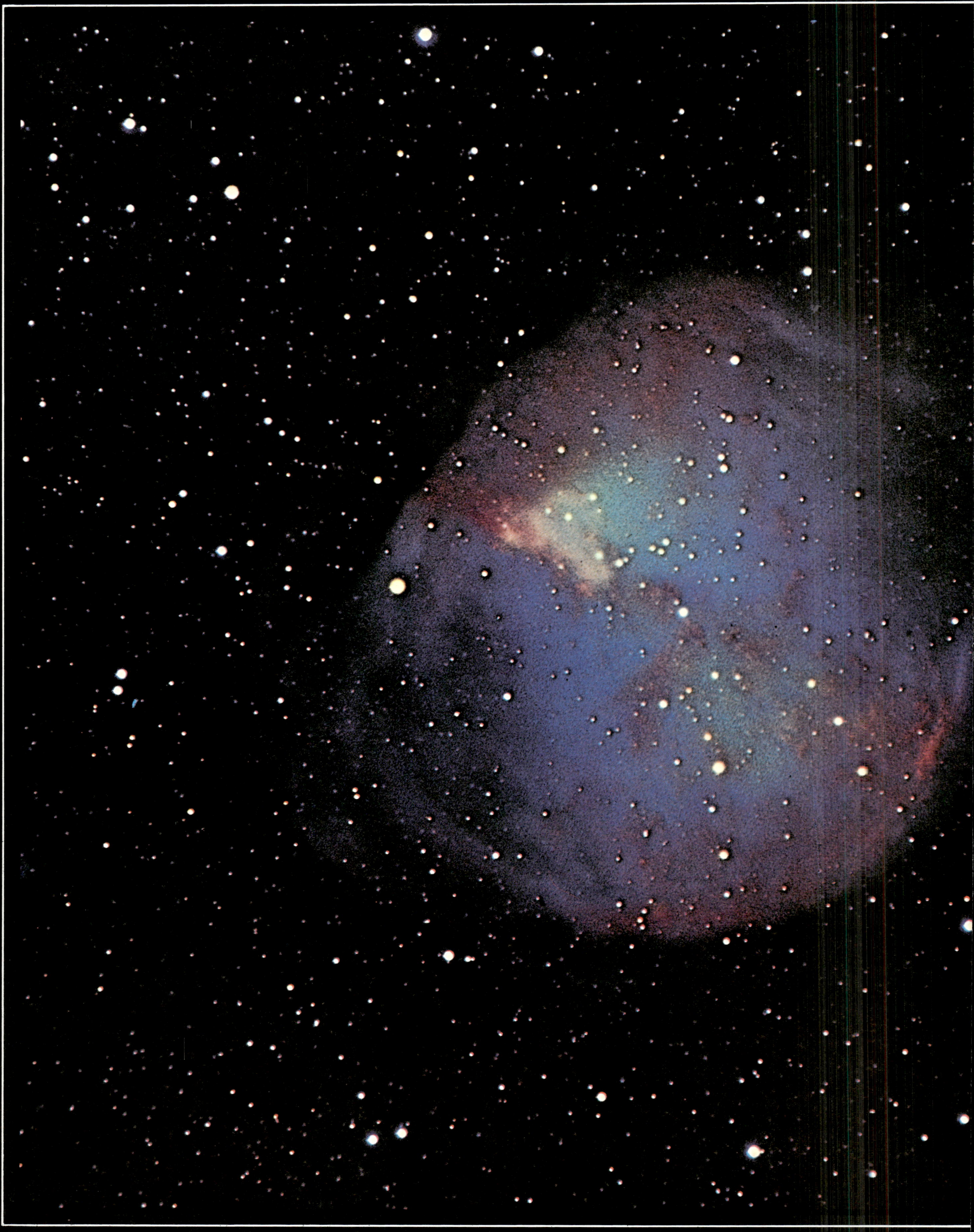

Die Sterne

Die Menschen der Vorzeit betrachteten die Sterne als am festen Himmel aufgehängte kleine Lampen. Heute scheint diese Idee absurd, aber in jenen Tagen, da es eine astronomische Wissenschaft noch nicht gab, war sie gar nicht unvernünftig. Man konnte sich damals nicht vorstellen, daß die Sterne Sonnen sind. Sogar die gelehrten Griechen konnten nicht glauben, daß unsere Sonne nichts anderes als ein Stern ist. Alles, was sie tun konnten, war, die Sternpositionen zu katalogisieren, die Sterne in Gruppen und Sternbilder einzuteilen. Die wirkliche Natur der Sterne mußte ohne die Hilfe der modernen Instrumente unerkannt bleiben.

Sternbilder wurden von verschiedenen Kulturvölkern gezeichnet – wahrscheinlich von den Kretern, sicher aber von den Chaldäern. Die chinesischen und ägyptischen Sternbilder sind vollkommen verschieden von den heutigen. Unsere Sternkarten stützen sich auf das Schema des Ptolemäus von Alexandria, des letzten großen Astronomen der griechischen Schule, dessen Wirken in die Zeit zwischen 120 und 180 n. Chr. fällt. Jahrhunderte hindurch war die Astronomie eng mit der Astrologie verbunden, und man war der Überzeugung, daß die Sternbilder, obwohl künstlich, eine reale Bedeutung hätten. Was die Alten nicht wußten und auch nicht wissen konnten, war die Tatsache, daß die einzelnen Sterne eines Sternbildes nicht unbedingt physisch zusammengehören müssen. Betrachten wir als typischen Fall den Großen Wagen: In der Deichsel des Wagens finden wir die drei Sterne Alkaid, Mizar und Alioth. Alkaid und Mizar liegen am Himmel scheinbar nahe beisammen, aber Alkaid ist von uns viel weiter entfernt. In der Tat ist die Entfernung zwischen ihm und Mizar größer als zwischen Mizar und uns, und er liegt nur zufällig von der Erde aus gesehen in der gleichen Richtung. Wenn wir irgendwo zwischen den beiden Sternen stehen könnten, lägen Alkaid und Mizar auf entgegengesetzten Seiten des Himmels.

Die Astronomen vor 2000 Jahren glaubten übrigens, daß alle Sterne gleich weit von uns entfernt seien und daß sich die Sternkugel in einem Tag einmal um die Erde drehe. Der einzige wirkliche Fortschritt lag in der Messung der einzelnen Sternpositionen, die mit sehr großer Sorgfalt durchgeführt wurde. Hipparch von Nicäa legte mit primitiven Meßinstrumenten, aber großem Geschick im Jahre 130 v. Chr. einen hervorragenden Katalog an. Sein Nachfolger war Ptolemäus, dessen Sternkatalog uns in der arabischen Übersetzung (der Almagest) erhalten blieb. Er war wirklich sehr genau, aber selbst für Ptolemäus war es unvorstellbar, daß ein Stern eine Sonne sein könnte.

Nach seinem Tod geschah in der Astronomie jahrhundertelang nichts Außergewöhnliches. Die Araber setzten die Arbeit des Sternkatalogisierens zwischen dem 9. und dem 15. Jahrhundert fort, doch konnten nur wenig theoretische Fortschritte erreicht werden, solange das ptolemäische System galt. Paradoxerweise wurde der beste Sternkatalog aus der Zeit vor der Erfindung des Fernrohres zwischen 1576 und 1596 von dem exzentrischen dänischen Astronomen Tycho Brahe aufgestellt, der ein vehementer Gegner des kopernikanischen Systems war und aus religiösen Gründen glaubte, daß die Erde der Mittelpunkt des Universums sein müsse. Tychos Aufmerksamkeit wurde im Jahre 1572 auf die Astronomie gelenkt, als im Sternbild Cassiopeia ein neuer Stern aufleuchtete. Tycho war wahrscheinlich einer der ersten, wenn nicht gar der erste, der diesen Stern bemerkte; er wurde so hell, daß er bei

Der Dumbbellnebel im Sternbild Fuchs (Vulpecula), aufgenommen mit dem 5-m-Spiegel von Mt. Palomar in Kalifornien. Er ist eines der interessantesten Objekte am Himmel; er wurde im Jahre 1764 von Messier entdeckt und als Nr. 27 in seinen Katalog der Sternhaufen und Nebel aufgenommen.

Einführung (Fortsetzung)

vollem Tageslicht sichtbar war. Wir wissen heute, daß es sich um eine Supernova, um die heftige Explosion eines ehemals schwachen Sterns gehandelt haben muß. Dieses Ereignis war um so bedeutsamer, als es den überlieferten Glauben widerlegte, der Sternenhimmel sei unveränderlich. Tycho studierte den Stern mit großer Sorgfalt und schrieb ein Buch über ihn.
Tycho starb im Jahre 1601. Bedauerlicherweise wurde das Fernrohr erst einige Jahre später erfunden. Tycho, ein hervorragender Beobachter, hätte die optischen Instrumente gewiß mit großem Erfolg eingesetzt. Inzwischen hatte der deutsche Astronom J. Bayer einen Sternkatalog veröffentlicht, in dem er die Sterne der verschiedenen Sternbilder mit griechischen Buchstaben bezeichnete. Der hellste Stern eines Sternbildes erhielt den Buchstaben Alpha (α), der zweithellste Beta (β) und so weiter. In vielen Fällen ist diese Regel nicht ganz strikte befolgt worden, aber die Bezeichnungen von Bayer werden immer noch gebraucht und haben die alten Eigennamen weitgehend verdrängt, von denen die meisten aus dem Arabischen stammen und fast nicht auszusprechen sind (z. B. Alkalurops, Azelfafage und Zubenelgenubi). Heute verwendet man die Eigennamen nur noch für etwa zwanzig der hellsten Sterne am Himmel.

Unten: Das Flamsteed-Haus. Es ist die alte Sternwarte in Greenwich, 1675 gegründet und von Wren gebaut. Seitdem alle wissenschaftlichen Instrumente nach Herstmonceux gebracht wurden, ist die Sternwarte in ein Museum umgewandelt worden.

Oben: Ein altes Gemälde zeigt den Iren Rosse bei der Vorbereitung seiner nächtlichen Beobachtungen.
Rechts: Der vom dritten Grafen von Rosse konstruierte 180-cm-Reflektor. Er wurde 1845 gebaut und bis 1908 verwendet. Rosse entdeckte mit ihm die Spiralstruktur der Galaxien. Die Aufnahme, die das Rohr und die Mauern zeigt, stammt aus dem Jahre 1969.

Eine der wichtigsten Entdeckungen aus der Zeit der ersten Fernrohrbeobachtungen wurde 1612 gemacht, als N. Peiresc den nebligen Schimmer im Schwert des Orion bemerkte, den wir heute als Großen Orionnebel bezeichnen. (Er ist mit bloßem Auge sichtbar, aber erst optische Hilfsmittel zeigen seine Einzelheiten.) Damals lag das Hauptgewicht der astronomischen Arbeiten auf dem Katalogisieren der Sterne für Navigationszwecke. Die Sternwarte von Greenwich wurde 1675 durch ein Dekret König Charles' II. von England mit dem Ziel gegründet, für die Seeleute einen neuen Sternkatalog aufzustellen. Nach vielen Versuchen und Mißerfolgen, nach vielen Jahren harter Arbeit des ersten Königlichen Astronomen John Flamsteed erschien der Katalog. Er war bedeutend genauer als derjenige von Tycho, da Flamsteed bereits den Vorteil der Fernrohrbeobachtung ausnützen konnte.
Das ptolemäische System wurde nach Newtons grundlegenden Arbeiten des ausgehenden 17. Jahrhunderts endgültig verworfen. Die Distanz der Sonne konnte mit ziemlicher Genauigkeit gemessen werden, und die Erkenntnis, daß alle Sterne Sonnen sind, setzte sich durch. Auch bemühte man sich, Sternentfernungen zu messen. Der dritte Königliche Astronom, James Bradley, führte 1728 Experimente nach einer sehr vernünftigen Methode durch, allerdings ohne Erfolg. (Als Nebenergebnis seiner Arbeit entdeckte er die Aberration des Lichtes.) Es wurden auch Spekulationen über die Verteilung der Sterne im Raum angestellt. Man vermutete sogar, daß das Sternsystem in seiner Form etwas abgeflacht sei, doch die ersten zuverlässigen Modelle kamen erst mit den Arbeiten Herschels 1786 auf.
An dieser Stelle soll ein wenig ausführlicher auf die Person Herschels eingegangen werden, dessen Forschungsarbeiten grundlegend waren. Er überließ nichts dem Zufall. Er durchforschte den Himmel systematisch mit selbstgebauten Fernrohren und entdeckte zahlreiche Sternhaufen, Gasnebel und aus Sternen bestehende Nebel. Nach Herschels Ansicht glich die Form unseres Sternsystems oder unserer Milchstraße etwa einem «gespaltenen Mühlstein», wobei sich die Sonne nahe dem Mittelpunkt befand. Noch bedeutsamer aber war es, daß sich Herschel fragte, ob die in Sterne auflösbaren Systeme — wie etwa die Kugelsternhaufen — gesonderte Objekte weit außerhalb unseres eigenen sein könnten. Auch damit hatte er recht, aber er selbst kam nie zu einer definitiven Antwort, und das Problem wurde erst mehr als ein Jahrhundert nach Herschels Tod im Jahre 1822 geklärt.
Im Jahre 1838 benützte Bessel in Deutschland die Methode der trigonometrischen Parallaxen, um die Entfernung eines Sterns erstmals zuverlässig zu messen. Die Entfernung des schwachen Sterns 61 Cygni (im Sternbild Schwan) wurde mit annähernd 11 Lichtjahren bestimmt. Das Licht legt pro Sekunde 299 792,5 km zurück. Seine Geschwindigkeit wurde 1675 vom dänischen Astronomen Ole Rømer gemessen. In einem Jahr legt das Licht eine Strecke von 9,5 Billionen Kilometer zurück. Diese Einheit, das Lichtjahr, ist für astronomische Zwecke sehr geeignet. (Eine andere Einheit ist das Parsec: ein Stern ist 1 Parsec von uns entfernt, wenn seine jährliche Parallaxe 1 Bogensekunde beträgt. Es entspricht 3,26 Lichtjahren.) Der hervorragenden Leistung Bessels folgten weitere Entfernungsmessungen. Fast zur gleichen Zeit fand Thomas Henderson, daß der helle Stern α Centauri am Südhimmel nur wenig weiter als 4 Lichtjahre entfernt ist, und Proxima – ein schwacher Begleiter von α Centauri – ist mit einer Entfernung von 4,2 Lichtjahren immer noch der uns nächste bekannte Stern. Dennoch ist der Anwendungsbereich der trigonometrischen Parallaxe begrenzt, da die parallaktische Verschiebung bei mehr als einigen hundert Lichtjahren Entfernung unmeßbar klein ist. In der Folge wurden verschiedene Untersuchungsmethoden gefunden, die sich auf die Spektroskopie stützen. Isaac Newton leistete in den Pestjahren 1665 und 1666 in seinem ruhigen Haus in Lincolnshire Pionierarbeit bei der Erforschung des Lichtes. Er ließ das Sonnenlicht durch ein Glasprisma fallen und fand, daß das Licht in einen Regenbogen aufgefächert wurde, wobei die rote Farbe am langwelligen und die violette Farbe am kurzwelligen Ende lag. Da die Prismen und Linsen wahrscheinlich von schlechter Qualität waren, brach Newton seine Arbeit ab, aber der englische Wissenschaftler W. H. Wollaston nahm sie 1802 wieder auf und fand, daß der durch das Sonnenlicht verursachte Regenbogen, Spektrum genannt, von dunklen Linien überlagert war. Wollaston interpretierte diese Linien nicht richtig und versäumte so die Gelegenheit, eine große Entdeckung zu machen. Ein junger Deutscher, Joseph Fraunhofer, begründete wenige Jahre später (1815) die Wissenschaft der Spektroskopie und beschrieb die Lage der dunklen Linien, die heute noch als Fraunhofersche Linien bezeichnet werden. Leider starb er schon sehr jung, und erst 1859 wurde das Sonnenspektrum durch einen anderen Deutschen, Gustav Kirchhoff, richtig erklärt.
Kirchhoff fand die Gesetze der Spektroskopie, die von grundlegender Bedeutung sind. Ein glühender Körper, eine Flüssigkeit oder ein unter hohem Druck stehendes Gas senden ein kontinuierliches oder Regenbogenspektrum aus. Ein leuchtendes Gas, das unter niedrigerem Druck steht, erzeugt ein Linien- oder Emissionsspektrum. Das Spektrum der Sonne ist eine Kombination dieser beiden Typen, bei der die durch die Sonnenatmosphäre hervorgerufenen Linien in die dunklen Absorptions- oder Fraunhoferschen Linien «umgekehrt» wurden.
Damals wußte man schon, daß die Sterne Sonnen sind. So war auch zu erwarten, daß sie ähnliche Spektren zeigten. In Italien leistete Angelo Secchi, in England William Huggins Pionierarbeit. Sternspektren wurden studiert und ausgewertet, und es zeigte sich, daß die meisten aus einem hellen Hintergrund und Absorptionslinien bestanden, obwohl im einzelnen große Unterschiede vorhanden waren. Helle weiße Sterne zeigen nicht das gleiche Spektrum wie gelbe Sterne (z. B. unsere Sonne) oder wie kühlere orangerote Sterne (z. B. Betelgeuze im Orion). Secchi teilte die Sterne in verschiedene Spektraltypen ein, aber diese behelfsmäßige Klassifizierung wurde gegen Ende des vorigen Jahrhunderts durch die an der Sternwarte des Harvard College unter der Leitung von E. C. Pickering aufgestellte Klassifikation verdrängt. Danach werden die Sterne in neun Typen unterteilt, die eine kontinuierliche Folge darstellen und fließend ineinander übergehen. Die inzwischen entwickelte astronomische Fotografie ersetzte die visuelle Arbeit am Fernrohr. Heutzutage wird praktisch die ganze Sternforschung fotografisch durchgeführt.
Sternhaufen sind durchaus keine Seltenheit, und einige davon, wie die Plejaden (das Siebengestirn), sind so auffällig, daß sie schon seit Urzeiten bekannt sein müssen. Die Nebel sind viel schwächer, und nur wenige davon sind ohne optische Hilfe sichtbar. Der französische Astronom Messier stellte 1781 eine Liste von mehr als 100 Haufen und Nebeln auf – nicht etwa, weil sie ihn interessierten, sondern um eine Verwechslung mit Kometen auszuschließen, denen sein eigentliches Interesse galt. Messier- oder M-Nummern werden noch heute verwendet, obwohl sie in der Wissenschaft durch die Numerierung des NGC (New General Catalogue) ergänzt worden sind. So werden der Große Orionnebel als M 42, der Andromedanebel als M 31 und die Plejaden als M 45 bezeichnet.
Wie bereits erwähnt, wußte Herschel, daß die Nebel grundsätzlich in zwei Typen eingeteilt werden können: die auflösbaren und die nicht auflösbaren. Die nicht auflösbaren Nebel schienen aus einem «leuchtenden Fluidum» zu bestehen, während die anderen anscheinend aus Sternen zusammengesetzt waren. 1845 konstruierte ein irischer Amateur, der dritte Graf von Rosse,

einen riesigen Spiegel mit einem Durchmesser von 180 cm und entdeckte, daß viele der Sternnebel spiralförmig waren, etwa wie ein Feuerwerksrad.

Nun ging es darum, die Entfernung dieser Spiralnebel zu bestimmen, aber viele Jahre schien es unmöglich, zuverlässige Messungen zu erhalten. Doch noch vor der Jahrhundertwende konnte man mit Hilfe spektroskopischer Untersuchungen nachweisen, daß die auflösbaren Nebel wirklich aus Sternen bestehen. Ihre Spektren waren etwas verwischt, aber die entscheidenden Absorptionslinien konnten eindeutig gefunden werden. Auf der anderen Seite lieferten die nicht auflösbaren Nebel Linienspektren, die bewiesen, daß sie aus Gas unter niedrigem Druck bestehen.

Das Problem der Entfernungsmessung wurde dann in genialer Weise gelöst. Schon lange kannte man Sterne, deren Helligkeit nicht immer gleichblieb, sondern in relativ kurzen Zeitabständen zu- und wieder abnahm. Dies sind die veränderlichen Sterne. Einige dieser Veränderlichen, Cepheiden genannt, besitzen eine Periode von einigen Tagen bis zu einigen Wochen und wiederholen ihren Lichtwechsel mit so vollendeter Regelmäßigkeit, daß ihre Helligkeit für jeden beliebigen Zeitpunkt vorhergesagt werden kann. Einige von ihnen, darunter der Prototyp δ Cephei, sind mit bloßem Auge sichtbar, für die meisten benötigt man aber ein Fernrohr.

Im Jahre 1912 studierte Henrietta Leavitt in Harvard Aufnahmen der Kleinen Magellanschen Wolke, eines Sternsystems am Südhimmel. Sie fand dort viele Veränderliche vom Typ der Cepheiden, wobei die helleren immer die längeren Perioden hatten. Da aber alle Sterne der Wolke ungefähr gleich weit von uns entfernt sind, bedeutete dies, daß die helleren Cepheiden tatsächlich die leuchtkräftigeren waren. Das hieß nichts anderes, als daß man von dem beobachteten Verhalten eines Cepheiden auf dessen absolute Leuchtkraft schließen konnte. Aus der absoluten Leuchtkraft konnte dann auf seine Entfernung geschlossen werden.

1923 entdeckte E. Hubble mit dem 2½-m-Spiegel der Mount-Wilson-Sternwarte auch in andern Spiralnebeln, wie z. B. im M 31 in der Andromeda, Cepheiden. Sobald er ihre Perioden gefunden hatte, kannte er ihre Entfernung, und so war das uralte Problem gelöst. Diese Cepheiden sind so weit entfernt, daß sie unmöglich Mitglieder unserer eigenen Milchstraße sein können. Somit liegen aber auch die Spiralnebel außerhalb unserer Galaxis. Heute wird die Entfernung des Andromedanebels auf 2 200 000 Lichtjahre geschätzt. Sobald diese grundlegende Erkenntnis gewonnen war, konnten weitere Forschungen beginnen. Die Verteilung der Galaxien im Raum war von besonderem Interesse. Der Schlüssel zur Lösung dieser Frage war der Dopplereffekt: Ein sich entfernendes Objekt erscheint — da unser Auge von weniger Lichtwellen pro Sekunde getroffen wird — etwas rötlicher als ein ruhendes Objekt, weil die Wellenlänge scheinbar vergrößert wird. Schon damals war bekannt, daß die Spektren aller Galaxien — mit Ausnahme der nächsten Systeme, die zur sogenannten Lokalen Gruppe gehören — eine Rotverschiebung zeigen, woraus man auf eine Fluchtbewegung dieser Systeme schloß. Hubble fand einen Zusammenhang zwischen Rotverschiebung und Entfernung: Je weiter eine Galaxie entfernt ist, desto größer ist ihre Fluchtgeschwindigkeit. Daraus folgte, daß sich das ganze Universum in Ausdehnung befinden muß. Dies ist noch immer die von den meisten Astronomen akzeptierte Theorie, obwohl auch sie Gegner hat.

Nicht alle Galaxien sind spiralförmig. Einige sind elliptisch, andere kugelförmig, andere wieder — wie die Magellanschen Wolken — unregelmäßig. Ihre Zahl ist unermeßlich groß, wie es sich erwies, als man 1948 den neuen 5-m-Spiegel auf Palomar einsetzen konnte. Man fand weiterhin, daß manche von ihnen starke Radiowellen aussenden.

Bei der Erforschung der Störungsursachen beim Radio fand der amerikanische Radioingenieur Karl Jansky 1931, daß seine speziell konstruierte Antenne langwellige Strahlung aus der Richtung der Milchstraße empfing. Dies war der Beginn einer neuen Wissenschaft, der Radioastronomie. Unbegreiflicherweise ging Jansky seiner Entdeckung nicht weiter nach. Nach dem Krieg jedoch wurden große Radioteleskope gebaut, und sie lieferten Informationen, die man sonst niemals hätte erhalten können. Einige der Radioquellen konnten innerhalb unserer Milchstraße lokalisiert werden. Die meisten davon sind Überreste von Supernovae. Tychos Stern von 1572 ist eine solche Radioquelle. Eine andere, der Krabbennebel, eine sich ausdehnende Gaskugel, ist der Überrest der im Jahre 1054 von chinesischen und japanischen Astronomen beobachteten Supernova. Die meisten Radioquellen liegen jedoch außerhalb unserer Galaxis, und es gibt Systeme, die im Radiowellenbereich erstaunlich energiereich sind.

In den letzten Jahren wurden einige Entdeckungen gemacht, die die Vorstellung vom Weltall noch weiter komplizieren. 1963 brachte man einige Radioquellen mit Objekten in Verbindung, die wie schwache blaue Sterne aussahen, deren Spektren aber eine ganz ungewöhnlich starke Rotverschiebung zeigten. Diese Objekte, heute Quasare genannt, geben uns neue Probleme auf. Wenn die auf dem Dopplereffekt basierenden Entfernungsschätzungen stimmen, liegen sie ungeheuer weit weg — manche mehr als 6 Mia Lichtjahre — und sind unglaublich kräftige Radioquellen. Die Diskussion hierüber ist aber noch im Gange.

Jahrhundertelang war die Astronomie eine statische Wissenschaft. Zwischen 200 und 1600 wurde in bezug auf die Sterne kaum ein theoretischer Fortschritt erzielt, und man kann getrost sagen, daß seit 1945 mehr neue Erkenntnisse gewonnen wurden als in den drei vorhergegangenen Jahrhunderten. Die sechziger und siebziger Jahre unseres Jahrhunderts waren auf diesem Gebiet besonders ereignisreich, und wir dürfen in naher Zukunft weitere große Fortschritte erwarten, wenn wir auch der Lösung des größten Rätsels nicht näher kommen werden: der Schöpfung des großen Universums.

Rechts: Die Kuppel des 5-m-Spiegels auf Palomar. Das sogenannte Hale-Teleskop ist das bisher leistungsfähigste Fernrohr der Welt und sammelt so viel Licht, daß man damit schwächere Objekte als mit jedem anderen Instrument fotografieren kann.

Die hierarchische Ordnung des Weltalls

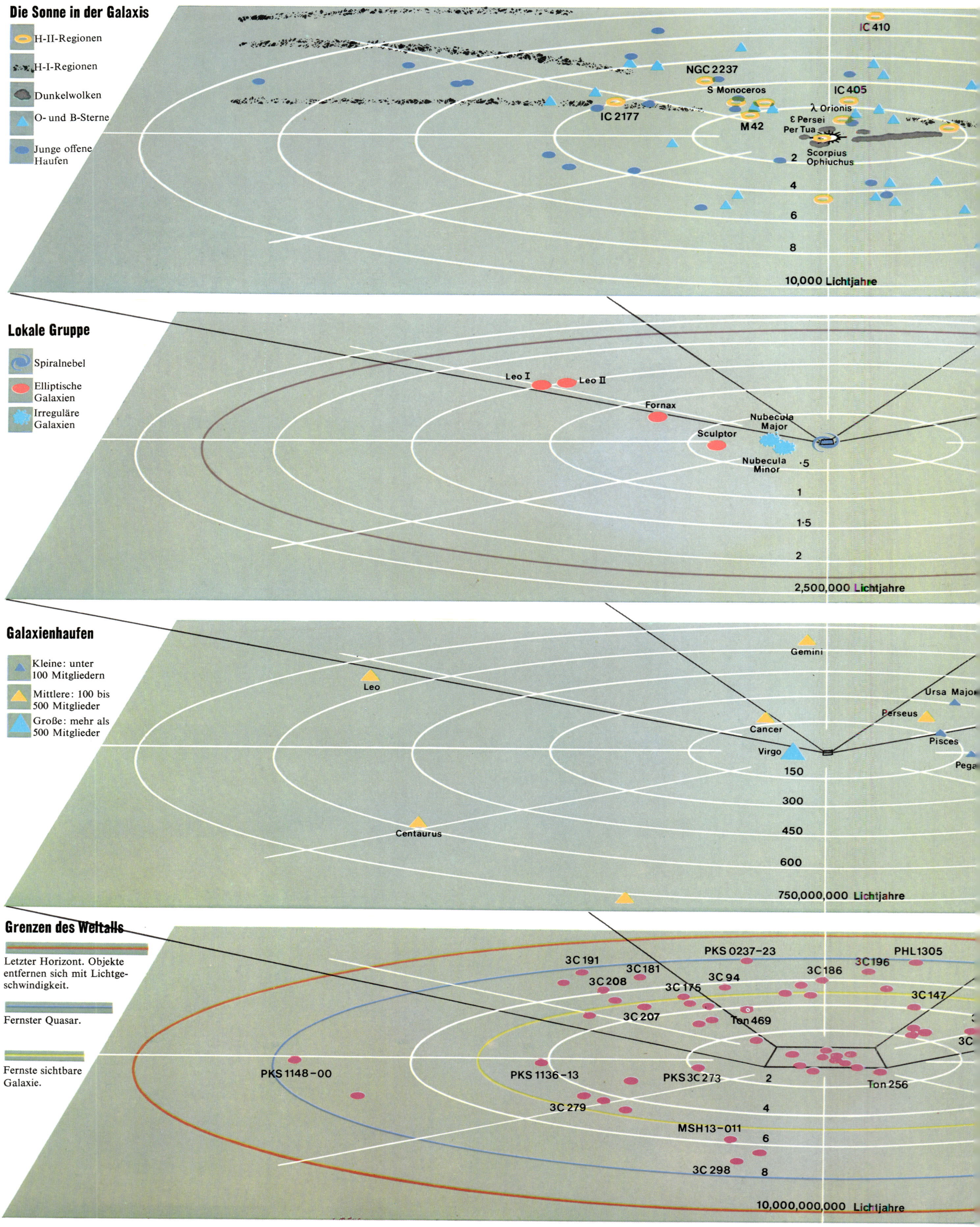

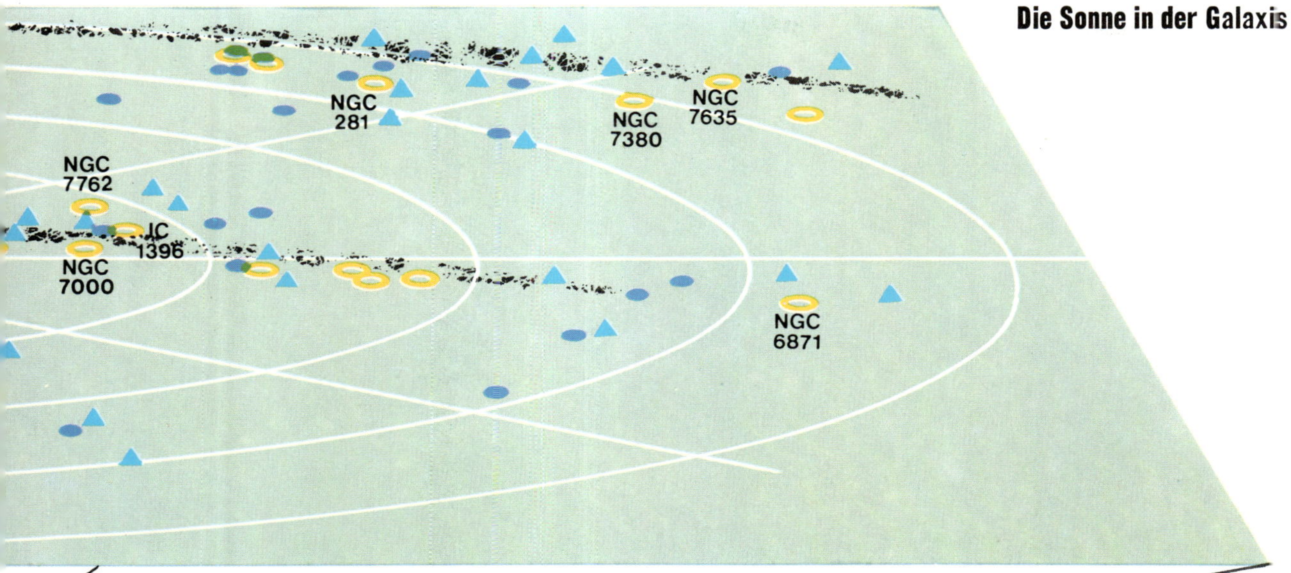

Die Sonne in der Galaxis

Die Zeichnungen auf dieser Seite sollen die enormen Dimensionen des Weltalls verdeutlichen. Das Sonnensystem gehört zu unserem Milchstraßensystem. Unsere Galaxis ist ein Mitglied der Lokalen Gruppe von Galaxien, und weitere derartige Systeme erfüllen den Raum. Zum besseren Verständnis sind alle Objekte auf die Ebene unserer Milchstraße projiziert.

Die Zeichnung links zeigt das Gebiet unseres Milchstraßensystems, das der optischen Beobachtung zugänglich ist. Wegen der verdunkelnden interstellaren Materie ist es unmöglich, ins Zentrum hineinzusehen. In diesem Maßstab wäre das ganze Sonnensystem ein mikroskopisch kleines Pünktchen. Der nächste Stern, 4,2 Lichtjahre von der Sonne entfernt, könnte in diesem Maßstab auch noch nicht dargestellt werden. Zu den sichtbaren Sternen kommen hinzu: Sternhaufen, galaktische Nebel, wie der Rosettennebel, und Sternassoziationen.

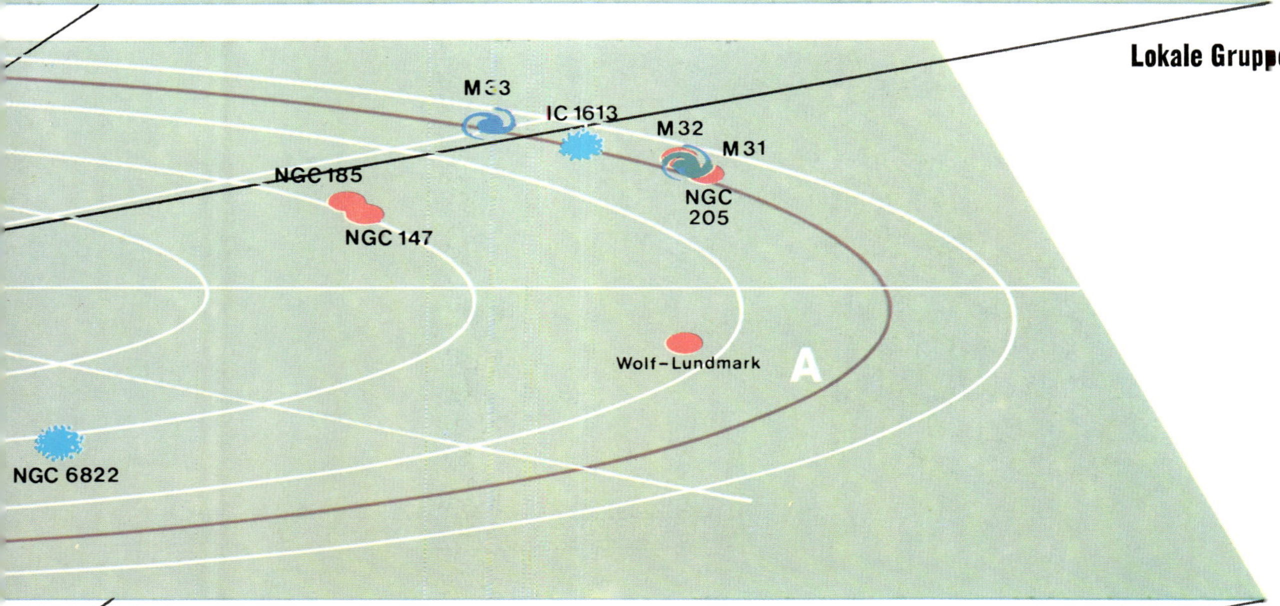

Lokale Gruppe

In diesem Maßstab (links) wird das von obenstehender Zeichnung bedeckte Gebiet durch ein kleines Rechteck in der Mitte dargestellt. Die Lokale Gruppe von Galaxien, zu der unser Milchstraßensystem gehört, hat einen Radius von 2,3 Mio Lichtjahren, was der Entfernung des Spiralnebels M 33 im Sternbild Dreieck entspricht.

Es sind 27 Galaxien bekannt, die zur Lokalen Gruppe gehören, die wichtigsten sind der Spiralnebel in der Andromeda (M 31), unser Milchstraßensystem, der Spiralnebel im Dreieck (M 33) und die beiden Magellanschen Wolken, die als Begleiter unserer Galaxis betrachtet werden können. M 31 ist mit einer Entfernung von 2,2 Mio Lichtjahren das entfernteste Objekt, das mit dem bloßen Auge sichtbar ist. Diese Entfernung wird in der Zeichnung durch die Linie A dargestellt. Die Lokale Gruppe ist eine isolierte Einheit; die einzelnen Mitglieder entfernen sich nicht voneinander.

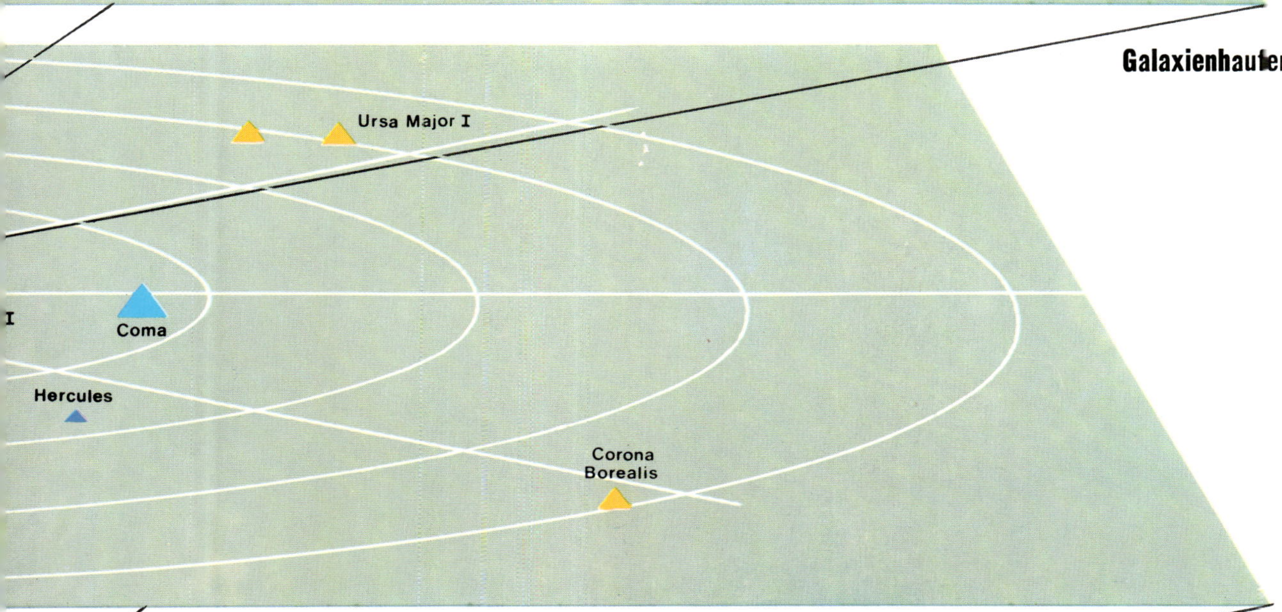

Galaxienhaufen

Eine weitere Maßstabsvergrößerung. Hier wird die obenstehende Zeichnung (Lokale Gruppe) durch das kleine Rechteck in der Mitte dargestellt. Das Gebiet enthält viele Galaxienhaufen, die sich gemäß dem Hubbleschen Gesetz voneinander entfernen: Ihre Geschwindigkeit wächst mit zunehmender Entfernung.

Obgleich es einzelne Galaxien gibt, ist doch eine Tendenz zur Haufenbildung nicht zu übersehen; unsere Lokale Gruppe ist ein solcher Galaxienhaufen, wenn auch kein sehr ausgedehnter. Der Virgo-Haufen z. B. enthält Tausende von Galaxien. In den entfernten Galaxien und Galaxienhaufen kann man keine einzelnen Sterne zur Entfernungsbestimmung verwenden, sondern muß – auf Kosten der Genauigkeit – indirekte Methoden anwenden.

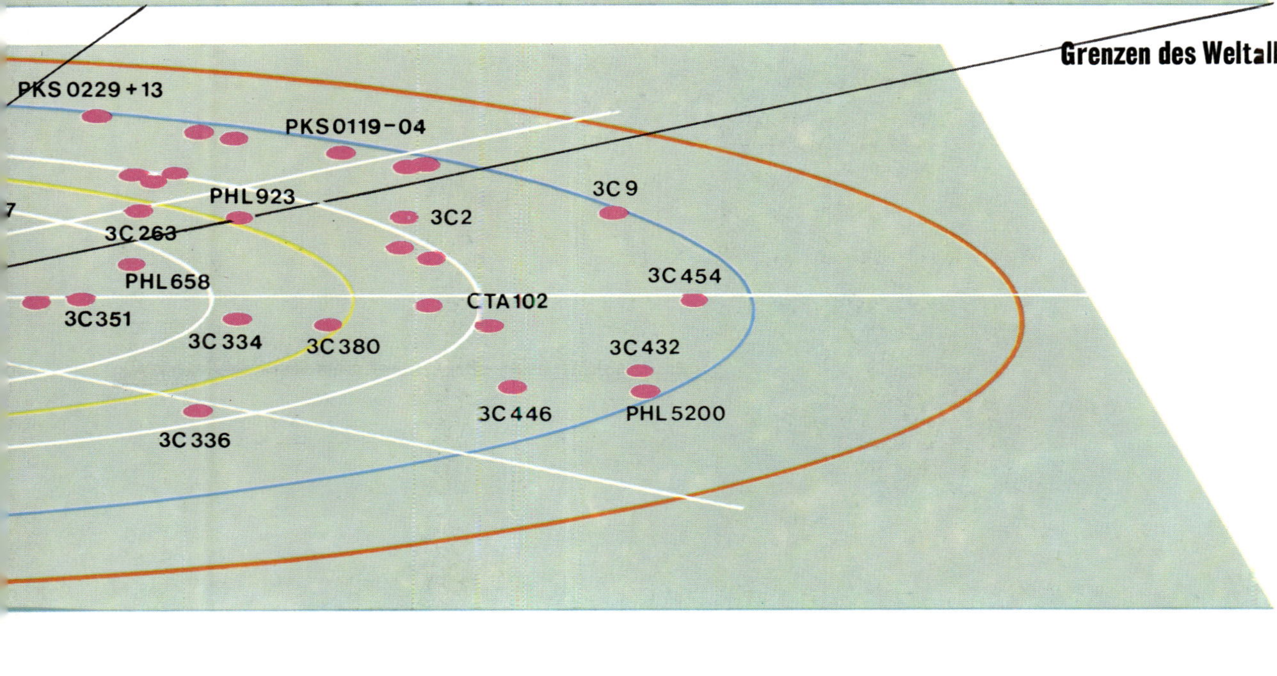

Grenzen des Weltalls

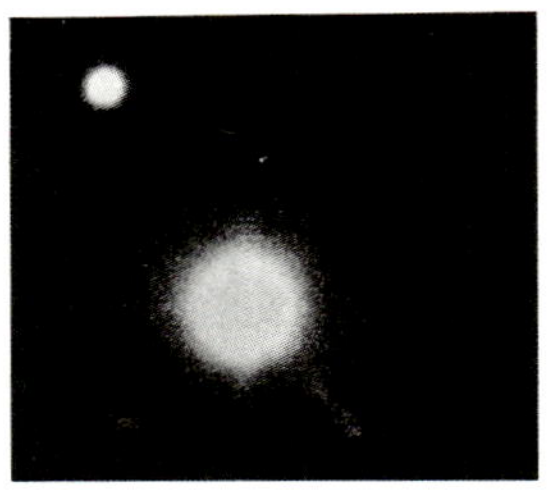

Auch hier ist die obenstehende Zeichnung auf das Rechteck in der Mitte verkleinert worden. Optisch lassen sich Galaxien bis zu Entfernungen von 5 Mia Lichtjahren nachweisen. Die entferntesten bekannten Galaxien sind auch Radioquellen. Wenn die Rotverschiebungen der Quasare tatsächlich auf die Expansion des Weltalls zurückzuführen sind, dann sind ihre Entfernungen noch größer.

In der Zeichnung (links) deutet die gelbe Linie die entferntesten bekannten Galaxien an. Die blaue Linie bezeichnet die fernsten bekannten Quasare, unter der neuerlich angezweifelten Voraussetzung, daß man aus ihrer Rotverschiebung tatsächlich auf die Entfernung schließen kann. Die braune Linie stellt die Grenze des beobachtbaren Weltalls dar, wo sich eine Galaxie mit Lichtgeschwindigkeit von uns entfernen würde und so nicht beobachtbar wäre. Allerdings ist unsicher, ob das Hubblesche Gesetz bis hinaus zu dieser Grenze gilt.

Bewegung und Entfernung der Sterne

Die Sternbilder erscheinen uns unveränderlich. Sie bieten das gleiche Bild wie zur Zeit Julius Cäsars oder der Pyramidenbauer. Der alte Ausdruck «Fixstern» ist recht zutreffend. Die scheinbare Ostwestbewegung der Sterne am Himmel ist allein auf die Rotation der Erde zurückzuführen und hat mit den Sternen selbst nichts zu tun.
Dennoch haben die Sterne individuelle oder sogenannte Eigenbewegungen. Sie sind nicht im Raum fixiert, sondern bewegen sich mit großer Geschwindigkeit. Über genügend lange Zeiträume hinweg können die Eigenbewegungen wahrgenommen und gemessen werden. Als erster tat dies Edmond Halley im 17. Jahrhundert. Er verglich die Positionen von drei hellen Sternen (Sirius, Procyon und Arcturus) mit den in den alten Katalogen angegebenen und kam zu dem richtigen Schluß, daß eine Bewegung stattgefunden haben müsse.

Messung der Parallaxe
Der nächste Schritt war die Messung der Entfernung eines Sterns von der Erde, ein, wie sich zeigen sollte, äußerst schwieriges Unterfangen. Es wurde 1728 von James Bradley und später von Sir William Herschel, einem der fähigsten Beobachter, in Angriff genommen. (Herschel verdanken wir das erste vernünftige Modell unserer Galaxis.) Trotzdem sollte noch mehr als ein Jahrhundert vergehen, bis – 1838 – erstmals eine Sternentfernung erfolgreich gemessen wurde.
Friedrich Bessel, Direktor der Sternwarte Königsberg, packte das Problem in der gleichen Art an wie Bradley und Herschel: mit der Methode der Parallaxe. Im Prinzip wendet der Geometer dasselbe Verfahren an, wenn er die Entfernung zu einem unerreichbaren Objekt (Berggipfel) bestimmen will. Wenn das Objekt von zwei verschiedenen Standpunkten aus beobachtet wird, scheint es sich gegenüber dem weiter entfernten Hintergrund zu verschieben, und das Ausmaß der Winkelverschiebung dient uns zur Berechnung seiner Entfernung. Bessel wählte den Stern 61 Cygni, für den er eine kleine Entfernung annahm, da er ein weiter Doppelstern ist und eine relativ große Eigenbewegung (5,25″ pro Jahr) aufweist. Im Zeitraum von sechs Monaten, in denen sich die Erde auf ihrer Bahn um die Sonne von einer Seite auf die gegenüberliegende bewegte, stellte Bessel sorgfältige Messungen an. Er konnte so eine Basislinie vom doppelten Erdbahnradius (zweimal 149,6 Mio km = 299,2 Mio km) verwenden. Die parallaktische Verschiebung betrug 0,30″. 1838 konnte Bessel das Ergebnis veröffentlichen: der Stern 61 Cygni müsse 11 Lichtjahre von uns entfernt sein. Dies kam der Wahrheit sehr nahe – der heute geltende Wert beträgt 10,7 Lichtjahre.

Die nächsten Sterne
Ungefähr zur gleichen Zeit maß T. Henderson am Kap der Guten Hoffnung die Entfernung des Sternes α Centauri am Südhimmel und stellte fest, daß er nur 4,3 Lichtjahre von uns entfernt ist. Proxima, ein schwacher Begleiter von α Centauri, liegt sogar noch näher. Seine Entfernung beträgt 4,2 Lichtjahre, und er ist mit Ausnahme der Sonne der nächste aller Sterne. Nur 8 Sterne sind weniger als 10 Lichtjahre von der Sonne entfernt. Die meisten Sterne liegen viel weiter weg. So beträgt die Distanz zu Arktur 41 Lichtjahre, zu Acrux 230 Lichtjahre und zu Rigel 900 Lichtjahre; wir sehen Rigel folglich nicht so, wie er heute ist, sondern wie er vor 900 Jahren war. Die von Bessel und Henderson verwendete Methode der trigonometrischen Parallaxen kann nur für relativ nahe Sterne gebraucht werden. Bei einer Distanz von mehr als 150 Lichtjahren werden die Verschiebungen so klein, daß weniger direkte Methoden angewandt werden müssen. Die meisten davon beruhen auf der Messung der Leuchtkraft des Sternes. Sobald diese und die scheinbare Helligkeit bekannt sind, kann die Entfernung bei Berücksichtigung der übrigen Faktoren, wie der interstellaren Absorption, ermittelt werden.
Sogar für die nächsten Sterne ist die parallaktische Verschiebung sehr klein. Sie beträgt für Proxima 0,79″.

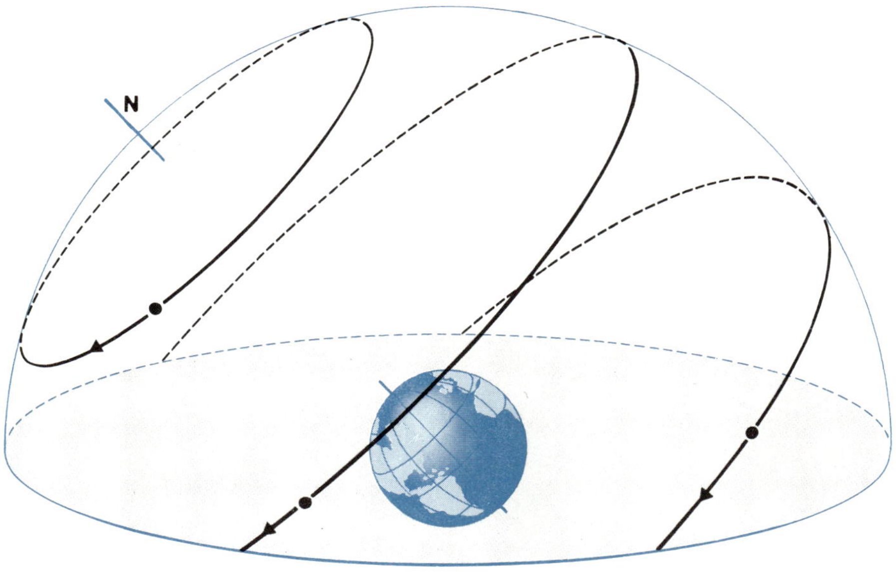

Die tägliche Bewegung der Sterne (links)
Die Rotationsdauer der Erde gegenüber den Sternen beträgt 23h 56min 4,091 sec; dies ist die Länge des Sterntages. Alle Sterne scheinen in diesem Zeitraum Kreise um den Himmelspol zu beschreiben, wie in der Zeichnung angegeben. Sonne, Mond und Planeten nehmen an dieser täglichen Bewegung teil, aber sie verschieben sich in kurzen Zeiträumen merklich gegenüber den Sternbildern, da sie uns viel näher stehen als die Sterne. Die Himmelspole zeigen keine tägliche Bewegung.

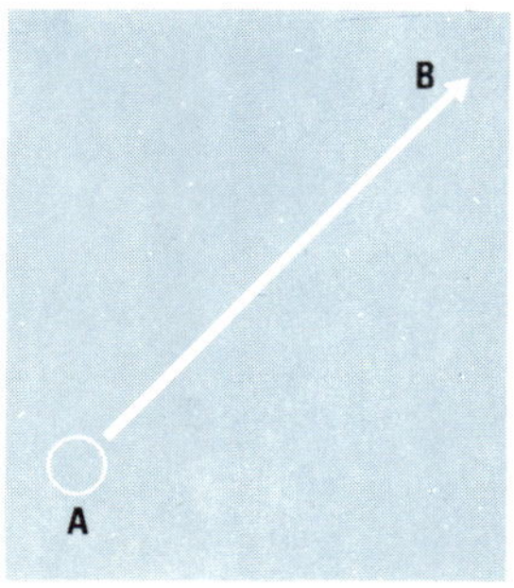

Tatsächliche Bewegung eines Sterns (oben)
Die Zeichnung zeigt die tatsächliche Bewegung (A–B) eines Sternes im Raum: es ist eine Kombination aus **Radial- und Tangentialbewegung.**

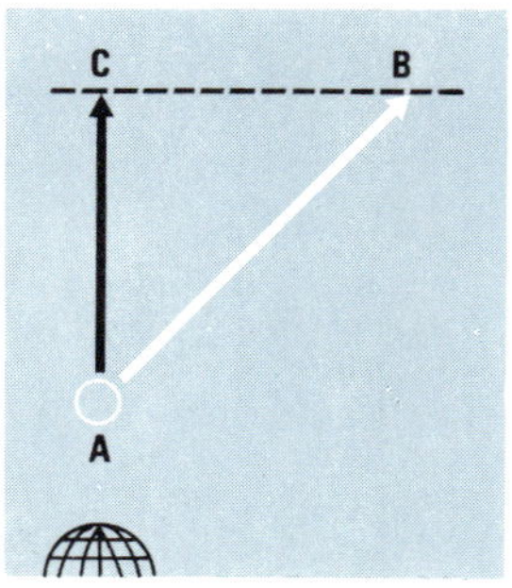

Radialbewegung (oben)
Die Radialbewegung (A–C) ist die Geschwindigkeit des Sterns auf die Erde zu oder von ihr weg.

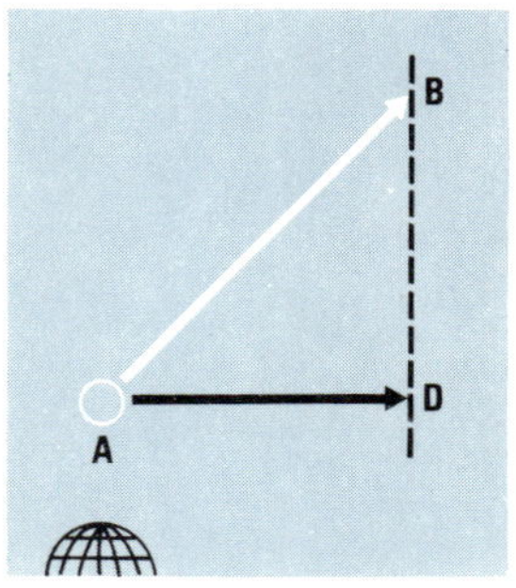

Eigenbewegung (oben)
Die Eigenbewegung (A–D) ist die Tangentialbewegung gegenüber den entfernteren Sternen des Hintergrundes.

Radial- und Tangentialgeschwindigkeit
Die Sterne sind so weit von uns entfernt, daß ihre Eigenbewegungen sehr gering sind. Die Radialgeschwindigkeit verursacht keine Verschiebung der Sternposition gegenüber den noch weiter entfernten Sternen und kann nur mit spektroskopischen Methoden (Dopplereffekt) gemessen werden. Sofern beide Geschwindigkeiten, die Radial- und die Tangentialgeschwindigkeit, bekannt sind, kann die tatsächliche Bewegung eines Sterns im Raum bestimmt werden.

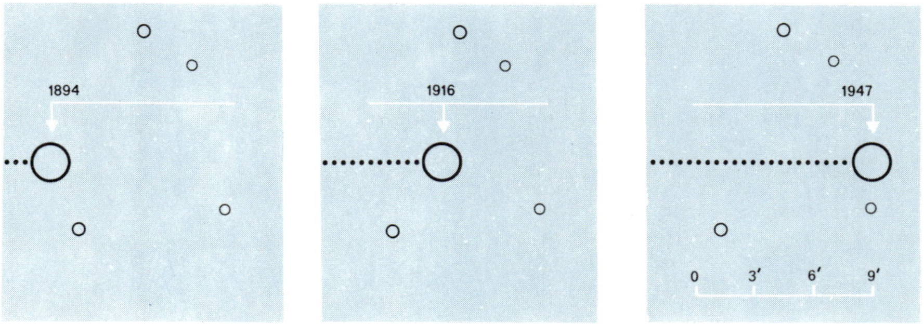

Barnards Stern (links)
Der Stern mit der größten Eigenbewegung ist Barnards Pfeilstern (benannt nach E. E. Barnard, der ihn entdeckte). Seine offizielle Bezeichnung lautet München 15040. Seine Eigenbewegung beträgt 10,29″ pro Jahr, so daß der Stern in 90 Jahren eine Strecke zurücklegt, die dem halben scheinbaren Monddurchmesser entspricht. Barnards Pfeilstern, 6 Lichtjahre von uns entfernt, ist ein Roter Zwerg vom Spektraltyp M mit einer 2000mal schwächeren Leuchtkraft als unsere Sonne. Kleine Unregelmäßigkeiten in seiner Eigenbewegung führten P. van de Kamp in Amerika zu der Annahme, daß er von einem oder mehreren Planeten begleitet ist.

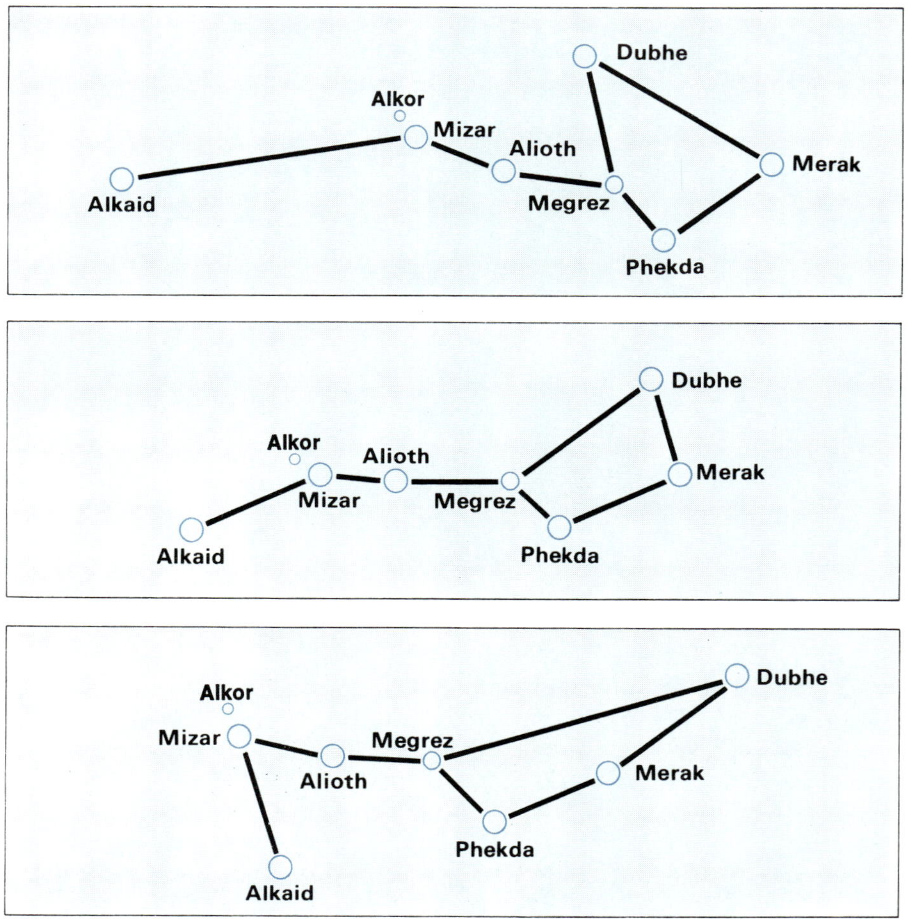

Effekte der Eigenbewegung (links)
Die dreiteilige Zeichnung verdeutlicht die Effekte der Eigenbewegung über lange Zeiträume hinweg. Von den sieben Hauptsternen des Sternbildes Ursa Major (Großer Bär oder Großer Wagen) bewegen sich fünf in der gleichen, die restlichen zwei aber, Alkaid und Dubhe, in einer anderen Richtung durch den Raum. Die obere Zeichnung zeigt das Bild des Bären vor 100 000 Jahren. In der mittleren Zeichnung ist die heutige Konstellation angegeben, und die untere Zeichnung zeigt den Bären, wie er in 100 000 Jahren erscheinen wird. Die Eigenbewegungen der Sterne sind jedoch so klein, daß sie erst nach außerordentlich langer Zeit erkennbar werden.

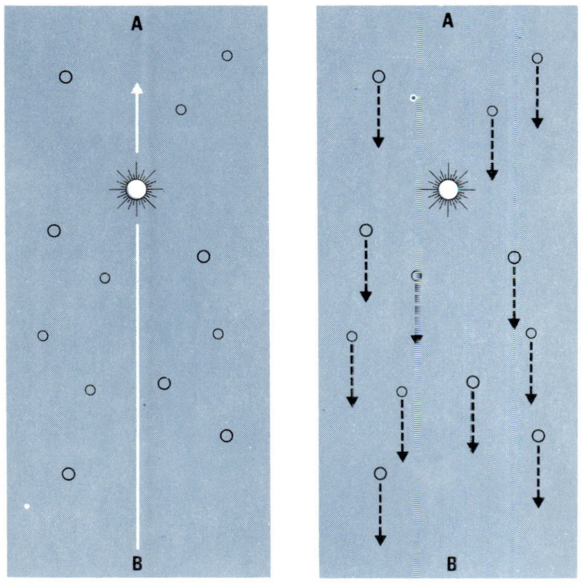

Sonnenapex und -antapex (oben)
Wie alle anderen Sterne unserer Milchstraße bewegt sich auch unsere Sonne um den Mittelpunkt der Galaxis. Ein voller Umlauf dauert 225 Mio Jahre. Heute ist die Bewegung gegen einen Punkt im Sternbild Herkules gerichtet, den man als Apex der Sonnenbewegung bezeichnet (A). Diese Bewegung führt aber dazu, daß alle Sterne in diesem Teil des Himmels vom Apex weg auseinanderzustreben scheinen. Das kann den Eindruck erwecken, als würden sie an uns vorbei auf den als Antapex bezeichneten Punkt auf der gegenüberliegenden Seite des Himmels verschoben. Doch handelt es sich hier nur um einen perspektivischen Effekt.

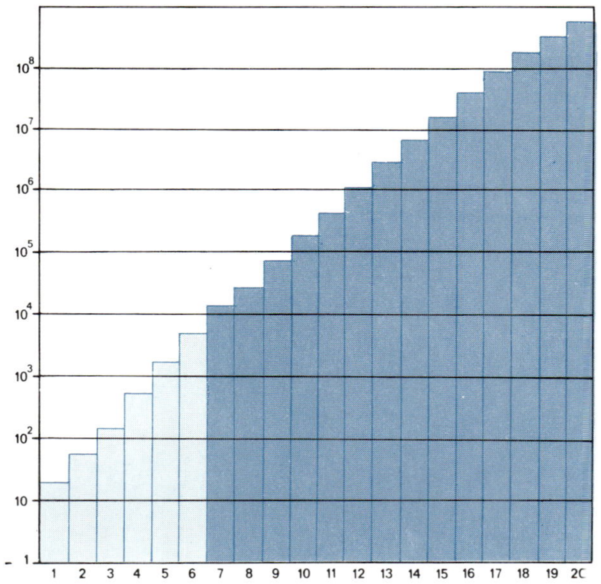

Sterne verschiedener scheinbarer Helligkeit (oben)
Die von der Erde aus beobachtete Helligkeit eines Sterns nennt man scheinbare Helligkeit. Das hellste Objekt am Nachthimmel ist der Vollmond mit der Helligkeit —12,5 (nach dieser Skala hat die Sonne eine Helligkeit von —26,6), Venus erreicht in ihrem größten Glanz —4,4. Sirius ist mit —1,4 der weitaus hellste Fixstern. Die Helligkeit des Polarsternes erreicht +2,0, während die schwächsten mit bloßem Auge noch erkennbaren Sterne die Helligkeit +6 haben. Das Spiegelteleskop auf Palomar kann Sterne bis hinunter zur 23. fotografischen Größenklasse aufzeichnen. Die obige grafische Darstellung gibt die Anzahl Sterne der verschiedenen Größenklassen an. Üblicherweise sind die «Sterne erster Größe» diejenigen der scheinbaren Helligkeit —1,4 (Sirius) bis +1,4 (Regulus); es sind im ganzen 21.

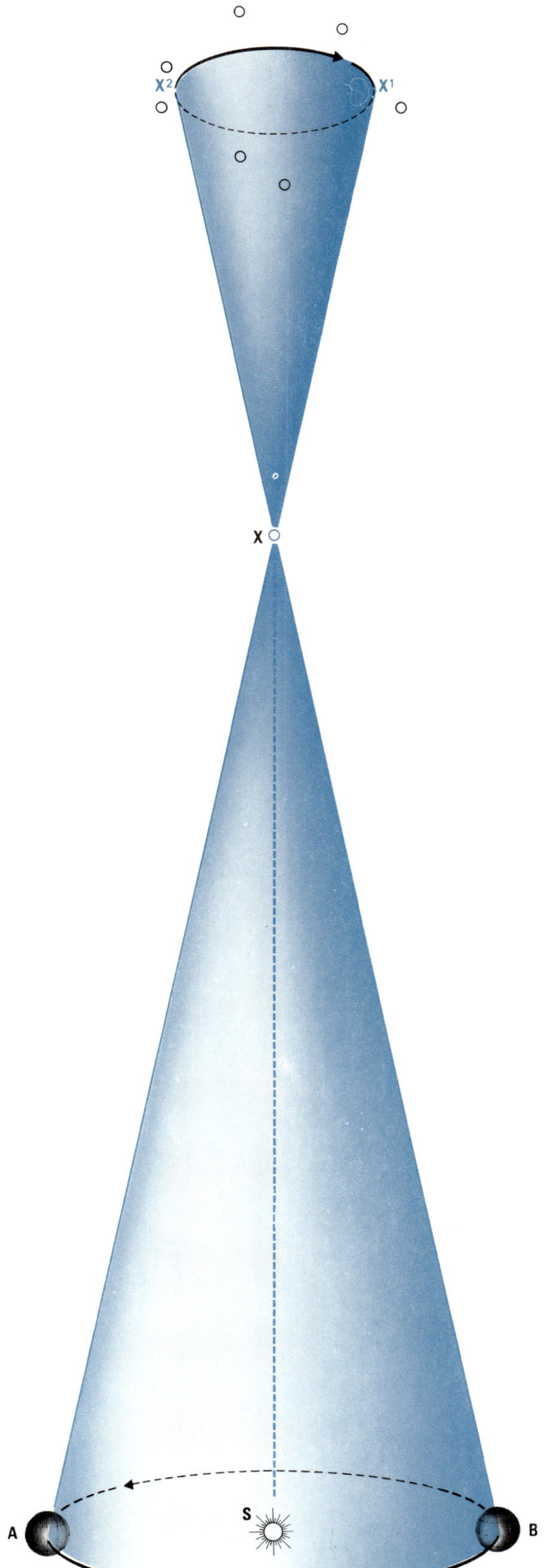

Scheinbare und absolute Helligkeit der Sterne
Ein Stern kann sehr hell erscheinen, entweder weil er uns sehr nahe steht (wie z. B. Sirius) oder weil er wirklich sehr leuchtkräftig ist (wie z. B. Rigel).
Es gibt keinen direkten Zusammenhang zwischen der scheinbaren Helligkeit eines Sterns (d. h. seiner von der Erde aus beurteilten Helligkeit) und seiner Leuchtkraft. Die absolute Helligkeit ist definitionsgemäß gleich der scheinbaren Helligkeit, die der Stern in einer Standardentfernung von 32,6 Lichtjahren (10 Parsec) haben würde. In dieser Entfernung würde uns die Sonne mit einer Helligkeit von +4,7 erscheinen, also ein schwächeres Objekt für die Beobachtung mit bloßem Auge sein; Sirius hätte die Helligkeit +1,3; Rigel erschiene uns mit —7 und würde demzufolge Schatten werfen.

Die scheinbar hellsten Sterne

Stern	Scheinbare Helligkeit	Absolute Helligkeit	Spektrum	Parallaxe Bogensek.	Entfernung Lichtjahre
Sirius	–1,4	+1,3	A1	0,37	8,6
Canopus	–0,7	–7,4?	F0	0,0	900?
α Centauri	–0,3	+4,7, +6,1	G2, K	0,76	4,3
Arcturus	–0,1	–0,2	K2	0,07	41
Wega	0,0	+0,6	A0	0,12	26
Capella	0,1	–0,6	G0	0,07	47
Rigel	0,1	–7	B8	0,0	900?
Procyon	0,4	+3,0	F5	0,31	10
Achernar	0,5	–0,9	B3	0,05	66
Betelgeuze	veränderlich	–3 veränderlich	M2	0,02	190
β Centauri	0,7	–3,9	B0	0,01	300
Altair	0,8	+2,4	A7	0,20	16
Aldebaran	0,8	–0,1	K5	0,06	57

α Centauri ist ein weites Doppelsternsystem. Die Entfernungen und die absoluten Helligkeiten der weiter entfernten Sterne wie Canopus und Rigel sind unsicher.

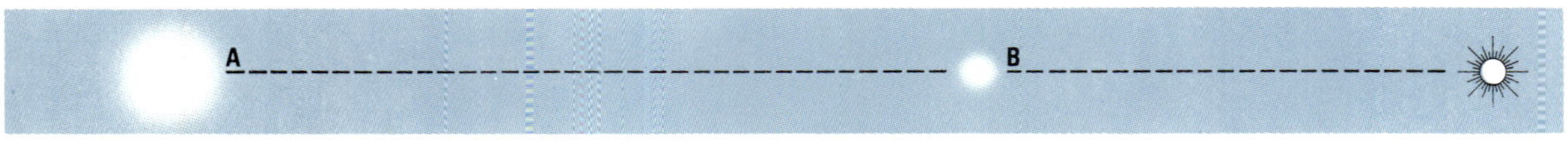

Entfernung und Helligkeit der Sterne (oben)
Zwei Sterne A und B sind in ihrer relativen Position dargestellt; B ist viel näher als A, aber von geringerer Leuchtkraft.

Von der Erde aus gesehen, erscheint der Stern B (links) heller als der Stern A (ganz links); er ist zwar weniger leuchtkräftig, dafür aber näher.

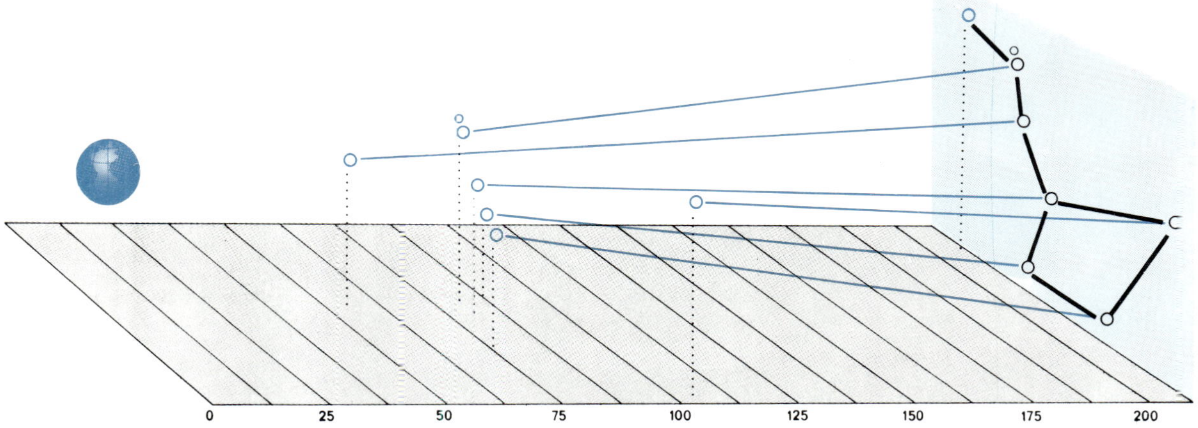

Entfernungen der Sterne in Ursa Major
Die Zeichnung zeigt die sieben Hauptsterne des Sternbildes Großer Bär in ihrer richtigen Entfernung von der Erde (siehe auch gegenüberliegende Seite). Von den sieben ist Alkaid mit 210 Lichtjahren der weitaus entfernteste. Am Himmel liegt er wohl Mizar am nächsten, dessen Entfernung von uns nur 88 Lichtjahre beträgt. Alkaid ist also weiter von Mizar entfernt als Mizar von uns.

Methode der trigonometrischen Parallaxe (oben und unten)
A stellt die Erde im Januar dar. Der Nachbarstern X erscheint in bezug auf die weiter entfernten Hintergrundsterne bei X¹. Die Erde hat sich sechs Monate später bis zur Stellung B bewegt. Da die Erde 149,6 Mio km von der Sonne entfernt ist, beträgt die Distanz A–B das Doppelte, also 299,2 Mio km. Der Stern X erscheint nun bei X². Der Winkel AXS kann gemessen werden; es ist die Parallaxe. Da die Länge der Basislinie A–B bekannt ist, kann das Dreieck berechnet und die Entfernung des Sterns (X–S) ermittelt werden.

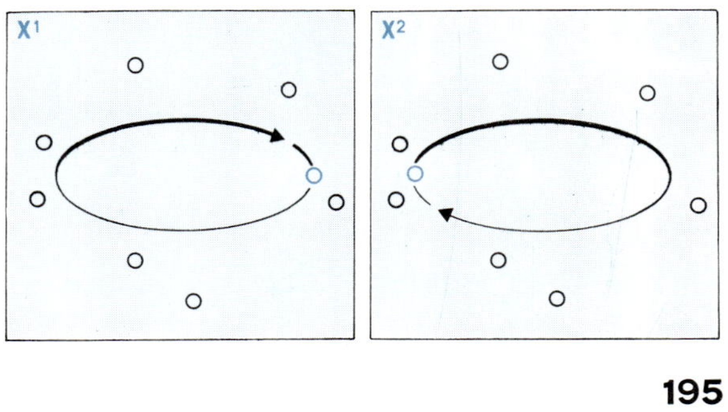

Sternspektren und Sternentwicklung

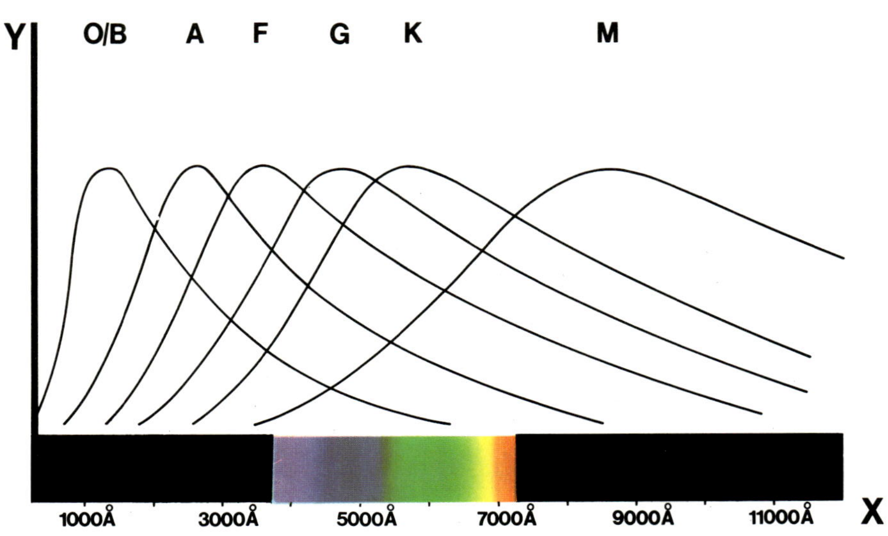

Strahlung der Sterne (links) In der grafischen Darstellung ist die Intensität **(Y)** von Sternen aus 6 verschiedenen Spektralklassen für jede in Ångström ausgedrückte Wellenlänge **(X)** angegeben. Heiße Sterne der Spektraltypen O/B und A haben ihr Strahlungsmaximum am kurzwelligen oder ultravioletten Ende des Spektrums. Kühlere Sterne, F bis K, strahlen am stärksten in den Regionen größerer Wellenlängen und erscheinen gelb. Noch kühlere Sterne erscheinen rot. Unsere Sonne mit einer Oberflächentemperatur von 6000° C ist als Gelber Zwerg vom Spektraltyp G2 klassifiziert. Gewöhnlich bezeichnet man heiße Sterne als «frühe» Typen, rote Sterne als «späte» Typen.

Als es möglich wurde, die Sternspektren zu studieren, zeigten die meisten Sterne Spektren mit einem kontinuierlichen Regenbogenhintergrund und mit dunklen Absorptionslinien, aber in den Details bestanden große Unterschiede. Diese Unterschiede wurden mit der Oberflächentemperatur in Zusammenhang gebracht. Nach der heute gebräuchlichen Harvard-Klassifikation werden die Sterne in die Typen W, O, B, A, F, G, K, M, R, N und S unterteilt, wobei jeder Typ wieder Unterklassen besitzt. Die Typen W, O, R, N und S sind relativ selten; die große Mehrheit der Sterne liegt zwischen den Typen B bis M. Diese Reihenfolge entspricht einer absteigenden Oberflächentemperatur.

Das H-R-Diagramm

Der dänische Astronom E. J. Hertzsprung zeichnete im Jahre 1908 ein Diagramm, in dem er die Leuchtkraft der Sterne als Funktion ihres Spektraltyps angab. In Amerika führte H. N. Russell ähnliche Untersuchungen durch. Diagramme dieser Art werden heute als Hertzsprung-Russell- oder H-R-Diagramme (HRD) bezeichnet. Die meisten Sterne liegen innerhalb eines deutlich begrenzten Bandes auf dem Hauptast, der von links oben (sehr leuchtkräftige, weiße Sterne) nach rechts unten (schwache, rote Sterne) zieht. Es scheint zwei Arten roter Sterne zu geben: die hellen Riesen und die schwachen Zwerge. Die Unterteilung in Riesen- und Zwergast ist auch — wenngleich weniger ausgeprägt — bei den orangefarbenen und gelben Sternen sichtbar, nicht aber bei den weißen Sternen.

Die Energie der Sterne

Als Ursache der Sternstrahlung nahm man früher die unter dem Einfluß der Gravitationskräfte erfolgende Sternkontraktion an. Sie würde indes nicht ausreichen, um Energie für viele Jahrmillionen zu liefern. Andererseits hatte man bereits Beweise dafür, daß das Alter der Sonne in der Größenordnung von 5 Mia Jahren liegen mußte. Nach Russells Theorie dagegen sollten die Sterne ihre Strahlung auf Grund der gegenseitigen Vernichtung von Protonen und Elektronen aufrechterhalten. Protonen und Elektronen sind Elementarteilchen. Nach Russells Theorie können ein Proton und ein Elektron zusammenstoßen und sich unter Abgabe von Energie gegenseitig vernichten. Doch auch diesmal stimmte der zeitliche Ablauf nicht. Man hatte berechnet, daß ein Stern infolge des Proton-Elektron-Vernichtungsprozesses Billionen von Jahren strahlen könnte.

Die moderne Theorie

Die richtige Lösung konnte durch die Arbeiten von H. Bethe und C. von Weizsäcker aus dem Jahre 1939 entwickelt werden. Wasserstoff ist das häufigste Element im Universum, und ein normaler Stern besteht zu einem großen Teil daraus. Im Innern der Sterne, wo Druck und Temperatur unvorstellbar hoch sind, verschmelzen 4 Wasserstoffkerne zu einem Heliumkern, wobei ein kleiner Teil der Masse verlorengeht und als Energie abgestrahlt wird. Diese Energie verursacht die Strahlung der Sterne. (Dasselbe gilt auch für die Sonne, die ja ein «normaler» Stern ist.)

Sternentwicklung

Nach der alten Theorie von Russell entstand ein Stern innerhalb eines Nebels und wurde zu einem Roten Riesen. Später kontrahierte er sich, traf auf den Hauptast links oben und beendete seine Entwicklung nach Durchlaufen des Hauptastes rechts unten als Roter Zwerg. Nach der modernen Theorie entsteht ein Stern innerhalb eines Nebels, kontrahiert sich und trifft den Hauptast an einer durch seine anfängliche Masse bestimmten Stelle. Je größer die Masse eines Sternes ist, desto weiter oben links trifft er den Hauptast. Der Stern verbringt die längste Zeit seiner Entwicklung innerhalb des Hauptastes. Wenn der Wasserstoff aufgebraucht ist, wird die Energieproduktion durch andere kernphysikalische Prozesse aufrechterhalten. Der Stern wird zuerst zum Roten Riesen und später entweder durch eine heftige Explosion zur Supernova, oder er fällt zu einem ganz kleinen, dichten weißen Zwergstern zusammen.

B

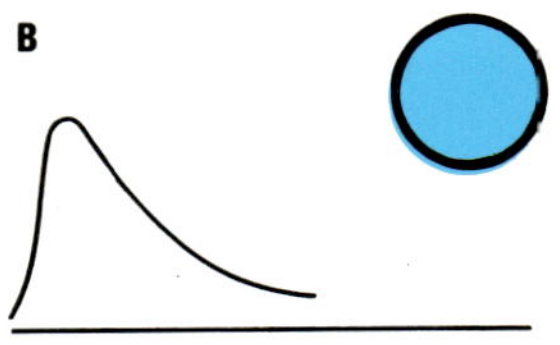

Spektraltyp B. Weiß oder bläulich, Oberflächentemperatur 25 000° C (Typ B0). Heliumlinien kräftig, weshalb die B-Sterne zuweilen «Heliumsterne» genannt werden.

Spica (B1), Rigel (B8), Regulus (B7), Achernar (B5), Alpheratz (B9), Alcyone (B7), Alkaid (B3), β Centauri (B1), β Crucis (B0), γ Orionis (B2).

A

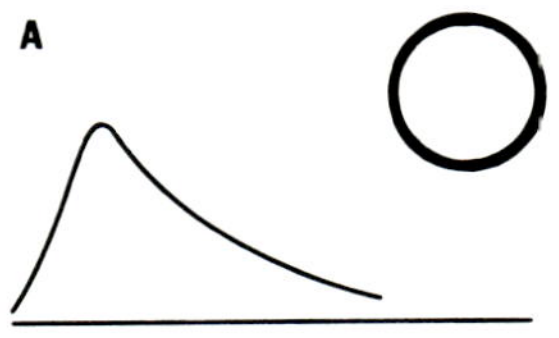

Spektraltyp A. Weiß, Oberflächentemperatur 11 000° C (Typ 0); Wasserstofflinien kräftig. Zuweilen Siriussterne genannt. Farbenindex = 0 (Typ A0).

Altair (A7), Vega (A0), Fomalhaut (A3), Alioth (A0), Sirius (A1), Ras Alhague (A5), Deneb (A2), α Coronae (A0), β Aurigae (A2), β Ursae Majoris (A1).

F

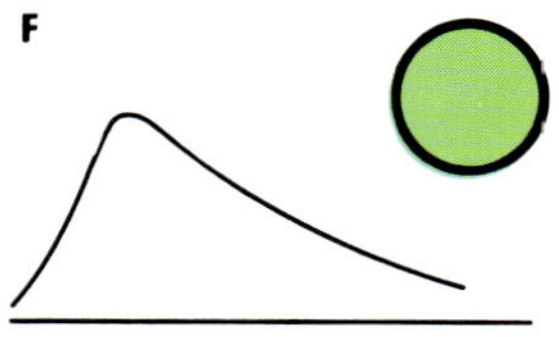

Spektraltyp F. Gelblich; Oberflächentemperatur 7500° C. Wasserstoff- und Heliumlinien weniger kräftig; Kalziumlinien sehr ausgeprägt («Kalziumsterne»).

Canopus (F0), Procyon (F5), Polaris (F8), α Persei (F5), β Cassiopeiae (F2), ρ Puppis (F6), ϑ Scorpii (F0), α Hydri (F0), ι Carinae (F0).

G

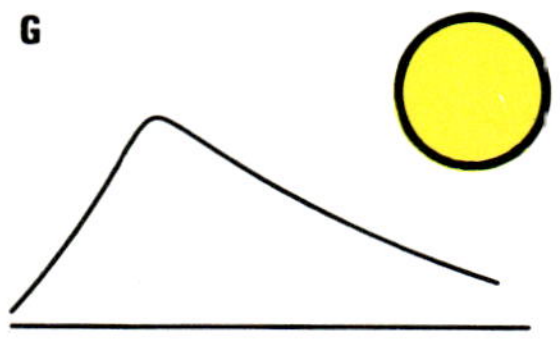

Spektraltyp G. Gelb; Oberflächentemperatur 5300° C (G0-Riese), 5800° C (G0-Zwerg). Unterteilung Riesen und Zwerge scharf begrenzt. Sehr viele Metallinien.

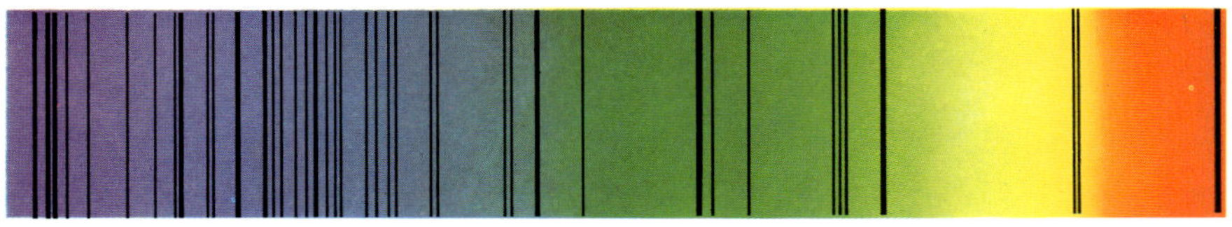

Sonne (G2), Capella (G0), ζ Herculis (G0), ε Geminorum (G8), γ Persei (G8), η Bootis (G0), β Hydri (G1), β Corvi (G5).

K

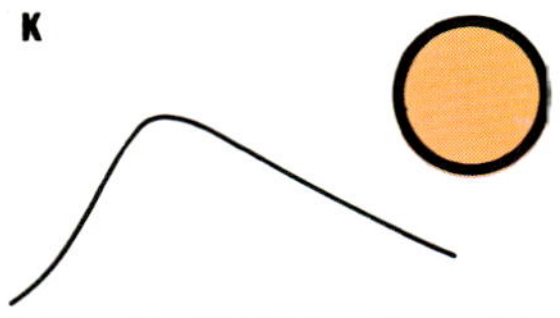

Spektraltyp K. Orange; Oberflächentemperatur 4000° C (K0-Riese), 4900° C (K0-Zwerg). Kohlenwasserstoffbanden erscheinen. Auch Arcturus-Sterne genannt.

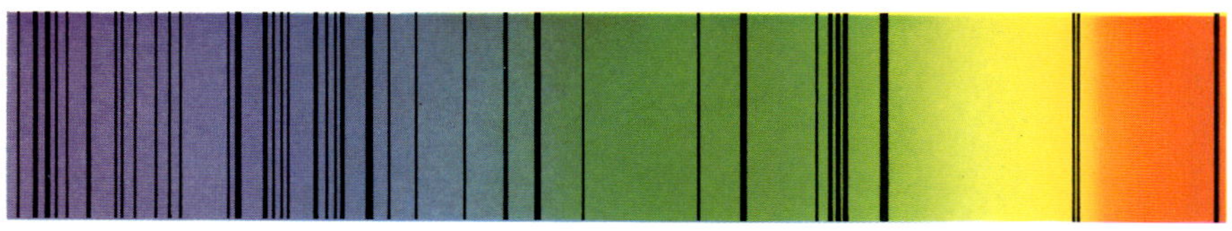

Arcturus (K2), Pollux (K0), Aldebaran (K5), α Trianguli Australis (K2), α Arietis (K2), α Cassiopeiae (K0), γ Leonis (K0), ε Eridani (dK2).

M

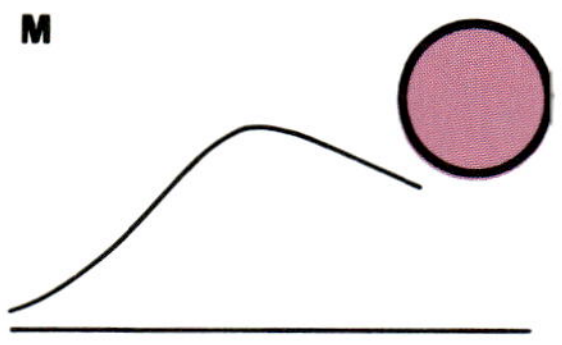

Spektraltyp M. Oberflächentemperatur 3000° C (Riesen), 3400° C (Zwerge). Alle M-Sterne sind rot oder orangerot, viele sind veränderlich. Breite Titanoxyd- und Kalziumlinien und -banden.

Betelgeuze (M2), Antares β Pegasi (M2), μ Geminorum (M3), Mira (M6), Ras Algeth (M2), β Andromedae (M0), Wolf 359 (dM6).

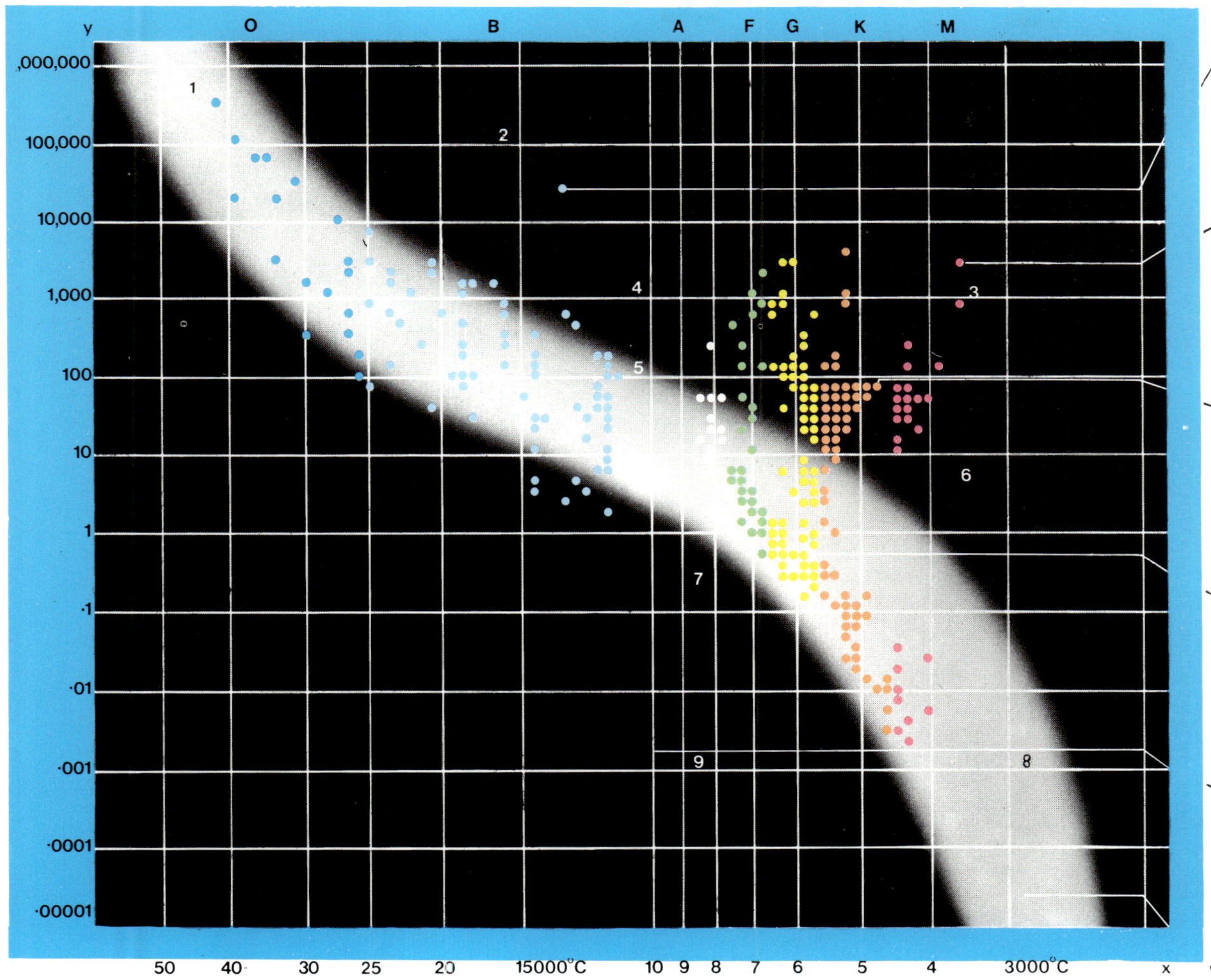

Rigel: Spektraltyp B8, ein sehr massereicher und leuchtkräftiger Stern oben links im Hauptast.

Antares: Spektraltyp M, im Riesenast. Durchmesser 400 Mio km. Kein frühes Entwicklungsstadium, sondern weit fortgeschritten.

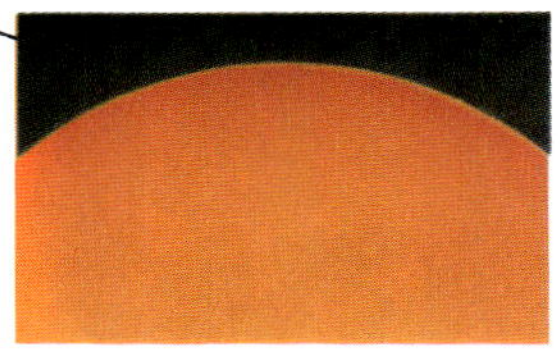

Aldebaran: Spektraltyp K. Durchmesser 48 Mio km. Weniger extremer Typ eines Roten Riesen als Antares.

Sonne: Hauptast-Stern vom Spektraltyp G. Capella ist auch Spektraltyp G, liegt aber auf dem Riesenast.

Sirius B: Weißer Zwerg, der seine Atomenergie aufgebraucht hat und sehr klein und dicht ist. Dieser schwache Siriusbegleiter ist das bestbekannte Beispiel eines Weißen Zwerges.

Wolf 359: Roter Zwerg mit 0,00002facher Leuchtkraft der Sonne, aber vom gleichen Spektraltyp wie lichtstarke Rote Riesen (z. B. Antares).

Hertzsprung-Russell-Diagramm, in dem die Sterne nach ihrem Spektraltyp, ihrer Oberflächentemperatur **(X)** und nach ihrer absoluten Helligkeit **(Y)**, gemessen in Einheiten der Sonne, eingezeichnet sind. Die meisten Sterne liegen auf dem Hauptast, der von den heißen O-Sternen (1) zu den Roten Zwergen vom Spektraltyp M (8) reicht. Im Diagramm sind auch die Überriesen (2), der Riesenast (3), die Veränderlichen vom δ-Cephei-Typ (4), die RR-Lyrae-Veränderlichen (5), die Unterriesen (6), die Unterzwerge (7) und die Weißen Zwerge (9) bezeichnet. Das Diagramm zeigt die klare Gliederung der «späten» Typen (K und M) in Riesen- und Zwerggruppen. Die farbigen Punkte entsprechen denjenigen auf S. 196 l. u.

Entwicklung eines massereichen Sternes
Ein massereicher Stern (z. B. 15 Sonnenmassen) kontrahiert sich aus der interstellaren Materie (1) und trifft den Hauptast schon nach 100 000 Jahren (2). Nach ungefähr 150 Mio Jahren – der genaue Zeitpunkt hängt von der Masse ab – wird er zum Riesen (3), wobei er zuerst das Helium und später schwerere Elemente «verbrennt». Er kann dann eine Supernova-explosion (4) erleiden und den größten Teil seiner Materie in den Raum schleudern. Zurück bleibt ein Neutronenstern von sehr hoher Dichte und geringer Leuchtkraft (5).

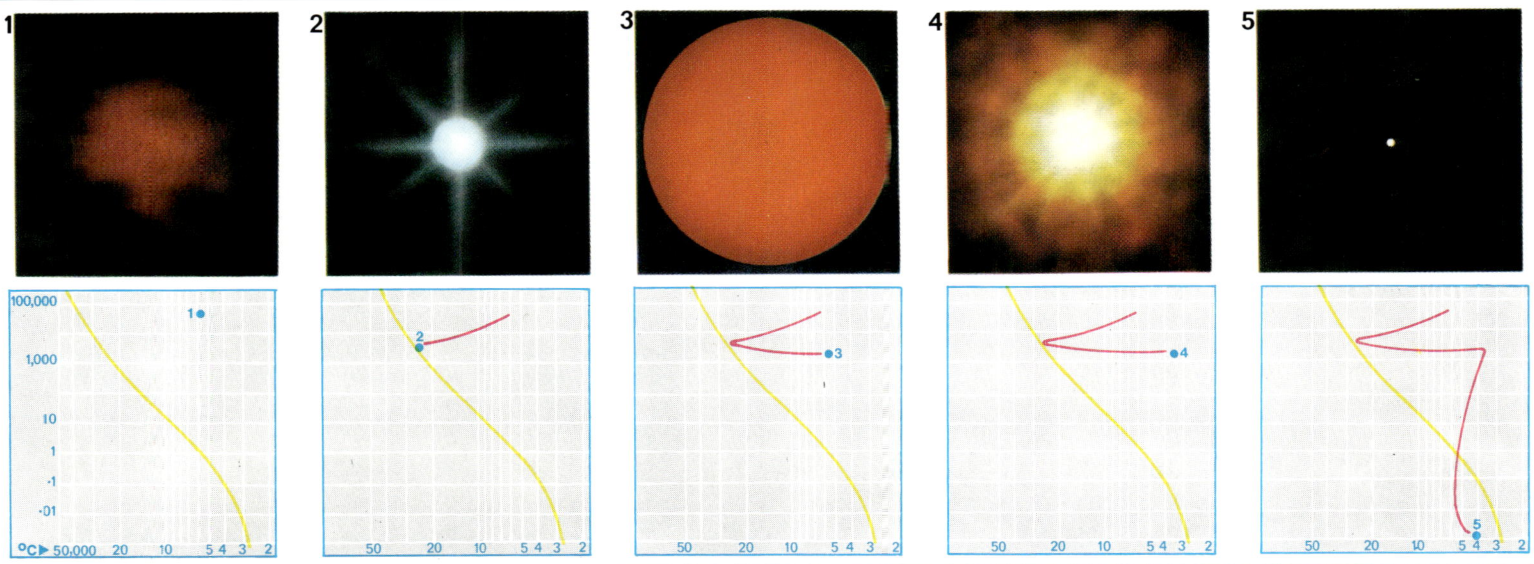

Entwicklung eines an Masse der Sonne vergleichbaren Sterns
Ein Stern, dessen Masse mit derjenigen der Sonne vergleichbar ist, entsteht durch Kontraktion aus der interstellaren Materie (1) und trifft den Hauptast nach ungefähr 100 Mio Jahren. Die anfängliche Kontraktion dauert viel länger als bei einem massereicheren Stern. Nach etwa 10 Mia Jahren verläßt er den Hauptast und wird zu einem Riesen (3): Seine Leuchtkraft wird 1500mal größer als diejenige der Sonne, er erreicht den 50fachen Sonnendurchmesser. Später wird er unstabil und stößt Materie in den Raum aus (4). In der Folge schrumpft er zu einem kleinen, dichten Weißen Zwerg zusammen.

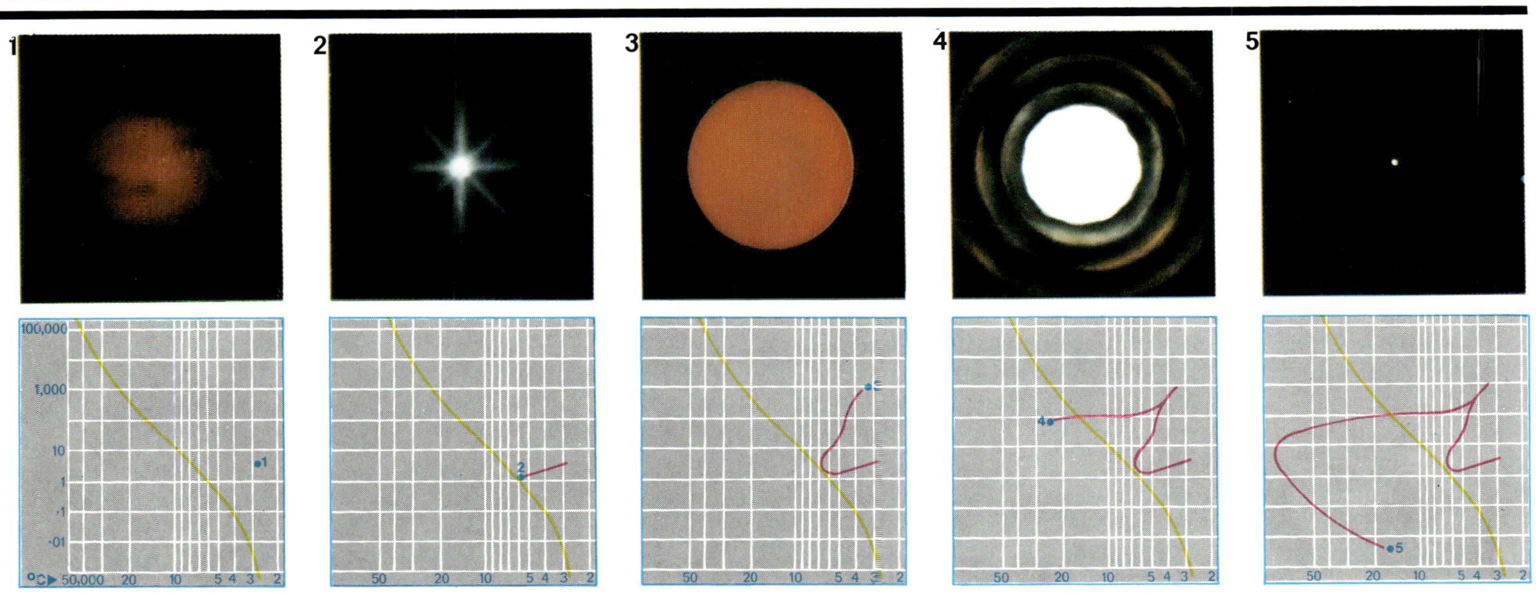

Die veränderlichen Sterne

Die veränderlichen Sterne gehören zu den interessantesten Himmelsobjekten. Es gibt viele Arten davon: Manche zeigen einen ganz regelmäßigen, sich ständig wiederholenden Lichtwechsel; andere sind unregelmäßig, ihre Helligkeitsschwankungen können nicht vorhergesagt werden. Die Einteilung auf Seite 199 enthält auch die Bedeckungsveränderlichen, da sie ebenfalls einen Lichtwechsel zeigen. Sie sind jedoch keine eigentlichen veränderlichen Sterne. Bei allen andern Typen ist der Lichtwechsel durch eine Zustandsänderung bedingt.

Für die Astrophysiker sind die Cepheiden die wichtigsten veränderlichen Sterne. Sie haben Perioden von 3 bis zu über 60 Tagen. Einige davon, wie z.B. der Prototyp δ Cephei, sind mit bloßem Auge sichtbar. Ihre Regelmäßigkeit ist perfekt, und da sie sehr leuchtkräftige Überriesen vom Spektraltyp F oder G sind, können sie aus großer Entfernung beobachtet werden. 1931 studierte Henrietta Leavitt in Harvard die Cepheiden in der Kleinen Magellanschen Wolke auf Fotografien. Sie kam zu dem Ergebnis, daß die Sterne mit längerer Periode stets heller sind als diejenigen mit kürzerer Periode. Da man annehmen mußte, daß alle Sterne dieses Systems etwa gleich weit weg sind, ergab sich daraus, daß die Sterne mit längeren Perioden in der Tat die leuchtkräftigeren sind. Diese Arbeit führte zur Entdeckung des Perioden-Leuchtkraft-Gesetzes, das für die Cepheiden in unserer Galaxie wie auch in entfernten Galaxien gilt. Zwischen Periodenlänge und absoluter Helligkeit besteht ein eindeutiger Zusammenhang, die Leuchtkraft eines Cepheiden kann also allein durch die Beobachtung seines Lichtwechsels gefunden werden. Die Cepheiden sind gleichsam «Meilensteine» im Weltall. Durch das Studium der Cepheiden im M 31, dem Andromedanebel, konnte E. P. Hubble 1923 beweisen, daß die Galaxien weit außerhalb unserer Milchstraße liegen.

δ Cephei hat eine Periode von 5,3 Tagen; η Aquilae, ein anderer Cepheide, eine solche von 7,2 Tagen. Da die scheinbare Helligkeit beider Sterne ungefähr gleich ist, muß η Aquilae weiter von uns weg sein.

Bei den Cepheiden gibt es verschiedene Unterklassen. Für eine davon, nach dem Prototyp W Virginis genannt, gilt ein ähnliches Perioden-Leuchtkraft-Gesetz, wobei die absolute Helligkeit aber beträchtlich schwächer ist ($1{,}5^m$) als bei den klassischen Cepheiden. Die RR-Lyrae-Sterne sind besonders häufig in Sternhaufen vertreten. Sie haben viel kürzere Perioden – weniger als einen Tag – und scheinen alle eine etwa gleich große Leuchtkraft zu haben, können also ebenfalls zur Entfernungsschätzung verwendet werden.

Der berühmteste langperiodische Veränderliche ist Mira Ceti mit einer viel größeren Amplitude (1. bis 9. Größe) und mit einer durchschnittlichen Periodenlänge von 331 Tagen. (Diese Werte sind gewissen Schwankungen unterworfen.) Mira ist wie alle langperiodischen Veränderlichen ein Roter Riese vom Spektraltyp M. Heute kennt man Tausende von Mira-Sternen. Sie folgen keinem Perioden-Leuchtkraft-Gesetz; Helligkeit und Periodenlänge schwanken bei ihnen von einem Zyklus zum andern.

Andere Sterne zeigen unregelmäßige Helligkeitsschwankungen. Die SS-Cygni- oder U-Geminorum-Veränderlichen erscheinen meistens in sehr schwacher Helligkeit, periodisch unterbrochen von raschen, kurzdauernden Helligkeitsausbrüchen. Die seltsamen R-Coronae-Sterne zeigen normalerweise eine Maximalhelligkeit, um dann unvermutet und sehr rasch auf ein tiefes Minimum abzusinken. Die Nebelveränderlichen, wie z.B. T Tauri, sind wahrscheinlich sehr junge Sterne und dürften auf die Sternkondensation aus der nebelförmigen Materie zurückzuführen sein. Die rekurrenten («wiederkehrenden») Novae, wie z.B. die T-Coronae-Sterne, flackern plötzlich auf und dürften ein Bindeglied zwischen den echten Veränderlichen und den heftigen Novaausbrüchen bilden.

Veränderliche Sterne scheinen unstabile Sterne zu sein, die meistens den Hauptast verlassen und einen Großteil ihrer Entwicklung durchlaufen haben. Es ist noch nicht geklärt, ob jeder Stern im Verlaufe seiner Entwicklung das Stadium der Veränderlichkeit durchmacht.

Das Sternbild Zwillinge (oben)
Castor und Pollux liegen in dieser Fotografie von Alan Williams am linken Bildrand. In den Zwillingen liegen zwei mit bloßem Auge sichtbare Veränderliche. η gehört zum Spektraltyp M und schwankt mit einer Periode von 231 Tagen zwischen den scheinbaren Helligkeiten 3,3 und 4,2; die Periode zeigt jedoch deutliche Unregelmäßigkeiten. Ein guter Vergleichsstern ist der nahegelegene Stern μ (3,0). ζ ist ein typischer Cepheide, der mit einer Periode von 10,2 Tagen zwischen den Helligkeiten 3,7 und 4,3 schwankt. Beide Sterne können ohne optische Hilfsmittel beobachtet werden.

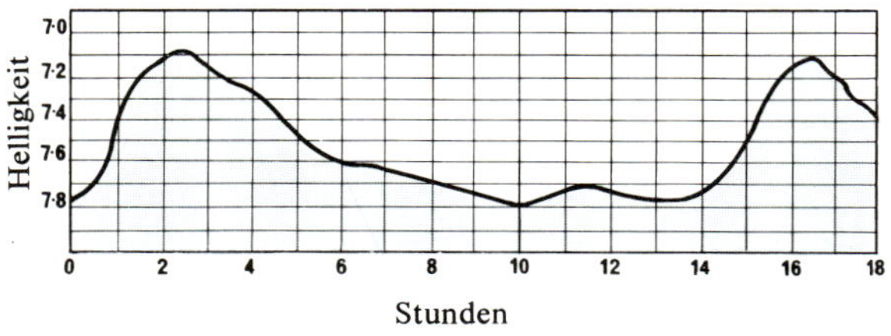

RR-Lyrae-Veränderliche (links)
Alle RR-Lyrae-Veränderlichen haben kurze Perioden. Sie sind in drei Hauptgruppen unterteilt. Die erste Gruppe, zu der RR-Lyrae selbst gehört (Lichtkurve dieser und der folgenden Typen links), hat eine Periodenlänge von 0,5 Tagen. Der Lichtwechsel zeigt einen steilen Anstieg zu einem scharfen Maximum und einen langsamen Abfall. Die Sterne der zweiten Gruppe zeigen ein langsameres Ansteigen zum Maximum. Die Sterne der dritten Gruppe haben eine symmetrische Lichtkurve.

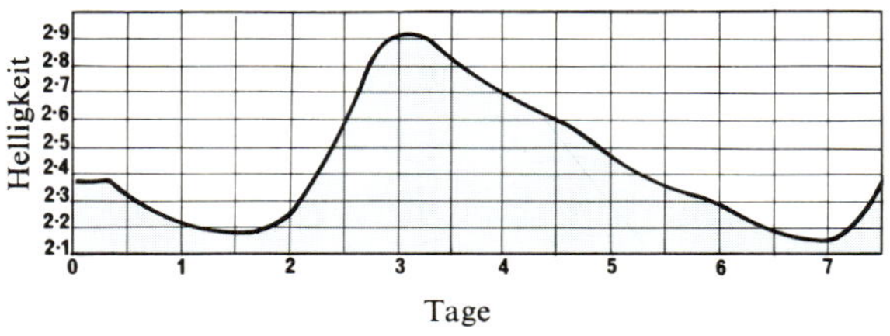

Cepheiden (links)
Die Perioden der Cepheiden betragen 3 bis über 50 Tage. Ihre Lichtkurven sind regelmäßig und stehen im Zusammenhang mit der absoluten Helligkeit. Die Lichtkurve (links) gilt für δ Cephei, den Prototyp dieser Klasse. δ Cephei gehört zur Population I. Die Cepheiden der Population II verhalten sich ähnlich, sind aber weniger leuchtkräftig. Sie sind heute allgemein als W-Virginis-Veränderliche bekannt.

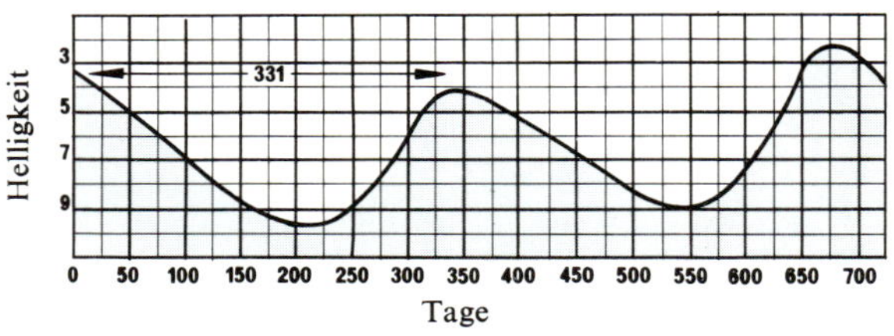

Langperiodische Veränderliche (links)
Bei den langperiodischen Veränderlichen, deren Prototyp Mira Ceti ist (Lichtkurve links), sind weder Periode noch Maximums- oder Minimumshelligkeit konstant. Mira kann, wie z.B. 1969, die Maximumshelligkeit 2 erreichen. Bei anderen Maxima, wie z.B. 1868, stieg die scheinbare Helligkeit nie über 5. Die meisten langperiodischen Veränderlichen sind Rote Riesen vom Spektraltyp M. Es besteht kein Perioden-Leuchtkraft-Gesetz wie bei den Cepheiden.

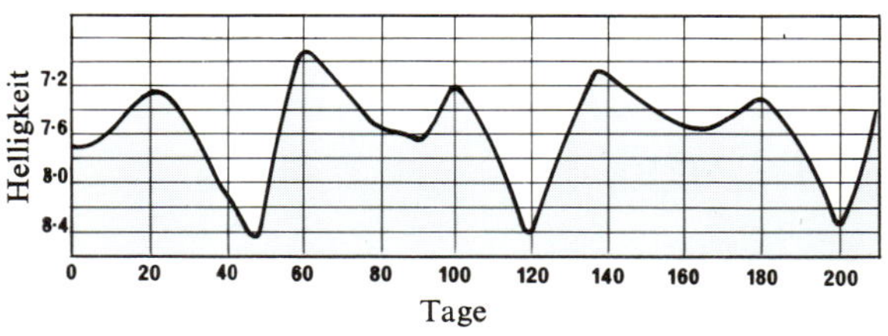

RV-Tauri-Veränderliche (links)
Die RV-Tauri-Veränderlichen sind sehr leuchtkräftig. Ihr Lichtwechsel ist durch alternierend tiefe und flache Minima charakterisiert. Es bestehen aber große Unregelmäßigkeiten, da zwei tiefe Minima aufeinanderfolgen können. Zeitweise scheint jede Regelmäßigkeit aufgehoben zu sein. Die RV-Tauri-Sterne sind selten. Die Lichtkurve zeigt das Verhalten des berühmtesten Vertreters dieser Klasse, R Scuti.

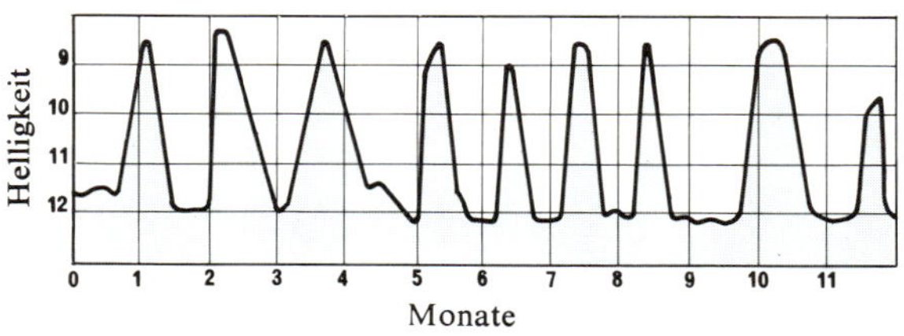

U-Geminorum-Veränderliche (links)
Die sogenannten «Zwergnovae» sind durch periodische Helligkeitsausbrüche charakterisiert; normalerweise haben sie eine Minimumshelligkeit. In einigen Fällen treten die Ausbrüche in ziemlich regelmäßigen Abständen auf. Bei anderen Sternen wiederum kann das Verhalten nicht vorhergesagt werden. Die Prototypen dieser Klasse sind U Geminorum und SS Cygni. SS Cygni (Lichtkurve links) flackert etwa alle 50 Tage auf, wobei die Helligkeit von 12 auf 8¼ ansteigt.

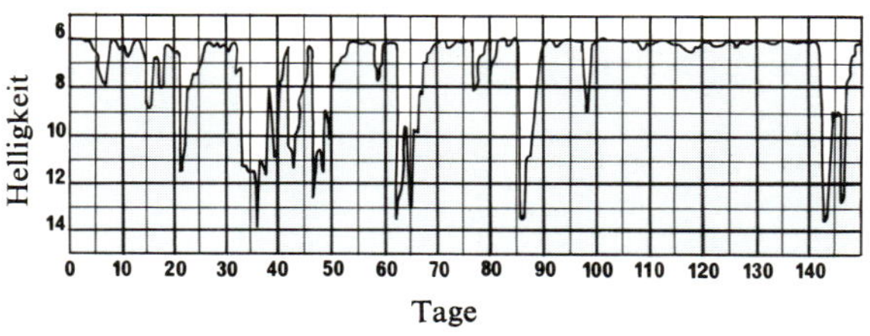

R-Coronae-Borealis-Veränderliche (links)
Das Hauptmerkmal der R-Coronae-Borealis-Veränderlichen liegt im scharfen Abfall der Helligkeit zu einem tiefen Minimum in unregelmäßigen Abständen. R Coronae ist normalerweise 6. Größe, kann aber im tiefsten Minimum bis unter die 14. fallen. Er kann für lange Zeiträume, wie z. B. zwischen 1926 und 1934, im Maximum verweilen. Die R-Coronae-Sterne sind selten.

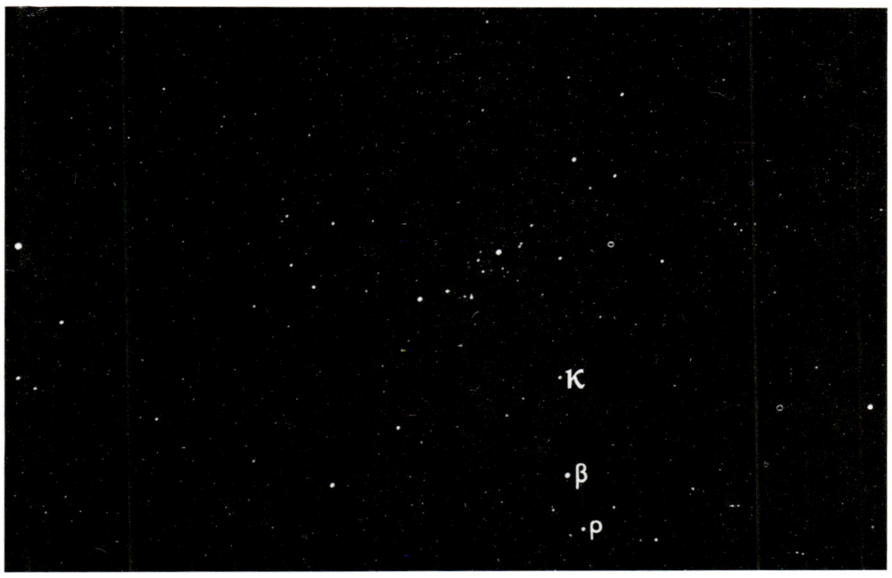

Perseus (links)
Dargestellt sind die beiden Veränderlichen Beta (β) und Rho (ρ). Algol (Eigenname von β) ist kein eigentlicher Veränderlicher; er ist der Prototyp der Bedeckungsveränderlichen und schwankt zwischen den scheinbaren Helligkeiten 2,2 und 3,5. Alle 2½ Tage findet eine Bedeckung statt. ρ Persei vom Spektraltyp M ist ein echter Veränderlicher; seine Helligkeitsschwankungen reichen von 3,3 bis 4,2 und scheinen vollkommen unregelmäßig zu sein. Ein guter Vergleichsstern ist κ gegenüber Algol. Zum Zeitpunkt unserer Aufnahme befand sich Algol im Maximum, während ρ wenig heller war als κ.

Auriga (Fuhrmann) (links)
Im Fuhrmann finden wir die beiden berühmten Bedekkungsveränderlichen ε und ζ. Die Amplitude von ε liegt zwischen den scheinbaren Helligkeiten 3,3 und 4,6, und seine Periode beträgt 9898,5 Tage (27½ Jahre!). Der hellere Stern ist ein Überriese vom Spektraltyp F und 60 000mal leuchtkräftiger als unsere Sonne. Der schwächere Stern gibt den größten Teil seiner Strahlung im Infraroten ab. ζ schwankt zwischen den scheinbaren Helligkeiten 5,0 und 5,7. Die Periode beträgt 972 Tage. Der hellere Stern des Spektraltyps B9 hat einen Durchmesser von 3,84 Mio km; der schwächere ist ein K5-Überriese mit einem Durchmesser von 288 Mio km.

Cassiopeia (links)
Angegeben sind die beiden interessanten Sterne γ und α oder Schedir. γ ist ein unregelmäßiger Veränderlicher vom Spektraltyp B0 (mit Besonderheiten). Er hat normalerweise die Helligkeit 2,3, steigt aber gelegentlich auf 1,6 (wie z. B. 1936) oder fällt bis auf 3. Im Katalog der veränderlichen Sterne von Kukarkin wurde α als «konstant» angegeben, aber andere Beobachtungen vermerken unregelmäßige und langsame Schwankungen zwischen den Helligkeiten 2,1 und 2,6. β (2,3) und δ (2,6) sind geeignete Vergleichssterne.

Orion (links)
Der berühmte Rote Riese Betelgeuze liegt im Orion. 1840 entdeckte Sir John Herschel, daß Betelgeuze veränderlich ist. Früher wurde eine Periode von etwa 2070 Tagen angenommen, aber es bestehen deutliche Unregelmäßigkeiten. In der Literatur wird die Helligkeit als 0,3 bis 1,3 angegeben. Betelgeuze ist jedoch selten so schwach wie Aldebaran ($0,9^m$), und frühere Beobachtungsberichte vermerken, daß er mindestens gleich hell war wie Rigel ($0,15^m$). Da Aldebaran eine ähnliche Farbe besitzt, eignet er sich als Vergleichsstern.

Einteilung der veränderlichen Sterne

In der folgenden Tabelle werden auch die Bedeckungsveränderlichen angegeben, da sie ebenfalls Helligkeitsveränderungen zeigen. Alle übrigen Typen sind echte Veränderliche.

Bedeckungsveränderliche (sich gegenseitig verfinsternde Doppelsterne):

1. **Algol-Sterne:** Ungleiche Komponenten; tiefes Primärminimum und flaches Sekundärminimum. Periode allgemein kurz (1 bis 20 Tage), lang in Ausnahmefällen, wie z. B. ζ Aurigae (972 Tage). Typische Vertreter: Algol, λ Tauri, δ Librae.

2. **β-Lyrae-Sterne:** Komponenten sehr nahe beeinander. Wechselweise tiefes und flaches Minimum; ständige Helligkeitsveränderung. Typische Vertreter: β Lyrae, V Crateris, UW Orionis.

3. **W-Ursae-Majoris-Sterne:** Zwergkomponenten von ähnlicher Helligkeit. Eher außergewöhnlich und vielleicht eine Untergruppe der β-Lyrae-Sterne. Typische Vertreter: W Ursae Majoris, YY Eridani.

Pulsierende Veränderliche

1. **RR-Lyrae-Sterne:** Früher als Haufenveränderliche bekannt. Kurze Perioden von weniger als einem Tag; Spektraltypen A bis F; sehr regelmäßig. Zwei Untergruppen: Typ a mit Perioden um 0,5 Tage und Typ b mit kleineren Amplituden und langsamerem Anstieg zu einem flacheren Maximum. Typische Vertreter: RR Lyrae, S Arae, V Indi.

2. **Cepheiden:** Regelmäßige Veränderungen und Amplituden; Perioden von 3 bis 60 Tagen. (DN Arae hat mit 82 Tagen die längste Periode, ist aber möglicherweise kein typischer Cepheide.) Das Perioden-Leuchtkraft-Gesetz gilt für diese Klasse. Die Cepheiden gehören zur Population I und liegen nahe der Milchstraßenebene. Typische Vertreter: δ Cephei, η Aquilae, ζ Geminorum.

3. **W-Virginis-Sterne:** Diese Cepheiden gehören zur Population II und sind wie die klassischen Cepheiden Überriesen vom Spektraltyp F oder G. Das Perioden-Leuchtkraft-Gesetz gilt auch hier, aber die W-Virginis-Sterne sind weniger leuchtkräftig als die Cepheiden und gehören zum Milchstraßen-Halo. Typische Vertreter: W Virginis, U Sagittarii, S Normae.

4. **δ-Scuti-Sterne:** Sehr kurze Perioden (unter 0,2 Tagen) und kleine Amplituden. Absolute Helligkeit zwischen —2 und +2; meistens F-Unterriesen. Ihre Lichtkurven ähneln denjenigen der RR-Lyrae-Sterne.

5. **β-Cephei- oder β-Canis-Majoris-Sterne:** Sehr kleine Amplituden, selten über $0,1^m$. Riesen vom Spektraltyp B. Kurze Perioden von 0,1 bis 0,3 Tagen. Absolute Helligkeit zwischen —2 und —4. Typische Vertreter: β Cephei, β Canis Majoris, δ Ceti.

6. **RV-Tauri-Sterne:** Riesen vom Spektraltyp G bis K, absolute Helligkeit —2 bis —3. Sie haben alternierend tiefe und flache Minima, es können aber auch zwei tiefe Minima aufeinanderfolgen. Ihre Lichtkurven sind ganz unregelmäßig. Die Perioden (zwischen zwei aufeinanderfolgenden tiefen Minima) liegen zwischen 40 und 220 Tagen. In einigen Fällen, wie z. B. bei R Scuti, bleibt die mittlere Helligkeit konstant; in anderen Fällen, wie bei RV Tauri, verändert sich die mittlere Helligkeit mit einer langen Periode. Typische Vertreter: R Scuti, RV Tauri SX Centauri.

7. **Langperiodische Veränderliche:** Normalerweise Riesen von spätem Spektraltyp. Perioden von 80 bis 1000 Tagen, große Helligkeitsamplitude (10 Größenklassen im Falle von χ Cygni), aber weder Periode noch Amplitude sind vollkommen regelmäßig. Typische Vertreter: Mira, χ Cygni, R Leonis, R Cygni.

8. **Halbregelmäßige Veränderliche:** Normalerweise Riesen und Überriesen vom späten Spektraltyp; Helligkeitsamplitude geringer als bei den Mira-Sternen, kleiner als 3 Größenklassen. Typische Vertreter: Betelgeuze, α Herculis, R Lyrae. Verschiedene Untergruppen.

9. **Unregelmäßige Veränderliche:** Langsame Veränderungen, normalerweise mit kleiner Amplitude (weniger als 4 Größenklassen) ohne jede Periodizität. Typische Vertreter: ρ Cassiopeiae, V Antliae, V Aquilae.

Eruptive Veränderliche

1. **U-Geminorum-** oder **SS-Cygni-Sterne:** Rasche, kurzdauernde Ausbrüche, bis zu 5 Größenklassen pro Nacht. Da die Ausbrüche Nova-ähnlich, aber von kleinerer Amplitude sind, werden diese Sterne oft Zwergnovae genannt. Alle Vertreter sind enge spektroskopische Doppelsterne. Die Abstände zwischen den Ausbrüchen sind nicht regelmäßig, sondern bewegen sich um einen Mittelwert; z. B. flackert RU Pegasi alle 70 Tage, SS Cygni alle 50 Tage auf. Typische Vertreter: U Geminorum, SS Cygni, RU Pegasi, X Leonis.

2. **Z-Camelopardalis-Sterne:** Ähnlich wie die SS-Cygni-Sterne, doch stellen sie ihren Lichtwechsel oft monatelang gänzlich ein. Typische Vertreter: Z Camelopardalis, TZ Persei, RX Andromedae.

3. **Flackersterne:** Zwerge vom Spektraltyp M, deren Helligkeit im Verlaufe weniger Sekunden ansteigt, zehn Minuten bis eine Stunde im Maximum bleibt und nachher wieder zur Normalhelligkeit absinkt. Typische Vertreter: UV Ceti, AD Leonis, Proxima Centauri.

4. **R-Coronae-Borealis-Sterne:** Sterne mit plötzlichem, unregelmäßigem Helligkeitsabfall. Sie sind arm an Wasserstoff und reich an Kohlenstoff. Die Spektraltypen reichen von G (R Coronae) bis R8 (RS Telescopii). Typische Vertreter: R Coronae, SU Tauri, RS Telescopii.

5. **Nebelveränderliche:** Nur in Nebeln vorkommend, wahrscheinlich sehr junge Sterne. Man kennt verschiedene Untergruppen, deren Prototypen T Tauri, RW Aurigae, T Orionis und Z Andromedae sind.

6. **Cygni-Sterne:** Nova-ähnliche Veränderliche, die ununterbrochen Materie ausstoßen. Sie sind nicht vergleichbar mit echten Novae, obwohl P Cygni, der 1603 die Helligkeit 3 erreichte, offiziell in der Liste der Novae aufgeführt ist. Die P-Cygni-Sterne sind sehr leuchtkräftig, ihre absolute Helligkeit liegt zwischen —7 und —9.

7. **Wiederkehrende** oder **Rekurrente Novae:** Sterne, von denen man mehr als einen Nova-ähnlichen Helligkeitsausbruch kennt. Typische Vertreter: T Coronae, RS Ophiuchi, T Pyxidis. Sie bilden wahrscheinlich ein Bindeglied zwischen den Veränderlichen und den echten Novae.

8. **Novae:** Rascher Anstieg zum Maximum, gefolgt von einem langsamen Abfall, Ausstoßen von Gasmassen, die Hüllen um den Stern bilden. Typische Vertreter: RR Pictoris, DQ Herculis, HR Delphini.

9. **Supernovae:** Rascher Anstieg zum Maximum; explosive Wirkung auf den ganzen Stern. Typischer Vertreter: Tychos Stern (1572).

Die explodierenden Sterne

Das Wort «Nova» stammt aus dem Lateinischen und heißt «neu», aber in Wirklichkeit ist eine Nova gar kein neuer Stern. Es ist ein ehemals schwacher Stern, dessen Helligkeit durch eine ungeheure Explosion um ein Vieltausendfaches zugenommen hat. Der Helligkeitsanstieg kann sehr rasch erfolgen. Die Nova Aquilae 1918 z.B., die hellste Nova aus jüngerer Zeit, stieg in ein oder zwei Tagen von der 11. zur 6. Größenklasse. Am 7. Juni betrug ihre Helligkeit 5,8, am 9. Juni erreichte sie —1,4 und war damit genauso hell wie Sirius. Der Helligkeitsabfall erfolgte viel langsamer, der ursprüngliche Wert war erst gegen Ende 1924 erreicht. Anderseits stieg die vom englischen Amateur G. E. D. Alcock entdeckte Nova (HR) Delphini 1967 viel langsamer von der 12. zur 4. Größenklasse und konnte ein Jahr lang mit bloßem Auge beobachtet werden. Anfang 1970 betrug ihre Helligkeit immer noch 8¼, so daß sie mit einem Feldstecher leicht aufgefunden werden konnte. Sie gehört zum Typ der «langsamen» Novae.

Mögliche Novae

Eine Vorhersage, welcher der vielen schwachen Sterne am Himmel zu einer Nova werden könnte, ist unmöglich; daher ist der Zustand der Prae-Nova meistens unbekannt. Es scheint aber, daß eine normale Nova vor ihrem Aufflackern ein Unterzwerg ist, kleiner und weniger leuchtkräftig als ein Hauptast-Stern des gleichen Spektraltyps (s. S. 197, o.). Der Ausbruch wirkt sich nur auf die äußeren Schichten des Sterns aus: Mit hoher Geschwindigkeit werden Gasmassen ausgestoßen, die eine Hülle bilden und jahrelang sichtbar bleiben.

Zwischen den Novae und den eruptiven Veränderlichen besteht eine Verbindung; die U-Geminorum- und SS-Cygni-Sterne werden oft «Zwergnovae» genannt. Es gibt auch Sterne, bei denen man mehr als einen heftigen Ausbruch beobachtet hat. T Coronae Borealis mit dem Beinamen «Flammenstern» ist normalerweise von 10. Größe, stieg aber 1866 und dann wieder 1946 zur 2. Größe an. Dieser Stern ist als wiederkehrende Nova bekannt. Andere Beispiele sind RS Ophiuchi und T Pyxidis.

Die Entdeckung von Novae

Die Amateurastronomen hatten mit der Jagd nach Novae viel Erfolg. GK Persei 1901, neben Nova Aquilae 1918 die hellste Nova der neueren Zeit, wurde von dem schottischen Amateur Dr. Anderson aufgefunden, nachdem er bereits 1891 im Fuhrmann eine Nova 4. Größe entdeckt hatte. Ein anderer Amateur, J. P. M. Prentice, entdeckte im Dezember 1933 eine äußerst interessante Nova im Herkules. Sie erreichte die Helligkeit 1,2 und war ein klassisches Beispiel einer langsamen Nova: Sie war vier Monate lang mit bloßem Auge sichtbar. Bis 1937 sank sie wieder auf die 15. Größe, und heute weiß man, daß es sich um einen spektroskopischen Doppelstern mit einer Periode von nur 4 h 39 min handelt. Die Doppelsternnatur konnte auch bei einigen anderen, älteren Novae nachgewiesen werden (z. B. GK Persei und Nova Aquilae 1918).

Wie kommt es zu einem Nova-Ausbruch? Ein plausibler Grund wäre der Zusammenstoß zweier Sterne, aber diese Erklärung ist nicht stichhaltig: Sternkollisionen sind viel seltener als Novae. Es besteht heute kein Zweifel darüber, daß das Aufflackern durch einen Ausbruch in den äußeren Schichten des Sterns bewirkt wird, wobei die Gasmassen mit Geschwindigkeiten bis zu 1000 km/sec ausgestoßen werden.

Supernovae

Die Supernovae sind noch viel eindrucksvoller als die gewöhnlichen Novae: Es sind regelrechte Sternexplosionen. Der Stern schleudert fast seine ganze Materie ins Weltall und kehrt nie mehr in seinen ursprünglichen Zustand zurück. In historischen Zeiten gab es nur vier Supernovae in unserer Milchstraße: 1006 (im Wolf), 1054 (im Stier), 1572 (Tychos Stern in der Cassiopeia) und 1604 (Keplers Stern im Ophiuchus). In entfernten Galaxien konnten aber schon viele Supernovae beobachtet werden. Alle vier Supernovae unserer Milchstraße wurden so hell, daß man sie bei vollem Tageslicht sehen konnte.

Nova Persei (unten)
Nebelfetzen um die Nova Persei herum. Diese im Jahre 1901 erschienene Nova erreichte die 0. Größe. Anfangs schien es, als ob sich der Nebel mit Lichtgeschwindigkeit ausdehne. In Wahrheit aber breitete sich das Licht von der hellen Nova aus und beleuchtete so nach und nach Nebelgebiete, die vorher dunkel waren.

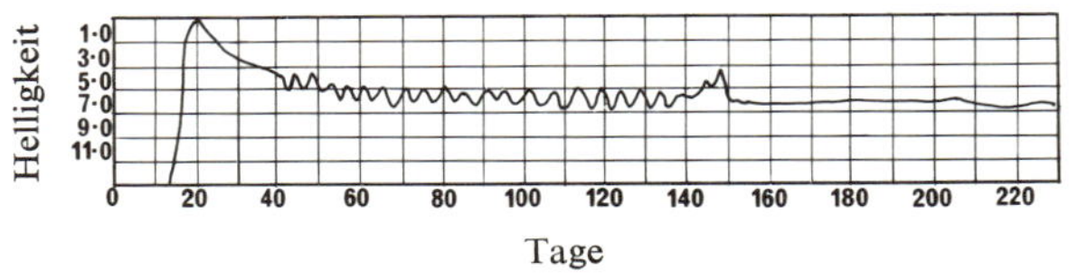

Nova Aquilae 1918 (unten)
Die hellste Nova der modernen Zeit erreichte ihr Maximum sehr rasch. Am 9. Juni 1918 übertraf ihre Helligkeit die 0. Größenklasse. Die Nova war bis November 1918 mit bloßem Auge sichtbar.

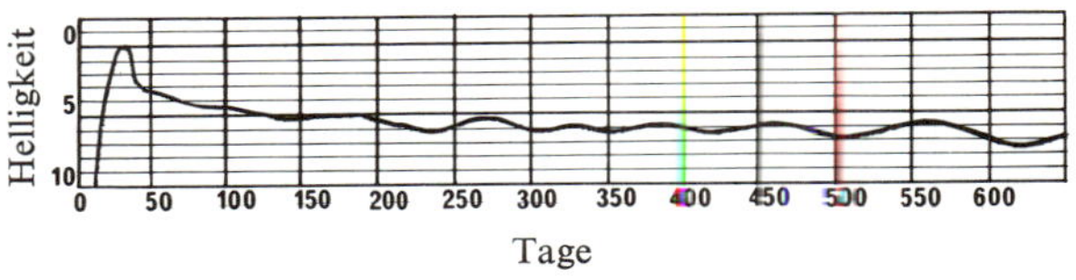

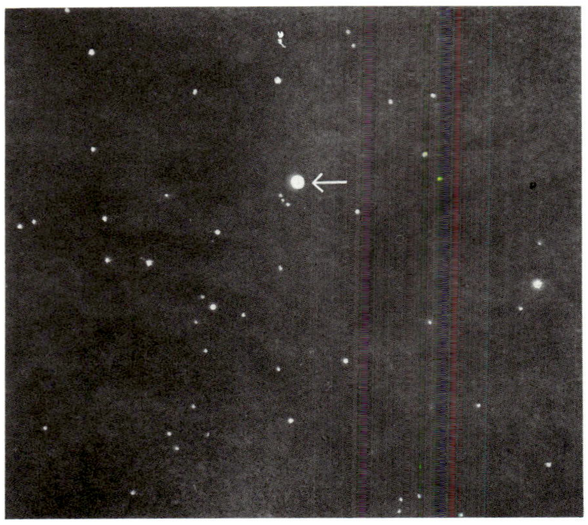

Nova (DQ) Herculis 1934 (unten)
Diese Bilder wurden 1951 in verschiedenfarbigem Licht aufgenommen und zeigen die Nova als enges Doppelsternsystem mit Nebelfilamenten. Die Lichtkurve ist unten dargestellt. DQ Herculis war eine langsame Nova. Der Spektraltyp vor dem Ausbruch ist unbekannt.

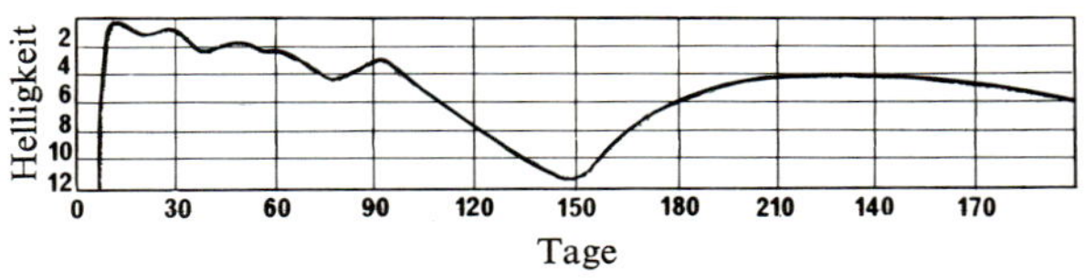

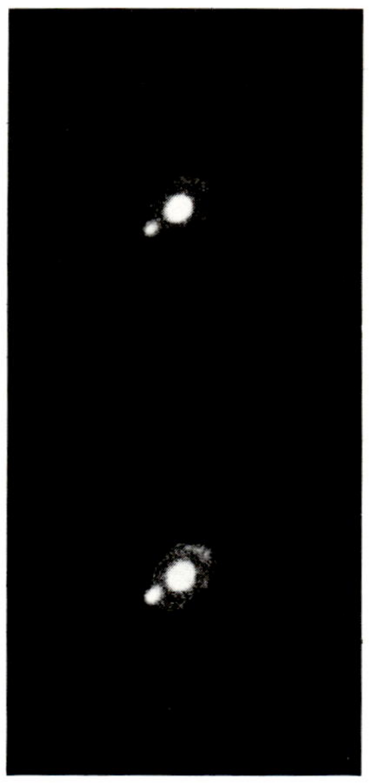

HR Delphini (unten)
HR Delphini am 6. Oktober 1967, Aufnahme von Patrick Moore. Diese langsamste aller bekannten Novae erreichte eine Helligkeit von 4 und blieb mit kleinen Schwankungen 5 Monate hindurch im Maximum. Der dann einsetzende Abfall ging langsam vor sich, Anfang 1970 betrug die Helligkeit immer noch 8½ (vor dem Ausbruch: 12^m). HR Delphini und die Nova Vulpeculae 1968 wurden von dem englischen Amateur G. E. D. Alcock entdeckt.

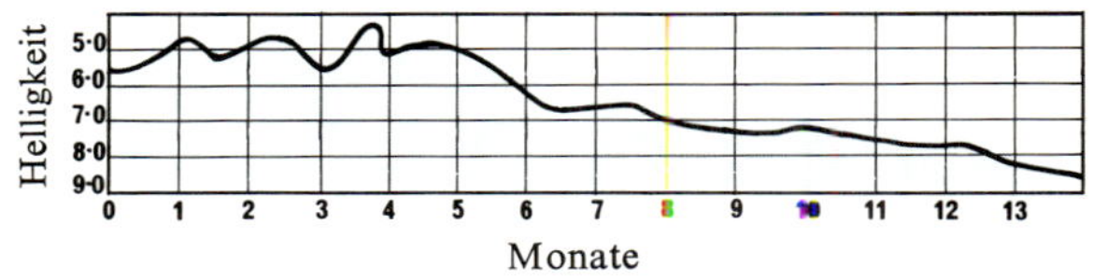

Krabbennebel (rechts)
Krabbennebel, auch Krebsnebel genannt, M1 im Stier; Aufnahme des US Naval Observatory. Es besteht kein Zweifel, daß dieser Nebel die Überreste der im Jahre 1054 von chinesischen und japanischen Astronomen beobachteten Supernova ist. Sie war heller als Venus und blieb ein Jahr lang für das bloße Auge sichtbar. Der Krabbennebel ist für Astronomen von besonderer Wichtigkeit, da er sowohl Radiowellen wie auch Röntgenstrahlen und sichtbares Licht aussendet. Er enthält eine der als Pulsare bekannten, seltsamen Radioquellen. Dieser Pulsar ist bis heute der einzige, der mit einem optisch nachweisbaren Objekt identifiziert werden konnte.

Supernova in NGC 7331 (oben)
Supernova im Spiralnebel NGC 7331 im Pegasus (Rekt. 22h 34,8min, Dekl. +34° 10′). Die scheinbare Gesamthelligkeit des Spiralnebels beträgt 9,7; die scheinbare Größe 10′ × 2,3′. Beide Bilder wurden mit dem 3-m-Spiegelteleskop der Lick-Sternwarte aufgenommen. Im oberen Bild ist die Supernova nicht sichtbar, im unteren befindet sie sich im Maximum.
Unten: Ein ähnliches Ereignis im NGC 4725, einem Spiralnebel im Haar der Berenike (Rekt. 12 h 48,1 min, Dekl. + 25° 46′).

Diese Liste umfaßt alle Novae seit 1572, die mit bloßem Auge sichtbar waren.

Jahr	Sternbild	Maximal-helligkeit	Entdecker	Bemerkungen
1572	Cassiopeia	–4	Tycho Brahe	Tychos Stern. Heute Radioquelle. Supernova
1600	Cygnus	3	Blaeu	P Cygni; Schalenstern; heute veränderlich zwischen $4^1/_2$ und $5^1/_4{}^m$
1604	Ophiuchus	–2,3	?	Keplers Stern; Supernova
1670	Vulpecula	3	Anthelm	Heute nicht mehr zu identifizieren
1783	Sagitta	6	D'Agelet	
1848	Ophiuchus	4	Hind	
1866	Corona Borealis	2	Birmingham	T Coronae; wiederkehrende Nova; zweiter Ausbruch 1946
1876	Cygnus	3	Schmidt	Q Cygni
1891	Auriga	4,2	Anderson	
1898	Sagittarius	4,9	Felming	
1901	Perseus	0,0	Anderson	GK Persei; enger Doppelstern
1903	Gemini	5,0	Turner	
1910	Ara	6,0	Fleming	
1910	Lacerta	4,6	Espin	
1912	Gemini	3,3	Enebo	
1918	Aquila	–1,1	Bower	Enger Doppelstern
1918	Monoceros	5,7	Wolf	
1920	Cygnus	2,0	Denning	
1925	Pictor	1,1	Watson	RR Pictoris; langsame Nova; enger Doppelstern
1927	Taurus	6,0	Schwassmann und Wachmann	
1934	Hercules	1,2		DQ Herculis; langsame Nova; enger Doppelstern
1936	Aquila	5,4	Tamm	
1936	Lacerta	1,9	Gomi	CP Lacertae; schnelle Nova;
1936	Sagittarius	4,5	Okayabasi	
1939	Monoceros	4,3	Whipple und Wachmann	
1942	Puppis	0,4	Dawson	Schnelle Nova
1950	Lacerta	6,0	Bertaud	
1960	Hercules	5,0	Hassell	
1963	Hercules	5,7	Hassell	
1967	Delphinus	3,7	Alcock	HR Delphini; extrem langsame Nova; Helligkeit vor Ausbruch $11^1/_2{}^m$
1968	Vulpecula	4,3	Alcock	Schnelle Nova; Helligkeit Ende 1969 12^m
1970	Serpens	4,6	Honda	

Die im Jahre 1885 erschienene Supernova S Andromedae im Andromedanebel M 31 war im Maximum gerade mit bloßem Auge sichtbar.

Entwicklung einer Nova (rechts)
Nach den modernen Theorien der Sternentwicklung werden die sehr massereichen Sterne gegen Ende ihrer Laufbahn zu Supernovae. Der Krabbennebel ist fraglos ein solcher Supernova-Überrest, und viele andere galaktische Radioquellen gehören zum gleichen Typ. Man hat vermutet, daß sich die normalen Novae zu planetarischen Nebeln entwickeln — wie etwa M 57 in der Leier (rechts) oder NGC 6543 (rechts außen), bei denen der Zentralstern lichtschwach und heiß ist — eine Hypothese, über die die Astronomen noch geteilter Meinung sind.
Nach einer anderen Hypothese könnten die Pulsare das letzte Stadium einer Supernova darstellen. Der bis heute einzige optisch identifizierte Pulsar liegt im Krabbennebel. Ein Pulsar ist eine Radioquelle, die scharfe, regelmäßige und extrem kurze Impulse aussendet. Der erste wurde 1967 im Vulpecula entdeckt und sendet alle 1,3728 sec einen Impuls aus. Heute wird allgemein angenommen, daß die Pulsare Neutronensterne seien, millionenfach dichter als die Weißen Zwerge. Da die Pulsarforschung noch sehr jung ist, wäre es verfrüht zu behaupten, sie hingen mit den Supernovae zusammen.

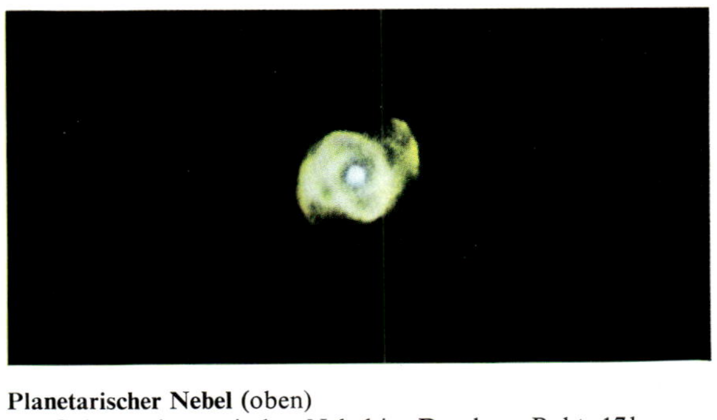

Planetarischer Nebel (oben)
NGC 6543, planetarischer Nebel im Drachen; Rekt. 17h 58,7 min, Dekl. +66° 38′. scheinbare Gesamthelligkeit $8{,}8^m$ (scheinbare Helligkeit des Zentralsterns 11,1).

Ringnebel (links)
Ringnebel in der Leier, M 57 (NGC 6720), der berühmteste planetarische Nebel; Rekt. 18h 51,7min, Dekl. +32° 58′; Entfernung 1410 Lichtjahre. Die scheinbare Gesamthelligkeit beträgt 9,3; die scheinbare Helligkeit des Zentralsternes 15^m. M 57 liegt direkt zwischen β und γ Lyrae.

Doppel- und Mehrfachsterne

1650 richtete der italienische Astronom Piccioli sein Fernrohr auf Mizar, den zweiten Stern in der Deichsel des Großen Wagens. Er sah, daß Mizar aus zwei so nahe beieinanderstehenden Einzelsternen besteht, daß er dem bloßen Auge als ein einziger Lichtpunkt erscheint. Die Distanz zwischen den beiden Komponenten beträgt 14,5″, der Positionswinkel 150°. Mit Mizar war der erste teleskopische Doppelstern entdeckt. Die eine Komponente hat die scheinbare Helligkeit 2,2, die andere 4,0, sie sind also deutlich verschieden. Der Positionswinkel ist der Winkel zwischen der Nordrichtung und der Richtung vom helleren zum dunkleren Stern, gerechnet von 0° (Nord) über Ost (90°), Süd (180°) und West (270°).

Mit bloßem Auge trennbare Doppelsterne

Mizar ist von besonderem Interesse, da er zusammen mit dem Stern Alkor (80 Ursae Majoris, 5. Größe) ein mit bloßem Auge trennbares Paar bildet. Es gibt noch verschiedene andere Doppelsterne, die mit bloßem Auge als solche erkannt werden können, wie α Capricorni im Sternbild Steinbock und ε Lyrae in der Nähe der Wega. Anfangs dachte man nicht daran, daß die Komponenten eines Doppelsternes physisch zusammengehören könnten. Wenn zwei Sterne zufälligerweise in annähernd gleicher Richtung liegen, scheint uns der eine gerade hinter dem andern zu sein. Solche Sternpaare nennt man optische Doppelsterne.

Physische Doppelsterne

Im Jahre 1767 sprach der englische Geistliche John Michell die Vermutung aus, daß die meisten Doppelsterne physisch miteinander verbunden, also Doppelsternsysteme seien. 1804 konnte der große Beobachter William Herschel diese Vermutung beweisen, und 1827 wies F. Savary nach, daß die beiden Komponenten des Doppelsternsystems ξ Ursae Majoris in 60 Jahren einmal um ihren gemeinsamen Schwerpunkt laufen. Die meisten Doppelsterne sind solche Systeme. Optische Doppelsterne sind relativ selten. In einigen Fällen sind die beiden Einzelsterne von gleicher Leuchtkraft und Masse (γ Arietis im Widder); in anderen Fällen besteht ein deutlicher Unterschied zwischen dem Hauptstern und dem Begleiter (Mizar). Obwohl die Sterne in bezug auf Größe und Leuchtkraft so verschieden sind, sind die Unterschiede zwischen den Massen weniger groß, da ein kleiner Stern immer viel dichter ist als ein großer. Deshalb liegt der Schwerpunkt eines Doppelsternsystems zwischen den beiden Komponenten. Die Doppelsternsysteme sind für den theoretischen Astrophysiker von besonderer Bedeutung. Wenn er nämlich die Bahnen eines solchen Sternpaares kennt, kann er auch dessen Masse berechnen.

Einige Doppelsterne, wie etwa Albireo (β Cygni), zeigen wunderbare Farbunterschiede. Bei anderen, wie bei γ Arietis, haben beide Komponenten den gleichen Spektraltyp. Andere schöne Paare sind Castor, α Centauri und α Crucis am Südhimmel sowie γ Virginis, dessen Distanz jedoch zur Zeit abnimmt und der gegen Ende dieses Jahrhunderts kaum noch zu trennen sein wird. Auch die Umlaufszeiten sind sehr verschieden. Bei weiten Paaren ist eine Bahnbewegung nicht feststellbar, und ihre Umlaufszeit kann viele Millionen Jahre betragen. Wir können lediglich sagen, daß sich die beiden Komponenten gemeinsam durch das Weltall bewegen. Die Umlaufszeit von engen Paaren ist kurz. Sie beträgt bei ζ Herculis, einem schönen visuellen Doppelstern, 34 Jahre, so daß sich der scheinbare Winkelabstand wie auch der Positionswinkel rasch ändern.

Spektroskopische Doppelsterne und Bedeckungsveränderliche

Wenn die beiden Komponenten für eine visuelle Trennung zu nahe beieinanderstehen, können sie nur noch mit spektroskopischen Mitteln aufgelöst werden. Es gibt auch Doppelsternsysteme, bei denen der schwächere Stern in regelmäßigen Zeitabständen vor dem helleren vorbeizieht und ihn teilweise oder ganz verfinstert: Man spricht dann von Bedeckungsveränderlichen und kennt verschiedene Typen davon. Die berühmtesten sind Algol im Perseus und β Lyrae in der Nähe von Wega.

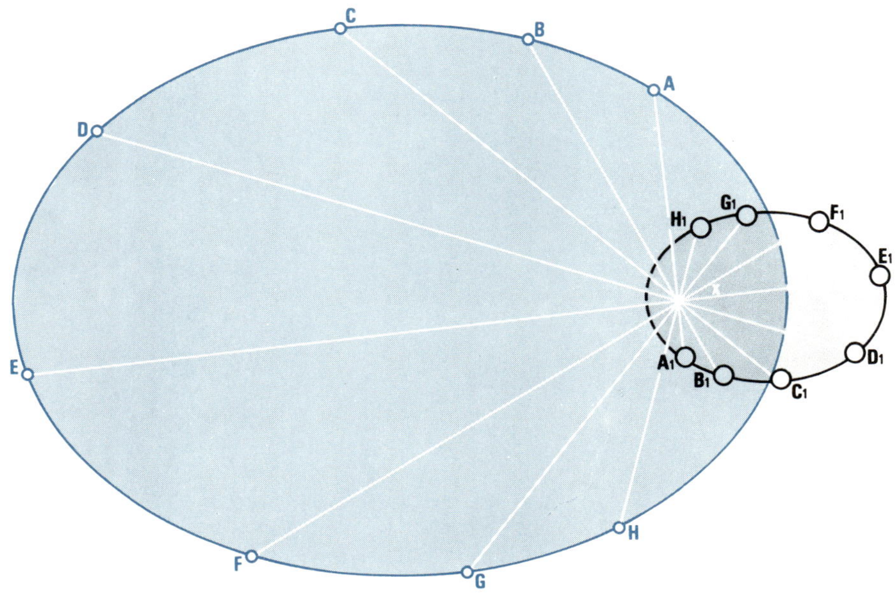

Während sich die Sterne durch Größe und Leuchtkraft wesentlich unterscheiden, ist ihr Unterschied an Masse nicht annähernd so groß. In der Zeichnung stellt **X** den Schwerpunkt eines ungleichen Doppelsternsystems dar. Die massereichere Komponente bewegt sich auf einer kleineren Bahn **(A_1, B_1...H_1)**: die masseärmere Komponente beschreibt eine größere Bahn **(A, B...H)**. Man sieht, daß die beiden Komponenten immer an den gegenüberliegenden Enden einer imaginären, durch **X** gehenden Verbindungslinie liegen. Bei gleichen Komponenten liegt der Punkt **X** in der Mitte zwischen den beiden Sternen, und die beiden Bahnen sind gleich groß. (Die Zeichnung ist stark vereinfacht.)

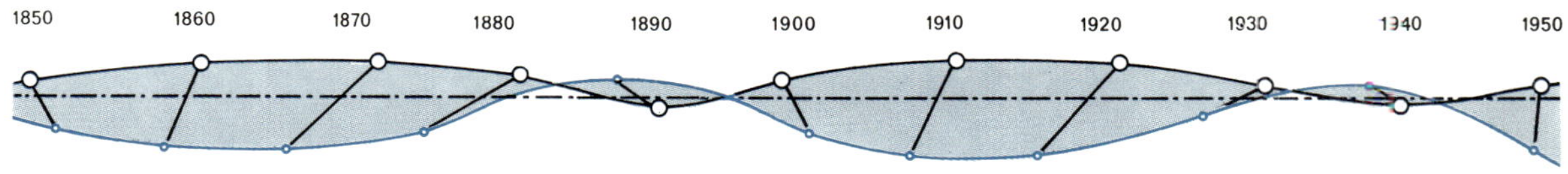

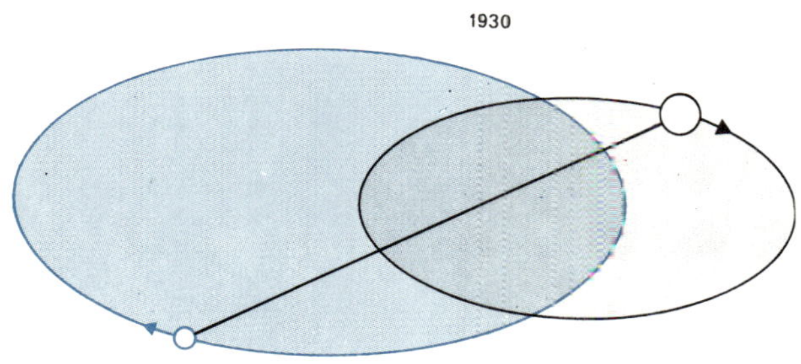

Sirius (oben und rechts)
1834 entdeckte F. W. Bessel, daß die Eigenbewegung des Sirius nicht regelmäßig ist, und schloß daraus auf das Vorhandensein eines schwachen Begleiters. 1862 fand Clark in Washington den Begleiter an der vorhergesagten Stelle. Er ist ein Weißer Zwerg mit einem Durchmesser von nur 41 000 km, aber von gleicher Masse wie die Sonne. Die Zeichnung oben stellt die Eigenbewegungen der beiden Komponenten zwischen 1850 und 1950 dar. Die Zeichnung rechts zeigt ihre Bahnpositionen im Jahre 1930. Der Begleiter hat die Helligkeit 8,6, ist aber nicht leicht zu beobachten, da er vom Hauptstern überstrahlt wird (Helligkeitsverhältnis 10 000:1).

Beispiele von Doppelsternen

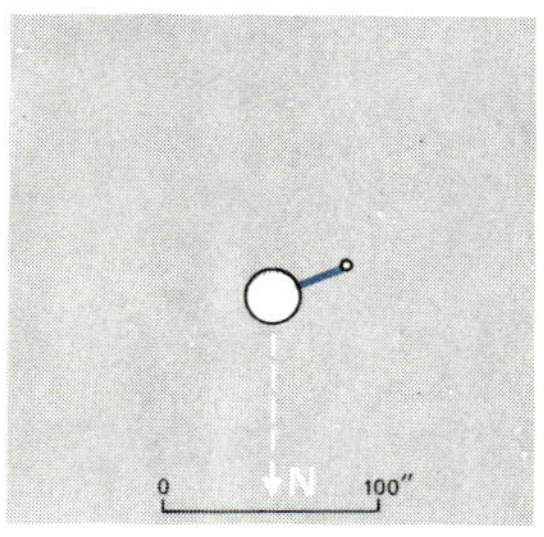

Optischer Doppelstern (links)
α Tauri (Aldebaran): Rekt. 04 h 33,0 min, Dekl. + 16°25′. Aldebaran hat einen Nachbarn 11. Größe in 31,4″ Abstand bei Positionswinkel 112°. Zwischen den beiden Sternen besteht keine physische Verbindung.

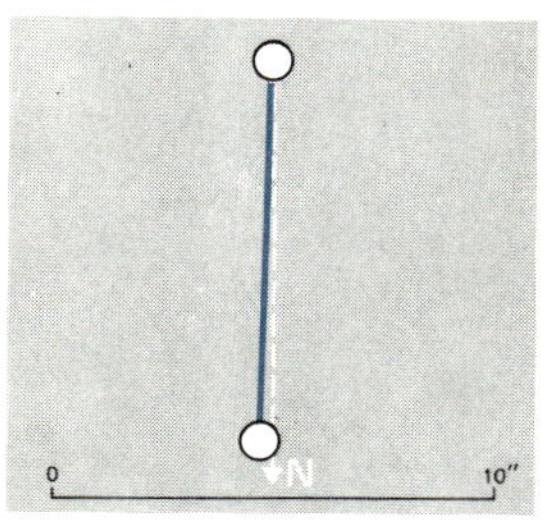

Doppelstern mit gleichen Komponenten (links)
γ Arietis: Rekt. 1 h 50,8 min, Dekl. + 19°03′; scheinbarer Abstand 8,2″, Positionswinkel 359°. Sehr weiter, leicht trennbarer Doppelstern. Beide Komponenten haben die scheinbare Helligkeit 4,8 und sind vom Spektraltyp A.

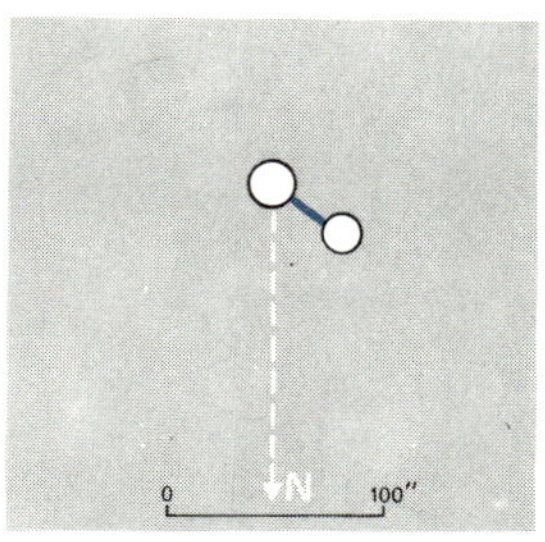

Doppelstern mit ungleichen Komponenten (links)
β Cygni: Rekt. 19 h 28,7 min, Dekl. + 27° 52′; Abstand 34,6″, scheinbare Helligkeiten 3,2 und 5,4. Dies ist vielleicht der schönste Doppelstern am Himmel. Der Hauptstern ist gelb, der Begleiter erscheint bläulichgrün.

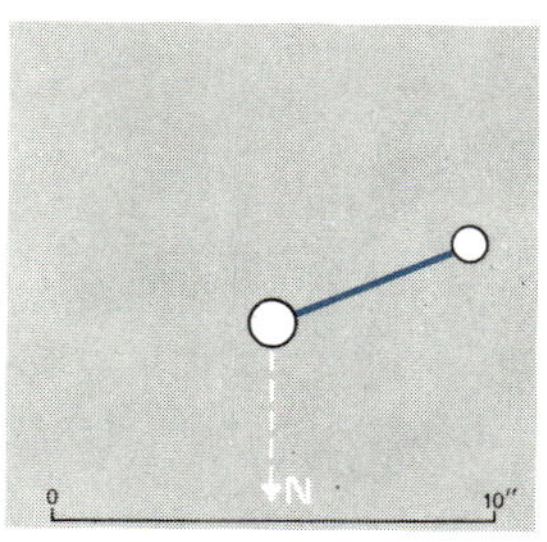

Doppelstern mit sehr ungleichen Komponenten (links)
α Herculis (Ras Algethi): Rekt. 17h 12,4 min, Dekl. + 14°27′; Abstand 4,6″, Positionswinkel 109°. Der Hauptstern ist ein Roter Riese vom Spektraltyp M, veränderlich von Größe 3 bis 4. Der Begleiter erscheint durch den Kontrast stark grün.

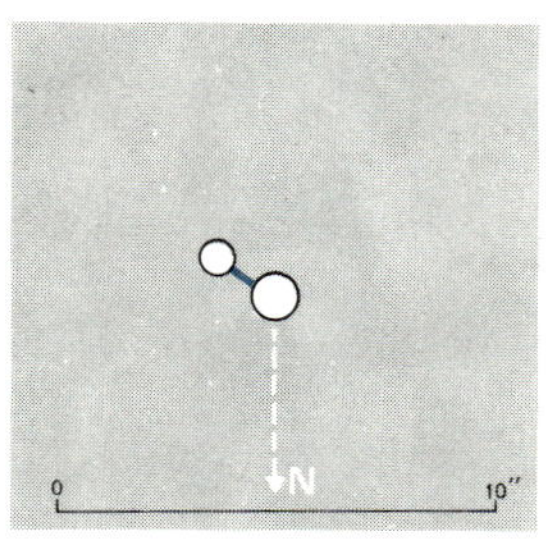

Doppelstern mit kurzer Umlaufszeit
ζ Herculis: Rekt. 16 h 39,4 min, Dekl. + 31°42′. Der Abstand beträgt maximal 1,6″, die Umlaufszeit 34 Jahre. Die scheinbaren Helligkeiten der Komponenten sind 3,1 und 5,6. Der Hauptstern vom Spektraltyp G ist auffällig gelblich.

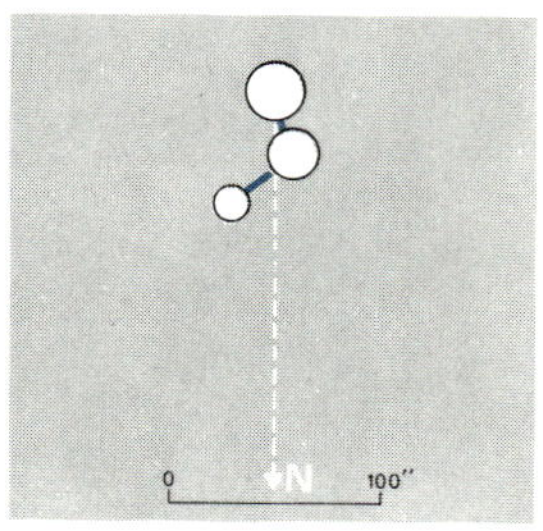

Dreifachstern (links)
α Centauri: Rekt. 14 h 36,2 min, Dekl. —60°38′; Abstand und Positionswinkel ändern sich bei einer Umlaufszeit von nur 80,1 Jahren ziemlich rasch. Zwei der Komponenten haben die scheinbaren Helligkeiten 0,3 und 1,7, Spektralklassen G4 und K5.

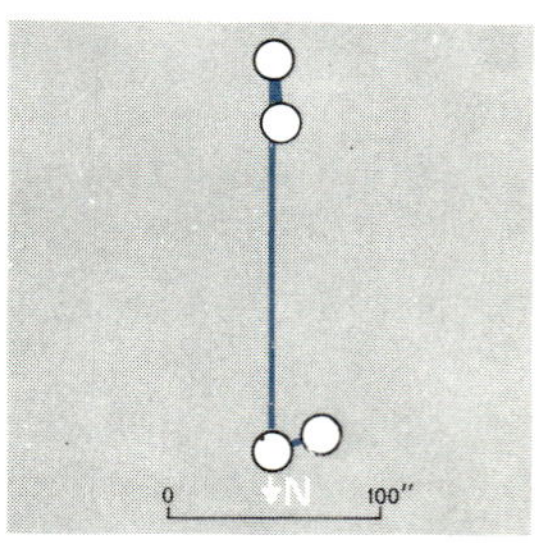

Mehrfachstern (links)
ε Lyrae: Rekt. 18 h 42,7 min, Dekl. + 39°37′. Das Hauptpaar kann mit bloßem Auge getrennt werden; scheinbare Helligkeiten 4,7 und 4,5, Abstand 207,8″, wobei jeder Teil wieder ein Doppelstern ist. Im gleichen Gesichtsfeld liegen noch einige nicht dazugehörige Sterne.

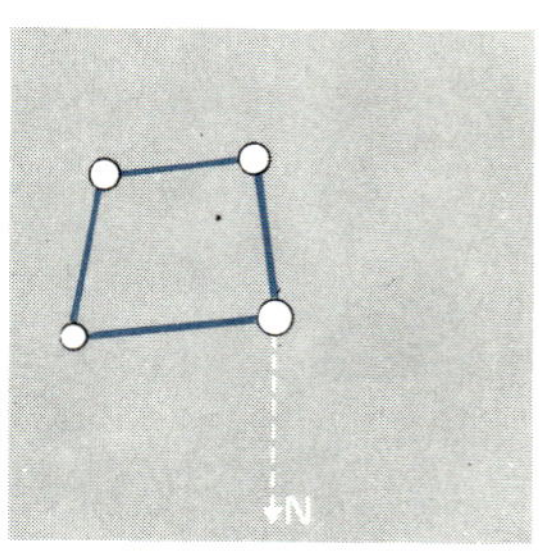

Mehrfachstern (links)
Das im großen Nebel M 42 eingebettete Trapez (θ Orionis) ist ein schönes Beispiel für einen Mehrfachstern. Alle Komponenten haben den gleichen Spektraltyp O und wahrscheinlich auch einen gemeinsamen Ursprung.

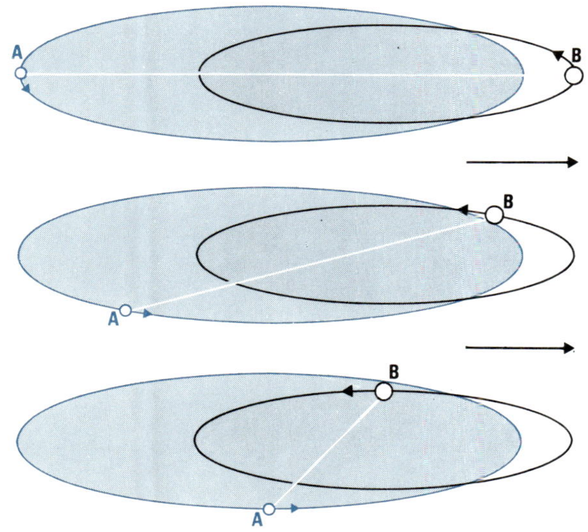

Spektralanalyse
Die Richtung zur Erde ist mit Pfeilen angegeben. **Oben:** Beide Komponenten **A** und **B** eines Doppelsternsystems bewegen sich senkrecht zur Blickrichtung, es besteht keine durch die Bahnbewegung verursachte Doppler-Verschiebung. **Mitte:** Stern **A** bewegt sich zur Erde hin, seine Spektrallinien zeigen eine Verschiebung gegen Violett. Stern **B** entfernt sich von der Erde, er zeigt eine Rotverschiebung – als Resultat sind die Linien im kombinierten Spektrum verdoppelt. **Unten:** Die maximale Trennung der Spektrallinien ist erreicht, wenn die Bewegungsrichtungen genau in der Blicklinie liegen.

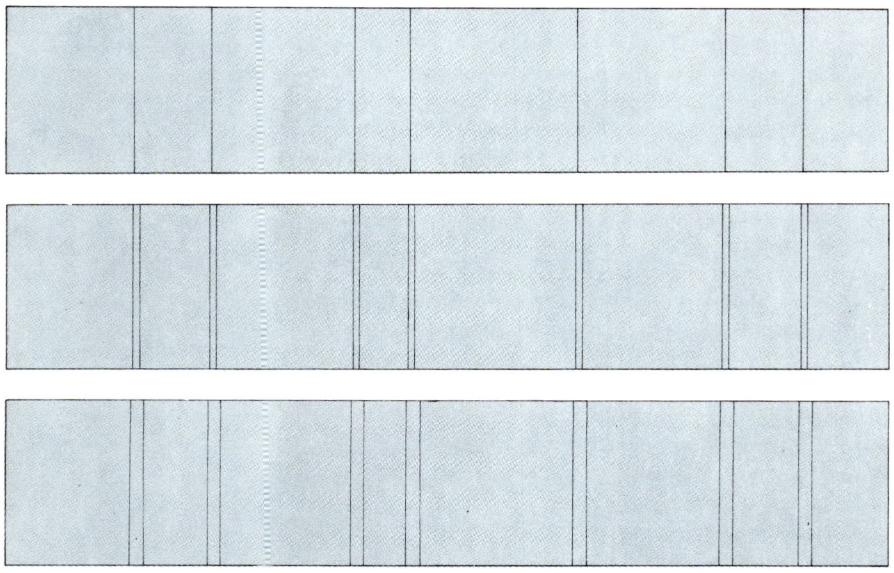

Lichtwechsel des Algol (rechts)
G. Montanari in Bologna bemerkte 1669 Helligkeitsveränderungen des Sterns Algol (β Persei). Alle 2 Tage und 11 Stunden sank er binnen 5 Stunden von 2 auf 3,5 Größenklassen, blieb 20 Minuten im Minimum und stieg in 5 Stunden wieder zu seiner Maximumshelligkeit an. J. Goodricke führte 1783 dieses Verhalten auf Algols Doppelsternnatur zurück. Wenn der schwächere Stern vor dem helleren vorbeizieht (1 und 3 in der Zeichnung), sinkt die in der Lichtkurve dargestellte Helligkeit deutlich ab. Wenn der hellere Stern vor dem dunkleren vorbeigeht (2 und 4), ergibt sich ein kleines sekundäres Minimum. Die hellere Komponente beim Algol-System hat den Spektraltyp B8 mit einer Oberflächentemperatur von 12 000°. Ihr Durchmesser beträgt 4 Mio km. Der Spektraltyp des schwächeren Sterns ist K. Die Verfinsterungen sind nicht vollständig.
Algol ist der Prototyp der Bedeckungsveränderlicher. (Der Ausdruck «Bedeckungsveränderlicher» ist irreführend, da es eigentlich sich gegenseitig verfinsternde Doppelsterne sind.) Zwischen einem Bedeckungsveränderlichen und einem normalen spektroskopischen Doppelstern besteht praktisch kein Unterschied. Bei den Bedeckungsveränderlichen liegt die Umlaufsbahn zufälligerweise so, daß sich die Sterne – von der Erde aus gesehen – gegenseitig verfinstern können.

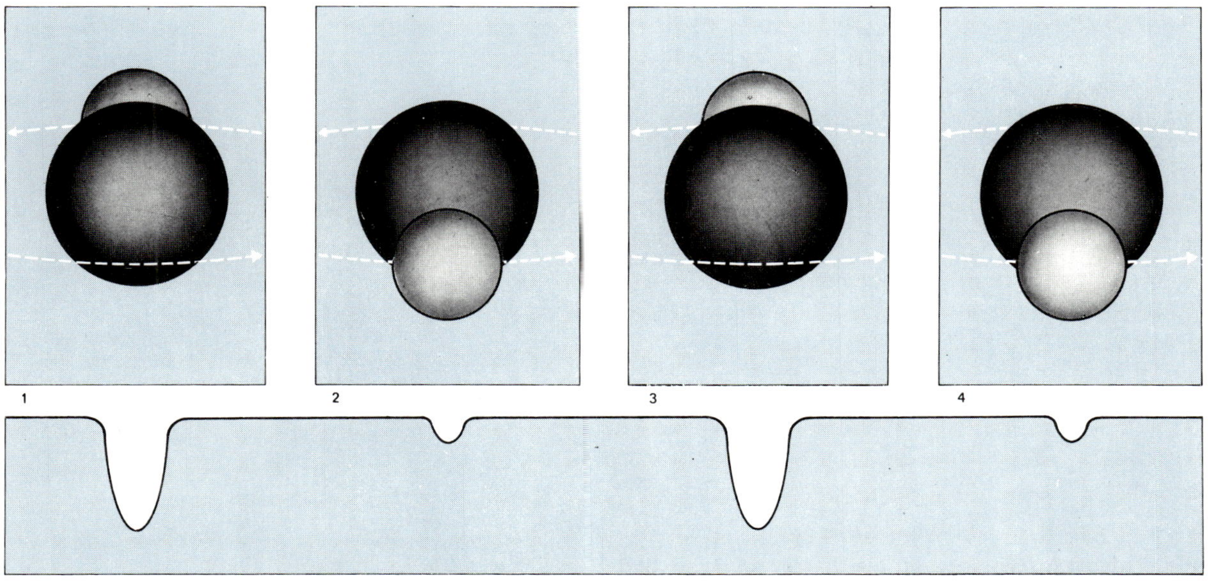

β Lyrae (unten)
Die beiden Komponenten des Bedeckungsveränderlichen β Lyrae berühren sich beinahe. Da die Komponenten nicht so ungleich sind wie bei Algol, verändert sich die Helligkeit dauernd. Wie die Lichtkurve unten zeigt, wechseln tiefe und flache Minima miteinander ab.

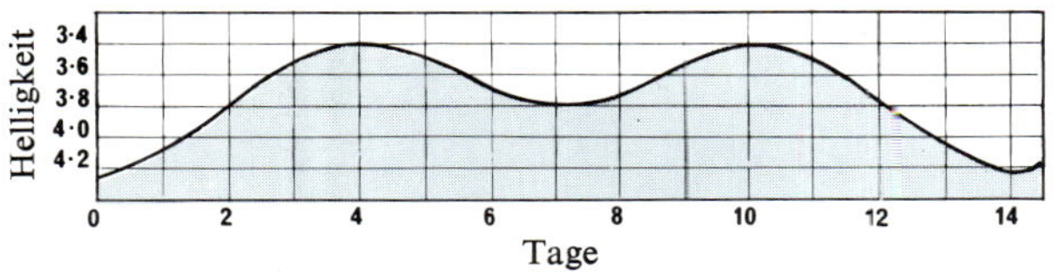

ε Aurigae
Zwei bemerkenswerte Bedeckungsveränderliche liegen nahe bei Capella im Fuhrmann: ε und ζ Aurigae. Das System ε Aurigae besteht aus einem Überriesen, der 60 000mal leuchtkräftiger ist als die Sonne, und einem ganz diffusen Stern, der fast nur im Infraroten strahlt. Es ist der größte bekannte Stern, mit einem Durchmesser von 3200 Mio km.

ζ Aurigae
ζ Aurigae ist ebenfalls bemerkenswert. Der Größenunterschied zwischen den beiden Komponenten ist so erheblich, daß beim Vorüberziehen des kleineren, helleren Sterns vor der Scheibe des Überriesen eher von einem Durchgang als von einer Verfinsterung gesprochen werden kann (links unten). Die Periode beträgt 972 Tage. Der Durchmesser des orangen Überriesen vom Spektraltyp K9 beträgt 288 Mio km, derjenige des Begleiters vom Spektraltyp B7 nur 4 Mio km. Wenn der B7-Stern verfinstert wird, schimmert er noch etwa drei Wochen durch die Atmosphäre des Überriesen (unten rechts). Die dabei auftretenden Spektraländerungen liefern wertvolle Angaben über die Zusammensetzung und Dichte der Atmosphäre des größeren Sterns.

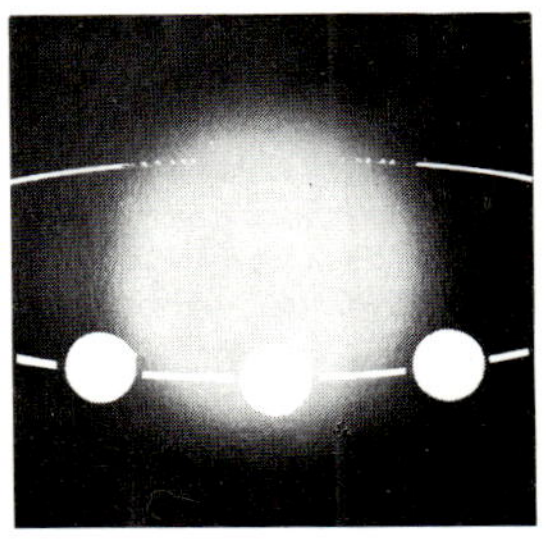

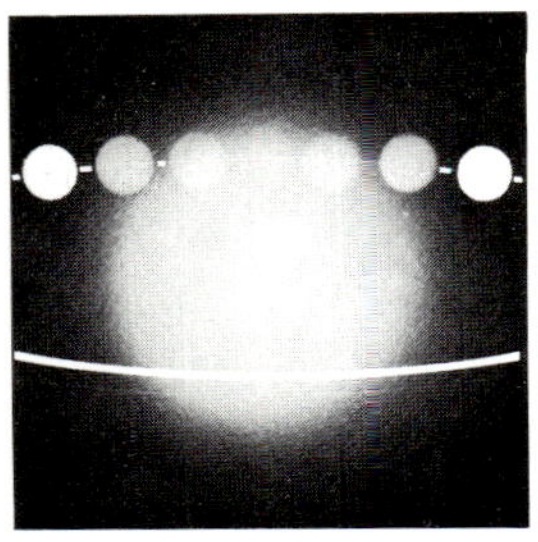

Einteilung der Bedeckungsveränderlichen
Algol-Sterne und β-Lyrae-Veränderliche sind die berühmtesten Bedeckungsveränderlichen, aber es gibt auch noch andere Typen. W-Ursae-Majoris-Sterne haben Komponenten, die normalerweise in bezug auf Größe und Masse mit der Sonne vergleichbar sind, aber so nahe beieinanderstehen, daß ihre Umlaufszeiten kurz sind – oft weniger als 5 Stunden. Die Minima sind gleich tief, und da die beiden Komponenten von gleicher Leuchtkraft sind, ändert sich die Helligkeit fortwährend.
Diese Sterne werden oft als Untergruppe der β-Lyrae-Sterne bezeichnet. W-Ursae-Majoris-Sterne sind selten, und nur wenige von ihnen können mit einem Feldstecher beobachtet werden. W Ursae Majoris schwankt zwischen den Helligkeiten 8,3 und 9,1, die Periode beträgt 0,33 Tage. Beide Komponenten sind vom Spektraltyp F8. Die UX-Ursae-Majoris-Sterne haben ähnliche Eigenschaften wie die Algol-Sterne, aber extrem kurze Perioden. Da sie sich beträchtlich von den Algol-Typen unterscheiden, ist ihre Einteilung in eine spezielle Kategorie begründet. Hierher gehören die Sterne UX Ursae Majoris, RW Trianguli und DQ Herculis. Letzterer ist die Nova 1934, die zeitweise heller war als 2. Größe. Bei einigen Bedeckungsveränderlichen wie z. B. CV Serpentis ist die eine Komponente ein extrem heißer Stern vom Spektraltyp W (Wolf-Rayet). Bei W Serpentis sind die beiden Komponenten ungefähr gleich groß, aber von verschiedener Oberflächentemperatur und Leuchtkraft.
Die Charakteristiken der Lichtkurve eines Bedeckungsveränderlichen liefern Informationen, die zur genauen Bestimmung der Umlaufsbahn führen können. Sobald diese bekannt ist, können wichtige Schlußfolgerungen gezogen werden: Da die Komponenten um den gemeinsamen Schwerpunkt laufen, bewegt sich der massereichere Stern in der kleineren Bahn. Daraus kann das Masseverhältnis der beiden abgeleitet werden. Bei sich nicht verfinsternden Doppelsternen ist dieses Verhältnis nicht so genau zu bestimmen. So betragen beim Algol-Stern U Cephei die Massen der Komponenten 4,7 und 1,9 Sonnenmassen. Die Spektraltypen sind B8 und G0, die Durchmesser ergeben 5,8 und 9,2 Sonnendurchmesser, und der Abstand zwischen den beiden Sternoberflächen ist nur 4,50 Mio km.

Verzeichnis einiger Bedeckungsveränderlicher
Dieses Verzeichnis umfaßt Bedeckungsveränderliche mit einer Amplitude von mehr als 0,5 Größenklassen und einer Maximumshelligkeit von 8,0 oder mehr.

Stern	Maximum	Primärminimum	Sekundärminimum	Periode (Tage)	Spektrum
Algol-Sterne					
Algol	2,2	3,5	2,3	2,87	B8
U Cephei	6,7	9,8	6,8	2,49	B8 + G2
δ Librae	4,8	5,9	4,9	2,33	A1
U Sagittae	6,4	9,0	6,5	3,38	B9 + G2
RZ Scuti	7,7	8,9	7,8	15,1	B2
λ Tauri	3,3	4,2	3,6	4,0	B3
Z Vulpeculae	7,0	8,6	7,1	2,45	B3 + A3
VV Cephei	6,6	7,4	6,6	7430	M2 + B0
ε Aurigae	3,3	4,6	—	9898	F0
ζ Aurigae	5,0	5,7	—	972	K5 + B7
TV Cassiopeiae	7,3	8,4	—	1,81	A0 + A0
DM Persei	7,7	8,5	—	2,73	B5
RZ Cassiopeiae	6,4	7,8	—	1,20	A2
CD Tauri	7,3	7,9	—	3,44	F5
AR Aurigae	5,8	6,5	—	4,13	A0 + A0
WW Aurigae	5,7	6,4	—	2,52	A4
R Canis Majoris	6,2	6,8	—	1,14	A9
TX Ursae Majoris	6,8	8,9	—	3,06	B9 + F2
ZZ Bootis	6,7	7,5	—	4,99	F0 + F0
TW Draconis	7,7	10,0	—	2,81	A6 + K2
R Arae	6,0	7,0	—	4,42	B9
U Ophiuchi	5,8	6,5	—	1,68	B5 + B5
Y Cygni	7,0	7,6	—	3,00	O9 + O9
EE Pegasi	6,9	7,5	—	5,63	A4
AW Pegasi	7,6	8,8	—	10,62	A2 + F0
β-Lyrae-Sterne					
β Lyrae	3,4	4,3	3,8	12,91	B8
TT Aurigae	8,1	9,0	8,4	1,33	B3 + B3
V Crateris	9,5	10,2	9,9	0,70	A6
V Puppis	4,5	5,1	5,0	1,45	B1 + B3

Sternhaufen

Die galaktischen Sternhaufen — offene Sternhaufen genannt — liegen innerhalb oder in der Nähe der Spiralarme unserer Milchstraße. Sie bestehen aus Sternen der Population I und bewegen sich in fast kreisförmigen Bahnen um das Milchstraßenzentrum. Sie haben keine feste Form oder Struktur und werden durch die Gravitationskräfte auseinandergerissen, sind also nicht als beständige Gruppen zu betrachten. Sehr lockere Haufen überleben kaum einen ganzen Umlauf um das Milchstraßenzentrum, bevor sie sich auflösen. Dichtere Haufen bleiben über längere Zeiträume bestehen. Für die Plejaden wurde eine Lebensdauer von einer Milliarde Jahren errechnet. Dann erst verlieren sie ihre Form.

Offene oder galaktische Haufen

Einige der offenen Sternhaufen enthalten ein paar Dutzend Sterne, andere Tausende. Für das bloße Auge sind nur wenige erkennbar. Von besonderem Interesse sind die Plejaden und die Hyaden im Stier, die Praesepe (Krippe) im Krebs und das «Schmuckkästchen» um den roten Stern κ Crucis im Südlichen Kreuz. Die Hyaden werden vom hellen, orangeroten Licht des Aldebaran überstrahlt, der aber kein echtes Mitglied dieses Haufens ist. Er liegt in der Mitte zwischen den Hyaden und uns, so daß die Hyaden von Aldebaran gleich weit weg sind wie Aldebaran von uns. Die Plejaden bestehen im Unterschied zu vielen anderen offenen Sternhaufen aus heißen, jungen Sternen.

M 67 (NGC 2682) im Krebs — Rekt. 8 h 48,3 min, Dekl. + 12° 00′ — ist 2700 Lichtjahre entfernt, kann aber mit einem Feldstecher gut als Objekt 6. Größe aufgefunden werden. Er enthält 500 Sterne, die heller sind als 16. Größe, und daneben viele schwächere. Er ist somit viel größer als die Plejaden. Da er 1400 Lichtjahre über der Milchstraßenebene liegt, ist er den Zerreißkräften weniger unterworfen und hat heute noch eine Lebenserwartung von 5 Mia Jahren. Er ist wegen seines hohen Alters (über 5 Mia Jahre) ein interessantes Objekt.

Kugelsternhaufen

Kugelhaufen bieten ein ganz anderes Bild. Sie sind symmetrisch. Ein typischer Kugelhaufen enthält innerhalb eines Radius von 150 Lichtjahren bis zu einer halben Million Sterne. Im Mittelpunkt eines Kugelhaufens beträgt die Sterndichte bis zu 1000 Sterne pro Kubikparsec. Trotzdem ist die Gefahr eines Sternzusammenstoßes gering. Für Planetenbewohner jener Region aber wäre der Nachthimmel mit Tausenden von Sternen übersät, die Sirius an Helligkeit überträfen.

Die Kugelsternhaufen nehmen an der allgemeinen Milchstraßenrotation nicht teil, sie gehören zum Milchstraßen-Halo. Sie umkreisen das Milchstraßenzentrum in stark exzentrischen und geneigten Bahnen in maximal 100 Mio Jahren. Die meiste Zeit befindet sich ein Kugelhaufen als stabiles System weit weg vom Milchstraßenzentrum und wird nicht in der gleichen Art zerrissen wie ein offener Sternhaufen. In unserer Milchstraße kennt man 119 Kugelsternhaufen. Sie alle sind sehr weit entfernt und bilden das sogenannte «äußere Gerippe» des Hauptsystems. Ihre Entfernungen konnten mit Hilfe der zahlreich in ihnen vorkommenden RR-Lyrae-Veränderlichen gemessen werden.

Die Verteilung der Kugelsternhaufen am Himmel ist nicht gleichmäßig, da wir von einer Position weit außerhalb des Milchstraßenzentrums beobachten. Die meisten Kugelhaufen liegen am Südhimmel, vor allem in der Gegend des Sagittarius. Mit bloßem Auge erkennt man nur drei Kugelsternhaufen: M 13 im Herkules am Nordhimmel, ω Centauri und 47 Tucanae am Südhimmel.

Bewegungshaufen

Außer den offenen oder galaktischen Sternhaufen und den Kugelsternhaufen gibt es *Bewegungshaufen,* deren Sterne am Himmel weit auseinander liegen, aber alle mit gleicher Geschwindigkeit und in gleicher Richtung durch das Weltall ziehen. Fünf der sieben Sterne des Großen Bären bilden einen solchen Bewegungshaufen. Heiße, leuchtkräftige Sterne der Spektraltypen O und B bilden oft Gruppen oder *Assoziationen.* Eine davon liegt in M 42 (Großer Orionnebel), eine andere in der Nähe von ζ Persei. Bis heute kennt man 80 Sternassoziationen.

Die Plejaden (links)
Die Abbildung zeigt einen Teil des Sternbilds Stier mit dem berühmten offenen Sternhaufen M 45, offiziell «Plejaden», oft auch «Siebengestirn» genannt. Der Haufen liegt in einer Entfernung von 410 Lichtjahren und enthält 400 Sterne innerhalb eines Radius von 25 Lichtjahren. Der hellste Stern, Alcyone, hat die Helligkeit 3^m, und normalsichtige Personen können ohne optische Hilfe noch mindestens fünf weitere Sterne erkennen. Die Hauptsterne des Haufens haben einen frühen Spektraltyp. Ein prächtiger Reflexionsnebel ist auf der Abbildung nicht zu sehen, da er nur mit großen Fernrohren und langer Belichtungszeit aufgenommen werden kann. Zudem ist der Abbildungsmaßstab unserer Fotografie zu klein. (Aufnahme Alan Williams aus Portsmouth.)

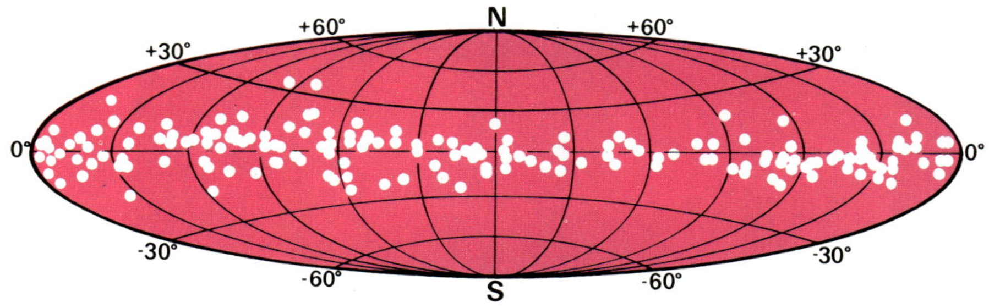

Verteilung der offenen Sternhaufen (links)
Die offenen Sternhaufen gehören zur Population I und liegen nahe der Hauptebene der Milchstraße. Einige Ausnahmen liegen deutlich außerhalb dieser Ebene. Viele Haufen sind relativ jung und enthalten ausgedehnte Nebel. Ähnliche Haufen gibt es auch in anderen Galaxien, so in den Magellanschen Wolken und im Andromedanebel. In der Zeichnung sind galaktische Längen und Breiten eingetragen.

Kugelsternhaufen M 5 (links)
Der Kugelsternhaufen M 5 (NGC 5904) liegt bei Rekt. 15 h 16,0 min, Dekl. +2° 16′. M 5 wurde 1702 von G. Kirch entdeckt und ist ein helles Fernrohrobjekt mit einer scheinbaren Gesamthelligkeit von 6,2. Seine Entfernung beträgt 27 000 Lichtjahre. Bis heute wurden darin mehr als 100 RR-Lyrae-Veränderliche entdeckt. Sein Durchmesser beträgt nach Bečvář 130 Lichtjahre. Er liegt im gleichen Okularfeld wie der Stern 5 Serpentis und ist leicht aufzufinden.

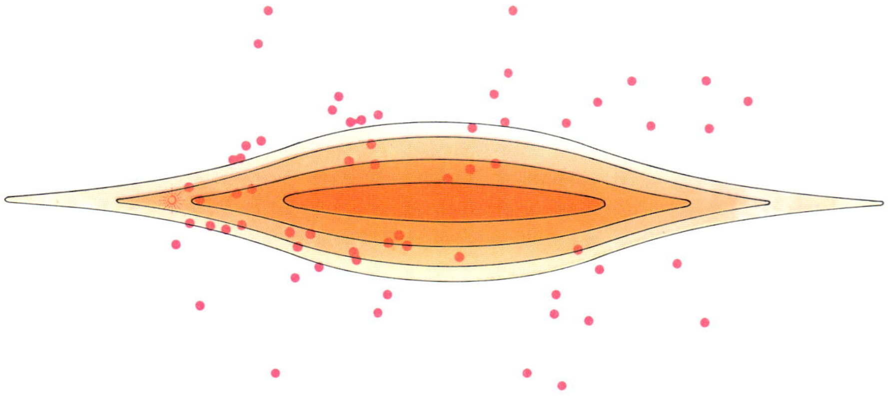

Verteilung der Kugelsternhaufen (links)
Die Zeichnung zeigt die Verteilung der Kugelsternhaufen im Milchstraßen-Halo. Kugelsternhaufen gehören wie alle Objekte des Halos zur Population II. Ihre Bahnen um das Milchstraßenzentrum sind stark exzentrisch. Der Standort der Sonne in der Milchstraße ist durch einen Pfeil bezeichnet.

Die Hyaden (links)
Diese Aufnahme von Alan Williams zeigt den offenen Sternhaufen der Hyaden um den Riesenstern Aldebaran im Stier (Spektraltyp K). Der Haufen umfaßt 200 Sterne, ist aber wegen seiner geringeren Dichte weniger auffällig als die Plejaden; außerdem wird der Haufen durch den im Vordergrund liegenden Aldebaran überstrahlt. Die Aufnahme zeigt die charakteristische V-Form des Haufens und den mit bloßem Auge trennbaren Doppelstern ϑ Tauri.

Der Schwertgriffhaufen (links)
Die Aufnahme zeigt den Doppelsternhaufen χ-h Persei (NGC 869 und 884), auch unter dem Namen Schwertgriff bekannt. Beide sind ohne weiteres für das bloße Auge erkennbar. Ihre Positionen sind: Rekt. 2h 15,5min, Dekl. +56° 55′ (NGC 869) und Rekt. 2h 18,9min, Dekl. +56° 52′ (NGC 884). Die Haufen liegen bei geringer Vergrößerung im gleichen Fernrohrgesichtsfeld und bieten schon bei Betrachtung durch ein kleines Fernrohr ein eindrucksvolles Bild.

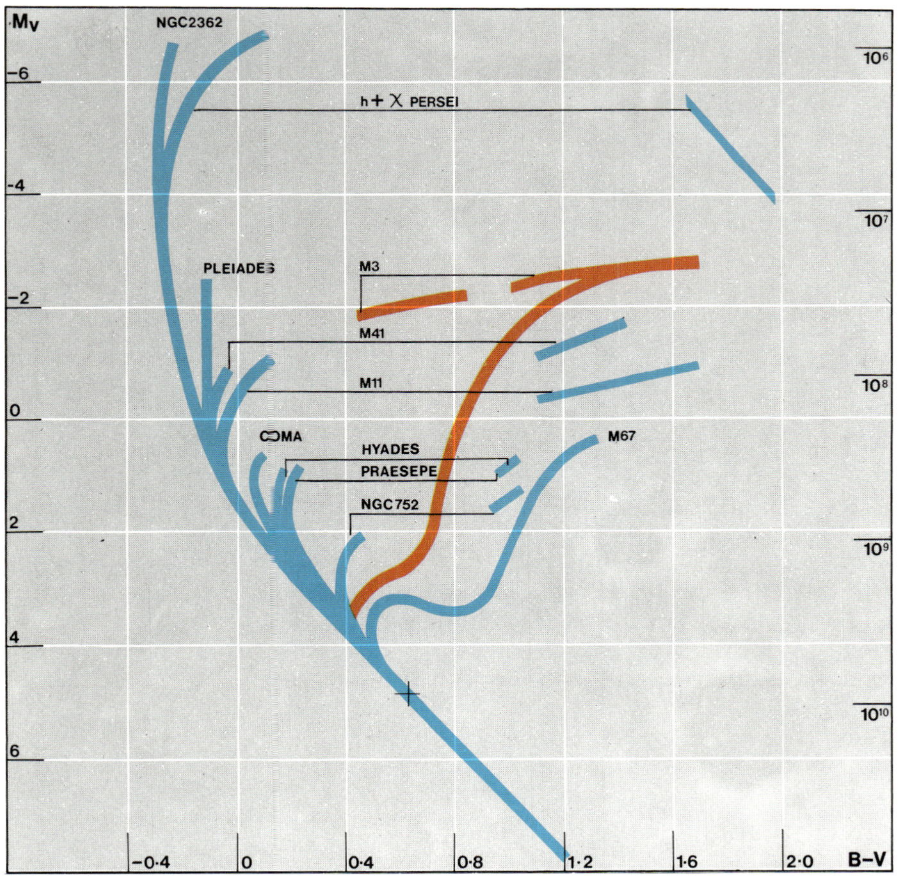

Farben-Helligkeits-Diagramm von offenen Sternhaufen (oben)
Die absolute Helligkeit Mv ist in Abhängigkeit vom Farbenindex B—V eingezeichnet. (Farbenindex = fotografische minus visuelle Helligkeit.) Das Diagramm ähnelt einem H-R-Diagramm. Das Alter eines Haufens kann an der Skala (rechts) abgelesen werden, indem man feststellt, wo die Farbenhelligkeitskurve des Haufens vom Haupttast nach rechts abzweigt. Zum Vergleich ist der Kugelsternhaufen M 3 (NGC 5272) angegeben. Er ist fast so alt wie der älteste offene Sternhaufen M 67.

Heiße, blaue, junge Sterne vorherrschend, reichlich Metalle vorhanden (siehe S. 196 links unten).

Praesepe (Krippe) (links)
Neben den Plejaden und den Hyaden ist die Praesepe, M 44, der bekannteste offene Sternhaufen (Aufnahme: Alan Williams). Seine Entfernung beträgt 525 Lichtjahre, seine scheinbare Helligkeit 3,7; er ist also bei klarem und dunklem Himmel mit bloßem Auge gut zu sehen. Er enthält keine Nebel, seine Sterne sind zum Teil sonnenähnlich. Baade schätzte sein Alter auf etwa 400 Mio Jahre. Nach Wallenquist beträgt der Haufendurchmesser 18 Lichtjahre und die Zahl der Sterne 62. Die Abbildung zeigt das ganze Gebiet des Krebses mit den beiden Sternen δ und γ Cancri.

Außergalaktische Kugelsternhaufen (links)
Das Bild zeigt die riesige elliptische Galaxie M 87 (NGC 4486) in der Jungfrau (Aufnahme: Mount Wilson und Palomar), umgeben von vielen Kugelsternhaufen. Bis heute konnten etwa 1000 entdeckt werden. Das System besteht hauptsächlich aus Sternen der Population II und hat eine Gesamtmasse von 790 Mia Sonnenmassen, womit es die massereichste bekannte Galaxie darstellt. Seine Entfernung beträgt 41 Mio Lichtjahre. M 87 ist eine Radioquelle und sendet Röntgenstrahlen aus.

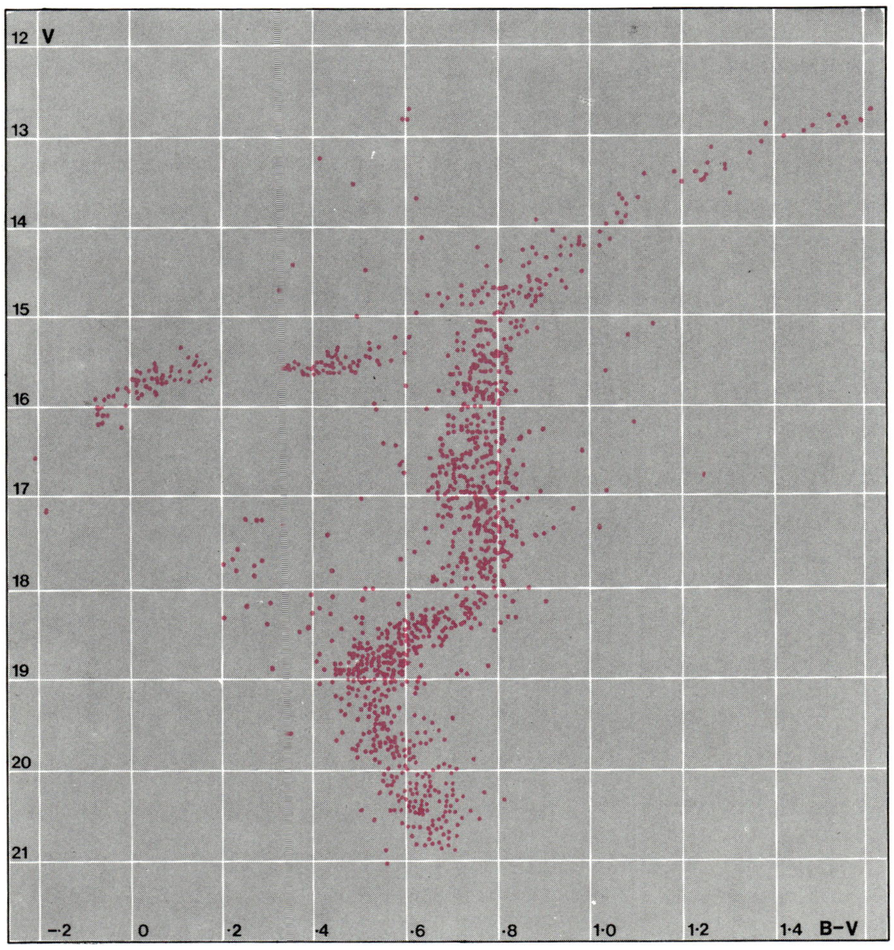

Farben-Helligkeits-Diagramm des Kugelsternhaufens M 3 (oben)
Es ist die scheinbare Helligkeit V gegen den Farbenindex B—V aufgetragen. Die Abzweigung vom Haupttast ist deutlich ausgeprägt. Die RR-Lyrae-Veränderlichen (s. S. 198 r.) liegen bei V = 15,7m in der Lücke des horizontalen Astes. M 3 liegt in einer Entfernung von 48 500 Lichtjahren. Sandage zählte 44 500 Sterne heller als 22,5m innerhalb eines Radius von 8′ vom Mittelpunkt. Die Gesamtmasse des Haufens wurde auf 245 000 Sonnenmassen geschätzt.

Hauptsächlich kühle Rote Riesen vertreten, Metalle fehlen (siehe oben).

Nebel und interstellare Materie

Messier nahm in seinen 1781 veröffentlichten Katalog der Haufen und Nebel Objekte der verschiedensten Kategorien auf. Neben den offenen und kugelförmigen Sternhaufen gab es Nebel, die wie glühendes Gas aussahen, und die sogenannten «auflösbaren Nebel» schienen aus Einzelsternen zu bestehen. William Herschel fand einen grundlegenden Unterschied zwischen den beiden Typen. 1791 schrieb er über den Orionnebel (M 42): «Unsere Meinung geht dahin — ich wage es auszusprechen —, daß dieser Nebel nicht aus Sternen zusammengesetzt ist.» Der endgültige Beweis wurde 1864 von Sir William Huggins erbracht. Danach sind die Spektren der hellen Nebel Emissionsspektren, wogegen die «auflösbaren» Objekte wie der Andromedanebel ein Kontinuum mit den Absorptionslinien zeigen. Heute wird die Bezeichnung «Nebel» vor allem für die Staub- und Gaswolken innerhalb unserer Milchstraße verwendet. Die Spiralnebel und andere auflösbare Systeme sind entfernte, selbständige Galaxien.

Die galaktischen Nebel bestehen aus feinverteiltem Gas und kleinen «Körnchen», gewöhnlich als Staub bezeichnet. In M 42 ist der Hauptbestandteil Wasserstoff. Es wurden auch Atome von Sauerstoff, Neon, Stickstoff, Schwefel, Argon und Chlor wie auch sehr geringe Mengen anderer Elemente nachgewiesen. Die echten Emissionsnebel bestehen aus Materie, die durch den Ionisationseffekt der in ihnen eingebetteten sehr heißen Sterne zum Leuchten angeregt wird. Solche Regionen nennt man H-II-Regionen. Ein Stern vom Spektraltyp O oder B kann Wasserstoff auf eine Distanz von 500 Lichtjahren ionisieren, so daß der betreffende Nebel sehr ausgedehnt sein kann. Wenn der im Nebel eingebettete Stern eine niedrige Temperatur hat, tritt kein Emissionsleuchten auf; dagegen leuchtet der Nebel im reflektierten Sternenlicht (Reflexionsnebel). Der Nebel in den Plejaden gehört zu dieser Kategorie.

Galaktische Nebel findet man in Gegenden der Population I. Es sind vermutlich Regionen, in denen Sterne entstehen. Der Orionnebel mit dem berühmten Mehrfachstern ϑ Orionis (Trapez) liefert direkte Hinweise dafür. Der kompakte Sternhaufen um das Trapez dehnt sich pro Jahr um 1/300 000 seines Durchmessers aus, und man nimmt an, daß das Alter des Haufens 300 000 Jahre nicht übersteigt. Nach W. Baade verursacht die Entstehung neuer Sterne erkennbare Veränderungen im Nebel. Zudem wurde nachgewiesen, daß sich einige Sterne in anderen Himmelsgegenden gemeinsam von diesem Nebel wegbewegen. AE Aurigae und μ Columbae z.B. entfernen sich mit 480 km/s in entgegengesetzten Richtungen von M 42. Möglicherweise sind beide Sterne vor 2,5 Mio Jahren in diesem Nebel entstanden. Ohne Zweifel können in anderen galaktischen Nebeln ähnliche Erscheinungen beobachtet werden, aber M 42 ist wegen seines geringen Abstandes von uns besonders leicht zu studieren.

Dunkelnebel

Wenn ein Nebel nicht durch einen Nachbarstern beleuchtet wird, strahlt er nicht. Trotzdem kann er nachgewiesen werden, weil er das Licht der Hintergrundsterne absorbiert. Er heißt deshalb Dunkelnebel. Zwei besonders schöne Beispiele sind der Kohlensack im Kreuz und der Dunkelnebel im Schwan. Zwischen einem hellen und einem dunklen Nebel besteht an sich kein Unterschied. Neben den großen dunklen Wolken sind auch viele kleine dunkle Flecken vor dem Milchstraßenhintergrund erkennbar. Diese *Globulen* sind rund oder oval und haben einen Durchmesser von nur wenigen Bogensekunden. Ihr absoluter Durchmesser beträgt 1000 bis 100 000 Astronomische Einheiten. Sie sind relativ dicht, da sie die Helligkeit der Hintergrundsterne bis zu 5 Größenklassen abschwächen. Möglicherweise sind sie Zusammenballungen von Materie, aus denen schließlich neue Sterne entstehen.

Man weiß heute, daß der Raum zwischen den Sternen nicht leer ist. Im Durchschnitt haben wir ein Gasatom pro Kubikzentimeter und 25 bis 50 Staubkörnchen pro Kubikkilometer. Diese Dichte ist für irdische Verhältnisse sehr gering (die Erdatmosphäre enthält auf Meeresniveau 10^{19} Moleküle pro Kubikzentimeter), aber die Räume sind so ungeheuer groß, daß die interstellare Materie dennoch einen wesentlichen Teil der Masse der Galaxis ausmacht.

Helle und dunkle Nebel (oben)
Die Aufnahme mit dem 120-cm-Schmidt-Spiegel von Palomar zeigt helle und dunkle Nebel in der Nähe von γ Cygni.
Die sternarmen dunklen Spalten sind durch absorbierende Materie bedingt.

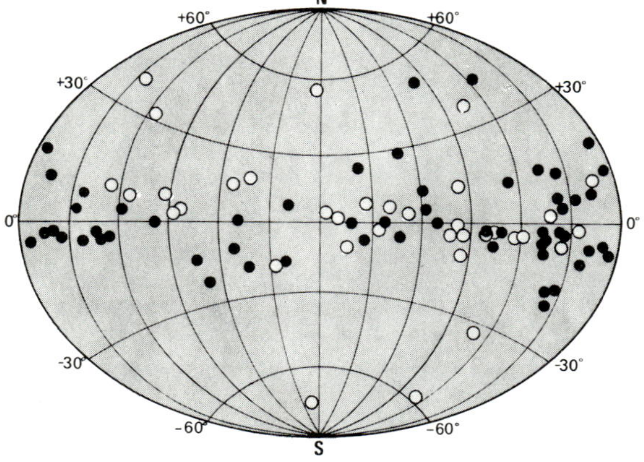

Verteilung der galaktischen Nebel (oben)
Die galaktischen Pole sind oben und unten, die Milchstraßenebene liegt horizontal in der Mitte dieser Karte. Die Konzentration der galaktischen Nebel um die Milchstraßenebene ist sehr auffallend.

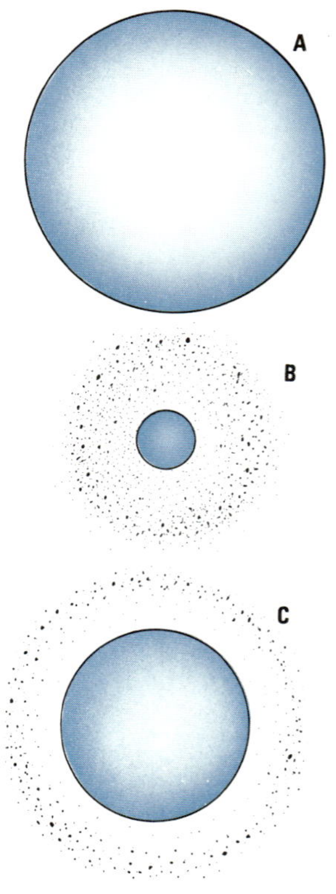

Eine Theorie der Entstehung des interstellaren Staubes
Die im interstellaren Staub nachgewiesenen Graphitkörnchen könnten in der Atmosphäre von pulsierenden Veränderlichen entstanden sein. Wenn der Stern am größten und heißesten ist (A), kann in seiner Atmosphäre Kohlenstoff nur in ionisierter Form bestehen. Sobald sich der Stern abkühlt und zusammenschrumpft (B), können sich ganze Atome bilden, und der Stern wird von einer Art «Ruß» umgeben. Bei Wiederkehr des Sterns in den helleren Teil seines Zyklus schleudert der intensive Strahlungsdruck einen Teil der Kohlenkörnchen in das Weltall (C), während die übrigen Körnchen wieder in Ionen aufgespalten werden.

Emissionsnebel (rechts)
Wenn ein Nebel durch einen geeigneten Stern (A) zum Eigenleuchten angeregt wird, so ist die Art des ausgesandten Lichtes (B) charakteristisch für die Nebelmaterie. Der Lagunennebel M 8 im Schützen (rechts außen) ist ein typischer Emissionsnebel in einer Entfernung von 4850 Lichtjahren. Die Lagune wird durch davor liegende Staubwolken gebildet. Der Stern, der die H-II-Gegend ionisiert hat, ist wahrscheinlich vom Spektraltyp O und so tief im Nebel eingebettet, daß er nicht zu sehen ist. Es wurden auch Globulen entdeckt, die Orte der Sternentstehung sind. Der Lagunennebel ist ein dichter Nebel: Die Zahl der Atome in den inneren Regionen beträgt 10^3 bis 10^4 pro Kubikzentimeter — diese Dichte entspricht aber immer noch einem guten Laboratoriumsvakuum. Das beigefügte Spektrum zeigt die hellen Linien der Nebelmaterie in den H-II-Regionen. Die Wasserstoffatome sind

durch die kurzwellige Strahlung des heißen Sternes ionisiert, das Gas ist zum Leuchten angeregt. Das Spektrum eines galaktischen Nebels unterscheidet sich grundlegend von demjenigen einer Galaxie. Eine Galaxie besteht aus Sternen, die ein kontinuierliches Spektrum mit Absorptionslinien liefern.

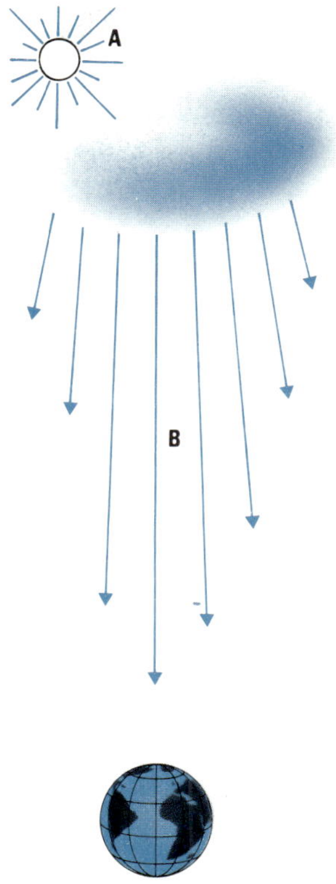

Dunkelnebel (rechts)
Ein Dunkelnebel (B) schwächt das Licht der dahinter liegenden Sterne (A) ab, ist aber sonst einem hellen Nebel sehr ähnlich. Der einzige Unterschied besteht darin, daß er nicht durch einen geeigneten Stern beleuchtet oder zum Leuchten angeregt wird. Der Dunkelnebel im Einhorn (rechts außen) wurde im roten Licht mit dem 5-m-Spiegel von Palomar aufgenommen. Das Licht der weiter entfernten Sterne ist vollständig absorbiert – begreiflich also, daß Herschel die Dunkelnebel zuerst als «Löcher im Himmel» beschrieb. Die Lichtabsorption wird durch die festen Partikeln und nicht durch das interstellare Gas verursacht. Der Nebel übt auf das durchscheinende Licht eine doppelte Wirkung aus: eine allgemeine Abschwächung in allen Wellenlängen und eine durch die stärkere Absorption des kurzwelligen Lichtes bedingte Rötung. In der Zeichnung links wird der Helligkeitsverlust (in Größenklassen) in Abhängigkeit

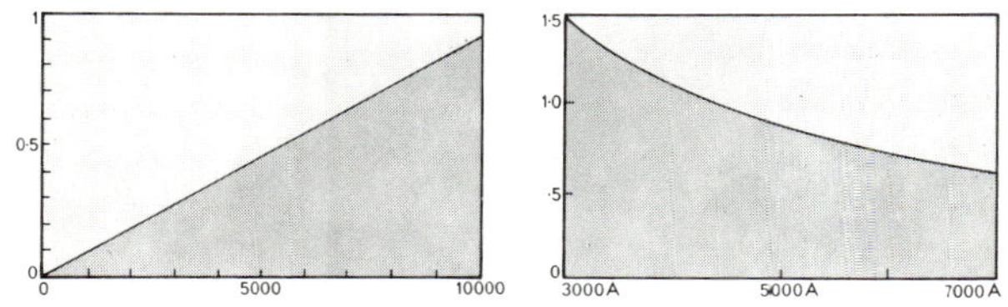

von der Durchquerungslänge (in Lichtjahren) an einem typischen Nebel deutlich gemacht. In der Zeichnung rechts wird der Helligkeitsverlust über eine bestimmte Weglänge in Beziehung zur Wellenlänge des Lichtes (in Ångström) gesetzt. Die Absorption ist bei kürzeren Wellenlängen größer.

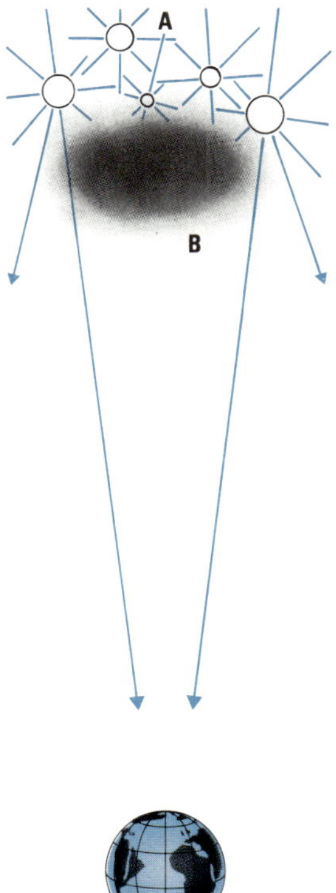

Reflexionsnebel (rechts)
Einige Gasnebel sind nur sichtbar, weil sie das Licht von benachbarten Sternen (A) reflektieren. Solche Nebel haben normalerweise einen hohen Staubgehalt, sonst aber weiß man über ihre Zusammensetzung weniger als über die der Emissionsnebel. Der Nebel in den Plejaden (rechts außen) ist ein Reflexionsnebel. Die Abbildung zeigt die Gegend des Sterns Merope, eines der hellsten Sterne des Haufens. Die Aufnahme wurde mit dem 5-m-Spiegel auf Palomar gemacht. Der Nebel in den Plejaden ist visuell nicht gut zu beobachten, man braucht dazu Fotografien mit langer Belichtungszeit.

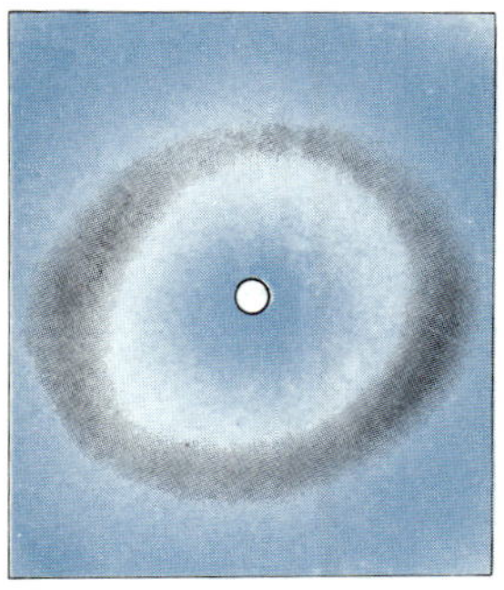

Wirkliche und scheinbare Größe der Nebel (links)
Die Nebelmassen können nur dann direkt beobachtet werden, wenn sie entweder zum Eigenleuchten angeregt (Emissionsnebel) oder durch geeignete Sterne beleuchtet werden (Reflexionsnebel). Zumeist bestehen sie noch aus weiteren nichtleuchtenden Nebelmassen.

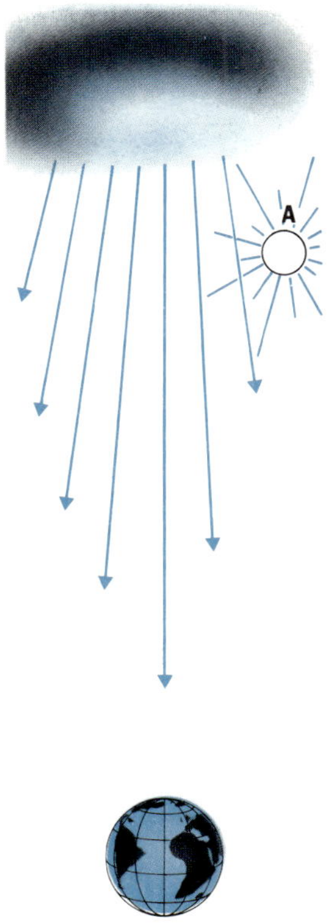

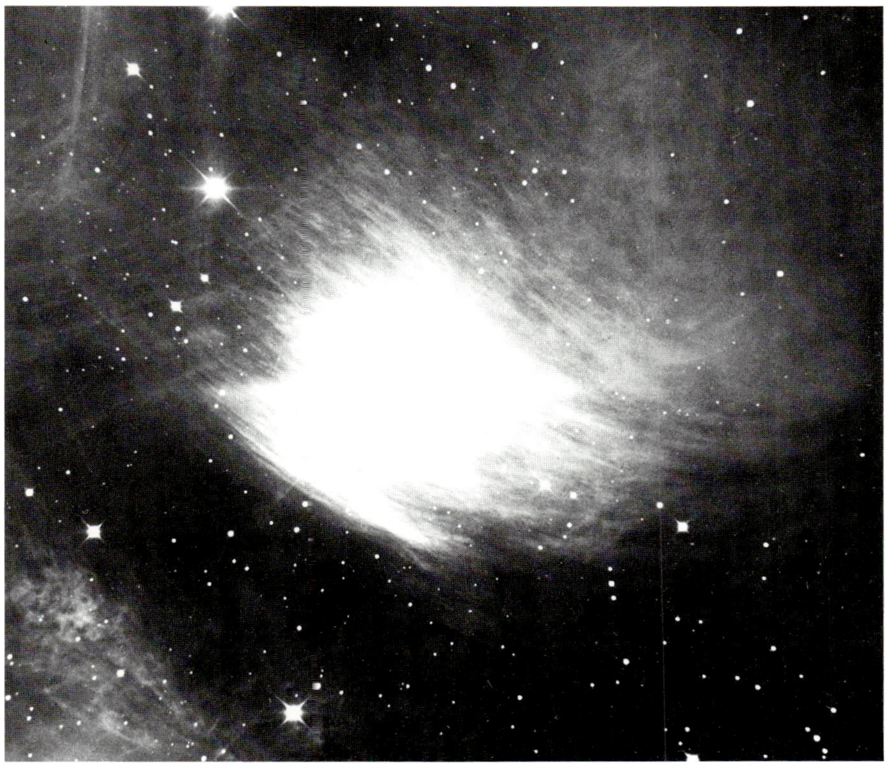

Beschreibung der Milchstraße

Unsere Milchstraße zählt 100 Mia Sterne. Ihr größter Durchmesser beträgt 100 000 Lichtjahre, ihr größter senkrechter Durchmesser 20 000 Lichtjahre. Unsere Sonne mit ihren Planeten liegt nahe der Hauptebene, 32 000 Lichtjahre von ihrem Zentrum entfernt.
Die Milchstraße rotiert; die Sonne benötigt für einen ganzen Umlauf 225 Mio Jahre. Sterne, die dem Milchstraßenzentrum näher liegen, haben kürzere Umlaufszeiten; weiter entfernte Sterne benötigen mehr Zeit für einen ganzen Umlauf.
Radioastronomische Beobachtungen haben ergeben, daß unsere Milchstraße eine lockere Spiralstruktur aufweist. Dies wurde schon auf Grund früherer Studien über die Verteilung der hellen heißen Sterne der Population I vermutet, die am häufigsten in den Spiralarmen einer Galaxie zu finden sind. Es ist jedoch nicht leicht, aus den visuellen Beobachtungen ein Gesamtbild von der Milchstraßenstruktur zu gewinnen, weil wir uns selbst innerhalb der Galaxis befinden. Um den scheibenförmigen Hauptanteil der Milchstraße liegt der galaktische Halo, der sowohl Kugelsternhaufen wie auch Einzelsterne enthält. Diese gehören vorwiegend zur Population II und sind relativ alte Objekte.

Eine unserer Milchstraße ähnliche Galaxie (links)
Die Aufnahme des 5-m-Spiegels von Palomar zeigt den Spiralnebel NGC 7331 im Pegasus. Diese Galaxie ist in bezug auf Größe und Masse mit unserer Galaxis vergleichbar. Sie liegt bei Rekt. 22h 34,8min, Dekl. +34° 10′. Ihre visuelle scheinbare Helligkeit beträgt 9,7. Die Spiralarme sind enger gewunden als bei unserer Galaxis. Die Ansicht ist fast von der Kante her. Wäre der Neigungswinkel geringer, so würde die Galaxie sehr imposant erscheinen und der «Strudel»-Galaxie M 51 in den Jagdhunden gleichen. Die Galaxie besitzt keine großen Begleitsysteme von der Art der Magellanschen Wolken in der Nähe unseres Milchstraßensystems.

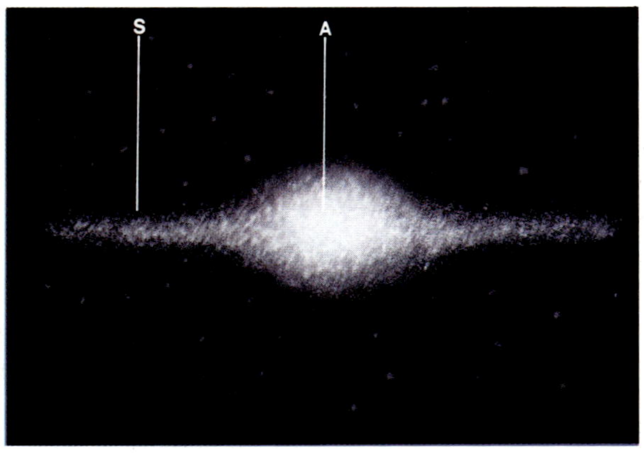

Seitenansicht und Draufsicht auf unsere Galaxis (oben und unten)
Die Zeichnung oben stellt die Seitenansicht mit dem ausgeprägten Kern (A) und den Spiralarmen (S) dar, die Zeichnung unten die Draufsicht. S gibt die ungefähre Position der Sonne an.

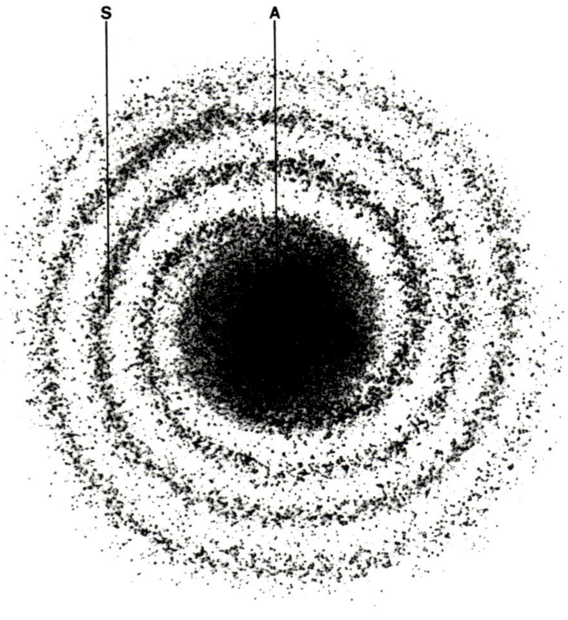

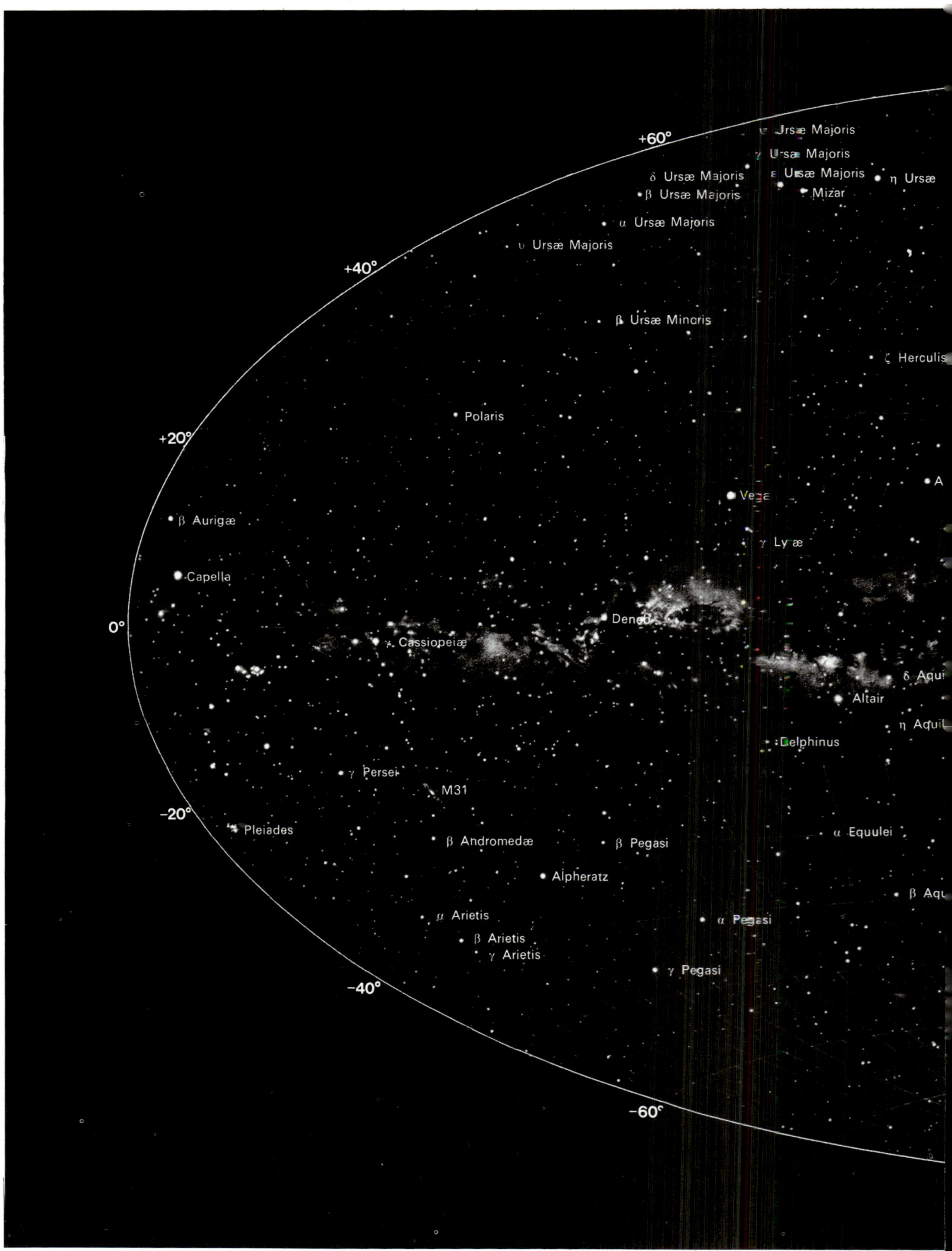

Die Milchstraße
Unser Bild von der Galaxis, der Milchstraße, ist durch unsere Blickrichtung in der galaktischen Ebene (**S–A** in der Zeichnung oben) bestimmt. Wegen der vielen im Raum verteilten Dunkelwolken ist uns der Blick durch das galaktische Zentrum hindurch verwehrt. Das Zentrum liegt in der an Sternhaufen reichen Gegend des Schützen.
Zwischen den Ausdrücken «Milchstraße», «Galaxis» und «Galaxie» bestehen feine Unterschiede. Unter «Milchstraße» verstehen wir das leuchtende Band am Himmel, als das uns unser Sternsystem, die «Galaxis», erscheint. Für ein fernes, außergalaktisches Sternsystem verwendet man den Ausdruck «Galaxie».
Unsere Galaxis ist nicht das größte Sternsystem im Universum, sie liegt aber deutlich über dem Durchschnitt. Unsere Lokale Gruppe umfaßt in der Reihenfolge der Größe und Masse die folgenden Galaxien: M 31 (Andromedanebel), die Galaxis, M 33 (den Spiralnebel im Dreieck) sowie die Große und die Kleine Magellansche Wolke.

Karte der Milchstraße (unten)
Die Karte der Milchstraße wurde von Martin und Tatiana Kesküla von der Sternwarte Lund (Schweden) gezeichnet. Die Koordinaten beziehen sich auf die galaktische Länge und Breite, gemessen von der galaktischen Ebene oder mittleren Ebene des Milchstraßensystems. Der Nullpunkt der galaktischen Länge ist der Schnittpunkt der galaktischen Ebene mit dem Himmelsäquator und liegt bei der Rekt. 18h 40min auf der Grenze zwischen Adler und Schlange. Der galaktische Nordpol liegt im Haar der Berenike, der galaktische Südpol im Sculptor. In diesen Regionen ist die interstellare Absorption am geringsten, so daß die entfernten Galaxien gut beobachtet werden können. In der Nähe der Milchstraßenebene sind fast keine entfernten Galaxien zu sehen, nicht etwa weil es dort keine gibt, sondern weil ihr Licht durch die in unserem Milchstraßensystem verteilte Materie abgeschwächt wird. Diese Zone wird auch «Aufhebungszone» genannt.
Die eigentliche Milchstraße erstreckt sich entlang dem galaktischen Äquator, wo auch viele helle Sterne und Gasnebel liegen. Verschiedene von der Milchstraße weiter entfernte Objekte können – trotz der projektionsbedingten Verzerrung – auf der Karte identifiziert werden.

Radiokarte der Galaxis (rechts)
Die Radiokarte zeigt die Verteilung des neutralen (nicht ionisierten) Wasserstoffs in der galaktischen Ebene. Jedem Punkt wurde die maximale Dichte zugeordnet, die man bei der Projektion auf die Ebene sehen würde; die Kurven gleicher Dichte sind eingezeichnet (Skala mit Angabe der durchschnittlichen Zahl von Atomen pro cm^3 links unten in der Zeichnung). Ausgehend von der Erkenntnis, daß unsere Galaxis sich um einen Mittelpunkt dreht, bestimmte man die Radialgeschwindigkeiten der Wolken auf Grund der Dopplereffekte der Radiofrequenzen und berechnete daraus die Entfernungen. In der leer gelassenen Region sind diese Radialgeschwindigkeiten so klein, daß die Methode zu keinem Ergebnis führte.

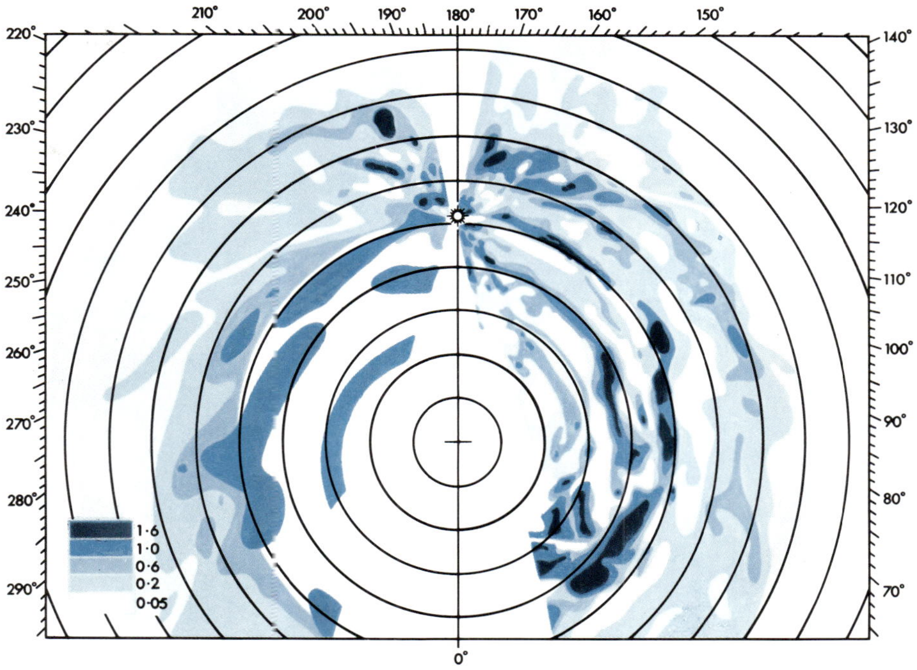

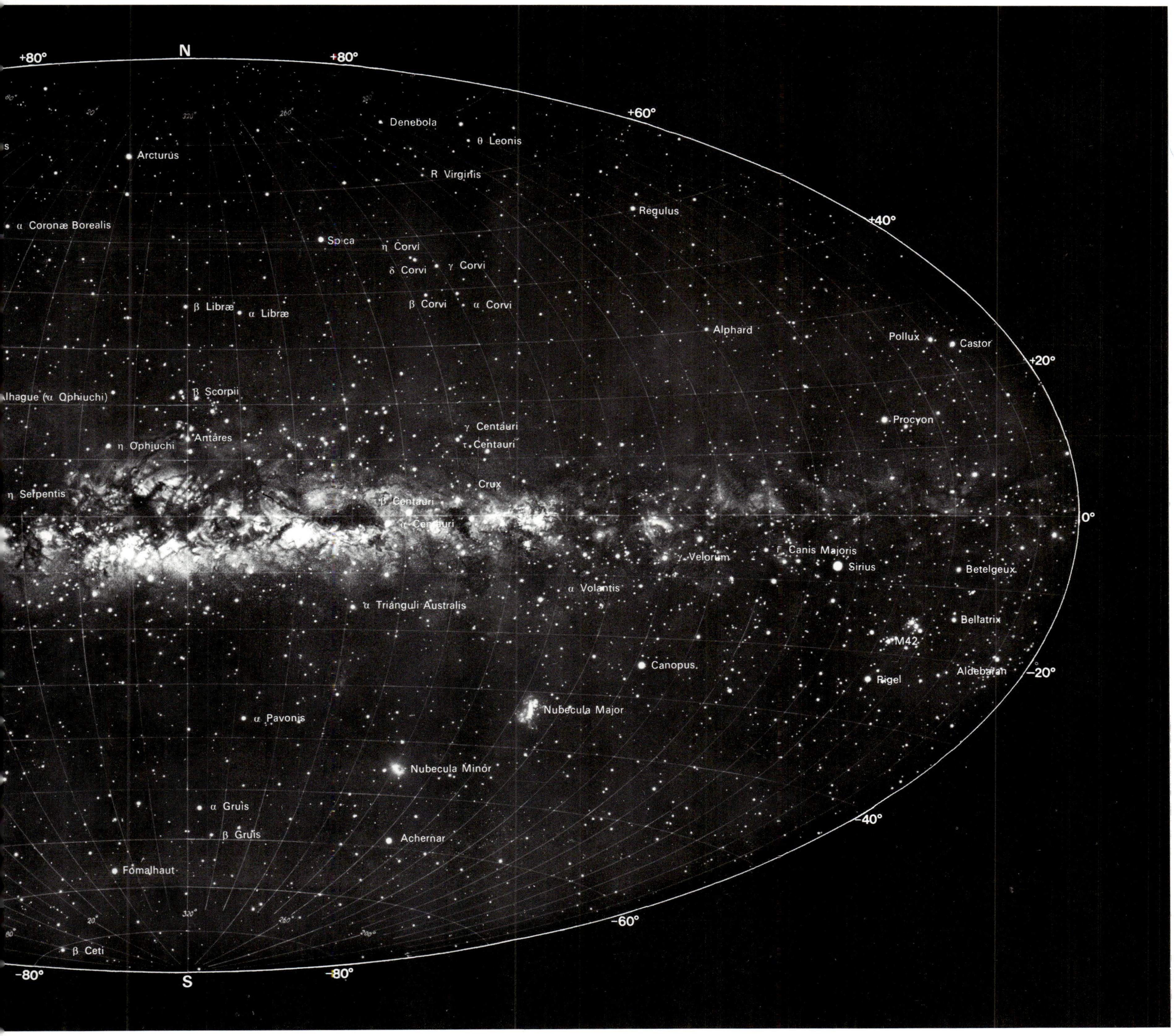

Galaxien

Bis zum Jahre 1923 war man nicht sicher, ob die heute als Galaxien bezeichneten Objekte innerhalb oder außerhalb unseres Sternsystems liegen. Die Frage wurde von dem amerikanischen Astronomen E. Hubble gelöst, der in einigen Spiralnebeln (vor allem in M 31 in der Andromeda) Veränderliche des Cepheiden-Typus entdeckte. Da die Entfernung der Cepheiden mit Hilfe des Perioden-Leuchtkraft-Gesetzes gemessen werden konnte (s. S. 198 l.), waren auch die Entfernungen der Galaxien bekannt. Damit war eindeutig bewiesen, daß die Spiralnebel weit außerhalb unseres Milchstraßensystems liegen. Lange Zeit wurde die Entfernung von M 31 mit 750 000 Lichtjahren angegeben, bis W. Baade 1952 in Palomar einen Fehler in der Cepheiden-Skala entdeckte: Alle Spiralnebel sind viel weiter entfernt als bis dahin angenommen. Die Entfernung von M 31 beträgt demnach 2,2 Mio Lichtjahre.

Die Cepheiden sind sehr leuchtkräftige Sterne (bis zur absoluten Helligkeit —6), und man kann mit ihrer Hilfe Entfernungen bis zu 20 Mio Lichtjahren bestimmen. Helle Überriesen können für noch größere Entfernungen verwendet werden, und die Kugelsternhaufen vergrößerten die Reichweite bis auf 80 Mio Lichtjahre. Bei noch weiter entfernten Galaxien müssen die Entfernungen auf spektroskopischem Wege gemessen werden. Das Gesetz von Hubble bringt die Fluchtgeschwindigkeit und die Entfernung miteinander in Verbindung. Sobald also die Linearität dieses Gesetzes nachgewiesen und die Rotverschiebung gemessen war, konnte die Entfernung berechnet werden.

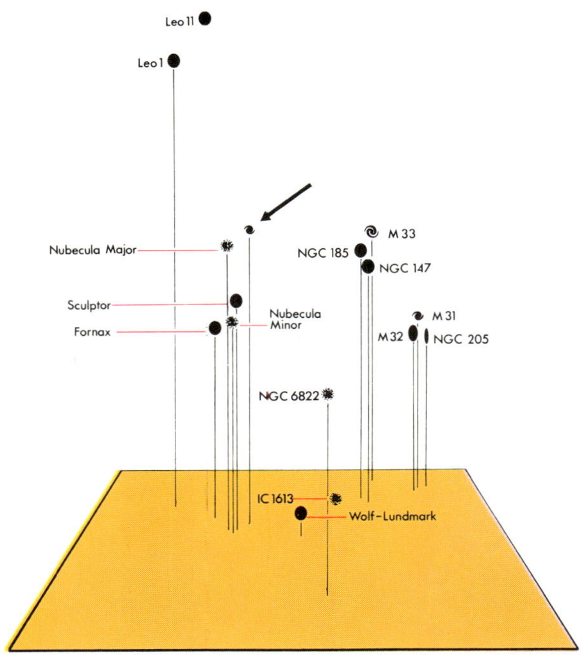

Die Lokale Gruppe (oben)
Die Galaxien bilden Haufen. Unsere Lokale Gruppe umfaßt 27 Mitglieder: die Spiralnebel M 31, M 33 und unsere Galaxis, die Magellanschen Wolken und kleinere elliptische und unregelmäßige Systeme. Die Zeichnung oben stellt die Lokale Gruppe dar. Es sind die einzigen Galaxien, die keine Fluchtbewegung zeigen.

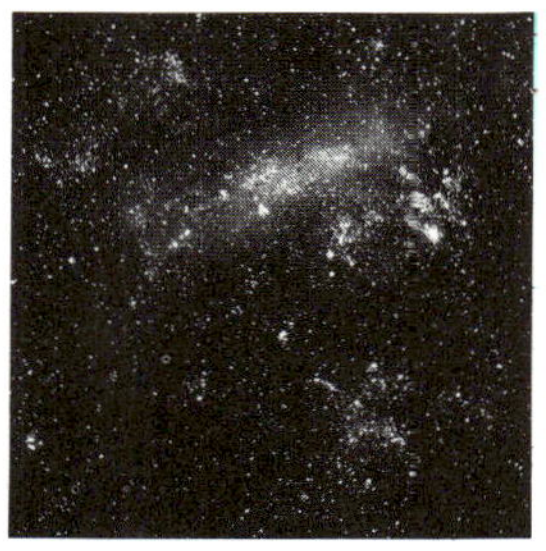

Unregelmäßige und regelmäßige Galaxien (links und rechts)
Die Große Magellansche Wolke (links) ist das typische Beispiel einer unregelmäßigen Galaxie, NGC 6946 (rechts) das einer regelmäßigen Galaxie, eines lockeren Spiralnebels.

Galaxienhaufen (oben)
Galaxienhaufen im Hercules, aufgenommen mit dem 5-m-Teleskop auf Palomar. Man erkennt Spiralnebel, Balkenspiralen und elliptische Galaxien. Die Haufenbildung ist echt, die einzelnen Galaxien entfernen sich nicht voneinander. Der gesamte Haufen entfernt sich jedoch von unserer Milchstraße.

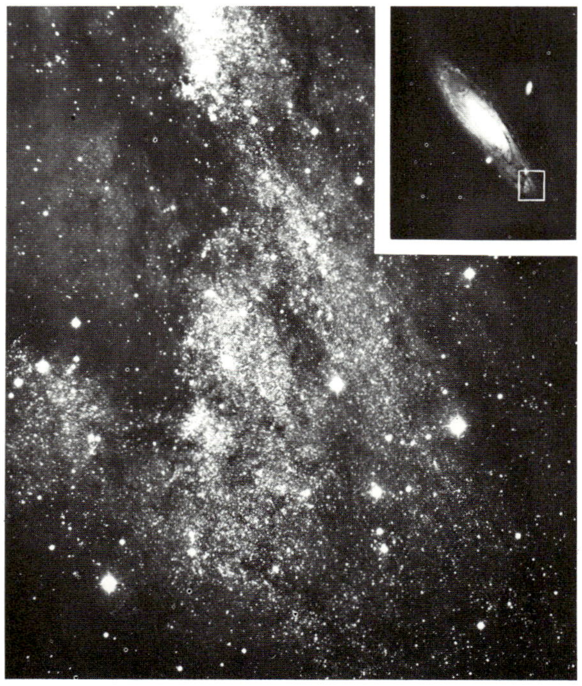

Sterne in den Spiralarmen des Andromedanebels (oben)
Teile der Spiralstruktur des Andromedanebels (M 31), aufgenommen in blauem Licht mit dem 5-m-Teleskop auf Palomar. Der verschwommene Fleck oben links besteht aus nicht aufgelösten Sternen der Population II.

Wechselwirkung zwischen Galaxien (oben)
Die sich gegenseitig beeinflussenden Spiralnebel NGC 5432 und 5435 (Aufnahme: 3-m-Spiegel der Lick-Sternwarte). Die Spiralnebel stehen in verschiedenen Winkeln zur Blickrichtung, sind aber vom gleichen Typ. Man erkennt klar ihre gegenseitigen Gravitationseffekte: Schwach leuchtende Materie bildet eine Brücke zwischen den beiden Systemen.

Die Klassifikation der Galaxien nach Hubble ist heute allgemein anerkannt: elliptische Galaxien (E0 bis E7), Spiralnebel (Sa, Sb und Sc), Balkenspiralen (SBa, SBb und SBc) und – in der Zeichnung nicht angegeben – unregelmäßige Systeme. Man nimmt heute nicht mehr an, daß das Hubble-Diagramm eine Entwicklungssequenz darstellt. Es gibt noch viele Verfeinerungen der Klassifikation. Die Seyfert-Galaxien (viele davon sind Radioquellen) haben einen sehr hellen, kompakten Kern. Die untenstehenden Fotografien zeigen Vertreter der verschiedenen Galaxientypen.

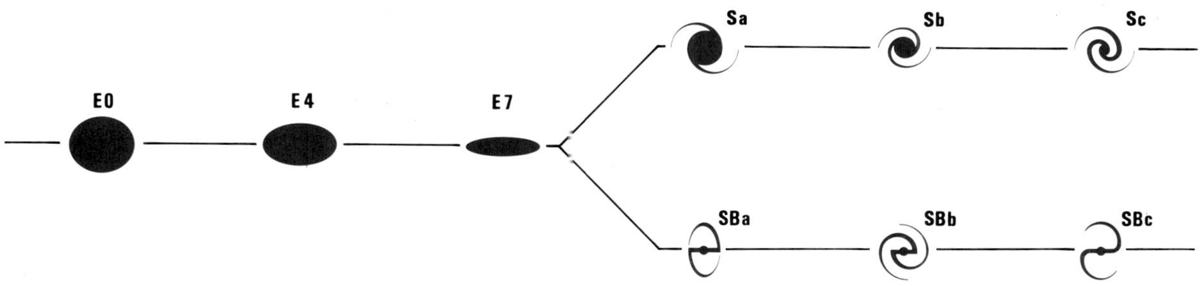

Typ E0: M 87 in der Jungfrau. Helligkeit 9,2, Entfernung 41 Mio Lichtjahre (3-m-Spiegel, Lick). M 87, eine starke Radioquelle, ist ein symmetrisches Riesensystem, das oberflächlich betrachtet einem Kugelsternhaufen ähnlich sieht.

Typ E4: Zwerggalaxie NGC 147 in der Cassiopeia, scheinbare Helligkeit 12,1. Sie ist typisch für ein relativ kleines System und besteht ausschließlich aus Sternen der Population II. Die sehr leuchtkräftigen Hauptast-Sterne fehlen, die Phase der Sternentstehung ist vorüber.

Typ E6: Aufnahme des NGC 205 im roten Licht (5-m-Spiegel, Palomar). Die Form ist gegenüber NGC 147 deutlich verlängert. NGC 205 ist der kleinere Begleiter des Andromedanebels und besteht ausschließlich aus Sternen der Population II.

Typ Sa: Spiralnebel NGC 7217 im Pegasus (5-m-Spiegel, Palomar). Der Kern ist scharf begrenzt, die Spiralarme sind symmetrisch und eng gewunden. Man weiß heute, daß sich eine Galaxie unter «Nachschleppen» ihrer Spiralarme dreht.

Typ Sb: M 81 (NGC 3031) im Großen Bären (5-m-Spiegel, Palomar). Wir sehen das System unter einem flacheren Winkel als NGC 7217. Die Spiralarme sind «lockerer» gewunden. Die scheinbare Helligkeit beträgt 7,9. M 81 ist wie sein Begleiter M 82 eine Radioquelle.

Typ Sc: M 33 (NGC 598), der Dreiecksnebel (120-cm-Schmidt-Kamera, Palomar). Der Kern ist weniger scharf begrenzt, und die Spiralarme sind nicht so klar, obwohl die Struktur noch erkennbar ist. M 33 ist das entfernteste Mitglied unserer Lokalen Gruppe.

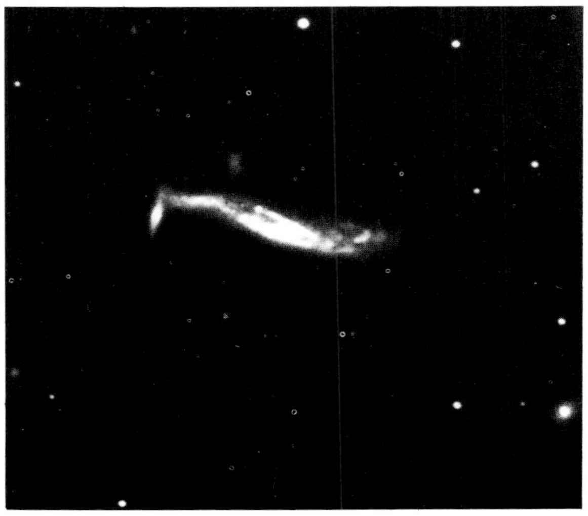

Typ SBa: NGC 3504 im Kleinen Löwen (5-cm-Spiegel, Palomar). Auffallend der durch das Zentrum des Systems verlaufende «Balken», von dessen Enden die Spiralarme ausgehen. Die Entstehungsursache eines solchen Balkens ist unbekannt.

Typ SBb: NGC 7479 im Pegasus (3-m-Spiegel, Lick), scheinbare Helligkeit 11,6. Die Balkenbildung ist hier viel ausgeprägter. Man erkennt nur zwei Spiralarme, die von den Balkenenden ausgehen. Die anderen Spiralarme sind sehr schwach ausgebildet.

Typ SBc: eine Galaxie im Herkules-Haufen (5-m-Spiegel, Palomar). Hier ist die Balkenbildung vorherrschend, die Spiralarme sind zu kleinen Anhängseln zurückgebildet. Ein zweiter, entfernterer Spiralnebel scheint die Balkenspirale zu berühren.

Der Radiohimmel

Sichtbares Licht macht nur einen sehr kleinen Teil des gesamten elektromagnetischen Spektrums aus. 1931 führte Karl Jansky im Forschungslaboratorium der Firma Bell in den USA Untersuchungen über die Störungen auf Radiotelefonlinien durch. Er arbeitete mit einer drehbaren Richtstrahlantenne auf Kurzwellen und fand Strahlung, deren Einfallsrichtung sich mit der Tageszeit änderte und die, wie er nachweisen konnte, aus der Milchstraße kam. Er veröffentlichte seine Ergebnisse 1933, ohne damit bei der Fachwelt großes Interesse zu erregen. Weitere Experimente wurden 1937 von einem Amateur, Grote Reber, durchgeführt, der auf Ultrakurzwellen arbeitete und das erste richtige Radioteleskop erbaute. Aber erst nach dem Zweiten Weltkrieg wurde die Radioastronomie ein ernst zu nehmender Zweig der Wissenschaft. Die Inbetriebnahme des 75-m-Parabolspiegels in Jodrell Bank 1957 war ein Markstein für die junge Wissenschaft.

Radioteleskope

Ein Radioteleskop erzeugt kein sichtbares Bild des untersuchten Objekts, mit ihm mißt man lediglich die Strahlungsstärke des Objekts. Man könnte das Radioteleskop mit einem Lautsprecher verbinden und würde dann ein mehr oder weniger starkes Rauschen vernehmen. Radioteleskope gibt es zudem in verschiedenster Konstruktion: solche, die – wie die optischen Teleskope – die Strahlung mit einem Parabolspiegel sammeln, und andere, die aus langen Ketten von Antennen bestehen und mit einem «Teleskop» eigentlich nicht viel Ähnlichkeit haben.

Die Radiostrahlung von der ruhigen Sonne wurde schon vor dem Zweiten Weltkrieg von Southworth in den Vereinigten Staaten entdeckt. Strahlungsausbrüche wurden während des Krieges von britischen Radaroffizieren festgestellt; man hielt sie zunächst für Störmanöver des Feindes. Auch der Planet Jupiter ist eine Radioquelle. Die meisten Radioquellen liegen jedoch weit außerhalb des Sonnensystems.

Galaktische Radioquellen

Unter den galaktischen Radioquellen wäre besonders M 1, der Krabbennebel, hervorzuheben. Es sind die Überreste jener Supernova, die 1054 im Stier aufleuchtete. Bei seiner Radiostrahlung handelt es sich in der Hauptsache um Synchrotronstrahlung, Strahlung, die durch Elektronen erzeugt wird, die sich mit annähernder Lichtgeschwindigkeit in einem Magnetfeld bewegen. Die Gasmassen des Nebels bewegen sich immer noch vom alten Explosionszentrum aus nach außen. Es gibt noch weitere Radioquellen in der Milchstraße, die man für Reste von Supernovae hält.

Extragalaktische Radioquellen

Die Radioquellen außerhalb unseres Milchstraßensystems sind von verschiedenster Art. Da gibt es Galaxien, die unerwartet viel Leistung im Radiobereich abgeben, wie z.B. M 87, eine riesige elliptische Galaxie in der Jungfrau, von der ein merkwürdiger «Gasstrahl» ausgeht. Dann wären da Galaxien wie M 82 im Großen Bären zu nennen, die allem Anschein nach eine heftige Explosion im Zentrum erlitten haben, wo Gas mit beträchtlichen Geschwindigkeiten nach außen strömt, oder die 1963 entdeckten Quasare, die viel kleiner sind, aber intensive Radiostrahlung abgeben.

Zusammenstöße zwischen Galaxien?

Es gibt viele Vermutungen, warum manche Galaxien starke Radioquellen sind und andere nicht. In manchen Fällen, z.B. bei der starken Quelle Cygnus A (550 Mio Lichtjahre Entfernung), hat man angenommen, es könnte sich um einen Zusammenstoß zweier Galaxien handeln. Dabei würden zwar weniger die einzelnen Sterne kollidieren, vielmehr würde die interstellare Materie der beiden Galaxien beständig zusammenprallen, wodurch die ausgesandten Radiowellen zu erklären wären. Nun hat man aber festgestellt, daß eine solche gegenseitige Durchdringung zweier Galaxien die Stärke der ausgesandten Radiostrahlung nicht ganz erklären könnte. So ist die Ursache der Radiostrahlung noch immer ungeklärt, und man weiß auch noch nicht sicher, ob nicht jede Galaxie im Verlauf ihrer Entwicklung für eine gewisse Zeit zur Radiogalaxie wird.

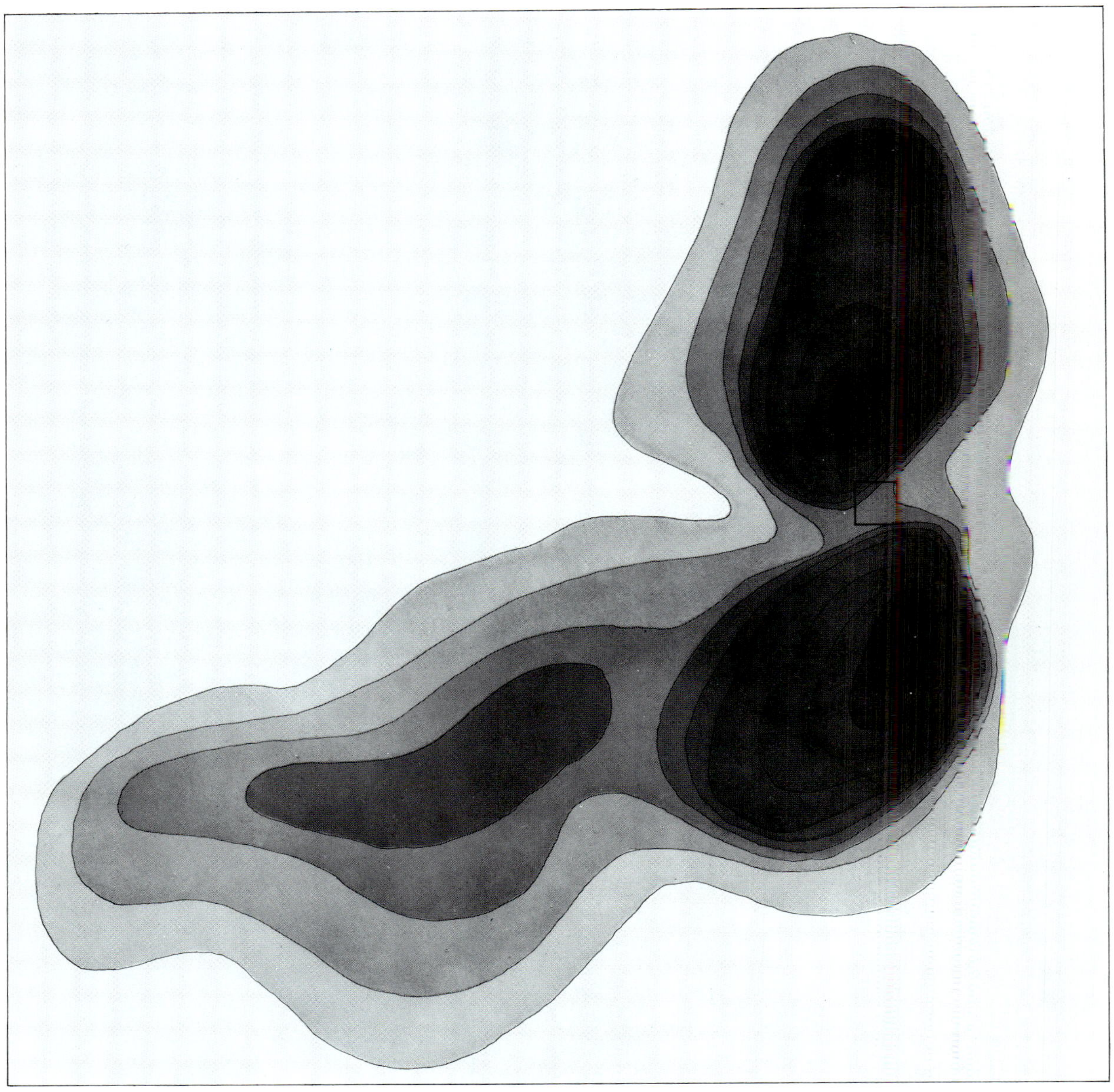

Radioisophotenkarte von Centaurus A (oben)
Gelegentlich entdeckt man mit dem Radioteleskop Objekte, deren Radiobild weit ausgedehnter ist als ihre optische Erscheinung. Dies ist z.B. bei Centaurus A (NGC 5128) der Fall. Die Fotografie links zeigt das optische Objekt NGC 5128, die Radioquelle heißt Centaurus A und bedeckt ein wesentlich größeres Gebiet – das auf dem Foto erfaßte Gebiet wird durch das kleine Rechteck in der Mitte dargestellt! Darüber hinaus ist die Radioquelle doppelt, ihre Hauptstrahlungszentren fallen nicht mit dem optischen Objekt zusammen, wie die Radioisophoten – die Linien gleicher Radiostrahlungsintensität – zeigen. Während man früher vermutete, die beiden Hauptstrahlungszentren im Radiobereich stellten die Kerne zweier kollidierender Galaxien dar, nimmt man heute an, es handle sich um zwei durch eine Explosion im Kern einer Galaxie ausgeworfene Gasmassen.

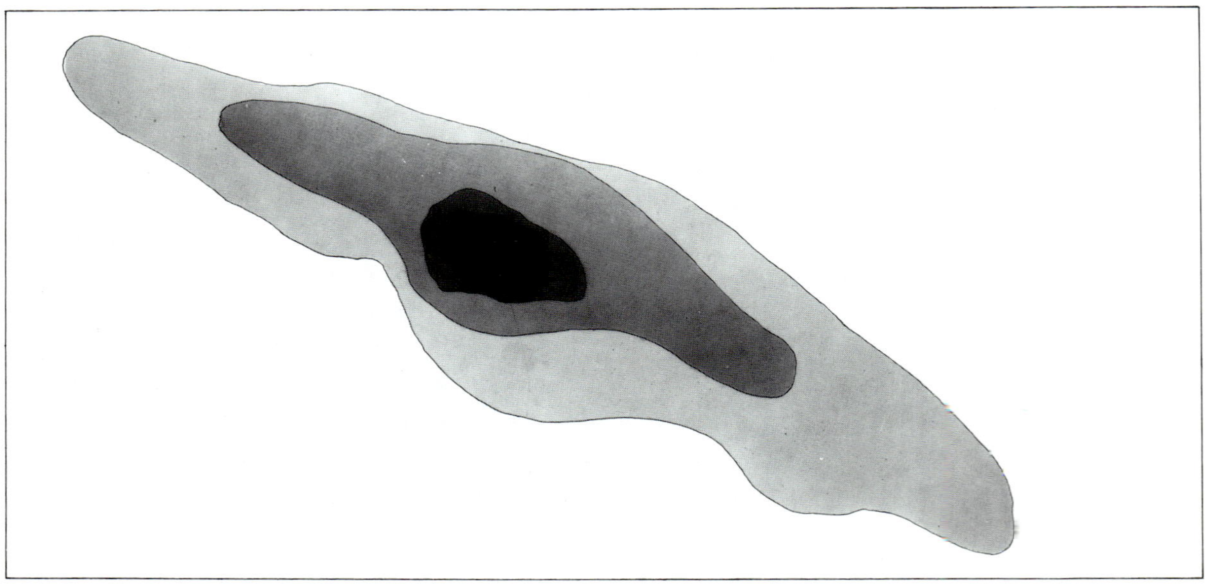

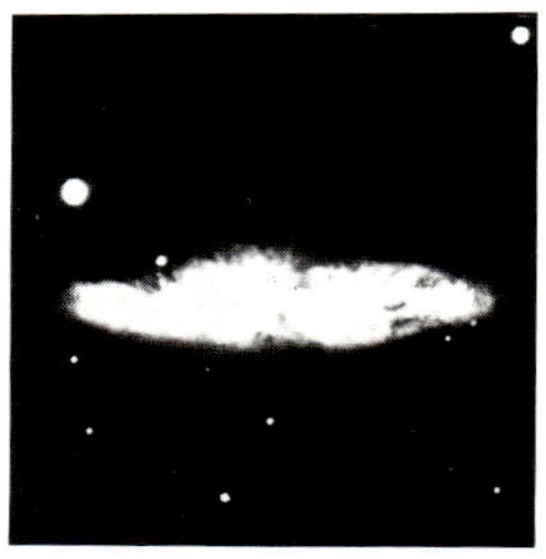

M 82 (links und oben)
Bei der irregulären Galaxie M 82 ist die Situation insofern anders, als das optische Objekt (links) größer ist als die Radioquelle (oben). Wie die Radioisophoten zeigen, stammt die Radiostrahlung aus dem Kern der Galaxie. In M 82 befinden sich ausgedehnte Gebiete mit turbulenten Wasserstoffmassen, bei denen Geschwindigkeiten bis zu 1000 km/sec auf eine gewaltige Explosion im Galaxienkern schließen lassen. Dieses Ereignis hat etwa 1 bis 2 Mio Jahre vor dem jetzt beobachteten Zustand stattgefunden. Da die Galaxie 8,5 Mio Lichtjahre entfernt ist, d.h. das Licht bis zu uns 8,5 Mio Jahre unterwegs ist, hat sich die Explosion vor mindestens 9,5 Mio Jahren ereignet. M 82 enthält wenig heiße, blaue Sterne, bei den ausgesandten Radiowellen handelt es sich wohl hauptsächlich um Synchrotronstrahlung.

Quasar 3C 47 (rechts)
Radioisophotenkarte des Quasars 3C 47. Das optische Objekt (mit + bezeichnet) ist der Quasar. Die beiden Zentren der Radiostrahlung liegen 62″ oder 700 000 Lichtjahre auseinander.

Quasar 3C 273 (oben)
Dieser Quasar (Palomar, 5-m-Spiegel) strahlt nicht nur Licht und Radiowellen, sondern auch Röntgenstrahlen aus.

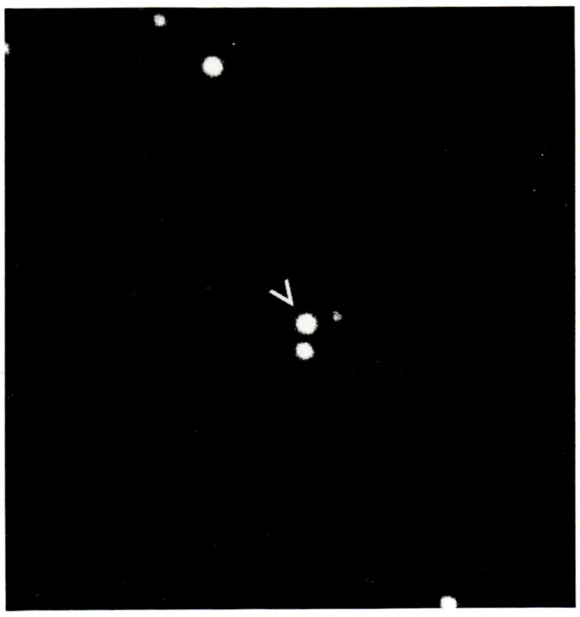

Quasar 3C 147 (oben)
Auf dieser Fotografie (5-m-Spiegel, Palomar) ist der Quasar durch einen Pfeil bezeichnet, er sieht auf den ersten Blick wie ein schwacher Stern aus.

Quasare

Während der Cambridger Katalog der Radioquellen angelegt wurde, versuchten die beteiligten Astronomen die Quellen mit sichtbaren Objekten zu identifizieren. Einige der Quellen schienen mit Objekten assoziiert zu sein, die nicht wie Galaxien aussahen. Eines davon, 3C 273 in der Jungfrau, ist 13. Größe und sieht auf den ersten Blick wie ein Stern aus. 1963 durchmusterte M. Schmidt vom Palomar-Observatorium eingehend das Spektrum des Sterns und fand Emissionslinien, die 16% gegen das rote Ende des Spektrums verschoben waren. Dies deutete auf eine hohe Fluchtgeschwindigkeit und folglich auf eine sehr große Entfernung hin. Die Entdeckung kam völlig unerwartet und zeigte, daß 3C 273 kein Stern sein konnte. Andere Objekte dieser Art wurden untersucht, in manchen Fällen waren die Rotverschiebungen im Spektrum noch größer als bei 3C 273. Die merkwürdigen Objekte erhielten den Namen «quasistellare Objekte» oder Quasare.
Wenn die Rotverschiebungen im Spektrum der Quasare Dopplereffekte sind und das Gesetz von Hubble gilt, dann sind die Quasare Milliarden Lichtjahre entfernt. Ihre Leuchtkraft muß enorm groß sein (das Hundertfache einer normalen Galaxie), trotzdem müssen sie kleiner sein als Galaxien. Diese Relationen sind theoretisch schwer zu erklären, und es ist bis heute nicht bekannt, auf welche Weise ein Quasar seine Energie erzeugt.

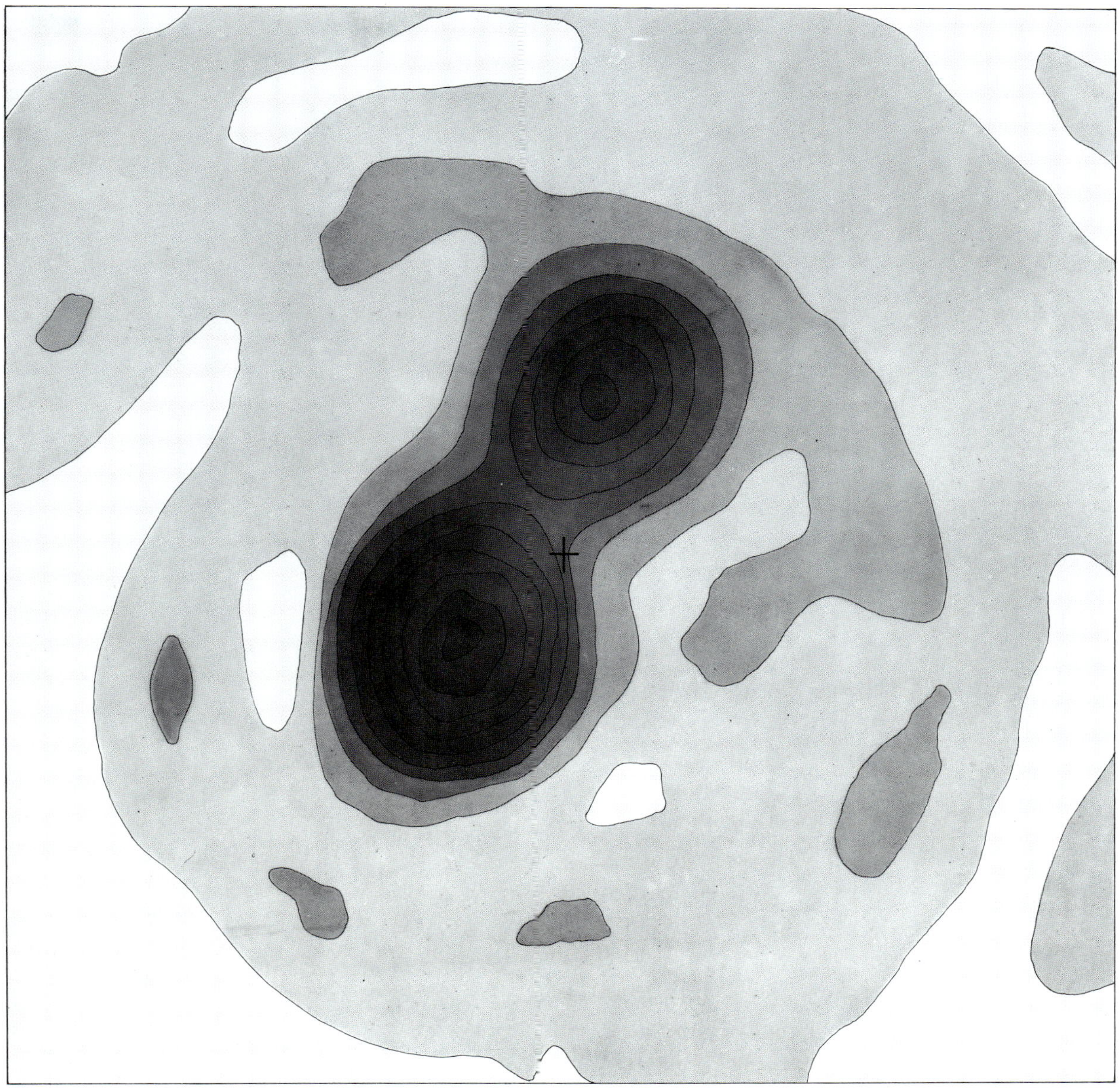

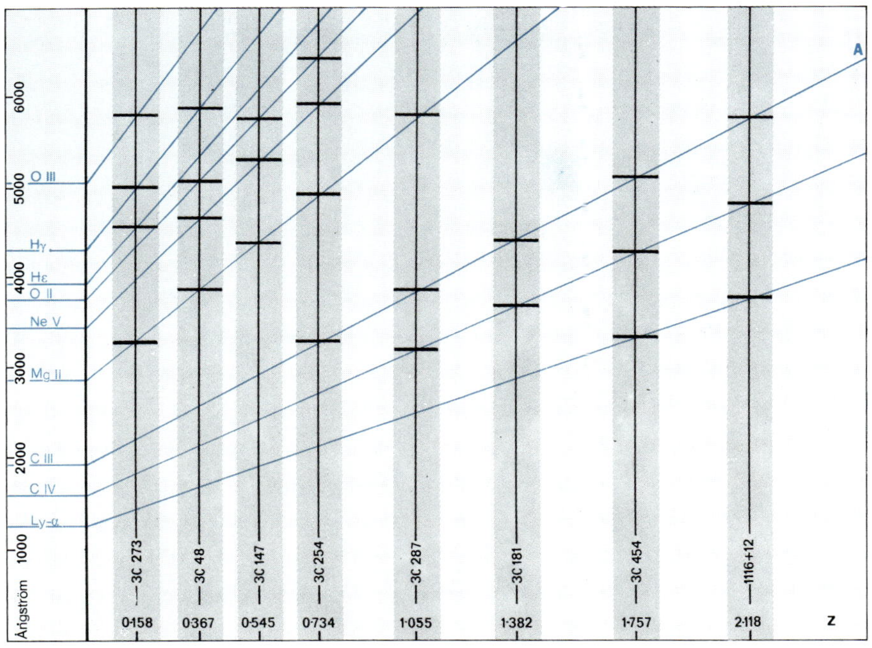

Rotverschiebungen in den Quasarspektren (links)
In der grafischen Darstellung sind die Spektren so angeordnet, daß ihre Emissionslinien auf steigenden Geraden liegen. Mit wachsender Rotverschiebung (Z) ändert sich die Farbe einer Emissionslinie. So liegt z. B. die C-III-Linie (A) normalerweise bei 1909 Ångström im Ultravioletten. Im Spektrum des 3C 287 liegt sie im Blauen, bei 3C 454 im Grünen, bei 1116+12, dem entferntesten Quasar, der hier aufgeführt ist, im Orange.
Die meisten Astrophysiker betrachten die Rotverschiebungen in den Quasarspektren als Dopplereffekte. Nur einige wenige unter ihnen nehmen an, daß sie auf andere Ursachen zurückzuführen seien, daß es sich beispielsweise um eine Gravitationsrotverschiebung handeln könne. In diesem Falle wären die Quasare weder sehr weit entfernt noch von besonderer Leuchtkraft.

NGC 2623 (links)
Eine Galaxie vom Typ Sc im Krebs, fotografiert mit dem 5-m-Spiegel auf Palomar. Die Galaxie ist als starke Radioquelle bekannt; die Spiralarme sind nicht stark ausgeprägt, aber doch erkennbar.

Ursprung und Entwicklung des Universu

Wenn die spektrale Rotverschiebung der Galaxien auf dem Dopplereffekt beruht (was heute fast alle Fachleute annehmen), dehnt sich das Universum aus. Alle modernen kosmologischen Theorien gehen von dieser Voraussetzung aus. Die modernen theoretischen Arbeiten basieren auf Einsteins Relativitätstheorie.

Einstein machte 1917 erstmals den Versuch, die allgemeine Relativitätstheorie auf die Probleme der Kosmologie anzuwenden. Dies geschah 12 Jahre bevor Hubble die Ausdehnung des Universums lehrte; deshalb suchte Einstein eine eindeutige Lösung für ein statisches Universum. Er erreichte dies durch Einsetzen eines konstanten Faktors λ (die kosmische Konstante) in die Gleichungen, der auf einfache Weise mit Radius und Materiedichte des Weltalls verknüpft war. Einstein glaubte damit das einzig mögliche Modell gefunden zu haben. W. de Sitter fand eine andere Lösung, die aber nur bei einem Weltall ohne Materie statisch war. Sobald Materie in das Modell-Universum eingeführt wurde, dehnte es sich aus.

1922 untersuchte A. Friedmann die Lösung der relativistischen Feldgleichungen ohne Voraussetzung eines statischen Universums. Er fand, daß eine große Zahl von Modellen abgeleitet werden konnte, die lediglich vom angenommenen Wert der kosmischen Konstante λ abhingen. Als Hubble 7 Jahre später die Ausdehnung des Universums nachweisen konnte, wurde dies als Triumph der Theorie gefeiert. Welche Version der Theorie dem wirklichen Universum am nächsten kommt, ist aber heute noch umstritten.

Am bekanntesten ist wohl das Modell von G. Gamow. Er setzt die Konstante λ gleich Null. Der Anfangszustand des Universums habe in einer Kondensation von Wasserstoff extrem hoher Dichte bestanden. Dieser hochverdichtete Wasserstoff sei vor 10 Mia Jahren explodiert («Urknall») und expandiere noch heute. Ein anderes sorgfältig studiertes Modell wurde 1927 von Abbé Lemaître mit einem positiven λ entwickelt. In dieser Version war der Anfangszustand des Weltalls ein Ur-Atom, das sich vor 50 Mia Jahren in seine Bestandteile auflöste. Nach einer Ausdehnung während 40 Mia Jahren war die Energie aufgebraucht. Das Universum kam als fast gleichförmige Wolke von Wasserstoffgas mit einem Radius von 1 Mio Lichtjahren zum Stillstand. Vor 10 Mia Jahren begann die Kondensation zu Galaxienhaufen. Der positive Wert der kosmischen Konstante äußerte sich in einem Druck, welcher der Newtonschen Anziehungskraft entgegenwirkte und die Galaxien auseinanderdrängte. Die kosmische Abstoßung wird mit zunehmenden Entfernungen immer größer. Nach Lemaître ist diese Abstoßung für die Ausdehnung des Universums verantwortlich.

1948 entwickelten H. Bondi und T. Gold in Cambridge eine ganz andere Theorie. Nach ihr hat das Universum schon immer bestanden und wird ewig bestehen. Neue Materie wird aus dem Nichts geschaffen, jedoch so langsam, daß dieser Vorgang nicht beobachtet werden kann. Dieses Universum befindet sich in einem stationären Zustand («steady state»).

In jeder Theorie gibt es eine Entfernung, in der die Fluchtgeschwindigkeit der Galaxien gleich der Lichtgeschwindigkeit ist. Weiter entfernte Galaxien sind dann nicht mehr beobachtbar und haben die Grenze des zugänglichen Weltalls überschritten.

Die radioastronomischen Forschungen ließen Zweifel an der Theorie vom stationären Universum aufkommen. Die Hypothese besagt, daß die allgemeine Verteilung der Galaxien von jeher der heutigen entsprach, während nach den Entwicklungstheorien die Galaxien früher näher beieinander gewesen sein müssen. Es scheint, daß die Verteilung der entfernten Radioquellen deutliche Unterschiede zu derjenigen der näheren Objekte zeigt, woraus folgt, daß sich das Universum nicht in einem stationären Zustand befindet. Eine andere Theorie ist diejenige vom oszillierenden Weltall, wobei auf eine Ausdehnung immer wieder eine Kontraktion folgt. Ungefähr alle 60 Mia Jahre beginnt der Entwicklungskreislauf von neuem.

Man weiß heute schon viel über die Struktur des Universums, und im Laufe der Zeit sollte eine Entscheidung zwischen den rivalisierenden Weltmodellen möglich sein. Ob dies zu einem besseren Verständnis des eigentlichen «Schöpfungsaktes» führen wird, ist fraglich.

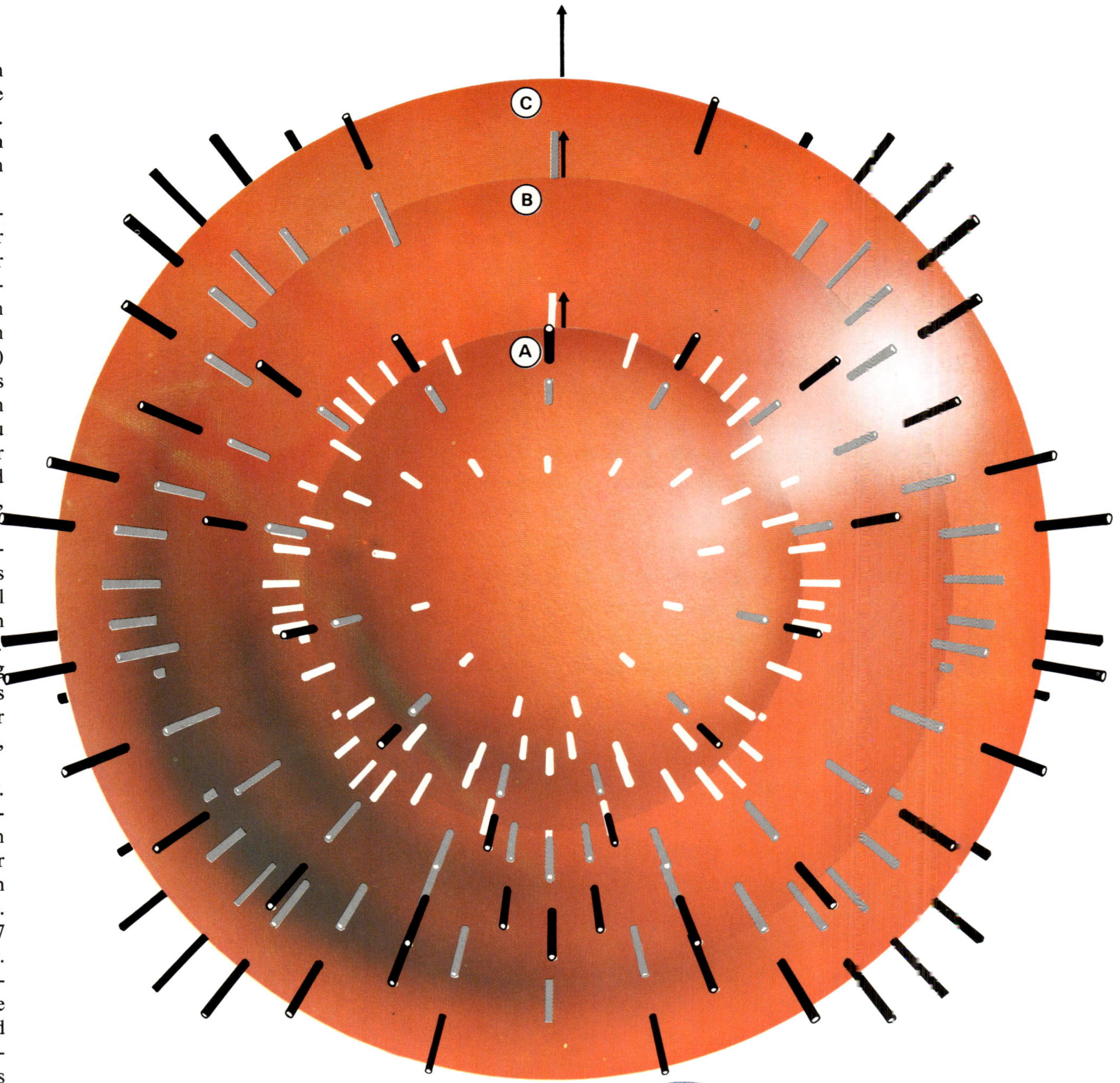

Das Gesetz von Hubble (oben)
Nach dem Gesetz von Hubble wächst die Fluchtgeschwindigkeit einer Galaxie mit zunehmender Entfernung. In der Zeichnung entspricht die Länge der Pfeile den Fluchtgeschwindigkeiten der verschiedenen Galaxien. Der innere Kreis **(A)** stellt die größte je gemessene Entfernung einer sichtbaren Galaxie dar (5 Mia Lichtjahre); der zweite Kreis **(B)** gibt die Distanz des entferntesten Quasars an (8 Mia Lichtjahre), unter der Annahme, daß das Gesetz von Hubble gültig ist; der äußere Kreis **(C)** stellt die Grenze des beobachtbaren Universums dar (10 Mia Lichtjahre), an der sich eine Galaxie mit Lichtgeschwindigkeit von uns entfernen würde.

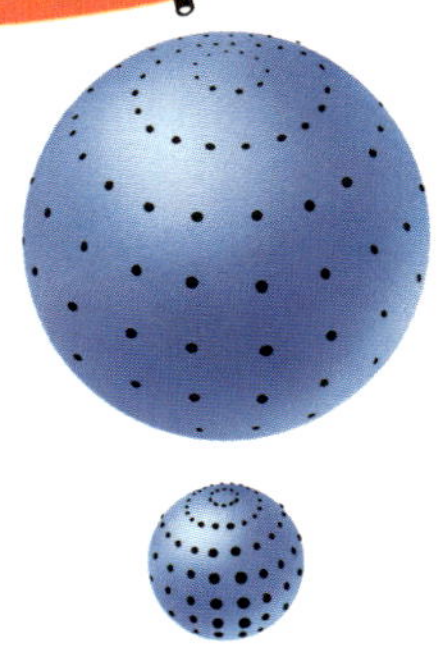

Ausdehnung des Universums (links)
Wenn wir auf einen Ballon Punkte zeichnen und den Ballon aufblasen, entfernt sich jeder Punkt von jedem anderen. Im Universum entfernt sich jeder Galaxienhaufen von jedem anderen Haufen. Eine sehr unvollkommene Analogie, wahrscheinlich aber die einzige zeichnerisch darstellbare.

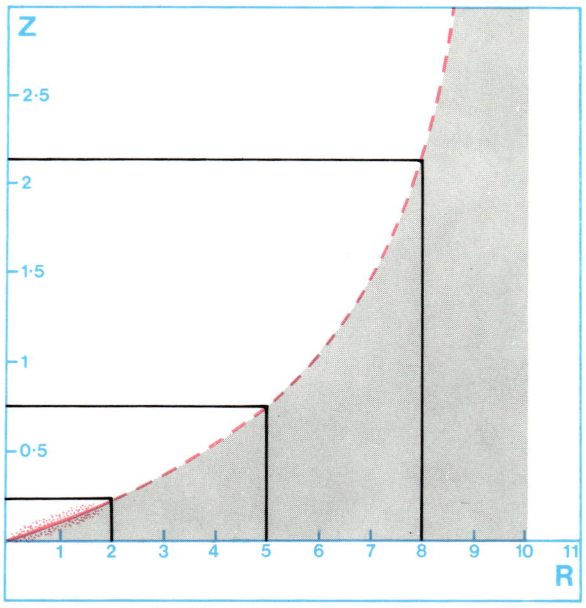

Das Gesetz von Hubble
In der Zeichnung sind die Rotverschiebungen der Galaxien (Z) in Abhängigkeit von ihrer Entfernung (R) angegeben. Die von der linken unteren Ecke ausgehende, ausgezogene Linie gibt jene Distanzen an, für die das Gesetz von Hubble sicher gilt. Die punktierte Linie ist extrapoliert. Die Neigung der Linie entspricht einer Zunahme der Fluchtgeschwindigkeit um 30 km/sec pro Mio Lichtjahre Entfernung. In einer Entfernung von 10 Mia Lichtjahren sollte die Rotverschiebung unendlich groß sein. (Fluchtgeschwindigkeit gleich Lichtgeschwindigkeit.)

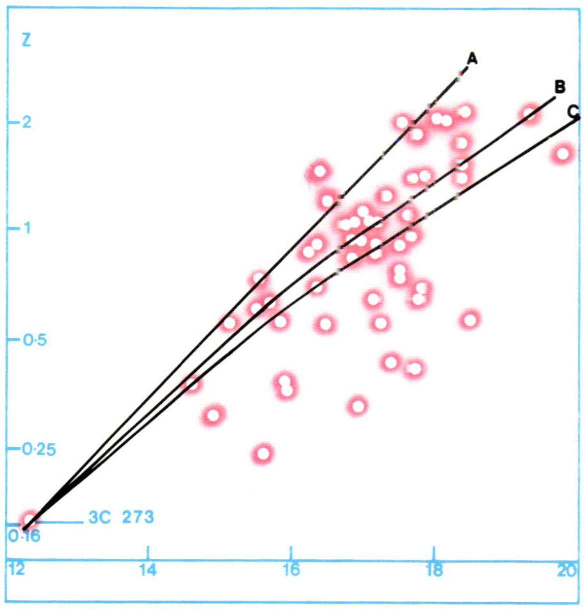

Rotverschiebung der Quasare
In der Zeichnung sind die Rotverschiebungen der Quasare (z) in Beziehung zu ihrer scheinbaren Helligkeit aufgetragen. Die Form der Kurve sollte die Entscheidung zwischen der Oszillationstheorie **(A)**, der Urknalltheorie **(B)** und der Theorie vom stationären Universum **(C)** ermöglichen. Die Beobachtungsdaten sind noch ungenügend, sprechen aber eher gegen das stationäre Universum.

ms

Strukturen der Galaxien (oben)
Die näheren Galaxien zeigen eindeutige Formen, und wir können in ihnen Einzelsterne, Haufen (offene und kugelförmige), Gasnebel und andere aus unserer eigenen Milchstraße bekannte Einzelheiten erkennen. Bei weiter entfernten Systemen ist es schwierig, die Details zu erkennen, aber die allgemeinen Formen sind noch klar. Das mit dem 3-m-Spiegel der Lick-Sternwarte aufgenommene Bild (oben links) zeigt als Beispiel die als «Stephans-Quintett» bekannte Gruppe (NGC 7317–20). Die Aufnahme oben rechts zeigt die noch weiter entfernten Objekte des Corona-Borealis-Haufens als schwache, unscharfe Flecken ganz ohne Details. Ihre Spektren können jedoch aufgenommen und ihre Rotverschiebung gemessen werden. Das Gesetz von Hubble wurde durch Studien dieser Art entdeckt.

Urknalltheorie (rechts)
Es wird Gamows Version einer Entwicklungstheorie des Weltalls dargestellt. Nach der Urexplosion (A) kondensieren sich die Galaxien (B) aus einer fast gleichförmigen Wasserstoffwolke, wobei die schweren Elemente bei der Explosion aufgebaut worden sind. Die Expansion (C) ist lediglich eine Folge der Urexplosion. Jede Galaxie verliert langsam an Geschwindigkeit. In der ursprünglichen Theorie von Lemaître folgt auf den Zerfall des Uratoms eine Expansion, die auf das Wirken einer hypothetischen kosmischen Abstoßungskraft zurückzuführen ist, die jede Galaxie in dem Maße beschleunigte, wie sie sich von den anderen Galaxien entfernte.

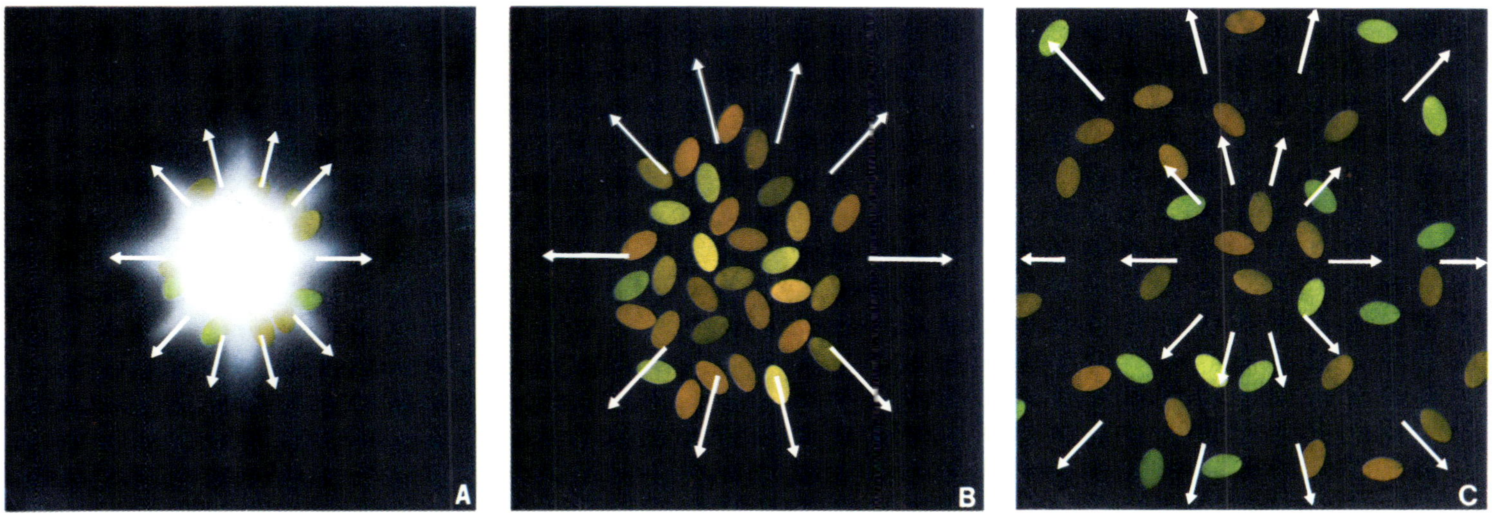

Oszillationstheorie (rechts)
Das oszillierende oder zyklische Weltmodell geht von der Annahme aus, daß die gesamte Materie des Universums in bestimmten Abständen, die nicht größer als 60 und nicht kleiner als 25 Mia Jahre sind, zusammenfällt **(A)**. Darauf folgt die allgemeine Ausdehnung **(B)**, die aber nicht unendlich lange andauert. Sie ist von einer neuen Kontraktionsphase gefolgt, an deren Ende alles wiederum auf kleinstem Raum zusammengedrängt ist **(C)**. Nach dieser Theorie könnte das Weltall seit ewig bestehen.

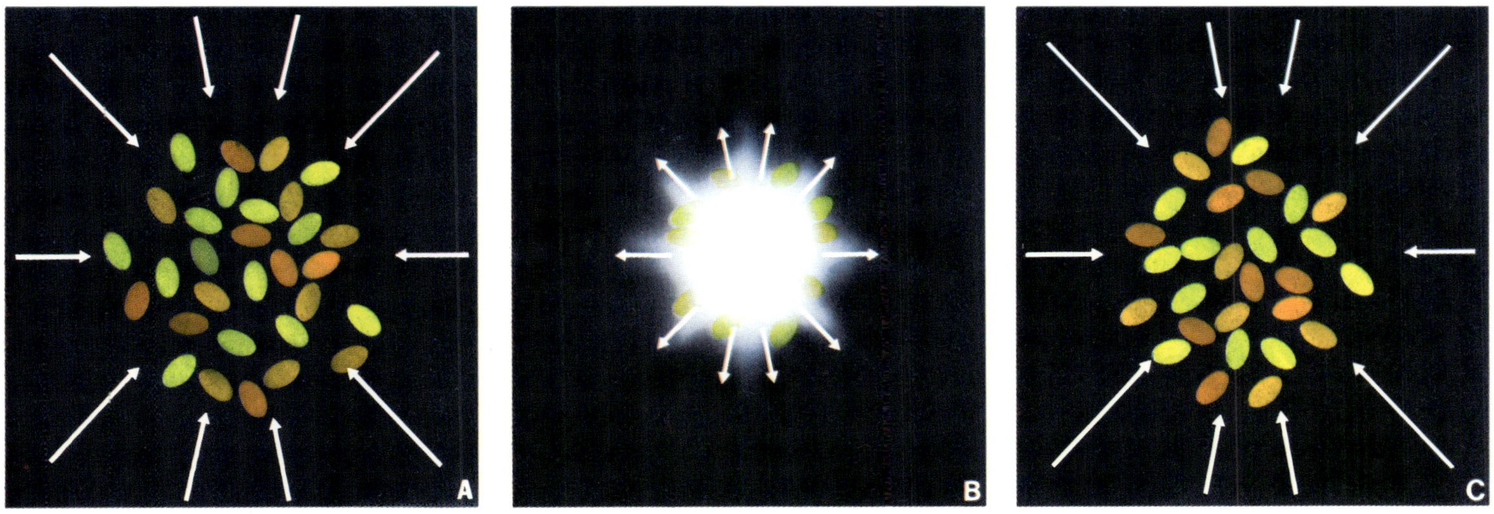

Die Theorie vom stationären Universum (rechts)
Diese Theorie besagt, daß dauernd neue Materie in Form von Wasserstoffatomen geschaffen wird. Dieser Vorgang vollzieht sich so langsam, daß er nicht beobachtet werden kann. Sobald bestehende Galaxien sich entfernen **(A)** und das beobachtbare Universum verlassen, entstehen aus der frisch geschaffenen Materie **(B)** neue Galaxien, so daß das Gesamtbild des Universums unverändert bleibt. Nach dieser Theorie gab es keinen «Schöpfungsakt», und das Universum wird ewig bestehen.

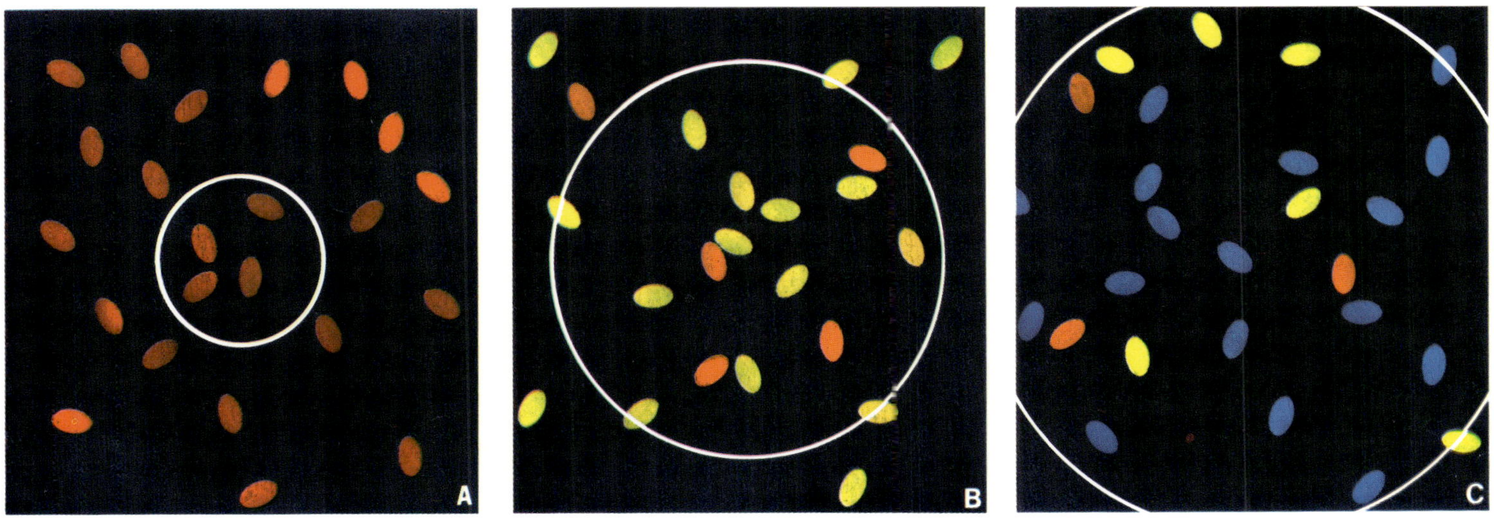

Beschreibung der Himmelskugel

Die Astronomen des Altertums glaubten, daß die Sterne an einer starren Himmelskugel befestigt seien. Das Prinzip der «Himmelskugel» dient heute nur noch zur Veranschaulichung. Dabei tut man so, als habe sie den gleichen Mittelpunkt wie die Erde (siehe Zeichnung rechts).

Die Verlängerung der Erdachse stößt auf den nördlichen und den südlichen Himmelspol, und der Himmelsäquator ist die Projektion des Erdäquators auf die Himmelskugel. Der Himmelsäquator durchquert den Orion und geht sehr nahe an Mintaka (δ Orionis), dem nördlichen Stern im Gürtel des Jägers, vorbei. Der Himmelsäquator ist ein Großkreis der Himmelskugel. (Ein Großkreis ist ein Kreis, dessen Ebene durch den Mittelpunkt der Kugel geht, der sie also halbiert.)

Die Ekliptik

Die Ekliptik wird als Projektion der Erdbahnebene auf die Himmelskugel definiert, kann aber auch als die jährliche scheinbare Bahn der Sonne unter den Sternen bezeichnet werden. Sie geht durch die zwölf Sternbilder des Zodiakus oder Tierkreises. Da die Erdachse in einem Neigungswinkel von 23½° zur Ekliptikachse steht, beträgt der Neigungswinkel der Ekliptik zum Himmelsäquator ebenfalls 23½°.

Jedes Jahr überquert die Sonne den Himmelsäquator um den 21. März herum von der südlichen zur nördlichen Himmelshalbkugel. Dies ist das Frühlingsäquinoktium oder der Frühlingspunkt (♈). Sechs Monate später, um den 22. September herum, überquert die Sonne wieder den Äquator, diesmal von Nord nach Süd. Dies ist das Herbstäquinoktium oder der Herbstpunkt (♎).

Der Frühlingspunkt wird als Nullpunkt für die Rektaszension verwendet (siehe Zeichnung unten rechts). Ursprünglich lag dieser Punkt im Sternbild Widder, er ist nun aber durch die Präzession in das Nachbarsternbild Fische verschoben worden.

Präzession

Die Präzession wird durch die Gravitationswirkung von Sonne und Mond auf den Äquatorwulst der Erde verursacht: Die Erdachse hat keine konstante Richtung, sondern beschreibt in einer Umlaufszeit von 25 800 Jahren einen Kreis von 47° Durchmesser. Dies bedeutet, daß sich die Position der Himmelspole verändert, was sich wiederum auf die Lage des Himmelsäquators und der Äquinoktien auswirkt. Der Frühlingspunkt verschiebt sich ungefähr 50 Bogensekunden pro Jahr auf der Ekliptik in westlicher Richtung. 2500 v. Chr. war nicht Polaris der Polarstern, sondern α Draconis (Thuban, scheinbare Helligkeit 3,6).

Wegen der Präzession muß bei jeder Koordinatenangabe (Rektaszension und Deklination) gesagt werden, auf welches Jahr sie sich bezieht. Alle in diesem Atlas angegebenen Zahlen gelten für das Jahr 1950; Ausnahmen sind speziell bezeichnet.

Heute gibt es keinen hellen südlichen Polarstern. Der polnächste mit bloßem Auge sichtbare Stern ist σ Octantis (5. Größe).

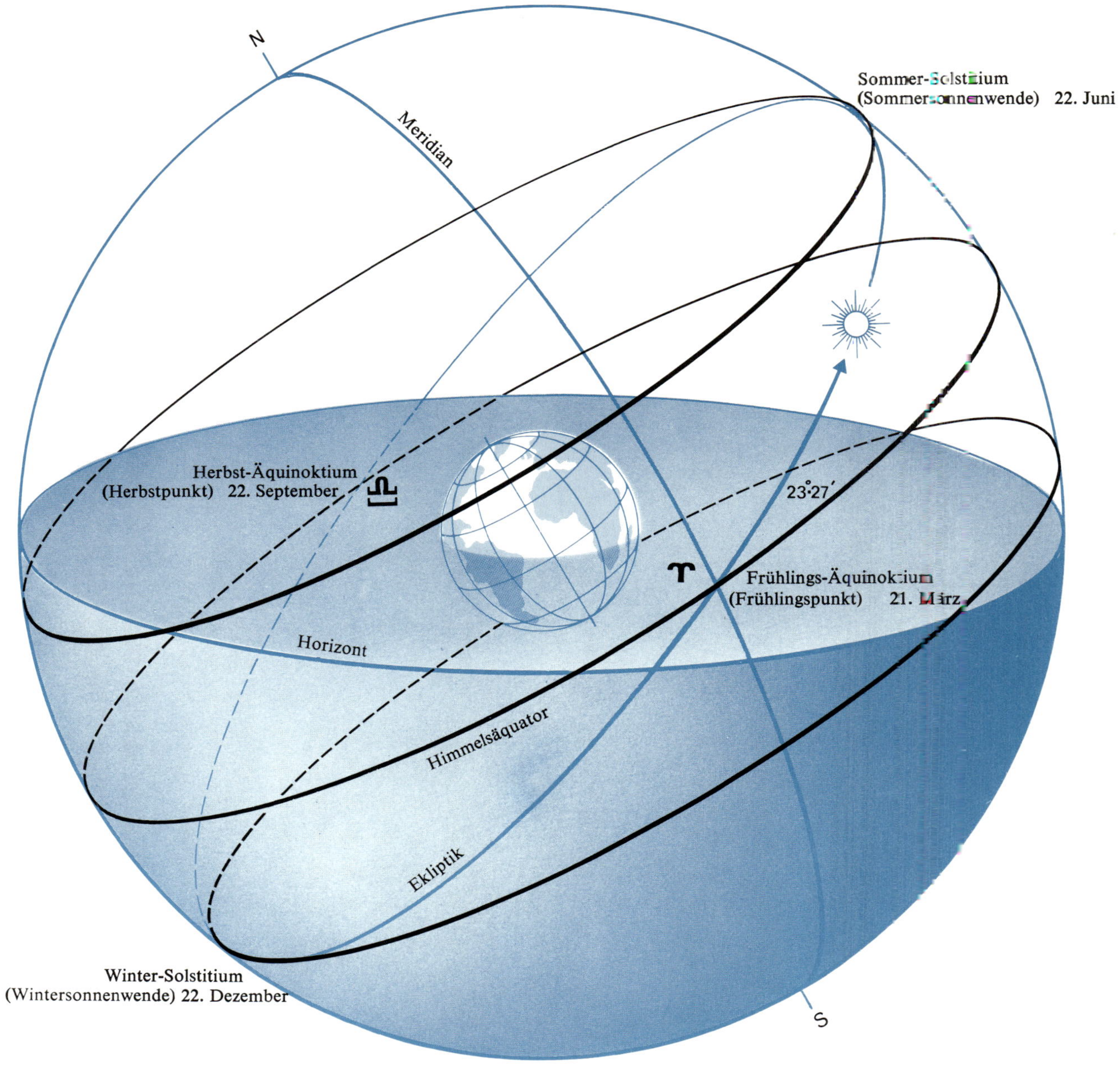

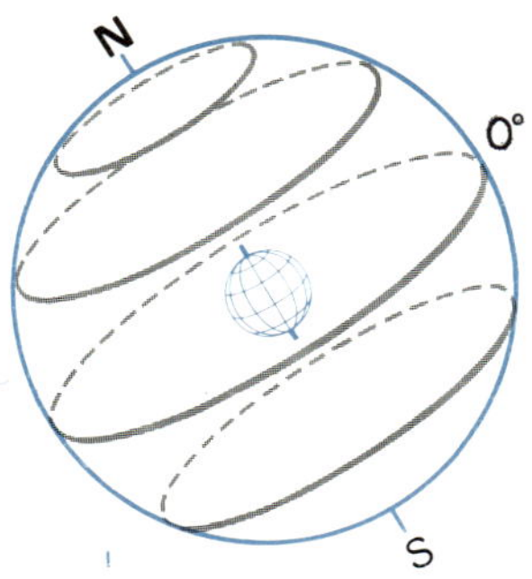

Himmelspole und Himmelsäquator
Die Zeichnung stellt die Himmelspole (Durchstoßpunkte der verlängerten Erdachse an der Himmelskugel) und den Himmelsäquator (Projektion des Erdäquators auf die Himmelskugel) dar.

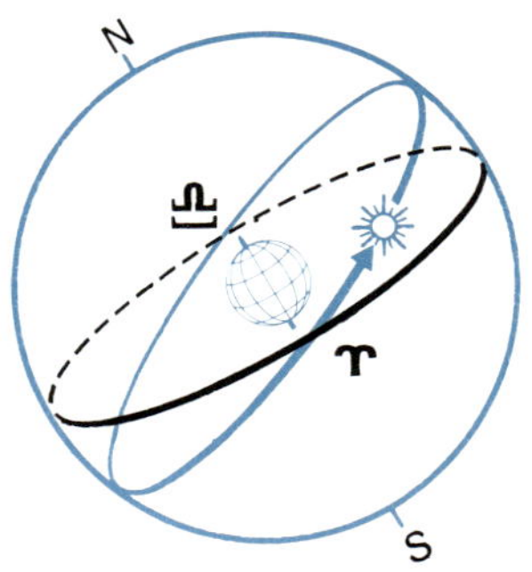

Ekliptik und Äquinoktien
Hier sind die Ekliptik (Projektion der Erdbahnebene auf die Himmelskugel, gleichzeitig scheinbare jährliche Bahn der Sonne unter den Sternen) und die Äquinoktien (Schnittpunkte der Ekliptik mit dem Himmelsäquator) angegeben.

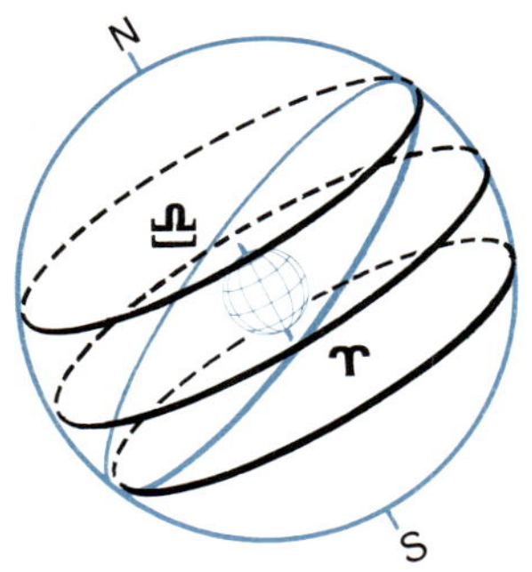

Die Solstitien
Um den 22. Juni und den 22. Dezember herum erreicht die Sonne ihre nördlichste bzw. südlichste Position am Himmel. Dieser Punkt heißt das Sommer- bzw. Wintersolstitium. Der Winkelabstand der Sonne vom Himmelsäquator (Deklination) beträgt dann 23°27′.

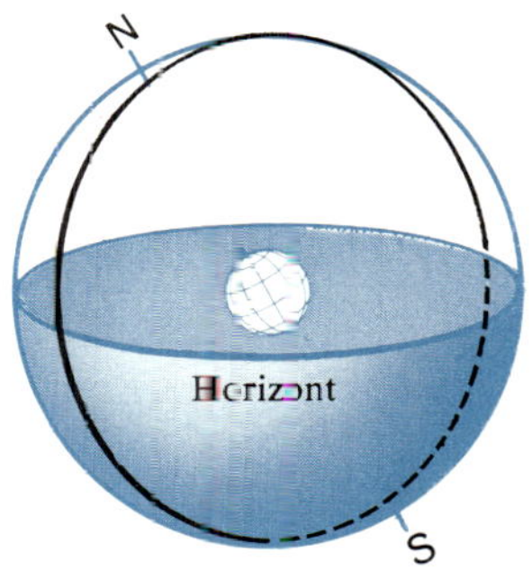

Horizont und Meridian
Gezeichnet sind Horizont und Meridian eines Beobachters. Der Meridian ist jener Großkreis an der Himmelskugel, der durch beide Himmelspole und durch den Zenit (Scheitelpunkt des Himmelgewölbes über dem Beobachter) geht.

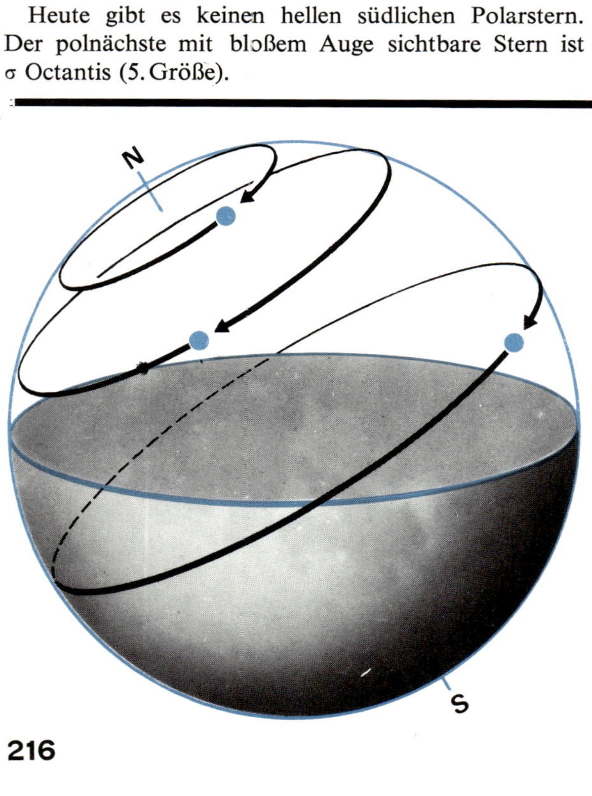

Tägliche Bewegung der Sterne (links)
Ein Stern in der Nähe des Himmelspoles geht nie unter. Er bleibt dauernd über dem Horizont und wird als zirkumpolarer Stern bezeichnet. Weiter vom Pol entfernte Sterne sinken im unteren Teil ihrer Bahn unter den Horizont. In Mitteleuropa sind z. B. die Sternbilder Großer Bär und Cassiopeia zirkumpolar, nicht aber in den südlich gelegenen Ländern. In Australien erheben sich die nördlichsten Sternbilder nie über den Horizont. Dagegen ist dort das Kreuz des Südens (in Europa unsichtbar) zirkumpolar. Orion, der vom Himmelsäquator durchquert wird, ist von jedem bewohnten Kontinent aus sichtbar.

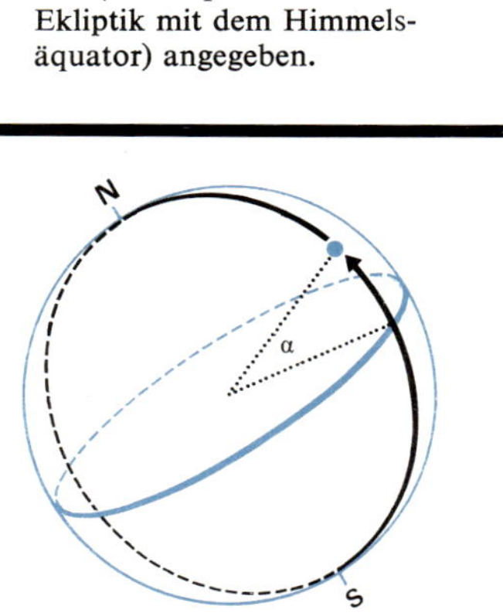

Deklination (oben)
Die Deklination eines Himmelskörpers ist sein nördlicher oder südlicher Winkelabstand vom Himmelsäquator (α in der Zeichnung). Objekte auf dem Himmelsäquator haben eine Deklination von 0°, die Himmelspole liegen bei 90°. Die Höhe des sichtbaren Himmelspoles über dem Horizont entspricht dem Standort (geografische Breite) des Beobachters auf der Erde, so daß der Himmelspol z. B. in Bern (geografische Breite +47° N) 47° über dem Horizont liegt.

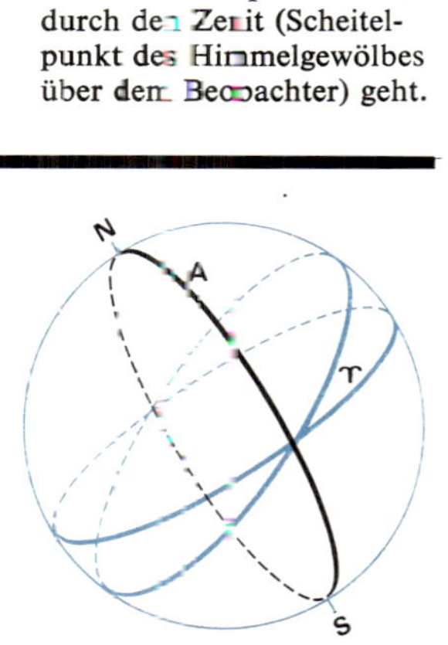

Rektaszension (rechts)
Die Rektaszension eines Himmelskörpers wird mit seinem Winkelabstand vom Frühlingspunkt (♈) angegeben. Der Nullmeridian (A) ist der Großkreis, der durch die Himmelspole und den Frühlingspunkt geht. Die Rektaszension wird in östlicher Richtung gemessen und normalerweise im Zeitmaß als Stunden, Minuten und Sekunden angegeben. Somit hat ein Stern, der 4 h 33 min (B) nach dem Frühlingspunkt kulminiert, die Rektaszension 4 h 33 min.

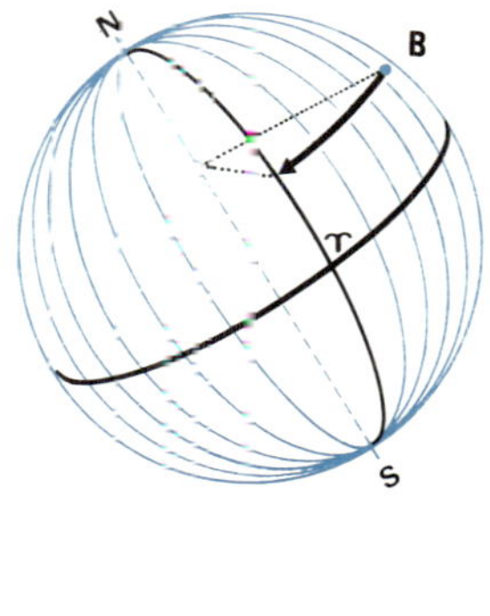

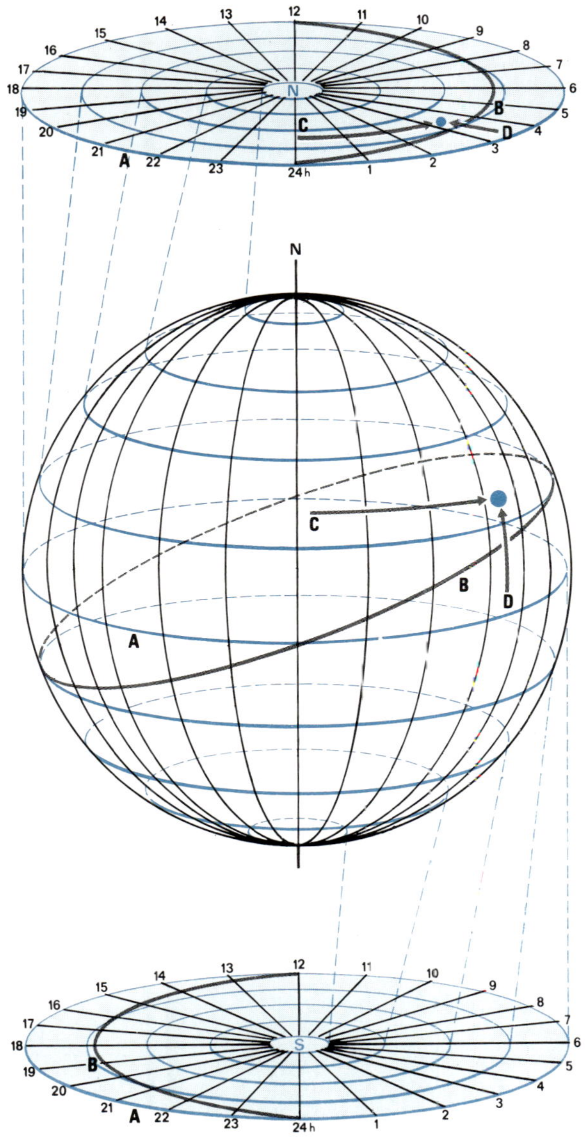

Der Himmel im Jahreslauf (rechts)
Infolge der Bewegung der Erde um die Sonne scheint die Sonne entlang der Ekliptik zu wandern. Die Sonne zieht durch die 12 Sternbilder des Tierkreises wie auch durch einen Teil eines 13. Sternbildes (Ophiuchus, zwischen Scorpius und Sagittarius). Außer bei totaler Sonnenfinsternis ist es nicht möglich, die Sonne und die Sterne gleichzeitig zu sehen. Die Skizze zeigt, daß für einen Beobachter auf der Erde die Sonne im März vor den Sternbildern Widder und Fische steht. Diese Sternbilder liegen aber nur während des hellen Tages oberhalb des Horizontes. Im Juni, zur Zeit des Sommersolstitiums, steht die Sonne in den Zwillingen, so daß die ganze Region (inklusive Orion) nicht beobachtet werden kann.

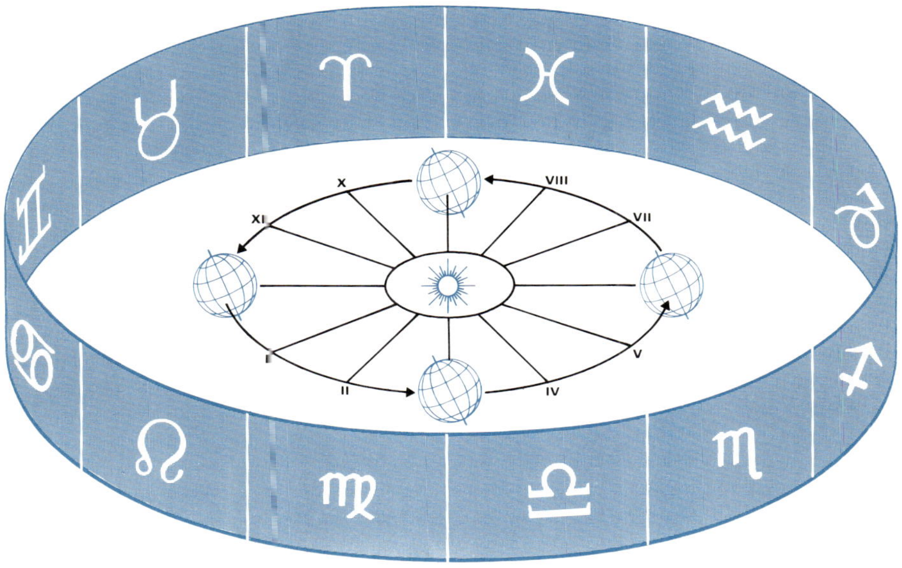

Präzession (rechts)
Der Präzessionskreis mit einem Durchmesser von 47° zeigt den Umlauf des Himmelsnordpoles um den Ekliptikpol (A). Um 2500 v. Chr. lag der Pol in der Nähe von Thuban oder α Draconis. Heute befindet er sich in der Nähe von Polaris im Kleinen Bären (Dekl. +89°08′). Im Jahre 12 000 n. Chr. wird er in der Nähe von Vega liegen. Der südliche Himmelspol beschreibt einen entsprechenden Präzessionskreis.

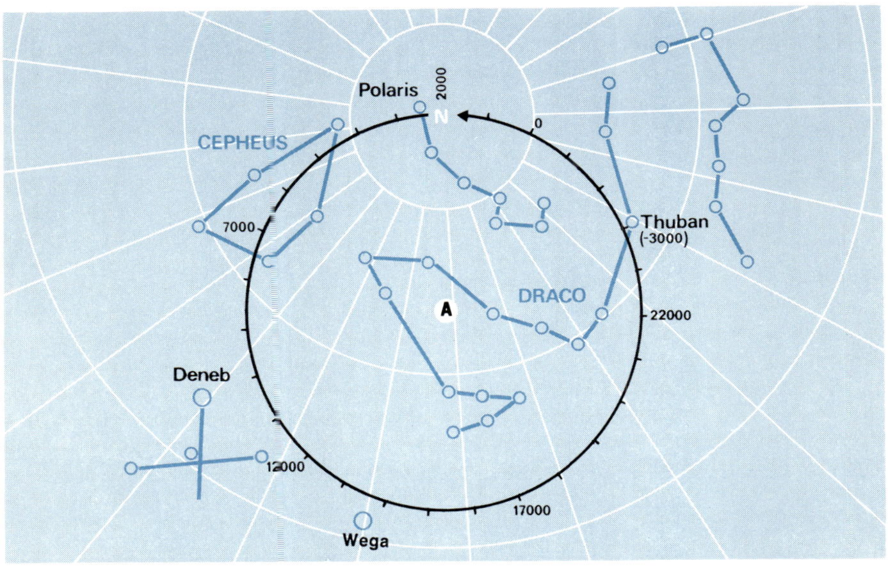

Herstellung von Sternkarten (oben)
Die Zeichnung oben soll die Herstellungsweise der in diesem Atlas enthaltenen großen Sternkarten veranschaulichen. Die Koordinaten der Himmelskugel sind so eingezeichnet, daß man den ganzen Himmel mühelos überblickt. Auf der nördlichen wie auch auf der südlichen Himmelsdarstellung gibt A die Projektion des Himmelsäquators auf die Karte als deren äußeren Kreis (0°) an. B stellt die Ekliptik, C und D die Projektion der Rektaszension bzw. Deklination dar.
In den Sternkarten dieses Atlasses sind die beiden Himmelshalbkugeln (unten) in je zwei Teilen dargestellt. In jedem Falle liegt der Himmelsäquator am halbkreisförmigen Rand der Karte. Orion wird durch den Äquator geteilt und erscheint deshalb auf zwei verschiedenen Karten. Die entsprechenden Stellen für andere Gruppen sind leicht zu finden. Die Jungfrau z. B. wird ebenfalls durch den Äquator geteilt. Der nördliche Teil des Sternbildes ist auf der Karte rechts (226/7, 234/5), der südliche Teil auf der Karte links (242/3, 250/1) dargestellt.
Die beiden «Hälften» des Himmels stehen rund um den Äquator miteinander in Verbindung.

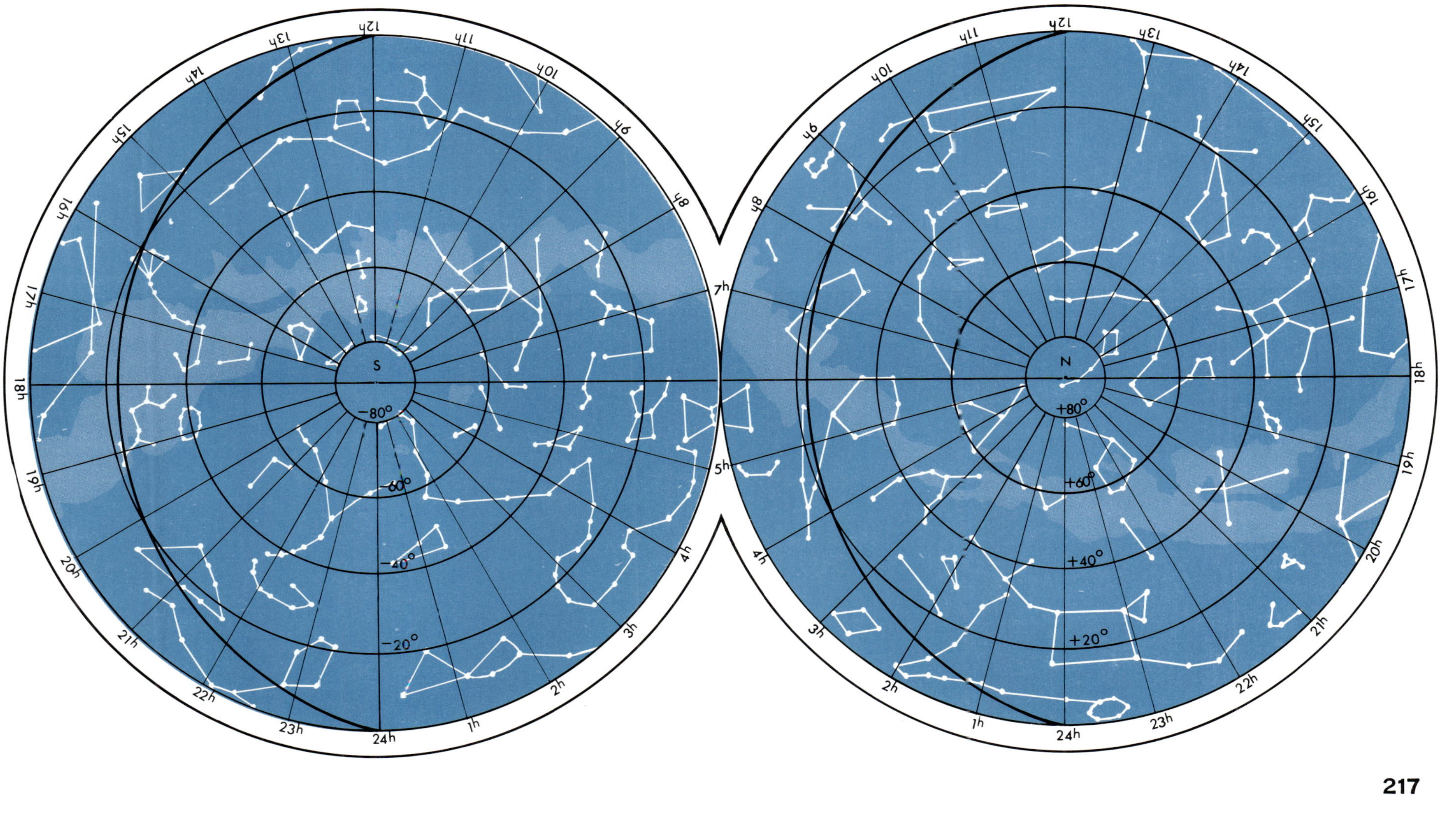

Die Sternbilder

Die heute verwendeten Sternbilder erhielten bereits im dritten vorchristlichen Jahrtausend ihre Namen, und zwar vorwiegend zu nautischen Zwecken. Aus dem Teil des Firmaments, der in Sternbilder eingeteilt worden ist, kann man auch auf den Lebensraum jener Völker schließen: es ist die griechische Inselwelt. Auch die alten Chinesen und Ägypter zeichneten phantasievolle Himmelskarten.

Die 48 griechischen Sternbilder, auf die sich die moderne Einteilung stützt, sind uns durch den *Almagest* des Ptolemäus überliefert. Das Buch wurde 150 n. Chr. geschrieben, sein Original ging zwar verloren, doch ist es auf dem Umweg über die arabische Übersetzung doch noch in unsere Hände gelangt. Unter diesen Sternbildern sind die beiden Bären, der Schwan, Herkules, die nördliche Wasserschlange, der Adler und die zwölf Tierkreiszeichen.

Sternlegenden

Man hat den in Sternbilder aufgeteilten Himmel häufig ein mythologisches Bilderbuch genannt. Tatsächlich leben die Götter und Helden der alten Sagen in den Namen der Sternbilder fort. So finden wir z. B. alle Gestalten der Perseus-Sage – nicht zuletzt das Seeungeheuer, auch wenn es heute nur noch Cetus ist, ein harmloser Wal. Orion, der Jäger, geht unter, wenn der Skorpion, sein Mörder, aufgeht. Herkules liegt zusammen mit seinem Opfer, dem Nemeischen Löwen (Leo), im Norden. Auch Argo Navis, das große Schiff, das Jason und seine Gefährten auf der Suche nach dem Goldenen Vlies trug, ist in Gestalt des größten aller Sternbilder vorhanden; es wurde allerdings, da unübersichtlich, in drei kleinere aufgeteilt: Carina (Kiel des Schiffs), Puppis (Hinterteil des Schiffs) und Vela (Segel des Schiffs). Die Mythologie erfüllte hier offensichtlich auch einen praktischen Zweck: sie erleichterte die Überlieferung eines Ordnungsschemas für das Firmament. Das war um so wichtiger, als die Sterne und Sternbilder mit Wetterregeln für den Ackerbau verknüpft wurden und außerdem für die Seefahrt von großer Bedeutung waren.

Später benannte Sternbilder

Ursprünglich waren nur diejenigen Sternbilder benannt worden, die von den Breiten der griechischen Inselwelt aus sichtbar waren. Gewisse Lücken wurden später geschlossen, die Einbeziehung des Südhimmels erfolgte teilweise erst in den letzten Jahrhunderten. So gehören das Fernrohr (Telescopium), das Mikroskop (Microscopium) und die Luftpumpe (Antlia) zu den neueren Benennungen, und das Kreuz des Südens (Crux Australis) wurde von Royer 1679 benannt. Nicht nur die Grenzen bestehender, anerkannter Sternbilder waren einem gewissen Wandel unterworfen, es wurden auch immer wieder neue Sternbilder vorgeschlagen, die aber bald wieder in Vergessenheit gerieten. Heute sind die Namen und Grenzen der Sternbilder unter der Obhut der Internationalen Astronomischen Union exakt festgelegt worden.

Die Karten von Eimmart

Die Karten rechts wurden von G. C. Eimmart gezeichnet und enthalten die ältesten und die neueren Sternbilder. Rund um die beiden Hauptkarten befinden sich Zeichnungen, die die Mondphasen (links unten), die Jahreszeiten (rechts unten) und die Gezeiten (rechts oben) zeigen, dazu drei der «Weltsysteme». Die Zeichnung oberhalb der Mitte zeigt das ptolemäische Weltsystem mit der Erde in der Mitte des Universums: Die anderen Himmelskörper bewegen sich in diesem System um die Erde, beginnend mit dem Mond und endend mit der Fixsternkugel. Unterhalb der Mitte wird das kopernikanische System illustriert: Die Sonne befindet sich im Mittelpunkt, doch die Planetenbahnen sind noch Kreise, denn Kopernikus hielt an der «perfekten» Form fest. Die Zeichnung oben links zeigt das System des dänischen Astronomen Tycho Brahe. In diesem System bewegen sich zwar die Planeten um die Sonne, doch Sonne, Mond und Sterne kreisen um die im Mittelpunkt gedachte Erde. Brahe, einer der besten Beobachter in der Geschichte der Astronomie, sammelte zwischen 1576 und 1596 die Beobachtungen, die es Kepler ermöglichten, das heliozentrische System zu beweisen und seine drei Gesetze der Planetenbewegung aufzustellen. Brahe selbst wurzelte zu sehr im Konventionellen und glaubte zu fest an die Astrologie, um diesen Schritt zu tun. Sein «System» stellt eine reine Kompromißlösung dar.

Die Karte von Janssonius (unten)

Die Karte wurde 1660 von Joannes Janssonius mit dem Ekliptikpol im Zentrum gezeichnet. Auch hier sind die mythologischen Gestalten eingezeichnet, und es erstaunt nicht, daß Sir John Herschel, der große Astronom des 19. Jahrhunderts, feststellte, die Sternbilder seien so gestaltet, «daß man die größte Mühe damit hat».

HÆRIUM CÆLESTE
HYPOTHESIS PTOLEMAICA
Sphæra Lunæ
Mercurii
Veneris
Solis
Martis
Iovis
Saturni
ÆSTUS MARIS PER MOTUM LUNÆ
Magnitudines Stellarum.
Nebulosa
HYPOTHESIS COPERNICANA
SCHEMA PH. LANSBERGII
MOTUS TERRÆ ANNUUS CIRCA SOLEM
onem HEVELIANAM
LEJANAM
cundum Restitut
et HAL
Serpentarius
Sagittarius
Capricornus
Corona Austr.
Ara
Lupus
Libra
Pavo
Indus
Grus
Aquarius
Apus
Crux
Toucan
Phœnix
Hydrus
Virgo
Corvus
Crater
Hydra
Tropicus
Sextans Uraniæ
Argo Navis
Dorado
Eridanus
Capricorni
Columba
Lepus
Cetus
Canis Major
Monoceros
Leo
Cancer
Gemini
Orion
Taurus
Aries
Colurus Solstitior
Æquinoct
Taurus
Auriga
Perseus
Musca
Triang. min.
Triangulus
Pisces Bor.
Linum Bor.
Linum Austr.
Cassiopeia
Andromeda
Pegasus
Cygnus
Pisces Austr.
Aquarius
Delphinus
Aquila
Antinous
Capricornus
Opera G.C. Eimmarti præstat in Officina Homanniana.

Jahreszeitliche Sternkarte: Nördliche H

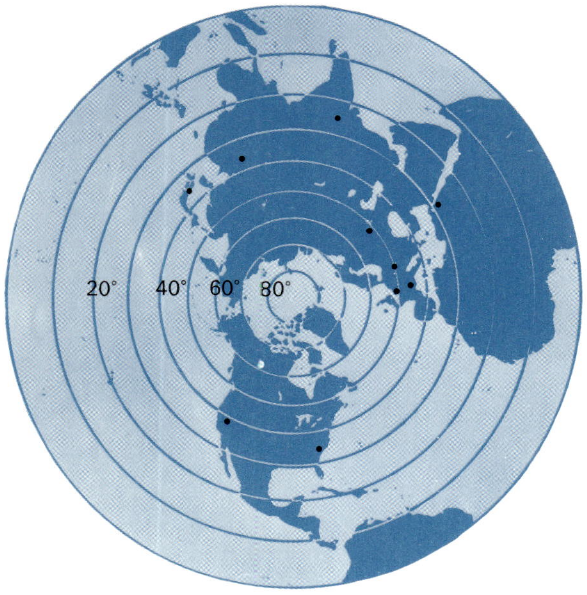

Die auf dieser Seite abgebildeten Sternkarten sind für Beobachter auf der nördlichen Hemisphäre zwischen dem 30. und 50. Breitengrad geeignet. Der örtliche Horizont ist durch die Breitenangabe im unteren Teil der Karten angegeben. Für einen Beobachter auf 30° nördlicher Breite liegt der Nordhorizont der ersten Karte gerade oberhalb Deneb, so daß dieser nicht mehr sichtbar ist.

Ein Stern geht pro Monat durchschnittlich 2 Stunden früher auf. Die Karte für den 1. Januar 23.30 Uhr ist also auch für den 1. Februar 21.30 Uhr oder für den 1. Dezember 1.30 Uhr gültig usw.

Ob für einen Beobachter auf einer bestimmten geografischen Breite ein Stern überhaupt sichtbar ist, kann aus dessen Deklination berechnet werden. (Die geografische Breite der größten Städte der Erde ist auf den beiden Karten S. 220 u. 222 r. o. angegeben, eine Liste der Positionen der hellen Sterne findet sich auf Seite 259.) Für einen Beobachter der nördlichen Hemisphäre befindet sich ein Stern an seinem tiefsten Punkt am Himmel, wenn der Stern genau im Norden steht. Ein Stern, dessen Abstand vom Himmelspol gleich der geografischen Breite des Beobachters ist, berührt in seinem tiefsten Punkt gerade den Horizont. Wenn er sich aber näher am Pol befindet, ist er zirkumpolar. Von 51° nördlicher Breite aus ist ein Stern zirkumpolar, wenn seine Deklination 90° — 51° = + 39° oder mehr beträgt. So ist Capella (Dekl. — 45° 57′) für einen Beobachter in Köln (51° nördl. Breite) zirkumpolar. Bei einer genauen Rechnung muß die atmosphärische Refraktion berücksichtigt werden.

Geografische Breite (links)
Geografische Breite der größten Städte auf der nördlichen Hemisphäre.
Für einen Beobachter auf der nördlichen Erdhalbkugel sind im Verlaufe eines Jahres alle Sterne der nördlichen Himmelshalbkugel sichtbar, aber er kann nur einen begrenzten Teil der südlichen Himmelshalbkugel sehen. Wenn seine nördliche Breite $\alpha°$ ist, beträgt die Deklination des südlichsten Punktes, den er am Himmel sehen kann, $90° — \alpha°$ Süd. Ein Beobachter auf 50° nördl. Breite z. B. kann nur den Himmel nördlich der Deklination $90° — 50° = 40°$ Süd $= —40°$ beobachten.

Abend
1. Januar 23.30 Uhr
15. Januar 22.30 Uhr
30. Januar 21.30 Uhr
Mittlere Ortszeit

Morgen
1. Oktober 05.30 Uhr
15. Oktober 04.30 Uhr
30. Oktober 03.30 Uhr
Mittlere Ortszeit

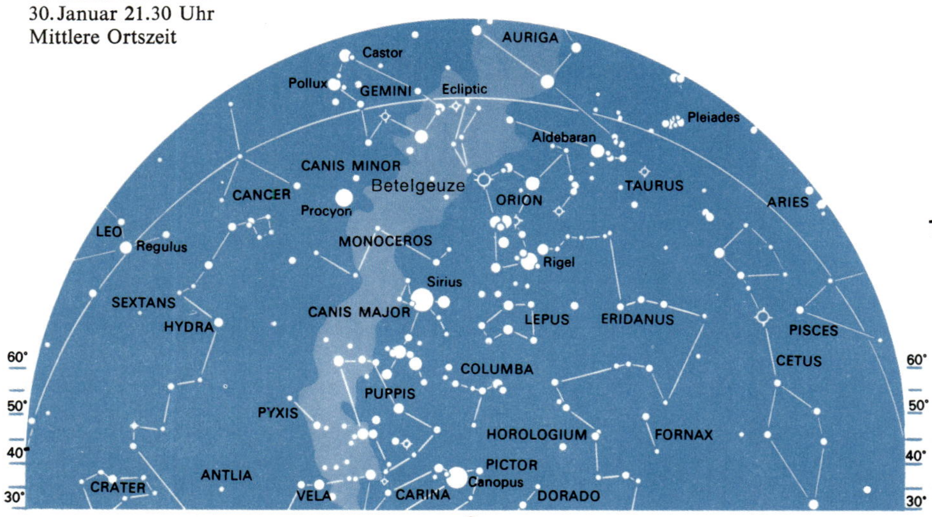

S

1

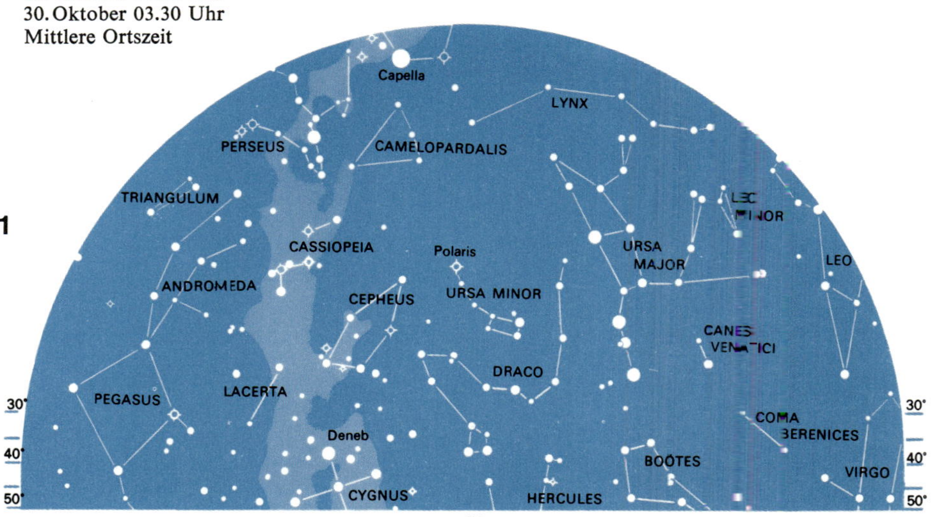

N

Abend
1. März 23.30 Uhr
15. März 22.30 Uhr
30. März 21.30 Uhr
Mittlere Ortszeit

Morgen
15. November 06.30 Uhr
1. Dezember 05.30 Uhr
15. Dezember 04.30 Uhr
Mittlere Ortszeit

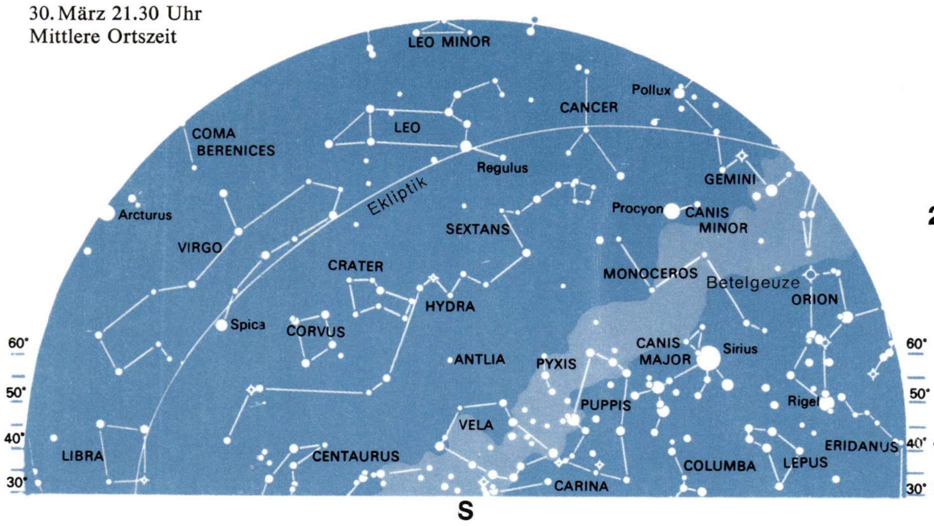

S

2

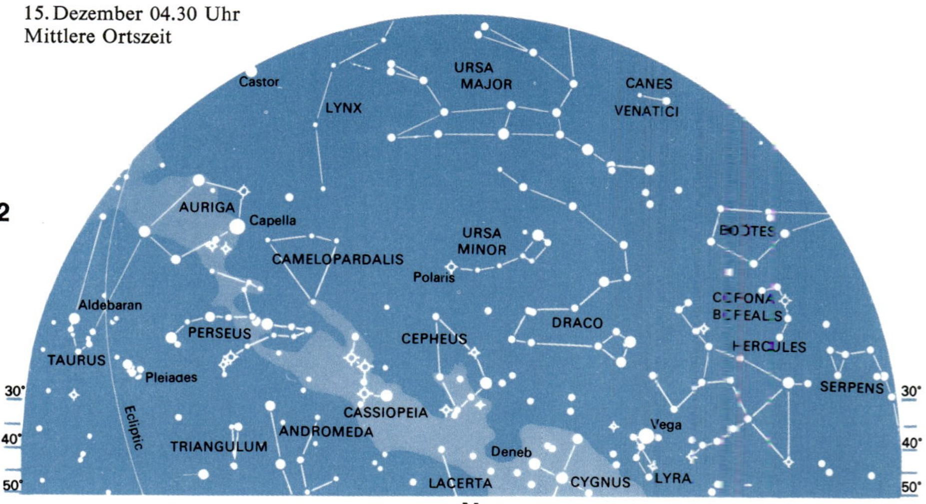

N

Abend
1. Mai 23.30 Uhr
15. Mai 22.30 Uhr
30. Mai 21.30 Uhr
Mittlere Ortszeit

Morgen
15. Januar 06.30 Uhr
1. Februar 05.30 Uhr
14. Februar 04.30 Uhr
Mittlere Ortszeit

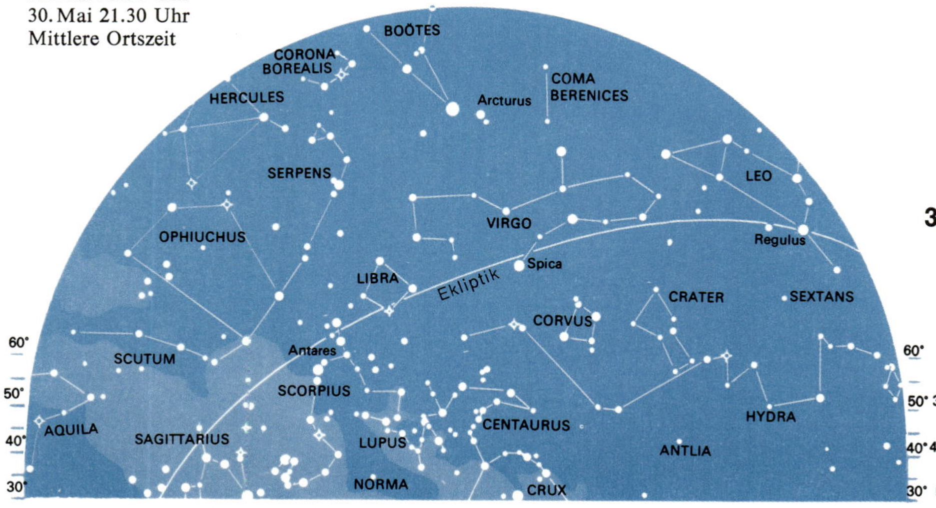

S

3

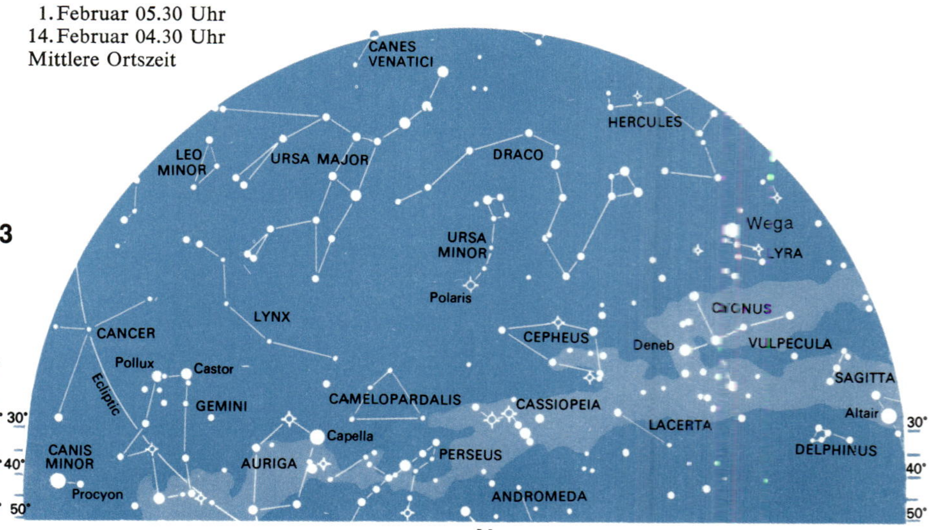

N

emisphäre

Gleicherweise geht ein Stern, der südlich der Deklination —39° liegt, niemals für einen Beobachter in 51° nördl. Breite auf. Canopus hat die Deklination —52°40′. Er ist deshalb von London aus (51° nördl. Breite) unsichtbar, kann aber von jedem Punkt südlicher als 37°20′ nördl. Breite (d.h. 90° — 52°40′) beobachtet werden. Die Refraktion wurde vernachlässigt.

Alkaid oder η Ursae Majoris, der südlichste der sieben Sterne im Großen Bären, hat eine Deklination von +49°33′44″, die für solche Rechnungen auf +50° gerundet werden kann. Er wird deshalb für Gegenden nördlich von 40° nördl. Breite zirkumpolar und für Gegenden südlich von 40° südl. Breite dauernd unsichtbar sein.

Die untenstehenden Karten zeigen den Himmel in Nordrichtung (rechts) und Südrichtung (links) für einen Beobachter auf der nördlichen Hemisphäre. Die Beschreibung gilt in jedem Fall für den späten Abend, genauere Angaben können den Anmerkungen links oberhalb jeder Karte entnommen werden.

Karte 1
Im Winter wird der Südhimmel von Orion und seinen Nachbarn beherrscht. Capella ist beinahe im Zenit und Sirius am höchsten über dem Horizont. Beobachter in Mitteleuropa können Teile des Sternbildes Puppis sehen, aber, wie schon bemerkt, liegt Canopus so weit südlich, daß er von keinem Teil Europas aus sichtbar ist. Im Osten fällt der Vorderteil des Löwen auf. Der Große Bär befindet sich im Nordosten, während Wega ganz tief im Norden steht. Wega ist für Mitteleuropa zirkumpolar, nicht aber für die Breite von New York. In der ersten Karte ist sie nicht vorhanden.

Karte 2
Im Frühjahr steht Orion bis nach Mitternacht über dem Horizont. Der Löwe ist höher gestiegen, östlich davon die Jungfrau. Capella sinkt gegen Nordwesten, Wega geht im Nordosten auf. Diese beiden Sterne haben fast die gleiche scheinbare Helligkeit (0,1 bzw. 0,0), der höher über dem Horizont stehende scheint daher heller zu sein. Im Westen sind Aldebaran und die Plejaden noch sichtbar.

Karten 3—6
Zu Anfang des Sommers (Karte 3) ist Orion bereits untergegangen. Für Beobachter in England ist der Südhimmel relativ unscheinbar, aber Beobachter in südlicheren Regionen sehen das Sternbild Kentaur und seine Nachbarn. An Sommerabenden (Karte 4) steht Wega im Zenit und Capella ganz tief im Norden. Antares befindet sich an seinem höchsten Punkt über dem Südhorizont.

Zu Herbstbeginn (Karte 5) erscheinen Aldebaran und die Plejaden von neuem, das Viereck des Pegasus steht hoch im Süden, und über dem Südhorizont erblickt man Fomalhaut. Im frühen Winter (Karte 6) ist Orion wieder sichtbar, der Große Bär steht tief im Norden.

Abend
1. Juli 23.30 Uhr
15. Juli 22.30 Uhr
30. Juli 21.30 Uhr
Mittlere Ortszeit

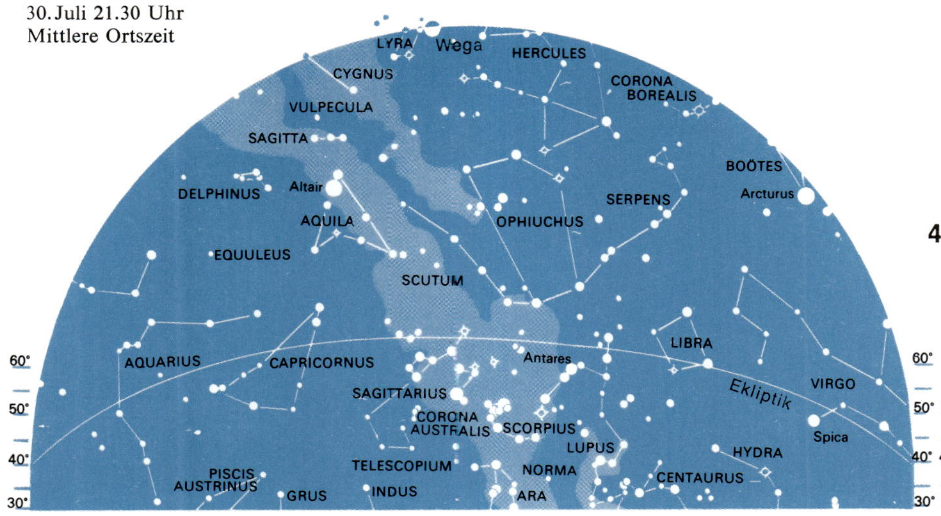

S

Morgen
1. April 05.30 Uhr
15. April 04.30 Uhr
30. April 03.30 Uhr
Mittlere Ortszeit

4

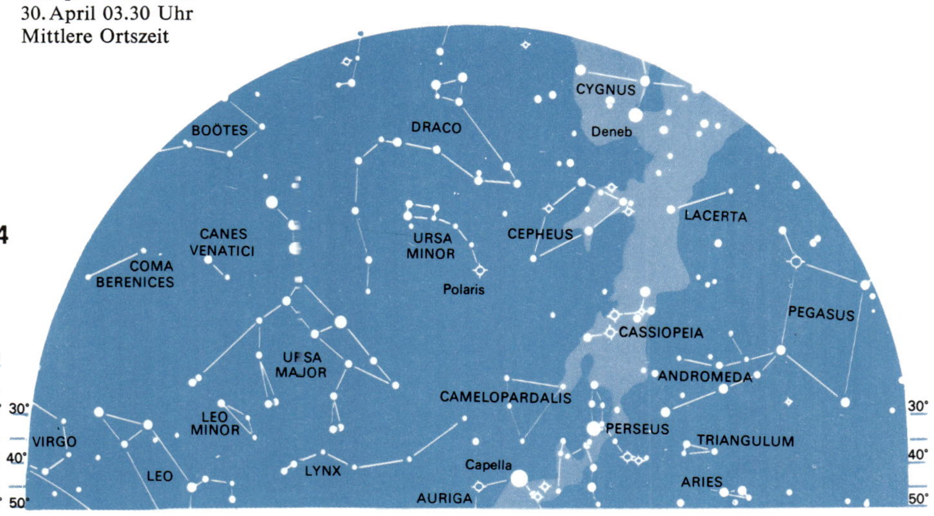

N

Abend
1. September 23.30 Uhr
15. September 22.30 Uhr
30. September 21.30 Uhr
Mittlere Ortszeit

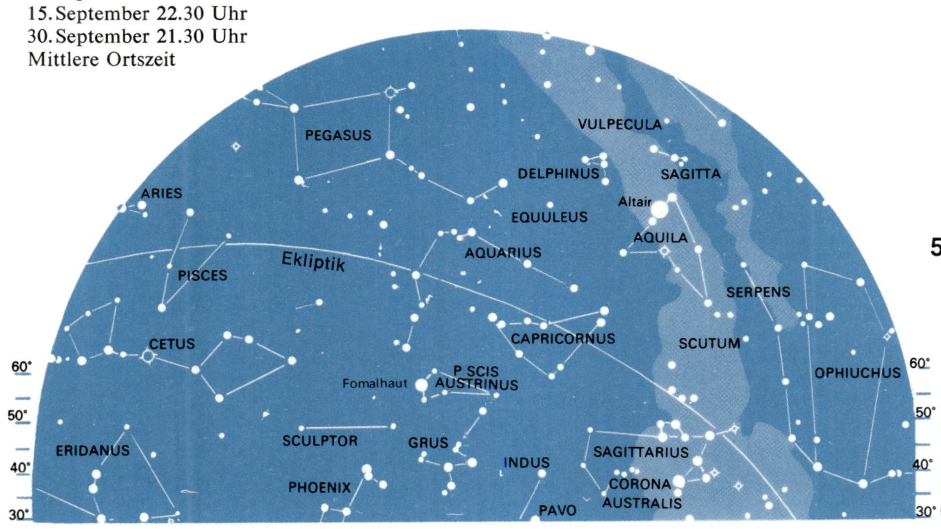

S

Morgen
15. Juni 04.30 Uhr
30. Juni 03.30 Uhr
15. Juli 02.30 Uhr
Mittlere Ortszeit

5

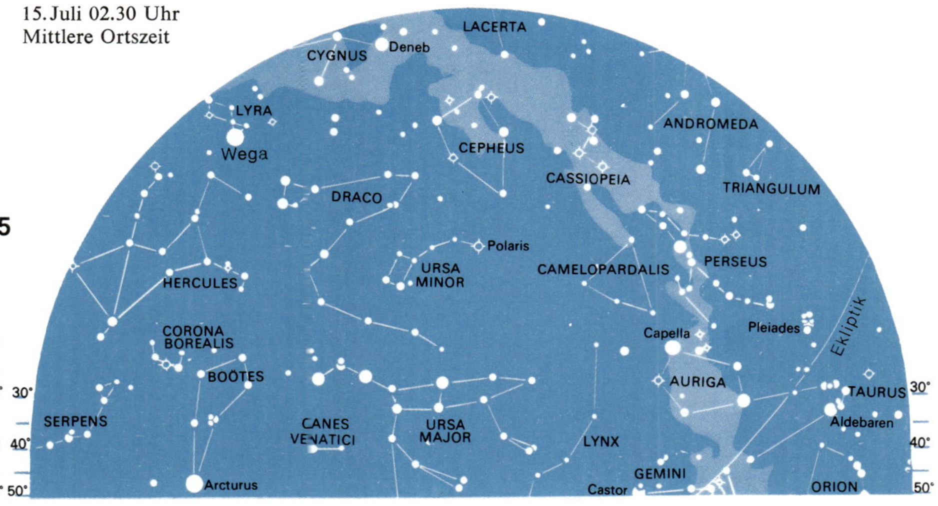

N

Abend
1. November 23.30 Uhr
15. November 22.30 Uhr
30. November 21.30 Uhr
Mittlere Ortszeit

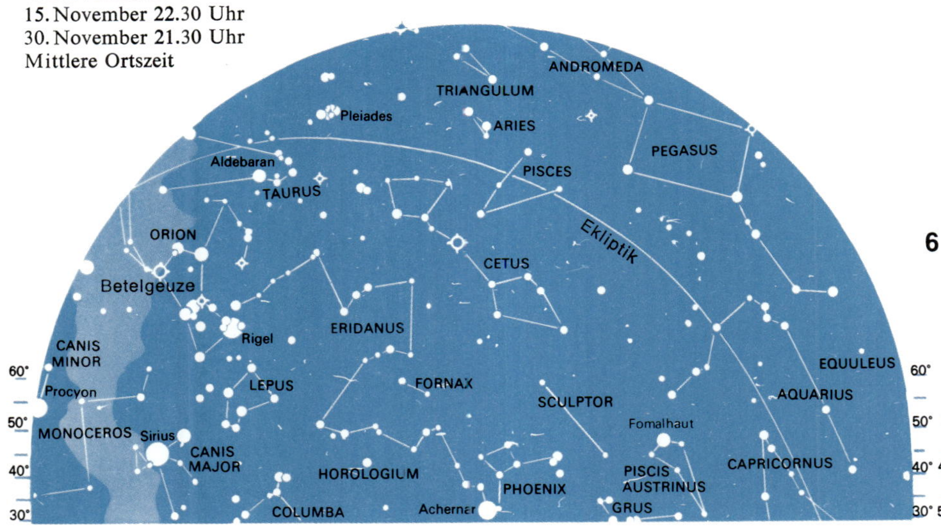

S

Morgen
15. August 04.30 Uhr
30. August 03.30 Uhr
15. September 02.30 Uhr
Mittlere Ortszeit

6

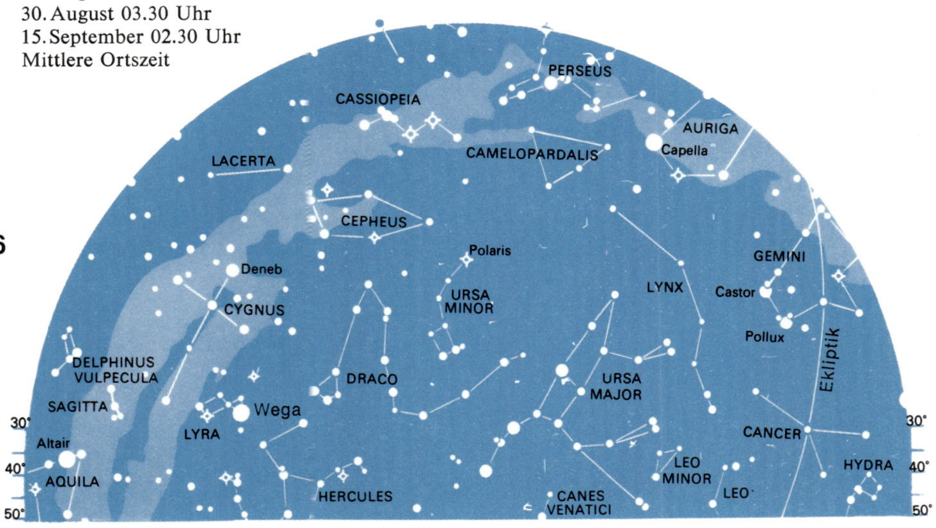

N

Jahreszeitliche Sternkarte: Südliche He

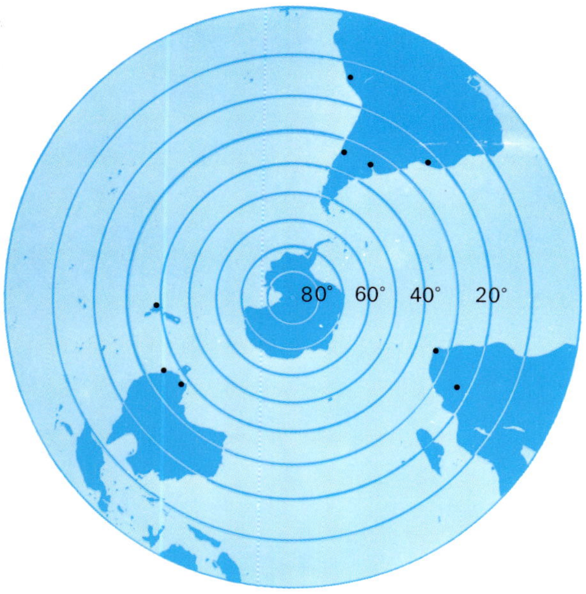

Einfluß der Breite des Beobachtungsorts (links)
Für den Beobachter auf der südlichen Halbkugel sind alle Sterne des Südhimmels im Laufe eines Jahres sichtbar, vom Nordhimmel jedoch sieht er nur einen beschränkten Teil. Wenn seine südliche Breite α° beträgt, dann hat der nördlichste Punkt am Himmel, den er noch sehen kann, die Deklination 90° — α°. So sieht ein Beobachter auf 50° südlicher Breite nur Sterne, die südlich der Deklination 90° — 50° = +40° liegen.

Insgesamt sind die Sterne im Gebiet um den Südpol des Himmels heller als die im Norden, der Nordpol liegt sogar in einer ausgesprochen sternarmen Gegend. Andererseits gibt es ganz im Süden kaum ein Sternbild, das so auffallend wäre wie der Große Bär, das Kreuz des Südens bedeckt eine viel kleinere Fläche. Canopus, neben Sirius der hellste Stern am Himmel, hat eine Deklination von etwa —53°, von Europa aus sieht man ihn nicht, in Mexiko erhebt er sich eben über den Horizont, in Australien und Neuseeland ist er fast das ganze Jahr zu sehen. Am Südhimmel befinden sich auch die beiden Magellanschen Wolken, die für die Astrophysik von so großer Bedeutung geworden sind. Sie sind mit dem bloßen Auge deutlich sichtbar, die Große Wolke sieht man sogar bei vollem Mondlicht.

Ein Beobachter an einem der Pole der Erde würde nur eine Halbkugel des Himmels sehen, ihre Sterne wären für ihn alle zirkumpolar. Das Sternbild Orion liegt zwar auf dem Himmelsäquator, ist aber nicht von allen Punkten der Erde aus ganz sichtbar. Betelgeuze im Orion z.B., mit einer Deklination von +7°, ist für einen Beobachter am Südpol nie sichtbar. Erst wenn sich der Beobachter in Breiten nördlicher als 83° S begibt (d.h. also 90° — 7°), erhebt sich Betelgeuze für ihn über den Horizont. Die hier abgebildeten Karten zeigen den Himmelsanblick in Nordrichtung (Karte links) und in Südrichtung (Karte rechts), sie gelten für südliche Breiten zwischen 15° und 35°. Wie bei den Karten für die nördliche Halbkugel beziehen sich die Beschreibungen auf den späten Abend, doch ist jede Karte auch für andere Daten und Zeiten gültig.

1

Abend
1. Januar 23.30 Uhr
15. Januar 22.30 Uhr
30. Januar 21.30 Uhr
Mittlere Ortszeit

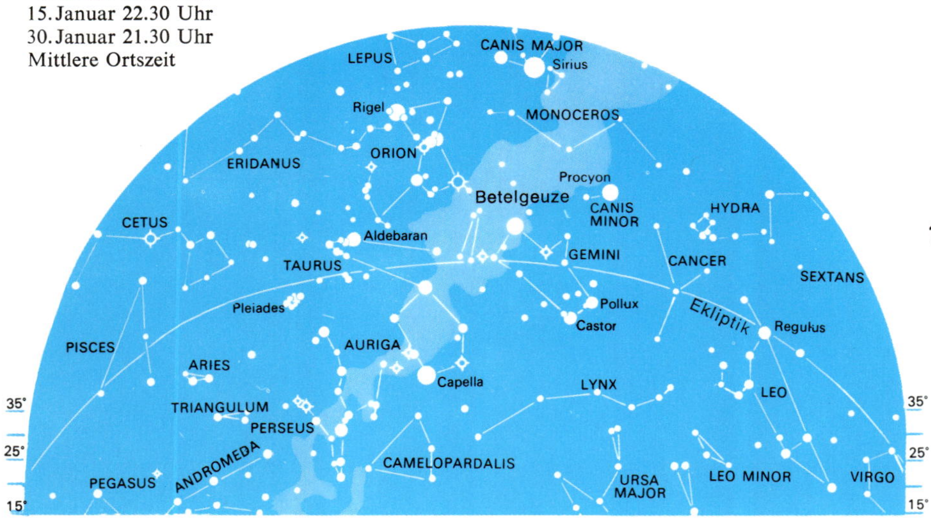

N

Morgen
1. Oktober 05.30 Uhr
15. Oktober 04.30 Uhr
30. Oktober 03.30 Uhr
Mittlere Ortszeit

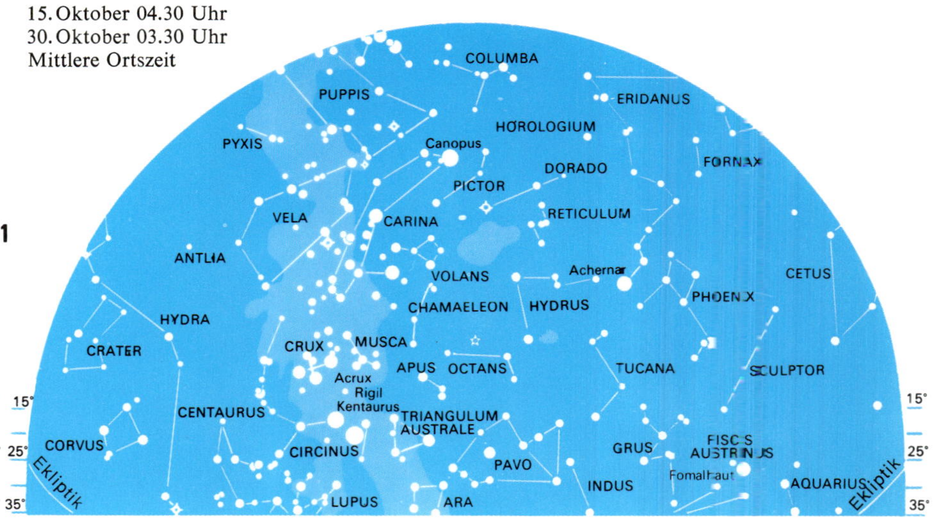

S

2

Abend
1. März 23.30 Uhr
15. März 22.30 Uhr
30. März 21.30 Uhr
Mittlere Ortszeit

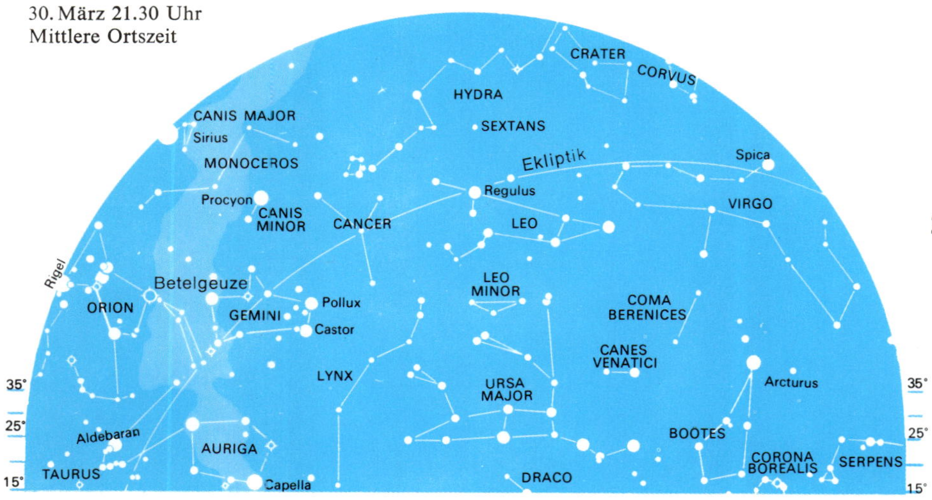

N

Morgen
15. Dezember 04.30 Uhr
30. Dezember 03.30 Uhr
15. Januar 02.30 Uhr
Mittlere Ortszeit

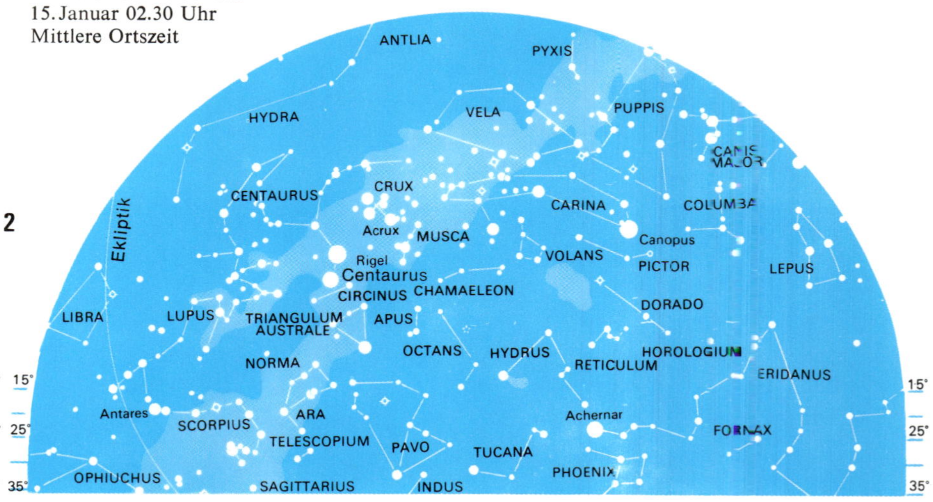

S

3

Abend
1. Mai 23.30 Uhr
15. Mai 22.30 Uhr
30. Mai 21.30 Uhr
Mittlere Ortszeit

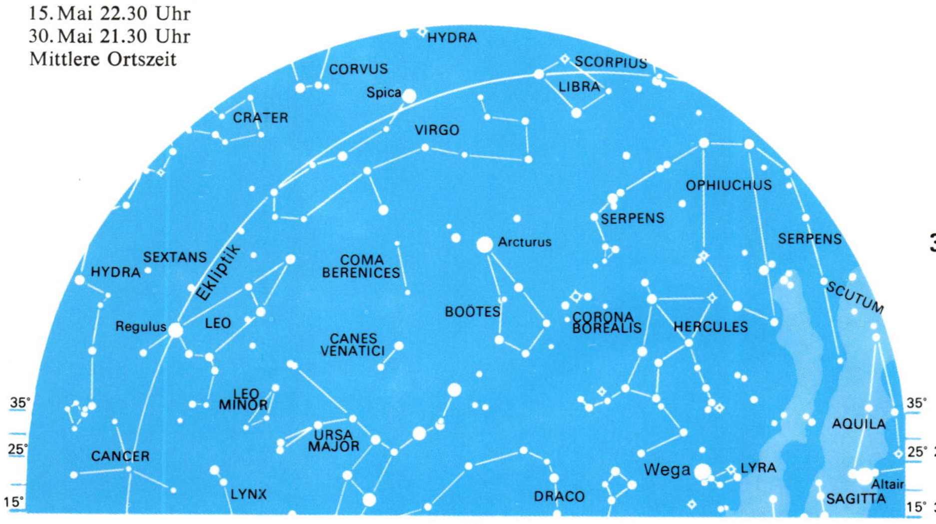

N

Morgen
14. Februar 04.30 Uhr
28. Februar 03.30 Uhr
15. März 02.30 Uhr
Mittlere Ortszeit

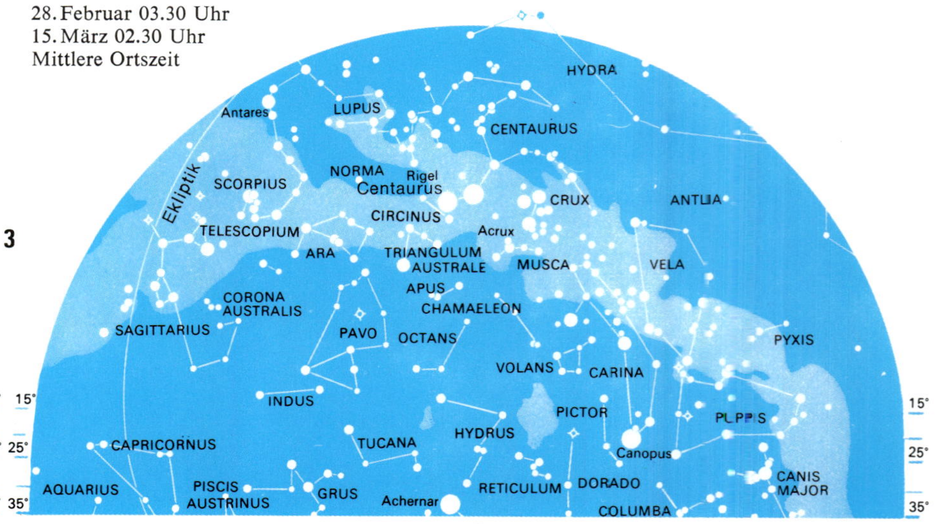

S

misphäre

Karte 1
Im Januar stehen die beiden hellsten Sterne, Sirius und Canopus, noch am Himmel. Sirius erscheint mit $-1{,}4^m$ heller als Canopus mit $-0{,}8^m$, was seiner Nähe und nicht seiner Leuchtkraft zuzuschreiben ist: Sirius ist ein Hauptreihenstern vom Spektraltyp A von nur 26facher Sonnenleuchtkraft, Canopus ist ein Überriese vom Spektraltyp F, dessen Leuchtkraft ungefähr das 80 000-fache derjenigen der Sonne beträgt. Entsprechend seinem Spektraltyp ist Sirius weiß, während Canopus gelblich erscheint. Weiter unten leuchtet das Kreuz des Südens, von den hellen Sternen α und β Centauri flankiert. Im Norden steht Capella hoch über dem Horizont, Orion steht in der Nähe des Zenits. Bei klarem Himmel kann man sogar einige Sterne des Großen Bären tief am nördlichen Horizont erkennen.

Karte 2
Im März beginnt Canopus im Südwesten abzusteigen, und das Kreuz des Südens erhebt sich in seine größte Höhe. Der Südosten wird von den hellen Sternbildern Skorpion und Kentaur beherrscht. (Der Skorpion ist ein prächtiges Sternbild. Nur sein Hauptstern Antares ist von Europa aus gut sichtbar, sein Schwanz reicht zu weit in den Süden.) Im Norden sieht man den Großen Bären. Orion neigt sich im Westen dem Untergang zu.

Karten 3–4
Der Anblick im Mai (Karte 3) zeigt α und β Centauri sehr hoch am Himmel, Canopus steht im Südwesten. Sirius und Orion sind untergegangen, der Skorpion glänzt im Südosten. Im Norden sieht man den hellen Stern Arktur sowie Spica in der Jungfrau in Zenitnähe. Im Juli (Karte 4) beherrschen Wega, Altair und Deneb den Nordhimmel, Arktur steht noch hoch über dem Nordwesthorizont, und Antares ist nicht weit vom Zenit entfernt. Die Milchstraße erstreckt sich, deutlich sichtbar, vom Südhorizont bis weit in den Norden.

Karten 5–6
Der Himmel im September (Karte 5) zeigt Pegasus im Norden, und das «W» der Cassiopeia steht über dem Horizont. Das Kreuz des Südens ist fast in seinem tiefsten Punkt angelangt. Der November (Karte 6) zeigt wiederum Sirius und Canopus. α und β Centauri streifen den Horizont, und die Gegend um den Zenit wird von großen, relativ sternarmen Sternbildern wie Walfisch und Eridanus bevölkert.

Abend
1. Juli 23.30 Uhr
15. Juli 22.30 Uhr
30. Juli 21.30 Uhr
Mittlere Ortszeit

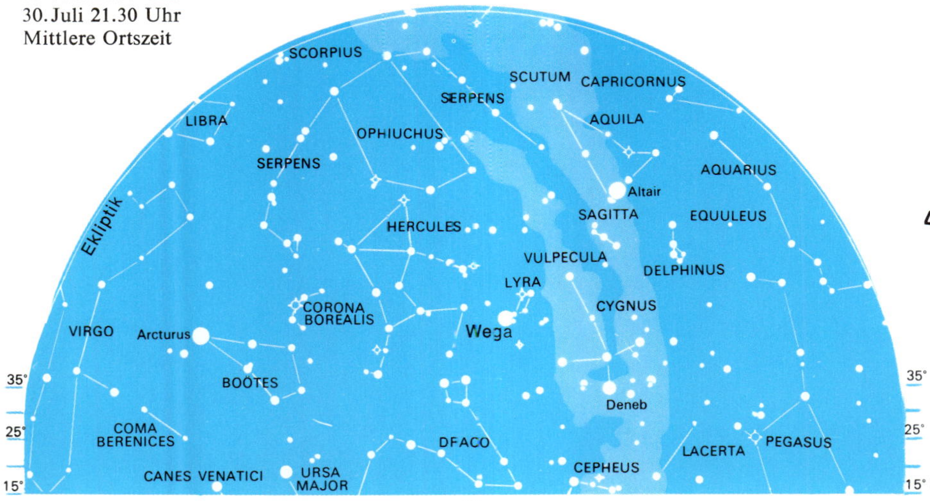

N

4

Morgen
1. April 05.30 Uhr
15. April 04.30 Uhr
30. April 03.30 Uhr
Mittlere Ortszeit

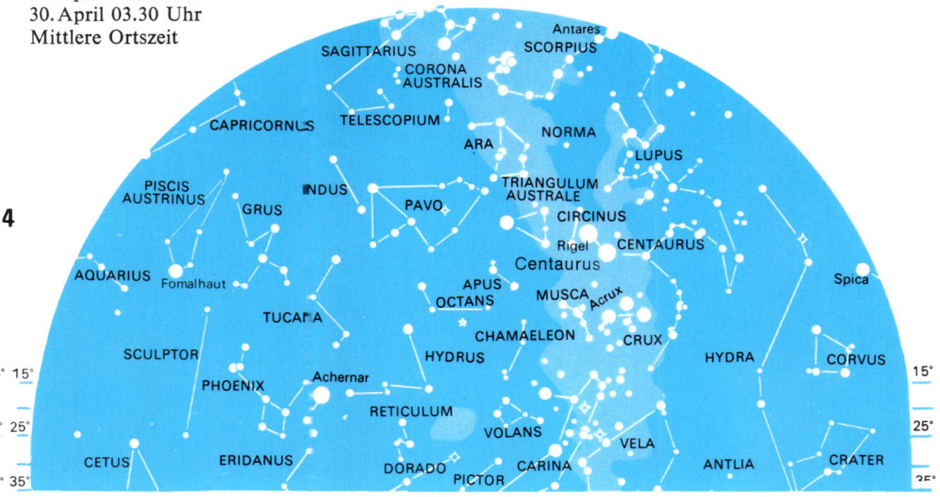

S

Abend
1. September 23.30 Uhr
15. September 22.30 Uhr
30. September 21.30 Uhr
Mittlere Ortszeit

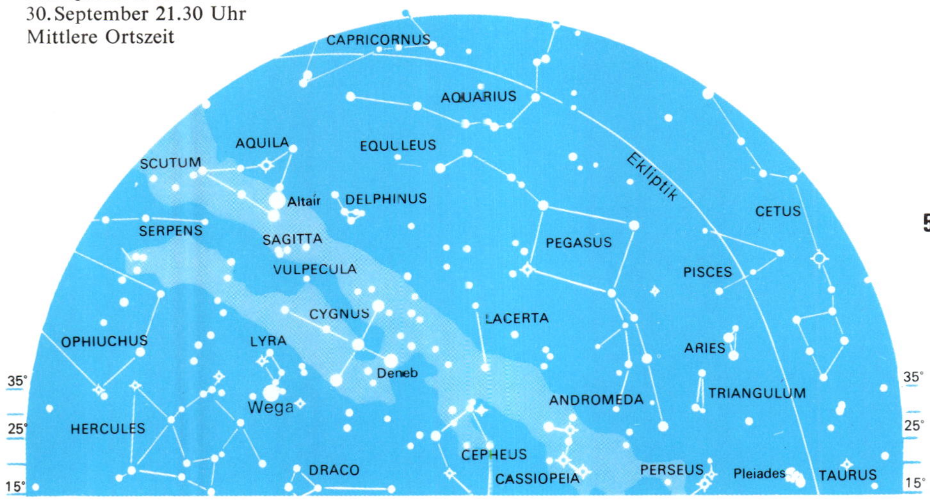

N

5

Morgen
15. Mai 06.30 Uhr
1. Juni 05.30 Uhr
15. Juni 04.30 Uhr
Mittlere Ortszeit

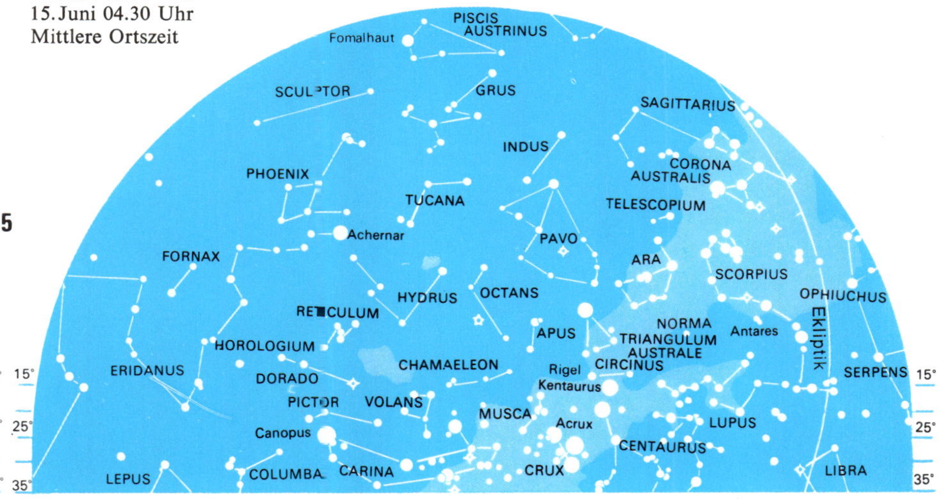

S

Abend
1. November 23.30 Uhr
15. November 22.30 Uhr
30. November 21.30 Uhr
Mittlere Ortszeit

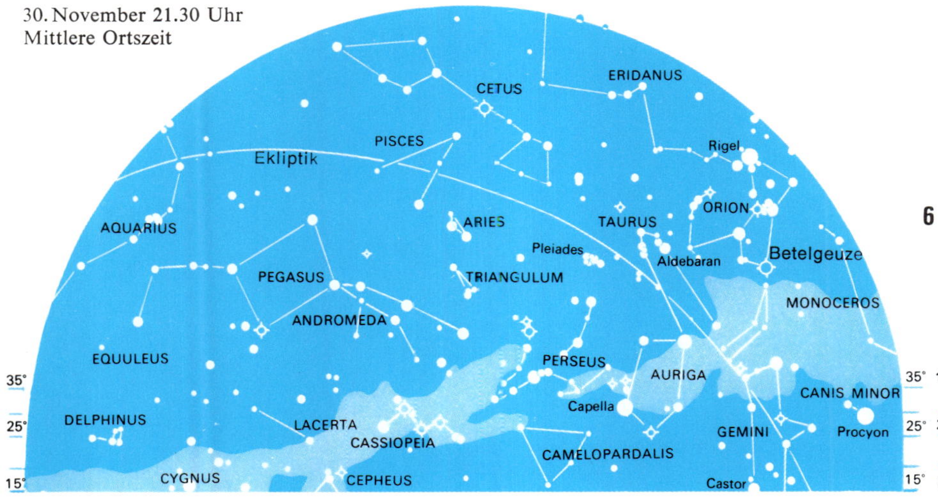

N

6

Morgen
15. Juli 06.30 Uhr
1. August 05.30 Uhr
15. August 04.30 Uhr
Mittlere Ortszeit

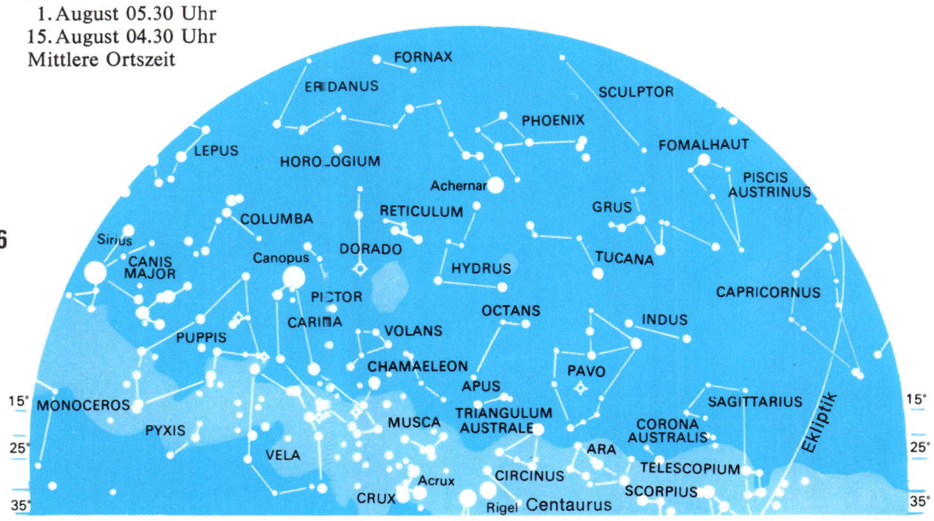

S

Erläuterungen zu den Sternkarten

Sich am Himmel zurechtzufinden ist bei weitem nicht so schwierig, wie es anfangs scheinen mag. Die beste Methode besteht darin, sich einige auffallende Sternbilder zu merken, die man leicht findet und die als Führer zu den anderen dienen können.

Für Beobachter in den mittleren Breiten Europas oder im Norden der Vereinigten Staaten sind die geeignetsten Sternbilder die beiden Bären (oder Wagen) und der Orion. Nimmt man sie als Ausgangspunkte, so kann man sich alle anderen Sternbilder leicht einprägen. Für einen Beobachter auf der südlichen Halbkugel treten der Kentaur und das Kreuz des Südens an ihre Stelle. Orion wird vom Himmelsäquator durchquert und ist von allen Teilen der bewohnten Welt aus zu sehen.

Die Karten auf dieser Seite dienen lediglich der Übersicht; sobald man die Hauptsterne eines Sternbildes kennt, gehe man zu den genaueren Karten auf den Seiten 226/227, 234/235, 242/243 und 250/251 über, deren Koordinatensysteme für das Äquinoktium 2000,0 gelten. Wo die einzelnen Sternbilder zu finden sind, entnehme man der Liste auf S. 225 oben.

Alle in diesen Übersichtskarten enthaltenen Sterne sind hell genug, um auch bei aufgehelltem Himmel, bei Mondlicht, sichtbar zu sein.

Der Große Bär (oder Großer Wagen) A
Ursa Major (der Große Bär) ist von Mitteleuropa oder der Gegend um New York aus gesehen zirkumpolar. Die beiden letzten Schwanzsterne des Bären führen zu Arktur im Bootes und von dort aus zu Spica in der Jungfrau. Verlängert man den hinteren Teil des «Wagenkastens», d. h. trägt man die Strecke Merak–Dubhe etwa fünfmal über Dubhe hinaus ab, dann ist man beim Polarstern, dem Schwanzstern des Kleinen Bären, angelangt. Auch Löwe und Cassiopeia lassen sich leicht in dieses Schema einordnen. Castor und Pollux in den Zwillingen und Capella im Fuhrmann sind auf dieser Übersichtskarte und auf der des Orion zu finden. Obgleich der Große Bär keinen Stern der 1. Größe enthält, ist er wegen seiner charakteristischen Form nicht zu verwechseln.

Orion B
Orion, der Himmelsjäger, liegt auf dem Äquator und ist daher von allen Teilen der bewohnten Welt aus sichtbar. Der Gürtel zeigt in der einen Richtung auf Aldebaran im Stier, in der anderen auf Sirius, den hellsten Fixstern. Auch Procyon, Castor und Pollux sowie Capella sind von dort aus leicht zu finden. Wegen seiner Helligkeit und der besonders einprägsamen Form eignet sich Orion besonders gut zum «Führer» am Firmament. Alle Hauptsterne außer Betelgeuze sind heiße, weiße Sterne von hoher Leuchtkraft.

Cygnus C
In Europa und im Norden der Vereinigten Staaten wird der nächtliche Sommerhimmel vom sogenannten Sommerdreieck beherrscht: Wega in der Leier, Deneb im Schwan (Cygnus) und Altair im Adler. Wie diese Karte zeigt, kann Deneb leicht vom Großen Bären aus gefunden werden. Das Kreuz im Schwan ist nicht zu übersehen, und Altair im Adler ist von zwei Sternen flankiert. Von den drei Sternen 1. Größe, die das Sommerdreieck bilden, erscheint Deneb als der schwächste. Seine Leuchtkraft ist zwar größer als die der Wega oder des Altair, doch ist er wesentlich weiter entfernt.

Pegasus D
Der Südhimmel wird an Herbstabenden in Europa von Pegasus beherrscht, dessen drei Hauptsterne mit dem Stern α in der Andromeda ein Quadrat bilden. Das «W» der Cassiopeia läßt sich am besten vom Großen Bären (erste Übersichtskarte) aus finden, von dort aus gelangt man dann zu Pegasus, dessen Sterne zwar nicht sehr hell sind, aber doch ein unverkennbares Muster bilden. Sirrah, obwohl noch im Pegasus-Quadrat, gehört schon zum angrenzenden Sternbild Andromeda. Südlich des Pegasus, jenseits des Himmelsäquators, stößt man auf den isolierten hellen Stern Fomalhaut im südlichen Fisch.

Das Kreuz des Südens E
Crux Australis (Kreuz des Südens), von Europa aus nicht sichtbar, ist das bekannteste Sternbild am Südhimmel. Ein «Pfeil» aus den beiden Sternen 1. Größe α und β Centauri weist darauf hin. Das Sternbild fällt wegen der vier nahe beieinanderstehenden, hellen Sterne auf. Der «längere Arm» des Kreuzes zeigt zum südlichen Himmelspol, der im Sternbild Octans liegt und keinen helleren Stern aufweist.

Der Kranich F
Ein gutes Stück südlich des Sterns Fomalhaut liegt, von Mitteleuropa aus nicht sichtbar, das Sternbild Grus (Kranich). Es ist auffälliger als die anderen «Vögel des Südens», Pavo, Phönix und Tucana. Sein Hauptstern Alnair ist von 2. Größe. An den Kranich grenzt der Phönix, neben diesem liegt der Stern 1. Größe Achernar, der den südlichsten Punkt des Flusses Eridanus bildet. Ein Teil von Eridanus ist von Europa aus sichtbar – β Eridani oder Kursa liegt nahe dem Stern Rigel im Orion –, doch erhebt sich Achernar niemals über den europäischen Horizont.

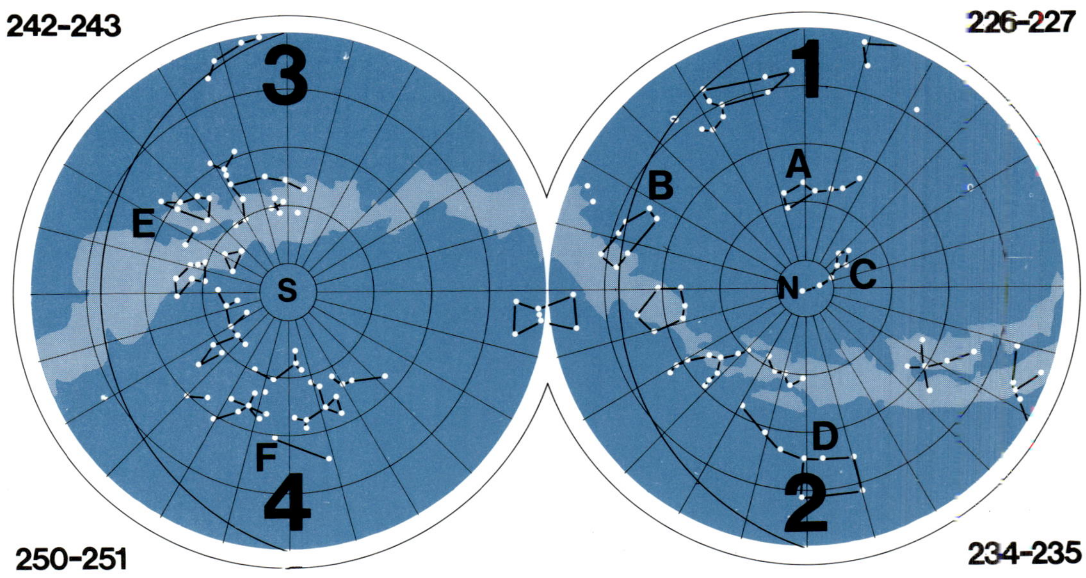

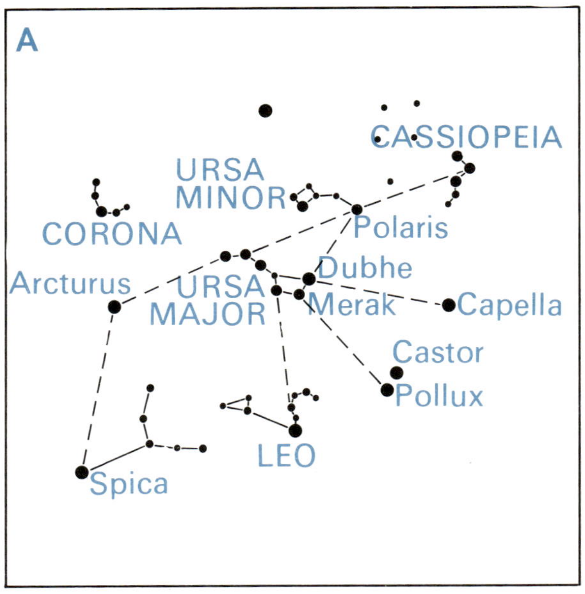

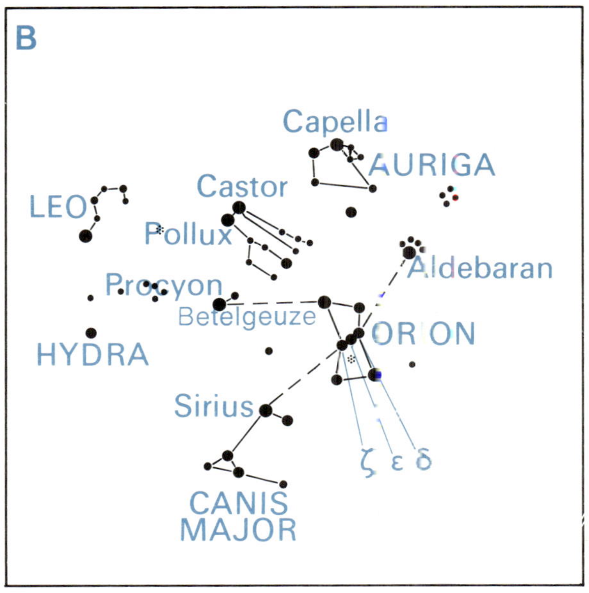

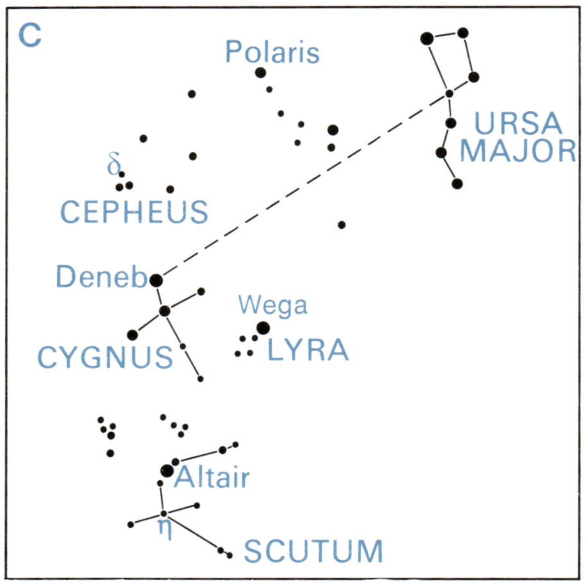

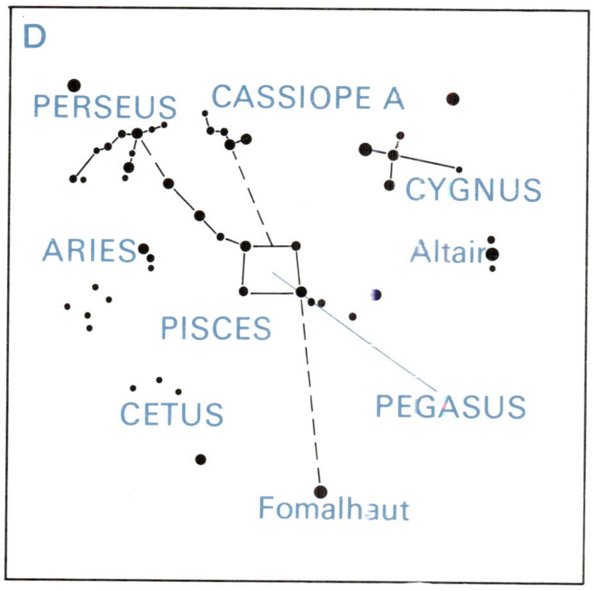

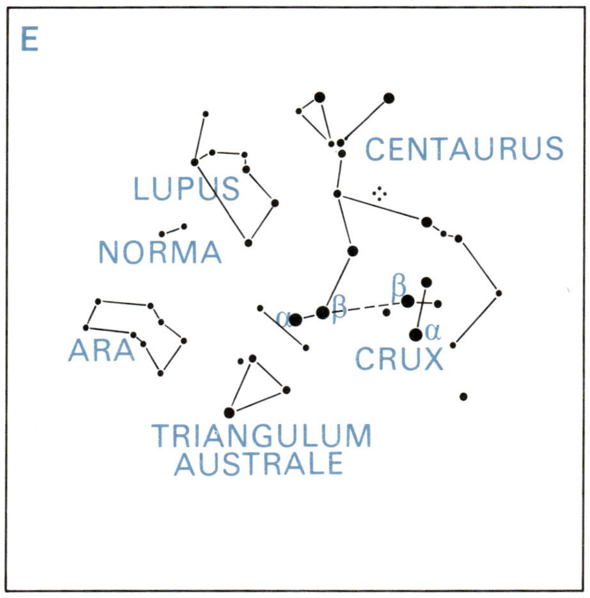

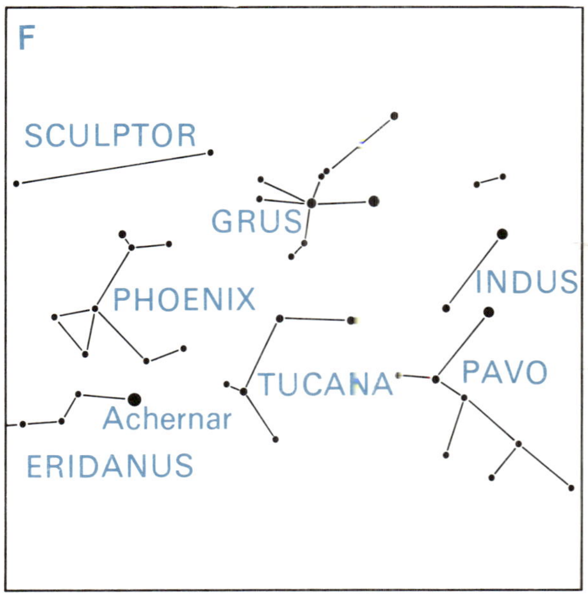

Liste der Sternbilder

Sternbild		Deutscher Name	Ungefähre Grenzen (1950.0) Rektaszension h min	h min	Deklination °	°	Fläche in □°	Karte
Andromeda[1]	And	Andromeda	22 56 –	02 36	+21,4 –	+52,9	722,28	2
Antlia	Ant	Luftpumpe	09 25	11 03	—24,3	—40,1	238,90	3
Apus	Aps	Paradiesvogel	13 45	18 17	—67,5	—82,9	206,32	3
Aquarius	Aqr	Wassermann	20 36	23 54	+03,1	—25,2	979,85	2, 4
Aquila[2]	Aql	Adler	18 38	20 36	—11,9	+18,6	652,47	2, 4
Ara[3]	Ara	Altar	16 31	18 06	—45,5	—67,6	441,39	2
Auriga[4]	Aur	Fuhrmann	04 35	07 27	+27,9	+56.1	657,44	1, 2
Bootes[5]	Boo	Bärenhüter	13 33	15 47	+07,6	+55,2	906,83	1
Caelum	Cae	Grabstichel	04 18	05 03	—27,1	—48,8	124,86	4
Camelopardalis	Cam	Giraffe	03 11	14 25	+52,8	+85,1	756,83	1
Cancer	Cnc	Krebs	07 53	09 19	+06,8	+33,3	505,87	1
Canes Venatici[6]	CVn	Jagdhunde	12 04	14 05	+28,0	+52,7	465,19	1
Canis Major[7]	CMa	Großer Hund	06 12	07 26	—11,0	—33,2	380,11	3
Canis Minor[8]	CMi	Kleiner Hund	07 04	08 09	—00,1	+13,2	183,37	1
Capricornus	Cap	Steinbock	20 04	21 57	—08,7	—27,8	413,95	4
Carina[9]	Car	Kiel des Schiffes	06 02	11 18	—50,9	—75,2	494,18	3
Cassiopeia[10]	Cas	Kassiopeia	22 56	03 36	+46,4	+77,5	598,41	2
Centaurus[11]	Cen	Kentaur	11 03	14 59	—29,9	—64,5	1060,42	3
Cepheus[12]	Cep	Kepheus	20 01	08 30	+53,1	+88,5	587,79	2
Cetus[13]	Cet	Walfisch	23 55	03 21	—25,2	+10,2	1231,41	2, 4
Chamaeleon	Cha	Chamäleon	07 32	13 48	—75,2	—82,8	131,59	3
Circinus	Cir	Zirkel	13 35	15 26	—54,3	—70,4	93,35	3
Columba	Col	Taube	05 03	06 28	—27,2	—43,0	270,18	3, 4
Coma Berenices	Com	Haar der Berenike	11 57	13 33	+13,8	+33,7	386,47	1
Corona Australis	CrA	Südliche Krone	17 55	19 15	—37,0	—45,6	127,69	4
Corona Borealis[14]	CrB	Nördliche Krone	15 14	16 22	+25,8	+39,8	178,71	1
Corvus	Crv	Rabe	11 54	12 54	—11,3	—24,9	183,80	3
Crater	Crt	Becher	10 48	11 54	—06,5	—24,9	282,40	3
Crux[15]	Cru	Kreuz (des Südens)	11 53	12 55	—55,5	—64,5	68,45	3
Cygnus[16]	Cyg	Schwan	19 07	22 01	+27,7	+61,2	803,98	2
Delphinus	Del	Delphin	20 13	21 06	+02,2	+20,8	188,54	2
Dorado	Dor	Schwertfisch	03 52	06 36	—48,8	—70,1	179,17	3, 4
Draco[17]	Dra	Drache	09 18	21 00	+47,7	+86,0	1082,95	1
Equuleus	Equ	Füllen	20 54	21 23	+02,2	+12,9	71,64	2
Eridanus[18]	Eri	Fluß Eridanus	01 22	05 09	+00,1	—58,1	1137,92	2, 4
Fornax	For	Chemischer Ofen	01 44	03 48	—24,0	—39,8	397,50	4
Gemini[19]	Gem	Zwillinge	05 57	08 06	+10,0	+35,4	513,76	1
Grus[20]	Gru	Kranich	21 25	23 25	—36,6	—56,6	365,51	4
Hercules	Her	Herkules	15 47	18 56	+03,9	+51,3	1225,15	1
Horologium	Hor	Pendeluhr	02 12	04 18	—39,8	—67,2	248,88	4
Hydra[21]	Hya	Weibliche oder Nördliche Wasserschlange	08 08	14 58	+06,8	—35,3	1302,84	1, 3
Hydrus	Hyi	Männliche oder Südliche Wasserschlange	00 02	04 33	—58,1	—82,1	243,04	4
Indus	Ind	Inder	20 25	23 25	—45,4	—74,7	294,01	4
Lacerta	Lac	Eidechse	21 55	22 56	+34,9	+56,8	200,69	2
Leo[22]	Leo	Löwe	09 18	11 56	—06,4	+33,3	946,96	1, 3
Leo Minor	LMi	Kleiner Löwe	09 19	11 04	+23,1	+41,7	231,96	1
Lepus	Lep	Hase	04 54	06 12	—11,0	—27,1	290,29	3, 4
Libra	Lib	Waage	14 18	15 59	—00,3	—29,9	538,05	3
Lupus	Lup	Wolf	14 13	16 05	—29,8	—55,3	333,68	3
Lynx	Lyn	Luchs	06 13	09 40	+33,4	+62,0	545,39	1
Lyra[23]	Lyr	Leier	18 12	19 26	+25,6	+47,7	286,48	2
Mensa	Men	Tafelberg	03 20	07 37	—69,9	—85,0	153,48	3, 4
Microscopium	Mic	Mikroskop	20 25	21 25	—27,7	—45,4	209,51	4
Monoceros	Mon	Einhorn	05 54	08 08	—11,0	+11,9	481,57	1, 3
Musca	Mus	Fliege	11 17	13 46	—64,5	—75,2	138,36	3
Norma	Nor	Winkelmaß	15 25	16 31	—42,2	—60,2	165,29	3
Octans	Oct	Oktant	00 00	24 00	—74,7	—90,0	291,05	3, 4
Ophiuchus[24]	Oph	Schlangenträger	15 58	18 42	+14,3	—30,1	948,34	1, 3
Orion[25]	Ori	Orion	04 41	06 23	—11,0	+23,0	594,12	1,2, 3, 4
Pavo[26]	Pav	Pfau	17 40	21 30	—56,8	—75,0	377,67	4
Pegasus[27]	Peg	Pegasus	21 06	00 13	+02,2	+36,3	1126,79	2
Perseus[28]	Per	Perseus	01 26	04 46	+30,9	+58,9	615,00	2
Phoenix[29]	Phe	Phönix	23 24	02 24	—39,8	—58,2	469,32	4
Pictor	Pic	Malerstaffelei	04 32	06 51	—43,1	—64,1	246,73	3, 4
Pisces	Psc	Fische	22 49	02 04	—06,6	+33,4	889,42	2, 4
Piscis Austrinus[30]	PsA	Südlicher Fisch	21 25	23 04	—25,2	—36,7	245,37	4
Puppis[31]	Pup	Hinterteil des Schiffes	06 02	08 26	—11,0	—50,8	673,43	3
Pyxis	Pyx	Schiffskompaß	08 26	09 26	—17,3	—37,0	220,83	3
Reticulum	Ret	Netz	03 14	04 35	—53,0	—67,3	113,94	4
Sagitta	Sge	Pfeil	18 56	20 18	+16,0	+21,4	79,93	2
Sagittarius[32]	Sgr	Schütze	17 41	20 25	—11,8	—45,4	867,43	4
Scorpius[33]	Sco	Skorpion	15 44	17 55	—08,1	—45,6	496,78	3
Sculptor	Scl	Bildhauerwerkstatt	23 04	01 44	—25,2	—39,8	474,76	4
Scutum	Sct	Schild	18 18	18 56	—04,0	—16,0	109,11	4
Serpens	Ser	Schlange						
Caput[34]		Kopf der Schlange	15 08	16 20	—03,4	+25,7	428,48	1, 3
Cauda		Schwanz der Schlange	17 14	18 56	+06,3	—16,0	208,44	1, 3
Sextans	Sex	Sextant	09 39	10 49	+06,6	—11,3	313,51	1, 3
Taurus[35]	Tau	Stier	03 20	05 58	+00,1	+30,9	797,25	2
Telescopium	Tel	Fernrohr	18 06	20 26	—45,4	—56,9	251,51	4
Triangulum	Tri	Dreieck	01 29	02 48	+25,4	+37,0	131,85	2
Triangulum Australe[36]	TrA	Südliches Dreieck	14 50	17 09	—60,3	—70,3	109,98	3
Tucana	Tuc	Tukan	22 05	01 22	—56,7	—75,7	294,56	4
Ursa Major[37]	UMa	Großer Bär (Großer Wagen)	08 05	14 27	+28,8	+73,3	1279,66	1
Ursa Minor[38]	UMi	Kleiner Bär (Kleiner Wagen)	00 00	24 00	+65,6	+90,0	255,86	1, 2
Vela[39]	Vel	Segel des Schiffes	08 02	11 24	—37,0	—57,0	499,65	3
Virgo[40]	Vir	Jungfrau	11 35	15 08	+14,6	—22,2	1294,43	1, 3
Volans	Vol	Fliegender Fisch	06 35	09 02	—64,2	—75,0	141,35	3
Vulpecula	Vul	Fuchs	18 56	21 28	+19,5	+29,4	268,17	2

[1]Alpheratz oder Sirrah (2,1), Mirach (2,4), Almaak oder Alamak (2,3)
[2]Altair (0,9)
[3]Hamal (2,2
[4]Capella (0,2), Menkarlina (2,1)
[5]Arcturus (0,2)
[6]Cor Caroli (2,9)
[7]Sirius (—1,4), Adara (1,6), Wezen (2,0), Mirzam (2,0)
[8]Procyon (0,5)
[9]Canopus (—0,9), Avior, Miaplacidus (1,8), Tureis (2,2)
[10]Schedir (2,5), Caph (2,4)
[11]α Cen (0,1), Agena (0,7)
[12]Alderamin (2,6)
[13]Diphda (2,2), Mira (veränderlich)
[14]Alphecca oder Gemma (2,2)
[15]Acrux (1,1), β Cru (1,5), γ Cru (1,6)
[16]Deneb (1,3), Sador (2,3), Gienah (2,6)
[17]Etamin (2,4)
[18]Achernar (0,6)
[19]Pollux (1,2), Castor (1,6), Alhena (1,9)
[20]Alnair (2,2)
[21]Alfard (2,2)
[22]Regulus (1,3), Denebola (2,2) Algieba (2,6)
[23]Vega (0,1)
[24]Ras Alhague (2,1)
[25]Rigel (0,3), Begelgeuze (1), Bellatrix (1,7), Alnilam (1,7), Alnitak (2,0), Saiph (2,2), Mintaka (2,5)
[26]α Pav (2,1)
[27]Markab (2,6), Scheat (2,6 var.)
[28]Mirfak (1,9), Algol (2, var.)
[29]Ankaa
[30]Fomalhaut (1,3)
[31]Suhail Hadar (2,3)
[32]Kaus Australis (2,0), Nunki (2,1)
[33]Antares (1,2), Shaula (1,7), Sargas (2)
[34]Unukelhaia (2,7)
[35]Aldebaran (1,1), Al Nath (1,8)
[36]Atria (2)
[37]Alioth (1,7), Alkaid (1,9), Dubhe (2,0)
[38]Polaris (2,1), Kochab (2,2)
[39]γ Vel (2,1), δ Vel (2,0), λ Vel (2,2)
[40]Spica (1,2)

Eine Bemerkung zur Nomenklatur der Sterne

Viele Sterne haben Eigennamen, von denen die meisten aus dem Arabischen kommen. 1603 gab J. Bayer in seiner *Uranometria* jedem Stern einen griechischen Buchstaben bei; der hellste Stern in einem Sternbild erhielt α, der zweithellste β usw., auch wenn die Reihenfolge nicht immer streng eingehalten wurde.

Das griechische Alphabet lautet (kleine Buchstaben):

α Alpha	ζ Zeta	λ Lambda	π Fi	φ Phi
β Beta	η Eta	μ My	ρ Rho	χ Chi
γ Gamma	ϑ Theta	ν Ny	σ Sigma	ψ Psi
δ Delta	ι Jota	ξ Xi	τ Tau	ω Omega
ε Epsilon	ϰ Kappa	ο Omikron	υ Ypsilon	

Da es aber nur 24 griechische Buchstaben gibt, war das Schema bald erschöpft. Zu seiner Erweiterung wurden in dem 1675 von Flamsteed in Greenwich begonnenen Katalog Zahlen verwendet. So wurde z. B. der Stern 5. Größe Alkor (der Begleiter von Mizar) als 80 Ursae Majoris bezeichnet (wobei sich 80 nicht auf eine Reihenfolge in der Helligkeit bezieht, sondern auf die Reihenfolge nach zunehmender Rektaszension). Veränderlichen Sternen werden Buchstaben zugeordnet: R Andromedae, SS Cygni usw.
Die Koordinatenangaben im Text beziehen sich auf Äquinoktium und Epoche 1950,0.

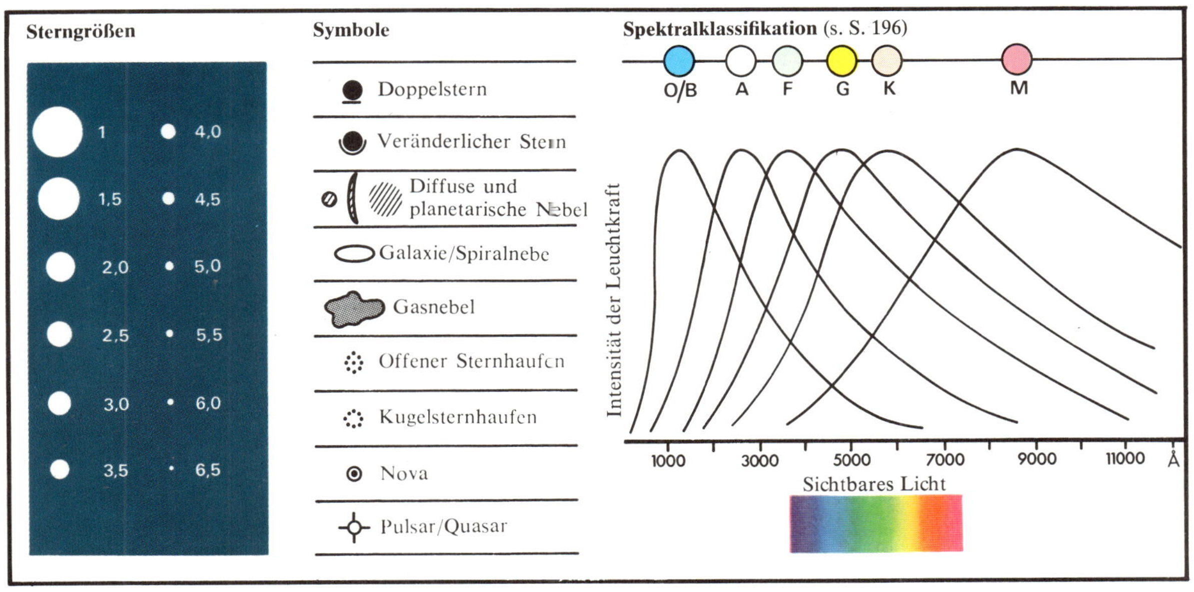

Der nördliche Sternhimmel 1

CAMELOPARDALIS
AURIGA
Capella
ORION
Bellatrix
Betelgeuze
Crab-N = RQ
LYNX
GEMINI
Castor
Pollux
Alhena
MONOCEROS
Rosetta-N
CANIS MINOR
Procyon
URSA MAJOR
Dubhe
Merak
Phekda
Owl Neb.
CANCER
Praesepe
LEO MINOR
LEO
Regulus
HYDRA
SEXTANS
ECLIPTIC
Wolf 359

Der nördliche Sternhimmel 1: Sterne

Ursa Major, der Große Bär – auch Großer Wagen genannt –, ist wahrscheinlich das bekannteste Sternbild überhaupt. Er ist, wenn auch seine Sterne nicht die 1. Größe erreichen, sehr leicht zu erkennen und als Ausgangspunkt für das Aufsuchen der anderen Sternbilder sehr gut geeignet. Da die Bärensterne hohe Deklinationen haben, also weit im Norden liegen, ist das Sternbild des Großen Bären in Mitteleuropa zirkumpolar, d. h., es geht nicht auf oder unter; seine Sterne beschreiben Kreise um den Himmelsnordpol, die ganz über dem Horizont liegen.

Zwei Sterne im Großen Bären sind von besonderem Interesse. Mizar oder ζ Ursae Majoris (2. Größe) steht ganz in der Nähe eines schwächeren Sternes, Alkor. Im Fernrohr zeigt sich Mizar selbst als Doppelstern. Megrez oder δ Ursae Majoris ist um mehr als eine Größenklasse schwächer als Mizar, da er aber im Altertum als wesentlich heller beschrieben wurde, liegt die Vermutung nahe, daß er in den letzten 2000 Jahren langsam schwächer geworden ist.

Merak und Dubhe im Großen Bären zeigen ziemlich genau auf α Ursae Minoris (Polaris, im Kleinen Bären). Dieser Stern befindet sich knapp 1° vom Himmelsnordpol entfernt und ist zur Zeit Polarstern. Ursa Minor sieht aus wie Ursa Major en miniature. Zwischen den beiden Bären oder Wagen liegt das schwache, aber ausgedehnte Sternbild des Drachen (Draco). Der hellste Stern im Drachen, α Draconis oder Thuban, auf der Verbindungslinie Kochab–Alkaid gelegen, war um 2500 v. Chr. Polarstern.

Herkules und Ophiuchus

Nahe beim Drachen liegt das ausgedehnte, aber ebenfalls aus schwachen Sternen bestehende Sternbild Herkules. Seine beiden hellsten Sterne, β und ζ, sind nur wenig heller als 3. Größe; das Sternbild ähnelt einem Menschen mit gebeugtem Knie. Es enthält zwei interessante Einzelheiten. Zwischen ζ und η liegt der große Kugelsternhaufen M 13, den man in einer klaren Nacht mit dem bloßen Auge sehen kann. Auf der Grenzlinie des Herkules, zum Ophiuchus hin, befindet sich Ras Algethi (α Herculis), ein Roter Riese mit einem schwachen, grünlichen Begleiter, der schon mit einem kleinen Fernrohr zu sehen ist. Ras Algethi ist veränderlich, seine Helligkeit bewegt sich zwischen 3. und 4. Größe. Jenseits der Grenze, im Sternbild Ophiuchus (dem Schlangenträger), liegt Ras Alhague (α Ophiuchi), ein Stern 2. Größe.

Die Deichselsterne des Großen Wagens zeigen auf Arktur im Bootes (Bärenhüter), den hellsten Stern am Nordhimmel. Seine scheinbare Helligkeit beträgt —0,06^m. Er gehört in die Spektralklasse K, sein Licht ist daher orange gefärbt. Arktur ist 35 Lichtjahre von uns entfernt und hat eine hundertmal größere Leuchtkraft als die Sonne. Zwischen Herkules und Bootes liegt ein auffallender Halbkreis aus Sternen, der den Namen Corona Borealis (Nördliche Krone) erhalten hat.

Großer Löwe

Wenn man, anstatt von Merak über Dubhe zum Polarstern zu visieren, in umgekehrter Richtung von Dubhe über Merak nach Süden geht, dann gelangt man zum Löwen (Leo) mit einem Stern 1. Größe (Regulus), der schwächeren Denebola und dem Doppelstern γ Leonis. Ein Teil der Jungfrau (Virgo) ist ebenfalls noch auf dieser Karte, der Hauptstern Spica aber ist bereits auf der Südhälfte der Himmelskugel. Der Teil des Himmels zwischen Großem Bären und Jungfrau ist besonders reich an schwachen Galaxien. Hier liegen auch die beiden kleinen Sternbilder Jagdhunde (Canes Venatici) und Haar der Berenike (Coma Berenices), mit ein wenig Phantasie als ein Kopf mit Pferdeschwanzfrisur zu erkennen.

Zwei weitere Sternbilder des Tierkreises liegen auf dieser Karte. Die beiden Hauptsterne der Zwillinge, Castor und Pollux, haben die Helligkeit 1,6 bzw. 1,2^m. Zwischen den Zwillingen und dem Löwen liegt der Krebs (Cancer), der keine hellen Sterne enthält, sich aber durch den bekannten offenen Sternhaufen Praesepe auszeichnet. Nicht viel ist über den großen, sehr unscheinbaren Luchs (Lynx) und die Giraffe (Camelopardalis) zu sagen.

Spuren der Zirkumpolarsterne (links)
Sternspuren in der Gegend des Nordpols, aufgenommen von Peter Gill. Die ganz kurze Spur im Zentrum ist die des Polarsterns, der eine Deklination von etwa + 89° 08′ hat. Wenn man Polaris für Ortsbestimmungen verwendet, muß man berücksichtigen, daß er fast 1° vom Himmelspol entfernt ist. Man sieht die Sterne im Kleinen Bären. Kochab (β Ursae Minoris), der Stern am hinteren Ende des Schwanzes, gehört in die Spektralklasse K und ist ausgesprochen orange gefärbt. Die Farbtönung fällt bereits bei Beobachtung mit dem bloßen Auge auf und ist durch den Feldstecher noch deutlicher zu erkennen.

Der Vorderteil des Löwen (unten und rechts)
Der Löwe, fotografiert von T. J. C. A. Moseley, Observatorium Armagh. Regulus, der hellste Stern, ist 1. Größe. γ Leonis ist ein bekannter Doppelstern. Im rechten Teil der Aufnahme sieht man den offenen Sternhaufen Praesepe im Krebs. Die langgezogene Spur ist die des US-Ballonsatelliten Echo II.

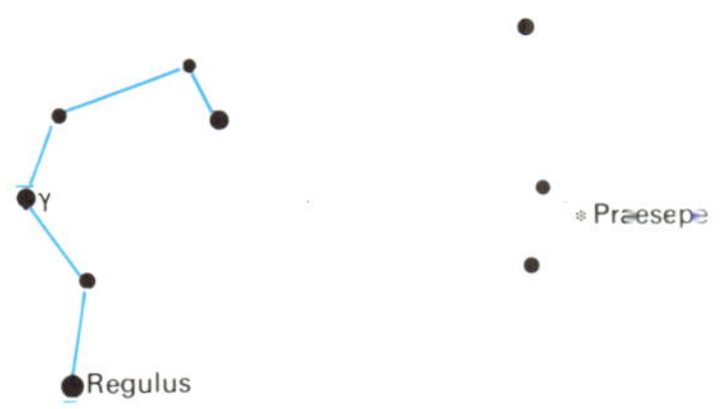

Doppelsterne im Herkules (rechts)
Herkules mit dem Doppelstern ζ, dem roten Veränderlichen α (Ras Algethi) und dem prächtigen Kugelsternhaufen M 13. Herkules ist, obwohl kein sehr ausgeprägtes Sternbild, doch leicht zu finden, denn es liegt zwischen Vega in der Leier und dem auffallenden Sternbildchen Corona Borealis.

ζ Her (Rekt. = 16h 39,4min, Dekl. = +31°42′) ist ein Doppelsternsystem mit einer Periode von 34 Jahren. Die scheinbare Helligkeit der beiden Komponenten beträgt 3,1 und 5,6^m. Distanz und Positionswinkel ändern sich relativ schnell. Die Distanz war 1954 mit 1,6″ am größten, 1988 wird sie erneut diesen Wert erreichen.

α Her (Rekt. = 17h 12,4min, Dekl. = 14°27′) ist ebenfalls ein Doppelstern. Die Hauptkomponente ist Spektraltyp M, ihre Helligkeit schwankt unregelmäßig zwischen 3. und 4. Größe. Der Begleiter, scheinbare Helligkeit 5,4^m, ist von ausgeprägter Grünfärbung. Der Abstand beträgt 4,6″, das Paar ist also auch mit kleineren Teleskopen deutlich zu sehen.

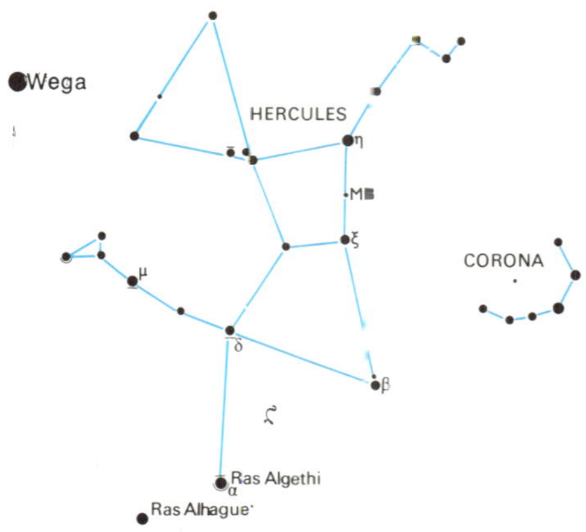

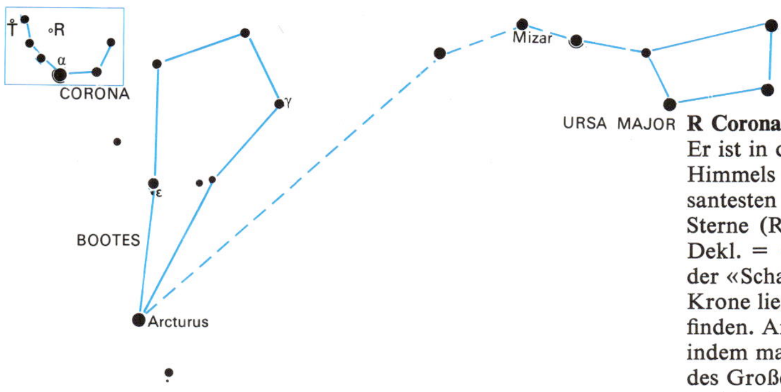

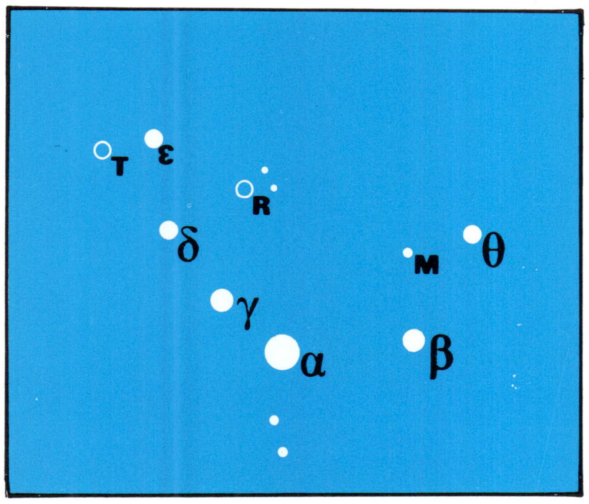

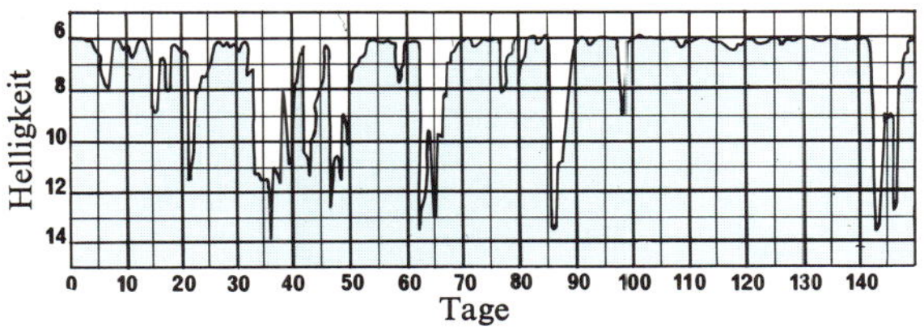

R Coronae Borealis (links)
Er ist in diesem Teil des Himmels einer der interessantesten veränderlichen Sterne (Rekt. = 15h 46,5min, Dekl. = +28°19′). Da er in der «Schale» der nördlichen Krone liegt, ist er leicht zu finden. Arktur findet man, indem man sich die Deichsel des Großen Wagens verlängert denkt, wie es die Zeichnung oben zeigt. Corona liegt direkt neben Bootes und ist nicht zu verfehlen. Der hellste Stern (α Coronae, Gemma oder Alphecca) ist 2. Größe.
R Coronae ist meist 6. Größe und liegt an der Grenze des mit bloßem Auge erfaßbaren Sehbereichs. Mit dem Feldstecher sieht man den Stern sehr deutlich, zusammen mit dem höchst nützlichen Vergleichsstern (im Sternfeld links mit «M» bezeichnet), die scheinbare Helligkeit des letzteren beträgt 6,6. In unregelmäßigen Intervallen verblaßt R Coronae plötzlich und kann bis zur 15. Größe abnehmen, so daß er nur noch mit großen Teleskopen zu sehen ist. (Siehe Lichtkurve, links.)
Ein Stern, der ebenfalls in dieses Sternbild gehört und sich auch in dem abgebildeten Sternfeld befindet, ist T Coronae. Es handelt sich um eine rekurrente Nova, die normalerweise 10. Größe ist, aber manchmal (1866 und 1946) bis zur 2. Größenklasse aufleuchtet.

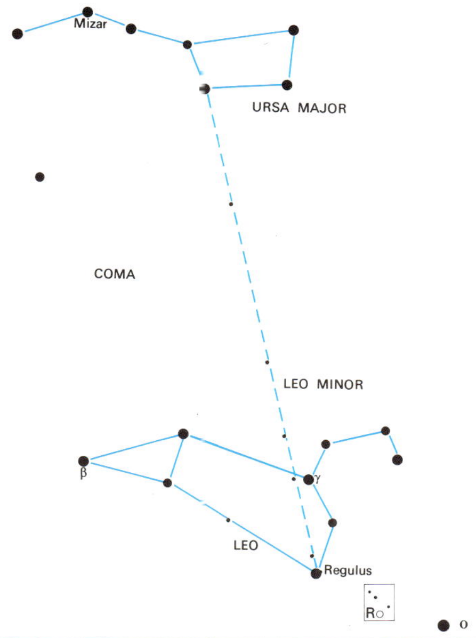

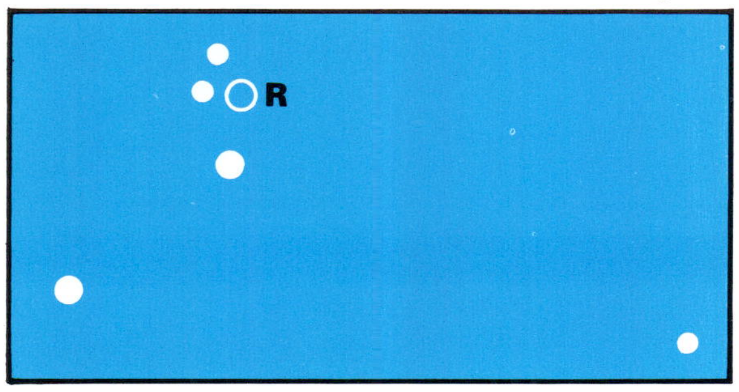

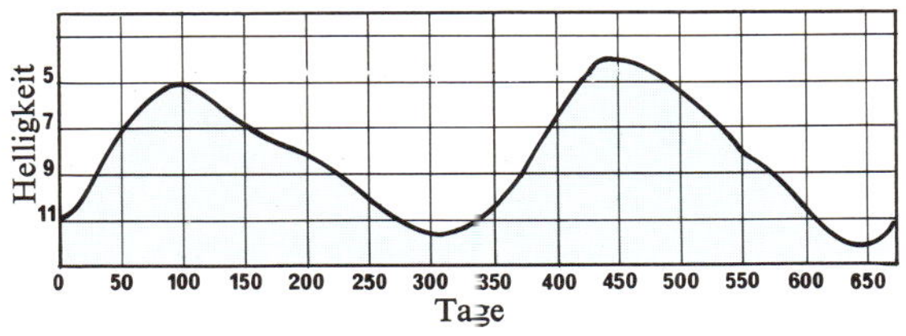

R Leonis (links)
Der Veränderliche R Leonis (Rekt. = 09h 44,9min, Dekl. = +11°40′), nahe bei Regulus, ist ein typischer langperiodischer Veränderlicher vom Mira-Ceti-Typus. Seine Periode beträgt 312,6 Tage, und die scheinbare Helligkeit bewegt sich zwischen 5,4 und 10,5ᵐ, doch sind – wie bei allen Vertretern dieses Typs – sowohl Periode als auch Amplitude der Helligkeitsänderung Schwankungen unterworfen. Das Spektrum gehört, wie bei so vielen Veränderlichen dieses Typs, in die Klasse M. Rot tritt stark hervor. Im Helligkeitsmaximum ist R Leonis mit dem Feldstecher leicht zu finden, sogar mit dem bloßen Auge kann man ihn beobachten. Er wird nie so schwach, daß man ihn mit einem kleinen Fernrohr nicht mehr sehen könnte. Sternfeld und mittlere Lichtkurve sind links abgebildet. Die bequemsten Vergleichssterne für R Leonis in der Nähe seines Maximums haben die scheinbare Helligkeit 5,4 und 5,9ᵐ. Um R Leonis zu finden, gehe man von Regulus aus in die Richtung des Sterns 4. Größe o Leonis.

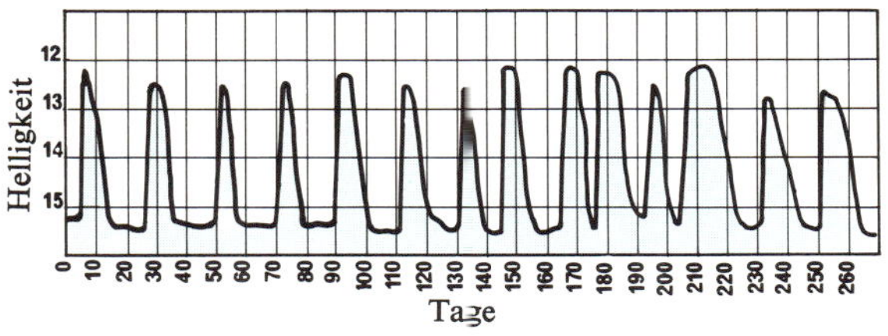

X Leonis (links)
Der schwache Veränderliche X Leonis liegt in der Nähe von R Leonis und gehört zur Gruppe der «Zwergnovae». Normalerweise ist er 15. Größe, also nur mit großen Teleskopen sichtbar, aber ungefähr alle 22 Tage – die Intervalle wechseln – flammt er zur 12. Größe auf und kommt so in den Sichtbarkeitsbereich kleinerer Instrumente.

Auriga (oben)
Dies ist eines der hellsten Sternbilder am Nordhimmel. Capella (α Aurigae) ist ein gelblicher Stern der scheinbaren Größe 0,2 und der fünfthellste Stern am Himmel. Der Stern 2. Größe an der Grenze des Sternbilds hieß früher γ Aurigae, heute β Tauri und ist einer der wenigen Sterne, die zu zwei Sternbildern gehören. ε ist ein Bedeckungsveränderlicher (Helligkeit zwischen 3,3 und 4,0ᵐ), die größere Komponente ist einer der größten bekannten Sterne überhaupt. ϑ ist ein Doppelstern (Helligkeit 2,7 und 7,1ᵐ; Distanz 3,0″). Drei offene Sternhaufen liegen in diesem Gebiet: M 36, M 37 und M 38.

(oben)
Das Sternbild Auriga (Fuhrmann), 1970 von Commander H. R. Hatfield von seiner Privatsternwarte in Kent aus aufgenommen.

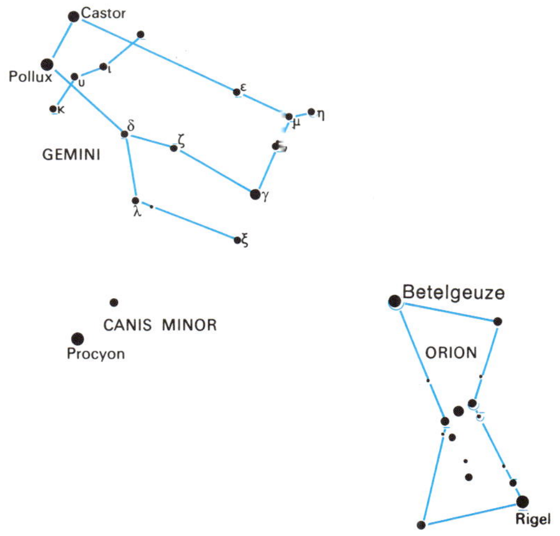

Die Zwillinge (links)
Gemini, die Zwillinge, sind leicht zu finden. ζ Geminorum (Rekt. = 07h 01,1min, Dekl. = +20°39′) ist ein typischer Cepheide mit einer Periode von 10,2 Tagen. Seine Helligkeit variiert zwischen 3,7 und 4,3ᵐ. Nützliche Vergleichssterne sind δ (3,5ᵐ), λ (3,65ᵐ), ι (3,9ᵐ) und υ (4,2ᵐ).
Ein weiterer mit dem bloßen Auge sichtbarer Veränderlicher ist η (Rekt. = 06h 11,9min, Dekl. = +22°31′). Seine scheinbare Helligkeit bewegt sich zwischen 3,1 und 3,9ᵐ, seine Periode beträgt etwa 233 Tage. Die Lichtkurve (links) unterliegt starken Schwankungen. Vergleichssterne sind μ (2,9ᵐ), δ (3,5ᵐ), ξ (3,4ᵐ) und ν (4,1ᵐ). Wie viele Veränderliche dieses Typs, ist η Geminorum vom Spektraltyp M. Der nahegelegene Vergleichstern μ ist ebenfalls vom Spektraltyp M, beide erscheinen im Feldstecher ausgesprochen orange.

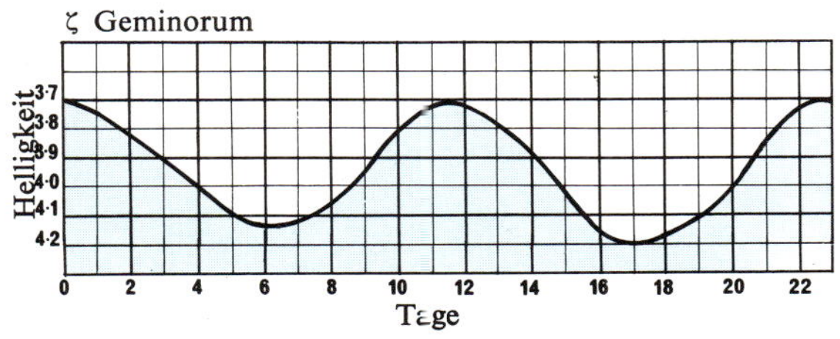

Der nördliche Sternhimmel 1: Sternhaufe

Praesepe (unten)
Aufnahme von H. R. Hatfield (Belichtungszeit 15 Minuten). Praesepe, M 44 (Rekt. = 08h 37,5min, Dekl. = +19° 52′), ist 525 Lichtjahre entfernt. Im Gegensatz zu den Plejaden enthält dieser Sternhaufen keine Nebel. Baade hat sein Alter auf 400 Mio Jahre geschätzt. Sein scheinbarer Durchmesser ist 95′.

M 13 im Herkules (rechts)
M 13 im Herkules ist der hübscheste Kugelsternhaufen des Nordhimmels. Er wurde 1714 vom Edmund Halley entdeckt; in klaren und dunklen Nächten sieht man ihn mit dem bloßen Auge. Die Aufnahme wurde im U. S. Naval Observatory gemacht.

M 13 (Rekt. = 16h 39,9min, Dekl. = +36° 33′) hat einen scheinbaren Durchmesser von 23′. Der wahre Durchmesser beträgt nach Bečvář 100 Lichtjahre. Die Anzahl der Sterne in M 13 wurde auf eine halbe Million geschätzt (O. Struve). Die Entfernung beträgt 22 500 Lichtjahre. Um M 13 zu finden, suche man zwischen ζ und η Herculis, bei zwei Dritteln der Strecke ζ–η (s. S. 228, r. u.).

Wie man Praesepe findet (unten)
Praesepe liegt in der Mitte zwischen Pollux und Regulus. In seiner Nähe liegen δ Cancri (scheinbare Helligkeit 4,2) und γ Cancri (4,7m). Der Krebs ist ein nicht sehr helles Sternbild. Außer bei hellem Mondschein sieht man Praesepe leicht mit bloßem Auge.

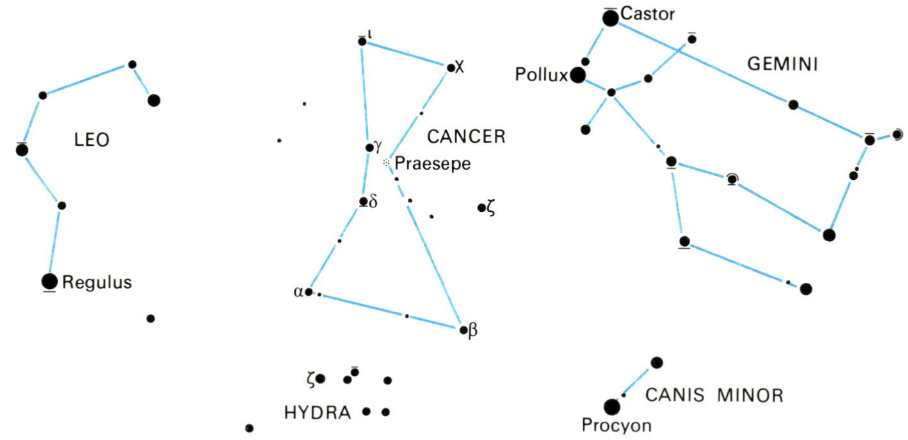

Der Eulennebel (oben)
Fotografie des Eulennebels, M 97 im Großen Bären (Rekt. = 11h 12,0min, Dekl. = +55° 18′), aufgenommen mit dem 1,5-m-Spiegelteleskop auf Mount Wilson. Es handelt sich um einen planetarischen Nebel, 1781 von Méchain entdeckt. Er ist 12 000 Lichtjahre entfernt, und da seine scheinbare Helligkeit nur 12m beträgt, ist er ein Objekt für größere Teleskope. Seine Masse wurde auf 15% der Sonnenmasse geschätzt.

Zeichnung des Eulennebels (oben)
Sir William Herschel beschrieb M 97 als «einen kugelförmigen, gleichmäßig leuchtenden Körper» und nahm an, daß er außerhalb der Galaxis liege. 1848 zeichnete der Earl of Rosse den Nebel mit Hilfe seines 1,8-m-Spiegelteleskops und beschrieb «zwei deutlich voneinander getrennte Sterne im Zentrum; dunkle Penumbra rund um jede Spiralstruktur». 1853 ergänzte er dann, daß sich keine Spiralstruktur in dem Objekt befinde. In der Zeichnung von Rosse (oben) ist M 97 leicht zu erkennen. M 97 liegt im Großen Bären zwischen β (Merak) und γ, 2½ Grad von β entfernt. Im selben Feld eines Okulars schwacher Vergrößerung liegt auch die Galaxie NGC 3556 (M 108) mit einer scheinbaren Helligkeit von 10,7m, sie ist damit heller als der Eulennebel.

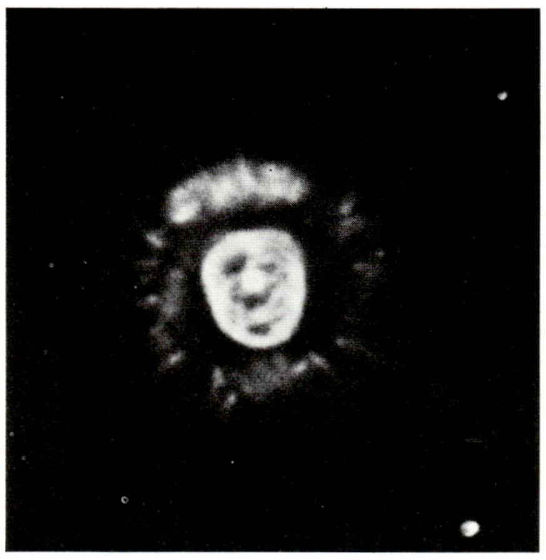

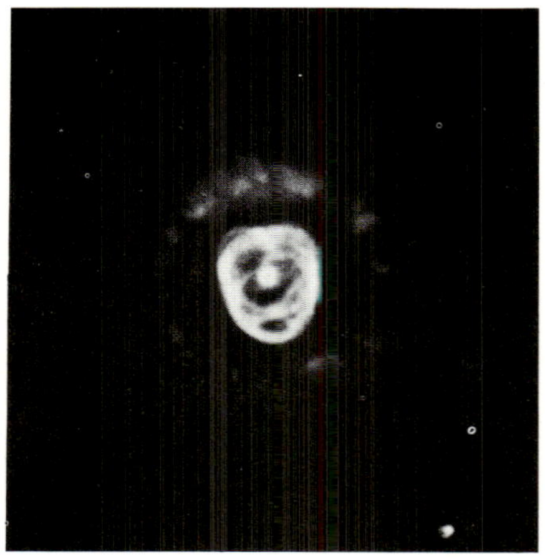

Der planetarische Nebel NGC 2392
Vier Aufnahmen mit dem 5-m-Spiegel auf Mount Palomar im roten, gelben, violetten und ultravioletten Licht. Die Koordinaten des planetarischen Nebels sind: Rekt. = 07h 26,2min, Dekl. = +21°01′, er liegt in den Zwillingen. Die scheinbare Helligkeit ist 8,3m, womit er zu den hellsten Objekten seiner Art gehört.

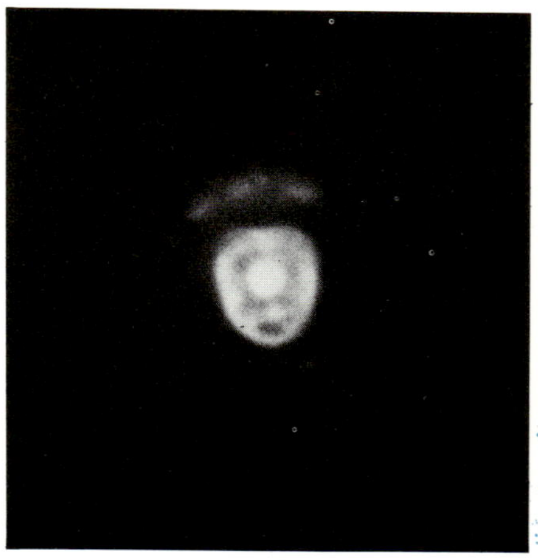

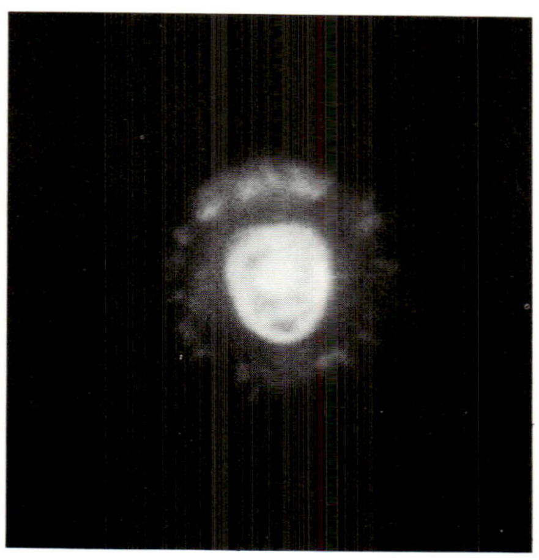

n und Nebel

Der Rosettennebel (rechts)
Der Rosettennebel, NGC 2237–9, aufgenommen mit dem 122-cm-Schmidtspiegel auf Mount Palomar. Die Koordinaten sind: Rekt. = 06h 29,6min, Dekl. = +04°40′, im Einhorn. Die scheinbaren Abmessungen sind 64′ × 61′, und die Entfernung beträgt 3600 Lichtjahre.
Es handelt sich um einen typischen Emissionsnebel, der hellste Stern ist vom Spektraltyp O9. Die Aufnahme ist eindrucksvoll, doch sei darauf hingewiesen, daß man die Farben am Okular eines Fernrohres nicht so sieht, daß sie sich vielmehr erst durch lange Belichtungszeiten auf gekühlten Emulsionen ergeben.

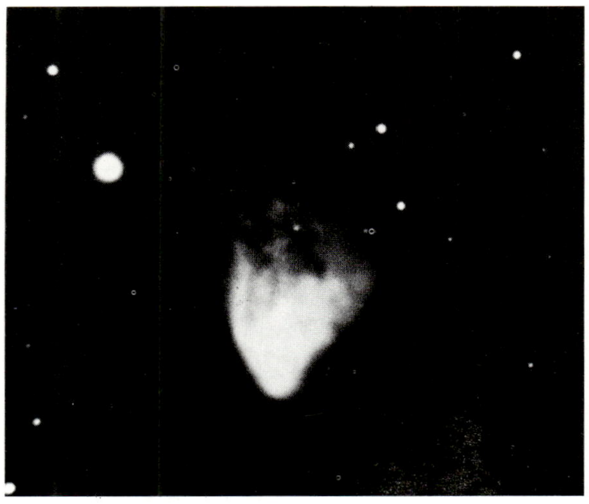

Hubbles veränderlicher Nebel (oben)
Eine Aufnahme von Hubbles veränderlichem Nebel, NGC 2261. Die Koordinaten sind: Rekt. = 06h 36,4min, Dekl. = +08°46′, im Einhorn; die Entfernung beträgt 6500 Lichtjahre. cerotis, ist veränderlich (10.—13. Größe). Er befindet sich mitten im Nebel. Seine wechselnde Helligkeit beeinflußt sowohl die scheinbaren Umrisse als auch die scheinbare Helligkeit des Nebels.

Gasnebel IC 443 (unten)
Eine Fotografie im roten Licht (122-cm-Schmidtspiegel, Palomar). Die Koordinaten des Nebels sind: Rekt. = 06h 13,9min, Dekl. = +22° 48′, in den Zwillingen; die scheinbaren Abmessungen sind 27′ x 5′. Man hat die plausible Vermutung geäußert, IC 443 könnte ein Supernovaüberrest sein, wahrscheinlich seien die Gase immer noch in Expansion begriffen.

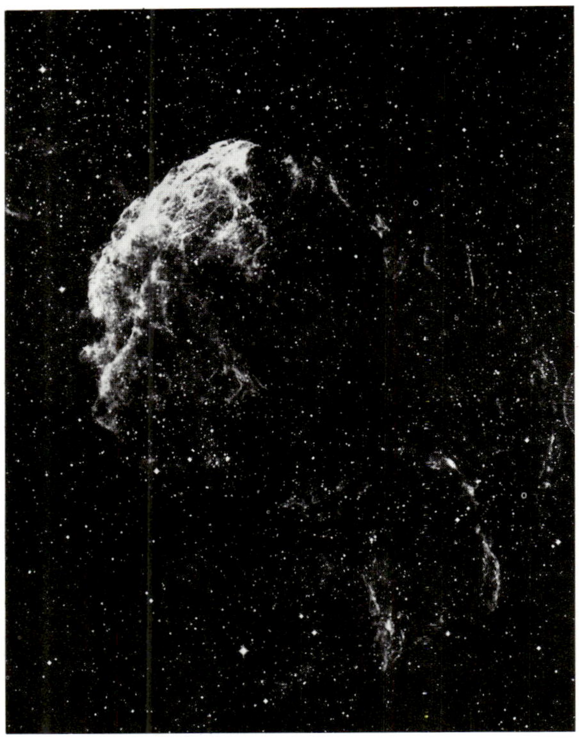

Kugelsternhaufen M 3 (rechts)
M 3 (Rekt. = 13h 39,9min, Dekl. = 28°38′, in den Jagdhunden) wurde 1764 von Messier entdeckt. Seine scheinbare Helligkeit ist $6{,}4^m$. Er liegt ½° nördlich und 6° östlich von dem Stern 4. Größe β Comae. Seine Entfernung beträgt 45000 Lichtjahre. Nach einer Schätzung von A. Sandage enthält der Haufen in einem Radius von 8′ etwa 44500 Sterne der Helligkeit $22{,}5^m$ oder heller, die Gesamtmasse des Haufens beträgt 245000 Sonnenmassen. (Palomar, 5-m-Spiegel.)

Der nördliche Sternhimmel 1: Galaxien

Von all den Millionen Galaxien können nur diejenigen in allen Einzelheiten untersucht werden, die im kosmischen Maßstab relativ nahe bei uns liegen. Manche Gegenden des Himmels sind besonders reich an Galaxien.

Ein Sternfeld mit mehreren Galaxien (unten)
Die Aufnahme zeigt vier Galaxien: NGC 3185 (oben Mitte), eine Balkenspirale; NGC 3187 (oben rechts), ebenfalls eine Balkenspirale; NGC 3193 (oben links), eine elliptische Galaxie und NGC 3190 (unten rechts), ein normaler Spiralnebel. Die Vordergrundsterne gehören zu unserem Milchstraßensystem.

Eine unregelmäßige Galaxie (oben rechts)
M 82 (NGC 3034) im Großen Bären, eine starke Radioquelle. Die Struktur dieser 10 Mio Lichtjahre entfernten Galaxie läßt auf eine gewaltige Explosion schließen, die 1,5 Mio Jahre vor dem heute erkennbaren Zustand im Kern der Galaxie stattgefunden haben muß.

Ein Spiralnebel (rechts)
Die Galaxie M 51 im Großen Bären, 1773 von Messier entdeckt. Sie ist 8. Größe, 37 Mio Lichtjahre entfernt und war die erste Galaxie, deren Spiralform erkannt wurde (Lord Rosse, 1845). Sie hat einen unregelmäßigen Begleiter.

Die entfernteste bekannte Galaxie (unten)
Diese Aufnahme, 1960 mit dem 5-m-Spiegel auf Palomar gemacht, zeigt die Radiogalaxie 3C 295 im Bootes (durch einen weißen Pfeil bezeichnet). Sie sieht fast wie ein Stern aus, erst die starke Radiostrahlung enthüllte ihre wahre Natur. Die Rotverschiebung in ihrem Spektrum deutet auf eine Entfernung von 5 Mia Lichtjahren hin, die Galaxie entfernt sich von uns mit halber Lichtgeschwindigkeit. Sie ist die entfernteste Radiogalaxie, deren Entfernung gemessen werden konnte. Die Quasare sind im allgemeinen noch weiter entfernt.

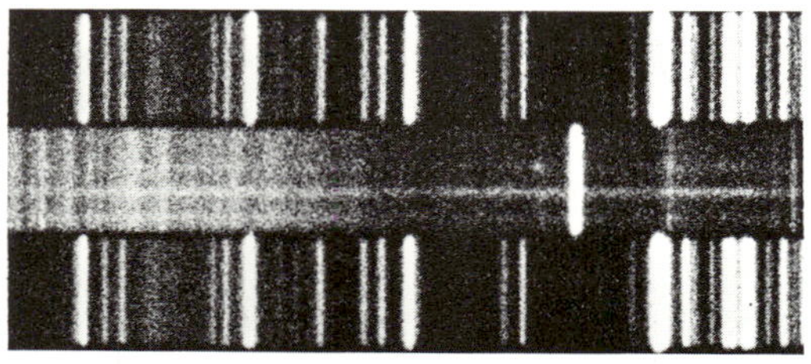

Das Spektrum von 3C 295 (oben)
Das Spektrum der Galaxie befindet sich in der Mitte, oben und unten im Laboratorium hergestellte Vergleichsspektren. Die helle Linie stammt vom Nachthimmelleuchten. 3C 295 stellt sich als kleiner Lichtfleck links davon dar und zeigt eine starke Rotverschiebung.

Spiralnebel
Die sechs Fotografien auf dieser Seite zeigen Galaxien verschiedener Typen, nach wachsender «Aufwicklung» der Spiralarme geordnet.

Ein offener Spiralnebel (rechts)
Die Galaxie NGC 2403 in der Giraffe ist weit geöffnet, hat unregelmäßige Spiralarme und einen schwach konzentrierten Kern. Die Spiralform ist erkennbar, doch besteht keine wirkliche Symmetrie. Fotografie: 5-m-Spiegel, Palomar. Abmessungen: 16,8′ × 10,0′; Helligkeit $8{,}9^m$; Typ Sc.

Spiralnebel vom Typ Sc
(ganz rechts) (s. S. 211 o.)
Auch M 101 (NGC 5457) im Großen Bären wird offiziell als Typ Sc klassifiziert, doch sind Kern und Spiralarme deutlicher ausgeprägt. Die Galaxie wurde 1781 von Messier entdeckt, Helligkeit $9{,}6^m$. Mit 11,5 Mio Lichtjahren Entfernung gehört sie zu den uns nähergelegenen Galaxien. Scheinbare Abmessungen: 22′ × 22′.

Eine Galaxie vom Typ Sb
(rechts)
NGC 2903 im Löwen ist ein gutes Beispiel für einen Spiralnebel vom Typ Sb, mit Spiralarmen, die weit deutlicher ausgeprägt sind als bei den sehr losen Systemen. Die Helligkeit ist $9{,}1^m$, die scheinbaren Dimensionen betragen 11,5′ × 5,6′. Die Galaxie ist uns nicht zugekehrt wie M 101, wir sehen sie aus spitzem Winkel, so daß sie in einer Richtung stark verkürzt erscheint.

Spiralnebel mit großem Kern
(ganz rechts)
Diese Fotografie, ebenfalls mit dem 5-m-Spiegel auf Palomar aufgenommen, zeigt NGC 2841 im Großen Bären. Es handelt sich um ein Sternsystem vom Typ Sb, Helligkeit $9{,}3^m$; Abmessungen: 6,0′ × 1,6′. Der Kern ist größer und heller als bei NGC 2903, die Spiralarme sind dichter gewunden. Die Vordergrundsterne gehören zu unserm Milchstraßensystem.

M 94 in den Jagdhunden
(rechts)
M 94 (NGC4736) wird manchmal in die Klasse Sa, manchmal auch in Sb eingestuft. Die Galaxie besitzt einen großen Kern mit dichtgewundenen, kaum erkennbaren Spiralarmen. Sie wurde 1781 von Méchain entdeckt und ist 8. Größe; Abmessungen: 7,4′ × 5,9′. Obwohl klein, ist sie doch leicht zu finden: Sie liegt 2¾° nördlich und 1° westlich von α Canum Venaticorum. Sie ist 32,6 Mio Lichtjahre entfernt, nach Holmberg beträgt ihre Masse 250 Mia Sonnenmassen.

Das «Schwarze Auge»
(ganz rechts)
M 64 (NGC 4826) im Haar der Berenike hat man wegen der Dunkelwolken nördlich des Kerns «Schwarzes Auge» getauft. Es ist ein dicht gewickelter Spiralnebel, 44 Mio Lichtjahre entfernt. Helligkeit $8{,}8^m$. M 64 ist eine große, massive Galaxie. (1,5-m-Spiegel Mount Wilson.)

Der nördliche Sternhimmel 2

URSA MINOR
DRACO
HERCULES
OPHIUCHUS
LYRA
CEPHEUS
CYGNUS
SAGITTA
AQUILA
SERPENS CAUDA
VULPECULA
LACERTA
DELPHINUS
PEGASUS
EQUULEUS
AQUARIUS
Polaris
Vega
Deneb
Albireo
Altair
Velox Barnardi
Ring-N.
Dumbbell-N.
Cirrus N.
Cocon-N
Zwergstern
18h
19h
20h
21h
22h
23h
80°
60°
40°
20°

Der nördliche Sternhimmel 2: Sterne

Diese Karte enthält einige der hellsten und interessantesten Sternbilder. Zwei besonders helle Sterne, Wega und Capella, liegen einander gegenüber und sind vom Nordpol ungefähr gleich weit entfernt. Von Europa oder vom Norden der Vereinigten Staaten aus gesehen, steht Capella an Winterabenden in der Zenitgegend, an Sommerabenden nimmt Wega diese Position ein.

Capella und Wega

Die beiden Sterne sind einander nicht ähnlich. Capella im Fuhrmann (Auriga) ist ein Gelber Riese von 150-facher Sonnenleuchtkraft in 45 Lichtjahren Entfernung. Wega in der Leier (Lyra) ist nur 50mal leuchtkräftiger als die Sonne, sie ist von uns nur wenig mehr als halb so weit entfernt wie Capella, aber ihre Oberfläche ist heißer (Spektraltyp A), und ihre deutliche Blaufärbung sieht man sogar mit bloßem Auge. Die übrigen Sterne in der Leier sind nicht besonders hell, wohl aber liegen in diesem Sternbild viele bemerkenswerte Objekte wie der Bedeckungsveränderliche β Lyrae, der doppelte Doppelstern ε sowie der bekannte Ringnebel M 57.

Wega und Capella haben die Größenklasse 0. Am ganzen Himmel sind nur Sirius, Canopus, α Centauri und Arktur heller. Wega bildet zusammen mit zwei Sternen 1. Größe, Deneb im Schwan und Altair im Adler, das sogenannte Sommerdreieck.

Der Schwan

Der Schwan (Cygnus) ist ein großes und wichtiges Sternbild, es fliegt gleichsam mit ausgebreiteten Schwingen dahin. Deneb, Helligkeit 1,3^{m}, ist ein Stern besonders hoher Leuchtkraft. Er leuchtet mindestens 10 000mal stärker als die Sonne, und selbst dieser Wert ist vielleicht noch zu tief gegriffen. Albireo (β Cygni) ist der farbenprächtigste Doppelstern am Himmel. Der dritte Stern des Sommerdreiecks, Altair im Adler, ist bloß 16 Lichtjahre von uns entfernt und besitzt nur 9fache Sonnenleuchtkraft. Er ist einer unserer nächsten Nachbarn in der Galaxis, von den Sternen 1. Größe sind nur Sirius und α Centauri näher. Altair ist wegen der beiden schwächeren Sterne an seiner Seite relativ leicht zu finden. In dem Gebiet zwischen Leier, Schwan und Adler befinden sich mehrere kleine, aber interessante Sternbilder. Als wichtigstes wäre hier der Delphin (Delphinus) zu nennen.

Fast ebenso auffallend wie der Schwan ist Cassiopeia, die prahlerische Königin der Perseus-Legende, ihre Sterne (die hellsten sind 2. Größe) bilden das bekannte «W». Eine gedachte Linie von Mizar im Großen Bären durch den Himmelspol trifft auf Cassiopeia. Neben ihr verblaßt geradezu das weniger deutlich gezeichnete Bild ihres Gemahls, Kepheus. Der hellste Stern im Kepheus, Alderamin, ist nur 3. Größe.

Das Pegasus-Quadrat

Zwei Sterne der Cassiopeia können als «Wegweiser» zum Quadrat des Pegasus dienen. In der Mythologie ist Pegasus ein Flügelroß, am Himmel ist er ein sehr großes und nicht allzu helles Sternbild. Seinen hellsten Stern, Alpheratz oder Sirrah, hat man dem angrenzenden Sternbild Andromeda – einer andern Figur der Perseus-Legende – angegliedert. In der Andromeda finden wir den bekannten großen Spiralnebel M 31 und den prächtigen Doppelstern Alamak (γ Andromedae), dieser besteht aus einem gelben Hauptstern 2. Größe und einem blauen Begleiter 5. Größe. Perseus selbst hat einen Stern, der heller ist als 2. Größe, Algénib. Zwischen Perseus und Cassiopeia liegt ein doppelter Sternhaufen, mit dem bloßen Auge gerade noch, mit dem Feldstecher gut sichtbar. Ebenfalls im Perseus befindet sich Algol, der Urtyp des Bedeckungsveränderlichen, der normalerweise so hell ist wie der Polarstern und im Minimum auf die Helligkeit 3,5^{m} zurückfällt.

Die drei Sternbilder des Tierkreises auf dieser Karte sind verschiedener Art. Im Stier (Taurus) liegen der helle, orangefarbene Aldebaran und die beiden bekannten offenen Haufen der Hyaden und der Plejaden. Der Widder (Aries) weist einen Stern 2. Größe, Hamal, auf, sowie einen leicht zu beobachtenden Doppelstern großer Distanz, γ. Die Fische (Pisces) warten weder mit hellen Sternen noch mit interessanten Objekten auf und bedecken ein weites, dunkles Gebiet.

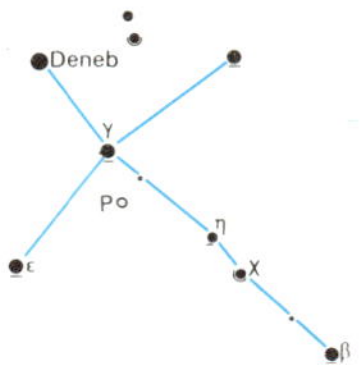

Cygnus (rechts)
Das Sternbild Schwan, fotografiert von H. R. Hatfield. Deneb oder α Cygni (Rekt. = 20h 39,7min, Dekl. = +45°06′) ist ein Überriese vom Spektraltyp A2. β Cygni oder Albireo (Rekt. = 19h 28,7min, Dekl. = +27°52′) ist ein Riesenstern des Spektraltyps K1, absolute Helligkeit —2,2. Er hat einen Begleiter der Helligkeit 5,4^{m} in einer scheinbaren Entfernung von 34,6″. Albireo ist wegen des Kontrasts zwischen dem Gelb des Hauptsterns und dem lebhaften Grün des Begleiters wahrscheinlich der prächtigste Doppelstern am Himmel.
Die kleinere Abbildung (unten rechts) zeigt den langperiodischen Veränderlichen χ Cygni (Rekt. = 19h 48,6min, Dekl. = +32°47′), der sich zur Zeit der Aufnahme (oben) seinem Maximum näherte. Als Vergleichsstern kann η Cygni (4. Größe) dienen. In der Nähe des Sterns γ liegt P Cygni, ein novaähnlicher Veränderlicher, dessen scheinbare Helligkeit in den letzten hundert Jahren zwischen 4,5 und 5,5^{m} lag.

Der Widder (unten)
Das Sternbild Widder; eingezeichnet ist die Lage des Doppelsterns γ Arietis (Rekt. = 01h 50,8min, Dekl. = +19°03′). Die Helligkeiten der Komponenten sind 4,7 und 4,8^{m}; sieht man beide Komponenten mit dem bloßen Auge zusammen als ein Objekt, so erscheint es in der Helligkeit 4,0^{m}. Beide Sterne sind Spektralklasse A. Die Distanz ist 8,2″, γ Arietis ist also leicht zu trennen.
Der Stern ist auch leicht zu finden. Dem Dreieck und Andromeda am nächsten liegt Hamal oder α Arietis, 2. Größe. Er bildet zusammen mit β Arietis (Helligkeit 2,7^{m}) und γ eine Gruppe.

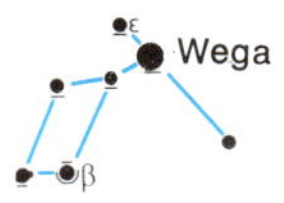

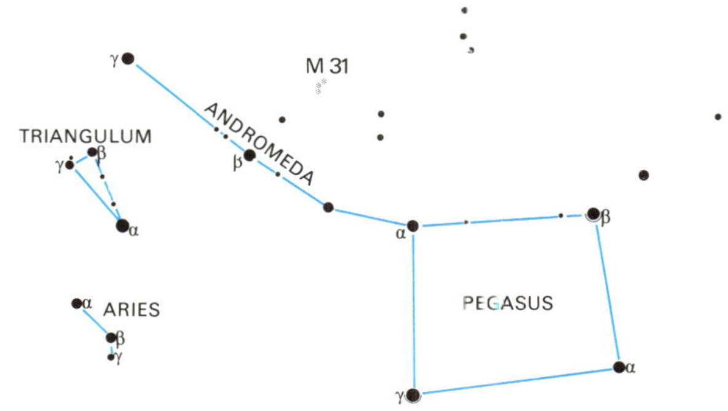

ε Lyrae (unten rechts)
ε Lyrae, ein doppelter Doppelstern (Rekt. = 18h 42,7 min, Dekl. = +39° 37′) in der Nähe der Wega. Die Distanz zwischen ε¹ und ε² beträgt 208″, die beiden lassen sich auch mit bloßem Auge trennen. Schon mit einem 7,5-cm-Fernrohr sieht man aber, daß beide Komponenten für sich wiederum Doppelsterne sind. Für ε¹ beträgt die Distanz 2,8″, für ε² 2,3″.
Alle vier Sterne gehören in die Spektralklasse A.
Zwischen den beiden Paaren sieht man im Teleskop noch weitere Sterne, die aber nicht zum System gehören.

Veränderliche Sterne im Perseus (rechts)
Algol (β Persei) ist ein Bedeckungsveränderlicher, dessen Helligkeit zwischen 2,2 und 3,5^{m} schwankt. Geeignete Vergleichssterne sind α Persei (1,9^{m}), ε (3,0^{m}) und ζ (2,9^{m}). ρ ist ein roter unregelmäßiger Veränderlicher vom Spektraltyp M; scheinbare Helligkeit zwischen 3,3 und 4,2^{m}. Geeignete Vergleichssterne sind κ (4,0^{m}) und 16 Persei (4,3^{m}).

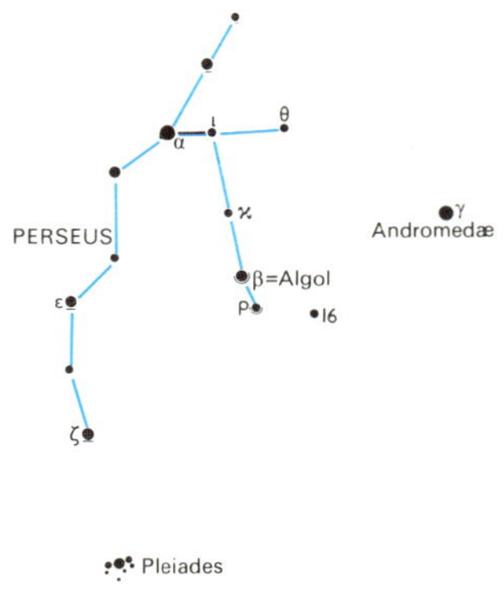

Veränderliche Sterne im Kepheus (unten)
Das Sternbild Kepheus mit den Veränderlichen δ und μ.
δ Cep (Rekt. = 22h 27,3 min, Dekl. = +58° 10′) ist der Prototyp der Cepheiden. Er hat eine Periode von 5,4 Tagen und bildet ein Dreieck mit ζ (3,3^{m}) und ε (4,2^{m}), welche nützliche Vergleichssterne sind, denn δ variiert zwischen 4,1 und 5,2^{m}.
μ (Rekt. = 21h 42,0 min, Dekl. = +58° 33′) ist zwischen den Helligkeiten 3,6 und 5,1^{m} veränderlich, liegt aber gewöhnlich bei 4,5^{m}, so daß er mit υ Cephei (4,5^{m}) verglichen werden kann. μ Cephei ist Herschels «Granatstern». Im Feldstecher sieht man die rote Farbe gut.

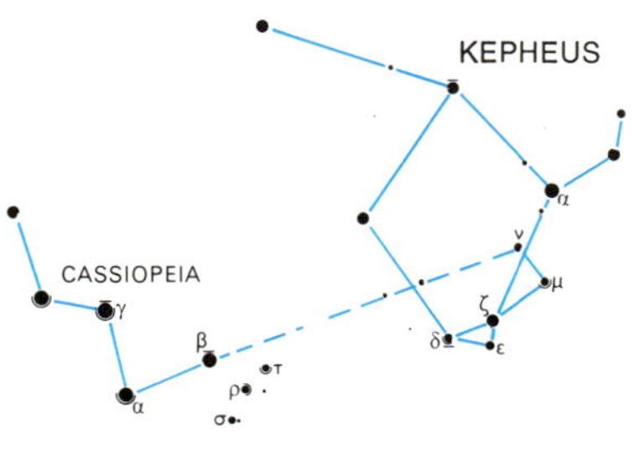

Pegasus (oben)
Das Quadrat im Pegasus wird von vier Sternen gebildet: α Andromedae (oben links, Helligkeit 2,1^{m}); β Pegasi (oben rechts, veränderlich); α Pegasi (unten rechts, 2,5^{m}) und γ Pegasi (unten links, 2,8^{m}). β ist ein roter Überriese vom Spektraltyp M, seine extreme Helligkeitsamplitude liegt zwischen 2,1 und 2,9^{m}, die durchschnittliche Amplitude zwischen 2,3 und 2,8^{m}.
β Pegasi ist ein für die Beobachtung mit dem bloßen Auge sehr geeigneter Stern, und zwar sowohl wegen seiner großen Helligkeit als auch wegen der geeigneten Vergleichssterne. Allerdings muß man die Extinktion in der Atmosphäre berücksichtigen. Vergleicht man β mit α, dann sollte man daran denken, daß α tiefer über dem Horizont steht, sein Licht daher in der Atmosphäre stärker geschwächt wird. Die Schwächung des Lichts durch die Extinktion beträgt 3 Größenklassen für ein Objekt, das sich 1° über dem Horizont befindet, 2,5 Größenklassen für 2° Höhe, 1 Größenklasse für 10° und nur noch 0,3 Größenklassen bei 25° Höhe. Über 43° kann man die Extinktion bei Beobachtung mit dem bloßen Auge vernachlässigen. Fotografie von H. R. Hatfield.

Cassiopeia
(Rechts) Nahe bei β Cassiopeiae (Helligkeit 2,3m), im rechten Teil des «W», sind drei Sterne grob aufgereiht (s. S. 236 u.). Der mittlere Stern ist ϱ Cassiopeiae, ein unregelmäßiger Veränderlicher (Helligkeit 4,0—6,2m). Aufnahme H. R. Hatfield.

(Ganz rechts) Sternspuren, fotografiert von Peter Gill. Sie gehören zum Sternbild Cassiopeia. Man kann die verschiedenen Farben der Sterne deutlich unterscheiden. α oder Shedir (Spektraltyp K) ist orange. Die lange Spur quer durchs Bild rührt von dem US-Ballonsatelliten Echo 2 her.

Die Plejaden (oben, rechts und ganz rechts)
Diese drei Aufnahmen des Sternhaufens der Plejaden, M 45 (Rekt. = 03 h 43,9 min, Dekl. = + 23° 58′), zeigen die Wirkung verschieden langer Belichtungszeiten. (Rechts) Das Gebiet des Sternbilds Stier mit den Plejaden (ganz oben rechts) und die Hyaden bei Aldebaran. (Ganz rechts) Eine andere Aufnahme der Plejaden, ebenfalls von H. R. Hatfield. Hier betrug die Belichtungszeit 20 Minuten, und man sieht viel mehr Sterne. (Oben) Die Plejaden mit dem 122-cm-Schmidtspiegel auf Palomar fotografiert. Man sieht den Sternhaufen und den damit verbundenen Nebel. Der hellste Stern in den Plejaden ist Alcyone oder η Tauri, Helligkeit 2,9m. Andere Sterne des Haufens, die man mit bloßem Auge sieht, sind Electra, Atlas, Merope, Maia und Taygeta. Leute mit sehr guten Augen können auch noch Celano, Plejone, Asterope und weitere Sterne sehen.
Der Sternhaufen ist 410 Lichtjahre entfernt und hat einen scheinbaren Durchmesser von 120′. Die Hauptsterne sind heiß und weiß, ihrer 500 befinden sich in einer Kugel von 50 Lichtjahren Durchmesser. Bei dem Nebel handelt es sich um einen Reflexionsnebel.

Der nördliche Sternhimmel 2: Sternhauf

Der doppelte Sternhaufen NGC 869–884 im Perseus (rechts).
Dieser doppelte Sternhaufen (NGC 869–884 oder χ/h Persei) ist leicht zu finden, er liegt auf halbem Wege zwischen Cassiopeia und α Persei. Man sieht ihn schon mit dem bloßen Auge, doch mit einem Feldstecher oder einer schwachen Vergrößerung am Fernrohr wirkt er prächtig. Jeder Haufen hat einen scheinbaren Durchmesser von 36′, bei 7300 Lichtjahren Entfernung entspricht das einem wahren Durchmesser von 77 Lichtjahren. Beides sind offene Haufen, sie enthalten je ungefähr 350 Sterne. NGC 869 ist der etwas größere. Die Aufnahme wurde im US Naval Observatory gemacht.

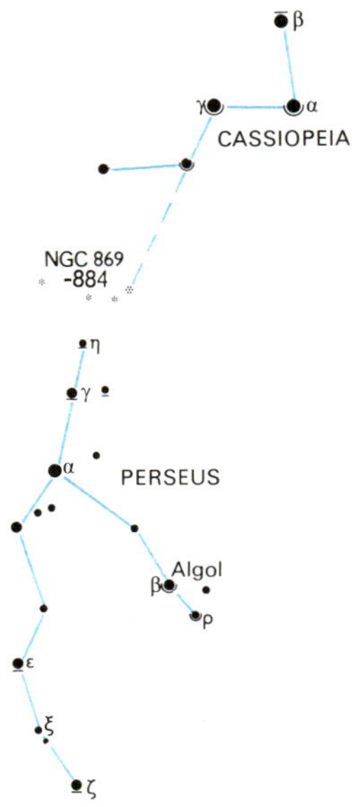

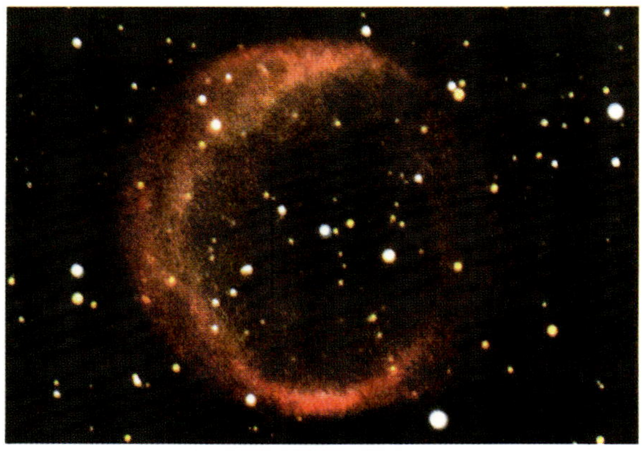

Ein planetarischer Nebel (oben)
Fotografie des planetarischen Nebels NGC 6781 (Rekt. = 19h 16,0min, Dekl. = +06°26′) im Adler. Der scheinbare Durchmesser beträgt 106″, relativ viel für ein Objekt dieser Art. Die scheinbare Gesamthelligkeit ist jedoch nur $12{,}5^m$, der Zentralstern hat die Helligkeit $15{,}4^m$, es handelt sich also nicht um ein helles Objekt. Aufnahme: 122-cm-Schmidtspiegel, Palomar.

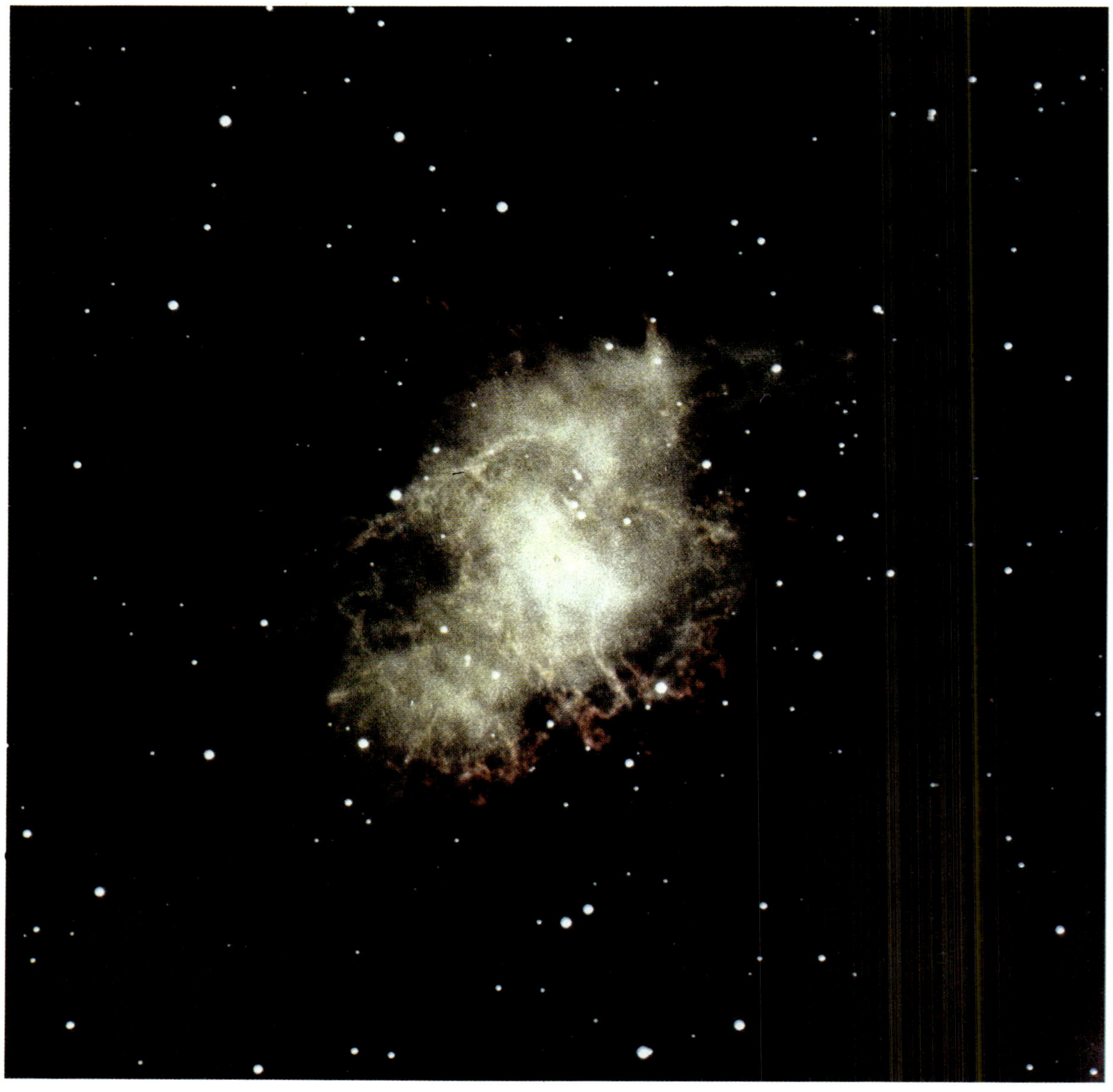

Der Ringnebel in der Leier (rechts und unten)
M 57 (NGC 6720) ist sehr leicht zu finden, er liegt auf halbem Weg zwischen dem Bedeckungsveränderlichen β Lyrae und dem Stern 3. Größe γ Lyrae. Koordinaten: Rekt. = 18h 51,7min, Dekl. = +32° 58′; scheinbare Helligkeit $9{,}3^m$. Entfernung ungefähr 5000 Lichtjahre. M 57 ist mit kleinen Teleskopen sichtbar.

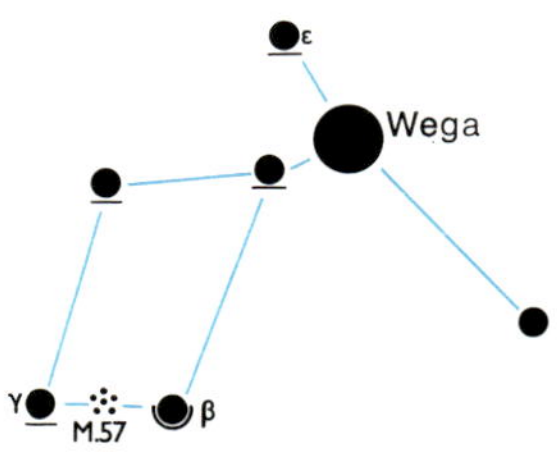

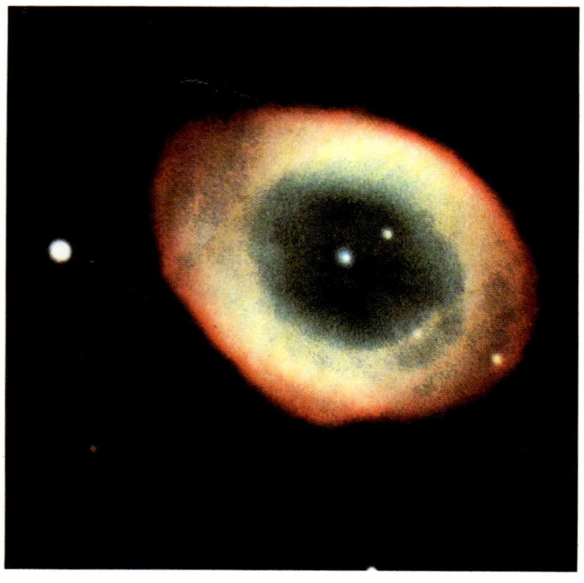

en und Nebel

Der Cirrusnebel (rechts)
Farbfotografie des Cirrusnebels im Schwan, NGC 6992–5, aufgenommen mit dem 122-cm-Schmidtspiegel auf Palomar. Koordinaten: Rekt. = 20h 54,3 min, Dekl. = +31°30′; Entfernung 2500 Lichtjahre. Der Nebel ist wahrscheinlich das Resultat einer Supernovaexplosion. Nach den Berechnungen sind die Gasmassen vor 50 000 Jahren mit 8000 km/sec ausgeworfen worden. Seither ist die Expansionsgeschwindigkeit auf 120 km/sec zurückgegangen. Der Nebel wird in etwa 25 000 Jahren nicht mehr leuchten.

Nordamerikanebel (unten links auf dieser Seite)
Der Nordamerikanebel im Schwan, aufgenommen mit dem 122-cm-Schmidtspiegel auf Palomar. NGC 7000 (Rekt. = 20h 57,0 min, Dekl. = +44°08′) ist 3600 Lichtjahre entfernt und steht offensichtlich mit dem Überriesen Deneb (α Cygni, Spektraltyp A2) in Verbindung. Die scheinbaren Abmessungen sind 120′ × 100′. Die dunklen Gebiete auf der Aufnahme sind auf absorbierende Materie zurückzuführen, die sowohl das Licht des Nebels als auch das der Hintergrundsterne abschwächt.

Der Krabbennebel (links)
Aufnahme des Krabbennebels M 1 (NGC 1952), mit dem 5-m-Spiegel auf Palomar gewonnen. Der Nebel wurde 1731 von John Bevis entdeckt. Überrest der Supernova von 1054, ist er für die Astronomen von großer Bedeutung: Er strahlt Radiowellen und Röntgenstrahlen aus und enthält einen Pulsar. Der Krabbennebel hat zwar nur die Helligkeit 8,4ᵐ, ist aber selbst mit einem kleinen Teleskop nicht schwer zu finden. Koordinaten: Rekt. = 05h 31,5 min, Dekl. = +21°59′; etwa 1° nördlich und 1° westlich von ζ Tauri (3,0ᵐ). Der Anblick des Krabbennebels ist allerdings etwas enttäuschend, abgesehen von einem verwaschenen Lichtfleck sieht man nicht viel. Um die verwickelte Struktur auf Fotos sichtbar werden zu lassen, bedarf es großer Fernrohre und langer Belichtungszeit.

Der Cirrusnebel (unten)
Der Schleier- oder Cirrusnebel im Schwan, aufgenommen mit dem 122-cm-Schmidtspiegel auf Palomar. Der gesamte Nebel ist hier zu sehen, einschließlich des in obenstehender Farbaufnahme sichtbaren Teils. Eine gewisse Symmetrie ist unverkennbar und stützt die Annahme, der Nebel sei der Überrest einer Supernova.

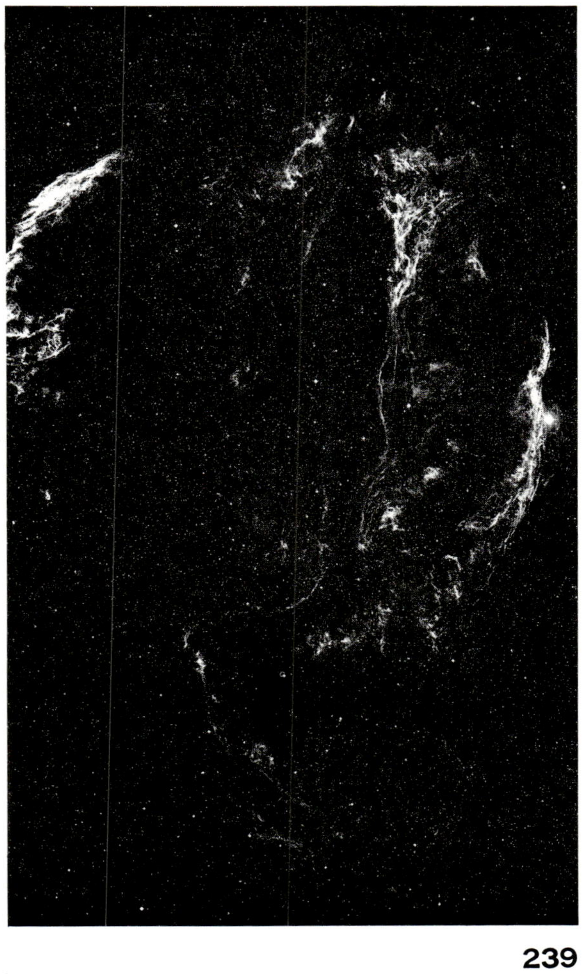

Der nördliche Sternhimmel 2: Galaxien

Der große Andromedanebel (rechts)
M 31 (NGC 224), der große Spiralnebel im Sternbild Andromeda, aufgenommen mit dem 122-cm-Schmidtspiegel auf Palomar. Koordinaten: Rekt. = 00h 40,0min, Dekl. = +41°00′. M 31 ist mit 2,2 Mio Lichtjahren Entfernung eine der nächsten Galaxien und gehört zur Lokalen Gruppe. Nach Baade beträgt der Winkel zwischen unserer Blickrichtung und der Ebene der Galaxie 11,7° so daß wir sie fast von der Seite sehen. Würde man sie von oben sehen, wäre sie noch weit auffallender.

Andromeda (unten)
Das Sternbild Andromeda in einer Aufnahme von H. R. Hatfield. Das neblige Fleckchen (Pfeil, unterhalb Bildmitte, rechts) ist der große Andromedanebel M 31. Man sieht M 31 schon mit dem bloßen Auge deutlich, 1,2° westlich und ein ganz klein wenig nördlich von ν Andromedae. Die Aufnahme zeigt die Sternbilder Andromeda und Dreieck sowie einen Teil des Pegasus. Der Stern α Andromedae liegt an der Grenze zum Sternbild Pegasus und bildet eine Ecke des Pegasusquadrats.

Wie man den Andromedanebel findet (unten)
Die Zeichnung soll zum leichteren Auffinden der Galaxie M 31 verhelfen. M 31 liegt bei ν Andromedae (Helligkeit 4,5m). Mit M 31 stehen zwei kleinere, elliptische Galaxien in Verbindung, M 32 und NGC 205. Der Spiralnebel M 33 im Dreieck, an der Grenze zu Andromeda, ist viel schwächer als M 31, doch mit dem Feldstecher sieht man auch ihn. Er liegt ungefähr in der Mitte zwischen α Trianguli und β Andromedae.

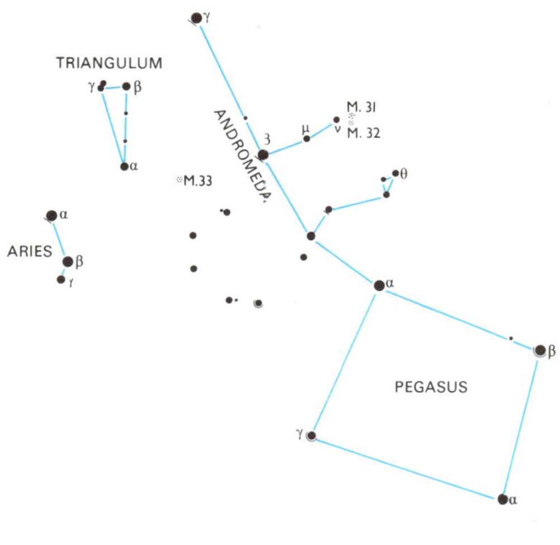

Der Kern von M 31 (rechts)
Der Kern des Andromedanebels in einer Aufnahme des US Naval Observatory. Normalerweise ist der Kern einer Galaxie zugunsten der Einzelheiten in den Spiralarmen überbelichtet. In dieser Aufnahme ist der Kern richtig belichtet worden, weshalb die Spiralarme nicht gut sichtbar sind. Der Kern der Galaxie gehört vorwiegend der Population II an, seine hellsten Sterne im Hertzsprung-Russell-Diagramm bevölkern also den Riesenast. Die hellsten Sterne in den Spiralarmen liegen auf der Hauptreihe und gehören der Population I an (S. 197 o und 206 l.).

Eine Radioquelle im Perseus (oben)
Eine Aufnahme mit dem 5-m-Spiegel auf Palomar. Man beachte den vom Hauptobjekt ausgehenden «Gasstrahl».

Eine Radioquelle in der Cassiopeia (oben)
Eine Fotografie im roten Licht (Palomar, 5-m-Spiegel). Visuell sieht man lediglich einige schwache Gasstreifen. Es handelt sich um einen Supernovaüberrest.

Der Dreiecksnebel, M 33 (oben)
Eine Aufnahme des Spiralnebels im Dreieck, M 33 (NGC 598), mit dem 5-m-Spiegel auf Palomar. Koordinaten: Rekt. = 01 h 31,1 min, Dekl. = +30°24′. Obgleich die scheinbare Gesamthelligkeit 6,7ᵐ beträgt, ist die Flächenhelligkeit gering. Durchs Fernrohr beobachtet man M 33 am besten mit einem Weitwinkelokular geringer Vergrößerung. Die scheinbaren Abmessungen betragen 60′ × 40′. M 33, 1764 von Messier entdeckt, ist ein gutes Beispiel für eine offene Spirale (Sc). Die Entfernung beträgt 2,35 Mio Lichtjahre, M 33 ist das entfernteste bekannte Mitglied der Lokalen Gruppe. Nach Holmberg entspricht die Masse etwa $^1/_{25}$ der Masse unserer Galaxis.

(Rechts)
Die Galaxie M 74 (NGC 628), Aufnahme Palomar, 5-m-Spiegel. Rekt. = 01 h 34,0 min, Dekl. = +15°32′ (Fische); Entfernung 26 Mio Lichtjahre. Offene Spirale; Helligkeit $10{,}2^m$.

(Ganz rechts)
NGC 7741 (Palomar 5-m-Spiegel) Rekt. = 23 h 41,4 min, Dekl. = +25°48′ (Pegasus). Scheinbare Helligkeit $11{,}6^m$, scheinbarer Durchmesser 3′ × 2′. Gutes Beispiel einer Balkenspirale.

(Rechts)
NGC 891 (1,5-m-Spiegel). Rekt. = 02 h 19,3 min, Dekl. = +42°07′ (Andromeda). 11. Größe. Größter scheinbarer Durchmesser 12,0′. Ein Spiralnebel, von der Seite gesehen.

(Ganz rechts)
NGC 147 (5-m-Spiegel, im roten Licht). Rekt. = 00 h 30,4 min, Dekl. = +48°14′ (Cassiopeia). Galaxie vom Typ E4, Population II; Helligkeit 12^m, scheinbare Abmessungen 6,5′ × 3,8′.

Der südliche Sternhimmel 1

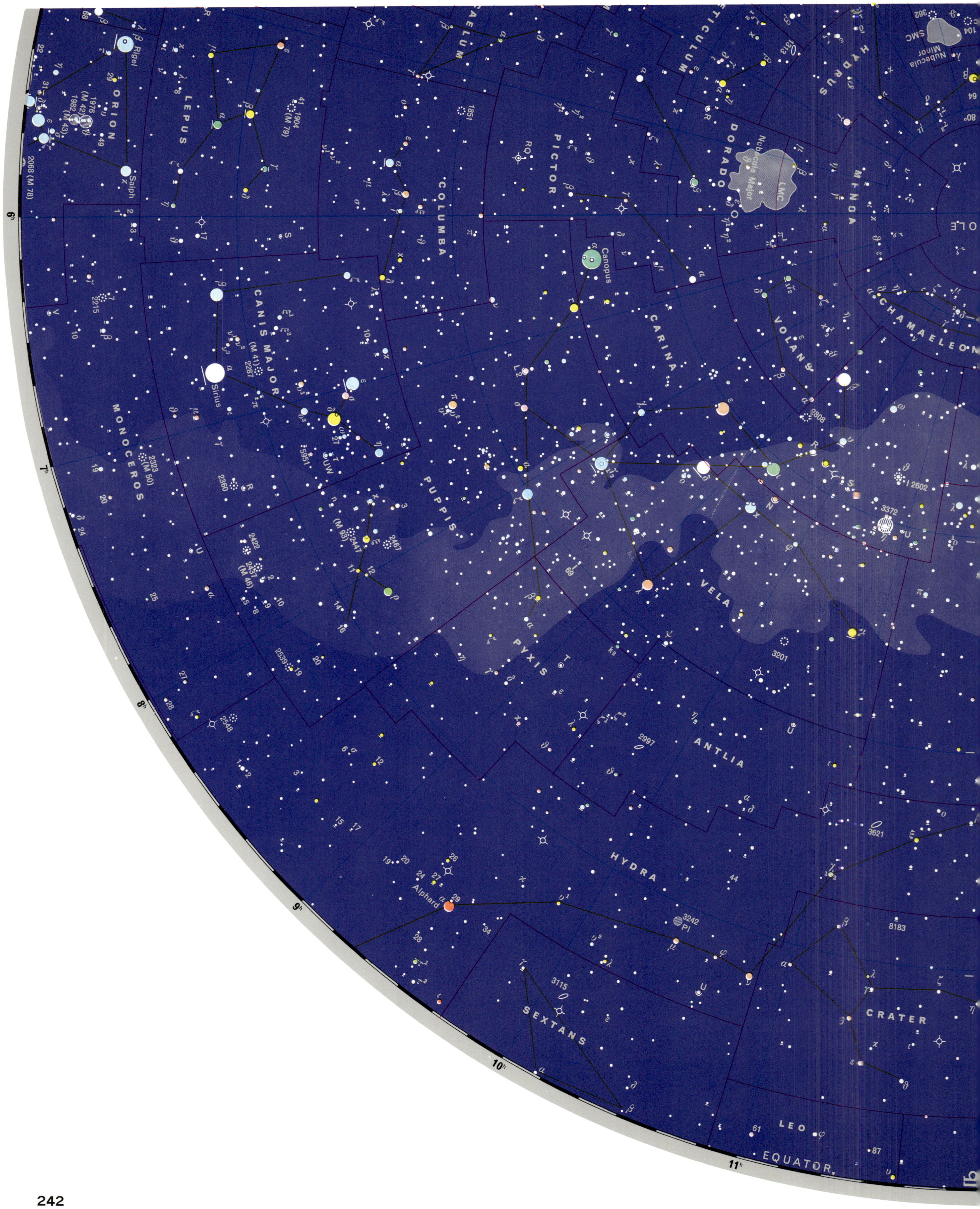

OCTANS
PAVO
TELESCOPIU
CORONA AUSTRALIS
SAGITT
SCUTUM
SERPENS CAUDA
APUS
TRIANGULUM AUSTRALE
ARA
SCORPIUS
USCA
CIRCINUS
NORMA
CRUX
Proxima Cent.
Toliman
Antares
Lagoon-N
Omega-N
Trifid N
Zentr Galacticus
CENTAURUS
LUPUS
OPHIUCHUS
SERPENS CAPUT
LIBRA
ECLIPTIC
CORVUS
Spica
Sombrero N
VIRGO
13h
14h
15h
16h
17h
18h

Der südliche Sternhimmel 1: Sterne

Was der Große Bär am Nordhimmel, das ist am Südhimmel das Kreuz (Crux). Man sieht es weder von Europa noch von den Vereinigten Staaten aus, es gehört also nicht zu den alten Sternbildern, sondern wurde erst im 17. Jahrhundert benannt.

Das Kreuz des Südens
Crux ist zwar das kleinste Sternbild am ganzen Himmel, es enthält jedoch drei Sterne heller als 2. Größe und einen von 3. Größe. Sein hellster Stern, Acrux oder α Crucis, ist ein prächtiger Doppelstern. Seine Komponenten haben die scheinbare Helligkeit 1,6 bzw. $2{,}1^{m}$, was zusammen eine scheinbare Helligkeit von $0{,}9^{m}$ ergibt. Da die Distanz 4,7″ beträgt, kann man das Paar schon mit kleineren Instrumenten trennen. β Crucis ($1{,}3^{m}$) ist ein Stern hoher Leuchtkraft vom Typ B. γ Crucis ($1{,}6^{m}$) ist ein Roter Riese, der farblich in scharfem Kontrast zu den weißleuchtenden Acrux und β steht. Ebenfalls im Kreuz liegt der offene Haufen ϰ Crucis (NGC 4755), der als «Schmuckkästchen» populär geworden.

Der Kentaur
Das imposante Sternbild Kentaur (Centaurus) umschließt Crux fast ganz. Es liegt zu weit südlich, um von Europa aus sichtbar zu sein. Zwei Sterne erster Größe, α und β, zeigen auf das Kreuz des Südens. Von diesen ist α Centauri der uns nächstgelegene helle Stern, seine scheinbare Helligkeit (— $0{,}3^{m}$) wird lediglich von Sirius und Canopus übertroffen. Er ist doppelt, die Komponenten haben einzeln die scheinbaren Helligkeiten 0,0 und $1{,}4^{m}$ und eine Umlaufszeit von 80 Jahren. Zum α-Centauri-System gehört aber noch ein kleineres Mitglied, Proxima Centauri, in etwas größerer Entfernung vom Doppelstern gelegen. Proxima ist von uns nur 4,2 Lichtjahre entfernt und damit der nächste Fixstern. Beim Doppelstern α beträgt die Distanz gegenwärtig 4″, er ist ein prächtiges Fernrohrobjekt. Er hat keinen offiziellen Eigennamen; in der Luftfahrt wird er Rigil Kent genannt.

Neben α steht der sehr weit entfernte β Centauri am Himmel, von bläulichweißer Farbe und 3000facher Sonnenleuchtkraft. Im Kentaur befinden sich noch verschiedene andere helle Sterne, hinzu kommt der Kugelsternhaufen ω Centauri (NGC 5139), eines der schönsten Objekte und mit bloßem Auge gut sichtbar.

Neben Kentaur und Crux liegt ein riesiges Sternbild, früher Argo Navis (Schiff) benannt. Argo ist indessen so groß, daß es in einzelne Teile aufgeteilt wurde: Carina (Kiel), Puppis (Hinterteil) und Vela (Segel). Canopus (α Carinae) ist der zweithellste Stern, er ist ein Überriese von extrem hoher Leuchtkraft. Er gehört in die Spektralklasse F und beherrscht seine ganze Umgebung durch Schönheit und Brillanz.

An Puppis grenzt der Große Hund (Canis Major) mit Sirius (α Canis Majoris), dem hellsten Stern am Himmel. Man sieht ihn von Europa und Nordamerika aus, er liegt mit den drei Gürtelsternen des Orion in einer geraden Linie. Sirius hat die Helligkeit — $1{,}4^{m}$, verdankt sie aber in erster Linie seiner großen Nähe (er ist 8,6 Lichtjahre von uns entfernt), denn seine Leuchtkraft beträgt nur das 26fache der Sonnenleuchtkraft.

Von den Sternbildern des Tierkreises, die auf der Karte S. 242/43 liegen, ist der Skorpion (Scorpius) mit seinem roten Hauptstern Antares das imposanteste. Wie Altair, ist auch Antares von zwei schwächeren Sternen flankiert. Der Skorpion gehört zu den wenigen Sternbildern, die von der Form her ihren Namen einigermaßen zu Recht tragen, er besteht aus einer langen Reihe meist heller Sterne. Antares erhebt sich in Mitteleuropa gerade noch gut sichtbar über den Horizont, das ganze Sternbild ist nur von Südeuropa aus sichtbar. Das angrenzende Sternbild im Tierkreis, die Waage (Libra), besteht aus schwachen Sternen. Die Jungfrau (Virgo) liegt zum Teil auf der nördlichen Halbkugel, ihr Hauptstern ist 1. Größe und heißt Spica, man findet ihn leicht, wenn man dem großen Bogen folgt, der mit den Deichselsternen des Großen Wagens beginnt, durch Arktur führt und bei Spica endet.

Auf jener Karte liegt auch ein Teil der Hydra. Trotz ihrer Ausdehnung weist sie nur einen einzigen Stern 2. Größe auf: Alfard, den Einsamen.

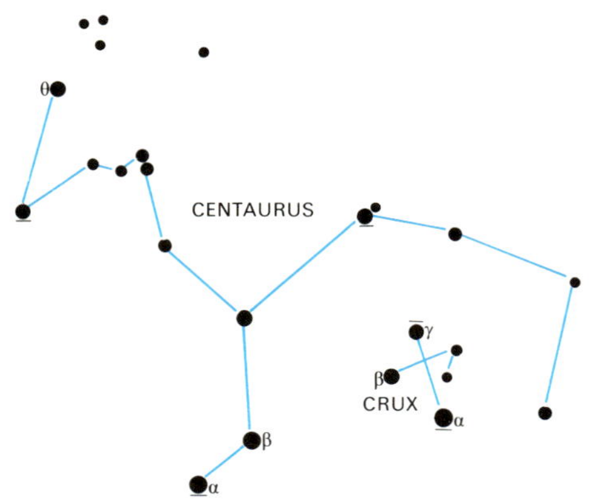

Centaurus und Crux (links)
Die Karte zeigt Centaurus und Crux, zwei auffallende Sternbilder am Südhimmel. α Centauri (Rekt. = 14h 36,2min, Dekl. = —60° 38′) ist ein prachtvoller Doppelstern mit einer Periode von 80 Jahren. Die Spektraltypen der beiden Komponenten sind G4 und K5. Die Distanz der beiden Komponenten beträgt gegenwärtig 4″, so daß α Centauri ein lohnendes Objekt für kleinere Teleskope ist. Mit einer Entfernung von 4,3 Lichtjahren ist er einer der nächsten Sterne.
α Crucis (Rekt. = 12h 23,8min, Dekl. = —62° 49′) ist ebenfalls ein Doppelstern, Helligkeiten 1,6 und $2{,}1^{m}$ (zusammen $0{,}9^{m}$), Spektren B1 und B1, Positionswinkel 114°, Distanz 4,7″. Im Gegensatz zu α Centauri ist α Crucis wesentlich weiter entfernt (230 Lichtjahre).

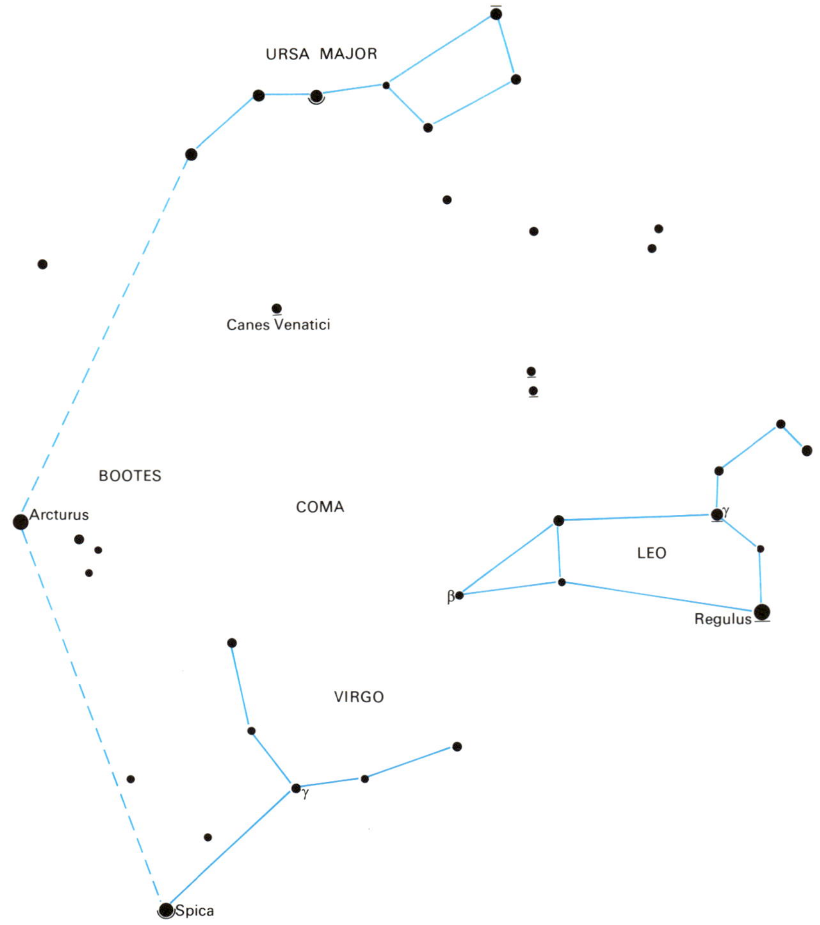

γ Virginis (links)
γ Virginis oder Porrima ist ein bekannter Doppelstern. Vom Großen Bären aus findet man über Arktur leicht Spica, von ihr gelangt man zu γ in der Wurzel des «Y». Koordinaten: Rekt. = 12h 39,1min, Dekl. = —01° 11′. Beide Komponenten gehören in die Spektralklasse F0 und haben dieselbe scheinbare Helligkeit ($3{,}6^{m}$; zusammen $2{,}9^{m}$).
Die Umlaufszeit beträgt 172 Jahre, die Bahnen sind stark exzentrisch. Im Jahre 1780 betrug die Distanz 5,7″, 1836 noch 0,4″ und 1921 wieder 6,2″. Zur Zeit nimmt sie wieder ab, doch ist der Doppelstern mit 5″ immer noch leicht zu trennen. Gegen Ende unseres Jahrhunderts wird die Trennung schwierig und 2010 nur noch mit sehr großen Teleskopen möglich sein.

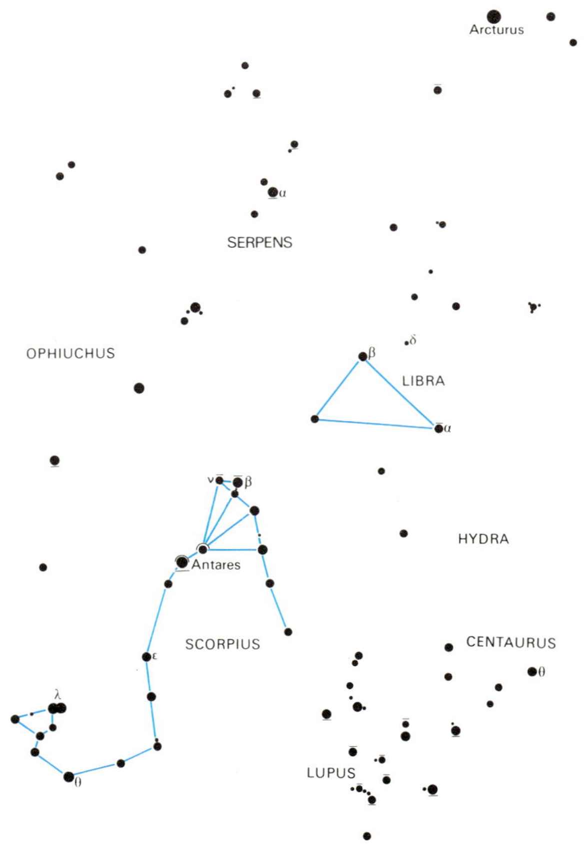

Der Skorpion (links)
Der Skorpion (Scorpius) ist eines der ausgeprägtesten Sternbilder des Tierkreises. Sein hellster Stern, Antares (Rekt. = 16h 26,3min, Dekl. = —26° 19′), ist ein Roter Riese mit einem Durchmesser von 400 Mio km, seine Entfernung beträgt 360 Lichtjahre, und seine Leuchtkraft ist 3400mal größer als die der Sonne. Die scheinbare Helligkeit ist $1{,}1^{m}$. Antares besitzt einen Begleiter der Helligkeit $6{,}5^{m}$ in einem scheinbaren Abstand von 2,9″. Der Spektraltyp dieses Begleiters ist B4, doch der Kontrast zur Rotfärbung des Hauptsterns läßt ihn grün erscheinen. Antares ist für Teleskope von mehr als 10 cm Öffnung ein interessantes Objekt. Auch β und ν Scorpii, die auf dieser Karte enthalten und im Katalog der Doppelsterne auf Seite 258 aufgeführt sind, können schon mit kleineren Instrumenten getrennt werden.
An den Skorpion grenzt das nicht sehr helle Tierkreissternbild Waage. Der hellste Stern, β Librae ($2{,}7^{m}$), gehört in die Spektralklasse B8, seine Farbe ist grünlich. δ Librae ist ein Bedeckungsveränderlicher mit einer Amplitude von 4,8 bis $5{,}9^{m}$ und einer Periode von 2,3 Tagen. Er ist vom Algoltyp und hell genug, daß man seinen Helligkeitswechsel mit dem Feldstecher verfolgen kann. Koordinaten: Rekt. = 14h 58,3min, Dekl. = —08° 19′.

Crux (unten)
Diese Aufnahme zeigt deutlich die Konzentration heller Sterne im Kreuz des Südens sowie den als «Kohlensack» bekannten Dunkelnebel.

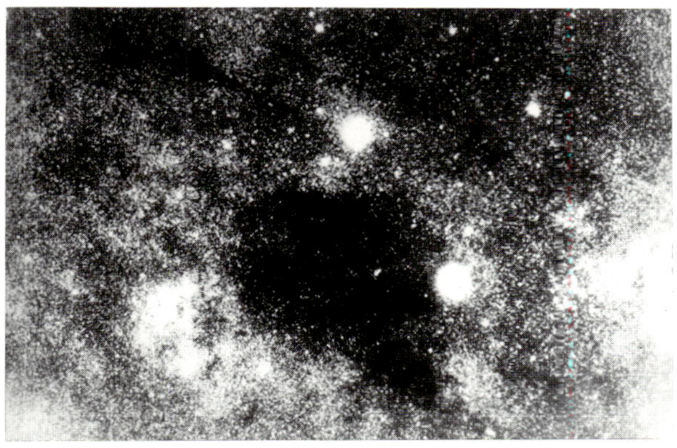

Das «Falsche Kreuz» (unten)
Das «Falsche Kreuz» liegt im alten Sternbild Argo Navis. Da Argo aufgeteilt wurde, liegen nun zwei Sterne des Falschen Kreuzes, nämlich ι (2,2^m) und ε (1,7^m), in Carina, während die beiden anderen, $\varkappa$ (2,6^m) und δ (2,0^m), in Vela liegen.
Canopus (Rekt. = 06h 22,8min, Dekl. = —52°40′) ist mit einer scheinbaren Helligkeit von —0,73^m der hellste Stern in Carina und der zweithellste am ganzen Himmel; nur Sirius ist noch heller. Er ist ein Überriese vom Spektraltyp F. Ebenfalls im Sternbild Carina liegt der unberechenbare Veränderliche η (Rekt. = 10h 43,1min, Dekl. = —59°25′). 1843 erreichte dieser Stern —0,8^m, heute hat er nur noch die Helligkeit 7,7^m und ist mit dem bloßen Auge nicht mehr sichtbar.
η Carinae ist in einen ausgedehnten Nebel gehüllt.

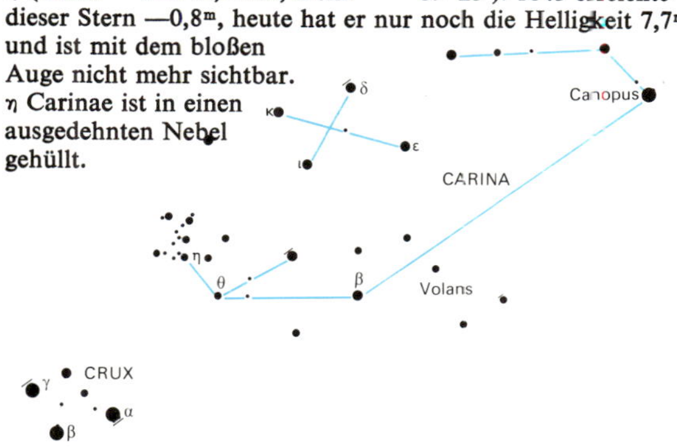

Sternfelder der Milchstraße (oben)
Sternfelder in der Milchstraße, vom US Naval Observatory fotografiert. Die Spur stammt vom US-Ballonsatelliten Echo 1.

Trifidnebel (unten)
M 20 (NGC 6514), der Trifidnebel im Sagittarius, aufgenommen mit dem 5-m-Spiegel auf Palomar. Koordinaten: Rekt. = 17h 58,9min, Dekl. = —23°02′. Der Nebel ist 9. Größe, also mit kleineren Instrumenten sichtbar, doch sind seine feinen Einzelheiten auf Fotografien großer Teleskope zu sehen. Der Name «Trifid» wurde ihm von Sir John Herschel gegeben.
Der Trifidnebel ist ein typischer Emissionsnebel, der heiße, junge Sterne enthält, die das Gas zum Leuchten anregen. Die Entfernung beträgt 2300 Lichtjahre, der Durchmesser des Nebels dürfte 20 Lichtjahre betragen. Die scheinbaren Abmessungen sind 29′ × 27′. M 20 strahlt auch Radiowellen von 9,4 cm Wellenlänge ab.
Der Nebel ist nicht schwer zu finden. Er liegt 2° südlich und 2½° westlich des Sterns 4. Größe μ Sagittarii. Ein Grad nordöstlich von M 20 liegt der offene Sternhaufen M 21.

Der südliche Sternhimmel 1: Sternhaufen

Unser Milchstraßensystem (unten)
Das Milchstraßensystem von der Seite gesehen. Die Sonne ist 30 000 Lichtjahre vom Mittelpunkt des Systems entfernt; dieser liegt in Richtung der dichten Sternwolken im Sternbild Sagittarius.

Sternwolken (unten)
Diese Aufnahme wurde mit dem 122-cm-Schmidtspiegel auf Palomar im roten Licht gemacht und zeigt Sternwolken im Schützen (Sagittarius). In diesem Teil der Milchstraße ist die Sterndichte am größten. Zudem befinden sich dort viele Dunkelnebel, die einen Teil des Lichts der dahinter befindlichen Sterne absorbieren. Das Zentrum der Milchstraße ist deshalb nicht zu sehen.

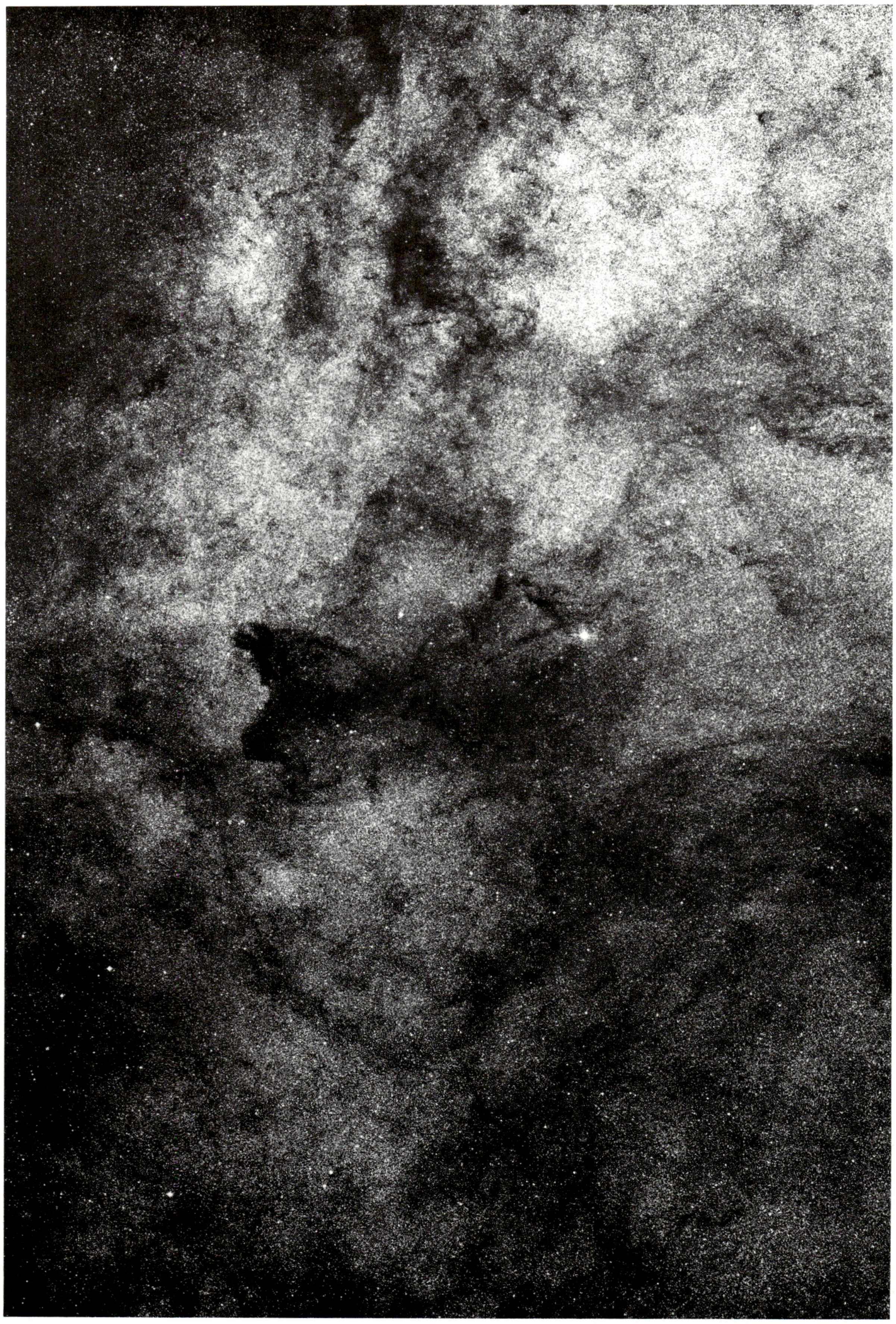

Der offene Sternhaufen NGC 5897 (links)
Der offene Sternhaufen NGC 5897 in der Waage, fotografiert mit dem 5-m-Spiegel auf Palomar. Im Gegensatz zu den Plejaden enthält er keine Nebelmaterie. Er ist typisch für die weniger dichten galaktischen Haufen, die nicht unbegrenzt bestehen (s. S. 204 l.).

Sternwolken im Sagittarius (unten)
Sternwolken im Sagittarius, aufgenommen mit dem 122-cm-Schmidtspiegel auf Palomar. Die Aufnahme zeigt außerdem zwei bekannte Gasnebel: M 8, den Lagunennebel (Seite 207 und 247), und M 20, den Trifidnebel (Seite 245).

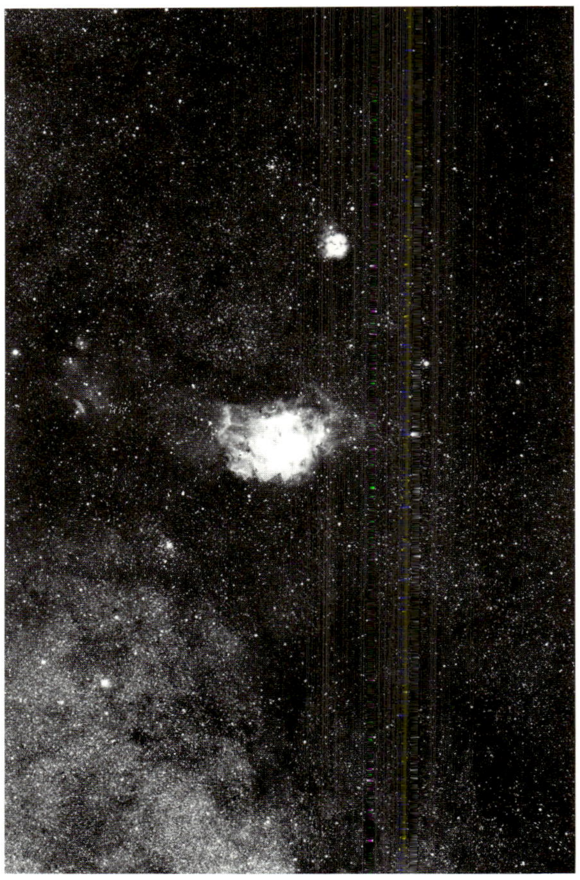

Planetarischer Nebel in der Hydra (unten)
Die Koordinaten dieses Nebels (NGC 3242) sind: Rekt. = 10h 22,4min, Dekl. = —18°23′ (Hydra). Entfernung: 1800 Lichtjahre. Die scheinbare Helligkeit ist $9{,}0^m$, der Zentralstern hat die Helligkeit $11{,}4^m$. Die Abmessungen sind 40″ × 35″. Der Nebel unterscheidet sich deutlich von dem helleren und besser bekannten Ringnebel M 57 in der Leier. Aufnahme mit dem 5-m-Spiegel auf Palomar im roten Licht.

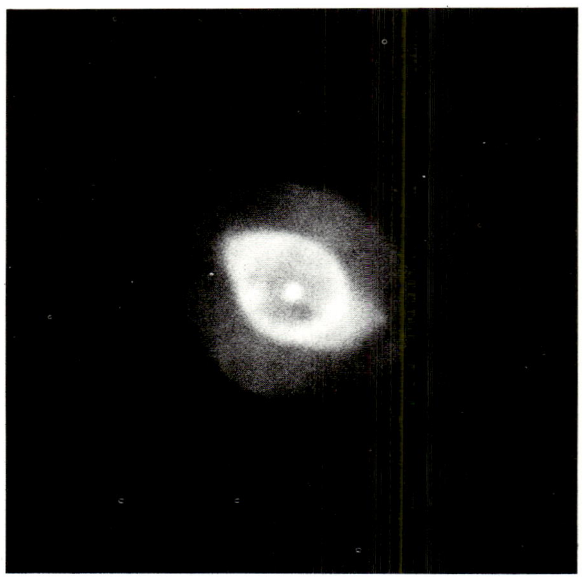

und Nebel

Lagunennebel (oben)
Aufnahme des Nebels M 8 (NGC 6523) mit dem 5-m-Spiegel auf Palomar. Koordinaten: Rekt. = 18 h 01,6 min, Dekl. = —24° 20′, im Schützen. M 8 ist ein Emissionsnebel und eine Radioquelle auf 9,4 cm Wellenlänge. Die scheinbare Helligkeit beträgt 6,0^m, womit der Nebel – an der Empfindlichkeitsgrenze des bloßen Auges – mit dem Feldstecher sehr gut sichtbar ist. Man suche M 8 etwa 5° westnordwestlich der aus ζ, φ und λ Sagittarii gebildeten Sterngruppe. Seine Entfernung beträgt etwa 4800 Lichtjahre, die scheinbaren Dimensionen sind 60′ × 35′. Mit ihm steht der Sternhaufen NGC 6530 im Zusammenhang: scheinbare Helligkeit 6,3^m, Durchmesser 10′, bestehend aus 25 Sternen.

Der Omeganebel (links)
Der Omeganebel, M 17 (NGC 6618), wurde 1746 von Chéseaux entdeckt; man sieht ihn leicht mit dem Feldstecher. Scheinbare Helligkeit 7,0^m; Koordinaten: Rekt. = 18 h 18,0 min, Dekl. = —16° 12′. Der Nebel ist ungefähr 6000 Lichtjahre entfernt, seine scheinbare Größe beträgt 46′ × 37′. Nach neuesten Schätzungen ist M 17 mit 800 Sonnenmassen massereicher als der Orionnebel. Wie viele Nebel, weist er neben hellen Partien auch dunkle Gebiete mit absorbierender Materie auf. M 17 liegt an der Grenze der Sternbilder Schütze und Schild (Scutum). Der nächste mit dem bloßen Auge sichtbare Stern ist γ Scuti, 1½° nördlich und 2° östlich, Helligkeit 4,7^m. (Aufnahme: 122-cm-Schmidtspiegel, Palomar.)

Der südliche Sternhimmel 1: Galaxien

«Sombrero»-Galaxie (oben)
M 104 (NGC 4594), scherzhaft auch «Sombrero» genannt, in einer Aufnahme des US Naval Observatory. M 104 ist ein Spiralnebel vom Typ Sb; Rekt. = 12 h 37,3 min, Dekl. = —11° 21′. Die Galaxie gehört zum Virgo-Haufen und ist 41 Mio Lichtjahre von uns entfernt. Sie wurde 1781 von Méchain entdeckt. Mit der scheinbaren Helligkeit von 8,7^m ist sie leicht zu finden. Sie bildet zusammen mit Spica und γ Virginis zum Raben hin ein gleichseitiges Dreieck.
Sehr deutlich sieht man das dunkle Band absorbierender Materie in der Hauptebene. Letztere ist nach G. de Vaucouleurs um nur 6° gegen die Sichtlinie geneigt. Nach Holmberg beträgt die Masse dieser Galaxie 1,3 Billionen Sonnenmassen. Sie ist eine schwache Radioquelle.

Ein Galaxienhaufen in der Hydra (oben)
Die Entfernung dieses Galaxienhaufens beträgt 1,8 Mia Lichtjahre. Bei einer solchen Aufnahme (5-m-Spiegel, Palomar) kann man nicht auf den ersten Blick sagen, welche Lichtpunkte Sterne unseres Milchstraßensystems und welche entfernte Galaxien darstellen.

NGC 4038 und NGC 4039 im Raben (rechts)
Besondere Galaxien vom Typ Sc im Raben (Corvus). Aufnahme: 122-cm-Schmidtspiegel, Palomar. Beide sind Radioquellen, ohne Zweifel gehören die beiden Systeme tatsächlich zusammen.

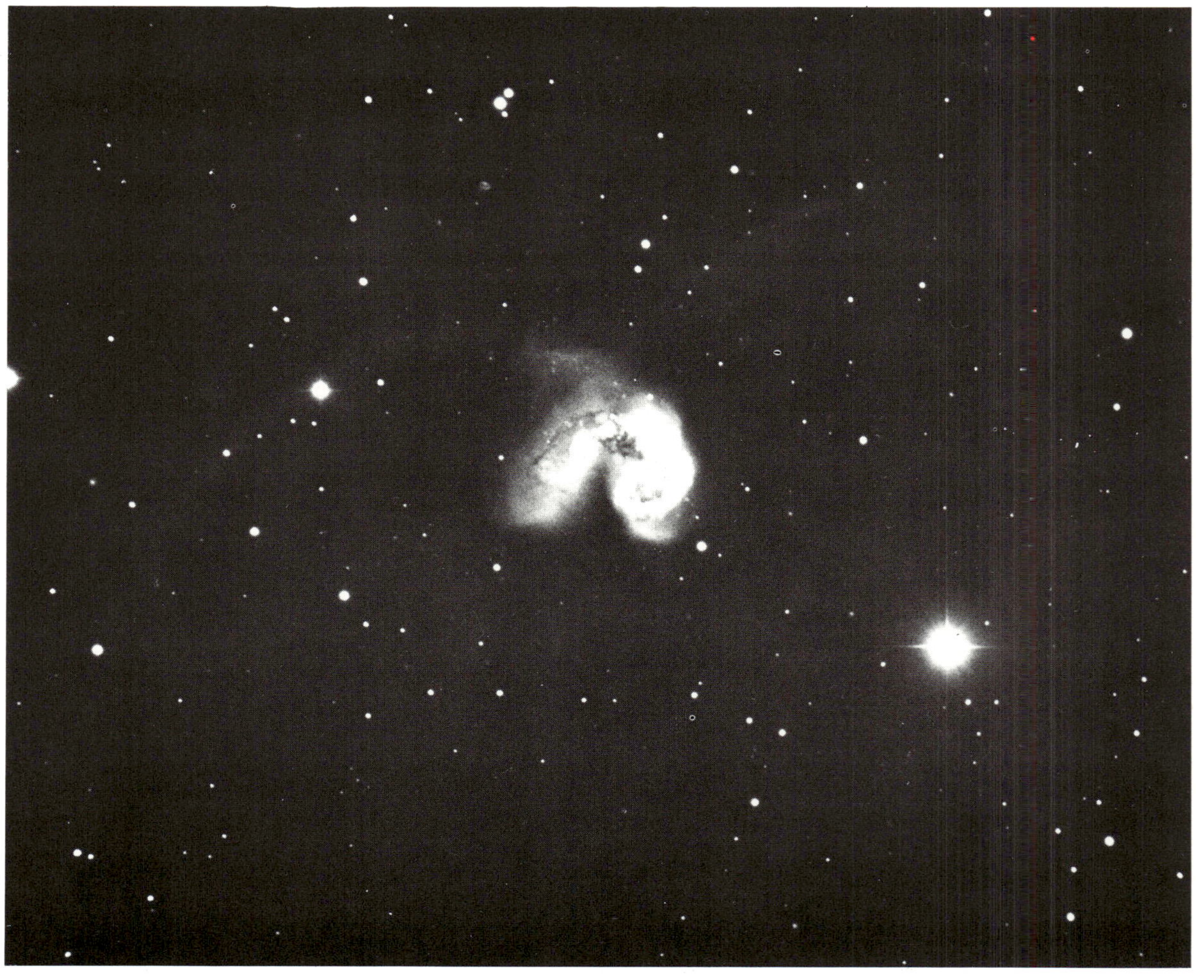

Die Magellanschen Wolken (unten)
Die Zeichnung zeigt die Lage der beiden Magellanschen Wolken. Beide sieht man gut mit dem bloßen Auge, allerdings weder von Europa noch von den USA aus.

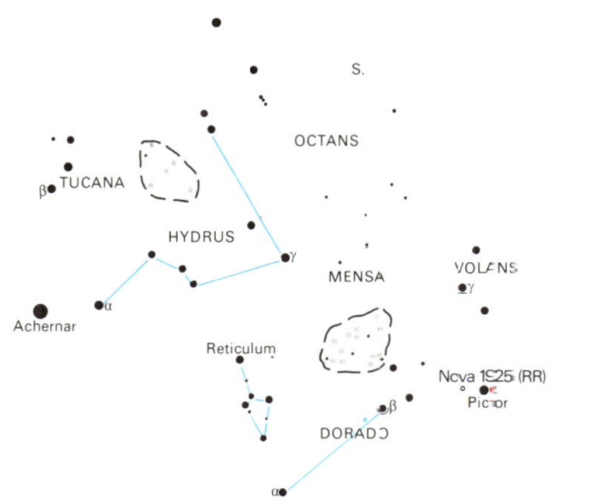

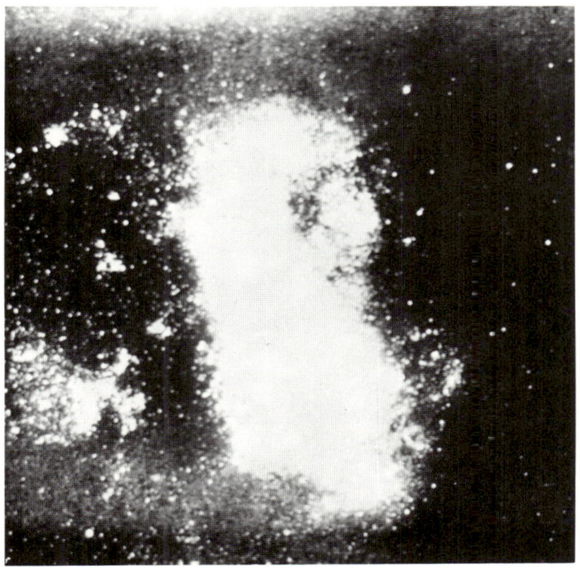

Die Große Magellansche Wolke (oben)
Ein unregelmäßiges Sternsystem, das mit unserer Galaxis durch eine Sternbrücke verbunden ist. Offiziell als Nubecula Major bekannt, liegt es in den Sternbildern Mensa und Dorado. Obgleich einige Astronomen Spuren einer Spiralstruktur in ihm zu erkennen glauben, ist es als unregelmäßige Galaxie eingestuft worden.

30 Doradus (oben)
Äußere Teile des großen Nebels 30 Doradus in der Großen Magellanschen Wolke. Aufnahme im roten Licht (Belichtungszeit 30 Minuten) vom Radcliffe-Observatorium, Südafrika. Man sieht die komplizierte Struktur gut. Die Große Wolke enthält viele Gasnebel, von denen einige viel größer und massereicher sind als der Orionnebel M 42. Bis vor kurzem konnten die beiden Magellanschen Wolken nicht zufriedenstellend untersucht werden, da sie für die großen Teleskope auf der nördlichen Halbkugel zu weit südlich liegen. Mit dem Bau großer Teleskope auf der südlichen Halbkugel wird dies jedoch anders.

Centaurus A (oben)
Diese Radioquelle führte man früher auf den Zusammenstoß zweier Galaxien zurück. Heute nimmt man jedoch an, daß es sich um ein einziges Sternsystem handelt. Die starke Radiostrahlung ist noch nicht hinreichend geklärt.

M 83 (NGC 5236) (unten)
Galaxie vom Typ Sc in der Hydra. Koordinaten: Rekt. = 13 h 34,3 min, Dekl. = —29° 37′. Eine massereiche Galaxie, größer als unsere Galaxis. M 83 wurde 1752 von Lacaille entdeckt und liegt an der Grenze zum Raben. Der nächstgelegene, mit dem bloßen Auge sichtbare Stern ist β Corvi (3. Größe). Die Entfernung M 83 – Erde beträgt 8,5 Mio Lichtjahre.

Der südliche Sternhimmel 2

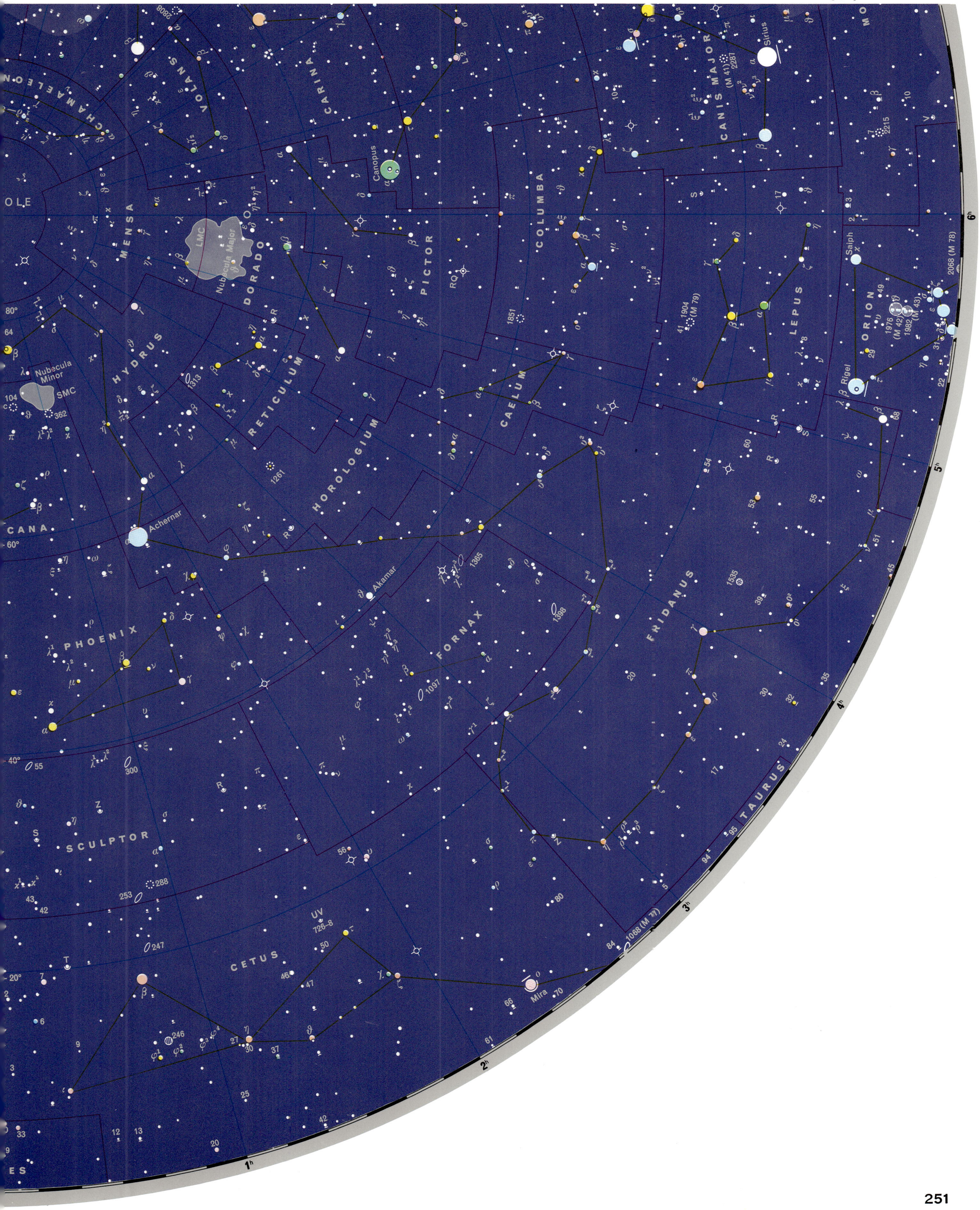
VOLANS
CARINA
Canopus
PICTOR
COLUMBA
CANIS MAJOR
Sirius
LEPUS
ORION
Saiph
Rigel
MENSA
LMC
Nubecula Major
DORADO
HYDRUS
Nubecula Minor
SMC
RETICULUM
HOROLOGIUM
CAELUM
ERIDANUS
Achernar
Akamar
FORNAX
PHOENIX
SCULPTOR
CETUS
Mira
TAURUS

Der südliche Sternhimmel 2: Sterne

Der hellste Stern auf dieser Karte ist Rigel im Orion, er ist 1. Größe, ein Stern von hoher Leuchtkraft und in besonders großer Entfernung. Orion – wahrscheinlich das großartigste Sternbild am ganzen Himmel – wird vom Himmelsäquator durchschnitten, weshalb man auf der Karte S. 250/51 nicht das ganze Sternbild sehen kann. Betelgeuze und Bellatrix liegen auf der nördlichen Himmelshemisphäre.

Orion
In der Mythologie war Orion ein berühmter Jäger, am Himmel ist er von Tieren umgeben: seinen Hunden (Canis Major und Canis Minor), dem Hasen (Lepus) und anderen. Die Umrisse des Jägers haben die Form einer breitschultrigen Gestalt, in deren Mitte drei Sterne 2. Größe den Gürtel bilden. Der Himmelsäquator läuft sehr nahe am nördlichsten dieser Sterne, Mintaka oder δ Orionis, vorbei. Unter dem Gürtel hängt das Schwert, bestehend aus einzelnen Sternen und dem großen Orionnebel M 42, den man gut mit bloßem Auge sieht.

An das Sternbild Orion grenzt der Fluß Eridanus, der sich weit hinab nach Süden windet und in dem Stern 1. Größe Achernar endet. Achernar erhebt sich in Europa und Nordamerika nicht über den Horizont. Heute ist Achernar der einzige helle Stern im Eridanus, doch will man alten Beobachtungen Glauben schenken, so gab es da noch einen anderen.

Nach manchen Aufzeichnungen war ϑ Eridani oder Acamar – der «Letzte im Fluß» – ebenfalls 1. Größe. Heute hat er 3. Größe. Wenn die alten Aufzeichnungen stimmen, muß er also abgenommen haben. Auf jeden Fall aber ist Acamar ein prächtiger Doppelstern mit zwei Komponenten der scheinbaren Helligkeit 3,4 und $4{,}4^m$, 8″ voneinander entfernt. Er ist mit kleinen Teleskopen gut zu beobachten.

Das Gebiet um den Südpol
Das Gebiet um den Himmelssüdpol ist in verschiedene schwache, wenig auffallende Sternbilder aufgeteilt, die erst in jüngerer Zeit benannt worden sind. (Aus einleuchtenden Gründen waren sie den Griechen und anderen Völkern des Altertums unbekannt; sie erheben sich in den Mittelmeerländern nicht über den Horizont.) Doch ist der tiefe Süden für die Astronomen schon wegen der beiden Magellanschen Wolken von ungeheurer Bedeutung. Die Große Wolke, die man sogar bei hellstem Mondlicht mit dem bloßen Auge sieht, wirkt wie ein abgesprengter Teil der Milchstraße, obgleich sie als selbständiges Sternsystem eingestuft werden muß. Sie liegt teilweise im Schwertfisch (Dorado), teilweise im Tafelberg (Mensa). Die Kleine Wolke liegt im Tukan (Tucana) an der Grenze zu Hydrus (Männliche Wasserschlange). Die Astronomen auf der nördlichen Halbkugel der Erde werden es nie verschmerzen, daß ihnen die Wolken «unzugänglich» sind und daß man sie nicht von den großen Observatorien auf Mount Palomar oder Mount Wilson aus studieren kann.

Vögel am Südhimmel
Sagittarius, der Schütze, von Europa aus teilweise sichtbar, enthält verschiedene helle Sterne. Hinter seinen dichten Sternwolken ist das Zentrum der Galaxis verborgen. Er ist von etlichen «Vögeln» umgeben. Der Kranich (Grus) ist eine auffällige Gruppe, sein Hauptstern Alnair ist 2. Größe; Tukan (Tucana), Pfau (Pavo) und Phönix sind weniger auffallend, obgleich der Tukan einen prächtigen Kugelsternhaufen enthält und der Pfau einen der hellsten Cepheiden: ϰ Pavonis (Amplitude 4,0 bis $5{,}5^m$; Periode 9,1 Tage). Viel weiter im Norden befindet sich der Walfisch (Cetus) mit dem bekannten langperiodischen Veränderlichen Mira.

Der Südliche Fisch
Schließlich wäre noch der Südliche Fisch, Piscis Austrinus, zu nennen, der jedoch außer einem Stern 1. Größe, Fomalhaut, nichts Wesentliches aufweist. Fomalhaut kann man von Europa und vom Norden der Vereinigten Staaten aus knapp über dem Horizont sehen, er ist so hell wie Spika und heller als Deneb. Mit einer Entfernung von 24 Lichtjahren ist er uns relativ nahe, er hat 13fache Sonnenleuchtkraft.

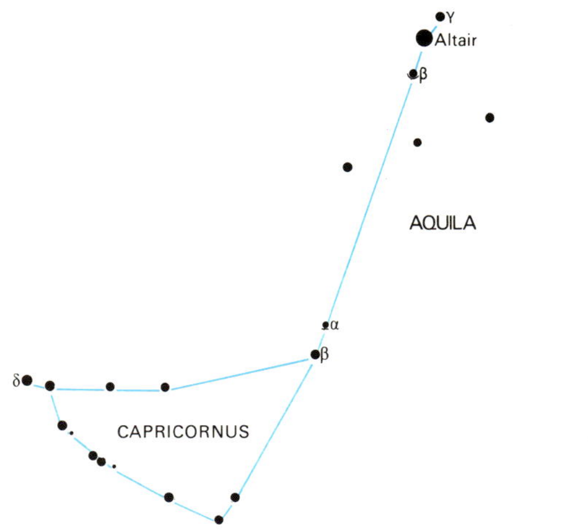

α Capricorni (oben)
Die Koordinaten des helleren Sterns in diesem mit bloßem Auge sichtbaren Sternpaar sind: Rekt. = 20h 15,3 min, Dekl. = —12°42′. Verbindet man γ, α (Altair) und β Aquilae durch eine Linie, dann gelangt man auf deren Verlängerung zu α Capricorni. Die Distanz zwischen den beiden Sternen dieses Paares beträgt 376″, die Helligkeit ist $3{,}7^m$ und $4{,}3^m$. Der schwächere Stern ist wiederum doppelt (Helligkeiten 3,7 und 11^m; Distanz 7″), ebenso ist der schwächere Stern dieses Paares wieder ein Doppelstern.
β Capricorni ist ein weiteres Paar mit großer Distanz (205″; Helligkeiten 3,3 und 6^m). Die Koordinaten des helleren Sternes sind: Rekt. = 20h 18,2 min, Dekl. = —14° 56′. Die schwächere Komponente hat einen Begleiter der scheinbaren Helligkeit $10{,}6^m$ in einem scheinbaren Abstand von 1,3″.

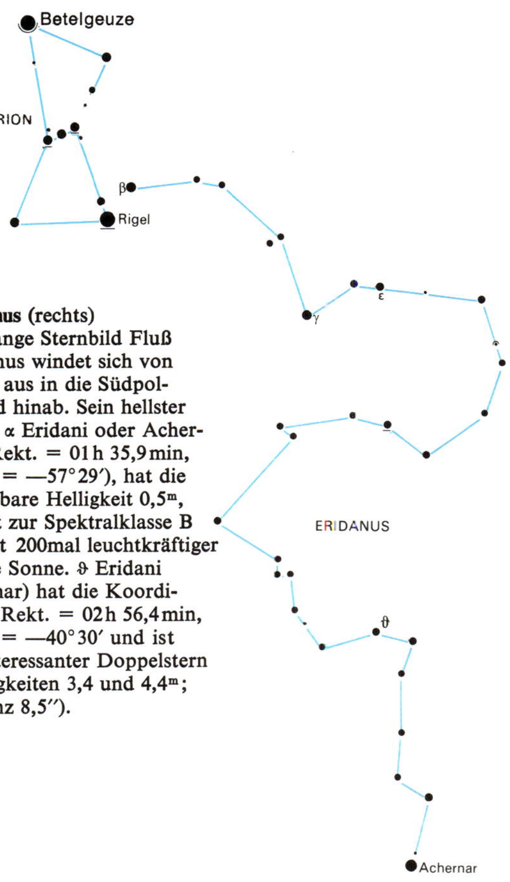

Eridanus (rechts)
Das lange Sternbild Fluß Eridanus windet sich von Orion aus in die Südpolgegend hinab. Sein hellster Stern, α Eridani oder Achernar (Rekt. = 01h 35,9 min, Dekl. = —57°29′), hat die scheinbare Helligkeit $0{,}5^m$, gehört zur Spektralklasse B und ist 200mal leuchtkräftiger als die Sonne. ϑ Eridani (Acamar) hat die Koordinaten Rekt. = 02h 56,4 min, Dekl. = —40°30′ und ist ein interessanter Doppelstern (Helligkeiten 3,4 und $4{,}4^m$; Distanz 8,5″).

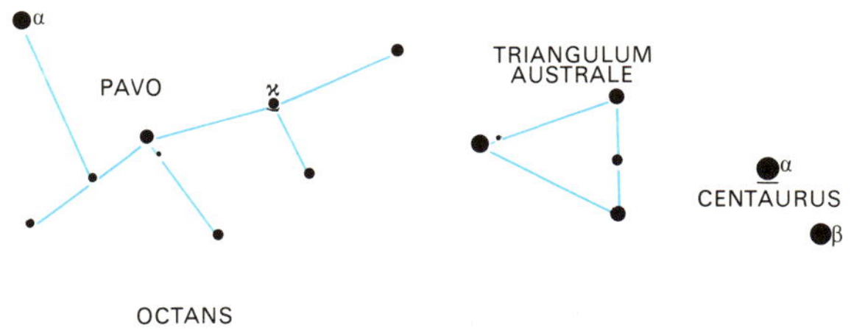

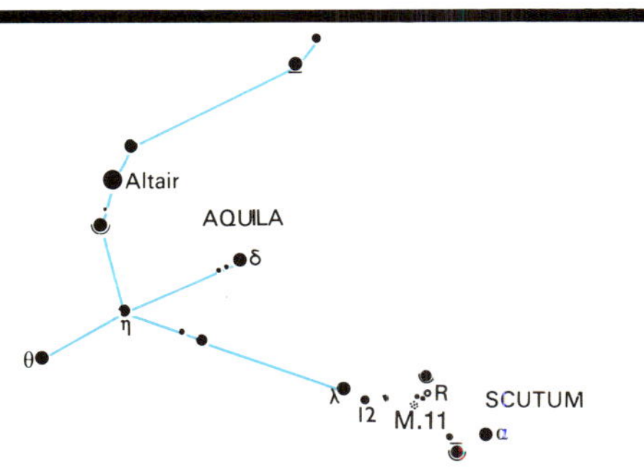

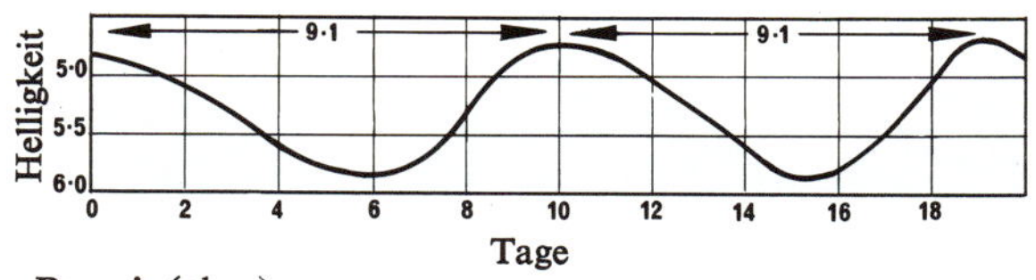

ϰ Pavonis (oben)
Der Veränderliche ϰ Pavonis (Rekt. = 18h 51,8 min, Dekl. = —67°18′) ist einer der hellsten Sterne in der Klasse der Cepheiden. Seine Helligkeitsamplitude erstreckt sich von 4,5 bis $5{,}9^m$, seine Periode beträgt 9,1 Tage (siehe Lichtkurve). Sein Spektraltyp wechselt zwischen F 5 und G 5. Er ist immer mit dem bloßen Auge sichtbar.

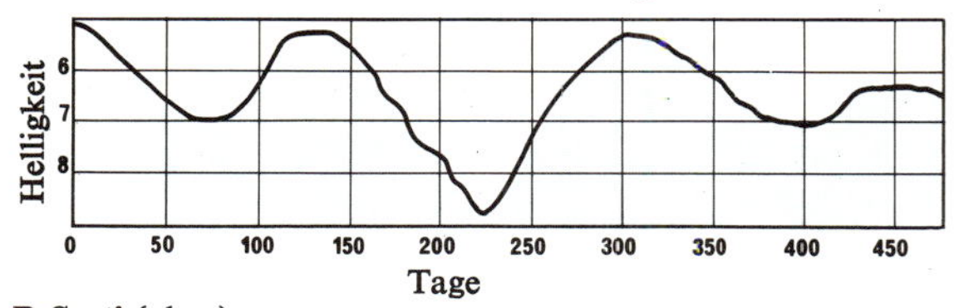

R Scuti (oben)
Lage des roten Veränderlichen R Scuti (Rekt. = 18h 44,8 min, Dekl. = —05°46′). Er ist leicht zu finden: er liegt im selben Fernglasfeld wie der bekannte offene Haufen M 11 («Wildente»). Die Helligkeitsamplitude von R Scuti reicht von 4,5 bis $9{,}0^m$. Er gehört zum Typ der RV-Tauri-Sterne und ist der hellste seiner Klasse. Die Lichtkurve (oben) schwankt von einem Zyklus zum andern.

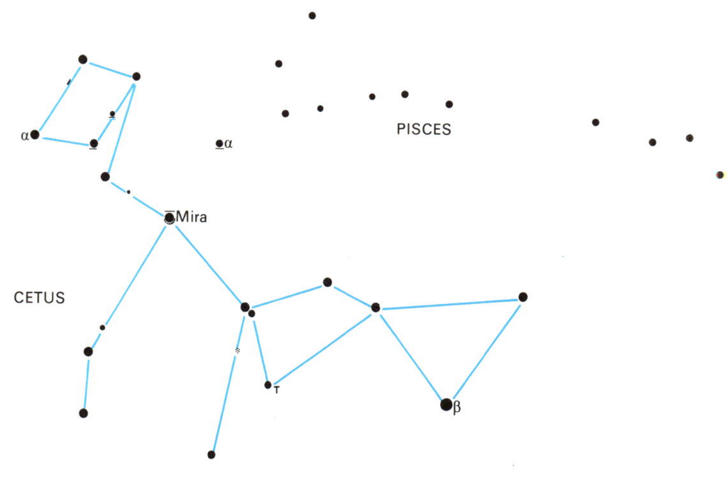

Mira (oben)
Mira (o Ceti, Rekt. = 02h 16,8 min, Dekl. = —03°12′) ist der Prototyp des langperiodischen Veränderlichen (Lichtkurve rechts). Er ist vom Spektraltyp M und hat eine Periode von 331 Tagen. Die Helligkeitsamplitude geht von 3 bis 10^m, in manchen Maxima erreicht oder übersteigt Mira die 2. Größe. 1969 z. B. erreichte Mira $2{,}1^m$, seit 25 Jahren das hellste Maximum. Der Stern hat einen Weißen Zwerg 10. Größe in einem scheinbaren Abstand von 0,8″ als Begleiter.

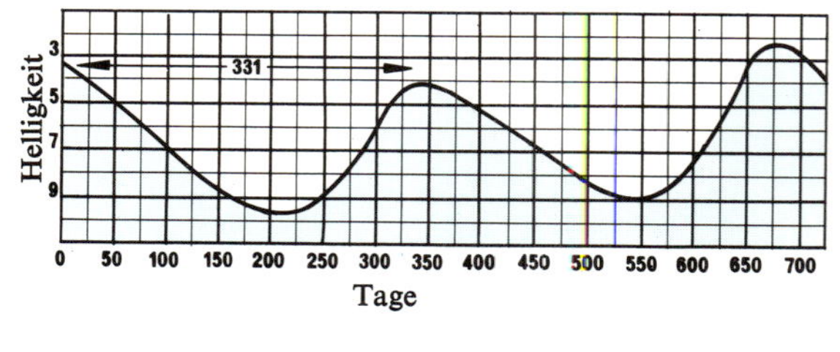

Der Spiralnebel NGC 253 (oben)
NGC 253, ein von der Seite gesehenes Spiralsystem im Sculptor, in einer Aufnahme mit dem 122-cm-Schmidtspiegel auf Palomar. Koordinaten: Rekt. = 00h 45,1 min, Dekl. = —25° 34′. NGC 253 ist eine relativ helle Galaxie mit der scheinbaren visuellen Helligkeit $8{,}9^m$ (die fotografische Helligkeit ist 7,0) und den scheinbaren Abmessungen 24,0′ × 6,3′. Man sieht viel Struktur, der Anblick erinnert im wesentlichen an den Andromedanebel, obwohl die Spiralarme hier offener sind. In der Hubbleschen Klassifikation ist der Andromedanebel Typ Sb, während NGC 253 zu Sc gehört (s. S. 211).

Der galaktische Südpol (rechts)
Lage des galaktischen Südpols. Er liegt in einem ziemlich sternarmen Teil des Himmels. In der Gegend, die in der Zeichnung erfaßt ist, liegen Fomalhaut, ein Stern 1. Größe im kleinen Sternbild Südlicher Fisch (Piscis Austrinus), sowie Diphda (β Ceti) und α Phoenicis, beide 2. Größe. Die Gegend um den galaktischen Südpol wird durch wenig interstellare Materie getrübt, und man sieht viele schwache Galaxien. Das gleiche gilt übrigens für den Nordpol unserer Galaxis, der im Haar der Berenike liegt.

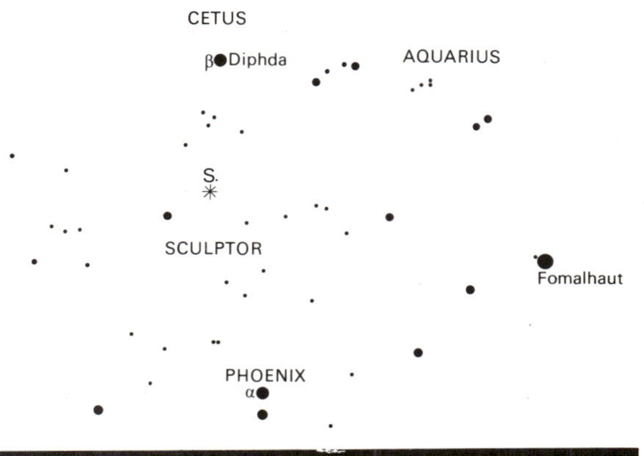

Spiralnebel im Fornax (oben)
Balkenspirale im unauffälligen Sternbild Chemischer Ofen (Fornax), in einer Aufnahme mit dem 5-m-Spiegel auf Palomar. Die Spiralarme sind dicht und symmetrisch gewunden. Der Balken durch den Kern der Galaxie ist sehr deutlich ausgebildet. Die einzelnen Sterne im Vordergrund gehören zu unserer Galaxis.

Spiralnebel NGC 1300 (oben)
Auch dies ist eine Aufnahme mit dem 5-m-Spiegel auf Palomar, sie zeigt die Balkenspirale NGC 1300 im Eridanus (Rekt. = 03h 17,5 min, Dekl. = —19° 35′). Die schwache Galaxie hat eine fotografische Helligkeit von nur 11,8. Die Struktur unterscheidet sich deutlich von der Fornaxgalaxie. Der Kern ist vergleichsweise kleiner, der Balken ausgedehnter, die Spiralarme sind loser gewunden.

Zwerggalaxie im Sextanten (oben)
Diese Aufnahme mit dem 5-m-Spiegel auf Palomar zeigt eine Zwerggalaxie im Sextanten (Sextans), die zu unserer Lokalen Gruppe gehört. Die ganze Galaxie besteht aus Objekten der Population II, die derart verstreut sind, daß man sie nur schwer als extragalaktisches Objekt erkennt. Der helle Stern rechts unterhalb der Bildmitte befindet sich im Vordergrund und gehört zu unserem Milchstraßensystem.

Der südliche Sternhimmel 2: Sternhaufe

Das Schwert des Orion (rechts)
Von allen Gasnebeln ist M 42 (NGC 1976), der Große Orionnebel, der imposanteste. Bayer benannte ihn in seinem berühmten Katalog von 1603 ϑ Orionis, heute wird diese Bezeichnung nur für den Vielfachstern benützt, der im Nebel liegt und dem dieser sein Leuchten verdankt.
Der Nebel, mit bloßem Auge leicht sichtbar, liegt südlich jener drei hellen Sterne, die den Gürtel des Jägers bilden. Diese Aufnahme von H. R. Hatfield zeigt das ganze Gebiet um den Nebel; M 42 befindet sich nahe der Bildmitte.
Die Entdeckung des Nebels dürfte N. Peiresc (1610) zuzuschreiben sein. Unabhängig von Peiresc entdeckte ihn Cysatus 1618, und 1656 wurde er von Huygens erstmals in allen Einzelheiten beschrieben. Man sieht ihn schon mit einem kleinen Teleskop ausgezeichnet, zusammen mit dem Vierfachstern ϑ Orionis, dem Trapez. Dessen hellster Stern liegt bei Rekt. = 05h 32,9 min, Dekl. = —05° 27′. Alle vier Sterne gehören zum Spektraltyp O9.
M 42 ist ein Emissionsnebel. Es handelt sich um eine H-II-Region, in der die Wasserstoffatome durch die intensive Strahlung der in ihr liegenden Sterne ionisiert werden.

Der Große Orionnebel im roten Licht (unten)
Farbfotografie von M 42, aufgenommen im US Naval Observatory. Die Aufnahme wurde im roten Licht gemacht, die feine Struktur der Gaswolke tritt deutlich hervor. Der Orionnebel ist einer der nächstgelegenen Nebel und deswegen so hell.

Der Große Orionnebel (unten)
M 42, aufgenommen mit dem 5-m-Spiegel auf Palomar. Die Entfernung des Nebels beträgt 1500 Lichtjahre, er ist von 4. Größe. Es kann als sicher gelten, daß in diesem Nebel Sterne im Werden begriffen sind. Er enthält unregelmäßig veränderliche Sterne, die sich aller Wahrscheinlichkeit nach aus der interstellaren Materie kondensieren.

n und Nebel

Der planetarische Nebel NGC 7293 (unten)
Der planetarische Nebel NGC 7293 (Rekt. = 22h 27,0 min, Dekl. = —21°06′) im Wassermann (Aquarius), aufgenommen mit dem 122-cm-Schmidtspiegel auf Palomar. Der hellste aller planetarischen Nebel hat eine Gesamthelligkeit von $6{,}5^m$ und besitzt einen Zentralstern der Helligkeit $13{,}3^m$. Er ist schon mit einem kleinen Fernrohr gut zu beobachten und hat die scheinbaren Abmessungen 15′ × 12′.

M 16 im Schild (oben)
Der Gasnebel M 16 (NGC 6611) im Schild (Scutum). Er ist leicht zu finden; Rekt. = 18h 16,2 min, Dekl. = —13°48′. Obgleich der Schild keine hellen Sterne enthält, liegt er in einer sternreichen Gegend, an das Schwanzgefieder des Adlers angrenzend (siehe Übersichtskarte rechts). Diese Aufnahme im roten Licht wurde mit dem 5-m-Spiegel auf Palomar gemacht. Man sieht auch viel Dunkelmaterie. Die scheinbare Gesamthelligkeit beträgt $6{,}4^m$, der Nebel ist daher ein gutes Feldstecherobjekt. Seine Entfernung von uns: etwa 6000 Lichtjahre.

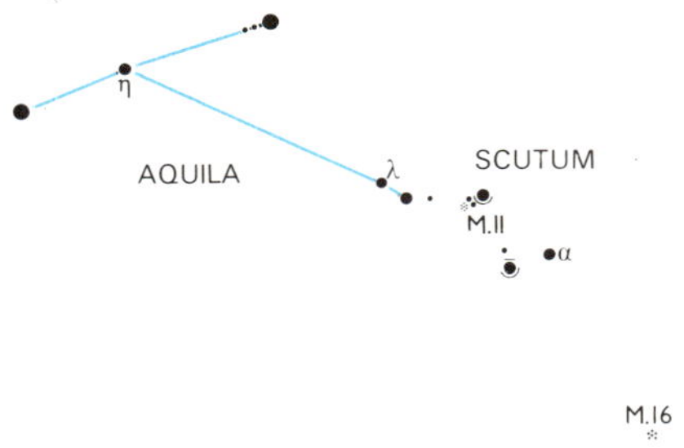

Der Pferdekopfnebel (unten)
I. 434, der Pferdekopfnebel im Orion (122-cm-Schmidtspiegel auf Palomar): Rekt. = 05h 38,6 min, Dekl. = —02°26′. Der Nebel liegt in der Nähe des südlichsten Gürtelsterns ζ Orionis. I. 434 ist ein Teil der Nebelmassen, die große Gebiete im Orion bedecken, doch ist er ein Stück von M 42 im Schwert entfernt. Die vor ihm liegende Dunkelwolke ist einem Pferdekopf verblüffend ähnlich.

UNITED STATES
USA

Nachwort

Auf einer Romreise, die ich letzten Sommer unternahm, hatte ich Gelegenheit, die großartige Sammlung alter Stiche und Karten in der Vatikanischen Bibliothek zu besichtigen. Keine andere Dokumentensammlung zeigt wohl besser, wie sehr des Menschen Kenntnisse von seinem Heimatplaneten ständig gewachsen sind. Beim Durchblättern der zahllosen Bände ist man zutiefst beeindruckt von der Kunst der Kartografen, die nach der Rückkehr der Entdeckungsreisenden das neue Wissen aufzeichneten und festhielten. Hier kann man genau verfolgen, wie im Laufe der letzten fünf Jahrhunderte die unerforschten Gebiete der Erde immer mehr zusammenschrumpften. Damit verschwand auch die Herausforderung der *terrae incognitae.*

Im letzten Jahrzehnt jedoch baute der Mensch ein «Schiff», um die Ozeane des Weltraumes zu befahren. Nachdem die Erde erforscht und kartografiert war, wandte sich sein Sehnen und Streben den endlosen Weiten des Weltraums zu. Obwohl diese neue Ära erst begonnen hat, sind Raumschiffe bereits viele Millionen Kilometer weit, bis zu Venus und Mars, vorgestoßen, und die ersten Menschen haben schon den Fuß auf den Mond gesetzt. Auf den Mond wird das ganze Sonnensystem folgen, vielleicht sogar die Sterne. Mit der Weltraumfahrt ist für unsere Generation ein neues Zeitalter der Entdeckungen angebrochen, das allen kommenden Generationen seinen Stempel aufdrücken wird.

Der *Weltraumatlas* vermittelt die neuen Erkenntnisse, die durch die ersten außerirdischen Forschungen gewonnen wurden. Wir von der NASA freuen uns darüber, daß die im Zuge unserer Programme gemachten Entdeckungen zur Gestaltung dieses Atlas beigetragen haben.

Die Wissenschaft ist seit eh und je einem ständigen Revisionsprozeß unterworfen, und so soll es auch in Zukunft sein. Wir sind uns bewußt, daß die Forschung niemals erschöpfende, letztgültige Erkenntnisse zu gewinnen vermag. Vielmehr müssen wir uns bemühen, das gesamte Gedankengut im Lichte der neuen Entdeckungen zu revidieren und zu interpretieren, um das neuerworbene Wissen in sinnvoller und nützlicher Form an die kommenden Generationen weiterzugeben. Gewiß, es gab im Laufe der Geschichte Zeiten des Stillstandes, in denen die Wissenschaft so langsam vorankam, daß man vermeinen mochte, die ewige Wahrheit gefunden zu haben. Aber solche Illusionen wurden immer wieder zerstört. In der westlichen Welt wurde gerade in den letzten fünfzig Jahren in raschem Tempo viel neues Wissen aufgespeichert. Wenn in den nächsten Jahren Menschen und Instrumente immer tiefer ins Universum vorstoßen werden, so werden die *terrae incognitae* des Weltraumes zwar mehr und mehr zurückgedrängt, aber jede neugewonnene Erkenntnis wird an unserem alten Wissensgebäude rütteln und eine Fülle neuer Fragen aufwerfen; der Weltraum kennt — auch in diesem Belang — keine Grenzen.

Unser Wissen wird sich rasch mehren. Im nächsten Jahrzehnt schon wird eine astronomische Sternwarte aus einer Kreisbahn weit oberhalb der verdunkelnden Erdatmosphäre das Universum mit Hilfe ultravioletter und anderer Strahlung viel eingehender untersuchen, als dies von der Erdoberfläche aus jemals möglich wäre.

Mit Instrumenten bestückte Raumschiffe werden auf eine Umlaufbahn um den Mars gebracht, um die ganze Oberfläche des roten Planeten zu fotografieren.

Unbemannte Landungen an ausgewählten, interessanten Stellen sollen folgen.

Bald werden auch die ersten Raumschiffe starten, um die Planeten Jupiter und Merkur aus der Nähe zu erforschen. Wir hoffen, in den späten siebziger Jahren die besondere, nur alle 170 Jahre eintretende gegenseitige Stellung der äußeren Planeten voll auswerten zu können, indem wir ein automatisches Raumschiff auf eine neunjährige, fünf Milliarden Kilometer weite Reise in den Weltraum senden, vorbei an Jupiter, Saturn, Uranus, Neptun und Pluto. Die Schwerkraft der Planeten soll dazu benützt werden, die Reisezeit von einem Planeten zum nächsten und den Vorbeiflug selbst zu verkürzen.

Obwohl es ein genaues Programm noch nicht gibt, sind wir doch überzeugt, daß noch vor Ende dieses Jahrhunderts die ersten Pioniere den Mars erforschen werden.

«Alles Vergangene ist zugleich ein Auftakt» — dieses Nachwort ist gleichzeitig ein Vorwort zu vielen heute noch ungeschriebenen Werken. Die Eroberung des Kosmos hat begonnen. Eifervolles Suchen, der Wille zur rastlosen Erforschung des Unbekannten ist die edelste Gabe, die der Mensch von seinen Vorfahren geerbt hat. Wir werden immer weiter in unbekannte Regionen vorstoßen, sie erforschen und erfassen, um zu gegebener Zeit den Bereich irdischen Lebens über unsern Heimatplaneten hinaus auszudehnen.

Dr. Thomas Paine

Katalog der Himmelsobjekte

Doppelsterne

Stern		Koordinaten 1950,0 Rekt.	Koordinaten 1950,0 Dekl.	Helligkeit	Positionswinkel	Distanz	Karte
		h min	° ′	m	°	″	
β	Tuc	00 29,3	−63 14	4,5; 4,5	170	27,1	4
η	Cas	00 46,1	+57 33	3,6; 7,5	293	10,1	2
λ	Tuc	00 53,1	−69 48	5,3; 7,3	80	20,8	4
β	Phe	01 03,9	−46 59	4,1; 4,1	352	1,3	4
ζ	Psc	01 11,1	+07 19	5,6; 6,5	63	23,6	2
ω	And	01 24,6	+45 09	5,0; 12,0	103	2,4	2
ε	Scl	01 43,3	−25 18	5,4; 9,4	48	4,7	4
α	UMi	01 48,8	+89 02	2,1; 9,0	217	18,3	1–2[1]
γ	Ari	01 50,8	+19 03	4,8; 4,8	259	8,2	2
λ	Ari	01 55,1	+23 21	4,8; 7,4	46	27,4	2
α	Psc	01 59,4	+02 31	4,3; 5,2	297	2,1	2
γ	And	02 00,8	+42 06	2,3; 5,1	63	10,0	2
γ^2	And			5,5; 6,3	var.	var.	2[2]
ι	Tri	02 09,5	+30 04	5,4; 7,0	71	3,6	2
ο	Cet	02 16,8	−03 12	var.; 10,0	131	0,8	4
ι	Cas	02 24,9	+67 11	4,7; 7,0	240	2,3	2
ω	For	02 31,6	−28 27	5,0; 8,7	245	10,8	4
ν	Cet	02 33,2	+05 23	5,0; 9,8	83	7,8	2
γ	Cet	02 40,7	+03 02	3,7; 6,4	293	3,0	2
ζ	Per	02 40,8	+49 01	4,2; 10,0	301	18,2	2
ε	Ari	02 56,4	+21 08	5,3; 5,6	208	1,5	2
ϑ	Eri	02 56,4	−40 30	3,4; 4,4	88	8,5	4
ξ	Per	03 51,0	+31 44	2,9; 9,4	208	12,9	2
ε	Per	03 54,5	+39 52	3,0; 8,1	9	9,0	2
40	Eri	04 13,0	−07 44	4,5; 9,4	105	82,8	4
φ	Tau	04 17,3	+27 14	5,1; 8,7	250	52,1	2
χ	Tau	04 19,5	+25 31	5,4; 8,2	25	19,9	2
α	Tau	04 33,0	+16 25	1,1; 11,0	112	31,4	2[3]
ι	Pic	04 49,8	−53 33	5,6; 6,4	58	12,0	3–4
ω	Aur	04 55,8	+37 49	5,0; 8,0	355	5,8	2
γ	Cae	05 02,6	−35 33	4,6; 8,5	311	3,1	4
ρ	Ori	05 10,7	+02 48	4,6; 8,6	63	7,0	1–2
κ	Lep	05 10,9	−13 00	4,5; 7,5	258	2,6	4
β	Ori	05 12,1	−08 15	0,1; 7,0	206	9,2	4[4]
η	Ori	05 22,0	−02 26	3,7; 5,1	83	1,5	4
ϑ	Pic	05 23,6	−52 22	6,3; 6,8	287	38,2	3–4
δ	Ori	05 29,4	−00 20	2,5; 6,9	0	52,8	4
λ	Ori	05 32,4	+09 54	3,7; 5,6	42	4,4	2
ϑ	Ori	05 32,8	−05 25	5,9; 6,8 6,8; 6,8			4[5]
ι	Ori	05 33,0	−05 56	2,9; 7,4	142	11,4	4
σ	Ori	05 36,2	−02 38	3,7; 3,8; 3,9			4[6]
α	Col	05 37,8	−34 06	2,8; 11,5	0	12,6	3–4
ζ	Ori	05 38,2	−01 58	2,1; 4,2	164	2,4	3–4
γ	Lep	05 42,4	−22 27	3,8; 6,4	351	94,9	3–4
ϑ	Aur	05 56,3	+37 13	2,7; 7,5	320	3,0	1
α	Gem	06 11,9	+22 31	var.; 8,8	278	1,3	1
ε	Mon	06 21,1	+04 37	4,5; 6,5	27	13,2	1
β	Mon	06 26,4	−07 00	4,7; 4,6	132	7,4	3[7]
α	CMa	06 43,0	−16 39	−1,4; 8,7	var.	var.	3[8]
π	CMa	06 53,3	−20 04	4,6; 9,5	18	12,0	3
μ	CMa	06 53,8	−13 59	5,2; 8,5	339	3,0	3
ε	CMa	06 56,7	−28 54	1,6; 8,1	160	7,4	3
γ	Vol	07 09,1	−70 25	3,9; 5,8	299	13,8	3
λ	Gem	07 15,2	+16 38	3,7; 10,0	33	10,0	1
τ	CMa	07 16,6	−24 52	4,4; 10,5	90	8,3	3
σ	Pup	07 27,6	−43 12	3,3; 8,5	74	22,4	3
α	Gem	07 31,4	+32 00	2,0; 2,9	171	2,2	1[9]
κ	Pup	07 36,8	−26 41	4,5; 4,6	318	9,8	3
κ	Gem	07 41,4	+24 31	3,7; 9,5	236	6,8	1
ε	Vol	08 07,8	−68 28	4,5; 8,0	22	6,1	3
γ	Vel	08 07,9	−47 12	2,2; 4,8	220	41,0	3
ζ	Cnc	08 09,3	+17 48	5,1; 6,0	89	5,9	1[10]
ϑ	Vol	08 38,9	−70 13	5,3; 9,8	108	45,0	3
δ	Vel	08 43,3	−54 31	2,0; 6,5	164	2,9	3
ι	Cnc	08 43,7	+28 57	4,2; 6,6	307	30,7	1
ι	UMa	08 55,8	+48 14	3,1; 10,8	14	5,0	1
υ	Car	09 45,9	−64 50	3,2; 6,0	126	4,6	3
γ	Leo	10 17,2	+20 06	2,6; 3,8	122	4,3	1
ξ	UMa	11 15,5	+31 49	4,4; 4,8	var.	var.	1[11]
ν	UMa	11 15,8	+33 22	3,7; 9,7	147	7,2	1
γ	Crt	11 22,4	−17 25	4,1; 9,5	97	5,2	3
α	Cru	12 23,8	−62 49	1,6; 2,1	114	4,7	3[12]
γ	Cru	12 28,4	−56 50	1,6; 6,7	31	110,6	3
γ	Cen	12 38,7	−48 41	3,1; 3,2	var.	var.	3[13]
γ	Vir	12 39,1	−01 11	3,6; 3,6	309	5,2	3[14]
ι	Cru	12 42,7	−60 42	4,7; 7,8	27	26,4	3
β	Mus	12 43,2	−67 50	3,9; 4,2	7	1,6	3
α	CVn	12 53,7	+38 35	2,9; 5,4	228	19,7	1[15]
ζ	UMa	13 21,9	+55 11	2,4; 4,0	150	14,5	1[16]
τ	Boo	13 44,9	+17 42	4,5; 10,6	7	5,7	1
α	Cen	14 36,2	−60 38	0,3; 1,7	var.	var.	3[17]
ζ	Boo	14 38,8	+13 57	4,6; 4,6	313	1,2	1
ε	Boo	14 42,8	+27 17	2,7; 5,1	338	2,9	1[18]
ξ	Boo	14 49,1	+19 18	4,8; 6,9	350	6,7	1
π	Lup	15 01,7	−46 51	4,7; 4,8	76	1,7	3
κ	Lup	15 08,5	−48 33	4,1; 6,0	144	27,0	3
γ	Cir	15 19,4	−59 09	5,2; 5,3	51	1,3	3
η	CrB	15 21,1	+30 28	5,7; 6,0	var.	var.	1[19]
δ	Ser	15 32,4	+10 42	4,2; 5,2	179	3,9	1
ζ	CrB	15 37,5	+36 48	5,1; 6,0	305	6,3	1
γ	CrB	15 40,6	+26 27	4,2; 5,6	var.	var.	1[20]
η	Lup	15 56,8	−38 15	3,6; 7,7	21	15,2	3
β	Sco	16 02,5	−19 40	2,9; 5,1	23	13,7	3[21]
κ	Her	16 05,8	+17 11	5,3; 6,5	12	29,4	1
ν	Sco	16 09,1	−19 20	4,3; 6,5	337	41,4	3[22]
η	Dra	16 23,3	+61 38	2,9; 8,8	142	6,1	1
α	Sco	16 26,3	−26 19	1,1; 6,5	274	2,9	3[23]
ζ	Her	16 39,4	+31 42	3,1; 5,6	var.	var.	1[24]
α	Her	17 12,4	+14 27	var.; 5,4	109	4,6	1[25]
ρ	Her	17 22,0	+37 11	4,5; 5,5	317	4,0	1
ν	Dra	17 31,2	+55 13	5,0; 5,0	312	62,0	1
ε	Lyr	18 42,7	+39 37	4,7; 4,5	172	207,8	2[26]
	ε^1			5,1; 6,0	2	2,8	
	ε^2			5,1; 5,4	101	2.3	
ζ	Lyr	18 43,0	+37 32	4,3; 5,9	150	43,7	2
β	Lyr	18 48,2	+33 18	var.; 7,8	149	46,6	2
ϑ	Ser	18 53,8	+04 08	4,5; 5,4	103	22,6	2
ζ	Sgr	18 59,4	−29 57	3,4; 3,5	var.	var.	4[27]
γ	CrA	19 03,0	−37 08	5,0; 5,1	54	2,7	4
β	Cyg	19 28,7	+27 52	3,2; 5,4	55	34,6	2[28]
δ	Cyg	19 43,4	+45 00	3,0; 6,5	246	2,1	2
α^1	Cap	20 14,9	−12 40	4,6; 9,0	221	45,5	4[29]
α^2	Cap	20 15,3	−12 42	3,8; 10,6	158	7,1	4
β	Del	20 35,2	+14 25	4,1; 5,1	var.	var.	2[30]
γ	Del	20 44,3	+15 57	4,5; 5,5	269	10,4	2
61	Cyg	21 04,7	+38 30	5,5; 6,4	140	27,0	2
ζ	Aqr	22 26,3	−00 17	4,4; 4,6	266	2,0	4
δ	Cep	22 27,3	+58 10	var.; 7,5	192	41,0	2
σ	Cas	23 56,5	+55 29	5,1; 7,2	332	3,1	2

[1] Polaris [2] Umlaufszeit 61 Jahre [3] Aldebaran [4] Rigel [5] Mehrfachstern: Trapez [6] Dreifachstern [7] Schwächere Komponente wieder doppelt [8] Sirius: Umlaufszeit 50 Jahre [9] Castor [10] Beide Komponenten wieder Doppelsterne mit Umlaufszeiten von 59,6 und 17,6 Jahren [11] Umlaufszeit 59,9 Jahre [12] Acrux [13] Umlaufszeit 84,5 Jahre [14] Umlaufszeit 172 Jahre [15] Cor Caroli [16] Mizar; zusammen mit Alcor ein mit bloßem Auge auflösbares Paar [17] Umlaufszeit 80,1 Jahre [18] Izar [19] Umlaufszeit 41,6 Jahre [20] Umlaufszeit 91 Jahre [21] β^1 wiederum doppelt [22] Beide Komponenten doppelt [23] Antares [24] Umlaufszeit 34,4 Jahre [25] Ras Algethi [26] Vierfachstern [27] Umlaufszeit 20,8 Jahre [28] Albireo [29] α^1 und α^2 mit bloßem Auge getrennt sichtbar [30] Umlaufszeit 26,6 Jahre

Veränderliche Sterne

Typen: M = Mira-Sterne; EA = Bedeckungsveränderliche vom Algol-Typ; EB = Bedeckungsveränderliche vom β-Lyrae-Typ; C = Cepheiden; RR = RR Lyrae-Sterne; SR = Halbregelmäßige Veränderliche; I = Unregelmäßige Veränderliche; RV = RV Tauri-Sterne; R CrB = R-Coronae-Sterne; RN = Rekurrente Novae; N = Novae; F = Flackersterne.

Veränderlicher		Koordinaten 1950,0 Rekt.	Koordinaten 1950,0 Dekl.	Helligkeit Maximum	Helligkeit Minimum	Periode	Typ	Karte
		h min	° ′	m	m	Tage		
T	And	00 19,8	+26 43	7,7	14,3	280,4	M	2
T	Cas	00 20,5	+55 31	7,3	12,4	445	M	2
R	And	00 21,4	+38 18	6,0	14,9	409,2	M	2
α	Cas	00 37,7	+56 16	2,2	2,5		I	2
γ	Cas	00 53,7	+60 27	1,6	3,3		I	2
R	Psc	01 28,1	+02 37	7,1	14,8	344,1	M	2
UV	Cet	01 36,4	−18 13	6,8	12,9		F	4
R	Ari	02 13,3	+24 50	7,5	13,7	186,7	M	2
o	Cet	02 16,8	−03 12	1,8	10,1	331,6	M	4[1]
S	Per	02 19,3	+58 22	7,9	11,1	810	SR	2
R	Cet	02 23,5	−00 24	7,2	14	166,2	M	4
U	Cet	02 31,1	−13 22	6,8	13,4	234,5	M	4
R	Tri	02 34,0	+34 03	5,4	12,0	266,4	M	2
T	Ari	02 45,5	+17 18	7,5	11,3	319,6	M	2
R	Hor	02 52,3	−50 06	4,7	14,3	402,7	M	4
T	Hor	02 59,5	−50 50	7,2	13,7	217,2	M	4
ρ	Per	03 02,0	+38 39	3,3	4,2	50 ?	SR	2
β	Per	03 04,9	+40 46	2,2	3,5	2,9	EA	2
R	Per	03 26,9	+35 30	8,1	14,8	210,0	M	2
T	Eri	03 53,1	−24 11	7,4	13,2	252,0	M	4
λ	Tau	03 57,9	+12 21	3,5	4,0	4,0	EA	2
R	Ret	04 33,0	−63 08	6,8	14,0	278,3	M	4
R	Pic	04 44,8	−49 20	6,7	10,0	171,0	SR	3–4
R	Lep	04 57,3	−14 53	5,9	10,5	432,5	M	4
ε	Aur	04 58,4	+43 45	3,3	4,6	9898	EA	2
ζ	Aur	04 59,0	+41 00	5,0	5,7	972,2	EA	2
T	Lep	05 02,7	−21 58	7,4	13,5	368,1	M	4
W	Ori	05 02,8	+01 07	5,9	7,7	212	SR	2
R	Aur	05 13,3	+53 32	6,7	13,7	458,9	M	1–2
T	Col	05 17,5	−33 45	6,6	12,7	225,3	M	3
S	Ori	05 26,5	−04 44	7,5	13,5	416,3	M	4
β	Dor	05 33,2	−62 31	4,5	5,7	9,8	C	3–4
U	Aur	05 38,9	+32 01	7,5	15,5	407,3	M	1–2
R	Oct	05 41,1	−86 26	6,4	13,2	405,1	M	3
α	Ori	05 52,5	+07 24	0,1	1,0	2070 ?	SR	1
U	Ori	05 52,9	+20 10	5,3	12,6	372,2	M	1–2
η	Gem	06 11,9	+22 31	3,1	3,9	233,4	SR	1
V	Mon	06 20,2	−02 10	6,0	13,7	334,7	M	3
T	Mon	06 22,5	+07 07	6,3	7,8	27,0	C	1
X	Gem	06 43,9	+30 20	7,6	13,6	263,5	M	1
R	Lyn	06 57,2	+55 24	7,2	14,0	378,6	M	1
ζ	Gem	07 01,1	+20 39	4,4	5,2	10,2	C	1
R	Gem	07 04,3	+22 47	6,0	14,0	269,9	M	1
R	CMi	07 06,0	+10 06	7,4	11,6	337,9	M	1
VZ	Cam	07 20,7	+82 31	4,8	5,2	23,7	SR	1
Z	Pup	07 30,5	−20 33	7,2	14,6	509,9	M	3
T	Gem	07 46,3	+23 52	8,0	15,0	287,6	M	1
V	Pup	07 56,8	−49 07	4,5	5,1	1,5	EB	3
R	Cnc	08 13,8	+11 53	6,2	11,8	362,1	M	1
V	Cnc	08 18,9	+17 27	7,5	13,9	272,1	M	1
V	Car	08 27,7	−59 57	7,4	8,1	6,7	C	3
T	Vel	08 36,1	−47 11	8,3	9,1	4,6	C	3
S	Hya	08 51,0	+03 16	7,4	13,3	256,7	M	2
X	Cnc	08 52,6	+17 25	5,9	7,3	170 ?	SR	1
T	Pyx	09 02,6	−32 11	7,0	14,0		RN	3[2]
W	Cnc	09 06,9	+25 27	7,4	14,4	393,3	M	1
R	Car	09 31,0	−62 34	3,9	10,0	308,6	M	3
R	LMi	09 42,6	+34 45	6,3	13,2	372,3	M	1
l	Car	09 43,9	−62 17	4,2	5,5	35,5	C	3
R	Leo	09 44,9	+11 40	5,4	10,5	312,6	M	1
R	UMa	10 41,1	+69 02	6,7	13,4	301,7	M	1
η	Car	10 43,1	−59 25	−0,8	7,9		I	3
V	Hya	10 49,2	−20 59	6,0	12,5	533,0	SR	3
VW	UMa	10 55,5	+70 16	7,2	7,8	125	SR	1
X	Cen	11 46,7	−41 28	7,0	13,9	314,6	M	3
Z	UMa	11 53,9	+58 09	6,6	9,1	198	SR	1
R	Crv	12 17,0	−18 59	6,7	14,4	316,7	M	3
RY	UMa	12 18,1	+61 36	7,0	8,0	311,2	SR	1
R	Cru	12 20,9	−61 21	6,8	8,0	5,8	C	3
U	Cen	12 30,7	−54 23	7,2	14,0	220,2	M	3
T	UMa	12 34,1	+59 46	6,6	13,4	256,9	M	1
R	Vir	12 36,0	+07 16	6,2	12,1	145,6	M	1
S	UMa	12 41,8	+61 22	7,4	12,3	226,1	M	1
RY	Dra	12 54,5	+66 16	6,5	8,0	172,5	SR	1
S	Vir	13 30,4	−06 56	6,3	13,2	378,0	M	3
T	Cen	13 38,9	−33 21	5,5	9,0	90,6	M	3
ϑ	Aps	14 00,4	−76 33	6,4	8,6	119	SR	3
R	Cen	14 12,9	−59 41	5,4	11,8	546,6	M	3
S	Boo	14 21,2	+54 02	8,0	13,8	270,7	M	1
R	Cam	14 21,3	+84 04	7,9	14,4	269,7	M	1
R	Boo	14 35,0	+26 57	6,7	12,8	223,3	M	1
δ	Lib	14 58,3	−08 19	4,8	5,9	2,3	EA	3
S	CrB	15 19,4	+31 33	6,6	14,0	360,7	M	1
R	Nor	15 32,3	−49 21	6,5	13,9	490,2	M	3
R	CrB	15 46,5	+28 19	5,8	15		R CrB	1
R	Ser	15 48,4	+15 17	5,7	14,4	356,8	M	1
T	CrB	15 57,4	+26 04	2,0	10,8		RN	1[3]
R	Her	16 04,0	+18 30	8,2	15,0	318,5	M	1
U	Ser	16 04,9	+10 04	7,8	14,0	238,2	M	1
W	CrB	16 13,6	+37 54	7,8	14,3	238,0	M	1
U	Her	16 23,6	+19 00	7,0	13,2	406,6	M	1
R	Dra	16 32,5	+66 51	6,9	13,0	245,6	M	1
W	Her	16 33,4	+37 27	7,7	14,4	279,8	M	1
S	Her	16 49,6	+15 01	7,0	13,8	307,4	M	1
RR	Sco	16 53,4	−30 30	5,0	12,4	278,7	M	3
R	Oph	17 04,9	−16 02	7,0	13,6	302,5	M	3
α	Her	17 12,4	+14 27	3,0	4,0		SR	1[4]
S	Oct	17 46,0	−86 48	7,4	14,0	258,8	M	3
T	Dra	17 55,7	+58 14	7,2	13,5	421,7	M	1
R	Pav	18 08,1	−63 38	7,5	13,8	240,3	M	4
W	Lyr	18 13,2	+36 39	7,5	13,0	196,4	M	1–2
T	Lyr	18 30,7	+36 58	7,8	9,6		I	1–2
R	Sct	18 44,8	−05 46	6,3	8,6	144	RV	4
β	Lyr	18 48,2	+33 18	3,4	4,3	12,9	EB	2
κ	Pav	18 51,8	−67 18	4,0	5,5	9,1	C	4
R	Lyr	18 53,8	+43 53	4,0	5,0	50	SR	1–2
V	Aql	19 01,7	−05 46	6,7	8,0	353	SR	4
R	Sgr	19 13,8	−19 24	6,7	12,8	268,6	M	4
U	Sge	19 16,6	+19 31	6,4	9,0	3,4	EA	2
CH	Cyg	19 23,2	+50 09	6,6	7,8	97	SR	2
RR	Lyr	19 23,9	+42 41	6,9	8,0	0,6	RR	2
U	Aql	19 26,7	−07 09	6,8	8,0	7,0	C	4
R	Cyg	19 35,5	+50 05	6,5	14,2	426,3	M	2
T	Pav	19 45,1	−71 54	7,0	14,0	244,1	M	4
χ	Cyg	19 48,6	+32 47	3,3	14,2	407,0	M	2
η	Aql	19 49,9	+00 53	4,1	5,3	7,2	C	2
Z	Cyg	20 00,0	+49 54	7,6	14,7	263,8	M	2
R	Del	20 12,5	+08 56	7,6	13,7	284,5	M	2
P	Cyg	20 15,9	+37 53	3	6		I	2
U	Cyg	20 18,1	+47 44	6,7	11,4	464,7	M	2
T	Mic	20 24,9	−28 25	7,7	9,6	347	SR	4
EU	Del	20 35,6	+18 05	6,0	6,9	59	SR	2
HR	Del	20 40,0	+18 59	3,6	12 ?		N	2[5]
U	Del	20 43,2	+17 54	5,6	7,5		I	2
W	Aqr	20 43,9	−04 16	8,7	14,9	381,0	M	4
T	Aqr	20 47,3	−05 20	7,2	14,2	202,1	M	4
R	Vul	21 02,2	+23 37	7,4	13,4	136,8	M	2
T	Cep	21 08,9	+68 17	5,4	11,0	389,3	M	2
T	Ind	21 16,9	−45 14	7,7	9,4	320	SR	4
W	Cyg	21 34,1	+45 09	5,0	7,6	130,9	SR	2
S	Cep	21 35,9	+78 24	7,4	12,9	487,5	M	2
SS	Cyg	21 41,0	+43 21	8,4	12,2		I	2
μ	Cep	21 42,0	+58 33	3,6	5,1		I	2
R	Gru	21 45,3	−47 09	7,4	14,9	332,5	M	4
δ	Cep	22 27,3	+58 10	3,5	4,4	5,4	C	2
W	Cep	22 34,5	+58 10	6,9	8,6	1100 ?	SR	2
AR	Cep	22 52,6	+84 47	7,1	7,8	116	SR	2
S	Aqr	22 54,6	−20 37	7,6	15,0	379,2	M	4
β	Peg	23 01,3	+27 49	2,1	2,9		I	2
R	Peg	23 04,1	+10 16	7,1	13,8	377,5	M	2
V	Cas	23 09,5	+59 25	7,3	12,8	227,9	M	2
R	Aqr	23 41,2	−15 34	5,8	11,5	386,9	M	4
ρ	Cas	23 51,9	+57 13	4,1	6,2		I	2
R	Phe	23 53,9	−50 05	7,5	14,4	268,0	M	4
R	Cas	23 55,9	+51 07	5,5	13,0	431,2	M	2
W	Cet	23 59,6	−14 58	7,1	14,6	350,9	M	4

[1] Mira [2] Ausbrüche 1920 und 1944 [3] Ausbrüche 1866 und 1946 [4] Ras Algethi [5] Nova 1967

Galaxien, heller als 10^m

die nicht in Messiers Katalog aufgeführt sind

NGC	Koordinaten 1950,0 Rekt.	Koordinaten 1950,0 Dekl.	Helligkeit v = visuell p = fotografisch	Abmessungen	Typ	Sternbild	Karte
	h min	° ′	m	′			
55	00 12,5	−39 30	7,8 p	25,0 × 3,0	S	Sculptor	4
205	00 37,6	+41 25	9,4 v	10,0 × 4,5	Ep	Andromeda	2
247	00 44,6	−21 01	10,7 p	18,2 × 4,5	S	Cetus	4
253	00 45,1	−25 34	7,0 p	24,6 × 4,5	Sc	Sculptor	4
SMC	00 50	−73	1,5 p	216 × 216	I	Kleine Magellansche Wolke	4
LMC	05 26	−69	0,5 p	432 × 432	I	Große Magellansche Wolke	3, 4
2403	07 32,0	+65 43	8,9 v	16,8 × 10,0	Sc	Camelopardalis	1
2683	08 49,6	+33 38	9,6 v	10,0 × 1,0	Sc	Lynx	1
2841	09 18,6	+51 12	9,3 v	6,0 × 1,6	Sb	Ursa Major	1
2903	09 29,3	+21 44	9,1 v	11,0 × 4,6	Sb	Leo	1
3115	10 02,8	−07 28	9,3 v	4,0 × 1,0	E	Sextans	3
3521	11 03,2	+00 14	9,5 v	4,5	Sc	Leo	1
3607	11 14,3	+18 20	9,6 v	1,3 × 1,0	Ep	Leo	1
3941	11 50,3	+37 16	9,8 v	2,0 × 1,0	Sa	Ursa Major	1
4111	12 04,5	+43 21	9,7 v	3,5 × 1,0	E	Ursa Major	1
4414	12 24,0	+31 30	9,7 v	3,0 × 1,5	Sc	Coma Berenices	1
4449	12 25,8	+44 22	9,2 v	4,1 × 3,4	I	Canes Venatici	1
4490	12 28,3	+41 55	9,7 v	4,0 × 1,8	Sc	Canes Venatici	1
4494	12 28,9	+26 03	9,6 v	1,6 × 1,6	E	Coma Berenices	1
4605	12 37,8	+61 53	9,6 v	3,0 × 1,0	Sc	Ursa Major	1
4631	12 39,8	+32 49	9,3 v	12,6 × 1,4	Sc	Canes Venatici	1
4697	12 46,0	−05 32	9,6 v	3,0 × 1,2	E	Virgo	3
4699	12 46,5	−08 24	9,3 v	3,7 × 2,0	SBb	Virgo	3
4725	12 48,1	+25 46	8,9 v	5,0 × 4,0	SBb	Coma Berenices	1
4945	13 02,4	−49 01	9,2 p	11,5 × 2,0	S	Centaurus	3
5005	13 08,5	+37 19	9,8 v	5,0 × 1,5	Sc	Canes Venatici	1
5128	13 22,4	−42 45	7,2 p	10,0 × 8,0	I	Centaurus	3
5195	13 27,9	+47 31	8,4 v	2,0 × 1,5	I	Canes Venatici	1
6503	17 49,9	+70 10	9,6 v	5,0 × 1,0	Sc	Draco	1
6822	19 42,1	−14 53	9,2 p	16,2 × 11,2	I	Sagittarius	4
6946	21 33,9	+59 58	9,7 p	9,0 × 7,5	Sc	Cygnus	2
7331	22 34,8	+34 10	9,7 v	9,0 × 2,0	Sb	Pegasus	2
7793	23 55,3	−32 51	9,7 p	6,0 × 4,0	S	Sculptor	4

Planetarische Nebel, heller als $8,5^m$

die nicht in Messiers Katalog aufgeführt sind

NGC	Koordinaten 1950,0 Rekt.	Koordinaten 1950,0 Dekl.	Abmessungen	Helligkeit	Sternbild	Karte
	h min	° ′	″	m		
246	00 44,6	−12 09	240 × 210	8,5	Cetus	4
2392	07 26,2	+21 01	47 × 43	8,3	Gemini	1
3132	10 04,9	−40 11	84 × 53	8,2	Antlia	3
3918	11 47,8	−56 54	13	8,4	Centaurus	3
7009	21 01,4	−11 34	44 × 26	8,4	Aquarius	4
7293	22 27,0	−21 06	900 × 720	6,5	Aquarius	4
I. 1470	23 03,2	+59 59	70 × 45	8,1	Cepheus	2
7635	23 18,5	+60 54	205 × 180	8,5	Cassiopeia	2

Kugelsternhaufen, heller als $7,5^m$

die nicht in Messiers Katalog aufgeführt sind

NGC	Koordinaten 1950,0 Rekt.	Koordinaten 1950,0 Dekl.	Durchmesser	Helligkeit v = visuell p = fotografisch	Sternbild	Karte
	h min	° ′	′	m		
104	00 21,9	−72 21	23,0	3,0 p	47 Tucanae	4
288	00 50,2	−26 52	10,0	7,2 p	Sculptor	4
362	01 00,6	−71 07	5,3	6,8 p	Tucana	4
1851	05 12,4	−40 05	5,3	8,1 v	Columba	4
2808	09 10,9	−64 39	6,3	5,7 p	Carina	3
3201	10 15,5	−46 09	7,7	7,4 p	Vela	3
4833	12 56,0	−70 36	4,7	6,8 p	Musca	3
5139	13 23,8	−47 03	23,0	3,7 v	ω Centauri	3
5897	15 14,5	−20 50	7,3	7,3 p	Libra	3
6362	17 26,6	−67 01	6,7	7,1 p	Ara	3
6388	17 32,6	−44 43	3,4	7,1 p	Scorpius	3
6397	17 36,8	−53 39	19,0	4,7 p	Corona Australis	4
6723	18 56,2	−36 42	5,8	6,0 p	Sagittarius	4
6752	19 06,4	−60 04	13,3	4,6 p	Pavo	4

Die hellsten Sterne

Stern		Helligkeit Scheinbare (in Größenklassen)	Absolute	Koordinaten 1950.0 Rektaszension h min sec	Deklination ° ′ ″	Spektraltyp
Sirius	α CMa	—1,43	+1,5	06 42 56,7	—16 38 46	A0
Canopus	α Car	—0,73	—8	06 22 50,5	—52 40 04	F0
—	α Cen	—0,27	+4,1	14 36 11,2	—60 37 49	G0+K5
Arcturus	α Boo	—0,06	—0,1	14 13 22,8	+19 26 31	K0
Wega	α Lyr	0,04	+0,5	18 35 14,7	+38 44 09	A0
Capella	α Aur	0,09	—0,6	05 12 59,5	+45 56 58	G0
Rigel	β Ori	0,15	—8,2	05 12 08,0	—08 15 29	B8p
Procyon	α CMi	0,37	+2,7	07 36 41,1	+05 21 16	F5
Achernar	α Eri	0,58	—1,3	01 35 51,2	—57 29 25	B5
Betelgeuze	α Ori	veränderlich		05 52 27,8	+07 23 58	M0
Agena	β Cen	0,66	—4,3	14 00 16,5	—60 07 58	B1
Altair	α Aql	0,80	+2,4	19 48 20,6	+08 44 05	A5
Aldebaran	α Tau	0,85	—0,6	04 33 02,9	+16 24 37	K5
Acrux	α Cru	0,87	—3,4	12 33 48,0	—62 49 20	B1+
			—2,9	12 33 48,7	—62 49 22	B1
Antares	α Sco	0,98	—5,0	16 26 20,2	—26 19 22	M0+A3
Spica	α Vir	1,00	—2,9	13 22 33,3	—1 (54 04	B2
Fomalhaut	α PsA	1,16	+2,0	22 54 53,5	—29 53 16	A3
Pollux	β Gem	1,16	+1,0	07 42 15,6	+28 08 55	K0
Deneb	α Cyg	1,26	—6,2	20 39 43,5	+45 06 03	A2
—	β Cru	1,31	—4,5	12 44 47,1	—59 24 57	B1
Regulus	α Leo	1,36	—0,2	10 05 42,7	+12 12 44	B8
Castor	α Gem	1,58	+0,9	07 31 24,7	+31 59 58	A0+A2
—	γ Cru	1,61	—2,4	12 28 22,7	—56 50 01	M3
Adara	ε CMa	1,63	—4,4	06 56 39,6	—28 54 10	B1
Alioth	ε UMa	1,68	—0,2	12 51 50,1	+56 13 51	A0p
Bellatrix	γ Ori	1,70	—3,4	05 22 26,9	+06 18 22	B2
Shaula	λ Sco	1,71	—3,0	17 30 12,6	—37 04 10	B2
Avior	ε Car	1,74	—3,0	08 21 29,4	—59 20 53	K0+B
Alnilam	ε Ori	1,75	—7,0	05 33 40,5	—01 13 56	B0
Al Nath	β Tau	1,78	—1,5	05 23 07,8	+28 34 02	B8
Niaplacidus	β Car	1,80	—0,9	09 12 39,7	—69 30 40	A0
Atria	α TrA	1,88	—0,5	16 43 21,0	—68 56 20	K2
Mirfak	α Per	1,90	—3,9	03 20 44,4	+49 41 06	F5
Alkaid	η UMa	1,91	—1,6	13 45 34,3	+49 33 44	B3
Alnitak	ζ Ori	1,91	—6,4	05 38 14,1	—01 58 03	B0
—	γ Vel	1,92	—4,5	08 07 59,5	—47 11 18	Oαp+W
Alhena	γ Gem	1,93	—0,1	06 34 49,4	+16 26 37	A0
Dubhe	α UMa	1,95	—0,5	11 00 39,5	+62 01 17	K0
Kaus Australis	ε Sgr	1,95	—1,3	18 20 51,2	—34 24 37	A0
Wezen	δ CMa	1,98	—5,9	07 06 21,5	—26 18 45	F8p
Mirzam	β CMa	1,99	—4,5	06 20 29,8	—17 55 47	B1
Polaris	α UMi	1,99	—3,7	01 48 48,5	+89 01 44	F8

Katalog von Messier

M	NGC	Koordinaten 1950,0 Rekt. h min	Dekl. ° ′	Hellig-keit (vis.) m	Abmes-sungen ′	Entfer-nung	Stern-bild	Beschreibung	Karte
1	1952	05 31,5	+21 59	8,4	6×4	1050 pc	Tau	Planetarischer Nebel (Krabbennebel)	2
2	7089	21 30,9	—01 03	6,3	12	16 kpc	Aqr	Kugelsternhaufen	4
3	5272	13 39,9	+28 38	6,4	19	14 kpc	CVn	Kugelsternhaufen	1
4	6121	16 20,6	—26 24	6,4	23	2,3 kpc	Sco	Kugelsternhaufen	3
5	5904	15 16,0	+02 16	6,2	20	8,3 kpc	Ser	Kugelsternhaufen	1
6	6405	17 36,8	—32 11	5,3	26	630 kpc	Sco	Offener Sternhaufen	3
7	6475	17 50 6	—34 48	4	50	250 kpc	Sco	Offener Sternhaufen	3
8	6523	18 01,6	—24 20	6	90×40	1,5 kpc	Sgr	Gasnebel (Lagunennebel)	4
9	6333	17 16,2	—18 28	7,3	6	7,9 kpc	Oph	Kugelsternhaufen	3
10	6254	16 54,5	—04 02	6,7	12	5,0 kpc	Oph	Kugelsternhaufen	3
11	6705	18 48,4	—06 20	6,3	12	1,7 kpc	Sct	Offener Sternhaufen	4
12	6218	16 44,6	—01 52	6,6	12	5,8 kpc	Oph	Kugelsternhaufen	3
13	6205	16 39,9	+36 33	5,7	23	6,9 kpc	Her	Kugelsternhaufen	1
14	6402	17 35,0	—03 13	7,7	7	7,2 kpc	Oph	Kugelsternhaufen	3
15	7078	21 27,6	+11 57	6,0	12	15 kpc	Peg	Kugelsternhaufen	2
16	6611	18 16,0	—13 48	6,4	8	1,8 kpc	Ser	Gasnebel	4
17	6618	18 18,0	—16 12	7	46×37	1,8 kpc	Sgr	Gasnebel (Omeganebel)	4
18	6613	18 17,0	—17 09	7,5	7	1,5 kpc	Sgr	Offener Sternhaufen	4
19	6273	16 59,5	—26 11	6,6	5	6,9 kpc	Oph	Kugelsternhaufen	3
20	6314	17 58.9	—23 02	9	29×27	1,6 kpc	Sgr	Gasnebel (Trifidnebel)	3
21	6531	18 01,8	—22 30	6,5	12	1,3 kpc	Sgr	Offener Sternhaufen	4
22	6656	18 33,3	—23 58	5,9	17	3,0 kpc	Sgr	Kugelsternhaufen	4
23	6494	17 54,0	—19 01	6,9	27	660 pc	Sgr	Offener Sternhaufen	3
24	6603	18 15,5	—18 27	4,6	4	5,0 kpc	Sgr	Offener Sternhaufen	4
25	IC 4725	18 28,8	—19 17	6,5	35	600 pc	Sgr	Offener Sternhaufen	4
26	6694	18 42,5	—09 27	9,3	9	1,5 kpc	Sct	Offener Sternhaufen	4
27	6853	19 57,4	+22 35	7,6	8×4	200 pc	Vul	Planetarischer Nebel (Hantelnebel)	2
28	6626	18 21,5	—24 54	7,3	15	4,6 kpc	Sgr	Kugelsternhaufen	4
29	6913	20 22,2	+38 21	7,1	7	1,2 kpc	Cyg	Offener Sternhaufen	2
30	7099	21 37,5	—23 25	8,4	9	13 kpc	Cap	Kugelsternhaufen	4
31	224	00 40,0	+41 00	4,8	160×40	700 kpc	And	Galaxie (Andromedanebel)	2
32	221	00 40,0	+40 36	8,7	3×2	700 kpc	And	Galaxie	2
33	598	01 31,1	+30 24	6,7	60×40	700 kpc	Tri	Galaxie (Dreiecksnebel)	2
34	1039	02 38,8	+42 34	5,5	30	440 pc	Per	Offener Sternhaufen	2
35	2168	06 05,7	+24 20	5,3	29	870 pc	Gem	Offener Sternhaufen	1
36	1960	05 32,0	+34 07	6,3	16	1,3 kpc	Aur	Offener Sternhaufen	2
37	2099	05 49 0	+32 33	6,2	24	1,3 kpc	Aur	Offener Sternhaufen	2
38	1912	05 25,3	+35 48	7,4	18	1,3 kpc	Aur	Offener Sternhaufen	2
39	7092	21 30,4	+48 13	5,2	32	250 pc	Cyg	Offener Sternhaufen	2
40	—							Vermißtes Objekt	
41	2287	06 44,9	—20 42	4,6	32	670 pc	CMa	Offener Sternhaufen	3
42	1976	05 32,9	—05 25	4	66×60	460 pc	Ori	Gasnebel (Großer Orion-nebel)	4
43	1982	05 33,1	—05 18	9		460 pc	Ori	Gasnebel (Großer Orion-nebel)	4
44	2632	08 37,5	+19 52	3,7	90	158 pc	Cnc	Offener Sternhaufen (Praesepe)	1
45	—	03 43,9	+23 58	1,6	120	126 pc	Tau	Offener Sternhaufen (Plejaden)	2
46	2437	07 39,6	—14 42	6,0	27	1,8 kpc	Pup	Offener Sternhaufen	3
47	—							Vermißtes Objekt	
48	—							Vermißtes Objekt	
49	4472	12 27,3	+08 16	8,6	4×4	11 Mpc	Vir	Galaxie	1
50	2323	07 00,5	—08 16	6,3	16	910 pc	Mon	Offener Sternhaufen	3
51	5194	13 27,8	+47 27	8,1	12×6	2 Mpc	CVn	Galaxie	1
52	7654	23 22,0	+61 20	7,3	13	2,1 kpc	Cas	Offener Sternhaufen	2
53	5024	13 10,5	+18 26	7,6	14	20 kpc	Com	Kugelsternhaufen	1
54	6715	18 52,0	—30 32	7,3	6	15 kpc	Sgr	Kugelsternhaufen	4
55	6809	19 36,9	—31 02	7,6	15	5,8 kpc	Sgr	Kugelsternhaufen	4
56	6779	19 14,6	+30 05	8,2	5	14 kpc	Lyr	Kugelsternhaufen	2
57	6720	18 51,7	+32 58	9,3	1×1	550 pc	Lyr	Planetarischer Nebel (Ringnebel)	2
58	4579	12 35,1	+12 05	8,2	4×3	11 Mpc	Vir	Galaxie	1
59	4621	12 39,5	+11 55	9,3	3×2	11 Mpc	Vir	Galaxie	1
60	4649	12 41,1	+11 49	9,2	4×3	11 Mpc	Vir	Galaxie	1
61	4303	12 19,4	+04 45	9,6	6	11 Mpc	Vir	Galaxie	1
62	6266	16 58,1	—30 03	8,9	6	6,9 kpc	Oph	Kugelsternhaufen	3
63	5055	13 13,5	+42 17	10,1	8×3	4 Mpc	CVn	Galaxie	1
64	4826	12 54,3	+21 57	6,6	8×4	6 Mpc	Com	Galaxie	1
65	3623	11 16,3	+13 23	9,5	8×2		Leo	Galaxie	1
66	3627	11 17,6	+13 17	8,8	8×2		Leo	Galaxie	1
67	2682	08 48,3	+12 00	6,1	18	830 pc	Cnc	Offener Sternhaufen	1
68	4590	12 36,8	—26 29	9	9	12 kpc	Hya	Kugelsternhaufen	3
69	6637	18 28,1	—32 23	8,9	4	7,2 kpc	Sgr	Kugelsternhaufen	4
70	6681	18 40,0	—32 21	9,6	4	20 kpc	Sgr	Kugelsternhaufen	4
71	6838	19 51,5	+18 39	9	6	5,5 kpc	Sge	Kugelsternhaufen	2
72	6981	20 50,7	—12 44	9,8	5	18 kpc	Aqr	Kugelsternhaufen	4
73	6994	20 56,4	—12 50				Aqr	Zweifelhaftes Objekt	4
74	628	01 34,0	+15 32	10,2	8		Psc	Galaxie	2
75	6864	20 03,2	—22 04	8,0	5	24 kpc	Sgr	Kugelsternhaufen	4
76	650	01 38,8	+51 19	12,2	2×1	2,5 kpc	Per	Planetarischer Nebel	2
77	1068	02 40,1	—00 14	8,9	2		Cet	Galaxie	4
78	2068	05 44,2	+00 02	8,3	8×6	500 pc	Ori	Gasnebel	2
79	1904	05 22,2	—24 34	7,9	8	13 kpc	Lep	Kugelsternhaufen	4
80	6093	16 14,1	—22 52	7,7	5	11 kpc	Sco	Kugelsternhaufen	3
81	3031	09 51,5	+69 18	7,9	16×10	3,0 Mpc	UMa	Galaxie	1
82	3034	09 51,9	+69 56	8,8	7×2	3 Mpc	UMa	Galaxie	1
83	5236	13 34,2	—29 37	10,1	10×8	4 Mpc	Hya	Galaxie	3
84	4374	12 22,6	+13 10	9,3	3	11 Mpc	Vir	Galaxie	1
85	4382	12 22,8	+18 28	9,3	4×2	11 Mpc	Com	Galaxie	1
86	4406	12 23,7	+13 13	9,7	4×3	11 Mpc	Vir	Galaxie	1
87	4486	12 28,3	+12 40	9,2	3	11 Mpc	Vir	Galaxie	1
88	4501	12 29,5	+14 42	10,2	6×3	11 Mpc	Com	Galaxie	1
89	4552	12 33,1	+12 50	9,5	2	11 Mpc	Vir	Galaxie	1
90	4569	12 34,3	+13 26	10,0	6×3	11 Mpc	Vir	Galaxie	1
91	—							Vermißtes Objekt	
92	6341	17 15,6	+43 12	6,1	12	11 kpc	Her	Kugelsternhaufen	1
93	2447	07 42,4	—23 45	6,0	18	1,1 kpc	Pup	Offener Sternhaufen	3
94	4736	12 48,6	+41 23	7,9	5×4	6 Mpc	CVn	Galaxie	1
95	3351	10 41,3	+11 58	10,4	3		Leo	Galaxie	1
96	3368	10 44,2	+12 05	9,1	7×4		Leo	Galaxie	1
97	3387	11 12,0	+55 [illegible]8	12,0	3	800 pc	UMa	Planetarischer Nebel (Eulennebel)	1
98	4192	12 11,3	+15 [illegible]1	10,7	8×2	11 Mpc	Com	Galaxie	1
99	4254	12 16,3	+14 42	10,1	4	11 Mpc	Com	Galaxie	1
100	4321	12 20,4	+16 06	10,6	5	11 Mpc	Com	Galaxie	1
101	5457	14 01,4	+54 35	9,6	22	3 Mpc	UMa	Galaxie	1
102	—							Vermißtes Objekt	
103	581	01 29,9	+60 27	7,4	6	2,6 kpc	Cas	Offener Sternhaufen	2
104	4594	12 37,4	—11 21	8,7	7×2	4,4 Mpc	Vir	Galaxie (Sombreronebel)	3
105	3379	10 45,2	+12 51	9,2	2×2		Leo	Galaxie	1
106	4258	12 16,5	+47 35	8,6	20×6		UMa	Galaxie	1
107	6171	16 29,7	—12 57	9,2	8		Oph	Kugelsternhaufen	3
108	3556	11 08,7	+55 57	10,7	8×2		UMa	Galaxie	1
109	3992	11 55,0	+53 39	10,8	7		UMa	Galaxie	1

Offene Sternhaufen, heller als 7^m die nicht in Messiers Katalog aufgeführt sind

(Klasse: c = sehr loser Haufen; d = offen und sternarm; e = mittlere Sternzahl; f = viele Sterne; g = sehr dichter Haufen mit sehr vielen Sternen)

NGC	Koordinaten 1950,0 Rekt. h min	Dekl. ° ′	Durch-messer ′	Hellig-keit m	Anzahl Sterne	Klasse	Sternbild	Karte
752	01 54,7	+37 25	45	7,0	70	d	Andromeda	2
869	02 15,5	+56 55	36	4,4	350	f	Perseus (h Persei)	2
884	02 18,9	+56 53	36	4,7	300	e	Perseus (χ Persei)	2
1245	03 11,2	+47 03	30	6,9	40	e	Perseus	2
1444	03 45,6	+52 31	4	6,4	15		Perseus	2
1502	04 03,0	+62 11	7	5,3	15	e	Camelopardalis	1
1528	04 11,4	+51 07	25	6,2	80	e	Perseus	2
Mel 25	04 16,7	+15 31	330	0,8	40	c	Taurus (Hyaden)	2
1647	04 43,2	+18 59	40	6,3	30	c	Taurus	2
1746	05 00,6	+23 44	45	6,0	60	e	Taurus	2
2169	06 05,7	+13 58	5	6,4	18	d	Orion	1
2175	06 06,8	+20 20	18	6,7	15		Orion	1
2244	06 29,7	+04 54	40	6,2	16	c	Monoceros	1
2264	06 38,4	+09 56	30	4,7	23	c	Monoceros	1
2281	06 45,8	+41 07	17	6,7	30	e	Auriga	1
2301	06 49,2	+00 31	15	5,8	60	d	Monoceros	1
2353	07 12,3	—10 12	20	5,3	25	d	Monoceros	3
2422	07 34,3	—14 22	25	4,5	50	d	Puppis	3
2423	07 34,8	—13 45	20	6,9	60	d	Puppis	3
2451	07 43,6	—37 51	45	3,6	50	c	Puppis	3
2477	07 50,5	—38 25	25	5,7	300	g	Puppis (Kugelhaufen?)	3
2516	07 59,7	—60 44	60	3,0	80	g	Carina	3
2547	08 08,9	—49 07	15	5,1	50	d	Vela	3
2546	08 10,6	—37 29	40	4,6	50		Puppis	3
I. 2391	08 38,8	—52 53	40	2,6	20	c	O Velorum	3
I. 2395	08 43,4	—48 00	10	4,6	16	e	Vela	3
H 3	08 44,6	—52 36	7	6,2	35	e	Vela	3
3114	10 01,1	—59 53	30	4,4	100	e	Carina	3
3228	10 19,7	—51 28	30	6,5	12	f	Vela	3
I. 2581	10 25,4	—57 23	5	5,2	35	f	Carina	3
I. 2602	10 41,0	—64 00	70	1,6	32	c	Carina	3
3532	11 03,4	—58 24	60	3,3	130	f	Carina	3
3766	11 34,2	—61 19	10	5,1	60	g	Centaurus	3
Mel 111	12 22,6	+26 24	275	2,7	30	c	Coma Berenices	1
4755	12 50,6	—60 05	10	5,2	50	g	Crux	3
5460	14 04,5	—48 05	30	6,3	25	d	Centaurus	3
6025	15 59,4	—60 22	10	5,8	30	d	Triangulum Australe	3
6067	16 09,3	—54 05	15	6,7	120	f	Norma	3
6087	16 14,7	—57 47	20	6,0	35	d	Norma	3
6124	16 22,2	—40 35	25	6,3	120	e	Scorpius	3
6167	16 30,6	—49 30	18	6,4	110		Ara	3
6193	16 37,6	—48 40	20	5,0	30	e	Ara	3
6383	17 31,4	—32 33	6	5,5	12	e	Scorpius	3
6530	18 01,6	—24 20	10	6,3	25	c	Sagittarius	3, 4
6633	18 25,1	+06 32	20	4,9	65	d	Ophiuchus	1
I. 4756	18 36,6	+05 26	70	5,1	80	d	Serpens	1
6716	18 51,6	—19 57	7	6,9	20		Sagittarius	4
6871	20 04,0	+35 58	37	5,6	60		27 Cygni	2
6910	20 21,3	+40 37	8	6,7	40	d	Cygnus	2
I. 1396	21 37,5	+57 16	50	5,1	30		Cepheus	2
7160	21 52,3	+62 22	7	6,6	25		Cepheus	2

Helle, diffuse Gas- und Staubnebel die nicht in Messiers Katalog aufgeführt sind

Bezeichnung	Koordinaten 1950,0 Rekt. h min	Dekl. ° ′	Abmes-sungen ″	Hellig-keit des verursachen-den Sterns m	Stern-bild	Bemerkung	Karte
NGC 1499	04 00,1	+36 17	145×40	4,0	Per	Californianebel	2
NGC 1554-5	04 19,9	+19 25	variabel	var.	Tau	T-Tauri-Nebel (Hinds Nebel)	2
72 Tauri	04 24,1	+22 53	8×1	5,4	Tau		2
NGC 2070	05 39,9	—69 04	20×20		Dor	Tarantelnebel	4
NGC 2237-9	06 29,6	+04 40	64×61		Mon	Rosettennebel	1
NGC 2261	06 36,4	+08 46	variabel	var.	Mon	Hubbles veränderlicher Nebel (R Monocerotis)	1
NGC 2264	06 38,2	+09 57	60×30	4,7	Mon	Kegelnebel (S Monocerotis)	1
NGC 6960	20 43,5	+30 32	70×6		Cyg	Cirrusnebel (52 Cygni)	2
—	20 46,0	+31 30	40×20		Cyg	Cirrusnebel	2
I. 5067-0	20 46,9	+44 11	85×75	1,3	Cyg	Pelikannebel (bei Deneb)	2
NGC 6992-5	20 54,3	+31 30	78×8		Cyg	Cirrusnebel	2
NGC 7000	20 57,0	+44 08	120×100	1,3	Cyg	Nordamerikanebel	2
I. 5146	21 51,3	+47 02	12×12	10,0	Cyg	Kokonnebel	2

Begriffe aus Astronomie und Raumfahrt

Mit **fett** gedruckten Wörtern innerhalb einer Begriffserklärung wird auf ein weiteres Stichwort verwiesen. Ein neuer, aber nicht gesondert aufgeführter Begriff wird durch *Kursivschreibung* hervorgehoben.

Aberration des Sternlichts. Die scheinbare Verschiebung eines Sterns aus seiner wahren Position am Himmel. Sie ist darauf zurückzuführen, daß das Licht eine endliche Geschwindigkeit von 299 792,5 km/sec hat und daß sich die Erde um die Sonne bewegt.

Absolute Helligkeit. Die scheinbare Helligkeit oder Größenklasse, die ein Stern hätte, wenn er sich in der Standardentfernung von 10 **Parsec** oder 32,6 **Lichtjahren** befände. Die absolute Helligkeit der Sonne ist +4,7.

Absoluter Nullpunkt. Der tiefste Punkt der Temperaturskala: —273,16° C. Dieser Wert ist als Ausgangspunkt für die Kelvinskala der Temperatur gewählt worden, so daß der absolute Nullpunkt bei 0° K liegt.

Absorption des Lichts im Weltraum. Der Raum ist nicht vollkommen leer, wie man gemeinhin annimmt. Zwischen Planeten und Sternen befinden sich erhebliche Mengen von Materie, die das Sternlicht absorbiert, und zwar im Blauen stärker als im Roten. Besonders bei weit entfernten Objekten muß dieser Effekt berücksichtigt werden.

Absorptionsspektrum. Ein Spektrum, das aus dunklen Linien (**Fraunhoferschen Linien**) vor dem Hintergrund des hellen Kontinuums besteht. Die Sonne hat ein Absorptionsspektrum; das Kontinuum kommt von ihrer hellen Oberfläche (**Fotosphäre**), während die dunklen Absorptionslinien von der Sonnenatmosphäre erzeugt werden.

Aeropause. Bezeichnung für diejenige Schicht der Atmosphäre, in der die Luftdichte so klein geworden ist, daß man sie für die meisten praktischen Zwecke vernachlässigen kann. Diese Schicht ist nicht scharf begrenzt, sondern stellt lediglich eine Übergangszone zwischen Atmosphäre und Weltraum dar.

Albedo. Das Reflexionsvermögen eines Planeten oder eines anderen, nicht selbst leuchtenden Körpers. Ein perfekter Reflektor hätte eine Albedo von 1,00.

Angström-Einheit. Die Einheit, in der man meist die Wellenlänge des Lichts und anderer elektromagnetischer Schwingungen mißt. Sie entspricht dem Hundertmillionstel eines Zentimeters. Das sichtbare Licht geht etwa von 7500 Å (rot) bis 3900 Å (violett).

Antenne. Ein elektrischer Leiter oder ein Leitersystem zur Ausstrahlung und/oder zum Empfang von Radiowellen. Untereinander verbundene Antennensysteme werden dazu verwendet, die Empfindlichkeit zu erhöhen oder Richtstrahleffekte zu erzielen. Werden solche Systeme in der **Radioastronomie** verwendet, spricht man von Radioteleskopen.

Apex der Sonnenbewegung. Der Punkt an der Himmelskugel, gegen den sich die Sonne scheinbar bewegt. Er liegt im Sternbild Herkules, die Sonne bewegt sich mit etwa 20 km/sec auf ihn zu. Der Punkt am Himmel, der dem Apex genau gegenüberliegt, heißt Antapex.

Aphel. Der sonnenfernste Punkt der Bahn eines die Sonne umkreisenden Körpers (Planet, Komet usw.).

Äquinoktium. *(1)* Zweimal im Jahr geht die Sonne über den Himmelsäquator: einmal von Süd nach Nord (um den 21. März) und einmal von Nord nach Süd (um den 22. September). Diese Punkte nennt man Frühlingsäquinoktium (oder **Frühlingspunkt**) bzw. Herbstäquinoktium (**Herbstpunkt**), in ihnen schneiden sich **Ekliptik** und **Himmelsäquator.** Das Wort Äquinoktium kommt aus dem Lateinischen und bedeutet Tagundnachtgleiche.
(2) Wegen der **Präzession** verschieben sich sowohl diese Punkte wie auch das mit ihnen verbundene Koordinatensystem (**Rektaszension** und **Deklination**) gegen die Sterne. In einem Sternkatalog oder einer Sternkarte finden wir immer die Angabe, auf welche Lage des Frühlingspunktes die angegebenen Koordinaten bezogen sind, d.h. auf welchen Zeitpunkt. Dies wird mit dem Wort Äquinoktium und nachfolgender Jahreszahl angegeben, z.B. «Äquinoktium 1950,0». Die zweite Angabe der Sternkataloge ist die **Epoche:** Sie bezieht sich nur auf den Stand der Eigenbewegungen, d.h. auf die gegenseitige Lage der Sterne. Im allgemeinen stimmt die Epoche mit dem Äquinoktium überein.

Aschfarbenes Licht. Die schwache Helligkeit auf der Nachtseite des Planeten Venus, wenn sich dieser in seinen sichelförmigen Phasen befindet. Vermutlich handelt es sich hierbei um ein echtes Phänomen und nicht bloß um einen Kontrasteffekt, doch ist die Ursache noch unbekannt.

Astrologie. Eine Pseudowissenschaft, die vorgibt, aus den Stellungen der Gestirne auf das Schicksal des Menschen schließen zu können. Sie entbehrt jeder wissenschaftlichen Grundlage.

Astronomische Einheit. Die mittlere Entfernung Erde–Sonne: 149,60 Mio km.

Astrophysik. Die Anwendung der physikalischen Gesetze und Methoden auf die Astronomie.

Atmosphäre. Die einen Planeten oder einen anderen Himmelskörper umgebende Gashülle. Sie ist nicht scharf begrenzt, sondern geht allmählich in den Raum über.

Auflösungsvermögen. Die Fähigkeit eines **Teleskops,** eng beieinanderliegende Objekte zu trennen. Das Auflösungsvermögen wächst mit der Öffnung des Teleskops.

Äußere Planeten. Die Planeten, deren Bahnen im **Sonnensystem** außerhalb der Erdbahn liegen: Mars, Jupiter, Saturn, Uranus, Neptun, Pluto.

Azimut. Der Horizontalwinkel, unter dem ein Gestirn erscheint. Er wird in der Astronomie von Süden aus nach Westen positiv gezählt, in der Navigation von Norden aus nach Osten. Wegen der Erdrotation ändert sich das Azimut ständig.

Azimutale Montierung. Mechanischer Unterbau eines **Teleskops,** der es gestattet, das Teleskop gleichzeitig in *Höhe* (d.h. um eine horizontale Achse) und im **Azimut** (d.h. um eine vertikale Achse) zu bewegen.

Bedeckung. Von einer Bedeckung spricht man, wenn ein Himmelskörper von einem anderen verdeckt wird. So gibt es Sternbedeckungen – seltener auch Planetenbedeckungen – durch den Mond. Auch ein Planet kann einen Stern bedecken. Ganz selten kommt es auch vor, daß ein Planet einen anderen Planeten bedeckt; 1590 z.B. wurde Mars von Venus bedeckt. (Siehe auch **Finsternisse.**)

Bedeckungsveränderlicher. Ein **Doppelstern,** bestehend aus zwei Komponenten, die sich um ihren Systemschwerpunkt bewegen. Die Bahnebene ist so orientiert, daß sich die beiden Sterne von der Erde aus gesehen zeitweise verdecken. Sind sie zudem so weit entfernt und so nahe beisammen, daß man sie von der Erde aus als *ein* Objekt sieht, dann wird sich die Helligkeit dieses Objekts wegen der Bedeckungsvorgänge periodisch ändern.

Beschleunigung. Die Größe der Geschwindigkeitsänderung mit der Zeit. Bei Geschwindigkeitszunahme spricht man von Beschleunigung, eine Abnahme der Geschwindigkeit nennt man Bremsung oder negative Beschleunigung.

Beugungsringe. Konzentrische Ringe, die das Bild eines Sterns im Fernrohr umgeben (s.a. **Beugungsscheibchen**). Beugungsscheibchen und -ringe sieht man am besten in Instrumenten kleiner Öffnung.

Beugungsscheibchen. Auch das vollkommenste optische System bildet einen Stern nicht als Punkt ab, vielmehr werden 84 Prozent des Lichts auf ein kleines Scheibchen konzentriert, dessen Durchmesser von der Geometrie des Teleskops abhängt. 16 Prozent des Lichts entfallen auf ein System von Beugungsringen, die das Beugungsscheibchen umgeben.

Bogenminute. Ein Sechzigstel eines Grades. Eine Bogenminute (1′) wird wiederum in sechzig Bogensekunden (60″) unterteilt.

Bolometer. Ein sehr empfindlicher Strahlungsempfänger, der kleine Strahlungsenergien über einen sehr weiten Wellenlängenbereich mißt.

Cassegrain-Teleskop. Eine Art **Spiegelteleskop,** in dem das Licht des betrachteten Objekts vom Hauptspiegel auf den konvexen Fangspiegel geworfen wird, von wo es durch ein zentrales Loch im Hauptspiegel ins Okular gelangt.

Cepheiden. Eine wichtige Klasse veränderlicher Sterne. Die Cepheiden haben kurze Perioden von wenigen Tagen bis zu wenigen Wochen und sind regelmäßig. Es hat sich gezeigt, daß die Periode eines Cepheiden von seiner Leuchtkraft abhängt: je länger die Periode, desto größer die Leuchtkraft des Sterns. Das bedeutet, daß sich aus der gemessenen Periode eines Cepheiden die Entfernung bestimmen läßt. Cepheiden sind helle Sterne und über große Entfernungen sichtbar. Man findet sie nicht nur in unserer Galaxis, sondern auch in anderen Galaxien. Der Name kommt von Delta Cephei, dem hellsten und bekanntesten Vertreter der Klasse.

Chromatische Aberration. Ein Fehler, der grundsätzlich allen Linsen eigen ist; er versieht die im Fernrohr betrachteten Gegenstände mit farbigen Rändern. Er beruht auf der Tatsache, daß Licht bei verschiedenen Wellenlängen verschieden stark gebrochen wird: blaues Licht wird stärker gebrochen als rotes, daher liegt der Brennpunkt für das blaue Licht näher bei der Linse. Beim Linsenfernrohr versucht man daher, durch zusammengesetzte Linsensysteme, die aus einzelnen Gläsern mit verschiedenem Brechungsindex bestehen, die chromatische Aberration zu verringern. Beim Spiegelteleskop gibt es keine chromatische Aberration.

Chromosphäre. Die Zone der Sonnenatmosphäre, die über der hellen Oberfläche oder **Fotosphäre** liegt und unter der **Korona.** Nur während einer totalen *Sonnenfinsternis* sieht man die Chromosphäre für kurze Zeit mit bloßem Auge, wenn der Mond zwar die Fotosphäre verdeckt, die Chromosphäre aber noch nicht oder nicht mehr. Die **Korona** kann man immer (mit speziellen Instrumenten) studieren, nicht aber die Chromosphäre!

Coma. *(1)* Der neblige Fleck, der den Kern eines **Kometen** umgibt. *(2)* Der verwaschene Fleck, der die Bilder von Sternen auf fotografischen Platten umgibt und der auf optische Fehler in der Apparatur zurückzuführen ist.

Dämmerung *(1) bürgerliche.* Der Zeitraum vor Sonnenaufgang oder nach Sonnenuntergang, in dem sich die Sonne weniger als 6° unter dem Horizont befindet. Vorgänge im Freien können ohne künstliche Beleuchtung nicht mehr genau verfolgt werden.
(2) nautische. Die Sonne befindet sich 6° bis 12° unter dem Horizont.
(3) astronomische. Die Sonne befindet sich 12° bis 18° unter dem Horizont. Absolute Nachtdunkelheit herrscht nur, solange die Sonne mehr als 18° unter dem Horizont steht. Die absolute Nachtdunkelheit dauert für Mitteleuropa Ende Dezember fast 12 Stunden, Ende Juni aber nur knapp 2 Stunden.

Deklination. Der Winkelabstand eines Himmelskörpers vom Himmelsäquator (nach Norden positiv, nach Süden negativ gezählt). Auf dem Erdglobus entspricht dieser Größe die Breite. Die Deklination wird mit dem griechischen Buchstaben δ bezeichnet.

Dichotomie. Das erste oder letzte Viertel der Phase (die zur Hälfte beleuchtete Scheibe) von Merkur, Venus oder Mond.

Doppelstern. Ein Stern, bestehend aus zwei Komponenten, die um ihren gemeinsamen Systemschwerpunkt kreisen.

Dopplereffekt. Die scheinbare Änderung der Wellenlänge des Lichts. Sie wird dadurch hervorgerufen, daß sich Lichtquelle oder Beobachter bewegen. Wenn sich eine Lichtquelle der Erde nähert, dann fallen pro Sekunde mehr Lichtwellen in das Auge des Beobachters, als wenn die Lichtquelle ruhen würde; die Wellenlänge erscheint verkürzt, ihr Licht «zu blau». Wenn die Lichtquelle zurückweicht, ist die Wellenlänge scheinbar verlängert, und das Licht erscheint «gerötet». Die Farbveränderungen sind gewöhnlich gering, können aber mit den Mitteln der Spektroskopie leicht festgestellt werden. Wenn die Absorptionslinien (siehe **Absorptionsspektrum**) gegen Rot (zu den längeren Wellen hin) verschoben ist, weicht das Objekt zurück; aus dem Betrag der Rotverschiebung läßt sich die Geschwindigkeit des Zurückweichens errechnen. Abgesehen von den Galaxien der Lokalen Gruppe zeigen alle Sternsysteme Rotverschiebungen, was als Beweis für die Expansion des Weltalls angesehen wird. Der Dopplereffekt tritt bei allen elektromagnetischen Wellen (beispielsweise auch Radiowellen) und in der Akustik (Tonhöhenänderung eines vorbeirasenden Rennwagens) auf.

Durchgangsinstrument. Ein Fernrohr mit Fadenkreuz und Teilkreis, das immer in den Meridian zeigt und nur in Höhe verstellt werden kann. Es wird in der Zeitbestimmung zur exakten Beobachtung der Meridiandurchgänge von Sternen benutzt. Das im 19. Jahrhundert von Sir George Airy im Observatorium Greenwich aufgestellte Durchgangsinstrument gilt als Nullpunkt der geografischen Länge.

Eigenbewegung. Die individuelle Bewegung eines Sterns an der Himmelskugel. Die größte Eigenbewegung wurde bei Barnards Stern gemessen (ein roter Zwergstern in 6 Lichtjahren Entfernung); sie beträgt in 6 Jahren eine Bogenminute, was in 180 Jahren einen scheinbaren Vollmonddurchmesser ausmacht. Die meisten Eigenbewegungen sind viel geringfügiger, besonders wenn es sich um weit entfernte Sterne handelt.

Ekliptik. Die Projektion der Erdbahn auf die Himmelskugel. Sie läßt sich auch als «die jährliche scheinbare Bahn der Sonne» durch die Sternbilder des **Tierkreises** verstehen. Die Ekliptik und der Himmelsäquator sind 23½° gegeneinander geneigt. (Siehe auch **Schiefe der Ekliptik.**)

Ekliptikale Koordinaten. *(1) Ekliptikale Breite:* Der Winkelabstand eines Himmelskörpers von der Ekliptik.
(2) Ekliptikale Länge: Der Winkelabstand eines zur Ekliptik senkrechten Großkreises durch den Himmelskörper vom Frühlingspunkt. Schaut man vom Nordpol auf die Ekliptik, dann wird die Länge entgegen dem Uhrzeigersinn positiv gezählt.

Elektromagnetische Wellen. Das Spektrum der elektromagnetischen Wellen umfaßt **Gammastrahlen,** Röntgenstrahlen, **ultraviolette Strahlen,** sichtbares Licht, infrarote Strahlen und Radiowellen. Das Licht macht nur einen kleinen Teil des elektromagnetischen Spektrums aus. Aus dem gesamten Spektrum vermögen nur das sichtbare Licht und bestimmte Radiowellen (Ultrakurzwellen) die Erdatmosphäre zu durchdringen.

Elongation. Der scheinbare Winkelabstand eines Planeten von der Sonne oder eines Mondes von seinem Planeten.

Emissionsspektrum. Ein Spektrum, das aus hellen Linien oder Bändern besteht. Leuchtende Gase niederer Dichte senden Emissionsspektren aus.

Entweichgeschwindigkeit. Die Mindestgeschwindigkeit, die nötig ist, damit ein Objekt ohne weiteren Antrieb die Oberfläche eines Planeten oder eines anderen Himmelskörpers für immer verlassen kann (Luftwiderstand vernachlässigt). Die Entweichgeschwindigkeit beträgt für die Erde 11,2 km/sec, für den Mond nur 2,4 km/sec, für Jupiter 57,5 km/sec.

Ephemeride. Eine Tafel, welche die vorausberechneten Koordinaten eines Planeten, Kometen oder Satelliten enthält.

Epoche. Siehe **Äquinoktium** *(2).*

Erdschein. Der schwache Lichtschein auf der Nachtseite des Mondes. Die Ursache ist die Reflexion des Sonnenlichtes durch die Erde.

Exosphäre. Die äußerste Schicht der Erdatmosphäre. Sie ist sehr verdünnt und nicht scharf abgegrenzt, sondern geht langsam in den Weltraum über.

Fackeln. Kleine, helle Stellen, die zeitweilig in den oberen Schichten der Sonne entstehen, meist in der Nähe von **Sonnenflecken.** Sie treten häufig in Gebieten auf, in denen später Fleckengruppen erscheinen, und bleiben meist auch noch einige Zeit nach dem Verschwinden der Gruppe bestehen.

Farbenindex. Ein Maß für die Farbe und damit für die Temperatur eines Sterns. Die visuelle Helligkeit oder **Größenklasse** eines Sterns ist ein Maß für die Helligkeit, mit der ein Stern mit bloßem Auge am Himmel zu sehen ist. Die fotografische Helligkeit erhält man, indem man die Größe eines Sternbildchens auf der fotografischen Platte mißt. Da das Auge und die früher verwendeten Fotoplatten ihr Empfindlichkeitsmaximum bei ganz verschiedenen Wellenlängen haben, stimmen visuelle und fotografische Helligkeit nicht überein; ihren Unterschied nennt man den Farbenindex. Die Skala wurde so gewählt, daß für einen weißen Stern wie Sirius (Spektralklasse A) der Farbenindex Null wird. Ein blauer Stern (O, B) hat einen negativen Farbenindex, ein gelber oder roter Stern (F, G, K, M) einen positiven Farbenindex.

Feuerkugel. Ein helles Meteor, das unter Umständen während des Absturzes durch die Erdatmosphäre explodiert.

Finsternisse. *(1)* Eine *Sonnenfinsternis* tritt ein, wenn der Mond vor der Sonne vorüberzieht. Zufällig haben Sonne und Mond etwa denselben scheinbaren Durchmesser. Wenn Beobachtungsort, Mond und Sonne exakt auf der gleichen Geraden liegen, bedeckt der Mond die helle Sonnenscheibe kurze Zeit (höchstens 7½ Minuten, meist weniger) *total,* und **Chromosphäre, Korona** und **Protuberanzen** sind mit bloßem Auge sichtbar. Wenn die Sonne nicht ganz bedeckt wird, dann ist die Finsternis *partiell,* und die auffallenden Erscheinungen der Totalität bleiben aus. Befindet sich der Mond nahe seiner größten Entfernung von der Erde (Apogäum), dann ist sein scheinbarer Durchmesser etwas kleiner als derjenige der Sonne, von der hellen Sonnenscheibe bleibt ein schmaler Ring sichtbar. Man spricht in diesem Fall von einer *ringförmigen* Finsternis. *(2)* Eine *Mondfinsternis* tritt ein, wenn der Mond durch den Erdschatten hindurchgeht; auch sie kann total oder partiell sein. Im allgemeinen verschwindet der Mond nicht ganz, da etwas Licht von der Erdatmosphäre auf den Mond gestreut wird.

Flackersterne. Schwache, rote Zwergsterne, die unvermittelt in wenigen Minuten um mehrere Größenklassen heller werden können um dann im Verlauf weniger Stunden wieder, auf ihre alte Helligkeit zurückzufallen. Man nimmt an, daß dieses Verhalten auf intensive Strahlungsausbrüche in der Atmosphäre des Sterns zurückzuführen ist. Obwohl die Energien hierbei wesentlich größer sein müssen als bei **Sonneneruptionen,** weiß man noch nicht sicher, ob die ganze Sternatmosphäre einbezogen ist oder nur ein kleines Gebiet, wie im Fall der Sonne. Typische Flackersterne sind UV Ceti und AD Leonis.

Flash-Spektrum. Normalerweise wird die **Chromosphäre** von der **Fotosphäre** überstrahlt. Bei einer totalen Sonnenfinsternis aber gibt es zwei kurze Momente, in denen der Mond die Fotosphäre überdeckt hat, die Chromosphäre aber noch nicht bzw. nicht mehr. In diesen Momenten sieht man das Licht der Chromosphäre allein, das sogenannte «Flash-Spektrum». Es ist ein **Emissionsspektrum;** die sonst dunklen Linien im Sonnenspektrum werden nun hell.

Flocculi. Unregelmäßige Flecken auf der Sonnenoberfläche, die man mit Instrumenten beobachten kann, die auf dem Prinzip des **Spektroskops** beruhen. Es gibt Kalziumflocculi und Wasserstoffflocculi.

Fluchtgeschwindigkeit. Siehe **Entweichgeschwindigkeit.**

Fotometrie. Die Messung der Intensität des Lichts. Ein *Fotometer* ist ein Apparat, welcher der exakten Messung der Sternhelligkeit dient und ans Okularende eines Teleskops montiert wird. Heute verwendet man fotoelektrische Fotometer, in denen eine Fotozelle das einfallende Licht in einen elektrischen Strom verwandelt, welcher der Intensität des Lichts proportional ist.

Fotosphäre. Die «Oberfläche» der Sonne, das heißt die Schicht der Sonne, welche hauptsächlich das Licht aussendet.

Fraunhofersche Linien. Die dunklen Absorptionslinien im Sonnenspektrum, so benannt nach dem deutschen Optiker J. Fraunhofer, der sie 1814 erstmals untersuchte.

Freier Fall. Der normale Bewegungszustand eines Objekts im Weltraum, das der Gravitationskraft eines Zentralkörpers unterliegt. Die Erde fällt frei um die Sonne, ein künstlicher Erdsatellit außerhalb der Atmosphäre bewegt sich im freien Fall um die Erde. Solange kein Schub erzeugt wird, befindet sich auch eine Mondsonde auf ihrem Weg zwischen Erde und Mond im Zustand des freien Falls. Dasselbe gilt natürlich auch für Raumfahrzeuge auf dem Weg zu anderen Planeten. Solange das Raumfahrzeug frei fällt, hat der darin befindliche Astronaut kein Gewicht, er befindet sich im Zustand der Schwerelosigkeit.

Frühlingsäquinoktium. Siehe **Frühlingspunkt.**

Frühlingspunkt. Einer der Schnittpunkte zwischen **Äquator** und **Ekliptik:** Nullpunkt der Rektaszensionsskala. Blickt man von Norden auf den **Himmelsäquator,** erfolgt die Rektaszensionszählung vom Frühlingspunkt aus entgegen dem Uhrzeigersinn. (Siehe auch **Äquinoktium, Epoche, Präzession, Rektaszension.)**

g. Formelzeichen für die Fallbeschleunigung (Schwerebeschleunigung). Die Fallbeschleunigung an der Erdoberfläche beträgt 981 cm/sec^2.

Galaxie. Ein Sternsystem. Mit dem 5-m-Spiegelteleskop auf Mount Palomar kann man fotografisch etwa eine Milliarde Galaxien feststellen. Sie sind hinsichtlich Größe und Leuchtkraft sehr verschieden. Unsere Galaxis (Milchstraßensystem) umfaßt 100 Mia Sterne, ohne besonders groß zu sein. Der Andromedanebel (Messier 31) im Sternbild Andromeda, mit unbewaffnetem Auge schwach sichtbar, ist eine Galaxie, die beträchtlich größer ist als die Galaxis. Wie letztere ist sie spiralförmig mit einem deutlich abgegrenzten Kern.

Galaxien gibt es in verschiedener Gestalt: Spiralen, elliptische und kugelförmige Galaxien, Balkenspiralen und unregelmäßige Systeme. Die **Seyfert-Galaxien** haben verdichtete, besonders helle Kerne und Spiralarme. Bei einigen Galaxien gibt es Anzeichen für Explosionen, die in ihren Kernen stattgefunden haben, und aus noch nicht geklärten Gründen senden manche Galaxien starke Radiowellen aus. Zur Zeit ist noch sehr wenig über die Entwicklung einer typischen Galaxie bekannt, auch wissen wir noch nichts über die Entstehung der Spiralarme.

Galaxis. Siehe **Milchstraßensystem.**

Gammastrahlen. Elektromagnetische Strahlen extrem kurzer Wellenlänge. Ihre Wellenlängen betragen nicht mehr als ein Millionstel derjenigen des sichtbaren Lichts; die Gammastrahlen haben kürzere Wellenlängen als die Röntgenstrahlen. In unserem Milchstraßensystem sind Gammastrahlungsquellen entdeckt worden, doch ist noch recht wenig über sie bekannt. Für die Untersuchung dieser Quellen müssen Raketen oder Satelliten verwendet werden, da die Gammastrahlen die Erdatmosphäre **(Ionosphäre)** nicht ungehindert durchdringen können.

Gegenschein. Ein sehr schwaches Leuchten am Himmel, genau gegenüber der Sonne. Es ist sehr schwer zu beobachten und wurde noch nie einwandfrei fotografiert. Man nimmt an, daß es durch dünne Materie entsteht, die in der Hauptebene des **Sonnensystems** verteilt ist, so daß es mit dem **Zodiakallicht** in Zusammenhang stünde.

Geokorona. Eine Schicht sehr dünnen Wasserstoffs, welche die Erdatmosphäre in der Nähe ihrer obersten Grenze umgibt.

Geophysik. Die Wissenschaft, die sich mit der Physik der Erde und ihrer nächsten Umgebung befaßt, vom Innern der Erde bis hinaus zu den Grenzen der Magnetosphäre. 1957 und 1958 wurde ein internationales Programm zur Erforschung verschiedener geophysikalischer Erscheinungen im Sonnenfleckenmaximum durchgeführt: das Internationale Geophysikalische Jahr (engl. Abk. IGY). Das Unternehmen war sehr erfolgreich, so daß im darauffolgenden Sonnenfleckenminimum ein internationales Jahr der ruhigen Sonne (engl. Abk. IQSY) organisiert wurde.

Geozentrisch. Koordinaten, die relativ zum Erdmittelpunkt angegeben sind, nennt man geozentrisch.

Gravitation. Die Anziehungskraft, die allgemein zwischen der Materie besteht. Massen ziehen einander mit einer Kraft an, die proportional dem Produkt der beiden Massen und umgekehrt proportional zum Quadrat ihrer Entfernung ist.

Gregory-Teleskop. Eine Art Spiegelteleskop, bei dem das einfallende Licht vom Hauptspiegel auf einen kleinen Konkavspiegel geworfen wird, von dort durch ein Loch im Hauptspiegel ins Okular. Der Gregory-Spiegel ist heute kaum noch gebräuchlich; statt seiner verwendet man das **Cassegrain-Teleskop,** bei dem der Konkavspiegel durch einen Konvexspiegel ersetzt ist. Die Brennweite wird so größer.

Grenzgröße. Diese errechnet sich aus dem Verhältnis der Öffnung des **Teleskops** zur mittleren Öffnung der Irisblende im Auge und gibt an, welche **Größenklasse** mit dem betreffenden Teleskop gerade noch zu beobachten ist. Große Öffnungen werden weniger wegen des **Auflösungsvermögens** als vielmehr wegen einer möglichst hohen Grenzgrößenklasse gewählt.

Großkreis. Ein Kreis auf der Oberfläche einer Kugel (Erde, Himmelskugel), dessen Ebene durch den Kugelmittelpunkt geht. Ein Großkreis schneidet die Kugel in zwei gleiche Teile.

Grüner Blitz (auch «grüner Strahl» genannt). Wenn die Sonne untergeht, kann man beobachten, wie der letzte Teil der Sonnenscheibe intensiv grün aufleuchtet. Diese Erscheinung ist ein Effekt der Strahlenbrechung in der Erdatmosphäre (Refraktion) und kann über dem Meereshorizont am besten beobachtet werden. Bei Venus soll man ebenfalls einen grünen Blitz beobachten können.

Halbschatten. Das Gebiet partiellen Schattens, das den Kernschatten der Erde umhüllt. Bei einer Mond*finsternis* muß der Mond erst den Halbschatten durchwandern, bevor er in den Kernschatten eintritt. Manche Mondfinsternisse spielen sich überhaupt nur im Halbschatten ab (Halbschattenfinsternisse).

Halo. *(1)* Ein leuchtender Ring um Sonne oder Mond, der durch Eiskristalle in der hohen Erdatmosphäre entsteht.
(2) Der *galaktische Halo:* Die kugelförmige Wolke aus alten Sternen, welche die Galaxis umgibt.

Hauptreihe. Siehe **Hertzsprung-Russell-Diagramm.**

H-I- und H-II-Regionen. Wasserstoffwolken im **Milchstraßensystem.** In den *H-I-Regionen* ist der Wasserstoff neutral, und man kann die Wolken nicht sehen, wohl aber können sie vermöge der auf einer Wellenlänge von 21 cm ausgesandten Radiowellen mit dem Radioteleskop beobachtet werden. In den *H-II-Regionen* ist der Wasserstoff ionisiert gewöhnlich liegen heiße Sterne in diesen Gebieten. Die Rekombination der Ionen mit freien Elektronen zu neutralen Atomen bewirkt die Aussendung von Licht, durch welches die H-II-Regionen sichtbar werden.

Helligkeit. *(1) Scheinbare visuelle Helligkeit* oder *Größenklasse:* Die scheinbare Helligkeit eines Himmelskörpers, gemessen bei der Wellenlänge, die der maximalen Empfindlichkeit des Auges entspricht. Heute mit *Fotometern* gemessen, wurde diese Größe früher mit dem Auge geschätzt. Die hellsten Sterne erhielten die Größenklasse 1, die schwächsten, mit bloßem Auge gerade noch sichtbaren Sterne die Größenklasse 6. Später wurde diese Skala nach beiden Seiten hin erweitert: Negative Größenklassen bedeuten sehr helle Objekte (Venus bis zu —4,5, Sirius —1,4), Größenklassen über +6 sind lichtschwache Objekte, die man nur im Fernrohr sieht. Mit den größten Teleskopen kommt man bis +20, darüber hinaus wird die Sichtbarkeit durch die Helligkeit des Nachthimmels begrenzt.
(2) Absolute Helligkeit: siehe dort.
(3) Fotografische Helligkeit: Die Helligkeit, die aus der Größe von Sternbildchen auf der Fotoplatte bestimmt wird.
(4) Bolometrische Helligkeit: Sie bezieht sich auf die gesamte vom Stern ausgesandte Strahlung und nicht nur auf das sichtbare Licht.

Herbstpunkt. Das Herbst**äquinoktium.**

Hertzsprung-Russell-Diagramm (H-R-Diagramm). Ein Diagramm, in dem die Leuchtkraft der Sterne als Funktion des Spektraltyps aufgetragen ist (s. **Spektralklassifikation**). Die Sterne sind in diesem Diagramm nicht beliebig verteilt. Eine **Hauptreihe** führt von links oben (sehr helle, blaue Sterne) nach rechts unten (schwache, rote Sterne); ein Riesenast befindet sich oben rechts. Die **Weissen Zwerge** liegen unten links. Für das Studium der Sternentwicklung sind H-R-Diagramme von größter Bedeutung. Wenn anstelle des Spektraltyps der **Farbenindex** verwendet wird, spricht man von einem Farbenhelligkeitsdiagramm.

Himmelsäquator. Die Projektion des Erdäquators auf die **Himmelskugel.** Er teilt den Himmel in zwei Hemisphären.

Himmelskugel. Eine gedachte Kugel, welche die Erde konzentrisch umgibt. Die verlängerte Erdachse durchstößt diese Kugel in den Himmelspolen. Die Ebene des Erdäquators schneidet die Himmelskugel im Himmelsäquator.

Himmelspole. Siehe **Himmelskugel.**

Höhe. Winkelabstand eines Himmelskörpers vom Horizont. Die Höhe beträgt 0° am Horizont und 90° im Zenit.

Hohmann-Bahn. Der wirtschaftlichste Weg, ein Raumfahrzeug auf einen anderen Planeten zu bringen. Die Reise auf dem kürzestmöglichen Weg auszuführen würde dauernden Brennstoffverbrauch erfordern, was technisch heute nicht möglich ist. Daher muß man dem Flugkörper beim Verlassen der Erdbahn genau die Geschwindigkeit erteilen, die nötig ist, damit die Bahnellipse, die der Körper daraufhin ohne weiteren Antrieb um die Sonne beschreibt, die Bahn des Zielplaneten im richtigen Punkt trifft. Um Mars zu erreichen, muß der Flugkörper im Vergleich zur Erde beschleunigt werden, damit seine Bahn weiter hinausführt. Bei Venus müßte der Körper gegen die Erde gebremst werden, so daß seine Bahn zur Venusbahn hineinführt. Ein Flugkörper auf einer Hohmann-Bahn bewegt sich fast auf der ganzen Reise im freien Fall, so daß kein Treibstoff verbraucht wird. Der Nachteil der Hohmann-Bahn ist der, daß die Reisezeit beträchtlich länger wird.

Hubblesche Konstante. Das Universum expandiert, und eine Galaxie weicht um so schneller von uns zurück, je weiter sie entfernt ist. Die Hubblesche Konstante verknüpft die Entfernung einer Galaxie mit der Geschwindigkeit ihres Zurückweichens. Der Wert, welcher zur Zeit angenommen wird, ist 100 km/sec pro Megaparsec (1 Megaparsec = 1 Mio **Parsec**).

Infrarotstrahlung. Unsichtbare Strahlung mit Wellenlängen über 7500 **Angström** (rotes Licht). Die Infrarotstrahlung aus dem Weltraum wird in der Erdatmosphäre stark absorbiert, weshalb die Forschung auf diesem Gebiet von hochgelegenen Observatorien, von Ballonen, Flugzeugen, Raketen oder Satelliten aus betrieben werden muß. Das infrarote Licht geht im Bereich der Submillimeterwellen in die kurzen Ultrakurzwellen über. (Siehe auch **Elektromagnetische Wellen.)**

Innere Planeten. Merkur und Venus, deren Bahnen der Sonne näher liegen als die Erdbahn. Wenn die **Rektaszension** eines dieser Planeten gleich der Rektaszension der Sonne ist, dann steht er von der Erde aus gesehen entweder vor oder hinter der Sonne und erreicht ihre *untere* bzw. *obere* **Konjunktion.** Ist auch die Deklination dieselbe wie die der Sonne, dann gibt es einen Durchgang des Planeten vor der Sonne oder eine Bedeckung des Planeten durch die Sonne.

Ionosphäre. Die Atmosphärenschicht über der **Stratosphäre,** zwischen 80 und 800 km Höhe über Normalnull. Die Ionosphäre hat ihren Namen von der Ionisation der Atome in diesen Höhen und wird in verschiedene Schichten eingeteilt, wie D-Schicht (an der unteren Grenze) sowie E- und F-Schicht, welche Radiowellen reflektieren und dadurch den Funkverkehr über große Strecken ermöglichen. Ereignisse auf der Sonne haben deutliche Auswirkungen auf die Ionosphäre und beeinflussen über sie die Kurzwellenausbreitung: Durch die schon 8 Minuten nach dem Einsetzen einer **Sonneneruption** in der Ionosphäre eintreffende Wellenstrahlung der Sonne (ultraviolettes Licht) kann der Kurzwellenweitverkehr für Stunden ausfallen (Mögel-Dellinger-Effekt). Die etwa 24 Stunden später eintreffende Partikelstrahlung der Sonne erzeugt einen **magnetischen Sturm.**

Jahr. Die Zeit, welche die Erde braucht, um ihre Bahn um die Sonne einmal zu durchlaufen, im bürgerlichen Sprachgebrauch 365 Tage (366 Tage in einem Schaltjahr).
(1) Siderisches Jahr. Die wahre Umlaufszeit der Erde: 365,25636 Tage oder 365 d 06 h 09 min 09,5 sec.
(2) Tropisches Jahr. Das Intervall zwischen aufeinanderfolgenden Durchgängen der Sonne durch den Widderpunkt. Es ist 365,24220 Tage oder 365 d 05 h 48 min 46,0 sec und damit etwa 20 min kürzer als das siderische, was auf die **Präzession** zurückzuführen ist, die eine Verschiebung des Frühlingspunktes verursacht.
(3) Anomalistisches Jahr. Das Intervall zwischen aufeinanderfolgenden Periheldurchgängen der Erde: 365,25964 Tage oder 365 d 06 h 13 min 53,0 sec; es ist etwas länger als das siderische Jahr, da sich das Perihel um 11 Bogensekunden pro Jahr verschiebt.

(4) Kalenderjahr. Die mittlere Länge des Jahres nach dem Gregorianischen Kalender: 365,2425 Tage oder 365 d 05 h 49 min 12 sec.

Jahreszeiten. Periodische Veränderungen im Klima, bedingt durch die Neigung der Erdachse. Daß die Entfernung der Erde von der Sonne nicht konstant ist, hat auf die Jahreszeiten nur geringen Einfluß.

Julianisches Datum. Eine durchlaufende Zählung der Tage, beginnend am Mittag des 1. Januar 4713 vor Christi Geburt. Das System wurde 1582 von Scaliger eingeführt. Es hat nichts zu tun mit Julius Cäsar oder dem Julianischen Kalender, sondern wurde nach Scaligers Vater benannt. Das Julianische Datum wird gern im Zusammenhang mit Phänomenen benutzt, die sich über längere Zeiträume erstrecken, wie z. B. die Beobachtung der veränderlichen Sterne.

Keplersche Gesetze. Johannes Kepler veröffentlichte 1609 und 1619 seine drei Gesetze der Planetenbewegung. Sie lauten:
(1) Die Planeten bewegen sich auf Ellipsen, in deren einem Brennpunkt die Sonne steht.
(2) Der Radiusvektor (Verbindungslinie Sonne–Planet) überstreicht in gleichen Zeiten gleiche Flächen.
(3) Die Quadrate der siderischen Umlaufszeiten der Planeten verhalten sich wie die dritten Potenzen der großen Halbachsen ihrer Bahnen. Die siderischen Umlaufszeiten werden gewöhnlich in Jahren, die Entfernungen in **Astronomischen Einheiten** angegeben.

Kiloparsec. 1000 **Parsec** oder 3260 **Lichtjahre.**

Kirkwood-Lücken. Bereiche des **Planetoiden**gürtels zwischen Mars und Jupiter, in denen sich praktisch keine Planetoiden bewegen. Ein Planetoid, der in eine Kirkwood-Lücke geriete, würde durch die Anziehungskraft Jupiters so lange gestört, bis sich seine Bahn ändert. Der amerikanische Mathematiker Daniel Kirkwood war der erste, der dies erkannte.

Kleinplaneten. Siehe **Planetoiden.**

Knoten. Die Punkte, in denen die Bahn eines Planeten, eines Kometen oder des Mondes die Ebene der **Ekliptik** schneidet. Im *aufsteigenden* Knoten überquert der Himmelskörper die Ekliptik von Süd nach Nord, im *absteigenden* Knoten von Nord nach Süd. Die Verbindungslinie der beiden Punkte heißt *Knotenlinie.*

Kohlenstoff-Stickstoff-Zyklus. Die Sterne «brennen» nicht im eigentlichen Wortsinn; sie erzeugen ihre Energie unter Strahlungsabgabe und Massenverlust durch Umwandlung von Wasserstoff in Helium. Eine Möglichkeit dieser Umwandlung besteht in einer ganzen Serie von Kernreaktionen, die über Kohlenstoff und Stickstoff verläuft. Früher glaubte man, daß die Sonne auf Grund dieser Reaktionen leuchtet, bis man herausfand, daß die sogenannte Proton-Proton-Reaktion in Sternen vom Typ der Sonne wesentlicher ist. Die einzigen Sterne, die ihre Energie nicht aus der Umwandlung von Wasserstoff in Helium beziehen, sind diejenigen, welche sich in einem sehr frühen oder verhältnismäßig späten Entwicklungsstadium befinden.

Kollimator. Eine optische Anordnung, die aus dem Licht einer Lichtquelle ein paralleles Lichtbündel macht.

Komet. Ein die Sonne in einer langgestreckten, elliptischen Bahn umkreisender Himmelskörper. Er besteht aus verhältnismäßig kleinen, zusammengeballten Teilchen und dünnen Gasen. Die Hauptmasse ist im Kern konzentriert, der einige Kilometer Durchmesser haben kann. Der Schweif eines Kometen weist unter der Einwirkung des **Sonnenwindes** immer mehr oder weniger von der Sonne weg. Es gibt viele kurzperiodische Kometen, die alle verhältnismäßig schwach sind. Der einzige helle Komet mit einer Periode von weniger als einem Jahrhundert ist der Halleysche. Die meisten hellen Kometen haben so lange Perioden, daß sie nicht vorausberechnet werden können. Siehe auch: **Kreutz-Familie.**

Konjunktion. *(1)* Die scheinbare Annäherung eines Planeten an einen anderen Planeten oder an die Sonne – ein rein perspektivischer Effekt. Nähert sich ein Planet einem Stern, so spricht man von einem «nahen Vorübergang», wobei sich das Wort «nah» nur auf die Koordinaten an der Himmelskugel bezieht und nicht auf die gegenseitige Entfernung der beiden Objekte im Raum.
(2) Untere *Konjunktion* bei Merkur und Venus: Der Planet befindet sich zwischen Erde und Sonne.
(3) Obere *Konjunktion:* Der Planet befindet sich von der Erde aus gesehen hinter der Sonne.

Korona. Die äußerste Hülle der Sonnenatmosphäre, die sich weit in den umgebenden Raum erstreckt. Die Korona besteht aus sehr dünnem, sehr heißem Gas. Sie ist für das unbewaffnete Auge nur bei einer totalen Sonnenfinsternis sichtbar.

Koronograf. Ein Instrument, das dazu dient, die Sonnenkorona auch bei vollem Tageslicht zu beobachten. Mit gewöhnlichen Teleskopen ist dies – teils wegen des in der Erdatmosphäre gestreuten Sonnenlichts, teils wegen des im Teleskop selbst hauptsächlich durch Staubpartikeln gestreuten Lichts – nicht möglich. Der Koronograf wurde von dem französischen Astronomen B. Lyot erfunden.

Kosmische Strahlung. Elementarteilchen hoher Geschwindigkeit, die aus dem Weltraum in die Erdatmosphäre einfallen. Die Primärstrahlung, die aus den Kernen schwerer Atome besteht, wird bei ihrem Eintritt in die obersten Schichten der Erdatmosphäre Kernreaktionen unterworfen, deren Produkte, die Sekundärteilchen, dann den Erdboden erreichen. Ungeklärt ist die Frage, wie sich die kosmische Strahlung auf längere Raumflüge auswirkt.

Krabbennebel. Der Überrest einer 1054 von den Chinesen beobachteten **Supernova,** eine expandierende Gaswolke, die ungefähr 6000 **Lichtjahre** von uns entfernt ist. Sie sendet nicht nur sichtbares Licht aus, sondern auch Radiowellen und Röntgenstrahlen. Bei den Radiowellen handelt es sich zum Teil um Synchrotronstrahlung (Strahlung, die dadurch entsteht, daß geladene Teilchen in einem starken Magnetfeld beschleunigt werden). Im Krabbennebel befindet sich ein **Pulsar,** der erste, der mit einem optischen Objekt identifiziert werden konnte.

Kreisbahngeschwindigkeit. Diejenige Geschwindigkeit, die ein Raumflugkörper haben muß (Luftwiderstand nicht berücksichtigt), damit er eine Kreisbahn um sein Gravitationszentrum beschreibt.

Kreutz-Familie. Eine Gruppe sonnenstreifender **Kometen.** Das Perihel eines solches Kometen liegt der Sonne sehr nahe. Die Mitglieder der Gruppe sind alle hell und langperiodisch.

Kulmination. Der Moment, in dem ein Himmelskörper den **Meridian** erreicht, so daß er sich im höchsten Punkt seiner scheinbaren Bahn am Firmament befindet *(obere Kulmination).* Handelt es sich um einen Zirkumpolarstern, dann kann man 12 Stunden später auch die *untere Kulmination* beobachten. Geht das Objekt auf und unter, dann findet die untere Kulmination unter dem Horizont statt.

Leuchtende Nachtwolken. Seltene Wolken in der **Ionosphäre,** die nachts sichtbar sind, wenn sie noch von den Sonnenstrahlen getroffen werden. Sie befinden sich in Höhen über 80 km und haben nichts mit normalen Wolken zu tun. Möglicherweise entstehen sie durch meteoritischen Staub.

Libration des Mondes. Obwohl der Mond starr um die Erde rotiert, werden unter dem Begriff «Libration» verschiedene Effekte zusammengefaßt, die es ermöglichen, anstatt der gleichzeitig sichtbaren 50 Prozent der Mondoberfläche insgesamt 59 Prozent zu sehen. Die Libration in Länge beruht darauf, daß die Bahngeschwindigkeit des Mondes nicht konstant ist. Die Libration in Breite wird dadurch bewirkt, daß der Mondäquator 7° gegen die Bahnebene des Mondes geneigt ist. Die tägliche Libration beruht auf der Erdrotation.

Lichthof. Ein Ring, der manchmal das Bild eines Sterns auf einer Fotografie umgibt; ein rein fotografischer Effekt.

Lichtjahr. Die Entfernung, die das Licht in einem Jahr zurücklegt: 9,46 Billionen km.

Lokale Gruppe. Der Galaxienhaufen, dem unser **Milchstraßensystem** angehört. Weitere Mitglieder sind: die Große und die Kleine Magellansche Wolke, der Andromedanebel M 31 und der Nebel M 33 im Dreieck.

Luftwiderstand. Der Widerstand, den die **Atmosphäre** einem sich bewegenden Körper entgegensetzt. Ein künstlicher Satellit wird nur dann unbegrenzt lange um die Erde kreisen, wenn er nie Zonen durchquert, in denen der Luftwiderstand merklich wird.

Lyot-Filter. Ein von dem Franzosen B. Lyot erfundenes *monochromatisches* Filter, mit dem man Protuberanzen und andere Erscheinungen in der Sonnenatmosphäre untersuchen kann, ohne auf eine Sonnenfinsternis zu warten.

Mach-Zahl. Die Geschwindigkeit eines durch die Atmosphäre fliegenden Körpers, dividiert durch die für dieses Gebiet geltende Schallgeschwindigkeit.

Magnetischer Sturm. Starke Unruhe des magnetischen Feldes der Erde, hervorgerufen durch die etwa 24 Stunden nach einer **Sonneneruption** auf der Erde eintreffende Partikelstrahlung der Sonne, die das Magnetfeld der Erde über die elektrischen Ströme in der **Ionosphäre** beeinflußt. Da diese die Kurzwellenausbreitung bestimmt, stören magnetische Stürme den Kurzwellenweitverkehr.

Magnetohydrodynamik. Der Teil der Physik, der sich mit den Wechselwirkungen zwischen einem Magnetfeld und elektrisch leitenden Flüssigkeiten befaßt. Als Begründer der Magnetohydrodynamik wird der Schwede H. Alfvén angesehen.

Magnetosphäre. Der Bereich des magnetischen Feldes der Erde. Sie reicht etwa 10 Erdradien weit hinaus und ist durch künstliche Erdsatelliten erforscht worden. Von den anderen Planeten hat Jupiter eine ausgedehnte Magnetosphäre. Bei Mars und Venus konnte kein magnetisches Feld festgestellt werden.

Maksutov-Teleskop. Eine Spiegeloptik, die im Unterschied zu anderen Teleskopkonstruktionen, bei denen meist parabolisch geschliffene Spiegel verwendet werden, nur von Kugelflächen Gebrauch macht und daher einfacher herzustellen ist. Durch eine meniskusförmige Korrekturplatte fällt das Licht auf den Hauptspiegel, von dort zurück auf einen Hilfsspiegel, der direkt auf die Korrekturplatte aufgedampft wird. Der Hilfsspiegel wirft das Licht durch den durchbohrten Hauptspiegel ins Okular. Das Maksutov-Prinzip kommt besonders bei kleineren Instrumenten mehr und mehr zur Anwendung. In seiner fotografischen Version hat es ähnliche Vorteile wie die **Schmidt-Kamera.**

Masse. Die Menge Materie, die ein Körper enthält. Sie ist nicht dasselbe wie das Gewicht und hängt im Gegensatz zu diesem nicht von der lokalen Schwerebeschleunigung ab. So hat z. B. ein Mensch auf dem Mond nur ein Sechstel seines Erdgewichts, während seine Masse natürlich unverändert ist.

Mehrfachstern. Ein Stern, der aus mehreren, physikalisch zusammengehörenden Einzelsternen besteht.

Meridian. Der Großkreis an der Himmelskugel, der durch den **Zenit** und die Himmelspole geht. Der Meridian schneidet den Horizont des Beobachters genau im Norden und Süden.

Meridian von Greenwich. Der Längenkreis, der durch das Durchgangsinstrument im Observatorium Greenwich geht, wird als Nullpunkt der geografischen Länge verwendet. Die Länge wird nach Westen positiv gerechnet.

Messier-Nummern. Die Zählung der Nebel nach dem im 18. Jahrhundert von dem Franzosen Messier zusammengestellten Katalog. Hierbei sind unter «Nebel» die verschiedensten Objekte zu verstehen: offene und Kugelsternhaufen, Gasnebel, Galaxien und so weiter. Messiers Katalog enthielt etwas mehr als 100 Objekte. Seine Numerierung ist noch in Gebrauch, so hat zum Beispiel der Andromedanebel die Nummer M (Messier) 31, der Orionnebel M 42, der Krabbennebel M 1.

Meteor. Lichterscheinung, hervorgerufen durch das Eindringen einzelner Körper **(Meteorite)** in die Erdatmosphäre, wobei die Geschwindigkeit bis zu 70 km/sec betragen kann. Kleine Meteore werden **Sternschnuppen,** große Meteore **Feuerkugeln** genannt. Meteore gehören oft den periodisch wiederkehrenden Meteorströmen an. Einzelne Meteore können zu jeder Zeit und aus jeder Richtung kommen.

Meteorit. Der Körper selbst, der die Lichterscheinung eines Meteors hervorruft; im engeren Sinne ein auf die Erdoberfläche niedergefallener Körper. Nur wenige Meteorite gelangen in Höhen unter 80 km über dem Erdboden. Bis heute hat man an über 1400 Stellen auf der Erde Meteorite gefunden; etwa 60 Prozent sind Steinmeteorite, der Rest Eisenmeteorite. Solange sich die Körper außerhalb der Erdatmosphäre befinden, werden sie häufig auch als Meteore bezeichnet. Etwa 50 Prozent Meteore stammen von Kleinkörpern, die dem Planetensystem angehören, etwa 20 Prozent aus der Auflösung der Kometenkerne, und bei etwa 30 Prozent ist die Herkunft unbekannt.

Mikrometeorit. Ein sehr kleines Materieteilchen von weniger als 1/100 mm Durchmesser. Mikrometeorite bewegen sich um die Sonne, können aber bei ihrem Auftreffen auf die Erde wegen ihrer zu geringen Masse nicht wie Sternschnuppen verglühen. Seit 1957 werden sie mit Raumsonden erforscht.

Milchstraße. *(1)* Das leuchtende Band, das sich über den Nachthimmel erstreckt. Wir verdanken es einem perspektivischen Effekt: Wenn wir in die Ebene unseres Milchstraßensystems hineinschauen, sehen wir mehr Sterne als in anderen Richtungen.
(2) Im Deutschen wird der Ausdruck «Milchstraße» auch für unser ganzes **Milchstraßensystem** gebraucht.

Milchstraßensystem (auch Galaxis genannt). Das Sternsystem, dem die Sonne angehört, unsere eigene «Galaxie». Sie enthält etwa 100 Mia Sterne, die in einem diskusförmigen Gebilde aus Kern und Spiralarmen angeordnet sind. Der Durchmesser beträgt etwa 100 000 **Lichtjahre,** die Dicke des Kerns etwa 20 000 Lichtjahre. Die Sonne liegt ungefähr 30 000 Lichtjahre vom Zentrum der Galaxis entfernt. Die Sterne der Galaxis rotieren ums Zentrum, die Sonne braucht etwa 225 Mio Jahre für einen Umlauf.

Mißweisung der Kompaßnadel. Die Differenz zwischen magnetischer Nordrichtung und wahrer Nordrichtung in Graden. Sie ist nicht für alle Orte auf der Erdoberfläche gleich, und da der magnetische Pol wandert, ändert sie sich von Jahr zu Jahr.

Mitteleuropäische Zeit (MEZ). Siehe **Sonnenzeit** und **Zonenzeit.**

Mitternachtssonne. Wenn die Sonne um Mitternacht über dem Horizont sichtbar ist, was innerhalb der Polarkreise zu bestimmten Jahreszeiten möglich ist.

Mittlere Greenwicher Zeit (GMT). Siehe **Sonnenzeit** und **Zonenzeit.**

Molekül. Eine Gruppe chemisch gebundener Atome. So besteht ein Wassermolekül (H_2O) aus zwei Wasserstoffatomen und einem Sauerstoffatom.

Monat. *(1) Kalendermonat:* Der Monat im Alltagsgebrauch.
(2) Synodischer Monat: Die Zeit, die verstreicht, bis der Mond wieder dieselbe Lichtgestalt (Phase) zeigt: 29 d 12 h 44 min 2,9 sec.
(3) Siderischer Monat: Die Zeit, die verstreicht, bis der Mond wieder dieselbe Position unter den Sternen eingenommen hat: 27 d 7 h 43 min 11,5 sec.
(4) Tropischer Monat: Die Zeit von einem Durchgang des Mondes durch den Stundenkreis des Frühlingspunktes bis zum nächsten (s. a. **Präzession**): 27 d 7 h 43 min 4,7 sec.
(5) Anomalistischer Monat: Die Zeit von einer Erdnähe des Mondes bis zur nächsten: 27 d 13 h 18 min 33,2 sec.
(6) Drakonitischer Monat: Die Zeit, die der Mond braucht, um von einem aufsteigenden Knoten seiner Bahn zum nächsten zu gelangen: 27 d 5 h 5 min 35,8 sec. Die **Knoten** sind die Schnittpunkte der Bahn mit der **Ekliptik.**

Nachthimmelsleuchten. Die schwache, natürliche Helligkeit des Nachthimmels. Sie ist auf Vorgänge in den oberen Schichten der Erdatmosphäre zurückzuführen.

Nadir. Der Punkt an der Himmelskugel, der sich genau unter dem Beobachter befindet. Er liegt dem **Zenit** genau gegenüber.

Nebel. Im weiteren Wortsinn versteht man unter Nebel alles, was an der Himmelskugel leuchtet, ohne scharf begrenzt zu sein, also die **Spiralnebel** und andere Sternsysteme **(Galaxien)** – wie z. B. den Andromedanebel M 31 und die Magellanschen Wolken – ebenso wie die leuchtenden *Gasnebel,* die sich in unserem **Milchstraßensystem** befinden, z. B. der Orionnebel M 42 und der Krabben-

nebel M 1 (s. a. **Messier-Nummern**).
Im engeren oder physikalischen Sinne versteht man unter «Nebel» Wolken aus Gas und Staub. Wenn sie Sterne enthalten, leuchten die Nebel entweder im reflektierten Sternlicht oder infolge der Anregung der Nebelmaterie durch das Sternlicht (s. die obenerwähnten Beispiele). Es gibt auch Dunkelnebel, die ihre Anwesenheit dadurch verraten, daß sie das Licht dahinterliegender Sterne auslöschen. In den Nebeln kondensiert sich interstellare Materie, und es entstehen neue Sterne.

Neutrino. Ein Elementarteilchen, das keine elektrische Ladung und fast keine Masse besitzt.

Neutronenstern. Ein aus Neutronen bestehender Stern von geringer Leuchtkraft und unvorstellbarer Dichte. Er stellt theoretisch das Endstadium im Leben eines Sterns dar. Man nimmt an, daß die als **Pulsare** bekanntgewordenen Radioquellen Neutronensterne sind.

Newton-Teleskop. Eine gebräuchliche Form des **Spiegelteleskops.** Das einfallende Licht wird auf einen parabolisch geschliffenen Hohlspiegel geworfen und von dort über einen kleinen, flachen Schrägspiegel ins seitlich angebrachte Okular.

Nova. Ein Stern, der infolge eines plötzlichen Strahlungsausbruchs seine Helligkeit für Tage, Wochen oder Monate vervielfacht und schließlich langsam wieder auf seine normale Helligkeit zurückfällt. Das Ereignis betrifft nur die äußeren Schichten des Sterns. Novae sind in der Milchstraße und in anderen Galaxien beobachtet worden. Sie sind vermutlich eine besondere Art unregelmäßig Veränderlicher, denn man hat Sterne beobachtet, die mehrere Novaausbrüche erlitten haben.

Nutation. Ein schwaches, der **Präzession** überlagertes «Nicken» der Erdachse. Es rührt daher, daß sich die Stellung von Mond und Sonne, die Gravitationswirkungen auf den Äquatorwulst der Erde ausüben, relativ zur Erde periodisch ändert. Es gibt verschiedene Nutationsperioden, die einander überlagern. Die wichtigste ist auf das Zurückweichen der **Knoten** der Mondbahn auf der Ekliptik zurückzuführen, sie erfolgt in einer Periode von 18,6 Jahren und bewirkt ein «Nicken» des Himmelspols um etwa 9″ nach beiden Seiten seiner mittleren Lage (Nutation in Schiefe, s. **Schiefe der Ekliptik**).

Objektiv. Die Hauptlinse eines Linsenfernrohres (s. **Refraktor**).

Ökosphäre. Ein kugelschalenförmiger Bereich um die Sonne, in dem die Temperaturen nicht zu hoch und nicht zu tief sind, so daß auf geeigneten Planeten Leben entstehen kann. Venus liegt an der inneren, Mars nahe der äußeren Grenze der Ökosphäre der Sonne. Die Ökosphären anderer Sterne hängen von deren Leuchtkraft ab.

Opposition. Die Lage eines (äußeren) Planeten, wenn er der Sonne am Himmel genau gegenübersteht, sich also um Mitternacht exakt im Süden befindet. In der Opposition stehen die Sonne, die Erde und der Planet auf einer Geraden, und zwar in der genannten Reihenfolge. Offensichtlich können die **inneren Planeten** (Merkur und Venus) nie in Opposition zur Sonne stehen.

Ortszeit. Siehe **Sonnenzeit, Sternzeit** und **Zonenzeit.**

Ozon. Ein Molekül aus drei Sauerstoffatomen (O_3). Die Ozonschicht in der hohen Erdatmosphäre absorbiert tödliche kurzwellige Strahlung aus dem Weltraum. Ohne die Ozonschicht hätte sich auf den Festländern der Erde kein Leben entwickeln können.

Parallaktische Montierung. Mechanischer Unterbau eines **Teleskops**, der es gestattet, das Instrument um eine Achse zu drehen, die der Erdachse parallel ist (Stundenachse), und gleichzeitig um eine zu diesem senkrechte Achse (Deklinationsachse). Will man ein so montiertes Instrument einem Stern am Firmament nachführen, dann braucht man es nur um eine Achse (die Stundenachse) zu drehen. Bei einer **azimutalen Montierung** muß die Bewegung um zwei Achsen erfolgen, in Höhe und Azimut gleichzeitig. Die meisten großen Teleskope sind heute parallaktisch montiert und werden von einem Uhrwerk nachgeführt. Da aber die Möglichkeit besteht, mit einer elektronischen Rechenmaschine zwei Achsen automatisch nachzuführen, findet neuerdings auch die azimutale Montierung für große optische Teleskope viel Beachtung – Radioteleskope werden ohnehin gern azimutal montiert. Das neue russische Spiegelteleskop von 5,9 m Öffnung soll so montiert werden.

Parallaxe (trigonometrische —). Die scheinbare Verschiebung eines Körpers gegen den Hintergrund bei Beobachtung aus zwei verschiedenen Richtungen. Die Strecke zwischen den beiden Beobachtungspunkten heißt Basis. Die Erdbahn stellt eine Basis von 299,2 Mio km Länge dar (weil ihr Radius 149,6 Mio km beträgt; s. **Astronomische Einheit**). Daher wird ein naher Stern, in einem Abstand von sechs Monaten zweimal beobachtet, gegen die weit entfernten Hintergrundsterne eine parallaktische Verschiebung zeigen, aus der man die Sternentfernung trigonometrisch berechnen kann. Bessel hat 1838 bei dem Stern 61 Cygni erstmals diese Methode angewandt. Es lassen sich auf diese Weise Sternentfernungen bis etwa 300 Lichtjahre messen, jenseits dieser Entfernung werden die parallaktischen Verschiebungen zu klein.

Parsec (Parallaxensekunde). Die Entfernung, in welcher der Stern eine Parallaxe von einer Bogensekunde hätte, oder die Entfernung, aus der die Erdbahn unter einem Winkel von 1″ erscheinen würde. 1 Parsec entspricht 3,26 Lichtjahren, 206 265 Astronomischen Einheiten oder 30,8 Billionen Kilometern. Abgesehen von der Sonne liegt kein Stern innerhalb dieser Entfernung.

Penumbra. Die äußeren, relativ hellen Bereiche eines **Sonnenflecks.**

Periastron. Der Punkt einer Doppelsternbahn, in dem eine Komponente der anderen am nächsten liegt. Der weitest entfernte Punkt heißt *Apastron.*

Perigäum. Der erdnächste Bahnpunkt des Mondes oder eines künstlichen Satelliten. Der erdfernste Punkt heißt *Apogäum.*

Perihel. Sonnennächster Bahnpunkt eines Planeten, Kometen oder Planetoiden. Der von der Sonne am weitesten entfernte Punkt heißt **Aphel**. Die Erde erreicht ihr Perihel im Januar.

Perlschnurphänomen. Hellglänzende Punkte entlang dem Mondrand, bei totaler Sonnenfinsternis kurz vor und kurz nach der Totalität sichtbar. Sie entstehen durch die Berge und Täler am Mondrand.

Phasen. Die scheinbaren Gestaltänderungen des Mondes und einiger Planeten, davon abhängig, welcher Teil der sonnenbeleuchteten Hemisphäre des Himmelskörpers der Erde zugewandt ist. Mond, Merkur und Venus zeigen alle Phasen von Neu (unsichtbar) bis Voll. Auch Mars weist einen gewissen Phasenwechsel auf, da uns zu bestimmten Zeiten weniger als 90 Prozent der sonnenbeschienenen Oberfläche zugewandt sind. Die Phasen der äußeren Planeten sind unbedeutend.

Planet. Ein nicht selbst leuchtender Körper, der sich um einen Stern bewegt. In unserem **Sonnensystem** kennt man 9 Planeten, von denen einige von **Satelliten** (Monden) umgeben sind. Vieles spricht dafür, daß nicht nur die Sonne, sondern auch andere Sterne Planetenfamilien besitzen. Bei einigen verhältnismäßig nahen Sternen deuten Unregelmäßigkeiten der **Eigenbewegung** darauf hin, daß sie von dunklen Begleitern umgeben sind, die zu klein sind, um selbst Sterne zu sein. Barnards Stern, 6 Lichtjahre von uns entfernt, ist ein Beispiel dafür. Vom Erdboden aus und mit den uns heute zur Verfügung stehenden Instrumenten lassen sich Planeten anderer Sterne direkt nicht beobachten.

Planetarischer Nebel. Eine annähernd kugelschalenförmige Hülle aus dünnem Gas, die einen Stern in ihrem Zentrum umgibt und ein **Emissionsspektrum** besitzt. In unserer Milchstraße kennt man mehr als 300 dieser Nebel.

Planetarium. Ein Raum mit einer großen Kuppel, auf der mit Hilfe komplizierter Projektoren das Bild einer künstlichen Himmelskugel erzeugt wird. Im Planetarium kann man die Bewegungen der Planeten und viele andere Phänomene beschleunigt ablaufen lassen. Ein pädagogisch ausgesprochen wertvolles Hilfsmittel.

Planetoiden. Kleine Planeten, die sich meist auf Bahnen zwischen Mars und Jupiter um die Sonne bewegen. Man kennt einige tausend Planetoiden (auch Asteroiden genannt). Der größte ist Ceres (686 Kilometer Durchmesser). Den Planetoiden Vesta kann man mit bloßem Auge sehen.

Plasma. Ein Gas, das aus Ionen, freien Elektronen und etlichen neutralen Teilchen besteht. Es hat eine gute elektrische Leitfähigkeit und ist als Ganzes elektrisch neutral.

Polarlichter. Polarlichter, Nordlichter, oder Aurorae entstehen in Höhen von 80 bis 100 km als Ergebnis einer Ionisierung der oberen Schichten der Erdatmosphäre. Früher nahm man an, die Ionisierung geschehe direkt durch Einwirkung der von der Sonne ausgesandten geladenen Teilchen, die mit den Atomen der oberen Atmosphärenschichten zusammenstoßen. Heute weiß man, daß der Prozeß über die die Erde umgebenden **Van-Allen-Gürtel** führt, in denen Elementarteilchen gespeichert sind, welche durch die von der Sonne eintreffenden Teilchen ausgelöst werden und in Form der Polarlichter in die oberen Atmosphärenschichten heruntersickern.

Population I und II. Die Gebiete der Sternpopulation I enthalten viel interstellare Materie und viele heiße, blaue Sterne. Da diese kurzlebig sind, muß es sich um eine Population vorwiegend junger Sterne handeln; die vorhandene interstellare Materie deutet darauf hin, daß auch die Sternbildung in diesen Gebieten noch nicht abgeschlossen ist. In den Gebieten der Sternpopulation II befinden sich vorwiegend Sterne langlebiger Spektralklassen in fortgeschrittenem Entwicklungsstadium, zusammen mit sehr wenig interstellarer Materie. Population II sind alte Sterne, in deren Nachbarschaft die Sternentstehung aufgehört hat. Die Spiralarme einer Galaxie enthalten im allgemeinen Sterne der Population I; die Kerne dieser Galaxien sowie die elliptischen Galaxien und die Kugelsternhaufen im Halo der Galaxis gehören zur Population II.

Positionswinkel. Die scheinbare Richtung eines Objekts an der Himmelskugel relativ zum Hauptobjekt. Man mißt diesen Winkel von der Nordrichtung des Hauptobjekts aus nach Osten positiv.

Präzession. Die Kreiselbewegung der Erdachse um eine Senkrechte zur Bahnebene. Der Himmelsnordpol beschreibt in 25 800 Jahren einen Kreis um den Pol der Ekliptik mit einem Radius von etwa 23½° (s. **Schiefe der Ekliptik**). Damit wandern auch die Schnittpunkte zwischen Himmelsäquator und *Ekliptik:* Der Frühlingspunkt (s. **Äquinoktium**), Nullpunkt der **Rektaszensions**skala, verschiebt sich je Jahr um 50 Bogensekunden. Der Frühlingspunkt, der sich früher einmal im Sternbild Widder befunden hat (daher auch der Ausdruck «Widderpunkt»), liegt heute im Sternbild Fische. Unser derzeitiger Polarstern hat seinen Titel nur für begrenzte Zeit: 2500 v. Chr. lag der Pol bei Thuban im Drachen, in 10 000 Jahren wird die helle Vega in der Leier Polarstern sein. Sonne und Mond versuchen, durch ihre Gravitationswirkung auf den Äquatorwulst der Erde die Erdachse aufzurichten. Dem weicht die Erde als rotierender Körper durch die Kreiselbewegung aus. Der Präzession überlagert ist die **Nutation**.

Protuberanzen. Auswürfe leuchtender Gasmassen (hauptsächlich Wasserstoff) am Sonnenrand, die man bei **Finsternissen** sieht. Mit dem **Lyot-Filter** oder einem **Spektroskop** sind die Protuberanzen jederzeit erkennbar. Sieht man sie vor der Sonnenscheibe (dunkel vor hellem Hintergrund), dann nennt man sie *Filamente*,. Es gibt *eruptive* und *ruhige* Protuberanzen.

Pulsar. Eine Radioquelle, die nicht kontinuierlich strahlt, sondern kurze, schnell und sehr regelmäßig aufeinanderfolgende Impulse abgibt. Die Perioden sind kurz (häufig viel weniger als eine Sekunde). Ihre Natur ist noch unsicher, man nimmt aber an, daß es rasch rotierende **Neutronensterne** sind.

Purkinje-Effekt. Die Eigenschaft des menschlichen Auges, bei schwacher Beleuchtung für die langen Lichtwellen weniger empfindlich zu sein als für die kurzen. Wenn man im Dunkeln ein rotes und ein blaues Licht gleicher Intensität betrachtet und beide um stets gleiche Beträge schwächer und schwächer werden läßt, dann wird das blaue Licht heller erscheinen.

Quadratur. Die Lage des Mondes oder eines Planeten, in der er – von der Erde aus gesehen – einen rechten Winkel mit der Sonne bildet. Der Mond steht im ersten und im letzten Viertel (Halbmond) in Quadratur zur Sonne.

Quant. Die kleinste Energiemenge, die durch elektromagnetische Wellen einer bestimmten Frequenz ausgesendet werden kann.

Quasar. Ein sehr weit entferntes, unerhört helles Objekt, das nicht nur Licht, sondern auch starke Radiowellen aussendet. Der erste Quasar wurde 1963 entdeckt, die Natur der Quasare ist noch völlig rätselhaft. Die gewaltige Rotverschiebung der Spektrallinien im Spektrum eines Quasars wird dem **Dopplereffekt** zugeschrieben; manche Quasare wären dann mehr als 6 Mia Lichtjahre von uns entfernt. Soll ein Quasar in dieser Entfernung noch die gemessene scheinbare Helligkeit haben, dann müßte er das Licht von 200 Galaxien ausstrahlen, und das bei weit geringerer Masse als eine Galaxie! Es gibt Quasare, die im optischen wie auch im Radiobereich veränderlich sind. Einige Astrophysiker glauben, daß es sich bei der Rotverschiebung im Spektrum der Quasare nicht um einen Dopplereffekt als Folge der Expansion des Weltalls handelt, sondern eher um eine Gravitationsrotverschiebung (Rötung des Lichts durch einen Energieverlust der Strahlungsquanten beim Wegflug von der großen Masse Quasar); das würde heißen, daß sowohl Entfernung als auch Leuchtkraft der Quasare kleiner wären als bisher angenommen.
Die Verwandtschaft zwischen Quasaren und Galaxien ist unsicher, man vermutet neuerdings ein Bindeglied in den **Seyfert-Galaxien**: Sie und die Quasare könnten zwei verschiedene Entwicklungsstufen derselben Art Objekt darstellen.

Radarastronomie. Eine wichtige, noch ganz junge wissenschaftliche Methode, im Zweiten Weltkrieg zur Funkortung feindlicher Flugzeuge entwickelt (Radar) und nach dem Kriege von dem jungen Wissenschaftszweig der **Radioastronomie** übernommen. In der Radarastronomie werden Radioimpulse von der Erde zu einem anderen Himmelskörper ausgesendet und die zurückkehrenden Echos wieder aufgefangen. Aus der Laufzeit der Impulse kann man mit großer Präzision die Entfernung des Himmelskörpers errechnen. Die Analyse der zurückkehrenden Impulse läßt gewisse Schlüsse auf die Oberflächenbeschaffenheit des reflektierenden Himmelskörpers zu. Die wenigen Kenntnisse über die Oberfläche der Venus verdanken wir Radarmethoden. Die Entfernungen von Mond, Venus, Mars und Merkur sind durch Radar genauer bestimmt worden. Die Bestimmung der Venusentfernung durch Radar hat eine große Rolle bei der genauen Festlegung der **Astronomischen Einheit** gespielt. Wichtig ist auch das Studium der **Meteore** durch Radar. Meteorite hinterlassen beim Verglühen in der Atmosphäre eine ionisierte Spur, die mit dem Radargerät geortet werden kann. Radar ist auch beim Apollo-Projekt von großer Bedeutung, die Landung der Mondlandefähre ist von exakten Radarmessungen abhängig.

Radialgeschwindigkeit. Die Bewegung eines Himmelskörpers von uns weg oder auf uns zu, gemessen durch den **Dopplereffekt** in seinem Spektrum. Sind die Spektrallinien rotverschoben, entfernt sich das Objekt von uns; sind sie blauverschoben, nähert es sich. Bei Entfernung wird die Radialgeschwindigkeit positiv gerechnet, bei Annäherung negativ.

Radiant. Der Punkt am Himmel, von dem ein **Meteor**schauer herzukommen scheint. So haben z. B. die Perseiden im August ihren Radianten im Sternbild Perseus. Die Meteore eines Schauers bewegen sich in Wirklichkeit auf parallelen Bahnen, der Radiant ist ein perspektivischer Effekt.

Radioastronomie. Der Teil der Astronomie, der nicht das sichtbare Licht der Himmelskörper, sondern die von ihnen ausgesandten Radiowellen (Kurzwellen und Ultrakurzwellen) untersucht.

Radiogalaxien. **Galaxien**, die starke Radiowellensender sind. Die Quelle dieser Energie ist nicht bekannt. Früher nahm man an, die Strahlung werde durch den Zusammenstoß zweier Galaxien erzeugt, während man heute mehr an eine Art Explosion im Kern der Galaxie glaubt.

Randzone. Die äußerste Zone der **Exosphäre.** Teilchen in der Randzone werden nur in seltenen Fällen zusammenstoßen; sie bewegen sich auf freien Bahnen, die nur der Schwerkraft und dem Magnetfeld der Erde unterliegen.

Raummedizin. Ein neues Gebiet der Medizin, das sich mit den Auswirkungen des Raumflugs und der Bedingungen im Weltraum auf den Menschen befaßt. So ist der Astronaut, nachdem er die Atmosphäre einmal hinter sich gelassen hat, verschiedenen Arten von Strahlung ausgesetzt, die sonst von der Atmosphäre absorbiert werden; auch fühlt er sich gewichtslos. Auf anderen Himmelskörpern muß er unter ganz anderen Bedingungen leben als auf der Erde. Noch vor wenigen Jahren hielt man es für unwahrscheinlich, daß der menschliche Körper Weltraumbedingungen überstehen könnte. Inzwischen sind die Astronauten auf dem Mond gewesen, ohne Schaden zu nehmen, und es kann als sicher gelten, daß der Mensch die veränderten Umweltbedingungen im Weltraum wenigstens für eine kurze Zeitdauer erträgt. Ob dies auch für längere Unternehmungen – wie beispielsweise eine Reise zum Mars – gilt, bleibt abzuwarten. Die Raummedizin hat auch ganz allgemein wertvolle Erkenntnisse geliefert, und ohne Zweifel wäre eine medizinische Forschungsbasis auf dem Mond von unschätzbarem Wert für die Menschheit.

Rechtläufige Bewegung. Körper, die die Sonne im selben Sinne umlaufen wie die Erde, bewegen sich *rechtläufig,* solche, die sich im umgekehrten Sinn bewegen, bewegen sich *rückläufig* (retrograd). Auch die Bewegungen der Monde um ihre Planeten lassen sich so bezeichnen. Es ist kein Planet oder Planetoid mit rückläufiger Bewegung bekannt, wohl aber kennen wir rückläufige Kometen und Monde. Diese Ausdrücke werden auch auf die scheinbaren Bewegungen der Planeten an der Himmelskugel verwendet. Wenn sich der Planet unter den Sternen ostwärts bewegt, spricht man von rechtläufiger, bei Bewegung westwärts von rückläufiger Bewegung.

Reflektor (Spiegelteleskop). Ein **Teleskop,** bei dem das Licht durch Reflexion an einem Spiegel gesammelt wird (s.a. **Newton-, Cassegrain-** und **Gregory-Teleskop).**

Refraktor. Ein **Teleskop,** bei dem das Licht durch Brechung (Refraktion) in einer **Objektivlinse** gesammelt wird (Linsenfernrohr).

Rektaszension. Die Rektaszension eines Himmelskörpers ist die Zeit, die zwischen der Kulmination (dem Meridiandurchgang) des **Frühlingspunktes** und der Kulmination des Himmelskörpers, in Sternzeit gemessen, verstreicht. So geht z.B. Aldebaran im Stier 4 h 33 min nach dem Frühlingspunkt durch den Meridian, seine Rektaszension ist damit 4 h 33 min. Die Rektaszensionen der Sterne ändern sich wegen der **Präzession** und der **Eigenbewegungen** sehr langsam; die Rektaszensionen der Körper im **Sonnensystem** ändern sich rasch. Die Rektaszension wird als AR oder mit dem griechischen Buchstaben α bezeichnet.

Roche-Grenze. Die Entfernung vom Mittelpunkt eines Planeten oder eines anderen Himmelskörpers, innerhalb welcher ein zweiter Körper durch die Gravitationskräfte auseinandergebrochen würde. Alle bekannten Monde liegen außerhalb der Roche-Grenze ihrer Planeten, das Ringsystem des Saturn liegt innerhalb seiner Roche-Grenze. Die Roche-Grenze liegt beim 2,44fachen Planetenradius vom Planetenmittelpunkt aus gemessen, bei der Erde also etwa 9000 km über dem Erdboden. Entsprechend gebaute Flugkörper, wie z.B. künstliche Erdsatelliten, können sich auch innerhalb der Roche-Grenze unversehrt bewegen.

Röntgenastronomie. Röntgenstrahlen sind elektromagnetische Strahlen von sehr kurzer Wellenlänge (0,1 bis 100 **Angström**). Da die Röntgenstrahlen aus dem Weltall von der Erdatmosphäre absorbiert werden, muß man die astronomische Forschung in diesem Teil des Spektrums von Raketen und Satelliten aus durchführen. So ist z.B. die Sonne eine Röntgenquelle, die Intensität ihrer Röntgenstrahlung steht im Zusammenhang mit der Häufigkeit der **Sonnenflecken.** Andere Quellen liegen außerhalb des Sonnensystems. 1962 fanden amerikanische Astronomen eine Quelle im Skorpion und eine im Stier. Letztere ist jetzt mit dem Krabbennebel identifiziert worden. Inzwischen hat man noch andere Röntgenquellen entdeckt, darunter auch veränderliche.

Rotation. Die Drehung eines Himmelskörpers um seine eigene Achse. Sie wird als rechtläufig bezeichnet, wenn sie in dem Drehsinn erfolgt, in dem sich die Planeten um die Sonne bewegen (s. **rechtläufige Bewegung**), im anderen Fall als rückläufig. Venus scheint rückläufig zu rotieren. Die Achse des Uranus liegt fast genau in der Bahnebene, er «wälzt» sich also in seiner Bahn.

Rotverschiebung. Die Verschiebung von Spektrallinien durch den **Dopplereffekt** (s.a. **Radialgeschwindigkeit).** Abgesehen von den Angehörigen der Lokalen Gruppe lassen sich bei allen Galaxien Rotverschiebungen messen.

RR-Lyrae-Veränderliche. Regelmäßig **veränderliche Sterne** mit sehr kurzen Perioden (zwischen einer und etwa 20 Stunden). An Leuchtkraft sind sie einander etwa gleich, sie besitzen ungefähr 100fache Sonnenleuchtkraft. Man kann sie daher ähnlich wie die **Cepheiden** zur Entfernungsbestimmung verwenden. Viele von ihnen finden sich in Sternhaufen, weshalb sie auch *Haufenveränderliche* genannt werden. Kein RR-Lyrae-Stern ist hell genug, um mit bloßem Auge beobachtet zu werden.

Saros. Der Saros-Zyklus enthält eine volle Anzahl von drakonitischen Monaten und eine volle Anzahl von synodischen Monaten (s. **Monat**) und beträgt 18 Jahre, 11,3 Tage. Nach dieser Zeit haben Erde, Mond und Sonne wieder etwa dieselbe Lage zueinander, und eine Sonnen- oder Mond**finsternis** wird nach Ablauf eines Saros-Zyklus von einer ähnlich verlaufenden Finsternis gefolgt. Der Saros-Zyklus wird schon seit dem Altertum zu Finsternisvorhersagen benutzt.

Satellit. Ein Körper, der sich um einen Planeten dreht. Handelt es sich um einen Körper natürlichen Ursprungs, spricht man auch von einem «**Mond**». Jupiter hat 12 Monde, Saturn 10, Uranus 5, Neptun und Mars je 2. Unser Mond erscheint für einen normalen Satelliten etwas zu groß; man neigt heute eher dazu, das System Erde–Mond als Doppelplaneten zu betrachten.

Schiefe der Ekliptik. Der Winkel zwischen **Ekliptik** und Himmelsäquator. Er beträgt etwa 23°27′ und schwankt wegen der **Nutation.** Die Schiefe der Ekliptik ist auch der Winkel, um den die Erdachse gegen die Senkrechte auf die Ebene der Ekliptik geneigt ist. Diese Senkrechte trifft die Himmelskugel im *Pol der Ekliptik,* der im Sternbild Drache liegt, beim Nebel NGC 6543.

Schmidt-Kamera. Ein von dem deutschen Optiker Bernhard Schmidt erfundenes optisches System, das einen sphärischen Spiegel zusammen mit einer Korrekturplatte aus Glas verwendet. Mit ihm kann man Ausschnitte der Himmelskugel von mehreren Grad auf einer sphärisch gekrümmten Brennfläche scharf abbilden. Die Schmidt-Kamera ist daher heute das allgemein übliche Instrument für die Himmelsfotografie. Die größte Schmidt-Kamera von 1,22 Meter Öffnung befindet sich auf Mount Palomar. (Siehe auch **Maksutov-Teleskop).**

Seismometer. Ein Gerät zur Registrierung von Erdbeben. Sehr empfindliche Seismometer wurden von den Apollo-Astronauten auf den Mond gebracht; sie ermöglichen die Erforschung der seismischen Aktivität des Mondes.

Selenografie. Die Wissenschaft von der Mondoberfläche.

Sextant. Ein Instrument zur Messung der Höhe eines Gestirns über dem Horizont. Es wird meist aus der Hand verwendet, auf See, im Flugzeug oder im Raumschiff.

Seyfert-Galaxien. Galaxien mit kleinen, hellen Kernen. Viele von ihnen sind Radioquellen und lassen Anzeichen heftiger Störungen im Kern erkennen.

Sichtbedingungen. Die Bildgüte (Gleichmäßigkeit und Klarheit) im Teleskop, soweit sie von der Erdatmosphäre abhängt. Vom Mond aus oder im Weltraum sind die Sichtbedingungen immer gut.

Siderische Umlaufszeit. Die Zeit, die ein Planet oder ein Satellit braucht, um einen Umlauf um seinen Zentralkörper zu vollenden (gemessen an den Sternen). Die Erde braucht 365,25636 Tage, um die Sonne siderisch einmal zu umlaufen.

Solarkonstante. Die Energie, die die Sonne der Erde pro Zeit- und Flächeneinheit senkrecht zur Strahlrichtung zusendet: 2,00 Kalorien pro Minute und Quadratzentimeter. (Eine Kalorie ist die Wärmemenge, durch welche die Temperatur von 1 Gramm Wasser um 1° C erhöht wird.)

Solstitien. Wenn die Sonne um den 22. Juni ihren nördlichsten Punkt am Himmel erreicht hat (Deklination +23½°), spricht man vom Sommersolstitium (Sommersonnenwende); wenn sie um den 22. Dezember den tiefsten Punkt erreicht hat (Deklination —23½°), vom Wintersolstitium (Wintersonnenwende). Die genauen Daten variieren etwas wegen der Schaltjahre.

Sonneneruptionen. Strahlungsausbrüche in der **Fotosphäre;** sie stehen üblicherweise mit aktiven **Sonnenflecken**gruppen in Verbindung. Sie senden ionisierte Elementarteilchen aus, die auf der Erde magnetische Stürme und **Polarlichter** erzeugen, auch stehen sie mit starker Ausstrahlung von Radiowellen in Verbindung. Die Teilchen, die bei Sonneneruptionen ausgesendet werden, können für Astronauten, die sich im Raum oder auf der ungeschützten Mondoberfläche befinden, zu einer Gefahr werden.

Sonnenflecken. Dunkle Flecken auf der **Fotosphäre.** Während die Temperatur der Fotosphäre etwa 5700° C beträgt, ist die Temperatur in den Flecken nur 4000° C. Daß die Flecken dunkler erscheinen, ist ein reiner Kontrasteffekt. Ein großer Sonnenfleck besteht aus einer dunklen Zentralregion oder **Umbra,** die umgeben ist von einem etwas helleren Gebiet faseriger Struktur, der **Penumbra.** Sonnenflecken sind meist komplizierte, unregelmäßige Gebilde, die in Gruppen auftreten und deren lineare Abmessungen ein Zehntel vom Sonnendurchmesser oder mehr erreichen können. Sie sind mit starken Magnetfeldern verbunden, in ihrer Nähe entstehen **Fackeln** und **Sonneneruptionen.** Sie sind am häufigsten zur Zeit des Fleckenmaximums zu beobachten (im Mittel alle elf Jahre). Die Lebensdauer einer Fleckengruppe beträgt höchstens wenige Monate.

Sonnenparallaxe. Die trigonometrische Parallaxe der Sonne: 8,794 Bogensekunden.

Sonnensystem. Es umfaßt: die Sonne und ihre Planeten sowie deren Monde, die Planetoiden, die Kometen, die Meteore und Meteorite, ferner interplanetarischen Staub und Gas.

Sonnenwind. Ein von der Sonne in alle Richtungen ausgehender ständiger Strom atomarer Teilchen. Er ist durch Raumsonden und bei den ersten Apollo-Mondlandungen untersucht worden. Seine Geschwindigkeit in der Nachbarschaft der Erde beträgt mehr als 1000 km/sec. Die Intensität des Sonnenwindes nimmt bei starker Sonnenaktivität zu.

Sonnenzeit *(1) wahre.* Es ist Mittag wahrer Sonnenzeit, wenn der Mittelpunkt der Sonnenscheibe durch den **Meridian** geht. Da aber die Bewegung der Sonne auf der **Ekliptik** mit ungleichmäßiger Geschwindigkeit erfolgt, ist auch die wahre Sonnenzeit keine gleichmäßig fortschreitende Zeit. *(2) mittlere.* Setzt man an die Stelle der wahren Sonne eine gedachte, sich ganz regelmäßig auf der Ekliptik bewegende mittlere Sonne, erhält man die mittlere Sonnenzeit. Da diese Zeit nur für einen bestimmten Längengrad gilt, nennt man diese Zeit auch Mittlere Ortszeit, MOZ (siehe auch **Zonenzeit).**

Spektralklassifikation. Nach ihren Spektren werden die Sterne in die Spektralklassen O, B, A, F, G, K, M, R, N eingeteilt, die man auch als Temperatursequenz auffassen kann. O-Sterne sind heiß und blau, M-Sterne rot und kühl, R und N sind Kohlenstoffsterne. Die Klassifikation ist leicht zu merken durch die Eselsbrücke: **O be a fine girl, kiss me right now.**

Spektroheliograf. Ein Instrument, mit dem man die Sonne im Lichte einer bestimmten Wellenlänge fotografieren kann. Wenn das Instrument für visuelle Beobachtung ausgeführt ist, bezeichnet man es als *Spektrohelioskop.*

Spektroskop. Ein Instrument, das zur spektralen Zerlegung des Lichts eines Sterns oder einer anderen Lichtquelle benützt wird. Astronomische Spektroskope werden in Verbindung mit Teleskopen gebraucht, sie stellen eines der wichtigsten Hilfsmittel der Astrophysik dar.

Spektroskopischer Doppelstern. Ein **Doppelstern,** dessen Komponenten einander so nahe sind, daß man sie nicht getrennt sehen kann. Die einzelnen Sterne erzeugen aber durch ihre Bewegung um den gemeinsamen Systemschwerpunkt **Dopplereffekte,** die man spektroskopisch nachweisen kann.

Sphärische Aberration. Optischer Abbildungsfehler, der darauf beruht, daß Linse oder Spiegel die am Rand einfallenden Strahlen nicht im selben Brennpunkt sammeln wie die zentralen Strahlen. Wenn ein Teleskop auf sphärische Aberration zurückzuführende unscharfe Bilder zeigt, ist die Optik schlecht und sollte korrigiert werden.

Spicula. Die **Chromosphäre** hat keine glatte Begrenzung, sondern ist mit flammenden Lichtzungen bedeckt, die eine Lebensdauer von nur wenigen Minuten haben, viele tausend Kilometer in die Korona hineinreichen, durchschnittlich 1000 km dick sind und die man «Spicula» nennt.

Spiegelteleskop. Siehe **Reflektor.**

Spiralnebel. Ein historisch begründeter Ausdruck für eine **Galaxie** mit Spiralarmen.

Steady-State-Universum. Die Theorie vom Steady-State-Universum besagt, daß das Weltall nicht durch einen Urknall entstanden ist, sondern in einem Gleichgewicht schon immer bestanden hat und ewig bestehen wird. Materie wird in einem solchen Maße neu geschaffen, daß die infolge der Expansion des Weltalls über unseren Beobachtungshorizont hinausgewanderten Galaxien stets durch neuentstehende Galaxien ersetzt werden. Alle neueren Beobachtungen sprechen gegen diese Theorie.

Stern. Ein selbstleuchtender, aus Gasen bestehender Himmelskörper. Die Sonne ist ein mittlerer Stern vom Spektraltyp G 5. (Siehe auch **Spektralklassifikation.)**

Sternbild. Bereits im dritten Jahrtausend v. Chr. begann der Mensch, helle, auffallende Sterne zu leicht merkbaren Sternbildern zusammenzufassen und zu benennen. Die Namen wurden zunächst aus der Mythologie entnommen, später auch aus Navigation und Seefahrt. Da die Sternbilder ein reines Ordnungsschema am Himmel darstellen, vorwiegend zum Zweck der Orientierung auf See, haben die als Sternbild zusammengefaßten Sterne nicht viel mehr miteinander gemein, als daß sie in etwa derselben Richtung liegen, ihre Entfernungen von der Erde aber können ganz verschieden sein. Es gibt 88 Sternbilder.

Sternhaufen. Eine Ansammlung von Sternen, die physikalisch zusammengehören. Ein *offener Haufen* kann einige hundert Sterne enthalten, normalerweise zusammen mit Gas und Staub. Der Haufen hat keine spezielle Form. *Kugelsternhaufen* enthalten zwischen 50 000 und 50 Mio Sternen und sind regelmäßig geformt. Sie sind weit entfernt und liegen in dem sogenannten Halo, der unsere Galaxis umgibt. Offene Sternhaufen und Kugelsternhaufen hat man auch in anderen Galaxien beobachtet. *Bewegungshaufen* bestehen aus Sternen, die sich in gleicher Richtung und mit gleicher Geschwindigkeit durch den Raum bewegen, sie können weit voneinander entfernt sein. Beispielsweise gehören fünf von den sieben hellen Sternen des Großen Bären zum selben Bewegungshaufen.

Sternschnuppe (Meteor). Die leuchtende Erscheinung, wenn ein **Meteorit** in der Erdatmosphäre verglüht.

Sternzeit. Es ist 0 Uhr Sternzeit, wenn der **Frühlingspunkt** durch den **Meridian** des Beobachters geht. Es ist somit eine an der scheinbaren Rotation der Himmelskugel gemessene Ortszeit. Die Sternzeit in einem bestimmten Moment ist gleich der **Rektaszension** eines gerade kulminierenden Gestirns. Damit man die Sternzeit für jeden Ort und jede Zeit leicht berechnen kann, wird in den astronomischen Jahrbüchern für jeden Tag die «Greenwicher Sternzeit für 0 Uhr Weltzeit» tabelliert.

Stratosphäre. Die Region der Erdatmosphäre über der **Troposphäre.** Sie liegt zwischen 10 und 80 km Höhe über Normalnull.

Stundenkreis. Ein Großkreis durch die Himmelspole. Der Null-Stundenkreis ist der Meridian.

Stundenwinkel. Seit dem Meridiandurchgang eines Himmelskörpers verstrichene Zeit. (Wird meistens in Stunden **Sternzeit** oder – seltener – in Grad angegeben; 24 h = 360°.)

Sublimation. Der Übergang vom festen Zustand eines Körpers in den dampfförmigen unter Umgehung des Flüssigkeitsstadiums. Dieser Vorgang spielt sich aller Wahrscheinlichkeit nach bei den Polkappen des Planeten Mars ab.

Supernova. Ein Stern, der eine ungeheure Explosion erleidet, wobei ein größerer Betrag seiner Materie in den Weltraum hinausgeschleudert wird. Nach dem Verlauf ihrer Lichtkurve, dem Spektrum und der Helligkeit im Maximum teilt man die Supernovae in zwei Klassen ein. Typ I erreicht milliardenfache, Typ II etwa 10 millionenfache Sonnenleuchtkraft. In geschichtlicher Zeit sind in unserem Milchstraßensystem vier Supernovae beobachtet worden, in anderen Galaxien schon sehr viele. In einer Galaxie mittlerer Größe kommt es im Mittel alle 300 Jahre zu einer Supernova. Reste von Supernovae sind starke Radioquellen.

Synchroner Satellit. Ein künstlicher Satellit, der sich in einer Äquatorbahn von West nach Ost bewegt, mit einer Umlaufszeit, die der Erdrotation entspricht (etwa 24 Stunden). Von der Erde aus gesehen, scheint ein solcher – für die Nachrichtenübermittlung sehr wertvoller – Satellit stillzustehen. Es sind bereits mehrere synchrone Satelliten im Umlauf.

Synchrotronstrahlung. Strahlung, welche von geladenen Teilchen ausgesendet wird, die sich mit relativistischen Geschwindigkeiten (d.h. mit Geschwindigkeiten, die mit der Lichtgeschwindigkeit vergleichbar sind) in einem starken Magnetfeld bewegen. Die Radiostrahlung des Krabbennebels ist größtenteils von dieser Art.

Synodische Umlaufszeit. Das Intervall zwischen zwei aufeinanderfolgenden **Oppositionen eines äußeren Planeten** zur Sonne. Bei einem *inneren Planeten* gilt das Intervall zwischen zwei aufeinanderfolgenden oberen oder unteren **Konjunktionen** zur Sonne.

Systemschwerpunkt. Der gemeinsame Schwerpunkt eines Systems sich gegenseitig umkreisender Körper, z.B. Erde–Mond. Da die Erde 81mal schwerer ist als der Mond, liegt der Systemschwerpunkt innerhalb der Erde.

Syzygien. Die Lage des Mondes in der Bahn bei Voll- und Neumond.

Szintillation. Das Funkeln der Sterne. Es beruht ganz auf der Wirkung der Erdatmosphäre. In Horizontnähe szintilliert ein Stern am stärksten, weil sein Licht dort eine besonders dicke Atmosphärenschicht durchlaufen muß. Ein Planet funkelt viel weniger als ein Stern, da er ein winziges Scheibchen und nicht ein Punkt ist.

Tag. *(1) Mittlerer Sonnentag:* In der bürgerlichen Zeitrechnung entspricht ein Tag genau 24 Stunden mittlerer Sonnenzeit. *(2) Sterntag:* Mißt man die Zeit zwischen zwei Meridiandurchgängen eines Sterns, so erhält man die auf die Sterne bezogene Rotationsdauer der Erde und bezeichnet dies als einen Sterntag (eingeteilt in 24 Stunden zu 60 Minuten zu 60 Sekunden Sternzeit). Da sich die Erde während eines Sterntages auf ihrer Bahn um die Sonne etwas weiterbewegt hat, ist der mittlere Sonnentag etwas länger als ein Sterntag. Ein mittlerer Sonnentag entspricht 24 h 03 min 56,555 sec Sternzeit; ein Sterntag entspricht 23 h 56 min 04,091 sec mittlerer Sonnenzeit.

Tägliche Bewegung der Gestirne. Die scheinbare tägliche Drehung der Himmelskugel von Ost nach West. In Wirklichkeit dreht sich die Erde unter der Himmelskugel nach Osten.

Tektiten. Kleine, glasartige Körper, die man in einigen Gebieten der Erde findet, besonders in Australien. Sie haben aerodynamische Formen und scheinen zweimal erhitzt worden zu sein. Ihre Herkunft ist rätselhaft, allgemein nimmt man an, daß sie aus dem Weltraum kommen.

Telemetrie. Die Technik der drahtlosen Übermittlung von Meßwerten. Sie spielt überall da eine Rolle, wo Meß- oder Beobachtungsinstrumente an unzugänglichen Orten installiert sind (z.B. in unbemannten Raumsonden).

Teleskop. Ein Instrument, durch welches das betrachtete Objekt (Himmelskörper) dem Auge vergrößert und heller erscheint. Es gibt zwei Arten von Teleskopen oder Fernrohren: den **Reflektor** (Spiegelteleskop) und den **Refraktor** (Linsenfernrohr). Da man einen Spiegel besser halten kann als eine Linse, sind die größten Fernrohre der Welt Spiegelteleskope (Glaskörper können sich unter ihrem eigenen Gewicht verziehen!).

Terminator. Die Grenze zwischen Tag- und Nachthalbkugel des Mondes oder eines Planeten. Mond: Wegen der bergigen Mondoberfläche wirkt der Terminator rauh, einzelne Bergspitzen erscheinen vom beleuchteten Teil der Oberfläche abgelöst. Merkur: Seine Oberfläche ist wahrscheinlich ähnlich bergig wie die des Mondes. Wegen der großen Entfernung sehen wir jedoch den Terminator nicht deutlich genug. Venus: Der Terminator erscheint wegen der Atmosphäre glatt. Erde: Auch hier wirkt die Atmosphäre glättend auf den Terminator. Mars: Weichere Schattengrenze als beim Mond.

Thermokreuz. Ein Instrument zur Messung kleiner Wärmemengen. In Verbindung mit einem großen **Teleskop** kann man damit schwächste Wärmestrahlungsquellen aufspüren.

Tierkreis. Ein Band, das sich über die Himmelskugel zieht, 8° nach jeder Seite der **Ekliptik**. In ihm findet man stets Sonne, Mond und die hellen Planeten. Es geht durch 13 Sternbilder, nämlich die 12, die als Tierkreiszeichen bekannt sind, und einen kleinen Teil des Ophiuchus (Schlangenträger).

Titius-Bodesche Beziehung. Eine empirische Beziehung zwischen den Abständen der Planeten von der Sonne, 1772 von Titius entdeckt und durch J.E. Bode bekanntgeworden.

Transplutonische Planeten. Planeten, die sich jenseits der Plutobahn bewegen müßten und für die es auch bestimmte himmelsmechanische Hinweise gibt. Bis jetzt hat man noch keinen solchen Planeten gefunden.

Trojaner. Planetoiden, die sich in derselben mittleren Entfernung wie Jupiter um die Sonne bewegen. Eine Gruppe von Trojanern eilt Jupiter voraus, die andere eilt ihm nach, so daß die Gefahr eines Zusammenstoßes nicht besteht. Man kennt über ein Dutzend Trojaner.

Troposphäre. Die unterste Schicht der Erdatmosphäre. Sie reicht in eine Höhe von ungefähr 10 km über Meeresniveau und enthält die Hauptmasse der Atmosphäre. In ihr läuft das gesamte Wettergeschehen ab. Sie wird von der darüberliegenden **Stratosphäre** durch die **Tropopause** getrennt.

Überriesen. Sterne von besonders geringer Dichte und großer Leuchtkraft. Betelgeuze im Orion ist ein typisches Beispiel.

Überstrahlung. Ein Effekt, der hell erleuchtete oder selbstleuchtende Körper größer erscheinen läßt, als sie wirklich sind. So scheint z.B. die helle Mondsichel einen größeren Durchmesser zu haben als der nur vom Erdlicht erhellte Teil der Scheibe.

Ultraviolette Strahlen. Elektromagnetische Strahlung von Wellenlängen, kürzer als die des violetten Lichts. Man kann sie daher mit bloßem Auge nicht sehen. Der Bereich der ultravioletten Strahlung liegt im Spektrum der **elektromagnetischen Wellen** zwischen dem sichtbaren Licht und den Röntgenstrahlen. Die Sonne ist eine sehr starke Quelle ultravioletter Strahlung, die aber in der Hauptsache von den Schichten der Erdatmosphäre zurückgehalten wird – zu unserem Glück, denn größere Mengen UV-Strahlung sind tödlich. Die UV-Strahlung von Sonne und Sternen wird mit Instrumenten untersucht, die mit Raketen oder Satelliten über die Erdatmosphäre hinausgetragen werden.

Umbra. Der dunkle, innere Teil eines Sonnenflecks.

Umkehrende Schicht. Die Gasschicht (im wesentlichen die **Chromosphäre**) über der **Fotosphäre** unserer Sonne, die durch Absorption die sonst hellen Emissionslinien der Gase nun als dunkle Absorptionslinien oder **Fraunhofersche Linien** erscheinen läßt.

Van-Allen-Strahlungsgürtel. Die Erde umgebende Zonen, in denen geladene Teilchen vom Magnetfeld der Erde eingefangen und auf Bahnen gelenkt werden, die ihnen das Verlassen der Strahlungsgürtel sehr erschweren (s.a. **Polarlichter**). Sie wurden 1958 von J. van Allen auf Grund von Meßwerten entdeckt, die der erste erfolgreiche US-Satellit Explorer I geliefert hatte. In den Van-Allen-Gürteln kann man hauptsächlich zwei Gebiete unterscheiden: ein äußeres, das in erster Linie *Elektronen* enthält und stark von den Ereignissen auf der Sonne abhängig ist, und ein inneres, das weniger stark veränderlich ist und hauptsächlich *Protonen* enthält. Die Van-Allen-Gürtel spielen in der Geophysik eine große Rolle und stellen wahrscheinlich die wichtigste Entdeckung aus den ersten Jahren der Erforschung der Erdumgebung durch künstliche Satelliten dar.

Veränderliche Sterne. Sterne, deren Helligkeit nicht über längere Zeit konstant bleibt. Man unterscheidet verschiedene Arten. **Bedeckungsveränderliche**, wie Algol und Beta Lyrae, sind keine echten Veränderlichen, ihr Lichtwechsel ist ein geometrischer Effekt. **Cepheiden** haben Perioden bis zu einigen Wochen und sind sehr regelmäßig, ihre Perioden sind mit den Leuchtkräften gesetzmäßig verknüpft. Die RR-Lyrae-Veränderlichen haben kürzere Perioden und scheinen alle etwa dieselbe Leuchtkraft zu haben. Die *langperiodischen* Veränderlichen – das bekannteste Beispiel ist Mira im Walfisch – sind häufig Rote Riesen. Ihre Helligkeiten variieren stark, und die Perioden können mehr als ein Jahr betragen. Auch sind sie nicht vollkommen regelmäßig, und es besteht keine Perioden-Leuchtkraft-Beziehung wie bei den Cepheiden. Das Verhalten der *unregelmäßigen* Veränderlichen ist nicht vorauszusagen. Man teilt sie in mehrere Klassen, z.B. die U-Geminorum- oder die SS-Cygni-Sterne, die man wegen der häufigen kleineren Ausbrüche, die sie erleiden, auch Zwergnovae nennt, oder die R-Coronae-Borealis-Sterne, die statt Helligkeitsausbrüchen plötzliche Helligkeitsschwunderscheinungen zeigen. Veränderliche Sterne befinden sich häufig in einem späten Stadium der Sternentwicklung und stellen ein interessantes Gebiet der Astrophysik dar.

Verlangsamung der Erdrotation. Wegen der Gezeitenreibung verlangsamt sich die Erdrotation nach und nach, der Tag wird länger (5 Hundertmillionstel Sekunden pro Tag). Da der Drehimpuls der Erde abnimmt, der Gesamtdrehimpuls des Systems Erde–Mond aber erhalten bleiben muß, erhält der Mond zusätzlichen Drehimpuls, was sich in einer Vergrößerung der Mondentfernung äußert (12 cm pro Jahr).

Vulkan. Der Name eines hypothetischen Planeten innerhalb der Merkurbahn. Heute kann es als sicher gelten, daß Vulkan nicht existiert.

Weißer Zwerg. Ein sehr kleiner, äußerst dichter Stern. Die Atome in ihm sind aufgespalten und die einzelnen Elementarteilchen so dicht gepackt, daß kaum ein Zwischenraum bleibt. Auf diese Weise ist seine Dichte um ein Millionenfaches größer als die des Wassers: Ein Löffel Materie eines Weißen Zwerges würde Tonnen wiegen! Die Weißen Zwerge haben offensichtlich ihren nuklearen Brennstoff verbraucht und befinden sich am Ende ihrer Entwicklung. **Neutronensterne** sind möglicherweise noch kleiner und dichter als Weiße Zwerge.

Weltall (Ursprung). Der Ursprung des Weltalls ist noch immer völlig rätselhaft. Man weiß nichts über die Entstehung der Materie, und auch die Behauptung, das Weltall habe schon immer bestanden und ein Schöpfungsakt habe nie stattgefunden, ist nicht stichhaltig. Alles, was wir tun können, ist, die Entwicklungsgeschichte des Weltalls nach Maßgabe unserer Möglichkeiten zurückzuverfolgen.
Nach der Entwicklungstheorie ist die Materie, aus der das Weltall besteht, vor mehr als 10 Mia Jahren entstanden. Mit dem «Urknall», einer ungeheuren Explosion, wurde die Materie auseinandergetrieben, weshalb sich das Weltall heute noch in Expansion befindet. Die Theorie vom **Steady-State-Universum** behauptet dagegen, daß das Weltall schon immer bestanden habe und daß beständig neue Materie erzeugt werde. Die Theorie vom Oszillierenden Universum besagt, daß sich das Weltall abwechselnd ausdehne und zusammenziehe, daß also der derzeitige Zustand der Expansion nicht ewig andauern werde.

Weltzeit (WZ). Sie dient zur Festlegung astronomischer Ereignisse und entspricht der Mittleren Greenwicher Zeit (GMT). Siehe auch **Zonenzeit** und **Sonnenzeit**.

Widmanstättensche Figuren. Wenn ein Eisenmeteorit aufgeschnitten und die Schnittfläche poliert und geätzt wird, erscheinen charakteristische Figuren der Eisenkristalle. Diese sogenannten Widmanstättenschen Figuren findet man nur in Meteoriten.

Wolf-Rayet-Sterne. Außergewöhnlich heiße, bläulich-weiße Sterne, deren Spektren außer den gewöhnlichen dunklen Absorptionslinien auch helle Emissionslinien aufweisen. Ihre Oberflächentemperaturen können 100 000° erreichen, sie scheinen von rasch expandierenden Gashüllen umgeben zu sein. Sie sind nach den Astronomen Wolf und Rayet benannt, die 1867 erstmals die Aufmerksamkeit auf diese Objekte lenkten. Neuerdings hat man entdeckt, daß viele der Wolf-Rayet-Sterne **spektroskopische Doppelsterne** sind.

Zeitdilatation. Nach der Relativitätstheorie läuft für zwei gegeneinander bewegte Beobachter die Zeit verschieden schnell ab. Nähert sich ein Beobachter der Lichtgeschwindigkeit, dann verlangsamt sich der Zeitablauf immer mehr, andererseits wird sich die Masse des Beobachters immer mehr vergrößern. Könnte die Bewegung mit Lichtgeschwindigkeit verlaufen, würde die Zeit stillstehen und die Masse wäre unendlich groß geworden! Diese Effekte fallen erst bei Geschwindigkeiten in der Nähe der Lichtgeschwindigkeit ins Gewicht; bei Geschwindigkeiten, wie man sie zur Zeit mit Satelliten und auf Raumflügen erzielt, sind sie noch unerheblich.

Zeitgleichung. Die Sonne bewegt sich auf der **Ekliptik** nicht mit konstanter Geschwindigkeit, weil die Erdbahn eine Ellipse ist (siehe **Keplersche Gesetze**). Man hat daher eine gedachte *mittlere* Sonne eingeführt (s.a. **Tag**), welche sich gegen die Sterne gleichmäßig bewegt, und zwar mit der mittleren Geschwindigkeit der *wahren* Sonne. Die Zeit, um welche die wahre Sonne gegenüber der mittleren Sonne vor- oder nachgeht, nennt man **Zeitgleichung**. Sie kann höchstens 17 Minuten betragen, viermal pro Jahr wird sie Null.

Zenit. Der Punkt senkrecht über dem Beobachter, der die Höhe 90° über dem Horizont hat.

Zenitdistanz. Der Winkelabstand eines Punktes an der Himmelskugel vom **Zenit** (90° — **Höhe**).

Zentrifuge. Ein motorgetriebener Apparat mit einem langen Arm, an dessen Ende sich eine Kammer befindet. Werden Menschen oder Tiere in die Kammer gebracht und der Apparat in rasche Drehung versetzt, beobachtet man Effekte, wie sie bei der Beschleunigung im Raumschiff auftreten. Alle Astronauten werden während ihres Trainings Zentrifugentests unterzogen.

Zirkumpolarstern. Ein Stern, der niemals untergeht, sondern Kreise um den Himmelspol beschreibt, die ganz über dem Horizont liegen.

Zodiakallicht. Ein Lichtkegel, der sich vom Horizont aus längst der **Ekliptik** erstreckt. Man sieht das Zodiakallicht nur, wenn die Sonne nicht zu weit unter dem Horizont steht, und am besten in klaren, mondlosen Nächten, nach der Abenddämmerung oder gegen Morgen. Man nimmt an, daß es auf Materie zurückzuführen ist, die in der Ebene des Sonnensystems verteilt ist.

Zonenzeit. Noch im vorigen Jahrhundert war die mittlere Ortszeit die Grundlage der bürgerlichen Zeitrechung (siehe **Sonnenzeit**). Da aber diese Zeiten nach Definition nur für einen bestimmten Längenkreis gelten, ergaben sich daraus große verkehrstechnische Schwierigkeiten. Man führte deshalb für größere Gebiete die einheitliche Zonenzeit ein. Die Erde wurde in 24 Meridianzweiecke von je 15° Länge aufgeteilt, zwischen welchen je eine Zonenzeitdifferenz von 1 Stunde besteht. Die mittlere Ortszeit vom Nullmeridian von Greenwich (GMT, Greenwich Mean Time) gilt im Längenbereich —7,5° bis +7,5° und wird auch als Westeuropäische Zeit (WEZ) bezeichnet. Sie dient als Weltzeit (WZ) – englisch: Universal Time (UT), französisch: Temps Universel (TU). Die Mittlere Ortszeit des Meridians 15° östl. Länge gilt unter der Bezeichnung Mitteleuropäische Zeit (MEZ) für die meisten Länder Europas; die MEZ geht gegenüber der WZ um eine Stunde vor.

Leitfaden für Anfänger

Die moderne Wissenschaft ist in hohem Grade spezialisiert. In den meisten Wissensbereichen ist es heute dem Nichtfachmann kaum möglich, sich mehr als einen oberflächlichen Einblick zu verschaffen, und im allgemeinen kann der Amateur, ohne entsprechende berufliche Schulung und ohne Zugang zu äußerst kostspieligen und hochentwickelten Geräten, auch keine brauchbare Forschung betreiben. Für die Astronomie gilt dies jedoch nur bedingt. Theoretische Forschung erfordert zwar eine gründliche Ausbildung, um so mehr, als die Astronomie im wesentlichen eine mathematische Wissenschaft ist; doch bestehen auch für den Amateur gewisse Möglichkeiten, seinen Beitrag zu leisten. So gibt es beispielsweise viele Amateure, die regelmäßig und auch mit Erfolg nach Kometen suchen. Die beiden hellen, mit bloßem Auge sichtbaren Novae von 1967 und 1968 wurden von dem englischen Amateur G.E.D. Alcock entdeckt.

Auch wer nur gelegentlich einmal zum Himmel schaut, kann an seinen Beobachtungen viel Freude haben. Dazu braucht man entgegen der landläufigen Auffassung keine hochentwickelten Apparate. Je besser die Geräte sind, desto größer ist natürlich der Anwendungsbereich, aber man kann auch mit einem einfachen Feldstecher viel erreichen. Selbst das Beobachten mit bloßem Auge kann ungemein interessant sein, vorausgesetzt, daß es systematisch geschieht. Alles, was man wirklich braucht, ist Begeisterung und Geduld.

Wer sich eingehender mit Astronomie beschäftigen will, sollte sich zunächst die astronomischen Grundbegriffe aneignen. Das ist nicht weiter schwierig, zahlreiche Bücher führen den Anfänger in die Astronomie ein – auch dieser Atlas gibt eine gründliche Einführung. Am Anfang wird außerdem der Besuch eines Planetariums von Nutzen sein. In einem Planetarium wird an einer großen Kuppel ein naturgetreues Firmament gezeigt, die Bewegungen der verschiedenen Himmelskörper aber können beschleunigt werden, wodurch ihre Eigenheiten viel leichter zu verstehen sind. Außerdem ist ein Planetarium ein ausgezeichnetes Hilfsmittel zum Auffinden der Sternbilder, eine Fähigkeit, die sich der Anfänger schnellstens aneignen sollte.

In einer klaren Nacht sind ein paar tausend Sterne mit bloßem Auge zu sehen, und auf den ersten Blick mag es als ungeheuer schwierig erscheinen, sie zu identifizieren. In Wirklichkeit ist es jedoch viel einfacher, als man annehmen mag, und wer sich die Mühe macht, in einigen aufeinanderfolgenden klaren Nächten jeweils eine oder zwei Stunden im Freien zu verbringen, wird sich bald zurechtfinden. Natürlich wird die Orientierung dadurch erheblich erleichtert, daß sich die Sternbilder in keiner Hinsicht verändern. Die Eigenbewegungen der Sterne sind viel zu klein, um im Verlaufe eines Menschenalters wahrgenommen zu werden. Aber auch hundert Menschenalter würden dazu nicht ausreichen, denn die Sternbilder, die wir heute sehen, sind dieselben, die zur Zeit Wallensteins, Julius Cäsars oder der Erbauer der ägyptischen Pyramiden sichtbar waren. Und hat man erst einmal ein Sternbild identifiziert, wird man es gewöhnlich ohne große Mühe wiederfinden.

Die einzigen hellen Objekte, die man auf einer Sternkarte nicht einzeichnen kann, sind die Planeten, doch sind sie durch ihre charakteristischen Merkmale leicht voneinander zu unterscheiden. Merkur ist nie besonders gut sichtbar, und man wird ihn kaum mit einem Stern verwechseln können, da er nie über dem Horizont steht, wenn der Himmel völlig dunkel ist. Venus ist so hell, daß man sie unmöglich verwechseln kann. Auch Jupiter übertrifft bei weitem jeden Stern an Helligkeit, während Mars sich durch seine rötliche Farbe unterscheidet. Saturn sieht allerdings wie ein leicht gelblicher Stern 1. Größe aus, bewegt sich aber langsam in der gleichen Gegend des Himmels.

Mit bloßem Auge kann man auch einige interessante stellare Objekte beobachten. Die zwei offenen Sternhaufen im Stier, die Hyaden und die Plejaden, wurden schon erwähnt; ein weiterer offener Sternhaufen ist Praesepe im Krebs. In dunklen Nächten ist er deutlich erkennbar, das Mondlicht hingegen überstrahlt ihn. Am Südhimmel, zu weit südlich, um von Europa aus gesehen zu werden, gibt es zwei helle Kugelsternhaufen, ω Centauri im Zentaur und den Haufen im Tukan, sowie die Magellanschen Wolken, die benachbarte Sternsysteme sind und wie abgesplitterte Teile der Milchstraße aussehen. Die Große Magellansche Wolke ist so hell, daß sie sogar bei vollem Mondlicht erkennbar ist. Es gibt auch Doppelsterne, das klassische Beispiel ist Mizar im Großen Bären. Sein Begleiter Alkor, ein Stern 5. Größe, kann von jedem Menschen mit normalem Sehvermögen beobachtet werden.

Natürlich sind der Forschungsarbeit mit bloßem Auge Grenzen gesetzt, aber es gibt auch hier echte Möglichkeiten. Meteorzählungen sind von Wert, besonders während Schauern. Jedes Jahr im August sehen wir die Perseiden, die stets herrliche Sternschnuppenfälle hervorbringen. Die Leoniden im November sind weniger genau vorhersehbar, aber interessanter. In der Nacht des 17. November 1966 wurde von einigen Teilen der Welt aus ein großartiges Schauspiel beobachtet, wie man es im allgemeinen nur alle 33 Jahre erlebt, wenn die Erde durch den dichtesten Teil des Schwarms geht. Aber auch wenn wir das nächste derartige Schauspiel wohl kaum vor 1999 erwarten dürfen, lohnt es sich, jedes Jahr nach den Leoniden Ausschau zu halten.

Der Sternfreund, der sich kein Teleskop anschaffen kann, kann auch mit Gewinn einen Feldstecher verwenden. Zwar wird er damit keine Einzelheiten auf den Planeten erkennen, hingegen wird der Feldstecher sehr gute Dienste etwa zur Unterscheidung und Identifizierung der wichtigsten Mondformationen leisten. Auch viele prachtvolle Sternfelder, viele Sternhaufen und Nebel rücken ins Blickfeld, und die Farben der schwächeren Sterne werden recht eindrucksvoll. Man betrachte zum Beispiel den Stern μ Cephei zwischen dem Sternbild Cassiopeia und dem Polarstern. Er ist von 5. Größe und erscheint dem bloßen Auge nicht weiter bemerkenswert – sieht man ihn im Feldstecher, wird man an glühende Kohle erinnert.

Hat der zukünftige Astroamateur erst einmal die Lagebeziehungen am gestirnten Himmel erkannt und Untersuchungen mit seinem Feldstecher angestellt, so wird er sich vermutlich ein Teleskop anschaffen wollen. Oft beginnt an diesem Punkt das Dilemma. Leider sind astronomische Teleskope nicht billig. Sollen sie wirklich verwendungsfähig sein, müssen sie von guter Qualität und angemessener Lichtstärke sein.

Die Meinungen darüber, wie stark das kleinste, noch brauchbare astronomische Teleskop sein muß, gehen auseinander. Natürlich kommt es auch darauf an, welche Aufgaben sich der Teleskopbesitzer gestellt hat. Wenn man sich für Sternfelder interessiert, genügt ein sehr kleines, tragbares Linsenfernrohr mit 5 cm Öffnung. Für die Untersuchung feinerer Einzelheiten kann man es allerdings nicht brauchen, hierfür ist eine minimale Öffnung von 7,5 cm für das Linsenfernrohr oder 15 cm für das Spiegelteleskop erforderlich.

Für den wirklich Interessierten lohnt es sich also nicht, für ein kleineres Teleskop sehr viel Geld auszugeben, es bietet gegenüber einem guten Feldstecher nur geringe Vorteile. Besser warte man, auch wenn es oft schwerfällt, bis man den nötigen Betrag zum Kauf eines geeigneten Teleskops beisammen hat. In jedem Fall aber sollte das Teleskop, auch wenn es noch so klein ist, fest montiert werden können. Das Gesichtsfeld wird zweifellos sehr klein sein, und zwar um so kleiner, je stärker die Vergrößerung ist, die verwendet wird. Ein Teleskop aber, das wie ein Pudding schwabbelt, ist schlechter als gar keines.

Nehmen wir einmal an, daß unser Teleskopkäufer ganz allgemeine Beobachtungen anstellen möchte, die sowohl stellare Objekte als auch Mond und Planeten einbeziehen; und nehmen wir weiter an, daß er über einen angemessenen, aber begrenzten Geldbetrag verfügt. Zunächst wird er sich zwischen einem Linsenfernrohr und einem Spiegelteleskop entscheiden müssen. Jede Kategorie hat ihre Vor- und Nachteile, die man vor dem Kauf gegeneinander abwägen sollte.

Bei gleicher Öffnung ist das Linsenfernrohr das wirkungsvollere: Ein 7,5-cm-Linsenfernrohr ist bereits ein nützliches Instrument, während ein 7,5-cm-Spiegelteleskop zu klein wäre. Auch macht es viel weniger Mühe, ein Linsenfernrohr zu handhaben.

Bei sorgfältiger Behandlung braucht es jahrelang nicht justiert zu werden (der Nichtfachmann sollte sich auf jeden Fall hüten, an der Einstellung der Optik herumzubasteln, zu leicht kann bleibender Schaden entstehen). Das Linsenfernrohr ist sehr einfach zu bedienen, und ein 7,5-cm-Fernrohr auf einem Stativ ist sehr mobil. Allerdings wird unweigerlich ein gewisser Anteil von Farbfehlern auftreten, der zwar bei Beobachtungen im Sonnensystem nicht ins Gewicht fällt, aber sehr störend wirkt, wenn man Sterne studieren will.

Ein 10-cm-Linsenfernrohr ist – obgleich noch halbwegs tragbar – schon recht groß und schwer. Ein Linsenfernrohr mit einer mehr als 10 cm großen Öffnung muß unter normalen Bedingungen als nicht transportabel angesehen werden. Zudem ist ein Linsenfernrohr mit mehr als 7,5 cm Öffnung ausgesprochen teuer.

Das Spiegelteleskop erfordert viel mehr Wartung. Die Spiegel – sowohl der Hauptspiegel als auch der Diagonalspiegel – müssen in regelmäßigen Abständen neu verspiegelt werden, entweder versilbert oder aluminisiert. (Versilbern ist billiger und wenigstens anfänglich wirkungsvoller, da es aber viel weniger dauerhaft ist, ziehen es die meisten Teleskopbesitzer vor, ihre Spiegel aluminisieren zu lassen.) Noch schlimmer ist es, daß die Optik dazu neigt, sich zu dejustieren. Andererseits kostet ein 15-cm-Spiegelteleskop nicht mehr als ein 7,5-cm-Linsenfernrohr (vielleicht sogar weniger) und ergibt einen größeren Lichtgewinn. Auch wird man keinen Kummer mit Farbfehlern haben.

Hier ist ein warnendes Wort am Platz. Wenn man ein Spiegelteleskop aus zweiter Hand kauft, muß man es unbedingt von einem Fachmann überprüfen lassen, denn ein schlechter Spiegel ist nicht immer auf den ersten Blick als solcher zu erkennen. Sollte er sich als mangelhaft erweisen, muß er möglicherweise nachgearbeitet oder ausgewechselt werden – beides erhöht die Kosten und bringt endlosen Ärger. Das gleiche gilt für den Diagonalspiegel – vorausgesetzt, es handelt sich um ein Newton-Teleskop; die Kosten für das Auswechseln eines Diagonalspiegels sind relativ niedrig. Leider sind auch nicht alle neuen, im Fachhandel erhältlichen Spiegelteleskope einwandfrei, so daß auch hier Vorsicht geboten ist. Eigentlich sollte das Teleskop vor Kaufabschluß gründlich getestet werden, doch ist dies in den meisten Fällen praktisch undurchführbar. Man kann aber wenigstens die Montierung prüfen, denn unbedingte Stabilität ist eine unerläßliche Voraussetzung für ein Spiegelteleskop; und damit man es gut verwenden kann, muß es sich sowohl in Rektaszension als auch in Deklination leicht bewegen lassen.

Ein gutes 15-cm-Spiegelteleskop vermag dem Beobachter schon weite Bereiche zu erschließen, ein größeres Teleskop natürlich entsprechend mehr. Mit 20 cm ist schon sehr viel zu erreichen, und der Amateur, der sich mit – sagen wir – 30 cm ausgerüstet hat, ist in der Lage, einen vollwertigen Platz in allen anerkannten Beobachtungsprogrammen auszufüllen. Es empfiehlt sich, ein solches Teleskop parallaktisch zu montieren und durch ein Uhrwerk anzutreiben.

Ein Newton-Teleskop von 15 cm Öffnung ist noch mehr oder weniger transportabel, ein 20-cm-Teleskop dagegen nicht. (Es kommt hierbei auf die Montierung an, ein parallaktisch montiertes Fernrohr läßt sich natürlich nicht so leicht von Ort zu Ort bewegen, weil es vor Beobachtungsbeginn sehr genau ausgerichtet werden muß.)

Dies führt uns zu der Frage nach den verfügbaren Beobachtungsplätzen. Stadtbewohner sind von vornherein stark im Nachteil, denn die künstliche Beleuchtung erzeugt auch in weiter Entfernung vom Teleskop noch einen hellen Himmel. In der Tat wäre es verlorene Liebesmühe, in der Stadt ein gutes Fernrohr aufzustellen. Auf dem Land können vereinzelte Lichtquellen ein Ärgernis sein, und nicht selten stehen einem ausgerechnet irgendwelche Bäume im Weg. Oft muß der Beobachter, der ein Teleskop fest einrichten will, sich entschließen, einen Teil des Himmels preiszugeben. Interessiert er sich vornehmlich für Mond oder Planeten, wird er versuchen, einen möglichst großen Teil des Südhimmels zu erfassen (falls er auf der nördlichen Halbkugel lebt – südlich des Äquators gilt natürlich das Gegenteil). Liegt sein Hauptinteresse bei den veränderlichen Sternen oder Sternen im allgemeinen, so kann er weniger wählerisch vorgehen.

Es wäre ausgesprochener Leichtsinn, ein Teleskop im Freien zu lassen. Seine Mechanik wird darunter leiden und die Optik Schaden nehmen, wenigstens bei einem Spiegelteleskop. Es ist auch nicht sehr ratsam, die Optik nach jeder Beobachtungsnacht zu entfernen und ins Haus zu bringen; einmal könnte man sie leicht fallen lassen, zum anderen ist die dauernde Neujustierung ermüdend. Eine viel bessere Lösung stellt die Einrichtung eines kleinen Observatoriums dar, die nicht aufwendig zu sein braucht. Das Übliche ist eine fahrbare Schutzhütte, die man vor der Beobachtung auf Geleisen zurückrollen kann, oder auch ein zweiteiliger Schuppen. Dadurch erübrigt sich eine Tür, die bei starkem Wind eine Gefahr darstellen kann.

Eine andere Möglichkeit wäre eine Schutzhütte mit abnehmbarem oder Schiebedach. Natürlich ist eine drehbare Kuppel die beste Lösung, und die mit ihrem Bau verbundenen Schwierigkeiten machen sich letzten Endes bezahlt.

Wer einigermaßen geschickt ist, kann sich eine fahrbare Schutzhütte oder eine Kuppel bauen, und auch der Bau eines kompletten Teleskops bietet keine unüberwindlichen Schwierigkeiten. Zwar übersteigt die Herstellung von Linsen die Möglichkeiten des durchschnittlichen Amateurs, doch die Optik für ein Spiegelteleskop ist weit problemloser. Vor allem muß man sich einen Glasrohling besorgen und ihn dann in die richtige optische Form schleifen. Der Arbeitsgang ist mühsam und zeitraubend; nur zu leicht wird man unvorsichtig und begeht einen Fehler, der Stunden geduldiger Arbeit zunichte macht. Der Anfänger sollte sich also darauf gefaßt machen, daß Fehlschläge nicht ausbleiben, bevor es ihm gelingt, einen wirklich brauchbaren Spiegel zu schleifen. Viele Amateure haben sich ihre Spiegel selbst geschliffen, und dies ist zweifellos der beste Weg, sich ein leistungsfähiges astronomisches Fernrohr für wenig Geld zu beschaffen. Viele Spiegel von 15, 20 und auch 30 cm Durchmesser arbeiten zur völligen Zufriedenheit ihrer Konstrukteure und Benutzer.

Weder der ernsthafte Beobachter noch der gelegentliche Sterngucker werden ohne verschiedene Okulare auskommen: eine kleine Vergrößerung für den Überblick über ein Sternfeld, eine mittlere für feinere Studien der Sterne, für den Mond und die Planeten, eine starke Vergrößerung für Mond und Planeten bei sehr guten Sichtbedingungen. Als nicht unbedingt notwendiges Zubehör wäre vor allem ein Sucherfernrohr zu nennen.

Das ist ein kleines Fernrohr mit großem Gesichtsfeld, das seitlich am Teleskop angebracht wird. Es wird so justiert, daß das Objekt, wenn es in der Mitte des Suchergesichtsfeldes steht, auch in dem viel kleineren Gesichtsfeld des Teleskops sichtbar ist.

Diese Bemerkungen sind vor allem für den allgemein interessierten Amateur bestimmt; wer sich auf speziellen Gebieten betätigen will, benötigt eine besondere Ausrüstung. Will man sich beispielsweise auf die Sonnenbeobachtung spezialisieren, dann ist ein Spiegelteleskop gar nicht zu empfehlen. Ein kleineres Linsenfernrohr, 7 bis 10 cm Öffnung, ist hierfür viel geeigneter. Niemals sollte man die Sonne direkt durch Fernrohr oder Feldstecher beobachten, auch nicht mit einem Graufilter vor dem Okular, denn das hieße sein Augenlicht aufs Spiel setzen. Die einzig richtige Methode besteht vielmehr darin, das Teleskop als Projektionsapparat zu verwenden und das Sonnenbild auf einem weißen Schirm zu betrachten, der in der geeigneten Distanz hinter dem Okular entweder von Hand oder von einem Gestänge gehalten wird. Auf diese Weise sieht man die Sonnenflecken und eventuell vorhandene Fackeln ausgezeichnet und kann sie sogar leicht aufzeichnen.

Wer sich in erster Linie der Suche nach Kometen und Novae widmen will, braucht bei geringer Vergrößerung ein möglichst großes Feld. Er wird also gar nicht unbedingt ein Fernrohr verwenden, sondern eher einen lichtstarken, auf ein Stativ

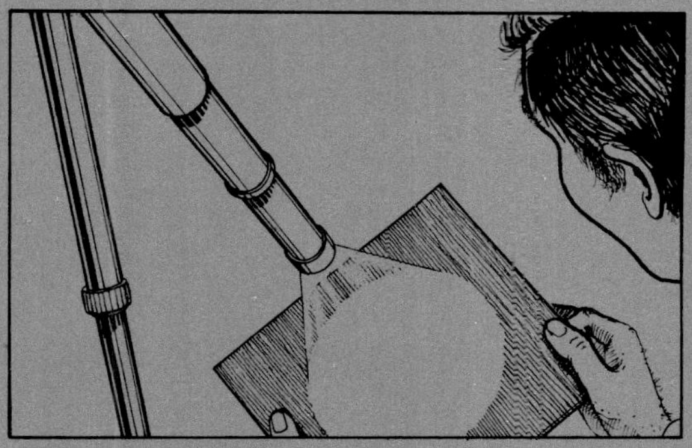

montierten Feldstecher. Man denke nun aber nicht, daß es der Kometen- oder Novajäger besonders leicht hat! Er muß zunächst einmal sehr detaillierte Kenntnisse vom gestirnten Himmel erwerben, wozu viele Jahre nötig sind. Dann hat er Hunderte von Stunden fruchtloser Beobachtung zu gewärtigen, bevor er einmal das Glück hat, einen neuen Kometen zu entdecken. Doch sind diese Zeilen nicht zur Entmutigung geschrieben worden, und, wie bereits erwähnt, sind die Amateure an der Entdeckung von Kometen maßgeblich beteiligt.

Noch vor wenigen Jahren konnte auch der bescheiden ausgerüstete Amateur beinahe Unbegrenztes leisten. Mit der Raumforschung aber haben sich die Bedingungen geändert: Der Arbeitsbereich des Amateurs ist eingeschränkt worden. Das will nicht heißen, daß er nicht mehr gebraucht wird, ganz im Gegenteil. Wohl aber heißt es, daß er das Beobachtungsobjekt sorgfältiger wählen muß.

Der Mond ist ein Musterbeispiel dafür. Vor dem Krieg brachten die Berufsastronomen der Kartografie der Mondoberfläche wenig Interesse entgegen, und die besten Karten sind wohl von Amateurbeobachtern gezeichnet worden, Männern wie Elger, Goodacre und Wilkins. Sobald nun aber der Mond zur Domäne der Raumfahrt wurde, änderte sich das, und die Berufsastronomen begannen, genaue fotografische Karten auszuarbeiten. Diese wiederum wurden durch jene Karten verbessert und ergänzt, die aus den von den Mondsonden aufgenommenen Fotografien entstanden sind, und heute ist die Mondoberfläche bis in die feinsten Einzelheiten kartografiert. Etwas bleibt indessen doch noch zu tun. Wie man festgestellt hat, gibt es auf dem Mond ein bestimmtes Maß begrenzter Aktivität in Form kurzlebiger Leuchterscheinungen, die als TLP oder *Transient Lunar Phenomena* bekanntgeworden sind. Ihre Ursache ist noch nicht genau erforscht; doch haben Amateure durch ihre Beobachtungen sehr wertvolle Beiträge zur weiteren Erforschung geleistet.

Will man lernen, sich auf dem Mond auszukennen, dann nimmt man am besten eine Karte zur Hand und verwendet viel Zeit darauf, die einzelnen Krater und die anderen Formationen der Mondoberfläche am Fernrohr zu identifizieren. Im allgemeinen wird man einen Mondkrater nur dann deutlich sehen, wenn er in der Nähe des Terminators liegt, d.h. in der Nähe der Grenze zwischen sonnenbeschienenem und dunklem Teil der Mondoberfläche. Dann ist sein Boden teilweise mit Schatten ausgefüllt, und der Krater wirkt plastisch. Fällt das Sonnenlicht aber steil von oben ein, wird man selbst einen großen Krater oft nicht erkennen können. Seltsamerweise ist Vollmond die schlechteste Zeit, um mit der Mondbeobachtung anzufangen, da sich keine Schatten zeigen und die Szene von den Strahlen beherrscht wird, die von einigen Kratern wie Tycho und Copernicus ausgehen. Man beginnt besser, wenn der Mond zunimmt oder zur Hälfte beleuchtet ist. Nachdem man eine Formation mit Hilfe einer geringen Vergrößerung gefunden hat, kann man eine stärkere Vergrößerung verwenden, um die Einzelheiten zu erfassen – doch hüte man sich, wie auch in allen anderen Sparten der Beobachtung, vor zu großem Ehrgeiz! Es empfiehlt sich, die stärkste Vergrößerung zu verwenden, bei der man noch ein klares, deutliches Bild bekommt. Wenn das Bild aber auch nur ein wenig verwaschen erscheint, gehe man zu einer geringeren Vergrößerung zurück – sie wird weit bessere Resultate ergeben.

Nun zu den Planeten. Über Merkur ist hier nicht viel zu sagen, denn bei ihm kann man mit Amateurinstrumenten kaum Oberflächendetails erkennen. Wenn Merkur mit bloßem Auge sichtbar ist, dann steht er immer tief am Horizont, wo die Sichtbedingungen schlecht sind. Daher muß man ihn im hellen Tageslicht beobachten, wenn er zusammen mit der Sonne hoch am Himmel steht. Das bedeutet aber, daß man ein mit genauen Teilkreisen ausgerüstetes Fernrohr haben muß, da man sonst den Planeten nicht findet; man darf natürlich nicht mit dem Fernrohr den Himmel absuchen, denn dabei könnte die Sonne ins Blickfeld geraten und dem Augenlicht des Beobachters bleibenden Schaden zufügen.

Auch Venus wird am besten bei Tag beobachtet, sie ist indessen so hell, daß sie viel leichter zu finden ist. Im allgemeinen wird sie im Sucher sichtbar sein. Selbst wenn das Fernrohr weder parallaktisch montiert noch mit Teilkreisen ausgestattet ist, kann man sie in den Stunden um Sonnenaufgang oder Sonnenuntergang ausgezeichnet beobachten, wenn Venus trotz des hellen Himmels mit bloßem Auge sichtbar ist. Leider sieht man wegen der dichten Venusatmosphäre keine Einzelheiten der Oberfläche, alles, was zu sehen ist, ist die Phase, manchmal zusammen mit sehr unscharfen Schattenbildungen, die auf Wolkenphänomene zurückzuführen sein dürften. Eine interessante Tatsache sei im Zusammenhang mit der Phase erwähnt. Oft geschieht es, daß die theoretisch zu erwartende und die tatsächlich beobachtete Phase nicht übereinstimmen – eine Erscheinung, die als Schröter-Effekt bekannt ist und die mit der Venusatmosphäre zusammenhängen dürfte. Bei günstigen Bedingungen sieht man das sogenannte «aschfarbene Licht», ein schwaches Leuchten auf der Nachtseite der Venus in der zunehmenden Phase; doch hierzu muß man Venus vor dem dunklen Nachthimmel beobachten, was nur möglich ist, wenn sie unbequem tief am Horizont steht. Ferner muß der beleuchtete Teil des Planeten durch eine geeignete Vorrichtung abgedeckt werden, die Beobachtung gestaltet sich also recht schwierig. Es ist auch gar nicht allgemein anerkannt, daß es sich beim aschfarbenen Licht um ein reales Phänomen handelt; einige Wissenschaftler halten es lediglich für einen Kontrasteffekt.

Merkwürdigerweise ist auch Mars kein leicht zu beobachtender Planet. In Abständen von 780 Tagen durchläuft er seine Opposition – also jedes zweite Jahr –, und wegen seiner relativen Kleinheit läßt er sich mit Amateurinstrumenten nur ein oder zwei Monate vor und nach dem Oppositionsdatum gut studieren. Die wichtigsten Einzelheiten auf seiner Oberfläche (die dunklen Flecken, rötliche bis ockerfarbene Streifen sowie die Polarkappen) sind zwar, wenn der Planet günstig steht, mühelos zu erkennen, aber auch in diesem Fall kann angesichts der Forschung mit Raumsonden die herkömmliche Art der Kartografierung bereits als veraltet gelten. Im Zusammenhang mit den keineswegs ungewöhnlichen Marswolken kann noch die nützlichste Beobachtungstätigkeit durchgeführt werden; allerdings sollte das hierzu verwendete Teleskop nicht unter 25 cm Öffnung haben. Für Mars braucht man immer eine starke Vergrößerung, die sich aber häufig wegen der Sichtbedingungen verbietet!

Jupiter ist ohne Zweifel der lohnendste Planet für die Amateurbeobachtung, und unser Wissen über seine Oberflächenmerkmale stützt sich weitgehend auf die Arbeit von Amateuren. Die Einzelheiten auf seiner Oberfläche ändern sich ständig, was auf deren gasförmigen Zustand zurückzuführen ist.

Mit der Drehung Jupiters um seine Achse werden die verschiedenen Oberflächenmerkmale von der einen Seite der Scheibe auf die andere geführt. Die Rotation verläuft so schnell, daß schon nach kurzer Beobachtungsdauer Verschiebungen deutlich werden. Nach einer einfachen Methode stellt man die Durchgangszeiten der einzelnen Oberflächenmerkmale durch den Zentralmeridian fest, den man wegen der ausgeprägten Abplattung an den Polen leicht findet. Nach dieser Zeitbestimmung kann man anhand von Tabellen die Länge des Merkmals berechnen, ein Prozeß, der nichts weiter als einfache Addition verlangt. Aufeinanderfolgende Längenbestimmungen geben dann die Rotationsperiode des Merkmals. Diese Art Arbeit ist von großer Bedeutung. Nur wenn wir das Verhalten von Jupiter kennen, können wir verläßliche Theorien über seine Natur aufstellen.

Solche Oberflächendurchgänge können schon mit einem Teleskop von 15 cm Öffnung beobachtet werden, eines von 20 cm Öffnung genügt für die zuverlässigste Arbeit. Auch ist es von Wert, Zeiten für die verschiedenen Phänomene der vier Satelliten zu bestimmen: Verfinsterungen, Bedeckungen, Durchgänge und Schattendurchgänge. Diese Daten liefern die Grundlage zu genauerer Berechnung der Satellitenbahnen. Auch hier verwende man die höchste Vergrößerung, die noch ein perfekt scharfes Bild ergibt.

Saturn läßt sich weniger leicht studieren, teils weil er kleiner und weiter entfernt ist, teils wegen der geringen Oberflächenaktivität. Trotzdem ist seine regelmäßige Beobachtung wünschenswert. Auf seiner Oberfläche erscheinen gelegentlich Flekken, die sich wie bei Jupiter für die Bestimmung der Rotationsperiode benützen lassen. Den wichtigsten weißen Fleck der letzten Jahre, den von 1933, entdeckte der englische Amateur W.T. Hay. Inzwischen sind weitere, weniger auffallende weiße Flecken aufgetreten. Das Auftauchen neuer Flecken ist nicht vorhersagbar. Da die Flecken im allgemeinen kurzlebig sind, sollte ihre Sichtbarkeitsdauer voll ausgenützt werden. Für Saturnbeobachtungen ist ein Teleskop von wenigstens 25 cm Öffnung wünschenswert, und die Vergrößerung sollte möglichst hoch sein. Satellitenphänomene sind mit Ausnahme des Saturnmondes Titan schwer zu sehen, doch ist deren Beobachtung für den Besitzer eines großen Instruments eine lohnende Tätigkeit.

Uranus, Neptun und Pluto sind alle zu weit entfernt, als daß man mit Instrumenten, wie sie Amateuren zur Verfügung stehen, noch Oberflächeneinzelheiten erkennen könnte; auch im größten Teleskop wird Pluto nur als winziges Scheibchen erscheinen, und Neptun entwickelt offenbar gar keine große Oberflächenaktivität. Die Ortung von Planetoiden wäre noch eine dankbare Aufgabe für kleinere Instrumente. Oberflächendetails sind freilich nicht zu beobachten, denn Planetoiden sehen aus wie Sterne und offenbaren ihr Wesen allein durch ihre Fortbewegung von Nacht zu Nacht.

Die Stellarastronomie ist in der Hauptsache ein Betätigungsfeld für Berufsastronomen, mit einer Ausnahme: Beim Studium der veränderlichen Sterne kann der Amateur eine nützliche Rolle spielen. Die veränderlichen Sterne sind bereits erwähnt worden. Einige von ihnen – die kurzperiodischen und die Bedeckungsveränderlichen – stellen ein ideales Beobachtungsobjekt für den Amateur dar.

Langperiodische Veränderliche vom Mira-Typus wiederholen ihren Lichtwechsel von einem Zyklus zum nächsten nicht in genau derselben Weise. Mira z.B. geht in ihrem Maximum oft nicht einmal über die 4. Größenklasse hinaus; 1969 aber erreichte sie sogar die Helligkeit des Polarsterns. Auch die Periode ist nicht ganz regelmäßig, und die für Mira angegebenen 331 Tage sind lediglich ein Mittelwert. Dasselbe gilt für die anderen Vertreter dieses Typs. Noch interessanter sind die halbregulären und unregelmäßigen Veränderlichen. Der Stern R Coronae in der Nördlichen Krone ist normalerweise ungefähr 6. Größe und daher mit dem Feldstecher leicht zu erkennen, doch in nicht vorhersehbaren Intervallen nimmt seine Helligkeit so weit ab, daß man ihn nicht einmal mehr mit kleineren Teleskopen sieht, und danach bleibt er einige Zeit im Minimum. Dann wären noch die Zwergnovae zu nennen, die in kurzen, unregelmäßigen Abständen Ausbrüche erleiden, ferner einige Veränderliche, deren Helligkeitsschwankungen völlig unregelmäßig und zufällig zu sein scheinen.

Der erste Schritt jeder Beobachtung besteht darin, den Veränderlichen aufzusuchen – und das erfordert oft Geduld, denn schließlich sieht ein Stern wie der andere aus. Man muß zunächst einen Stern suchen, der leicht zu finden ist; von dort aus folgt man mit Hilfe eines Kärtchens einem aus den Sternen gebildeten Linienmuster bis hin zu dem interessierenden Variablen. Viele Veränderliche sind nach dieser Methode schnell zu finden; so liegt z.B. der bekannte langperiodische Veränderliche R Cygni, dessen Helligkeit zwischen 6 und 14½ Größenklassen schwankt, ganz in der Nähe des mit bloßem Auge sichtbaren Sterns ϑ Cygni. Bei anderen Sternen findet man oft weniger gute Führer, die Suche gestaltet sich schwieriger.

Ist der Veränderliche gefunden, dann vergleicht man ihn mit Standardsternen, deren Helligkeit konstant ist. Die Helligkeit des Veränderlichen kann dann in Größenklassen bestimmt werden, wobei sich praktisch eine Genauigkeit von 1/10 Größenklasse erreichen läßt. Hat man genügend Beobachtungen gesammelt, kann man eine Lichtkurve zeichnen, in der die Größenklasse des Veränderlichen als Funktion der Zeit aufgetragen ist. Alles in allem gehört die Erforschung der veränderlichen Sterne zu den interessantesten und nützlichsten Zweigen der modernen Amateurastronomie.

Relativ helle Veränderliche können mit kleinen Teleskopen und sogar mit Feldstechern beobachtet werden. Mit einem 30-cm-Spiegelteleskop kommt man aber mindestens bis zur 14. Größenklasse hinunter, und in diesem Bereich gibt es bereits so viele veränderliche Sterne, daß ein einzelner Beobachter unmöglich alle erfassen kann.

Das sind also einige Vorschläge, wie sich der Astronomiefreund, der diese Wissenschaft nicht zu seinem Beruf erwählt hat, mit den Himmelskörpern beschäftigen kann. Natürlich gibt es auch noch andere Wege, die kompliziertere Apparaturen erfordern. So wird sich zum Beispiel der ernsthafte Sonnenbeobachter ein monochromatisches Filter oder ein Spektrohelioskop wünschen, um damit Chromosphäre, Protuberanzen und Eruptionen so eingehend wie die bekannten Sonnenflecken und Fackeln studieren zu können. Der Sternbeobachter wird für seine großes, elektrisch nachgeführtes Teleskop gern ein Mikrometer verwenden, um Abstände und Positionswinkel bei Doppelsternen zu messen.

Astronomische Fotografie ist immer einen Versuch wert. In ihrer einfachsten Form kann sie mit einer gewöhnlichen Kamera betrieben werden, welche Zeitbelichtungen zuläßt. Man richtet die Kamera gegen den Nachthimmel und läßt den Verschluß ein paar Minuten oder eine halbe Stunde offen: Schöne Sternspuren werden das Resultat sein; wenn man Glück hat, ist während der Aufnahme ein Meteor durch das Feld geschossen. Auch helle Erdsatelliten werden ihre Spuren hinterlassen. Ist die Kamera an einem nachgeführten Teleskop befestigt, kann man ausgezeichnete Bilder von Sternfeldern machen.

Es hat wenig Sinn, durch ein nicht nachgeführtes Teleskop zu fotografieren. Wenn man die Kamera einfach ans Okular hält und abdrückt, wird nichts Vernünftiges dabei herauskommen, bestenfalls ein schwaches und verwaschenes Bild. Für Fotografien des Mondes oder der Planeten ist eine gute astronomische Kamera nötig, dazu ein Teleskop, das durch einen verläßlichen Antrieb nachgeführt wird. Amateure machen vielfach auf diese Weise ausgezeichnete Bilder. Auch Kometen, Sternhaufen, Nebel und andere Objekte am Firmament sind sehr fotogen, wenn man die geeignete Einrichtung zur Verfügung hat.

Ein ganz anderes Feld ist die Radioastronomie. Wer sich darin versuchen will, kommt schwerlich ohne gründliche praktische Kenntnisse der Elektronik aus. Doch die Amateurradio-

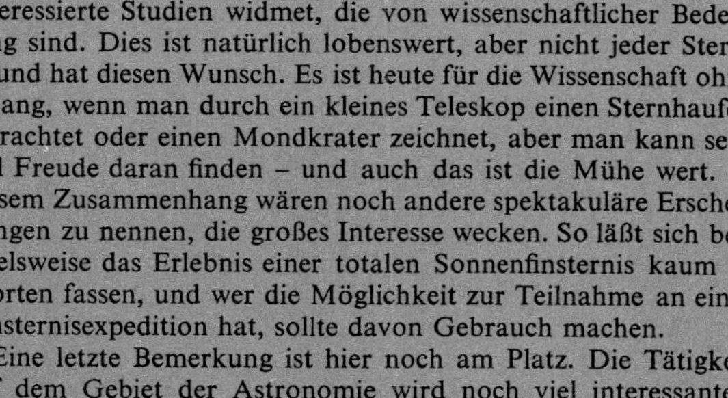

astronomie blüht, und die Tätigkeit der Amateure kann entschieden von Nutzen sein, auch wenn die Möglichkeiten beschränkter sind als in der optischen Astronomie.

Bis hierher wurde vorausgesetzt, daß sich der astronomisch Interessierte Studien widmet, die von wissenschaftlicher Bedeutung sind. Dies ist natürlich lobenswert, aber nicht jeder Sternfreund hat diesen Wunsch. Es ist heute für die Wissenschaft ohne Belang, wenn man durch ein kleines Teleskop einen Sternhaufen betrachtet oder einen Mondkrater zeichnet, aber man kann sehr viel Freude daran finden – und auch das ist die Mühe wert. In diesem Zusammenhang wären noch andere spektakuläre Erscheinungen zu nennen, die großes Interesse wecken. So läßt sich beispielsweise das Erlebnis einer totalen Sonnenfinsternis kaum in Worten fassen, und wer die Möglichkeit zur Teilnahme an einer Finsternisexpedition hat, sollte davon Gebrauch machen.

Eine letzte Bemerkung ist hier noch am Platz. Die Tätigkeit auf dem Gebiet der Astronomie wird noch viel interessanter, wenn man mit Gleichgesinnten darüber spricht, und deshalb empfiehlt es sich, einer astronomischen Gesellschaft beizutreten. Solche Gesellschaften gibt es in fast allen Ländern, sei es auf nationaler oder lokaler Ebene. Im allgemeinen unterhalten solche Gesellschaften auch Beziehungen zu Berufsastronomen, die bei allen schwierigeren Fragen gerne helfen. Die Astronomie ist ein Gegenstand von allgemeinem Interesse. Wir leben alle unter demselben Himmel, der sich immer wieder wandelt und immer wieder mit Neuem aufwartet.

Register

N

O

P

Q

R

W

XY

Z

24h 23h 22h 21h 20h 19h 18h 17h 16h 15h 14h 13h
60°
40°
20°
0°
-20°
-40°
-60°
DRACO
LACERTA
URSA MAJOR
ANDROMEDA
Deneb
CYGNUS
CANES VENATICI
Vega
LYRA
HERCULES
CORONA BOREALIS
BOOTES
VULPECULA
PEGASUS
SAGITTA
DELPHINUS
SERPENS CAPUT
Altair
EQUULEUS
AQUILA
PISCES
OPHIUCHUS
AQUARIUS
SERPENS CAUDA
VIRGO
SCUTUM
LIBRA
Spica
CAPRICORNUS
SCORPIUS
CORVUS
Antares
PISCIS AUSTRINUS
SCULPTOR
MICROSCOPIUM
SAGITTARIUS
CORONA AUST.
CENTAURUS
LUPUS
GRUS
TELESCOPIUM
NORMA
ARA
INDUS

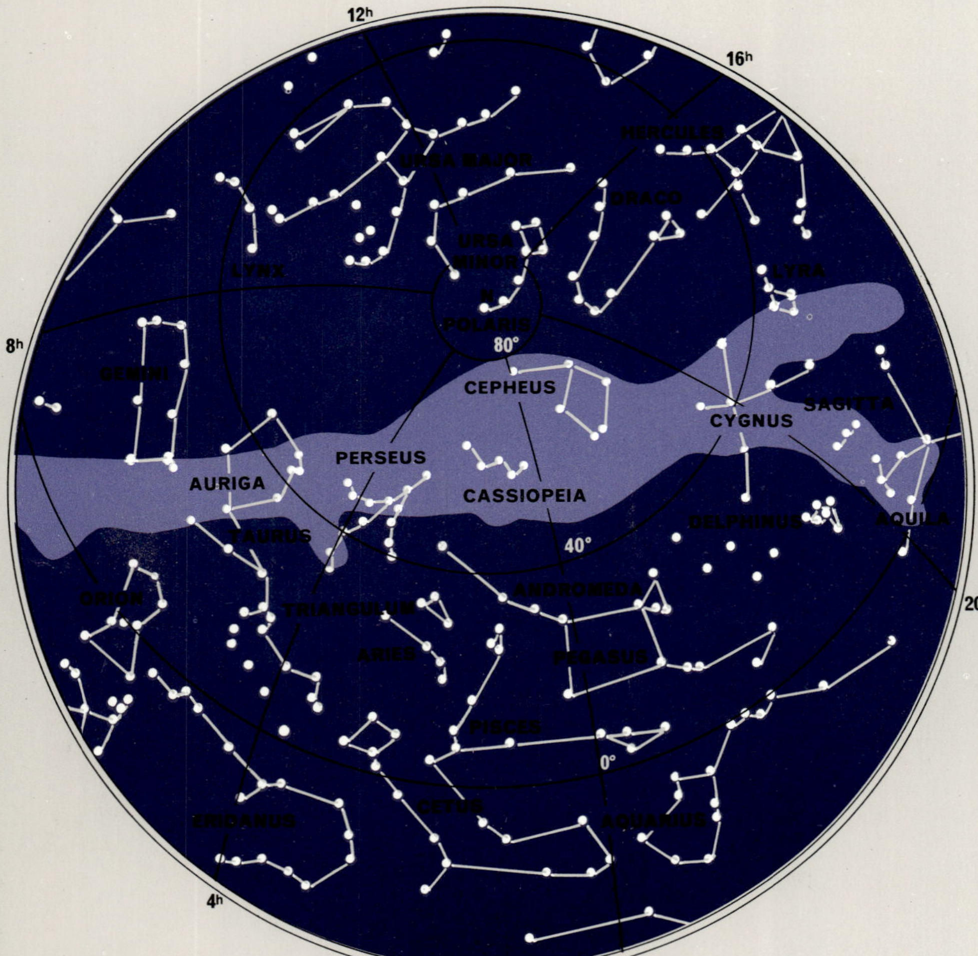

12h
16h
8h
20h
4h
24h
80°
40°
0°
POLARIS
CEPHEUS
CYGNUS
AURIGA
PERSEUS
CASSIOPEIA

24h
4h
20h
8h
16h
12h
80°
40°
0°
PERSEUS
SAGITTA
AQUILA